CORPVS CHRISTIANORVM

Series Latina

CLAVIS PATRVM
LATINORVM

CORPVS CHRISTIANORVM

Series Latina

CLAVIS PATRVM LATINORVM

EDITIO TERTIA

AVCTA ET EMENDATA

BREPOLS
EDITORES PONTIFICII
1995

CLAVIS PATRVM LATINORVM

QVA

IN CORPVS CHRISTIANORVM EDENDVM

OPTIMAS QVASQVE SCRIPTORVM RECENSIONES

A TERTVLLIANO AD BEDAM

COMMODE RECLVDIT

ELIGIVS DEKKERS

OPERA VSVS QVA REM PRAEPARAVIT ET IVVIT

AEMILIVS GAAR †

VINDOBONENSIS

EDITIO TERTIA

AVCTA ET EMENDATA

STEENBRVGIS

IN ABBATIA SANCTI PETRI

1995

This book has been printed on paper
according to the prevailing
ISO-NORMS.

© Brepols 1995

All rights reserved. No part of this publication may be reproduced,
stored in a retrieval system, or transmitted, in any form or by any means,
electronic, mechanical, photocopying, recording, or otherwise,
without the prior permission of the publisher.

IOANNI CARDINALI MERCATI
MICHAELI CARDINALI PELLEGRINO
QVORVM ANIMAE IN PACE

PRAEFATIO

Haec *Clauis Patrum Latinorum* quo pacto procusa sit, paucis repetere liceat, quo melius perspiciatur, quid in animo fuerit fabro, quid sibi polliceri possint qui utentur.

Vindobonae, etiamtum saeuientibus armis, impulsu rectoris *Corporis Scriptorum Ecclesiasticorum Latinorum* Richardi Meister, Academiae Scientiarum Austriacae praeclari praesidis, confectus erat ab Aemilio Gaar Vindobonensi conspectus bibliographicus scriptorum ecclesiasticorum latinorum, pertinens ad finem saeculi christiani octaui.

Itidem haud absimilis index colligebatur in abbatia Sancti Petri Steenbrugensi in eorum commodum, qui *Corpus Christianorum* edituri sunt, omnia christianae antiquitatis monumenta complectens.

Angelis pacis, licet trepide, tandem redeuntibus, ubi primum, quid utrobique seorsum confecissent, alteri ab alteris cognouerunt, sine mora inter se iuuare inchoatumque opus uiribus unitis perficere decreuerunt. Quae in Austria, ob patriarum rerum summas angustias, prelo mandari non poterant, diligentissima cura transcripsit Ludmilla Krestan, Academiae Austriacae amanuensis, instar tabularum quae extant in Indice *Thesauri Linguae Latinae*, quo conspectu alphabetico ut at arbitrium meum uterer et fruerer, benigne concessit eadem Academia Austriaca.

Accedebat eruditissimorum hominum, qui casu schedas uiderant, unus omnium consensus summa auctoritate suadentium, ut in publicum commodum ederentur. Quibus parendum fuit, ne reprehenderetur recusatio obsequendi bene monentibus, quamquam haud sine animorum trepidatione.

Quis enim melius perspicere poterat quam qui in his schedulis colligendis, comparandis, conficiendis se exercuerant, quantopere in re tantae operae ac difficultatis et eruditio et elegantia desideraretur? Itaque rogandum atque orandum est, ut, quidquid cuique occurrerit ad hocce opus emendandum et complendum, nobiscum benigne communicetur, quod summo usui erit *Corpus Christianorum* edituris, quippe cuius summarium haec *Clauis* exhibeat: quod quo melius absolutiusque prodeat, eo maiori omnibus fore emolumento nemo est quin uideat.

*
* *

Etsi summa ratio ac dispositio totius huius *Clauis* primo aspectu patet, non absre erit pauca disertius exponere. Ac primum quidem aduertendum est eum ordinem esse adhibitum, quo SS. Patrum opera et, quae exstant, fragmenta in *Corpore Christianorum* edentur, allatis subsidiis et adminiculis omnibus, quibus ea fulciri cogitamus. Etenim praesidia omnia comparamus, nec plura nec pauciora, quae reapse ad scriptores critice recensendos aliquid collatura esse putamus, neque tamen (quod proprium sibi uindicat seu operum seu artis criticae historia) omnes editiones, omnia studia critica sine delectu enumerauimus.

Satius enim esse uidetur, post singulorum librorum inscriptionem (adiectis, ubi res tulerit, primis cuiusque libri uocibus, ut distinctius agnoscantur), eam editionem afferre quae ceteris praestare existimatur, dein, ubi exstiterint, locos *Patrologiae Latinae* et *Graecae*, *Corporis Scriptorum Ecclesiasticorum Latinorum*, *Monumentorum Germaniae Historicorum*. Item in adnotationibus eos tantum codices ac studia critica reperies quae in editione laudata non sunt adhibita. Singuli enim codices, quotquot in bibliothecarum indicibus recensentur (*a*), hic minime enumerari possunt, quippe quorum moles adeo in immensum creuerit, ut solius Bedae codices uix centum et septuaginta paginis contineantur (*b*), solius Isidori extra Hispaniam ante saeculum nonum medium descripti centum et triginta (*c*).

Ideo neque codices enumerauimus neque eruditorum uirorum censuras, iudicia, studia, quae iam collegerunt siue singulorum scriptorum editores in prolegomenis siue Schanz, Kenney, Maassen

---

(*a*) Nuper prodiit conspectus locupletissimus omnium catalogorum codicum manuscriptorum: P. O. Kristeller, *Latin Manuscript Books before 1600: a Bibliography of the Printed Catalogues of Extant Collections*, in Traditio, vi, 1948, p. 227-317. Aliquot etiam titulos adderes ex catalogo eiusdem generis, quem eodem fere tempore ediderunt M. Cappuyns et H. Bascour, *Les Catalogues de Manuscrits. Premier Supplément aux listes de Weinberger et de Richardson*, in Scriptorium, iii, 1949, p. 303-316.

(*b*) M. L. W. Laistner, *A Hand-List of Bede Manuscripts*, Ithaca, 1943.

(*c*) C. H. Beeson, *Isidor-Studien*, München, 1913 (Quellen und Untersuchungen zur lateinischen Philologie des Mittelalters, iv, 2), p. 1-131: *Die außerspanische Isidorüberlieferung bis zur Mitte des ix. Jahrhunderts*.

ceterique, ad quorum opera remittuntur lectores, nisi quaedam ibi aut desiderari aut difficilius reperiri posse uideantur.

Neque singillatim suo quaeque loco perscripta sunt, quaecumque eruditi uiri subinde emendanda statuerunt; quae nonnumquam minoris momenti dici possunt, interdum merae nugae, pleraque uero a recentioribus, quos laudamus, excussa, probata uel reiecta. Quid enim sibi uult priora recensere, ut exemplum sumam de Venantio Fortunato, post clarissimi uiri Sven Blomgren *Studia Fortunatiana*? Quam ob causam id unum contendimus, ut ea afferamus subsidia, unde noua studia critica exordium debent sumere.

Attamen quae pertinent ad SS. Patrum uitam ac doctrinam hic ne quaesieris, quoniam ea tantum attulimus subsidia, quae artem criticam textuumque recensionem respiciunt. Cetera requirantur in compendiis litterarum patristicarum, inter quae eminet instructissimum opus Bertholdi Altaner (*a*).

De operibus monumentisque recensis haec duo insuper adnotasse iuuabit: primum, omitti monumenta diplomatica et epigraphica, quae uocentur, quippe quorum elenchus uix breuior esse potuisset ipsa, quam paramus, editione in *Corpore Christianorum* typis mandanda; pauca tamen inseruimus quae directe pertinent ad unum alterumue Patrum, ut quae sunt epitaphia Martini Bracarensis uel Isidori Hispalensis, quod fortasse Braulio Caesaraugustanus confecit; alterum, haud secus neglegi uersiones latinas, quamuis antiquas, librorum graece primum conscriptorum (ut puta Irenaei Lugdunensis, Hippolyti Romani, Euangeliorum Actorumue apocryphorum), cum iis omnibus quae eodem pertinent, quales sunt u. g. Sacrarum Scripturarum prologi: ista enim omnia commodius aperiet *Clauis Patrum Graecorum*, quae dummodo *Latinorum Clauis* lectori placet, in eiusdem commodum praebebitur. Vtaris interdum praeclaro opere Alberti Siegmund, quod nuper edidit *Academia Benedictina Bauarica* (*b*).

Vbi tandem finem facerem, multum diuque ambiguus haesi. Quamquam enim in animo habui ad ipsa aeui Carolini incunabula non aggredi, quosnam limites ponerem singulis litterarum generibus, in re liturgica, canonica, hagiographica praesertim, in quibus omnes fere sententiae defendi possunt? Attamen aliquid certi con-

---

(*a*) *Patrologie*, 2. Auflage, Freiburg i. Br., 1950.
(*b*) *Die Überlieferung der griechischen christlichen Literatur in der lateinischen Kirche bis zum zwölften Jahrhundert*, München, 1949 (*Abhandlungen der bayerischen Benediktiner-Akademie*, v [*Veröffentlichung des Byzantinischen Instituts Scheyern*]), viii-308 p.

stituendum mihi erat. Sententiae, cui adquieui, «ex ingenio suo quisque demat uel addat fidem» (ita Tacitus, *De Germania*, 3).

*
* *

His expositis, ad maiora transeamus, in primis, ut gratiae referantur amplissimae optimo et eminentissimo uiro Sanctae Romanae Ecclesiae Cardinali, Apostolicae Bibliothecae Vaticanae Archiuique Custodi, Iohanni Mercati, cuius postquam consilia mihi numquam defuerunt, eo usque benignitas et clementia processit, ut haec quantulacumque sibi dicari praeclaroque suo nomine inscribi sineret.

Mox, ut pium debitum soluatur, commemorandus occurrit uir de SS. Patribus optime meritus Iosephus de Ghellinck, S. I., cuius anima iam in pace quiescit (diem supremum obiit pridie nonas ianuarias anno MCML). Pro paterno suo in me animo hoc opus assidue et fouit et iuuit.

Pauci inter multos nominandi sunt, quibus meritam gratiam memori mente persoluam, Prof. Dr. J. H. Baxter (St. Andrews) et Prof. Dr. C. Van Deyck (Antwerpen), qui schedulas nostras diligenter cum suis contulerunt, in glossarium patristicae latinitatis edendum iam ante hos triginta annos colligi coeptis; neque aliter expertus sum comitatem eruditorum uirorum Dr. M. van den Hout (Eindhoven) et Dr. H. Schmeck (München), qui Monaci inuigilant *Thesauro Linguae Latinae* perficiendo. Optime quoque de hoc opere merita est Dr. Almut Mutzenbecher (Hamburg); pariter pronuntio nomina Dr. V. Bulhart (Wien) et R. P. N. Huyghebaert, O. S. B. (St.-Andries-Brugge). In monumentis liturgicis reperiendis uigilanti cura adstiterunt RR. PP. B. Botte, O. S. B. (Leuven), P. Bruylants, O. S. B., item Louaniensis, L. Eizenhöfer, O. S. B. (Neuburg), H. Schmidt, S. I. (Roma), P. Siffrin, O. S. B. (Sion); in rebus hagiographicis et hibernicis Socii Bollandiani doctis consiliis comiter me adiuuerunt; in hispanicis uero Prof. Dr. M. Díaz y Díaz (Santiago de Compostella) et R. P. J. Madoz, S. I. (Oña [Burgos]), cum in tota hac *Claue* perpolienda semper paratos inuenerim mihi officiosissimos Dr. J. Van Doninck (Zellik [Brussel]) ac Steenbrugenses nostros RR. PP. Amandum Dumon et Floribertum Rommel. Horum omnium nomina grato animo recolo.

Dein, etsi tantam, quantam debeo, referre gratiam non possum, habeo tamen quantam maxime capere animus meus potest, Academiae Scientiarum Austriacae huiusque praesidi Prof. Dr. Richardo Meister, qui pro largissima sua in me liberalitate (quod supra monui) fundamentis ab Academia iactis plene utendi mihi copiam fecit, et amanuensi Dr. Ludmillae Krestan, praesertim uero eruditissimo uiro Prof. Dr. Aemilio Gaar, primigenii operis auctori, qui etiam in plagulis perlegendis et emendandis immensam operam studiosissime posuit.

Neque praetermittam, qui librorum copiam humanissime fecerunt, quorum eis cura et custodia demandata est, Bibliothecis academicis praefectos Louanii Prof. Dr. É. Van Cauwenbergh, Gandaui Prof. Dr. R. Apers, monachos Sancti Andreae prope Brugas ac Reginae Caeli Castri Louaniensis, Patres Collegii Theologici Societatis Iesu item Louanii.

De tota uero litterarum re publica optime meretur Societas bibliopolarum N. V. Brepols (Turnhout — Paris), quae ad *Corpus Christianorum* edendum grandissimis se parans opibus, summa sollertia omnia perpendit, quae sacrae antiquitatis studiis prodesse possint.

Neque hic omittendus est uir clarissimus Iosephus Camerlynck, Societatis argentariae «Bank van Roeselare» praeses eximius, cuius Maecenatis mira in nos magnanimitas si defuisset, difficillimis hisce temporibus nihil potuisset perfici.

Tibi quoque, egregie uir Petre Verbeke, qui in instructissima tua officina typographica, ubi pro signo pendet «St. Catharina Drukkerij», plagellas nostras iterum atque iterum emendatas et auctas ingenti cura ac studio perspicuis litterarum apicibus tam luculenter expressisti, non solum auctor, sed et lectores omnes gratias agunt.

Steenbrugge, 1951.

IN ALTERAM CLAVIS EDITIONEM PRAEFATIO

Vsque adeo nunc florent haecce studia, ut breui satis interuallo omnia, quae anno MCMLI primum prodierant, nostrae *Clauis* exempla diuenderentur; quam ut iteratis curis, elapso decennio, delimaremus atque perpoliremus admonebant et tot codices interim descripti et excussi, et Latinorum sermo semper magis magisque trutina examinatus, et libri bene multi tantisper accuratius absolutiusque editi, et uirorum eruditorum commentationes uel iudicia critica identidem prolata, dum perscrutantur quid cui scriptori uerius adscribendum uideatur, quid abnegandum.

Velimus nos quidem, ut opportunitatem sequi licuisset menda multo plura, quae deprehensa fuerant, nunc ad castigationem uocandi, omissa quaeque suppeditandi et si quid defuisset supplendi. Attamen esse siuimus totum fere ut prostabat, tum quod raro otium nacti sumus nisi perexiguum ad tantos labores exantlandos, tum maxime quod priscos *Clauis* numeros, singulis quibusque operibus adscriptos, pigeret immutare et perturbare. Si quae passim, suo quaeque loco, identidem noua opera inserta sunt, addidimus numeris litteram *a*, *b*, eqs. Cetera, ex ipsa *Clauis* ratione et ordine, liberum non fuit nisi parce ad recentiores studiosorum uirorum indagationes et inquisitiones aptare et accommodare, ut cordi nobis fuerat: exemplorum loco sunto, quae molestius forte tulimus intacta relinquere, de S. Petro Chrysologo, de Pelagio, de monumentis iuris, de liturgia, quippe quod sentiremus minorem quam oportuerat nobis peritiam praesto fuisse cum editionem priorem prelo pararemus.

Magnum sane emolumentum secum tulisset si non nulla *Clauis* nostrae capita in ampliorem formam aptioremque ordinem essent redacta; quod tamen sine praecipuo legentium detrimento et incommodo fieri non posse perspiciebamus: nam, ut diximus, numeros in priore editione singulis quibusque Patrum scriptis et operibus adnexos, abicere oportuerat.

Eandem ob causam omittendae etiamnum erant auctorum Graecorum interpretationes latinae, quarum mentionem desiderari non nemo, dum de priore editione iudicium fert, nec iniuria, conquestus est. Idcirco rursum modeste rogamus ut legentes remittere licent ad *Clauem Patrum Graecorum*, aliquando edendam, ut sperabamus, uix tamen adhuc reapse inceptam, tantum abest ut parata sit, ingruentibus nempe cottidie et crescentibus assiduis laboribus quibus implicatos nos tenet *Corpus Christianorum*: quod enim anno MCMLI putabamus haud post longam intercapedinem exspectandum, id multo serius afficietur, nisi potius in incerto ponatur.

Ideo effuse plausimus cum intelleximus non absimile consilium moliri eruditos uiros qui in Academia Berolinensi consociati proferunt Patrum Graecorum opera, uernacule inscripta *Griechische christliche Schriftsteller*. Illos scilicet multo melius quam facultas nostra ferebat laboriosum spissumque opus ad felicem exitum deducturos confidimus, quod quo ocius in publicum prodierit, eo citius nos a pactis promissisque discedemus quae susceperamus, more iuuenum, audacius paulo quam circumspectius.

*
* *

Amoenum festiuumque officium, quod esse solet, grates agendi amicis sociis collegis qui conscribendi libri participes fuerunt et opem nauauerunt ut minus indignus esset qui legeretur, quasi quaedam umbra hic offuscat maesta memoria unius desiderati sodalis, quem in paranda priore editione ad latus habueramus, Doctoris in philologia Aemilii Gaar, Vindobonensis, ad Dominum euocati VI kal. decembres anno MCMLIII, paulo post quam *Clauis* prodierat. Ille nobis, dum uiuit, perpetuus adiutor, monitor, confector negotiorum, suppetias ferre renuit nunquam, uir praestans ingenio, praeclara eruditione, doctrina perfecta, summa benignitate, tricennio ceteroquin nobis senior. Neque sine animi intima commotione subdemus quantum semper suae utilitatis suique commodi immemor fuerit, quanta urbanitate limatus et faceta illa genuinaque uenustate, quae Austriacis hominibus quasi insita est et innata.

Ad officium nostrum pertinere arbitramur ut et haec altera editio inscribatur Eminentissimo fautori, cui ut prior sibi desponderetur colliubuerat, Iohanni Cardinali Mercati, Sanctae Romanae Ecclesiae Bibliothecario et Scriniario, doctrina et optimarum artium studiis apprime exornato, tot tamque illustrium priorum meritissimo decessori, qui diem supremum interea obiit, XI kal. septembres anno MCMLVII.

Inter eos qui haud mediocri subsidio, ante hos annos decem, fuerant, primas ferme partes sibi obtinuerat R. P. Iosephus Madoz, e Societate Iesu, item immatura morte, etiamtum intactis uiribus, ereptus die XVIII kal. ianuarias MCMLIII; cuius ingenii mirae eidemque grauissimae perspicaciae et excellentiae parique humanitati quantum debeant et haec *Clauis* et totum *Corpus Christianorum*, grati animi ergo publicandum censemus.

Faxit Omnipotens Deus ut in pace cum sanctis requiescant semper colendorum magistrorum et fautorum animae, uigeatque perpetua eorundem memoria apud omnes qui in hac elucubratione, multo magis sane quam suspicantur, diligentissimis eorum indagationibus utentur et indefessorum laborum carpent uberes fructus.

*
* *

Maximam etiam gratiam habere et iterum agere debemus iis quorum nomina recitauimus in priore huius *Clauis* praefatione, inter quos haud obscuro loco statuimus eruditam feminam A. Mutzenbecher, philologiae laurea insignem, quae, dum ea quae ad. S. Maximum Taurinensem pertinent ab integro renouat, plurima nobis benigne suppeditauit, ceteroquin mox uulgatura castigatiores quam unquam fuerunt eiusdem pontificis sacras conciones: iam iam typographorum prela gemunt, post annorum duodecim improbum laborem.

Interim haud pauci comites se adiunxerunt iis qui ante decennium curarum nostrarum participes esse uoluerant. Agmen ducunt R. P. Bonifatius Fischer, Ordinis Sancti Benedicti monachus, theologiae Doctor, et Domina Maria-Ludouica Guillaumin: iis enim debemus huius libri ab inchoato et fundamento sedulam recognitionem, collatis et compositis animaduersionibus quae in scriniis suis ipsi sibi reposuerant, ille inter adornandam praestantissimam Beuronensem editionem Sacrorum Librorum interpretationis quae *Vetus Latina* inscribitur, haec dum apparat supplementa *Patrologiae Latinae* Mignianae, quae Lutetiae Parisiorum prodeunt sub R. P. A. Hamman, O. F. M.

Impigro etiam labore nobis praesto fuerunt in commonstrandis erroribus prius admissis inque admonendo quid explendum quidue inserendum ex re esse uideretur, Prof. Dr. B. M. Peebles (ex Washington), Prof. Dr. H. Silvestre (ex Louanio Congolensi, apud Leopoldipolim), Dr. R. B. C. Huygens (ex Lugduno Batauorum), R. P. D. P. Meyvaert, O. S. B. (ex abbatia Quarreriensi in insula Vecti), opere et studio perquam sane molesto, at necessario.

Iuuat etiam hic commemorare, inter eos qui de *Claui* nostra iudicium scripto tulerunt, uberes utilesque animaduersiones doctorum uirorum J. Préaux (*a*) et B. M. Peebles (*b*), sed praesertim R. P. D. B. Fischer, O. S. B. (*c*).

Neque minor gratia habenda iis qui plurimis in locis, quibus praecipuam operam iam diu ipsi nauauerant, emendandis, elucidandis, complendis adlaborauerunt B. Altaner (Herbipolitanus), L. Bieler (Dublinensis), B. Bischoff (Monacensis), M. C. Díaz y Díaz (Salmanticensis), J. Fontaine (Parisiensis), C. Hohler (Londiniensis) et RR. PP. J. Gribomont, O. S. B. (Clarauallensis in Luxemburgo) ac R. E. McNally, S. I. (Woodstockianus in Marylandia).

Consignandum etiam occurrit nomen R. P. D. F. Rommel, O. S. B., nostri monasterii alumni, ob egregiam operam integerrima fide et assiduo studio, sine ulla temporis intermissione, per annos positam, maxime in expungendis typographorum plagulis et indicibus conficiendis, quod quam molestum putidumque sit negotium nemo non perspicit.

Postremo summas grates iam in priore praefatione allatas iterum referimus eximiis uiris Bibliothecarum Praefectis, et alibi et maxime in Academiis Gandauensi et Louaniensi, qui quam studiose et benigne in usum atque potestatem nostram libros sibi commissos concrediderint, quam indefesse et sagaciter nobis praesto fuerint, iuuat libentissimo animo reuocare.

Steenbrugge, 1961.

E. Dekkers, O. S. B.

(*a*) *Latomus*, xi, 1952, p. 242-243.
(*b*) *The Catholic Biblical Quarterly*, xvi, 1954, p. 210-219.
(*c*) *Theologische Literaturzeitung*, lxxvii, 1952, p. 287-289.

IN TERTIAM CLAVIS PATRVM LATINORVM EDITIONEM PRAEFATIO

Ab huius *Clauis* prima editione amplius quadraginta anni elapsi sunt. Interea studia patristica tam graeca quam latina et orientalia uberrime floruerunt. Hic, ne nimium longa sumatur oratio, de nouis scriptis Patrum latinorum dicere incipiemus.

Quis non obstupuit, cum triginta fere epistulae hucusque plane ignotae sancti Augustini, cura et studio Iohannis Divjak e tenebris erutae, in lucem prodierunt (*a*)? Nec minor fuit stupor, cum Franciscus Dolbeau in codice recentiore, neglecto, despecto totidem eiusdem sancti Doctoris sermones inuenit (*b*). Nec praetereunda est illa collectio sermonum cuiusdam concionatoris Africani, sub nomine Iohannis Chrysostomi seruata, et a Francisco Leroy partim e libris manu scriptis, partim ex antiquis Chrysostomi editionibus feliciter eruta (*c*), nec series tractatuum ac sermonum Chromatii Aquileiensis, quam patientissime collegerunt diuersis e fontibus Raymundus Étaix et Iosephus Lemarié (*d*).

Alii eruditi, non minore studio codicibus incumbentes, noua subsidia parauerunt describendo codices manu scriptos, qui Patrum scripta conseruauerunt. Agmen ducunt qui Patrum principalium elenchum codicum confecerunt, Augustini nempe et Hieronymi. Priorem, illum Augustini, colligere curat Academia Vindobonensis (*e*), alterum perfecit Bernardus Lambert (*f*).

Aliorum quoque Patrum opera, sermones, epistulas, fragmenta eorumque genuinitatem, textus constitutionem, fontes summa cum diligentia studiosi scrutati sunt, ut suo loco adnotatum est. Seorsum autem duae *Claues* laudandae sunt. In primis habes *Clauem Patrum Graecorum* quam confecit Mauritius Geerard, qui indefesso labore summaque prudentia omnia Patrum Graecorum scripta re-

---

(*a*) Vide infra, sub numero 262*a*.
(*b*) Vide infra, sub numero 288.
(*c*) Vide infra, sub numero 916 sqq.
(*d*) Vide infra, sub numeris 217-218.
(*e*) Vide infra, inter libros saepius allatos, sub siglo HÜWA.
(*f*) Vide infra, inter libros saepius allatos, sub nomine B. Lambert.

censuit. Eorum quoque uersiones latinas antiquas, quas *Clauis Patrum Latinorum* summatim tantum indicat, accurate descripsit (*a*). Nec minus salutanda sunt priora uolumina *Clauis Patristicae Pseudepigraphorum Medii Aeui*, auctore Iohannis Machielsen. Instrumentum est sui generis, quo commode diuersae attributiones erroneae, in fontibus Medii Aeui occurrentes, enucleantur (*b*).

Non in ultimis laudibus commemoramus elenchum accuratissimum et locupletissimum, «Kirchenschriftsteller» nuncupatum, qui quasi gemellus est frater nostrae *Clauis*. Eum post Bonifatium Fischer optime elaborauit Hermannus Iosephi Frede (*c*). Nam nec accuratione nec fide nec plenitudine elenchum quemquam cum illo conferendum puto. Nec non praetereundus est *Index Thesauri Linguae Latinae*, qui inter opera auctorum gentilium, et optimas editiones Patrum Latinorum, licet summatim, indicat (*d*).

Nihilominus spero hanc *Clauem* quam his omnibus instrumentis feliciter adiuti secunda uice renouauimus, adhuc utilem fore, quae codices et studia inuestigationesque textui constituendo utiles uberius enumerat.

Cum noua opera inserere necesse esset, ne numeri singulis Patrum operibus appositi mutarentur, numeros, addita littera, adhibere debuimus.

*
* *

Recolere uelim — si magna paruis componere licet — illud Augustini in sua praefatione ad libros XV de Trinitate: «Iuuenis inchoaui, senex edidi» (*e*). Prima enim editio huius *Clauis* iuuenili ut par erat ardore concinnata est; tertia nunc non minore ardore sed maiore (ut spero) experientia composui, et certe grandiore agmine eruditorum stipatus, qui doctis consiliis me quam maxime adiuuerunt. Eorum nomina recolere gratum faustumque officium est. Plura iam occurrunt in supra repetitis praefationibus ad primam alteramque huius *Clauis* editionis; quidam eorum lucem adhuc aspiciunt, quidam autem iam dormiunt in pace lucis aeternae. In primis nominandus est Michael Cardinalis Pellegrino, qui opus nostrum uariis modis summaque cum discretione semper fouebat.

(*a*) Vide infra, inter libros saepius allatos, sub siglo CPG.
(*b*) Vide infra, inter libros saepius allatos, sub siglo CPPM.
(*c*) Vide infra, inter libros saepius allatos, sub nomine H. J. Frede.
(*d*) Vide infra, inter libros saepius allatos, sub uocabulo *Thesaurus*.
(*e*) Cfr Augustinus, *De Trinitate*, prologus (ed. W. MOUNTAIN & Fr. GLORIE, Turnhout, 1968, p. 25, 4/5).

Supremum diem obiit sexto Idus Octobris anni MCMLXXXVI. Eius memoriae illique Iohannis Cardinalis Mercati nouam Clauis editionem dicare congruum est.

Simili modo recolimus nomen eruditae feminae, de litteris patristicis optime meritae Christinae Mohrmann Nouiomagensis, quae et ipsa iam in pace requiescit, nobis erepta die tertio Idus Iulii anni MCMLXXXVIII. Libenter in memoriam reuoco festiuum diem decimo septimo Kalendas Februarii anni MCMLXIX, quem illustrauerunt laudationes, altera a Cardinale Pellegrino, altera a Christina Mohrmann habitae, cum prodiit uolumen quinquagesimum seriei *Corpus Christianorum*.

Egregia sua discretione in prioribus huius *Clauis* editionibus laudari noluit Paulus Grosjean S. I., Bollandista, Hibernicae Latinitatis fautor, qui tamen in hac *Claue* redigenda magnam partem habuit, plagulas meas iterum iterumque emendans, sermonem latinum huius operis limans, me quasi per manus ducens. Ei iam Idibus Iunii anni MCMLXIV in pace quiescenti nunc primum eximiam gratiam agere possum.

Nonnulla nomina recordanda sunt eruditorum, qui per litteras, per librorum aestimationes aliisque modis quaedam emendanda uel addenda esse monuerunt. Suo quaeque loco earum animaduersiones in *Claue* consignatae sunt. Hic cara nomina recolere eorum qui nos liberalissime adiuuerunt pergratum officium est. Inter eos eminent R. Étaix, M. Geerard, M. Lapidge, B. Löfstedt, M. McCormick, P. Meyvaert, B. Peebles (†), H. Silvestre.

Postremo illi gratias uberrimas agimus, qui schedulas nostras a prima usque ad ultimam iterum iterumque rescriptas, auctas, emendatas infinita patientia indefessoque labore discis electronicis commendauit, Steenbrugensi nempe nostro Thomas Schockaert. Eadem gratitudinem complector Rolandum Demeulenaere et Iohannem Desmet, nec non et artifices in instructissima officina signo *Grafikon* decorata laborantes, totum opus eleganter disposuerunt ac per paginas ordinauerunt, ita ut luculenter photographice expressum, iam praesto sit in commodum lectoris.

Huic praefatiunculae, iam uerbosiori, finem imponere uelim uberrimas exhibens gratias Omnipotenti Deo, qui et uitam et otium ad hoc opus perficiendum mihi largiter concessit. Sit laudatum nomen Eius.

Steenbrugis, a. MCMXCV.

E. Dekkers, O.S.B.

CONSPECTVS MATERIAE

Praefatio vii

In alteram Clauis editionem praefatio xii

In tertiam Clauis Patrum Latinorum editionem praefatio . . xvi

Conspectus materiae xix

Sigla et libri saepius adhibiti xxiii

Index abbreuiationum xxxi

  I. **Scriptores Antenicaeni** 1

 II. **A Concilio Nicaeno ad Concilium Chalcedonense** . 29
    1. Scriptores Italiae 29
    2. Scriptores Africae 95
    3. Scriptores Galliae 161
    4. Scriptores Hispaniae 188
    5. Scriptores Illyriae 203
    6. Scriptores haeretici et schismatici 238
        Scriptores Ariani 238
        Scriptores Donatistae 245
        Scriptores Manichaei 249
        Scriptores Pelagiani 250
        Scriptores Luciferiani 266
        Scriptores Nouatiani 266
        Scriptores Priscillianistae 266

III. **A Concilio Chalcedonensi ad Gregorium Magnum** 270
    1. Scriptores Africae 270
    2. Scriptores Italiae 289
    3. Scriptores Galliae 309
    4. Scriptores Hispaniae 349
    5. Scriptores Hiberniae 354
    6. Scriptores incertae originis 373

IV. **A S. Isidoro ad S. Bedam** 394
    1. Scriptores Italiae 394

2. Scriptores Hispaniae	397
3. Scriptores Galliae	431
4. Scriptores Britanniae Maioris	437
V. **Poetae Latini**	459
VI. **Grammatici et Rhetores**	503
VII. **Romanorum Pontificum opuscula, acta, epistulae genuinae**	515
VIII. **Symbola et Expositiones fidei**	569
IX. **Fontes scientiae et historiae Iuris**	575
1. Collectiones Iuris canonici	575
Collectiones et Concilia Ecclesiae Africanae	576
Collectiones et Concilia Italiae	578
Collectiones et Concilia Ecclesiarum Galliae	579
Collectiones et Concilia Hispaniae	582
Collectiones Hiberniae	586
Concilia Angliae	587
2. Leges	587
Leges Romanae	587
Leges Romanae Barbarorum et Leges Germanorum	588
Collectiones formularum	594
X. **Regulae monasticae**	596
XI. **Libri paenitentiales**	611
Libri Britonum	611
Libri Hiberniae	612
Libri Angliae	613
Libri Franciae et Hispaniae	614
XII. **Monumenta liturgica**	617
1. Sacramentaria	618
Sacramentaria Romana	619
Sacramentaria Ambrosiana	629
Missalia Beneuentana	631
Sacramentaria Gallicana	632
Sacramentaria Celtica	636
Sacramentaria Hispanica	638
2. Antiphonalia et Responsorialia	639
3. Lectionaria	642
Lectionaria Gallicana	643

  Lectionaria Italiae septentrionalis adiectis Mediolanensibus 645
  Lectionaria Italiae meridionalis adiectis Romanis 648
  Lectionaria Hispanica 651
 4. Homiliaria 652
 5. «Ordines Romani» 654
 6. Hymnaria 657
 7. Orationes et Libelli precum 660
 8. Martyrologia et Kalendaria 663
 Appendix ad Monumenta liturgica 667
 Elenchus codicum 668

XIII. **Vitae Sanctorum** 675
 1. Acta Martyrum Antenicaena 676
 2. Vitae Sanctorum Africae 679
 3. Vitae Sanctorum Hispaniae 681
 4. Vitae Sanctorum in Gallia et Germania conscriptae 684
 5. Vitae Sanctorum Hiberniae, Armoricae, Angliae, Scottiae 700
 6. Vitae Sanctorum Vrbis ac totius Italiae 702
 7. Vitae Sanctorum Illyricae Latinae 717

XIV. **Opera de tempore** 718
 1. Chronographi et Chronistae 719
 2. Computistae et Computationes 725
 3. Computistae Hibernici 733
 4. Beda Venerabilis 737

XV. **Itineraria et alia Geographica** 739
 1. Itineraria Hierosolymitana 739
 2. Itineraria Romana 742
 3. Geographica 743

Indices 747
 1. Index nominum et operum 749
 2. Index systematicus 775
 3. Index hagiographicus 781
 4. Initia 787

Concordantiae 829
 Comparantur numeri *Clauis* cum paginis uel numeris
 1. Kirchenschriftsteller. Verzeichnis und Sigel, auctore H. J. FREDE 831
 2. Patrologiae Latinae 855

3. Patrologiae Latinae Supplementi   878
 4. Patrologiae Graecae   882
 5. Clauis Patrum Graecorum, auctore M. GEERARD   .   884
 6. Bibliothecae hagiographicae latinae   888
 7. Bibliothecae hagiographicae graecae   893
 8. Repertorii Biblici Medii Aeui, auctore Fr. STEGMÜL-
    LER   894
 9. Repertorii hymnologici, auctore U. CHEVALIER . . .   898
10. Alphabetisches Verzeichnis der Versanfänge mittel-
    lateinischer Dichtungen, auctore H. WALTHER   .   899
11. Initiorum carminum Latinorum saec. xi antiquio-
    rum, auctoribus D. SCHALLER et E. KÖNSGEN   . .   901
12. Indicis Scriptorum Latinorum Medii Aeui Hispano-
    rum, auctore M. C. DÍAZ Y DÍAZ   906
13. The Sources for the Early History of Ireland, auc-
    tore J. F. KENNEY   910
14. A Bibliography of Celtic-Latin Literature 400-1200,
    auctoribus M. LAPIDGE et R. SHARPE   912
15. Geschichte der Quellen und Literatur des canoni-
    schen Rechts, auctore Fr. MAASSEN   914
16. Regestorum Pontificum Romanorum, auctoribus
    Ph. JAFFÉ et G. WATTENBACH   917
17. Clauis Patristicae Pseudepigraphorum Medii Aeui,
    auctore J. MACHIELSEN   919

Addenda   933

SIGLA ET LIBRI SAEPIVS ADHIBITI

AASS = *Acta Sanctorum, collecta ... a Sociis Bollandianis*, 3ª ed., Paris, 1863 sqq.
AB = *Analecta Bollandiana*, Bruxelles, 1882 sqq.
ACO = *Acta Conciliorum Oecumenicorum*, edid. E. SCHWARTZ, Berlin, 1914 sqq.
ACW = *Ancient Christian Writers*, Westminster (Maryland), 1946 sqq.
AL = *Archiv für Liturgiewissenschaft*, Maria Laach, 1950 sqq.
ALL = *Archiv für lateinische Lexikographie und Grammatik*, Leipzig, 1884-1906.
ALMA = *Archiuum Latinitatis Medii Aeui (Bulletin Du Cange)*, Bruxelles, 1924 sqq.
B. ALTANER & A. STUIBER, *Patrologie*, Freiburg, 1993.
ANDRIEU = M. ANDRIEU, *Les «Ordines Romani» du haut Moyen Age*, i-v, Louvain, 1931-1956 (*Spicilegium Sacrum Louaniense*, xi, xxiii, xxiv, xxviii, xxix).
Ann. Phil. = *L'Année Philologique*, Paris, 1928 sqq. (cfr J. MAROUZEAU).
Aug. Mag. = AVGVSTINVS MAGISTER. *Congrès international augustinien* [Paris 1954], i-iii, Paris, 1954.

BALAC = *Bulletin d'ancienne littérature et d'archéologie chrétiennes*, Paris, 1911-1914.
BALCL = *Bulletin d'ancienne littérature chrétienne latine*, Maredsous, 1921 sqq. (Suppl. à la RB).
O. BARDENHEWER, *Geschichte* = O. BARDENHEWER, *Geschichte der altkirchlichen Literatur*, Freiburg in Br., i, 1913²; ii, 1914²; iii, 1923²; iv, 1924; v, 1931.
J. H. BAXTER, Ch. JOHNSON & J. F. WILLARD, *An Index of British and Irish Latin Writers (400-1520)*, in ALMA, vii, 1932, p. 110-219.
BerlPhWo = *Berliner Philologische Wochenschrift*, Berlin-Leipzig, 1880-1920.
BHG = *Bibliotheca hagiographica graeca*, troisième édition, par Fr. HALKIN, Bruxelles, 1957 (*Subsidia hagiographica*, viiiª) [reuocatur lector, non ad paginas, sed ad numeros tantum].
BHL = *Bibliotheca hagiographica latina*, edid. Hagiographi Bollandiani, i-ii, Bruxellis, 1898-1901 [= ed. altera, 1949] (*Subsidia hagiographica*, vi); *Supplementum*, 1911² (*Subsidia hagiographica*, xii); *Nouum Supplementum*, quod et locum tenet prioris *Supplementi*, edid. H. FROS, 1986 (*Subsidia hagiographica*, lxx) [reuocatur lector, non ad paginas, sed ad numeros tantum].
BHO = *Bibliotheca Hagiographica Orientalis*, Bruxellis, 1910.

B. Bischoff, *Studien* = B. Bischoff, *Mittelalterliche Studien. Ausgewählte Aufsätze zur Schriftkunde und Literaturgeschichte*, i-iii, Stuttgart, 1966-1981.
Id., *Wendepunkt in der Geschichte der lateinischen Exegese im Frühmittelalter*, in SE, vi, 1954, p. 189-281 (= *Mittelalt. Studien*, i, p. 205-273).
M. W. Bloomfield et alii, *Incipits of Latin Works on the Virtues and Vices, 1100-1500 A.D.*, Cambridge (Mass.), 1979.
Fr. Brunhölzl, *Histoire de la littérature du Moyen Âge*, traduit par H. Rochais. Compléments bibliographiques pour l'édition française par J.-P. Bouhot, i sqq., Turnhout, 1990 sqq.
BTAM = *Bulletin de théologie ancienne et médiévale*, Louvain, Mont-César, 1929 sqq. (Suppl. aux RTAM).

P. Capelle, *Le texte du Psautier latin en Afrique*, Rome, 1913 (*Collectanea Biblica Latina*, iv).
CC = *Corpus Christianorum. Series latina*, Turnhout, 1953 sqq.
CCCM = *Corpus Christianorum. Continuatio Mediaeualis*, Turnhout, 1966 sqq.
CCM = K. Hallinger, *Corpus Consuetudinum Monasticarum*, Siegburg, 1963 sqq.
CCSA = *Corpus Christianorum. Series Apocryphorum*, Turnhout, 1983 sqq.
CHEVALIER = U. Chevalier, *Repertorium hymnologicum*, i-vi, Bruxellis, 1892-1920 (Suppl. aux AB) [reuocatur lector, non ad paginas, sed ad numeros tantum; siglo *Add.* designamus *Addenda et Corrigenda* in t. v].
CIL = *Corpus Inscriptionum Latinarum*, Berlin, 1863 sqq. [ad numeros reuocantur lectores].
CLLA = K. Gamber, *Codices Liturgici Latini antiquiores*, i-ii, Friburgi Heluet., 1968^2; *Supplementum*, 1988 (*Spicilegii Friburgensis Subsidia*, i).
Coll. Fragm. = *Colligere Fragmenta. Festschrift A. Dold*, Beuron, 1952.
CORDOLIANI = A. Cordoliani, *Les traités de comput du haut Moyen Age*, in ALMA, xvii, 1943, p. 51-72.
P. Courcelle, *Les lettres grecques en Occident*, Paris, 1948^2.
CANT = M. Geerard, *Clauis Apocryphorum Noui Testamenti*, Turnhout, 1992.
CPG = Id, *Clauis Patrum Graecorum*, i-v, Turnhout, 1974-1987.
CPL = E. Dekkers [& A. Gaar], *Clauis Patrum Latinorum*, Turnhout, 1995^3.
CPPM = J. Machielsen, *Clauis Patristica Pseudepigraphorum Medii Aeui*, i A-B sqq., Turnhout, 1990 sqq.
CSEL = *Corpus Scriptorum Ecclesiasticorum Latinorum*, Wien, 1866 sqq.
CSLMA, *Auct. Galliae*, i = *Clauis Scriptorum Latinorum Medii Aeui, Auctores Galliae*, t. i (737-987), édité par M.-H. Jullien & Fr. Perelman, Turnhout, 1994.

DACL = F. CABROL, H. LECLERCQ [& H. MARROU], *Dictionnaire d'Archéologie chrétienne et de Liturgie*, i-xv, Paris, 1907-1953.
D. DE BRUYNE, *Sommaires, Divisions et Rubriques de la Bible Latine*, Namur, 1914.
ID., *Préfaces = Préfaces de la Bible latine*, Namur, 1920.
J. DE GHELLINCK, *Patristique et Moyen Age*, t. ii: *Introduction et Compléments à l'étude de la Patristique*, Bruxelles, 1947.
E. DEKKERS [& A. GAAR], *Clauis Patrum Latinorum*, Turnhout, 1995³ (= CPL).
DHGE = A. BAUDRILLART, A. DE MEYER, É. VAN CAUWENBERGH, & R. AUBERT, *Dictionnaire d'Histoire et de Géographie ecclésiastiques*, Paris, 1912 sqq.
DÍAZ = M. C. DÍAZ Y DÍAZ, *Index Scriptorum Latinorum Medii Aeui Hispanorum*, i-ii, Salamanca, 1958-1959 seu Madrid, 1959 (elenchus omnibus numeris absolutus omnium textuum in Hispania lingua latina conscriptorum a saec. vi usque ad saec. xiv) [nisi aliter notatur, lector reuocatur, non ad paginas, sed ad numeros].
F. DI CAPUA, *Il ritmo prosaico nelle lettere dei Papi*, i-iii, Roma, 1937-1946.
ID., *Scritti minori*, i-ii, Roma, 1959.
DIEHL = E. DIEHL, *Inscriptiones Latinae Christianae ueteres*, i-iii, Berlin, 1925-1931 [nisi aliter notatur, lector reuocatur, non ad paginas, sed ad numeros].
Die Iren und Europa im früheren Mittelalter, herausgegeben von H. LÖWE, i-ii, Stuttgart, 1982.
Fr. DOLBEAU & P. PETITMENGIN, *Indices Librorum. Catalogues anciens et modernes de manuscrits médiévaux en écriture latine. Sept ans de bibliographie (1977-1983)*, Paris, 1987.
DTC = *Dictionnaire de Théologie Catholique*, Paris, 1902-1972.
G. DUMEIGE, *Synopsis scriptorum Ecclesiae antiquae, ab A.D. 60 ad A.D. 460*, Uccle (Bruxelles), (1953).

EL = *Ephemerides liturgicae*, Roma, 1889 sqq.
Emerita = *Emerita*, Madrid, Centro de Estudios históricos, 1933 sqq.
H. EMONDS, *Zweite Auflage im Altertum*, Leipzig, 1941 (*Klassisch-philologische Studien*, xiv).
Eos = *Eos. Commentarii Societatis Philologicae Polonorum*, Lwów, 1898 sqq.
Eranos = *Eranos. Acta Philologica Suecana*, Uppsala, 1901 sqq.
Estud. Ecles. = *Estudios Eclesiásticos*, Madrid, 1922 sqq.

B. FISCHER = *Vetus Latina. Die Reste der altlateinischen Bibel, nach Petrus Sabatier neu gesammelt und herausgegeben von der Erzabtei Beuron*, 1. Lieferung: *Verzeichnis der Sigel für Handschriften und Kirchenschriftsteller*, von B. FISCHER, Freiburg i. Br., 1949 (continet catalogum SS. Patrum hucusque longe locupletissimum; noua editio et emendata: uide H. J. FREDE; uide infra sub nomine H. J. FREDE).
FlP = *Florilegium Patristicum*, edid. G. RAUSCHEN c. s., Bonn, 1904 sqq.

J. Fontaine, *Aspects et problèmes de la prose d'art latine au iiie siècle. La genèse des styles latins chrétiens*, Torino, 1968.
Forma Futuri. Studi in onore del Card. M. Pellegrino, Torino, 1975.
H. J. Frede = H. J. Frede, *Kirchenschriftsteller. Verzeichnis und Sigel*, Freiburg, 1995[3] (*Vetus Latina*, I, 1).
Frick = C. Frick, *Chronica minora*, i, Leipzig, 1892 (*Bibliotheca Teubneriana*).

K. Gamber, *Codices Liturgici Latini antiquiores*, i-ii, Friburgi Heluet., 1968[2]; *Supplementum*, 1988 (*Spicilegii Friburgensis Subsidia*, i).
Gamber = Kl. Gamber, *Sakramentartypen. Versuch einer Gruppierung der Handschriften und Fragmente bis zur Jahrtausendwende*, Beuron, 1958 (TA, i, 49/50).
GCS = *Griechische christliche Schriftsteller der ersten drei Jahrhunderte*, Berlin-Leipzig, 1897 sqq.
M. Geerard, *Clauis Apocryphorum Noui Testamenti*, Turnhout, 1992 (= CANT).
Id., *Clauis Patrum Graecorum*, i-v, Turnhout, 1974-1987 (= CPG).
P. Glorieux, *Pour revaloriser Migne. Tables rectificatives*, Lille, 1952.
R. Grégoire, *Homéliaires liturgiques médiévaux*, Spoleto, 1980.
Id., *Les homéliaires du Moyen Age*, Roma, 1966.

H. Hagendahl, *Latin Fathers and the Classics*, Göteborg, 1958.
Id., *Augustine and the Latin Classics*, i-ii, Göteborg, 1967.
A. Harnack, *Chronologie* = A. Harnack, *Geschichte der altkirchlichen Literatur*, 2. Teil: *Chronologie*, i-ii, Leipzig, 1897-1904 [= ed. altera, 1958].
Id., *Kleine Schriften zur alten Kirche*, i-ii, Leipzig, 1983.
HBS = *Henry Bradshaw Society for Editing Rare Liturgical Texts*, London, 1891 sqq.
Hermathena = *Hermathena. A Series of Papers on Literature, Science and Philosophy*, Dublin.
Hermes = *Hermes. Zeitschrift für klassische Philologie*, Berlin, 1865 sqq.
Herzog & Schmidt = R. Herzog & P. Schmidt, *Nouvelle Histoire de la Littérature Latine*, v, Turnhout, 1993.
HÜWA = *Die handschriftliche Überlieferung der Werke des heiligen Augustin*, i, Wien, 1969 sqq. (= *Veröffentlichungen der Kommission zur Herausgabe des Corpus der lateinischen Kirchenväter*, i sqq.).

ILL = *Instrumenta Lexicologica Latina*, curante Cetedoc. Series A: *Formae*; Series B: *Lemmata*, Turnhout, 1982 sqq.
Instr. Patr. = *Instrumenta Patristica*, i sqq., Steenbrugge, 1959 sqq.

JAC = *Jahrbuch für Antike und Christentum*, Münster, 1958 sqq.
JL = *Jahrbuch für Liturgiewissenschaft*, herausgegeben von O. Casel, Münster-Maria Laach, 1921-1941 (seit 1950 AL, herausgegeben von H. Emonds, Regensburg-Maria Laach).
JTS = *Journal of Theological Studies*, Oxford, 1899 sqq.

JW = *Regesta Pontificum Romanorum*, edid. Ph. JAFFÉ; editionem alteram, auspiciis G. WATTENBACH, curauerunt S. LÖWENFELD, F. KALTENBRUNNER & P. EWALD, i-ii, Leipzig, 1885-1888 [reuocatur lector, non ad paginas, sed ad numeros].

KENNEY = J. F. KENNEY, *The Sources for the Early History of Ireland*, i, New York, 1929 [nisi aliter notatur, reuocatur lector, non ad paginas, sed ad numeros].
KLAUSER = Th. KLAUSER, *Das römische Capitulare Euangeliorum*, i, Münster, 1935 (LQF, xxviii).
R. KLUSSMANN, *Bibliotheca Scriptorum classicorum et Graecorum et Latinorum (1878-1896)*, i-ii, Leipzig, 1909-1913.
P. O. KRISTELLER, *Catalogus Translationum et Commentariorum. Mediaeval and Renaissance Latin Translations and Commentaries*, i sqq., Washington, 1960 sqq.
ID., *Latin Manuscript Books before 1600: a List of the Printed Catalogues and Unpublished Inventories of Extant Collections. Fourth Revised and Enlarged Edition by* S. KRÄMER, München, 1993.
KRUSCH = Br. KRUSCH, *Studien zur christlich-mittelalterlichen Chronologie*, i-ii, Leipzig-Berlin, 1880-1938.

M. L. W. LAISTNER, *Thought and Letters in Western Europa A. D. 500 to 900*, London, 1957².
B. LAMBERT, BHM = B. LAMBERT, *Bibliotheca Hieronymiana Manuscripta*, i-iv, Steenbrugge, 1969-1972 (= *Instr. Patr.*, iv)
S. LAMBRINO, *Bibliographie de l'antiquité classique (1896-1914)*, Paris, 1951.
LANZONI = F. LANZONI, *Le diocesi d'Italia*, i-ii, Faenza, 1927 (StT, xxxv).
LAPIDGE & SHARPE = M. LAPIDGE & R. SHARPE, *A Bibliography of Celtic-Latin Literature 400-1200*, Dublin, 1985.
Lateinische Kultur im viii. Jahrhundert. Traube Gedenkschrift, herausgegeben von A. LEHNER & W. BERSCHIN, St. Ottilien, 1989.
R. LAURENTIN, *Table* = R. LAURENTIN, *Court traité de théologie mariale*, Paris, 1953, p. 119-173: *Table rectificative des pièces mariales inauthentiques ou discutées contenues dans les deux Patrologies de Migne*.
E. LÖFSTEDT, *Syntactica*, i-ii, Lund, 1928-1933 (ed. altera, t. i, 1942).
ID., *Vermischte Studien zur lateinischen Sprachkunde und Syntax*, Lund, 1936.
ID., *Coniectanea. Untersuchungen auf dem Gebiete der antiken und mittelalterlichen Latinität*, i, Stockholm, 1950.
ID., *Late Latin*, Oslo, 1959.
Lingua Patrum, uide G. SANDERS & M. VAN UYTFANGHE.
F. LOT c. s., *Index Scriptorum operumque latino-gallicorum medii aeui (500-1000)*, in ALMA, xiv, 1939, p. 114-230; xx, 1950, p. 5-64 (minus accurate).
LOWE = E. A. LOWE, *Codices Latini Antiquiores*, i-xi et Suppl., Oxford, 1934-1972.
LQF = *Liturgiegeschichtliche Quellen und Forschungen*, Münster, 1919 sqq.

MAASSEN = F. MAASSEN, *Geschichte der Quellen und Literatur des canonischen Rechts*, i, Gratz, 1870 [= altera ed., 1956] [reuocatur lector, non ad paginas, sed ad numeros tantum].

J. MACHIELSEN, *Clauis Patristica Pseudepigraphorum Medii Aeui*, i A-B sqq., Turnhout, 1990 sqq. (= CPPM).

R. E. MCNALLY, *The Bible in the Early Middle Ages*, Westminster (Maryland), 1959.

MANITIUS = M. MANITIUS, *Geschichte der lateinischen Literatur im Mittelalter*, i-iii, München, 1911-1931 (*Handbuch der klassischen Altertumswissenschaft*, ix, 2).

R. MARICHAL, *Paléographie précaroline et Papyrologie*, ii. *L'écriture latine du premier au septième siècle: les sources*, in *Scriptorium*, iv, 1950, p. 116-142 (imprimis plenissime recensentur omnes papyri latini).

J. MAROUZEAU, *Dix années de Bibliographie classique (1914-1924)*, i-ii, Paris, 1927-1928.

ID., *L'Année philologique*, Paris, 1928 sqq. (= *Ann. Phil.*).

MBP = [MARGARIN DE LA BIGNE], *Maxima bibliotheca ueterum Patrum et antiquorum auctorum ecclesiasticorum*, i-xxvii, Lyon, 1677.

P. MEYVAERT, *Benedict, Gregory, Bede and others*, London, 1977.

G. MERCATI, OM = G. MERCATI, *Opere minori*, i-vi, Roma, 1937-1984 (StT, lxxvi-lxxx; ccxcvi).

MGH = *Monumenta Germaniae historica*:
auct. ant. = *Auctores antiquissimi*;
chron. min. = *Chronica minora* (*auct. ant.*, ix, xi et xiii);
conc. = *Concilia* (*leg. sect.*, iii);
dipl. = *Diplomata*;
epist. = *Epistulae*;
gesta pont. rom. = *Gesta Pontificum Romanorum*;
lang. = *Scriptores rerum Langobardicarum et Italicarum saec. vi-ix*;
leges = *Leges* (ser. in folio);
leg. sect. = *Legum sectiones* i-v;
poet. lat. = *Poetae latini medii aeui*;
scr. mer. = *Scriptores rerum Merouingicarum*;
scr. = *Scriptores* (ser. in folio);
Scr. rer. germ. = *Scriptores rerum germanicarum*.

Misc. Agost. = *Miscellanea Agostiniana*, i-ii, Roma, 1930-1931.

Misc. Mercati = *Miscellanea Giovanni Mercati*, i-vi, Roma, 1946 (StT, cxxi-cxxvi).

Mn = *Mnemosyne. Bibliotheca classica Bataua*, Leiden, 1873 sqq.

C. MOHRMANN, *Laatlatijn en Middeleeuws Latijn*, Utrecht, 1947.

EAD., *Les origines de la latinité chrétienne de Rome*, in VC, iii, 1949, p. 67-106; 163-183.

EAD., *Études sur le Latin des Chrétiens*, i-iv, Roma, 1958-1977.

MOMMSEN = Th. MOMMSEN, *Chronica minora*, i-iii, Berlin, 1892-1898 (MGH, *auct. ant.*, ix, xi et xiii).

G. MORIN, *Études* = G. MORIN, *Études, textes, découvertes*, Maredsous, 1913.

D. NORBERG, *Beiträge zur spätlateinischen Syntax*, Uppsala, 1944.
ID., *Syntaktische Forschungen auf dem Gebiete des Spätlateins und des frühen Mittellateins*, Uppsala, 1943.
ID., *La poésie latine rythmique du haut moyen âge*, Stockholm, 1954.
ID., *Introduction à l'étude de la versification latine médiévale*, Stockholm, (1958).

Patr. Stud. = *Patristic Studies.*
A. PELZER, *Répertoires d'incipit pour la litérature latine, philosophique et théologique, du moyen âge*, in RHE, xliii, 1948, p. 495-512 (altera ed., aucta et emendata, Roma, 1951).
PG = *Patrologia Graeca*, edid. J. P. MIGNE, i-clxi, Paris, 1857-1886.
PhWo = *Philologische Wochenschrift*, Berlin, (1921).
PL = *Patrologia Latina*, edid. J. P. MIGNE, i-ccxxi, Paris, ed. prior, 1844-1864 [numeris uncis inclusis ad editionem alteram reuocantur lectores].
PLS = *Patrologiae Latinae Supplementum*, edid. A. HAMMAN [& L. GUILLAUMIN], i-v, Paris, 1958-1974.
Prosopographie, i = A. MANDOUZE, *Prosopographie de l'Afrique chrétienne (303-533)*, Paris, 1980.

J. QUASTEN, *Patrology*, i-iii, Utrecht, 1950-1960; uersio gallica aucta et emendata: *Initiation aux Pères de l'Église*, i-iii, Paris, 1955-1963.

RAC = *Reallexikon für Antike und Christentum*, herausgegeben von Th. KLAUSER, i sqq., Stuttgart, 1950 sqq.
RB = *Revue bénédictine*, Maredsous, 1884 sqq.
RÉA = *Revue des Études anciennes*, Bordeaux, 1898 sqq.
RÉAug = *Revue des Études augustiniennes*, Paris, 1955 sqq.
RÉL = *Revue des Études latines*, Paris, 1922 sqq.
Repertorium Fontium Historiae Medii Aeui, i sqq., Roma, 1962 sqq.
RevSR = *Revue des sciences religieuses*, Strasbourg, 1921 sqq.
RHE = *Revue d'histoire ecclésiastique*, Louvain, 1900 sqq.
RHT = *Revue d'histoire des textes*, Paris, 1971 sqq.
RhM = *Rheinisches Museum für Philologie*, Frankfurt, 1846 sqq.
RMAL = *Revue du Moyen Age latin*, i-xlvi, Lyon-Strasbourg, 1945-1990.
RSR = *Recherches de science religieuse*, Paris, 1910 sqq.
RTAM = *Recherches de théologie ancienne et médiévale*, Louvain, Mont-César, 1929 sqq.

G. SANDERS & M. VAN UYTFANGHE = G. SANDERS & M. VAN UYTFANGHE, *Bibliographie signalétique du Latin des Chrétiens*, Turnhout, 1989 (CC, *Lingua Patrum*, i).
SC = *Sources Chrétiennes*, Paris, 1941 sqq.
SCHALLER & KÖNSGEN = D. SCHALLER & E. KÖNSGEN, *Initia Carminum Latinorum saec. xi antiquiorum*, Göttingen, 1977.
SCHANZ = M. SCHANZ, [C. HOSIUS & G. KRÜGER], *Geschichte der römischen Literatur*, München, t. iii (ed. 3ª), 1922 [numeris uncis inclusis remittuntur lectores ad editionem antecedentem (1905), longe

locupletiorem]; iv, 1 (ed. 2ª), 1914; iv, 2, 1920 (*Handbuch der klassischen Altertumswissenschaft*, viii) [semper reuocatur lector, non ad numeros, sed ad paginas]. Vide etiam R. HERZOG & P. L. SCHMIDT.

W. SCHNEEMELCHER (editor), *Bibliographia Patristica*, i sqq., Berlin, 1959 sqq.

C. SCHOENEMANN, *Bibliotheca historico-literaria Patrum Latinorum*, i-ii, Leipzig, 1792-1794.

Scriptorium = *Scriptorium. Revue internationale des études relatives aux manuscrits*, Bruxelles, 1946 sqq.

SE = *Sacris Erudiri. Jaarboek voor Godsdienstwetenschappen*, Steenbrugge, 1948 sqq.

A. SIEGMUND, *Die Überlieferung der griechischen christlichen Literatur in der lateinischen Kirche bis zum zwölften Jahrhundert*, München, 1949 (*Abhandlungen der bayerischen Benediktiner-Akademie*, v).

STEGMÜLLER = F. STEGMÜLLER, *Repertorium Biblicum Medii Aeui*, i sqq., Madrid, 1950 sqq., cum duobus Supplementis (conspectus utilis operum et nonnullorum codicum).

Stud. Med. = *Studi Medievali, 3ª serie*, Spoleto, 1960 sqq.

Stud. Mon. = *Studia Monastica*, Montserrat, i sqq., 1959.

Stud. Patr. = *Studia Patristica. Papers presented to the Second International Conference on Patristic Studies* [Oxford 1955], edid. by K. ALAND, F. L. CROSS & E. A. LIVINGSTONE, i-ii, Berlin, 1957 sqq. (TU, lxiii sqq.).

StT = *Studi e Testi*, Città del Vaticano, 1900 sqq.

Studien & Mitteil. OSB = *Studien und Mitteilungen aus dem Benediktiner und Cistercienser Orden*, Raigern, 1880 sqq. (seit 1911: *Studien und Mitteilungen zur Geschichte des Benediktinerordens*).

J. SVENNUNG, *Untersuchungen zu Palladius und zur lateinischen Fach- und Volkssprache*, Uppsala, 1935.

TA = *Texte und Arbeiten*, Beuron, 1917 sqq.

Thesaurus Linguae Latinae. Index. Editio altera, curantibus D. KRÖMER & C. G. VAN LEIJENHORST, Leipzig, 1990.

ThLz = *Theologische Literaturzeitung*, Berlin, 1875 sqq.

ThRev = *Theologische Revue*, Münster, 1902 sqq.

THORNDIKE & KIBRE = L. THORNDIKE & P. KIBRE, *Catalogue of Incipits of Mediaeval Scientific Writings in Latin. Revised and Augmented Edition*, London, 1963.

Traditio = *Traditio. Studies in Ancient and Medieval History, Thought and Religion*, New York, 1943 sqq.

TSt = *Texts and Studies. Contributions to Biblical and Patristic Literature*, Cambridge, 1891 sqq.

TU = *Texte und Untersuchungen zur Geschichte der altchristlichen Literatur*, Leipzig, 1882 sqq.

USSANI = V. USSANI, *Index Latinitatis Italiae medii aeui antiquioris*, in ALMA, vi, 1931, p. 1-96.

A. VACCARI, *Scritti di erudizione e di filologia*, i-ii, Roma, 1952-1958.
J. VAN HAELST, *Catalogue des Papyrus littéraires juifs et chrétiens*, Paris, 1976, p. 363-367; 373-375: *Textes Latins*.
M. VATTASSO, *Initia Patrum*, i-ii, Roma, 1906-1908 (StT, xvi-xvii).
VC = *Vigiliae Christianae. A Review of Early Christian Life and Language*, Amsterdam, 1947 sqq.
Vet. Christ. = *Vetera Christianorum*, Bari, 1964 sqq.

WALTHER = H. WALTHER, *Alphabetisches Verzeichnis der Versanfänge mittellateinischer Dichtungen* (*Carmina Medii Aeui posterioris latina*, i), Göttingen, 1959.
C. WEYMAN, *Beiträge* = C. WEYMAN, *Beiträge zur Geschichte der christlich-lateinischen Poesie*, München, 1926.
WklPh = *Wochenschrift für klassische Philologie*, Berlin, 1893-1920.
WSt = *Wiener Studien. Zeitschrift für classische Philologie*, Wien, 1878 sqq.

ZKG = *Zeitschrift für Kirchengeschichte*, Gotha, 1876 sqq.
ZkTh = *Zeitschrift für katholische Theologie*, Innsbruck, 1877 sqq.
ZntW = *Zeitschrift für die neutestamentliche Wissenschaft und die Kunde der älteren Kirche*, Gießen, 1900 sqq.

INDEX ABBREVIATIONVM

a. c. = articulus citatus.
Cod. = Codex; codices.
Ed. = Editio, editiones.
Emend. = Emendatio; emendationes.
Exc. = Excerptum; excerpta.
f° = folium; folia.
Inc. = Incipit.
l. = liber; libri.
l. c. = locus citatus.
n. s. = noua series, nouvelle série, neue Folge cet.
o. c. = opus citatus.
Sb. = Sitzungsberichte, philologisch-historische Klasse.
t = tomus.
t. c. = tomus citatus.
Text. bibl. = Textus biblicus.
Trad. text. = Traditio textus («Überlieferungsgeschichte»).
Var. lect. = Variae lectiones.

I. SCRIPTORES ANTENICAENI

TERTVLLIANVS

floruit in Africa circa 197-220. — Cfr R. BRAUN, *Deus Christianorum. Recherches sur le Vocabulaire doctrinal de Tertullien*, Paris, 1977²; ID., *Approches de Tertullien*, Paris, 1992.

Studia litterarum uberrima sunt, uide breue et utilissimum summarium apud J. H. WASZINK, *Tertullianus. De anima*, Amsterdam, 1947, p. 597-620; uel in CC, i, 1954, p. x-xxv; uel apud G. SANDERS & M. VAN UYTFANGHE, p. 122-128, dum inde ab anno 1976 traditur in RÉAug pretiosissima *Chronica Tertullianea*, cura et studio R. BRAUN, J.-Cl. FREDOUILLE, P. PETITMENGIN. Cfr R. BRAUN, *État des travaux sur la langue de Tertullien (1960-1975)*, dans ID., *Approches* etc., p. 301-319.

Cod. cfr CC, i, 1954: tabula ii; addatur: Bremen, f° 4: *Correct. in Tertullianum*. Vide et P. PETITMENGIN, *Le Tertullien de Fulvio Orsini*, in *Eranos*, lix, 1961, p. 116-135; ID., *John Leland, Beatus Rhenanus et le Tertullien de Malmesbury*, in *Stud. Patr.*, xviii, 2, 1989, p. 53-60.

Critica: H. HOPPE, *Syntax und Stil des Tertullian*, Leipzig, 1903; G. THÖRNELL, *Studia Tertullianea*, i-iv, Uppsala, 1918-1926; E. LÖFSTEDT, *Zur Sprache Tertullians*, Lund, 1920; H. HOPPE, *Beiträge zur Sprache und Kritik Tertullians*, Lund, 1932; Chr. MOHRMANN, *Observations sur la langue et le style de Tertullien*, in *Nuovo Didaskaleion*, iv, 1950/51, p. 41-54 (= *Études*, ii, 1961, p. 235-246); V. BULHART, *De sermone Tertulliani*, in CSEL, lxxvi, 1957, p. ix-lvi; ID., in *Sb. Wien*, 1957, 231.Heft.

Trad. text.: A. HARNACK, *Tertullian in der Literatur der alten Kirche*, in *Sb Berlin*, 1895, p. 545-579 (= *Kleine Schriften*, i, Leipzig, 1980, p. 247-271); P. LEHMANN, *Tertullian im Mittelalter*, in *Hermes*, lxxxvii, 1959, p. 231-244 (= *Erforschung des Mittelalters*, v, Stuttgart, 1962, p. 184-199); N. LABARDI, in *Orpheus*, n. s., ii, 1981, p. 380-396.

Emend.: P. PETITMENGIN, *Errata Tertullianea*, in *Autour de Tertullien. Hommage à R. Braun*, ii, Nice, 1991, p. 35-46; G. STRAMONDO, in *Nuovo Didaskaleion*, xiv, 1964, p. 5-19; C. TIBILETTI, in *Annali Univ. Lecce*, vii, 1974, p. 339-349; ID., in *Giornale ital. de filol.*, n. s., viii, 1976, p. 169-180.

Fontes: St. OŚWIECIMSKI, *De scriptorum Romanorum uestigiis apud Tertullianum obuiis quaestiones selectae*, Kraków, 1951; H. HAGENDAHL, *Von Tertullian zu Cassiodor*, Göteborg, 1983, p. 12-24.

Ed. princeps: cfr P. Petitmengin, *Comment on imprimait à Bâle au début du XVIe siècle. A propos du «Tertullien» de Beatus Rhenanus (1521)*, in *Ann. Soc. Amis Biblioth. de Sélestat*, 1980, p. 93-106.

Latinitas: H. Hagendahl, *l. supra c.*; R. Uglione, *Innovazioni morfologiche, semantiche, lessicali di matrice fonica in Tertulliano*, in *Civiltà classica e crist.*, xii, 1991, p. 143-172.

Index uerborum: G. Claesson, *Index Tertullianeus*, i-iii, Paris, 1974/75.

Alia opella infra inuenies sub singulis titulis. Ipsa opuscula recensentur ordine chronologico ut generaliter admissus erat tempore primae editionis huius *Clauis* (1951).

OPERA CATHOLICA

1 **Ad martyras** (*SCHANZ*, iii, 283 [291])   PL, i, 619 (691)

CC, i, 1954, p. 1-8 — Dekkers; CSEL, lxxvi, 1957, p. 1-8 — Bulhart; A. Quacquarelli, Roma, 1963.

Emend.: L. Alfonsi, in *Aeuum*, xxviii, 1954, p. 555; Id., in *In memoriam A. Beltrami*, Genova, 1954, p. 39-49; M. van den Hout, in Mn, IV, viii, 1955, p. 168; F. Sciuto, *Tertulliano. Tre opere parenetiche*, Catania, 1961, p. 3-18; R. Braun, *Sur la date, la composition et le texte de l'Ad martyras de Tertullien*, in RÉAug, xxix, 1978, p. 221-242 (= R. Braun, *Approches*, p. 157-178).

Var. lect. e cod. Vaticanis lat. 189, 190, 191 et Vrbin. 64 adnotauit Gratianus a S. Teresia, in *Ephem. Carmelitanae*, vii, 1956, p. 304-310.

Critica in uol. lxxvi CSEL: F. Sciuto, in *Orpheus*, n. s., v, 1958, p. 164-171.

2 **Ad nationes libri ii** (*SCHANZ*, iii, 275 [283])   PL, i, 559 (629); CSEL, xx

ibid., p. 9-75 — Borleffs.   59

Emend.: M. van den Hout, *l. c.*, p. 168 sq.; D. Kuijper, in VC, viii, 1954, p. 78-82; E. Evans, in VC, ix, 1955, p. 37-44; A. Schneider, *Le premier livre Ad Nationes de Tertullien*, Rome, 1968; B. Vine, in *Glotta*, lxix, 1991, p. 235-242 (cfr R. Braun, in RÉAug, xl, 1994, p. 480 sq.)

Fontes: C. Bammel, *a. c.* (n. 37); Cl. Weidmann, *Unentdeckte Dichterimitationen in Tertullians Ad Nationes*, in WSt, cvii/cviii, 1994, p. 467-480.

Index uerborum: J. Borleffs, ad calcem prioris suae editionis, Leiden, 1929, p. 92-155.

3 **Apologeticum** (duplex recensio) (*SCHANZ*, iii, 278 [287]) PL, i, 257
ibid., p. 77-171 — DEKKERS. (305);
CSEL, lxix,
Fontes: J.-M. VERMANDER, *De quelques répliques à Celse dans* i
l'Apologeticum de Tertullien, in RÉAug, xvi, 1970, p. 205-225.

Trad. text.: P. FRASSINETTI, *Nuovi studi sul testo dell'«Apologeticum»*, in *Rendic. Reale Istit. Lombardo*, ser. ii, t. xci, 1957, p. 3-122; ID., in editione sua (Torino, 1965) (cfr R. BRAUN, in *Latomus*, xxvi, 1967, p. 828-829); M. PELLEGRINO, *Ancora sulla duplice redazione dell'Apologeticum*, in *Hist. Jahrb.*, lxxvii, 1958, p. 370-382; W. BÜHLER, in *Philologus*, cix, 1965, p. 121-133; P. FRASSINETTI, in *Le Parole e le Idee*, vii, 1965, p. 199-204. Cfr etiam C. BECKER, *Tertullian. Apologeticum [die beiden Fassungen]*, München, 1952; ID., *Tertullians Apologeticum. Werden und Leistung*, München, 1954.

Emend.: H. SCHMECK, in *Gnomon*, xxvi, 1954, p. 410-412; C. BECKER, in ThRev, liii, 1957, col. 172-174; M. D. REEVE, in *Class. Rev.*, xx, 1970, p. 134-136.

Latinitas: C. CLASSEN, in *Voces*, iii, 1992, p. 93-107.

Index uerborum: P. HENEN, *Index uerborum quae Tertulliani Apologetico continentur*, Louvain-Paris, 1910.

4 **De testimonio animae** (*SCHANZ*, iii, 282 [291]) PL, i, 608
C. TIBILETTI, Torino, 1959 (altera ed. reducta, Firenze, 1984). (681);
CSEL, xx,
Emend.: A. SCHNEIDER, in *Autour de Tertullien. Hommage à R.* 134; CC, i,
Braun, ii, Nice, 1991, p. 91-95. 173

Fontes: G. QUISPEL, *Tertulliani de testimonio animae, additis locis quibusdam ad naturalem Dei cognitionem pertinentibus*, Leiden, 1952; J. H. WASZINK, in *Paradoxos politeia. Studi patristici in onore G. Lazzati*, Milano, 1979, p. 178-184.

5 **De praescriptione haereticorum** (*SCHANZ*, iii, 291 [301]) PL, ii, 9;
CC, i, p. 187-224 — REFOULÉ. CSEL, lxx,
i
Emend.: R. F. REFOULÉ, in sua editione cum uersione gallica, Paris, 1957 (SC, xlvi).

Fontes: A. VACCARI, *Scritti*, ii, p. 4-5.

Index uerborum: Aem. MICHIELS, Steenbrugge, 1959 (*Instr. Patr.*, i).

6 **De spectaculis** (*SCHANZ*, iii, 283 [292]) PL, i, 627
ibid., p. 227-253 — DEKKERS; SC, cccxxxii, 1986 — TURCAN. (701);
CSEL, xx, 1
Emend.: Chr. SCHÄUBLIN, in WSt, xciv, 1981, p. 205-209; M. G. MOSCI SASSI, in *Res Publica Litterarum*, xii, 1989, p. 139-143; E. PERUZZI, in *La Parola del Passato*, xliv, 1989, p. 186-187; P. A. GRAMAGLIA, in *Riv. Stor.*

Letter. Relig., xxv, 1989, p. 342-351; P. NAUTIN, in *Autour de Tertullien. Hommage à R. Braun*, ii, Nice, 1991, p. 47-49.

Critica: P. PETITMENGIN, in RÉAug, xxxiii, 1987, p. 302-304.

7 **De oratione** (*SCHANZ*, iii, 287 [297]; *STEGMÜLLER*, 7974)

ibid., p. 257-274, uel *Stromata patristica et mediaeualia*, iv, Utrecht, 1956 — DIERCKS.

PL, i, 1149 (1249); CSEL, xx, 180

Emend.: L. ALFONSI, in *Conuiuium*, n. s., xxix, 1961, p. 641-647.

8 **De baptismo** (*SCHANZ*, iii, 287 [296])

ibid., p. 277-295 — BORLEFFS; B. LUISELLI, Torino, 1968[2].

PL, i, 119 (1305); CSEL, xx, 201

Emend.: G. D. KILPATRICK, in JTS, n. s., xvi, 1965, p. 127-128; B. BOTTE, in *EPEKTASIS. Mélanges J. Daniélou*, Paris, 1972, p. 17-20; L. ABRAMOWSKI, in VC, xxxi, 1977, p. 191-195.

9 **De patientia** (*SCHANZ*, iii, 289 [299])

ibid., p. 299-317 — BORLEFFS; SC, cccx, 1984 — FREDOUILLE.

PL, i, 124 (1359); CSEL, xlv, I

Emend.: J. BAUER, in *Kyriakon. Festschr. J. Quasten*, ii, Münster, 1970, p. 508-510.

Index uerborum: H. QUELLET, Hildesheim, 1988.

10 **De paenitentia** (*SCHANZ*, iii, 288 [298])

ibid., p. 321-340, uel CSEL, lxxvi, 1957, p. 129-170 (cum apparatu locupletiore) — BORLEFFS; SC, cccxvi, 1984 — MUNIER.

PL, i, 122 (1335)

Emend.: H. J. VOGT, in VC, xxxviii, 1984, p. 196-199 (cfr attamen Ch. MUNIER, *o. c.*, p. 232; ID., in VC, *t. c.*, p. 313-318).

Index uerborum: J. BORLEFFS, in Mn, II, lx, 1933, p. 254-316.

11 **De cultu feminarum** (*SCHANZ*, iii, 285 [294])

ibid., p. 343-370 — KROYMANN (1942), emendatus; SC, clxxiii, 1971 — TURCAN; uel S. ISETTA, Fiesole, 1986 (*Bibl. Patristica*, vi).

PL, i, 130 (1417); CSEL, lxx, 59

Emend.: G. THÖRNELL, in *Gnomon*, xxv, 1953, p. 104-106; R. BRAUN, in SE, vii, 1955, p. 35-48 (= *Approches de Tertullien*, Paris, 1992, p. 231-244); A. GERLO, in sua uersione neerlandica, Antwerpen, 1955.

Cfr J.-Cl. FREDOUILLE, in *Via Latina*, cxxi, 1991, p. 37-42.

Index uerborum: H. QUELLET, Hildesheim, 1986.

12 **Ad uxorem** (SCHANZ, iii, 291 [299]) PL, i, 1273
SC, cclxxiii, 1980 — MUNIER. (1385);
CSEL, lxx,
Critica: J. H. WASZINK, in VC, xxxv, 1981, p. 290-298; P. PETITMENGIN, 96; CC, i,
in RÉAug, xxviii, 1982, p. 293. 373

13 **Aduersus Hermogenem** (SCHANZ, iii, 306 [318]) PL, ii, 195
J. H. WASZINK, Utrecht, 1956 (*Stromata*, v). (219);
CSEL, xlvii,
Emend.: A. QUACQUARELLI, in *Miscell. G. Belvederi*, Città del Vatic., 126; CC, i,
1954/55, p. 187-197; O. HILTBRUNNER, in VC, x, 1956, p. 215-228. 395

OPERA MONTANISTICA

14 **Aduersus Marcionem** (SCHANZ, iii, 310 [323]) PL, ii, 239
SC, ccclxv, ccclxviii, cccic, 1990/94 — BRAUN. (263);
CSEL, xlvii,
Libri iv et v nondum euulgati sunt in SC; leguntur in editione Kroy- 290; CC, i,
manniana, CC, i, p. 544-716, uel potius in editione Claudii MORESCHINI, 437
Milano, 1971.

Cod.: Budapest, Univ. 10, a° 1468 (cfr L. MEZEY, *Codices Latini Medii Aeui Bibl. Vniu.*, Budapest, 1961, p. 30-31).

15 **De pallio** (SCHANZ, iii, 299 [310]; *CPPM*, ii, 1617) PL, ii, 1029
CC, ii, 1954, p. 733-750 — GERLO; CSEL, lxxvi, p. 104-126 — (1084)
BULHART.

Emend.: W. B. SEDGWICK, in VC, xxii, 1968, p. 94-95.

Vide etiam edit. J. MARRA, Torino, 1954, et S. COSTANZA, Napoli, 1968.

Cfr G. SÄFLUND, *De pallio und die stilistische Entwicklung Tertullians*, Lund, 1955.

16 **Aduersus Valentinianos** (SCHANZ, iii, 307 [319]) PL, ii, 523
ibid., p. 753-778 — KROYMANN (1906), emendatus; SC, (569);
CSEL, xlvii,
cclxxx-cclxxxi, 1980/81 — FREDOUILLE. 177

Critica: R. BRAUN, in RÉAug, xxviii, 1982, p. 189-200 (= *Approches de Tertullien*, Paris, 1982, p. 179-190).

17 **De anima** (SCHANZ, iii, 317 [331]) PL, ii, 641
ibid., p. 781-869 — WASZINK. (687);
CSEL, xx,
Fontes: C. TIBILETTI, *Seneca e la fonte di un passo di Tertulliano* [*De* 298
anima, 41], in *Riv. di filol. classica*, xxxv, 1957, p. 256-260.

Index uerborum: J. WASZINK, Bonn, 1935.

18 **De carne Christi** (SCHANZ, iii, 321 [336])

 ibid., p. 873-917 — KROYMANN (1942), emendatus; SC, ccxvi-ccxvii, 1975 — MAHÉ.

 Trad. text.: J. LEMARIÉ, in RÉAug, xxvii, 1981, p. 299-300.

 Fontes: K. HOLL, *Das Apokryphon Ezechiel*, in *Gesamm. Schriften*, ii, Tübingen, 1927, p. 33-43; J. BAUER, in ZntW, xlvii, 1956, p. 284-285.

PL, ii, 751 (799); CSEL, lxx 189

19 **De resurrectione mortuorum** (SCHANZ, iii, 322 [337])

 ibid., p. 921-1012 — BORLEFFS.

 Emend.: E. EVANS, in *Stud. Patr.*, i, 1957, p. 32-36; Cl. MICAELLI, in *Vet. Christ.*, xxvi, 1989, p. 275-286.

 Cfr P. SINISCALCO, *Ricerche sul «De resurrectione» di Tertulliano*, Roma, 1966; B. POUDERON, *Athénagore et Tertullien sur la résurrection*, in RÉAug, xxxv, 1989, p. 209-230.

PL, ii, 79 (841); CSEL, xlv 25

20 **De exhortatione castitatis** (SCHANZ, iii, 301 [313])

 ibid., p. 1015-1035 — KROYMANN (1942), emendatus; SC, cccxix, 1985 — MORESCHINI.

 Emend.: C. TIBILETTI, in *Maia*, x, 1958, p. 209-219; P. NAUTIN, in *Orpheus*, n. s., xi, 1990, p. 112-116; H. V. FRIEDRICH, *Tertullian, De exhortatione castitatis*, Stuttgart, 1990 (cfr J.-Cl. FREDOUILLE, in RÉAug, xxxviii, 1992, p. 358-360).

 Index uerborum: H. QUELLET, Hildesheim, 1992.

PL, ii, 91 (963); CSEL, lxx 125

21 **De corona** (SCHANZ, iii, 296 [306])

 J. FONTAINE, *Q. S. F. Tertullianus, De Corona*, Paris, 1966; F. RUGGIERO, *Tertulliano de Corona*, Milano, 1992.

 Emend.: G. THÖRNELL, in *Gnomon*, xxv, 1953, p. 104-106.

 Index uerborum: H. QUELLET, Hildesheim, 1975.

PL, ii, 73 (93); CSE lxx, 153; CC, ii, 1

22 **Scorpiace** (SCHANZ, iii, 298 [309])

 G. AZZALI BERNARDELLI, Firenze, 1990.

 Cod., trad. text.: G. AZZALI BERNARDELLI, *Quaestiones Tertullianeae*, Mantova, 1990 (*Bibl. Patristica*, xiv).

 Fontes: A. VACCARI, *Scritti*, ii, p. 7-11.

 Emend.: P. PETITMENGIN, in RÉAug, xxxvii, 1991, p. 342-344; P. A. GRAMAGLIA, in *Riv. stor. letter. relig.*, xxvii, 1991, p. 535-552.

PL, ii, 12 (143); CSEL, xx 144; CC, 1069

23 **De idololatria** (*SCHANZ*, iii, 285 [293])
   J. H. WASZINK & J. C. M. VAN WINDEN, Leiden, 1987.

24 **Ad Scapulam** (*SCHANZ*, iii, 297 [308])
   CC, ii, p. 1127-1132 — DEKKERS; CSEL, lxxvi, p. 9-16 — BULHART.
   Emend.: J. H. WASZINK, in VC, xiii, 1959, p. 46-57.
   De editione Antonii QUACQUARELLI, Tornaci, 1957, uide J. H. WASZINK, in VC, xiii, 1959, p. 60-64.

25 **De fuga in persecutione** (*SCHANZ*, iii, 298 [308])
   ibid., p. 1135-1155 — THIERRY; CSEL, lxxvi, p. 17-43 — BULHART.
   Cfr etiam edit. Iosephi MARRA, Torino, 1954.
   Index uerborum: J. THIERRY, ad calcem prioris suae editionis, Hilversum, 1947, p. 233-262.

26 **Aduersus Praxean** (*SCHANZ*, iii, 314 [328])
   G. SCARPAT, Torino, 1959 (*Bibl. Loescheriana*); ed. altera, 1985 (*Corona Patrum*, xii).
   Emend.: B. BOTTE, in BTAM, vi, p. 19, n. 46; G. C. STEAD, in JTS, n. s., xiv, 1963, p. 65, adn. 1.
   Text. bibl.: S. ROSSI, in *Giorn. ital. di filol.*, xiii, 1960, p. 249-260.

27 **De uirginibus uelandis** (*SCHANZ*, iii, 301 [312])
   G. F. DIERCKS, Utrecht, 1956 (*Stromata*, iv); CSEL, lxxiv, p. 79-103 — BULHART.
   Emend.: E. SCHULZ-FLUGEL, *Q. S. F. Tertulliani de uirginibus uelandis*, Göttingen, 1977.

28 **De monogamia** (*SCHANZ*, iii, 302 [313])
   CC, ii, p. 1229-1253 — DEKKERS; CSEL, lxxvi, p. 44-78; 126 — BULHART; SC, cccxliii, 1988 — MATTEI; *Corona Patrum*, xv, Torino, 1993 — UGLONE.
   Emend.: R. BRAUN, in *Texte und Textkritik*, Berlin, 1987 (= TU, cxxxiii), p. 53-56 (= *Approches de Tertullien*, Paris, 1992, p. 215-218); P. PARRONI, in *Rev. filol. istruz. class.*, cxvii, 1989, p. 329-331; R. UGLONE, in *Civiltà classica e cristiana*, xii, 1991, p. 143-172.
   Critica: P. PETITMENGIN, in RÉAug, xxxv, 1989, p. 315-317; P. VARALDA, in *Salesianum*, lvi, 1994, p. 557-561 (tractat de editione Pauli Mattei).

PL, i, 661 (737); CSEL, xx, 30; CC, ii, 1101

PL, i, 697 (775)

PL, ii, 101 (123)

PL, ii, 153 (175); CSEL, xlvii, 227; CC, ii, 1159

PL, ii, 887 (936); CC, ii, 1207

PL, ii, 929 (979)

29 **De ieiunio** (SCHANZ, iii, 302 [314])

    ibid., p. 1257-1277 — REIFFERSCHEID-WISSOWA (1890), emendati.

PL, ii, 953 (1003); CSEL, xx, 274

30 **De pudicitia** (SCHANZ, iii, 303 [315])

    SC, cccxciv/cccxcv, 1993 — MUNIER & MICAELLI.

    Trad. text.: P. LEHMANN, *o. c.* [ante n. 1], p. 191.

    Fontes: P. KESELING, *Aristoteles bei Tertullian* [*Pudic. i*, 1]?, in *Philos. Jahrb.*, lvii, 1947, p. 256-257.

PL, ii, 979 (1031); CSEL, xx, 219; CC, 1281

31 **De fato** (fragm. apud FVLGENTIVM MYTHOGRAPHVM, *Expositio sermonum antiquorum* [n. 851], 16) (SCHANZ, iii, 325 [341])

    ibid., p. 1333.

PL, ii, 112 (1183)

31*a* **Aduersus Apelleiacos** (fragm. apud AVGVSTINVM, *De haeresibus* [n. 314], 23 app., et apud HIERONYMVM, *Comm. in Gal.* [n. 591], i, 8) (SCHANZ, iii, 323 [339])

    ibid., p. 1333-1334.

    Fragm. additur a J.-P. MAHÉ, in RÉAug, xvi, 1970, p. 3-24 (specialiter p. 13 et 24, adn. 81).

PL, xlii, 3 adn. 1; xxvi, 320 (344); CC xlvi, 300

31*b* **De exstasi** (fragm. apud «*Praedestinatum*» [n. 243], i, 26) (SCHANZ, iii, 325 [341])

    ibid., p. 1334-1335.

PL, liii, 5

31*c* **De censu animae contra Hermogenem** (?) (fragm. apud «*Praedestinatum*» [n. 243], i, 60) (SCHANZ, iii, 324 [340])

    ibid., p. 1335-1336.

PL, liii, 6

31*d* **Ad amicum philosophum de angustiis nuptiarum** (?) (fragm. apud HIERONYMVM, *Epist.* 85, 5 [n. 620]) (SCHANZ, iii, 327 [343])

    ibid., p. 1336.

    Alia fragmenta fortasse seruauit HIERONYMVS in *Adu. Iouinianum*, cfr P. FRASSINETTI, *Gli scritti matrimoniale di Seneca e Tertulliano*, in *Rendic. Reale Istit. Lombardo*, ser. ii, t. lxxxviii, 1955, p. 151-188; uide tamen Y.-M. DUVAL, in *Autour de Tertullien. Hommage à R. Braun*, ii, Nice, 1991, p. 161-176.

PL, xxii, 753; CSEL lv, 137

31*e* **De paradiso** (?) (fragm. apud AVGVSTINVM, *De haeresibus* [n. 314], 86) (SCHANZ, iii, 323 [339])

    ibid., p. 1336.

PL, xlii,

DVBIA

32 **Passio SS. Perpetuae et Felicitatis** (text. lat. et graecus una cum **Actibus** earundem in duplici recensione) (SCHANZ, iii, 440 [478]; *BHL*, 6633-6635; *BHG*, 1482)

PL, iii, 13

C. VAN BEEK, Nijmegen, 1956².

Acta specialiter examinantur a J. W. HALPORN, in VC, xlv, 1991, p. 223-241.

Emend.: G. LAZZATI, in *Aeuum*, xxx, 1956, p. 30-35.

Index uerborum: C. VAN BEEK, *o. c.*, p. 77-159.

Textum latinum originalem putant V. REICHMANN, *Römische Literatur in griechischer Übersetzung*, Leipzig, 1913, p. 101-130, et partim Å. FRIDH, *Le problème de la Passion des Saintes Perpétue et Félicité*, Göteborg, 1968, in clausulis praecipue se innitens; Tertulliano uero tribuit, licet dubitanter, H. J. FREDE (p. 80).

Opellum Tertulliano abiudicauit E. RUPPRECHT (*Bemerkungen zur Passio SS. Perpetuae et Felicitatis*, in RhM, xc, 1941, p. 177-192), nonnullas quoque textus emendationes proponens, praesertim in recensione graeca; uide etiam eiusdem auctoris animaduersiones in recensionem Vanbeekianam in *Gnomon*, xvi, 1940, p. 143 sq. Item Tertulliano abiudicauerunt et, licet dubitanter, POMPONIVM DIACONVM auctorem proponit R. BRAUN, in RÉL, xxxiii, 1955, p. 79-81; ID., in VC, xxxiii, 1979, p. 105-117 (= *Approches de Tertullien*, Paris, 1992, p. 287-299); uel alium auctorem coaeuum J. CAMPOS, in *Helmantica*, x, 1959, p. 357-381, et Å. FRIDH, *o. c.*, p. 46-83.

33 **Aduersus Iudaeos** (SCHANZ, iii, 292 [302])

PL, ii, 595 (635); CSEL, lxx, 251

CC, ii, 1954, p. 1337-1396 = KROYMANN (1942); H. TRÄNKLE, *Q. S. F. Tertulliani Aduersus Iudaeos*, Wiesbaden, 1984.

Emend.: M. MARIN, in *Vet. Christ.*, xxii, 1985, p. 317-329.

Sitne genuinus hic tractatus, adhuc lis est, uide e. g. P. CAPELLE, *Le psautier latin en Afrique*, Roma, 1913, p. 6-7, adn. 1; ID., in BTAM, iv, 1943, p. [8] sq.; H. KOCH, in *Theol. Studien u. Kritiken*, ci, 1929, p. 462 sq.; G. QUISPEL, *De bronnen van Tertullianus' Aduersus Marcionem*, Utrecht, 1943, p. 61-79; genuinum esse propugnant G. SÄFLUND, *o. c.* (n. 15) et H. TRÄNKLE; saltem excerpta biblica genuina non esse aestimat H. J. FREDE, p. 766.

34 **Aduersus omnes haereses.** Inc. «Quorum haereticorum» (SCHANZ, iii, 327 [344]; 406 [437]; *HERZOG & SCHMIDT*, 574, 3; *CPPM*, ii, 1621)

PL, ii, 61 (74); CSEL, xlvii, 213

ibid., p. 1401-1410 = KROYMANN (1906).

SPVRIA

Iuxta E. Schwartz, in *Sb. München*, 1936, 3. Heft, p. 38-45, VICTORINVS POETOVIONENSIS hoc opusculum e graeco latine reddidit atque paulum mutauit in sensum antiorigenisticum; textus uero graecus a ZEPHYRINO PAPA uel a quodam Zephyrini coaetaneo confectus est; e contra G. Bardy, in DTC, xv, 1950, col. 2885.

35 **De exsecrandis gentium diis.** Inc. «Tantum cecitatis inuasit genus humanum» (*SCHANZ*, iii, 326 [344]; *CPPM*, ii, 1625)   PL, ii, 1115 (1173)

ibid., p. 1413-1415 — Willems.

De **aetate**, cfr H. Koch, in RhM, lxxviii, 1929, p. 220 sq.; attamen saec. vi uidetur.

36 **Carmen aduersus Marcionitas.** Inc. «Impietas profunda mali» (*SCHANZ*, iv, 1, 223; *SCHALLER & KÖNSGEN*, 7806; *CPPM*, ii, 1218. 1621 a)   PL, ii, 1052 (1110)

K. Pollmann, Göttingen, 1991.

Critica: C. Rambaux, in RÉAug, xviii, 1972, p. 43-45; A. Font Taume, *Studia Tertulliana: el Carmen aduersus Marcionitas*, Barcelona, 1986.

Saec. v mediante.

Alia spuria uide in *Indice* i

MINVCIVS FELIX

Vtrum confecerit opusculum suum ante an post Tertullianum, a saeculis iam dissentiunt eruditi. Scripsit Romae circa 225, ita B. Axelson, *Das Prioritätsproblem Tertullian-Minucius Felix*, Lund, 1941, p. 119, uel etiam sub Diocletiano, saltem post Tertulliani *de corona* (a° 212), cfr J. G. Préaux, in *Latomus*, xiv, 1955, p. 262-270; A. M. Kurfess, in *Orpheus*, n. s., i, 1954, p. 125-132; uel certe post *Apologeticum* et *De testimonio animae*, cfr A. Klotz, in *Würzb. Jahrb. f. die Altertumswissenschaft*, iv, 1949/50, p. 379-381; C. Becker, *Tertullians Apologeticum. Werden und Leistung*, München, 1954, p. 307-332; C. Tibiletti, in *Atti Accad. Torino*, xci, 1956/57, p. 60-72; Id., *Q. S. Fl. Tertulliani de testimonio animae*, Torino, 1959, p. 174-180; Id., in *Hommage à R. Braun*, ii, Nice, 1991, p. 25-34; uel post *Ad nationes*, cfr H. J. Frede, p. 646.

Alii nonnulli minore cum probabilitate Minucium antiquiorem censent, e. g. J. Borleffs, in *Museum. Maandblad voor philologie en geschiedenis*, l, 1943, col. 216 sq.; E. Paratore, in *Ricerche Religiose*, xviii, 1947, p. 133-159; G. Quispel, in VC, iii, 1949, p. 113-122; Id., in *Eranos Jahrb.*, xviii, 1950, p. 173-182; Id., in *Latomus*, x, 1951, p. 163-169; R. Helm, in *Wissensch. Zeitschr. Univ. Rostock, Gesellschafts- und*

Sprachwissenschaft, ii, 1953, p. 88-91; S. Rossi, *L'«Octavius» fu scritto prima del 161*, in *Giornale ital. di filol.*, xii, 1959, p. 289-304.

37 **Octauius** (SCHANZ, iii, 262 [267])

B. Kytzler, Leipzig, 1982.

PL, iii, 231 (240);
CSEL, ii, 3

Cod.: cfr Y.-M. Duval, in *Latomus*, xlv, 1986, p. 87 sqq.

Emend.: G. L. Carver, in *Stud. Patr.*, xv, 1984, p. 50-54; L. Håkanson, in *Eranos*, lxxxiii, 1985, p. 84-86; M. Brozek, in *Eos*, lxxvii, 1989, p. 45-51.

Fontes: J.-M. Vermander, *Celse, source et adversaire de Minucius Felix*, in RÉAug, xvii, 1971, p. 13-25; C. Bammel, *Die erste lateinische Rede gegen die Christen* (Fronto), in ZKG, civ, 1993, p. 296-311.

Latinitas: H. Hagendahl, *Von Tertullian zu Cassiodor*, Göteborg, 1983, p. 24-29.

Clausulae: K. Müller, in *Mus. Helueticum*, xlix, 1992, p. 57-73.

Index uerborum: J. P. Waltzing, *Lexicon Minucianum*, Liège, 1909; B. Kytzler & D. Najock, *Concordantia in Minucii Felicis Octauium*, Hildesheim, 1991.

37a **De fato** uel **Contra mathematicos** (SCHANZ, iii, 262 [268])

Opus deperditum. Cfr J. G. Préaux, in *Latomus*, ix, 1950, p. 395-413.

CYPRIANVS EPISCOPVS CARTHAGINENSIS

floruit in Africa saec. iii medio.

Bibliographia selecta: CC, iii, 1972, p. xii-l, cum additamentis recensitis a J. Molager, in SC, ccxci, 1982, p. 67-92, et a G. Sanders & M. Van Uytfanghe, p. 46-49, et inde ab anno 1985 uide *Chronica ... Cyprianea*, auctoribus supra (p. 1) laudatis, additis S. Deléani et Fr. Dolbeau, in RÉAug, xxxii, 1986, p. 255-283.

Cod.: cfr epistularum studia apud Schanz, iii, p. 389-391 [414-415], praesertim H. von Soden, *Die cyprianische Briefsammlung*, Leipzig, 1904 (TU, xxv, 3); addatur: A. Souter, in *Bull. John Rylands Library*, v, 1918/20, p. 111-115; M. Bévenot, *Note sur le ms. de Morimond* [H] *contenant les oeuvres de S. Cyprien*, in RB, xliv, 1937, p. 191-195; A. Lawson, *The Shrewsbury MS. of Cyprian and Bachiarius*, in JTS, xliv, 1943, p. 56-58. Locupletissime de codicibus opusculorum S. Cypriani tractat M. Bévenot, *The Tradition of MSS. A Study in the Transmission of St Cyprian's Treatises*, Oxford, 1961; Id., in *Stud. Patr.*, x, 1970, p. 3-9; M. Simonetti, *Note sulla tradizione manoscritta di alcuni trattati di Cipriano*, in *Stud. Med.*, n. s., xii, 1971, p. 865-897; Cl. Moreschini, in *Studi Classic. Orientali*, xxi, 1972, p. 244-253; P. Petitmengin, in RHT, ii,

1972, p. 197-230; ID., in RHT, v, 1975, p. 97-136; B. LÖFSTEDT, *The «Veronensis deperditus» with Cyprian*, in *Aeuum*, lxvi, 1992, p. 147-148.

Cod., ed.: P. PETITMENGIN, in RHT, v, 1975, p. 97-136.

Emend., clausulae: G. MERCATI, *D'alcuni nuovi sussidi per la critica del testo di S. Cipriano*, in *Studi e documenti di storia e diritto*, xix, 1898, p. 321-363; xx, 1899, p. 61-88 (= OM, ii, p. 153-225); L. BAYARD, *Le latin de S. Cyprien*, Paris, 1902; E. DE JONGE, *Les clausules métriques dans S. Cyprien*, Louvain, 1905; H. VON SODEN, *Das lateinische Neue Testament zur Zeit Cyprians*, Leipzig, 1909 (TU, xxxiii); L. CASTIGLIONI, *Cyprianea*, in *Rendic. Reale Istit. Lombardo*, ser. ii, t. lxvi, 1933, p. 1071-1085; P. MERKX, *Zur Syntax der Kasus und Tempora in den Traktaten des hl. Cyprian*, Nijmegen, 1939; J. MOLAGER, *La prose métrique de Cyprien*, in RÉAug, xxvii, 1981, p. 226-244; H. HAGENDAHL, *Von Tertullian zu Cassiodor*, Göteborg, 1983, p. 29-32; L. D. STEPHENS, *Syllable Quantity in the Late Latin Clausulae*, in *Phoenix*, xl, 1986, p. 72-91; J.-Cl. FREDOUILLE, in *De Tertullien aux Mozarabes. Mélanges J. Fontaine*, i, Paris, 1992, p. 517-523.

Index uerborum: P. BOVET e.a., *Cyprien, Traités. Concordance*, Hildesheim, 1986.

38 **Ad Donatum** (*SCHANZ*, iii, 340 [359])

CSEL, iii, 1, 1868, p. 3-16 — HARTEL; CC, iii A, 1976, p. 3-13 — SIMONETTI; uel SC, ccxci, 1982, p. 74-116 — MOLAGER, una cum fragmento ipso DONATO adscripto (inc. «Credo te retinere, sanctissime Cypriane») quod ediderunt G. HARTEL, in CSEL, iii, 3, 1871, p. 272, et J. MOLAGER, *o. c.*, p. 35, adn. 2.

PL, iv, 192 (194); CSEL, iii, 1 3; iii, 3, 272

Cod., uar. lect.: H. L. RAMSAY, in JTS, iv, 1903, p. 86-89.

Critica: K. GÖTZ, *Der alte Anfang und die ursprüngliche Form von Cyprians Schrift Ad Donatum*, Leipzig, 1899 (TU, xix, 1c); V. BUCHHEIT, in *Hermes*, cxv, 1987, p. 318-334; et infra, n. 63°.

39 **Ad Quirinum (Testimoniorum l. iii)** (*SCHANZ*, iii, 352 [372]; STEGMÜLLER, 2030)

CSEL, iii, 1, p. 33-184; CC, iii, 1972, p. 3-179 — WEBER.

PL, iv, 675 (705); CSEL, iii, 33

Var. lect. et emend.: G. MERCATI, *o. c.*, p. 203-208; H. VON SODEN, in *Gnomon*, xiii, 1937, p. 53.

Genuinitas: Ch. BOBERTZ, in VC, xlvi, 1992, p. 112-128, haud peremptoriis argumentis hoc florilegium biblicum Cypriano antiquius iudicat.

40 **De habitu uirginum** (*SCHANZ*, iii, 341 [361])

CSEL, iii, 1, p. 185-205 — HARTEL.

PL, iv, 440 (451); CSEL, iii, 185

Ed. Sororis A. KEENAN, Washington, 1932 (*Patr. Stud.*, xxxiv) textum Hartelianum exhibet, locos S. Scripturae emendans iuxta VON SODEN.

Fontes: R. B. Donna, in *Traditio*, iv, 1946, p. 399-407.

Var. lect.: P. Petitmengin, in RÉL, xlvi, 1968, p. 369-378.

Trad. text.: c. 1-2 etiam leguntur in quadam homilia Ps. Chrysostomi (cfr nn. 49 et 916).

41 **De catholicae ecclesiae unitate** (*schanz*, iii, 344 [363])

ibid., p. 207-233; CC, iii, 1972, p. 249-268 — Bévenot.

    Cod. et uar. lect.: O. Perler, in *Zeitschr. f. schweizerische Kirchengesch.*, xxx, 1936, p. 49-57; Id., in *Aug. Mag.*, ii, p. 835-858.

PL, iv, 495 (509); PLS, i, 45; CSEL, iii, 1, 207

42 **De lapsis** (*schanz*, iii, 342 [362])

ibid., p. 237-263; CC, *o. c.*, p. 221-242.

    Cfr H. Koch, in *Deutsche Literaturzeitung*, li, 1930, col. 2458-2464.

    Cod. et uar. lect.: L. Castiglioni, *a. c.* (ante n. 38), p. 1071-1080.

    Emend.: Fr. Walter, in *Philologus*, lxxxiii, 1928, p. 319.

PL, iv, 465 (478); CSEL, iii, 1, 235

43 **De dominica oratione** (*schanz*, iii, 345 [365]; *stegmüller*, 2029)

ibid., p. 265-294; CC, iii A, 1976, p. 90-113 — Moreschini.

    Cod. et uar. lect.: A. Caillau & B. Saint-Yves, in PL, xlvii, 1250-1252; L. Castiglioni, *a. c.* (ante n. 38), p. 1071-1080; A. Dold, in *Zeitschr. f. schweizerische Kirchengesch.*, xlv, 1951, p. 243 sq.; (cfr etiam n. 66).

PL, iv, 520 (537); xlvii, 1113

44 **De mortalitate** (*schanz*, iii, 348 [367])

ibid., p. 295-314; CC, *o. c.*, p. 17-32 — Simonetti.

    Textum Hartelianum denuo edidit M. L. Hannan in *Patr. Stud.*, xxxvi (Washington, 1933).

    Emend.: Fr. Walter, *l. c.* [n. 42]

    Fontes: G. Stramondo, *Echi e riflessi classici nel De mortalitate di Cipriano*, in *Orpheus*, n. s., x, 1963, p. 159-185.

PL, iv, 583 (603); CSEL, iii, 2, 295

45 **Ad Fortunatum (de exhortatione martyrii)** (*schanz*, iii, 351 [371])

ibid., p. 317-347; CC, iii, p. 183-212 — Weber.

    Cod. et text. bibl.: C. H. Turner, in JTS, xxix, 1928, p. 113-136; xxxi, 1930, p. 225-246.

PL, iv, 651 (677); CSEL, iii, 1, 315

46 **Ad Demetrianum** (*schanz*, iii, 346 [366])

ibid., p. 349-370; CC, iii A, p. 35-51 — Simonetti.

PL, iv, 544 (561); CSEL, iii, 1, 349

47 **De opere et eleemosynis** (SCHANZ, iii, 349 [369])

ibid., p. 371-394; CC, *o. c.*, p. 55-72 — SIMONETTI

E. V. REBENACK, *S. Cypriani de opere et eleemosynis*, Washington, 1962 (= *Patr. Stud.*, xciv) textum Hartelianum secutus est, citationes biblicas locupletius patefaciens.

Emend.: L. WOHLEB, in ZntW, xxv, 1926, p. 276 sq.

PL, iv, 601 (625); CSEL, iii, 1, 371

48 **De bono patientiae** (SCHANZ, iii, 349 [370])

ibid., p. 395-415; CC, iii A, p. 118-133 — MORESCHINI; uel SC, ccxci, 1982, p. 180-246 — MOLAGER.

M. G. E. CONWAY textum Vindobonensem iterauit (*Patr. Stud.*, xcii, Washington, 1957), commentario philologico instructum.

PL, iv, 622 (645); CSEL, iii, 1 395

49 **De zelo et liuore** (SCHANZ, iii, 351 [371])

ibid., p. 417-432; CC, iii A, p. 75-86 — SIMONETTI.

Cod. et **uar. lect.**: A. DOLD, *a. c.*, p. 244 sq. (n. 43); c. 10-14 traduntur etiam in sermo 27 *Collectionis 38 homiliarum* Ps. CHRYSOSTOMI (cfr nn. 40, 916 et 1146) (cfr H. J. FREDE, p. 370).

PL, iv, 638 (663); cx, 203 (exc.); CSEL, iii, 1 417

50 **Epistulae** (SCHANZ, iii, 356 [376])

CSEL, iii, 2, 1871 — HARTEL; CC, iii B 2, 1993 (*epist.* 1-57); B 3, 1996 (*epist.* 58-81 cum App. 1-5) — DIERCKS.

Cod. et **trad. text.**: H. VON SODEN, *Die cyprianische Briefsammlung*, Leipzig, 1904 (TU, xxv, 3); A. WILMART, in RB, xxviii, 1911, p. 229 (*epist.* 58 in *Lectionario Luxouiensi*); R. REITZENSTEIN, in ZntW, xv, 1914, p. 60 sq.; K. MENGIS, *ibid.*, p. 274-279; C. SAJDAK, *De Cypriani epistularum codice Cracouiensi 1210*, in *Eos*, xx, 1916, p. 134-147; K. MENGIS, *Ein donatistisches Corpus cyprianischer Briefe*, Freiburg, 1916 (dissert.) (**uar. lect.** e cod. Wirceburgensi M.p. theol. fol. 33, saec. [viii] ix, ad *epist.* 4, 6, 10, 67, e cod. Clm 39, saec. ix, ad *epist.* 10); M. BÉVENOT, *The Oldest Surviving MS of St. Cyprian, now in the British Library*, in JTS, n. s., xxxi, 1980, p. 368-377.

Emend.: Fr. WALTER, *l. c.* (n. 42); H. VON SODEN, *l. c.*; J. SCHRIJNEN & C. MOHRMANN, *Studien zur Syntax der Briefe des hl. Cyprian*, Nijmegen, 1936-1937 (uide t. ii, p. 155) et in epistularum editione Ludouici BAYARD, Paris, 1945³ (*Collect. Budé*); J. VALLEJO, in *Emerita*, xv, 1947, p. 149-154.

Latinitas: R. SEAGRAVES, *Pascentes cum disciplina. A Lexical Study of the Clergy in Cyprian's Correspondence*, Fribourg, 1993.

Inter epistulas Cypriani nostri inuenies litteras CELERINI (*epist.* 21), LVCIANI (22 et 23), CALDONII (24 et 42), CORNELII PAPAE (49 et 50, de quibus

PL, iv, 224 (228)

G. Mercati, OM, ii, p. 226-240 [ed. *epist.* 49-50, p. 238-240]), *Firmiliani episcopi caesariensis*, fortasse a Cypriano e graeco translatas (75 [CPG, 1760]), *lvcii episcopi* (78), *Clericorum Vrbis Romae* (8, de qua uide A. d'Alès, *Novatien*, Paris, 1924, p. 5), *Confessorum* (*epist.* 23, 31, 53, 77 et 79), *novatiani* [uide sub n. 72 sqq.] (*epist.* 30, 31 et 36).

Versiones graeca, syriaca, armenia epistularum (64), 70 (et 71); cfr M. Schanz, iii, 364 [385]; E. Dekkers, in SE, v, 1953, p. 197-199.

51 **Epistula ad Siluanum et Donatianum.** Inc. «Inter maximam leticiam uotorum meorum» (*CPPM*, ii, 554)   PLS, i, 41

M. Bévenot, in *Bull. John Rylands Library*, xxviii, 1944, p. 76-82.

Cod.: M. Bévenot, *The Tradition of MSS* [ante n. 38], p. 30-31.

De **genuinitate** dubitat H. J. Frede, p. 421.

APPENDIX

52 **Vita Caecilii Cypriani** auctore Pontio Diacono (*schanz*, iii, 333 [351]; *BHL*, 2041)

M. Pellegrino, Alba, 1955 (*Verba Seniorum*, iii); A. Bastiaensen, Milano, 1975 (*Vita dei Santi, a cura di Chr. Mohrmann*, iii), p. 4-48.

PL, iii, 1481 (1541); CSEL, iii, 3, p. xc

Cod.: H. von Soden, *Die cyprianische Briefsammlung*, Leipzig, 1904 (TU, xxv, 3), p. 232.

Emend.: F. Dias, in BerlPhWo, xxxii, 1912, col. 767 sq.; A. Grilli, in *Rend. Istit. Lomb.*, xcvii, 1963, p. 170.

Fontes: J. Aronen, in VC, xxxviii, 1984, p. 67-76; Ch. Bobertz, in VC, xlvi, 1992, p. 112-128.

Text. bibl.: G. Lomiento, in *Vet. Christ.*, v, 1968, p. 23-60; Ch. Bobertz, *a. c.*

53 **Acta proconsularia** (*schanz*, iii, 334 [352]; *BHL*, 2037-2041)

R. Reitzenstein, *Die Nachrichten über den Tod Cyprians*, in *Sb. Heidelberg*, 1913, 14.Heft; M. Pellegrino, *o. c.*, p. 190-198.

PL, iii, 1497 (1557); xcv, 725; CSEL, iii, 3, p. cx

Cod.: H. von Soden, *o. c.* [n. 52], p. 232 sq.

Pluribus in locis textum tum *Vitae* tum *Actorum* optime restituit P. Franchi de' Cavalieri, *Note agiografiche*, iv, Roma, 1912 (StT, xxiv), p. 117-138; Id., in *Studi Romani*, ii, 1914, p. 189-215; uide etiam H. Delehaye, in AB, xxxii, 1913, p. 298 et P. Corssen, in ZntW, xv, 1914, p. 221-233; 285-316; xvi, 1915, p. 54-92; 198-230; xvii, 1916, p. 189-206; R.

Reitzenstein, in *Nachr. Göttingen*, 1919, p. 177-219. De **traditione text.** uide etiam S. Colombo, in *Didaskaleion*, n. s., i, 1923, p. 101-108.

Variae recensiones: cfr G. Lanata, *Gli Atti dei Martiri come documenti processuali*, Milano, 1973, p. 184-193; 242-247; recensio «franco-hispanica» edita est a A. Fábrega Grau, *Pasionario hispánico*, ii, Madrid, 1955, p. 336-338 (**cod.**: G. Philippart, in AB, xc, 1972, p. 142).

Versiones graecae: cfr *BHG*, 453-455; **uersio armenica**: cfr F. Conybeare, in ZntW, xxi, 1922, p. 269-277.

54 **Indiculum Caecilii Cypriani** (cod. Cheltenhamensis 12.266 [**Canon Mommsenianus**] et Sangallensis 133 [*LOWE*, 911] (*SCHANZ*, iii, 338 [358])   PLS, i, 67

C. H. Turner, *Studies in Early Church History*, Oxford, 1912, p. 263-265.

Ann. 359-365 in Africa confectum.

55 **Indiculum Wirceburgense** (cod. Würzburg, M. p. theol. fol. 145, saec. ix)   PLS, i, 69

K. Mengis, in BerlPhWo, xxxviii, 1918, col. 326-336.

Tertium elenchum operum S. Cypriani inuenit G. Morin in sermone *S. AVGVSTINI* Guelferbytano xxvi (*Une liste des traités de S. Cyprien dans un sermon inédit de S. Augustin*, in BALAC, iv, 1914, p. 16-22; cfr *Misc. Agost.*, i, p. 529 sq.).

56 **Sententiae episcoporum numero lxxxvii** (*SCHANZ*, iii, 363 [285])   PL, iii, 105 (1089); CSEL, iii, 435

H. von Soden, in *Nachr. Göttingen*, 1909, 3, p. 247-307.

Text. bibl.: M. Marin, in *Inuigilata Lucernis*, xi (= *Scritti in onore di V. Recchia*), 1989, p. 329-359 (cfr *Ann. Phil.*, lxi, 1990, p. 82 sq., n. 1191).

De **indole Sententiarum** uide L. Contreras, in *Augustinianum*, xxvii, 1987, p. 407-421.

De «titulis gloriae» nominibus antistitum adnexis, uide G. Mercati, OM, ii, p. 179 sq.

Sententiarum **uersio graeca**: P. A. de Lagarde, *Reliquiae Iuris ecclesiastici antiquissimae graecae*, Leipzig, 1856, p. 47 sqq.   PL, iii, 1080 (1119) (exc.); PG cxxxvii, 1095

DVBIA ET SPVRIA

Cod.: H. von Soden, *o. c.*, p. 204-233.

Emend.: P. Monceaux, in *Rev. de philol.*, xxvi, 1902, p. 63-98.

Noua ed. paratur a P. Mattei et S. Deléani.

57 **Quod idola dii non sint.** Inc. «Deos non esse quos colit uulgus» (SCHANZ, iii, 354 [374]; CPPM, ii, 550)
PL, iv, 564 (585)

CSEL, iii, 1, 1868 — HARTEL, p. 17-31.

Post Lactantium confectum, cfr B. AXELSON, in *Eranos*, xxxix, 1941, p. 67-74; **genuinitatem** uero uindicauit M. SIMONETTI, in *Maia*, iii, 1950, p. 265-288.

Emend.: Fr. WALTER, *l. c.* (n. 42).

58 **De laude martyrii.** Inc. «Etsi incongruens est» (SCHANZ, iii, 371 [393]; CPPM, i, 4559; ii, 3226)
PL, iv, 788 (817)

CSEL, iii, 3, 1871 — HARTEL, p. 26-52.

A° 253, cfr H. KOCH, *Cyprianische Untersuchungen*, Bonn, 1926, p. 334-357.

Emend.: G. MERCATI, *Nuovi sussidi*, p. 349-356 (= OM, ii, p. 184-191).

59 **De rebaptismate.** Inc. «Animaduerto quaesitum apud fratres» (SCHANZ, iii, 374 [396]; CPPM, ii, 548)
PL, iii, 1183 (1231); CSEL, iii, 3, 69

G. RAUSCHEN, Bonn, 1916 (FlP, xi).

Post a. 256 in Africa uel Italia confectum, cfr H. KOCH, in *Internat. kirchliche Zeitschr.*, xiv, 1924, p. 134-161.

Cod.: P. PETITMENGIN, in RÉAug, xx, 1974, p. 28 sq.

De **indole** uide P. MATTEI, in *La Tradizione: forme e modi*, Roma, 1990, p. 325-339.

60 **De aleatoribus.** Inc. «... magna nobis ob uniuersam fraternitatem» (SCHANZ, iii, 375 [398]; HERZOG & SCHMIDT, 591, 1; CPPM, i, 4560; ii, 3228)
PL, iv, 827 (903)

CSEL, iii, 3, 1871 — HARTEL, p. 92-104.

Post a. 300 in Africa, cfr H. KOCH, in *Festgabe K. Müller*, Tübingen, 1922, p. 58-67.

Text. bibl.: M. MARIN, in *Annali storia dell' esegesi*, v, 1988, p. 169-184.

Emend.: J. DE LANNOY, in *Étude critique sur l'opuscule «De Aleatoribus»*, Louvain, 1891, p. 15-23; E. LÖFSTEDT, in *Eranos*, viii, 1908, p. 115.

Prolegomena ad **nouam editionem** criticam: M. MARIN, in *Vet. Christ.*, xx, 1983, p. 141-239.

61 **De montibus Sina et Sion.** Inc. «Probatio capitulorum» (SCHANZ, iii, 377 [401]; CPPM, ii, 551)
PL, iv, 909 (989)

ibid., p. 104-119; et longe accuratius: Cl. BURINI, Fiesole, 1994 (*Bibl. Patristica*, xxv).

Post a. 252 in Africa, cfr H. KOCH, *Cyprianische Untersuchungen*, Bonn, 1926, p. 421-425, sed Optato Mileuitano anterior, cfr E. ROMERO-POSE, *El tratado 'de montibus Sina et Sion' y el donatismo*, in *Gregorianum*, lxiii, 1982, p. 273-299.

Emend.: G. MERCATI, *Nuovi sussidi*, p. 361 sq. (= OM, ii, p. 195 sq.); V. BULHART, in WSt, xlviii, 1930, p. 74, n. 7; A. CUATRECASAS TARGA, in *Anuario de Filol. Barcelona*, ix, 1983, p. 35-53.

Text. bibl., fontes: J. E. BRUNS, in VC, xxvi, 1972, p. 112-116.

62 **De singularitate clericorum.** Inc. «Promiseram quidem uobis» (SCHANZ, iii, 378 [403]; HERZOG & SCHMIDT, 591, 1; CPPM, ii, 3066. 3229. 3470)

PL, iv, 83 (911)

ibid., p. 173-220.

De auctore, de aeuo, de patria nihil constat. Nouissime auctorem proposuit H. J. FREDE, p. 425, MACROBIVM episcopum Donatistarum in Vrbe circiter 363-375. Attamen donatismum non redolet opusculum; potius rigorismum sentit sectatorum Nouatiani cuius et alia opuscula, teste Rufino (*De adulteratione librorum Origenis* 12 — CC, xx, p. 15) sub nomine Cypriani euulgauerunt haeretici.

63 **Epistula [Ps.] Cornelii Papae ad Cyprianum.** Inc. «Dilectionis tuae non delectabilia» (SCHANZ, iii, 382 [407]; CPG, 1854; JW, 117; CPPM, ii, 553 b)

PL, iii, 83 (866); iv, 432 (445); CSEL, iii, 3, 272

P. PETITMENGIN, in RÉAug, xx, 1974, p. 27-35.

Omittenda est, iuxta nouissimum editorem; uidetur enim saec. xi conficta. Prima uero epistula appendicis Hartelianae, DONATI nempe ad Cyprianum (CPPM, ii, 553 a), reuera est initium tractatus *ad Donatum* (n. 38); tertia denique inter documenta ad Donatismum pertinentia recensebitur (n. 722).

64 **Epistula ad Turasium.** Inc. «Caritatis tuae scripta percepi, quibus animum» (Ps. HIERONYMVS, *ep.* 40; Ps. AVGVSTINVS) (SCHANZ, iii, 382 [407]; CPPM, ii, 146, 1; 553 d)

PL, iv, 43 (447); xx, 278 (287); xxxiii, 117 (exc.)

CSEL, iii, 3, 1871 — HARTEL, p. 274-282.

Cod.: B. LAMBERT, *BHM*, n. 340; HÜWA, I, 1, p. 362.

Emend., fontes: J. DUHR, in RHE, xlvii, 1952, p. 530-585.

Hanc epistulam BACHIARIO adscripsit J. DUHR, *a. c.*, argumenta adferens ualde incerta (cfr n. 570).

65 **Exhortatio de paenitentia.** Inc. «Per paenitentiam posse omnia peccata dimitti» (SCHANZ, iii, 382 [408]; CPPM, ii, 3231)

PL, iv, 11 (863)

A. Miodoński, Kraków, 1894 (= *Rozprawy Akademji Umiejetęności*, ii, 5, p. 125-134).

Saec. v, cfr C. Wunderer, in *Progr. Erlangen*, 1889; origine afra, cfr P. Capelle, *Le texte du psautier latin en Afrique*, Rome, 1913, p. 51, adn. 2.

Cod.: H. von Soden, *o. c.*, p. 228 sq.

66 **Sermo de uoluntate Dei.** Inc. «Qui(s) fecerit uoluntatem Dei manet... Quomodo et Deus manet» (*SCHANZ*, iii, 385 [409]; *CPPM*, i, 4557)   PLS, i, 51

C. Caspari, in *Theologisk Tidsskrift*, n. s., x, 1885, p. 278-280.

Cento ex Cypriano (*de dom. orat.* 14-15 — CC, iii A, p. 99) et Hieronymo (*tract. de ps.* 5 — CC, lxxviii, p. 18, 223 sqq.), nonnullis immutatis. Cfr B. Fischer, in PLS, i, 1737.

Cod.: G. Meier, *Catalogus Codicum MSS ... Einsidlensis*, Einsidlae, 1899, p. 255-257; 158 (cod. 281 + 199, saec. viii/ix; E. A. Lowe, CLA, n. 875); H. von Soden, *o. c.*, p. 231.

67 **De centesima, sexagesima, tricesima.** Inc. «Quaeso nunc igitur omnibus praemiis» (*SCHANZ*, iii, 383; *HERZOG & SCHMIDT*, 575, 1; *CPPM*, i, 4556)   PLS, i, 53

R. Reitzenstein, in ZntW, xv, 1914, p. 60-90.

Saec. iv, origine afra, cfr H. Koch, *Die pseudo-cyprianische Schrift «De centesima» in ihrer Abhängigkeit von Cyprian*, in ZntW, xxxi, 1932, p. 248-272.

Fontes: I. D. Amusin, *Possible Qumran Reminiscences in Pseudo-Cyprian*, in *Vestnik Drevnej Istorii*, n. 139, 1977, p. 196-205 (cfr *Ann. Phil.*, xlviii, 1977, p. 97, n. 1253).

Cod., emend., fontes: M. Heer, in *Röm. Quartalschr.*, xxviii, 1914, p. 97-186; D. De Bruyne, in ZntW, xv, 1914, p. 280-284; H. Koch, *a. c.*; J. Martin, in WklPh, xxxii, 1915, col. 141-144; F. di Capua, in *Boll. di letteratura critico-religiosa*, i, 1915, p. 212-215; C. Weyman, in *Münchener Museum*, iv, 1924, p. 274; D. Norberg, in *Eranos*, xlii, 1944, p. 77. Studia recentiora uidesis apud P. F. Beatrice, *Martirio ed ascesi nel sermone pseudo-ciprianeo «De centesima, sexasesima, tricesima»*, in *Paradoxos politeia. Studi in onore di G. Lazzati*, Milano, 1979, p. 3-4.

Alia spuria uide in *Indice* i. Opusculum uero *De duplici martyrio* (ed. Hartel, p. 220-247 [*CPPM*, ii, 3232]), ut uerisimiliter a Desiderio Erasmo conflatum, hic non admittendum duximus, cfr S. Seidel Menchi, in *Riv. storica italiana*, xc, 1978, p. 700-743; omittenda etiam uidentur, quia graecae sunt originis, epistula *Ad Vigilium de iudaica incredulitate* (*CPG*, 1101; *CPPM*, ii, 552) (*ibid.*, p. 119-132) et *Orationes ii* (*ibid.*, p. 144-151; PL, ci, 567-569 [*HERZOG & SCHMIDT*, 591, 3]); A. WILMART, in RB, xlviii, 1936, p. 281, adn. 1, G. PHILIPPART, *Orationes Cypriani*, in AB, xci, 1973, p. 298, et R. GRYSON & D. SZMATULA, in RÉAug, xxxvi, 1990, p. 20-24; **uersiones orientales** recenset A.-J. FESTUGIÈRE, *La révélation d'Hermès Trismégiste*, i, Paris, 1950², p. 372-373).

De **auctoribus** singulorum, uide A. HARNACK, *Chronologie*, ii, p. 368-396; circa **traditionem text. ac cod.**, H. VON SODEN, *Die cyprianische Briefsammlung*, Leipzig, 1904 (TU, xxv, 3), p. 204-232, ubi et alia spuria accuratissime recensentur. Addatur J. HUBY, *Une exégèse faussement attribuée à S. Cyprien*, in *Biblica*, xiv, 1933, p. 96 (*Liber de cardinalibus operibus Christi*, auctore ERNALDO BONNAEVALLENSI); **emend.**: P. MONCEAUX, in *Rev. de Philol.*, xxi, 1902, p. 63-98.

NOVATIANVS PRESBYTER ROMANVS

floruit saec. iii medio. — **Bibliographia**: CC, iv, 1972, p. xxix-xlii.

68 **De cibis iudaicis.** Inc. «Etsi mihi, fratres sanctissimi, exoptatissimus dies ille» (*SCHANZ*, iii, 395 [421]; *CPPM*, ii, 1627)   PL, iii, 9ʃ (981)

CC, iv, 1972 — DIERCKS, p. 89-101.

Cod.: P. PETITMENGIN, in RÉAug, xxi, 1975, p. 259.

69 **De bono pudicitiae.** Inc. «Et ipsi uos scitis numquam me» [*aliter*: «... aliquas officiorum meorum»] (Ps. CYPRIANVS) (*SCHANZ*, iii, 370 [391]; *CPPM*, ii, 3227)   PL, iv, 81 (851); CSE iii, 3, 13

ibid., p. 113-127.

70 **De spectaculis.** Inc. «Vt me satis contristat» (Ps. CYPRIANVS) (*SCHANZ*, iii, 368 [390]; *CPPM*, ii, 3225)   PL, iv, 77 (811); CSE iii, 3, 3

ibid., p. 167-179.

Text. bibl.: S. PRETE, in *Augustinianum*, xxii, 1982, p. 229-237.

71 **De Trinitate.** Inc. «Regula exigit ueritatis ut primo omnium credamus in Deum Patrem» (*SCHANZ*, iii, 394 [419]; *CPPM*, ii, 547. 1626)   PL, iii, 8ʃ (913)

ibid., p. 11-78.

Cod., fontes, lectiones uariarum recensionum: P. PETITMENGIN, in RÉAug, xxi, 1975, p. 256-272.

Emend., text. bibl.: V. Loi, *Novatiano, La Trinità. Introduzione, testo critico* etc., Torino, 1975 (coll. *Corona Patrum*); E. Lupieri, in *Augustinianum*, xxii, 1982, p. 211-227.

Latinitas: V. Loi, in *Riv. Cult. Class. Med.*, xiii, 1971, p. 136-177.

72 **Epistula 30 inter opera S. Cypriani.** Inc. «Quamquam bene sibi conscius» (SCHANZ, iii, 358; 394 [378; 417])

ibid., p. 199-206.

PL, iii, 963 (993); iv, 307 (315); CSEL, iii, 2, 549

73 **Epistula 31 inter opera S. Cypriani.** Inc. «Inter uarios et multiplices»

ibid., p. 227-234.

PL, iv, 290 (297); CSEL, iii, 2, 557

74 **Epistula 36 inter opera S. Cypriani.** Inc. «Cum perlegissemus, frater carissime, litteras tuas» (SCHANZ, *l. c.*)

ibid., p. 247-250.

PL, iv, 303 (311); CSEL, iii, 2, 572

Has epistulas denuo edidit G. F. Diercks inter epistulas ipsius Cypriani, CC, iii B, 1994, p. 139-161; 173-176.

SPVRIA

75 **Aduersus Iudaeos.** Inc. «Attendite sensum et intellegentiam» (Ps. Cyprianvs) (SCHANZ, iii, 378 [402]; CPPM, i, 4558)

ibid., p. 265-278.

PL, iv, 919 (999); CSEL, iii, 3, 133

Saeculo ii/iii, ut uidetur, cfr W. Horbury, in *Stud. Patr.*, xviii, 1989, p. 291-317.

APPENDIX

76 **Ad Nouatianum.** Inc. «Cogitanti mihi et intolerabiliter» (Ps. Cyprianvs) (SCHANZ, iii, 372 [394]; CPPM, ii, 549)

ibid., p. 137-152.

PL, iii, 1205 (1255); CSEL, iii, 3, 52

Ab ignoto scriptore post 258 in Africa conflatum.

De auctoritate epitaphii «Nouatiani martyris», quam summo ingenio defendit K. Mohlberg (ultimo loco in *Coll. Fragm.*, p. 52-74), dubitare licet, uide D. Van den Eynde, in RHE, xxxiii, 1937, p. 792-794.

PLS, i, 37

RETICIVS EPISCOPVS AVGVSTODVNENSIS

saec. iv ineunte.

77 **Contra Nouatianos** (fragm. apud AVGVSTINVM, *Contra Iulianum*, I, iii, 7 [n. 351], uel *Opus imperfectum*, i, 55 [n. 356]). Inc. «Hanc igitur principalem esse» (SCHANZ, iii, 437 [475]; HERZOG & SCHMIDT, 576) — PL, vi, 45 xliv, 644; xlv, 1078

CSEL, lxxxv, 1, 1974 — ZELZER, p. 52, 9-15.

78 **Commentarius in Canticum Canticorum** (fragm. apud PETRVM BERENGARIVM PICTAVIENSEM (*a*), *Liber apologeticus pro Abaelardo*). Inc. «Mos est generosae materiae obseruandus» (SCHANZ, iii, 436 [475]; HERZOG & SCHMIDT, 576; STEGMÜLLER, 7255)

PL, clxxviii, 1864 = COUSIN.

Cfr G. MORIN, in RB, xiii, 1896, p. 340 sq.; P. LEHMANN, *Cassiodorstudien*, v, in *Philologus*, lxxiii, 1914/16, p. 259 (= *Erforschung des Mittelalters*, ii, p. 71).

VICTORINVS EPISCOPVS POETOVIONENSIS

obiit 304. — Cfr M. DULAEY, *Victorin de Poetovio, premier exégète latin*, i-ii, Paris, 1993.

79 **Tractatus de fabrica mundi.** Inc. «Cogitanti mihi ‹et› una cum animo meo» (SCHANZ, iii, 405 [437]; HERZOG & SCHMIDT, 473, 2; STEGMÜLLER, 8288) — PL, v, 30

CSEL, xlix, 1916 — HAUSSLEITER, p. 3-9.

Fontes: J. MEHLMANN, in SE, xv, 1964, p. 413-419.

Critica de tota editione Vindobonensi: C. WEYMAN, in WklPh, xxxiv, 1917, col. 1103 sq.; A. JÜLICHER, in *Götting. gel. Anzeigen*, clxxxi, 1919, p. 46-49; A. VACCARI, in *Biblica*, iii, 1922, p. 340-342.

80 **Commentarii in Apocalypsim Ioannis.** Inc. «Principium libri beatitudinem legenti. — Diuersos marina discrimina» (duplici in recensione, VICTORINI sc. et HIERONYMI) (SCHANZ, iii, 405 [437]; iv, 1, 471; HERZOG & SCHMIDT, 573, 1; STEGMÜLLER, 3456, 1-3457 *Suppl.*; 3459-3460; 8299-8302; CPPM, ii, 2337-2337 c.; 2971) — PL, v, 31 PLS, i, 10

ibid., p. 11-154.

(*a*) Pictauiensem, non Turonensem, ut saepius dicitur. De Berengario nostro uide D. E. LUSCOMBE, *The School of Peter Abelard*, Cambridge, 1969, p. 29-49.

De duplici recensione rectius iudicat M. DULAEY, *Jérôme «éditeur» du Commentaire sur l'Apocalypse de Victorin de Poetovio*, in RÉAug, xxxvii, 1991, p. 199-236.

Cod.: J. ZARCO CUEVAS, *Bol. Acad. Hist. Madrid*, cvi, 1935, p. 405 sq.; Ph. GRIERSON, in RB, lii, 1940, p. 114; B. LAMBERT, *BHM*, n. 490; M. DULAEY, *a. c.*, p. 230, adn. 145.

Text. bibl.: H.J. VOGELS, *Untersuchungen zur Geschichte der lat. Apokalypse-Übersetzung*, Düsseldorf, 1920, p. 48-55.

Fragmenta et opera deperdita recenset Fr. STEGMÜLLER sub nn. 8287; 8289-8296; 8298 (nn. 8296, 1-3 sunt AMBROSIASTRI [hic nn. 186-188]).

DVBIA

81 **De decem uirginibus.** Inc. «Operae pretium est etiam hanc figuram» (HERZOG & SCHMIDT, 574, 4; STEGMÜLLER, 8297; CPPM, ii, 2973)   PLS, i, 172

A. WILMART, in BALAC, i, 1911, p. 35-38.

82 **In Genesim «Factum est uespere et mane, dies unus».** Inc. «Si diuinae scripturae simpliciter legerentur» (SCHANZ, iv, 1, 158; HERZOG & SCHMIDT, 564, d; STEGMÜLLER, 1886; CPPM, ii, 2955)   PL, viii, 1009

J. WÖHRER, in *Jahresbericht Wilhering*, 1927, p. 3-8.

83 **Ad Iustinum Manichaeum.** Inc. «Loqui eum qui iam olim multa lectione» (SCHANZ, iv, 1, 158; HERZOG & SCHMIDT, 564, d; CPPM, ii, 1670)   PL, viii, 999

J. WÖHRER, in *Jahresbericht Wilhering*, 1928, p. 3-7 (cap. i-viii); PL, viii, 1004-1010 (cap. ix-xvi); A. MAI, *Scriptorum ueterum noua collectio*, iii, 2, Roma, 1828, p. 147 (finis operis).

Duo ultima opuscula in appendice Marii Victorini inueniri solent; attamen procul dubio alium habent parentem, cfr P. MONCEAUX, *Hist. litt. de l'Afrique chrétienne*, iii, Paris, 1905, p. 399 sq. J. WÖHRER, *l. c.*, et *Jahresbericht* 1905, p. 38 sq., ea Victorino nostro uindicabat. Nil certi constat. Oratio «ad Iustinum Manichaeum» PACIANO BARCINONENSI EPISCOPO adscripta fuit a G. MORIN, *Un nouvel opuscule de Pacien*, in RB, xxx, 1913, p. 286-293; cfr *Hist.-polit. Blätter*, clv, 1915, p. 690; merito negat J. BORLEFFS, *Zwei neue Schriften Pacians?*, in Mn, iii, 1938/39, p. 180-192.

De Victorino ORIGENEM et ZEPHYRINVM latine interpretante, uide E. BENZ, *Marius Victorinus*, Stuttgart, 1932, p. 23-30, et supra, n. 34 (nihil apud SIEGMUND).

ANONYMVS

83a **Fragmentum Muratorianum.** Inc. «... quibus tamen interfuit» (*CPG*, 1862)

PL, iii, 17 (181); PG, x, 33

E. S. Buchanan, in JTS, viii, 1907, p. 537-542; uel S. Ritter, in *Riv. Archeol. Crist.*, iii, 1926, p. 215-266 (cum [retro]uersione graeca et facsimile cod. Ambros. I 101 sup., f° 10ᵛ-11ʳ, saec. viii [*LOWE*, 352]).

Saec. ii/iii, Romae (?) conscriptum.

Textum ualde corruptum feliciter restituit H. Lietzmann, *Das Muratorische Fragment*, Berlin, 1902 (1933) (= *Kleine Texte*, xi), p. 5-11.

Trad. text. eiusque **indolem** bene illustrauit J.-D. Kaestli, *La place du «Fragment de Muratori» dans l'histoire du canon*, in *Cristianesimo nella Storia*, xv, 1994, p. 609-634.

Saepius legitur hoc frustulum Ambrosianum e graeco translatum esse; argumenta peremptoria nondum legi.

ANONYMVS

84 **Prophetae ex omnibus libris collectae.** Inc. «Homo Adam prophetauit de muliere sua» (*HERZOG & SCHMIDT*, 575, 2)

PLS, i, 17 1738

Th. Zahn, in *Geschichtliche Studien A. Hauck zum 70. Geburtstage dargebracht*, Leipzig, 1916, p. 52-63 (Nou. Test.); A. Amelli, *Miscell. Casin.*, i, 1897, *Patristica*, p. 17-20 (Vet. Test.).

Origine afra; saec. iv ineunte a quodam Donatista collectae? — «Breuissima disputatio prima» (inc. «Quae prophetiae membra habent responsionem»), quae in codicibus et editis praemittitur, reuera est excerptum ex *Etymologiis ISIDORI* (VII, viii, 33-36).

Cod.: Fr. Dolbeau & É. Poirot, in SE, xxxii, 1994, p. 135 sq.

Emend.: B. Fischer, in ThLz, lxxvii, 1952, col. 288, et in PLS, i, 1738-1741.

LACTANTIVS

natione Afer; floruit circa 305-323.

Cod.: M. C. Tagliente, in *Atti Facolt. Perugia*, xvi-xvii, 1978/80, p. 13-31.

Fontes: R. M. Ogilvie, *The Library of Lactantius*, Oxford, 1978; J.-M. André, in *Valeurs dans le Stoïcisme. Mél. M. Spanneut*, Lille, 1993, p. 131-148.

Latinitas: H. HAGENDAHL, *Von Tertullian zu Cassiodor*, Göteborg, 1983, p. 38-48.

Index uerborum: D. DE DECKER, *Concordance globale des Oeuvres de Lactance*, Bruxelles, 1976.

Bibliographia: G. SANDERS & M. VAN UYTFANGHE, p. 87-90.

85 **Diuinae Institutiones** (*SCHANZ*, iii, 416 [449]; *HERZOG & SCHMIDT*, 570, 2)

SC, cciv-ccv (lib. v), 1973; ccxxvi (lib. i), 1986; cccxxxvii (lib. ii), 1987; ccclxxvii (lib. iv), 1992 — MONAT (libros iii, vi, vii require in CSEL, xix, 1890 — BRANDT).

PL, vi, III; CSEL, xix, I

De **codicibus**, de **traditione text.**, de **genuinitate** singularum partium egerunt H. EMONDS, *Zweite Auflage im Altertum*, Leipzig, 1941, p. 55-72; J. MOREAU, in SC, xxxix, 1, 1954, p. 16-22; E. HECK, *Die dualistischen Zusätze und die Kaiseranreden bei Laktanz*, Heidelberg, 1972.

Cod., uar. lect.: P. LEHMANN, *Ein Cicerofragment in Oslo?*, in *Symbolae Osloenses*, xvii, 1937, p. 57-66; A. PETRUCCHI, in *Rendic. Accad. Lincei*, viii, 11 (353), 1956, p. 252-263; M. CAPPUYNS, in RB, lxxiv, 1964, p. 39-43.

Critica: S. BRANDT, in WklPh, xxix, 1912, col. 1383; W. KRENKEL, in *Wissensch. Zeitschr. Univ. Rostock*, xi, 1962, p. 319-320; G. BRUGNOLI, in *Riv. Cult. Class. Med.*, v, 1963, p. 255-265; R. M. OGILVIE, in VC, xxv, 1971, p. 56; ID., in JTS, n. s., xxvi, 1975, p. 410-411; P. MONAT, in J. DUMMER, *Texte und Textkritik*, Berlin, 1987 (= TU, cxxxiii), p. 417-425; C. INGREMEAU, in RÉAug, xxxv, 1989, p. 188-191.

Emend.: R. VALENTINI, *De Fuluio Vrsino Lactantii emendatore*, in *Didaskaleion*, i, 1912, p. 373-388; Th. STANGL, *Lactantiana*, in RhM, lxx, 1915, p. 244-249; O. TESCARI, in *Giornale ital. de filol.*, iii, 1950, p. 122-123; D. R. SHACKLETON BAILEY, in VC, xiv, 1960, p. 165-169; M. MILHAU, in RÉAug, xxxix, 1993, p. 215-220 (lib. iv).

Fontes: P. LEHMANN, *a. supra c.*; L. ALFONSI, *Ovidio nelle «Diuinae Institutiones» di Lattanzio*, in VC, xiv, 1960, p. 170-176; H. VAN ROOIJ-DIJKMAN, *De uita beata. Het zevende boek van de Diuinae Institutiones van Lactantius. Analyse en bronnenonderzoek*, Assen, 1969; O. P. NICHOLSON, in JTS, n. s., xxxvi, 1985, p. 291-310.

Text. bibl.: P. MONAT, in RÉAug, xxviii, 1982, p. 9-32; P. McGUCKIN, in VC, xxxvi, 1982, p. 145-163.

86 **Epitome Diuinarum Institutionum** (*SCHANZ*, iii, 423 [457]; *HERZOG & SCHMIDT*, 570, 3)

SC, cccxxxv, 1987 — PERRIN; E. HECK & A. WLOSOK, Stuttgart-Leipzig, 1994 (*Bibl. Teubneriana*)

PL, vi, 1017; CSEL, xix, 675

87 **De opificio Dei** (*SCHANZ*, iii, 415 [448]; *HERZOG & SCHMIDT*, 570, 1; PL, vii, 9; *CPPM*, ii, 1159) CSEL,
SC, ccxiii-ccxiv, 1974 — PERRIN. xxvii, 3

Cod.: cfr A. PETRUCCI, *a. c.* (n. 85).
Fontes: R. M. OGILVIE, in JTS, n. s., xxvi, 1975, p. 411-412.
Critica: P. NAUTIN, in RÉAug, xxi, 1975, p. 273-285.

88 **De ira Dei** (*SCHANZ*, iii, 424 [458]; *HERZOG & SCHMIDT*, 570, 4) PL, vii, 79;
SC, cclxxxix, 1982 — INGREMEAU. CSEL,
xxvii, 67
Cod.: A. PETRUCCI, *l. c.* (n. 85).

89 **Fragmenta epistularum** (*SCHANZ*, iii, 425 [460]; *HERZOG &* PL, vii, 27;
SCHMIDT, 570, 7-12)
CSEL, xxvii, 1, 1893 — BRANDT, p. 155-158.

Ex Lactantii *Epistulis ad Demetrianum*, cui obtulit opusculum *De opificio Dei*, paucas sententias adfert HIERONYMVS (edid. S. BRANDT, *o. c.*, p. 156-157). Sub titulo *Fragmentum ad Demetrianum* legitur in codice Mediolanensi Ambrosiano D. 31. sup., saec. xv, f° 67ᵛ-68ᵛ, excerptum ex dicto opusculo (cap. 19, 1-20, 2 — edid. M. PERRIN, in SC, ccxiii, p. 206-214), cfr *Inventario Ceruti*, iii, Trezzano, 1977, p. 241-242. De eadem materia tractat etiam fragmentum *De motibus animi* (n. 92) et fortasse etiam locus qui adfertur in *Collectione Hibernica* (n. 1794) sub titulo *De anima*: «Lactantius dicit: Alii animum ignem esse dixerunt» (edid. Fr. MAASSEN, p. 883, adn. 6).

Cfr J. FONTAINE, *S. Isidore*, Paris, ii, 1959, p. 761, adn. 2, et infra, n. 92.

90 **De aue Phoenice** (*SCHANZ*, iii, 431 [467]; *HERZOG & SCHMIDT*, 570, PL, vii,
6; *SCHALLER & KÖNSGEN*, 4500) 277; CSEL,
xxvii, 1, 13
M. C. FITZ-PATRICK, Philadelphia, 1933.

Emend.: M. LEROY, *Le chant du Phénix*, in *L'antiquité classique*, i, 1932, p. 213-231; C. BRAKMAN, *Opstellen en Vertalingen betreffende de Latijnse letterkunde*, iv, Leiden, 1934, p. 247-251.

Genuinitas: M. SCHUSTER, in WSt, lv, 1936, p. 118-128; E. RAPISARDA, *Il carme «De aue Phoenice» di Lattanzio*, Catania, 1946; S. ISETTA, in *Civ. Class. Crist.*, i, 1980, p. 379-409.

Cod.: L. HERRMANN, in *Le Musée belge*, cxxxi, 1927, p. 47-49; THORNDIKE & KIBRE, p. 241.

Fontes: S. GENNARO, in *Conuiuium dominicum. Studi sull'Eucarestia nei Padri della Chiesa antica et Miscellanea patristica*, Catania, 1959, p. 337-356; et separatim: *Il classicismo di Lattanzio nel «De aue Phoenice»*, Catania, 1959.

91 **De mortibus persecutorum** (*SCHANZ*, iii, 427 [462]; *HERZOG & SCHMIDT*, 570, 5)   PL, vii, 189; CSEL, xxvii, 2, 171

SC, xxxix, 1954 — MOREAU; J. L. CREED, Oxford, 1984.

Cod.: J. ROUGÉ, in RÉAug, xxx, 1984, p. 30-35; J. N. ADAMS & P. M. BRENNAN, in *Zeitschr. Papyrologie und Epigraphik*, lxxxiv, 1990, p. 183-186 (cfr *Ann. Phil.*, lxi, 1992, p. 159, n. 2257).

Emend.: P. NAUTIN, in RHE, l, 1955, p. 892-899; N. I. HERESCU, in *Orpheus*, n. s., ii, 1955, p. 99-103; R. VERDIÈRE, *Une nouvelle étymologie de «labarum» et la vision constantinienne chez Lactance*, in *Riv. Studi class.*, xii, 1964, p. 20-29.

Genuinitatem recte defendit F. CORSARO, *Lactantiana. Sul «De mortibus persecutorum»*, Catania, 1970.

92 **De motibus animi** (fragm.). Inc. «‹Spes› timor, amor odium» (*SCHANZ*, iii, 425 [459]; *HERZOG & SCHMIDT*, 570, 12)   PL, vii, 275; CSEL, xxvii, 1, 157

J. B. PESENTI, *L. C. F. Lactantii de mortibus persecutorum*, Torino, 1934², p. 64-65.

Cfr n. 89°.

Cetera spuria uide in *Indice* i.

ARNOBIVS

floruit saec. iv ineunte in Africa.

Bibliographia: G. SANDERS & M. VAN UYTFANGHE, p. 9-10.

93 **Aduersus nationes** (*SCHANZ*, iii, 408 [439]; *HERZOG & SCHMIDT*, 569)   PL, v, 713; CSEL, iv, 3

H. LE BONNIEC, i, Paris, 1982 (lib. i) (*a*); J. VAN DER PUTTEN, Leiden, 1970 (lib. iii, 1-19) (*b*); C. MARCHESI, Torino, 1953² (lib. i-vii).

Cod.: Y.-M. DUVAL, *Sur la biographie et les manuscrits d'Arnobe de Sicca; les informations de Jérôme, leur sens et leur sources possibles*, in *Latomus*, xlv, 1986, p. 69-99.

Emend., critica, fontes: C. WEYMAN, *Textkritische Bemerkungen zu Arnobius Aduersus Nationes*, in *Festschr. S. Merkle*, Düsseldorf, 1922, p. 386-398; A. J. FESTUGIÈRE, in VC, vi, 1952, p. 208-254; P. COURCELLE, in RÉL, xxxii, 1954, p. 405; J. MOREAU, in *Rev. belge de philol. et d'hist.*, xxxiii, 1955, p. 793; V. BULHART, in WSt, lxxi, 1958, p. 168-169; H. LE

(*a*) Cfr J. DEN BOEFT, in *Gnomon*, lvi, 1984, p. 308-312.
(*b*) Cfr L. VERHEYEN, in Mn, n. s., xxvi, 1973, p. 441-442.

BONNIEC, in *Mélang. P. Boyancé*, Rome, 1974, p. 505-511; C. MARCHESI, *Scritti Minori*, Firenze, 1978; S. TIMPANARO, in *Riv. fil. istruz. class.*, cviii, 1981, p. 422-430; A. LA PENNA, *ibid.*, cx, 1982, p. 171-174; H. J. EDWARDS, in VC, xlii, 1988, p. 282-289; D. R. SHACKLETON BAILEY, *Arnobiana*, in *Riv. fil. istruz. class.*, cxvi, 1988, p. 198-202.

Latinitas: H. HAGENDAHL, *Von Tertullian zu Cassiodor*, Göteborg, 1983, p. 32-38.

Clausulae: H. HAGENDAHL, *La prose métrique d'Arnobe*, Göteborg, 1937.

Index uerborum: L. BERKOWITZ, *Index Arnobianus*, Hildesheim, 1967.

Cetera documenta antenicaena uide in *Indice* ii.

II. A CONCILIO NICAENO
AD CONCILIVM CHALCEDONENSE

1. SCRIPTORES ITALIAE

MARIVS VICTORINVS

natione Afer; natus circa 275; obiit post 363. — Cfr P. HADOT, *Marius Victorinus*, Paris, 1971.

De operibus uide etiam E. BENZ, *Marius Victorinus und die Entwicklung der abendländischen Willensmetaphysik*, Stuttgart, 1932, p. 13-38; 429-431.

Index uerborum: *Thesaurus Marii Victorini*, curante CETEDOC, Series A, Turnhout, 1993.

94 **De definitionibus** (Ps. BOETHIVS). Inc. «Dicendi ac disputandi prima oratio est» (*SCHANZ*, iv, 1, 155; *HERZOG & SCHMIDT*, 564, 11) PL, lxiv, 891

Th. STANGL, *Tulliana et Mario-Victoriana*, München, 1888 [progr.], p. 17-48; et (nonnullis additis) P. HADOT, *o. c.*, p. 329-365.

Cod.: G. SCHEPSS, in *Philologus*, lvi, 1897, p. 382 sq.; S. BRANDT, *ibid.*, lxii, 1903, p. 623-625.

Praeterea e graeco in latinum uertit *Isagogen* PORPHYRII, quam uersionem commentariis instruxit BOETHIVS (uide infra sub n. 881). P. MONCEAUX textum Victorini restituere conatus est in *Mélanges offerts à P. L. Havet*, Paris, 1909, p. 289-310; etiam hanc editionem, nonnullis emendatis et auctis, recudit P. HADOT, *o. c.*, p. 367-380.

94a **Commenta in Topica Ciceronis** (*SCHANZ*, iv, 1, 156; *HERZOG & SCHMIDT*, 564, 5)

Fragmenta uel potius uestigia (apud BOETHIVM, MARTIANVM CAPELLAM, CASSIODORVM) collegit P. HADOT, *o. c.*, p. 313-321.

94b **De syllogismis hypotheticis** (SCHANZ, iv, 1, 156; HERZOG & SCHMIDT, 564, 10)

Vestigia (apud MARTIANVM et CASSIODORVM) collegit P. HADOT, *o. c.*, p. 323-327.

Ars grammatica

uide sub n. 1543.

Explanationes in Ciceronis rhetoricam

uide sub n. 1544.

De soloecismo et barbarismo fragmentum

uide sub n. 1544a.

Aliae uersiones, praesertim ARISTOTELIS, uel commentarii, maxime in ARISTOTELEM et CICERONEM, qui memorantur ab Hieronymo et Cassiodoro, perierunt.

95 **Ad « Candidum »** (a) **Arrianum [« Aduersus Arium »]**. Inc. « In primo sermone huius operis » (SCHANZ, iv, 1, 157; HERZOG & SCHMIDT, 564, 12)   PL, viii, 1039

CSEL, lxxxiii, 1, 1971 — HENRY & HADOT, p. 54-277.

Praefatio Candidi ad Victorinum recensa est sub n. 681.

Text. bibl.: A. VACCARI, *Le citazione del Vecchio Testamento presso Mario Victorino*, in *Biblica*, xlii, 1961, p. 459-464.

Nouissima editio Alberti LOCHER in collectione Teubneriana (*Marii Victorini Afri Opera theologica*, Leipzig, 1976) pauca quaedam rectius expressit et fontes interdum plenius indicauit; insuper indices praebet locupletissimos. Cfr Fr. GORI, in *Riv. di filologia*, cvii, 1979, p. 473 sq.

96 **[De generatione diuini Verbi] ad « Candidum » Arrianum**. Inc. « Magnam tuam intellegentiam, o generose Candide, quis fascinauit » (SCHANZ, iv, 1, 158)   PL, viii, 1019

ibid., p. 15-48.

Opusculum *De generatione diuina* ipsius « CANDIDI » inuenies sub n. 680.

97 **De homoousio recipiendo**. Inc. « Miror adhuc rationem intellegendi » (SCHANZ, iv, 1, 158)   PL, viii, 1137

ibid., p. 278-284.

(a) Candidus nomen est fictitium, cfr P. NAUTIN, in *L'homme devant Dieu. Mél. H. de Lubac*, i, Paris, 1964, p. 309-320.

98 **Commentarii in epistulas Pauli ad Galatas, ad Philippenses, ad Ephesos** (SCHANZ, iv, 1, 157-158; HERZOG & SCHMIDT, 564, 13; STEGMÜLLER, 1887-1889 Suppl.) PL, viii, 1145

A. LOCHER, Leipzig, 1972 (Bibl. Teubneriana); CSEL, lxxxiii, 2, 1986 — GORI.

Fontes: K. Th. SCHÄFER, Marius Victorinus und die marcionistischen Prologe, in RB, lxxx, 1970, p. 7-16; I. OPELT, Vergil bei Marius Victorinus, in Philologus, cxxii, 1978, p. 224-236.

Critica in editione Locheriana: P. HADOT, in Latomus, xxxv, 1976, p. 133-142; Fr. GORI, in Riv. filol. istruz. class., civ, 1976, p. 149-162; ID., in Studi Storico Religiosi, xi, 1977, p. 377-385.

Cfr B. LOHSE, Beobachtungen zum Paulus-Kommentar des Marius Victorinus, in Kerygma und Logos. Festschr. C. Andresen, Göttingen, 1979, p. 351-366; W. ERDT, Marius Victorinus Afer, der erste lateinische Pauluskommentator, Frankfurt, 1980.

99 **Hymni iii de Trinitate.** Inc. «Adesto lumen uerum»; «Miserere, Domine, miserere, Christe»; «Deus Dominus, Sanctus Spiritus» (SCHANZ, iv, 1, 158; CHEVALIER, 22561, 38977, 25420; SCHALLER-KÖNSGEN, 290; 9691; 3546) PL, viii, 1139

CSEL, lxxxiii, 1, 1971 — HENRY & HADOT, p. 285-305.

Trad. text.: P. HADOT, in Archives d'hist. doctr. et litt. du Moyen Age, xxvii (xxxv), 1960 (1961), p. 7-16; J.-A. JUNGMANN, in Festschrift J. Quasten, ii, Münster, 1970, p. 691-697.

SPVRIA

Vide etiam sub VICTORINO POETOVIONENSI (nn. 82 et 83) et CYPRIANO POETA (n. 1428).

100 **De physicis.** Inc. «Rerum omnium conditorem Deum» (SCHANZ, 158; HERZOG & SCHMIDT, 564, d; STEGMÜLLER, 1885; CPPM, ii, 1219)

PL, viii, 1295-1310 = MAI.

H. J. VOGELS, Der Bibeltext der Schrift «De physicis», in RB, xxxvii, 1925, p. 237 et 226, adn. 3, huius opusculi originem afram et quidem saeculi quarti medii defendit; uide etiam M. MICHALSKI, Nauka teologiczna nieznanego autora tractatu «De physicis», Kraków, 1937 (cfr B. NISTERS, in ThRev, xxxvii, 1938, col. 272).

FIRMICVS MATERNVS

natus in Sicilia; obiit post 360. — Cfr. A. GIANFROTTA, *La polemica antipagana di Giulio Firmico Materno*, in *Miscell. Franciscana*, lxxvii, 1977, p. 297-327.

101 **Matheseos libri viii** (SCHANZ, iv, 1, 129; HERZOG & SCHMIDT, 515, 1)

W. KROLL, F. SKUTSCH & K. ZIEGLER, Leipzig, 1897-1913 (noua ed. anastatica 1968) (*Bibl. Teubneriana*); libri i-v emendatius excusi sunt a P. MONAT, Paris, 1992/94 (coll. « Belles Lettres ») (cfr A. LE BOEUFFLE, in RÉL, lxxii, 1994, p. 262 sq.).

Magni momenti sunt *In Firmicum Maternum studia* auctore T. WIKSTRÖM, Uppsala, 1935 (cfr K. ZIEGLER, in PhWo, lvi, 1936, col. 1030-1043; E. BICKEL, in *Gnomon*, xiv, 1938, p. 56-58); ID., *Firmiciana*, in *Eranos*, xl, 1942, p. 37-80.

Cod.: THORNDIKE & KIBRE, p. 852 et 980.

Emend.: V. PISANI, in *Zeitschr. f. vergleich. Sprachforschung*, lxvi, 1939, p. 256-258; Å. J. FRIDH, in *Gnomon*, xli, 1969, p. 511-513.

102 **De errore profanarum religionum** (SCHANZ, iv, 1, 133; HERZOG & SCHMIDT, 515, 6)   PL, xii, 981; CSEL ii, 75

R. TURCAN, Paris, 1982.

Critica et **emend.**: T. WIKSTRÖM, in *Gnomon*, xxvii, 1955, p. 138-140; ID., in *Eranos*, liii, 1955, p. 172-192; J. BAUER, in WSt, lxxi, 1958, p. 153-160; ID., in *Eranos*, lvii, 1959, p. 73-75; Cl. A. FORBES, in VC, xxi, 1967, p. 34-38.

Text. bibl.: E. MARTIN, in JTS, xxiv, 1923, p. 318-325. Cfr etiam B. CAPELLE, in BALCL, i, n. 237.

Fontes: J.-M. VERMANDER, *Un Arien d'Occident méconnu: Firmicus Maternus*, in *Bull. de littér. eccl.*, lxxxi, 1980, p. 3-16 (Conclusio auctoris peremptorie probata minime uidetur).

Latinitas: I. OPELT, *Schimpfwörter in der Apologie 'De errore profanarum religionum' des Julius Firmicus Maternus*, in *Glotta*, lii, 1974, p. 146-150.

SPVRIA

103 **Consultationes Zacchaei et Apollonii.** Inc. (praefatio): « Apud quosdam contradictio gentilium » (HERZOG & SCHMIDT, 515, 7; CPPM, ii, 730)   PL, xx, 1071

G. Morin, Bonn, 1935 (FlP, xxxix); et longe melius in SC, cdi/cdii, 1994 — J.-L. Feiertag.

Cod., fontes, emend.: J.-L. Feiertag, *Les Consultationes Zacchaei et Apollonii. Étude d'histoire et de sotériologie*, Fribourg, 1990 (= *Paradosis*, xxx), qui et nouam parat editionem.

Capitula quae e codice Vindocinensi deperdito ediderunt E. Martène & V. Durand, *Thesaurus nouus Anecdotorum*, v, Parisiis, 1717, p. 1845-1847 (inc. «Christus Deus et homo possit»), suo loco in textu leguntur.

Critica: P. Heseler, in PhWo, lvi, 1936, col. 196-203.

De origine Firmiciana *Consultationum*, a Germano Morin defensa, nihil certo constat; a B. Axelson (*Ein drittes Werk des Firmicus Maternus?*, in *Bull. Soc. Roy. des Lettres de Lund*, 1936/37, p. 107-132) uehementius atque etiam minus eleganter argumenta Germani Morin impugnata fuerunt; Axelson etiam quasdam emendationes textus proponit. Nuper uero ponit P. Courcelle, in *Rev. d'hist. des relig.*, cxlvi, 1954, p. 174-193, eas conscriptas esse a clerico Africanae ecclesiae saec. v ineunte, fortasse ab evodio (nn. 389 sqq.). Vide etiam *Prosopographie*, i, p. 373; opusculum saec. iv° tribuere uult G. M. Colombás, *Sobre el autor de las Consultationes Zacchaei et Apollonii*, in *Studia Monastica*, xiv, 1972, p. 7-15, argumenta nimis subtilia adhibens. Vide etiam J.-L. Feiertag, *o. c.*, p. 143-145, et in SC, cdi, 1994, p. 16-31, qui *Consultationes* in saec. v° reponit.

Fontes: P. Courcelle, *a. c.*

Text. bibl.: A. Vaccari, in *Gregorianum*, xlii, 1961, p. 729 sq.

Cap. ii, 3 exscripsit evgenivs carthaginensis (n. 799), cap. ii, 77-78.

FORTVNAT[IAN]VS EPISCOPVS AQVILEIENSIS

natione Afer; sedit tempore Liberii Papae.

104 **Commentarii in Euangelia.** Inc. «In ueste Aaron quattuor ordines»; «*Cum appropinquasset Iherosolimis...* Bethfage: beth, ebraice domus»; «*Ecce ego mitto ad uos...* Quod post passionem Domini» (*schanz*, iv, 1, 399; *herzog & schmidt*, 577; *stegmüller*, 2292)   PLS, i, 239; 217

CC, ix, 1957, p. 365-370 — Wilmart & Bischoff.

Alia fragmenta quae Fortunat[ian]o tribui possunt, inuenit P. Meyvaert in cod. Augustodunensi 3 (Sém. 2), a° 754 (*lowe*, 716), et edidit in *Scire litteras. Festschr. B. Bischoff*, München, 1988, p. 277-289. Cfr n. 1964°.

Latinitas: I. IJsewijn, in *Latinitas*, xi, 1963, p. 225-229.

EVSEBIVS EPISCOPVS VERCELLENSIS

obiit 371.

105 **De Trinitate** (SCHANZ, iv, 1, 309 et 311; iv, 2, 571; HERZOG & SCHMIDT, 585, 4; CPPM, ii, 37. 191. 701. 1693) PL, lxii, 237

CC, ix, 1957, p. 1-99; 115-118; 127-205 — BULHART.

Cod.: Sélestat, B. M. 77, saec. xvi, f°. 159-200 (cfr B. DE VREGILLE & L. NEYRAND, in CC, xix, 1986, p. vii).

Emend.: V. BULHART, in SE, xi, 1960, p. 9-10; L. DATTRINO, *Pseudo-Atanasio, La Trinità. Traduzione, introduzione e note*, Roma, 1980.

Tantum librorum i-vii huius operis prior recensio, quae perperam Athanasio, Ambrosio, Vigilio Thapsensi uel falsariis Luciferianis adscripta fuit, Eusebio attribuebant G. MORIN, in RB, xv, 1898, p. 1-10 (attamen sententiam suam postea reuocauit, *Études*, p. 32); C. TURNER et A. BURN, in JTS, i, 1900, p. 26-28; 592-599; P. SCHEPENS, in RHE, xxxii, 1936, p. 561. De Eusebiana origine ualde dubitant B. FISCHER (ThLz, lxxvii, 1952, col. 288) et B. BOTTE (RTAM, xxv, 1958, p. 365); negat M. SIMONETTI, et reuera non est huius auctoris, cfr. L. DATTRINO, *Il De Trinitate pseudoatanasiano*, Roma, 1976. — Opus a quodam Luciferiano Hispanae retractatum necnon libro viii adauctum est iuxta L. SALTET, in *Bull. littér. eccl.*, 1906, p. 315-326; hunc librum viii [x] (*CPPM*, i, 1396) etiam inter sermones pseudo-augustinianos inuenies, CAILLAU II, 90, cfr G. MORIN, in *Misc. Agost.*, i, p. 738.

Liber ix (p. 129-131 [PL, 287-288]) a nonnullis GREGORIO ILLIB. (n. 552) tribuitur, perperam uero, cfr M. SIMONETTI, *Gregorio di Elvira. La Fede*, Torino, 1975, p. 11 sq.

Libros x-xii accuratius edidit M. SIMONETTI, *Pseudoathanasii de Trinitate ll. x-xii*, Bononiae, 1956. De origine horum libellorum non satis constat; cfr H. J. FREDE, p. 792. Cfr etiam nn. 201, 988°, 1744 a. PG, xxvi 1191

106 **Epistula ad Constantium Augustum.** Inc. «Ego, clementissime imperator, uidens animum» (SCHANZ, iv, 1, 311; HERZOG & SCHMIDT, 585) PL, xii, 9

ibid., p. 103.

107 **Epistula ad presbyteros et plebem Italiae,** una cum **Libello facto ad Patrophilum cum suis.** Inc. «Licet nos multis Dominus noster... Qua me ui multorum et furore» (SCHANZ, iv, 1, 311; HERZOG & SCHMIDT, 585) PL, xii, 9

ibid., p. 104-109.

Cfr L. DATTRINO, in *Lateranum*, xlv, 1979, p. 60-82.

108 **Epistula ad Gregorium episcopum Spanensem** [seu **Illiberitanum**]. Inc. «Litteras sinceritatis tuae accepi» (SCHANZ, iv, 1, 311; HERZOG & SCHMIDT, 585; CPPM, ii, 700)

PL, x, 713; CSEL, lxv, 46

ibid., p. 110.

Spurium Luciferianum censet L. SALTET (*Bull. littér. eccl.*, 1905, p. 228-230), cui assentiunt A. WILMART in RB, xxiv, 1907, p. 297, et M. SIMONETTI, *La crisi Ariana nel IV sec.*, Roma, 1975, p. 234, n. 50. Vide tamen A. FEDER, *Studien zu Hilarius von Poitiers*, i, Wien, 1910, p. 64-66, et G. BARDY, *Faux et fraudes littéraires dans l'antiquité chrétienne*, in RHE, xxxii, 1936, p. 16.

APPENDIX

Epistulae iii ad Eusebium e concilio Mediolanensi a° 355:

109 i. **Epist. synodica.** Inc. «Non ignorat carissima nobis»

Cfr A. WILMART, in RB, xxx, 1913, p. 265, adn. 2.

110 ii. **Epist. legatorum Apostolicae Sedis.** Inc. «Calcato capite diaboli»

PL, xiii, 765; CSEL, xiv, 319

Etiam inter epistulas Luciferi Calaritani traditur (n. 117).

111 iii. **Epist. Constantii Imperatoris.** Inc. «Metiri facile posse» (HERZOG & SCHMIDT, 589, 1)

PL, xiii, 564

CC, ix, 1957, p. 118-121 — BULHART.

Epistulae iv ad Eusebium a Liberio Papa datae (SCHANZ, iv, 1, 366; HERZOG & SCHMIDT, 592, 2-4):

PL, viii, 1350

111a Inc. «Me, frater carissime, ad solatium uitae praesentis» (JW, 211)

111b Inc. «Remeante filio meo Callepio» (JW, 213)

111c Inc. «Sciebam, domine frater carissime, quod spiritu dei» (JW, 215)

111d Inc. «Quamuis sub imagine pacis» (JW, 216)

CSEL, lxv, 164

CC, ix, 1957, p. 121-124 — BULHART.

Cfr n. 1628.

111e **Epitaphium Eusebii.** Inc. «Emeritae quantum damnato corpore uitae» (HERZOG & SCHMIDT, 585, 5; SCHALLER-KÖNSGEN, 4372)

PLS, i, 1742

ibid., p. 125.

Fortasse auctore FLAVIANO VERCELLENSI episcopo saec. vi, cuius epitaphium legitur apud DIEHL, p. 202 sq., n. 1053 (inc. «Flauiani antistitis resonant praeconia uitae» [SCHALLER-KÖNSGEN, 5180]).

«*De S. Trinitate confessio*», quae in appendice Eusebiana inueniri solet (PL, xii, 959-968 [SCHANZ, iv, 1, 311]; CPPM, ii, 702), reuera est symbolum concilii Toletani xi, cfr J. MADOZ, *Le symbole du xie concile de Tolède*, Louvain, 1938, p. 16-26 (n. 1790).

S. Eusebii *Vita* (BHL, 2748-2749) hic omittitur; est enim saec. viii uel ix.

LVCIFER EPISCOPVS CALARITANVS

floruit in Italia circa 356-360.

Bibliographia: CC, viii, 1978, p. cxix-cxxix; G. SANDERS & M. VAN UYTFANGHE, p. 99-100.

Trad. text.: L. FERRERES, in *Rev. Catal. de teologia*, xvii, 1992, p. 193-199.

Latinitas: J. AVILÉS & L. FERRERES, *Algunos elementos de retorica en Lucifer de Cagliari*, in *Actas del V Congreso Español de Estudios Clásicos*, Madrid, 1978, p. 331-336; G. F. DIERCKS, *Les contaminations syntactiques et les anacoluthes dans les oeuvres de Lucifer de Cagliari*, in VC, xxxiv, 1980, p. 130-144; ID., *Enige bijzonderheden van het taaleigen van Lucifer Calaritanus*, in *Noctes Nouiomagenses J. Nuchelmans oblatae*, Weesp, 1985, p. 75-82; A. PIRAS, *Sul Latino di Lucifer di Cagliari*, in *Vet. Christ.*, xxix, 1992, p. 315-343.

112 **De non conueniendo cum haereticis** (SCHANZ, iv, 1, 302; HERZOG & SCHMIDT, 595, 3)

CC, viii, 1978 — DIERCKS, p. 165-192.

PL, xiii, 767; CSEL xiv, 3

113 **De regibus apostaticis** (SCHANZ, iv, 1, 302; HERZOG & SCHMIDT, 595, 2)

ibid., p. 135-161; J. AVILÉS, in *Anal. Sacra Tarracon.*, xlix/l, 1976/77, p. 395-433; V. UGENTI, Lecce, 1980.

Critica: V. UGENTI, in *Annali Fac. Lett. di Lecce*, viii/x, 1977/80, p. 241-248.

PL, xiii, 793; CSEL xiv, 35

114 **Quia absentem nemo debet iudicare nec damnare**, siue **De S. Athanasio l. ii** (SCHANZ, iv, 1, 302; HERZOG & SCHMIDT, 595, 1)

ibid., p. 3-132.

Critica, emend.: A. PIRAS, in VC, xlvi, 1992, p. 57-74.

Var. lect.: A. WILMART, in RB, xxxiii, 1921, p. 131-135.

PL, xiii, 817; CSEL xiv, 66

115 **De non parcendo in Deum delinquentibus** (SCHANZ, iv, 1, 303; HERZOG & SCHMIDT, 595, 4)

ibid., p. 195-261.

PL, xiii, 935; CSEL, xiv, 209

116 **Moriundum esse pro Dei Filio** (SCHANZ, iv, 1, 303; HERZOG & SCHMIDT, 595, 5)

ibid., p. 265-300; L. FERRERES, in *Anal. Sacra Tarracon.*, liii/liv, 1980/81, p. 43-99.

Fontes: L. FERRERES, in RÉL, lxx, 1992, p. 35-36; ID., in *Faventia*, xiv, 1992, p. 99-102.

Vide V. UGENTI, in *Quaderni Urbinati*, lix, 1988, p. 133-137.

Fontes: L. FERRERES, in *Anuari di Filología Barcelona*, iii, 1977, p. 101-116; G. CASTELLI, in *Civiltà Classica e Cristiana*, x, 1989, p. 439-479.

PL, xiii, 1007; CSEL, xiv, 284

117 **Epistulae** (SCHANZ, iv, 1, 303; HERZOG & SCHMIDT, 595, 6-8; CPPM, ii, 1190-1192)

ibid., p. 305-322.

Epist. 7(1) LVCIFERI, PANCRATII et HILARII LEGATI ad Eusebium Vercellensem (n. 110);

epist. 5(2) et 8(7), sunt LIBERII PAPAE (n. 1630);

epist. 1(3), est FLORENTII MAGISTRI OFFICIORVM;

epist. 3(5) et 4(6), ATHANASII, ut fertur, ad Luciferum (CPG, 2232 [**cod.**: Sélestat, B. M. 1, saec. xvi; cfr B. DE VREGILLE et L. NEYRAND, in CC, xix, 1986, p. vii]) spuriae sunt, cfr L. SALTET, *Fraudes littéraires des schismatiques lucifériens*, in *Bull. lit. eccl.*, 1906, p. 314 sq.;

epist. 6(8), ATHANASII, plane genuina (CPG, 2108), sed compluribus locis a Luciferianis pessime interpolata: cfr L. SALTET, *l. c.*; uide etiam quae scripsit G. DE JERPHANION, *La voix des monuments*, ii, Rome, 1938, p. 95-110).

PL, xiii, 765; 935; CSEL, xiv, 319

PL, xiii, 1037; PG, xxvi, 1181 (*epist.* 5 et 8)

DVBIA

118 **Fides S. Luciferi.** Inc. «Nos Patrem credimus qui non sit Filius» (HERZOG & SCHMIDT, 595, 9; CPPM, ii, 1193)

ibid., p. 325-326.

Magna ex parte excerpta est e *Confessione* FAVSTINI (n. 119), cfr M. SIMONETTI, in SE, xiv, 1963, p. 92-98.

PL, xiii, 1049; lvi, 582

FAVSTINVS PRESBYTER LVCIFERIANVS

circa 380-384.

119 **Confessio fidei [Theodosio Imperatori oblata].** Inc. «Sufficiebat fides conscripta apud Nicaeam» (SCHANZ, iv, 1, 307; MAASSEN, 353)   PL, xiii, 79; 1050; lvi, 582

CC, lxix, 1967 — SIMONETTI, p. 357.

120 **De Trinitate, siue de fide contra Arianos.** Inc. «Reginam te orbis Romanus suscipit» (SCHANZ, iv, 1, 305; CPPM, ii, 25. 788)

ibid., p. 295-353.

Opusculum «*De confessione uerae fidei et ostentatione sacrae communionis et persecutione aduersantium ueritati preces*» (SCHANZ, iv, 1, 305), a Sirmond «*Libellus precum*» nuncupatum, Faustinus noster et Marcellinus, qui et ipse presbyter sectae Luciferianae, THEODOSIO IMPERATORI obtulerunt; una cum Augusti rescripto inuenies in *Collectione Auellana* (n. 1571).   PL, xiii, 8

FILASTRIVS EPISCOPVS BRIXIENSIS

circa 383-391.

121 **Diuersarum hereseon liber** (SCHANZ, iv, 1, 394)   PL, xii, IIII; CSEL xxxviii, 1

CC, ix, 1957, p. 207-324 — HEYLEN.

Cod.: olim exstabat etiam exemplar in Collegio Claromontano, n. cdlxxxv, saec. xvi, cfr U. CHEVALIER, *Oeuvres complètes de S. Avit*, Lyon, 1890, p. lvii sq.; *Bibl. Meermanniana*, iv, p. 85, n. 509.

Latinitas: P.C. JURET, *Étude grammaticale sur le latin de S. Filastrius*, Erlangen, 1904.

121a **Fragmentum in Actis Concilii Aquileiensis** (sub titulo 61).

ibid., p. 209 sq., adn. 9; rectius apud R. GRYSON, *Scolies ariennes*, p. 374 (uide n. 160°).

PS. HEGEMONIVS

scripsit Romae circa 400.

122 **Aduersus haereses.** Inc. «Veteres heretici propemodum omnes» (CPG, 3571; CPPM, ii, 805)   GCS, xvi 98

CC, ix, 1957, p. 325-329 — HOSTE.

AMBROSIVS EPISCOPVS MEDIOLANENSIS

natus 339, obiit 397.

Bibliographia: *Cento anni di bibliografia ambrosiana (1874-1974)*, Milano, 1981 (= *Stud. Patr. Mediolan.*, xi); G. SANDERS & M. VAN UYTFANGHE, p. 4-7.

Cod.: O. FALLER, in CSEL, lxxiii, 1955, p. vi-xviii; G. BILLANOVICH et M. FERRARI, in *Ambrosius Episcopus* (*Stud. Patr. Mediolan.*, vi), Milano, 1976, i, p. 5-102.

Ed. Maurinorum (curantibus J. DU FRISCHE et N. LE NOURRY), etsi haud praestabilis putatur, tamen quibusdam in locis anteponenda uidetur illi quae Mediolani prodiit, cura et studio P. A. BALLERINI, t. i-vi, 1875/1883. At uero cum editione Maurinorum semper conferendae sunt uariae lectiones quas P. A. BALLERINI e codicibus suis Mediolanensibus excudit. Nonnullas emend. etiam inuenies in editione bilingua operum omnium S. Ambrosii, Milano, 1977 sqq.

Index uerborum: CETEDOC, *Thesaurus Sancti Ambrosii*, Turnhout, 1994.

Fontes, emend.: O. FALLER, *o. c.*, p. xxiii-xxvii; L. CASTIGLIONE, *Spigolature ambrosiane*, in *Ambrosiana*, Milano, 1942, p. 113-124; L. TAORMINA, *Sant'Ambrogio e Plotino*, in *Misc. di studi di letter. crist. ant.*, 1954, p. 41-85; ID., in *Conuiuium dominicum* (cfr n. 90), p. 423-437; Fr. TRISOGLIO, *Sant'Ambrogio conobbe Plinio il giovane?*, in *Riv. Studi Class.*, xx, 1972, p. 363-410; P. COURCELLE, in RÉL, xlviii, 1970, p. 107-112; ID., in RÉL, l, 1972, p. 223-231; A. V. NAZZARO, in *Paradoxos politeia. Studi patrist. in onore di G. Lazzati*, Milano, 1979 (= *Stud. Patr. Mediolan.*, x), p. 436-446; Fr. GORI, in *Stud. Urbin.*, lviii, 1984, p. 31-39; ID., in *Vet. Christ.*, xxii, 1985, p. 121-140; C. PASINI, *Le fonti greche su Ambrogio*, Milano, 1990.

Text. bibl.: G. M. ROLANDO et T. CARAGLIANO, in *Biblica*, xxvi, 1945, p. 238-276; xxvii, 1946, p. 3-17; 30-64; 210-240; M. MARZOLA, in *Scrinium Theologicum*, i, 1953, p. 95-123; ID., *Bibbia ambrosiana neotestamentaria*, i-ii, Torino, 1965-1971; R. W. MUNCEY, *The New Testament Text of St Ambrose*, Cambridge, 1959 (TSt, n. s., iv); sed cfr G. G. WILLIS, in JTS, n. s., xi, 1960, p. 172-176; H. J. FREDE, in *Ambrosius Episcopus*, i, p. 365-392.

Versiones graecae: E. DEKKERS, in SE, v, 1953, p. 200-203; L. WALLACH, in *Harvard Theol. Rev.*, lxv, 1972, p. 171-189; J. IRMSCHER, in *Ambrosius Episcopus*, ii, p. 298-311.

OPERA EXEGETICA

123 **Exameron** (*SCHANZ*, iv, 1, 321; *STEGMÜLLER*, 1227)   PL, xiv, 123 (133)

CSEL, xxxii, 1, 1897 — SCHENKL, p. 3-261.

Cod.: B. Kraft, *Die Handschriften der bischöflichen Ordinariatsbibliothek in Augsburg*, Augsburg, 1934, p. 61 sq.; F. Blatt, in *Classica & Mediaeualia*, xiv, 1953, p. 230; K. Forstner, in *Scriptorium*, xiv, 1960, p. 236-237.

Emend.: in CSEL, xxxii, 1 et 2: λ (= E. Luthardt?), in *Theol. Literaturblatt*, xx, 1899, col. 123-125; Th. Birt, in *Philologus*, lxxxiii, 1928, p. 180; F. Capponi, in *Koinonia*, ii, 1978, 325-332; viii, 1984, p. 183-192; xi, 1987, p. 53-67; K. Smolak, in WSt, n. s., xix, 1985, p. 205-214.

Fontes: M. Klein, *Meletemata Ambrosiana*, Königsberg, 1927, p. 45-81; P. Courcelle, in RÉL, xxxiv, 1956, p. 220-239; Y.-M. Duval, in RÉAug, xvi, 1970, p. 25-34; E. Lucchesi, *L'usage de Philon dans l'oeuvre exégétique de saint Ambroise* (= Arbeiten zur Literatur u. Geschichte des hellen. Judentums, ix), Leiden, 1977; A. van Heck, in *Festschr. H. Hörner*, Heidelberg, 1990, p. 73-79.

124 **De paradiso** (SCHANZ, iv, 1, 324; STEGMÜLLER, 1228)   PL, xiv, 275 (291)
ibid., p. 265-336.

Cod.: E. Cazzaniga, in *Rendic. Reale Istit. Lombard.*, ser. ii, t. lxxv, 1941/42, p. 349-366.

Emend.: É. Jeauneau, in ΣΟΦΙΗΣ ΜΑΙΗΤΟΡΕΣ. Hommage à J. Pépin, Paris, 1992, p. 561-571.

125 **De Cain et Abel** (SCHANZ, iv, 1, 325; STEGMÜLLER, 1229)   PL, xiv, (333)
ibid., p. 339-409.

126 **De Noe [et arca]** (SCHANZ, iv, 1, 325; STEGMÜLLER, 1230)   PL, xiv, (381)
ibid., p. 413-497.

127 **De Abraham** (SCHANZ, iv, 1, 326; STEGMÜLLER, 1231)   PL, xiv, 419 (441)
ibid., p. 501-638.

Emend.: A. Vaccari, in *Biblica*, iii, 1922, p. 449-450 (cap. ii, 11); A. De Vivo, in *Vichiana*, iii, 1974, p. 164-170.

128 **De Isaac uel anima** (SCHANZ, iv, 1, 327; STEGMÜLLER, 1232)   PL, xiv, (527)
ibid., p. 641-700.

Emend.: P. Courcelle, *Recherches sur les Confessions de S. Augustin*, Paris, 1950, p. 115, adn. 3.

Fontes: P. Courcelle, *Plotin et saint Ambroise*, in Rev. de philol., xxiv, 1950, p. 29-56; A. Solignac, in *Archives de philosophie*, xix, 1955/56, p. 148-156; P. Hadot, in RÉL, xxxiv, 1956, p. 202-220.

Text. bibl.: S. Sagot, in *Recherches aug.*, xvi, 1981, p. 3-57, quae et textum Ambrosii haud semel emendauit.

129 **De bono mortis** (SCHANZ, iv, 1, 328)   PL, xiv, 539
    ibid., p. 703-753.   (567)

    Cod.: V. Ussani, in *Riv. storico-critica delle scienze theol.*, v, 1909, p. 934-943; W. Th. Wiesner, *S. Ambrosii de bono mortis. A revised Text*, Washington, 1970 (= *Patr. Stud.*, c); F. Claus, in *Atti Accad. Torino*, cix, 1975, p. 273-279.

    Var. lect. e cod. Fuldensi, Bonifatiano 2, saec. viii (Lowe, 1197): J. Huhn, *Des hl. Kirchenvaters Ambrosius Schrift «Der Tod ein Gut»*, Fulda, 1949.

    Fontes: P. Courcelle, *a. c.*; P. Hadot, *a. c.*; Id., in *Latomus*, xxi, 1962, p. 404 sq.

130 **De Iacob et uita beata** (SCHANZ, iv, 1, 329; STEGMÜLLER, 1233)   PL, xiv,
    CSEL, xxxii, 2, 1897 — Schenkl, p. 3-70.   597 (627)

131 **De Ioseph [patriarcha]** (SCHANZ, iv, 1, 329; STEGMÜLLER, 1234)   PL, xiv,
    ibid., p. 73-122.   641 (673)

132 **De patriarchis** (SCHANZ, iv, 1, 330; STEGMÜLLER, 1235)   PL, xiv,
    ibid., p. 125-160.   673 (707)

    Fontes: G. Bonwetsch, in TU, xxvi, 1 a, 1904.

133 **De fuga saeculi** (SCHANZ, iv, 1, 328)   PL, xiv,
    ibid., p. 163-207.   569 (597)

134 **De interpellatione Iob et Dauid** (SCHANZ, iv, 1, 333; STEGMÜLLER,   PL, xiv,
    1239)   797 (835)
    ibid., p. 211-296.

135 **De apologia prophetae Dauid** (SCHANZ, iv, 1, 334; STEGMÜLLER,   PL, xiv, 851
    1240)   (891)
    ibid., p. 299-355.

    Emend.: P. Hadot & M. Cordier, in SC, ccxxxix, 1977.

136 **Apologia Dauid altera** (SCHANZ, iv, 1, 334; STEGMÜLLER, 1240;   PL, xiv,
    CPPM, ii, 1785)   887 (930)
    ibid., p. 359-408.

    Genuinitatem optime defendunt R. H. Connolly, *Some Disputed Works of St Ambrose*, in *The Downside Rev.*, lxv, 1947, p. 7-20; 121-130; F. Claus, in *Ambrosius Episcopus*, ii, p. 169-193, et M. Roques, *L'authenticité de l'Apologia Dauid altera: historique et progrès d'une controverse*, in *Augustinianum*, xxxvi, 1996.

137 **De Helia et ieiunio** (SCHANZ, iv, 1, 331; STEGMÜLLER, 1236) PL, xiv, 697 (731)
ibid., p. 411-465 (*a*).

Cod., emend.: C. WEYMAN, in RhM, lxiv, 1909, p. 328 sq.; G. JACKSON, in *Vichiana*, iii, 1974, p. 171-174; S. ZINIONE, in *Augustinianum*, xvi, 1976, p. 337-351.

138 **De Nabuthae** (SCHANZ, iv, 1, 332; STEGMÜLLER, 1237) PL, xiv, 7 (765)
ibid., p. 469-516 (*a*).

Emend.: M. G. MARA, *Ambrogio. Le storia di Naboth*, L'Aquila, 1975.

Fontes: H. DRESSLER, in *Traditio*, v, 1947, p. 311-312.

139 **De Tobia** (SCHANZ, iv, 1, 332; STEGMÜLLER, 1238) PL, xiv, 759 (797)
ibid., p. 519-573 (*a*).

140 **Explanatio super psalmos xii** (SCHANZ, iv, 1, 335; STEGMÜLLER, 1241) PL, xiv, 9 (963)

CSEL, lxiv, 1919 — PETSCHENIG.

Fontes: L. Fr. PIZZOLATO, *La «Explanatio Psalmorum xii». Studio letterario sulla esegesi di Sant'Ambrogio*, Milano, 1965.

141 **Expositio de psalmo cxviii** (SCHANZ, iv, 1, 336; STEGMÜLLER, 1242) PL, xv, 1197 (1261

CSEL, lxii, 1913 — PETSCHENIG.

Cod.: C. CHARLIER, in *Traditio*, viii, 1952, p. 100; F. BLATT, in *Classica & Mediaeualia*, xiv, 1953, p. 229 sq.

Emend.: B. CAPELLE, in BALCL, i, n. 56, adn. 1; L. CASTIGLIONE, in *Ambrosiana*, Milano, 1942, p. 121 sq.

Fontes: C. WEYMAN, in WklPh, xxxi, 1914, col. 181-187. Cfr A. GARIGLIO, *Il commento al salmo 118 in S. Ambrogio e in S. Ilario*, in *Atti Accad. Torino, Scienze mor.*, xc, 1955/56, p. 356-370; J. DOIGNON, in *Ann. Fac. Lettere Cagliari*, vi, 1985, p. 155-158.

(*a*) Horum trium tractatuum noua datur ed. in collectione *Patr. Stud.* (M. BUCK, 1929; M. MCGUIRE, 1927; L. ZUCKER, 1933). Textus Vindobonensis tantum repetitur, at locupletioribus indicibus ac fontium adnotatione instructus; quasdam emendationes proponunt L. ZUCKER, M. GIACCHERO (*Ambrosii De Tobia, traduzione con teste*, Genova, 1965), et Fr. GORI, in *Vet. Christ.*, xxii, 1985, p. 121-140.

142 **Expositio Esaiae prophetae** (fragm. apud S. AVGVSTINVM)   PL, xliv,
(*SCHANZ*, iv, 1, 338; *STEGMÜLLER*, 1242, 1)   384, 410, 436, 632 et

CC, xiv, 1957, p. 403-408 — BALLERINI.   688

Cod.: G. MERCATI, in *Ambrosiana*, Milano, 1897, fasc. viii, p. 40 sq. (= OM, i, p. 475 sq.).

Opus iam non extat: fragm. collegit P. A. BALLERINI ex *AVGVSTINO*, *De grat. Chr.*, xlix (54); *De pecc. orig.*, xli (47); *De nupt. et conc.*, I, xxxv (40); *Contra ii epist. Pelag.*, IV, xi (29-31); *Contra Iul.*, II, viii (22). Textus in CC emendatus est iuxta CSEL, xlii, p. 164, 205 et 251; lx, p. 559-567.

143 **Expositio euangelii secundum Lucam** (*SCHANZ*, iv, 1, 337;   PL, xv, 1527 (1607);
STEGMÜLLER, 1243)   PLS, i, 569;

CC, xiv, 1957, p. 1-400 — ADRIAEN; uel G. COPPA,   CSEL, xxxii, 4
Sant'Ambrogio, Opere esegetiche, xi, 1, Milano, 1978.

Cod. et critica: C. CHARLIER, in *Traditio*, viii, 1952, p. 94-102; E. DEKKERS, in SE, ix, 1957, p. 114-115; H. SILVESTRE, in *Scriptorium*, xiii, 1959, p. 260; C. CHARLIER, in *Scriptorium*, xvii, 1963, p. 124-127; M. BOGAERT, in RB, lxxxii, 1972, p. 36-38; M. PALMA, in *Scrittura e Civiltà*, x, 1986, p. 115-119.

Fontes, emend.: A. ORBE, in *Gregorianum*, xxxix, 1958, p. 785; xlii, 1960, p. 107-112; H.-Ch. PUECH & P. HADOT, *L'entretien d'Origène avec Héraclide et le commentaire de saint Ambroise sur l'évangile de saint Luc*, in VC, xiii, 1959, p. 204-234; H. SILVESTRE, *a. c.*; ID., in *Latomus*, xx, 1961, p. 132 sq.; A. V. NAZZARO, in *Augustinianum*, xix, 1979, p. 374-377; A. V. NAZZARO, in *Paradosis Politeia. Studi in onore di G. Lazzati*, Milano, 1979, p. 439-446.

Trad. indirecta: A. PINCHERLE, in *Forma futuri. Studi in onore del Card. M. Pellegrino*, Torino, 1975, p. 1097-1114.

Tituli Expositionis: CC, xiv, p. i-x.

Appendix ad titulos Expositionis in cod. Casinensi 5, nempe *Capitula lectionum* ipsius euangelii (CC, xiv, p. vii-x, l. 36-201) item legitur in PLS, i, 569-575 (*CPPM*, ii, 1790). Eadem *Capitula* iuxta euangeliorum codices edidit [D. DE BRUYNE], *Sommaires, Divisions et Rubriques de la Bible Latine*, Namur, 1914, p. 288-330, ser. C (a BEDA VENERABILI collecta? Vide eiusdem *Historia ecclesiastica gentis Anglorum*, v, 24: «Capitula lectionum ... in Euangelium Lucae libri vi». Cfr n. 1363c°).

Text. bibl.: G. M. ROLANDO, *Ricostruzione teologico-critica del testo latino del Vangelo di S. Luca usitato da S. Ambrogio*, Roma, 1945 (= *Estratto della tesi di lauria ... Uniu. Gregoriana*); cfr ante n. 123.

OPERA MORALIA ET ASCETICA

144 **De officiis ministrorum** (SCHANZ, iv, 1, 341) PL, xvi, 2
M. TESTARD, i-ii, Paris, 1984-1992. (25)

Cfr Kl. ZELZER, *Randbemerkungen zu Absicht und Arbeitsweise des Ambrosius in De officiis*, in WSt, cvii/cviii, 1994/95, p. 481-494.

145 **De uirginibus** (SCHANZ, iv, 1, 341) PL, xvi, 1
Fr. GORI, Milano, 1989 (*Bibl. Ambrosiana*, xiv, 1), p. 100-240. (197)

Cod.: G. CREMASCHI, in *Atti Istit. Veneto*, cx, 1951/52, p. 44-55; E. CAZZANIGA, in *Acme*, ix, 1956, p. 73-74.

Emend.: Fr. GORI, in *Orpheus*, n. s., x, 1989, p. 80-89.

Fontes: M. KLEIN, *o. c.* [n. 123], p. 9-44; Th. LEFORT, in *Le Muséon*, xlviii, 1935, p. 62-66; N. ADKIN, *Ambrosius 'De uirginibus' 2, 2 and the Gnomes of the Council of Nicea*, in RÉAug, xxxviii, 1992, p. 261-270.

146 **De uiduis** (SCHANZ, iv, 1, 342) PL, xvi, 2
Fr. GORI, *o. c.* [n. 145], p. 244-318. 247)

Cod.: A. V. NAZZARO, in *Vet. Christ.*, xviii, 1981, p. 105-124.

Emend.: A. V. NAZZARO, in *Vichiana*, xviii, 1989, p. 183-191.

Orthographica: A. V. NAZZARO & P. SANTORELLI, in *Vet. Christ.*, xx, 1983, p. 241-303.

147 **De uirginitate** (SCHANZ, iv, 1, 342; CPPM, ii, 3575) PL, xvi,
Fr. GORI, *o. c.* [n. 145], t. xiv, 2, p. 12-106. 265 (279)

Cod.: E. CAZZANIGA, S. FOSSATI & A. CAROLLO, in *Acme*, ix, 1956, p. 53-72.

Cap. 14-23 interpolata essent iuxta R. D'IZARNY, *La virginité selon S. Ambroise*, Lyon, 1952 (dissert.); cfr B. BOTTE, in BTAM, vi, 1950/53, p. 489 sq., n. 1657. Sed ipsa uerba Ambrosium sapiunt, iuxta B. FISCHER.

Emend.: Fr. GORI, *a. c.* (n. 145), p. 89-95.

Fontes: P. COURCELLE, in RÉL, xxxiv, 1956, p. 220-239; Fr. GORI, in *Studi Urbin.*, lix, 1986, p. 71-82.

148 **De institutione uirginis** (SCHANZ, iv, 1, 343) PL, xvi,
Fr. GORI, *o. c.* [n. 147], p. 110-194. 305 (319)

Cod.: A. V. NAZZARO, *a. c.* (n. 146).

Emend.: Fr. GORI, *a. c.* (n. 145), p. 95-96.

Orthographica: A. V. NAZZARO & P. SANTORELLI, *a. c.* (n. 146).

149 **Exhortatio uirginitatis** (*SCHANZ*, iv, 1, 344)   PL, xvi, 335 (351)
Fr. GORI, *o. c.* [n. 148], p. 198-270.

Cod.: A. V. NAZZARO, *a. c.* (n. 146).

Emend.: Fr. GORI, *a. c.* (n. 145), p. 96-100.

Orthographica: A. V. NAZZARO & P. SANTORELLI, *a. c.* (n. 146).

De **latinitate**, cfr E. CAZZANIGA, *Note Ambrosiane: Appunti intorno allo stile delle omelie virginali*, Milano, 1948; L. F. PIZZOLATO, *L'«Exhortatio uirginitatis» di Ambrogio*, in *Aeuum*, lxix, 1995, p. 171-194.

OPERA DOGMATICA

150 **De fide** (*SCHANZ*, iv, 1, 345)   PL, xvi, 527 (549)

CSEL, lxxviii, 1962 — FALLER, collata cum fragmento libri quarti (cap. 9, 96-101, lin. 7-53) a G. MORIN transcripto e cod. Parisino 12.097 saec. vi [*LOWE*, 619] (RB, xxix, 1912, p. 88-89), et cum recensione altera libri 2^i, cap. 9, 77-78, iuxta G. BARDY (RHE, xl, 1944/45, p. 171-176). Vide etiam O. FALLER, in CSEL, lxxix, 1964, p. 1*-3*.

Cod., uar. lect.: A. CAMPANA, *Il codice ravennate di S. Ambrogio*, in *Italia medioevale e umanistica*, i, 1958, p. 15-68.

Fragmenta graeca: A. PERTUSI, *Le antiche traduzioni greche delle opere di S. Ambrogio*, in *Aeuum*, xviii, 1944, p. 184-207 (CSEL, lxxix, p. 2*-3*); I. POSSINVS, *Catena Graecorum Patrum in Euangelium sec. Marcum*, Romae, 1673, p. 318 sq.

Titulationes: G. MERCATI, in *Ambrosiana*, Milano, 1897, fasc. viii, p. 23-25 (= OM, i, p. 461-463); cfr O. FALLER, *o. c.*, p. 53*-56*; **genuinitatem** negat H. SAVON (apud CETEDOC, *Thesaurus S. Ambrosii*, p. xi).   PLS, i, 577

Fontes: I. OPELT, in RhM, cxix, 1976, p. 288.

151 **De Spiritu Sancto** (*SCHANZ*, iv, 1, 346)   PL, xvi, 703 (731)
CSEL, lxxix, 1964, p. 1-222 — FALLER.

Cod.: A. CAMPANA, *l. c.* [n. 150].

Titulationes: G. MERCATI, *o. c.* [n. 150], p. 10-19 (= OM, i, p. 449-457)   PLS, i, 579
e cod. Rauennat. Arch. arcivescovile, s. n. (*LOWE*, 410 a), saec. vi, collata cum editione J. HUHN in *Theol. Quartalschr.*, cxxxiii, 1953, p. 408-426, e cod. Fuldensi, Bonifatiano 2 (*LOWE*, 1197), saec. viii, qui perperam eosdem titulos «*Eine unedierte 'Fides sancti Ambrosii'*» putauerat. Ambo textus separatim eduntur in PLS, i, 579-582 et 604-606; cfr *ibid.*, 1747 et 1749 (*CPPM*, ii, 48). Rectius *Titulationes* edidit O. FALLER (p. 7-14) Fuldensem tamen codicem non adhibens. **Genuinitatem** negat H. SAVON, *l. c.* [n. 150].

Praeuia *epistula* GRATIANI AVGVSTI ad Ambrosium: uide sub n. 160°.

Emend.: J. H. WASZINK, in VC, xxii, 1968, p. 311-312.

152 **De incarnationis dominicae sacramento** (*SCHANZ*, iv, 1, 346)   PL, xvi, 8▮
ibid., p. 225-281.   (853)

    Cod.: A. CAMPANA, *l. c.* [n. 150].

    Emend.: J. H. WASZINK, *a. c.* [n. 151], p. 312-313.

    Fragmenta graecae uersionis: A. PERTUSI, *a. c.* [n. 150].

153 **Explanatio symboli** (*SCHANZ*, iv, 1, 347. 348; iv, 2, 537; *CPPM*, ii, 32)   PL, xvii,
CSEL, lxxiii, 1955 — FALLER, p. 1-12.   1155 (1193); lvii, 853

    Cfr ed. R. H. CONNOLLY, Cambridge, 1952, et B. BOTTE, in SC, xxv bis, 1961.

    Genuinitatem defendit R. H. CONNOLLY, in JTS, xlvii, 1946, p. 185-196; confirmat O. FALLER.

    De Ambrosio **auctore** *Confessionis fidei* sub nomine DAMASI euulgatae, uide n. 1633°, *epist.* 5..

154 **De sacramentis** (*SCHANZ*, iv, 1, 347; iv, 2, 537)   PL, xvi,
ibid., p. 13-85.   417 (435); xxxix, 19c (exc.)

    Cfr ed. B. BOTTE, in SC, xxv bis, 1961.

    Trad. text.: G. POZZI, in *Italia medioevale e umanistica*, ii, 1959, p. 57-72.

    Emend.: G. LAZZATI, in *Aeuum*, xxix, 1955, p. 19 sq.; B. BOTTE, in RTAM, xxiii, 1956, p. 341-343; F. PETIT, in RB, lxviii, 1958, p. 256-265.

    De **genuinitate** amplius non dubitant uiri periti, nonobstante quidquid in contrarium attulerunt F. R. M. HITCHCOCK, *Venerius, bishop of Milan, probable author of the «De sacramentis»*, in *Hermathena*, lxx, 1947, p. 22-38; lxxi, 1948, p. 19-35, et K. GAMBER, *Ist Niceta von Remesiana der Verfasser von «De Sacramentis»?*, in *Ostkirchliche Studien*, vii, 1958, p. 153-172; ix, 1960, p. 123-173; ID., *Die Autorschaft von De Sacramentis*, Regensburg, 1967 (*Stud. Patr. et Liturg.*, i).

    De **indole** uide G. LAZZATI, *L'autenticità del De sacramentis e la valutazione letteraria delle opere di S. Ambrogio*, in *Aeuum*, xxix, 1955, p. 17-48.

155 **De mysteriis** (*SCHANZ*, iv, 1, 347)   PL, xvi,
ibid., p. 87-116.   389 (405)

    Cfr ed. B. BOTTE, in SC, xxv bis, 1961.

    Trad. text.: G. POZZI, *l. c.* [n. 154].

    Latinitas: CHR. MOHRMANN, in *Ambrosius Episcopus*, i, p. 103-123.

156 **De paenitentia** (SCHANZ, iv, 1, 347)
R. GRYSON, in SC, clxxix, 1971.

PL, xvi, 465 (485); CSEL, lxxiii, 117

ORATIONES ET EPISTVLAE

157 **De excessu fratris [Satyri lib. ii]** (SCHANZ, iv, 1, 349; BHL, 7509)
CSEL, lxxiii, 1955, p. 207-325 — FALLER.

PL, xvi, 1289 (1345)

158 **De obitu Valentiniani** (SCHANZ, iv, 1, 351)
ibid., p. 327-367.

Critica: A. ERNOUT, in *Rev. de philol.*, xv, 1941, p. 172 sq.

PL, xvi, 1357 (1417)

159 **De obitu Theodosii** (SCHANZ, iv, 1, 351)
ibid., p. 369-401.

Emend.: J. H. WASZINK, in VC, xiv, 1960, p. 57.

Text. bibl.: E. PERETTO, in *Vichiana*, xviii, 1989, p. 99-170.

PL, xvi, 1385 (1447)

160 **Epistulae** (SCHANZ, iv, 1, 353)

CSEL, lxxxii, 1 (*Epistularum libri i-vi*) — FALLER; CSEL, lxxxii, 2 (*Epistularum libri vii-ix*) — FALLER & ZELZER; CSEL, lxxxii, 3 (*Epistularum liber x*; *Epistulae extra collectionem*; *Gesta*), 1968/1990/1982 — ZELZER.

PL, xvi, 876 (913)

Cfr H. SAVON, in RÉAug, xxxii, 1986, p. 249-254.

Trad. text.: M. ZELZER, in WSt, n. s., xvii, 1983, p. 160-180; EAD., in *Augustinianum*, xxv, 1985, p. 523-537; et in *De Tertullien aux Mozarabes. Mélanges J. Fontaine*, i, Paris, 1992, p. 255-263.

Fontes: E. LUCCHESI, in *Le Muséon*, xc, 1977, p. 347-354.

Ordo epistularum ut in plerisque codicibus inuenitur, toto caelo differt cum illo inde a Maurinis usque in PL et in editione Pauli BALLERINI usitato. Quod commode enucleauit M. ZELZER in CSEL, lxxxii, 3, p. xiv-xviii). Attamen epistula praeuia ad libros *De Spiritu sancto*, a GRATIANO AVGVSTO ad Ambrosium data, legitur in tomo lxxix CSEL, p. 3-4 (inc. «Cupio ualde, quod recordor absentem»); responsio uero Ambrosii, inserta est sub n. 12 inter *Epistulas «extra collectionem»* (CSEL, lxxxii, 3, p. 219-221).

Insuper in epistolario S. Ambrosii iam ab ueteribus editionibus alia quaedam documenta disposita sunt, ut *Gesta concilii Aquileiensis*, *relatio* SYMMACHI, *sermo contra Auxentium de basilicis tradendis*, *epistulae* GRATIANI AVGVSTI et SIRICII PAPAE. Eas seponunt O. FALLER & M. ZELZER inter epistulas «extra collectionem»; attamen *sermo contra Auxentium* ut *epist.* 75a (21a) editur in CSEL, lxxxii, p. 82-107. Litterae uero a synodis Aquileiensi et Mediolanensi editae et *epistula de causa Bonosi* (*ep.* 71; cfr n. 1637) ab ipso Ambrosio conscriptae uidentur. Praeterea inter epistulas s. BASILII unam inuenies, cxcvii[am] nempe, ad Ambrosium nostrum datam (PG, xxxii, 709-713) (*CPG*, 2900, *ep.* 197a), (partim tamen spuriam, cfr A. CAVALLIN, *Die Legendenbildung um den mailänder Bischof Dionysius*, in *Eranos*, xliii, 1945, p. 136-149), quod confirmatur per antiquam uersionem latinam, primam partem tantum complectentem (edidit I. COSTA, in *Vet. Christ.*, xxvii, 1990, p. 39-40) (**cod.**: P. J. FEDWICK, *Bibliotheca Basiliana Vniuersalis*, i, Turnhout, 1993, p. 307 sq.).

De singulis epistulis sequentia notanda sunt:

epist. 1 (9) seu *Gesta concilii Aquileiensis*: Scholia e cod. Paris, B. N., lat. 8907, saec. v, edidit R. GRYSON, in CC, lxxxvii, 1982, p. 149-196;

epist. 7, 8 et 10 (37-39), **cod.**: SEYMOUR DE RICCI, in *Comptes Rendus Acad. des Inscript.*, 1917, p. 21-23;

epist. 72, 72a, 73 et 57 (17, 17a, 18 et 56): cfr J. WYTZES, *Der Streit um den Altar der Viktoria*, Amsterdam, 1936, p. 62-111; R. KLEIN, *Der Streit um den Viktoriaaltar*, Darmstadt, 1972; Gr. LO MENZO RAPISARDA, *La personalità di Ambrogio nelle epistole xvii e xviii*, Catania, 1973 (= *Orpheus*, xx, 1973, p. 3-143).

epist. 72a (17a) seu *relatio Symmachi*, cfr ed. O. SEECK, in MGH, *auct. ant.*, vi, 1, p. 280-283;

epist. 74 (30) paene eadem est ac *epist. extra collect.* 1a;

epist. 75a (21a) *contra Auxentium de basilicis tradendis*: uide supra;

epist. extra collect. 6 (12): spuria iuxta G. C. MENIS, in *Riv. Stor. Eccl. Ital.*, xviii, 1964, p. 243-253;

epist. extra collect. 13 (23) spuria uidetur (cfr E. SCHWARTZ, *Christliche und jüdische Ostertafeln*, Göttingen, 1905, p. 54-55; H. FRANK, in *Heilige Überlieferung* [*Festschrift I. Herwegen*], Münster, 1938, p. 162, adn. 96), aut saltem interpolata, cfr C. JONES, *Bedae opera de temporibus*, Cambridge (Mass.), 1943, p. 35, adn. 3; dubitat H. SAVON, *l. c.* [150].

epist. extra collect. 14 (63), ad Vercellenses, spuria est iuxta B. AGOSTI, in *Riv. cisterciense*, vii, 1990, p. 315-317.

160a **[Epistula] ad Gratianum Augustum de euangelio.** Inc. «Crebra inquisitio omnes pigrescentis otii amputat moras» (sic enim legendum est) (fragm. seruatum in cod. Vat. Pal. 577, saec. viii-ix [LOWE, 97])

PLS, v, 3

L. MACHIELSEN, in SE, xii, 1961, p. 515-532; 537-539.

Spuria, iuxta B. FISCHER et H. J. FREDE.

OPERA VARIA

161 **De sacramento regenerationis siue de philosophia** (fragm. apud S. Avgvstinvm et Clavdianvm Mamertvm [ii, 9 — CSEL, xi, p. 131]) (*SCHANZ*, iv, 1, 349)

G. Madec, *Saint Ambroise et la philosophie*, Paris, 1974, p. 256-268.

[162 **Praeconium paschale** « Exultet » PL, lxxii, 364

B. Capelle, in *Misc. Mercati*, i, p. 219-246.

Emend., fontes: B. Fischer, *Exultent diuina mysteria*, in *Zeugnis des Geistes. Gabe zum Benedictus-Jubiläum*, Beuron, 1947, p. 234 sq.; cfr Id., in *Benedikt. Monatschr.*, xxiv, 1948, p. 147 sq.; C. Mohrmann, in EL, lxvi, 1952, p. 274-281 (= C. Mohrmann, *Études*, i, p. 223-231), qui et praeconium Ambrosio denegant; J. M. Pinell, *La benedicció del ciri pasqual i els seus textos*, in *Liturgica* (*Scripta et Documenta*, x), ii, Montserrat, 1958, p. 1-119; M. Testard, *Virgile, saint Ambroise et l'«Exultet»*, in RÉL, lx, 1982, p. 282-297.

Originem gallicanam fusius probant B. Fischer, in AL, ii, 1952, p. 61-74; M. Huglo, in VC, vii, 1953, p. 79-88; M. Avery, *The Relation of St Ambrose to the «Exultet» hymne*, in *Studies in Art and Literature for Belle Da Costa Greene*, Princeton, 1954, p. 374-378. Prudentius iudicat M. Testard, declarans: « Adhuc sub iudice lis est » (*a. c.*, p. 296).]

163 **Hymni** (*SCHANZ*, iv, 1, 228) PL, xvi, 1409 (1473);
A. Walpole, *Early Latin Hymns*, Cambridge, 1922, p. 16-114; xvii, 1171
J. Fontaine e. a., *Ambroise de Milan, Hymnes*, Paris, 1992. (1209); PLS,
i, 583
Critica: A. Bastiaensen, in VC, xlviii, 1994, p. 157-169.

Cod.: M.-H. Jullien, in RHT, xix, 1989, p. 57-190.

Emend.: H. Fuchs, in *Hermes*, lxviii, 1933, p. 248 sq. (*hymni* 11 et 13); D. Norberg, *L'hymne ambrosien*, in *Humanistika Vetenskaps-Samfundit i Uppsala*, Årsbok, 1953, p. 5-20 (= D. Norberg, *Au seuil du moyen âge*, Padoue, 1974, p. 135-149); M. Simonetti, in *Nuovo Didaskaleion*, vi, 1953/55, p. 45-58; C. Vogel, in *Archives de l'Église d'Alsace*, n. s., ix, 1958, p. 18-28; cfr etiam ed. W. Bulst, *Hymni latini antiquissimi*, Heidelberg, 1956, p. 37-52; 182-184, et M. Simonetti, *Innologia Ambrosiana*, Alba, 1956.

De **genuinitate** uide O. Heiming, in *Problema de liturgia ambrosiana*, Milano, 1949, p. 56-58; M. Simonetti, *Studi sull'innologia popolare cristiana dei primi secoli*, in *Atti Accad. dei Lincei, Memorie*, III, iv, 6, 1952, p. 376-430; H. Marrou, in *L'Antiquité classique*, xxii, 1953, p. 271-274; R. Laurentin, *Table*, p. 124; G. Nauroy, in RÉAug, xxxv,

1989, p. 44-82 (hymnus «Apostolorum supparem»), et praesertim nouissimi editores J. FONTAINE cum suis. Cfr etiam A. FRANZ, in AL, xxxv/xxxvi, 1993/1994, p. 140-149.

164 **Epigrammata** (SCHANZ, iv, 1, 232; SCHALLER & KÖNSGEN, 2528. 12811. 11146. 16800)

PL, xiii, 414; PLS, 586

E. DIEHL, *Inscriptiones latinae christianae ueteres*, i, Berlin, 1925, p. 352, n. 1800; p. 352 sq., n. 1801; p. 362, n. 1841; p. 424, n. 2165.

Critica in n. 1841: Fr. J. DÖLGER, *Die Inschrift im Baptisterium der Theklakirche von Mailand*, in *Antike und Christentum*, iv, 1934, p. 155-160; O. PERLER, in *Riv. archeol. crist.*, xxvii, 1951, p. 145-166; A. PAREDI, in *Recherches august.*, iv, 1966, p. 10-26.

Nn. 1800, 1841, 2165 leguntur in sylloge Laurishamensi (cod. Vat. Pal. 833, saec. ix [cfr A. SILVAGNI, in *Riv. archeol. crist.*, xv, 1938, p. 107-122; 249-279]); ibidem et n. 1700 (DIEHL, p. 330) sub nomine Ambrosii traditur, qui reuera MANLII THEODORI est, cfr P. COURCELLE, in RÉA, xlvi, 1944, p. 66-70; hic ergo omittendus uidetur. Potius numeri DIEHL 1801 origo ambrosiana merito defendi potest.

165 **Tituli xxi** (SCHANZ, iv, 1, 232; SCHALLER & KÖNSGEN, 9230) (a)

PLS, i, 58

S. MERKLE, in *Röm. Quartalschr.*, x, 1896, p. 185-222.

Circa hymnorum ac ceterorum uersuum **genuinitatem** uide etiam C. WEYMAN, *Beiträge*, p. 32-42; H. SAVON, *l. c.* [n. 150].

DVBIA (b)

166 **Carmen de ternarii numeri excellentia.** Inc. «Omnia trina uigent sub maiestate tonantis» (SCHANZ, iv, 1, 233; WALTHER, 13288; SCHALLER & KÖNSGEN, 11282; CPPM, ii, 21 a)

PL, cxxv, 821; MGH *auct. ant* xv, 351; *epist.*, iv, 213

C. WEYMAN, *Beiträge*, p. 43-46.

167 **Symbolum «Quicumque»** (SCHANZ, iv, 1, 362; CPG, 2295; CPPM, ii, 38. 699)

PL, lxxxviii, 585; PG, xxviii, 158 (uersio graeca)

C. H. TURNER, in JTS, xi, 1910, p. 401-411.

Cod., uar. lect.: G. MORIN, in RB, xliv, 1932, p. 212-213; V. M. LAGORIO, in JTS, n. s., xxv, 1974, p. 127-129.

(a) Singuli tituli hic non separati indicantur.
(b) Cfr nn. 162, 170, 183.

Ambrosium auctorem uindicat P. SCHEPENS, *Pour l'histoire du symbole Quicumque*, in RHE, xxxii, 1936, p. 548-569; cfr E. CATTANEO, in *Ambrosius*, xix, 1943, p. 2-6. Vide tamen J. MADOZ, *Excerpta Vincentii Lirinensis*, Madrid, 1940, p. 88-90: «*Lenta elaboración del Quicumque*»; J. DE ALDAMA, in *Estud. Ecles.*, xxiv, 1950, p. 237-239; B. FISCHER, in ThLz, lxxvii, 1952, p. 288; J. N. D. KELLY, *The Athanasian Creed*, London, 1964; B. BOTTE, in BTAM, ix, 1962/1965, p. 744, n. 2183 (qui GENNADIVM MASSILIENSEM auctorem proponit).

167a **Expositio fidei** (fragm. apud THEODORETVM CYRENSEM ['*Eranistes*, ii [*CPG*, 6217]; *CPPM*, ii, 26). Inc. «Ὁμολογοῦμεν τὸν κύριον ἡμῶν Ἰησοῦν Χριστὸν, τὸν υἱὸν τοῦ Θεοῦ τὸν μονογενῆ, πρὸ πάντων μὲν τῶν αἰώνων» (a)

PL, xvi, 847 (883); PG, lxxxiii, 181

G. BARDY, in *Misc. Mercati*, i, 1946, p. 200-202.

Genuinitatem negant G. BARDY (*a. c.*, p. 199-218) et A. PERTUSI, in *Aeuum*, xviii, 1944, p. 192-201 (qui et nonnulla circa traditionem text. affert); H. J. FREDE, p. 804; defendit M. RICHARD, in *Actes vi^e Congrès Études byzantines* (Paris 1948), i, Paris, 1950, p. 314-316; ID., in *Das Konzil von Chalcedon*, i, Würzburg, 1951, p. 746, adn. 97. Prior sententia magis placet.

168 **Lex Dei siue mosaicarum et romanarum legum collatio.**
Inc. «Moyses Dei sacerdos haec dicit: Si quis percusserit» (SCHANZ, iv, 1, 359; STEGMÜLLER, 5394; *CPPM*, ii, 1786)

Th. MOMMSEN, *Collectio librorum Iuris anteiustiniani*, iii, Berlin, 1890, p. 136-198; uel P. E. HUSCHKE e. a., *Iurisprudentiae anteiustinianae Reliquiae*, II, ii, Berlin, noua ed., 1927, p. 329-394.

Inter recentiores Ambrosium, aut certe eius familiarem, auctorem huius operis uindicat C. HOHENLOHE, *Ursprung und Zweck der «Collatio Legum»*, Wien, 1935; ID., *Noch einmal Ursprung und Zweck der «Collatio Legum»*, in *Archiv f. kath. Kirchenrecht*, cxix, 1939, p. 352-364; ID., *Um die Geheimnisse der «Collatio Legum»*, in *Stud. et Doc. historiae et iuris*, v, 1939, p. 486-490. Nuper opus AMBROSIASTRO tribuere uelit H. VOGELS, in *Nachr. Göttingen*, 1959, p. 107. Nec Ambrosii nec Ambrosiastri aestimat H. J. FREDE, p. 112. Opus saec. iv exeunte tribuendum uidetur uel circiter 302/313. Cfr et A. M. RABELLO, *Alcune note sulla «Collatio ...» e sul luogo d'origine*, in *Scritti sull'ebraismo in*

(a) Non exstat textus latinus originalis. Versio quae legitur in PL et PG (inc. «Confitemur dominum nostrum Iesum Christum, filium Dei unigenitum, ante omnia saecula») recentior est.

memoriam di G. Bedarida, Firenze, 1966, p. 177-186; ID., *Sull'ebraicità dell'autore della «Collatio ...»*, in *Rassegna mensile di Israel*, xxiii, 1967, p. 339-349 (cfr H. BASCOUR, in BTAM, x, n. 843 et 1979).

Cod., critica: F. SCHULZ, *The MSS. of the Collatio Legum*, in *Symbolae ad Ius et Historiam Antiquitatis pertinentes J. C. van Oven dedicatae*, Leiden, 1946, p. 313-332.

Trad. text.: E. VOLTERRA, in *Memorie della Rom. Accad. dei Lincei*, ser. 6, t. 2, fasc. 1, Roma, 1930.

Text. bibl.: F. SCHULZ, in *Stud. et Doc. historiae et iuris*, ii, 1936, p. 20-43; A. M. RABELLO, in *Rass. mensile di Israel, l. c.*

Emend.: J. BAVIERA, in editione sua inter *Fontes Iuris Anteiustiniani*, ii, Firenze, 1940, p. 544-589.

APPENDIX

PAVLINVS DIACONVS MEDIOLANENSIS

scripsit in Africa a. 422. — Cfr A. PAREDI, in SE, xiv, 1963, p. 206-230.

169 **Vita S. Ambrosii** (*SCHANZ*, iv, 1, 317; iv, 2, 472; *BHL*, 377) PL, xiv, 2˙
A. BASTIAENSEN, *Vita di Cipriani. Vita di Ambrogio. Vita di Agostino* (= *Vite dei Santi dal secolo III al secolo VI*, iii), Milano, 1975, p. 51-124. (29)

Cod., trad. text.: L. RUGGINI, in *Athenaeum*, xli, 1963, p. 98-110; R. MCCLURE, in *Forma Futuri. Studi in onore di M. Pellegrino*, Torino, 1975, p. 656-665, qui **nouam** parat **editionem**.

Latinitas; G. CASTELLI, *La Lingua di Paolino da Milano*, Torino, 1967. PL, xx, 7˙
Circa uersiones graecas ac duas uitas graece conscriptas et fortasse xlv, 1724
saec. ix anteriores (*BHG*, 68. 70), uide F. VAN ORTROY, *Les vies grecques de S. Ambroise*, in *Ambrosiana*, Milano, 1897, fasc. iv; R. MCCLURE, in SE, xxi, 1972/73, p. 57-70; C. PASINI, in *La Scuola Cattol.*, cix, 1981, p. 427-430; I. IRMSCHER, in *Ambrosius Episcopus*, ii, p. 298-311..

Praeter *Vitam S. Ambrosii* scripsit Paulinus noster *Libellum aduersus Caelestium Zosimo episcopo datum* (inc. «Beatitudinis tuae iustitiam obsecro»), qui in *Collectione Auellana* seruatus est (n. 1600). At uero, commentarius *De benedictionibus patriarcharum*, sub Paulini nomine euulgatus (PL, xx, 715-732 [*STEGMÜLLER*, 6323-6333]) et partim etiam sub nomine S. *HIERONYMI* (PL, xxiii, 1315-1318 [1375-1380] [*STEGMÜLLER*, 3410]) (inc. «Sacrosancta atque praesaga») est *ADREVALDI FLORIACENSIS MONACHI* (saec. ix), cfr A. WILMART, in RB, xxxii, 1920, p. 57-63 (**cod.**: B. LAMBERT, *BHM*, n. 405; *CPPM*, ii, 2815).

SPVRIA

PS. HEGESIPPVS (cfr C. MRAS, in CSEL, lxvi, 2, 1960, p. xxv-xxxi) cum aliis uersionibus, ut liber *De moribus brachmanorum* (cfr A. WILMART, in RB, xlv, 1933, p. 29-42) (*CPG*, 6038) (*a*), *Leges saeculares* seu *Liber Syro-Romano-Ambrosianus* (cfr G. GALBIATI, *Della fortuna letteraria e di una gloria orientale di sant'Ambrogio*, in *Ambrosiana. Scritti ... nel XVI centenario della nascità di sant'Ambrogio*, Milano, 1942, p. 69-95; cfr F. HALKIN, in AB, lxi, 1943, p. 270), hic nominare sufficiat; graece enim sunt originis. Cetera autem opera spuria quae sunt posterioris aetatis omittere licet.

PL, xv, 1961 (2061); xvii, 1131 (1167)

170 **Altercatio contra eos, qui animam non confitentur esse facturam aut ex traduce esse dicunt.** Inc. «Sic enim dicit Deus: A me exiet spiritus» (*SCHANZ*, iv, 1, 348; *CPPM*, ii, 52)

PLS, i, 611

C. CASPARI, *Kirchenhist. Anecdota*, i, Christiania, 1883, p. 227-229; G. MADEC, *o. infra c.*, p. 263-264.

Cod.: Klosterneuburg 215, saec. xii, f° 36-37; Köln, Stadtarchiv G B fol. 1, saec. xv, f° 147-148; Oxford, Bodl. Laud. Misc. 350, saec. xii, f° 85^v-86^v; Vat. Pal. lat. 225, saec. xv, f° 255-256; Wolfenbüttel, Helmst. 281 (314), saec. xii, f° 55-55^v; Zürich C 175, saec. xiii, f° 153^v-154. Ceteri codices qui recensentur a R. ÉTAIX in RB, xcv, 1985, p. 47-49, iam adhibiti sunt ab editore.

Trad. text.: J. MADOZ, *Epistolario de Alvaro de Córdoba*, Madrid, 1947, p. 166, adn. 2.

Saec. vi communiter tribuitur, sed nuper genuinitas ambrosiana defenditur a P. COURCELLE, in *Actes Ier Congrès Études classiques*, Paris, 1951, p. 299 sq., adn. 11, et a G. MADEC, *Saint Ambroise et la philosophie*, Paris, 1974, p. 262-267.

170a **De xlii mansionibus filiorum Israel.** Inc. «Numerorum liber de quo nunc nobis est sermo» (*STEGMÜLLER*, 1244; *CPPM*, ii, 1795)

PL, xvii, 11

PL, xvii, 11-42 = DU FRISCHE & LE NOURRY.

Saec. v uidetur, cfr Fr. WUTZ, *Onomastica Sacra*, Leipzig, i, 1914 (TU, xliii), p. 136; 143, adn. 1; B. FISCHER, in ThLz, lxxvii, 1952, col. 289.

(*a*) Textus nuper recuditur, Milano, 1956: *De moribus Brachmanorum liber sancto Ambrosio falso adscriptus*; accuratius ediderunt L. C. RUGGINI, in *Athenaeum*, n. s., xliii, 1965, p. 72-79, et alteram partem S. V. YANKOWSKI, *The Brahman Episod*, Ansbach, 1962, p. 16-46; melior editio est illa T. PRITCHARD, in *Classica & Mediaeualia*, xliv, 1993, p. 109-139, qui et genuinitatem ambrosianam minime submouet (inc. «Mens tua que et discere et multum discere» seu «Desiderium mentis tuae, Palladi»). Textum graecum inuenies in *Classica & Mediaeualia*, xxi, 1960, p. 100-135, cura et studio J. D. M. DERRET, *Palladius: de uita Brachmanorum narratio*.

171 **De Trinitate seu Tractatus in Symbolum Apostolorum.** Inc. «Nullus igitur qui sanum sapit» (SCHANZ, iv, 1, 385; DÍAZ, 19; CPPM, ii, 27. 692)

PL, xvii, 509

ibid., 509-546 (537-576).

Cod.: W. J. MOUNTAIN, in SE, xvi, 1965, p. 198, adn. 2.

Expositio fidei antipriscillianista saec. v-vi, iuxta K. KÜNSTLE, *Antipriscilliana*, Freiburg, 1905, p. 187-191; certe Hieronymo posterior, cfr F. KATTENBUSCH, *Das apostolische Symbol*, i, Leipzig, 1894, p. 98-100; saec. vi in Hispania conscripta, cfr M. C. DÍAZ Y DÍAZ, in *Rev. españ. teol.*, xvii, 1957, p. 13-20.

171a **Libellus de dignitate sacerdotali.** Inc. «Si quis, fratres, oraculum reminiscatur»

PL, xvii, 567 (597); cxxxix, 16

ibid., 567-580 (597-598: Notitia; ipse textus omittitur in altera editione).

Cod., trad. text., ed., emend.: G. H. WILLIAMS, *The Golden Priesthood and the Leaden State*, in *Harvard Theol. Rev.*, l, 1957, p. 37-64; F. NUVOLONE, *Il 'sermo pastoralis' pseudoambrosiano et il Sermo Gerberti philosophi papae*, in *Gerberto. Scienza, storia e mito*, Bobbio, 1985, p. 379-565.

Addantur: Avranches 241, saec. xii, n. 15; Giessen, Univ. 674, saec. xv, f° 4-7; Milano, Ambr. H 5 inf., saec. xii, f° 1-6; Salamanca, Univ. 81, saec. xiv-xv, f° 205-209; Stuttgart, Württemb. Landesbibl. HB vii.2, saec. xi, f° 74^v-90^v.

De origine nihil certe constat; Ch. DEREINE, in RB, lxxi, 1961, p. 109, adn. 4, opusculum GREGORIO VII dubitanter attribuit; attamen antiquius uidetur.

171b **De dignitate conditionis humanae.** Inc. «*Faciamus hominem ad imaginem*... Tanta itaque dignitas humanae conditionis» (STEGMÜLLER, 1104; CPPM, ii, 3005 a)

PL, xvii, 1015 (1105)

ibid., 1015-1018 (1105-1108).

ALCVINO antiquior; saec. vii? Cfr H. J. FREDE, p. III.

172 **De Spiritu Sancto.** Inc. «*Vos autem in carne*... Diuino Apostolus modo» (CPPM, ii, 30)

PL, xvii, 1005 (1095

L. CHAVOUTIER, in SE, xi, 1960, p. 136-192.

Saec. iv-v.

173 **Epistula de fide ad Hieronymum.** Inc. «Apostolica narrat auctoritas» (CPPM, ii, 34)

PL, xvii, 1159 (1197

PL, xvii, 1159-1162 (1197-1200).

Cento ex epistulis Leonis I, cfr A. LUMPE, in *Museum Helueticum*, xiii, 1956, p. 176-177.

174 **Libellus fidei.** Inc. « Vnus Deus, sicut scriptum est: Audi Israel »   PLS, i, 601
(*CPPM*, ii, 49)

P. A. BALLERINI, *S. Ambrosii opera omnia*, vi, Milano, 1883, col. 845-848.

Cfr F. KATTENBUSCH, *o. c.* [n. 171], i, p. 100, adn. 17; ii, p. 393 sq., adn. 61.

175 **Versus de naturis rerum.** Inc. « Naturam dare cuique suam   PLS, i, 613
uoluit Deus » (*SCHANZ*, iv, 1, 233; *WALTHER*, 11614; *SCHALLER-KÖNSGEN*, 10032; *CPPM*, ii, 50)

J. PITRA, *Analecta sacra et classica*, i, Paris, 1888, p. 121-124.

176 **De pudicitia et castitate.** Inc. « Ab origine mundi castitas Deo   PLS, i, 616
placuit » (*SCHANZ*, iv, 1, 362; *CPPM*, ii, 3011)

G. MERCATI, *Paralipomena Ambrosiana*, Roma, 1904 (StT, xii, 2), p. 45-46.

Saec. iv exeunte.

177 **De concordia Matthaei et Lucae in genealogia Christi.** Inc.
« In Christi generatione Matthaeus » (*SCHANZ*, iv, 1, 358; *STEGMÜLLER*, 1246; *CPPM*, ii, 1798)

PL, xvii, 1011-1014 (1101-1104) = GILLOT.

Perperam a quibusdam *AMBROSIASTRO* tribuitur, cfr C. MARTINI, *Ambrosiaster*, Roma, 1944, p. 159, adn. 4; potius *ISACI IVDAEO* tribui potest, cfr n. 190°.

177a **Sermo in Luc. v, 1.** Inc. «*Factum est cum turbae irruerunt ad*   PLS, i, 619
Iesum ... *Duae naues duas congregationes ostendit populorum* »
(*CPPM*, i, 178; 5212)

Florilegium Casinense, ii, 1875, p. 136-137.

Emend.: A. MANCONE, in PLS, i, 619-620.

Fontes: H. J. FREDE, p. 160.

178 **Exhortatio ad neophytos de symbolo.** Inc. « Gratia uobis et   PLS, i, 606
pax a Deo Patre » (*SCHANZ*, iv, 1, 311. 348; *CPPM*, i, 138)

C. CASPARI, *Alte und neue Quellen*, Christiania, 1879, p. 186-195.

Emend.: B. FISCHER, in PLS, i, 1749.

Circa 340-370, seu *SYAGRI*? Cfr O. BARDENHEWER, *Geschichte*, iii, p. 475; H. J. FREDE, p. 115.

[179 **Epistula de monacho energumeno.** Inc. « Vir quidam religiosus, atque in monachico habitu constitutus » (*CPPM*, ii, 3582 a)

PL, xvii, 1153-1155 (1189-1192) = Du Frische & Le Nourry.

Hic omittatur; haec enim 'Epistula' excerpta est ex opusculo AMBROSII AVTPERTI *De conflictu uitiorum atque uirtutum*, cap. 27, 2-28, 40 — CCCM, xxvii B, p. 929-931 (cfr G. Morin, in RB, xxvii, 1910, p. 209, adn. 2); nisi reuera epistula est quam Ambrosius Autpertus direxit (ad Landfridum abbatem Benedictoburanum?, cfr R. Weber, in CCCM, xxvii B, p. 877 sq.) et postea inserta in dictum opusculum de uitiis et uirtutibus. **Cod.** huius opusculi enumerat M. W. Bloomfield, *Incipits*, p. 52 sq., n. 455; epistula nostra et ipsa interdum seorsum legitur in cod., u. g. Paris, B. N., lat. 2259, f° 124, post *Homilias in Euangelia* GREGORII MAGNI (saec. xii); Paris, B. N., lat. 12.138, post AMBROSII *De officiis* (saec. xii), quem codicem adhibuerunt Maurini in edendo opera S. Ambrosii.]

Altera epistula in PL (inc. « Praedicator omnipotentis Domini Paulus ») (*CPPM*, ii, 3582 b) reuera est GREGORII M., *epist.* ix, 1. Ceteras epistulas spurias (PL, xvii, 735-752 [813-830]) inuenies sub nn. 1227*a*, 1289, 2159, 2195, 2244.

180 **Sermones spurii**

ibid., 604-733 (625-758).

Cod.: *CPPM*, i, p. 2, et nn. 11-74.

Sermones 1, 3, 14, 15, 17, 25, 29, 30-32, 34, 36: saec. ix in Italia septentrionali ab eodem concionatore compositi sunt ac PS. AVGVSTINI *serm.* 139, et PS. MAXIMI *serm.* 14; edidit P. Mercier, in SC, clxi, 1970;

sermones 2, 4, 5, 6, 7, 8, 9, 10, 12, 13, 16, 18, 19, 20, 21, 22, 23, 27, 28, 33, 37, 38, 39, 41, 42, 43, 44, 47, 48, 49, 50, 53, 54, 55, 56, 58, 60, 61, 62, 63, in sua editione MAXIMI TAVRINENSIS recensuit Br. Bruni (uide infra, nn. 220 sqq.); praeter *serm.* 5 et 61 (dubios) et *serm.* 47, 48, 49, 55, 63 (spurios) omnes sermones genuini sunt MAXIMI TAVRINENSIS; item genuini sunt *serm.* 11, 40, 51, 52, 57, a Bruni praetermissi (cfr n. 225*a*);

sermo 24: partim etiam in *Appendice Augustiniana* (*sermo* 251) et in collectione sermonum *ad fratres in eremo*, n. 63 (n. 368); cfr H. J. Frede, p. 113;

sermo 26: **cod.**: O. Faller, in CSEL, lxxiii, p. 35*; est alia recensio n. 743;

sermo 34: C. Lambot, in RB, liv, 1942, p. 12-15, hunc sermonem edidit et dubitanter GREGORIO M. tribuit (n. 1721); reuera est *sermo* xii concionatoris Italiae septentrionalis supra laudati (*CPPM*, i, 3 et 44);

sermo 35: **cod.** et **uar. lect.**: P. Courcelle, in RÉAug, ii, 1956, p. 449-450;

sermo 40: cfr A. Mutzenbecher, in SE, vi, 1954, p. 366 (n. 225*a*);

sermo 45: cfr G. Morin, in *Misc. Agost.*, i, p. 722; R. Laurentin, *Table*, p. 123; A. Olivar, in SE, vi, 1954, p. 341; **cod.**: *Anal. Sacra Tarracon.*, xxii, 1949, p. 82;

sermo 46: fortasse Gregorii Illiberitani (n. 555);

sermo 48: cfr n. 221, *serm.* 56;

sermo 51, n. 5: cfr Caesarii *sermo* 216, 1 — CC, civ, p. 859; uide etiam sub nn. 225*a* et 860;

sermo 52: cfr A. Mutzenbecher, in SE, vi, 1954, p. 366 et 368; uide etiam nn. 225*a* et 859;

sermo 55: cfr n. 223, *serm.* 13;

sermo 56: cfr n. 220, *serm.* 77;

sermo 57: cfr A. Mutzenbecher, in SE, vi, 1954, p. 347 et 364 (n. 225*a*);

sermo 59*a*: est S. Avgvstini (n. 288).

Circa ceteros, uide Maurinorum praefatiunculas, et G. Morin, inter *Initia Caesariana* — CC, civ, p. 955 sqq., et CPPM, i, p. 1-38.

Sermones in editione Romana (i-v, 1579/85) congregati, fere omnes sub nomine ueri auctoris, nempe Maximi Tavrinensis, Caesarii Arelatensis aliorumque, alibi recensiti sunt. Tota haec materia commodo enucleata est in CPPM, i, p. 3-6; 14-60.

181 **Sermones iii e cod. Sessoriano 55 (2099)**, saec. vi (Lowe, 420*a*) (Schanz, iv, 1, 353; CPPM, i, 132-134)

PL, xviii, 109-142 (xvii, 779-812) = De Corrieres.

Text. bibl.: H. Vogels, in ZntW, xlvi, 1955, p. 60-68.

Cod.: F. Bolgiani, *Intorno al più antico codice delle Confessioni di S. Agostino*, Torino, 1954, p. 12 sqq.

182 **Sermo in Phil. iv, 4.** Inc. «Vocat nos, fratres carissimi, diuina pietas» (Schanz, iv, 1, 353; CPPM, i, 173) PLS, i, 617

F. Liverani, *Spicilegium Liberianum*, i, Firenze, 1863, p. 3-4.

Fontes: H. J. Frede, p. 116.

183 **Sermo in natali Domini** (fragm. apud Cassianvm, *Contra Nestorium*, vii, 25) (CPPM, i, 137) PL, l, 253

CSEL, xvii, 1888 — Petschenig, p. 383-384.

Cod.: P. Courcelle, in *Rec. de travaux offerts à Cl. Brunel*, Paris, 1955, p. 316-319; H. Barré, in RÉAug, ix, 1963, p. 111-137, qui et **genuinitatem** ambrosianam defendunt; dubitat H. J. Frede, p. 109.

Fragmentum partim extat in *sermone* PS. *AVGVSTINI* 121 (inc. «Quis tanta rerum uerborumque», PL, xxxix, 1987-1989), cuius alia recensio e cod. Casinensi 12 (n. 371) excuditur ab A. B. CAILLAU, *Sermones Ps. Augustini*, i, n. 10, cfr G. MORIN, *Misc. Agost.*, i, p. 732, sub initio *Diei huius aduentum si perfecto* (cfr nn. 237 et 855). Etsi W. BERGMANN, *Studien zu einer kritischen Sichtung der südgallischen Predigtliteratur*, i, Leipzig, 1898, p. 275-279, in hanc sententiam inclinauit, neque fragmentum neque sermo Ambrosio adscribendus uidetur, ut fusius ostendere conatus est H. FRANK, *Patristisch-homiletische Quellen von Weihnachtstexten des römischen Stundengebets*, in SE, iv, 1952, p. 206-216. Secundum Hieronymum Frank sermo certe est graecae originis. Potius est cento ex operibus S. Ambrosii conflatus, cfr J. DOIGNON, in *Oikoumene*, Catania, 1964, p. 488-490; nec aliter iudicauerunt L. BROU, *L'ancien répons «Videte miraculum». Un cas complexe de composition patristique*, in *Coll. Fragm.*, p. 172-184, et B. BOTTE, in BTAM, vi, n. 2056, qui cum Courcelle fragmenti originem ambrosianam saltem remotam defendunt. De uariis eius recensionibus diserte tractauit H. FRANK, *a. c.* (adde tamen fragmentum quae sub Ambrosii nomine legitur inter *Exempla sanctorum Patrum* [n. 654], p. 94, n. 29; et recensionem totius sermonis sub nomine MAXIMI TAVRINENSIS [n. 220, hom. 4-5]). Nonnulli alii sermones uel eorum fragmenta descripti sunt in CPPM sub nn. 135, 136, 138-191; alibi in CPL recensi sunt, nisi posterioris sunt aetatis.

AMBROSIASTER

floruit Romae temporibus S. Damasi papae. — Cfr C. MARTINI, *Ambrosiaster*, Roma, 1944. Vide etiam sub nn. 168 et 189.

Commentarius in xiii epistulas Paulinas (*SCHANZ*, iv, 1, 300 et 354; *STEGMÜLLER*, 1249-1273 *et Suppl.*; CPPM, ii, 1748-1761. 1796) PL, xvii, (47)

CSEL, lxxxi, 1-3, 1966/69 — VOGELS.

Critica: H. J. FREDE, in *Vetus Latina*, xxv, Freiburg, 1976, p. 136-140.

Cod.: H. VOGELS, *Die Überlieferung des Ambrosiasterkommentars zu den paulinischen Briefen*, in *Nachr. Göttingen*, 1959, 7. Heft; E. A. LOWE, *Palaeographical Papers*, ii, Oxford, 1972, p. 513 (cod. rescriptus Wolfenbüttel, Weissenb. 64, saec. vi, f° 210-217. 276. 281. 318-325 [*LOWE*, 1387]; H. VOGELS, *o. c.*, p. 118, n. 71); M. FERRARI, in *Lateinische Kultur im VIII. Jahrhundert. Traube Gedenkschrift*, St. Ottilien, 1989, p. 69-72. Adde *The Genuine Prologue to Ambrosiaster on ii Cor.*, quem edidit A. SOUTER, in JTS, iv, 1903, p. 89-92 (inc. «Sciens sanctus apostolus profecisse») (CSEL, lxxxi, 2, p. 195 sq.).

Text. bibl.: H. VOGELS, *Untersuchungen zum Text paulinischer Briefe bei Rufin und Ambrosiaster*, Bonn, 1955; ID., *Das Corpus Paulinum des Ambrosiaster*, Bonn, 1957.

PLS, i, 5

185 **Quaestiones Veteris et Noui Testamenti** (SCHANZ, iv, 1, 355; STEGMÜLLER, 1484-1489; CPPM, ii, 1746-1747. 1799. 1899) PL, xxxv, 2207; PLS, ii, 390

CSEL, l, 1908 — A. SOUTER, p. 1-416; 419-480.

Cod.: HÜWA, i, 1, p. 148 sq.; ii, 1, p. 152 sq.; iii, p. 61; iv, p. 62; v, p. 192 sq.

Cod. recensionis «150 quaestionum»: C. MARTINI, in *Antonianum*, xxii, 1947, p. 26, adn. 1; addatur Cesena, Malatestiana ix, 3, saec. xv.

Emend.: E. LÖFSTEDT, in *Eranos*, viii, 1908, p. 112-113.

Trad. text.: C. MARTINI, *De ordinatione duarum collectionum quibus Ambrosiastri «quaestiones» traduntur*, in *Antonianum*, xxii, 1947, p. 23-48; ID., in *Ricerche di storia religiosa*, i, 1954, p. 40-62.

DVBIA

186 **Commentarius in Matthaeum** (fragmenta) (SCHANZ, iii, 406 [438]; HERZOG & SCHMIDT, 574, 1; STEGMÜLLER, 8296, 2; CPPM, ii, 1762-1765. 2972) PLS, i, 655

G. MERCATI, *Anonymi Chiliastae in Matthaeum c. 24 fragmenta*, Roma, 1903 (StT, xi, 1), p. 23-45 (= OM, ii, p. 84-91), collata cum editione eorundem fragmentorum a C. TURNER in JTS, v, 1904, p. 227-241.

187 **De tribus mensuris** (fragm.). Inc. «Mulieri accipienti fermentum» (HERZOG & SCHMIDT, 574, 2; STEGMÜLLER, 8296, 1; CPPM, ii, 1766) PLS, i, 668

G. MERCATI, *o. c.*, p. 46.

Genuinitas: A. POLLASTRI, in *Studi storico-religiosi*, iii, 1979, p. 61-78.

188 **De Petro** (fragm.). Inc. «Interea conprehenso Salbatore» (HERZOG & SCHMIDT, 574, 3; STEGMÜLLER, 8296, 3; CPPM, ii, 1767) PLS, i, 669

G. MERCATI, *o. c.*, p. 47-49.

ISAAC

origine Iudaeus; S. Damasi aequalis. De quaestione, num idem sit ac Ambrosiaster, cfr C. MARTINI, *Ambrosiaster*, Romae, 1944, p. 154-159; H. VOGELS, in *Nachr. Göttingen*, 1959, p. 109-112. De Isaac et *PS. HEGESIPPO*, cfr C. MRAS, in CSEL, lxvi, 2, 1960, p. xxxii-xxxvii. — Tractatus *PS. HEGESIPPII Historiae de excidio Hierosolymitanae Vrbis Anacephalaeosis seu Repetitio*, perperam AMBROSIO adscriptus (PL, xv, 2205-2218 [2211-2226]) reuera est retractatio Carolinae aetatis, cfr A. LINDER, in RHT, xxii, 1992, p. 145-158, qui et **codices** enumerat.

189 **De Trinitate et Incarnatione** seu **Fides Isatis**. Inc. «... Quinque enim sunt omnia quae sunt» (SCHANZ, iv, 1, 357; CPPM, ii, 15. 15 a. 1065)

PLS, i, 65. PG, xxxii 1541

CC, ix, 1957, p. 335-343 — HOSTE.

DVBIA

190 **Expositio fidei catholicae**. Inc. «Credimus unum Deum secundum scripturam esse credendum» (SCHANZ, iv, 1, 358; CPPM, ii, 15)

PLS, i, 67 cfr 1750

ibid., p. 345-348 (iuxta C. P. CASPARI, *Kirchenhist. Anecdota*, i, Christiania, 1883, p. 304-308).

Cfr ed. E. S. BUCHANAN, in JTS, viii, 1907, p. 544-545.

De **origine** uide G. MORIN, in *Rev. d'hist. et de littér. relig.*, iv, 1899, p. 97-121; [L. GOUGAUD], in RHE, viii, 1907, p. 858; C. MRAS, *l. c.* [ante n. 189], p. xxxvi sq.

J. WITTIG, *Der Ambrosiaster «Hilarius»*, Breslau, 1906, p. 6-9, perperam censuit Isacem inter alia etiam scripsisse opusculum quod inscribitur *Quae gesta sunt inter Liberium et Felicem episcopum* et sub n. i *Collectionis Auellanae* (n. 1570) recensum est. Rectius concedere possis eum concinasse opusculum *de concordia Matthaei et Lucae in genealogia Christi* (n. 177), cfr HIERONYMVS, *Comm. in epist. ad Titum*, iii, 9.

ANONYMVS

saec. iv exeunte.

191 **Epistulae Senecae ad Paulum et Pauli ad Senecam** [quae uocantur], cum «prologo S. HIERONIMI» [e *Libro de uiris illustribus*] (HERZOG & SCHMIDT, 571, 1; STEGMÜLLER, 234 et Suppl.; CANT n. 306, p. 187 sq.)

PLS, i, 6

C. W. BARLOW, Roma, 1938; aucta et emendata a L. BOCCIOLINI PALAGI, *Il carteggio apocrifo di Seneca e san Paolo*, Firenze, 1978, p. 61-74, et accuratius ab eadem erudita in *Bibl. Patr.*, v, Fiesole, 1985.

Cod.: E. LIÉNARD, in *Rev. belge de philol. et d'hist.*, xviii, 1939, p. 125; E. FRANCESCHINI, in *Mél. J. de Ghellinck*, i, Gembloux, 1951, p. 149-170; G. MEYER & M. BURCKHARDT, *Die mittelalterlichen Handschriften der Universitätsbibliothek Basel*, i, Basel, 1960, p. 483; G. BALLEIRA, in *Orpheus*, n. s., ii, 1981, p. 275-277.

Emend.: A. Kurfess, in ZntW, xxx, 1936, p. 307, et in *Theol. Quartalschr.*, cxix, 1938, p. 318-331 et 376 sq., et in *Aeuum*, xxvi, 1952, p. 42-48; E. Liénard, *l. c.*; P. Faider, in *L'Antiquité classique*, vii, 1938, p. 404-407; K. Holl, in PhWo, lix, 1939, col. 268-273; E. Franceschini, *l. c.*

Trad. text.: E. Liénard, *ibid.*, xx, 1941, p. 589-598; E. Franceschini, *l. c.*

ANONYMVS

191*a* **Epistola Anne ad Senecam de superbia et idolis.** Inc. «Pater ille ac Deus omnium mortalium» (HERZOG & SCHMIDT, 571, 2)

A. Hilhorst, in *Eulogia. Mél. A. Bastiaensen*, Steenbrugge, 1991 (= *Instr. Patr.*, xxiv), p. 147-161.

Variis ac solidis argumentis originem christianam potius quam iudaicam propugnat editor.

ANONYMVS

saec. v-vi

192 **Collatio Alexandri et Dindimi**

B. Kübler, *Iulii Valerii opera*, Leipzig, 1888, p. 169-189.

PL, ci, 1366 (partim); PLS, i, 679

Cod. et trad. text.: B. Kübler, in *Romanische Forschungen*, vi, 1891, p. 210 sq.; A. Wilmart, in RB, xlv, 1933, p. 32; Thorndike & Kibre, p. 662; F. Pfister, in *Hermes*, lxxxi, 1941, p. 143-169; M. de Marco, in *Aeuum*, xxix, 1955, p. 275-279; D. J. A. Ross, in *Scriptorium*, x, 1956, p. 127-132.

Fontes: P. Photiades, in *Museum Helueticum*, xvi, 1959, p. 116-139.

De **auctore** ac totius operis **indole** uide E. Liénard, in *Rev. belge de philol. et d'hist.*, xv, 1936, p. 819-838; A. Kurfess, in Mn, III, ix, 1941, p. 138-152; G. A. Cary, in *Classica & Mediaeualia*, xv, 1954, p. 124-129. Cfr etiam n. 1125°.

HONORIVS SCHOLASTICVS

saec. vi medio.

193 **Rescriptum ad Iordanem [episcopum contra epistulas Senecae].** Inc. «Si fontis breuis unda latens» (SCHANZ, ii, 2, 415, adn. 1; iv, 2, 118 et 269; WALTHER, 17730; SCHALLER & KÖNSGEN, 15035)

F. Bücheler & A. Riese, *Anthologia latina*, i, 2, Leipzig, 1906, n. 666, p. 137-138.

Cod.: Th. MOMMSEN, in MGH, *auct. ant.*, v, 1, 1882, p. xlviii sqq.; ID., *Chron. min.*, xi, 1894, p. 118; A. PAREDI, *La Biblioteca del Pizolpasso*, Milano, 1961, p. 96.

Cfr O. PLASBERG, in RhM, n. s., liv, 1899, p. 144-149; E. THOMAS, *ibid.*, p. 313-316; P. FAIDER, *Études sur Sénèque*, Gand, 1921, p. 106-107.

AP[P]ONIVS

floruit in Italia saec. v, ut uidetur.

194 **In Canticum Canticorum expositio** (*CPPM*, ii, 1835. 1835 a. 2385- 2385 m) PLS, i, 80

CC, xix, 1986, p. 1-311 — DE VREGILLE & NEYRAND.

De tempore quo *Expositio* composita est diserte disputauit P. HAMBLENNE (*Peut-on dater Apponius?*, in RTAM, lvii, 1990, p. 5-33).

Iuxta editores *Expositio* conscripta est inter annos 404 et 410. Adhibita enim est uersio Rufini *Historiae Ecclesiasticae* Eusebii (a° 404), et ex altera parte, uersio eiusdem Rufini *Commentarii in Canticum* Origenis (a° 410) adhuc non est nota; attamen H. KÖNIG («*Vestigia antiquorum magistrorum sequi*». *Wie liest Apponius Origenes?*, in *Theol. Quartalschr.*, clxx, 1990, p. 129-136) recte aestimat Apponius reuera legisse Origenem in translatione Rufini.

J. BOUHOT (RÉAug, xxxiii, 1987, p. 186-187) *Expositionem* ponit saec. vii, post Gregorium Magnum. Tempus Leonis Magni similiter, et fortasse melius, conuenire nobis uidetur. Concilio Chalcedonensi postponit H. KÖNIG, *Apponius. Die Auslegung zum Lied der Lieder, eingeleitet, übersetzt und kommentiert*, Freiburg/Beuron, 1992, p. 99*-110*; optat Hildegardis König pro saec. vi mediante. Vberius de hac re disputant P. HAMBLENNE, *a. c.*, et B. STUBENRAUCH, *Apponius und sein Kommentar zum Hohenlied. Anmerkungen zu Entwicklung und Stand der Forschung*, in *Augustinianum*, xxxii, 1992, p. 161-176; J. BAUER, *Apponiana*, in WSt, cvii/cviii, 1994/95, p. 523-532.

Editores Apponio tribuunt, licet dubitanter, opusculum pseudo-pelagianum *De induratione cordis Pharaonis* (n. 729). Non recusat H. KÖNIG, *o. c.*, p. 105*-108*.

194a **Expositio sancti Hieronimi Presbiteri in libro** (sic) **Cantici Canticorum.** Inc. «Veri amoris»

ibid., p. 315-390.

Est abbreuiatio *Expositionis* Apponii sub forma homiletica, saec. vii, in Hibernia conflata.

194b **Expositionis Apponii sancti abbatis in Canticum Canticorum libri xii breuiter decerptimque.** Inc. «... introducti sunt»

ibid., p. 391-463.

Est altera abbreuiatio *Expositionis*, saec. vii compilata a quadam moniale nomine BVRGINDA.

Index uerborum (nn. 194-194b): *ILL*, A, 36.

RVFINVS PRESBYTER

circa 345-411.

Cfr Fr. X. MURPHY, *Rufinus of Aquilea. His Life and Works*, Washington, 1945.

Cod., text. bibl.: Fr. MERLO & J. GRIBOMONT, *Il Salterio di Rufino*, Roma, 1972 (*Collect. Bibl. Latina*, xiv).

Praeter nonnullas uersiones Patrum graecorum, de quibus non est hic locus (*a*), quaedam opera latina composuit, nempe:

195 **De benedictionibus patriarcharum** (SCHANZ, iv, 1, 423; STEGMÜLLER, 7533-7534)   PL, xxi, 295; CSEL, xxix, 387 (*epist.*)

CC, xx, 1961 — SIMONETTI, p. 183-228 (*b*).

Ibidem inuenies (p. 189 sq.; 203 sq.) epistulas praeuias, auctore PAVLINO NOLANO ut uidetur (n. 202).

Emend.: A. TRELOAR, in *Glotta*, lviii, 1980, p. 280-281.

196 **Commentarius in Symbolum apostolorum** (SCHANZ, iv, 1, 423; STEGMÜLLER, 7541 *et Suppl.*; CPPM, ii, 143. 555. 840)   PL, xxi, 335

ibid., p. 125-182.

Cod.: B. LAMBERT, *BHM*, iii B, n. 514.

(*a*) Vide ex. gr. M. WAGNER, *Rufinus the Translator*, Washington, 1945 (*Patr. Stud.*, lxxxiii); Fr. WINKELMANN, in *Kuriakon. Festschr. J. Quasten*, ii, Münster, 1970, p. 532-547; H. MARTI, *Rufin von Aquileia, De ieiunio i-ii. Zwei Predigten über das Fasten nach Basileios von Kaisarea*, Leiden, 1989; E. SCHULZ-FLÜGEL, *Tyrannius Rufinus. Historia Monachorum*, Berlin, 1990 (= *Patr. Texte u. Studien*, xxxiv), p. 46-48; H. J. FREDE, p. 734-741.

(*b*) Textus repetitur in SC, cxl, 1968, p. 34-142, una cum interpretatione gallica, auctore H. ROCHAIS.

196a **Excerpta ii de libro sancti Hieronimi presbiteri.** Inc. i: «Omnis qui qualemcumque differentiam facit»; ii: «Quantum ad meam propriam sententiam» (CPPM, ii, 942)

Y.-M. DUVAL, in RB, xcvii, 1987, p. 165-166.

Haec fragmenta a P. MEYVAERT (RB, xcvi, 1986, p. 203-218) in cod. Augustodunensi 3 (Sém. 2), a° 754 (LOWE, 716) reperta sunt ac edita (a. c., p. 204-206). Rufino recte tribuit Y.-M. DUVAL (a. c., p. 163-186). Cfr n. 615a.

197 **Apologia (contra Hieronymum)** (SCHANZ, iv, 1, 425) PL, xxi, 5
ibid., p. 29-123.

Cod., ed.: P. LARDET, CC, lxxix, 1982, p. 1* sqq.

Rufini epistolam deperditam ad Hieronymum restituere conatus est P. LARDET, o. c., p. 248-256.

198 **Apologia ad Anastasium** (SCHANZ, iv, 1, 425; STEGMÜLLER, 7541, 1) PL, xxi, 623
ibid., p. 19-28.

198a **De adulteratione librorum Origenis** (SCHANZ, iv, 1, 419) PG, xvii, 615
ibid, p. 3-17.

Nouissima ed. Adulterationis necnon et Prologi in Apologeticum Pamphili (n. 198b), cura et studio Antonii DELL'ERA (L'Aquila, 1983) perpauca mutat in melius, pluriora in uanum, cfr A. GRILLI, in Paideia, xxxix, 1984, p. 190-197.

Clausulae: A. DELL'ERA, in Vichiana, xi, 1982, p. 88-94.

198b **Prologus in Apologeticum Pamphili martyris pro Origene** PG, xvii, 539
(SCHANZ, iv, 1, 419; CPG, 1715; 3476)
ibid., p. 231-234.

Cfr n. 198a°.

198c **Praefatio in Omelias sancti Basilii** (SCHANZ, iv, 1, 418; CPG, 2836) PG, xxxi, 1723
ibid., p. 235-237.

Omeliae 9 et 10, a Rufino retractatae, critice eduntur a H. MARTI, Rufin von Aquileia, De ieiunio i-ii (o. supra c. [n. 195, adn. a]).

198d **Prologus in Regulam sancti Basilii** (SCHANZ, iv, 1, 418; CPG, 2876) PL, ciii, 485
ibid., p. 239-241; CSEL, lxxxvi, 1986, p. 3-4 — ZELZER.

198e **Praefationes in libros Origenis** ΠΕΡΙ 'ΑΡΧΩΝ (SCHANZ, iv, 1, 418; CPG, 1482)

ibid., p. 243-248 — KOETSCHAU.

PG, xi, 111; 247; PL, xxii, 733; GCS, xxii, 3; 194; CSEL, lv, 102

198f **Prologus in Explanationem Origenis super psalmos xxxvi-xxxvii-xxxviii** (SCHANZ, iv, 1, 419; STEGMÜLLER, 7535, 1 et Suppl.; CPG, 1428)

ibid., p. 249-251 — SIMONETTI.

PG, xii, 1319

198g **Praefatio in Gregorii Nazianzeni Orationes** (SCHANZ, iv, 1, 418; CPG, 3010)

ibid., p. 253-256 — ENGELBRECHT.

PG, xxxvi, 735; CSEL, xlvi, 1

198h **Praefatio in Sexti Sententias** (SCHANZ, ii, 1, 499; iv, 1, 421; CPG, 1115)

ibid., p. 257-259 — CHADWICK.

Cod., trad. text., uar. lect.: P.-M. BOGAERT, *La préface de Rufin aux Sentences de Sexte et à une oeuvre inconnue. Interprétation, tradition du texte et manuscrit remembré de Fleury*, in RB, lxxxii, 1972, p. 26-46. Elencho codicum addatur Bruxellensis 2720-22 (v. d. Gheyn 1878), saec. xiii, f° 159ᵛ (praef.).

198i **Prologus in Adamantii (Origenis) libros v aduersus haereticos** (SCHANZ, iv, 1, 421; CPG, 1726)

ibid. — VAN DE SANDE BAKHUIZEN, p. 263; uel V. BUCHHEIT, *Tyrannii Rufini librorum Adamantii Origenis aduersus haereticos interpretatio*, München, 1966, p. 1.

GCS, iv, 3

198k **Prologus in libros Historiarum Eusebii** (SCHANZ, iv, 1, 419)

ibid., p. 265-268 — MOMMSEN.

Originem Rufinianam continuationis EVSEBII optime exposuit Fr. THELAMON, *Païens et Chrétiens au ivᵉ siècle. L'apport de l'«Histoire Ecclésiastique» de Rufin d'Aquilée*, Paris, 1981, p. 18-28, *et passim*. **Traditionem text.** nuperrime explanauit C. P. HAMMOND-BAMMEL, *Das neue Rufinfragment in irischer Schrift und die Überlieferung der Rufinischen Übersetzung der Kirchengeschichte Eusebs*, in *Philologia Sacra. Festschr. H. J. Frede & W. Thiele*, ii, Freiburg, 1993, p. 483-513.

PL, xxi, 462; GCS, ix, 951

198l **Prologus in Omelias Origenis super Iesum Naue** (SCHANZ, iv, 1, 419; STEGMÜLLER, 7534, 2 et Suppl.; CPG, 1420)

ibid., p. 269-272 — BAEHRENS.

PG, xii, 823; GCS, xxx, 286

198m **Praefatio atque epilogus in Explanationem Origenis super epistulam Pauli ad Romanos** (SCHANZ, iv, 1, 419; STEGMÜLLER, 7540 et Suppl.; CPG, 1457)

PG, xiv, 831; 1291

ibid., p. 273-277 — SIMONETTI.

Cod., ed.: C. P. HAMMOND-BAMMEL, in JTS, n. s., xvi, 1965, p. 338-357, quae et editionem curat totius operis; praefatio Rufini ac libri i-iii iam prodierunt (Freiburg/Beuron, 1990).

198n **Prologus in Clementis Recognitiones** (SCHANZ, iv, 1, 420; STEGMÜLLER, 7541, 4 et Suppl.; CPG, 1015, 5)

PG, i, 120

ibid., p. 279-282 — REHM.

Cod.: B. REHM & Fr. PASCHKE, in GCS, li, Berlin, 1965, p. ix-cix.

198o **Prologus in Omelias Origenis super Numeros** (SCHANZ, iv, 1, 419; STEGMÜLLER, 7534, 1 et Suppl.; CPG, 1418)

PG, xii, 583; GCS, xxx, 286

ibid., p. 283-285 — BAEHRENS.

EVSEBII *Historiarum continuatio* in serie graeca recensetur (CPG, 3495), etsi haec *continuatio* certe opus proprium est RVFINI, cfr M. VILLAIN, *Rufin d'Aquilée et l'Histoire Ecclésiastique*, in RSR, xxxiii, 1946, p. 164-210; P. VAN DEN VEN, *Encore le Rufin grec*, in *Mél. Th. Lefort* (*Le Muséon*, lix), Louvain, 1946, p. 281-294; E. HONIGMANN, *Gélase de Césarée et Rufin d'Aquilée*, in *Bull. Classe des Lettres Acad. Roy. de Belgique*, V, xl, 1954, p. 122-161; Fr. WINKELMANN, *Untersuchungen zur Kirchengeschichte des Gelasios von Kaisareia*, Berlin, 1965; et praesertim Fr. THELAMON, *o. c.* [n. 198k].

DVBIA ET SPVRIA

Commentarium in lxxv Dauidis psalmos hic omittendum putamus; olim a nonnullis eruditis VINCENTIO cuidam presbytero Galliae, de quo GENNADIVS sub n. 80, adscriptum fuit; sed ante iam tria decennia A. WILMART uerum auctorem patefecit, LIETBERTVM DE INSVLIS, abbatem S. Rufi (saec. xii ineunte [STEGMÜLLER, 5395. 7535. 8308]; CPPM, ii, 2920) (RB, xxxi, 1914-9, p. 258-276).

PL, xxi, 641

Homilia xvii in Genesim, quae in Rufini uersione latina homiliarum ORIGENIS legitur (PG, xvii, 253-262 [CPG, 1411]; CPPM, ii, 2922), spurium est saec. vii uel ix, cfr W. A. BAEHRENS, in GCS, xxix, p. xxviii-xxx; Fr. X. MURPHY, *o. c.* [ante n. 195], p. 191. *Commentarium* uero *in prophetas minores iii* IVLIANO AECLANO restituit G. MORIN (uide n. 776). *Vitam* denique *S. EVGENIAE* inter documenta hagiographica sub n. 2184 inuenies.

198p **Prologus in Historiam Monachorum** (*BHL*, 6524; *CPG*, 5620)

E. Schulz-Flügel, *Tyrannius Rufinus. Historia Monachorum siue de Vita Sanctorum Patrum*, Berlin, 1990 (*Patrist. Texte und Stud.*, xxxiv) (*o. supra c.* [n. 195°, adn. *a*]), p. 243-247.

Cod.: B. Ryba, *Rufini Historiae monachorum reliquiae Altouadenses* (Hohenfurt), in *Studie rukopisech*, xii, 1973, p. 161-170 (cfr *Scriptorium*, xxxi, 1977, p. 87*, n. 478). Codices 372 enumerantur ab E. Schulz-Flügel, *o. c.*, p. 91-103.

Prologum hunc non opus genuinum Rufini putat Fr. X. Murphy, *o. c.* [ante n. 195], p. 177-179; rectius **genuinitatem** propugnat E. Schulz-Flügel, *o. c.*, p. 27 sqq.

199 **Libellus de fide.** Inc. «Propter uenerationem sanctorum locorum» (Schanz, iv, 1, 425; Stegmüller, 7541, 2; *CPPM*, ii, 841. 1530)

PL, xxi, 1123; xlviii, 239

E. Schwartz, ACO, I, v, 1924-26, p. 4-5.

Rectius collocatur cum *Commonitorio aduersum haeresim Pelagii*, auctore Marii Mercatoris (n. 780).

Eiusdem auctoris est ac sequens *Liber de fide*?

200 **Liber de fide.** Inc. «Haec nostra fides est, quam didicimus» (Schanz, iv, 1, 425; Stegmüller, 7541, 3; *CPPM*, ii, 1433. 1531)

PL, xxi, 1123; xlviii, 451

M. W. Miller, Washington, 1964 (*Patr. Stud.*, xcvi), p. 52-144.

Cod.: O. Dobiache-Rojdestvensky, *Le codex Q. v. i, 6-10 de la bibliothèque publique de Léningrad*, in *Speculum*, v, 1930, p. 28, ubi etiam asseruantur prooemium «hic liber qui attitulatur rufini non te seducat», auctore fortasse ipso Cassiodoro (n. 905), aliaeque glossae marginales (edid. O. Dobiache-Rojdestvensky, *a. c.*, p. 31 sq.).

Explicit omittit editor; uide H. Rondet, in *Augustiniana*, xxii, 1972, p. 538.

Aliam dispositionem capitum proponit W. Dunphy, in *Augustinianum*, xxiii, 1983, p. 523-529; xxxii, 1992, p. 279-288, qui et **nouam** parat **editionem**.

Opusculum nostrum, testante codice, auctorem habet Rufinum «prouinciae Palaestinae presbyterum», fortasse Rufinum illum «natione Syrum», de quo Marivs Mercator in praefatione sui *Commonitorii aduersus haeresim Pelagii* (cfr F. Cavallera, *St. Jérome*, i, 2, Louvain, 1922, p. 96 sq.). Vide L. Duchesne, *Histoire ancienne de l'Église*, iii, Paris, 1929⁵, p. 208, adn. 1. Et reuera Pelagianismum redolet opusculum nostrum; attamen non uidetur esse ipsius Pelagii «*de fide Trinitatis libri iii*» (Gennadius, *De uiris illustr.*, 53 — ed. Richardson, p. 77), ut insinuat O. Dobiache-Rojdestvensky, *a. c.*, p. 37. Cfr B. Altaner, *Der Liber de fide* [*PL, xxi,* 1123-1154 *und PL, xlviii,* 451-488], *ein Werk des Pelagianers Rufinus des «Syrers»,* in *Theol. Quartalschr.,* cxxx, 1950, p. 432-449.

Certe ante a. 411 confectum est, cfr F. Refoulé, in RÉAug, ix, 1963, p. 41-49. Graece, uel saltem homine graecae loquelae compositum esse probat A. Vaccari, in *Gregorianum,* xlii, 1961, p. 733-735.

Praeter duo fragmenta quae adfert *iohannes diaconvs* (n. 951) ex hoc opusculo (apud M. W. Miller, p. 33-35), tertium praebet sub lemmate: «Rufinus in libro ii de fide» (ed. I. Pitra, p. 175) quod in uariis tractatibus «de fide» sub Rufini nomine non inuenitur, sed excerptum est e *De fide* gregorii illiberitani (n. 551).

201 **Dicta de fide catholica.** Inc. «Credimus in unum Deum Patrem omnipotentem et in unigenitum filium eius» (*schanz*, iv, 1, 425; stegmüller, 7541, 3 *et Suppl.*; cppm, ii, 1532)   PLS, i, 10

M. Simonetti, in *Riv. di cult. class. e medioev.,* ii, 1960, p. 307-308.

Cod.: Chantilly 121, saec. xii, f° 240 (ex Himmerode).

Cento est e *ps. athanasii de Trinitate* lib. ix (CC, ix, p. 129-131 [n. 105] qui et uariis sub nominibus uariisque in recensionibus traditur (cfr nn. 368 [s. 235], 552, 554). De hac materia locupletius tractat M. Simonetti, *a. c.*, p. 307-325.

PAVLINVS NOLANVS

natione Gallus, obiit 431.

Cfr P. Fabre, *Essai sur la chronologie de l'oeuvre de S. Paulin de Nole,* Paris, 1948; Id., *Saint Paulin de Nole et l'amitié chrétienne,* Paris, 1949.

Bibliographia: G. Sanders & M. Van Uytfanghe, p. 108-110; C. Magazzu, *Dieci anni di studi su Paolino di Nola (1977/87),* in *Boll. Studi Lat.*, xviii, 1988, p. 84-104.

202 **Epistulae** (*schanz*, iv, 1, 270)   PL, lxi,

CSEL, xxix, 1894 — Hartel, p. 1-425.

Emend.: W. Hartel, in *Sb. Wien,* cxxxii, 4, 1895; P. G. Walsh, in *Orpheus,* xiii, 1966, p. 153-158, et in eiusdem translatione anglica (*Ancient Christ. Writers,* xxxv, London, 1967); S. Blomgren, in *Eranos,* lxxvi, 1978, p. 107-114.

Fontes: G. Rizza, *Imitazione biblica ed influenza retorica nell'opera di Paolino di Nola*, in *Misc. Studi Letter. crist. ant.*, i, 1947, p. 153-164.

Epist. 25 (inc. «Etsi ignotus tibi sim»): PS. HIERONYMVS (*CPPM*, ii, 908);

epist. 25* (inc. «Remeante ad nos») iuxta nouum codicem denuo recensa est a C. Weyman, in *Hist. Jahrb.*, xvi, 1895, p. 92-99, qui etiam ad textum aliarum epistularum sanandum pauca adnotauit in RhM, n. s., liii, 1898, p. 317, et in ALL, xv, 1906-8, p. 260;

epist. 32: cfr infra, n. 203°;

epist. 38: **fontes**: S. Leanza, *Una pagina di Melitone di Sardi in Paolino di Nola*, in *Orpheus*, n. s., v, 1984, p. 444-451; E. Cattaneo, in *Koinonia*, ix, 1985, p. 141-152; S. Leanza, in *Koinonia*, x, 1986, p. 89-90;

epist. 46 et 47, *ad Rufinum* (n. 195), probabilius genuinae sunt, cfr P. Fabre, *o. c.* [ante n. 202], p. 88-97; S. Prete, *Paolino di Nola e l'umanesimo cristiano*, Bologna, 1964, p. 47 sqq.; E. Dekkers, in *Eulogia. Mél. offerts à A. Bastiaensen*, Steenbrugge, 1991 (*Instr. Patr.*, xxiv), p. 47-49. Accuratius eas edidit M. Simonetti (n. 195);

epist. 48, dubia, cfr P. Fabre, *o. c.* [ante n. 202], p. 97 sq.; eam genuinam censet P. Courcelle, *Fragments historiques de Paulin de Nole*, in *Mél. L. Halphen*, Paris, 1951, p. 145-153. Alia quoque fragmenta PAVLINI seruata putat apud GREGORIVM TVRONENSEM, *In gloria martyrum* seu *Miraculorum* l. i, cap. 46 - ed. Krusch, p. 519 (n. 1024), et in opusculo *de dubiis nominibus*, - ed. Keil, p. 571 (n. 1560); quae omnia tamen ualde dubia uidentur; cfr J. T. Lienhard, in *Latomus*, xxxvi, 1977, p. 438-439; Fr. Glorie, in CC, cxxxiii A, 1968, p. 967;

epist. 3, 4, 6, 7, 8, 45, 50, *ad Augustinum, Alypium uel Romanianum*, in recensione A. Goldbacher (n. 262) legendae sunt (*inter litteras S. Augustini*, n. 24, 25, 30, 32, 94, 121) et emendandae iuxta A. Muys, *De briefwisseling van Paulinus van Nola en Augustinus*, Hilversum, 1941; T. Piscitelli Carpino, *Paolino di Nola. Epistole ad Agostino*, Napoli, 1989.

203 **Carmina** (SCHANZ, iv, 1, 262)

CSEL, xxx, 1894 — Hartel, p. 1-338 (*a*)

PL, lxi, 437; v, 261

Cod.: W. Hartel, in *Anzeiger Akad. Wissensch. Wien*, 1897, p. 103-110; P. Tielscher, in RhM, n. s., lxii, 1907, p. 46-53; M. Esposito, in JTS, xxxiii, 1932, p. 121-122; R. Avesani, in *Stud. Med.*, n. s., viii, 1967, p. 877-879.

Emend.: W. Hartel, in *Sb. Wien*, cxxxii, 7, 1895; C. Weyman, *Beiträge*, p. 92 sq.; G. Wiman et S. Blomgren, in *Eranos*, xxxii, 1934, p. 98-130; xxxviii, 1940, p. 62-67; A. Hudson-Williams, *ibid.*, xlviii, 1950, p. 70-71; Id., in *Class. Quarterly*, viii, 1959, p. 71-72 (*carmen* 16); Id., in

(*a*) Singulorum carminum initia recensa sunt apud SCHALLER & KÖNSGEN.

Class. Quarterly, xxvii, 1977, p. 453-465; *carmina* quoque 27 et 28 necnon *epist.* 32 Hartelio diligentius partim excudit R. C. GOLDSCHMIDT, *Paulinus' Church at Nola*, Amsterdam, 1940, p. 20-89, emendationes uero Wimanianas neglexit; G. WIMAN & S. BLOMGREN, *a. supra c.*, p. 114-124.

Fontes, emend.: D. R. SHACKLETON BAILEY, *Echoes of Propertius*, in Mn, IV, v, 1952, p. 322; ID., in *Amer. Journ. Philol.*, xcvii, 1976, p. 3-19; xcix, 1978, p. 179-180.

Carmen 4 est PAVLINI PELLAE (n. 1473);

carmen 5 fortasse est AVSONII (n. 1390), cfr P. FABRE, *o. c.* [ante n. 202], p. 108-111;

carmen 6: **cod.**: B. BISCHOFF, in *Hermes*, lxxxvii, 1959, p. 250, adn. 2 (Paris, B. N., lat. 8093, saec. ix, f° 38); **emend.**: J. T. LIENHARD, in VC, xxxi, 1977, p. 53-54;

carmina 7, 8, 9: STEGMÜLLER, 6325;

carmen 20: **fontes**: J. DOIGNON, in *Rev. hist. spirit.*, xlviii, 1972, p. 129-144;

carmen 29: **cod., trad. text.**: M. ESPOSITO, *a. c.*, p. 121, adn. 7;

carmen 32: uide sub n. 206;

carmen 33: uide sub n. 205.

Sacramentorum liber, quem teste Gennadio (c. 49) Paulinus fecit, describitur et partim restituitur a K. GAMBER, *Das kampanische Messbuch als Vorläufer des Gelasianum*, in SE, xii, 1961, p. 5-111.

DVBIA

204 **Excerpta Bobiensia.** Inc. «Praecepit Dominus coruis ut pascerent Heliam» (SCHANZ, iv, 1, 272; CPPM, ii, 1381)   PL, lxi,

CSEL, xxix, 1894 — HARTEL, p. 459-462.

205 **De obitu Baebiani** (*carmen* 33). Inc. «O uir beatus cui remissa iniquitas» (SCHANZ, iv, 1, 269; SCHALLER & KÖNSGEN, 11077; CPPM, ii, 1373)   PLS, iii, 1111

CSEL, xxx, 1894 — HARTEL, p. 338-343.

Emend.: L. HAVET, in *Rev. de philol.*, xxiv, 1900, p. 144-145.

Sane spurium, cfr P. FABRE, *o. c.* [ante n. 202], p. 130-134; R. P. H. GREEN, *The Poetry of Paulinus of Nola*, Bruxelles, 1971, p. 131; **genuinitatem** tamen defendit G. GUTTILLA, in *Ann. Lic. class. G. Garibaldi, Palermo*, xxiii/xxiv, 1986/87, p. 131-157.

SPVRIA

Epistulae (CPPM, ii, 1371. 1378. 1380) spuriae, quas edidit G. HARTEL, t. xxix, p. 429-459, PELAGIO tribuuntur (nn. 738 et 745).

Carmina (CPPM, ii, 1371 a-1380) spuria (t. xxx, p. 3-7; 344-357) uide in *Indice* i; cetera uero, *De nomine Iesu* nempe et *De domesticis suis calamitatibus*, sunt posterioris aetatis.

Passio S. Genesii Arelatensis (t. xxix, p. 425-428) in appendice HILARII ARELATENSIS (n. 509) recensa est.

206 **Carmen 32 «ultimum»**. Inc. «Discussi fateor sectas, Antonius, omnes» (SCHALLER & KÖNSGEN, 3790; CPPM, ii, 100. 1372)   PL, v, 261; lxi, 691

CSEL, xxx, 1894 — HARTEL, p. 329-338.

A° 401-405 compositum, cfr F. G. SIRNA, in *Aeuum*, xxxv, 1961, p. 87-107. Fortasse eiusdem auctoris ac *Carmen contra Nicomachum Flauianum* (n. 1431 sq.), cfr P. FABRE, *o. c.* [n. 205], p. 124-130; R. P. H. GREEN, *o. c.* [ante n. 202], p. 130.

VRANIVS PRESBYTER

scripsit Nolae anno 431.

207 **Epistula de obitu Paulini** (SCHANZ, iv, 1, 261; BHL, 6558)   PL, liii, 859

AASS, *Iun.*, v, 170-172 — VAN PAPENBROECK.

Textum cum notis *Sociorum Bollandi* denuo excudit J. P. MIGNE (PL, liii, 859-866), in initio perperam adnotans «ex Surio».

ZENO EPISCOPVS VERONENSIS

natione Afer, ut uidetur; floruit circa 362-371 in Italia; minime martyr est dicendus, ut plerique contendunt, cfr B. PESCI, in *Antonianum*, xxiii, 1948, p. 33 sq.

Nuper uero Tractatus Zenonis tribuuntur S. GEMINIANO I et GEMINIANO II, episcopis Mutinensibus uel etiam THEODVLVO item episcopo Mutinensi; cfr W. MONTORSI, *Nel sedicesimo centenario del «Natale» di san Geminiano* (394-1994), Modena, 1991. De sua re adhuc prudentius disputandum erit. Vide R. F. in AB, cxii, 1994, p. 212 sq.

208 **Sermones** seu **Tractatus** (SCHANZ, iv, 1, 367; HERZOG & SCHMIDT, 578)   PL, xi, 253

CC, xxii, 1971 — LÖFSTEDT.

Index uerborum: B. LÖFSTEDT & D. W. PACKARD, New York, 1975.

Cod., trad. text., emend.: Fr. Dolbeau, *Zenoniana. Recherches sur le texte et sur la tradition de Zénon de Vérone*, dans *Recherches Aug.*, xx, 1985, p. 3-34 (maximi momenti; ibi et alia nonnulla recensita inuenies quae ad textum emendandum utilissima sunt); aliae emend. proponuntur in uersione italica tractatuum Zenonis, cura B. Löfstedt & G. Banterle, Milano, 1987.

Emend.: E. Wistrand, in *Classica et Mediaeualia F. Blatt dedicata*, Köbenhavn, 1973, p. 363-370; B. Löfstedt, in *Arctos*, ix, 1975, p. 57 sq.; L. Håkanson, in *Classica et Mediaeualia*, xxxi, 1970, p. 223-238.

Trad. text.: A. Galli, *Zénon de Vérone dans l'Antiphonaire de Bangor*, in RB, xciii, 1983, p. 293-301.

Latinitas: H. Januel, *Commentationes philologicae in Zenonem Veronensem, Gaudentium Brixiensem, Petrum Chrysologum*, München, 1905 (dissert.); L. Mallunowicz, in *Eos*, lxi, 1973, p. 273-288; U. Barelli, *L'«Arcadio» di Zenone. Contributo alla conoscenza del Latino di Zenone Veronese*, in *Mem. Accad. Verona*, ser. vi, t. xxxii, 1980/81, p. 139-149.

Tract. i, 39 [ii, 18] altera recensio est *Passionis S. Arcadii* (n. 2059).

Vndecim sermones spurii, a Ballerinis in appendice reiecti (PL, xi, 533-534), sunt S. Hilarii quinque tractatus super psalmos (n. 428), S. Basilii quattuor homiliae et sermones duo (CPG, 2855. 2847. 2845. 2850), Potamii Olisiponensis (n. 541 sq.); cfr A. Wilmart, in RB, xxx, 1913, p. 267 sq.

208a **Testamentum sancti Zenonis.** Inc. «Filii carissimi, diutius uobiscum esse mallem»

G.-P. Marchi, in *Il culto di San Zeno nel Veronese*, Verona, 1972, p. 57 sq.

Genuinum dici nequit.

APPENDIX

209 **Vita** auctore Coronato Notario (*BHL*, 9001)

AASS, *Apr.*, ii, p. 70-71 — Henskens, una cum prologo ab A. Grazioli euulgato in *La Scuola cattolica*, lxviii, 1940, p. 193-195.

Saec. viii in. et «exiguae fidei, ut modeste loquamur», ita *Socii Bollandiani*, in AASS, *Prop. Dec.*, p. 135, n. 1. Est tamen antiquior *Rhythmo de uita S. Zenonis* (n. 209a), cfr D. Norberg, *La poésie latine rhythmique du Haut Moyen Age*, Stockholm, 1954, p. 104.

Cod.: Brescia, Cap. B II 8, saec. xii, f° 1 (cfr C. Villa, in *Italia medioevale e umanistica*, xv, 1972, p. 75 et 89); Verona, Bibl. Capit. dcccclvi, saec. xviii, transcriptio est codicis Remensis deperditi (cfr Fr. DOLBEAU, *a. c.* [n. 208], p. 6).

209*a* **Rhythmus de uita S. Zenonis.** Inc. «Audient principes, audient populi» (*BHL*, 9009; *CHEVALIER*, 1497; *SCHALLER & KÖNSGEN*, 1339) MGH, *poet. lat.*, iv, 577

G. B. PIGHI, *Verona nell'octavo secolo*, Verona, 1963, p. 25.

Saec. viii in.; cfr. G. B. PIGHI, *La Vita ritmica di San Zeno*, Bologna, 1960 (*Mem. Accad. di Bologna, scienze morali*, v, 8), p. 46-48.

PETRONIVS EPISCOPVS BONONIENSIS (*a*)

sedit 432-450.

210 **Sermo in natale S. Zenonis.** Inc. «Admiror, sacratissimi atque karissimi fratres, et uos beata plebs» (*SCHANZ*, iv, 1, 369) PLS, iii, 141

211 **Sermo in die ordinationis uel natale episcopi.** Inc. «Moyses magister ouium» (*SCHANZ*, iv, 1, 369) PLS, iii, 142

G. MORIN, *Deux petits discours d'un évêque Petronius*, in RB, xiv, 1897, p. 3-8; E. LODI, in *Miscell. Liturg. in onore G. Lercaro*, ii, Roma, 1967, p. 296-300.

Cod., uar. lect.: Fr. DOLBEAU, in RB, xcvi, 1986, p. 27-29.

VIGILIVS EPISCOPVS TRIDENTINVS

sedit 385 (?) — 405.

212 **Epistula ad Simplicianum** (*SCHANZ*, iv, 1, 365; *BHL*, 7794) PL, xiii, 549

E. MENESTO, *Le Lettere di san Vigilio*, in I. ROGGER, *I Martiri della Val di Non*, Bologna, 1985, p. 159-161; E. M. SIRONI, *Dall'Oriente in Occidente*, Sanzeno, 1989, p. 78-90.

Textus Bollandianus epistularum recuditur Veronae in Officina Libantiana a° 1841, item in *L'Anaunia sacra in occasione del xv centenario*

(*a*) Vel potius Veronensis, cfr F. LANZONI, *S. Petronio vescovi di Bologna*, Roma, 1907, *Annotazione* inserta inter paginas 28 et 29; ID., *Le diocesi d'Italia*, ii, Faenza, 1927, p. 924-928 et 933. Vide tamen quae in contrarium afferuntur a *Sociis Bollandianis*, in AASS, *Prop. Dec.*, Bruxellis, 1940, p. 383, n. 6. — Anno 452 tribuere proponit P. COURCELLE, in *Rev. belge de phil. et d'hist.*, xxxi, 1953, p. 32.

dei SS. Martyri Anauniesi, i, Trento, 1896/97, p. 146 sqq.; 327 sqq., auctore G. MENAPACE qui nonnullas emend. proposuit.

Cod.: I. ROGGER, *I martiri anauniesi nella cattedrale di Trento*, Trento, 1966², p. 10.

Trad. text.: G. CAGNI & E. SIRONI, *Contributo alla tradizione del testo delle lettere di S. Vigilio di Trente*, in *Studi Barnabiti*, i, 1984, p. 209-226.

213 **Epistula ad Iohannem Chrysostomum** (*SCHANZ*, iv, 1, 365; *BHL*, 7795)

ibid., p. 162-170.

Cod.: I. ROGGER, *l. c.* [n. 212].

Trad. text.: G. CAGNI & E. SIRONI, *a. c.* [n. 212].

Retrouersio graeca: elaborata ab At. TSITSA a° 1981 exstat in appendice operis E. SIRONI, p. 197-203.

Ad Vigilium dedit S. AMBROSIVS epistulam suam 62 (19).

APPENDIX

214 **Vigilii Vita et Passio** (*BHL*, 8602)

AASS, *Iun.*, vii, p. 144-147 — VAN PAPENBROECK.

Saec. vi uel etiam posterioris aetatis, cfr F. LANZONI, ii, p. 938; H. ROGGER, *Monumenta Liturgica Ecclesiae Tridentinae*, i, Trento, 1983, p. 452.

Retractatio huius uitae saec. ix antiquior (*BHL*, 8603 a) critice excussa est a L. CESARINI SFORZA, in *Scritti di storia e d'arte per il XV Centenario ... di S. Vigilio*, Trento, 1905, p. 5-29.

De epistula «Notum uobis facio qualiter beatus Vigilius» (ed. F. HUTER, *Tiroler Urkundenbuch*, i, Innsbruck, 1937, n. 13) uide F. HUTER, *Der sogenannte Vigiliusbrief*, in *Mitteil. österreich. Institut f. Geschichtsforsch.*, l, 1936, p. 35-67. Certe spuria est, iuxta E. SIRONI, *o. c.*, p. 51.

GAVDENTIVS EPISCOPVS BRIXIENSIS

saec. v ineunte.

Cfr A. BRONTESI, *Ricerche su Gaudenzio da Brescia*, in *Memorie storiche della Diocesi di Brescia*, xxix, 1962, p. 99-198.

215 **Tractatus xxi** (*SCHANZ*, iv, 1, 397; *STEGMÜLLER*, 2366-2367)

CSEL, lxviii — GLÜCK, 1936.

Cod.: H. Dörrie, *Passio SS. Macchabaeorum*, Göttingen, 1938, p. 117; N. R. Ker, *Fragments of Medieval MSS. used as Pastedowns in Oxford Bindings*, Oxford, 1954, nn. 1209, 1220, 1688 (fragm. saec. xi); B. Löfstedt, in CC, xxii, 1971, p. 26* sq.; C. Villa, in *Italia Medioevale e Umanistica*, xv, 1972, p. 76; 91, n. 61 (Brescia, A i 8 et 12, saec. xii); Fr. Dolbeau, in RÉAug, xxxii, 1986, p. 183-184.

Emend.: E. Hauler, in *Anzeiger Akad. Wisschensch. Wien*, lxxiii, 1936, p. 51-55; A. Souter, in JTS, xxxviii, 1937, p. 270-272.

Latinitas: F. Trisoglio, *S. Gaudenzio da Brescia scrittore*, Torino, 1960.

Fontes: F. Trisoglio, in *Riv. di studi classici*, xxiv, 1976, p. 50-125; E. Schulz-Flügel, *Gregorius Eliberritanus. Epithalamium*, Freiburg, 1994, p. 256-267.

SPVRIA

216 **Carmen ad laudem B. Philastrii.** Inc. «Fertilem cantum, habitator omnis» (SCHANZ, iv, 1, 398; CHEVALIER, 6105 & Add.; SCHALLER-KÖNSGEN, 5057; CPPM, ii, 760) — PL, xx, 1003

AASS, *Iul.*, iv, p. 384-385 — Cuypers.

Saec. viii? Cfr F. Savio, in AB, xv, 1896, p. 46; F. Lanzoni, ii, p. 962. Cfr A. Glück, *o. c.* [n. 215], p. xvii.

CHROMATIVS EPISCOPVS AQVILEIENSIS

obiit 407.

217 **Sermones xliii** (quorum xli[us] est **Sermo de octo beatitudinibus**) (SCHANZ, iv, 1, 365; STEGMÜLLER, 1942) — PL, xx, 323

CC, ix A, 1974, p. 3-182; cum *Supplemento*, 1977, p. 616-617 — Lemarié.

Cfr H. J. Frede, p. 364 sq.

Sermones et *Tractatus* (nn. 217-218) recuduntur a G. Banterle, in *Bibliot. Ambrosiana*, t. iii, 1 et 2, Milano, 1989-1990.

Cod. (nn. 217-218): J. Lemarié & R. Étaix, in CC, ix A, *Suppl.*, p. 618-623; J. Lemarié, in RB, xcviii, 1988, p. 258-269.

Fontes: P. Meyvaert, in *Scire litteras. Festschr. B. Bischoff*, München, 1988, p. 277-289.

Emend.: A. Treloar, in *Glotta*, lvii, 1979, p. 292; R. Jakobi, in *Hermes*, cxviii, 1990, p. 471-475.

Critica: J. Doignon, in *Rev. sciences phil. et théol.*, lxiii, 1979, p. 241-250.

Sermo 21: rectius denuo edidit J. Lemarié, in RB, xcviii, 1988, p. 269-271;

sermo 27 = *PS. AVGVSTINI* (n. 368) *sermo* 95;

sermo 28: **uar. lect.**: A. Olivar, in CC, xxiv A, 1981, p. 719;

sermo 34: **trad. text.**: cfr J. Lemarié, in SE, xxxiii, 1992/93, p. 121-124.

218 **Tractatus lxi in euangelium Matthaei** (*SCHANZ*, iv, 1, 365; *STEG-* PL, xx, 32 *MÜLLER*, 1941)

ibid., p. 185-498, cum *Supplemento*, 1977, p. 624-636 — Étaix & Lemarié; R. Étaix, in RB, xci, 1981, p. 225-230.

Cfr H. J. Frede, p. 364-368.

Cod. etc., ut supra, n. 217.

Fontes: J. Lemarié, *S. Chromace d'Aquilée témoin du Canon de Muratori*, in RÉAug, xxiv, 1978, p. 101-102; J.-D. Kaestli, in *Cristianesimo nella storia*, xv, 1994, p. 609-634.

Tractatus xxix-xxx leguntur etiam in cod. Bruxellensi 591-592 (V. d. Gh., 1955), f° 81ᵛ-83, saec. xv, e monasterio Vallis S. Martini in Louanio (cfr W. Lourdaux & M. Haverals, *Bibliotheca Vallis S. Martini in Louanio*, Leuven, 1978, p. 116 et 123). Vide etiam A. Sandervs, *Bibliotheca Belgica MSS*, ii, Insulis, 1644, p. 208-233: *Index Codicum MSS... Vallis S. Martini Louanii*, p. 213: «Chromatij Episcopi Opera», et p. 228: «Tractatus de octo beatitudinibus» (sine nomine auctoris).

218*a* **Fragmenta** PLS, i, 17

CC, ix, 1957, p. 377-378 — Hoste.

Vltima fragmenta, in *Gestis Concilii Aquileiensis* tradita, edidit Michaela Zelzer, in CSEL, lxxxii, 3, 1982, p. 354 et 357, lin. 602-604 et 684-685.

DVBIA

219 **Praefatio orationis dominicae ad catechumenos.** Inc. «Do- PL, lxxiv minus et Saluator noster Iesus Christus inter caetera sacra prae- 1091 cepta» (e *Sacramentario Gelasiano* [n. 1899] uel *Ordine Romano* xi [n. 2002]) (*SCHANZ*, iv, 1, 366; *STEGMÜLLER*, 1941, 1)

ibid., p. 443-447.

Emend.: B. Botte, in RTAM, xx, 1958, p. 366.

SPVRIA

Epistulae ad Hieronymum

uide sub n. *633, epist.* 48-49.

MAXIMVS EPISCOPVS TAVRINENSIS (*a*)

obiit inter a. 408 et 423. — Cfr L. CERVELLIN, *Rassegna bibliografica su Massimo di Torino*, in *Salesianum*, liv, 1992, p. 555-565.

219a **Sermones cxi**

CC, xxiii, 1962, p. 1-432 — MUTZENBECHER.

Haec collectio cxi sermonum, a A. MUTZENBECHER eruta tam ex dictis Gennadii Masiliensis (*De uiris*, 41) quam ex codicibus, toto caelo differt cum collectionibus quas constituendas esse sibi uisus est Bruno BRUNI, *homiliarum* nempe cxviii, et *sermonum* cxvi (ed. Romana, 1784 [= PL, lvii]) (cfr infra, nn. 220-224).

De singulis sermonibus uide H. J. FREDE, p. 628-640; hic tantum sequentia notanda sunt:

serm. 7, 8, 87, 90, 109: spurii uidentur;

serm. 61 B, 61 C, 97, 104 dubii sunt;

serm. 12, 19, 38, 39 A extr., 43, 44, 52, 61, 105 extr.: eorum retractationes recensae sunt in *CPPM*, i, 5683-5745;

serm. 104 et 109: uide inter sermones «Maximo II» adscriptos (n. 219*b*);

serm. 50 A extr.: **cod.**, **trad. text.**: J.-P. BOUHOT, in RÉAug, xx, 1974, p. 135-137.

Sermones, qui in collectione antiqua sermonum s. Maximi continentur, numeris denotantur, quos in editione CC habent (*ss.* i-lxxxix); item sermones extrauagantes, qui ex collectione antiqua excidisse uidentur (*ss.* xc extr. — cxi extr.).

Fontes praecipui hi sunt:

Codex Ambrosianus C. 98 inf., saec. vii/viii (= A) (*b*);

(*a*) Duo habentur episcopi Taurinenses nomine Maximi, qui saec. v sederunt: unus, de quo GENNADIVS in capite suo 41 (n. 957), inter a. 408 et 423 moritur; alter a. 451 et 465 Mediolanensi et Romanae synodis subscripsit; cfr A. MUTZENBECHER in SE, vi, 1954, p. 370-372. Cum Gennadio «Maximi episcopi» contiones priori huius nominis adscribimus. At sermones fere centum inter sermones spurios quos collegerunt Bruni e. a., fortasse *MAXIMO II* tribuendi sunt (n. 219*b*).

(*b*) Cfr SE, vi, 1954, p. 343 sq.; 367-370, sed noli neglegere numeros esse correctos. Sermones spurii, qui hoc codice continentur, magna ex parte ab uno eodemque auctore scripti esse uidentur.

Homiliarium PAVLI DIACONI (= PDi) (*a*);

Homiliarium ALANI FARFENSIS (= AlF°) (*b*);

Homiliarii ss. catholicorum Patrum partes tres (= Hom. ss. cath. Patr., p. 1ª, 2ª, 3ª).

219*b* MAXIMVS EPISCOPVS TAVRINENSIS II (?)

circiter 451-465.

Cuidam episcopo Italiae septentrionalis, sedenti saec. v mediante, plures sermones «pseudo Maximi» tribuit R. Étaix (RB, xcvii, 1987, p. 28-41); num idem est ac episcopus Taurinensis qui nomine Maximi acta synodum Mediolanensis aº 451 et Romanae aº 465 subscripsit, certe non constat.

Agitur de sermonibus sequentibus:

ex collectione homiliarum a Brunone Bruni conficta: *hom.* 10-16, 23, 25-29, 34-37, 42-44, 65-71, 74-76, 80, 82-83, 94 (*c*), 106, 107;

ex collectione sermonum ab eodem uiro erudito conficta: *serm.* 29, 36 A-46, 48-53, 56-58, 62, 66, 67, 71, 73, 74, 75 A-B, 76, 78-80, 86 B, 88, 105, 106, 109, 111, 113, 115;

ex editione CC: *serm.* 104, 109;

ex editione L. Muratori (n. 226*a*): *serm.* 1-4;

ex editione R. Étaix, *a. c.*, p. 30-36;

ex editione R. Étaix, in *Orpheus*, n. s., iii, 1982, p. 127-129.

PSEVDO-MAXIMVS

220 **Homiliae cxviii** (*SCHANZ*, iv, 2, 537; *CPPM*, i, 5758-5820)   PL, lvii,

PL, lvii, 221-530 = Bruni.

Hom. 1: *s.* lx;

hom. 2-3: *ss.* xix-xx;

(*a*) Sermonibus huius homiliarii ii numeri adiecti sunt, quibus J. Leclercq in *Scriptorium*, ii, 1948, p. 195-214, usus est. Sermonum in hoc homiliario Maximo adscriptorum tantum xiv genuini, xxxvi autem spurii sunt, quorum plures unius auctoris esse uidentur.

(*b*) Cfr J. Leclercq, *l. c.*

(*c*) *Serm.* 94 critice edidit F. Dell'Oro, in *Miscell. lit. G. Lercaro*, ii, Roma, 1967, p. 622-627, uel in *Archivio Ambrosiano*, xxxii, 1977, p. 297-301; eidem auctori tribuitur inscriptio DIEHL 1802 (edidit F. Dell'Oro, *a. c.*, p. 614).

hom. 4-5: *ss.* lxi A extr.; lxi B extr. dubius; cfr L. BROU, in *Coll. Fragm.*, p. 173-184; H. FRANK, in SE, iv, 1952, p. 193-216 (n. 183);

hom. 6-9 a Meyranesio falsificatae sunt (*a*);

hom. 10-16: MAXIMI II sunt (n. 219*b*);

hom. 10-11: PDi 1, 21. 1, 20;

hom. 12: *PS. AVGVSTINI sermo* 122; PDi 1, 22;

hom. 13: PDi 1, 23;

hom. 14-15: Hom. ss. cath. Patr., p. 1ª;

hom. 16: PDi 1, 37;

hom. 17-20 a Meyranesio falsificatae sunt;

hom. 21: *s.* lxi C extr. dubius;

hom. 22 A Meyranesio falsificata est;

hom. 23: PDi 1, 45; est MAXIMI II;

hom. 24 A (ab initio usque ad c. 278 A 'acquirat'): *s.* ciii extr.;

hom. 24 B (a c. 278A 'Etsi interdum' usque ad finem): *s.* cii extr.;

hom. 25-29: PDi 1, 46. 1, 50-53; sunt MAXIMI II;

hom. 30-33 a Meyranesio falsificatae sunt;

hom. 34 A (ab initio usque ad c. 298 D 'patris'): *PS. AVGVSTINI sermo* 134; PDi 1, 54; est MAXIMI II;

hom. 34 B (a c. 297D 'Etsi' usque ad c. 300B 'Explicit'): a Meyranesio falsificata est;

hom. 35-37: PDi 1, 55. 1, 84. 1, 80; MAXIMI II sunt;

hom. 38-39: *ss.* lxvi-lxvii;

hom. 40: *s.* lxix;

hom. 41: *s.* lxviii;

hom. 42-44: PDi 1, 81. 1, 83. 1, 82; MAXIMI II sunt;

hom. 45: *s.* xxix;

hom. 46-48: *ss.* lvii-lix;

hom. 49-50 (et *hom.* 84, c. 442 A 'Videamus' usque ad c. 443 A 'suscitauit'): *ss.* xxxvii-xxxviii;

hom. 51-54: *ss.* lxxiv-lxxvii;

hom. 55: EVSEBII GALLICANI *sermo* 13 (n. 966); PDi 2, 6;

(*a*) uide M. PELLEGRINO, *Sull'autenticità d'un gruppo di omelie e di sermoni attributi a s. Massimo di Torino*, Torino, 1955 (= *Atti Accad. Scienze Torino*, xc, 1955/56, p. 1-113); et in *Stud. Patr.*, i, 1957, p. 134-141.

hom. 56: *s.* xxxix A extr.;

hom. 57-60: *ss.* liii-lvi;

hom. 61: *s.* xliv;

hom. 62: *s.* xl;

hom. 63: a Meyranesio falsificata ex *sermone* PS. AVGVSTINI 185, qui est AlF 2, 31, sicut et *serm.* 54 qui solo initio differt;

hom. 64: CAESARII *sermo* 219;

hom. 65-67: A 23-25; PDi 2, 41-43; sunt MAXIMI II;

hom. 68: sub nomine FAVSTI REIENSIS in PL, lviii, 880-883; A 33; PDi 2, 47;

hom. 69-71: A 34-36; PDi 2, 48-50;

hom. 72; *s.* i;

hom. 73 a Meyranesio falsificata est;

hom. 74-75: A 43-44; PDi 2, 65-66; sunt MAXIMI II;

hom. 76: PDi 2, 67; est MAXIMI II;

hom. 77: A 57; PDi 2, 105; circa contiones de S. Eusebio (*hom.* 77 et 78; *sermonem* 83; *sermones Appendicis* 20 [= PS. AMBROSII *sermo* 56], 21, 22 et 23), cfr G. KRÜGER, *Lucifer von Cagliari*, Leipzig, 1886, p. 126-129;

hom. 78: cfr EVSEBII GALLICANI *serm.* 60; PDi 2, 106; AlF 2, 103;

hom. 79 A (ab initio usque ad c. 424 A 'attingere'): *s.* x;

hom. 79 B (fragmentum *hom.* 79 B adiectum): si initium et finem excipis, *sermo* 77 (BRUNI) est;

hom. 80: A 46; PDi 2, 79; MAXIMI II est;

hom. 81: *s.* xii;

hom. 82: PDi 2, 117; pars prima recurrit in PS. AVGVSTINI *serm.* 207, 3; est MAXIMI II;

hom. 83: PDi 1, 95; est MAXIMI II;

hom. 84 A (ab initio usque ad c. 443 A 'suscitauit'): *s.* xxxviii: uide supra *hom.* 50;

hom. 84 B (c. 443 nota 1 et c. 443 A 'Quae comparatio' usque ad finem): *s.* xxxix;

hom. 85: *s.* xlviii;

hom. 86-87: *ss.* lxxxv-lxxxvi;

hom. 88-89: *ss.* lxxii-lxxiii;

hom. 90-93: *ss.* lxxxi-lxxxiv;

hom. 94: MAXIMI II est;

hom. 95-96: *ss.* xvii-xviii;

hom. 97-98: *ss.* xxii-xxii A extr.;

hom. 99: *s.* xxxiv;

hom. 100-101: *ss.* xxx-xxxi;

hom. 102: *s.* xxviii;

hom. 103: *s.* xcviii extr.;

hom. 104: *s.* xc extr. spurius;

hom. 105: *s.* xxvii;

hom. 106: MAXIMI II est;

hom. 107: PS. AVGVSTINI sermo 55, cfr G. MORIN, inter *Initia Caesariana*, p. 923 sq.; MAXIMI II est;

hom. 108: PETRI CHRYSOLOGI sermo 50 (nn. 227 et 932); PDi 2, 89;

hom. 109 praefatio, *hom.* 109-110; *ss.* xxiii-xxv;

hom. 111: *s.* xxxiii;

hom. 112 A (ab initio usque ad c. 515 B 'producunt'): *s.* lxxxix;

hom. 112 B (a c. 515 B 'Cum semper' usque ad finem) et 113: *ss.* lxxix-lxxx;

hom. 114: *s.* xxvi;

hom. 115: *s.* xli;

hom. 116: *s.* xliii;

hom. 117: *s.* xxxii;

hom. 118: *s.* iii.

221 **Sermones cxvi** (SCHANZ, iv, 2, 537; CPPM, i, 5821-5908) PL, lvii, 529-760 = BRUNI (*a*). PL, lvii, 529

Sermo 1: (usque ad c. 534 A 'resurgat') *s.* lxi (editionis MUTZENBECHER); ad conclusionem cfr G. MORIN, inter *Initia Caesariana*, p. 935;

sermo 2: AVGVSTINI *Quaestiones euangeliorum*, ii, 44 (CC, xliv B, p. 104-106; PL, xxxv, 1357 sq.); PDi 1, 7;

sermo 3: *s.* xcix extr.;

sermo 4: *s.* lxii;

sermo 5: *s.* xcviii extr. dubius;

sermo 6: *s.* lxiii;

sermo 7; *s.* xlv spurius; cfr G. MORIN, *Misc. Agost.*, i, p. 744; **cod.**: C. CHARLIER, in RB, lix, 1949, p. 91, adn. 3;

(*a*) A *serm.* 54 numeri editionis PL, lvii, cum numeris editionis BRUNI non consentiunt.

serm. 8-9: *ss.* c extr.-ci extr.;

sermo 10: *s.* xlvi, est HIERONYMI (n. 599);

sermo 11: *s.* lxiv;

serm. 12-13: *ss.* xiii B extr.-xiii;

sermo 14:?

sermo 15: *s.* li;

sermo 16: *s.* lxx;

sermo 17: *s.* cxi extr. dubius;

sermo 18: PS. AVGVSTINI *sermo* 143;

sermo 19: *s.* li A extr.;

serm. 20-21: PS. AVGVSTINI *serm.* 145 et 144 (cfr n. 368); AlF 1, 54. 1, 51;

serm. 22-24 a Meyranesio falsificati sunt;

sermo 25: *s.* xxxvi;

sermo 26: *s.* l;

sermo 27: *s.* lii;

sermo 28: *s.* xxxv;

sermo 29: A 2; PDi 2, 7; uidetur MAXIMI II;

sermo 30: PS. AVGVSTINI *sermo* 164;

serm. 31-35 a Meyranesio falsificati sunt (*a*);

sermo 36 A (ab initio usque ad c. 607 B 'auctorem'): A 3; AlF 2, 8; est MAXIMI II;

sermo 36 B (fragmentum *serm.* 36 B adiectum): EVSEBII GALLICANI *sermo* 19;

serm. 37-46: A 4-10. 12-14; MAXIMI II sunt;

sermo 47 a Meyranesio falsificatus est;

serm. 48-53: A 15-20; MAXIMI II sunt;

serm. 54-55 a Meyranesio falsificati sunt;

sermo 56 (BHL, 158*a*): PS. AMBROSII *sermo* 48; PDi 1, 62; est MAXIMI II;

serm. 57-58: A 26-27; MAXIMI II sunt;

serm. 59-60: posterioris aetatis sunt;

sermo 61: PETRI DAMIANI *sermo* 24 (PL, cxliv, 637 sq.); I. LUCCHESI, in CCCM, lvii, 1983, p. 148-152;

(*a*) Vide M. PELLEGRINO, *Atti*, p. 84-86. 89. 97-98, qui *serm.* 31. 32. 34. 65 a reliquis sermonibus falsificatis distinxit, eo quod fontes eorum Brunoni Bruni noti erant. Ille autem eos non fontes sed antiquas sermonum recensiones putabat.

sermo 62: A 28; MAXIMI II est;

serm. 63-65 a Meyranesio falsificati sunt (cfr *serm.* 31-35);

serm. 66-67: A 37-38; MAXIMI II sunt;

sermo 68: *s.* ii;

sermo 69: *s.* ix;

sermo 70 A (ab initio usque ad c. 678 A 'non timere'): *s.* iv;

sermo 70 B (a c. 678 A 'Nos uero' usque ad finem): ex CAESARII *serm.* 215, 2; (= CC, civ, 356);

sermo 71: est MAXIMI II;

sermo 72: LEONIS MAGNI *sermo* 85;

sermo 73: est MAXIMI II;

serm. 74 et 75 A (ab initio usque ad c. 684 C 'impleuit'); 75 B (fragmentum *serm.* 75 A adiectum [*a*]); 76: A 47-48. 45. 49; MAXIMI II sunt;

sermo 77: *s.* xi;

sermo 78: cfr PS. AVGVSTINI *serm.* 221; cfr G. MORIN, inter *Initia Caesariana*, p. 933; A 53; AlF 1, 30 a;

serm. 79-80: A 63-64; MAXIMI II sunt; **cod.** *serm.* 80: H. DÖRRIE, *Passio SS. Machabaeorum*, Göttingen, 1938, p. 117, n. 34;

serm. 81-82: *ss.* cv extr.-cvi extr.;

sermo 83: A 61;

sermo 84: *s.* xv;

sermo 85: PS. AVGVSTINI *sermo* 210, 1; cfr G. MORIN, *Misc. Agost.*, i, p.; 743; AlF 1, 19;

sermo 86 A (ab initio usque ad c. 704 B 'in defunctis'): *s.* xiv dubius;

sermo 86 B (a c. 704 B 'Vota' usque ad finem): A 11; MAXIMI II est;

sermo 87: *s.* xvi;

sermo 88: AlF 2, 95; MAXIMI II est; **cod.**: LOWE, 778 (Lyon, 478 [408], saec. vii);

sermo 89: AlF 2, 100;

sermo 90:?;

sermo 91: PS. AVGVSTINI *sermo* 226; AlF 2, 99;

sermo 92: uide H. J. FREDE, p. 635;

sermo 93: AlF 2, 104;

sermo 94: *s.* xlix;

(*a*) Locupletius edidit F. NEGRI, in *Aeuum*, lxvi, 1990, p. 266-267.

sermo 95: *s.* cx extr. dubius;

sermo 96: *s.* xxi;

serm. 97-100: *ss.* xciii extr.-xcvi extr.;

serm. 101-102: *ss.* cvii extr.-cviii extr.;

sermo 103: *s.* xcii extr.;

sermo 104: *s.* xlii;

sermo 105: A 82; MAXIMI II est;

sermo 106: A 21; MAXIMI II est;

sermo 107: est EPIPHANII LATINI (n. 914) *sermo* 60 initio auctus;

sermo 108: posterioris aetatis;

serm. 109-111: MAXIMI II sunt;

sermo 112: *s.* lxxxvii spurius;

sermo 113: A 83; MAXIMI II est;

sermo 114: est CHROMATII *tract. 55 in Matthaeum*;

sermo 115: pars *homiliae* 42 MAXIMI II;

sermo 116 = *hom.* 82 (BRUNI) finis, c. 432 AB.

SPVRIA

222 **Tractatus iii de baptismo** (*a*) (Ps. AVGVSTINVS [*CPPM*, i, 1117*-1119*]) PL, xl, 1207

PL, lvii, 771-782 = BRUNI.

Sunt *serm.* v-vii anonymi homiliarii Italiae septentrionalis, saec. v-vi. Totum corpus edidit G. SOBRERO (uide n. 368, *s.* 109).

Tractatus contra paganos (n. 697), *contra Iudaeos* (n. 696) et *Expositiones de capitulis euangeliorum* (n. 694) (PL, lvii, 781-843) leguntur sub nomine MAXIMINI EPISCOPI GOTHORVM.

222*a* **Sermones Appendicis xx**

PL, lvii, 759-764 = BRUNI.

Vide *CPPM*, i, 5910.

223 **Sermones Appendicis xxxi** (*CPPM*, i, 5933-5965)

PL, lvii, 843-916 = BRUNI.

(*a*) Seu potius tractatus iv, at secundus, *de renuntiatione*, periit, cfr B. CAPELLE, in RB, xxxvi, 1924, p. 115, adn. 2; PL, xl, c. 1205 sq.

Sermo 1: CAESARII *sermo* 187; seu PS. FAVSTI REIENSIS *sermo* 1 (ed. ENGELBRECHT, p. 223-227, initio paululum mutato), uel PS. AVGVSTINI *sermo* 115 (inc. «Appropinquante iam sacratissima sollemnitate»);

sermo 2: PS. AVGVSTINI *sermo* FONTANI iii (PL, xlvii, 1133-1136); hispanicae originis, cfr G. MORIN, *Misc. Agost.*, i, p. 735; AlF 2, 87; **cod.**: DÍAZ, 319;

sermo 3: CAESARII *sermo* 188; **trad. text.**: J. P. BONNES, in RB, lvi, 1945/46, p. 176, adn. 3;

sermo 4: cento ex *hom.* 10 (BRUNI), PS. AVGVSTINI *sermone* 128 et AVGVSTINI *sermone* 194;

sermo 5: posterioris aetatis;

sermo 6: PS. AVGVSTINI *sermo* 158;

sermo 7: AMBROSII *Explanatio symboli* (n. 153);

sermo 8: PS. AVGVSTINI *sermo* 182; pendet ex EVSEBIO GALLICANO, cfr H. J. FREDE p. 640; AlF 2, 29;

sermo 9: codex Sangallensis 188, saec. viii[1], p. 413-421;

sermo 10 A (ab initio usque ad c. 864 D 'praedicarit'): *sermo* 5 genuinus;

sermo 10 B (fragmentum *serm.* 10 A adiectum): A 32 (*a*);

sermo 11: PS. HIERONYMI *epist.* 10; PS. ILDEFONSI *sermo* 8; cfr PS. AVGVSTINI *serm.* 208; AlF 2, 66; cfr R. LAURENTIN, *Table*, p. 125;

sermo 12: PS. ILDEFONSI *sermo* 7; AlF 2, 64; cfr R. LAURENTIN, *l. c.*;

sermo 13: PS. AMBROSII *sermo* 55; cento est ex EVSEBII GALLICANI *serm.* 11 (n. 966) et *serm.* 88 (BRUNI);

sermo 15: est *sermo* 14 concionatoris ignoti saec. ix, edid. P. MERCIER, in SC, clxi, 1970, p. 228-230;

sermo 16: adfertur a GREGORIO M., *In Hiezechielem*, i, 12, 30;

sermo 17: PS. AMBROSII *sermo* 47; alia recensio legitur in **cod.** Paris, B. N., lat., 1771, saec. ix, n. 26; cfr P. VERBRAKEN, in RB, lxxviii, 1968, p. 79 (CPPM, i, 2255);

sermo 18: CAESARII *sermo* 227;

sermo 19: EVSEBII GALLICANI *sermo* 57; PS. AVGVSTINI *sermo* 231 paulo mutatus; AlF 2, 107; PDi 2, 128;

sermo 20 A (ab initio usque ad c. 888 C 'copulauit'): *sermo* 7 spurius; pendet ex *hom.* 78 (BRUNI) = EVSEBII GALLICANI *serm.* 60;

sermo 20 B (fragmentum *serm.* 20 A adiectum): A 58;

(*a*) Genuinus MAXIMI TAVRINENSIS *sermo* uidetur; fragmentum edidit R. ÉTAIX, in RB, xcvii, 1981, p. 40 (CPPM, i, 5943).

serm. 21-23: A 59-60. 62; cfr adnotationem ad *hom.* 77;

sermo 24: AlF 2, 102;

sermo 25: ?;

sermo 26: cfr CAESARII *serm.* 33;

sermo 27: CAESARII *sermo* 34;

sermo 28: HIERONYMI *homilia de pascha* (n. 603);

sermo 29: AlF 1, 20;

sermo 30: BEDAE *homilia* 2, 24 (n. 1367);

sermo 31: cfr H. J. FREDE, p. 641.

224 **Homiliae iii** (*CPPM*, i, 5966-5969)

PL, lvii, 915-920 = BRUNI.

Hom. 1: cfr GREGORII M. *hom.* 6 *in Euangelia*;

hom. 2: cfr G. MORIN, inter *Initia Caesariana*, p. 933;

hom. 3: ?

Cfr H. J. FREDE, p. 640.

225 **Epistulae ii «ad amicum aegrotum»** (*CPPM*, ii, 1262)

PL, lvii, 921-958 = BRUNI.

Epist. 1: PS. HIERONYMI *epist.* 5, PL, xxx, 61-75 (63-77) (*CPPM*, ii, 1263); saec. v-vi; **fontes, text. bibl., latinitas**: H. SAVON, in *Recherches aug.*, xiv, 1979, p. 153-190;

epist. 2: PS. HIERONYMI *epist.* 6, PL, xxx, 75-104 (77-108); est EVTROPII (n. 566*a*).

225*a* **Sermones viii antiquae collectionis, quos Bruni praetermisit**:

Sermo 1: Inc. «Et ipsi scitis, fratres, quod non desinam», des. «catecuminos ad baptismum aduocemus.»: *s.* xci extr.;

sermones PS. AMBROSII 11. 40. 51. 52. 57 (PL, xvii): *ss.* lxv. lxxi. vi. lxxxviii. viii spurius;

sermo PS. AVGVSTINI 135, 1-4 (PL, xxxix, 2011-2012): *s.* xiii[a] extr.;

hom. 3 BASILII/RVFINI (PG, xxxi, 1744-1753): *s.* xlvii BASILII/RVFINI.

226 **Sermones iii e Florilegio Casinensi** (*CPPM*, i, 6061-6062)

t. ii, p. 96-97. Inc. «Indicium uerae ac perfectae religionis»: *sermo* 106 (BRUNI) locupletior;

t. ii, p. 123, *sermo in dominica secunda Aduentus*. Inc. «... mirabili[b]us facere uoluit, ut Christus de uirgine nasceretur»; des. «... pacificauit omnia quae in caelis sunt et quae in terris»;

t. ii, p. 196-197, *sermo in dedicatione ecclesiae.* Inc. «Beatus apostolus sermonem diuinum sub appellatione»: EVSEBII GALLICANI *sermo* 59 (inc. «Beatos apostolos sermo diuinus sub appellatione»).

226a **Sermones vii ex Anecdotis Muratorianis** (*CPPM*, i, 5970-5977)   PLS, iii, 373

L. A. MURATORI, *Anecdota*, iv, Patauii, 1713.

Inter sermones ibi e cod. Ambr. C. 98 inf. (A) sub nomine MAXIMI editos vii reperiuntur, quos BRUNI in editione sua praetermisit:

p. 75-76, inc. «Cum multis magnisque praeceptis»: A 84;

p. 76-77, inc. «Caelestis prudentiae dominus»: A 85;

p. 77-79, inc. «Cum redemptor humani generis»: A 86;

p. 84-88, inc. «Ad celebritatem praesentis dici»: fragm.

p. 97, fragmentum, inc. «... Recte autem Moysen», des. «famem non sentiet sempiternam»: s. civ extr. dubius;

p. 101, fragmentum, inc. «... suscipit sed alios excutit», des. «tramite graditur ad salutem»: s. cix extr. spurius;

p. 117, fragmentum, inc. «Naturalis doctrinae magister», des. «corruptionibus uanescentes...»: A 87.

226b **Sermones xxv** (*CPPM*, i, 6064)

quos edidit U. MORICCA (*Il Codice Casanatense 1338*, in *Bilychnis*, xvii, 1928, p. 241-272; 364-380; xviii, 1929, p. 1-22; 81-93; *Didaskaleion*, vii, 1929, p. 1-40), et MAXIMO adiudicare conatus est. At D. DE BRUYNE, in BALCL, ii, n. 95 sq., p. [26] sq. eum refellit; cfr C. LAMBOT, *ibid.*, n. 504, p. [144].

PETRVS CHRYSOLOGVS EPISCOPVS RAVENNATENSIS

sedit circiter 425-450.

De **genuinitate** sermonum optime disputauit A. OLIVAR (*Clauis S. Petri Chrysologi*, in SE, vi, 1954, p. 327-342), de **traditione text.** ID., *Los sermones de S. Pedro Crisologo. Estudio critico*, Montserrat, 1962, et denuo: *Die Textüberlieferung der Predigten des Petrus Chrysologus*, in J. DUMMER, *Texte und Textkritik*, Berlin, 1987 (= TU, cxxxiii), p. 469-487.

227 **Sermones clxxix** seu «**Collectio Feliciana**», adiectis **sermo-**   PL, lii, 183
nibus extrauagantibus, una cum *Prologo* auctore FELICE RAVENNATENSI (circiter a° 715) (*SCHANZ*, iv, 2, 538)

CC, xxiv, xxivA, xxivB, 1975-1982 — OLIVAR.

Index uerborum: ILL, A & B, 3.

Quaedam **emendauit** A. OLIVAR, in sua editione latino/cataulana, i, Barcelona, 1985 sqq.; ID., in *Eulogia. Mél. A. Bastiaensen*, Steenbrugge, 1991 (*Instr. Patr.*, xxiv), p. 223-235.

Critica: L. BIELER, in *Oikumene*, Catania, 1964, p. 175-179.

De singulis haec adnotare iuuabit:

serm. 1-5: CPPM, i, 2107-2111;

sermo 3: **emend.**: E. LÖFSTEDT, in *Eranos*, viii, 1908, p. 114;

sermo 7bis: uide n. 235;

sermo 24bis: CPPM, i, 6350;

sermo 43: aliud initium e cod. León, S. Isidoro 8, fol. 60, edidit J. LECLERCQ, in *Hispania Sacra*, ii, 1949, p. 111, adn. 10: «Dilectissimi fratres, sermone communi omnibus»;

sermo 50: genuinus, iuxta G. BÖHMER, *Petrus Chrysologus als Prediger*, Paderborn, 1919, p. 19 sq., et A. OLIVAR, in RB, lix, 1949, p. 118, adn. 1; eum in CPL² perperam inter sermones PS. CHRYSOSTOMI (n. 932) collocauimus; PL, lvii, 502; xcv, 1430

sermonis 53 altera et locupletior recensio extat in *Appendice Augustiniana*, *sermo* 61; spurius est iuxta G. BÖHMER, *o. c.*, p. 21 sq. et A. OLIVAR (CPPM, i, 6337);

sermo 62bis: uide n. 229*a*;

sermones 67, 68 et 70-72 etiam leguntur inter spurios (PL, lii, 665-679);

serm. 72bis *et* ter: uide nn. 233*a* et 233*b*;

sermo 73, spurius, ita G. BÖHMER, *o. c.*, p. 22; recte **genuinitas** uindicatur ab A. OLIVAR, in SE, vi, 1954, p. 334-335;

sermo 75: CPPM, i, 2122;

sermo 81 legitur etiam apud F. LIVERANI (n. 231*a*), p 198-201, *serm.* 8;

sermo 85: uide A. OLIVAR, in EL, lxiii, 1949, p. 390 sq.;

serm. 85bis *et* ter: uide nn. 234 et 233;

sermonis 91 recensio abbreuiata extat in eadem *Appendice Augustiniana* sub n. 199; cfr D. DE BRUYNE, in JTS, xxix, 1928, p. 367;

sermo 95: CPPM, i, 2113;

sermo 99bis: extrau. vii (CPPM, i, 1607);

sermo 102 legitur etiam in *Florilegio Casinensi*, t. ii, p. 176-178;

sermo 107 non est Chrysologi (fortasse est ADELPHI EPISCOPI, de quo in *serm.* 136?) (CPPM, i, 6338);

sermo 119, spurius, iuxta A. OLIVAR, in SE, vi, 1954, p. 328: est CHROMATII (*serm.* 28 [cfr J. LEMARIÉ, in RB, lxxiii, 1963, p. 239-40]) (CPPM, i, 6339);

sermo 127 perperam inter sermones PS. CHRYSOSTOMI (n. 939) collocauimus;

sermo 129, spurius, iuxta A. OLIVAR, *l. c.* (CPPM, i, 6340);

sermo 130bis: uide n. 237;

sermo 135, spurius, ita G. BÖHMER, *o. c.*, p. 26 et A. OLIVAR, *l. c.* (CPPM, i, 6341);

sermo 138; spurius; a nonnullis GERMANO AVTISSIODORENSI tribuitur, sine sufficienti ratione, cfr G. BÖHMER, *o. c.*, p. 27 sq. (CPPM, i, 6342);

serm. 140bis *et* ter: uide nn. 230 (CCPM, i, 1242.6365) et 231 (CCPM, i, 1238);

sermo 142: CPPM, i, 2114;

sermo 143: CPPM, i, 2115;

sermo 148: CPPM, i, 153;

sermo 148bis: uide n. 231 (CCPM, i, 6364);

sermo 149 est SEVERIANI EPISCOPI GABALAE, cfr A. SIEGMUND, p. 130 (CPG, 4214; CPPM, i, 6343); PG, lii, 425

sermo 151: CPPM, i, 2117;

sermo 152 item SEVERIANI? (CPPM, i, 1716);

sermo 155bis: uide n. 231*a* (CPPM, i, 1964);

sermo 159, spurius, iuxta A. OLIVAR, in EL, lxvii, 1953, p. 129-135 (CPPM, i, 6344);

serm. 177, 178, 179: uide nn. 228, 13. 14, 233*c*.

228 **Sermones xviii e cod. Vaticano 5758** (saec. vi-vii [LOWE, 36])

D. DE BRUYNE, in JTS, xxix, 1928, p. 362-368.

En elenchus singulorum:

sermo 1, *de Adam et Eua et Sancta Maria*. Inc. «Cum Deus opifex» (PS. AVGVSTINVS) (CPPM, i, 1606)

A. MAI, *Noua Patrum Bibliotheca*, i, Roma, 1852, *sermo* i, p. 1-4.

Cfr etiam G. MORIN, in *Misc. Agost.*, i, p. 729; spurius iuxta A. OLIVAR, in SE, vi, 1954, p. 331;

sermo 2 = *Collect. Feliciana, sermo* 143;

sermo 3, *de natale Domini*. Inc. «Vt hodie a me possit» (PS. AVGVSTINVS, *sermo* 124)

CC, xxiv B, p. 854-857 (*sermo* 140ter [*sermo* extrau. vi]).

Vltima pars, quae tantum in cod. Vatic. 5758 legitur et inde edita est a D. DE BRUYNE, *a. c.*, p. 364 (inc. «Exsurgens ergo Ioseph»), addita est ab ipso compilatore homiliarii, cfr A. OLIVAR, in EL, lxvii, 1953, p. 135-137;

sermo 4 = *Collect. Feliciana, sermo* 151;

sermo 5 = *Collect. Feliciana, sermo* 152 (PS. AVGVSTINVS, ed. MAI, n. 109);

sermo 6, *de Epiphania*. Inc. «Intellegere possumus, fratres karissimi, quantam» (PS. AVGVSTINVS, *sermo* 135, n. 1-4)

PL, xxxix, 2011-2013 = *Maurini*.

Cfr etiam G. MORIN, *o. c.*, p. 747; **genuinum** esse negat A. OLIVAR, in RB, lix, 1949, p. 115; iam dubitauit et ipse D. DE BRUYNE; iuxta *Maurinos* eiusdem auctoris est ac sermones 3, 7, 23, 27, 46-50, 59, 60 et 99 *Appendicis Augustinianae*; sed reuera est PS. MAXIMI TAVRINENSIS (n. 225a);

sermo 7 = *Collect. Feliciana, sermo* 91 (cfr supra);

sermo 8, *contra fariseos*. Inc. «Contra fariseos loqui nos hodie» (PS. AVGVSTINVS)

A. MAI, *o. c., sermo* 2, p. 4-6.

Est septimus inter sermones PSEVDO-CHRYSOLOGI, quos edidit F. LIVERANI; genuinum esse etiam adfirmant G. BÖHMER, *o. c.*, p. 16 sq., et A. OLIVAR, *a. c.*, p. 115 (= *Collect. Feliciana, sermo* 99bis);

sermo 9 = *Collect. Feliciana, sermo* 106;

sermo 10 = *Collect. Feliciana, sermo* 12;

sermo 11, *de diuite et Lazaro*. Inc. «Non tam facile auspicia» (PS. AVGVSTINVS) (CPPM, i, 1608)

A. MAI, *o. c., sermo* 3, p. 6-8.

Auctorem huius et sequentium sermonum iam diuinauit G. MORIN, *o. c.*, p. 753, 733, 724, 728 et 722; haud semper recte, iuxta A. OLIVAR, in SE, vi, 1954, p. 331;

sermo 12, *de muliere cananaea*. Inc. «Domini et Saluatoris nostri benignitas» (PS. AVGVSTINVS) (CPPM, i, 1609)

ibid., sermo 4, p. 8-10.

Item spurius, iuxta A. OLIVAR, *l. c.*;

sermo 13, *de iracundia fratrum*. Inc. «Audistis hodie qualiter»

CC, xxiv B, p. 1074-1078 (*serm. extrau.*, viii);

sermo 14, *de inimicis diligendis*. Inc. «Compello caelum, uoco terram»

CC, xxiv B, p. 1080-1083 (*sermo extrau.* xiv);

sermo 15 = *Collect. Feliciana, sermo* 95;

sermo 16, *de muliere adultera*. Inc. «Agnouistis, fratres, si tamen euangelium» (CPPM, i, 1613)

A. MAI, *o. c., sermo* 8, p. 17-18.

Spurius, iuxta A. Olivar, *l. c.*;

sermo 17 = *Collect. Feliciana, sermo* 75;

sermo 18 = *Collect. Feliciana, sermo* 141.

229 **Epistula ad Eutychen.** Inc. «Tristis [*aliter*: Tristissimus] legi tristes litteras tuas» (inter epistulas Leonis M., n. 25) (*SCHANZ*, iv, 2, 539; *MAASSEN*, 427)

PL, lii, 71; liv, 739; lxxxiv, 701; cvi, 564

E. Schwartz, ACO, II, iii, 1, 1935, p. 6-7 (textus latinus); II, i, 2, 1933, p. 45-46 (241-242) (uersio graeca), uel emendatius apud A. Olivar, *Los Sermones de S. Pedro Crisologo*, Montserrat, 1962, p. 90-91 (textus latinus).

Var. lect.: *Flor. Casin.*, i, p. 48; A. Staerk, *Les manuscrits latins de St. Pétersbourg*, i, St. Pétersbourg, 1910, p. 306 sq.

229*a* **Expositio Symboli.** Inc. «Credo in patrem omnipotentem. Si credidisti.»

PLS, iii, 171

CC, xxiv, p. 354-355 (*sermo* 62bis).

Cfr A. Olivar, *S. Pedro Crisologo autor de la Expositio Symboli de Cividale*, in SE, xii, 1961, p. 294-312.

DVBIA ET SPVRIA

Quasdam etiam partes benedictionis fontis in *Sacramentario Gelasiano antiquo* (n. 1899), nempe (4) *Respice Domine*, (5) *Procul ergo*, (8) *Descendat in hanc* (edid. Mohlberg, sub nn. 445 et 448), Chrysologo dubitanter adscripsit S. Benz, in RB, lxvi, 1956, p. 244-251.

Orationes «Rotuli Rauennae», quas edidit A. Ceriani, a F. Cabrol (RB, xxiii, 1906, p. 489-500) Chrysologo nostro uindicatae sunt propter tenuiorem similitudinem; inter monumenta liturgica (n. 1898*e*) recensae sunt.

230 **Sermo in natali Domini i.** Inc. «Cum uirgineus partus et nascentis» (Ps. Avgvstinvs [A. Caillau & B. Saint-Yves, *S. Augustini Operum supplementum*, i, Paris, 1836, *sermo* 12, p. 103-105]) (*CPPM*, i, 1242, 6365)

PLS, iii, 160

CC, xxiv, p. 851-852 (*sermo extrau*. iv).

231 **Sermo de natiuitate Domini ii.** Inc. «[Fratres carissimi,] quantum magnitudo» (Ps. Avgvstinvs [*ibid.*, *sermo* viii, p. 91-93]) (*CPPM*, i, 1238, 6364)

PLS, iii, 159

CC, xxiv, p. 854-857 (*sermo extrau*. iii).

Genuinitas: A. Olivar, in RB, lix, 1949, p. 114-136.

231a **De kalendis Ianuariis.** Inc. «Euangelica modo claudenda no- PG, lxv, ?
bis est tuba» (F. LIVERANI, *Spicilegium Liberianum*, i, Firenze,
1863, p. 192-193) (*CPPM*, i, 1604. 1964. 6352)

CC, xxiv B, p. 967-969 (*sermo extrau.* v).

Genuinitas admittitur ab A. OLIVAR, in SE, vi, 1954, p. 329.

232 **Sermo de Epiphania.** Inc. «Celebrauimus ante hos dies» (Ps. PLS, iii,
AVGVSTINVS) (*CPPM*, i, 1249. 6344)   177

A. CAILLAU & B. SAINT-YVES, *o. c.* [n. 230], *sermo* 19, p. 130-133.

Cfr G. MORIN, *o. c.* [n. 228], p. 727; **genuinitatem** negat A. OLIVAR,
in EL, lxvii, 1953, p. 134.

233 **Sermo de pentecoste.** Inc. «Festiuitas praesens, fratres dilec- PLS, v, 3?
tissimi, nomen ex numero sumpsit [*aliter*: Diem pentecosten
sabbati sabbatorum]» (Ps. AVGVSTINVS [A. MAI, *o. c.* [n. 228],
sermo 99, 2-3, p. 207-208]) (*CPPM*, i, 6363)

CC, xxiv A, p. 528-529 (*sermo extrau.* xi).

Genuinitas: A. OLIVAR, in *Coll. Fragm.*, p. 113-123.

233a **Sermo de passione Domini i.** Inc. «Postea quam uirginei par- PLS, iv,
tus» (A. MAI, *o. c.* [n. 228], *sermo* 30, p. 64-66) (cfr n. 938) (*CPPM*, 659
i, 1635. 6360)

CC, xxiv A, p. 435-439 (*sermo extrau.* xii).

233b **Sermo de passione Domini ii.** Inc. «Proxime cum dominicae PLS, iv,
passionis» (A. MAI, *o. c.* [n. 228], *sermo* 31, p. 66-68) (cfr n. 939) 662
(*CPPM*, i, 1636. 6361)

CC, xxiv A, p. 440-444 (*sermo extrau.* xiii).

233c **Homilia in Matth. xi.** Inc. «Ioannes (inquit) audiens in uincu- PLS, iv,
lis ... Beatum Ioannem fuisse Christi nuntiorum nuntium» (*Flo-* 844
rilegium Casinense, ii, 1875, p. 161-162) (cfr n. 943b)

CC, xxiv B, p. 1085-1088 (*sermo extrau.* xiv).

Genuinitas probatur ab A. OLIVAR, in SE, vi, 1954, p. 330; 335-339.

234 **Sermo de mediopentecostes.** Inc. «Merito uiam fecimus» (Ps. PLS, v, ?
AVGVSTINVS [A. MAI, *o. c.* [n. 228], *sermo* 100, p. 208]) (*CPPM*, i,
1707. 6362)

CC, xxiv A, p. 527 (*sermo extrau.* x).

Genuinitas: A. OLIVAR, in EL, lxiii, 1949, p. 392-399.

235 **De ieunio quinquagesimae.** Inc. «Suscepturi sancti quinquagesimae de more ieiunium» (Ps. SEVERIANVS [L. A. MURATORI, *Antiquitates Italicae*, iii, Milano, 1740, col. 923]) (*CPPM*, i, 6348)   PLS, iii, 157

CC, xxiv, p. 56-57 (*sermo extrau.* vii bis).

236 **De laude episcopi.** Inc. «Grata uobis et uotiua sollemnitas» (L. A. MURATORI, *o. c.* [n. 235], col. 924-925) (*CPPM*, i, 6349)   PLS, iii, 177

A. OLIVAR, *o. c.* [n. 227], p. 437-440 (*sermo extrau.* vii).

Genuinitas non admittitur ab A. OLIVAR, in SE, vi, 1954, p. 330.

237 **De ordinatione episcopi.** Inc. «Nemo miretur si sancta Ecclesia, si uirgo materque» (L. A. MURATORI, *o. c.* [n. 235], col. 926) (*CPPM*, i, 6350)   PLS, iii, 158

CC, xxiv B, p. 801-802 (*sermo extrau.* ii).

Genuinitas: A. OLIVAR, in RB, lix, 1949, p. 114 et 125.

Appendix SEBASTIANI PAOLI (apud Migne, lii, 665-680) quinque continet sermones quos ipse — mirabile dictu! — in eodem uolumine paulo supra iam euulgauit (*serm.* 67, 68, 70, 71 et 72); sextus est sermo 73 *Appendicis Augustinianae*; septimus quattuor recensionibus traditur, cfr C. LAMBOT, RÉAug, ii, 1956, p. 136.

F. LIVERANI, *Spicilegium Liberianum*, i, Firenze, 1863, p. 131-139 et 185-203 nouem sermones edidit, quorum quartus et septimus, plane genuini, supra iam memorantur (nn. 228, 231a); primus uero, secundus ac tertius sunt «CHRYSOSTOMI LATINI» (nn. 924 sq.; 927); quintus est s. 121 *Appendicis Augustinianae* (nn. 183 et 368); sextus, *in Lucam xvii* (p. 195-196; inc. «Dominus Christus pietatis magister») in codicibus sub nomine SEVERIANI EPISCOPI occurrit, cfr F. LIVERANI, *o. c.*, p. 138; octauus est sermo 81 *collectionis Felicianae*, additis n. 1-3 sermonis 242 AVGVSTINI; nonus est CAESARII sermo 203.

Interdependentiam horum omnium sermonum optime enucleauerunt H. J. FREDE, p. 677-680, et *CPPM*, i, 6212-6366.

ARCHIDIACONVS ROMANVS ANONYMVS

saec. v.

238 **Postulationes iii de reconciliandis peccatoribus.** Inc. i. «Inreparabilis esset humana fragilitas»; ii. «*Ecce nunc tempus*... Moueant te lacrymae»; iii. «Apostolicum pectus uenerabilis sacerdotis» (Ps. AVGVSTINVS) (*CPPM*, i, 1401)   PLS, ii, 1328

CC, ix, 1957, p. 349-363 — HEYLEN.

Cfr G. MORIN, in *Misc. Agost.*, i, p. 723 et 748.

ARNOBIVS IVNIOR

natione Afer; floruit in Italia tempore Leonis papae I.

239 **Conflictus cum Serapione** (SCHANZ, iv, 2, 533)

CC, xxv A, 1992, p. 43-173 — DAUR; uel forte accuratius Fr. GORI, Torino, 1993.

Critica: M. SIMONETTI, in *Riv. filol. istruz. classica*, cxix, 1991, p. 313-329 (cfr RÉAug, xl, 1994, p. 550, n. 190).

Trad. text.: J. SCHARNAGL, *Zur Textgestaltung des arnobianischen Conflictus*, in WSt, xxxviii, 1916, p. 382-384; xlii, 1921, p. 75 sq., 152 sq.; A. FEDER, in CSEL, lxv, 1916, p. 227: D. FRANSES, *Feuardent en de patrologie. De Arnobius-uitgave*, in *Collect. Franciscana Neerlandica*, i, 1927, p. 294-298; N. HÄRING, in *Theol. u. Philos.*, xli, 1966, p. 37 et 44.

In hoc opusculo allegata sunt nonnulla documenta antiquiora quae saepe ad litteram et interdum ex integro adferuntur, praesertim AVGVSTINI *serm.* 369 (cap. ii, 31), CYRILLI ALEXANDRINI *epist. ad monachos* (CPG, 5301) (cap. ii, 13-14) et eiusdem *hom.* 17 (CPG, 5240), DAMASI PAPAE *epist.* 3 (cap. ii, 13 et 32); attamen quod attinet ad fragmentum HILARII (ii, 13) uide J. DOIGNON in *Oikoumene*, Catania, 1964, p. 477-497.

240 **Expositiunculae in Euangelium** (SCHANZ, iv, 2, 533; STEGMÜLLER, 1440-1442)

ibid., p. 269-305.

Trad. text.: A. WILMART, in *Miscell. Amelli*, Monte Cassino, 1920, p. 53-57.

PL, liii, 23

PL, liii, 569; CSEL xxxi, 118 (exc.)

241 **Liber ad Gregoriam.** Inc. «Miror admodum, uenerabilis filia» (SCHANZ, iv, 2, 534)

ibid., p. 191-244.

Fontes: P. MONAT, in *Valeurs dans le Stoïcisme. Mél. M. Spanneut*, Lille, 1993, p. 105-111.

PLS, iii,

242 **Commentarii in psalmos** (SCHANZ, iv, 2, 533; STEGMÜLLER, 1439)

CC, xxv, 1990 — DAUR.

Cod., uar. lect., emend.: Kl. DAUR, in CC, xxv A, p. 307-320. Cfr et n. 633, *epist.* 30.

Index uerborum (nn. 239-242): ILL, A, 73.

PLS, liii, 327

DVBIA

243 «**Praedestinatus**» (SCHANZ, iv, 2, 534; CPPM, ii, 113)

PL, liii, 583-586; 587-672 = SIRMOND.

Emend. et **trad. text.**: J. SCHARNAGL, in WSt, xxxix, 1917, p. 179-183.

A G. MORIN et M. ABEL (in RTAM, xxxv, 1968, p. 5-25) Arnobio Iuniori adscriptus, quam sententiam non omnes secuti sunt. H. VON SCHUBERT, *Der sogenannte Praedestinatus*, Leipzig, 1903 (TU, xxiv, 4) et G. BOUWMAN, *Des Julian von Aeclanum Kommentar zu den Propheten Osee, Joel und Amos*, Roma, 1958, p. 17-19, opus non cum maiore probabilitate *IVLIANO AECLANENSI* (nn. 773 sqq.) adscribunt.

Num confecerit Arnobius noster *Actus Siluestri* aliasque Passiones «Legendarii Romani», non certo constat; attamen probabile est, saltem de *Actibus Siluestri*, cfr B. CAPELLE in BALCL, i, p. [206]; hae passiones ac uitae suo loco recensae sunt inter documenta hagiographica. Fortasse et nonnulli sermones *PS. CHRYSOSTOMI* (n. 935) eundem auctorem habent, cfr G. MORIN, *Études*, p. 382, adn. 2; p. 499 sq.

2. SCRIPTORES AFRICAE

OPTATVS EPISCOPVS MILEVITANVS

obiit ante 400. — Cfr A. MANDOUZE, *Prosopographie chrétienne du Bas-Empire*, i, Paris, 1982, p. 795-797; C. MAZZUCCO, *Ottato di Milevi in un secolo di studi*, Bologna, 1993.

244 **Contra Parmenianum Donatistam** (*SCHANZ*, iv, 1, 390; *CPPM*, ii, PL, xi, 883 1280)

CSEL, xxvi, 1893 — ZIWSA.

Critica: C. TURNER, *Aduersaria critica*, in JTS, xxvii, 1926, p. 287-296.

Trad. text.: H. EMONDS, *Zweite Auflage im Altertum*, Leipzig, 1941, p. 72-82; S. BLOMGREN, *Eine Echtheitsfrage bei Optatus von Mileve*, Stockholm, 1959.

Genuinitas: liber vii et *Additamenta* alterae recensionis genuini uidentur, cfr S. BLOMGREN, *o. c.*; A. DE VEER, in RÉAug, vii, 1961, p. 389-391. Ceterum, differentia primae cum altera editione nondum plene est delineata.

Text. bibl.: P. CAPELLE, *Le texte du psautier latin en Afrique*, Rome, 1913, p. 78-81; E. BUONAIUTI, in *Riv. di scienza delle religioni*, 1916, p. 145 sq.

Emend.: W. HERAEUS, in ALL, xiii, 1904, p. 429 sq.; A. WILMART, in JTS, xix, 1917/18, p. 73-78 (cfr A. SOUTER, in JTS, xx, 1919/20, p. 183); S. BLOMGREN, in *Eranos*, xxxvii, 1939, p. 85-120; lviii, 1960, p. 132-141.

Optati operi adnexa est collectio documentorum ad historiam Donatistarum pertinentium (SCHANZ, iv, 1, 393; MAASSEN, 781-782, et infra, nn. 709-724), quorum genuinitas olim acriter impugnabatur, nunc uero uulgo conceditur, nonobstante quidquid in contrarium attulerunt Gerwinus RÖTHE, *Zur Geschichte der römischen Synoden im 3. und 4. Jahrhundert*, Stuttgart, 1937, p. 118-123, et I. MAZZINI, in VC, xxvii, 1973, p. 282-300.

PL, viii, 718

In pretiosissima hac collectione inueniuntur, praeter epistulas sex CONSTANTINI IMPERATORIS, epistula *concilii Arelatensis* ad Siluestrum papam, epistula praefecti praetorio PETRONII, *Gesta apud Zenophilum* et *Acta purgationis Felicis episcopi Autumnitani*. De ultimis his duobis documentis, uide P. W. HOOGTERP, *Deux procès-verbaux donatistes*, in ALMA, xv, 1940, p. 39-112. Epistulae uero Patrum Arelatensium recensionem breuiorem edidit F. MAASSEN, p. 950 sq. (inc. «Quid decreuerimus commune consilio»; acta uero locupletiora eiusdem concilii edidit C. MUNIER, in CC, cxlviii, 1963, p. 4-26.

Emend.: H. SCHRÖRS, in *Zeitschr. der Savignystiftung f. Rechtsgeschichte, kanonist. Abt.*, xi, 1921, p. 429-439.

Noua ed. paratur a S. BLOMGREN & F. ROMMEL.

DVBIA VEL SPVRIA

245 **Sermo.** Inc. «Aduenit ecce dies quo sacramentum» (CPPM, i, 1973)

PLS, i, 2

A. WILMART, in RevSR, ii, 1922, p. 271-302.

Nouis argumentis originem Optatianam defendens, textus **emendationem** proposuit B. CAPELLE, *Optat et Maximin*, in RB, xxxv, 1923, p. 24-26; cfr etiam F. DI CAPUA, in *Misc. Agost.*, ii, 1931, p. 754, adn.; et ipse pauca emendans auctorem proponit P. COURCELLE (*Histoire littéraire des grandes invasions germaniques*, Paris, 1964³, p. 137, adn. 1, et p. 138, adn. 4) OPTATVM II (episcopum Mileuitanum circiter a. 420?). Nihilominus iterum atque iterum originem Donatisticam nostri sermonis defendebant A. PINCHERLE, nouissime in *Ricerche Religiose*, xviii, 1947, p. 161-164, eum OPTATO THAMVGADENSI EPISCOPO PARTIS DONATI adscribens, necnon et F. ROMERO POSE, in *Gregorianum*, lx, 1979, p. 515-544, qui sermonem TYCHONIO (n. 709-710) tribuit, haud spernendis argumentis sese adiuuans.

246 **Sermo.** Inc. «Solemne tempus deuota religione» (CPPM, i, 2001)

PLS, i, 2

A. WILMART, *Un prétendu sermon pascal de S. Augustin*, in RB, xli, 1929, p. 197-203.

«Ce discours apprêté, avec ses rimes, ses antithèses et le reste, rappelle la manière d'Optat, dans son discours pour Noël», ita A. WILMART, *a. c.*, p. 202; cfr G. MORIN, *Misc. Agost.*, i, Roma, 1930, p. 766.

Alii tres sermones inueniuntur inter pseudoaugustinianos; eiusdem sunt auctoris, Afri et antiqui, fortasse Optati nostri, cfr G. MORIN, *l. infra c.* [n. 247], p. 236; sed negat H.-D. ALTENDORF, in ThLz, lxxxv, 1960, p. 600.

247 **Sermo sancti Augustini de Epiphania.** Inc. «Meminit sancti- PLS, i, 297
tas uestra, dilectissimi fratres, ante paucos dies» (*CPPM*, i, 1983)

G. MORIN, in RB, xxxv, 1923, p. 233-236.

248 **Sermo i in Epiphania Domini.** Inc. «Sicut dies hodiernus anniuersario reditu» (Ps. AVGVSTINVS, *sermo* 131; *CPPM*, i, 916)

PL, xxxix, 2005-2007 = *Maurini*.

249 **Sermo ii in Epiphania Domini.** Inc. «Domini et Saluatoris nostri Iesu Christi aduentus» (Ps. AVGVSTINVS, *sermo* 132; *CPPM*, i, 917)

ibid., 2007-2008.

Vide et alium sermonem Optato perperam adscriptum sub n. 372, *serm. 35*).

AVGVSTINVS EPISCOPVS HIPPONENSIS

natus a° 354, obiit a° 430.

Cfr C. MAIER, *Augustinus-Lexikon*, i sqq., Basel/Stuttgart, 1986 sqq.; W. HENSELLEK & P. SCHILLING, *Specimina eines Lexikon Augustinianum*, i sqq., Wien, 1987 sqq.

Bibliographia: E. NEBREDA, *Bibliographia Augustiniana*, Romae, 1928 (haud praestabilis); R. LORENZ, *Augustinliteratur seit dem Jubiläum von 1954*, in *Theol. Rundschau*, xxv, 1959, p. 1-75; T. VAN BAVEL, *Répertoire bibliographique de S. Augustin 1950-1960*, Steenbrugge, 1961 (*Instr. patr.*, iii): opus locupletissimum. C. ANDRESEN, *Augustinus-Bibliographie*, in *Augustinus – Gespräch der Gegenwart*, Köln, 1962, p. 459-574; G. SANDERS & M. VAN UYTFANGHE, p. 10-21. Cfr etiam *Bulletin Augustinien*, in *L'Année théologique (augustinienne)* et RÉAug (Paris); *Répertoire bibliographique de S. Augustin*, in *Augustiniana* (Louanii); *Bibliografía Agustiniana*, in *Augustinus* (Madrid).

De **editionibus**, praesertim MAVRINIANA et VINDOBONENSI, nemo rectius iudicauit quam J. DE GHELLINCK, *Patristique et Moyen Age*, iii, Bruxelles, 1948, p. 366-484, praesertim p. 461-484; ID., *La première édition imprimée des «Opera omnia S. Augustini*, in *Miscell. J. Gessler*, i, Louanii, 1948, p. 530-547; Fr. DOLBEAU, *Mentions de textes perdus de saint Augustin extraites des archives des Mauristes*, in RHT, xxiii, 1993, p. 146-158.

Editiones recentiores optime describunt W. Eckermann & A. Krümmel, *Repertorium adnotatum operum et translationum S. Augustini. Lateinische Editionen und deutsche Übersetzungen (1750-1920)*, i sqq., Würzburg, 1992 sqq.

Editionem Maurinorum recudunt, nonnulla emendantes, fratres Gaume (Parisiis, 1836-1839; xxii uol. in-4°). Hanc editionem fere in omnibus secutus est J.-P. Migne, pauca tamen et non semper felici manu retractans (Parisiis, 1841-1842 [= t. xxxii-xlvii in PL]). Cfr O. Rottmanner, *Geistesfrüchte aus der Klosterzelle*, München, 1908, p. 101; et praesertim G. Folliet, *Deux grandes éditions de Saint Augustin au 19ᵉ siècle: Gaume (1836-1839) — Migne (1841-1842)*, in *Augustiniana*, xlv, 1995, p. 5-44; etiam nonnulla utilia praebens circa editionem A.-B. Caillau, *Collectio selecta SS. Ecclesiae Patrum*, Parisiis, 1842² (40 uol. in-8°).

Cod.: *Die handschriftliche Überlieferung der Werke des heiligen Augustinus*, (= HÜWA), i, 1 sqq., Wien, 1969 sqq.; cfr etiam E. A. Lowe, *The Oldest Extant MSS. of St Augustine*, in *Misc. Agost.*, ii, p. 235-251; A. Souter, in JTS, xxxiv, 1933, p. 267-269; G. Rocco, *Catalogo dei codici di S. Agostino esistenti nelle biblioteche di Padova*, in *Studia Patauina*, i, 1954, p. 475-486; G. Guerrieri, *Mostra bibliografica agostiniana*, Napoli, 1954; M. Th. d'Alverny, in *Aug. Mag.*, iii, p. 483-492; M. Martins, *S. Agostinho nas bibliotecas portuguesas da idade media*, in *Riv. portug. di filosofia*, xi, 1955, p. 166-176; Fr. Dressler, *Die Michelsberger Augustinus-Handschriften der Familie von Hutten auf Schloß Steinbach bei Lohr (Main)*, in *Magistro nostro. Universitätsprof. O. Meyer zum 50. Geburtstag*, Würzburg, 1956 (cfr HÜWA, v, 2, p. 455 sq.); K. V. Sinclair, in *Augustiniana*, xiv, 1964, p. 455-461; M. C. Díaz y Díaz, *S. Agustín en la Alta Edad Media española*, in *Augustinus*, xiii, 1968, p. 141-151; Fr. Römer, in RhM, cxiii, 1970, p. 228-246; J. Divjak, *La présence de saint Augustin en Espagne*, in *Coloquio sobre circulación de códices y escritos entra Europa y la Península*, Compostela, 1988, p. 9-34.

Autographa: quaedam adnotationes in margine cod. Lyon 483 (saec. v?) propria manu ab Augustino insertae uidentur, cfr C. Bammel Hammond, in *Storia ed esegesi in Rufino di Concordia. Atti Conv. Intern. di Studi* (Aquileia, 1990), Udine, 1992, p. 131-149 (cfr L. Rébillard, in RÉAug, xl, 1994, p. 552, n. 202).

Emend.: G. Rudberg, *Till Augustinus' Ortografi*, in *Eranos*, xxv, 1927, p. 122-129; L. Finale Montalbano, in *Humanitas*, vi, 1951, p. 1095-1097.

Trad. text.: J. de Ghellinck, *Une édition ou une collection médiévale des Opera omnia de saint Augustin*, in *Liber Floridus. Festschrift P. Lehmann*, St. Ottilien, 1950, p. 63-82; G. Pozzi, *Roberto de' Bardi e S. Agostino*, in *Italia medioevale e umanistica*, i, 1958, p. 139-153; M. Zelzer, *Zum Wert antiker Handschriften innerhalb der patristischen Überlieferung*, in *Augustinianum*, xxv, 1985, p. 523-537; J. P. Bouhot, in *Scriptorium*, xxxviii, 1984, p. 287-295; L. Viscido, *Augustinian Works Available in the Vivarium Library*, in *Vet. Christ.*, xxiii, 1986, p. 329-335.

Text. bibl.: A.-M. La Bonnardière, in RÉAug, i, 1955, p. 225-237; ii, 1956, p. 335-363; iii, 1957, p. 137-162; 341-374; *Stud. Patr.*, i, p. 375-388; et locupletius in A.-M. La Bonnardière, *Biblia Augustiniana*, Paris, 1960 sqq.; A. Solignac, *Le texte biblique d'Augustin et les manuscrits de ses oeuvres*, in *Texte und Textkritik*, herausgegeben von J. Dümmer, Berlin, 1987 (= TU, cxxxiii), p. 549-552. — Quaedam ualde utilia praebet opus magnum *Saint Augustin et la Bible*, sous la direction de A.-M. La Bonnardière, Paris, 1986 (*Bible de tous les temps*, iii).

Fontes: M. Testard, *Saint Augustin et Cicéron*, i-ii, Paris, 1958; H. Hagendahl, *Augustine and the Latin Classics*, i-ii, Göteborg, 1967; F. Glorie, in SE, xviii, 1967/68, p. 451-472; J. J. O'Donnell, in *Recherches aug.*, xv, 1980, p. 144-175.

Index uerborum: *Thesaurus Augustinianus*, curante Cetedoc, Turnhout, 1989.

Versiones graecas, omnes posterioris aetatis, recensuit M. Rackl, in *Misc. Ehrle*, i, Roma, 1924 (StT, xxxvii), p. 1-38; uide etiam G. Valoriani, *Massimo Planude traduttore di S. Agostino*, in *Atti viii° Congresso studi bizantini*, i, Roma, 1953, p. 234; E. Dekkers, in SE, v, 1953, p. 205-209. Cfr etiam nn. 260, 262, 264, 352, 1839.

In ordinatione tractatuum, maxime Maurinorum dispositionem sequimur.

250 **Retractationes** (*schanz*, iv, 2, 405)
CC, lvii, 1974 — Mutzenbecher.

PL, xxxii, 583; CSEL, xxxvi, 1

Critica: H. Chadwick, in JTS, xxxvii, 1986, p. 226-228.

Appendicula, opera describens quae Augustinus post *Retractationes* confecit (in editione laudata, p. 143, in apparatu), accuratius edita et diserte explanata est ab A. Mutzenbecher, in RÉAug, xxx, 1984, p. 63-83 (*CPPM*, ii, 119).

Tempore Augustini uel paulo post Hippone exarata est.

Index uerborum: ILL, A, 23.

251 **Confessiones** (*schanz*, iv, 2, 408)
CC, xxvii, 1981 — Verheijen; uel J. J. O'Donnell, i-iii, Oxford, 1992; uel M. Simonetti, *Sant' Agostino Confessioni*, i sqq., Fondaz. Lorenzo Valla, 1992 sqq. (cfr G. Madec, in RÉAug, xl, 1994, p. 514-516, n. 44).

PL, xxxii, 659; CSEL, xxxiii, 1

Emend.: B. Löfstedt, in *Symb. Osloenses*, lvi, 1981, p. 105-108; M. Simonetti, in *Augustinianum*, xxxiii, 1993, p. 434-436; Id., in *Paideia cristiana. Studi in onore di M. Naldini*, Roma, 1994, p. 76-85.

Fontes: G. N. Knauer, *Psalmenzitate in Augustins Konfessionen*, Göttingen, 1955.

De **latinitate**, uide M. Verheijen, *Eloquentia pedisequa. Observations sur le style des Confessions de Saint Augustin*, Nijmegen, 1949; Chr. Mohrmann, *Études*, i, p. 371-381; Ead., in *Conuiuium*, iii, 1957, p. 257-267; v, p. 1-12; 129-139 (= *Études*, ii, p. 278-323), et in Rev. SR, xxxiii, 1959, p. 360-371.

Index uerborum: ILL, A, 13; R. H. Cooper, L. C. Ferrari, P. M. Rudbock, J. Robert Smith, *Concordantia in libros xiii Confessionum S. Augustini*, Hildesheim, 1991, et locupletius in *Thesauro Augustiniano* supra laudato.

Epitome: *CPPM*, ii, 127.

252 **Soliloquia** (*SCHANZ*, iv, 2, 411; *CPPM*, ii, 3060)   PL, xxxii, 869
CSEL, lxxxix, 1986, p. 1-98 — Hörmann.

Fontes: Q. Cataudella, in *Aeuum*, xl, 1966, p. 550-552.

253 **Contra Academicos** (*SCHANZ*, iv, 2, 411)   PL, xxxii 905; CSEL lxiii, 3
CC, xxix, 1970, p. 1-61 — Green.

Emend.: J. Doignon, in RÉAug, xxvii, 1981, p. 67-84; B. Löfstedt, in *Aeuum*, lviii, 1984, p. 57-58 (ubi et emendationes in nn. 254 et 255 proponuntur).

254 **De beata uita** (*SCHANZ*, iv, 2, 411)   PL, xxxii 959; CSEL lxiii, 89
ibid., p. 63-85.

Emend.: J. Doignon, in RÉAug, xxiii, 1977, p. 63-82; Id., in *Bibliothèque Augustinienne*, iv, 1, Paris, 1986, p. 65-85.

Versio graeca: cfr G. Madec, in RÉAug, xxxi, 1985, p. 320, n. 36.

255 **De ordine** (*SCHANZ*, iv, 2, 411)   PL, xxxi 977; CSE lxiii, 121
ibid., p. 87-137.

Fontes: A. Solignac, in *Archives de philosophie*, xx, 1957, p. 446-465.

256 **De inmortalitate animae** (*SCHANZ*, iv, 2, 412)   PL, xxxi 1021
CSEL, lxxxix, 1986, p. 99-128 — Hörmann.

Quid sentiendum de editione C. Wolfskeel, Amsterdam, 1977 disce a G. Madec, in RÉAug, xxiv, 1977, p. 329 sq.

257 **De quantitate animae** (*SCHANZ*, iv, 2, 412)   PL, xxxi 1035
ibid., p. 129-231.

258 **De musica** (*SCHANZ*, iv, 2, 412)
PL, xxxii, 1081-1194 = *Maurini*.

Cfr G. Wille, *Musica Romana*, Amsterdam, 1967.

Cod.: I. Vecchi, *Aur. Augustini Praecepta artis musicae*, Bologna, 1951, p. 5 sqq. (editionem a¹ 1986 inspiciendi occasio non erat); J. Vezin, in *Bull. Soc. nat. Antiquaires*, 1965, p. 44-51 (cfr RÉAug, xiv, 1968, p. 213, n. 32); Thorndike & Kibre, p. 413; P. Le Boeuf, *La tradition manuscrite du «De musica» de saint Augustin*, in *École Nat. des Chartes. Positions des thèses*, 1986, p. 107-115 (cfr G. Folliet, in RÉAug, xxxiii, 1987, p. 353 sq., n. 178).

Emend.: G. Folliet, in *Augustiniana*, xlv, 1995, p. 12 sq.

Epitomam (inc. «Musica est scientia bene modulandi») et fragmentum de rithmo (e cod. Parisino 7530; inc. «Dicimus rithmum esse, ubi tantum») critice edidit I. Vecchi, *o. c.*, p. 19-52.

Noua ed. paratur ab I. Vecchi.

259 **De magistro** (*schanz*, iv, 2, 412)   PL, xxxii, 1193

CSEL, lxxvii, 1961, p. 3-55 — Weigel; CC, xxix, 1970, p. 151-203 — Daur.

Emend.: A. Mura, in sua uersione italica, Roma, 1965.

260 **De libero arbitrio** (*schanz*, iv, 2, 424)   PL, xxxii, 1221; CSEL, lxxiv, 3

CC, xxix, 1970, p. 205-321 — Green.

Emend.: M. Pellegrino, in *Riv. di filologia*, xxxvi, 1958, p. 186-188; M. Pontifex, in adnotationibus ad suam uersionem anglicam, ACW, xxii, Westminster, 1955, p. 231-283; P. G. Walsh, in JTS, n. s., xxiii, 1972, p. 254-255.

Versio graeca: H. Hunger, *Prochoros Kydones' Übersetzungen von S. Augustinus 'De libero arbitrio' I, 1-90, und Ps. Augustinus 'De x plagis Aegyptiorum'* (caesarii arelatensis sermo 99 [ps. avgvstini 20] [cppm, i, 805]), Wien, 1990.

261 **De moribus Ecclesiae catholicae et de moribus Manichaeorum** (*schanz*, iv, 2, 424)   PL, xxxii, 1309

CSEL, xc, 1992 — Bauer.

Cod.: J. K. Coyle, in *Collectanea Augustiniana. Mél. T. J. van Bavel*, i, Leuven, 1990, p. 3-18.

Trad. text.: J. K. Coyle, in *Signum Pietatis. Festgabe C. P. Mayer*, Würzburg, 1989, p. 75-90.

Emend.: J. Bauer, in *Anzeiger Österr. Akad. Wissensch. Wien*, cxxvii, 1990, p. 58.

262 **Epistulae** (*schanz*, iv, 2, 454)   PL, xxxiii, 61; PLS, ii, 359

CSEL, xxxiv, 1, 1895; xxxiv, 2, 1898; xliv, 1904; lvii, 1911; lviii, 1923 — Goldbacher.

De **titulis** et **subscriptionibus**, uide D. De Bruyne, in RHE, xxiii, 1947, p. 523-530; P. Monceaux, in *Mélanges P. Thomas*, Bruges, 1930, p. 529-537; P. Mastandrea, in *Orpheus*, n. s., v, 1984, p. 452-457. — *Epistulam ad Firmum de Ciuitate Dei* uide sub nn. 262*a* et 313*a*.

Cod.: E. A. Lowe, *a. c.* [anta n. 250]; A. Souter, in JTS, xxxiv, 1933, p. 267-269; B. Griesser, in *Stud. & Mitteil. O.S.B.*, liii, 1935, p. 250-252; A. Wilmart, in RB, xxix, 1912, p. 277-280; A. Goldbacher et E. Hauler, in WSt, xxxv, 1913, p. 158-169; 206-208; 370-381; H. Janssens, in *Le Musée belge*, cxxx, 1926, p. 137-144; J. Zarco Cueva, in *Bolet. Acad. Hist. Madrid*, cvi, 1935, p. 400 (*epist.* 221-224); M. Skutella, in RB, li, 1939, p. 70; C. Charlier, in RB, lix, 1949, p. 91-99; J. Boson, in *Mél. histor. et hagiogr. valdotains*, i, Aoste, 1951, p. 196-206 (*epist.* 137); M. Verheijen, in RMAL, viii, 1952, p. 97-122 (*epist.* 92 a et 173 a); A. Olivar, in *Hisp. sacra*, viii, 1955, p. 429-432; G. Folliet, in RÉAug, iii, 1957, p. 284 (*lowe*, 391); R. Kurz, in *Codices Manuscripti*, x, 1984, p. 121-134.

Emend.: [E. Luthardt], in *Theologisches Literaturblatt*, xx, 1899, col. 544 sq.; J. H. Baxter, *St Augustine. Selected Letters*, London, 1930; A. Sizoo, in Mn, lvii, 1929, p. 125-130; A. Vaccari, in *Misc. Agost.*, ii, 1931, p. 353-358 (= *Scritti*, ii, p. 211-218) (*epist.* 73); D. De Bruyne, in ZntW, xxxi, 1932, p. 233-248 (*epist. ad Hieronymum*); A. Muys, *De briefwisseling van Paulinus en Augustinus*, Hilversum, 1941; J. Vallejo, in *Emerita*, xv, 1947, p. 149-154 (*epist.* 137); J. Koopmans, *Augustinus' briefwisseling met Dioscorus*, Amsterdam, 1949 (*epist.* 117-118); H. Huismans, *Augustinus' briefwisseling met Nectarius*, Amsterdam, 1956. Vide etiam D. De Bruyne, in BALCL, i, p. [200] sq.; A. Mutzenbecher, in SE, xviii, 1967/68, p. 449 (*epist.* 37); A. Clarke, in *Stud. Patr.*, viii (= *TU*, xciii), *p. 171-175;* A.-M. Labonnardière, in RÉAug, xv, 1969, p. 63-65 (*epist.* 137); J. Amengual i Batle, *Les origins del cristianisme a les Balears*, ii, Palma de Mallorca, 1992, p. 68-78; 184-228; 230-254 (*epist.* 119 et *epist.* Divjak 11 et 12).

De **traditione text.**, post D. De Bruyne, in RHE, xxiii, 1927, p. 527-530, egregie egit H. Lietzmann, in *Sb. Berlin*, xxiii, 1930, p. 356-388 (= *Kleine Schriften*, i, Berlin, 1958 [TU, lxvii], p. 260-304), et denuo D. De Bruyne, in RB, xliii, 1931, p. 284-295: *Les anciennes collections et la chronologie des lettres de S. Augustin*; R. Kurz, in *a. c.*; G. Folliet, *L'Édition princeps des lettres de saint Augustin (Strasbourg, 1471)*, in SE, xxxiv, 1994, p. 33-58.

Versio graeca: H. Hunger, *Prokoros Kydones. Übersetzung von acht Briefen des hl. Augustinus*, Wien, 1984 (*epist.* 28, 82, 92, 132, 137, 138, 143, 147).

De singulis epistulis sequentia animaduertenda sunt:

epist. 37: ed. A. Mutzenbecher, in CC, xliv, 1970, p. 3-4;

epist. 119: cfr H. J. Frede, p. 204;

epist. 128 et 129: ed. S. Lancel, in CC, cil A, 1974, p. 63-71;

epist. 146 et 168: uide n. 348;

epist. 171 A: excerptum apud PRIMASIVM; ed. A. W. ADAMS, in CC, xcii, 1985, p. 78-81;

epist. 173 A: ed. F. RÖMER, in WSt, lxxxiv, 1971, p. 230-232;

epist. 174 est dedicatio librorum *De Trinitate*, ed. W. MOUNTAIN & Fr. GLORIE, in CC, l, 1968, p. 25-26;

epist. 184 A et 202: **cod.**: D. WEBER, in WSt, cv, 1992, p. 152-172;

epist. 185 (seu *De correctione Donatistarum*): **fontes**: J. S. ALEXANDER, *Una cita de Terencio en el De correctione Donatistarum*, in *Augustinus*, xl, 1995, p. 7-11;

epist. 211: est «*Regula*» sancti Augustini (n. 1838);

epist. 219: *epist.* de LEPORIO, ed. R. DEMEULENAERE, in CC, lxiv, 1985, p. 104-106;

epist. 221-224: ediderunt R. BRAUN, in CC, lx, 1976, p. 489-492, et R. VANDER PLAETSE & C. BEUKERS, in CC, xlvi, 1969, p. 276-281;

epist. 228: est cap. 30, 3-51 *Vitae sancti Augustini* auctore POSSIDIO (n. 358);

epist. 270 A: excerptum ex *epist.* 1* in collectione Iohannis DIVJAK (n. 262a).

Inter epistulas S. Augustini litteras ac documenta sequentia inuenies:

Acta Concilii Carthaginensis a. 416 (*epist.* 175);

Acta Concilii Mileuitani a. 417 (*epist.* 176);

Acta Concilii Zertensis a. 412 (*epist.* 141);

Acta in designatione Eraclii (n. 387 sq.) (*epist.* 213);

ALYPIVS EPISCOPVS TAGASTAE (*epist.* 41, 45, 53, 62, 69, 70, 170, 171, 177, 186, 188 et 248 in fine) (*a*);

Anonymus quidam (*epist.* 270);

Relatio ANVLINI PROCONSVLIS (*epist.* 88);

AVDAX (*epist.* 260);

AVRELIVS EPISCOPVS CARTHAGINENSIS (n. 393 sq.) (*epist.* 128, 129, 177 et 219);

Clerici Hipponenses (*epist.* 88);

CONSENTIVS (n. 373a) (*epist.* 119, 11*, 12*);

CONSTANTINVS AVGVSTVS (*epist.* 88);

DARIVS COMES (*epist.* 230);

(*a*) De ALYPIO, cfr H. H. LESAAR, in *Misc. Augustiniana*, Nijmegen, 1930, p. 220-232; A. SIZOO, in VC, ii, 1948, p. 106-108; E. FELDMANN e. a., in *Augustinus-Lexikon*, i, 1986, p. 246-267.

DIOSCORVS (epist. 117);

EVODIVS EPISCOPVS VZALIENSIS (n. 389 sq.) (epist. 158, 160, 161, 163 et 177);

FLORENTIVS EPISCOPVS (epist. 219);

FORTVNATVS EPISCOPVS (epist. 53);

HESYCHIVS EPISCOPVS SALONITANVS (epist. 198);

HIERONYMVS (n. 580 sq.) (epist. 39, 68, 72, 75, 81, 123, 165, 172, 195 et 202);

HILARIVS GALLVS (epist. 226) (CPPM, ii, 102, 4);

HILARIVS SYRACVSANVS (epist. 156);

HONORIVS AVGVSTVS (epist. 201);

IACOBVS (epist. 168);

INNOCENTIVS PAPA I (n. 1641) (epist. 181, 182, 183 et 184);

LICENTIVS (epist. 26 [carmen]) (WALTHER, 1414; SCHALLER & KÖNSGEN, 983) (a);

LICINIVS AVGVSTVS (epist. 88);

LONGINIANVS (epist. 234);

MACEDONIVS COMES (epist. 152 et 154);

MARCELLINVS TRIBVNVS (epist. 136);

MAXIMVS (epist. 107);

MAXIMVS GRAMMATICVS (epist. 16);

NEBRIDIVS (epist. 5, 6 et 8) (b);

NECTARIVS PAGANVS (epist. 90 et 103);

PASCENTIVS ARIANVS (epist. 240);

PAVLINVS EPISCOPVS NOLANVS (n. 202 sq.) (epist. 24, 25, 30, 32, 94 et 121);

POSSIDIVS EPISCOPVS CALAMITANVS (n. 358 sq.) (epist. 177);

PROSPER AQVITANVS (n. 516°) (epist. 225);

PVBLICOLA (epist. 46);

QVODVVLTDEVS DIACONVS (ante nn. 401 et 314) (epist. 221 et 223);

SAMSVCIVS (epist. 62);

SECVNDVS EPISCOPVS (epist. 219);

SEVERVS EPISCOPVS MILEVITANVS (epist. 109);

(a) De LICENTIO, cfr G. BARDY, in L'Année théol. august., xiv, 1954, p. 55-79; D. SHANZER, in RÉAug, xxvii, 1991, p. 110-143 (qui et carmen edidit, quaedam loca emendans).

(b) De NEBRIDIO, cfr S. MARIE DE GONZAGUE, in Aug. Mag., i, p. 93-99.

SILVANVS EPISCOPVS (*epist.* 128 et 129);

THEODORVS (*epist.* 107);

THEODOSIVS AVGVSTVS (*epist.* 201);

TIMASIVS (*epist.* 168);

VALENTINVS ABBAS (cfr nn. 389 et 392) (*epist.* 216);

VOLVSIANVS (*epist.* 135).

262a **Epistolae nuper in lucem prolatae**
CSEL, lxxxviii, 1981 — DIVJAK.

Cfr *Les lettres de saint Augustin découvertes par J. Divjak* (Colloque de Saint-Germain, 20/21 sept. 1982), Paris, 1983.

Emend.: J. DIVJAK e. a., in *Bibliothèque Augustinienne*, xlvi B, Paris, 1987; P. NAUTIN, in RÉAug, xxxvi, 1990, p. 298-299.

Trad. text.: J. DIVJAK, in RB, xciv, 1984, p. 285-294.

Inter epistulas Augustini insertae sunt epistulae CONSENTII ad Augustinum (*epist.* 11* et 12*) et HIERONYMI ad Aurelium (*epist.* 27*).

263 **De doctrina christiana** (*SCHANZ*, iv, 2, 443; *STEGMÜLLER*, 1455; *CPPM*, ii, 126)   PL, xxxiv, 15; xlvii, 1221

CC, xxxii, 1962, p. 1-167 — MARTIN; CSEL, lxxx, 1963, p. 3-169 — GREEN; uel melius: M. SIMONETTI, *Sant' Agostino. L'istruzione cristiana*, Fundaz. Lorenzo Valla, 1944.

Cod.: W. M. GREEN, *A Fourth Century MS. of Saint Augustine*, in RB, lxix, 1959, p. 191-197; M. AVILÈS, in *Augustinus*, xxxi, 1986, p. 379-390; M. GORMAN, in RB, xcv, 1985, p. 11-24.

Emend.: W. M. GREEN, in RÉAug, viii, 1962, p. 225-231.

Critica: G. MADEC, in RÉAug, xl, 1994, p. 513 sq., n. 39.

De duplici editione, cfr H. EMONDS, *Zweite Auflage*, p. 324 sq.

264 **De uera religione** (*SCHANZ*, iv, 2, 424)   PL, xxxiv, 121

CC, xxxii, 1962, p. 187-260 — DAUR; CSEL, lxxvii, 1961, p. 3-41 — GREEN.

Cod., trad. text. etc.: K.-D. DAUR, in SE, xii, 1961, p. 313-365; G. FOLLIET, in RÉAug, x, 1964, p. 191 sq.; xiv, 1968, p. 27-46.

Fontes: B. R. VOSS, *Spuren von Porphyrios «de regressu animae» bei Augustin «De uera religione»*, in *Mus. Heluet.*, xx, 1963, p. 237-240.

Latinitas: W. HENSELLEK, *Sprachstudien an Augustins 'De uera religione'*, Wien, 1982.

Versio graeca: cfr G. MADEC, in RÉAug, xxxi, 1985, p. 320, n. 36.

265 **De Genesi contra Manichaeos** (SCHANZ, iv, 2, 424; 448; STEG-MÜLLER, 1456; CPPM, ii, 1865)

PL, xxxiv, 173-220 = *Maurini*.

Emend.: P. A. HOLSON, in *Liverpool Class. Monthly*, xv, 1990, p. 36-37.

266 **De Genesi ad litteram l. xii** (SCHANZ, iv, 2, 448; STEGMÜLLER, 1459)   PL, xxxiv 245

CSEL, xxviii, 1, 1894 — ZYCHA, p. 1-435.

Cod. et critica: G. KRÜGER, in ThLz, xx, 1895, col. 364 sq.; A. DOLD, in TA, i, 14, 1928, p. 52; J. H. TAYLOR, in *Speculum*, xxv, 1950, p. 87-93; M. GORMAN, in RB, xc, 1980, p. 7-49; ID., in *Scriptorium*, xxxvi, 1982, p. 238-245; xxxviii, 1984, p. 71-77.

Fontes: R. G. BABCOCK, in RÉAug, xxxiii, 1987, p. 265-268.

Trad. text.: M. GORMAN, *An Unedited Fragment of an Irish Epitome of St Augustine's «De Genesi ad litteram»*, in RÉAug, xxviii, 1982, p. 76-85 (inc. «Multi asserunt istarum aquarum»).

267 **De Genesi ad litteram l. xii. Capitula** (SCHANZ, iv, 2, 449)   PLS, ii, 3

ibid., p. 436-456.

Capitula lib. i qui desunt in editione Iosephi Zycha, edidit: M. GORMAN, in RÉAug, xxvi, 1980, p. 89-90; **cod., uar. lect.**: *ibid.*, p. 91-104.

268 **De Genesi ad litteram inperfectus liber** (SCHANZ, iv, 2, 448; STEGMÜLLER, 1458)   PL, xxxiv 219

ibid., p. 457-503.

Cod., emend.: M. GORMAN, in *Recherches aug.*, xx, 1985, p. 65-86, qui parat **nouam editionem** nn. 266-268.

268a **Epitome libri Exhymeron.** Inc. «Et dixit deus, fiat firmamentum ... multi asserunt istarum aquarum» (LAPIDGE & SHARPE, 1255)

M. GORMAN, in RÉAug, xxviii, 1982, p. 76-85.

Saec. vi-vii in Hibernia conflata.

269 **Locutionum in Heptateuchum l. vii** (SCHANZ, iv, 2, 448; STEGMÜLLER, 1460)   PL, xxxiv 485; CSEL xxviii, 1 507

CC, xxxiii, 1958, p. lxxv-lxxxi; 379-465 — FRAIPONT.

Text. bibl.: W. SÜSS, *Studien zur lateinischen Bibel*, i, *Augustins Locutiones*, Tartu, 1932.

270 **Quaestionum in Heptateuchum l. vii** (*SCHANZ*, iv, 2, 448; *STEGMÜLLER*, 1461)   PL, xxxiv, 547; CSEL, xxviii, 2, p. 3

ibid., p. i-lxxiv; 1-377.

Emend., fontes: C. Van Steenkiste, in *Angelicum*, xxxvii, 1960, p. 94-97; A. R. Lee, in *Stud. Patr.*, xx, 1987, p. 24-32.

271 **Adnotationes in Iob** (*SCHANZ*, iv, 2, 448; *STEGMÜLLER*, 1462)   PL, xxxiv, 825

CSEL, xxviii, 2, 1895 — Zycha, p. 507-628.

De hoc uolumine CSEL, uide A. Jülicher, in ThLz, xxii, 1897, col. 629.

272 **Speculum «Quis ignorat»** (*SCHANZ*, iv, 2, 441; *STEGMÜLLER*, 1479; *CPPM*, ii, 1864)   PL, xxxiv, 887

CSEL, xii, 1887 — Weihrich, p. 1-285.

Genuinitatem optime propugnant B. Capelle, in RÉAug, ii, 1956, p. 423-433; A. Mutzenbecher, in RÉAug, xxx, 1984, p. 63-71; et A. Vaccari, in *Stud. Patr.*, iv, 1961 (TU, lxxix), p. 228-233: non est opus cuiusdam *PELAGII* sectatoris ut sibi uisus est G. de Plinval, in RÉAug, iii, 1957, p. 393-402, neque a *CASSIODORO* rectractatum, ut opinatus est M. Cappuyns in DHGE, xi, 1949, col. 1381. Reuera est *Speculum* Augustini a Possidio descriptum (*Vita*, 28), sed text. bibl., si pauca uestigia augustinianae recensionis «Veteris Latinae» excipias, iam saec. v Vulgatae perfecte assimilatus est, ita B. Fischer.

273 **De consensu Euangelistarum l. iv** (*SCHANZ*, iv, 2, 451; *STEGMÜLLER*, 1467)   PL, xxxiv, 1041

CSEL, xliii, 1904 — Weihrich.

Text. bibl.: H. Vogels, *St. Augustins Schrift De consensu euangelistarum*, Freiburg, 1908, p. 19-61, sed cfr D. De Bruyne, in *Misc. Agost.*, ii, 594-599.

Cod.: A. Olivar, in *Anal. Sacra Tarracon.*, xxii, 1949, p. 86 sq.; H. Silvestre, in RB, lxiii, 1953, p. 310-325; G. I. Bonner, in *Stud. Patr.*, i, 1957, p. 21; E. A. Lowe, in *Didascaliae. Studies in honour of A. M. Albareda*, New York, 1961, p. 279-289 (= Id., *Palaeographical Papers*, ii, Oxford, 1972, p. 466-474).

Var. lect.: M. Manitius, in AB, xxiii, 1904, p. 278-281; D. De Bruyne, *Préfaces*, p. 176 (*lib.* i, 4-5 [*STEGMÜLLER*, 630]).

Fontes: A. Penna, *Il De consensu euangelistarum ed i Canoni Eusebiani*, in *Biblica*, xxxvi, 1955, p. 1-19.

Capitula (ed. Weihrich, *o. c.*, p. 63-80) etsi Augustini non sunt, antiqua tamen et iam *EVGVIPPIO* nota, cfr H. J. Frede, p. 208.

274 **De sermone Domini in monte l. ii** (SCHANZ, iv, 2, 451; STEG-   PL, xxxiv,
MÜLLER, 1470)   1229
CC, xxxv, 1967 — MUTZENBECHER.
Cod.: A. MUTZENBECHER, in SE, xvi, 1965, p. 184-197.
Emend.: B. LÖFSTEDT, in *Orpheus*, n. s., ix, 1988, p. 96-97.
Var. lect.: PL, xlvii, 1199-1200; F. BURKITT, in JTS, xvii, 1916, p. 137 sq.

275 **Quaestiones Euangeliorum** (SCHANZ, iv, 2, 451; STEGMÜLLER,   PL, xxxv,
1468; CPPM, ii, 1868)   1321
CC, xliv B, 1980, p. 1-118 — MUTZENBECHER.
Fontes: *Quaest.* ii, 44 est *sermo PS. MAXIMI* 2 (n. 221, 2; CPPM, i, 5823).
Critica: H. SAVON, in *Rev. belge philol. hist.*, lxi, 1983, p. 176-179.

276 **Quaestiones xvii in Matthaeum** (SCHANZ, iv, 2, 451; STEGMÜLLER,   PL, xxxv,
1469)   1365
ibid., p. 119-140.
Quae leguntur in PL, xxxv, 1374-1376 (xvii, 2-5), ad initium n. 277 spectant.
Genuinitas: G. MORIN, in RB, xxviii, 1911, p. 8 sq.; A. MUTZENBECHER, in SE, xxiii, 1978/79, p. 95-121.

277 **De octo quaestionibus ex ueteri Testamento** (STEGMÜLLER,   partim in
1466; CPPM, ii, 1895)   PL, xxxv
CC, xxxiii, 1958, p. 469-472 = DE BRUYNE (e *Misc. Agost.*, ii,   1374; PLS
p. 327-340).   ii, 386
Cap. 1-3 etiam leguntur in apparatu *Quaestionum xvii in Matth.* (n. 276), p. 140 — MUTZENBECHER.

278 **Tractatus in Euangelium Ioannis** (SCHANZ, iv, 2, 451; STEGMÜL-   PL, xxxv
LER, 1471; CPPM, ii, 1869)   1379; PG
CC, xxxvi, 1954 — WILLEMS.   cxlvii, 11
   (uersio
Cod.: G. MOSCHETTI, in *Atti Congresso internaz. di diritto romano*   graeca)
(Verona 1948), i, Milano, 1953, p. 439-509; M. CARRARA, *Il più antico codice della Biblioteca comunale di Verona*, Firenze, 1953; ID., *Esame paleografico del codice agostiniano 3034 (sec. ix) della Biblioteca di Verona*, in *Atti dell'Acad. di Agricultura, Scienze e Lettere di Verona*, VI, iv, 1952/53 (1954), 12 p.; cfr G. FOLLIET, in RÉAug, iii, 1957, p. 436 sq.; iv, 1958, p. 31; P. COURCELLE, in *Rec. de travaux offerts à Cl. Brunel*, Paris, 1955, p. 320, n. 2; ID., in RÉAug, ii, 1956, p. 451, adn. 3; D. F. WRIGHT, in JTS, n. s., xv, 1964, p. 317-330; ID., in *Recherches august.*, viii, 1972, p. 55-143; ID., in *Recherches august.*, xvi, 1981, p. 59-100; U. BRUNOLD, in *Festschr. O. Clavadetscher*, Sigmaringen, 1984, p. 7-21 (cfr

Scriptorium, xl, 1986, p. 99*, n. 443); R. ÉTAIX, in *Scriptorium*, xl, 1986, p. 3-15; J. ALTURO, in RÉAug, xxxix, 1993, p. 155-160; R. BABCOCK & W. CAHN, in *The Yale Univ. Libr. Gazette*, lxvi, 1992, p. 105-116 (cfr Fr. DOLBEAU, in RÉAug, xl, 1994, p. 539, n. 145).

Var. lect.: A. HOLDER, *Die Reichenauer Handschriften*, ii, Leipzig, 1914, p. 523-525 (fragm. 98, saec. ix = tract. 17); P. LEHMANN, *Fragmente*, München, 1944, p. 22-25 (fragm. Würzburg, saec. ix = tract. 6).

Critica, emend.: M. VAN DEN HOUT, in *Augustiniana*, v, 1955, p. 296-308; É. DES PLACES, in *Biblica*, xxxvii, 1956, p. 367-368; G. FOLLIET, in RÉAug, v, 1959, p. 153-155; D. F. WRIGHT, *l. supra c.*; M. F. BERROUARD, in *Bibl. August.*, t. lxxi sqq., Paris, 1969 sqq.; P. NEMESHEGY, in RÉAug, xxxiv, 1988, p. 78-79.

Latinitas: A. J. H. VAN WEEGEN, *Preek en dictaat bij Sint Augustinus. Syntactisch-stilistische studie over de Tractatus in Ioannis Euangelium*, Nijmegen, 1961.

Noua ed. paratur a D. F. WRIGHT.

279 **In Ioannis epistulam ad Parthos tractatus x** (*SCHANZ*, iv, 2, 451; *STEGMÜLLER*, 1477)

PL, xxv, 1977-2062 = *Maurini*.

Cod.: A. S. PEASE, in *Harvard Stud. in Class. Philol.*, xxi, 1910, p. 51-74; P. COURCELLE, *l. c.* (n. 278)

Trad. text.: M. COMEAU, in RÉL, x, 1932, p. 408 sq.; EAD., in *Aug. Mag.*, i, p. 161-167.

P. AGAESSE, in SC, lxxv, 1961, textum Maurinorum fere semper secutus est.

Noua ed. paratur a W. MOUNTAIN (uar. lect. huius editionis suum locum iam inuenerunt in *Thesauro Augustiniano* curante CETEDOC, series A, Turnhout, 1989, p. lvii-lxv).

280 **Expositio quarumdam propositionum ex epistula ad Romanos** (*SCHANZ*, iv, 2, 452; *STEGMÜLLER*, 1473)   PL, xxxv, 2063

CSEL, lxxxiv, 1971, p. 1-52 — DIVJAK.

Cod. huius ac duorum sequentium operum: A. SOUTER, *The Earliest Latin Commentaries on the Epistles of St Paul*, Oxford, 1927, p. 145-147; W. AFFELDT, in *Traditio*, xiii, 1957, p. 375.

Text. bibl.: A. SOUTER, *o. c.*, p. 149-180.

281 **Epistulae ad Romanos inchoata expositio** (*SCHANZ*, iv, 2, 452;   PL, xxxv, *STEGMÜLLER*, 1472)   2087

ibid., p. 143-181.

Cod. et cet.: uide sub nr. 280.

282 **Epistulae ad Galatas expositio** (SCHANZ, iv, 2, 452; STEGMÜLLER, 1475), una cum interpolatione «Euangelium quod non est alium» *ibid.*, p. 53-141 et p. xxvi-xxix.   PL, xxxv, 2105

Cod. et cet.: uide sub n. 280.

283 **«Enarrationes» in psalmos** (SCHANZ, iv, 2, 448; STEGMÜLLER, 1463; CPPM, ii, 1869 a)   PL, xxxvi, 67

CC, xxxviii, xxxix, xl, 1956 — DEKKERS-FRAIPONT; altera editio, 1990 (paucis emendatis).

Cod.: G. MOSCHETTI, *a. c.* (n. 278); P. COURCELLE, in RÉAug, ii, 1956, p. 450; B. BISCHOFF, in *Karolingische und Ottonische Kunst*, Wiesbaden, 1957, p. 395-411; B. LUISELLI, in *Vet. Chr.*, xi, 1974, p. 111-120; J. O'CALLAGHAN, in *Rev. Catalana de Teol.*, i, 1976, p. 421-425; R. GRYSON, *Le recueil arien de Vérone*, Steenbrugge, 1982 (*Instr. Patr.*, xiii), p. 40; M. PALMA, in *Scritt. e Civiltà*, viii, 1984, p. 201-211; R. BABCOCK & L. F. DAVIS, in *Codices Manuscripti*, xv, 1990, p. 137-143; et praesertim A. PRIMMER, *Die Mauriner-Handschriften der «Enarrationes in Psalmos»*, in *Troisième centenaire de l'édition Mauriste de Saint Augustin*, Paris, 1990, p. 169-193; G. FOLLIET, in RÉAug, xxxvii, 1991, p. 321-333.

Emend.: J. H. BAXTER, in ALMA, xxiii, 1953, p. 5-6; V. BULHART, in RB, lxvii, 1957, p. 220 sq.; H. SILVESTRE, in RTAM, xxxi, 1964, p. 129 sq.; F. CAPPONI, in *Latomus*, xlii, 1983, p. 887-892; M. SIMONETTI, in *Mémorial J. Gribomont*, Roma, 1988, p. 521-553, et praesertim *Thesaurus Augustinianus*, p. xlvii-li.

Fontes: C. VAN STEENKISTE, in *Angelicum*, xxxiv, 1957, p. 205-212; S. MARRIOTTI, in *Riv. Filol. Istr. Class.*, xli, 1963, p. 202-204.

Insuper hic traduntur in *Enarr. in ps. xxxvi* (serm. 2, 20 — p. 361-366): *Acta Concilii Maximianistarum* a° 393 [cfr n. 724°].

284 **Sermones** (SCHANZ, iv, 2, 457)

CC, xli, 1961 — LAMBOT (*a*) (serm. 1-50); PL, xxxviii-xxxix, 332-1638 = *Maurini*; PLS iii, 417-840.

Cfr P. VERBRAKEN, *Études critiques sur les sermons authentiques de saint Augustin*, Steenbrugis, 1976 (= *Instr. Patr.*, xii); ID., *Mise à jour du fichier signalétique des Sermons de saint Augustin*, in *Aeuum inter utrumque. Mél. G. Sanders*, Steenbrugis, 1991 (= *Instr. Patr.*, xxiii), p. 483-490. In *Études* et legitur conspectus collectionum antiquarum quibus traduntur sermones sancti Augustini (p. 197-234), initia omnium sermonum genuinorum (p. 235-255). Praemittitur bibliographia (p. 22-52).

Noua ed. paratur a R. DEMEULENAERE, B. COPPIETERS 'T WALLANT et L. DE CONINCK.

(*a*) **Emend.**: G. BUISSOU, in RÉAug, x, 1964, p. 194. — **Critica**: G. BONNER, in JTS, n. s., xiv, 1963, p. 190-195.

Trad. text.: C. Lambot, in *Aug. Mag.*, i, 1954, p. 169-173; O. Meyer, in *Studien & Mitteil. OSB*, lxxix, 1968, p. 399-417; A. G. Hamman, in *Augustinianum*, xxv, 1985, p. 311-329; R. Étaix, in RB, xcv, 1985, p. 44-59.

Etsi textus Maurinorum magni aestimandus est (uide praesertim C. Mohrmann, *Die altchristliche Sondersprache in den Sermonen des hl. Augustin*, i, Nijmegen, 1932, p. 26-40 (cfr eiusdem scribae eruditae: *Augustinus. Preken voor het volk*, Utrecht, 1948, ubi paucae emendationes proponuntur [p. 41, 135, 239, 269, 284, 439 et 441]); uehementer tamen desideratur noua recensio omnium episcopi Hipponensis sermonum, quae diu paratur a Cyrillo Lambot. Iam uero prodiit splendidissima editio critica sermonum 14, 15, 34, 60, 101, 104, 166, 177, 184, 221, 254, 261, 298, 302, 339, 355, 356, 358, quos recensuit C. Lambot in t. i collectionis *Strom. Patr. et Med.* (Utrecht, 1950), et sermonum 1-50 in CC, li, 1961.

De singulis sermonibus uide censuras P. Verbraken, *o. c.*, et H. J. Frede, p. 221-245. Praeterea hic sequentia adnotanda uidentur:

sermo 3 (fragm. apud *bedam* et *florvm*): edidit P. Verbraken, in RB, lxxxiv, 1974, p. 250 (omisit C. Lambot);

sermo 4 A (fragm. duo apud *bedam* et *florvm*): edidit P. Verbraken, *a. c.*, p. 251 (PL, xxxix, 1731-1732); ex *sermone* Dolbeau 22 excerpta;

sermo 9: **trad. text.**: *CPPM*, i, 456;

sermo 11 est retractatio alicuius sermonis genuini, a *caesario* perpetrata;

sermo 16 B (Mai 17): *CPPM*, i, 1622;

sermo 20: **trad. text.**: *CPPM*, i, 463;

sermo 20 B: uide infra n. 288°;

sermo 22 A (Mai 15): *CPPM*, i, 1620;

sermo 23 A (Mai 16): *CPPM*, i, 1621;

sermo 28 A (fragm.): edid. I. Fransen, in *Mémorial A. Gelin*, Le Puy, 1961, p. 378-379 (cfr P. Verbraken, in RB, lxxxiv, 1974, p. 252) (deest apud C. Lambot);

sermo 37: **trad. text.**: *CPPM*, i, 474;

sermo 49 A (PL, xxxviii, 316, adn. b) (fragm.) desideratur apud C. Lambot; edid. P. Verbraken, in RB, lxxxiv, 1974, p. 252-253;

sermo 51: edid. P. Verbraken, in RB, xci, 1981, p. 23-45;

sermo 52: edid. P. Verbraken, in RB, lxxiv, 1964, p. 15-35;

sermo 53: edid. P. Verbraken, in RB, civ, 1994, p. 19-33;

sermo 53 A (= Morin 11): edid. G. Morin, in *Misc. Agost.*, i, Roma, 1930, p. 627-635;

sermo 54: edid. P. Verbraken, in AB, c, 1982, p. 265-269;

sermo 56: edid. P. VERBRAKEN, in RB, lxviii, 1958, p. 26-40;

sermo 57: edid. P. VERBRAKEN, in *Homo spiritualis. Mél. L. Verheijen*, Würzburg, 1987, p. 414-424;

sermo 58: edid. P. VERBRAKEN, in *Ecclesia Orans*, i, 1984, p. 119-132;

sermo 59: edid. S. POQUE, in SC, cxvi, 1966, p. 186-198; **trad. text.**: *CPPM*, i, 478;

sermo 60 (= Lambot 19): edid. C. LAMBOT, in RB, lviii, 1948, p. 36-42; et iterum in *Strom. Patr. et Mediaeualia*, i, Utrecht, 1950, p. 38-43;

sermo 60 A (= Mai 26): edid. G. MORIN, *o. c.*, p. 320-324; *CPPM*, i, 1631;

sermo 61 A (= Wilmart 12): edid. C. LAMBOT, in RB, lxxix, 1969, p. 180-184;

sermo 62 A (= Morin 6): edid. G. MORIN, *o. c.*, p. 608-611;

sermo 63 A (= Mai 25): edid. G. MORIN, *o. c.*, p. 317-319; *CPPM*, i, 1630;

sermo 63 B (= Morin 7): edid. G. MORIN, *o. c.*, p. 611-613;

sermo 64: edid. C. LAMBOT, in RB, li, 1939, p. 10-14; **trad. text.**: *CPPM*, i, 492;

sermo 64 A (= Mai 20): edid. G. MORIN, *o. c.*, p. 310-313; *CPPM*, i, 1625;

sermo 65: **trad. text.**: *CPPM*, i, 493;

sermo 65 A (= Étaix 1): edid. R. ÉTAIX, in RB, lxxxvi, 1976, p. 41-48;

sermo 68 (= Mai 126): edid. G. MORIN, *o. c.*, p. 356-367; exc. apud *FLORVM* edid. I. FRANSEN, in RB, civ, 1994, p. 84-87; *CPPM*, i, 1735;

sermo 70 A (= Mai 127): edid. G. MORIN, *o. c.*, p. 368-370; *CPPM*, i, 1736;

sermo 71: edid. P. VERBRAKEN, in RB, lxxv, 1965, p. 65-108;

sermo 72: edid. P. VERBRAKEN, in *Forma Futuri. Misc. M. Pellegrino*, Torino, 1975, p. 809-813; recensio locupletior legitur inter *Sermones* DOLBEAU (n. 288);

sermo 72 A (= Denis 25): edid. G. MORIN, *o. c.*, p. 155-164; *CPPM*, i, 1955;

sermo 73 A (= Caillau ii, 5): edid. G. MORIN, *o. c.*, p. 248-251;

sermo 75: **cod.**: R. ÉTAIX, in *Anal. Sacra Tarracon.*, xxxiv, 1961, p. 51 (Gerona, Mus. Dioc., saec. xi, f° 84ʳ-87ʳ, n. 33);

sermo 76: edid. R. DEMEULENAERE, in *Eulogia. Mél. A. Bastiaensen*, Steenbrugis, 1991 (= *Instr. Patr.*, xxiv), p. 51-63;

sermo 77 A (= Morin Guelf. 33): edid. G. MORIN, *o. c.*, p. 576-581;

sermo 77 B (= Morin 16): edid. G. MORIN, *o. c.*, p. 653-658;

sermo 77 C (fragm. apud *BEDAM* et *FLORVM*): edid. P. VERBRAKEN, in RB, lxxxiv, 1974, p. 253;

sermo 79 A (= Lambot 17): edid. C. LAMBOT, in RB, li, 1939, p. 28-30; **cod., emend.**: J. LEMARIÉ, in RÉAug, xxiv, 1978, p. 99-100;

sermo 84: edid. R. DEMEULENAERE, in *Aeuum inter utrumque. Mél. G. Sanders*, Steenbrugis, 1991 (= *Instr. Patr.*, xxiii), p. 67-73;

sermo 88: edid. P. VERBRAKEN, in RB, xciv, 1984, p. 74-101;

sermo 93: **trad. text.**: *CPPM*, i, 513;

sermo 94 A (= Caillau ii, 6): edid. G. MORIN, *o. c.*, p. 252-255;

sermo 97: edid. P. VERBRAKEN, in RB, lxxviii, 1968, p. 216-219;

sermo 97 A (= *Bibl. Casin.*, ii, 114 sq.): edid. G. MORIN, *o. c.*, p. 416-418;

sermo 100: edid. R. DEMEULENAERE, in RB, civ, 1994, p. 77-83;

sermo 101 (= Wilmart 20): edid. C. LAMBOT, in *Strom. Patr. et Med.*, i, Utrecht, 1950, p. 44-53; PLS, ii, 743

sermo 104 (= Morin Guelf. 29): edid. C. LAMBOT, *o. c.*, p. 54-60; **trad. text.**: *CPPM*, i, 518;

sermo 105 A (= Lambot 1): edid. C. LAMBOT, in RB, xlv, 1933, p. 101-107;

sermo 107 A (= Lambot 5): edid. C. LAMBOT, in RB, xlix, 1937, p. 271-278;

sermo 110 (= Morin 13): edid. G. MORIN, *o. c.*, p. 640-644; adde D. DE BRUYNE, in RB, xliii, 1931, p. 247-248; *CPPM*, i, 525;

sermo 111 (= Lambot 18) (fragm.): edid. C. LAMBOT, in RB, lvii, 1947, p. 112-116; C. LAMBOT, in RB, lvii, 1947, p. 110 sq.; **emend.**: V. BULHART, in RB, lxi, 1951, p. 260;

sermo 112: edid. P. VERBRAKEN, in RB, lxxvi, 1966, p. 44-54;

sermo 112 A (= Caillau ii, 11): edid. G. MORIN, *o. c.*, p. 256-264; *CPPM*, i, 1317;

sermo 113: **trad. text.**: *CPPM*, i, 527;

sermo 113 A (= Denis 24): edid. G. MORIN, *o. c.*, p. 141-155;

sermo 113 B (= Mai 13): edid. G. MORIN, *o. c.*, p. 288-291; *CPPM*, i, 1618;

sermo 114: edid. P. VERBRAKEN, in RB, lxxiii, 1963, p. 23-28; *CPPM*, i, 528;

sermo 114 A (= Frangipani 9): edid. G. MORIN, *o. c.*, 1930, p. 232-237;

sermo 121: edid. S. POQUE, in SC, cxvi, 1966, p. 222-232;

sermo 125: **cod.**: R. ÉTAIX, *a. c.* (*sermo* 75), n. 27 b et 47 a; D. F. WRIGHT, in JTS, n. s., xv, 1964, p. 324-326;

sermo 125 A (= Mai 128): edid. G. MORIN, *o. c.*, p. 370-375; *CPPM*, i, 1737;

sermo 126: edid. C. LAMBOT, in RB, lxix, 1959, p. 183-190; cfr R. ÉTAIX, in *Philologia Sacra. Festschr. H. J. Frede & W. Thiele*, ii, Freiburg, 1993, p. 561;

sermo 132 A (= Mai 129): edid. G. MORIN, *o. c.*, p. 375-377; *CPPM*, i, 1738;

sermo 136 A (= Mai 130): edid. G. MORIN, *o. c.*, p. 377-379;

sermo 136 B (= Lambot 10): edid. C. LAMBOT, in RB, l, 1938, p. 186-190;

sermo 136 C (= Lambot 11): edid. C. LAMBOT, *a. c.*, p. 190-193; uel accuratius J. LEMARIÉ, in RÉAug, xxiv, 1978, p. 89-91;

sermo 139 A (= Mai 125): edid. G. MORIN, *o. c.*, p. 353-355; *CPPM*, i, 1734;

sermo 140 A (= Mai, post s. 174) (fragm.): edid. G. MORIN, *o. c.*, p. 386; *CPPM*, i, 1784;

sermo 142 (= Wilmart 11): edid. G. MORIN, *o. c.*, p. 695-705;

sermo 145 A (= *Bibl. Casin.* ii, 136): edid. G. MORIN, *o. c.*, p. 418-419;

sermo 147 A (= Denis 12): edid. G. MORIN, *o. c.*, p. 50-55;

sermo 154 A (= Morin 4): edid. G. MORIN, *o. c.*, p. 601-605;

sermo 162: fragm. apud *EVGIPPIVM* et *FLORVM*;

sermo 162 A (= Denis 19): edid. G. MORIN, *o. c.*, p. 98-111;

sermo 162 B (cfr *sermo* 392, 1) (fragm.): edid. P. VERBRAKEN, in RB, lxxxiv, 1974, p. 255; **genuinitas**: P. VERBRAKEN, *Études critiques*, p. 156;

sermo 163 A (= Morin 10): edid. G. MORIN, *o. c.*, p. 624-626;

sermo 163 B (= Frangipani 5): edid. G. MORIN, *o. c.*, p. 212-219;

sermo 164 A (= Lambot 28): edid. C. LAMBOT, in RB, lxvi, 1956, p. 156-158;

sermo 166: edid. C. LAMBOT, in *Strom. Patr. et Med.*, p. 61-63;

sermo 167 A: fragm. apud *BEDAM* et *FLORVM*;

sermo 176 A: fragm. apud *BEDAM* (PL, xxxix, 1734); edid. P. VERBRAKEN, in RB, lxxxiv, 1974, 256; cfr H. J. FREDE, p. 230;

sermo 177: edid. C. LAMBOT, *o. c.*, p. 64-73;

sermo 179 A (= Wilmart 2): edid. G. MORIN, *o. c.*, p. 673-680;

sermo 184: edid. C. LAMBOT, in *Strom. Patr. et Med.*, i, Utrecht, 1950, p. 74-76;

sermo 186: **trad. text.**: *CPPM*, i, 575;

sermo 188: **uar. lect.**: A. HOLDER, *Die Reichenauer Handschriften*, ii, Leipzig, 1914, p. 496 sq. (fragm. 79, saec. viii/ix);

sermo 189 (= Frangipani 4): edid. G. MORIN, *o. c.*, p. 209-211; **cod.**: A. AUER, in *Bened. Monatschr.*, xxx, 1954, p. 137-148;

sermo 190: edid. B. PEEBLES, in *Corona Gratiarum. Misc. E. Dekkers*, i, Steenbrugis, 1975 (= *Instr. Patr.*, x), p. 343-350; cfr H. J. FREDE, p. 230; *CPPM*, i, 577;

sermo 191: **trad. text.**: *CPPM*, i, 578;

sermo 192: **trad. text.**: *CPPM*, i, 579;

sermo 194: *CPPM*, i, 581;

sermo 196 A: edid. R. Étaix, in RÉAug, xxvi, 1980, p. 70-72;

sermo 197: fragm. apud BEDAM et FLORVM; edid. P. Verbraken, in RB, lxxxiv, 1974, p. 256-259;

sermo 198 A: fragm. apud IOANNEM DIACONVM; edid. P. Verbraken, *a. c.*, p. 259-260;

sermo 204: edid. P. Verbraken, in *S. Augustin et la Bible*, Paris, 1986, p. 77-79;

sermo 204 A (= Étaix 4): edid. R. Étaix, in RB, xcviii, 1988, p. 12;

sermo 205: **trad. text.**: *CPPM*, i, 589;

sermo 208: **trad. text.**: *CPPM*, i, 591;

sermo 211: edid. S. Poque, in SC, cxvi, 1966, p. 154-176; *CPPM*, i, 594;

sermo 211 A (fragm.): edid. P. Verbraken, in RB, lxxxiv, 1974, p. 260-261;

sermo 212: edid. S. Poque, in SC, cxvi, 1966, p. 174-184; *CPPM*, i, 595;

sermo 213 (= Morin Guelf. 1): edid. G. Morin, *o. c.*, p. 441-500;

sermo 214: edid. P. Verbraken, in RB, lxxii, 1962, p. 14-21;

sermo 215: edid. P. Verbraken, in RB, lxviii, 1958, p. 18-25;

sermo 217 (= Morin 3): edid. G. Morin, *o. c.*, p. 596-601; **trad. text.**: *CPPM*, i, 598;

sermo 218: tres recensiones critice edidit R. Étaix, *Le sermon 218 de saint Augustin. Édition complétée et authenticité*, in Augustinianum, xxxiv, 1994, p. 359-375; **cod.**: *CPPM*, i, 599;

sermo 218 A: fragm. apud BEDAM et FLORVM (PL, xxxix, 1723-1724): edid. P. Verbraken, in RB, lxxxiv, 1974, p. 262;

sermo 218 B (= Morin Guelf. 2): edid. G. Morin, *o. c.*, p. 450-452;

sermo 218 C (= Morin Guelf. 3): edid. G. Morin, *o. c.*, p. 452-455, et accuratius R. Kurz, in RB, lxxxvii, 1977, p. 223-225;

sermo 221 (= Morin Guelf. 5): edid. G. Morin, *o. c.*, p. 457-460; uel S. Poque, in SC, cxvi, 1966, p. 210-220;

sermo 223 A (= Denis 2): edid. G. Morin, *o. c.*, p. 11-17;

sermo 223 B (= Morin Guelf. 4): edid. G. Morin, *o. c.*, p. 455-456;

sermo 223 C (= Morin Guelf. 6): edid. G. Morin, *o. c.*, p. 460-462;

sermo 223 D (= Wilmart 4): edid. G. Morin, *o. c.*, p. 684-685;

sermo 223 E (= Wilmart 5): edid. G. Morin, *o. c.*, p. 685-687;

sermo 223 F (= Wilmart 6): edid. G. MORIN, *o. c.*, p. 688-689;

sermo 223 G (= Wilmart 7): edid. G. MORIN, *o. c.*, p. 689-691;

sermo 223 H (= Wilmart 14): edid. G. MORIN, *o. c.*, p. 716-717;

sermo 223 I (= Wilmart 15): edid. G. MORIN, *o. c.*, p. 717-718;

sermo 223 J (= Wilmart 16): edid. G. MORIN, *o. c.*, p. 718-719;

sermo 223 K (= Wilmart 17): edid. G. MORIN, *o. c.*, p. 718-719;

sermo 224: edid. C. LAMBOT, in *Hist. Jahrb.*, lxxvii, 1958 (*Festschr. B. Altaner*), p. 408-418; uel in RB, lxxix, 1969, p. 200-205; **trad. text.**: *CPPM*, i, 603;

sermo 225: **trad. text.**: *CPPM*, i, 605; cfr H. J. FREDE, p. 233;

sermo 227: edid. S. POQUE, in SC, cxvi, 1966, p. 234-242;

sermo 228 A: fragm. apud *BEDAM* et *FLORVM* (PL, xxxix, 1724); edid. P. VERBRAKEN, in RB, lxxxiv, 1974, p. 263;

sermo 228 B (= Denis 3): edid. G. MORIN, *o. c.*, p. 18-20 (sermo est dubiae **genuinitatis**);

sermo 229 (= Denis 6): edid. G. MORIN, *o. c.*, p. 29-32 (item dubiae **genuinitatis**);

sermo 229 A (= Morin Guelf. 7): edid. G. MORIN, *o. c.*, p. 462-464;

sermo 229 B (= Morin Guelf. 8): edid. G. MORIN, *o. c.*, p. 464-466;

sermo 229 C (= Wilmart 8): edid. G. MORIN, *o. c.*, p. 691-692;

sermo 229 D (= Wilmart 9): edid. G. MORIN, *o. c.*, p. 693-694;

sermo 229 E (= Morin Guelf. 9): edid. G. MORIN, *o. c.*, p. 466-471; *CPPM*, i, 1690;

sermo 229 F (= Morin Guelf. 10): edid. G. MORIN, *o. c.*, p. 471-473;

sermo 229 G (= Morin Guelf. 11): edid. G. MORIN, *o. c.*, p. 474-478;

sermo 229 H (= Morin Guelf. 12): edid. G. MORIN, *o. c.*, p. 479-483; *CPPM*, i, 1639;

sermo 229 I (= Mai 86): edid. G. MORIN, *o. c.*, p. 324-327; *CPPM*, i, 1693;

sermo 229 J (= Morin Guelf. app. 7): edid. G. MORIN, *o. c.*, p. 581-585;

sermo 229 K (= Morin Guelf. 13): edid. G. MORIN, *o. c.*, p. 483-485;

sermo 229 L (= Morin Guelf. 14): edid. G. MORIN, *o. c.*, p. 485-488;

sermo 229 M (= Morin Guelf. 15): edid. G. MORIN, *o. c.*, p. 488-491;

sermo 229 N (= Morin Guelf. 16): edid. G. MORIN, *o. c.*, p. 492-494;

sermo 229 O (= Morin Guelf. 17): edid. G. MORIN, *o. c.*, p. 495-498;

sermo 229 P (= Lambot 3): edid. C. LAMBOT, in RB, xlix, 1937, p. 252-256;

sermo 229 Q: sermo nondum repertus; cfr P. Verbraken, *Études critiques*, p. 111;

sermo 229 R: (fragmenta): edid. P. Verbraken, in RB, lxxxix, 1974, p. 262 (PL, xxxix, 1724-1725);

sermo 229 S: edid. C. Lambot, in RB, lxxix, 1969, p. 208-209 (PL, xxxix, 1725);

sermo 229 T: edid. C. Lambot, *a. c.*, p. 209-210 (PL, xxxix, 1725-1726);

sermo 229 U: edid. C. Lambot, *a. c.*, p. 210-211 (PL, xxxix, 1726-1727);

sermo 229 V: edid. C. Lambot, *a. c.*, p. 211-213 (PL, xxxix, 1727);

sermo 229 W: ultimus huius seriei, et nondum repertus;

sermo 230 (Mai 88): *CPPM*, i, 1695;

sermo 231: edid. S. Poque, in SC, cxvi, 1966, p. 244-258;

sermo 232: edid. S. Poque, *o. c.*, p. 260-278;

sermo 235: edid. C. Lambot, in RB, lxvii, 1957, p. 137-140; *CPPM*, i, 610;

sermo 236 A (= Caillau ii, 60): editur in *Bibl. Casin.*, i, p. 168-169; cfr H. J. Frede, p. 235;

sermo 237: edid. S. Poque, in SC, cxvi, 1966, p. 280-292;

sermo 239 magna ex parte idem est ac *sermo* Mai 39; *CPPM*, i, 615;

sermo 240: *CPPM*, i, 616;

sermo 242: *CPPM*, i, 618;

sermo 242 A (= Mai 87): edid. G. Morin, *o. c.*, p. 327-330;

sermo 243: *CPPM*, i, 619;

sermo 246: edid. S. Poque, in SC, cxvi, 1966, p. 294-306;

sermo 250: edid. S. Poque, *o. c.*, p. 308-324;

sermo 251: **trad. text.**: *CPPM*, i, 625;

sermo 252 A (= Wilmart 13): edid. G. Morin, *o. c.*, p. 712-715;

sermo 253: edid. S. Poque, *o. c.*, p. 326-336;

sermo 254 (= Wilmart 3): edid. C. Lambot, in RB, lxxix, 1969, p. 63-69;

sermo 255 A (= Wilmart 18 et Mai 92): edid. G. Morin, *o. c.*, p. 719 et 332-333; *CPPM*, i, 1699;

sermo 256: addatur fragmentum Wilmart 19; partim recudit G. Morin, *o. c.*, p. 719; PLS, ii, 742

sermo 257: edid. S. Poque, in SC, cxvi, 1966, p. 338-342;

sermo 258: edid. S. Poque, *o. c.*, p. 344-350;

sermo 259: *CPPM*, i, 631;

sermo 260 A (= Denis 8): edid. G. MORIN, *o. c.*, p. 35-38;

sermo 260 B (= Mai 89): edid. G. MORIN, *o. c.*, p. 330-332; *CPPM*, i, 1696;

sermo 260 C (= Mai 94): edid. G. MORIN, *o. c.*, p. 333-339; *CPPM*, i, 1701;

sermo 260 D (= Morin Guelf. 18): edid. G. MORIN, *o. c.*, p. 499-501;

sermo 260 E (= Morin Guelf. 19): edid. G. MORIN, *o. c.*, p. 502-503;

sermo 261: edid. C. LAMBOT, in *Strom. Patr. et Med.*, i, Utrecht, 1950, p. 88-94;

sermo 263 (= Morin Guelf. 21): edid. G. MORIN, *o. c.*, p. 507-509;

sermo 263 A (= Mai 98): edid. G. MORIN, *o. c.*, p. 347-350; *CPPM*, i, 1705;

sermo 265 A (= Liverani 8): edid. G. MORIN, *o. c.*, p. 391-395; *CPPM*, i, 1955;

sermo 265 B (= *Bibl. Casin.* ii, 76-77): edid. G. MORIN, *o. c.*, p. 413-415;

sermo 265 C (= Morin Guelf. 20): edid. G. MORIN, *o. c.*, p. 504-506;

sermo 265 D (= Morin 17): edid. G. MORIN, *o. c.*, p. 659-664;

sermo 265 E (= Lambot 16): edid. C. LAMBOT, in RB, li, 1939, p. 25-27;

sermo 265 F (= Lambot 25): edid. C. LAMBOT, in RB, lxii, 1952, p. 97-100;

sermo 272 A: fragm. apud *FLORVM*: edid. P. VERBRAKEN, in RB, lxxxiv, 1974, p. 264-265 (PL, xxxix, 1729);

sermo 272 B (= Mai 158): edid. G. MORIN, *o. c.*, p. 380-385; *CPPM*, i, 1767;

sermo 276, dubiae **genuinitatis**: edid. A. ENGELBRECHT, in CSEL, xxi, p. 273-276 (recensio Caesariana); **trad. text.**: *CPPM*, i, 643;

sermo 277 A (= Caillau i, 47): edid. G. MORIN, *o. c.*, p. 243-245;

sermo 279: addatur fragm. Morin 1, edid. G. MORIN, *o. c.*, p. 589-593; **cod.**: R. ÉTAIX, in *Rech. aug.*, xvi, 1981, p. 356, adn. 17; *CPPM*, i, 647;

sermo 281: **trad. text.**: cfr Fr. DOLBEAU, in AB, cviii, 1995, p. 96, adn. 31;

sermo 283: edid. R. DEMEULENAERE, in *Fructus Centesimus. Mél. G. Bartelink*, Steenbrugis, 1989 (= *Instr. Patr.*, xix), p. 105-113; **critica**: J.-P. BOUHOT, in RÉAug, xxxv, 1989, p. 382 sq.;

sermo 284: cfr M. SIMONETTI, in *Orpheus*, iv, 1957, p. 76-82; G. MORIN, in RB, xxvi, 1909, p. 256 (**cod.**: Laon 113, saec. ix, f° 38^v);

sermo 285: **cod.**: *CPPM*, i, 651;

sermo 288: **emend.**: W. H. SHEWRING, in RB, xliv, 1932, p. 264;

sermo 293 A (= Mai 18; Frangipani 7): edid. G. MORIN, *o. c.*, p. 223-236; *CPPM*, i, 1212. 1623;

sermo 293 B (= Frangipani 8): edid. G. MORIN, *o. c.*, p. 227-231;

sermo 293 C (= Mai 101): edid. G. MORIN, *o. c.*, p. 351-352; *CPPM*, i, 1708;

sermo 293 D (= Morin Guelf. 22): edid. G. MORIN, *o. c.*, p. 510-515;

sermo 293 E (= Caillau i, 57): edid. G. MORIN, *o. c.*, p. 245-247;

sermo 294: **cod.**: C. LAMBOT, in RB, lxxix, 1969, p. 72, adn. 1;

sermo 295: **trad. text.**: *CPPM*, i, 662;

sermo 296 (= *Bibl. Casin.*, i, 133-138): edid. G. MORIN, *o. c.*, p. 401-412;

sermo 298: edid. C. LAMBOT, in *Strom. Patr. et Med.*, i, Utrecht, 1950, p. 95-99;

sermo 299 A (= Mai 19): edid. G. MORIN, *o. c.*, p. 307-310; *CPPM*, i, 1624;

sermo 299 B (= Morin Guelf. 23): edid. G. MORIN, *o. c.*, p. 516-521;

sermo 299 C (= Morin Guelf. 24): edid. G. MORIN, *o. c.*, p. 521-527; **cod., uar. lect.**: J. O'CALLAGHAN, in *Anal. Sacra Tarracon.*, xlvii, 1973 (1975), p. 29-35; **trad. text.**: *CPPM*, i, 665;

sermo 299 D (= Denis 16): edid. G. MORIN, *o. c.*, p. 75-80;

sermo 299 E (= Morin Guelf. 30): edid. G. MORIN, *o. c.*, p. 550-557;

sermo 299 F (= Lambot 9): edid. C. LAMBOT, in RB, l, 1938, p. 20-24;

sermo 301 A (= Denis 17): edid. G. MORIN, *o. c.*, p. 81-89;

sermo 302: edid. C. LAMBOT, in *Strom. Patr. et Med.*, i, Utrecht, 1950, p. 100-111;

sermo 305: **cod.**: *CPPM*, i, 672;

sermo 305 A (= Denis 13): edid. G. MORIN, *o. c.*, p. 55-64;

sermo 306 A (= Morin 14): edid. G. MORIN, *o. c.*, p. 645-646;

sermo 306 B (= Denis 18): edid. G. MORIN, *o. c.*, p. 90-97; *CPPM*, i, 1371;

sermo 306 C (= Morin 15): edid. G. MORIN, *o. c.*, p. 646-653;

sermo 306 D (= Lambot 8): edid. C. LAMBOT, in RB, l, 1938, p. 16-20;

sermo 306 E (= Morin 18): partim ineditus, cfr G. MORIN, *Études, Textes, Découvertes*, i, Maredsous, 1913, p. 306, adn. 2; P. VERBRAKEN, in *Collect. August.* (= *Mél. T. Van Bavel*), i, Louanii, 1990, p. 65-66;

serm. 307 et 308: **cod.**: I. CAZZANIGA, in *Rendic. Istit. Lombard.*, lxxv, 1941/42, p. 349-366;

sermo 308 A (= Denis 11): edid. G. Morin, *o. c.*, p. 43-50;

sermo 311: **trad. text.**: *CPPM*, i, 680;

sermo 313 A (= Denis 14): edid. G. Morin, *o. c.*, p. 65-70;

sermo 313 B (= Denis 15): edid. G. Morin, *o. c.*, p. 70-74; *CPPM*, i, 682;

sermo 313 C (= Morin Guelf. 26): edid. G. Morin, *o. c.*, p. 529-531;

sermo 313 D (= Morin Guelf. 27): edid. G. Morin, *o. c.*, p. 531-535;

sermo 313 E (= Morin Guelf. 28): edid. G. Morin, *o. c.*, p. 535-543;

sermo 313 F (= Denis 22): edid. G. Morin, *o. c.*, p. 133-135;

sermo 313 G (= Morin 2): edid. G. Morin, *o. c.*, p. 594-595;

sermo 317: addatur ultima pars iuxta A. Wilmart, in RB, xliv, 1932, p. 204-205 (= Wilmart 21); PL, xlvii, 1190

sermo 319 A (fragm.): edid. P. Verbraken, in RB, lxxxiv, 1974, p. 265-266;

sermo 325: *CPPM*, i, 694;

sermo 327: *CPPM*, i, 695;

sermo 328: rectius edid. C. Lambot, in RB, li, 1932, p. 15-20;

sermo 333 reuera est *sermo* 220 Caesarii Arelatensis; edid. G. Morin, in CC, civ, p. 892-897;

sermo 334: **trad. text.**: *CPPM*, i, 700;

sermo 335 A (= Frangipani 6): edid. G. Morin, *o. c.*, p. 219-222;

sermo 335 B (= Morin Guelf. 31): edid. G. Morin, *o. c.*, p. 557-562;

sermo 335 C (= Lambot 2): edid. C. Lambot, in RB, xlvi, 1934, p. 398-409;

sermo 335 D (= Lambot 6): edid. C. Lambot, in RB, l, 1938, p. 3-8;

sermo 335 E (= Lambot 7): edid. C. Lambot, in RB, l, 1938, p. 10-15;

sermo 335 F (= Lambot 14): edid. C. Lambot, in RB, li, 1939, p. 21-23;

sermo 335 G (= Lambot 15): edid. C. Lambot, in RB, li, 1939, p. 23-24;

sermo 335 H (= Lambot 26): edid. C. Lambot, in RB, lxii, 1952, p. 101-103;

sermo 335 I (= Lambot 27): edid. C. Lambot, in RB, lxii, 1952, p. 104-107;

sermo 335 J (= Lambot 29): edid. C. Lambot, in RB, lxviii, 1958, p. 197-199;

sermo 335 K (= Lambot 21): edid. C. Lambot, in RB, lix, 1949, p. 69-73;

sermo 335 L (= Lambot 22): edid. C. Lambot, in RB, lix, 1949, p. 74-76; *CPPM*, i, 708;

sermo 335 M (= Lambot 23): edid. C. LAMBOT, in RB, lix, 1949, p. 78-80;

sermo 336: **trad. text.**: *CPPM*, i, 710;

sermo 339 (= Frangipani 2): edid. C. LAMBOT, in *Strom. Patr. et Med.*, i, Utrecht, 1950, p. 112-122;

sermo 340 reuera est *sermo* 232 CAESARII ARELATENSIS: edid. G. MORIN, in CC, civ, p. 919-921, e quodam sermone genuino deperdito mutuatus est;

sermo 340 A (= Morin Guelf. 32): edid. G. MORIN, *o. c.*, p. 563-575;

sermo 341: **cod.**: C. LAMBOT, in RB, lxxix, 1969, p. 72, adn. 1;

sermo 341 A (= Mai 22): edid. G. MORIN, *o. c.*, p. 314-316; *CPPM*, i, 1627;

sermo 343: rectius edid. C. LAMBOT, in RB, lxvi, 1956, p. 28-38;

sermo 345 (= Frangipani 3): edid. G. MORIN, *o. c.*, p. 201-209;

sermo 346 A (= Caillau ii, 19): edid. G. MORIN, *o. c.*, p. 265-271;

sermo 346 B (= Mai 12): edid. G. MORIN, *o. c.*, p. 285-287; *CPPM*, i, 1617;

sermo 346 C (= Caillau ii, 92): edid. G. MORIN, *o. c.*, p. 272-274;

sermo 348 A: fragm. apud EVGIPPIVM et FLORVM; edid. P. KNÖLL, in CSEL, ix, p. 899-903; locupletius ac rectius edidit Fr. DOLBEAU [n. 288];

sermo 350: **cod.**: R. GRYSON, *Le recueil arien de Vérone*, Steenbrugge, 1982 (*Instr. Patr.*, xiii), p. 20; **genuinitas**: P. VERBRAKEN, in RÉAug, xxxi, 1985, p. 275-277;

sermo 350 A (= Mai 14): edid. G. MORIN, *o. c.*, p. 292-296; *CPPM*, i, 1619;

sermo 350 B (= Haffner 1): edid. F. HAFFNER, in RB, lxxvii, 1967, p. 326-328;

sermo 350 C (= Étaix 3): edid. R. ÉTAIX, in RÉAug, xxviii, 1982, p. 253-254;

sermo 351 dubiae **genuinitatis**, cfr P. VERBRAKEN, *Études critiques*, p. 147;

sermo 353: *CPPM*, i, 722;

sermo 354 A: fragm. apud BEDAM et FLORVM; edid. P. VERBRAKEN, in RB, lxxxiv, 1974, p. 267 (PL, xxxix, 1732);

sermo 355: edid. C. LAMBOT, in *Strom. Patr. et Med.*, i, Utrecht, 1950, p. 123-131;

sermo 356: edid. C. LAMBOT, *o. c.*, p. 132-143;

sermo 358: edid. C. LAMBOT, *o. c.*, p. 144-149;

sermo 358 A (= Morin 5) (fragm.): edid. G. MORIN, *o. c.*, p. 606-607;

sermo 359: **emend.**: O. Hiltrunner, *Latina Graeca*, Bern, 1958, p. 138;

sermo 359 A (= Lambot 4): edid. C. Lambot, in RB, xlix, 1937, p. 258-270;

sermo 362: **emend.**: M. Marin, in *Vet. Christ.*, xxii, 1985, p. 325-326.

285 **Sermones «dubii»**

PL, xxxix, 1643-1718 — *Maurini*.

Sermo 364 reuera est CAESARII ARELATENSIS, *sermo* 118; edid. G. Morin, in CC, civ, p. 491-496, e quodam sermone genuino mutuatus; *CPPM*, i, 731;

serm. 365 et 366 minime **genuini** uidentur; *CPPM*, i, 732. 733;

sermo 367, dubiae **genuinitatis**; *CPPM*, i, 734;

sermo 368 reuera est CAESARII ARELATENSIS *sermo* 173; edid. G. Morin, in CC, civ, p. 705-708 (e quodam genuino sermone mutuatus); *CPPM*, i, 735;

sermo 369: rectius edid. C. Lambot, in RB, lxxix, 1969, p. 124-128;

serm. 370-373 dubiae sunt **genuinitatis**; *CPPM*, i, 737-739;

sermo 374: longe rectius et locupletius edidit Fr. Dolbeau, in *Philologia Sacra. Festschr. H. J. Frede & W. Thiele*, ii, Freiburg, 1993, p. 522-559;

sermo 375 A (= Denis 4): edid. G. Morin, *o. c.*, p. 21-22;

sermo 375 B (= Denis 5): edid. G. Morin, *o. c.*, p. 23-29;

sermo 375 C (= Mai 95): edid. G. Morin, *o. c.*, p. 340-346; *CPPM*, i, 1702;

sermo 376: *CPPM*, i, 743;

sermo 379: edid. C. Lambot, in RB, lix, 1949, p. 63-68;

serm. 379-381: *CPPM*, i, 745-747;

serm. 382-384, dubiae **genuinitatis**; **trad. text.**: *CPPM*, i, 748-750;

sermo 385 reuera est CAESARII ARELATENSIS *sermo* 21; edid. G. Morin, in CC, civ, p. 94-99, e quodam sermone genuino mutuatus; *CPPM*, i, 751;

sermo 387, item CAESARII *sermo* 145; edid. G. Morin, in CC, civ, p. 596-598; *CPPM*, i, 753;

sermo 388, spurius; *CPPM*, i, 754;

sermo 389: edid. C. Lambot, in RB, lviii, 1948, p. 43-52;

serm. 390 et 391, dubiae **genuinitatis**; *CPPM*, i, 756;

sermo 392: genuinus est; **cod.**: A. Wilmart, in RB, xxix, 1912, p. 50 sq., magna es parte etiam legitur in celeberrimo codice Sessoriano 55 (f° 169-170); de **genuinitate** tractat C. Lambot, in *Stud. Patr.*, i, 1955 (1957) (= TU, lxiii), p. 129;

sermo 393 (inc. «Paenitentes, paenitentes, paenitentes») fortasse accomodauit GODEFRIDVS BABIO, cfr J. BONNES, in RB, lvi, 1945/46, p. 180 et 204; CPPM, i, 758;

sermo 394: CPPM, i, 759; cfr etiam G. FOLLIET, in RÉAug, xxx, 1984, p. 341 sq., n. 102;

sermo 394 A: **Omelia sancti Augustini de natale sanctarum martyrum Perpetuae et Felicitatis.** Inc. «Magna quidem est et uenerabilis» (CPPM, i, 3348); edidit Fr. DOLBEAU, in AB, cxiii, 1995, p. 89-106.

Genuinitatem sermonis «*de generalitate elemosinarum*», quem Maurini inter spurios reponebant, fusius probauit C. LAMBOT (cfr n. 376).

286 Fragmenta sermonum quorumdam

P. VERBRAKEN, *Les fragments conservés de sermons perdus de saint Augustin*, in RB, lxxxiv, 1974, p. 245-270.

Haec fragmenta suo loco inserta sunt sub nn. praecedentibus 284 et 285.

286a Fragmentum sermonis de Epiphania. Inc. «Celis enarrantibus gloriam Dei»

R. ÉTAIX, in RB, xcviii, 1988, p. 12.

287 Sermones post Maurinos reperti

item singuli descripti sunt sub nn. 284-285.

PL, xlvi, 821; 945 (partim); PLS, ii, 417

288 Sermones nouissimi

suo loco descripti sunt sub nn. 284-286, praeter eos quos nuperrime detexit Fr. DOLBEAU, in cod. Mainz, Stadtbibl. I 9, saec. xv, et partim iam edidit:

Fr. DOLBEAU, *Sermons inédits de saint Augustin dans un manuscrit de Mayence (Stadtbibliothek, I 9)*, in RÉAug, xxxvi, 1990, p. 355-359; ID., *Les sermons de saint Augustin découverts à Mayence. Un premier bilan*, in Académie des Inscriptions & Belles-Lettres, Comptes rendus, 1993, p. 153-171; ID., *Nouveaux sermons de saint Augustin pour la conversion des païens et des donatistes*, in RÉAug, xxxvii, 1991, p. 37-78; 261-306; xxxviii, 1992, p. 50-79; xxxix, 1993, p. 57-108; 371-423; xl, 1994, p. 143-196; in Rech. august., xxvi, 1992, p. 69-141; in RB, ci, 1991, p. 240-256; cii, 1992, p. 44-74; 267-297; ciii, 1993, p. 307-338; civ, 1994, p. 34-76; ID., *Nouveaux sermons de saint Augustin pour les fêtes de martyrs*, in AB, cx, 1992, p. 263-310.

Addantur et *sermo* 20 B «De responsorio psalmi: Da nobis auxilium de tribulatione...», quem detexit et ex integro prima uice edidit Fr. DOLBEAU, in RÉAug, xl, 1994, p. 279-303; et *sermo* «De prouidentia», ed. Fr. DOLBEAU, in RÉAug, xli, 1995, p. 19-36.

Fusius de sermonibus a Fr. Dolbeau editis tractat H. J. FREDE, p. 247-250.

289 **De diuersis quaestionibus lxxxiii** (*SCHANZ*, iv, 2, 419)   PL, xl, 11
CC, xliv A, 1975, p. 1-249 — MUTZENBECHER.

290 **De diuersis quaestionibus ad Simplicianum** (*SCHANZ*, iv, 2,   PL, xl, 10
419; *STEGMÜLLER*, 1457)
CC, xliv, 1970 — MUTZENBECHER.

291 **De viii Dulcitii quaestionibus** (*SCHANZ*, iv, 2, 421)   PL, xl, 14
CC, xliv A, 1975, p. 251-297 — MUTZENBECHER.

292 **De fide rerum inuisibilium** (*SCHANZ*, iv, 2, 420)   PL, xl, 17
CC, xlvi, 1969, p. 1-19 — VAN DEN HOUT.

293 **De fide et symbolo** (*SCHANZ*, iv, 2, 419)   PL, xl, 18
CSEL, xli, 1900 — ZYCHA, p. 1-32.

De hoc uolumine CSEL, uide A. JÜLICHER, in ThLz, xxv, 1900, col. 328 sq.

294 **De fide et operibus** (*SCHANZ*, iv, 2, 420)   PL, xl, 19
ibid., p. 33-97.

295 **Enchiridion ad Laurentium, seu de fide, spe et caritate**   PL, xl, 2
(*SCHANZ*, iv, 2, 420; *CPPM*, ii, 3061)
CC, xlvi, 1969, p. 49-114 — EVANS.

296 **De agone christiano** (*SCHANZ*, iv, 2, 420)   PL, xl, 2
CSEL, xli, 1900 — ZYCHA, p. 99-138.

297 **De catechizandis rudibus** (*SCHANZ*, iv, 2, 441)   PL, xl, 3
CC, xlvi, 1969, p. 121-178 — BAUER.

Cod.: A. WILMART, in RB, xlii, 1930, p. 263-265; C. LAMBOT, in RB, lxxix, 1969, p. 72, adn. 1 (Verona, Capit. lix [57], saec. vi-vii [excerptum]).

Emend.: G. MADEC, in *Bibliothèque Augustinienne*, xi, 1, Paris, 1991².

298 **De continentia** (SCHANZ, iv, 2, 440) PL, xl, 349
CSEL, xli, 1900 — ZYCHA, p. 139-183.

299 **De bono coniugali** (SCHANZ, iv, 2, 440) PL, xl, 373
ibid., p. 185-231.

300 **De sancta uirginitate** (SCHANZ, iv, 2, 440) PL, xl, 397
ibid., p. 233-302.

301 **De bono uiduitatis** (SCHANZ, iv, 2, 441) PL, xl, 431
ibid., p. 303-343.

302 **De adulterinis coniugiis** (SCHANZ, iv, 2, 420) PL, xl, 451
ibid., p. 345-410.

303 **De mendacio** (SCHANZ, iv, 2, 440) PL, xl, 487
ibid., p. 411-466.

304 **Contra mendacium** (SCHANZ, iv, 2, 440) PL, xl, 517
ibid., p. 467-528.

305 **De opere monachorum** (SCHANZ, iv, 2, 441) PL, xl, 547
ibid., p. 529-596.

306 **De diuinatione daemonum** (SCHANZ, iv, 2, 415) PL, xl, 581
ibid., p. 597-618.

307 **De cura pro mortuis gerenda** (SCHANZ, iv, 2, 420) PL, xl, 591
ibid., p. 619-660.

308 **De patientia** (SCHANZ, iv, 2, 441) PL, xl, 611
ibid., p. 661-691.

309 **Sermo de symbolo ad catechumenos.** Inc. «Accipite, filii, regulam fidei» (SCHANZ, iv, 2, 419) PL, xl, 627
CC, xlvi, 1969, p. 179-199 — VAN DER PLAETSE.

De **genuinitate**, uide A. SIZOO, in *Gereformeerd theologisch Tijdschrift*, xli, 1940, p. 286-301; iam non dubitat H. J. FREDE.

310 **Sermo de disciplina christiana.** Inc. «Locutus est ad nos sermo Dei» (SCHANZ, iv, 2, 459) PL, xl, 669
ibid., p. 207-224.

Genuinitatem optime confirmat A. Zumkeller, in prolegomenis ad uersionem germanicam Andreae Habitzky, Würzburg, 1961.

311 **Sermo de utilitate ieiunii.** Inc. «De utilitate ieiunii admonemur» (SCHANZ, iv, 2, 459)   PL, xl, 70

ibid., p. 231-241 (= S. D. Ruegg, Washington, 1951 [*Patr. Stud.*, lxxxv], paucis emendatis).

Cod.: Mainz, Stadtbibl. I 9, saec. xv, f° 6ra-11ra (cfr Fr. Dolbeau, in RÉAug, xxxvi, 1990, p. 355-359); London, Brit. Libr. Arundel 213, saec. ix, f° 100^v-102^r (exc.?).

Emend.: C. Mohrmann, in VC, viii, 1954, p. 125 sq.

312 **Sermo de Vrbis excidio.** Inc. «Intueamur primam lectionem» (SCHANZ, iv, 2, 459)   PL, xl, 71

ibid., p. 243-262 (= M. V. O'Reilly, Washington, 1955 [*Patr. Stud.*, lxxxix], paucis emendatis).

Trad. text., emend.: W. Wenk, *Zur Sammlung der 38 Homilien des «Chrysostomus Latinus»*, Wien, 1988, p. 24-25 (cfr n. 916).

Ceteri sermones in PL, xl, reuera sunt QVODVVLTDEI (n. 401 sqq.).

313 **De Ciuitate Dei** (SCHANZ, iv, 2, 415)   PL, xli, 1

CC, xlvii et xlviii, 1955 — Dombart & Kalb.   CSEL, xl

Cod.: F. Alonso Turienzo, *Tradición manuscrita escurialense de la «Ciudad de Dios»*, in *La Ciudad de Dios*, clxvii, 1, 1954 (1955), p. 589-623; clxviii, 1955, p. 101-115; 377-389; C. Lambot, *a. c.* (n. 297); H. Rochais, in RÉAug, xvii, 1971, p. 293-298; M. Gorman, in JTS, n. s., xxxiii, 1982, p. 398-410.

Trad. text.: B. V. E. Jones, in JTS, n. s., xvi, 1965, p. 142-145; A. J. Stoclet, in *Rech. august.*, xix, 1984, p. 185-209; J. N. Hillgarth, *L'influence de la «Cité de Dieu» au Haut Moyen Age*, in SE, xxviii, 1985, p. 5-34; H. Thurn, in *Ius et Historia. Festgabe R. Weigand*, Würzburg, 1989, p. 172-180 (cfr *Ann. Phil.*, lx, 1989, n. 1001).

Emend.: M. van den Hout, in *Augustiniana*, vi, 1956, p. 848; F. Chatillon, in RÉL, xxxiii, 1955, p. 75-76; J. Bauer, in *Hermes*, xciii, 1965, p. 133-134 (= Id., *Scholia Biblica & Patristica*, Graz, 1972, p. 243 sq.); J. Doignon, in *Hommages à R. Schilling*, Paris, 1983, p. 277-285; O. García de la Fuente & V. Polentinos Franco, in *Anal. Malacitana*, Malaga, xi, 1988, p. 39-71.

Capitula (CPPM, ii, 121): P. Petitmengin, in *Mise en page et mise en texte du livre manuscrit*, Paris, 1990, p. 133-136.

313a **Epistula ad Firmum** (seu «Praefatio» ad libros *De Ciuitate Dei*). Inc. «Libros de Ciuitate Dei quos a me»   PLS, ii, 1373 *ibid.*, p. iii-iv = Lambot (e RB, li, 1939, p. 109-121). Est *Epist.* 1 A* inter nuper detectas (n. 262*a*).

Emend.: V. Bulhart, in RB, lxi, 1951, p. 259, et in editione Ioannis Divjak (n. 262*a*), p. 7-9.

314 **De haeresibus** (SCHANZ, iv, 2, 438; MAASSEN, 355, 1; CPPM, ii, 122) PL, xlii, 21

CC, xlvi, 1969, p. 286-345 — Vander Plaetse & Beukers; J. L. Bazant Hegemark, *Aur. Augustini liber ad Orosium ... de haeresibus...* (dissert., Wien, 1969, p. 75-177). Cfr H. J. Frede, p. 211.

Capitula, spuria ut uidetur: *ibid.*, p. 349-351.

Appendicis circa Timotheanos, Nestorianos et Eutychianos alteram recensionem edidit G. Morin, in *Basler Zeitschr. f. Altertumskunde*, xxvi, 1927, p. 218 sq.; de huiusmodi appendicibus (CPPM, ii, 122 a. b) uide A. Harnack, in *Sb. Berlin*, 1895, p. 578. Videntur saec. v in Gallia conscriptae.

Cod.: J. Zarco Cueva, in *Bolet. Acad. Hist. Madrid*, cvi, 1935, p. 401; C. Mews, in RÉAug, xxxiii, 1987, p. 113-127.

Emend.: F. Marx, in CSEL, xxxviii, 1898, p. xiv; C. Mews, *a. c.* — F. Oehler, *Corpus haeresiologicum*, i, Berlin, 1856, p. 187-225, et L. G. Müller, Washington, 1956 (*Patr. Stud.*, xc) textum Maurinorum denuo excudunt.

315 **Aduersus Iudaeos** (SCHANZ, iv, 2, 417) PL, xlii, 51

J. L. Bazant Hegemark, *Aur. Augustini liber ad Orosium... sermo aduersus Iudaeos...* (dissert.), Wien, 1969, p. 24-63.

Cfr B. Blumenkranz, *Die Judenpredigt Augustins*, Basel, 1946, p. 199 sq.

316 **De utilitate credendi** (SCHANZ, iv, 2, 424) PL, xlii, 65

CSEL, xxv, 1, 1891 — Zycha, p. 1-48.

Eruditi omnino non probant priora uolumina quae curauit J. Zycha, cfr e. g. A. Jülicher, in ThLz, xvii, 1892, col. 130, 412 sq.; S. Deléani, in *Latomus*, liii, 1994, p. 639-641, laudat nouissimam editionem Andreae Hoffmann, Freiburg, 1992 (*Fontes Christiani*, ix), quae tamen J. Zycha recudit.

317 **De duabus animabus** (SCHANZ, iv, 2, 425) PL, xlii, 93

ibid., p. 49-80.

Critica in nn. 317-325: R. Merkelbach, *Zum Text der antimanichäischen Schriften Augustins*, in *Manichaea Selecta. Studien zu J. Ries*, Louanii, 1991, p. 233-241.

318 **Contra Fortunatum Manichaeum** (*SCHANZ*, iv, 2, 425)   PL, xlii, 1
ibid., p. 81-112.

    Cod.: S. Hellmann, *Der Codex Cusanus C* 14 *nunc* 37, in ZKG, xxvi, 1905, p. 96-104.

319 **Contra Adimantum** (*SCHANZ*, iv, 2, 425)   PL, xlii, 129
ibid., p. 113-190.

    Cod.: Paris B. N., lat. 12.134, saec. viii [*LOWE*, 621], f° 213^r-214^v (fragm.).

320 **Contra epistulam fundamenti Manichaeorum** (*SCHANZ*, iv, 2, 425)   PL, xlii,
ibid., p. 191-248.

    Cfr n. 2255.

321 **Contra Faustum Manichaeum** (*SCHANZ*, iv, 2, 425)   PL, xlii, 207
ibid., p. 249-797.

    Cod.: J. & P. Courcelle, in *Oikumene*, Catania, 1964, p. 1-9; K. A. de Meyier, in *Hommages à A. Boutemy*, Bruxelles, 1976, p. 38-42 (Leyde, BPL 2654, saec. ix [fragm.]).

    Text. bibl.: F. Anderson, in *Expository Times*, li, 1939/40, p. 394-395.
    Fontes: G. Madec, in RÉAug, xxxi, 1985, p. 330-331, n. 69.
    Cfr n. 726.

322 **Contra Felicem Manichaeum** (*SCHANZ*, iv, 2, 425)   PL, xlii,
CSEL, xxv, 2, 1892 — Zycha, p. 799-852.

    Critica: A. Jülicher, in *Hist. Zeitschr.*, lxx, 1893, p. 495-496; P. Lejay, in *Rev. critique*, xxxiv, 1892, p. 504 sq.; P. Monceaux, in *Comptes-rendus Acad. Inscript.*, 1908, p. 51-53.

    Addatur abiuratio (subdititia?) *CRESCONII MANICHAEI* et *FELICIS* (*CPPM*, ii, 167) quam edidit A. Mai e cod. Vat. Reg. 569 (*Noua Patrum Bibl.*, i, Roma, 1852, p. 383) (inc. «Ego Cresconius unus ex Manichaeis... Felix conuersus ex Manichaeis»), una cum alia abiuratio «Iam anathemaui Manichaeum et doctrinam eius» (PL, lxv, 27-28). Vide etiam nn. 533. 534 et 725 sqq.

323 **De natura boni** (*SCHANZ*, iv, 2, 425)   PL, xlii, 551; xlvi 1223
ibid., p. 853-889.

    Textus CSEL recuditur ab A. A. Moon, Washington, 1955 (*Patr. Stud.*, lxxxviii), qui in apparatu fontium nonnulla emendat.

324 **Epistula Secundini Manichaei** (*SCHANZ*, iv, 2, 425)   PL, xlii,
ibid., p. 891-901.

325 **Contra Secundinum Manichaeum** (SCHANZ, iv, 2, 425)   PL, xlii,
   ibid., p. 903-947.   577

326 **Contra aduersarium Legis et Prophetarum** (SCHANZ, iv, 2,   PL, xlii,
   426)   603

   CC, xlix, 1985, p. 35-131; 179-180 — DAUR; uel melius: M. P. CICCARESE, in *Atti Accad. Linc., Classe di Scienza morali*, viii, 25, Roma, 1981/82, p. 307-390.

   Cod.: M. P. CICCARESE, in *Stud. Stor. Relig.*, i, 1977, p. 325-338; iv, 1980, p. 115-121.

   Crit.: EAD., in *Riv. stor. letter. relig.*, xxiii, 1987, p. 115-127.

   Emend.: J.-P. BOUHOT, in RÉAug, xxxii, 1986, p. 287.

327 **Ad Orosium contra Priscillianistas et Origenistas** (SCHANZ,   PL, xlii,
   iv, 2, 426)   669

   CC, xlix, 1985, p. 168-178; 180 — DAUR; J. L. BAZANT HEGEMARK, *Aur. Augustini liber ad Orosium* etc. (dissert.), Wien, 1969, p. 1-21.

   Index uerborum: ILL, A, 29 (nn. 326-327).

   Commonitorium OROSII uide sub n. 573.

   Scripta ad Arianismum pertinentia (PL, xlii, 677-814) uide, una cum *Sermone Arianorum* et *Collatione cum Maximo Ariano*, sub n. 699 sqq.

328 **Oratio S. Augustini in librum de Trinitate.** Inc. « Da nobis   PLS, ii,
   domine in uia hac qua te duce » (SCHANZ, iv, 2, 422; *CPPM*, ii,   1543
   120 a)

   CC, l A (cfr n. 329), p. 551-555.

   De **codicibus** uide G. MORIN, *Études*, p. 29 sq., et A. WILMART, in *Misc. Agost.*, ii, p. 276, adn. ad cod. 152.

   Genuinitatem negant B. FISCHER, in ThLz, lxxvii, 1952, p. 288, et editores. — « Versus Rustici defensoris »: uide sub n. 1508.

329 **De Trinitate** (SCHANZ, iv, 2, 420; *CPPM*, ii, 120)   PL, xlii,
   CC, l-l A, 1968 — MOUNTAIN & GLORIE.   819

   Cod.: B. PAGNIN, *Il codice Giustiniani Recanati ... del sesto secolo*, in *Atti e mem. Accad. Patavina*, xc, 3, 1977/78, p. 171-182 (cfr R. GRYSON, o. c. [n. 283°, p. 40); G. ZANICHELLI, in *Studi ... M. Bellicioni Scarpat*, Roma, 1990, p. 149-161.

   Emend.: R. KANY, in RÉAug, xxxviii, 1992, p. 291-294.

   Dedicatio Aurelio Carthaginensi est Augustini *epist.* 174 (cfr n. 262).

Breuiculi duo editi sunt p. 3-23 et 539-547 (*CPPM*, ii, 120 b); addantur *Capitula* in cod. Casinense 18, saec. xiii, singulis libris praemissa, iuxta *Bibl. Casin.*, i, 1873, p. 224-231.

330 **Psalmus contra partem Donati** (SCHANZ, iv, 2, 428; 461; SCHALLER & KÖNSGEN, 5249)

PL, xliii, 23; CSEL, li, 3

C. LAMBOT, in RB, xlvii, 1935, p. 312-330.

Cod.: C. LAMBOT, in RB, lxiii, 1958, p. 163 (Graz 1099, saec. xii).

Emend.: J. BAXTER, in SE, iv, 1952, p. 18-26; W. BULST, *Hymni latini antiquissimi lxxv, psalmi iii*, Heidelberg, 1956, p. 197 sq.; D. NORBERG, in *Studia italiani di filologia classica*, xxvii-xxviii, 1956, p. 315-317.

Editionem R. ANASTASI, Padova, 1957 (*a*), inspicere non potuimus; cfr A. DE VEER, in RÉAug, vi, 1960, p. 174-175.

De **re metrica** tractat Br. LUISELLI, in *Quad. Urbin.*, i, 1966, p. 28-91. Cfr n. 357.

331 **Contra epistulam Parmeniani l. iii** (SCHANZ, iv, 2, 428)

PL, xliii,

CSEL, li, 1908 — PETSCHENIG, p. 17-141.

332 **De baptismo contra Donatistas l. vii** (SCHANZ, iv, 2, 428)

PL, xliii, 107

ibid., p. 143-375.

Cod.: A. DOLD, TA, i, 14, 1928, p. 52; H. SILVESTRE, in SE, v, 1953, p. 179.

333 **Contra litteras Petiliani l. iii** (SCHANZ, iv, 2, 428)

PL, xliii, 245

CSEL, lii, 1909 — PETSCHENIG, p. 1-227.

Var. lect. e cod. Zürich C 178 [201] edidit L. C. MOHLBERG, in *Riv. di archeol. crist.*, xxiii-xxiv, 1947/8, p. 327-349.

Noua editio paratur a I. VAN DER SPEETEN.

334 **Epistula ad Catholicos de secta Donatistarum** seu **De unitate Ecclesiae** (SCHANZ, iv, 2, 428; CPPM, ii, 115 a. 175)

PL, xliii 391

ibid., p. 229-322.

Genuinitatem plurimi negant; inter eos eminet K. ADAM, *Gesammelte Aufsätze*, Augsburg, 1936, p. 196-215, opusculum cuidam Augustini discipulo adscribens. Genuinitatem optime defenderunt ipse editor necnon P. MONCEAUX, *Hist. litt. de l'Afrique chrétienne*, t. vii, Paris, 1923, p. 105 sq., quorum argumentis quaedam addidit B. CAPELLE, in BALCL, i, p. [98] et H. J. FREDE, p. 202.

(*a*) Haec ed. recuditur interpretatione gallica instructa, in t. xxviii seriei «*Bibliothèque Augustinienne*» (Paris, 1963), p. 149-191.

335 **Contra Cresconium** (SCHANZ, iv, i, 390; iv, 2, 429) PL, xliii,
   ibid., p. 323-582. 445

   Cfr A. BRUCKMAYER, in *Festschrift zum 400-jährigen Bestande des öffentlichen Obergymnasiums der Benediktiner zu Kremsmünster*, Wels, 1949, p. 201-220.

336 **De unico baptismo contra Petilianum** (SCHANZ, iv, 2, 429) PL, xliii,
   CSEL, liii, 1910 — PETSCHENIG, p. 1-34. 595

337 **Breuiculus Collationis cum Donatistis** (SCHANZ, iv, 2, 429) PL, xliii,
   CC, cxlix A, p. 259-306 — LANCEL. 613; CSEL, liii, 39

338 **Ad Donatistas post collationem** siue **Contra partem Donati** PL, xliii,
   post gesta (SCHANZ, iv, 2, 429) 651
   CSEL, liii, p. 95-162.

339 **Sermo ad Caesariensis ecclesiae plebem** (SCHANZ, iv, 2, 429) PL, xliii,
   ibid., p. 165-178. 689

340 **Gesta cum Emerito** (SCHANZ, iv, 2, 429) PL, xliii,
   ibid., 179-196. 697

341 **Contra Gaudentium l. ii** (SCHANZ, iv, 2, 429) PL, xliii,
   ibid., p. 199-274. 707

   Trad. text.: G. FOLLIET, *Les éditions du « Contra Gaudentium » de 1505 à 1576*, in *La Ciudad de Dios*, clxxxi, 1968 (= *Homenaje al P. A. C. Vega*), p. 601-616.

   Apud Maurinos subsequens *sermo de Rusticiano subdiacono* (PL, xliii, 753-758; CSEL, *t. c.*, p. 279-285) est HIERONYMI VIGNIER (CPPM, i, 1206).

342 **De peccatorum meritis et remissione et de baptismo** PL, xliv,
   paruulorum (SCHANZ, iv, 2, 433) 109
   CSEL, lx, 1913 — VRBA & ZYCHA, p. 1-151.

   Critica huius uoluminis et uberior fontium adnotatio: C. WEYMAN, in WklPh, xxxi, 1914, col. 597-604.

343 **De spiritu et littera** (SCHANZ, iv, 2, 433) PL, xliv,
   ibid., p. 153-229. 201

   Textus Vindobonensis repetitur a J. D. BURGER, Neuchâtel, 1951, paucis emendatis.

344 **De natura et gratia** (SCHANZ, iv, 2, 433)
ibid., p. 231-299.

PL, xliv, 247; CSEL v, 665 (exc.)

345 **De natura et origine animae** (SCHANZ, iv, 2, 434)
ibid., p. 301-419.
Emend.: G. DE PLINVAL, in RÉAug, xi, 1965, p. 292.

PL, xliv, 475

346 **Contra duas epistulas Pelagianorum** (SCHANZ, iv, 2, 434)
ibid., p. 421-570.

PL, xliv, 549

347 **De perfectione iustitiae hominis** (SCHANZ, iv, 2, 433)
CSEL, xlii, 1902 — VRBA & ZYCHA, p. 1-48.
Cod.: A. SOUTER, in *Misc. Agost.*, ii, p. 253.

PL, xliv, 291

348 **De gestis Pelagii** (SCHANZ, iv, 2, 433)
ibid., p. 49-122.
Emend.: G. DE PLINVAL, *a. c.* (n. 345), p. 291-292.

PL, xliv, 319

P. 102-103 habetur epistula Timasii et Iacobi ad Augustinum, quae est n. 168 inter epistulas augustinianas; p. 105-106 ipsius Augustini inserta est epistula 146.

349 **De gratia Christi et de peccato originali** (SCHANZ, iv, 2, 434)
ibid., p. 123-206.

PL, xliv, 359

350 **De nuptiis et concupiscentia** (SCHANZ, iv, 2, 434)
ibid., p. 207-319.

PL, xliv, 413

Cod.: A. SOUTER, *l. c.* [n. 347]; P. COURCELLE, in *Rec. de travaux offerts à Cl. Brunel*, Paris, 1955, p. 316-317.
Fontes: G. FOLLIET, in RÉAug, xvii, 1971, p. 59-67.

351 **Contra Iulianum l. vi** (SCHANZ, iv, 2, 434)
PL, xliv, 641-874 = *Maurini*.
Fontes: W. E. BOROWICZ, in RÉAug, xii, 1966, p. 261-262.
Trad. text.: M. LAMBERT, in RÉAug, xv, 1969, p. 257, adn. 15.
Cfr G. MORIN, *Walcaudus, un abréviateur inconnu de S. Augustin*, in RB, xliv, 1932, p. 309-313.

352 **De gratia et libero arbitrio** (SCHANZ, iv, 2, 435)
ibid., 881-912.
Cod.: G. MORIN, in RB, xviii, 1901, p. 241; J. BICK, in *Sb. Wien*, clix, 1908, 7. Heft, p. 28 (Napoli 2, saec. viii [Lowe, 394], f° 37-41).

Versio graeca: Holkham Hall, cod. 113 (136), saec. xvi; cfr R. BARBOUR, in *Bodl. Libr. Record*, vi, 5, 1960, p. 613.

Emend. in nn. 352-355: S. KOPP & A. ZUMKELLER, *Aurelius Augustinus. Schriften gegen die Semipelagianer lateinisch-deutsch*, Würzburg, 1955.

353 **De correptione et gratia** (SCHANZ, iv, 2, 435)

ibid., 915-946.

Cod.: G. MORIN, *a. c.* (n. 352).

354 **De praedestinatione sanctorum** (SCHANZ, iv, 2, 435)

ibid., 959-992.

Cod.: C. LAMBOT, in RB, lxxix, 1969, p. 72, adn. 1.

355 **De dono perseuerantiae** (SCHANZ, iv, 2, 435)

PL, xlv, 993-1034.

Cod.: C. LAMBOT, *a. c.* (n. 354).

Textus Maurinorum repetitur a M. A. LESOUSKY, Washington, 1956 (*Patr. Stud.*, xci).

356 **Contra secundam Iuliani responsionem imperfectum opus** (SCHANZ, iv, 2, 435; CPPM, ii, 124) PL, xlv, 1049

CSEL, lxxxv, 1, 1974 (libri i-iii) — ZELZER; PL, xlv, 1337-1608 (libri iv-vi) — *Maurini*.

Fontes: H. DESSAU, in *Hermes*, xxv, 1890, p. 471-472.

357 **Versus de S. Nabore.** Inc. «Donatistarum crudeli caede peremptum» (SCHANZ, iv, 2, 462; SCHALLER & KÖNSGEN, 3910 [*Anthologia latina*, 484a]) PLS, ii, 356

Y. DUVAL, *Loca Sanctorum Africae*, Rome, 1982, p. 182.

Cfr G. SANDERS, in *Fructus centesimus. Mél. G. Bartelink*, Steenbrugge, 1989 (= *Instr. Patr.*, xix), 297-313.

De ceteris S. Augustini uersibus, nempe *in laude cerei* (*De Ciuitate Dei*, xv, 22), *in mensa* (apud POSSIDIVM, *Vita*, cap. 22), et de *Psalmo aduersus Donatistas*, uide A. VACCARI, *I versi di S. Agostino*, in *La Civiltà Cattolica*, xcviii, 1, 1947, p. 210-222 (= ID., *Scritti*, ii, 1958, p. 245-257); Br. LUISELLI, *a. c.* (n. 330); C. WEYMAN, *o. c.*, p. 111-113 (*uersus in mensa*). Cfr *L'Année épigraphique*, 1941, p. 17, n. 53.

Versus de anima ac ceteri omnes in *Anthologia latina* sub Augustini nomine euulgati Carolinae uel etiam posterioris sunt aetatis, cfr A. VACCARI, *a. c.*

APPENDIX

358 **Vita** auctore Possidio (*SCHANZ*, iv, 2, 398. 471; *BHL*, 785) M. Pellegrino, Alba, 1955 (*Verba Seniorum*, iv).

PL, xxxii, 33

Cod.: É. Chatelain, *Introduction à la lecture des Notes Tironiennes*, Paris, 1900, p. 213-214; pl. iii (Paris, B. N., n. a. l. 1595, saec. ix, f° 136ᵛ).

Critica: M. Pellegrino, in RÉAug, ii, 1956, p. 195-229.

Emend.: A. Bastiaensen in sua editione, Roma, 1975 (*Vite dei Santi*, iii), p. 128-146.

Fontes: M. Marin, in *Vet. Christ.*, xvii, 1980, p. 119-124.

Cfr H. J. Frede, p. 690.

359 **Operum S. Augustini elenchus** (*BHL*, 786; *CPPM*, ii, 1500) A. Wilmart, in *Misc. Agost.*, ii, p. 149-233.

PL, xlvi,

Pauca opportune mutantur a D. De Bruyne, in *Misc. Agost.*, ii, p. 317-319, a S. Zarb, in *Rev. biblique*, xliv, 1935, p. 412-415, et a Fr. Glorie, in *Corona gratiarum. Miscell. E. Dekkers*, i, Steenbrugis, 1975 (*Instr. Patr.*, x), p. 288-309. At uero, K. Jax, *Zum Indiculus des Possidius*, in WSt, liii, 1935, p. 133-146, emendandae editioni Maurinorum operam dedit, recensionem Andreae Wilmart plane ignorans.

De **auctore** uide A. Mutzenbecher, in RÉAug, xxxiii, 1987, p. 128-131.

FLORILEGIA

360 **Altercationes Christianae philosophiae contra erroneas et seductiles paganorum philosophorum uersutias [excerptae ex S. Augustini libris aliquot].** Inc. «Omnis familia summi et ueri Dei»

CC, lviii A, 1975 — Aschoff.

In Italia concinnatae saec. vi medio, ita D. Aschoff, qui accuratissime de hac re disputauit in SE, xxvii, 1984, p. 37-127; xxviii, 1985, p. 35-151, qui et editionem parauit alterius huiusmodi compilationis *Contra Iudaeos* inscriptae.

De *Collectaneis augustinianis*, quae conscripserunt Petrvs Tripolitanvs, Beda Venerabilis (n. 1360), Florvs Diaconvs (*STEGMÜLLER*, 2276-2290. 6920-6933), uide A. Wilmart, *La collection de Bède le Vénérable sur l'Apôtre*, in RB, xxxviii, 1926, p. 16-52; Id., *Le mythe de Pierre de Tripoli*, in RB, xliii, 1931, p. 347-352; C. Charlier, *La compilation augustinienne de Florus sur l'Apôtre*, in RB, lvii, 1947, p. 132-186; I. Fransen, *Les commentaires de Bède et de Florus sur l'Apôtre et saint Césaire d'Arles*, in RB, lxv, 1955, p. 262-266.

Cetera florilegia uide sub nn. 511, 525, 664, 676, 951; recentiora quaedam enumeraui in *Collectanea Augustiniana. Mél. T. J. van Bavel*, i, Louanii, 1990, p. 27-44.

SPVRIA

361 **Principia dialecticae.** Inc. «Dialectica est bene disputandi scientia» (SCHANZ, iv, 2, 412)   PL, xxxii, 1409

W. CRECELIUS, Elberfeld, 1857 (progr.).

Cod.: I. VECCHI, *Aurelii Augustini Praecepta artis musicae*, Bologna, 1951, p. 4, adn. 4; M. Th. VERNET, in *Bull. d'information I. R. H. T.*, viii, 1960, p. 15; G. BILLANOVICH, in *Italia Medioev. e Uman.*, v, 1962, p. 106.

In appendice collocarunt Maurini; dubitauit et J. ZUREK (*Dissertationes philologicae Vindobonenses*, viii, 1905, p. 73).

Editionem Crecelii recudens textum emendauerunt B. DARRELL JACKSON & J. PINBORG, Dordrecht-Boston, 1975, qui et **genuinitati** fauent, sicut H. J. FREDE, p. 201 sq., et E. STUMP, *Dialectic and its Place in the Development of Medieval Logic*, Ithaca, 1989.

Editionem Mariani BALDASSARI, Como, 1985 (cfr G. MADEC, in RÉAug, xxxiii, 1987, p. 333, n. 59) inspicere non ualui.

Critica: H. KEIL, in *Jahrb. f. klass. Philol.*, lxxix, 1859, p. 154 sq., et H. HAGEN, *ibid.*, cv, 1872, p. 157 sq.

Fontes: B. FISCHER, *De Augustini disciplinarum libro qui est de dialectica*, Jena, 1912.

362 **Categoriae x ex Aristotele decerptae.** Inc. «Cum omnis scientia» (SCHANZ, iv, 2, 414)   PL, xxxii, 1419

L. MINIO-PALUELLO, *Aristoteles Latinus*, i, 1-5: *Pseudo-Augustini Paraphrasis Themistiana*, Brugis, 1961, p. 133-175.

Saec. iv-v?; auctore ALBINO cognato BOETHII (SCHANZ, iv, i, 142)? Cfr L. MINIO-PALUELLO, in *Riv. filos. neo-scol.*, liv, 1962, p. 137-147; I. D'ONOFRIO, in CCCM, cxx, 1995, p. lxxii sq..

363 **Solutiones diuersarum quaestionum ab haereticis obiectarum** (cod. Paris, B. N., lat. 12.217) (SCHANZ, iv, 2, 438, adn. 3; CPPM, ii, 207. 1696)

CC, xc, 1961, p. 135-223 — SCHWANK.

Circiter 480-490 in Africa concinnatae.

364 **Contra Varimadum Arianum.** Inc. «Dudum, dilectissimi fratres, in Neapoli» (Ps. IDACIVS CLARVS EPISCOPVS OSSONVBENSIS; Ps. VIGILIVS THAPSENSIS) (SCHANZ, iv, 1, 384; iv, 2, 570; CPPM, ii, 188. 1040. 1694)   PL, lxii, 351

CC, xc, 1961, p. 1-134 — SCHWANK.

Circa 445-480 in Africa confectum, cfr B. SCHWANK, in SE, xii, 1961, p. 112-196.

365 **Expositio de symbolo.** Inc. «Credo in Deum patrem... Nosse debemus et nouimus, fratres carissimi, quod ad ueram» (*STEG-MÜLLER*, 1496, 1) — PLS, ii, 1361

C. P. CASPARI, *Kirchenhist. Anecdota*, i, Christiania, 1883, p. 290-292.

Cfr serm. 242 *PS. AVGVSTINI* et serm. *PS. FVLGENTII de symbolo* (n. 846). De aetate uide F. KATTENBUSCH, *Das apostolische Symbol*, i, Leipzig, 1894, p. 210 sq.; saec. vii anteriorem aestimat H. J. FREDE.

366 **Altercatio cum Pascentio Ariano.** Inc. «Laurentius uir clarissimus» (Ps. VIGILIVS THAPSENSIS) (*SCHANZ*, iv, 2, 570; *CPPM*, ii, 145, 20. 1691)

PL, xxxiii, 1156-1162 = *Maurini*.

Saec. v-vi in Africa confecta.

Cod.: Torino G. v. 26, saec. vi (*LOWE*, 463); Monte Casino 19, saec. viii-ix (*LOWE*, 373).

Trad. text.: *BEDA* (*Coll. in Apost.*, n. 260) et *FLORVS LVGDVNENSIS* (*Coll. in I Cor. 16 et Phil. 2*) tamquam genuinum Augustini foetum adhibent.

Emend.: B. KEINHEYER, in AL, xxxiv, 1992, p. 240 (de quibusdam uerbis in lingua uandalica).

Vide et H. GIESECKE, *Die Ostgermanen*, Leipzig, 1939, p. 185 sq., 220-222.

De Pascentio cfr n. 703.

367 **Epistulae Augustini et Bonifatii comitis amoebaeae** (*SCHANZ*, iv, 2, 455; *CPPM*, ii, 145)

PL, xxxiii, 1093-1098 = *Maurini*.

Spuriae sunt, sed auctoris aequalis; locupletissime de his tractauit J. DE LEPPER, *De rebus gestis Bonifatii*, Tilburg, 1941, p. 9-17.

Sequitur in PL epistula ad Demetriadem, quae est *PELAGII* (n. 737). Duae epistulae sequentes, *AVGVSTINI* nempe et *CYRILLI in laudatione S. Hieronymi* (PL, xxxiii, 1120-1153 [*BHL*, 3867-8]; *CPPM*, ii, 145, 18-19) spuriae sunt et saec. xii, cfr F. CAVALLERA, *St. Jérôme*, i, 2, Louvain, 1922, p. 144 sq.; **cod.**: B. LAMBERT, *BHM*, n. 903. Insuper in editione Louaniensi (t. x, p. 764) extat etiam «*epistula S. Augustini ad sororem de obitu S. Monicae*» (*BHL*, 5999; *CPPM*, ii, 146, 2), et ipsa posterioris aetatis. — PL, xxii 281

368 **Sermones spurii** (*SCHANZ*, iv, 2, 459; *CPPM*, i, p. 124-232)
PL, xxxix, 1735-2354 = *Maurini*.
Var. lect.: PL, xlvii, 1227-1250 = CAILLAU & SAINT-YVES.
De singulis haec notanda sunt:

Sermones 2, 4-6, 8, 10-22, 24-26, 28-42, 44, 45, 51-53, 57, 58, 63, 66-69, 75-78, 89-91, 93, 97, 101, 104, 105, 107, 110-112, 115, 116, 129, 130, 140-142, 149, 163, 168, 173, 174, 177, 197, 198, 210, 220, 224, 225, 228-230, 244, 249, 252, 253, 255-261, 263-267, 269-279, 281-289, 292-296, 298-301, 303, 305-309, 313-315 sunt CAESARII (n. 1008).

Sermo 1: uide alteram recensionem in *Misc. Agost.*, i, p. 731 et 747, sub initiis *Debitum* et *In ueteri testamento* (edid. CAILLAU, i, sermo 1 et 2) (*CPPM*, i, 786);

sermo 3: eiusdem auctoris uidetur ac *sermones* 7, 23, 27, 46-50, 59, 60 ac 99, cfr censuras *Maurinorum*; *CPPM*, i, 775; ed. A. CANELLIS, *Zénon de Vérone et 11 sermons ps.-augustiniens*, Lyon, 1988 (dissert.), p. 254-312 (cfr H. J. FREDE, p. 159 sq.);

sermo 9 = ORIGENIS *homilia* 10 *in Genesim*;

sermo 43 etiam sub nomine IOANNIS CHRYSOSTOMI tum in manuscriptis tum in editionibus inuenitur, perperam uero; est *sermo* 25 inter *Homilias Escurialenses* [n. 915, adn. *a* et *b*];

sermo 55 = PS. MAXIMI TAVRINENSIS *homilia* 107 (*CPPM*, i, 840);

sermo 56 antiquior CAESARIO; est *sermo* 16 inter *Homilias Escurialenses* [n. 915; adn. *a* et *b*], *sermo* 43;

sermo 60 = ZENONIS *tractatus* 2, 16, sed hic multo amplificatus; cfr supra [n. 208], *sermo* 3;

sermo 61 = CHRYSOLOGI *sermonis* 53 recensio interpolata;

sermo 64 = IVONIS CARNOTENSIS *sermo* 22;

sermo 65: **cod.**: P. VALLIN, in RÉAug, xxvi, 1980, p. 303-305 (*CPPM*, i, 850);

sermo 72: fortasse ERACLII PRESBYTERI (n. 388);

sermo 73 = appendicis CHRYSOLOGI *sermo* 6 (*CPPM*, i, 858);

sermo 74 = IVONIS CARNOTENSIS *sermo* 24;

sermo 80 = MAXIMI TAVRINENSIS *sermo* 59;

sermo 81 = PS. MAXIMI TAVRINENSIS *sermo* 107; reuera est EPIPHANII LATINI (n. 914) *sermo* 60, nouo addito initio;

sermo 82 = MAXIMI TAVRINENSIS *sermo* 26;

sermo 83 in homiliario Alani 1, 68;

sermo 84 = S. AMBROSIVS, *De sacramentis*, v, 4;

serm. 85 et 86 = PS. FVLGENTII *serm.* 80 et 64 (n. 844);

sermo 87 = MAXIMI TAVRINENSIS *sermo* 24;

sermo 88 = MAXIMI TAVRINENSIS *sermo* 25;

sermo 94 in homiliario Alani 2, 109; pars posterior ex *tractatibus s.* AVGVSTINI *in Iohannem*; cfr R. ÉTAIX, in *Philologia Sacra. Festschr. H. J. Frede & W. Thiele*, ii, Freiburg, 1993, p. 560 sq.;

sermo 95 = *sermo* 27 CHROMATII (n. 217);

sermo 97 quattuor formis traditur, cfr C. LAMBOT, in RÉAug, ii, 1956, p. 136; ed. P. VERBRAKEN, in *Miscel. Patristica. Homenaje al A. C. Vega*, Escorial, 1968 (= *La Ciudad de Dios*, clxxxi), p. 145-146 (CPPM, i, 882 b);

sermo 98 = HRABANI MAVRI, *Ad Haistulphum sermo* 52 (cfr R. ÉTAIX, in RÉAug, xxxii, 1986, p. 129 et 132-133) (CPPM, i, 883);

sermo 100 = MAXIMI TAVRINENSIS *sermo* 17;

serm. 102 et 103: exc. e *Conlatione* xxiii IOANNIS CASSIANI, addito initio e *sermone* 151 AVGVSTINI;

sermo 106 = *sermo* PS. AVGVSTINI, ed. FONTANI, n. 2 (PL, xlvii, 1127-1134); de eo uide G. MORIN, in *Misc. Agost.*, i, p. 732, et C. LAMBOT, in *Stud. Patr.*, i, 1957, p. 122, qui QVODVVLTDEVM auctorem aestimat (CPPM, i, 891);

sermo 108 = HRABANI MAVRI (cfr *sermo* 98), *hom.* 45 (CPPM, i, 893), sed longe antiquior;

sermo 109: iuxta J. P. BOUHOT, in RÉAug, xx, 1974, p. 137-141, eiusdem concionatoris est ac *serm.* 118, 237, 238, 239, Mai 171, 172, 173, *tract.* 3 PS. AVGVSTINI; edid. G. SOBRERO, *Anonimo Veronese omelie mistagogiche e catechetiche*, Roma, 1992 (CPPM, i, 1022. 1023. 1024. 903. 1117. 1118. 1119. 1780. 1781. 1782. 894). Scripsit saec. vi mediante in Italia septentrionali (cfr nn. 222 et 560°);

sermo 113 est GREGORII ILLIBERITANI (n. 551°) (CPPM, i, 898, 4918);

sermo 117, olim SEDATO NEMAVSENSI tribuitur (n. 1006) (CPPM, i, 902);

sermo 118, non est VIGILII THAPSITANI (n. 809); uide supra, *sermo* 109;

sermo 119 = FAVSTI REIENSIS *sermo dubius* 1 (n. 969) (CPPM, i, 904);

sermo 120: **cod.**: H. BARRÉ, *Marianum*, xxi, 1959, p. 140, adn. 50 (CPPM, i, 905);

sermo 121: uide nn. 183° et 237°;

sermo 122 = PS. MAXIMI TAVRINENSIS *homilia* 12 (CPPM, i, 908);

sermo 123: uide sub n. 844, *sermo* 36;

sermo 124 est PETRI CHRYSOLOGI (n. 228);

sermo 127 pendet ex AVGVSTINI *sermone* 371; pars posterior exscripta ex libro *De fide et symbolo* (n. 293); in homiliario Alani i, 10 c (CPPM, i, 912);

sermo 128: cfr R. Étaix, in RÉAug, xxvi, 1980, p. 82-87 (*CPPM*, i, 913);

serm. 131 et 132, OPTATI MILEVITANI? Cfr n. 248 sq. (*CPPM*, i, 916. 917); originem Optatianam denegat H. J. Frede;

sermo 133 = S. LEONIS *sermo* 38;

sermo 134 = PS. MAXIMI TAVRINENSIS *homilia* 34 A;

sermo 135 est MAXIMI TAVRINENSIS, *sermo* 13 A extr.;

serm. 136 nn. 1-3 sunt pars prior homiliae dubiae SEDATI (n. 1007), nn. 4-6 uero pars posterior sermonis dubii FAVSTI (n. 970) (*CPPM*, i, 921);

sermo 137 = HIERONYMI *sermo de Epiphania* (n. 599);

sermo 138: saec. v, in Italia habitus; cfr *CPPM*, i, 923;

sermo 139: saec. ix in Italia habitus, sicut et alii *sermones* PS. AMBROSII (uide sub n. 180); edid. P. Mercier, in SC, clxi, 1970, p. 162-166;

sermo 143 = PS. MAXIMI TAVRINENSIS *sermo* 18;

sermo 144: plurimae extant recensiones, uide G. Morin, in *Misc. Agost.*, i, p. 751, et inter *Initia Caesariana*, p. 926, sub uerbo *Moyses* (PL, xlvii, 1142-1144); legitur etiam inter sermones S. MAXIMO TAVRINENSI errore adscriptos [n. 21 (PL, lvii, 575-578)]; e BASILII *homilia i de ieiunio* (PG, xxxi, 169-181) expilatus est (cfr *CPPM*, i, 929);

sermo 145 = PS. MAXIMI TAVRINENSIS *sermo* 20;

sermo 146 = MAXIMI TAVRINENSIS *sermo* 36;

sermo 147 = MAXIMI TAVRINENSIS *sermo* 50 A;

sermo 148 = S. LEONIS *sermo* 43;

sermo 150 conferatur cum *sermone* Caillau ii, 51 (*CPPM*, i, 935);

sermo 151 ex S. AMBROSII *expositione in Lucam* compilatus (*CPPM*, i, 936);

sermo 152 = MAXIMI TAVRINENSIS *sermo* 57;

sermo 153 = EVSEBII GALLICANI? Cfr n. 968 (*CPPM*, i, 153);

sermo 154 = EVSEBII GALLICANI *sermo* 23 (inc. «*Deus erat in Christo ... id est diuinitus operabatur*») (*CPPM*, i, 939);

sermo 155 = IOANNIS CHRYSOSTOMI *de cruce et latrone homilia* i (PG, xlix, 399 sq.). Cfr A. Wilmart, in JTS, xix, 1918, p. 314 (*CPPM*, i, 940);

sermo 156: *CPPM*, i, 941;

serm. 157 initium recurrit in *sermone* Caillau i, 38 (*CPPM*, i, 942);

sermo 158 = *sermo* 6 in app. MAXIMI TAVRINENSIS [PL, lvii, 853-854] (*CPPM*, i, 943);

sermo 159 = HIERONYMI *sermo de pascha* (n. 603);

sermo 160: spolia ex EVSEBIO GALLICANO (*serm.* 12bis) et GREGORIO M., quae postea in suum usum accommodauit MARTINVS LEGIONENSIS (PL, ccviii, 925 sq.); in homiliario Alani 2, 2 (CPPM, i, 945); uide D. OZIMIC, *Der pseudoaugustinische Sermo 160*, Graz, 1979 (cfr H. J. FREDE, p. 269);

sermo 161 = PS. EVSEBII GALLICANI *sermo* 22; in hom. Alani 2, 12 (CPPM, i, 946);

sermo 162 in triplici extat recensione, cfr G. MORIN, in *Misc. Agost.*, i, p. 762; n. 1-2 recurrit in sermone CAILLAU i, App. 4; in hom. Alani 2, 13 (CPPM, i, 947);

sermo 164 = PS. MAXIMI TAVRINENSIS *sermo* 30;

sermo 165 = PS. MAXIMI TAVRINENSIS *sermonis* 34 altera recensio (CPPM, i, 950);

sermo 171 = PS. ODILONIS CLVNIACENSIS *sermo* 5 (PL, cxlii, 1004 sq.); extant et aliae recensiones, cfr CPPM, i, 956; cfr J. LEMARIÉ, in RB, civ, 1994, p. 201 sq.;

sermo 172, *in octauis Paschae*: uide G. MORIN, *Études*, p. 491, n. 6, et C. LAMBOT, in *Hist. Jahrb.*, lxxvii, 1957, p. 410, adn. 15 (cfr CPPM, i, 957);

sermo 175 extat cum alio initio («Legimus spiritum sanctum») apud CAILLAU, i, 67; in hom. Pauli Diaconi 2, 18 (CPPM, i, 960);

sermo 176: EVSEBII GALLICANI *sermonis* 28 altera recensio; uide G. MORIN, *l. c.*, n. 8 (CPPM, i, 961);

sermo 178: sermo genuinus LIVERANI viii, ed. MORIN, p. 391 sq. (*sermo* 265 A);

serm. 179, 180, 181 sunt PS. FVLGENTII *serm.* 48 et 49 (n. 844) (CPPM, i, 964, 965, 966);

sermo 182 = PS. MAXIMI TAVRINENSIS *sermo* 8 (n. 223);

sermo 183: inter dubios sermones S. FVLGENTII, n. 8 (n. 838) (CPPM, i, 968);

sermo 184 extat in homiliario Alani 2, 32 (CPPM, i, 969);

sermo 185 in hom. Alani 2, 31; in n. 2 quaedam ex MAXIMI TAVRINENSIS *hom.* 62 mutuata sunt; Bruni, a Meyranesio deceptus, bis eundem textum, diuerso initio edidit (*hom.* 63 et *serm.* 54) (CPPM, i, 970);

sermo 186: edid. A. OLIVAR, in SE, v, 1953, p. 133-140; uidetur compositus in Italia septentrionali saec. v; in hom. Alani 2, 36 (CPPM, i, 971);

sermo 188: uide inter spuria S. LEANDRI HISPALENSIS (n. 1185) (CPPM, i, 973);

serm. 189 et 190: uide G. MORIN, *Études*, p. 495, nn. 22 et 24; CPPM, i, 974, 975;

sermo 191: conclusio iuxta R. ÉTAIX, in *Rech. august.*, xvi, 1981, p. 357;

sermo 192 = MAXIMI TAVRINENSIS *homilia* 54 (inc. «Astruximus superiore dominica»);

sermo 193 in hom. Alani 1, 8, apud CAILLAU ii, 32 et MAI 77, 2-3 (*CPPM*, i, 978);

sermo 194: auctor certe exscribit PS. AVGVSTINI *serm.* 119-121 et 208 (id est AMBROSIVM AVTPERTVM); ergo non est ipse AMBROSIVS; neque uidetur AMBROSII AVTPERTI; extat in hom. Alani 2, 65. Cfr G. MORIN, *Études*, p. 497 sq.); in eorum usum accommodarunt HRABANVS MAVRVS (PL, cx, 54 sq.) et FVLBERTVS CARNOTENSIS (PL, cxli, 336 sq.); cfr G. G. LAPEYRE, *S. Fulgence de Ruspe*, Paris, 1929, p. 247; et praesertim L. SCHEFFCZYK, *Das Mariengeheimnis in Frömmigkeit und Lehre der Karolingerzeit*, Erfurt-Leipzig, 1959, p. 48-53; **cod., uar. lect.**: H. BARRÉ, in *Marianum*, xxi, 1959, p. 154-157 (*CPPM*, i, 979);

sermo 195: AMBROSIO AVTPERTO perperam tribuit L. SCHEFFCZYK, *l. c.*; in hom. Alani 15 (*CPPM*, i, 980);

sermo 196: uide G. MORIN, *Études*, p. 495; auctor Ambrosium, Eusebium Gallicanum et Caesarium (*serm.* 216, 3) expilauit (*CPPM*, i, 981);

sermo 199 = PETRI CHRYSOLOGI *sermo* 91 (*CPPM*, i, 984);

sermo 201 = PS. MAXIMI TAVRINENSIS *sermo* 69 (*CPPM*, i, 986);

sermo 202 = MAXIMI TAVRINENSIS *sermo* 1 (*CPPM*, i, 987);

sermo 203 = FAVSTI *sermo dubius* (n. 975) (*CPPM*, i, 988);

sermo 204: altera extat recensio in *Florilegio Casinensi*, iii, 116 sq.; in hom. Alani 2, 48 (*CPPM*, i, 989); **fontes**: A. CHAVASSE, in AL, xxvi, 1984, p. 18-37;

sermo 206 = PS. MAXIMI TAVRINENSIS *sermo* 70 A (et 70 B) (*CPPM*, i, 991);

sermo 207, de S. Laurentio, tantum nomine martyris et conclusione differt cum *sermone* 105 extr. MAXIMI TAVRINENSIS *de SS. Alexandro, Martyrio et Sissinio*; conclusio ex *hom.* 82 PS. MAXIMI TAVRINENSIS mutuata est; in hom. Alani 2, 62 (*CPPM*, i, 992);

sermo 208: AMBROSII AVTPERTI, edid. R. WEBER, in CCCM, xxvii B, 1979, p. 1027-1036 (*CPPM*, i, 993); **cod.**: H. WEISWEILER, in *Scholastik*, xxviii, 1953, p. 505;

sermo 209 = BEDAE *sermo spurius* (n. 1369) (*CPPM*, i, 994);

sermo 210 = PS. MAXIMI TAVRINENSIS *sermo* 85 et *homilia* 64, quae est CAESARII *sermo* 219 (*CPPM*, i, 995);

sermo 211: uide G. MORIN, *Études*, p. 490, n. 2 (**cod.**: *CPPM*, i, 996);

sermo 212 in hom. Alani 1, 22; initium ex AVGVSTINI *sermone* 319 sumptum est (*CPPM*, i, 997);

serm. 214 et 215 = *PS. FVLGENTII serm*. 3 et 2 (n. 844); *serm*. 215 aliae recensiones indicantur ab A. WILMART, in RB, xxxii, 1920, p. 161, adn. 9 (cfr *CPPM*, i, 1000);

sermo 217 in hom. Alani 1, 21*a*; **cod.**: *CPPM*, i, 1002);

sermo 218 in hom. Alani 1, 29; praeter initium totus fluxit e serm. *Deceptor itaque Herodes* (n. 967), qui EVSEBII GALLICANI *serm*. 4 expilauit (*CPPM*, i, 1003);

sermo 219: G. MORIN, *Études*, p. 490, n. 3; Alanus 1, 28; forsitan illius concionatoris Afri, de quo in n. 371 (*CPPM*, i, 1004);

sermo 221: e *PS. MAXIMI TAVRINENSIS serm*. 78, GREGORII MAGNI *Moral. in Iob* et *BEDAE hom*. i, 10 consarcinatus (*CPPM*, i, 1006);

sermo 222 = HRABANI MAVRI *homilia* 35 [PL, cx, 66 sq];

sermo 223 = IVONIS CARNOTENSIS? Cfr PL, clxii, 610; G. MORIN, *Études*, p. 499;

sermo 226 = *PS. MAXIMI TAVRINENSIS sermo* 91;

sermo 231 = EVSEBII GALLICANI *sermo* 57 (inc. «Haec omnium credentium mater»), et *sermo* 19 appendicis MAXIMI TAVRINENSIS (cfr *CPPM*, i, 1016);

sermo 232 est HIERONYMI (n. 593);

sermo 233, *de fide catholica* = symbolum concilii Toletani primi, edidit J. DE ALDAMA, *El Símbolo Toledano i*, Roma, 1934, p. 29-36. **Cod.**: A. OLIVAR, in *Anal. sacra Tarracon.*, xxii, 1949, p. 78 (cfr n. 559);

sermo 234: nn. 1-5 e libro *De ratione fidei* FAVSTI REIENSIS (n. 964), nn. 6-7 e libro vi *De Trinitate* PS. VIGILII seu EVSEBII VERCELLENSIS (n. 105) (*CPPM*, i, 1019);

sermo 235: GREGORIVS ILLIBERITANVS (nn. 552 et 554) (*CPPM*, i, 1020);

sermo 236: PELAGIVS (n. 731) praefixo exordio «Multa quidem et frequenter ausi sunt»;

serm. 237, 238 et 239 probabilius non sunt SYAGRII (n. 560°); cfr supra, *sermo* 109 (*CPPM*, i, 1022, 1023, 1024);

serm. 240 et 241: *CPPM*, i, 1025. 1026;

sermo 242: uide J. MADOZ, *Le symbole du xie concile de Tolède*, Louvain, 1938, p. 44, adn. 1; G. MORIN, *Misc. Agost.*, i, p. 755; F. KATTENBUSCH, *Das apostolische Symbol*, i, Leipzig, 1894, p. 210 sq., adn. 16 (*CPPM*, i, 1027);

sermo 245: nn. 1-2 exscribunt HONORATVM (n. 426), nn. 3-5 autem sermonem CAILLAU i, 7, 19-24; hom. Alani 2, 83; Paul. Diac. 1, 9; **cod.**: E. M. LLOPART, in *Est. Marianos*, vi, 1947, p. 186-187; R. ÉTAIX, in *Rech. august.*, xxvi, 1992, p. 144, adn. 5 (*CPPM*, i, 1030); materiam praebuit PS. ILDEFONSO (uide n. 1251);

sermo 246: pars prior est AVGVSTINI *tract. 78 in Ioh.*, pars posterior uero est PELAGII (n. 748*b*) (*CPPM*, i, 1031);

sermo 247 = IVONIS CARNOTENSIS *sermo* 6 [PL, clx, 562];

sermo 248 = MAXIMI TAVRINENSIS *sermo* 38, omisso exordio (*CPPM*, i, 1033);

sermo 251, in collectione sermonum *ad fratres in eremo* n. 63, est prima pars *serm.* 24 PS. AMBROSII; **cod.**: E. A. LOWE, in *Misc. Agost.*, ii, p. 247 (Verona ii, 2, saec. viii); C. WEYMAN, in *Rev. hist. litt. relig.*, iv, 1899, p. 93 (Clm 6330, saec. [viii] ix) (*CPPM*, i, 1036);

sermo 254: affertur in *Libro Scintillarum* (n. 1302); est fons ALCVINI, cfr L. WALLACH, *Alcuin and Charlemagne*, Ithaca N. Y., 1959, p. 239-241 (*CPPM*, i, 1039);

sermo 262 = EVSEBII GALLICANI *sermo* 44 (cfr CAESARIVS, *sermo* 197);

sermo 268 = PS. CHRYSOSTOMI est *hom.* 38 in *Homiliario Escorial*. [ante n. 916, adn. *a* et *b*];

sermo 280 = HRABANI MAVRI *homilia* 41;

sermo 290 = HRABANI MAVRI *homilia* 50;

sermo 291 uidetur esse fons et ALCVINI et HRABANI MAVRI *homiliae* 47, cfr L. WALLACH, *o. c.*, p. 239 (*CPPM*, i, 1076);

sermo 297 affertur in *Libro Scintillarum* (n. 1302) sub nomine GREGORII MAGNI; adhibetur ab ALCVINO et HRABANO MAVRO (*homilia* 54), cfr L. WALLACH, *o. c.*, p. 240 (*CPPM*, i, 1082);

sermo 302 recurrit in HRABANI MAVRI *homilia* 48 et apud ALCVINVM, cfr L. WALLACH, *o. c.*, p. 239 (*CPPM*, i, 1087);

sermo 304 affertur in *Libro Scintillarum* (n. 1302); eo utuntur ALCVINVS et HRABANVS MAVRVS (*homilia* 51), cfr L. WALLACH, *o. c.*, p. 240 (*CPPM*, i, 1089);

sermo 310: **cod.**: RB, xlv, 1933, p. 97; SE, vii, 1955, p. 294 (*CPPM*, i, 1095).

Circa alios sermones uide censuras saepe accuratissimas *Maurinorum* et eas quas G. MORIN publici iuris fecit ad calcem t. secundi primi uoluminis S. Caesarii (p. 907-938), necnon et *CPPM*, i, 786-1102. De sermonibus, quos B. BRUNI inter contiones S. MAXIMI TAVRINENSIS denuo euulgauit, uide supra, nn. 220-226.

369 **Sermo in cathedra Petri.** Inc. «Natale ‹primae› cathedrae sancti Petri» (*CPPM*, i, 1369. 1986)

PLS, ii, 1337

G. MORIN, in RB, xiii, 1896, p. 343-346.

Auctore Romano saec. v; apud CAILLAU *sermo* ii, 63.

Sermo de epiphania. Inc. «Meminit sanctitas uestra, dilectissimi fratres, ante paucos dies» (CPPM, i, 1983. 6187)

uide sub n. 247.

Sermo Augustini de Resurrectione. Inc. «Delectet nos, dilectissimi» (CPPM, i, 2002. 4923)

uide sub n. 1720.

Sermo S. Augustini episcopi. Inc. «Fratres karissimi, qui in xpisto deum colentes» (CPPM, i, 2351)

uide sub n. 792.

369a **Sermo.** Inc. «O fratres dilectissimi, magna [in]dignatio est qua nos Xps» (CPPM, i, 1912)

GRAZIANO DI S. TERESA, in *Ephem. Carm.*, xiv, 1963, p. 221-223.

E cod. Vat. Pal. 556, saec. ix, f° 20^v-22. Excerptum edidit A. WILMART, in BALAC, i, 1911, p. 282-283 (inc. «Ac si dixisset rex magnus aliquis terrenus: pignorabo uobis»); sermonem aestimat in Italia ortum esse saec. v. Vide etiam H. J. FREDE, p. 262.

369b **Sermo.** Inc. «Hodiae natus est Dominus noster Ihesus filius Dei uiui» (CPPM, i, 1907)

ibid., p. 210.

Eodem e codice sicut et sequentes sermones:

369c **Omelia.** Inc. «o fratres dilectissimi, faciamus bonum ad omnes» (CPPM, i, 1908)

ibid., p. 211-215.

Est *sermo* 123 inter sermones pseudoaugustinianos quos edidit A. MAI (cfr infra, n. 372).

369d ‹**Sermo**›. Inc. «Epiphania enim grece dicitur quod est apparitio» (CPPM, i, 1909)

ibid., p. 215-219.

369e ‹**Sermo**›. Inc. «Non timet qui non timet tres saltus regis» (CPPM, i, 1910)

ibid., p. 219-220.

369f ‹**Sermo**›. Inc. «Magnum uere sacramentum quod nobis a Deo» (CPPM, i, 1911)

ibid., p. 220.

369g **Sancti Augustini episcopi.** Inc. «O fratres dilectissimi, oportet nos renouari in meliora» (CPPM, i, 1913)
ibid., p. 223-225.

369h ‹**Sermo**›. Inc. «Oremus Dominum ne audiamus» (CPPM, i, 1914)
ibid., 225-227.

369i **Sancti Augustini.** Inc. «Pentecosten hodiae caelebratur in nobis» (CPPM, i, 1915)
ibid., p. 227.

369k **Omelia sancti Augustini.** Inc. «O fratres dilectissimi, praeparemus nobis cor nouum» (CPPM, i, 1916)
ibid., p. 228-229.

369l ‹**Sermo**›. Inc. «O fratres dilectissimi, timendus est ille» (CPPM, i, 1917)
ibid., p. 229-232.

369m ‹**Sermo**›. Inc. «Septem speciem in monasterio» (CPPM, i, 1918)
ibid., p. 232-233.

369n ‹**Sermo**›. Inc. «Vos enim fratres, in libertatem uocati estis» (CPPM, i, 1919)
ibid., p. 233-234.

369o ‹**Sermo**›. Inc. «Amantissimi fratres, adtendite mandata» (CPPM, i, 1920)
ibid., p. 234-235.

369p ‹**Sermo**›. Inc. «Scripturae diuinae recitantur» (CPPM, i, 1921)
ibid., p. 236.

369q **Sancti Augustini episcopi.** Inc. «Fratres carissimi, in hic corroboramini» (CPPM, i, 1922)
ibid., p. 236-237.

369r ‹**Sermo**›. Inc. «Ita habitatio hominis in hoc mundo» (CPPM, i, 1923)
ibid., p. 237-238.

369s ‹**Sermo**›. Inc. « Dicit enim sancta Scriptura: Prope est » (*CPPM*, i, 1924) *ibid.*, p. 238-241.

370 **Sermones spurii e cod. Guelferbytano** 4096 PLS, ii, 1339

G. Morin, *Tractatus siue sermones S. Augustini*, Kempten, 1917, *Appendix*, p. 165-218:

sermo i (Guelferbytanus 3). Inc. «Hodie, fratres karissimi, caeli desuper rorauerunt»; africanus et antiquus (*CPPM*, i, 1972);

sermo ii (Guelferbytanus 6): uide n. 245 (*CPPM*, i, 1973);

sermo iii (Guelferbytanus 18). Inc. «Dominicum semen per manus linguae nostrae»; item africanus et antiquus (*CPPM*, i, 1974);

sermo iv (Guelferbytanus 19): uide n. 414 (*CPPM*, i, 1795. 6402);

sermo v (Guelferbytanus 38). Inc. «Domini passio discipulorum defectio» (a QVODVVLTDEO compositus?) (*CPPM*, i, 1796. 6401);

sermo vi (Guelferbytanus 39). Inc. «Hodie tertius dies agitur»; item africanus et antiquus (*CPPM*, i, 1797);

sermo vii (Guelferbytanus 43) est Augustini sermo genuinus, ed. Morin, p. 581-585;

sermo viii (Guelferbytanus 80): uide n. 415 (*CPPM*, i, 1978. 6401);

sermo ix (Guelferbytanus 94): uide n. 412 (*CPPM*, i, 1979. 6401).

371 **Sermones pseudoaugustiniani e cod. Casinensi xii** (saec. xi):

A. B. Caillau & B. Saint-Yves, *S. Augustini operum supplementum*, t. i, Paris, 1836, *serm.* 32, 39, 40, 42 (*a*), 45, 48, 55, 66, 68; *App.*, 3, 5, 7, 8; t. ii, Paris, 1839, *serm.* 1, 22, 24, 25, 36, 39, 40, 43, 45, 46, 47, 60, 64, 82, 83, 85; *App.* 1, 17, 57; *Florilegium Casinense*, i, 1873, p. 164-165; 174-175; A. Mai, *Noua Patrum Bibliotheca*, i, Roma, 1852, p. 87-88, *sermo* 43.

Horum plerique sermones eiusdem sunt auctoris, cuiusdam Afri saec. iv-v. Cfr G. Morin, in *Misc. Agost.*, i, p. 722-768 passim; J. Leclercq, in RB, lvii, 1947, p. 126 sq.

Sermones Caillau i, *App.* 5 (inc. «Libentius, fratres, clariusque») et ii, *App.* 57 (inc. «Magnum hodie, fratres, suscipiamus») fragmenta sunt unius contionis, quam edidit J. Leclercq, *a. c.*, p. 121-125 (**emend.**: V. Bulhart, in RB, lxi, 1951, p. 260); de *serm.* Caillau, i, 48 et ii, 64, cfr etiam B. de Gaiffier, in AB, lxvii, 1949, p. 275-278; appendicis tractatus ultimus seu «Liber de omnibus uirtutibus quem beatus Augustinus edidit ad matrem suam» (p. 242-252) infra sub n. 1219 recensebitur; quod ad ceteros attinet, uide *Initia et censuras sermonum* Germani Morin et H. J. Frede, p. 276-290, necnon et *CPPM*, i, 1231-1497.

(*a*) *Sermo* 42 est EPIPHANII LATINI 21 (n. 914).

372 **Sermones pseudoaugustiniani**

a) A. MAI, *Noua Patrum Bibliotheca*, i, Roma, 1852 (CPPM, i, 1605-1809):

serm. 10, 33, 40, 45, 46, 48, 50, 51, 52, 53, 54, 55, 56, 57, 66, 68, 73, 74, 75, 76, 77, 78, 79, 81, 84, 85, 90, 93, 96, 102, 107, 113 *bis*, 114*a*, 116, 117, 123 (cfr supra n. 369*a*), 135, 140, 141, 142, 143, 144, 145, 146, 147, 149, 151, 154, 157, 160, 169, 172, 173, 177, 179, 186, 187, 189, 190, 199.

Ceteri aut genuini sunt aut posterioris aetatis, uel alio loco a nobis iam recensi sunt, cfr *Indicem* iv et *Initia et censuras sermonum* G. MORIN et H. J. FREDE, p. 294-301.

Nonnulli etiam editi sunt ab A. CAILLAU uel in *Florilegio Casinensi*. Quinque tantum in PL inuenies, nempe: serm. 53: PL, xlvii, 1141-2; 73: xlvii, 1237-8; 81: xcv, 1329-31; 85: xlvii, 1155-6; 107: xlvii, 1147-8.

De singulis denique sermonibus sequentia adnotare fas est:

sermo 2 est PETRI CHRYSOLOGI S. 99 *bis*;

sermo 5, item PETRI CHRYSOLOGI S. 177;

sermo 6, item eiusdem concionatoris s. 178;

sermo 23 est ORIGENIS/RVFINI *hom. in Genesim* (CPL, 1149; CPG, 1411; CPPM, i, 1628;

sermones 27-32, 35-38, 41, 42, 152 collecti sunt in sic dicto *Homiliario Armamentarii* [ante n. 916, adn. *b*];

sermo 30 est PETRI CHRYSOLOGI S. 72 *bis*;

sermo 31, eiusdem s. 72 *ter*;

sermo 35: recensio adaptata ad cultum Mariae Magdalenae editur a V. SAXER, in RB, lxxx, 1970, p. 42-46 (inc. «Maria enim Magdalenae quemadmodum audistis»; *aliter*: Maria ueniens ad Christi domini monumentum»); cfr n. 940 (CPPM, i, 1640);

sermo 37 est uersio latina homiliae EVSEBII ALEXANDRINAE, edid. J. LEROY & Fr. GLORIE, in SE, xix, 1969, p. 67-70;

sermo 50: denuo edid. A. CHAVASSE, in AL, xxvi, 1984, p. 29-31;

sermo 52 integrum edidit A. CAILLAU (*serm*. ii, 73); nouum codicem indicat P. COURCELLE (RÉAug, ii, 1956, p. 450 sq.);

sermo 63 est pars CAESARII ARELATENSIS S. 31 (CPPM, i, 1670);

serm. 67 et 68, de S. Genesio, edid. W. WEISMANN, in SE, xxiii, 1978, p. 127-129; 138-139; cfr n. 509°;

sermonis 76 et codices descripsit et originem enucleauit H. BARRÉ, in RB, lx vii, 1957, p. 23 sqq.; ID., in RÉAug, xiii, 1967, p. 297 sq. (CPPM, i, 1683);

sermo 80 SEVERIANO GABALIENSI restituit A. WENGER, in *Aug. Mag.*, i, 1954, p. 175-185 (CPPM, i, 1687);

sermo 94: **cod.**, **trad. text.**: R. Étaix, in *Philologia Sacra. Festschr. H. J. Frede & W. Thiele*, ii, Freiburg, 1993, p. 560 sq.

sermo 96 est CAESARII S. 143;

sermo 100 est PETRI CHRYSOLOGI S. 85bis;

sermo 104 est CAESARII S. 230;

sermo 105 item CAESARII S. 50;

sermo 106, eiusdem concionatoris e *s*. 55;

sermo 109 est PETRI CHRYSOLOGI S. 152;

sermo 113 est HILARII PICTAVIENSIS, *Comm. in Matth.*, 20, 5-7;

sermo 114*a* est pars CAESARII S. 221;

sermo 116 est AVGVSTINI *sermo* (dubius) 370;

sermo 119 est QVODVVLTDEI S. 1 *de accedentibus ad gratiam*;

sermo 120 item QVODVVLTDEI S. 2 *de accedentibus ad gratiam*;

sermo 121, eiusdem *sermo* 2 *de tempore barbarico*;

sermo 123: cfr supra, n. 369c (CPPM, i, 1732);

serm. 135, 136, 137 sunt CHROMATII S. 23, 24, 25;

sermo 138 est EVSEBII GALLICANI S. 1;

sermo 142 est uersio retractata *sermonis* 15 CHROMATII (CPPM, i, 1751);

sermo 159 est MAXIMI TAVRINENSIS S. 6;

sermo 164 est eiusdem *s*. 16;

sermo 166 est uersio latina sermonis *De pascha* MELITONIS SARDENSIS; edid. H. Chadwick, in JTS, n. s., xi, 1960, p. 77-80 (CPPM, i, 1775);

sermo 174 etiam VIGILIO THAPSITANO tribuitur (CPPM, i, 1783);

sermo 175 est *sermo dubius* 1 FVLGENTII RVSPENSIS;

sermo 180 est CAESARII S. 219, 2-3;

sermo 181 est pars SYAGRII *Regulae definitionum* (CPL, n. 702°);

sermo 182 est CAESARII *de mysterio S. Trinitatis* (CPL, 1014);

sermo 200: est pars professionis fidei MANSVETI MEDIOLANENSIS (n. 1171).

b) A. B. Caillau & B. Saint-Yves, *S. Augustini operum Supplementum*, Paris, 1836-1839:

t. i, *serm*. 7, 20, 26, 27, 28, 30, 31, 33, 34, 37, 43; 46 (*a*), *App*. 6;

t. ii, *serm*. 12, 26, 27, 28, 38, 58, 72, 78, 79, 80, 87, 89, 94; *App*. 15, 38;

(*a*) Cfr Fr. Leroy, *Les sermons africains pseudo-augustiniens Caillau Saint-Yves i, 46 et Scorialensis 19 (Chrysostomus Latinus sur l'épisode de Zacchée [Luc. 19])*, in WSt, cvi, 1993, p. 215-222 (uide infra, n. 915) (CPPM, i, 1276).

c) *Florilegium Casinense*, ii, p. 97 et 171; iii, p. 38-40; 116-117.

Ceteros supra cum sermonibus Maianis recensuimus, nisi genuini uel posterioris aetatis sunt uel alio loco notantur; uide *Censuras* G. Morin et H. J. Frede; *CPPM*, i, 1230-1497 et 1515-1599;

d) *Sermones* ii, editi a Fr. Liverani in *Spicilegio Liberiano*, Firenze, 1863, p. 20-21 et 22-23 (cfr H. J. Frede, p. 293 sq.); *CPPM*, i, 1959 et 1960;

e) *Sermones* ii a M. Denis 1792 Vindobonae editi, nempe n. 1 et 10 « S. Augustini sermonum ineditorum admixtis quibusdam dubiis » = PL, xlvi, 817-821 et 843-846 (*CPPM*, i, 1207. 1211);

f) *Sermo* ab Octauio Fraja Frangipane 1799 Romae editus = PL, xlvi, 1001-1004 (*CPPM*, i, 1212-1213);

g) *Sermones* a Gratiano di San Teresa editi e cod. Vat. Pal. 556 uide sub n. 369a-369r;

h) *Sermones* iii a P. Verbraken editi e cod. Paris, B. N., lat. 1711, in RB, lxxx, 1970, p. 51-62 (*CPPM*, i, 1990-1992);

i) *Serm.* iii a J.-P. Bouhot editi in RÉAug, xv, 1969, p. 247-253 (RB, lxxx, 1970, p. 201-212; RÉAug, xv, 1969, p. 247-253); Id., in Ἀντίδωρον. *Miscell. M. Geerard*, i, Wetteren, 1984, p. 48-51 (*CPPM*, i, 156 et 5573. 748. 1840);

k) *Sermo* a M.-J. Delage editus (SC, ccxliii, 1978, p. 486-492) (*CPPM*, i, 2291);

l) *Sermo* a R. Étaix editus in RB, lxxxi, 1971, p. 7-13 (*CPPM*, i, 1983);

m) **Sermo de die sancto Paschae.** Inc. « Quod mihi a fratribus et conpresbiteris meis », edid. J. Lemarié, in *Vet. Christ.*, xvii, 1980, p. 301-311 (*CPPM*, i, 1948);

n) **Omelia domni Augustini episcopi.** Inc. « Pietas Domini omnipotentis » (*CPPM*, i, 1925)

R. Grégoire, in *Stud. Med.*, n. s., xiii, 1972, p. 911 sq.

Circa totam hanc materiam uide G. Morin, in *Misc. Agost.*, i, p. 721-769, et infra in *Indicibus* i et iv.

373 **Liber xxi Sententiarum.** Inc. « Omnis qui beate uult uiuere » (*CPPM*, ii, 150)

PL, xl, 725-732 = *Maurini*.

Cod.: A. Mutzenbecher, in CC, xliv A, 1975, p. xliv sq.

Var. lect.: PL, xlvii, 1225.

373a **Dialogus quaestionum lxv Orosii percontantis et Augustini respondentis.** Inc. « Licet multi et probatissimi uiri diuerso quidem stilo » (*CPPM*, ii, 151)

ibid., 733-752.

Dialogus CONSENTIO Augustini aequali tribuitur a G. SEGUI-VIDAL, *La carta-enciclica del obispo Severo*, Mallorca, 1937, p. III; saec. ix posteriorem aestimat J. MADOZ, *Le symbole du xie Concile de Tolède*, Louvain, 1938, p. 190; attamen adhibitur, saec. viii mediante, ab auctore *Prebiarii de multorium exemplaribus* (n. 1129c) (cfr litteras Pauli MEYVAERT [17-3-94]).

374 **De sobrietate et castitate.** Inc. «Cum mortalium mutabilis mens» (CPPM, ii, 3080)

ibid., 1105-1112.

Saec. iv, iuxta F. CAVALLERA, in *Dict. Spirit.*, i, 1937, col. 1134.

375 **De oratione et eleemosyna.** Inc. «Intellegere ergo debemus super egenum» (CPPM, i, 1125)

ibid., 1225-1228.

Saec. v, cfr P. VERBRAKEN, in RB, lxxx, 1970, p. 58-59.

376 **De generalitate elemosinarum.** Inc. «Sunt qui existimant elemosinas» (CPPM, i, 1126) PL, xl, 12

C. LAMBOT, in RB, lxvi, 1956, p. 149-158.

Genuinitate a C. LAMBOT iure uindicata, supra cum sermonibus genuinis reponendus est (*sermo* 164 A).

377 **Miscellaneae sententiae.** Inc. «Praecipit Dominus in Euangelio ut simus simplices» (CPPM, ii, 3083)

PL, xl, 1231-1234 = *Maurini*.

Videtur posterioris aetatis.

Circa sermones sequentes *ad fratres in eremo* (col. 1235-1358), uide J. BONNES, *Un des plus grands prédicateurs du xiie siècle, Geoffroy du Loroux dit Geoffroy Babion*, in RB, lvi, 1945/46, p. 177 sq., adn. 1.

De singulis uide R. ÉTAIX, in RB, xcv, 1985, p. 44, adn. 2; H. J. FREDE, p. 291 sq. (CPPM, i, 1127-1203).

378 **De unitate Patris et Filii et Spiritus Sancti ‹contra Arrianos›** (fragm. apud HINCMARVM, *De una et non trina Deitate*) (CPPM, ii, 192)

PL, cxxv, 607-611 = SIRMOND.

Ex Africa; saec. v-vi. Cfr G. MORIN, in RB, xli, 1929, p. 70 sq.; uel potius ex Hispania?

Cfr A. DOLD, TA, i, 43, 1952, p. 36 sq.; A. SAGE, in *Rev. étud. byzant.*, xi, 1953, p. 263.

378a **De incarnatione Verbi ad Ianuarium libri ii.** Inc. «Species uero eorum quae per praedicationem» (CPPM, ii, 170)

PL, xlii, 1175-1193.

Saec. v conflatum? Cfr G. S. Gasparro, in *Stud. Patr.*, xix, 1988, p. 163-165.

379 **De unitate sanctae Trinitatis.** Inc. «Cum me peruigil fidei cura» (CPPM, ii, 173)

PL, xlii, 1207-1212 = *Maurini*.

Cod.: München, Clm 6407, saec. viii/ix (LOWE, 1282), sub titulo *Soliloquium de Trinitate*.

«Ignoti auctoris, sed antiquissimi», ita editores. — *Liber* uero *de trinitate et unitate Dei* (CPPM, ii, 171) (*ibid.*, col. 1193-1200) est aeui Carolini, uide J. Madoz, *o. c.* (n. 373a), p. 184, adn. 2.

380 **Aduersus Fulgentium Donatistam.** Inc. «Libellum quem mihi religio tua» (SCHANZ, iv, 2, 429. 570; CPPM, ii, 176) PL, xliii, 763; CSEL, liii, 289

C. Lambot, in RB, lviii, 1948, p. 177-222.

Circa 430-450; eiusdem fortasse auctoris ac sermo *de unico baptismo*, inter spuria s. FVLGENTII (n. 844).

Fontes: P. Gatti, in *Studi ital. filol. class.*, n. s., vii, 1989, p. 117-118.

Fragmenta ipsius FVLGENTII DONATISTAE collegit P. Monceaux, *Histoire littéraire de l'Afrique chrétienne*, v, Paris, 1920, p. 335-339; ualde augenda sunt post editionem nunc primum integram refutationis catholicae.

381 **Hypomnesticon contra Pelagianos et Caelestianos haereticos.** Inc. «Aduersarii catholicae fidei» (SCHANZ, iv, 2, 438; CPPM, ii, 178) PL, xlv, 1611

J. E. Cisholm, *The Pseudo-Augustinian Hypomnesticon*, Freiburg, 1980 (= *Paradosis*, xxi), t. ii.

Emend., critica: J. de Savignac, in *Scriptorium*, xxxvii, 1983, p. 134-140.

Non est PROSPERI AQVITANI, ut quidam proponunt; cfr J. de Savignac, *a. c.*

382 **De praedestinatione et gratia.** Inc. «Cum in sacrarum uoluminibus litterarum» (Ps. FVLGENTIVS) (SCHANZ, iv, 2, 438; CPPM, ii, 179. 750) PL, lxv, 843

PL, xlv, 1665-1678.

Cod.: Zürich 505 (Rh 135), saec. xii, f° 36^r-62^v.

383 **De praedestinatione Dei.** Inc. « De praedestinatione Dei locuturi » (SCHANZ, iv, 2, 438; CPPM, ii, 180)

ibid., 1677-1680.

Cod.: M. BERNARDS, in RTAM, xviii, 1951, p. 335. Cfr. A. ZUMKELLER, *Die pseudo-augustinische Schrift «De praedestinatione»: Inhalt, Überlieferung, Verfasserfrage und Nachwirkung*, in *Augustinianum*, xxv, 1985 (= *Miscell. in onore di A. Trapé*), p. 539-563, qui et originem tractatus feliciter explanauit.

384 **Liber de diuinis Scripturis.** Inc. « Audi Israhel » (SCHANZ, iv, 2, 443; STEGMÜLLER, 1480; CPPM, ii, 1909)   PLS, ii, 3

CSEL, xii, 1887 — WEIHRICH, p. 289-700, collata cum fragmento Karlsruhe Aug. fr. 100, iuxta D. DE BRUYNE, in RB, xliii, 1931, p. 125-127, ubi et nonnulla ad textum emendandum indicantur.

Saec. v; ex Africa (cfr D. DE BRUYNE, in ZntW, xxix, 1930, p. 203) uel potius ex Hispania, cfr A. E. ANSPACH, in *Misc. Isidoriana*, Roma, 1936, p. 329; J. MADOZ, *Epistolario de Alvaro de Córdoba*, Madrid, 1947, p. 107, adn. 25.

385 **Testimonia diuinae Scripturae ‹et Patrum›.** Inc. « Audi, Israhel, dominus deus tuus » (Ps. ISIDORVS) (DÍAZ, 145; CPPM, ii, 46. 1909 a)   PL, lxxxi 1203

CC, cviii D, 1987, p. 55-127 — LEHNER.

Partim saec. vii e libro praecedenti excerpta. Cfr H. J. FREDE, p. 167 sq., et infra, n. 2095°

386 **Testimonia de Patre et Filio et Spiritu Sancto** seu **Florilegium Fuldense** (cod. Fuldensi, Bonifatiano 2)

CC, xc, 1961, p. 225-233 = D. DE BRUYNE, *Un florilège biblique inédit*, in ZntW, xxix, 1930, p. 197-208.

Saec. v; Africa.

Alia spuria hic omittimus: uel alibi recensentur uel posterioris sunt aetatis. Vtilia quaedam indicantur ab E. PORTALIÉ, in DTC, i, 2, 1902, col. 2306-2310; F. CAVALLERA, in *Dict. de spirit.*, i, 1937, col. 1130-1135; O. BARDENHEWER, iv, p. 501 sq.; B. BLUMENKRANZ, *La survie médiévale de S. Augustin à travers ses apocryphes*, in *Aug. Mag.*, ii, p. 1003-1018; E. DEKKERS, *Le succès étonnant des écrits pseudo-augustiniens au Moyen Age*, in *Fälschungen im Mittelalter*, v, Hannover, 1988, p. 361-368; et ualde locupletius in CPPM, i, 450-3387: homiletica; ii, 115-303: theologica; 1864-1952: exegetica; 3060-3150: ascetica; 3589-3716: monastica. Supra passim nonnulla addantur; hic et sequentia adnotare iuuat:

«*Missae S. Augustini*»: M. HAVARD, apud F. CABROL, *Les origines liturgiques*, Paris, 1906, p. 243-280; A. WILMART, in BALAC, iv, 1914, p. 179 sq.; J. O. BRAGANGA, *As Missas medievais de santo Agostinho*, in *Didaskalia*, xix, 1989, p. 115-125.

«*Veglie di S. Agostino*»: A. DYROFF, *Eine angebliche Schrift des hl. Augustin*, in *Philos. Jahrb.*, l, 1937, p. 272.

De uera et falsa paenitentia (PL, xl, 1113-1130): Cl. FANTINI, in *Ricerche di storia religiosa*, i, 1954, p. 200-209.

Speculum peccatoris (PL, xl, 863-898): A. GRIERA, *El mirayl del pecador, atribuït a S. Agustí*, in *Anal. sacra Tarracon.*, xxviii, 1955, p. 115-126.

Meditationes (PL, xl, 901-942): M. MARTINS, in *Broteria*, lx, 1955, p. 520-527.

De essentia diuinitatis: uide n. 633, *epist.* 14.

ERACLIVS PRESBYTER

S. Augustini discipulus (uide n. 26°, *epist.* 213). — Cfr *Prosopographie*, i, p. 356-358.

SERMONES DVBII

387 **Sermo**. Inc. «Puto, fratres, quod meam sarcinam»   PL, xxxix,
P. VERBRAKEN, in RB, lxxi, 1961, p. 9-12.   1717

388 **Sermo**. Inc. «Audiuimus euangelium et quodam modo»; «Cum   PL, xxxix,
sanctum euangelium legeretur, audiuimus nauicellam» (Ps. AV-   1884
GVSTINVS, *sermo* 72) (*CPPM*, i, 857)

ibid., p. 13-21 (duplex recensio).

Cod.: A. STAERK, *Les Manuscrits latins de St-Pétersbourg*, i, St-Pétersbourg, 1910, pp. xix (**uar. lect.**) et 232; P. PIPER, in *Mél. Chatelain*, Paris, 1910, p. 310 (Einsiedl. 281, saec. ix [LOWE, 875, in adn.]).

Fortasse alii nonnulli exhibentur Eraclii sermones inter spurios S. Augustini, cfr J. LECLERCQ, apud M. PONTET, *L'exégèse de S. Augustin prédicateur*, Paris, [1944], p. 22 sq., adn. 95; C. CASPARI, *Briefe, Abhandlungen und Predigten*, Christiania, 1890, p. 409 sq.

EVODIVS EPISCOPVS VZALIENSIS

obiit circiter 426. — Cfr A. CASERTA, *Evodio di Tagaste*, in *Asprenas*, iv, 1957, p. 123-152; *Prosopographie*, i, 1982, p. 366-373.

389 **Epistula ad abbatem Valentinum.** Inc. «Dominis sanctis honorabilibus... Multum nos releuari cognoscimus» (SCHANZ, iv, 2, 471)
G. MORIN, in RB, xviii, 1901, p. 253-256.

PL, liii, 67 c (exc.); PLS, ii, 33

390 **De fide contra Manichaeos.** Inc. «Vnus Deus Pater et Filius» (Ps. AVGVSTINVS) (SCHANZ, iv, 2, 471; CPPM, ii, 164)
CSEL, xxv, 2, 1892 — ZYCHA, p. 951-975.

PL, xlii, 1139

Inter epistulas S. AVGVSTINI nn. 158, 160, 161, 163, (177) sunt Euodii, uide sub n. 262. Praeterea S. AVGVSTINI opuscula *De quantitate animae* et *De libero arbitrio* ex dialogis cum Euodio habitis conflata sunt. Fortasse et *Consultationes Zacchaei et Apollonii* Euodius composuit (n. 103).

APPENDIX

391 **De miraculis Sancti Stephani protomartyris libri ii** (seu **Miracula facta Vzali circa annum** 420, **iussu Euodii conscripta**) (SCHANZ, iv, 2, 471; BHL, 7860-7861)

PL, xli, 833-854 = *Maurini*.

Noua ed. paratur a J. HILLGARTH; interim uide editionem partis libri primi apud J. AMENGUAL I BATLE, *Els orígins del cristianisme o les Balears*, Palma de Mallorca, 1992, p. 124.

SPVRIA

391a **Oratio de dormitione B. V. Mariae auctore Euodio papae Romae** (BHO, 667-668; CANT, 133-134)

Plures exstant recensiones copticae, quas ediderunt P. DE LAGARDE, *Aegyptiaca*, Göttingen, 1883, p. 38-63; F. ROBINSON, *Coptic Apocryphal Gospels*, Cambridge, 1896 (= TSt, iv, 2), p. 44-89 (cum uersione anglica).

Alia opuscula coptice conscripta sub nomine Euodii circumferuntur; recensa sunt a H. LECLERCQ, in *DACL*, ix, 2, Paris, 1930, col. 1609. Quod sibi uult doctiores enucleare precor.

IANVARIANVS PRESBYTER

Euodii coaetaneus. — Cfr *Prosopographie*, i, p. 581 sq.

392 **Epistula ad abbatem Valentinum.** Inc. «Domino uenerabiliter suscipiendo... Litteras pietatis tuae omni humilitate»
G. MORIN, in RB, xviii, 1901, p. 244-253.

PLS, ii,

AVRELIVS EPISCOPVS CARTHAGINENSIS

sedit 391/2 — 429/30. — Cfr *Prosopographie*, i, p. 105-127.

393 **Epistula ad Bonifacium papam.** Inc. «Quoniam Domino placuit, ut de his»   PL, xx, 752

CC, cxlix, 1974, p. 156-161 — MUNIER.

394 **Epistula ad Caelestinum papam.** Inc. «Optaremus si, quemadmodum sanctitas tua» (MAASSEN, 161)   PL, l, 423

ibid., p. 169-172.

395 **Epistula.** Inc. «Super Caelestii et Pelagii damnatione» (MAASSEN, 376)   PL, lvi, 495

PL, xx, 1009-1014 = GALLANDI.

396 **Epistula ad episcopos Africae.** Inc. «Ecclesiasticae utilitatis causa»   PL, lvi, 418

C. MUNIER, *o. c.* [n. 393], p. 28-29.

Alia quaedam fragmenta inter *Gesta collationis cum Donatistis* (n. 724) et in *Codice canonum ecclesiae Africanae* (n. 1765) seruantur; praeterea scripsit AVGVSTINVS nonnullas epistulas (128, 129, 177, 219) sub Aurelii nomine (n. 262) (Cfr H. J. FREDE, p. 306). Aliae epistulae AVGVSTINI (13, 172, 16*) uel HIERONYMI (inter epist. Augustini, 27* [n. 621*a*]) uel LARGI *proconsulis* (*Collect. Auellana*, xxxvi [n. 1590] uel INNOCENTII I PAPAE (nn. 1642 et 2281*a*) ei directae fuerunt.

CAPREOLVS EPISCOPVS CARTHAGINENSIS

sedit 430-437. — Cfr *Prosopographie*, i, p. 189-190.

397 **Epistula ad Ephesinam synodum.** Inc. «Orabam, reuerentissimi fratres, in tali statu (*aliter*: Optabam [*uel* Optassem], piissimi fratres, uenerandam)» (SCHANZ, iv, 2, 470; MAASSEN, 384 l; CPG, 8675)   PL, liii, 843

E. SCHWARTZ, ACO, I, ii, 1925-26, p. 64-65.

Cod.: J. VIVES, in *Anal. Sacra Tarracon.*, vii, 1931, p. 218; A. OLIVAR, in *Anal. Sacra Tarracon.*, xxii, 1949, p. 80; N. HÄRING, in *Anal. Cisterc.*, xxiv, 1968, p. 23 (n. xxxviii): cod. Zwettl 16, saec. xii.

Altera datur recensio apud E. SCHWARTZ, *o. c.*, I, iii, 1929, p. 81-82, et uersio graeca, *ibid.*, I, i, 2, 1927, p. 52-54; omnes differunt cum recensione in PL euulgata a J. SIRMOND et etiam cum fragmento allato apud

FERRANDVM in epistula ad Pelagium (PL, lxvii, 925 C). Cfr I. RUCKER, *Ephesinische Konzilsakten in armenisch-georgischer Überlieferung*, in *Sb. München*, 1930, 3. Heft, p. 8; ID., *Studien zum Concilium Ephesinum*, ii, *Ephesinische Konzilsakten in lateinischer Überlieferung*, Oxenbronn, 1931, p. 82. *Summarium Actorum Ephesinae Synodi* recenset A. OLIVAR, in *Anal. Sacra Tarracon.*, xxii, 1949, p. 80 sq., adn. 17.

398 **Epistula Vitalis et Constantii** (uel potius **Tonantii**) **ad Capreolum**. Inc. «Quae prima uota sunt humilitatis nostrae» (SCHANZ, iv, 2, 470)

PL, liii, 847-849 = SIRMOND.

Vltima pars etiam apud SCHWARTZ (n. 399), p. vi.

399 **Epistula ad Vitalem et Constantium** (uel potius **Tonantium**). PL, liii, Inc. «Sumptis atque perlectis litteris uestris» (SCHANZ, iv, 2, 470)

E. SCHWARTZ, ACO, II, iii, 3, 1937, p. vi-x; PL, liii, 854-858 (ultima capitula).

Cod.: A. DOLD, in RB, xxxvi, 1924, p. 251 sq.

400 **Epistula ad Theodosium Augustum** (fragm. apud FERRANDVM). Inc. «Nihil in diuinis humanisque actibus» (SCHANZ, iv, 2, 471)

PL, lxvii, 925 = CHIFFLET.

QVODVVLTDEVS EPISCOPVS CARTHAGINENSIS

sedit 437-454. — Cfr. *Prosopographie*, i, p. 947-949.

Cfr D. FRANSES, *Die Werke des hl. Quodvultdeus*, München, 1920. Verisimile idem est ac diaconus eiusdem nominis, qui ad Augustinum duas epistulas misit (221 et 223 *inter epist. Augustini*); quae sententiae tamen non placet A. KAPPELMACHER, in WSt, xlix, 1931, p. 89-102 (uide et n. 314).

Genuinitatem tum sermonum tum operis *De promissionibus* impugnat M. SIMONETTI, in *Rendic. Reale Istit. Lombardo*, ser. ii, t. lxxxiii, 1950, p. 413-424; partim probat B. ALTANER, *Kleine Schriften*, Berlin, 1967 (= TU, lxxxiii), p. 179. Prudentius iudicat *Prosopographie*, p. 947.

Sermones xii (Ps. AVGVSTINVS) (SCHANZ, iv, 2, 460. 471)

Cod.: R. BRAUN, in CC, lx, p. 492-508.

401 **Sermo 1, de symbolo i.** Inc. «Sacramentorum rationem» (*CPPM*, PL, xl, i, 1103)

CC, lx, 1976, p. 305-334 — BRAUN.

Versio graeca: cfr B. ALTANER, *o. c.* [ante n. 401], p. 84.

402 **Sermo 2, de symbolo ii.** Inc. «Sacramentum symboli quod ac- PL, xl, 651
cepistis» (CPPM, i, 1104)

ibid., p. 335-348.

403 **Sermo 3, de symbolo iii.** Inc. «Dum per sacratissimum crucis PL, xl, 659
signum» (CPPM, i, 1105)

ibid., p. 349-363.

404 **Sermo 4, contra Iudaeos, paganos et Arianos.** Inc. «Inter PL, xlii,
pressuras atque angustias» (CPPM, i, 1205. 6400)   1117

ibid., p. 227-258.

Cod.: L.-P. THOMAS, in *Scriptorium*, iv, 1950, p. 107-110; B. BISCHOFF, in *Mél. J. de Ghellinck*, i, Gembloux, 1951, p. 123 et 126, adn. 14; B. BLUMENKRANZ, in *Stud. Patr.*, i, 1957, p. 471 sq.

Trad. text.: B. ALTANER, *Zu den Augustinus-Testimonien Kaiser Justinians*, in *Zeitschr. f. Religions- und Geistesgeschichte*, i, 1948, p. 170 sq. (= *Kleine Schriften*, p. 179-180).

Partim editur a K. YOUNG, *The Drama in the Medieval Church*, ii, Oxford, 1933, p. 126-131 (inc. «Vos, inquam, conuenio, o Iudei» [PL, xcv, 1470]); **cod.**: ibid., p. 125 sq., adn. 5; 131, adn. 2, 3; **trad. text.**: K. YOUNG, *Ordo Prophetarum*, in *Transact. Wisconsin Acad.*, xx, 1922, p. 1-15.

Genuinitas: cfr *sermo* 10 (n. 410).

405 **Sermo 5, de cantico nouo.** Inc. «Omnis qui baptismum Christi PL, xl, 677
desiderat» (CPPM, i, 1106)

ibid., p. 379-392.

Nn. 401-404 et forsitan 405 unius auctoris esse, concedit etiam M. SIMONETTI, *a. supra c.* [ante n. 401].

406 **Sermo 6, de [ultima] quarta feria.** Inc. «Caelesti gratiae et PL, xl, 685
spiritali» (CPPM, i, 1107)

ibid., p. 393-406.

407 **Sermo 7, de cataclysmo.** Inc. «Quoniam in proximo est» PL, xl, 693
(CPPM, i, 1108)

ibid., p. 407-420.

Nn. 406 et 407 uno eidemque concionatori adiudicant KAPPELMACHER et SIMONETTI, sed non eidem atque nn. 401-405.

408 **Sermo 8, de accedentibus ad gratiam, i.** Inc. «Domino Deo nostro impendenda sunt» (*CPPM*, i, 1728)
 ibid., p. 441-458.

PLS, iii, 262

409 **Sermo 9, de accedentibus ad gratiam, ii.** Inc. «Scio quid adiuuante» (*CPPM*, i, 1729)
 ibid., p. 459-470.

PLS, iii, 277

   Nn. 408 et 409 *AVGVSTINI* esse putant KAPPELMACHER et SIMONETTI.

410 **Sermo 10, aduersus quinque haereses.** Inc. «Debitor sum, fateor» (*CPPM*, i, 1204)
 ibid., p. 259-301.

PL, xlii, 1101

   Cod.: Torino G. v. 26, saec. vi (*LOWE*, 463); B. BLUMENKRANZ, *l. c.* (n. 404).

   Genuinitas: a Manlione SIMONETTI (*a. c.* [ante n. 401]) hic sermo *AVGVSTINO* tribuitur, uel potius, *GENNADII* in pedes eunte (*a*), *VOCONIO EPISCOPO CASTELLANO* (cfr *Prosopographie*, i, p. 1127). Cfr et *sermo* 4 (n. 404).

411 **Sermo 11, de tempore barbarico, i.** Inc. «Admonet Dominus Deus noster, non nos debere» (*CPPM*, i, 1209)
 ibid., p. 421-437.

PL, xl, 6

   SIMONETTI dubitans eidem auctori tribuit atque nn. 406 et 407, qui imitatus sit n. 412.

412 **Sermo 12, de tempore barbarico, ii.** Inc. «Magna plaga, uulneris magnum» (Ps. AVGVSTINVS, *sermo Mai* 121) (*CPPM*, i, 1730)
 ibid., 471-486.

PLS, iii, 287

412*a* **Sermo 13, de quattuor uirtutibus caritatis.** Inc. «Desiderium caritatis uestrae» (Ps. AVGVSTINVS, *sermo* 106) (*CPPM*, i, 891)
 ibid., p. 367-378.

PL, xxx 1952; xl 1127

413 **De promissionibus et praedictionibus Dei** (Ps. PROSPER) (*SCHANZ*, iv, 2, 472; *STEGMÜLLER*, 7018)
 ibid., p. 1-223.

PL, li, 7

   Pro **genuinitate**: P. SCHEPENS, in RSR, x, 1919, p. 230-243; xiii, 1923, p. 76-78; B. CAPELLE, in BALCL, i, p. [101]; G. MORIN, in *Misc. Agost.*, i, p. 767 sq.; contra: A. D. NOCK, in VC, iii, 1949, p. 48 sq.; M. SIMONETTI, *a. c.* [ante n. 401]. Prior sententia magis placet.

   (*a*) *De uiris inlustribus*, 79: «Voconius ... scripsit aduersus Ecclesiae inimicos, Iudaeos, Arianos et alios haereticos».

413*a* **Epistulae ii Quoduultdei ad Augustinum** (inter epist. Augustini nn. 221 et 223)

ibid., p. 489-492.

Easdem epistulas cum responsionibus AVGVSTINI, apparatu critico ampliore munitas inuenies in CC, xlvi, 1969, p. 273-281 — BEUKERS & VANDER PLAETSE.

DVBIA

414 **Sermo de dominica oratione.** Inc. «Videmus, dilectissimi, uestram sanctam deuotionem» (*CPPM*, i, 6402)   PLS, iii, 299

G. MORIN, *S. Augustini Tractatus*, Kempten, 1917, p. 181-186.

415 **Sermo de SS. Perpetua et Felicitate.** Inc. «Martyres sancti quorum hodie» (*CPPM*, i, 1978)   PLS, iii, 303

ibid., p. 196-200.

Cod., fontes: Fr. DOLBEAU, in AB, cxiii, 1995, p. 96, adn. 31.

416 **Sermo sancti Augustini de Euangelio ubi Dominus de aqua uinum fecit.** Inc. «Inter aestuosa et ripis tumentia [*aliter*: Nuptiae in quibus Christus]» (*sermo Mai* 118) (*CPPM*, i, 6401 a)   PL, xlvii, 1144

E. HAULER, in WSt, l, 1932, p. 129-151.

De **auctore** uide A. WILMART, in RB, xlii, 1930, p. 17 sq.

Exordium corrige iuxta A. WILMART, in RB, xliii, 1931, p. 160-164.

417 **Sermo in natali Domini.** Inc. «Assumam nunc uirgam pastoralem» (*CPPM*, i, 1329)   PLS, iii, 307

Florilegium Casinense, i, 1873, p. 140-142.

Cfr G. MORIN, in *Misc. Agost.*, i, p. 723. — Vide etiam n. 368, *serm.* 106.

417*a* **Sermo de cantico Isaiae.** Inc. «Dei organa laudes dicunt» (Ps. AVGVSTINVS)

M. BOGAERT, in RB, lxxv, 1965, p. 109-135 (117-123).

De auctore uide M. BOGAERT, *a. c.*, p. 113 sq.

417*b* **Sermo** (fragm.). Inc. «Ligna colligam» (*CPPM*, i, 6401 b)   PLS, iii, 311

J. RAASTED, *A Fragment of an Unidentified Latin Sermon, textually related to Ps. Augustinus Sermo 106*, in *Stud. Patr.*, iii, 1961 (= TU, lxxviii), p. 108-115.

APPENDIX

Sermones africani saec. iv-v PLS, iii,

J. LECLERCQ, *Sermons de l'école de S. Augustin*, in RB, lix, 1949, p. 100-113:

418 [i. **De eunucho regni caelorum.** Inc. «Postquam Dominus noster in Galilea» (*CPPM*, i, 1935)

 reuera est *sermo* lix EPIPHANII LATINI (n. 914), ed. A. ERIKSON, p. 159-163.];

419 [ii. **De dilectione Dei ac proximi.** Inc. «Dicturi sumus uobis, fratres karissimi» (*CPPM*, i, 1936)

 melius edidit sub AVGVSTINI nomine E. S. BUCHANAN, in *The Princeton Theol. Rev.*, xiii, 1915, p. 92-95 (*a*).];

420 iii. **Sermo S. Augustini.** Inc. «Celebratio solemnitatis martyrum» (*CPPM*, i, 1937)

 pars posterior sumpta est ex AVGVSTINI *serm.* 312, 1-2;

421 iv. **De oue perdita.** Inc. «Lectio euangelica quam nunc audiuimus in hunc modum ceptum» (*CPPM*, i, 1938);

422 v. **De centuplo.** Inc. «Saluator, in euangelio quod audiuimus» (*CPPM*, i, 1937);

423 vi. **De muliere Samaritana.** Inc. «Lectio euangelii quam audiuimus, dilectissimi, multis» (*CPPM*, i, 1940);

424 vii. **De regulo.** Inc. «Haeret, nisi fallor, sensibus uestris» (*CPPM*, i, 1941);

425 viii. **Item de eodem.** Inc. «Cum aegrotaret, ut nunc audistis» (*CPPM*, i, 1942)

 Emend.: V. BULHART, in RB, lxi, 1951, p. 261.

(*a*) Cfr B. M. PEEBLES, in RB, lxi, 1951, p. 262 et 264; P. VERBRAKEN, in RB, lxxiii, 1968, p. 21.

HONORATVS ANTONINVS EPISCOPVS CONSTANTINENSIS

scripsit circa 437. — Cfr *Prosopographie*, i, p. 75 sq.

426 **Epistula cohortatoria ad Arcadium.** Inc. «Perge fidelis anima» (*SCHANZ*, iv, 2, 72) — PL, l, 567

T. RUINART, *Historia persecutionis Vandalicae*, Parisiis, 1699, p. 433-439.

Text. emendatior quam ille Ioannis Sichardi, quem post *Bibl. Max. Patrum* denuo excudit J. P. Migne.

Cod.: P. LEHMANN, *Johannes Sichardus*, München, 1912, p. 204; C. CHARLIER, in *Traditio*, viii, 1952, p. 85, n. 34 (Montpellier H 308).

3. SCRIPTORES GALLIAE

HILARIVS EPISCOPVS PICTAVIENSIS

circa 310-367. — Cfr J. DOIGNON, apud *HERZOG & SCHMIDT*, v, n. 582; A. FEDER, *Studien zu Hilarius von Poitiers*, Wien, 1910-1912 (*Sitzungsberichte*, clxii, 4; clxvi, 5; clxix, 5); ID., *Epilegomena zu Hilarius von Poitiers*, in WSt, xli, 1919, p. 51-60; 167-181.

Cod.: de antiquissimo codice Basilicano S. Petri D 182 (*LOWE*, i, 1) uide A. WILMART, *L'odyssée du ms. de San Pietro qui renferme les oeuvres de S. Hilaire*, in *Classical and Mediaeval Studies in honor of E. K. Rand*, New York, 1938, p. 293-305. Phototypice exaratur ab A. AMELLI, Roma, 1922, et a G. L. PERUGI, Torino, 1930 (cfr uero A. WILMART, *a. c.*, p. 293, adn. 1); Ch. KANNENGIESSER, in RSR, lvi, 1968, p. 450-455.

Latinitas: G. SANDERS & M. VAN UYTFANGHE, p. 77 sq.

Fontes: E. GOFFINET, *Lucrèce et les conceptions cosmologiques de saint Hilaire de Poitiers*, in *Antidotum W. Peremans oblatum* (= *Studia Hellenistica*, 16), Louanii, 1968, p. 61-68.

OPERA EXEGETICA

427 **Tractatus mysteriorum** (*SCHANZ*, iv, 1, 283; *STEGMÜLLER*, 3538; *HERZOG & SCHMIDT*, 582, 3) — PLS, i, 247

CSEL, lxv, 1916 — FEDER, p. 3-38.

Emend.: J. P. BRISSON, *Hilaire de Poitiers. Traité des Mystères*, Paris, 1947 (SC, xix).

Fragmenta apud PETRVM DIACONVM seruata (lib. i, 15-19) saepe non ad litteram textum Hilarii exscripsisse bene ostendunt P. GUSSEN, in VC, x,

1956, p. 14-24, et P. MEYVAERT, in SE, xiv, 1963, p. 136-138 et 147. Cap. uero 18* seu fragmentum illud celeberrimum de aduentu liturgico (e «libro officiorum», inc. «Sicut pater ille familias», a BERNONE AVGIENSI (*a*) seruatum (*CPPM*, ii, 1015), cum nouissimo editore, J. P. BRISSON, in appendice collocamus; immo potius inter spuria reputandum est, cfr B. BOTTE, *Les origines de la Noël et de l'Épiphanie*, Louvain, 1932, p. 47 sq.; J. P. BRISSON, *o. c.*, p. 64 sq.

428 **Tractatus super psalmos** (*SCHANZ*, iv, 1, 282; *STEGMÜLLER*, 3540; PL, ix, 2 *HERZOG & SCHMIDT*, 582, 2; *CPPM*, ii, 2607)

CSEL, xxii, 1891 — ZINGERLE.

Addatur fragmentum e cod. Lugdunensi 452, saec. v-vi, quod edidit J. DOIGNON, in RB, xcix, 1989, p. 35-40.

A. WILMART omnino non probat editionem Vindobonensem (RB, xxx, 1913, p. 267, adn. 3); ipse denuo et multo accuratius excudit tractatum super ps. cl (RB, xliii, 1931, p. 281-283); tractatus super ps. cxviii critice edidit M. MILHAU in SC, cccxliv et cccxlvii, 1988.

Noua ed. totius operis paratur a J. DOIGNON et M. MILHAU.

Cod.: A. ZINGERLE, in *Sb. Wien*, cxxviii, 1893, 10. Heft; L. DELISLE, in *Biblioth. École des Chartes*, lxxi, 1910, p. 299-304; E. A. LOWE, *codices Lugdunenses antiquissimi*, Lyon, 1924, p. 26 sq.; A. CASAMASSA, in *Misc. biblica et orientalia A. Miller oblata*, Roma, 1951, p. 231-238 (= *Scritti Patristici*, i, p. 197-206); *prologus* tantum: Paris, B. N., lat. 2677, saec. xii, f° 60-66ᵛ. Cfr n. 625, 3°.

Text. bibl.: F. SCHELLAUF, Graz, 1898; H. JEANNOTTE, *Le texte du psautier de S. Hilaire*, Paris, 1917; A. CASAMASSA, *l. c.*; J. DOIGNON, in *Mémorial J. Gribomont*, Rome, 1988, p. 183-197; M. MILHAU, in RÉAug, xxxvi, 1990, p. 67-79; ID., in RB, cii, 1992, p. 24-43.

De **indole** cfr A. GARIGLIO, *Il commento al salmo* 118 *in S. Ambrogio e in S. Ilario*, in *Atti Accad. Torino, Scienze mor.*, xc, 1955/56, p. 356-370; E. GOFFINET, *Kritisch-filologisch element in de Psalmencommentaar van de H. Hilarius van Poitiers*, in *Rev. belge de phil. et d'hist.*, xxxviii, 1960, p. 30-44; ID., in *Le Muséon*, lxxvi, 1963, p. 145-163.

In appendice in PL (ix, 891-908) (*CPPM*, ii, 2614-2619) extant tractatus tres subditicii: *In ps.* 15 (inc. «Tituli inscriptione praenotatur»), *in ps.* 31 (inc. «Psalmus Dauid intellectus notat»), *in ps.* 41 (inc. «Disciplinam enarrandi generaliter»); in appendice uero in CSEL (p. 872-888) tracta- PLS, i,

---

(*a*) *De initio aduentus Domini secundum auctoritatem Hilarii episcopi*, PL, cxlii, 1085-1088, nempe col. 1086; **cod.**: München Clm 14.477, saec. xii; 14.708, saec. xii (S. Emmerammi Ratisb.); Austin, Univ. of Texas, Phillipps 816, f° 101ʳ-102ᵛ, saec. xi (Tegernseensis), cfr M. R. DUNN & C. H. HUFFMAN, in *Manuscripta*, xxiv, 1980, p. 78.

tus quinque: *In ps.* 63 (inc. «*Exaudi deus ...* Spiritus enim prophetalis»), *in ps.* 132 (inc. «*Ecce quam bonum ...* Bonum et iucundum»), *in ps.* 15 (idem atque in PL); alia duo fragmenta p. 878-880 sunt HIERONYMI, n. 592°). **Cod.** *tract. in ps.* 63 et 132: Verona xiii, 11 (LOWE, 484 [saec. v]).

429 **Tractatus in Iob** (fragm. apud AVGVSTINVM et in **Actis Concilii Toletani iv**) (SCHANZ, iv, 1, 285; HERZOG & SCHMIDT, 582, 13; STEGMÜLLER, 3539. 6191)   PL, x, 723

CSEL, lxv, 1916 — FEDER, p. 229-231.

Non uidetur opus proprium S. Hilarii, sed potius translatio ac retractatio ORIGENIS deperditorum *tractatuum in Iob*, cfr J. MADOZ, *Liciniano de Cartagena y sus cartas*, Madrid, 1948, p. 61-63.

430 **[Commentarius] in Matthaeum** (SCHANZ, iv, 1, 280; STEGMÜLLER, 3543; HERZOG & SCHMIDT, 582, 1; CPPM, ii, 2606)   PL, ix, 917; x, 724; l, 251; CSEL, 17, 383

SC, ccliv-cclviii, 1978/79 — DOIGNON.

Fragmenta «e proemio» (deperdito?), seruata in opere CASSIANI *contra Nestorium* (vii, 24) et edita ab A. FEDER, in CSEL, lxv, p. 232, ex operibus Hilarii excerpta sunt et non ad litteram tradita, cfr J. DOIGNON, *o. c.*, p. 74-75.

Capitula Commentarii (PL, ix, 915-918 [STEGMÜLLER, 3542; CPPM, ii, 2606 a]) non sunt ipsius Hilarii, sed cuiusdam auctoris saec. vi, cfr H. JEANNOTTE, in *Biblische Zeitschr.*, x, 1912, p. 36-45; ed. J. DOIGNON, in J. DUMMER e. a., *Texte und Textkritik*, Berlin, 1987, p. 81-96; ID., in SC, cclviii, 1979, p. 266-269.

Cod.: A. CASAMASSA, *Scritti Patristici*, i, Roma, 1955, p. 207-214.

Text. bibl.: A. FEDER, in WSt, xli, 1919, p. 173-180; J. DOIGNON, in *Bull. lit. eccl.*, lxxvi, 1975, p. 187-196; lxxviii, 1977, p. 161-180.

Emend.: J. DOIGNON, in VC, xxxviii, 1984, p. 371-376; B. LÖFSTEDT, in *Aeuum*, lxii, 1988, p. 169.

431 **Expositio epistulae ad Timotheum** (fragm. in **Actis Synodi Hispalensis ii**, cap. 13) (SCHANZ, iv, 1, 286; HERZOG & SCHMIDT, 582, 14; STEGMÜLLER, 3548)   PL, x, 724

CSEL, lxv, 1916 — FEDER, p. 233.

Cfr J. MADOZ, in *Misc. Isidoriana*, Roma, 1936, p. 192-195.

432 **Fragm. ex quodam opere deperdito** (apud AVGVSTINVM, **Contra Iulianum**, i, 3, 9 [n. 351])   PL, x, 725; xliv, 645

ibid., p. 234.

OPERA DOGMATICA ET POLEMICA

433 **De Trinitate** (SCHANZ, iv, 1, 293; HERZOG & SCHMIDT, 582, 4; CPPM, PL, x, 25 ii, 1616)

CC, lxii-lxii A, 1979/80 — SMULDERS.

Notas in margine e cod. Basilicano D 182, fortasse a S. FVLGENTIO conscriptas (cfr A. WILMART, in Classical and Mediaeval Studies ... E. K. Rand, New York, 1938, p. 304 sq., adn. 28 [n. 818]) inuenies in apparatu critico laudatae editionis; ibidem, p. 20*-21*, praebentur summaria singulorum librorum, ut leguntur in cod. Parisiensi, B. N., lat. 12.133, saec. ix, aliisque.

Trad. text.: J. VEZIN, in RHT, ix, 1979, p. 289-298; R. HANSLIK, Die Erstausgabe von Hilarius und ihre handschriftliche Grundlage, in WSt, n. s., xvi, 1982, p. 288-295.

Critica: J. DOIGNON, in RÉAug, xxviii, 1982, p. 148-151.

Emend.: P. SMULDERS, in VC, xlii, 1988, p. 121-131.

Fragmenta graeca in cod. Vat. graec. 1455, saec. xiii-xiv, ed. A. MAI, Noua Patrum Bibliotheca, i, Roma, 1852, p. 492 (De Trin. viii, 20; ix, 9. 11) (HERZOG & SCHMIDT, 582, 14).

434 **De synodis** (SCHANZ, iv, 1, 291; HERZOG & SCHMIDT, 582, 5)

PL, x, 479-546.

Cod. et uar. lect.: P. COURCELLE, in RÉL, xxxii, 1954, p. 95 sq.; G. MEYER & M. BURCKHARDT, Die mittelalterl. Hss. der Universitätsbibliothek Basel, Abt. B, II. Bd., Basel, 1966, p. 435.

Fontes: H. J. FREDE, p. 543.

435 **Apologetica ad reprehensores libri de synodis responsa** (glossae marginales ad De synodis) (SCHANZ, iv, 1, 292; HERZOG & SCHMIDT, 582, 5)

ibid., 545-548.

Noua fragmenta inuenit et edidit P. SMULDERS, in Bijdragen. Tijdschr. v. filosofie en theologie, xxxix, 1978, p. 234-243 (= J. DUMMER e. a., Texte u. Textkritik, Berlin, 1987 [= TU, cxxxiii], p. 539-547).

436 **Excerpta ex opere historico deperdito** (SCHANZ, iv, 1, 286; HERZOG & SCHMIDT, 582, 6)

CSEL, lxv, 1916 — FEDER, p. 43-193.

Trad. text.: P. GLORIEUX, in Mél. de science religieuse, i, 1944, p. 7-34.

Emend. et critica: A. ENGELBRECHT, in WSt, xxxix, 1917, p. 135-154; A. FEDER, in WSt, xli, 1919, p. 51-60; 167-181.

En elenchus documentorum quae ibidem reperiuntur:

437 **Epist. synodi Parisiensis.** Inc. «Omni quidem uitae nostrae» (p. 43-46; CC, cxlviii, p. 32-34); PL, x, 710

438 **Epist. Eusebii Vercellensis ad Gregorium Illiberitanum.** Inc. «Litteras sinceritatis tuae accepi» (p. 46-47) (cfr n. 108); PL, x, 713

439 **Symbolum Germini Sirmiensis.** Inc. «Ego Germinius episcopus credo et confiteor» (p. 47-48) (cfr n. 686); PL, x, 717

440 **Epist. synodi Sardicensis** (factionis Eusebianorum). Inc. «Est quidem nobis omnibus indeficiens oratio» (p. 48-67; 74-78 [subscriptiones (*a*)]) (cfr *CPG*, 8572); PL, x, 659

441 **Fides synodi Sardicensis** (eiusdem factionis). Inc. «Sancta synodus in Serdica congregata [*aliter*: Sancta synodus congregata est Sardica] ... Credimus [in] unum deum patrem omnipotentem, institutorem et creatorem» (p. 68-73) (cfr *CPG*, 8575); PL, x, 675

442 **Epist. synodi Ariminensis** et **Gesta Nicaena.** Inc. «Iubente Deo ex praecepto pietatis tuae» (p. 78-86) (cfr *CPG*, 8585); PL, x, 699

443 **Epist. synodi Ariminensis (Arianorum).** Inc. «Inlustrati pietatis tuae scriptis» (p. 87-88); PL, x, 703

444 **Epist. Liberii ad Constantium.** Inc. «Obsecro [*aliter*: Opto] tranquillissime imperator» (p. 89-93) (cfr n. 117°. 1630); PL, viii, 1351; x, 682; CSEL,

445 **Epist. Constantii Imperatoris.** Inc. «Continent priora statuta» (p. 93-94) (cfr *CPG*, 8582); xiv, 327

446 **Definitio synodi Ariminensis (Catholicorum).** Inc. «Sic credimus placere omnibus [*aliter*: Placitum est in concilio habito, in quo credimus posse placere omnibus]» (p. 95-97) (cfr *CPG*, 8583; 8584); PL, x, 695; xiii, 565

PL, x, 697

447 **Praefatio alterius seriei.** Inc. «Sancto Spiritu plenus Paulus apostolus» (p. 98-102); PL, x, 627

(*a*) De **genuinitate** cfr G. BARDY, in RevSR, xx, 1940, p. 47, adn. 2 (contra J. ZEILLER, *La falsification donatiste de documents du concile arien de Sardique*, in Comptes rendus Acad. des Inscriptions, 1933).

448 **Epist. synodi Sardicensis ad uniuersas ecclesias.** Inc. «Multa quidem et frequenter ausi sunt» (p. 103-126) (cfr CPG, 2123, 4; 8560) (*a*); — PL, x, 63?

449 **Epist. synodi Sardicensis ad Iulium papam.** Inc. «Quod semper credidimus, etiam nunc sentimus» (p. 126-140) (cfr n. 538; CPG, 8564. 8571); — PL, viii, 919; 922; 639; 642

450 **Epist. Valentis et Vrsacii ad Iulium papam.** Inc. «Quoniam constat nos antehac» (p. 143-144) (cfr n. 682; CPG, 2123, 13); — PL, viii, 912; x, 6.

451 **Epist. eorumdem ad Athanasium.** Inc. «Dedit se occasio» (p. 145) (cfr n. 683; CPG, 2123, 14); — PL, x, 64 xiii, 563; PG, xxv, 355

452 **Symbolum Nicaenum.** Inc. «Credimus in unum deum, patrem omnipotentem, uisibilium et inuisibilium factorem» (p. 150) (cfr CPG, 8512. 8520; CPPM, ii, 628); — PL, x, 65

453 **Epist. ii Liberii papae.** Inc. «Studens paci»; «Imperitiae culpam» (p. 155-157) (cfr n. 1630); — PL, viii, 1372; 139 x, 679; ?

454 **Epist. episcoporum Italiae.** Inc. «Diuini muneris gratia est» (p. 158-159); — PL, x, 7. xiii, 571

455 **Epist. Valentis et Vrsacii ad Germinium.** Inc. «Cum de spe et salute» (p. 159-160) (cfr n. 684); — PL, x, 7 xiii, 571

456 **Epist. Germinii.** Inc. «Vitalis uiri clarissimi militantis» (p. 160-164) (cfr n. 685); — PL, x, 7 xiii, 573

457 **Epist. et fragmenta Liberii papae.** Inc. «Quamuis sub imagine pacis» — «Nolo te factum» — «Inter haec, quia in nullo» — «Pro deifico timore» — «Quia scio uos filios pacis esse» — «Non doceo sed ammoneo» (p. 164-173) (cfr nn. 111*d*; 117°; 1628°; 1630); — PL, viii, 1356; x, 686; xiii 765; CS xiv, 320

458 **Epist. Orientalium episcoporum.** Inc. «Vnitati nos et uerae paci studentes» (p. 174-175) (cfr CPG, 8590); — PL, x, ?

459 **Epist. synodi Sardicensis.** Inc. «Benefica natura tua» (p. 181-184) (cfr CPG, 8569). — PL, x,

(*a*) **Trad. text.** et **emend.**: I. GELZER, in ZntW, xl, 1941, p. 1-24.

Hucusque **Opus historicum** (a).

460 **Liber [ii] ad Constantium Imperatorem** (SCHANZ, iv, 1, 290; HERZOG & SCHMIDT, 582, 7) PL, x, 563

CSEL, lxv, 1916 — FEDER, p. 193-205.

461 **Liber in Constantium Imperatorem** (SCHANZ, iv, 1, 290; HERZOG & SCHMIDT, 582, 8; CPPM, ii, 1017) PL, x, 577; x, 724; liii, 289

SC, cccxxxiv, 1987 — ROCHER.

462 **Contra Arianos** seu **contra Auxentium** (SCHANZ, iv, 1, 29; HERZOG & SCHMIDT, 582, 9)

PL, x, 609-618 — COUSTANT-MAFFEI.

OPERA POETICA

463 **Hymni iii e cod. Aretino** (SCHANZ, iv, 1, 226 et 552; HERZOG & SCHMIDT, 582, 10-12; CHEVALIER, 35290. 5985 & Add., 315 & Add.; WALTHER, 1308; 479; SCHALLER & KÖNSGEN, 880. 4980. 233) PLS, i, 274; CSEL, lxv, 209

CSEL, lxv, 1916, p. 209-216 — FEDER.

Clausulae: J. W. HALPORN, in Traditio, xix, 1963, p. 460-466.

Emend.: C. WEYMAN, Beiträge, p. 29-32; M. PELLEGRINO, in VC, i, 1947, p. 201-226; S. T. COLLINS, in JTS, l, 1949, p. 68 sq.; W. BULST, Hymni Latini antiquissimi lxxv, Heidelberg, 1956, p. 182.

Fontes: M.-J. RONDEAU, in RSR, lvii, 1969, p. 438-450.

464 **Hymnus dubius de Christo.** Inc. «Hymnum dicat turba fratrum» (SCHANZ, iv, 1, 228 et 552; HERZOG & SCHMIDT, 582, h 1; CHEVALIER, 8270 & Add.; WALTHER, 8617; SCHALLER & KÖNSGEN, 7445) PL, lxxii, 583; PLS, i, 278

CSEL, lxv, 1916 — FEDER, p. 217-223.

Var. lect.: E. FRANCESCHINI, L'Antifonario di Bangor, Padova, 1941, p. 4-10.

Genuinitatem negat M. SIMONETTI, Studi sull'innologia popolare cristiana, in Atti Accad. dei Lincei, Memorie, III, iv, 6, 1952, p. 362.

(a) Duo noua fragmenta, probabilius ad «Opus historicum» pertinentia, eruit Y.-M. DUVAL, Une traduction latine inédite du Symbole de Nicée et une condamnation d'Arius à Rimini. Nouveau fragment historique d'Hilaire ou pièces des actes du Concile?, in RB, lxxxii, 1972, p. 7-25 (cfr CPG, 8583°).

SPVRIA

465 **Epistula ad Abram filiam.** Inc. «Accepi litteras tuas. Intellego desiderantem» (*SCHANZ*, iv, 1, 227; *HERZOG & SCHMIDT*, 582 h 4; *CPPM*, ii, 3402)   PL, x, 54

ibid., p. 237-244.

Cod.: Klosterneuburg 206, saec. xii, f° 1-3.

466 **Hymni spurii.** Inc. «Lucis largitor splendide»; «Ad caeli clara non sum dignus sidera» (*SCHANZ*, iv, 1, 227 et 300; *HERZOG & SCHMIDT*, 582 h 15*a*; *CHEVALIER*, 10701 & *Add*.; 107 & *Add*.; *SCHALLER & KÖNSGEN*, 9044 et 152; *CPPM*, ii, 1026)   PL, x, 55 xcix, 502 PLS, i, 2 MGH, p Lat., i, 1.

ibid., p. 245-251.

Cod.: *ibid.*, f° 3 (hymn. 1).

467 **Sermo de dedicatione ecclesiae [Pictauiensis].** Inc. «Quia propitia deitate, fratres charissimi» (*HERZOG & SCHMIDT*, 582 h 14; *CPPM*, i, 5205)

PL, x, 879-884 = TROMBELLI.

Paulo immutatus a *BEDAE hom*. ii, 25 in eandem sollemnitatem (CC, cxxiv, 368-378 [PL, xciv, 433-439]).

468 **Liber de Patris et Filii unitate.** Inc. «Deus qui ubique est» (*HERZOG & SCHMIDT*, 582 g)

ibid., 883-888.

Cento ex operibus HILARII *De Trinitate* et GREGORII ILLIBERITANI *De fide orthodoxa*.

469 **De essentia Patris et Filii.** Inc. «Loquitur Euangelium: qui non honorificat Filium» (*HERZOG & SCHMIDT*, 582 g; *CPPM*, ii, 1022)

ibid., 887-888.

Cento ex eodem opere *De Trinitate*. — Circa haec et alia fragmenta ac centones e libro *De Trinitate*, cfr A. FEDER, *Studien*, iii, p. 95 sq., et infra, n. 1748*a*.

470 **Epistula seu libellus.** Inc. «Dauid gloriosus in psalmo» (*SCHANZ*, iv, 1, 300; *HERZOG & SCHMIDT*, 582 h A; *CPPM*, ii, 830. 1020)   PL, x,

Fr. BLATT, in ΔΡΑΓΜΑ *M. P. Nilsson dedicatum*, Lund, 1939, p. 67-95.

Auctorem proposuit G. MORIN TIBERIANVM BAETICVM, postea POTAMIVM OLISIPONENSEM, quam sententiam non admittendam putauerunt A. WILMART

(RB, xv, 1898, p. 97-99; xxx, 1913, p. 160, adn. 1; 285, adn. 1) et A. Montes Moreira, *Potamius de Lisbonne*, Louvain, 1969, p. 303-308; saec. iv in Hispania confectum esse ostendit P. Capelle, *Le texte du psautier latin en Afrique*, Rome, 1913, p. 118 sq., adn. 1.

Cod.: A. Montes Moreira, *o. c.*, p. 306, adn. 17; B. Lambert, *BHM*, iii B, 1970 (= *Instr. Patr.*, iv), p. 430-431, n. 515.

Emend.: J. Bauer, in *Sprache*, xxviii, 1982, p. 173-174.

471 **De spiritali prato.** Inc. «Quid per pratum bonum curatum» PLS, i, 286 (*HERZOG & SCHMIDT*, 582 h 2*b*; *CPPM*, ii, 3400)

A. Feder, *Studien*, iii, p. 100-101.

Cod.: *ibid.* (uide n. 465), f° 3.

472 **De balteo castitatis.** Inc. «Dicamus de balteo castitatis» (*HER-* PLS, i, 286 *ZOG & SCHMIDT*, 582 h 2*a*; *CPPM*, ii, 3401)

A. Feder, *o. c.*, p. 101.

Cod.: *ibid.*, f° 3-3^v.

Tractatus in Matthaeum et Ioannem (*STEGMÜLLER*, 3546. 3547) aliaque spuria in *Florilegio Casinensi* et apud Mai, Pitra et Liverani (*SCHANZ*, iv, 1, 300) posterioris sunt aetatis, uel graecae originis, cfr J. Reinkens, *Hilarius von Poitiers*, Schaffhausen, 1864, p. 275 sq.; A. Feder, *Studien*, iii, p. 98; H. J. Frede, p. 544-546; nonnulli alii sermones cuidam HILARIO tributi, extant in codicibus, cfr *HERZOG & SCHMIDT*, 582 k 9-13, et longe locupletius in *CPPM*, i, 5206-5215; et ipsi centones sunt, et saepius posterioris aetatis.

PHOEBADIVS EPISCOPVS AGENNENSIS

obiit post 392.

Cfr P. P. Gläser, *Phoebadius von Agen*, Augsburg, 1978 (dissert.).

473 **Contra Arianos.** Inc. «Nisi illam zabolicae subtilitatis fraudem» PL, xx, 13 (*SCHANZ*, iv, 1, 309; *HERZOG & SCHMIDT*, 586)

CC, lxiv, 1985, p. 23-54 — Demeulenaere.

Index uerborum: ILL, A, 28.

Ad Phoebadium dedit AMBROSIVS epistulam suam 87, de qua uide R. Palanque, *St. Ambroise et l'empire romain*, Paris, 1933, p. 471.

Opuscula PS. PHOEBADII sunt GREGORII ILLIBERITANI (n. 551 sq.).

SVLPICIVS SEVERVS

natus circa 363, obiit anno 420.

Cod., trad. text. et emend.: P. HYLTÉN, *Studien zu Sulpicius Seuerus*, Lund, 1940; P. GROSJEAN, in AB, lxxii, 1954, p. 270-275; J. DE WIT, in VC, ix, 1955, p. 45-49; B. M. PEEBLES, *Sulpicius Seuerus. Writings*, New York, 1949; ID., *Critical Text of the Writings of Sulpicius Seuerus*, in *American Phil. Soc. Yearbook*, 1960, p. 466-470; ID., *Martiniana Veneta*, in *Scritti in onore di G. Turrini*, Verona, 1973, p. 589-603; ID., in *Translatio Studii. Manuscript and Library Studies honoring O. L. Kapsner*, Collegeville, 1973, p. 156-168; G. AUGELLO, in *Orpheus*, n. s., iv, 1983, p. 413-426.

Latinitas: G. SANDERS & M. VAN UYTFANGHE, p. 121.

474 **Chronicorum l. ii** (*SCHANZ*, iv, 2, 476; *STEGMÜLLER*, 7963)   PL, xx, 9
CSEL, i, 1866 — HALM, p. 3-105.

«La Chronique de Sulpice Sévère. Texte critique», quem curauit A. LAVERTUJON, Paris, 1895/99, praetermitti potest; in scholiis uero historicis quaedam utilia affert. Longe uero utilius est opusculum Seraphini PRETE, *I Chronica di Sulpicio Severo. Sappio storico-critico*, Roma, 1955.

Cod.: fragm. libri ii in cod. Toulouse 468, saec. xvi, f° 164-166.

Trad. text.: B. BISCHOFF, in SE, vi, 1954, p. 225 (= B. BISCHOFF, *Mittelalterliche Studien*, i, p. 232).

Emend.: J. VAN DER VLIET, in BerlPhWo, xvii, 1897, col. 1181 sq.; P. HYLTÉN, in *Traditio*, xix, 1963, p. 447-460.

Latinitas: G. LAMPL, *Vtrum Sulpicius Seuerus in componendis Chronicis eodem stilo usus sit atque in uita S. Martini conscribenda et in epistulis edendis necne*, in *Jahresberichte Kollegium Petrinum*, Urfahr-Linz, xlviii; li-liv, 1951/52; 1954/55-1957/58, p. 5-38; 27-60; 17-46; 29-64.

475 **Vita Martini Turonensis** (*SCHANZ*, iv, 2, 474; *BHL*, 5610)   PL, xx,
SC, cxxxiii, 1967 — FONTAINE.   CSEL, i, 109

Emend.: M. J. MC GANN, in ALMA, xxxii, 1962, p. 94.

476 **Epistulae iii** (*SCHANZ*, iv, 2, 474; *BHL*, 5611-3; *CPPM*, ii, 1585)   PL, xx,
ibid., p. 316-344.   CSEL, i,

Praeterea extant epistulae xiii PAVLINI NOLANI ad Seuerum datae (n. 202).

Emend.: M. J. MC GANN, *a. c.* [n. 475], p. 91-94.

477 **Dialogorum l. ii** (*SCHANZ*, iv, 2, 474; *BHL*, 5614-6)   PL, xx,
CSEL., i, p. 152-216.

Ad textum *Dialogorum* emendandum, adhibe etiam M. Esposito, *Textes et études de littérature ancienne et médiévale*, Firenze, 1921, n. iii (etiam in JTS, xviii, 1917, p. 320-322); P. Grosjean, in ALMA, xxiv, 1953, p. 117-129; P. Antin, in RÉL, xxxvii, 1959, p. 111 sq. Quaedam non spernenda praebet etiam G. K. van Andel, *The Christian Concept of History in the Chronicle of Sulpicius Severus*, Amsterdam, 1976 (dissert.).

Adde fragmenta *epist.* i et *dialogi* ii e *Libro Ardmachano*, iuxta E. Babut, *Sur trois lignes inédites de Sulpice Sévère*, in *Le Moyen Age*, xix, 1906, p. 205-213. De his fragmentis ualde incertis, uide P. Hyltén, *o. c.* [ante n. 474], p. 72-84.

SPVRIA

478 **Tituli metrici de S. Martino** (*BHL*, 5624 b-d; *Walther*, 20098; *Schaller & Könsgen*, 17053; *CPPM*, ii, 1594-1598)

E. Le Blant, *Inscriptions chrétiennes de la Gaule*, i, Paris, 1856, p. 228-246, collata cum PL, lxxiv, 671-674.

Cfr L. Pietri, *Les 'tituli' de la Basilique S. Martin édifiée à Tours par l'évêque Perpetuus (3ᵉ quart du Vᵉ siècle)*, in *Mél. ... W. Seston*, Paris, 1974, p. 427-434.

479 **Epistulae appositae** (*Schanz*, iv, 2, 474; *CPPM*, ii, 1585-1588):

iii. **ad Paul[in]um.** Inc. «Postquam omnes coquos tuos» PL, xx, 242

iv. Inc. «Sacrae (*aliter*: Sanctae) religionis fidus interpres» (*CPPM*, ii, 1592) PL, xx, 244

v. Inc. «Licet domnus et germanus meus» (*CPPM*, ii, 1589) PL, xx, 242

v*a*. Inc. «Quomodo itaque et diuinae» PL, xx, 243

vi. **ad Saluium.** Inc. «Forensis elatio fori» (*CPPM*, ii, 1590) PL, xx, 243

CSEL, i, 1866 — Halm, p. 251-256.

Omnes certe spuriae, cfr P. Hyltén, *o.c.* [ante n. 474], p. 156-157. Aliae tres epistulae, quas in appendice edidit C. Halm, sub *Pelagii* nomine hic recensae sunt (uide nn. 741, 746 et 758).

Epist. iv, v, vi critice edidit et optime commentatus est Cl. Lepelley, *Trois documents méconnus sur l'histoire sociale et religieuse de l'Afrique romaine tardive*, in *Antiquités Africaines*, xxv, 1989, p. 235-262.

APPENDIX

ANONYMVS

480 **Laudatio sancti Martini.** Inc. «Laetemur in Domino, fratres dilectissimi, omni laetitia» — PLS, iv, 602

B. M. PEEBLES, in *Saint Martin et son temps*, Roma, 1961 (*Studia Anselmiana*, xlvi), p. 237-249.

Sermo anonymus saeculi vi, cfr A. LAMBERT, *Le premier panégyrique de St. Martin*, in *Bull. de St-Martin et de St-Benoît*, xxxii, 1924, p. 316-320.

Confessio S. Martini (PL, xviii, 11-12): uide n. 1748a.

VICTRICIVS EPISCOPVS ROTOMAGENSIS

obiit circa 407.

Cfr J. MULDERS, *Victricius van Rouaan. Leven en Leer*, in *Bijdragen. Tijdschr. voor Filosofie en Theologie*, xvii, 1956, p. 1-25; xviii, 1957, p. 19-40; 270-289.

481 **De laude sanctorum.** Inc. «Pertinere nos, dilectissimi» (SCHANZ, iv, 1, 366; CPPM, ii, 34) — PL, xx,

CC, lxiv, 1985, p. 69-93 — MULDERS & DEMEULENAERE.

Emend.: G. BARTELINK, in *Theol. Rev.*, lxxxii, 1986, p. 287-289.

Latinitas: D. NORBERG, in RÉAug, xxxiv, 1988, p. 39-46.

Index uerborum: ILL, A, 28.

Extant epistulae tres ad Victricium datae, nempe *S. INNOCENTII PAPAE I epist.* 2, ac 18 et 37 *S. PAVLINI NOLANI*.

EVAGRIVS MONACHVS

scripsit circa 430.

482 **Altercatio legis inter Simonem Iudaeum et Theophilum Christianum** (*SCHANZ*, iv, 2, 528) — PL, xx, 1165; CS, xlv, 1

CC, lxiv, 1985, p. 255-302 — DEMEULENAERE.

Cod.: J.-O. TJÄDER, in *Scriptorium*, xii, 1958, p. 6-39; E. A. LOWE, n. 1350 (Pommersfelden Pap. 7-13, saec. v-vi [fragm.]).

LEO BITVRICENSIS, VICTORIVS, EVSTOCHIVS EPISCOPI

Anno 453, cfr L. Duchesne, *Fastes épiscopaux de l'ancienne Gaule*, ii, Paris, 1910², p. 246.

483 **Epistula ad episcopos et presbyteros infra tertiam prouinciam constitutos.** Inc. «Tantam saeculi potestates» (Ps. Leo M.) (*SCHANZ*, iv, 2, 565; *MAASSEN*, 446; *CPPM*, ii, 1172)

PL, liv, 1239; cxxx, 922

CC, cxlviii, 1963, p. 136 — Munier.

Vide n. 1781.

MAXIMVS EPISCOPVS AFRI[N]CA[TI]NVS

484 **Epistula ad Theophilum episcopum Alexandriae.** Inc. «Sanctae beatitudinis tuae imitabile» (*SCHANZ*, iv, 2, 529)

PLS, i, 1093

G. Morin, in *Revue Charlemagne*, ii, 1912, p. 89-104.

Saec. v ineunte, ante a. 412 conscripta, non in Gallia, sed in Africa, cfr P. Courcelle, *Histoire littéraire des grandes invasions germaniques*, Paris, 1964², p. 62-64; *Prosopographie*, i, p. 737.

SALVIANVS PRESBYTER MASSILIENSIS

e Colonia Agrippina? Floruit circa 435-440.

Cfr M. Pellegrino, *Salviano di Marsiglia*, Roma, 1940; J. F. O'Sullivan, *The Writings of Salvian*, New York, 1947; et praesertim J. Vecchi, *Studi Salvianei*, Bologna, 1951.

Cod.: Fr. Pauly, *Die handschriftliche Überlieferung des Salvianus*, Wien, 1881; E. Franceschini, in *Aeuum*, xxvi, 1952, p. 188; M. Pellegrino, in VC, vi, 1952, p. 99-108; U. Chevalier, *Oeuvres complètes de Saint Avit*, Lyon, 1890, p. vii sq. (cod. deperditus Claromontanus).

Latinitas: L. Rochus, *La latinité de Salvien*, Bruxelles, 1934; G. Sanders & M. van Uytfanghe, p. 117-118.

485 **De gubernatione Dei** (*SCHANZ*, iv, 2, 524; *STEGMÜLLER*, 7592, 1)

SC, ccxx, 1975, p. 96-526 — Lagarrigue.

Cod.: Göttingen, Theol. 119, saec. xv, f° 49-96.

Emend.: J. Vecchi, in VC, iv, 1950, p. 190-192; D. R. Shackleton Bailey, in *Harvard Theol. Rev.*, lxx, 1977, p. 371-374.

PL, liii, 25; MGH, *auct. ant.*, i, 1, 1; CSEL, viii, 1

486 **Epistulae** (SCHANZ, iv, 2, 524)

SC, clxxvi, 1971, p. 76-132 — LAGARRIGUE.

Cod.: J. ZARCO CUEVAS, in *Bolet. Acad. Hist. Madrid*, cvi, 1935, p. 401 (*epist.* viii); I. OPELT, in *Romano-Barbarica*, iv, 1979, p. 161-182.

Font., emend.: L. ALFONSI, in VC, xxii, 1968, p. 209-213.

Epist. viii, *ad Eucherium* (nec uero *epist.* ii, ad eundem), denuo recensa est a C. WOTKE una cum operibus S. *EVCHERII* (n. 488 sq.), CSEL, xxxi, 1894, p. 197.

PL, liii, 157; MGH *auct. ant.* i, 1, 108; CSEL, viii 201

487 **Ad Ecclesiam siue Aduersus auaritiam** (SCHANZ, iv, 2, 524; CPPM, ii, 1550)

ibid., p. 138-344, collata cum recensione breuiore (saec. v-vi) in cod. Bernensi (Bongarsiano, 315), cuius uarias lectiones recensuit G. MORIN una cum prologo «Timothei episcopi» in RB, xliii, 1931, p. 198-205; p. 196 (inc. «Peruenit ad me deo donante»): textus antiquus (saec. v?), sed non Saluiani foetus, ita H. FREDE. Cfr A. VAN DE VEN, *Saluiani ad Ecclesiam libri iv. Tekst volgens de lezing van den Cod. Bernensis 315*, Leuven, 1943 (dissert.).

PL, liii, 173; PLS, iii, 203; MGH, *auct. ant* i, 1, 120; CSEL, vii 224

EVCHERIVS EPISCOPVS LVGDVNENSIS

sedit circa 428-450. — Cfr R. ÉTAIX, in DHGE, xv, 1963, p. 1315-1317.

488 **Formulae spiritalis intellegentiae** (SCHANZ, iv, 2, 519; STEGMÜLLER, 2257-2258 et *Suppl.*; CPPM, ii, 675)

CSEL, xxxi, 1894 — WOTKE, p. 3-62.

PL, l, 72

Cod.: C. TURNER, *Early Worcester MSS.*, Oxford, 1916, p. xxvi (Köln lxxxii, saec. ix, f° 53^v-87^r); D. DE BRUYNE, in RB, xxxvi, 1924, p. 13 sq.; 126, n. 14 (Paris, B. N., lat. 2769) (saec. vi); K. FORSTNER, in *Scriptorium*, xiv, 1960, p. 239-241 (Salzburg, Stud. Bibl., M i 1, s. ix); ID., *Die karolingischen Handschriften und Fragmente in den Salzburger Bibliotheken*, Salzburg, 1962, p. 28 (Salzburg, Museum 2163, saec. ix).

Trad. text.: excerpta plurima inueniuntur in opusculo pseudo-augustiniano *De essentia diuinitatis* (PL, xlii, 1199-1208; inc. «Omnipotens Deus Pater et Filius et Spiritus sanctus, unus atque trinus»); **cod.**: B. LAMBERT, BHM, iii A, p. 67-75, n. 314 (cfr n. 633, 14).

Emend.: C. WEYMAN, in *Analecta sacra et profana — Festgabe Ehrhard*, Bonn, 1922, p. 486 sq.; M. SCHUSTER, in PhWo, xlix, 1929, col. 191 sq.

489 **Instructionum ad Salonium l. ii** (*SCHANZ*, iv, 2, 519; *STEGMÜL-* PL, l, 773
LER, 2261; *CPPM*, ii, 675 a)

ibid., p. 65-161.

Cod.: D. De Bruyne, in RB, xxxvi, 1924, p. 13 sq.; J. Zarco Cuevas, in *Bolet. Acad. Hist. Madrid*, cvi, 1935, p. 401 sq.; A. Dold, in TA, i, 45, 1955, p. 37-42 (Trier, Bistumsarchiv 133 c, saec. vii [LOWE, 1363]); addantur Albi 29, n. 2, saec. ix (in eodem codice legitur «glossa de euangelio quod sanctus Aucerius composuit» [est pars n. 495]), Monte Casino 30, saec. x, p. 47-84 (lib. i), London, Lambeth Palace 414, saec. x, f° 36ᵛ sq. (lib. i, 34).

Var. lect.: W. Schmitz et K. Wotke, *Der Cod. Vat. lat. Reg. des Eucherius*, in WSt, xvii, 1895, p. 152-160; 294-297; Gr. Maioli, in *Ephem. Carmeliticae*, xxxii, 1981, p. 445-520 (lib. ii in forma glossarii, cod. Vat. lat. 3321, saec. viii [LOWE, 15], f° 208ʳ-220ʳ); eadem recensio legitur in Milano, Ambros. i 101 sup., saec. viii [LOWE, 352], f° 12-19, cfr E. S. Buchanan, in JTS, viii, 1907, p. 537.

Trad. text.: A. Souter, *Cassiodorus' Copy of Eucherius' Instructiones*, in JTS, xiv, 1913, p. 69-72; A. Wilmart, in *Misc. Amelli*, Monte Cassino, 1920, p. 56.

Excerpta apud *IOANNEM DIACONVM* (n. 951): cfr J. Pitra, *Anal. sacra et classica*, i, Paris, 1888, p. 175.

Fontes: I. Opelt, in *Hermes*, xci, 1963, p. 476-483; C. Mandolfo, *Le «Regole» di Ticonio e le «Quaestiones et Responsiones» di Eucherio*, in *Ann. Storia Exegese*, viii, 1991, p. 535-546.

490 **Passio Acaunensium martyrum** (*SCHANZ*, iv, 2, 520; *BHL*, 5737- PL, l, 827;
5739) CSEL, xxxi, 165

MGH, *scr. mer.*, iii, 1896 — Krusch, p. 32-39.

Quin genuina sit haec passio, reuera dubium iam non exprimitur in scholiis historicis quibus *Socii Bollandiani* instruxerunt *Martyrologium Romanum*, Bruxellis, 1940, p. 410. Cfr etiam D. Van Berchem, *Le martyre de la légion thébaine. Essai sur la formation d'une légende*, Bâle, 1956; M. Sufferey, *Le dossier hagiographique de saint Maurice*, in *Zeitschr. f. Schweiz. Kirchengesch.*, lxxvii, 1983, p. 4-46; D. Woods, in *Journ. Eccl. Hist.*, xlv, 1994, p. 385-395.

Cod., emend.: C. Curti, in *Conuiuium Dominicum. Studi sull'Eucarestia nei Padri delle Chiesa antica e Miscellanea patristica*, Catania, 1959, p. 299-327; Id., in *Acta philologica*, iii (*Miscell. N. I. Herescu*), Roma, 1964, p. 121-123; L. Alfonsi, in *Studi Romani*, viii, 1960, p. 52-55.

Passionem BHL 5741-5745 saec. vii adscribit C. Curti, *a. c.* p. 299 sq., cum A. Dufourcq, *Études sur les Gesta martyrum*, ii, Paris, 1907, p. 16, et É. Chevalley, in *Vallesia*, xlv, 1990, p. 37-120, qui textum critice edidit. Certe Walafrido Strabone antiquior, cfr Br. KRUSCH, *l. c.*, p. 27, qui et codices enumerat.

Attamen hanc recensionem Eucherio anteriorem aestimat H. DE RIET-MATTEN, in *Annales Valaisannes*, xxxviii, 1962, p. 331-348. Excusa est ad fidem codicum Parisini, B. N., lat. 5301, saec. x-xi, et Einsidlensis 256, saec. x, a L. DUPRAZ, *Les Passions de S. Maurice d'Agaune*, Fribourg, 1961, p. 1*-18*. Ibidem etiam iterata est *Epistula Eucherii ad Saluium* (n. 491).

491 **Epistula ad Saluium episcopum** (*BHL*, 5740)   PL, l, 827
ibid., p. 39-41.   CSEL, xxx 173

492 **De laude heremi** (*SCHANZ*, iv, 2, 519)   PL, l, 701

S. PRICOCO, Catania, 1965.

Critica: I. OPELT, in *Gnomon*, xl, 1968, p. 47 sq.; S. PRICOCO, *Osservazioni sul testo del «De laude eremi» di Eucherio*, Catania, 1967.

Fontes: P. COURCELLE, in RÉL, xlvi, 1968, p. 398 sq.; I. OPELT, in VC, xxii, 1968, p. 198-208.

493 **Epistola ad Valerianum de contemptu mundi et saecularis**   PL, l, 711
philosophiae (*SCHANZ*, iv, 2, 519 et 529)

S. PRICOCO, *Il refuto del mondo*, Fiesole, 1990 (*Bibl. Patristica*, xvi).

Cod., ed.: S. PRICOCO, *Per una nuova edizione del «De contemptu mundi» di Eucherio di Lione*, Torino, 1967; ID., in *Roma renascens. Festschr. I. Opelt*, Frankfurt, 1988, p. 294-307.

Fontes: P. COURCELLE, *a. c.* [n. 492], p. 379-397.

494 **Fragm.** «Quaerere quidam solent» apud CLAVDIANVM MAMERTVM,   PL, l, 86
De statu animae, ii, 9 [n. 983] (*SCHANZ*, iv, 2, 519; *CPPM*, i, 4590   liii, 752
A b)

CSEL, xi, 1885 — ENGELBRECHT, p. 135-136.

APPENDIX

Circa «Epitomam operum Cassiani», quam teste GENNADIO (*de uiris illustr.*, 64) confecit Eucherius, et «Regulam Cassiani», uide nn. 513° et 1874; circa «Epitomam Regularum Tyconii», uide sub n. 709a°.

495 **Glossae spiritales secundum Eucherium episcopum**
(*SCHANZ*, iv, 2, 520; *STEGMÜLLER*, 2259-2260; *CPPM*, ii, 675)

K. WOTKE, in *Sb. Wien*, cxv, 1888, p. 425-439.

Est epitome EVCHERII *Formularum* saec. viii concinnata.

Cod.: A. HOLDER, *Die Reichenauer Handschriften*, ii, Leipzig, 1914, p. 528 (fragm. 101, saec. ix). Cfr n. 489°.

496 **Epistula Rustici ad Eucherium.** Inc. «Transcriptis exultanter ac raptim» (SCHANZ, iv, 2, 519; STEGMÜLLER, 2262)   PLS, iii, 46

    CSEL, xxxi, 1894 — WOTKE, p. 198-199.

Cod.: J. ZARCO CUEVAS, in *Bolet. Acad. Hist. Madrid*, cvi, 1935, p. 402 sq.

S. *EVCHERII epistularum*, praeter *epist. ad Saluium* (n. 491), breuissima tantum extant fragmenta in *Vita S. Hilarii Arelatensis*, c. xi (n. 506) et in eiusdem HILARII sermone *de uita S. Honorati*, c. iv, 22 (n. 501).

Epist. ad Philonem presb. in PL, l, 1213 sq. (inc. «Quaeso caritatem et dilectionem tuam» [CPPM, ii, 677]), et ipsa subdititia necnon posterioris aetatis uidetur. **Cod.**: Lyon 618, saec. xii, f° 134.

Ad Eucherium uero dederunt litteras, praeter Rusticum nostrum, PAVLINVS NOLANVS (*epist.* 51), SALVIANVS MASSILIENSIS (*epist.* 2 et 8) et HILARIVS ARELATENSIS (n. 500).

SPVRIA

497 **Exhortatio ad monachos.** Inc. «Quid uobis exhibeamus» (CPPM, i, 4603)

    PL, l, 865-868 = BROCKIE.

498 **Sententia ad monachos.** Inc. «In hunc fere modum» (CPPM, i, 4604)

    PL, l, 1207-1210 = MPB.

Subsequens *Admonitio ad uirgines* est sermo 237 *S. CAESARII* (n. 1008).

Homiliae x *ad monachos* (PL, l, 833-865) sunt «EVSEBII GALLICANI» (n. 966). Cfr CPPM, i, 4590-4602. *Commentariorum in Genesim recensio duplex* (ed. K. WOTKE, Wien, 1897 [progr.] et PL, l, 893-1048) ac *Commentarii in Libros Regum* (PL, l, 1047-1208; civ, 623-820 [SCHANZ, iv, 1, 521; STEGMÜLLER, 1955 et *Suppl.*]) sunt CLAVDII TAVRINENSIS, cfr P. BELLET, in *Estudios Biblicos*, ix, 1950, p. 209-223; M. L. W. LAISTNER, in *Harvard Theol. Rev.*, xlvi, 1953, p. 45 sq. (= M. L. W. LAISTNER, *The Intellectual Heritage of the Early Middle Ages*, Ithaca, 1957, p. 200 sq.); G. ITALIANI, *La tradizione esegetica nel commento al Rei di Claudio di Torino*, Firenze, 1979. Attamen codex Autun 27, f° 63-76 et Paris, B. N., n. a. l.

1628, f° 17-18 qui priorem recensionem exhibet *Commentariorum in Genesim* saec. viii ineunte exaratus est (LOWE, 728), cfr DÍAZ, 390. *Commentarii* uero *in libros Regum* a scriptore anglico confecti sunt iuxta P. CAPELLE, *Le texte du psautier latin en Afrique*, Rome, 1913, p. 120, adn. 2.

De situ Hierusolimae

uide n. 2326.

SALONVS EPISCOPVS GENAVENSIS

S. Eucherii Lugdunensis filius; floruit circa 450.

499 **Expositio mystica in parabolas Salomonis et in Ecclesiasten** (SCHANZ, iv, 2, 529; STEGMÜLLER, 7589-7590 et *Suppl.*; CPPM, ii, 2930-2931 a)   PL, liii,

C. CURTI, Catania, 1964.

Huius operis abbreuiationem sub nomine HONORII AVGVSTODVNENSIS legitur in PL, clxxii, 311-332 (STEGMÜLLER, 3571-3572 et *Suppl.*). In codicibus etiam leguntur quaedam expositiones mysticae «per interrogationes et responsiones» in Matthaeum et Iohannem (inc. «Quare beatus Matthaeus nullam sanctarum feminarum in genealogia Domini posuit» [STEGMÜLLER, 7590, 1]; «Quare beatus Iohannes euangelista dilectus Domini» [STEGMÜLLER, 7590, 2]), quas J. A. ENDRES, *Honorius Augustodunensis*, Kempten, 1906, p. 74, Salonio nostro adscribit, et sub eiusdem nomine eas edidit C. CURTI, Torino, 1968. Reuera haec expositiones posterioris aetatis sunt, uide J.-P. WEISS, in SE, xix, 1969/70, p. 77-114; V. I. J. FLINT, in RTAM, xxxvii, 1970, p. 174-186.

Epistula inter opera Leonis M., n. 68, a CERETIO, SALONIO nostro et VERANO, Galliae episcopis, conscripta est (MAASSEN, 424). Insuper Salonius inter alios Galliae episcopos subscripsit *Institutionem in causa insulae Lirinensis* (CC, cxlviii, p. 133 sq.).

HILARIVS EPISCOPVS ARELATENSIS

circa 429-440.

500 **Epistula ad Eucherium Lugdunensem.** Inc. «Cum me libellos tuos» (SCHANZ, iv, 2, 528; CPPM, ii, 1024)   PL, l, 12

CSEL, xxxi, 1894 — WOTKE, p. 197-198.

Cod.: J. ZARCO CUEVAS, in *Bolet. Acad. Hist. Madrid*, cvi, 1935, p. 402.

501 **Sermo de uita S. Honorati Arelatensis episcopi** (*SCHANZ*, iv, 2, 528; *BHL*, 3975) — PL, l, 1249

S. CAVALLIN, *Vitae SS. Honorati et Hilarii*, Lund, 1952, p. 47-78; uel SC, ccxxxv, 1977 — VALENTIN.

Trad. text.: J. P. BOUHOT, in RÉAug, xxviii, 1982, p. 133-147.

Fontes: R. BRAUN, in *Bull. Centre de Romanistique et de Latinité tardive*, n. 2, 1984, p. 3-9.

502 **Versus de fontibus Gratianopolitanis.** Inc. «Si uere exurunt ignes» (fragm. apud GREGORIVM TVRONENSEM, *De cursu stellarum*, 14 [n. 1025]) (*SCHANZ*, iv, 2, 528; *SCHALLER & KÖNSGEN*, 15239) — PL, xiii, 632; MGH, scr. mer., i, 2, 862

F. BÜCHELER & A. RIESE, *Anthologia latina*, i, 2, Leipzig, 1906, p. 37, n. 487; M. G. BIANCO, in *Disiecti membra poetae*, ii, 1985, p. 298-316.

Versus etiam excuduntur e cod. London, Lambeth Palace 414, saec., a M. R. JAMES, *A descriptive Catalogue of the MSS. in the Library of Lambeth Palace*, Cambridge, 1932, p. 576.

Cfr S. CAVALLIN, *Vitae SS. Honorati et Hilarii*, Lund, 1952, p. 15.

503 **Sermo de uita S. Genesii** («EVSEBIVS GALLICANVS», *sermo* 56 [50]) (*CPPM*, i, 4673; *BHL*, 3306)

S. CAVALLIN, in *Eranos*, xliii, 1945, p. 165-168; uel CC, ci A, 1971, p. 651-654 — GLORIE.

Inter dubia collocandus uidetur, cfr S. CAVALLIN, *o. c.* [n. 502], p. 14 sq.

504 **Sermo siue narratio de miraculis S. Genesii martyris Arelatensis** (*SCHANZ*, iv, 2, 528; *CPPM*, i, 4606. 5203; *BHL*, 3307 & *Suppl.*) — PL, l, 1273

AASS, *Aug.*, v, p. 133-134 — CUYPERS.

Cod.: S. CAVALLIN, in *Eranos*, xliii, 1945, p. 172, adn. 5.

De **auctore** uide S. CAVALLIN, *o. c.*, [n. 502], p. 15, adn. 2.

505 **Expositio de fide catholica.** Inc. «Auscultate expositionem de fide catholica» — PLS, iii, 57

A. E. BURN, in ZKG, xix, 1899, p. 179-186, collata cum cod. Augiensi xviii iuxta K. KÜNSTLE, *Eine Bibliothek der Symbole*, Mainz, 1900, p. 173-175.

De **auctore** uide F. KATTENBUSCH, *Das apost. Symbol*, ii, Leipzig, 1900, p. 745-748 et p. 453, adn. 35. Cfr etiam G. MORIN, *Initia Caesariana*, p. 910.

Noua ed. paratur a M. PARMENTIER.

APPENDIX

506 **Vita S. Hilarii Arelatensis** auctore «REVERENTIO [RAVENNIO]» (*SCHANZ*, iv, 2, 565; *BHL*, 3882) PL, l, 1219

S. CAVALLIN, *Vitae SS. Honorati et Hilarii*, Lund, 1952, p. 79-109; uel J.-A. JACOB, *Honorat de Marseille. La Vie d'Hilaire d'Arles*, in SC, cccciv, 1995.

Emend.: J. H. WASZINK, in VC, viii, 1954, p. 116 sq.; B. AXELSON, in VC, x, 1956, p. 157-159; L. HÅKANSON, in VC, xxxi, 1977, p. 57-59.

Saec. v exeunte confecta uidetur, forsitan ab *HONORATO* quodam episcopo Massiliensi, ut in appendice Gennadii cap. 100 legitur (cfr S. CAVALLIN, *o. c.*, p. 35-40); **genuinitatem** negat B. KOLON, *Die Vita S. Hilarii Arelatensis*, Paderborn, 1925.

Fontes: J. MARTIN, in *Deutsche Literaturzeitung*, xlvii, 1926, col. 98-101.

Latinitas: M. CORTI, *Studi sulla latinità merovingia in testi agiografici minori*, Messina, 1939, p. 11-14; 157-174, et passim.

507 **Epitaphium S. Hilarii Arelatensis.** Inc. «Antistes domini qui p[aupertatis] amorem» (*DIEHL*, 1062; *SCHALLER & KÖNSGEN*, 908) PL, l, 124

S. CAVALLIN, *o. c.* [n. 506], p. 110.

SPVRIA

508 **Expositio in vii epistulas catholicas.** Inc. «Septem epistulae quas sancti patres Iacobus, Petrus, Iohannes et Iudas» (*SCHANZ*, iv, 1, 286; *STEGMÜLLER*, 3525-3531; *LAPIDGE & SHARPE*, 346; *CPPM*, ii, 2600) PLS, iii,

CC, cviii B, 1973, p. 53-124 — Mc NALLY.

Saec. viii ineunte in Hibernia confecta uidetur, cfr B. BISCHOFF, in SE, vi, 1954, p. 270-272 (= B. BISCHOFF, *Mittelalterl. Studien*, i, 1966, p. 266 sq.), ubi et de codicibus et de fontibus tractatur.

509 **Passio S. Genesii** (Ps. PAVLINVS NOLANVS) (*SCHANZ*, iv, 1, 271; *BHL*, 3304) PL, lxi, 418; CSE xxix, 42

S. CAVALLIN, in *Eranos*, xliii, 1945, p. 160-164; A. FÁBREGA GRAU, *Passionario Hispánico*, ii, 1957, p. 334-346.

Saec. vi uidetur, iuxta S. CAVALLIN, *a. c.*, p. 173 sq. Eiusdem fere temporis sunt *Sermones de natali S. Genesii*, sub nomine *AVGVSTINI* editi (MAI s. 67-68 [n. 372]).

Passio S. Genesii notarii (*BHL*, 3305), edita a *Sociis Bollandianis* in *Catal. Cod. Hag. Bibl. Nat. Paris.*, i, Bruxellis, 1889, p. 371-373, certe est posterioris aetatis, cfr P. FRANCHI DE' CAVALIERI, *Note Agiografiche*, viii, Roma, 1935 (StT, lxv), p. 207 sq., et S. CAVALLIN, *a. c.*, p. 154 sq.

Carmina spuria inuenies in appendice CYPRIANI POETAE sub nn. 1427 sq. Vide etiam sub n. 532°.

Sermones de S. Trophimo (BHL, 8318 b et d; CPPM, i, 5201-5203) saec. x uel xi confecti sunt, cfr S. CAVALLIN, *a. c.*, p. 151. *Sermo BHL*, 8318 b etiam legitur inter opera HEIRICI AVTISSIODORENSIS (PL, cxxiv, 1269-1272), mutato tantum S. Trophimi nomine in nomen S. Germani.

VINCENTIVS LIRINENSIS

presbyter Gallus; scripsit anno 434.

510 **Commonitorium** (SCHANZ, iv, 2, 521)   PL, l, 637

CC, lxiv, 1985, p. 147-195 — DEMEULENAERE.

Cod. olim exstabat in *Bibliotheca Meermanniana* (t. iv, p. 85, n. 509, saec. xvi), sequenti titulo decoratus: «Peregrini tractatus pro fidei catholicae antiquitate, uniuersitate ac ueritate».

511 **Excerpta [e S. Augustino].** Inc. prologus: «Cunctis haeresibus   PLS, iii, 23 repugnantia»; inc. tituli: «Quia sancta et beata Trinitas»; inc. excerptum 1: «Nunc iam ipsum beatae memoriae sanctum Augustinum»

ibid., p. 199-231.

Trad. text.: L. FERRERES, in *Augustinus*, xxxix (= *Charisteria Augustiniana J. Oroz Reta dicata*), 1994, p. 169-178.

Index uerborum (nn. 510-511): ILL, A, 28.

CASSIANVS ABBAS MASSILIENSIS

floruit in Gallia circa 415-430.

Natione Scytha, iuxta Gennadium (*de uiris inlustribus*, 62) et H. MARROU, *La patrie de Cassien*, in *Orient. Christ. Period*, xiii, 1947, p. 588-596; ID., *Jean Cassien à Marseille*, in RMAL, i, 1945, p. 5-26; sed lege quae in contrarium — et meo sensu rectius — adferunt M. CAPPUYNS, in DHGE, xi, 1949, col. 1321, et Kl. ZELZER, *Cassianus natione Scytha, ein Südgallier*, in WSt, civ, 1991, p. 161-168.

512 **Conlationes** (SCHANZ, iv, 2, 513; CPPM, ii, 3625)   PL, xlix, 477

CSEL, xiii, 1886 — PETSCHENIG.

Cod.: H. VANDERHOVEN & F. MASAI, *Regula Magistri*, Bruxelles, 1953, p. 335; G. MEYER & M. BURCKHARDT, *Die mittelalterlichen Handschriften der Universitätsbibliothek Basel*, i, Basel, 1960, p. 458-563; U. BETTI, in

SE, xxi, 1972/73, p. 81-107; A. CANELLAS LÓPEZ, *Fragmenta disiecta en Visigótico del siglo x*, in *Actas del viii Coloquio de paleografía latina*, Madrid, 1990, p. 39-50; J. RIUS I SERRA, *Un full visigòtic del segle ix*, in *Homenatge a A. Robió i Leuch*, ii, Barcelona, 1936, p. 441-450 (cfr J. ALTURO I PERUCHO, in *Rev. Catalana de Teologia*, xiii, 1988, p. 436).

Ed.: P. B. CORBETT & F. MASAI, *L'édition Plantin de Cassien*, in *Scriptorium*, v, 1951, p. 60-74.

Fontes nn. 512-514: O. ABEL, *Studien zu dem gallischen Presbyter Iohannes Cassianus*, München, 1904, p. 24-30.

Index uerborum nn. 512-514: *Thesaurus Iohannis Cassiani*, curante CETEDOC, Turnhout, 1992.

513 **De institutis coenobiorum** (*SCHANZ*, iv, 2, 513)   PL, xlix,

CSEL, xvii, 1888 = PETSCHENIG, p. 3-231.

Cod.: G. WISSOWA, in *Götting. gelehrte Anzeigen*, 1896, p. 523; É. CHATELAIN, in *Rev. de Philologie*, xxvii, 1903, p. 40-43; A. DOLD, in TA, i, 14, 1928, p. 50; J. RIUS I SERRA, in *Anal. Sacra Tarracon.*, xii, 1936, p. 441-450; A. OLIVAR, *ibid.*, xxii, 1949, p. 80; H. VANDERHOVEN & F. MASAI, *l. c.* [a. 512]; A. SCHÖNHERR (cfr *Scriptorium*, xx, 1966, p. 164, n. 494); U. BETTI, *a. c.* [a. 512], p. 84; G. H. BROWN, in *Manuscripta*, xvii, 1973, p. 22-27; E. B. GARRISON, in *La Bibliofilia*, lxxv, 1973, p. 105 sq.

Cod., emend.: J.-Cl. GUY, *Jean Cassien. Institutions cénobitiques*, Paris, 1965 (SC, cix).

Critica: Fr. MASAI, in *Latin Script and Letters A. D. 400-900. Festschr. L. Bieler*, Leiden, 1976, p. 236-263.

Epistulam S. Castoris (PL, xlix, 53-54 [*CPPM*, ii, 505]) omittis; subdititia est et posterioris aetatis.

Circa «*Epitomas operum Cassiani*» (*CPPM*, ii, 676) perperam sub nomine EVCHERII LVGDVNENSIS in PL, l, 867-894 et inter spuria S. ATHANASII in PG, xxviii, 849-906, editas, uide F. DIEKAMP, *Eine moderne Titelfälschung*, in *Röm. Quartalschr.*, xiv, 1900, p. 341-355.

Fragmenta alterius epitomae inuenit C. HONSELMANN (*Bruchstücke von Auszügen aus Werken Cassians*, in *Theologie und Glaube*, li, 1961, p. 300-304) in cod. Paderborn, Erzbischöfl. Akad. Bibl. Fragm. 16 a-c, saec. ix. Haec epitoma EVCHERII uolumen esse poterit quod teste GENNADIO (*de uiris inlustr.*, 64) composuit, nisi potius in «Regula Cassiani» (n. 1874) asseruatum putaueris, sed haec excerpta ex libris i-iv *Institutorum* differunt cum fragmentis Paderbornensibus.

Cassiani operum editio castigata a «VICTORE MATTARITANO episcopo Afro», quae memoratur a CASSIODORO (*Institutiones*, i, 29 — MYNORS, p. 74, 9-11), deperdita uidetur (auctor non apparet in *Prosopographie*, i).

Vide etiam sub n. 709a°: *De septem regulis Tyconii*.

De uersionibus graecis quaedam inuenies in praefatione Michaelis PETSCHENIG, cap. viii; adde **cod.** Vat. Pal. gr. 41, saec. x (cfr Chr. HANNICK, in *Slovo* [Zagreb], xxiv, 1974, p. 41, adn. 3); O. BARDENHEWER, iv, p. 563 sq.; nouam epitomam graecam librorum x-xii *Institutionum* detexit in tractatu *PS. NILI De octo uitiis* S. MARSILI, *Résumé de Cassien sous le nom de S. Nil*, in *Rev. ascét. myst.*, v, 1934, p. 241-245 (*CPG*, 2266. 6077 a-b); A. DE VOGÜÉ, in *Studia Monastica*, xxvii, 1985, p. 7-12 (fragm. libri iv[i]).

De *Regula Cassiani*, uide infra, sub n. 1874.

514 **De incarnatione Domini contra Nestorium** (*SCHANZ*, iv, 2, PL, l, 9 513)

ibid., p. 235-391.

Cod.: P. COURCELLE, in *Rec. de travaux offerts à C. Brunel*, Paris, 1955, p. 316-319; L. NAVARRA, in *Studi storico religiosi*, i, 1977, p. 339-346.

Emend., fontes: E. SCHWARTZ, *Konzilsstudien*, i, 1914, p. 1-17.

LEPORIVS MONACHVS

natione Gallus; scripsit anno 426.

515 **Libellus emendationis.** Inc. «Quid in me primum» (*SCHANZ*, iv, PL, xxxi, 2, 529) 1221

CC, lxiv, 1985, p. 111-123 — DEMEULENAERE.

Index uerborum: ILL, A, 28.

CASSIANVS, *Contra Nestorium*, i, 5, excerptum e Leporii libello exhibet (cfr textum apud PETSCHENIG, p. 242-244), quod partim repetitur a LEONE MAGNO (*epist.* 165, n. 6) et in libro x° *PS. ATHANASII De Trinitate* (CC, ix, p. 143). Aliud excerptum bis adfertur in cod. Zweitalensibus 240 et 295 (saec. xii/xiii), cfr N. HÄRING, *Eine Zwettler Abkürzung der Vätersammlung Adhemars von Saint-Ruf (Valence)*, in *Theologie und Philosophie*, xli, 1966, p. 37 (iv, 14) et p. 44 (xvii, 1); idem excerptum (4, 8-117) una cum alio legitur in cod. Abrincensi 72 (saec. xii), edid. Fr. GORI, in *Augustinianum*, xxxiv, 1993, p. 203-204.

Epistula, quam Africae antistites ad episcopos Galliae de Leporio nostro scripserunt, inter epistulas S. Augustini numerum habet 219 (n. 262). Vide etiam *Prosopographie*, i, p. 634 sq. De Leporio uide inter recentiores A. TRAPÉ, in *La Ciudad de Dios*, clv, 1943, p. 45-67, et praesertim B. MOREL, in *Bijdragen. Tijdschr. voor Filosofie en Theologie*, xxi, 1960, p. 31-52, et F. DE BEER, in RÉAug, x, 1964, p. 145-185.

PROSPER AQVITANVS

floruit in Gallia et Romae, circa 420-450. — Cfr. L. VALENTIN, *S. Prosper d'Aquitaine*, Paris, 1900.

Cod.: F. SCIUTO, in *Miscell. di studi de lett. crist. antica*, ix, 1959, p. 19-24.

516 **Epistula ad Rufinum de gratia et libero arbitrio.** Inc. «Accepi per communem amicum» (*SCHANZ*, iv, 2, 497; *CPPM*, ii, 182) PL, li, 77-90 = LE BRUN DES MARETTES & MANGEANT.

PL, xlv, 1793

Praeterea extat inter litteras *S. AVGVSTINI* epistula 225, quae est Prosperi nostri (n. 262). Partem uero quam habuit in conscribendis epistulis LEONIS PAPAE, praesertim in conficiendo *Tomo*, ut aiunt, *ad Flauianum*, perpulchre delineauit J. GAIDIOZ, *Prosper d'Aquitaine et le tome à Flavien*, in RevSR, xxiii, 1949, p. 270-301. Adde tamen fontibus, e quibus iuxta Gaidioz hausit Prosper, *serm.* xix^{um} GAVDENTII (n. 215), cfr C. R. NORCOCK, in JTS, xv, 1914, p. 593-596. Vide etiam N. ERTL, *Diktatoren frühmittelalterlicher Papstbriefe*, in *Archiv für Urkundenforschung*, xv, 1938, p. 57-61, et C. SILVA-TAROUCA, in *Gregorianum*, xii, 1931, p. 571 sq.

517 Περὶ ἀχαρίστων, hoc est **De ingratis.** Inc. «Vnde uoluntatis sanctae subsistat origo» (*SCHANZ*, iv, 2, 495; *SCHALLER & KÖNSGEN*, 16757)

PL, li, 9

C. T. HUEGELMEYER, Washington, 1967 (*Patr. Stud.*, xcv).

Trad. text.: uersiculi 226-244 adlegantur ab HINCMARO, *De praedestinatione Dei*, 1 — PL, cxxv, 77, praemisso *incipit* alterius epigrammatis (n. 518).

518 **Epigrammata in obtrectatorem Augustini.** Inc. «Quidam doctiloqui (*al.* dictiloqui) libros»; «Contra Augustinum narratur» (*SCHANZ*, iv, 2, 496; *SCHALLER & KÖNSGEN*, 13584. 2728; *CPPM*, ii, 187) PL, li, 149-152.

PL, xlv, 1857

Cod.: A. OLIVAR, in *Anal. Sacra Tarracon.*, xxii, 1949, p. 85 sq.

In codicibus, una cum genuinis, haec duo epigrammata inueniuntur, auctore quodam FLORIANO: «Haec Augustini ex sacris epigrammata dictis»; «Augustine tonans diuino fulmine linguae» (*CHEVALIER*, 35412; *WALTHER*, 7275. 1760; *SCHALLER & KÖNSGEN*, 5836. 1390); edid. F. BÜCHELER & A. RIESE, *Anthologia latina*, i, 2, Leipzig, 1906, n. 493*a* et 493*b*, p. 50-51; K. STRECKER, in MGH, *poet. lat.*, vi, 1951, p. 175 sq., nn. 13 et 14 (*SCHANZ*, iv, 2, 501). Cfr L. VALENTIN, *o. c.* [ante n. 516], p. 364, adn. 1, et infra, n. 1059°; **cod.**: V. M. LAGORIO, *Anthologia Latina 493a (Riese) in «codex Ottobonianus Latinus 687»*, in *Manuscripta*, xviii, 1974, p. 111 sq.; M. FERRARI, in *Italia medioev. e umanist.*, xv, 1972, p. 35.

519 **Epitaphium Nestorianae et Pelagianae haereseon.** Inc.
« Nestoriana lues » (SCHANZ, iv, 2, 496; SCHALLER & KÖNSGEN, 10181)
ibid., 153-154.

520 **Pro Augustino responsiones ad capitula obiectionum Gallorum calumniantium** (SCHANZ, iv, 2, 497; CPPM, ii, 184)
ibid., 155-174.

PL, xlv, 1833

521 **Pro Augustino responsiones ad capitula obiectionum Vincentianarum** (SCHANZ, iv, 2, 497; CPPM, ii, 1726)
ibid., 177-186.

PL, xlv, 1849

522 **Pro Augustino responsiones ad excerpta Genuensium** (SCHANZ, iv, 2, 497)
ibid., 187-202.

PL, xlv, 1849

523 **De gratia Dei et libero arbitrio contra Collatorem** (SCHANZ, iv, 2, 497; CPPM, ii, 183)
ibid., 213-276.

PL, xlv, 1801

524 **Expositio psalmorum a centesimo usque ad centesimum quinquagesimum** (SCHANZ, iv, 2, 497; STEGMÜLLER, 7011)

PL, li, 277

CC, lxviii A, 1972, p. 1-211 — CALLENS.

Cod., emend.: Fr. GORI, in *Annali di storia dell'esegesi*, x, 1993, p. 547-548.

Addatur prologus metricus (inc. « Cantica Dauidico Christum modulantia plectro » [STEGMÜLLER, 7010; WALTHER, 2385; SCHALLER & KÖNSGEN, 1907; CPPM, ii, 1869 b. 2910]), quem post Maurinos (PL, xxxvi, 59 sq.) denuo edidit G. MORIN in RB, xlvi, 1934, p. 36 et S. Prospero adsignauit; quam sententiam admittere noluit M. CAPPUYNS (BTAM, iii, n. 153); cfr etiam L. C. MOHLBERG, in *Misc. Mercati*, ii, p. 11-13; P. CALLENS, *ed. c.*, p. viii; A. ÖNNERFORS, in *Literatur und Sprache im europ. Mittelalter*, Darmstadt, 1973, p. 82.

525 **Sententiae ex operibus S. Augustini** (SCHANZ, iv, 2, 497; CPPM, ii, 1523)
ibid., p. 219-365 — GASTALDO.

PL, xlv, 1859; li, 427

Cod.: HÜWA, i, 1, p. 185 sq.; ii, p. 192 sq.; iii, p. 73 sq.; iv, p. 74; v, 1, p. 246. 616.

Trad. text.: M. LAMBERT, in RÉAug, xv, 1969, p. 257, adn. 15.

Versio graeca saec. xiv: cfr M. RACKL, in *Misc. Fr. Ehrle*, i, Roma, 1924, p. 21 sq.

526 **Epigrammata ex sententiis S. Augustini.** Inc. «Dum sacris mentem placet» (SCHANZ, iv, 2, 496; SCHALLER & KÖNSGEN, 4055 etc.)
PL, li, 497-532.

Cod., metrum: D. LASSANDRO, in *Vet. Christ.*, viii, 1971, p. 211-222; HÜWA, v, 1, p. 108 sq.; addatur et **cod.** Montpellier Éc. méd. 418, saec. ix. Cfr G. BERNT, *Das lateinische Epigramm im Übergang von der Spätantike zum frühen Mittelalter*, München, 1968, p. 84-88.

Noua ed. paratur a M. GASTALDO.

527 **Praeteritorum Sedis Apostolicae episcoporum auctoritates de gratia Dei et libero uoluntatis arbitrio.** Inc. «Quia nonnulli [*aliter*: nulli] qui [*alii om.*] catholico nomine» (Ps. CAELESTINVS) (SCHANZ, iv, 2, 498. 602)   PL, xlv, 1756; l, 53 li, 205; lxxxiv, 68 cxxx, 750

P. & H. BALLERINI, *S. Leonis opera*, ii, Venezia, 1756, c. 251-257.

Quinquies hoc opusculum excudit J. MIGNE, sed optimam hanc Ballerinorum fratrum editionem, in tomo suo lv, col. 159 indicatam, infeliciter praetermisit.

528 **De uocatione omnium gentium** (SCHANZ, iv, 2, 498. 602; CPPM, ii, 1171)   PL, xvii, 1073 (dee in ed. 2ª li, 647

P. & H. BALLERINI, *o. c.*, col. 167-249.

Cod.: M. CAPPUYNS, in RB, xxxix, 1927, p. 199 sq. Addantur: Bremen, 4° 10, saec. xv; Firenze, Laur., S. Marco 637, saec. xi (fragm.); Vat. Vrbin. 39 (14), saec. xv, f° 239-257.

Latinitas: J. J. YOUNG, *Studies on the Style of the «De uocatione gentium»*, Washington, 1952 (*Patr. Stud.*, lxxxvii).

Litem de auctore duorum ultimorum tractatuum optime dirimit M. CAPPUYNS, in RB, xxxix, 1927, p. 198-226; xli, 1929, p. 156-170, quod tamen nequit admittere H. J. FREDE.

Epitoma Chronicorum
uide n. 2257.

DVBIA ET SPVRIA

Cfr L. VALENTIN, *o. c.* [ante n. 516], p. 651-837 (disertissimus, sed interdum incerti iudicii).

529 **Epistula ad Demetriadem seu tractatus de humilitate.** Inc.   PL, lv, 1
«Cum splendidissimae sanctimoniae tuae» (Ps. LEO) (SCHANZ, iv, 2, 498. 602; CPPM, ii, 3010. 3465)

K. C. KRABBE, Washington, 1965 (*Patr. Stud.*, xcvii).

Eiusdem auctoris ac *De uocatione gentium* plerique contendunt, quam sententiam confirmant K. C. KRABBE, p. 41 sqq. et H. J. FREDE.

530 **Confessio.** Inc. «Nato mihi quondam sub lege peccati» (SCHANZ, iv, 2, 498; CPPM, ii, 1520 a)

PL, li, 607-610 = LE BRUN DES MARETTES & MANGEANT.

Cod.: A. HAMMAN, in *Augustinianum*, xvii, 1977, p. 553 sq.

531 **Poema coniugis ad uxorem.** Inc. «Age iam precor mearum» (Ps. PAVLINVS NOLANVS) (SCHANZ, iv, 1, 269; iv, 2, 493; SCHALLER & KÖNSGEN, 458; CPPM, ii, 1374. 3525)   PL, li, 611; lxi, 737

CSEL, xxx, 1894 — HARTEL, p. 344-348.

Paulino tribuit P. MENNA, in *Latinitas*, x, 1962, p. 208-214. Attamen uide R. GREEN, *The Poetry of Paulinus of Nola*, Bruxelles, 1971, p. 131.

532 **Carmen de prouidentia Dei.** Inc. «Maxima pars lapsis abiit» (SCHANZ, iv, 2, 494; SCHALLER & KÖNSGEN, 9460; CPPM, ii, 1005. 1521)   PL, li, 617

M. P. MC HUGH, Washington, 1964 (*Patr. Stud.*, xcviii); uel melius M. MARKOVICH, *Prosper of Aquitaine, De prouidentia Dei*, Leiden, 1989.

Cod., emend., ed.: M. P. MC HUGH, in *Manuscripta*, xii, 1968, p. 3-9; M. MARKOVICH, in *Illinois Class. Stud.*, viii, 1983, p. 108-121.

In Gallia confectum anno 416; semipelagianismum redolet. Nihilominus genuinitati Prosperianae fauent M. P. MC HUGH, *o. c.*, G. E. DUCKWORTH, in *Transactions American Philosophical Association*, xcviii, 1967, J. FONTAINE, *Naissance de la poésie dans l'Occident chrétien*, Paris, 1981, p. 238-241 et M. MARKOVICH, *o. c.*; HILARIVM ARELATENSEM auctorem proponit G. GALLO, in *Aeuum*, li, 1977, p. 333-348, dum genuinitati Prosperianae fauet A. LONGPRÉ, in RÉA, lxxx, 1978, p. 108-113, affinitatem ostendens cum carmine «de ingratis» (n. 517).

533 **Commonitorium quomodo sit agendum cum Manichaeis qui confitentur prauitatem huius nefandi erroris** (duplex recensio). Inc. «Cum anathemauerint eandem haeresim (*aliter*: Cum Manichaei qui conuertuntur [confitentur])» (Ps. AVGVSTINVS) (SCHANZ, iv, 2, 426; CPPM, ii, 165)   PL, xlii, 1153

CSEL, xxv, 2, 1892 — ZYCHA, p. 979-982.

534 **«Prosperi» anathematismata seu Capitula S. Augustini, quae debeant publica uoce relegere et manu propria subscribere, in quibus suspicio est quod Manichaei sunt** (praecedentis **Commonitorii** recensio aucta). Inc. «Qui credit duas esse naturas» (MAASSEN, 361; CPPM, ii, 165. 1522)

PL, lxv, 23-26 = SIRMOND.

Anno 526 uel 515 confecta.

Cfr A. Brinckmann, in RhM, n. s., li, 1896, p. 274 sq., adn. 2; A. Dufourcq, *Étude sur les Gesta martyrum romains*, iv, Paris, 1910, p. 44-47 (qui textum repetiuit ex editione Sirmondi). — Fragm. haud longe diuersum huiusmodi eierationis e cod. Ambrosiano O 210 sup. (saec. vi-vii) post Muratorium edidit W. Bang, *Manichaeische Hymnen*, in *Le Muséon*, xxxviii, 1925, p. 53-55 (inc. «... quod Christus est faciens Deum uerum»).

Nn. 533 et 534 potius inter spuria S. Augustini collocanda sunt, cfr F. Chatillon, in RMAL, x, 1954, p. 205-208. Vide etiam n. 322°.

Cod. (nn. 533 et 534): CC, xlvi, p. 26 sq.

535 **Fragmentum de duobus testibus (de Enoc et Helia)**. Inc. «Dicitur uenire Enoch et Helia» (ex Additamentis ad Prosperi *Chronicon*) (STEGMÜLLER, 7011, 1; CPPM, ii, 2911)   PLS, iii, 149

MGH, *auct. ant.*, ix, 1892 — Mommsen, p. 493.

HIPPOLYTI esse opinatus est A. Harnack, apud Mommsen, *l. c.*, adn. 1.

ANONYMVS

e Gallia meridionali; saec. iv exeunte.

536 **Sortes Sangallenses.** Inc. «... Quare homines falles» (SCHANZ, iv, 2, 326)

A. Dold, R. Meister & K. Mras, *Die Orakelsprüche im St. Galler Palimpsestcodex 908*, in *Sb. Wien*, ccxxv, 4-5, 1948/1951.

Emend.: A. Kurfess, in SE, v, 1953, p. 143-146.

4. SCRIPTORES HISPANIAE

Cfr E. Cuevas & U. Domínguez-Del Val, *Patrologia Española* (App. ad B. Altaner, *Patrologia*, Madrid, 1956⁴), p. 1°-132°; J. Madoz, *Segundo decenio de estudios sobre patrística española (1941-1950)*, Madrid, 1951; Th. Ayuso Marazuela, *La Vetus Latina Hispana, i, Prolegomenos*, Madrid, 1953 (argumenta uberrima, sed haud semel minus subtilia).

OSSIVS EPISCOPVS CORDVBENSIS

obiit post 357/358. — Cfr V. C. De Clercq, *Ossius of Cordova*, Washington, 1954 (*Studies in Christian Antiquity*, xiii); U. Domínguez-Del Val, *Osio de Córdoba*, in *Rev. españ. teol.*, xviii, 1958, p. 141-165; 261-281; J. Ulrich, in ZKG, cv, 1994, p. 143-155.

Circa «*uitam*» graecam (*BHG*, 2182), cfr M. Aubineau, in AB, lxxviii, 1960, p. 356-361. — Cfr etiam n. 578.

537 **Epistula ad Constantium Imperatorem.** Inc. «... Ἐγὼ μὲν ὡμολόγησα καὶ τὸ πρῶτον» (fragm. graece tantum seruatum apud Athanasivm, *Historia Arianorum*) (*schanz*, iv, 1, 312; *CPG*, 2127, 3)   PL, viii, 1328; PG, xxv, 744

H. Opitz, *Athanasius' Werke*, ii, 1, Berlin, 1940/1, p. 207-209.

538 **Epistula ad Iulium papam.** Inc. «Quod semper credidimus, etiam nunc sentimus» (*CPL*, 449; *CPG*, 8564. 8571)   PL, viii, 919; 922

CSEL, lxv, 1916 — Feder, p. 126-139.

539 **Osii sententiae siue Canones sanctorum Patrum qui Serdicae conuenerant** (diuersae formae). Inc. «Ossius episcopus dixit: Non magis mala consuetudo» (*schanz*, iv, 1, 312; *herzog & schmidt*, 583, 2; *CPG*, 8570-8571)   PL, viii, 1317; lvi, 832

C. Turner, *Ecclesiae occidentalis monumenta iuris antiquissima*, I, ii, 3, Oxford, 1930, p. 452-544.

Ibidem (p. 490-530) harum Sententiarum habetur interpretatio graeca.

Cfr etiam H. Hess, *The Canons of the Council of Sardica, A. D. 343*, Oxford, 1958.

Spuriae uidentur oratio sententiaeque quas gelasivs cyzicvs Ossio concilium Nicaenum praesidenti adscribit in sua *Historia ecclesiastica* (ii, 12, 1-7; ii, 15, 2-5; ii, 15, 7-10 — ed. Löschke & Heinemann, GCS, xxviii, 1918, p. 59-60; 65-67 [PG, lxxxv, 1249-1259]) (*CPPM*, ii, 1300); cfr V. C. De Clercq, *o. c.* [ante n. 537], p. 246-249.

539*a* **Osii et Protogenis Serdicensis epistula ad Iulium papam.** Inc. «Meminimus et tenemus et habemus» (*schanz*, iv, 1, 312; *herzog & schmidt*, 583, 1; *CPG*, 8566)

C. Turner, *o. c.* [n. 539], p. 644.

Textus originalis graecus non exstat.

SPVRIA

540 **Doctrina Osii episcopi de obseruatione disciplinae dominicae.** Inc. «Deum cole. Superstitionem fuge. Parentes honora» (*schanz*, iv, 1, 312; *herzog & schmidt*, 583, 7; *CPPM*, ii, 3490)   PLS, i, 195

Fr. Dolbeau, *Deux manuels latins de morale élémentaire*, in *Haut Moyen Age. Culture, éducation et société. Études offertes à P. Riché*, La Garenne-Colombes, 1990, p. 185.

540*a* **Dicta Leonis.** Inc. «Deum time. Sanctos cole. Regem honora» (*CPPM*, ii, 3467)

Fr. DOLBEAU, *a. c.* [n. 540], p. 188-190.

Cod.: Fr. DOLBEAU, in RHT, xvi, 1988, p. 90.

Primum *Manuale* primo edidit J. PITRA, *Analecta Sacra et classica*, i, Paris, 1888, p. 117; primum ac alterum edidit Fr. DOLBEAU, qui huiusmodi collectiones sententiarum saec. viii tribuit (*a. c.*, p. 192).

POTAMIVS EPISCOPVS OLISIPONENSIS

obiit post 357.

Cod., trad. text., fontes, ed.: A. M. MOREIRA, *Potamius de Lisbonne*, Louvain, 1969, a quo et **noua ed.** paratur.

Clausulae: S. ALVAREZ, in *Euphrosyne*, xvii, 1989, p. 265-272.

541 **De Lazaro.** Inc. «Grandi, fratres, stupore» (Ps. ZENO) (*SCHANZ*, iv, 1, 313; *HERZOG & SCHMIDT*, 587, 5)   PL, viii, 1411

A. WILMART, in JTS, xix, 1918, p. 298-304.

542 **Epistula ad Athanasium.** Inc. «Tanti carceris fossa crudem inluuiem» (*SCHANZ*, iv, 1, 313; *HERZOG & SCHMIDT*, 587, 2)   PL, viii, 1416

A. WILMART, in RB, xxx, 1913, p. 280-283; 285.

Cod.: Sélestat, B. M. 77, saec. xvi (cfr B. DE VREGILLE & L. NEYRAND, in CC, xix, 1986, p. vii).

543 **De martyrio Esaiae prophetae.** Inc. «Esaias cum Christo praedicaret» (Ps. ZENO) (*SCHANZ*, iv, 1, 313; *HERZOG & SCHMIDT*, 587, 6)   PL, viii, 1415

A. C. VEGA, *Opuscula omnia Potamii Olisiponensis*, Escorial, 1934, p. 35-36.

544 **Epistula de substantia Patris et Filii et Spiritus sancti.** Inc. «Soleo, fratres, ut ipsi dicitis» (Ps. HIERONYMVS [*ed. G. Antolín*]) (*SCHANZ*, iv, 1, 314; *HERZOG & SCHMIDT*, 587, 3; *CPPM*, ii, 916. 1505)   PLS, i,

A. C. VEGA, *o. c.* [n. 543], p. 37-54.

Cod.: B. LAMBERT, *BHM*, iii 1, n. 367.

A. C. VEGA etiam alia opuscula Potamii recensuit; attamen ed. A. WILMART longe praestantiores sunt.

544*a* **Fragmentum epistulae.** Inc. «Carne et spiritu Christi» (apud PHOEBADIUM, *Adu. Arianos*, v, 1 [n. 473]) (*HERZOG & SCHMIDT*, 587, 1)

CC, lxiv, 1985, p. 27 — DEMEULENAERE.

Nonnulli Potamio etiam tribuerunt sic dictam «Formulam II[am] Concilii Sirmiensis» (HERZOG & SCHMIDT, 587, 4; CPG, 8578); accuratius de hac re iudicauit A. M. MOREIRA, o. c. [ante n. 541], p. 113-158.

APPENDIX

545 **Fragmentum epistulae Athanasii ad Potamium.** Inc. PL, ci, 113
«Quaero itaque abs te» (apud ALCVINVM, **Adu. Felicis haeresim**, i, 61) (CPG, 2109)

J. MADOZ, in Rev. españ. de teol., vii, 1947, p. 86 (repetit textum e PL 101, 113 B).

Eodem loco, p. 79-109, de omnibus quaestionibus ad Potamium nostrum pertinentibus optime egit J. MADOZ.

Inspicere non potuimus dissertationem G. BAKER BLUMENSHINE, *Alcuin's Liber contra haeresim Felicis*, Urbana, 1973.

GREGORIVS EPISCOPVS ILLIBERITANVS

obiit post 392.

Cfr E. MAZORRA, *Il patrimonio literario de Gregorio de Elvira*, in Estud. Ecles., xlii, 1967, p. 387-397; U. DOMÍNGUEZ DEL VAL, *Herencia literaria de Gregorio de Elvira*, in Helmantica, xxiv, 1973, p. 281-357; ID., *Gregorio de Elvira. Obras completas. Versión y notas*, Madrid, 1989.

546 **Tractatus xx Origenis de libris SS. Scripturarum** (SCHANZ, iii, PLS, i, 358
397 [423]; iv, 1, 306; HERZOG & SCHMIDT, 579, 1; STEGMÜLLER, 2625)

CC, lxix, 1967 — BULHART, p. 3-146.

Cod.: G. I. LIEFTINCK, *Paleographie en Handschriftenkunde*, Amsterdam, 1963, p. 13.

Var. lect., genuinitas: A. C. VEGA, in Bolet. Acad. Hist., cxxxvi, 1955, p. 199-216; cfr A. R[UIZ], in RHE, l, 1955, p. 1017.

Emend.: A. VACCARI, Scritti, ii, p. 24, adn. 1; E. MAZORRA, *Correcciónes inéditas de Adolf Jülicher a la edición príncipe de los «Tractatus Origenis»*, in Estud. Ecles., xli, 1966, p. 219-232.

Fontes: H. J. FREDE, p. 499 sq.; C. VONA, *I Tractatus de libris Scripturarum. Fonti e sopravivenza medievale*, Roma, 1970; U. DOMINGUEZ DEL VAL, *Isidoro de Sevilla y los 'Tractatus Origenis' de Gregorio de Elvira*, in Überlieferungsgeschichtliche Untersuchungen, herausgegeben von Fr. PASCKE, Berlin, 1981 (TU, cxxv), p. 149-160.

Text. bibl.: A. BACALA MUÑOZ, in Rev. Españ. de teol., xxxvii, 1977, p. 147-151.

547 **Tractatus v de epithalamio** (SCHANZ, iv, 1, 306; HERZOG & PLS, i, 47 SCHMIDT, 579, 2 et 8; STEGMÜLLER, 2629-2630)

E. SCHULZ-FLÜGEL, Freiburg, 1994 (*Vetus Latina. Die Reste der altlateinischen Bibel*, xxvi).

«Tractatum vi» seu *Explicationem in Canticum Canticorum* (CPPM, ii, 2215) sub nomine Gregorii partim edidit G. HEINE, *Bibliotheca anecdotorum*, i, Leipzig, 1848, p. 187-196, e cod. Toletano (nunc Madrid, B. N. 13.086); altera pars latet inedita, ut uidetur, in codicibus Rotensi (Lérida Cath., Roda 2), saec. x, et Matritensi, B. N. 3996, saec. xvi (inc. «Scriptura sacra quasi quoddam speculum» [STEGMÜLLER, 2631]). Cento est e GREGORIO MAGNO, *Mor. in Iob* et *Hom. in Euang.*, cfr A. WILMART, in *Bull. littér. eccl.*, 1906, p. 234, adn. 1.

548 **De arca Noe.** Inc. «*Et dixit Dominus ad Noe... Si arcae istius* PLS, i, 5 *fabricam*» (SCHANZ, iv, 1, 308; HERZOG & SCHMIDT, 579, 3; STEGMÜLLER, 2626)

CC, lxix, p. 147-155 — BULHART.

Trad. text.: E. ROMERO POSE, *Gregorio de Elvira en el 'Comentario al Apocalipsis' de s. Beato de Liébana*, in *Burgense*, xx, 1979, p. 289-305.

549 **In Genesim** (Fragm.). Inc. «*Capra autem peccatorum*» (HERZOG PLS, i, 5 & SCHMIDT, 579, 5)

ibid., p. 161-163.

Ex editione A. WILMART, in RB, xxix, 1912, p. 56-57.

550 **De psalmo xci** (fragm.). Inc. «*Psalterium genus organi musici* PLS, i, 5 *est*» (Ps. HIERONYMVS [*ed.* G. *Antolín*]) (HERZOG & SCHMIDT, 579, 4; STEGMÜLLER, 2628; deest in BHM)

ibid., p. 211-215.

Ex editione A. WILMART, in RB, xxix, 1912, p. 274-293.

551 **De fide orthodoxa.** Inc. «*Credimus in (unum) Deum Patrem* PL, xvii, *omnipotentem, omnium uisibilium*» (Inc. prologus: «*Amore ca-* 549 (579 *tholicae fidei ductus*»; inc. cap. i: «*Multas quidem et graues* xx, 31; *haereses*») (CPPM, ii, 29. 786. 1450) 449

M. SIMONETTI, *Gregorii Hispaniensis De Fide*, Torino, 1975 (= *Corona Patrum*, iii).

Seruatum est in duplici recensione, quarum prima in codicibus legitur sub nomine AMBROSII (*De Fide orthodoxa contra Arrianos*, alias *De Filii diuinitate et consubstantialitate* — PL, xvii, 549-568 [579-598]), altera sub nomine GREGORII NAZIANZENI (*Oratio* xlix in ueteribus editionibus [PG, xxxvi, 673-674, ubi tamen textus omittitur] [CPG, 3062]); recensiones mire contaminatae euulgatae sunt sub nomine uel VIGILII THAPSENSIS (Contra Palladium, liber secundus — PL, lxii, 449-468), uel PHOEBADII (De fide orthodoxa — PL, xx, 31-50), uel AVGVSTINI (Sermo [spurius] 113 — PL, xxxix, 1969-1971, inc. «Apostoli lectionem mecum») (SCHANZ, iv, 1, 308; HERZOG & SCHMIDT, 579, 6; CPPM, i, 899).

Cod.: W. C. BARK, in Harvard Theol. Rev., xxxvi, 1943, p. 99 sq., adn. 16.

Trad. text.: M. SIMONETTI, La doppia redazione del «De Fide» di Gregorio di Elvira, in Forma Futuri, p. 1022-1040; W. DUNPHY, in Augustinianum, xxiii, 1983, p. 524-526.

DVBIA & SPVRIA

552 **De fide Nicaena (Libellus fidei** seu **Fides Romanorum).** Inc. «Credimus in [unum] Deum [Patrem] omnipotentem et [in unum] unigenitum Iesum Christum» (Ps. PHOEBADIVS; Ps. VIGILIVS, De Trinitate, l. ix; Ps. GREGORIVS NAZIANZENVS, orat. 50; partim in serm. 235 Ps. AVGVSTINI [n. 284] et in Gestis Liberii [n. 1681]) (MAASSEN, 506; CPPM, i, 1020; ii, 627. 629. 630. 784. 1451. 1695)   PL, xx, 49; lvi, 583; lxii, 287

CC, ix, 1957, p. 129-131; CC, lxix, 1967, p. 265-267 — BULHART.

Cod.: Monte Casino 4, saec. ix, p. 110-111. Cfr etiam A. WILMART, in Bull. littér. eccl., 1906, p. 297-299, adn. 1; ID., in Sb. Wien, clix, i, 1908, p. 18; ID., in RB, xxx, 1913, p. 271. Vide et sub nn. 105° et 201°.

553 **Fides Sancti Hieronymi.** Inc. «Credo in unum Deum Patrem omnipotentem, uisibilium et inuisibilium factorem» (STEGMÜLLER, 3405; CPPM, ii, 628. 782)   PLS, i, 515

CC, lxix, 1967, p. 273-275, iuxta G. MORIN, Anecdota Maredsolana, iii, 3, 1903, p. 199-200.

Cod.: B. LAMBERT, BHM, iii B, n. 511.

De **auctore**, uide A. WILMART, in RB, xxx, 1913, p. 274 sq.

554 **De fide catholica** seu **De fide apud Bethleem.** Inc. «Credimus in unum Deum Patrem omnipotentem et unigenitum Filium eius» (Ps. HIERONYMVS, epist. 15 [n. 633]; Ps. DAMASVS, Fides; partim in serm. 235 Ps. AVGVSTINI [n. 284]) (CPPM, ii, 626. 781)   PLS, i, 514

ibid., p. 269-272, iuxta A. E. BURN, An Introduction to the Creeds, London, 1899, p. 245-246.

Cod.: B. LAMBERT, BHM, iii A, n. 315.

Cfr A. WILMART, l.c. (n. 552); S. GONZALEZ, in Rev. españ. de teol., i, 1940/41, p. 340; et Maurinorum adnotationem, PL, xxxix, col. 2180, et praesertim M. SIMONETTI, a. c. (n. 201); ID., o. c. (n. 551), p. 11 sq.

555 **De Salomone.** Inc. «Mirum satis est, dilectissimi fratres» (Ps. AMBROSIVS, *sermo* 46 [n. 180]; Ps. HIERONYMVS [*ed. Misc. Casin.*]) (*CPPM*, i, 46 et 5027; deest in *BHM*) — PL, xvii, 693 (716)

ibid., p. 251-259, iuxta A. C. VEGA, in *España Sagrada*, lvi, Madrid, 1957, p. 57-64, collata cum *Miscell. Casin.*, ii, 1, 1897, p. 2-8 (inc. «*Tria mihi impossibilia* ... Vbi est ergo tua tam praeclara sapientia»). — PLS, i, 5

Cfr A. WILMART, in RB, xxix, 1912, p. 280, adn. 4; A. C. VEGA, *Dos nuevos tratados de Gregorio de Elvira*, in *La Ciudad de Dios*, clvi, 1944, p. 515-553. Genuinitati fauet M. SIMONETTI, *o. c.* [n. 551], p. 11; ualde dubitat H. J. FREDE.

Cfr M. DIDONE, *Gregorio di Elvira e la paternità del De Salomone e dell'Explanatio beati Hieronymi*, in *Diuinitas*, xxiv, 1980, p. 178-210.

556 **De diuersis generibus leprarum.** Inc. «Admirabile diuinae dispositionis» (Ps. HIERONYMVS, *epist.* 34 [n. 633]) (*HERZOG & SCHMIDT*, 579, 8; STEGMÜLLER, 2627; *CPPM*, ii, 785) — PL, xxx, 245 (253)

ibid., p. 277-283 — BULHART.

Cod.: B. LAMBERT, *BHM*, iii A, n. 334.

Genuinitatem defendit A. VACCARI, in *Biblica*, iii, 1922, p. 188-193 (= *Scritti*, ii, p. 23-29); negant M. SIMONETTI, *o. c.* [n. 551], p. 11, et H. J. FREDE. Cfr A. WILMART, *l. c.* [n. 550], et BALCL, i, n. 112.

556a **Fragmentum e Sylloge Hispana** «**Dicta ex libro quaestionum B. Augustini**». Inc. «(Item Iheronimi.) Quum deus unus sit quando ipse dixit: Ecce Adam factus est quasi unus ex nobis» (*CPPM*, ii, 2210. 2392) — PLS, v,

ibid., p. 157-159, iuxta A. C. VEGA, *o. c.* [n. 555], t. lvi, p. 91 sq.

556b **Fragmenta in Ecclesiasten** (*CPPM*, ii, 2211)

ibid., p. 261-263, iuxta A. C. VEGA, *o. c.* [n. 555], t. lvi, p. 97 sq.

Genuinitati fauet M. SIMONETTI, *o. c.* [n. 551], p. 11.

557 **Fragmenta iii de** «**Gog et Magog**», «**Nabuchodonosor**», «**Raphael**» (Ps. ORIGENES) (*CPPM*, ii, 2212) — PLS, i,

J. PITRA, *Spicilegium Solesmense*, iii, Paris, 1855, p. 395-396.

Pro Gregorio nostro dubitanter ab A. WILMART uindicata, RB, xxix, 1912, p. 274 sq., adn. 4; attamen non sunt illius, sed ex ORIGENE, RVFINO, AVGVSTINO, ISIDORO excerpta, uide B. FISCHER, in PLS, i, p. 526 et 1743, et E. SCHULZ-FLÜGEL, *o. c.* (n. 215 uel 547).

OLYMPIVS «HISPANVS EPISCOPVS»

saec. iv-v.

558 **Sermo ecclesiasticus.** Inc. «Si fides unquam in terris» (fragm. apud AVGVSTINVM, **Contra Iulianum**, i, 8 [n. 351]) (*SCHANZ*, iv, 1, 384) PL, xliv, 644-645 — *Maurini*.

VALERIANVS EPISCOPVS CALAGORITANVS

saec. v ineunte.

558a **Fides.** Inc. «*Audi Israel Dominus Deus tuus* ... Nam cum Pater et Filius»   PLS, i, 1045

G. MORIN, in RB, xv, 1898, p. 102-103.

Auctor: J. MADOZ, *Valeriano, obispo Calagurritano, escritor del siglo v*, in *Hispania Sacra*, iii, 1950, p. 131-137.

PASTOR EPISCOPVS GALLAECIAE

consecratus est anno 431.

559 **Libellus in modum symboli.** Inc. «Incipiunt regulae fidei catholicae contra omnes haereses» (*SCHANZ*, iv, 1, 384; *CPPM*, i, 1018)

J. A. DE ALDAMA, *El Simbolo Toledano i*, Roma, 1934, p. 29-37.

Est recensio prolixior sermonis 233 PS. AVGVSTINI seu symboli Toletani primi (n. 368); **cod.**: Basel B vi 3, saec. ix-x, f° 221-223.

De origine huius symboli uide C. CARDELLE DE HARTMANN, *El supueste concilio de Toledo del anno 447*, in *Euphrosyne*, n. s., xxii, 1994 (*Miscell. in honorem M. C. Díaz y Díaz*), p. 207-214.

SYAGRIVS EPISCOPVS

saec. v medio.

560 **Regulae definitionum contra haereticos prolatae.** Inc. «Omne quod est, aut ingenitum est ... Sed dicis, quomodo si natus non coepit?» (*SCHANZ*, iv, 1, 385; *CPPM*, i, 1791; ii, 936)   PL, xiii, 639 (fragm.); PLS, iii, 132

K. KÜNSTLE, *Antipriscilliana*, Freiburg, 1905, p. 142-159.

Sermo PS. AVGVSTINI, Mai 181 (inc. «... non edocti humanae sapientiae uerbis») est fragmentum *Regularum* Syagrii (n. 702°), cfr G. MORIN, *Misc. Agost.*, i, p. 753.

Praeterea K. Künstle Syagrio suo adsignauit PS. AMBROSII *ad neophytos de symbolo* (n. 178) et *sermones* 232, 237, 238 et 239 appendicis S. AVGVS-TINI; ualde ambigentes quidam eruditi eum secuti sunt. At reuera *sermo* 232 est HIERONYMI (n. 593); de ceteris, quos SIRMOND (PL, xl, col. 1205 sq.) eiusdem putat esse auctoris ac PS. MAXIMI *tractatus de baptismo*, dubitare licet (uide nn. 222 et 368, s. 109).

PACIANVS EPISCOPVS BARCINONENSIS

obiit saec. iv exeunte.

Cod.: A. ANGLADA, *La tradición manuscrita de Paciano de Barcelona*, in *Emerita*, xxxv, 1967, p. 137-161; ID., *La punctuación del ms Reginensis 331 en el texto de Paciano de Barcelona*, in *Vet. Christ.*, xii, 1975, p. 269-316; ID., *Unas notas críticas al texto de Paciano de Barcelona*, ibid., xxxi, 1994, p. 279-313.

Ed.: A. ANGLADA, *El texto de Paciano en la «Bibliotheca Patrum» de Margarin de la Bigne*, in *Homenaje a P. Sainz Rodríguez*, i, Madrid, 1986, p. 309-337.

561 **Epistulae iii ad Sympronianum** (SCHANZ, iv, 1, 369) PL, xiii, 1051

L. RUBIO FERNANDEZ, Barcelona, 1958, p. 48-134.

Cod.: L. RUBIO FERNANDEZ, in *Emerita*, xxv, 1957, p. 327-367.

Emend.: A. ANGLADA, in *Athlon. Miscell. F. Rodríguez Adrados*, ii, Madrid, 1987, p. 23-38.

Text. bibl.: J. VILAR, *Les citacions bíbliques de Sant Pacià*, in *Estud. Universitaris Catalans*, xvii, 1932, p. 1-49 (ualde summarie).

Fontes: A. ANGLADA, *La fuente del catalogo heresiologico de Paciano*, in *Emerita*, xxxiii, 1965, p. 321-346.

562 **Paraenesis siue exhortatorius libellus ad paenitentiam.** Inc. PL, xiii «Etsi aliquoties, tumultuose licet» (SCHANZ, iv, 1, 370) 1081

A. ANGLADA, Valencia, 1983.

Emend.: A. ANGLADA, *a. c.* (n. 561).

563 **Sermo de baptismo.** Inc. «Aperiri desidero qualiter in bap- PL, xiii tismo» (SCHANZ, iv, 1, 370) 1089

L. RUBIO FERNANDEZ, *o. c.*, p. 162-174.

Immerito Paciano nostro adscribere uoluit G. MORIN opusculum *de similitudine carnis peccati*, qui est EVTROPII (n. 567), et PS. VICTORINI orationem *ad Iustinum* (n. 83); uide J. BORLEFFS, *Zwei neue Schriften Pacians?*, in Mn, iii, 7, 1939, p. 180-192, et ipsum G. MORIN, in RHE, xxxviii, 1942, p. 415-417.

TVRRIBIVS EPISCOPVS ASTVRICENSIS

saec. v medio.

564 **Epistula ad Idacium et Ceponium.** Inc. « Molesta semper est et iniucunda peregrinatio » (SCHANZ, iv, 1, 385; MAASSEN, 434)

PL, liv, 693-695 = BALLERINI.

De **auctore**, uide B. DE GAIFFIER, in AB, lix, 1941, p. 34 sq.

EVTROPIVS PRESBYTER

e Gallaecia uel potius ex Aquitania ortus; floruit circa 400.

J. MADOZ, *Herencia literaria del presbítero Eutropio*, in *Estud. Ecl.*, xvi, 1942, p. 27-54; M. ALAMO, in RHE, xxxviii, 1942, p. 254; G. MORIN, *Brillantes découvertes d'un jésuite espagnol et rétractation qui s'ensuit*, in RHE, *t. c.*, p. 414-417; F. CAVALLERA, *L'héritage littéraire et spirituel du prêtre Eutrope*, in *Rev. d'ascét. myst.*, xxiv, 1948, p. 60-71; P. COURCELLE, *a. infra c.*

565 **Epistula de contemnenda haereditate.** Inc. « Cuncti mei sensus » (Ps. HIERONYMVS, *epist.* 2 [n. 633]) (SCHANZ, iv, 1, 491)

PL, xxx, 45-50 [47-52] = VALLARSI.

Cod.: B. LAMBERT, *BHM*, iii A, n. 302.

566 **Epistula de uera circumcisione.** Inc. « Superiore epistula » (Ps. HIERONYMVS, *epist.* 19 [n. 633]) (STEGMÜLLER, 6370, 5)

ibid., 188-210 [194-217].

Cod.: W. VON HARTEL, *Bibliotheca Patrum Latinorum Hispaniensis*, Wien, 1887, p. 7 (Madrid, Camarín de la Reliquias, saec. v-vi [LOWE, 1628a]); P. COURCELLE, *a. infra c.* [n. 566a], p. 378, adn. 3; B. LAMBERT, *l. c.* [n. 565], n. 319; H. SAVON, *a. infra c.*, p. 166 sq.

Trad. text.: H. SAVON, in RHT, x, 1980, p. 165-195.

Cfr B. BLUMENKRANZ, *Die Judenpredigt Augustins*, Basel, 1946, p. 49-50; H. SAVON, in *Rev. hist. relig.*, cii, 1982, p. 273-302; 381-404.

566a **Epistula de perfecto homine.** Inc. « Ecce iterum ad te scribo » (Ps. HIERONYMVS, *epist.* 6 [n. 633]; Ps. MAXIMVS, *epist.* 2 [n. 225]; CPPM, ii, 1263) PL, xxx, 75 (77)

PL, lvii, 933-958 = BRUNI.

Cod.: B. LAMBERT, *BHM*, n. 306; H. SAVON, *l. c.* [n. 566].

Genuinitas: P. COURCELLE, *Un nouveau traité d'Eutrope, prêtre aquitain vers l'an 400*, in RÉA, lxxvi, 1954, p. 377-390.

Emend.: A. Vaccari, in *Coll. Fragm.*, p. 35; P. Courcelle, in *Conuiuium dominicum*, Catania, 1959, p. 294-296.

567 **De similitudine carnis peccati.** Inc. «Etiamne te ausus est» PLS, i, 52 (*CPPM*, ii, 1310)

G. Morin, *Études*, p. 107-150.

Cod.: P. Courcelle, *Histoire littéraire des grandes invasions germaniques*, Paris, 1964³, p. 305; B. Lambert, *BHM*, iii B, n. 524.

Emend.: G. Mercati, OM, iii, p. 507 sq.; G. Morin, in RB, xxxiv, 1922, p. 246-248; B. Fischer, in PLS, i, 1746 sq.

Fontes indicat H. Savon (in *Latomus*, xlii, 1983, p. 850-862), qui et **nouam** parat **editionem** opusculorum Eutropii presbyteri.

Clausulae: F. di Capua, *Scritti minori*, i, p. 419-430.

BACHIARIVS MONACHVS

floruit saec. v ineunte. — Vide A. Mundó, *Prolegomena in Bachiarii editionem criticam*, Roma (dissert. autographice edita).

568 **De fide.** Inc. «*Omne quod fuit*... Quod praesentis rei probatur effectu» (*SCHANZ*, iv, 1, 376; *CPPM*, ii, 390)

J. Madoz, *La nueva redacción del «Libellus de fide» de Baquiario*, in *Rev. españ. de teol.*, i, 1940/41, p. 457-488.

Prior recensio edita est a card. Moran, *Essays on the Origin, Doctrines and Disciplines of the Early Irish Church*, Dublin, 1864, p. 296-303 (cfr J. Duhr, *Le «De fide» de Bachiarius*, in RHE, xxiv, 1928, p. 9 sq.). PL, xx, 1019

De duplici recensione huius libelli, quam defendit J. Madoz, uide M. Cappuyns, in BTAM, v, n. 620; iuxta A. Mundó haec altera recensio a *GENNADIO MASSILIENSI* parata est.

Trad. text.: J. Madoz, *La nueva redacción del «Libellus de fide» de Baquiario utilizada en la «Confessio fidei» del Ps. Alcuino* (= *IOANNES FISCAMNENSIS*), in *Estud. Ecl.*, xvii, 1943, p. 201-211; Id., *Estudis sobre el De fide de Baquiari*, in *Studia Monastica*, vii, 1965, p. 247-303; J.-P. Bouhot, *La tradition manuscrite du De fide de Bachiarius*, in RÉAug, xxv, 1979, p. 73-84.

Fontes: M. Simonetti, *Note Rufiniane*, in *Riv. di cultura class. e medioevale*, ii, 1960, p. 140-152.

569 **Epistula ad Ianuarium** seu **De lapso.** Inc. «Nisi uererer, beatissime frater» (Ps. Hieronymvs, *Epist.* 56 seu *Obiurgatio in Euagrium* [ed. Erasmus]) (*SCHANZ*, iv, 1, 376; *CPPM*, ii, 836)

PL, xx, 1037-1062 = Florivs.

Cod.: A. LAMBERT, in DHGE, vi, 1932, col. 62 sq.; A. LAWSON, in JTS, xliv, 1943, p. 56-58; B. LAMBERT, *BHM*, iii A, n. 358.

Critica text.: Th. STANGL, in BerlPhWo, xxxvii, 1917, col. 868-887; 912-920; 966-974 (caute adhibendus).

Fragmentum apud *HRABANVM MAVRVM* (*In Iosue*, iii, 11 — PL, cviii, 1090 sq.) extractum est e cap. xv° nostri opusculi, et minime e quodam Bachiarii opere deperdito, ut putauerunt O. BARDENHEWER et alii, cfr A. LAMBERT, in DHGE, vi, 1932, col. 61 sq. Vide etiam sub n. 1143*a*°.

570 **Epistulae ii.** i. Inc. «Nisi tantis minis [*aliter*: Nisi tanti seminis]»; ii. Inc. «Quamlibet sciam sacerdotali familiae» (Ps. HIERONYMVS) (*CPPM*, ii, 391. 392. 393) (deest in *BHM*)

G. MORIN, in RB, xl, 1928, p. 289-310.

PLS, i, 1035; MGH, *epist.*, iii, 716 (tantum *ep.* i)

De **genuinitate** dubitant B. FISCHER (ThLz, lxxvii, 1952, col. 288) et H. J. FREDE; eam defendit A. MUNDÓ. — Olim *epist.* iv *PS. CYPRIANI* (n. 64) Bachiario nostro adscribitur a J. DUHR (*Une lettre de condoléance de Bachiarius?*, in RHE, xlvii, 1952, p. 530-585), argumentis innixus ualde incertis. Cfr etiam n. 1430°.

PAVLVS OROSIVS

presbyter Bracarensis; obiit post 418. — Cfr G. FINK, *Recherches bibliographiques sur Paul Orose*, in *Rev. de archivos, bibliotecas y museos*, lviii, 1952, p. 271-322.

571 **Historiarum aduersum paganos l. vii** (*SCHANZ*, iv, 2, 486; *STEGMÜLLER*, 6226)

PL, xxxi, 663; CSEL, v, 1

M.-P. ARNAUD-LINDET, i-iii, Paris, 1990-1991.

Cod.: Z. GARCIA VILLADA, in *Rev. filol. españ.*, xv, 1928, p. 117; E. ZIMMERMANN, in *Zentralblatt für Bibliothekswesen*, lxv, 1951, p. 118; D. J. A. ROSS, in *Scriptorium*, ix, 1955, p. 35-56; F. MASAI, *Nouveaux fragments de Paul Orose de Stavelot en écriture onciale*, in *Hommages à L. Hermann*, Bruxelles, 1960, p. 509-521; J. M. BATELY & D. J. A. ROSS, *A Check List of Manuscripts of Orosius* «*Historiarum aduersus Paganos libri septem*», in *Scriptorium*, xv, 1961, p. 329-334; J. M. BATELY, *King Alfred and the Latin MSS of Orosius' History*, in *Classica & Mediaeualia*, xxii, [1961], p. 69-105; R. M. KLOOS, in *Festschr. B. Bischoff*, Stuttgart, 1971, p. 178-197.

Fontes: L. ALFONSI, in *Aeuum*, xliv, 1970, p. 153 sq.

Emend.: J. SVENNUNG, *Orosiana*, Uppsala, 1922, p. 158-179, et A. JÜLICHER, in ThLz, xlviii, 1924, col. 518-519. Cap. i, 2: cfr A. KLOTZ, *Beiträge zur Analyse des geographischen Kapitels im Geschichtswerk des Orosius*, in *Charisteria Alois Rzach zum 80. Geburtstag dargebracht*,

Reichenberg, 1930, p. 120-130 (cfr n. 2346*a*°); de cap. iv, 13, 5, cfr G. Costa, in *Boll. di filol. class.*, xiv, 1907, p. 39-40.

Glossae: O. Szerwiniack, *Un commentaire hiberno-latin des deux premiers livres d'Orose, Histoire contre les paiens*, in RMAL, li, 1992/93, p. 5-137 (textus p. 47-74; inc. «Et priora heret quid inpedimenti»).

Saec. vii-ix.

Cfr E. Corsini, *Introduzione alle «Storie» di Orosio*, Torino, 1968; Y.-M. Duval, in *Latomus*, xxviii, 1969, p. 223-229; J. N. Hillgarth, *The 'Historiae' of Orosius in the Early Middle Ages*, in *De Tertullien aux Mozarabes. Mél. J. Fontaine*, ii, Paris, 1992, p. 157-170.

572 **Liber apologeticus contra Pelagianos** (*schanz*, iv, 2, 485)   PL, xxxi. 1173
CSEL, v, 1882 — Zangemeister, p. 603-664.

Emend.: G. Thörnell, in *Strena philologica Vpsaliensis. Festskrift P. Persson*, Uppsala, 1922, p. 383 sqq.; **cod. et emend.**: J. Svennung, in *Arctos*, v, 1967, p. 135-139.

573 **Commonitorium de errore Priscillianistarum et Origenistarum.** Inc. «Iam quidem suggesseram» (*schanz*, iv, 2, 485)   PL, xxxi 1211; xlii 665
CSEL, xviii, 1889 — Schepps, p. 151-157; uel accuratius Kl. D. Daur, in CC, xlix, 1985, p. 157-163 (una cum responsione *S. AVGVSTINI*, p. 165-178).

Cod.: G. Mercati, *Note di letteratura biblica e cristiana antica*, Roma, 1901 (StT, v), p. 134-136.

Index uerborum: ILL, A, 29.

SPVRIA

574 **Epistula ad Augustinum de haeresibus.** Inc. «Flagitatus caritati tuae adminiculum rationis fidei» (*schanz*, iv, 2, 491; *CPPM*, ii, 1296)   PLS, ii,

J. Svennung, *Orosiana*, Uppsala, 1922, p. 188-192.

AVITVS PRESBYTER BRACARENSIS

obiit post 418.

575 **Epistula ad Palchonium episcopum Bracarensem de reliquiis S. Stephani** una cum uersione latina Lvciani epistulae de inuentione corporis S. Stephani martyris (*BHL*, 7850-7856; cfr *BHG*, 1648 x - 1649; *STEGMÜLLER*, 279; *CPPM*, ii, 162)   PL, xli,

É. Vanderlinden, in *Rev. des Études byzantines*, iv, 1946, p. 178-217.

De diuersis recensionibus graecis et latinis uide H. J. FREDE; de uersionibus orientalibus, uide É. VANDERLINDEN, *a. c.*, p. 180, adn. 18.

Cod.: A. SIEGMUND, p. 223 sq.; addatur Charleville 117, n. 6, saec. xii.

De Auito uide B. ALTANER, in ZKG, lx, 1941, p. 458-468; P. PEETERS, *Le tréfonds oriental de l'hagiographie byzantine*, Bruxelles, 1950, p. 50-58. Cfr etiam J. MARTIN, *Die Reuelatio S. Stephani und Verwandtes*, in *Hist. Jahrb.*, lxxvii, 1958 (*Festschr. B. Altaner*), p. 419-433.

SEVERVS EPISCOPVS MINORICENSIS

scripsit anno 417.

576 **Epistula de conuersione Iudaeorum apud Minorcam insulam meritis sancti Stephani facta** (*SCHANZ*, iv, 2, 484, adn. 6; *BHL*, 7859; *CPPM*, ii, 1566) PL, xx, 731; xli, 821

J. AMENGUAL I BATLE, *Orígens del Cristianisme a les Balears*, ii, Palma de Mallorca, 1992, p. 12-64.

Epistulam supposititiam aestimat B. BLUMENKRANZ, et quidem saec. vii compositam (*Die Judenpredigt Augustins*, Paris, 1973², p. 57 sq.; ID., *Juifs et Chrétiens. Patristique et Moyen Age*, London, 1977, n. ix, p. 419 sq.; n. xix, p. 128 sq.). Recte defendunt genuinitatem L.-J. WANKENNE & B. HAMBLENNE, in RB, xcvii, 1987, p. 13-27, et J. FONTAINE, in *Eulogia. Mél. offerts à A. Bastiaensen*, Steenbrugge, 1991 (= *Instr. Patr.*, xxiv), p. 119-135.

SPVRIA

577 **De altercatione Ecclesiae et Synagogae.** Inc. «Duarum matronarum uobis censoribus» (Ps. AVGVSTINVS, *Commonitorium aduersus Iudaeos*; Ps. VIGILIVS) (*SCHANZ*, iv, 2, 419. 570; *CPPM*, ii, 163. 1565) PL, xlii, 1131

G. SEGUI-VIDAL & J. HILLGARTH, *La «Altercatio» y la Basílica paleocristiana de Son Bou de Menorca*, Palma de Mallorca, 1955 (exc. e *Bol. de la Soc. Arqueológica Luliana*, xxxi, 1954), p. 33-57; et longe accuratius ab ipso J. HILLGARTH in SE, xxxvi, 1996.

Cod.: HÜWA, i, 1, p. 23; v, 1, p. 44.

Emend.: M. C. DÍAZ Y DÍAZ, in *Rev. españ. de teol.*, xvii, 1957, p. 4, adn. (qui et originem Seuerianam reiecit, *l. c.*, p. 3-12).

Argumentis minus solidis opusculum saec. xi concinnatum esse contendit A. OEPKE, *Ein bisher unbeachtetes Zitat aus dem fünften Buche Esra*, in ZntW, xlii, 1949, p. 158-172; cfr B. BOTTE, in BTAM, vi, n. 1670.

CALCIDIVS DIACONVS

floruit saec. v ineunte, uerisimiliter in urbe Mediolanensi. — Cfr J. H. WASZINK, *Calcidius*, in JAC, xv, 1972, p. 236-244; P. COURCELLE, in *Romanitas Christianitas. Studia J. H. Waszink oblata*, Amsterdam, 1973, p. 45-49.

578 **Epistula ad Ossium** (*a*). Inc. «Isocrates (*aliter* Socrates) in exhortationibus suis» (SCHANZ, iv, 1, 137; HERZOG & SCHMIDT, 566)   PLS, i, 19

579 **Commentarius in Platonis Timaeum** (SCHANZ, iv, 1, 137)

J. H. WASZINK, Leiden, 1975² (= *Corpus Platonicum Medii Aeui*, iv).

Cod., uar. lect.: M. R. DUNN & C. A. HOFFMAN, in *Manuscripta*, xxiv, 1980, p. 76-88.

Critica: E. MENSCHING, in VC, xix, 1965, p. 42-56.

Emend.: J. H. WASZINK, in Mn, IV, xx, 1967, p. 441-443.

Fontes: J. H. WASZINK, *Studien zum Timaeoskommentar des Calcidius*, I, Leiden, 1964; J. DEN BOEFT, *Calcidius on Fate. His Doctrine and Sources*, Leiden, 1970; P. COURCELLE, *Recherches sur S. Ambroise*, Paris, 1973, p. 17-24.

Trad. text.: M. HUGLO, *La réception de Chalcidius et des Commentaires de Macrobe à l'époque carolingienne*, in *Scriptorium*, xliv, 1990, p. 1-20.

HONORIVS AVGVSTVS

579*a* **Epistula [ad milites Pampilonenses]**. Inc. «Gaudeant sanctissimi commilitones nostri commune remuneratione meritorum»

J. GIL, *La carta de Honorio a la guarnicción de Pamplona*, in *Habis*, xv, 1984, p. 185-188.

A. 408, ut uidetur. — De **genuinitate** cfr É. DEMOUGEOT, *Une lettre de l'Empereur Honorius sur l'hospitium des soldats*, in *Rev. hist. de droit français et étranger*, IV, xxxiv, 1956, p. 25-49; A. H. M. JONES, *A Letter of Honorius to the Army of Spain*, in *Actes du Xᵉ Congrès internat. des Études Byzantines* (1955), Istanbul, 1957, p. 232, qui epistulam anno 421 tribuit.

(*a*) Ossium eundem esse quam celeberrimum episcopum Cordubensem censet V. DE CLERCQ, *Ossius of Cordova*, Washington, 1954, p. 69-75; prudentius iudicat J. H. WASZINK, *a. c.* (n. 579).

Aliae epistulae Honorii recensae sunt sub nn. 262, 1577 sqq., 1623, 1641, 1644, 1648.

Sequitur in cod. Rotensi (Madrid, Bibl. Acad. Hist. 78), saec. x, qui solus «sacram» hic recensitam seruauit, tractatulus *De laude Pampilone* (inc. «Hic locus prouidus factus» [DÍAZ, 400], quem editor, J. M. LACARRA (*Estudios de Edad Media de la Corona de Aragón*, i, 1945, p. 269-270), saec. vii tribuit, M. C. DÍAZ Y DÍAZ uero a. 778.

5. SCRIPTORES ILLYRIAE

HIERONYMVS PRESBYTER

347 — 420.

Bibliographia: CC, lxxii, 1959, p. ix-lix, et G. SANDERS & M. VAN UYTFANGHE, p. 71-76. Addantur praesertim A. VACCARI, *Recupero d'un lavoro critico di S. Girolamo*, in *Scritti*, ii, 1958, p. 83-146; ID., *Cantici Canticorum uetus latina translatio a S. Hieronymo ad graecum textum hexaplarem emendata*, Roma, 1959 (uide etiam *Gregorianum*, xlii, 1962, p. 728 sq.); A. THIBAUT, *La révision hexaplaire de S. Jérôme*, et H. DE SAINTE-MARIE, *Le psaume 22 (21) dans le 'iuxta Hebraeos'*, in *Richesses et déficiences des anciens psautiers latins (Coll. biblica latina*, xiii), Roma, 1959, p. 107-149 et 151-187, et ea quae annuatim recensentur in *Ann. Phil.*.

Praeter opera patrum Graecorum, praesertim ORIGENIS et EVSEBII PAMPHYLII, quae latine interpretatus est Hieronymus noster, ad praeclaram inter omnes uersionem illam cooperauit, quam merito Vulgatam nuncupant. De his uersionibus uide in *Claui Patrum Graecorum* Mauritii GEERARD. Hic tantum genuina Hieronymi opera latina recensentur.

Ceteris omnibus praestantior aestimanda est prior ed. Dominici VALLARSI operum omnium sancti Hieronymi (Veronae, 1734/1742), cfr G. LEIBLINGER, in *Mitteil. des österreichischen Vereins f. Bibliothekswesen*, xi, 1907, p. 145-149; xii, 1908, p. 38-46; 167-171; 247-257. In PL altera ed. Vallarsii (Venetiis, 1766-1772) iterata est. Attamen omnium fere operum iam praesto sunt ed. criticae.

Catalogus **codicum** operum omnium S. Hieronymi parauit B. LAMBERT, *Bibliotheca Hieronymi manuscripta* (*Instr. Patr.*, iv), 7 uol., Steenbrugge, 1969-1972 (= *BHM*). Notamus singulorum operum numeros *BHM* (*a*). Addatur Fr. NUVOLONE, *Notulae manuscriptae*, ii-iv, in *Freiburger Zeitschr. f. Philos. und Theol.*, xxvi, 1979, p. 243-256; 525-572.

(*a*) Semper uidesis et *Addenda et Corrigenda* sub eisdem numeris (t. iv A, 1972, p. 77-277).

Concordantia uerborum, emend.: *Thesaurus sancti Hieronymi* curante CETEDOC, Turnhout, 1990.

Fontes: Y.-M. DUVAL, *La lecture de l'«Octauius» de Minucius Felix à la fin du ive siècle*, in RÉAug, xix, 1973, p. 56-68; N. ADKIN, *Tertullian's «De idololatria» and Jerome*, in Augustinianum, xxxiii, 1993, p. 11-30.

OPERA SCRIPTVRISTICA

580 **Liber quaestionum hebraicarum in Genesim** (*SCHANZ*, iv, 1, 467; *STEGMÜLLER*, 3313; *BHM*, 200)   PL, xxiii, 935 (983)

CC, lxxii, 1959, p. 1-56 — DE LAGARDE [1868].

Fontes: H. SILVESTRE, in *Classica & Mediaeualia*, xxi, 1961, p. 220.
Emend.: A. VACCARI, *Scritti*, ii, p. 303, adn. 1.

581 **Liber interpretationis hebraicorum nominum** (*SCHANZ*, iv, 1, 467; *STEGMÜLLER*, 3305; *BHM*, 201)   PL, xxiii, 771 (815)

ibid., p. 57-161 — DE LAGARDE [1882²].

581*a* **Prologus in libro Eusebii de situ et nominibus locorum hebraicorum.** Inc. «Eusebius qui a beato Pamphilo martyre» (*BHM*, 202; *CPG*, 3466)

E. KLOSTERMANN, *Eusebius Werke*, iii, 1, Leipzig, 1904 (Hildesheim, 1966), p. 3.

582 **Commentarioli in psalmos** (*SCHANZ*, iv, 1, 466; *STEGMÜLLER*, 3326; *BHM*, 204)   PLS, ii, 2

CC, lxxii, 1959, p. 163-245 — MORIN [1895].

583 **Commentarius in Ecclesiasten** (*SCHANZ*, iv, 1, 464; *STEGMÜLLER*, 3351; *BHM*, 205)   PL, xxiii 1009 (10(

ibid., p. 147-361 — ADRIAEN.

Fontes: S. LEANZA, in *Ann. di storia dell'esegese*, iii, 1986, p. 173-199; ID., in *Jérôme entre l'Occident et l'Orient*, Paris, 1988, p. 282, adn. 71.
Emend.: Fr. PETIT, in BTAM, viii, 1958/61, p. 856-858, n. 2739; **uar. lect.**: H. THURN, in *Bibl. Zeitschr.*, xxxiii, 1989, p. 234-244.
Trad. text.: P. GROSJEAN, in AB, lxxix, 1961, p. 167 sq., adn. 3.

584 **Commentarii in Esaiam** (*SCHANZ*, iv, 1, 462; *STEGMÜLLER*, 3353; *BHM*, 207; *CPPM*, ii, 2336. 2336 a)   PL, xxiv 17; CC, lxxiii, 1

R. GRYSON, P.-A. DEPROOST & J. COULIE, i sqq., Freiburg, 1993 sqq. (*Aus der Geschichte der lateinischen Bibel*, xxiii).

585 **In Esaia paruula adbreuiatio de capitulis paucis.** Inc. «Vnus liber est duodecim prophetarum» (*SCHANZ*, iv, 1, 485; *STEGMÜLLER*, 3354, 1; *BHM*, 208; *CPPM*, ii, 2336 h) PL, xxiv, 937 (973); CC, lxxiii A, 803

Y.-M. DUVAL, in *Philologia Sacra. Festschr. H. J. Frede & W. Thiele*, ii, Freiburg, 1993, p. 422-482.

Opusculum *In Esaiam* vi, 1-7 (inc. «Videamus quid de hoc loco» [*STEGMÜLLER*, 2069, 2; 3354, 2; *BHM*, 210; *CPPM*, ii, 2336 b; *CPG*, 2683]) quod in eodem fasciculo *Anecdotorum Maredsolanorum* edidit G. MORIN (p. 103-122), est tantum interpretatio latina (auctore Hieronymo) cuiusdam tractatus DIDYMI uel potius THEOPHILI ALEXANDRINI, uide B. ALTANER, *Wer ist der Verfasser des Tractatus in Isaiam* vi, 1-7?, in *Theol. Revue*, xlii, 1943, p. 147-151; L. CHAVOUTIER, in VC, xiv, 1960, p. 9-14.

586 **In Hieremiam prophetam l. vi** (*SCHANZ*, iv, 1, 462; *STEGMÜLLER*, 3356; *BHM*, 211) PL, xxiv, 679 (705)

CSEL, lix, 1913, uel CC, lxxiv, 1961 — REITER.

587 **Commentarii in Ezechielem** (*SCHANZ*, iv, 1, 462; *STEGMÜLLER*, 3357; *BHM*, 213) PL, xxv, 15

CC, lxxv, 1964 — GLORIE.

Cod., emend.: J. DOIGNON, in *Bull. littér. eccl.*, lxxviii, 1977, p. 169, adn. 32.

587a **Epistula praefatoria ad Homilias Origenis in Ezechielem ab Hieronymo latine reddita.** Inc. «Magnum est quidem, amice ‹Vincenti›» (*BHM*, 212; *CPG*, 1441)

W. A. BAEHRENS, *Origenes Werke*, viii, 1925 (GCS, xxxiii), p. 318-319.

Hanc epistulam docte commentatus est P. NAUTIN, in *Jérôme entre l'Occident et l'Orient*, Paris, 1988, p. 27-39.

588 **Commentarii in Danielem** (*SCHANZ*, iv, 1, 462; *STEGMÜLLER*, 3358; *BHM*, 215) PL, xxv, 491 (513)

CC, lxxv A, 1964 — GLORIE.

Cod., uar. lect.: I. AUERBACH, in *Festschr. W. Heinemeyer*, Marburg, 1967, p. 55-103.

Fontes: M. TETZ, *Eudoxius-Fragmente?*, in *Stud. Patr.*, iii (TU, lxxviii), Berlin, 1971, p. 320, adn. 4.

589 **Commentarii in Prophetas minores** (*SCHANZ*, iv, 1, 459; *STEGMÜLLER*, 3359-3371; *BHM*, 216) PL, xxv, 815 (855)

CC, lxxvi-lxxvi A, 1969/70 — ADRIAEN; *Comment. in Ionam* seorsum critice edidit Y.-M. DUVAL, in SC, cccxxiii, Paris, 1985.

Cfr H. DE SAINTE-MARIE, in RB, xcix, 1989, p. 221-236.

Trad. text.: N. R. KER, *Copying an Exemplar: Two MSS. of Jerome on Habakuk*, in *Misc. Codic. F. Masai oblata*, i, Gand, 1979, p. 203-210; Y.-M. DUVAL, in RHT, xi, 1981, p. 277-302; U. BRUNOLD, in *Festschr. O. Clavadetscher*, Sigmaringen, 1984, p. 7-21 (cfr *Scriptorium*, xl, 1986, p. 99*, n. 443); Y.-M. DUVAL, in *Euphrosyne*, xiii, 1985, p. 51-77.

Emend.: P. LARDET, in VC, xxxv, 1981, p. 321-345; B. LÖFSTEDT, in *Acta Classica*, xxv, 1982, p. 119-126.

590 **Commentarii in Euangelium Matthaei** (*SCHANZ*, iv, 1, 471; *STEGMÜLLER*, 3372; *BHM*, 217) PL, xxvi,

CC, lxxvii, 1969 — HURST & ADRIAEN.

Cod., emend.: J. DOIGNON, *a. c.* (n. 587), p. 169, adn. 31; W. BERSCHIN, in *Bibliotheca Palatina*, i, Heidelberg, 1986, p. 124; ii, p. 84; A. OLIVAR, in RB, xcii, 1982, p. 76-81.

Emend.: E. BONNARD, in SC, ccxlii, 1977; B. LÖFSTEDT, in *Aeuum*, lvii, 1983, p. 123-124; lxii, 1988, p. 169.

590a **Notae de textu euangeliorum praesertim in cod. Sangallensi** 1395, saec. v (*LOWE*, 984)

B. BISCHOFF, *Zur Rekonstruktion der ältesten Handschrift der Vulgata-Evangelien und der Vorlage ihrer Marginalien*, in *Biblica*, xxii, 1941, p. 147-158 (textus p. 154-157), et locupletius in B. BISCHOFF, *Studien*, i, p. 101-111 (textus p. 105-110).

591 **Commentarii in iv epistulas Paulinas (ad Galatas, ad Ephesios, ad Titum, ad Philemonem)** (*SCHANZ*, iv, 1, 469; *STEGMÜLLER*, 3381; 3400-3402; cfr 3438; *BHM*, 219)

PL, xxvi, 307-618 (331-656) = VALLARSI.

Emend.: A. SOUTER, *The Earliest Latin Commentaries on the Epistles of St Paul*, Oxford, 1927, p. 100-104; I. MEHLMANN, in *Biblica*, xl, 1959, p. 908 sq.; V. BULHART, in RB, lxii, 1972, p. 132.

Fontes: H. T. ROWELL, in *Eranos*, lvii, 1959, p. 59-61; M. A. SCHATKIN, in VC, xxiv, 1970, p. 49-58; E. SCHULZ-FLÜGEL, *Gregorius Eliberritanus*, Freiburg, 1994 (*Aus der Geschichte der lateinischen Bibel*, xxvi), p. 263 sqq.

Recensio Hieronymiana *Commentarii in Apocalypsim* auctore VICTORINO POETOVIONENSI sub n. 80 iam commemorata est.

591a **A-V Prologi in libros Sacrae Scripturae**

R. WEBER & R. GRYSON, *Biblia Sacra iuxta Vulgatam uersionem*, Stuttgart, 1994.

Accipe concordantiam siglorum ab H. J. FREDE adhibitorum:

FREDE	CPL	FREDE	CPL
HI pr Dn	591 A	pr Ion	591 L
Proph	591 B	Par G	591 M
Esr	591 C	Par H	591 N
Est	591 D	Pent	591 O
Ev	591 E	pr Ps G	591 P
pr Ez	591 F	pr Ps H	591 Q
Jb G	591 G	Rg	591 R
Jb H	591 H	Sal G	591 S
Jdt	591 I	Sal H	591 T
Jos	591 J	Tb	591 V
pr Is	591 K		

HOMILIAE SEV TRACTATVS

592 **Tractatus lix in psalmos** (*SCHANZ*, iv, 1, 483; *STEGMÜLLER*, 3325; PLS, ii, 94 *BHM*, 220; *CPPM*, ii, 2335)

CC, lxxviii, 1958, p. 3-352 — MORIN [1897].

Cod., trad. text., emend.: M. STEINMANN, *Neue Fragmente von Hieronymus in Psalmos und das Scriptorium Bischof Eginos von Verona*, in *Deutsches Archiv*, xlviii, 1992, p. 621-624; Fr. GORI, in *Ann. storia dell'esegesi*, x, 1993, p. 537-547.

Opus partim extat etiam in CSEL, xxii, p. 878-880, in *Appendice HILARII* Tractatuum super psalmos; in PL sub titulis *Expositio secunda super psalmum* cxix (*STEGMÜLLER*, 3334) ac *Liber de expositione psalmorum* (xxvi, 1269-1300 [1345-1378]), et in *Appendice Augustiniana*, PL, xxxvii, 1965-1968; praeterea centones permulti seruati sunt in *Breuiario in psalmos* (n. 629).

Praefatio (inc. «Psalterium ita est quasi magna domus»): D. DE BRUYNE, *Préfaces*, p. 47.

593 **Tractatuum in psalmos series altera** (*SCHANZ*, iv, 1, 485; *STEGMÜLLER*, 3330-3331; *BHM*, 221) PLS, ii, 193

ibid., p. 353-447 — MORIN [1903].

Cod. *Tract. in ps. 118* (*CPPM*, ii, 2335 a): J. LECLERCQ, in *Mél. E. Tisserant*, vi, 1964, p. 578.

Vltima pars *tractatus in ps.* 91 est *sermo* 232 PS. AVGVSTINI, [PL, xxxix, 2173-2174] (*CPPM*, i, 1017); *tract. in ps.* 93 est pars PS. AVGVSTINI *serm.* 160 (*CPPM*, i, 945).

Fragmenta graeca (edid. G. MORIN, *Anecdota Maredsolana*, iii, 3, 1903, p. 122-128 [STEGMÜLLER, 3341]) denuo excudit J. WALDIS, *Hieronymi graeca in psalmos fragmenta*, Münster, 1908, eorum ueros auctores patefaciens, ORIGENEM nempe, ATHANASIVM, EVSEBIVM CAESARIENSEM, BASILIVM MAGNVM, GREGORIVM NYSSENVM, DIDYMVM, THEODORETVM CYRENSEM.

Tractatus in Psalmos (nn. 592 et 593) genuinum foetum ORIGENIS aestimat V. PERI; eosque modulo suo latine reddidit et retractauit Hieronymus (*Omelie Origeniane sui Salmi*, Città del Vatic., 1980 [StT, cclxxxix]. Cfr P.-M. BOGAERT, in RB, xci, 1981, p. 404 sq.; H. CROUZEL, *Bibliographie critique d'Origène. Suppl.* I, Steenbrugge, 1982 [*Instr. Patr.*, viii A], p. 286 sq.). Cfr CPG, 1429.

594 **Tractatus in Marci Euangelium** (Ps. CHRYSOSTOMVS) (*SCHANZ*, iv, 1, 483; STEGMÜLLER, 3377. 4353, 1; *BHM*, 222)

ibid., p. 449-500 — MORIN [1897].

PLS, ii, 12

595 **Homilia in Euangelium sec. Matthaeum.** Inc. «Videtur quidem specialiter designare» (Ps. CHRYSOSTOMVS) (*SCHANZ*, iv, 1, 485; STEGMÜLLER, 3312; *BHM*, 223)

ibid., p. 503-506.

PLS, ii, 1

596 **Homilia in Lucam, de Lazaro et diuite.** Inc. «Quoniam dixerat: 'Nemo seruus'» (Ps. CHRYSOSTOMVS) (*SCHANZ*, iv, 1, 485; STEGMÜLLER, 3312. 4354, iii; *CPPM*, i, 2135; *BHM*, 224)

ibid., p. 507-516.

PLS, ii, 1

597 **Homilia in Ioannem Euangelistam.** Inc. «De Ioanne dicitur: 'Fuit homo'» (Ps. CHRYSOSTOMVS; Ps. AVGVSTINVS [*ed. Caillau*, i, 24]) (*SCHANZ*, iv, 1, 485; STEGMÜLLER, 3312. 5356; *CPPM*, i, 1254; *BHM*, 225)

ibid., p. 517-523.

PLS, ii, 1

Cod., uar. lect., emend., genuinitas: J.-P. BOUHOT, in RÉAug, xvi, 1970, p. 227-231.

598 **Homilia de natiuitate Domini.** Inc. «Et reclinauit eum mater» (Ps. CHRYSOSTOMVS) (*SCHANZ*, iv, 1, 485; STEGMÜLLER, 3312. 4354, ii; *BHM*, 226)

ibid., p. 524-529.

PLS, ii,

599 **Sermo de die epiphaniorum et de psalmo xxviii** (Ps. AVGVS-   PL, xxxix,
TINVS, sermo 137; Ps. HIERONYMVS, epist., 26; MAXIMVS TAVRIN., 2015; xxx,
sermo 10; Ps. AMBROSIVS, sermo 18 editionis romanae [inc. «Hanc 221 (228);
baptismi Domini nostri»; om. a Maurinis]). Inc. «Dies epi- lvii, 551
phaniorum graeco nomine» (BHM, 227; CPPM, i, 80. 922. 5826. 6010)

    ibid., p. 530-532 — CAPELLE (e RB, xxxvi, 1924, p. 165-180).

600 **Sermo de quadragesima** (Ps. HIERONYMVS, epist. 27). Inc.   PL, xxx,
«Quomodo miles (uel humilis)» (BHM, 228; CPPM, i, 2136)   223 (230)

    ibid., p. 533-535 — FRAIPONT.

601 **De exodo, in uigilia Paschae** (Ps. AVGVSTINVS; Ps. HIERONYMVS,   PL, xl, 1201
epist. 28). Inc. «Hodie populus Israhel et uere homo» (SCHANZ,
iv, 1, 485; STEGMÜLLER, 3312; BHM, 229; CPPM, i, 1115. 5006. 5007)

    ibid., p. 537-541 — MORIN.

602 **In psalmum xxxxi, ad neophytos** (Ps. AVGVSTINVS; Ps. HIERO-   PL, xl, 1203
NYMVS, **epist.** 21). Inc. «Omne psalterium sagaci mente» (SCHANZ,
iv, 1, 485; STEGMÜLLER, 3312; BHM, 230; CPPM, i, 1116)

    ibid., p. 542-544.

603 **In die dominica Paschae**, i (Ps. AVGVSTINVS, sermo 159; Ps.   PL, xxxix,
MAXIMVS TAVRIN., sermo 28; Ps. HIERONYMVS, epist. 29). Inc. «Non 2058; lvii,
queo (fratres carissimi) quod mente concipio» (SCHANZ, iv, 1, 905; xxx,
485; STEGMÜLLER, 3312; BHM, 231; CPPM, i, 944. 5962) 224 (231)

    ibid., p. 545-547.

604 **In die dominica Paschae**, ii (Ps. HIERONYMVS, epist. 22). Inc.   PL, xxx,
«In omni quidem psalterio» (SCHANZ, iv, 1, 485; STEGMÜLLER, 3312; 211 (217)
BHM, 232; CPPM, i, 1616. 4825)

    ibid., p. 548-551.

605 **Tractatus de oboedientia** (Ps. AVGVSTINVS). Inc. «Nihil sic Deo   PL, xl, 1221
placet» (SCHANZ, iv, 1, 485; STEGMÜLLER, 3312; BHM, 240; CPPM, i,
1123. 1181)

    ibid., p. 552-555.

606 **De persecutione Christianorum** (Ps. AVGVSTINVS, Ad fratres in   PL, xl,
eremo, sermo 60; Ps. CAESARIVS, hom. 20). Inc. «Frequenter dixi- 1342; lxvii,
mus: semper Xristiani» (SCHANZ, iv, 1, 485; STEGMÜLLER, 3312; BHM, 1083
241; CPPM, i, 1187. 4393. 4401)

ibid., p. 556-559.

Cod.: St-Omer, 33bis, saec. ix (differt in fine), cum inscriptione «libellus PAVLINI de passionibus animae» ut in cod. Taurinensi G v 7; J. LECLERCQ, *a. c.* (n. 593), p. 578.

Ex uolumine *Anecdotorum Maredsolanorum* quod in hoc tomo *Corporis Christianorum* iteratum est, omittenda uidentur *Fragmenta de libro Numerorum* (p. 419-420 [STEGMÜLLER, 3318]), quae sunt RVFINI, homilias vi, viii, ix ORIGENIS in librum Numerorum latine uertentis, necnon et tractatus de ps. quinquagesimo qui spurius uidetur (n. 628).

607 **Fragmenta** apud ALVARVM CORDVBENSEM, *epist.* viii, 2. Inc. «Inenarrabilia sunt dominicae incarnationis mysteria» (*BHM*, 242) PL, cxxi, 463; PLS, 263

J. MADOZ, *Epistolario de Alvaro de Córdoba*, Madrid, 1947, p. 176; J. GIL, *Corpus scriptorum Muzarabicorum*, i, Madrid, 1973, p. 158 et 204.

607*a* **Fragmenta de psalmis** apud Ps. BEDAM, *Breuiarium de titulis psalmorum* (cfr n. 1384) (*BHM*, 243) PL, xciii, 529; 589; 612

A. VACCARI, *Frammento di perduto tractatus di S. Girolamo*, in *Biblica*, i, 1920, p. 513-517; ii, 1921, p. 77 (= *Scritti*, ii, p. 75-80).

Alia fortasse fragmenta genuina S. Hieronymi adhuc latent in florilegiis catenisque medii aeui, exempli gratia in opere IOANNIS DIACONI (n. 951), ed. J. PITRA, *Anal. sacra et classica*, i, Paris, 1888, p. 173-175; in *Libro Scintillarum* (n. 1302), cfr H. M. ROCHAIS, in CC, cxvii, 1957, p. 255; in florilegiis a FLORO DIACONO LVGDVNENSI paratis (descripserunt R. ÉTAIX, in SE, xxi, 1972/73, p. 10-23, et I. FRANSEN, in RB, xciv, 1984, p. 195-228), in *Florilegio Casinensi* 384, saec. ix-x, ed. A. AMELLI, in *Miscell. Geronimiana*, Roma, 1920, p. 165-170; 179, in *epist.* AVGVSTINI (148, 7), et alibi.

OPVSCVLA ET EPISTVLAE

608 **Altercatio Luciferiani et Orthodoxi** (*SCHANZ*, iv, 1, 480; *BHM*, 250)

PL, xxiii, 155-182 (163-192) = VALLARSI.

Fontes: P. BATIFFOL, in *Misc. Geronimiana*, Roma, 1920, p. 97-112; Y.-M. DUVAL, in RÉAug, xiv, 1968, p. 145-180.

609 **Aduersus Heluidium de Mariae uirginitate perpetua** (*SCHANZ*, iv, 1, 473; *BHM*, 251)

ibid., 183-206 (193-216).

610 **Aduersus Iouinianum** (SCHANZ, iv, 1, 474; BHM, 252)

ibid., 211-338 (221-352).

Cod.: E. BICKEL, *Diatribe in Senecae philosophi fragmenta*, i, Leipzig, 1915, p. 375-420; ibi etiam cap. i, 41-49, et ii, 5-14, critice eduntur; D. DE BRUYNE, in RB, xxxvi, 1924, p. 13-20; A. SOUTER, in JTS, xli, 1940, p. 46-47; A. VACCARI, *Scritti*, ii, 1958, p. 98, adn. 5; D. G. SILVIA, in *Dissertations Abstracts* 63-3331 (cfr *Scriptorium*, xviii, 1964, p. 332, n. 840).

Emend.: E. BICKEL, in RhM, n. s., lxix, 1914, p. 417-419; A. VACCARI, *l. c.*

Fontes: cfr J. JANINI, *S. Siricio y los Cuatro Temporas*, Valencia, 1958, p. 26, adn. 30.

Cfr n. 783.

611 **Contra Vigilantium** (SCHANZ, iv, 1, 478; BHM, 253)

ibid., 339-352 (353-368).

Cod.: W. SCHMITZ, in *Mél. J. Havet*, Paris, 1895, p. 77-80.

612 **Contra Ioannem Hierosolymitanum** (SCHANZ, iv, 1, 477; BHM, 254)

ibid., 355-396 (371-412).

Cod.: Sélestat, B. M., 77, saec. xvi, f° 134-139 (cfr B. DE VREGILLE & L. NEYRAND, in CC, xix, 1986, p. vi-vii).

613 **Apologia aduersus libros Rufini** seu **Epistula Hieronymi aduersus Rufinum** (SCHANZ, iv, 1, 477; BHM, 255)   PL, xxiii, 397 (415)

CC, lxxix, 1982, p. 1-72 — LARDET.

614 **Liber tertius aduersus libros Rufini** (SCHANZ, iv, 1, 477; BHM, 256)   PL, xxiii, 457 (477)

ibid., p. 73-116.

Index uerborum (nn. 613-614): ILL, A & B, 2.

615 **Dialogi contra Pelagianos libri iii** (SCHANZ, iv, 1, 481; BHM, 257)   PL, xxiii, 495 (517)

CC, lxxx, 1990 — MORESCHINI.

[615a **Excerpta de libro sancti Hieronimi presbiteri ‹ad Gaudentium›**. Inc. «Omnis qui qualemcumque differentiam facit»

Reuera haec *Excerpta* RVFINO tribuenda sunt; uide sub n. 196a°.]

615b **Prologus in libro Didymi de Spiritu sancto.** Inc. «Dum in Babylone uersarer» (BHM, 258; CPG, 2544)

L. DOUTRELEAU, in SC, ccclxxxvi, Paris, 1992, p. 136-140.

615c **Epistula praefatoria in Chronicis Eusebii**, atque **Continuatio** ab Hieronymo addita. Inc. «Vincentio et Gallieno suis... Vetus iste disertorum mos... Huc usque historiam scripsit Eusebius» (BHM, 203; CPG, 3994)

R. HELM, *Eusebius Werke*, vii, Berlin, 1984³ (GCS, xlvii), p. 1-7; 231-250.

616 **De uiris inlustribus** (SCHANZ, iv, 1, 447; BHM, 260) PL, xxiii, 603 (631) PLS, ii, 2

E. RICHARDSON, Leipzig, 1896 (TU, xiv, i a), p. 1-56, una cum uersione graeca saec. vii, quam recensuit O. VON GEBHARDT, *ibid.*, 1 b; A. CERESA-GASTALDO, *Gerolamo. Gli Uomini illustri*, Firenze, 1988 (anteponenda uidetur editioni Richardson).

Recensioni E. Richardson emendandae impensam iam operam dedit C. WEYMAN, in PhWo, xvii, 1897, col. 138-142; 170-175; anteponatur tamen editioni teubnerianae a G. HERDING curatae. Nouam editionem parauerat A. FEDER, qui sua haud parui momenti prolegomena iam anno 1927 publici iuris fecerat: *Studien zum Schriftstellerkatalog des hl. Hieronymus*, Freiburg, 1927.

Cod.: H. MCCUSKER, *A xii*[th] *Century MS. of St. Jerome*, in *More Books. Bulletin of the Boston Public Library*, xiv, 1939, p. 95-105.

De cod. Bamberg B iv 21, cfr P. COURCELLE, *Les lettres grecques en Occident*, Paris, 1948², p. 371 sq.

Var. lect.: W. H. P. HATCH, in *Harvard Studies Class. Phil.*, xxiii, 1912, p. 47-69; D. DE BRUYNE, *Préfaces*, p. 257-258.

617 **Vita S. Pauli** (SCHANZ, iv, 1, 435; BHL, 6596; BHM, 261)

PL, xxiii, 17-28 (17-30) = VALLARSI.

Trad. text.: B. DEGORSKI, *La familia «S» della tradizione manoscritta della «Vitas S. Pauli Primi eremite»*, in *Dissertationes Paulinorum*, vi, 1993, p. 16-41 (nondum uidi).

Var. lect., emend., fontes: J. BAUER, in WSt, lxxiv, 1961, p. 130-137; I. S. KOZIK, *The First Desert Hero*, Mount Vernon, 1970; A. DE VOGÜÉ, in *Eulogia. Mél. A. Bastiaensen*, Steenbrugge, 1991 (= *Instr. Patr.*, xxiv), p. 395-406.

De indole, latinitate etc. nn. 617-619, uide A. BASTIAENSEN, *Jérôme hagiographe*, in CC, *Hagiographies*, i, 1994, p. 97-123.

618 **Vita S. Hilarionis** (SCHANZ, iv, 1, 437; BHL, 3879; BHM, 262) PL, xxi 29

A. BASTIAENSEN, *Vite dei Santi*, iv, Roma, 1975, p. 72-142.

Fontes: A. CAMERON, in *Class. Philol.*, lxiii, 1968, p. 55-56.

619 **Vita Malchi** (SCHANZ, iv, 1, 436; *BHL*, 5190; *BHM*, 263)   PL, xxiii,
C. C. MIEROW, in *Classical Essays presented to J. A. Kleist*, 55
St Louis, 1946, p. 31-60.

Ad *Vitarum* nouam editionem prolegomena uberrima, sed haud raro tenuioris acuminis critici, iam edidit W. A. OLDFATHER cum suis (*Studies in the Text Tradition of St Jerome's Vitae Patrum*, Urbana, 1943), a quibus editio Vindobonensis paratur. Interea in laudato opere (p. 36-64) accuratissime denuo excudit textum ex *Opusculis SS. Patrum* Hugonis HURTER. Maioris momenti sunt antiquae uersiones graecae *Vitarum*, quas ibidem ediderunt K. TUBBS COREY, R. FRENCH STROUT & M. STEINER (*BHG*, 751 z. 1016), etsi textuum recensio non omnibus placuit, cfr F. HALKIN, in AB, lxiv, 1946, p. 252 sq. De codicibus uide et F. HALKIN, *ibid.*, p. 280 sq., et C. MIEROW, *The 35 Vatican MSS. of St Jerome's Vita Malchi*, in *Speculum*, xx, 1945, p. 468-481.

619*a* **Praefatio ad Regulam Pachomii.** Inc. «Quamuis acutus gladius et leuigatus» (*BHM*, 266)

A. BOON, *Pachomiana Latina*, Louanii, 1932, p. 3-9.

620 **Epistulae** (SCHANZ, iv, 1, 486; *BHM*, 1-170)   PL, xxii,
CSEL, liv, lv et lvi, 1910, 1912 et 1918 — HILBERG.   325; PLS, ii,
20
Morte impeditus, editor prolegomena sua euulgare non potuit.

Codices nonnullos iam inuenerunt eruditi, immerito ab editore praetermissos: uide G. ANTOLÍN, *Opúsculos desconocidos de S. Jerónimo*, Escorial, 1908-1909; A. WILMART, in RB, xxviii, 1911, p. 343; xxix, 1912, p. 277 sq.; xxxvi, 1924, p. 135; D. DE BRUYNE, in RB, xxxvi, 1924, p. 13; P. LEHMANN, in *Zentralblatt f. Biblioth.*, xliii, 1926, p. 179 sq.; Ch. SAMARAN, in *Bull. Antiquaires de France*, 1929, p. 166 (minoris momenti); O. DOBIACHE-ROJDESTVENSKY, in *Speculum*, v, 1930, p. 29; C. LAMBOT, in RB, xlv, 1933, p. 97; B. GRIESSER, in *Stud. u. Mitteil. OSB*, liii, 1935, p. 241-256; J. ZARCO CUEVAS, *a. c.* (n. 636); J. LECLERCQ, in *Rev. d'ascét. et de myst.*, xxv, 1949, p. 140 sq.; Fr. STEGMÜLLER, nn. 284. 291; 300. 307. 3319. 3379; E. MADAS, in *Codices Manuscripti*, xi, 1985, p. 87-89 (*epist.* 140).

Praeterea epistulae THEOPHILI ALEXANDRINI (*CPG*, 2598. 2599), quae latine translatae sunt ab Hieronymo et inter eiusdem epistulas tam in codicibus quam in editionibus inueniuntur, iuxta antiquissimos codices, Montispessulanum 157 et Parisiensem 13.386, ab Hilberg neglectos, denuo excudendae sunt. Item *epist*. 80, seu RVFINI praefationem in uersionem latinam ORIGENIS Περὶ Ἀρχῶν, melius excuderunt P. KOETSCHAU (in GCS, xxii, 1913, p. 3-6) et M. SIMONETTI (in CC, xx, 1961, p. 245-247 [cfr n. 198*a*]); *epist*. uero 53 et 106 leguntur in editione *Bibliae sacrae iuxta latinam uulgatam uersionem*, quam curauerunt monachi S. Hieronymi in Vrbe (t. i, 1926, p. 3-37; x, 1953, p. 8-42); *epist*. 28 et 30 in editione D. DE BRUYNE, *Préfaces*, p. 48-52 (qui et *epist.* 53 et 106 edidit, p. 107, 52-62), qui eas ediderunt secundum traditionem codicum biblicorum. De ceteris, uidesis censuras H. J. FREDE, p. 513-517, praesertim quoad prologos Hieronymi ad libros S. Scripturae (H. J. FREDE, p. 695-719).

Ceterarum epistularum textum Vindobonensem **emenda** iuxta C. KUNST, *De S. Hieronymi studiis Ciceronianis*, Wien, 1918; C. WEYMAN, in WklPh, xxvii, 1910, col. 1003 sq.; xxxi, 1914, col. 404-411; xxxvii, 1920, col. 257-261; 273-280; H. QUENTIN, *Essais de critique textuelle*, Paris, 1926, p. 131-145 (*epist.* 53); P. ANTIN, in RB, lxii, 1952, p. 292-293 (*epist.* 58, 125); lxviii, 1958, p. 113 (*epist.* 22); ID., in SE, x, 1958, p. 359-362 (*epist.* 53); A. AMELLI, in *Misc. Geronimiana*, Roma, 1920, p. 157 (*epist.* 57); G. BARTELINK, *Hieronymus, Liber de optimo genere interpretandi*, Leiden, 1980 (*epist.* 57); A. VACCARI, in *Gregorianum*, iv, 1923, p. 106 sq., et in *Misc. Agost.*, ii, p. 353-358 (*epist.* 110), et *Scritti*, i, p. 223, adn. 1 (*epist.* 71); M. SCHUSTER, in PhWo, xlix, 1929, col. 190 sq. (*epist.* 22); D. DE BRUYNE, in ZntW, xxxi, 1932, p. 233-248 (*epist. ad Augustinum*); Fr. J. DÖLGER, in *Antike u. Christent.*, v, 1936, p. 287-288 (*epist.* 107); B. M. METZGER, in *Amer. Journ. of Philol.*, lxvi, 1945, p. 225 sq. (*epist.* 107); Z. STEWART, in *Harvard Library Bulletin*, iv, 1950, p. 254-259, et in *Speculum*, xxv, 1950, p. 483-490 (*epist.* 60); J. LABOURT, *St. Jérôme, Lettres*, i, Paris, 1949, xliii-xlvi, summatim omnino ac minus subtiliter de editione Hilbergiana iudicauit; *epist.* uero 106 rectius edidit (t. v, 1955, p. 104-144), praeeunte Roberto WEBER (*ibid.*, p. 215-216); P. NAUTIN, in VC, xv, 1961, p. 40-45; J. J. THIERRY, in VC, xxi, 1967, p. 120-127 (*epist.* 22); P. DEVOS, in AB, lxxxvii, 1969, p. 213 (*epist.* 108); C. VITELLI, in *Riv. filol. e istruz. class.*, ci, 1973, p. 352-355 (*epist.* 60); Chr. SCHÄUBLIN, in *Mus. Heluet.*, xxx, 1973, p. 55-62; B. LÖFSTEDT, in *Arctos*, ix, 1975, p. 57-60 (*epist.* 53); E. MADAS, *a. c.* (*epist.* 140); N. ADKIN, in *Rev. belge philol. hist.*, lxxi, 1993, p. 96-106; ID., in *Orpheus*, n. s., xv, 1994, p. 154-156 (*epist.* 22); *epist.* uero 18 A et B graecae sunt originis, cfr R. GRYSON & D. SZMATULA, in RÉAug, xxxvi, 1990, p. 8-24.

Critica: A. G. AMATUCCI, *Per un' edizione delle Epistole di S. Girolamo*, in *Arcadia, Atti e Memorie*, ser. 3ª, II, iii, 1950, p. 87-94.

Trad. text.: F. NUVOLONE, *Notulae manuscriptae*, in *Freiburger Zeitschr. f. Phil. u. Theol.*, xxv, 1978, p. 470-485; xxvi, 1979, p. 244-256; 525-572; P. LARDET, *ibid.*, xxviii, 1981, p. 271-289; J. BLOW, in *Miscell. Casin.*, xlviii, 1984, p. 69-83; G. BARTELINK, in RB, lxxxvi, 1976, p. 296-306 (*epist.* 77); F. CAPPONI, in *Koinonia*, iv, 1980, p. 101-114 (*epist.* 1).

Fontes: H. L. LEVY, in *Amer. Journ. of Philol.*, lxix, 1948, p. 62-68 (*epist.* 60); J. F. GILLIAM, *The Pro Caelio in St Jerome's Letters*, in *Harvard Theol. Rev.*, xlvi, 1953, p. 103-107; M. D. DIEDERICH, *The Epitaphium S. Paulae. An Index to St Jerome's Classicism*, in *The Classical Journal*, xlix, 1953/54, p. 369-372; R. GODEL, in *Mus. Heluet.*, xxi, 1964, p. 65-71; A. CAMERON, in VC, xix, 1965, p. 111-113; J. BAUER, in *Grazer Beiträge*, iv, 1975, p. 13-19 (*epist.* 22 et 50); L. ALFONSI, in *Sileno*, ii, 1976, p. 319 (*epist.* 46); G. GUTTILLA, in *Ann. Liceo di Palermo*, xiv/xvi, 1977/79,

p. 217-244; G. BURZACCHINI, in *Boll. studi Latini*, viii, 1978, p. 270-272; J. THIERRY, in *Hermeneus*, l, 1978, p. 359-361; N. ADKIN, in *Grazer Beiträge*, xv, 1988, p. 177-186; EAD., in *Mus. Heluet.*, il, 1992, p. 131-140, et in *Symbolae Osloenses*, lviii, 1993, p. 129-143 (*epist.* 22).

Latinitas: F. TRISOGLIO, in *Vet. Christ.*, xxx, 1993, p. 267-288.

Inter epistulas Hieronymi nonnullas inuenies litteras ad eum datas, ANASTASII nempe (95); AVGVSTINI (56, 67, 101, 104, 110, 111, 116, 131, 132 et 144); DAMASI (19 et 35); DIONYSII LIDDENSIS (94); EPIPHANII CYPRI (51 et 91 [*CPG*, 3754. 3755]); INNOCENTII (136 et 137); PAMMACHII (83); PAVLAE et EVSTOCHII (46); RVFINI (80); THEOPHILI ALEXANDRINI (87, 89, 90, 92, 96, 98, 100 et 113 [*CPG*, 2597. 2598. 2599. 2596. 2585. 2586. 2588. 2677]). De origine *epist.* 18 A et B, uide R. GRYSON & D. SZMATULA, in RÉAug, xxxvi, 1990, p. 10, adn. 35; p. 19-24. De **genuinitate** *epist.* 35 et 36 (*CPPM*, ii, 824), uide P. NAUTIN, in *Freiburger Zeitschr. f. Theol. u. Phil.*, xxx, 1983, p. 331-334. *Epist.* uero 148 seponenda est; est enim PELAGII (n. 745); item *epist.* 149, cuius fata uidesis sub n. 2278; *epist.* 150 editionis VALLARSI (*CPG*, 7435; *CPPM*, ii, 827), ab Hilberg iam praetermittitur: nil enim habet commune cum Hieronymo nostro. Epistulae quas primum G. ANTOLÍN, *o. c.*, et D. DE BRUYNE, in RB, xxvii, 1910, p. 1-11, ediderunt, apud Hilberg numeros habent 151 ad 154 (earum tamen initia reperies in *Indice* iv). *Epist.* ad Praesidium, plane genuina, ibi deest; hic suppletur:

621 **Epistula ad Praesidium** (Ps. HIERONYMVS, *epist.* 18). Inc. «Nulla res, uetus inquit comicus» (SCHANZ, iv, 1, 491; BHM, 154)   PL, xxx, 182 (188)

G. MORIN, in BALAC, iii, 1913, p. 51-60.

Cod.: M. HUGLO, in VC, vii, 1953, p. 82, adn. 11.

621*a* **Epistula [27*] ad Aurelium Papam Carthaginensem.** Inc. «Qui uincis merito, uincis et officio»

CSEL, lxxxviii, 1981, p. 130-133 — DIVJAK.

Hic memorandum est et alia epistula nuper ab Iohanne Divjak reperta, nempe AVGVSTINI ad Hieronymum, inc. «Accepi per filium nostrum, ciuem meum» (*ed. cit.*, n. 19, p. 91-93).

Emend. quaedam iuxta alteram editionem Iohannis DIVJAK, in *Bibl. Augustinienne*, t. 46 B, Paris, 1987, p. 560-568, et iuxta Chr. SCHÄUBLIN, *Marginalien zu CSEL 88*, in *Les lettres de saint Augustin découvertes par Ioh. Divjak*, Paris, 1983, p. 360 sq.; P. NAUTIN, in RÉAug, xxxi, 1990, p. 298 sq.

621*b* **Epistula ad Sophronium de ecclesia Lyddensi**

M. VAN ESBROECK, in *Bedi Karthlisa. Rev. de kartuélologie*, xxxv, 1977, p. 127-131 (uersio gallica textus iberici sub Hieronymi nomine seruati).

De **genuinitate** uide M. VAN ESBROECK, *a. c.*, p. 109-131.

His epistulis addere proponit A. J. Mac Donald (*Berengaria*, in JTS, xxxiii, 1931/32, p. 183-186) *epistulam ad quosdam eremitas* quam e quodam codice Alnensi sub nomine BERENGARII ediderunt E. Martène & V. Durand in *Nouo Thesauro Anecdotorum*, i, Paris, 1717, col. 191-195 (inc. «Preces uestrae praecepta quaedam sunt» [BHM, 156]). Valde dubium uidetur. Textum critice edidit R. B. C. Huygens, in *Stud. Med.*, n. s., viii, 1967, p. 493-502, et cuidam Berengario saec. xii scribenti tribuit.

APPENDIX

[622 **Vita S. Hieronymi** auctore Ps. Sebastiano Casinensi (BHL, 3870; BHM, 900) PL, xxii, 201

B. Mombritivs, *Sanctuarium*, ii, Paris, 1910^2, p. 31-36.

623 **Vita S. Hieronymi** perperam Gennadio adscripta (BHL, 3869; BHM, 901)

PL, xxii, 175-184 = Vallarsi.

Emend.: F. Cavallera, *St. Jérôme*, i, 2, Louvain, 1922, p. 137-140. Ambae uitae omittendae uidentur; saec. ix conscriptae sunt, cfr A. Vaccari, *Scritti*, ii, p. 35-46. — Circa epistulas *in laudatione S. Hieronymi*, Avgvstino et Cyrillo Alexandrino perperam adscriptas, uide sub n. 367°.]

SPVRIA

623a **Interpretatio alphabeti Hebraeorum.** Inc. «Aleph mille uel doctrina» (BHM, 400; CPPM, ii, 2344) PL, xxii 1365

P. de Lagarde, *Onomastica Sacra*, Göttingen, 1887^2, p. 191-192.

624 **De formis hebraicarum litterarum.** Inc. «Hebraicarum litterarum formae» (BHM, 401; CPPM, ii, 2361)

PL, xxx, 307-310 (317-320) = Vallarsi.

625 **Prologi psalmorum editi a Beato Hieronymo presbytero** (fragm. e cod. Escorial a. i. 13 (*a*) (CPPM, ii, 2383)

G. Antolín, *Un codex regularum del siglo ix — Opúsculos desconocidos de S. Jerónimo*, Escorial, 1908/1909 (exc. e *La Ciudad de Dios*, t. lxxv-lxxvii; *Rev. de archivos, bibl. y museos*, t. xii-xiii) (CPPM, ii, 2403. 2404):

(*a*) De codicis foliorum ordine uide D. De Bruyne, in RB, xxxii, 1920, p. 8.

1. Inc. «Omnem psalmorum prophetiam» (BHM, 420)   PLS, ii, 79

O. c., p. 51-54, collata cum editione D. DE BRUYNE, *Préfaces*, p. 73-76, et cum recensione in *Florilegio Casinense* euulgata, t. i, p. 220-221;

[2. Inc. «In hebraeo libro psalmorum» (STEGMÜLLER, 3342; CPG, 3467°; BHM, 421)   PL, xxvi, 1299 (1377); PLS, ii, 85

G. MERCATI, *Osservazione a Proemi del Salterio*, Roma, 1948 (StT, cxlii), p. 112-124.

Hic omittatur; est enim translatum ex ORIGENE et EVSEBIO CAESARIENSI.]

3. Inc. «Psalmus a psalterio appellatur» (BHM, 422)   PLS, ii, 86

G. ANTOLÍN, o. c., p. 58-63, collata cum editione D. DE BRUYNE, o. c., p. 68.

Praeter initium, totum fluxit ex HILARII *instructione psalmorum*, 17-21 (n. 428).

Apud G. ANTOLÍN etiam inuenitur fragm. «Kaput opusculorum [de] quinquagenis numeris psalmorum», quod reuera est VALERII BERGIDENSIS (n. 1287), et prologus «Psalterium Romae dudum positus», Hieronymi foetus plane genuinus sicut et ille «Scio quosdam» (D. DE BRUYNE, *Préfaces*, p. 46-47; *Biblia sacra*, x, Romae, 1953, p. 3-7); de his tractauit, ubi de Hieronymi uersionibus S. Scripturae, H. J. FREDE, p. 711-713.   PL, xxix, 117 (121); cxlii, 39

PL, xxviii, 1183

626 **Commentarius breuis in psalmos.** Inc. «Primus psalmus ad Christi pertinet personam» (cod. Escorial, fol. ii. 12) (STEGMÜLLER, 416; BHM, 423)   PLS, ii, 303

G. ANTOLÍN, o. c. [n. 625], p. 64-90.

Hic «*Commentarius breuis in psalmos*» reuera est mixtum compositum posteriore aetate ex uariis seriebus titulorum psalmorum quas nuper edidit P. SALMON, *Les «tituli psalmorum» des manuscrits latins*, Città del Vaticano, 1959 (cfr nn. 1135°, 1327°, 1384°). Series uero titulorum quae praesertim ex Hieronymi *Commentariolis* et *Tractatibus in psalmos* excerpta est, edidit P. SALMON, o. c., p. 97-113: «Série inspirée de S. Jérôme».

627 **Sermo Sancti Hieronymi de psalterio.** Inc. «Quomodo dicitur psalterium. Modulatio uocis» (STEGMÜLLER, 406; BHM, 424. 425; CPPM, ii, 2411 a. b)   PLS, ii, 274

Florilegium Casinense, i, 1873, p. 217-218, collata cum cod. Escorial a. i. 13 iuxta G. ANTOLÍN, o. c. [n. 625], p. 57 (inc.

«Nunc autem exposuimus» [appendix ad epist. spuriam 47]), et cum editione D. DE BRUYNE, *Préfaces*, p. 45-46.

Cod.: Vat. Pal. 187, saec. viii (*LOWE*, 80 a).

627*a* **Tractatus de psalmo octauo.** Inc. «Scribitur hic psalmus qui laudes Christi continet»

Fr. GORI, in *Ann. Storia dell' esegesi*, x, 1993, p. 560-566.

In Gallia meridionali saec. vi confectum.

628 **Incipit de psalmo quinquagesimo Sancti Hieronymi.** Inc. «Dicitur manifeste Dauid, sicut titulus» (*STEGMÜLLER*, 3327; *BHM*, 426; *CPPM*, ii, 2382)

l₁;&3qPLS ii, 324

G. MORIN, *Anecdota Maredsolana*, iii, 2, Maredsous, 1897, p. 421-423.

In Italia saec. v confectum. Cfr G. MORIN, *o. c.*, iii, 3, p. i, adn. 2; Fr. GORI, *a. c.*. [n. 627*a*].

629 **Breuiarium in psalmos.** Inc. «Proxime cum Origenis psalterium» (*SCHANZ*, iv, 1, 466; *STEGMÜLLER*, 3333; *BHM*, 427; *LAPIDGE & SHARPE*, 343; *CPPM*, ii, 2357)

PL, xxvi, 821-1270 (871-1346) = VALLARSI.

Post a. 450, ab auctore quodam Gallo (a *FAVSTO REIENSI*? Cfr G. S. M. WALKER, *S. Columbani opera*, Dublin, 1957, p. lxiv), uel ab Hiberno saec. vii-viii (cfr H. J. FREDE, *Pelagius, der irische Paulustext, Sedulius Scottus*, Freiburg, 1961, p. 76, adn. 4), uix autem a IOANNE DIACONO ROMANO (n. 950) qui et orationes in psalmos (seriem romanam) uidetur composuisse (n. 2015), confectum praesertim ex genuinis tractatibus *S. HIERONYMI* (nn. 592 sq. [uide PLS, ii, 77]). Cfr etiam M. CAPPUYNS, in DGHE, xi, 1949, col. 1380.

Cod.: B. PAGNINI, *Il più antico codice della Bibl. Univ. di Padova*, in *Atti d. Istituto Veneto*, xciii, 1933/34, p. 1407-1413; P. LEHMANN, *Mittelalterliche Büchertitel*, i, München, 1949, p. 13.

Fontes, critica: H. BOESE, *Die alte «Glossa Psalmorum ex traditione Seniorum»*, Freiburg, 1982, p. 76-82.

Collectas Psalmorum in *Breuiario* occurrentes accuratius edidit H. ASHWORTH, in *Bull. J. Rylands Libr.*, xlv, 1963, p. 287-303.

Commentarius in psalmos i, iii, iv, [PL, xxvi, 815 (863) sqq.] (inc. «Primum psalmum quidam in Ioas regem») (*CPPM*, ii, 2356) est *THEODORI MOPSVESTENI* (n. 777*a*); de appendicibus PL, xxvi, 1269 (1345) sqq., cfr n. 592°.

630 **In lamentationes Ieremiae.** Inc. «Sicut inter omnia cantica» (*SCHANZ*, iv, 1, 497; *STEGMÜLLER*, 3423; *BHM*, 460; *CPPM*, ii, 2354) PL, xxv, 787-792 (827-831) = VALLARSI.

631 **Expositio quattuor euangeliorum** (recensio I). Inc. «Primum quaerendum est» (*SCHANZ*, iv, 1, 399. 498; *STEGMÜLLER*, 3424-3431; *BHM*, 470; *LAPIDGE & SHARPE*, 341; *CPPM*, ii, 2296-2296 c. 2364-2365 d) PL, xxx, 531-590 (549-608) = VALLARSI. PL, cxiv, 861

Cod.: B. GRIESSER, *Beiträge zur Textgeschichte der 'Expositio iv Euangeliorum' des Ps. Hieronymus*, in ZkTh, liv, 1930, p. 40-87; ID., *Die handschriftliche Überlieferung der 'Expositio iv Euangeliorum' des Ps. Hieronymus*, in RB, xlix, 1937, p. 279-321; ID., in *Natalicium C. Jax oblatum*, Innsbruck, i, 1955, p. 137-142.

Saec. viii; origine Hibernica? Cfr B. BISCHOFF, in SE, vi, 1954, p. 236-237 (= B. BISCHOFF, *Studien*, i, p. 240-241).

632 **Commentarius in Euangelium secundum Marcum.** Inc. «Omnis scriba doctus in regno caelorum» (*SCHANZ*, iv, 1, 498; *STEGMÜLLER*, 3436; *BHM*, 473; *LAPIDGE & SHARPE*, 345)

PL, xxx, 589-644 (609-668) = VALLARSI, cum additamento in cod. Andegauensi 275 (266) iuxta B. BISCHOFF, *a. c.* [n. 631], p. 258 (=*Studien*, i, p. 258); dubitat M. CAHILL, in *Peritia*, viii, 1994, p. 35-45.

Circiter a. 632 in Hibernia confectus auctore CVMEANO (n. 2310), cfr B. BISCHOFF, in SE, vi, 1954, p. 257-259 (= *Studien*, i, p. 257-258).

Cod. et **fontes**: B. BISCHOFF, *a. c.*, p. 257-259 (= *Studien*, i, p. 257-258); addantur Padua, Anton. Scaff. vi, n. 5, saec. xi (cfr G. MORIN, *Anecd. Mareds.*, iii, 3, p. xv sq. [= CC, lxxviii, p. xix]) et Worcester, Cath. F 83, saec. x (cfr C. TURNER, *Early Worcester MSS.*, Oxford, 1916, p. 50).

Var. lect. e cod. Torino, Bibl. Naz., F iv 1, fasc. 7, saec. viii/ix (*LOWE*, 453) apud W. STOKES & J. STRACHAN, *Thesaurus Palaeohibernicus*, i, Cambridge, 1901, p. 484-494.

Subsequens *Praefatio in Lucam* apud Migne, *t. c.* (col. 643-644 [667-668], inc. «Lucas Syrus natione Antiochensis») (*STEGMÜLLER*, 620 sq.; 3437) est «prologus monarchianus» (edid. J. REGUL, *Die antimarcionistischen Evangelienprologe*, Freiburg, 1969, p. 45-47. 30-33).

632a **Expositio Iohannis iuxta Hieronymum.** Inc. «In principio erat Verbum, id est in Patre» (*BHM*, 474; *CPPM*, ii, 2409) D. BREARLEY, in *Recherches august.*, xxii, 1987, p. 163-199.

Saec. viii, in Hibernia conflata?

633 **Epistulae supposititiae** (SCHANZ, iv, 1, 490; BHM, 301-374; CPPM, ii, 849-902)

PL, xxx, 15-308 (15-318) = VALLARSI.

Inter numerosas Hieronymi «epistulas» dubias uel spurias, quas collegerunt Vallarsi et Maffei, nonnullae sunt homiliae genuinae, aliae uero Pelagii aliorumue auctorum opuscula uel litterae. En conspectus, haud certe peremptorius:

epist. 1, *ad Demetriadem*, est PELAGII (n. 737);

epist. 2, *de contemnenda haereditate*, est EVTROPII (n. 565);

epist. 3, *ad Marcellam*, et 4, *ad uirginem in exilium missam*, et ipsae sunt PELAGIO tributae (nn. 738 et 739);

epist. 5, *ad amicum aegrotum*, uide inter spuria MAXIMI TAVRINENSIS (n. 225);

epist. 6, *de perfecto homine*, est EVTROPII (n. 566a);

epist. 7, «Praesumptionem meam», iterum PELAGIO perperam adscripta (n. 740);

epist. 8, *de tribus uirtutibus*, est ORIGENIS hom. quinta in Hieremiam, cfr E. KLOSTERMANN, in TU, xvi, 3, 1897, p. 19-31 (BHM, 212, hom. 5);

epist. 9, «Cogitis me», est PASCHASII RADBERTI, cfr C. LAMBOT, in RB, xlvi, 1934, p. 265-282; H. BARRÉ, in RB, lxviii, 1958, p. 203-225. **Cod.**: G. QUADRIO, *Il trattato «de Assumptione beatae Mariae uirginis» dello Pseudo-Agostino*, Roma, 1951, p. 177-180; **ed.** A. RIPBERGER, in CCCM, lvi C, 1985, p. 109-162;

epist. 10, «Scientes, fratres dilectissimi» [n. 223] (= PS. MAXIMI serm. 11; PS. ILDEFONSI, serm. 8): uide sub n. 368, serm. 208, et n. 1257, serm. 8 (CPPM, i, 1830. 5264. 5944);

epist. 11, *de honorandis parentibus*: uide inter spuria PELAGII, n. 765;

epist. 12, *de septem ordinibus Ecclesiae*: ibid., n. 764;

epist. 13 siue *Laus uirginitatis*: PELAGII? (cfr n. 741);

epist. 14, *de essentia diuinitatis* (PS. AVGVSTINVS [CPPM, ii, 35. 172. 862]); cento ex *Formulis spiritalis intellegentiae* EVCHERII LVGDVNENSIS (n. 488) (**cod.**: M. BERNARDS, in RTAM, xviii, 1951, p. 335; HÜWA, i, 1, p. 76; ii, 1, p. 82 sq.; iii, p. 43; iv, 1, p. 40; v, 1, p. 110-112; vi, 1, p. 77 sq.);

epist. 15, uide sub n. 554;

epist. 16, *Explanatio fidei ad Damasum*, est *Libellus fidei*, quem Innocentio papae obtulit PELAGIVS (n. 731);

epist. 17, *Explanatio fidei ad Cyrillum*, uide sub n. 1746;

epist. 18, *de cereo paschali*, epistula HIERONYMI omnino genuina (n. 621);

epist. 19, *de uera circumcisione*, est EVTROPII PRESBYTERI (n. 566);

epist. 20, *de lapsu uirginis*, fortasse NICETAE REMESIANI (n. 651);

epist. 21 et 22, sunt homiliae ipsius HIERONYMI (n. 602 et 604);

epist. 23, *de diuersis generibus musicorum*. Inc. «Cogor a te, ut tibi, Dardane, de aliquibus generibus»; uidetur aeui Carolini; HRABANO adscribendum putat R. HAMMERSTEIN, in *Archiv f. Musikwissenschaft*, xvi, 1959, p. 117-134. Paululum antiquiorem recte aestimat M. MCNAMARA, *Glossa in Psalmos*, Città del Vaticano, 1986 (StT, cccx), p. 54 sq. (BHM, 323).

PL, xxx, 213-215 (219-223) = VALLARSI.

Cod.: THORNDIKE & KIBRE, p. 107; H. SILVESTRE, in *Scriptorium*, v, 1951, p. 149;

epist. 24, *de resurrectione Domini*: EVSEBII GALLICANI *hom.* 12 et 13 (n. 966); de diuersis recensionibus, cfr G. MORIN, *Misc. Agost.*, i, p. 737 sub initio *Exulta caelum*; legitur inter homilias PS. MAXIMI (*hom.* 55 [n. 220]) et inter sermones PS. FVLGENTII (n. 844), *serm.* 30 (31) (CPPM, i, 1224. 4374. 4628. 4629. 4701. 4749a. 4823. 5026);

epist. 25, *de natiuitate Domini*, *serm.* 7 PS. MAXIMI TAVRINENSIS (n. 221) (CPPM, i, 169. 1332. 1440. 1837. 5050. 5825. 6009);

epist. 26, sermo genuinus (n. 599);

epist. 27, *de quadragesima*, et ipse fortasse sermo genuinus (n. 600);

epist. 28 et 29: sermones genuini (n. 601 et n. 603);

epist. 30, *ad Eustochium*, posterioris aetatis, uide J. BAXTER, in JTS, xxiii, 1922, p. 287-290; magna ex parte excerptum est e commentario in psalmos ARNOBII IVNIORIS (n. 242) (*in ps. cxxxviii*);

epist. 31, *de obseruatione uigiliarum*, est NICETAE REMESIANI (n. 648);

epist. 32 et 33: opuscula PELAGIO tributa (n. 742 et n. 743);

epist. 34, *de diuersis generibus leprarum*: GREGORII ILLIBERITANI foetus genuinus (n. 556);

epist. 35, *de duobus filiis*: inter spuria PELAGII recensebitur (n. 766);

epist. 36, *Valerii ad Rufinum, ne ducat uxorem*: est Gualteri MAP O. P. (Anglus, saec. xiii), cfr P. LEHMANN, *Pseudo-antike Literatur des Mittelalters*, Leipzig, 1927, p. 23;

epist. 37, *dialogus sub nomine Hieronymi et Augustini de origine animarum*. Inc. «Cum apud uos caelestis eloquentiae» (BHM, 337)

PL, xxx, 261-271 (270-280).

Auctore ignoto Italiae meridionalis, circa 430-450, cfr H. VON SCHUBERT, *Der sogenannte Praedestinatus*, Leipzig, 1903 (TU, xxiv, 4), p. 136-140;

epist. 38, *de corpore et sanguine Christi*, est *hom.* 16 EVSEBII GALLICANI (n. 966);

epist. 39, *homilia super euangelium Matthaei.* Inc. «Sanctus Euangelista docet nos» (CPPM, i, 4749 c)

PL, xxx, 276-278 (285-287);

epist. 40, *ad Turasium* (PS. CYPRIANVS), uidetur CAELESTII Pelagii discipuli (nn. 64 et 769);

epist. 41, *de ferendis opprobriis*: ipsius PELAGII (n. 744);

epist. 42, *ad Oceanum, de uita clericorum.* Inc. «Deprecatus es, ut tibi breuiter exponerem»

PL, xxx, 288-292 (297-301).

«Un faux évident, quoique relativement ancien» (G. MORIN, in RB, xlvii, 1935, p. 112); cfr H. KOCH, *Cyprianische Untersuchungen*, Bonn, 1926, p. 465-469; uidetur saec. v et Pelagianae originis. Cfr n. 770; **fontes**: H. J. FREDE, p. 536;

epist. 43-47, litterae fictitiae DAMASI PAPAE (JW, 240. 242) et HIERONYMI amoebaeae

PL, xxx, 292-296 (301-306); xiii, 440-442; L. DUCHESNE, *Le Liber Pontificalis*, i, Paris, 1955², p. 49; MGH, *gesta pont. rom.*, i, 1, 1898 — MOMMSEN, p. 1 (*epist.* 44 et 45); D. DE BRUYNE, *Préfaces*, p. 65-66 (*epist.* 46 et 47, 1) et p. 43-44 (*epist.* 47, 2-3); *Flor. Casin.* i, 219 (*epist.* 47) (cfr n. 627).

Spuriae, at certe antiquae, saec. v-vi, cfr G. MERCATI, *Note di letteratura biblica e cristiana antica*, Roma, 1901 (StT, v), p. 113-126; A. FERRUA, *Epigrammata Damasiana*, Roma, 1942, p. 224; P. BLANCHARD, in EL, lxiii, 1949, p. 376-388 (*epist. de psalterio*); cfr etiam nn. 627, 633*a*, 633*b*;

epist. 48-49, litteras fictitias CHROMATII et HELIODORI ad Hieronymum et HIERONYMI ad eosdem, seu praefatiunculas ad *Librum de ortu beatae Mariae et infantia Saluatoris* (CPPM, ii, 515-517. 835. 897), de quo amplius in *Claui Apocryphorum* Mauritii GEERARD, Turnhout, 1992, n. 50, p. 25 sq., edidit É. AMANN, *Le protévangile de Jacques et ses remaniements latins*, Paris, 1910, p. 272-277; cfr *ibid.*, p. 73 sq.; 103 sq.; litteras eorumdem seu praefatiunculas ad *Martyrologium Hieronymianum* (n. 2031) (inc. «Cum religiosissimus Theodosius»; «Constat Dominum nostrum omni die» [CPPM, ii, 518-520. 835. 898]), ediderunt H. QUENTIN & H. DELEHAYE, in AASS, Nou., ii, 2, Bruxellis, 1931, p. 1-2.

PL, xx, 369; xxx 297 (306

PL, xx, 373; xxx 435 (449

Noua ed. paratur a J. GIJSEL;

epist. 50, *de natiuitate sanctae Mariae* (STEGMÜLLER, 160, 1; BHM, 350 bis; CPPM, ii, 517. 899; CANT, 52), est PASCHASII RADBERTI, iuxta C. LAMBOT, *a. c.*; quod negat R. BEYERS, in *Rev. Théol. et Philos.*, cxxii, 1990, p. 171-188; ab eadem erudita **noua** paratur **ed.**.;

epist. 51, *de uirtute psalmorum* (STEGMÜLLER, 435; BHM, 351)

F. UNTERKIRCHER, *Die Glossen des Psalters von Mondsee*, Freiburg, 1974 (*Spicilegium Friburgense*, xx), p. 66-69, collata cum editione D. DE BRUYNE, *Préfaces*, p. 62-63.

Posterioris aetatis, recte iudicauit Erasmus;

epist. 52, *ad Augustinum*, ignoti auctoris. Habet in epistolario Hipponensis numerum cclxx;

epist. 53, *de supposititiis B. Hieronymi epistolis*, auctore GVIGONE CARTVSIAE MAIORIS.

633a **Epistula Ps. Damasi Papae ad Hieronymum de Melchisedech.** Inc. «Petistis a me de pontifice Melchisedech» (BHM, 354; CPPM, ii, 580. 903. 2170) — PLS, ii, 283

J. BIGNAMI-ODIER, *Une lettre apocryphe de S. Damase à S. Jérôme*, in *Mél. d'archéologie et d'histoire*, lxiii, 1951, p. 183-190.

E cod. Vat. lat. 6018 (LOWE, n. 50); saec. vi in Italia confecta ex HIERONYMI *epist.* 73.

633b **Epistula Ps. Damasi Papae ad Hieronymum de hora sacrificii.** Inc. «Dirigimus uestrae» (JW, 246), una cum Hieronymi responso «Pater sanctissime, ueritas in uobis» (BHM, 355; CPPM, ii, 904. 904 a) — PLS, v, 396

A. THEINER, *Disquisitiones criticae in praecipuas Canonum et Decretalium collectiones*, Romae, 1836, p. 301-303.

Cod.: M. ANDRIEU, i, p. 342.

Cfr E. DEKKERS, in SE, vii, 1955, p. 117, adn. 5.

633c **Dicta S. Hieronimi presbiteri de omnes cursus** seu **Pro quale uirtute cantantur omnes cursus.** Inc. «Audiuimus dicente scriptura pro quali uirtute» (BHM, 356; CPPM, ii, 905) — PL, lxxii, 577

E. A. LOWE, *The Bobbio Missal*, London, 1920 (HBS, lvii), p. 180-181.

Cod.: A. WILMART, in RB, xxxiii, 1921, p. 4, adn. 1. Cfr n. 1924.

634 **De septem Spiritus sancti donis et septem uitiis.** Inc. «Eclesya catolica septem gradibus constat» (BHM, 500; CPPM, ii, 934) — PLS, ii, 295

G. ANTOLÍN, *o. c.* [n. 625], p. 33-37.

Post Gregorium Magnum consarcinatum.

[634a **De Christianitate.** Inc. «Quomodo infantes catechumeni efficiantur. Antiquus mos seruatur. Quicumque enim ad apostolos credentes baptizandi adueniebant» (SCHANZ, iv, 1, 498; BHM, 503; CPPM, ii, 925)

    Partim edidit F.-C. CONYBEARE, in *Mél. J. Nicole*, Genève, 1905, p. 85-93, e cod. Florent. Aedil. 214, saec. xii, f° 42-58.

    Instructio baptismalis iuxta ritum Romanum. — «Of respectable antiquity», ita CONYBEARE. Reuera excerptum est e *THEODVLPHO AVRELIANENSI* (PL, cv, 223).]

634b **Indiculum de aduentu Henoch et Elie adque Antichristi.** Inc. «In finem huius mundi complebitur» (BHM, 651)

    A. C. VEGA, in *La Ciudad de Dios*, clxxxii, 1969, p. 218-224.

    Fontes: M. C. DÍAZ Y DÍAZ, in *Überlieferungsgeschichtliche Untersuchungen* (uide n. 546), p. 141-148.

    Saec. viii confectum, cfr M. DULAEY, in *Riv. stor. letter. relig.*, xxi, 1985, p. 258-261; uel potius saec. ix, iuxta M. C. DÍAZ Y DÍAZ.

635 **Homilia, in qua corruptio doctrinae apostolorum uituperatur.** Inc. «De secundo aduentu domini et saluatoris nostri Iesu Christi, fratres karissimi, audistis dicentem apostolum cum lectio legeretur: Rogamus, inquit, nos» (Ps. BEDA [*ed. Liverani*]) (SCHANZ, iv, 1, 499; BHM, 700; CPPM, i, 3985. 5011)   PLS, ii,

    J. SCHLECHT, *Die Apostellehre in der Liturgie der katholischen Kirche,* Freiburg, 1901, p. 119-121.

    Fontes, origo: W. SPEYER, in VC, xxi, 1967, p. 241-246.

635a **De luminaribus Ecclesiae.** Inc. «Vis nunc acriter, mi frater Desideri» (Ps. BEDA) (CPPM, ii, 408. 906)   PL, xciv 552

    PL, xxiii, 723-726 (765-768) = VALLARSI.

    Saec. viii in Hibernia conflatum.

636 **Indiculus de haeresibus.** Inc. «Essaei dicunt Christum docuisse illos omnem abstinentiam» (Ps. ISIDORVS) (SCHANZ, iv, 1, 498; DÍAZ, 134; BHM, 504; CPPM, ii, 924 a)

    PL, lxxxi, 636-644 = ARÉVALO.

    Haec ed. anteponenda uidetur recentiori editioni Francisci OEHLER, *Corpus haereseologum*, i, Leipzig, 1856, cfr G. BARDY, *L'Indiculus de haeresibus du Ps. Isidore*, in RSR, xix, 1929, p. 383-405; G. MORIN, in RB, xxiv, 1907, p. 451, adn. 2.

Cod.: J. Zarco Cuevas, in *Bolet. Acad. Hist. Madrid*, cvi, 1935, p. 399; A. C. Vega, *ibid.*, cxxxvi, 1955, p. 199-216 (cfr RHE, l, 1955, p. 1017).

Tractatus est saec. v ineuntis, cfr G. Bardy, in *Misc. Agost.*, ii, p. 408 sq.; H.-Ch. Puech, *L'Indiculus de haeresibus du Pseudo-Jérôme*, in *Ann. École prat. Sciences hist. et rel.*, 1960/61, p. 112-115 (cfr *Bibliographia Patr.*, vi, 1963, p. 39, n. 553). Vltima uero capitula (col. 644-647) sunt gennadii (n. 959).

637 **De monogramma XPI.** Inc. «Hic est sapientia et intellectus, id   PLS, ii, 287
est sapere» (schanz, iv, 1, 472; stegmüller, 3458; bhm, 508; cppm, ii, 940)

G. Morin, *Anecdota Maredsolana*, iii, 3, Maredsous, 1903, p. 195-198.

Certe post S. Hieronymi tempora confectum, cfr J. Haussleiter, in CSEL, xlix, 1916, p. 124, adn. 4.

In *Anecdotis* subsequens *Fides S. Hieronymi* potius gregorio illiberitano adscribenda uidetur (n. 553).

638 **«Fides S. Hieronymi».** Inc. «Catholicam fidem ita profitemur: PLS, ii, 295
Credimus in unum Deum... non tamen ut sit Pater» (bhm, 512; cppm, ii, 939)

J. A. de Aldama, *El Símbolo Toledano I*, Roma, 1934, p. 148-150.

Anno 381 confecta, neque uero ab Hieronymo.

639 **Homilia ad monachos.** Inc. «Alii festinant ad caelestia et superna desiderant» (schanz, iv, 1, 498; bhm, 550; cppm, i, 5010)

PL, xxx, 311-318 (321-330) = Vallarsi.

E sylloge Floriacensi de uita monastica (Vat. Reg. 140 [saec. ix]), ubi et sententiae novati seruatae sunt (n. 1154), admonitio ps. athanasii (n. 1155) etc.; cfr A. Wilmart, *Codices Reginenses latini*, i, Roma, 1937, p. 337 sq., et J. Leclercq, *Analecta monastica*, i, Rome, 1948, p. 75 sq. — Cento est ex epistulis S. Hieronymi; fontes accuratissime adnotauit P. Antin, in *Mél. bénédictins*, St-Wandrille, 1947, p. 107-113. Fere omnes sententiae haustae sunt e *Florilegio Hieronymiana* in cod. Lyon 600 et Paris, B. N., n. a. l. 466 (lowe, 781), saec. vii/viii, quod descripsit R. Étaix, in SE, xxi, 1972/73, p. 5-34.

639a **Tractatus sancti Augustini de carne superba** (Ps. Avgvstinvs; Ps. Ambrosivs; Ps. Hieronymvs). Inc. «Ad te manum meam extendo» (cppm, ii, 909. 3012. 399; bhm, 360)

R. Étaix, in RB, xcv, 1985, p. 85-89 (inter sermones «Beneuentanos» [n. 1160a, *sermo* 22]).

[640 **Versus Hieronymi ad Augustinum et Augustini ad Hieronymum.** Inc. «Mentitur qui te totum legisse fatetur»; «Te Bethlehem celebrat» (SCHANZ, iv, 1, 499; WALTHER, 10962. 19035; SCHALLER & KÖNSGEN, 9582. 9706; BHM, 800; CPPM, ii, 928)

S. BRANDT, in *Philologus*, lxii, 1903, p. 622-623.

Omittatur; excerptum est e *Versibus S. Isidori* (n. 1212), ed. BEESON, p. 159 sq.]

641 **Versus Damasi et Hieronymi.** Inc. «Nunc Damasi monitis»; PL, xiii, «Psallere qui docuit» (SCHANZ, iv, 1, 499; WALTHER, 14885; SCHALLER 375 & KÖNSGEN, 10728. 12730; BHM, 801; CPPM, ii, 585. 595. 929)

A. FERRUA, *Epigrammata Damasiana*, Roma, 1942, p. 219-229; D. DE BRUYNE, *Préfaces*, p. 66.

Originem Damasianam prioris carminis, saltem inde a uers. 6 (inc. «Prophetam Christi») defendat A. VACCARI, in *Biblica*, xxiv, 1943, p. 192-193.

642 **Versus Hieronymi de mobilitate mentis humanae.** Inc. «Nescit mens nostra fixum seruare tenorem» (WALTHER, 11749; SCHALLER & KÖNSGEN, 10177; BHM, 802; CPPM, ii, 3356) PLS, ii,

Florilegium Casinense, i, 1873, p. 214; D. DE BRUYNE, *Préfaces*, p. 105.

Cetera opuscula quae inter *spuria* Hieronymi inueniri solent et aeuo Carolino antiquiora sunt, reperies in *Indice* i; insuper quae recentiora sunt locupletissime recensentur in BHM, t. III B, uel in CPPM, i et ii.

ASTERIVS EPISCOPVS ANSEDVNENSIS

Hieronymi Stridonensis propinquus; scripsit saec. iv-v, cfr G. MORIN, in RB, lvi, 1945/46, p. 3-8.

642a **Liber seu epistula ad Renatum monachum de fugiendo monialium colloquio et uisitatione.** Inc. «Licet fixo in transitu dente mordicus laceres» PLS, ii,

CC, lxxxv, 1972, p. 1-25 — GENNARO.

Critica, emend.: S. GENNARO, in *Orpheus*, xx, 1973, p. 145-147; I. CAZZANIGA, in *Riv. di Filologia*, cii, 1974, p. 432-439; S. RIZZO, *ibid.*, p. 439-441; I. GULIANDRI, in *Scripta Philol.*, i, 1977, p. 151-158; B. LÖFSTEDT, in *Arctos. Acta phil. Fennica*, xvi, 1982, p. 66-69.

Text. bibl.: S. GIVERSEN, *Liber Asterii and the New Testament*, in *Studia Theologica*, xix, 1965, p. 47-54.

PHILIPPVS PRESBYTER

S. Hieronymi discipulus, obiit 455-456.

643 **Commentarii in librum Iob.** Inc. «Iob qui dolens uel magnus» (*SCHANZ*, iv, 1, 497 [minus recte]; *STEGMÜLLER*, 1664. 3420. 6970. 6971, 1; *CPPM*, ii, 2070. 2350. 2355. 2885)

J. SICHART, Basel, 1527, collata cum altera recensione, quam edidit ERASMVS inter opera HIERONYMI (PL, xxvi, 619-802 [655-850]), necnon cum excerptis in *Commentario interlineari*, perperam PELAGIO adscripto (cfr n. 757), additis capitulis (inc. «Iob Christi gessisse personam»), epistula ad Nectarium episcopum (inc. «Adhortante immo potius conpellente te»), initio libri primi (inc. «Sanctus Iob, uir summae pacientiae et uirtutis») ac conclusione iuxta A. WILMART, *Analecta Reginensia*, Roma, 1933 (StT, lix), p. 316-322.   PLS, iii, 327

Prolegomena ad editionem criticam iam praebet dissertatio Irenaei FRANSEN, *Le commentaire au Livre de Job du prêtre Philippe*, Maredsous, 1949 (autographice editum). Codicum elencho addatur Paris, Arsenal 315, saec. xi; Cesena, plut. vii, 1, saec. xiii.

Text. bibl. legatur in t. ix *Bibliae Sacrae iuxta latinam uulgatam uersionem*, Romae, 1951.

«Philippi presbiteri expositio libri Iob», ab A. AMELLI euulgata in *Spicilegio Casinensi*, reuera est *IVLIANI AECLANENSIS* (n. 777).

Quod adtinet ad uarios commentarios in librum Iob et cuidam Philippo tributos, cfr D. FRANSES, *Het Job-commentaar van Philippus presbyter*, in *De Katholiek*, clvii, 1920, p. 378-386 (cfr n. 757°).

LAVRENTIVS [MELLIFLVVS] EPISCOPVS NOVARVM

floruit saec. v ineunte.

Cfr G. MORIN, *L'évêque Laurent de «Novae» et ses opuscules théologiques*, in *Rev. des Sciences phil. et théol.*, xxvi, 1937, p. 307-317; M. PEROTTI, *Sanctus Laurentius «Mellifluus», terzo vescovo di Novara*, in *Novarien.*, i, 1967, p. 21-74.

644 **Homilia de paenitentia.** Inc. «Duo sunt tempora» (*SCHANZ*, iv, 2, 596)

PL, lxvi, 89-105 = MBP.

Cod.: G. MORIN, *a. c.* [ante n. 644]; E. DEKKERS, in SE, xxvi, 1983, p. 87; addatur Paris, B. N., lat. 18.104, saec. ix (Notre Dame), f° 87-94:

«Laurentius de duobus temporibus» (cfr D. DE BRUYNE, *Le plus ancien catalogue des manuscrits de Notre Dame de Paris*, in RB, xxix, 1912, p. 484, n° 26).

Cod., emend.: J. GRIBOMONT, in *Novarien.*, xviii, 1988, p. 151-180.

645 **Homilia de eleemosyna.** Inc. «Fratres charissimi, omnis scriptura diuinitus» (SCHANZ, iv, 2, 596)

ibid., 105-116.

Subsequens *Liber de muliere chananaea* (*ibid.*, 116-124) fortasse est IOANNIS CHRYSOSTOMI (CPG, 4529 b); genuinitati recte fauet D. BUNDY, in *Le Muséon*, xcvi, 1983, p. 97-104. Opusculum latine interpretatus est Laurentius noster, ut nonnulli opinati sunt; ANIANVM CELEDENSEM interpretem uindicauit S. HAIDACHER, in ZkTh, xxx, 1906, p. 183, perperam uero, cfr A. WILMART, in JTS, xix, 1918/19, p. 318 sq., adn. 4; ID., in RB, xxxviii, 1926, p. 157, adn. 2. Aliae recensiones eiusdem homiliae sub nomine AVGVSTINI et in codicibus et in editis leguntur, cfr n. 372.

Cod.: W. WENK, *Zur Sammlung der 38 Homilien des Chrysostomus Latinus*, Wien, 1988, p. 18-21.

NICETAS EPISCOPVS REMESIANENSIS

obiit post 414. — Cfr J. G. COMAN, *Operele literare ale Sf. Niceta de Remesiana*, in *Studii teologice* (Bukarest), ix, 1957, p. 200-232 (non inspeximus).

646 **De diuersis appellationibus [Iesu Christo conuenientibus].** PL, lii, Inc. «Multa nomina multaeque appellationes» (SCHANZ, iv, 1, 407; STEGMÜLLER, 5663; CPPM, ii, 1270)

A. E. BURN, *Nicetas of Remesiana*, Cambridge, 1905, p. 1-5.

Critica in recensionem Burnianam: C. WEYMAN, in ALL, xiv, 1906, p. 479-507; ID., in *Theol. Rev.*, v, 1906, col. 9-13.

Emend.: W. SHEWRING, in JTS, xxxi, 1930, p. 52 sq.

647 **Competentibus ad baptismum instructionis libelli vi** PL, lii, (SCHANZ, iv, 1, 407; STEGMÜLLER, 5659; CPPM, i, 6175; ii, 2810)

A. E. BURN, *o. c.* [n. 646], p. 6-54.

Extant tantum fragmenta ac integer libellus v, *de symbolo*; opuscula *de ratione fidei* et *de Spiritus sancti potentia* ab A. E. BURN eduntur ut libellus iii. Alia nonnulla fragmenta inter sermones reperiri posse inter opuscula et homilias Ambrosio, Hieronymo, Augustino adscriptas sibi uisus est Kl. GAMBER, easque partim edidit (*Textus patristici et Litur-*

gici, 1. 2. 5, Regensburg, 1964-1966; cfr eiusdem *Die erhaltenen Stücke der 'Instructio ad Competentes'*, in *Die Autorschaft von 'De Sacramentis'*, Regensburg, 1967, p. 139-144); at cfr nn. 154, 172. Longe prudentius tractat de hac re J.-P. BOUHOT, in *De Tertullien aux Mozarabes. Mél. J. Fontaine*, i, Paris, 1992, p. 281-290.

Libellus iii, 8-22: exscripsit EVGENIVS CARTHAGINENSIS (n. 799), cap. ii, 84-100.

Fragm. in **cod.** Vindobonensi 515, saec. ix (*LOWE*, n. 1482), phototypice edidit et transcripsit Fr. UNTERKIRCHER, *Das Wiener Fragment der Lorscher Annalen eqs.*, Graz, 1967; **emend.**: A. DEROLEZ, in *Scriptorium*, xxvi, 1972, p. 244.

648 **De uigiliis** (Ps. HIERONYMVS, **epist.** 31). Inc. «Dignum est fratres aptumque [*aliter*: Bona et digna (sancta) res]» (*SCHANZ*, iv, 1, 411; *STEGMÜLLER*, 5662; *CPPM*, ii, 2812. 2815)

PL, xxx, 232 (240); lxviii, 365

C. TURNER, in JTS, xxii, 1921, p. 306-320.

Cod.: G. MERCATI, OM, iii, p. 194 sq.; J.-O. TJÄDER, in *Scriptorium*, xii, 1958, p. 6 et 39 (*LOWE*, n. 1349) (Pommersfelden, Pap. 14, saec. v [fragm.]); B. LAMBERT, *BHM*, iii a, p. 126-128, n. 331.

649 **De psalmodiae bono** siue **De utilitate hymnorum.** Inc. «Qui promissum reddit, debitum soluit [*aliter*: De psalmodiae bono dicamus quae nobis]» (*SCHANZ*, iv, 1, 410; *STEGMÜLLER*, 5660-5661; *CPPM*, ii, 1904 a. 2413. 2811. 2816)

PL, lxviii, 371

C. TURNER, in JTS, xxiv, 1923, p. 225-252.

Cod.: G. MERCATI, *o. c.* [n. 648], p. 194; addatur Graz 86, saec. xii (recensio interpolata).

DVBIA

650 **Te Deum** (*SCHANZ*, iv, 1, 233. 410)

PL, lxxxvi, 944

M. FROST, in JTS, xxxiv, 1933, p. 250-257; xxxix, 1938, p. 388-391; xliii, 1942, p. 59-68; 192-194.

Emend.: J. BRINKTRINE, in EL, lxiv, 1950, p. 349-351.

De **auctore** adhuc nihil certe constat; cfr E. KÄHLER, *Studien zum Te Deum*, Göttingen, 1958. A. DE ALMEIDA MATOS, in *Hispania Sacra*, xx, 1967, p. 3-31, HILARIVM PICTAVIENSEM auctorem multis argumentis probare conatus est; haud feliciorem manum habuit E. WERNER in exponendo originem hymni (*Das Te Deum und seine Hintergründe*, in *Jahrb. f. Liturgik und Hymnologie*, xxv, 1981, p. 69-82).

651 **De lapsu uirginis consecratae.** Inc. «Quid taces, anima» (Ps. PL, xvi, Ambrosivs; Ps. Hieronymvs, *epist.* 20) (*SCHANZ*, iv, 1, 345 et 409; 367 (383) *CPPM*, ii, 3580. 3695)

E. Cazzaniga, *Incerti auctoris «de lapsu Suzannae»*, Torino, 1948. (*a*)

Cod., uar. lect., emend.: E. Cazzaniga, *La tradizione manoscritta del «de lapsu Suzannae»*, Torino, 1950 (codicum elencho addatur codex Leipzig 223 [R. Helssig, *Katalog der Handschriften der Universitätsbibliothek*, iv, 1, 2, Leipzig, 1926-1935, p. 315]); E. Franceschini, in *Aeuum*, xxvi, 1952, p. 467-472; xxvii, 1953, p. 279; E. Cazzaniga, in *Acme. Annali... dell'Univ. di Milano*, vi, 1953, p. 155-171; Id., *Due codici ispanici del De lapsu Suzannae*, in *Annali Scuola Norm. Sup. di Pisa*, xxi, 1952, p. 245-252; Id., *Il Monacense 3787 (sec. x) del De lapsu Suzannae*, in *Accad. Virgiliana di Mantova, Atti e Memorie*, n. s., xxviii, 1953, p. 3-7; G. Giangrande, *Note su un codice del De lapsu Suzannae (Vindob. 375, sec. xii)*, in *Annali Scuola Norm. Sup. di Pisa*, xxi, 1952, p. 265-271); B. Lambert, *BHM*, iii a, p. 99-106, n. 320; É. Pellegrin, in *Bull. IRHT*, x, 1961, p. 12.

De **auctore** nuper scripsit E. Cazzaniga: «forse meno scettico per quanto concerne lo stile, verso i difensori della paternità ambrosiana, e sempre più esitante verso i propugnatori di Niceta» (*Note Ambrosiane*, Milano, 1948, p. 5). Attamen non est Ambrosii. Recensionem breuiorem tantum Nicetae tribuendam iudicat Kl. Gamber, *o. c.* [n. 647], p. 18-22.

652 **Epistula ad uirginem lapsam.** Inc. «... meriti agitur et ino- PLS, iii, boedientiae poena» (*SCHANZ*, iv, 1, 408; *CPPM*, ii, 3696) 199

A. E. Burn, *o. c.* [n. 646], p. 131-136.

Hanc epistulam Nicetae adscribit editor princeps, G. Morin, qui tamen postea sententiam mutauit, uide *Études*, p. 16.

De ratione Paschae

uide sub n. 2302.

DIONISIVS EXIGVVS

natione Scytha; floruit Romae annis 500-545. — Cfr M. Mähler, apud H. van Cranenburgh, *La vie latine de saint Pachôme*, Bruxelles, 1969, p. 28-48.

(*a*) Editionem iterauit Kl. Gamber, Regensburg, 1969, pauca emendans; indicem uerborum addidit S. Rehle (p. 38-139).

Praeter uersiones numerosiores e graeco idiomate earumque praefationes interdum magni momenti (uide elenchum apud E. SCHWARTZ, ACO, iv, 2, 1914, p. xvii sq.; et infra, nn. 652a-653e) collectionesque canonum (uide nn. 1568°, 1764°), quaedam scripsit lingua latina:

Libelli de computo

uide sub n. 2284.

652a **Praefatio ad Eugippium presbyterum in uersionem libri Gregorii Nysseni de conditione hominis.** Inc. «Sancto uenerationis tuae studio» (*CPG*, 3154a) — PL, lxvii, 345

CC, lxxxv, 1972, p. 33-34 — GLORIE.

Cod.: uide H. BROWN WICHER, in *Catalogus Translationum et Commentariorum*, v, 1984, p. 123-124.

Cfr n. 1155b.

652b **Praefatio ad Stephanum episcopum in Canonum Graecorum translationem primam.** Inc. «Quamuis carissimus frater noster Laurentius» (duae recensiones) — PL, lxvii, 139

ibid., p. 39-42.

652c **Praefatio ad Iulianum presbyterum in Collectionem Decretorum Romanorum Pontificum.** Inc. «Sanctitatis tuae sedulis excitatus officiis» — PL, lxvii, 231

ibid., p. 45-47.

653 **Epistula ad Hormisdam papam** seu **Praefatio in Canonum Graecorum translationem alteram.** Inc. «Sanctorum pontificum regulas» (**epist.** 148 inter litteras HORMISDAE [n. 1683]) — PLS, iv, 19

ibid., p. 51.

653a **Epistula ad Ioannem [Maxentium] et Leontium** seu **Praefatio in Cyrilli Alexandrini epist. II.** Inc. «Nouum forsitan uideatur ignaris» — PLS, iv, 20

ibid., p. 55-56.

653b **Praefatio ad Petrum episcopum in Epistulam encyclicam Cyrilli Alexandrini.** Inc. «Beneficiorum tuorum memor» — PL, lxvii, 9

ibid., p. 59-60.

653c **Praefatio ad Felicianum et Pastorem in Procli Constantino-** PL, lxvii,
politani Tomum ad Armenos. Inc. «Venerationis uestrae ius- 407
sione commonitus» (CPG, 5897)
ibid., p. 63-66.

653d **Praefatio ad Gaudentium abbatem in Marcelli Archimandri-** PL, lxvii,
tae relationem de inuentione capitis Ioannis Baptistae. Inc. 417
«Carissimorum fratrum quos per gratiam Christi»
ibid., p. 69-71.

653e **Praefatio ad Pastorem abbatem in Vitam sanctae Thaisis.** PLS, iv,
Inc. «Sanctae Thaisiae quondam meretricis» (BHL, 8014)
ibid., p. 75.

Non est genuinum opus Dionysii, sed excerptum, saec. vii/ix confectum, e translatione latina PASCHASII DVMIENSIS *Apophtegmatum Patrum*, cfr J. G. FREIRE, *A versão latina por Pascásio de Dume dos Apophtegmata Patrum*, i, Coimbra, 1971, p. 18-24.

Cod.: J. G. FREIRE, *o. c.*, p. 19.

653f **Praefatio in uitam S. Pachomii.** Inc. «Pio uenerationis uestrae PL, lxxi
proposito» (BHL, 6410) 227
ibid., p. 79-81.

ANONYMVS MONACHVS SCYTHENSIS

654 **Exempla sanctorum Patrum quod unum quemlibet ‹licet›**
ex beata Trinitate dicere. Inc. «Cum ratio postulauerit»
CC, lxxxv, 1972, p. 85-129 — GLORIE.

Extat in *Coll. Nouariensi* (n. 1771). De auctore nihil constat. Cfr B. ALTANER, *Kleine Schriften*, p. 401, n. 4.

TRIFOLIVS PRESBYTER

scripsit anno 520.

655 **Epistula ad beatum Faustum senatorem contra Ioannem** PL, lxii
Scytham monachum [Maxentium]. Inc. «Mandare mihi digna- 534
tus es»
CC, lxxxv, 1972, p. 137-141 — GLORIE.

IOANNES MAXENTIVS

monachus scythicus; floruit saec. vi ineunte.

656 **Libellus fidei.** Inc. «Quoniam nonnulli uidentes nos contra eos» (*CPPM*, ii, 1060)   PG, lxxxvi, 75

CC, lxxxv A, 1978, p. 5-25 — GLORIE (*a*).

657 **Capitula contra Nestorianos et Pelagianos.** Inc. «Si quis non confitetur in D. N. I. C. duas naturas»   PG, lxxxvi, 87

ibid., p. 29-30.

658 **Professio breuissima catholicae fidei.** Inc. «Est deus pater, ‹deus› filius»   PG, lxxxvi, 89

ibid., p. 33-36.

659 **Breuissima adunationis ratio Verbi Dei ad propriam carnem.** Inc. «Filius dei uerbum patris»   PG, lxxxvi, 89

ibid., p. 39-40.

660 **Responsio contra Acephalos.** Inc. «Exposita breuiter catholicae fidei professione»   PG, lxxxvi, 111

ibid., p. 43-47.

661 **Dialogus contra Nestorianos.** Inc. «Si in hoc saeculo posset finis esse»   PG, lxxxvi, 115

ibid., p. 51-110 (*b*).

662 **Responsio aduersus epistulam Hormisdae, praemissa epistula 124 Hormisdae papae.** Inc. «Sicut rationi congruit ut consulant»; «Quamuis semper inuicta maneat ueritas»   PG, lxxxvi, 93; PL, xlv, 1778 (exc.)

ibid., p. 113-121; 123-153 (*c*).

(*a*) Praeter codicem Oxoniensem, olim S. Kyliani Wirceburgensis in editione laudata adhibitum, dabatur codex hodie deperditus qui sic describitur in «Recognitione omnium uoluminum Monasterii S. Pontii de Thomeriis facta a° 1276», n. 25: «Libellus fidei a Maxencii Iohannis dialogo editus et a papa Ormisda susceptus. Continentur etiam ibidem duo libri eiusdem Maxencii Iohannis contra Nestorianos. Continentur adhuc ibidem quedam epistula cum eiusdem responsione quam papa Ormisda ad Possesorem, episcopum Afrum misit» (L. DELISLE, *Le Cabinet des Manuscrits*, ii, Paris, 1874, p. 538).

(*b*) Cfr adn. *a* ad n. 656.
(*c*) Cfr adn. *a* ad n. 656.

SPVRIA

663 **Epistula seu liber Petri diaconi et aliorum qui in causa fidei a Graecis ex Oriente Romam missi fuerunt, de incarnatione et gratia D. N. I. C. ad Fulgentium et alios episcopos Africae.** Inc. «Vtile et pernecessarium sanctisque Dei ecclesiis» (inter epist. S. FVLGENTII, n. 16) (*CPPM*, ii, 181)

PL, xlv, 1772; lxii, 83; lxv, 4

ibid., p. 157-172.

Inter epistulas S. Fulgentii (n. 817) etiam recensita sunt haec documenta; attamen in editione Francisci Glorie fontes locupletius adnotatae sunt.

Ioannem Maxentium hanc epistulam conscripsisse minime constat, cfr B. ALTANER, in *Theol. Quartalschr.*, cxxvii, 1947, p. 151 sqq.; A. GRILLMEIER, in *Das Konzil von Chalkedon*, ii, Würzburg, 1953, p. 799 sq., adn. 13.

663a **Rescriptum episcoporum ad Scythos monachos.** Inc. «Beatus frater noster Ioannes diaconus a uestra societate» (inter epist. S. FVLGENTII, n. 17)

PL, lv, 4
CC, xci
563

ibid., p. 173-177.

664 **Capitula S. Augustini in urbem Romam transmissa.** Inc. «Si quis rectum in omnibus» (MAASSEN, 355, n. 6; *CPPM*, ii, 197. 1061)

ibid., p. 251-273.

In Gallia confecta uidentur, et quidem a PROSPERO AQVITANO, iuxta nouissimum editorem.

ANONYMVS MONACHVS SCYTHENSIS

664a **Disputatio xii capitulorum Cyrilli Alexandrini et sic dictorum Nestorii antianathematismorum.** Inc. «Nunc episcopi Cyrilli priora posuimus» (*CPG*, 8619, 5; *CPPM*, ii, 1445)

CC, lxxxv A, 1978, p. 195-213 — GLORIE.

664b **Refutatio quorundam Nestorii dictorum.** Inc. «Cum autem illud eius in superiore sermone»

PL, xlvi
924

ibid., p. 214-224.

664c **Epilogus collectoris «Collectionis Palatinae».** Inc. «Haec interim cursim, ne modum libri supergredi uide‹a›mur»

PL, xlvi
1087

ibid., p. 231-234.

IOANNES «TOMITANAE CIVITATIS [aliter: TOMORVM VRBIS] EPISCOPVS PROVINCIAE SCYTHICAE»

De eo uide quod scripsit B. ALTANER, *Kleine Schriften*, p. 385, n. 4.

665 **De duabus haeresibus Nestorianorum et Eutychianistarum.** PLS, ii,
Inc. «Nestoriani [sunt] a Nestorio» 1585

CC, lxxxv A, 1978, p. 234-239 — GLORIE.

STEPHANVS EPISCOPVS LARISSENANVS

anno 531.

666 **Libelli iii ad Bonifatium ii Papam** PL, lxv, 34

in capite *Collectionis Thessalonicensis* (n. 1623), p. 2-16.

Libellum tertium et HELPIDIVS EPISC. THEBANAE ECCLESIAE et TIMOTHEVS EPISC. DIOCAESAREAE subscripserunt.

ANONYMVS

667 **Libellus fidei** seu **Quales libellos dederunt episcopi graeci** PL, lvi,
pra‹e› **excessu Acacii.** Inc. «Ego ille hac scriptura» (e *Col-* 690; PLS,
lect. Nouariensi uel *Quesnelliana*) (nn. 1770 et 1771) iii, 832

CC, lxxxv, 1972, p. 151-154 — GLORIE.

Vide praefatiunculam Eduardi Schwartz, p. xix sq.; saec. v uidetur.

PS. ORIGENES

episcopus catholicus eiusdem fere temporis et regionis ac PS. CHRYSOSTOMVS, qui composuit *Opus imperfectum in Matthaeum*, de quo sub n. 707; cfr. G. MORIN, *Les homélies latines sur S. Matthieu attribuées à Origène*, in RB, liv, 1942, p. 3-11; uide etiam E. KLOSTERMANN, *Origenes' Werke*, xii, 2 (GCS, xli, 2), Berlin, 1955², p. 3 sq.

Homiliae viii in Matthaeum:

668 **Hom. i, in Matth.** i, 18-25. Inc. «*Cum desponsata esset*... Quae PL, xcv,
fuit necessitas, ut desponsata esset» 1162

E. BENZ & E. KLOSTERMANN, *Origenes' Werke*, xii (GCS, xli, 1), Berlin, 1941, p. 239-245.

669 **Hom. ii, in Matth.** ii, 13-18. Inc. «*Angelus Domini apparuit*... Qualis angelus? Ille ipse qui et ad Mariam»   PLS, iv, 8

BADIVS ASCENSIVS, *Opera Origenis*, t. iii, Paris, 1522 (*a*).

670 **Hom. iii, in Matth.** v, 43 sq. Inc. «*Audistis quia dictum est*... Sicut illa alia praecepta data eis fuerant in lege»   PLS, iv, 8

Flor. Casin., ii, p. 131-135.

671 **Hom. iv, in Matth.** vi, 15-19. Inc. «*Cum ieiunatis, nolite fieri*... Superhabundanter et digne»   PLS, iv, 866

Flor. Casin., ii, p. 128-131 et p. 148.

672 **Hom. v, in Matth.** vii, 15-21. Inc. «*Adtendite a falsis prophetis*... Quod paulo superius spatiosam»   PLS, iv, 872

E. BENZ & E. KLOSTERMANN, *o. c.*, p. 262-269.

673 **Hom. vi, in Matth.** viii, 1-13. Inc. «*Cum descendisset Iesus*... Docente de monte Domino»   PLS, iv, 878

E. BENZ & E. KLOSTERMANN, *o. c.* [n. 668], p. 246-256.

674 **Hom. vii, in Matth.** viii, 23-27. Inc. «*Ascendente Iesu*... Ingrediente Domino in nauiculam» (CPPM, i, 4037)   PL, xciv 411; xcv, 1196

E. BENZ & E. KLOSTERMANN, *o. c.* [n. 668], p. 256-262.

675 **Hom. viii, in Matth.** xii, 38. Inc. «*Accesserunt ad Iesum*... O impietas, o duritia»   PLS, iv, 887

Flor. Casin., ii, p. 149-155.

675*a* **Hom. in Melchisedech.** Inc. «Religiosa deuotio seruorum Dei proposuit» (*b*)   PLS, iv, 898

W. A. BAEHRENS, *Die lateinisch erhaltenen Origeneshomilien zum A. T.* (TU, xlii, 1), Leipzig, 1916, p. 243-252.

(*a*) An sit eiusdem auctoris, pro certo adfirmare non audet G. MORIN, *a. c.*, p. 4.

(*b*) Iuxta editorem homilia est cuiusdam Graeci praedicatoris qui latine locutus est; coaetaneus sancti Hieronymi uidetur.

EVGIPPIVS ABBAS

natione Noricus uel Africanus; floruit circa 509.

676 **Excerpta ex operibus S. Augustini** (SCHANZ, iv, 2, 587; STEG- PL, lxii, 561 MÜLLER, 2266; CPPM, ii, 693)

CSEL, ix, 1, 1885 — KNÖLL.

Opus tanti momenti ad textum Augustini emendandum, proh dolor pessime edidit P. KNÖLL; cfr e. g. D. DE BRUYNE, in *Misc. Agost.*, ii, Roma, 1931, p. 337 sq.; A. WILMART, *ibid.*, p. 271, adn. 2.

Cod., trad. text.: M. M. GORMAN, in RB, xcii, 1982, p. 7-32; 229-265; O. L. JACOBSEN, *Fragment d'un ms. du ixe siècle des «Excerpta»... par Eugippius*, in *Le Livre et l'Estampe*, xxxi, 1985, p. 115-125.

Fontes: Fr. DOLBEAU, *Localisation de deux fragments homilétiques reproduits par Eugippe*, in RÉAug, xli, 1995, p. 16-36.

Circa capitula ad AVGVSTINI *de Genesi ad litteram*, quae confecit Eugippius, uide sub n. 267; capitula librorum *De Ciuitate Dei*, uide sub n. 313.

De usu Excerptorum Eugippii in *Collectione in Apostolum* auctore BEDAE, uide I. FRANSEN, in RB, xcvii, 1987, p. 187-194.

677 **Epistula ad Probam** (SCHANZ, iv, 2, 588) PL, lxii,
ibid., 1, 1885, p. 1-4. 559

Cod. etc., ut supra, n. 676.

Regula

uide sub n. 1858a.

678 **Commemoratorium de uita S. Seuerini cum epistulis amoe-** PL, lxii, 39, **baeis Eugippii et Paschasii diaconi** (SCHANZ, iv, 2, 587; BHL, 1167; CSEL, 7655-7657) ix, 2, 1;
MGH,
R. NOLL, *Eugippius. Das Leben des heiligen Severin*, Berlin, *auct. ant.*, 1963; Ph. RÉGERAT, Paris, 1991 (= SC, ccclxxiv). i, 2, 1

Cod.: J. RIEDMANN, in *Mitteil. Instit. Österreich. Geschichtsforschung*, lxxxiv, 1976, p. 271 sq.; H. KALB, in *Codices Manuscripti*, iv, 1978, p. 82-88.

Emend.: L. BIELER, in *Scriptorium*, xix, 1965, p. 135-137.

Latinitas: Chr. MIEROW, in *Classical Philol.*, viii, 1913, p. 436-444; x, 1915, p. 166-187; xxi, 1926, p. 327-332.

Cfr R. NOLL, *Literatur zur Vita Sancti Seuerini aus den Jahren 1975-1980*, in *Anzeiger Österr. Akad. Wissensch. zu Wien*, cxviii, 1981, p. 196-221.

APPENDIX

679 **Hymnus in laudem S. Seuerini.** Inc. «Canticum laudis Domino canentes» (CHEVALIER, 2611 & Add.; SCHALLER & KÖNSGEN, 1911) MGH, scr. rer. germ., xxi, 1898, p. viii-ix, adn. 1.

PL, cli, 8; CSEL, ix, 2, 71; MGH auct. ant i, 2, xix; scr. rer. germ., xxvi, 1

Videtur iam ad Carolinam pertinere aetatem.

6. SCRIPTORES HAERETICI ET SCHISMATICI

SCRIPTORES ARIANI LATINI (a)

a. CANDIDVS (b)

Marii Victorini aequalis, uel potius nomen ficticii interlocutoris in dialogo MARII VICTORINI.

680 **De generatione diuina.** Inc. «Omnis generatio» (SCHANZ, iv, 1, 157. 312; CPPM, ii, 495)

PL, viii, 1013

P. HENRY [& P. HADOT], *Marius Victorinus. Traités théologiques sur la Trinité*, i, Paris, 1960 (SC, lxviii), p. 106-124.

Responsio MARII VICTORINI sub n. 95 recensa est.

681 **Epistula ad Marium Victorinum.** Inc. «Multa licet colligas» (SCHANZ, iv, 1, 157. 312; CPPM, ii, 495)

PL, viii, 1035

P. HENRY [& P. HADOT, o. c. [n. 680], p. 176-182.

ARII epistulam «Patre meo Ammonio», quae apud Candidum extat, una cum textu graeco et altera interpretatione latina e cod. Köln 54, edidit H. OPITZ, *Athanasius' Werke*, iii, 1, i, Berlin, 1934, p. 1-3 (CPG, 2025a). De **traditione text.** uide P. NAUTIN, *Deux interpolations orthodoxes dans une lettre d'Arius*, in AB, lxvii, 1949, p. 131-141. Epistulam uero EVSEBII NICOMEDIENSIS, e qua aliquod excerptum trahitur a Candido (inc. «Quoniam enim neque duo ingenita»), una cum textu graeco, edidit etiam H. OPITZ, o. c., p. 15-17 (CPG, 2045a).

(a) Hic tantum recensentur opera integra uel fragmenta disiecta; praeterea nonnulla fragmenta seruata sunt in operibus orthodoxorum Patrum Arii impietatem impugnantium; suis locis recensebuntur.

(b) Ne numeri mutentur in hac tertia editione CPL, hic denuo recensemus separatim opuscula «Candidi» et ea Marii Victorini contra Arianos, quae saepius simul collecta apparent in codicibus et editionibus, cfr P. HADOT, *Marius Victorinus*, Paris, 1971, p. 254 sq. (cfr n. 95 sq.).

b. VRSACIVS EPISCOPVS SINGIDVNENSIS & VALENS EPISCOPVS MVRSENSIS

floruerunt circa 359-371 in Illyria.

682 **Epistula ad Iulium papam.** Inc. «Quoniam constat» CSEL, lxv, 1916 — FEDER, p. 143-144.

PL, viii, 912; x, 647

683 **Epistula ad Athanasium.** Inc. «Dedit se occasio» *ibid.*, p. 145.

PL, x, 649; xiii, 563; PG, xxv, 355

684 **Epistula ad Germinium.** Inc. «Cum de spe et salute» *ibid.*, p. 159-160.

PL, x, 718; xiii, 571

Eorum *formula fidei* seruatur apud SOCRATEM, *Historia ecclesiastica*, ii, 37 — ed. R. HUSSEY, i, Oxford, 1893³, p. 304-308 (PG, lxvii, 305-308); uersio latina in *Hist. eccl. tripartita*, v, 20 – CSEL, lxxi, 1952 — JACOB & HANSLIK, p. 244-246 (PL, lxix, 1000-1001) (inc. «Credimus in unum uerum Deum, patrem omnipotentem»).

Fortasse eorundem auctorum celeberrimae sunt epistulae «Studens paci», «Pro deifico», «Quia scio», «Non doceo», item ab HILARIO PICTA-VIENSI in eius *Opere historico* traditae sub nomine LIBERII PAPAE (n. 1630); cfr F. SAVIO, *Nuove studi sulla questione di papa Liberio*, Roma, 1909, p. 89; F. DI CAPUA, *Il ritmo prosaico e le epistole attribuite a papa Liberio*, Castellamare, 1927; P. GLORIEUX, in *Mél. de sc. relig.*, i, 1944, p. 29.

c. GERMINIVS EPISCOPVS SIRMIENSIS

floruit circa 366 in Illyria.

685 **Epistula ad Rufianum, Palladium et ceteros.** Inc. «Vitalis uiri clarissimi militantis» (SCHANZ, iv, 1, 310)
CSEL, lxv, 1916 — FEDER, p. 160-164.

PL, x, 719; xiii, 573

686 **Symbolum.** Inc. «Ego Germinius episcopus credo et confiteor» (SCHANZ, iv, 1, 310)
ibid., p. 47-48.

PL, x, 717

APPENDIX

687 **Altercatio Heracliani laici cum Germinio episcopo Sirmiensi de fide synodi Nicaenae et Ariminensis Arianorum.**
Inc. «Eduxerunt Heraclianum et Firmianum» (SCHANZ, iv, 1, 309)

PLS, i, 345

C. CASPARI, *Kirchenhistorische Anecdota*, i, Christiania, 1883, p. 133-147.

Cod., emend.: M. SIMONETTI, in VC, xxi, 1967, p. 39.

Emend.: A. HARNACK, in *Sb. Berlin*, xxix, 1896, p. 565.

Ab auctore catholico illyrico circa 366 confecta. — Cfr etiam H. CHADWICK, in RHE, lxi, 1966, p. 808-811.

688 **d. PALLADIVS EPISCOPVS RATIARENSIS**

scripsit circa 379 opusculum aduersus S. Ambrosii libros i et ii *de fide* (*CPPM*, ii, 1695). Fragmenta extant apud MAXIMINVM, ubi et eiusdem oratio apologetica contra concilium Aquileiense, cfr infra, n. 692°.

689a **e. VLFILAS EPISCOPVS GOTHORVM**

obiit Constantinopoli anno 383.

Celeberrimi huius interpretis S. Scripturae in lingua gothica (edidit W. STREITBERG, Heidelberg, 1919/1928, ed. 2ª) «plures tractatus et interpretationes in tribus linguis» legerunt aequales, teste Auxentio; nobis autem tantum superest breuis professio fidei (inc. «Ego Vlfila episcopus»). Vide sub n. 692.

f. ANONYMVS

690 **Praefatio ad uersionem gothicam S. Scripturae.** Inc. «Sanctus Petrus Apostolus» (cod. f Brixianus)   PL, xii,

W. STREITBERG, *Die gotische Bibel*, i, 1919², p. xlii-xliii.

Cfr W. HENSS, *Leitbilder der Bibelübersetzung im 5. Jahrh.*, Heidelberg, 1973.

Saec. v, potius in Italia septentrionali quam in Illyria conscripta uidetur, cfr M.-J. LAGRANGE, *Introduction à l'étude du Nouveau Testament*, ii, 2, Paris, 1935, p. 329; G. FRIEDRICHSEN, *The Gothic Version of the Gospels*, Oxford, 1926, p. 199-211.

g. AVXENTIVS EPISCOPVS DVROSTORENSIS

Vlfilae discipulus.

691 **Epistula de fide, uita et obitu Vlfilae** (*SCHANZ*, iv, 1, 314)   PLS, i,

Haec epistula nobis seruata est tantum in «*Dissertatione contra Ambrosium*» auctore MAXIMINO (n. 692), et ab eodem infeliciter retractata est, cfr B. CAPELLE, *La lettre d'Auxence sur Ulfila*, in RB, xxxiv, 1922, p. 224-233.

h. MAXIMINVS EPISCOPVS GOTHORVM

natus circa 365, obiit (in Africa?) post 428.

De eius opusculis uide praesertim R. GRYSON, *Scolies ariennes sur le concile d'Aquilée*, Paris, 1980 (SC, cclxvii).

692 **Dissertatio contra Ambrosium** (*SCHANZ*, iv, 1, 314; *CPPM*, ii, PLS, i, 693 1250. 1695)

CC, lxxxvii, 1982, p. 149-196 — GRYSON.

Text. bibl.: R. GRYSON, in RB, lxxxviii, 1978, p. 45-80.

Cod. Paris, B. N., lat. 8907 phototypice expresserunt R. GRYSON & L. GILISSEN, *Les scolies ariennes du Parisinus latinus 8907*, Turnhout, 1980 (= *Armarium Codicum Insignium*, i).

Concordantia: R. GRYSON, *Littérature Arienne Latine*, i. *Débat de Maximinus avec Augustin. Scholies ariennes sur le concile d'Aquilée*, Louvain-la-Neuve, 1983.

In hoc opusculo seu potius collectione documentorum inserta sunt, ut iam adnotatum est, fragmenta *PALLADII* (p. 172-195), *fides VLFILAE* (p. 166), ac *uita* eiusdem auctore *AVXENTIO* (p. 160-166); quae omnia Maximini manu, ut uidetur, retractata sunt. Cfr R. GRYSON, in RHT, xiv/xv, 1984/85, p. 369-376.

693 **De nominibus apostolorum.** Inc. «... sicut primus ... piens PL, lvii, acceperunt» (*CPPM*, ii, 1252) 829

ibid., p. 3-6

Cod.: R. GRYSON, *Le recueil arien de Vérone*, Steenbrugge, 1982 (= *Instr. Patr.*, xiii).

694 **De lectionibus euangeliorum [homiliae xxv]** PL, lvii, 807; PLS, *ibid.*, p. 7-46. iii, 364

Notae marginales in lingua gothica, quas latine uertit M. LANG, eduntur *ibid.*, p. 50 sq.; cfr C. VON KRAUS, in *Zeitschr. f. deutsches Altertum u. deutsche Literatur*, lxvi, 1929, p. 209 sq. Strictius examinantur et in lingua gothica euulgantur a R. GRYSON, *o. c.* [n. 693], p. 77-92 et photographice redduntur, *ibid.*, pl. 26-38.

695 **Sermones xv ‹de sollemnitatibus›** PLS, i, 731

ibid., p. 47-92.

Initia in *Indice* iv reperies.

695a **Sermones xii cuiusdam Ariani in cod. Clm 6329** (saec. viii [*LOWE*, 1276])

R. Étaix, *Sermons ariens inédits*, in *Recherches aug.*, xxvi, 1992, p. 150-173.

Cfr R. Gryson, in RÉAug, xxxix, 1992, p. 333-358.

Eiusdem uidentur concionatoris saec. iv.

Initia in *Indice* iv reperies.

696 **Contra Iudaeos.** Inc. «Adhortatur nos ratio [[ueri]]tatis» (*CPPM*, PL, lvii, ii, 1261) 793

R. Gryson, *o. c.* [n. 693], p. 93-117.

697 **Contra paganos.** Inc. «Est consuetudo seruis d(e)i» (*CPPM*, ii, PL, lvii, 1260) 781

ibid., p. 118-141.

698 ‹**Contra haereticos**›. Inc. «Dns noster ihs xps semetipsum PLS, i, 7: dixit» (*CPPM*, ii, 1251)

ibid., p. 142-145.

Text. bibl.: R. Gryson, in RB, lxxxviii, 1978, p. 45-80.

Concordantia: R. Gryson, *Littérature Arienne Latine*, ii. *Recueil de Vérone*, Louvain-la-Neuve, 1982.

In codice tractatuum Maximini, Verona li (49) (*LOWE*, 504), extat sermo acephalus (fol. 136ª-139ᵇ, inc. «Diuinarum scribturarum multiplicem abundantiam»; cfr *serm.* 350 *S. AVGVSTINI*), de quo B. Capelle, in RB, xxxiv, 1922, p. 82 et 108. Partim etiam legitur sub nomine Gregorii Magni uel Isidori (*CPPM*, i, 4930. 5321).

APPENDIX

699 **Collatio cum Maximino Arianorum episcopo.** Inc. «Cum Augustinus et Maximinus Hippone regio» (*SCHANZ*, iv, 2, 438)

PL, xlii, 709-742 = *Maurini*.

Cod. (nn. 699-702): HÜWA, i, 1, p. 116-117; ii, 1, p. 120-123. 32; iv, 1, p. 53. 25; v, 1, p. 160. 46; vi, p. 113. 34.

Emend.: Fr. Klein, in *Serta Harteliana*, Wien, 1896, p. 160-162; R. Gryson, *o. c.* (n. 692), p. 207-212.

Concordantia: R. Gryson, *o. c.* (n. 692).

700 **Contra Maximinum haereticum Arianorum episcopum libri ii** auctore Avgvstino episcopo Hipponensi (*SCHANZ*, iv, 2, 438)

ibid., p. 743-814.

701 **Sermo Ariani cuiusdam.** Inc. «Dominus noster Iesus Christus Deus Vnigenitus» (SCHANZ, iv, 2, 315 et 438)

ibid., p. 677-684.

Videtur cuiusdam discipuli Maximini nostri, cfr B. CAPELLE, in RB, xxxiv, 1922, p. 108.

702 **Contra sermonem Arianorum** auctore AVGVSTINO (SCHANZ, iv, 2, 438)

ibid., p. 683-708.

Fragmentum contra Arianos (inc. «... non edocti humanae sapientiae uerbis») e cod. Vat. Reg. 557, edid. A. MAI, *Scriptorum ueterum noua collectio*, iii, 2, Roma, 1828, p. 249-251 (= PL, xiii, 639-642), reuera est fragmentum e *Regulis definitionum contra haereticos*, auctore SYAGRIO (n. 560), edid. KÜNSTLE, p. 148-152.

i. PASCENTIVS COMES ARIANVS

703 **Epistula ad Augustinum.** Inc. «Optaueram te, frater dilectissime, pristini erroris»   PL, xxxiii, 1051

CSEL, lvii, 1911 — GOLDBACHER, p. 559-560.

Inter epistulas *S. AVGVSTINI* est n. 240 (supra n. 262). Cfr etiam n. 366.

k. FRAGMENTA ARIANA

704 **Tractatus in Lucam.** Inc. «A plenitudine Christi» (cod. Ambr. S. P. 9/9-10 [olim C 73 inf.] [LOWE, 315]) (SCHANZ, iv, 1, 314)   PLS, i, 327

CC, lxxxvii, 1982, p. 199-225 — GRYSON.

Cfr R. GRYSON, in *Calames et Cahiers. Mél. L. Gilissen*, Bruxelles, 1985, p. 55-59.

Cod. n. 704 et 705 phototypice expressit et luculentissime commentatus est R. GRYSON, *Les palimpsestes ariens latins de Bobbio*, Turnhout, 1983 (= *Armarium Codicum insignium*, ii).

705 **Fragmenta xxiii** (cod. Ambr. S. P. 9/1 ss. [olim E 147 sup.] et Vat. lat. 5750 [LOWE, 31]) (SCHANZ, iv, 1, 315)   PL, xiii, 593

ibid., p. 229-265.

Duo quae sequuntur fragmenta (PL, xiii, 629-632) excerpta sunt ex *Ascensione Isaiae*, ii, 14-iii, 13; vii, 1-19, ed. Cl. LEONARDI, in *Christianesimo nella storia*, i, 1980, p. 63-66; 71-74.

Fragm. 10 (= vii) (ubi quidam textus liturgici seruati sunt, cfr n. 1898*d*), 11, 12 et 3 (= xi, xii et xix), etiam edidit G. MERCATI, *Antiche reliquie liturgiche ambrosiane e romane*, Roma, 1902 (StT, vii), p. 47-71; fragm. 4 (= xvi) edidit D. DE BRUYNE, in ZntW, xxvii, 1928, p. 107-110; ibi continentur excerpta ex ATHANASIO ANAZARBO (*CPG*, 2061) et THEOGNIO NICAENO (*CPG*, 2070).

Cod.: M. VAN DEN HOUT, *M. Corn. Frontonis Epistulae adnotatione critica instructae*, Leiden, 1954, p. ix-lxvi; R. GRYSON, *Les palimpsestes ariens latins de Bobbio*, Turnhout, 1983 (= *Armarium Codicum Insignium*, ii).

Concordantia: R. GRYSON, *Littérature Arienne latine*, iii: *Fragments de Bobbio. Commentaire sur Luc*, Louvain-la-Neuve, 1983.

706 **Fragmenta xiii** (cod. Ambr. S. P. II. 29 [olim O 136 sup.] [*LOWE*, PL, xiii, 357]) (*SCHANZ*, iv, 1, 315) 631

A. MAI, *o. c.* [n. 702°], p. 240-247 = PL, xiii, 631-640.

De origine ariana horum sermonum nihil certe constat.

l. PS. CHRYSOSTOMVS

episcopus Arianus ignotae sedis; scripsit saec. vi med.

707 **Opus imperfectum in Matthaeum** (*SCHANZ*, iv, 1, 315; *STEGMÜL-* PG, lvi, *LER*, 4350; *CPG*, 4569)

D. ERASMVS, *Opera Ioannis Chrysostomi*, iii, Basileae, 1530, p. 474-752.

Erasmi ed. anteponenda est editione Bernardi de Mont-Faucon, quae in PG iterata est, cfr F. KAUFFMANN, *Zur Textgeschichte des «Opus imperfectum in Matthaeum»*, Kiel, 1909, p. 23-26; 31-34.

Cod., trad. text.: prolegomena ad nouam, quam parat, editionem, iam euulgauit J. VAN BANNING, in CC, lxxxvii, 1988.

De **opere** et **auctore** nihil certe constat; diuersas sententias exponunt H. J. FREDE (p. 151 sq.) et M. GEERARD (*CPG*, 4569). Expectare libet nouam editionem.

m. PS. ORIGENES

707*a* **Commentarius in Iob.** Inc. prologus «Peritorum mos est medicorum»; textus «Sicut caeli luminaria ac sidera» (*STEGMÜLLER, 6192 et Suppl*)

PG, xvii, 371-522 — DELARUE.

Cod.: E. Bratke, *Die angebliche Origenes-Handschrift N^r 890 der Bibliothek von Troyes*, in *Zeitschr. f. Kirchengeschichte*, xxi, 1900/1901, p. 445-452.

Saec. v in Africa a quodam Arii sectatore conflatus, cfr P. Nautin, in *Rev. hist. relig.*, clxxvii, 1970, p. 80-82.

n. FASTIDIOSVS

Afer; saec. vi. — Cfr *Prosopographie*, i, p. 382.

708 **Sermo.** Inc. «Dicimus, prudentissimi fratres» (*SCHANZ*, iv, 2, 579) PL, lxv, 375
CC, xci, 1968, p. 280-283 — Fraipont.

Seruatus in epistula VICTORIS cuiusdam ad FVLGENTIVM RVSPENSEM EPISCOPVM (nn. 817, 820).

HVNIRICI ARIANI REGIS VANDALORVM tria edicta seruata sunt apud VICTOREM VITENSEM (n. 799); ALARICI, THEODORICI aliorumque regum ac principum Arianorum edicta etc. seruata sunt in collectionibus legum uel formularum aut extant inter *Varia* CASSIODORI (n. 896).

De horum monumentorum **latinitate** cfr F. Di Capua, *Il ritmo prosaico nelle lettere dei Papi*, iii, Roma, 1946, p. 47-66.

SCRIPTORES DONATISTAE

Cfr J.-L. Maier, *Le dossier du Donatisme*, i-ii, Berlin, 1987-1989 (= TU, cxxxiv-cxxxv). Hic collectuntur numerosiora documenta, ad Donatismum quantulacumque pertinentia, in integro uel partim recusa, addita uersione gallica. Attamen omnia haec prudenter adhibenda sunt, cfr N. Duval, in RÉAug, xxxv, 1989, p. 171-179.

a. TYCONIVS

Afer; floruit circa 400. — Cfr *Prosopographie*, i, p. 1122-1127.

709 **Liber regularum** (*SCHANZ*, iv, 1, 386; *STEGMÜLLER*, 8263. 8264, 1; PL, xviii,
CPPM, ii, 2949) 15

F. Burkitt, Cambridge, 1894 (TSt, iii, 1).

Cod.: Paris, B. N., lat. 13.344, saec. ix, f° 63-69 (exc.); cfr G. Morin, *Études*, p. 83.

Trad. text., uar. lect.: A. Souter, in JTS, xi, 1910, p. 562-563; P. Cazier, in RÉAug, xix, 1973, p. 241-262.

709a **De septem regulis Tyconii. Augustinus de doctrina christiana.** Inc. «Prima regula est de domino» (STEGMÜLLER, 8264, 1)

P. CAZIER, in RÉAug, xxii, 1976, p. 268-272.

Haec epitoma Regularum Tychonii Isidoro Hispalensi anterior est; editor eam CASSIANO tribuendam sibi uisus est (p. 263-290); potius fortasse EVCHERIVM LVGDVNENSEM proponere licet, qui ut «epitomator» notus est et res haud dissimiles tractauit in libris suis *Instructionum* et *Formularum spiritalis intellegentiae.*

Posterioris aetatis est epitoma metrica (inc. «Regula prima caput nostrum» [WALTHER, 16552], quam edidit P. CAZIER, *a. c.*, p. 297.

710 **Commentarius in Apocalypsin** (fragm. e cod. Taurinensi F, PLS, i, 6 iv, 1.18) (SCHANZ, iv, 1, 387; STEGMÜLLER, 8265-8266; CPPM, ii, 2950-2950 b)

Fr. LO BUE, *The Turin Fragments of Tyconius' Commentary on Revelation*, Cambridge, 1963.

Fragmenta in hoc cod. saec. x seruata, retractata uidentur. Alia ampliora fragmenta extant apud PRIMASIVM (n. 873), CAESARIUM (n. 1016), BEDAM (n. 1363), sed praesertim in xii libris BEATI PRESB. LIEBANENSIS *in Apocalypsin* (saec. viii) (DÍAZ, 412; STEGMÜLLER, 1597) (edidit H. SANDERS, Roma, 1930 qui tamen proh dolor fontes minime adnotauit; quaerendi sunt apud H. RAMSAY, *Le commentaire de l'Apocalypse par Beatus*, in *Rev. hist. litt. relig.*, vii, 1902, p. 418-447, praesertim p. 427, 433 sq.). — Totum opus deest in PL. — Cfr K. B. STEINHAUSER, in VC, xxxv, 1981, p. 354-357; et eiusdem: *The Apocalypse Commentary of Tychonius. A History of its Reception and Influence*, Bern, 1987.

Cod. ac **trad. text.**: W. NEUSS, *Die Apokalypse des hl. Joannes in der altspanischen und altchristlichen Bibelillustration. Das Problem der Beatushandschriften*, Münster, 1931, p. 5-III; I. GOMEZ, in *Misc. biblica B. Ubach*, Montserrat, 1953, p. 387-411; G. BONNER, in *Stud. Patr.*, x, 1967 [1970], p. 9-13; L. MEZEY, in *Misc. codicologica F. Masai dicata*, i, Bruxelles, 1979, p. 41-50; E. ROMERO POSE, in *Cristianesimo nella storia*, xi, 1990, p. 179-186, a quo et **noua ed.** paratur.

Text. bibl.: H. VOGELS, *Untersuchungen zur Geschichte der lateinischen Apokalypse-Übersetzung*, Düsseldorf, 1920, p. 55-93; 179-208.

Emend.: H. VOGELS, *o. c.*, p. 57 sq.; B. FISCHER, in PLS, i, 1749-1750.

Fortasse et Tyconium composuit sermonem «in natali SS. Innocentum», OPTATO MILEVITANO communius tributum (n. 245), cfr E. ROMERO POSE, in *Gregorianum*, lx, 1979, p. 513-544.

Cfr A. PINCHERLE, *Alla ricerca di Ticonio*, in *Studi storico-relig.*, ii, 1978, p. 355-365.

711 **b. PARMENIANVS EPISCOPVS CARTHAGINENSIS** (*SCHANZ*, iv, 1, 386)

   natione Hispanus seu Gallus; obiit ante a. 393. — Cfr *Prosopographie*, i, p. 816-821.

712 **c. PRIMIANVS EPISCOPVS CARTHAGINENSIS**

   sedit a. 393-411. — Cfr *Prosopographie*, i, p. 905-913.

713 **d. EMERITVS EPISCOPVS CAESARIENSIS**

   sedit circa 394-418; obiit ante a. 426. — Cfr *Prosopographie*, i, p. 340-350.

714 **e. PETILIANVS EPISCOPVS CIRTENSIS** (*SCHANZ*, iv, 2, 432)

   floruit circa 400-420. — Cfr *Prosopographie*, i, p. 855-869.

715 **f. GAVDENTIVS EPISCOPVS THAMVGADI** (*SCHANZ*, iv, 2, 432)

   circa 420. — Cfr *Prosopographie*, i, p. 522-525.

716 **g. CRESCONIVS GRAMMATICVS** (*SCHANZ*, iv, 1, 390)

   circa 405-411. — Cfr *Prosopographie*, i, p. 230-231; H. J. FREDE, p. 201.

717 **h. FVLGENTIVS** (*SCHANZ*, iv, 2, 432)

   circa 420-430. — Vide et sub n. 380.

   Horum et aliorum quorum nomina perierunt tantum supersunt fragmenta, praesertim in operibus S. AVGVSTINI; omnia locupletissime collegit et auctorum opera litterasque restituere conatus est P. MONCEAUX, *Histoire littéraire de l'Afrique chrétienne*, v, Paris, 1920, p. 311-328 (*PETILIANVS*); 329-333 (*GAVDENTIVS*, *epistulae* ii); 335-339 (*FVLGENTIVS*); uide et aliorum documentorum elenchum accuratissimum in t. iv, p. 485-510 laudatae *Histoire littéraire*. — De fragmentis uero FVLGENTII DONATISTAE, uide et n. 380. De OPTATO EPISCOPO THAMVGADI uide sub n. 245.

PL, xi, 1189

718 **i. Sententiae Concilii Bagaiensis quae supersunt ex uariis Augustini locis collectae** (a. 394)

   CSEL, liii, 1910 — PETSCHENIG, p. 276-278.

k. PASSIONES MARTYRVM DONATISTARVM

De tribus passionibus Donatistis, uide H. DELEHAYE, *Les passions des martyrs et les genres littéraires*, Bruxelles, 1921, p. 116 sq.; E. ROMERO POSE, in *Studi storico-religiosi*, iv, 1980, p. 59-76.

719 **« Sermo de passione Donati et Aduocati »** (*BHL*, 2303 b; *HER-ZOG & SCHMIDT*, 598, 2) PL, viii, 752

Fr. DOLBEAU, in *Memoriam Sanctorum uenerantes. Miscell. in onore di V. Saxer*, Città del Vaticano, 1992, p. 251-267.

De **indole** huius Passionis tractat K. SCHÄFERDIEK, in *Festschr. W. Schneemelcher*, Stuttgart, 1989, p. 175-198.

720 **Passio Marculi presbyteri** (*BHL*, 5271; *HERZOG & SCHMIDT*, 598, 3)

PL, viii, 760-766; uel emendatius apud J.-L. MAIER, *o. c.* [ante n. 709], i, p. 275-291.

Cod., trad. text.: Fr. DOLBEAU, *Le passionnaire de Fulda*, in *Francia*, ix, 1981, p. 527; P. MASTANDREA, in AB, cviii, 1990, p. 279-291, qui et nuperrime *Passiones Marculi* et *Isacis et Maximiani* critice edidit in AB, cxiii, 1995, p. 39-88.

721 **Passio Isacis et Maximiani** auctore MACROBIO (*SCHANZ*, iv, 1, 390; *BHL*, 4473; *HERZOG & SCHMIDT*, 598, 4)

ibid., 767-774; uel emendatius J.-L. MAIER, *o. c.* [ante n. 709], i, p. 256-275.

Cod.: F. DOLBEAU, *a. c.* [n. 720].

Ad confessores et uirgines librum moralem, quem Gennadius Macrobio nostro adscribit (*De uiris illustribus*, 5), MORIN et HARNACK seruatum putabant inter spuria S.CYPRIANI sub titulo *De singularitate clericorum*, quam sententiam certissimis argumentis impugnauit eruditissimus H. KOCH, *Cyprianische Untersuchungen*, Bonn, 1926, p. 426-472. Opusculum *De singularitate clericorum* uide sub nn. 62 et 770.

l. EPISTVLAE

722 **Epistula Ps. Cypriani ad plebem Carthaginensem.** Inc. «Gratias quidem agimus Deo patri» (*SCHANZ*, iii, 382 [407]; *HERZOG & SCHMIDT*, 591, 4; *CPPM*, ii, 553 c) PL, iv, (445); CSEL, i 3, 273

G. MERCATI, *Un falso donatistico nelle opere di S. Cipriano*, in *Rendiconti del Reale Istit. Lombardo di scienze e lettere*, ser. ii, t. xxxii, 1899, p. 986-997 (= OM, ii, p. 268-278).

Cfr G. LEBACQZ & J. DE GHELLINCK, in *Pour l'histoire du mot «Sacramentum»*, i, Louvain, 1924, p. 299-302.

723 **Epistula Ps. Hieronymi ad Damasum papam.** Inc. «Domino meo, uere domino, monarchitaeque ecclesiarum... Desiderii mei ardor» (*CPPM*, ii, 912)   PLS, i, 303

D. DE BRUYNE, in ZntW, xxx, 1931, p. 70-76.

Cod.: B. LAMBERT, *BHM*, 363.

Praeterea nonnulla scripta catholica retractauerunt uel appendicibus auxerunt scriptores partis Donati, uide sub n. 84 (*Prophetiae*); n. 2254 (*Liber genealogus*); n. 2055 (*Passio Saturnini et aliorum*); n. 2063 (*Passio Maximae, Secundae et Donatillae*).

APPENDIX

724 **Gesta collationis Carthagini habitae inter Catholicos et Donatistas anno** 411   PL, xi, 1231; xliii, 821 (n. 55)

CC, cxlix A, 1974, p. 1-257 — LANCEL.

Emend.: B. LÖFSTEDT, in *Orpheus*, n. s., xi, 1990, p. 329-330. Cfr ed. Sergii LANCEL, in SC, cxciv, cxcv, ccxxiv et ccclxxiii, 1972-1991.

Nn. 16 et 18 primae sessionis etiam leguntur in CSEL, xliv, 1904, p. 30-40 (inter epistulas S. Augustini nn. 128 et 129). Cfr etiam *AVGVSTINI Breuiculus Collationis* (n. 337).

Epistula synodica Cabarsussensis concilii Maximianistarum anno 393 (inc. «Sanctissimis fratribus atque collegis per uniuersam Africam ... Nemo qui nesciat, fratres dilectissimi, de sacerdotibus Dei») legitur in *AVGVSTINI* expositione psalmi xxxvi, s. 2, n. 20 — CC, xxxviii, p. 361-366 (PL, xxxvi, 376-382).

SCRIPTORES MANICHAEI LATINI

a. SECVNDINVS

725 **Epistula ad Augustinum**

uide nn. 324 et 325.

b. FAVSTVS EPISCOPVS MILEVITANVS

obiit ante 400. — Cfr D. ROCHÉ, *Fauste de Milève. Chapitres de la foi chrétienne et de la vérité*, in *Cahiers d'études cathares*, vi, 1955, p. 168-179; vii, 1956, p. 3-10; 211-220; viii, 1957/58, p. 225-242; *Prosopographie*, i, p. 390-397.

726 **Capitula** (fragm. apud Avgvstinvm [n. 321])

P. Monceaux, *Le manichéen Faustus de Milev. Restitution de ses Capitula*, Paris, 1924.

Ingeniosissima restitutio Fausti operis interdum minus solida uidetur.

Text. bibl.: F. Anderson, in *The Expository Times*, li, 1939/40, p. 394 sq.

c. ANONYMVS

727 **Amatorium canticum** (fragm. apud Avgvstinvm, *Contra Faustum*, xv, 5, 425; xv, 6, 426-428)

A. Bruckner, *Faustus von Mileve*, Basel, 1901, p. 77 sq.

Vide etiam n. 1155c et infra in *Indice* i.

727a d. CRESCONIVS MANICHAEVS

saec. iv-v? — Cfr *Prosopographie*, i, p. 250.

Testimonium de Manichaeis sectatoribus. Inc. « Ego Cresconius unus ex Manichaeis scripsi »

PLS, ii, 1389 — Mai.

ANONYMVS

727b **Tractatus de Manichaeis**

cfr n. 1155c.

In tractatibus Avgvstini contra Manichaeos (nn. 318-325) nonnulla excerpta inuenies e scriptis Manichaeorum.

SCRIPTORES PELAGIANI

In ordinatione operum tam Pelagii quam eius sectatorum felicem, ut aiunt, manum non habui; plura enim opuscula ipsi Pelagio, uel cuidam inter eius discipulos tributa sunt, quae Pelagio eiusque doctrinae minime conueniunt. Attamen, ut numeri singulorum operum seruari possint, tota ordinatio sine ulla mutatione, proh dolor, seruanda erat; in rubricis uero ac titulationibus quaedam rectius, ut spero, exposita sunt.

Quae pertinent ad singulos scriptores, enucleata sunt in *Prosopographie du Bas-Empire*, fasc. provisoire i: *Prosopographie pélagienne*, Paris, 1967.

a. PELAGIVS

natus 350-4 in Britannia; obiit 423-9 in Aegypto (?).

Cfr G. DE PLINVAL, *Pélage*, Lausanne, 1943; H. KOCH, in ThLz, lix, 1934, col. 402-404; G. DE PLINVAL, in RÉL, xxix, 1951, p. 284-294; J. MORRIS, *Pelagian Literature*, in JTS, n. s., xvi, 1965, p. 26-60. — Circa **genuinitatem** plurimorum opusculorum epistularum fragmentorum quae hic enumerantur, adhuc certe desiderantur accuratiores inuestigationes; attamen iam multa utilia adferuntur a R. F. EVANS, *Four Letters of Pelagius*, London, 1968, et a B. R. REES, *The Letters of Pelagius and his Followers*, Woodbridge, 1991. Vide H. J. FREDE, p. 673, et infra, sub singulis numeris.

OPVSCVLA

728 **Expositiones xiii epistularum Pauli** (*SCHANZ*, iv, 2, 504; *STEG-* PLS, i, 1110
MÜLLER, 6355-6367; *LAPIDGE & SHARPE*, 2; *CPPM*, ii, 2845)

A. SOUTER, Cambridge, 1922/26 (TSt, ix, 1-2) (*a*).

Cod.: W. AFFELDT, in *Traditio*, xiii, 1957, p. 393 sq.; H. J. FREDE, in RB, lxxiii, 1963, p. 307-311; T. A. M. BISHOP, *Notes on Cambridge MSS*, vii, 1964, p. 70-77 (cfr *Scriptorium*, xix, 1965, p. 304, n. 528); A. DE VOGÜÉ, in RB, c, 1990, p. 490-492.

Var. lect.: A. DE VOGÜÉ, *l. c.*

Critica: D. DE BRUYNE, in BALCL, i, nn. 115 et 589-590; B. CAPELLE, in RTAM, i, 1929, p. 251-254; H. J. FREDE, *Pelagius, der irische Paulustext, Sedulius Scottus*, Freiburg, 1961; E. NELLESSEN, *Untersuchungen zur altlateinischen Überlieferung des ersten Thessalonicherbriefes*, Bonn, 1965, p. 206-261.

Text. bibl.: H. VOGELS, in ThRev, xxv, 1926, col. 124 sq.; E. NELLESSEN, *o. c.*

«*Concordia epistularum*» [S. Pauli] (*CPPM*, ii, 2851) sub nomine Pelagii edita est a D. DE BRUYNE, *Préfaces*, p. 220-223 (inc. «De unitate ecclesiae»); attamen non est Pelagii, iuxta H. J. FREDE, *o. c.*, p. 129 sq.

Cfr nn. 759, 768°, 873°, 902, 956.

729 **De induratione cordis Pharaonis.** Inc. «Perfectorum est» PLS, i, 1506
(*SCHANZ*, iv, 2, 511; *STEGMÜLLER*, 6370; *LAPIDGE & SHARPE*, 5; *CPPM*, ii, 2410. 2840)

G. DE PLINVAL, *Essai sur le style et la langue de Pélage*, Fribourg, 1947, p. 135-203.

(*a*) Cfr H. J. FREDE, p. 670.

Cod., uar. lect., critica: F. NUVOLONE, in RÉAug, xxvi, 1980, p. 105-117, a quo et noua paratur editio.

Opusculum nostrum nonnulla habet communia cum *Expositione in Canticum Canticorum APPONII* (n. 194); uidesis B. DE VREGILLE & L. NEYRAND, in CC, xix, 1986, p. xcix-cv.

Emend.: J. H. WASZINK, in VC, ii, 1948, p. 256.

Genuinitatem Pelagianam recte negat B. FISCHER, *Vetus Latina. Nachtrag*, i, p. 4.

730 **Liber de uita christiana.** Inc. «Vt ego peccator» (Ps. AVGVSTINVS) (*SCHANZ*, iv, 2, 506 et 511; *LAPIDGE & SHARPE*, 4 et 1179; *CPPM*, ii, 157. 710. 1415)   PL, l, 383

PL, xl, 1031-1046 = *Maurini*.

Cod.: W. DUNPHY, in *Augustinianum*, xxi, 1981, p. 589-591, qui et edidit epilogum «Cum in superioribus libris» (p. 590). Codices numerosiores sunt, praesertim sub nomine *AVGVSTINI*, uide HÜWA.

Genuinitatem defendit F. E. EVANS, in JTS, n. s., xiii, 1962, p. 72-98; ID., *Four Letters of Pelagius*, London, 1968; ualde dubitat H. J. FREDE, p. 304.

731 **Libellus fidei ad Innocentium papam.** Inc. «Credimus in Deum Patrem omnipotentem, cunctorum» (Ps. AVGVSTINVS, *serm.* 236; Ps. HIERONYMVS, *epist.* 16) (*SCHANZ*, iv, 2, 506; *STEGMÜLLER*, 6370, 7; *BHM*, 316; *LAPIDGE & SHARPE*, 6; *CPPM*, i, 1021; ii, 1392)   PL, xxxi 2181; xlv 488

PL, xlv, 1716-1718 = *Maurini*.

Cod.: HÜWA.

Ad fragmenta apud Augustinum (*De gratia Christi*) seruata, cfr editio VRBA & ZYCHA, in CSEL, xlii, 1902 (n. 349).

«CORPVS PELAGIANVM»
(edid. C. P. CASPARI [*CPPM*, ii, 1416-1422])

Cod., uar. lect.: PLS, *l. c.*; M. WINTERBOTTOM, in JTS, n. s., xxxviii, 1987, p. 108-127 (nn. 734-736).

732 **Epistula.** Inc. «Humanae referunt litterae» (*SCHANZ*, iv, 2, 510)   PLS, i,

C. P. CASPARI, *Briefe, Abhandlungen und Predigten*, Christiania, 1890, p. 14-21.

733 **De diuitiis.** Inc. «Mirare quorundam» (*LAPIDGE & SHARPE*, 15)   PLS, i, *ibid.*, p. 25-67.

734 **Epistula de malis doctoribus.** Inc. «Quantam de purissimae» PLS, i, 1418
(LAPIDGE & SHARPE, 16)
ibid., p. 67-113.

735 **De possibilitate non peccandi.** Inc. «Qualiter religionis» (LA- PLS, i, 1457
PIDGE & SHARPE, 17)
ibid., p. 114-122.

Finis huius opusculi (p. 119-122) omnino idem est ac conclusio epistulae «Humanae referunt litterae» (p. 17-21).

736 **Epistula de castitate.** Inc. «Quamquam illius» PLS, i, 1464
ibid., p. 122-167.

Genuinitas: S. PRETE, *Lo scritto pelagiano «de castitate» è di Pelagio?*, in *Aeuum*, xxxiv, 1961, p. 315-322.

Conclusionem huius tractatus feliciter restituit G. MORIN e cod. Basel O. iv. 18 (*A travers les manuscrits de Bâle*, in *Basler Zeitschrift f. Geschichte u. Altertumskunde*, xxvi, 1927, p. 237-241 [63-67]).

Var. lect., fontes, emend. ad nn. 730; 732-736; 761-762: J. BAER, *De operibus Fastidii*, Nürnberg, 1902 (dissert.), p. 31-70.

CASPARI quinque haec opuscula una cum epistula «Honorificentiae», de qua infra (n. 761), ab uno eodemque auctore, quodam Pelagii discipulo (*AGRICOLA*?), conscripta contendit. At contra, G. DE PLINVAL quinque hic enumerata opuscula ipsi haeresiarchae adscribit (*Recherches sur l'oeuvre littéraire de Pélage*, in *Rev. de philologie*, lx, 1934, p. 9-42). Attamen totum «corpus Caspari», ut aiunt, ab I. KIRMER *FASTIDIO* uindicatur (*Das Eigentum des Fastidius im pelagianischen Schrifttum*, St. Ottilien, 1938); eius argumenta merito admittere nequit G. DE PLINVAL (*Le problème de Pélage sous son dernier état*, in RHE, xxxv, 1939, p. 5-21). — Editio curis R. S. T. HASLEHURST, *The Works of Fastidius*, London, 1927, ut minus accurata, praetermitti potest. Vtilior uidetur uersio anglica a B. R. REES, *The Letters of Pelagius and his Followers*, Woodbridge, 1991, p. 147-298.

EPISTVLAE (*a*)
(*SCHANZ*, iv, 1, 491; iv, 2, 506)

737 **Ad Demetriadem.** Inc. «Si summo ingenio» (Ps. AVGVSTINVS; PL, xxxiii,
Ps. HIERONYMVS, *epist.* 1; *STEGMÜLLER*, 6370, 1; *BHM*, 301; *LAPIDGE &* 1099
SHARPE, 7; *CPPM*, ii, 145, 17. 1126. 1391)

(*a*) B. R. REES, *o. c.*, p. 29-144; 302-344. — Vide censuras sub n. 633.

PL, xxx, 15-45 [16-46] = VALLARSI.

Cod.: HÜWA.

Trad. text.: H. J. FREDE, p. 671.

A *IVLIANO AECLANENSI* retractatam aestimat G. BOUWMAN, *o. c.* (n. 776); negat H. J. FREDE.

738 **Ad Marcellam.** Inc. «Magnam humilitati» (Ps. HIERONYMVS, *epist.* 3; Ps. PAVLINVS NOL.) (*BHM*, 303; *LAPIDGE & SHARPE*, 8)

CSEL, xxix, 1894 — HARTEL, p. 429-436.

Cod.: E. A. LOWE, n. 813 (Orléans 192, saec. vi).

PL, xxx, (52); lxi, 717

739 **Epistula seu Consolatio ad uirginem in exilium missam.** Inc. «Si Deus ac Dominus noster» (Ps. HIERONYMVS, *epist.* 4) (*BHM*, 304; *LAPIDGE & SHARPE*, 9)

PL, xxx, 55-60 [57-62] = VALLARSI.

740 **De diuina lege.** Inc. «Praesumptionem meam» (Ps. HIERONYMVS, *epist.* 7) (*STEGMÜLLER*, 6370, 4; *BHM*, 307)

ibid., 105-116 [108-120].

Genuinitatem defendit R. F. EVANS, *Four Letters of Pelagius*, London, 1968.

741 **Epistula ad Claudiam de uirginitate.** Inc. «Quantam in caelestibus» (Ps. HIERONYMVS, *epist.* 13; Ps. SVLPICIVS SEVERVS, Ps. ATHANASIVS) (*BHM*, 313; *LAPIDGE & SHARPE*, 10 et 1244; *CPPM*, ii, 1387)

CSEL, i, 1866 — HALM, p. 225-250.

Genuinitatem defendit R. F. EVANS, *o. c.* [n. 470].

PL, xvii 77; xx, 227; xxx 163 (168 ciii, 671

742 **Epistula ad Pammachium et Oceanum de renuntiatione saeculi.** Inc. «Qui Aethiopem inuitat» (Ps. HIERONYMVS, *epist.* 32) (*BHM*, 332; *LAPIDGE & SHARPE*, 1245; *CPPM*, ii, 707. 707 a)

PL, xxx, 239-242 [247-249] = VALLARSI.

Cod.: addatur Vat. Pal. lat. 295, saec. xi-xii, f° 79ᵛ-80 (cfr J. LECLERCQ, in *Mél. E. Tisserant*, vi, Città del Vatic., 1964 [= StT, ccxxxvi], p. 578).

743 **Epistula de uera paenitentia.** Inc. «Ad te surgo hominem» (Ps. AMBROSIVS, *sermo* 26; Ps. HIERONYMVS, *epist.* 33) (*BHM*, 333; *LAPIDGE & SHARPE*, 13)

ibid., 242-245 [249-253].

PL, xvi 657 (67 (alia recensi

744 **Ad Oceanum de opprobriis.** Inc. «Diuersorum opprobria» (Ps. Hieronymvs, *epist.* 41) (*BHM*, 341)

ibid., 282-288 [291-297].

Cod.: cfr n. 742 (f. 75ᵛ-79ᵛ).

745 **Ad Celantiam.** Inc. «Vetus scripturae» (Hieronymvs, *epist.* 148; Ps. Pavlinvs Nol.) (*BHM*, 148; *LAPIDGE & SHARPE*, 11; *CPPM*, ii, 1124) CSEL, lvi, 1918 — Hilberg, p. 329-356.   PL, xxii, 1204; lxi, 723; CSEL, xxix, 436

Genuinitatem defendit R. F. Evans, *o. c.* [n. 740].

IVLIANO AECLANENSI tribuendam sibi uisus est G. Bouwman, *o. c.* (n. 776), p. 20-21.

746 **Ad Claudiam de ultimo iudicio.** Inc. «Lectis epistulis tuis multo modo» (Ps. Svlpicivs Severvs; Ps. Avgvstinvs [G. Morin, *Misc. Agost.*, i, p. 264]; *CPPM*, ii, 1586)   PL, xx, 223

CSEL, i, 1866 — Halm, p. 219-223.

747 **Epistula ad uirginem deuotam.** Inc. «*Audi filia*... Ipsius te deuouisti» (Ps. Ambrosivs) (*LAPIDGE & SHARPE*, 1247; *CPPM*, ii, 3581)

PL, xvii, 579-584 [599-604] = Du Frische & Le Nourry.

Epistulas quoque 2 et 19 *PS. HIERONYMI, De contemnenda haereditate* et *De uera circumcisione* (PL, xxx, 45-50 et 188-210), Pelagio suo uindicare conatus est G. de Plinval; perperam uero, ut bene ostendit J. Madoz, *Herencia literaria del presbítero Eutropio*, in *Estud. Ecles.*, xvi, 1942, p. 26-39 (cfr nn. 565 sq.).

FRAGMENTA

748 **De fide Trinitatis** (fragmenta vi) (*LAPIDGE & SHARPE*, 18; *CPPM*, ii, 1426. 1432)   PLS, i, 1544

C. Martini, *Ambrosiaster*, Roma, 1944, p. 189-210:

a. Inc. «... tandum est, et cum nobis»

= *Contra Arrianos*, ed. H. Sedlmayer, in *Sb. Wien*, cxlvi, 1903, 2. Heft, p. 11-16;

b. Inc. «Obiciunt nobis Ariani»

= *PS. AVGVSTINVS, sermo* 246, PL, xxxix, 2198-2200 = *Maurini* (*CPPM*, i, 1031);

c. Inc. «De eo uero quod solent»

= *De diuinitate Filii*, ed. A. Souter, in JTS, xvii, 1916, p. 133-136;

d. Inc. «Quod autem eiusdem sit»

= *De diuinitate Spiritus sancti,* ed. A. SOUTER, *ibid.,* xiv, 1913, p. 482-488 (*a*);

e. Inc. «Non autem ignoramus»

= *Contra Apollinaristas,* ed. A. SOUTER, in *Misc. Ehrle,* i, Roma, 1924 (StT, xxxvii), p. 47-49 (*b*);

f. Inc. «*Verbum caro factum est.* Sic accipimus»

= «*Verbum caro...*», ed. A. SOUTER, in *Proceed. Brit. Acad.,* ii, 1905/6, p. 435-436.

Alia fortasse fragmenta adhuc latent in opusculo S. CAESARII *de mysterio S. Trinitatis,* cfr G. MORIN, *S. Caesarii opera omnia,* ii, Maredsous, 1942, p. 165. Perperam totum opus *de fide Trinitatis* seruatum aestimauit O. DOBIACHE- ROJDESTVENSKY (*Speculum,* v, 1930, p. 31) in *de fide PS. RVFINI* (n. 200). Cfr n. 843°. Ad editionem Souterianam paucas emendationes proposuit D. DE BRUYNE, in BALCL, i, n. 435, a nouissimo editore C. MARTINI immerito neglectas. Textum suum postea emendauit auctor ipse in JTS, xii, 1911, p. 33, adn. i, quod non animaduertit C. MARTINI. — C. MARTINI, *Sei frammenti del «De fide Trinitatis» di Pelagio,* in *Ricerche relig.,* xx, 1949, p. 35-64, inspicere non potuimus.

749 **De libero arbitrio** (fragmenta apud AVGVSTINVM, *De gratia Christi*) (SCHANZ, iv, 2, 505; LAPIDGE & SHARPE, 19)   PL, xliv 359; xlv 611

CSEL, xlii, 1902 — VRBA & ZYCHA, p. 123-206 (cfr p. 329).

Alia uero fragmenta edidit A. SOUTER, in *Proceed. Brit. Acad.,* ii, 1905/6, p. 437-438 (inc. «ALITER. Hieronymus: Qui nouit, inquid»; «Hieronymus: Vnde et apostolus, ait») et in JTS, xii, 1911, p. 34-35 (inc. «Hieronymus: Ecce quod non uult apostolus»).   PLS, i,

Emend.: G. MERCATI & A. SOUTER, in JTS, viii, 1907, p. 526-529 et xii, 1911, p. 33, adn. i. Fragmenta quae edidit G. MORIN, in RB, xxviii, 1911, p. 420 sq. (CPPM, ii, 1424), reuera excerpta sunt ex *Expositionibus xiii epistularum Pauli* (n. 728), cfr A. LEHNER, in CC, cviii D, 1987, p. 139.

749a **Epistula ad Innocentium** (fragmenta apud AVGVSTINVM, *De gratia Christi* [n. 349]) (SCHANZ, iv, 2, 506)   PL, xliv 359; xlv 610

ibid. (n. 749).

749b **Epistula ad quemdam amicum presbyterum** (fragm. apud AVGVSTINVM, *De gestis Pelagii,* xxx, 54 [n. 348]) (SCHANZ, iv, 2, 506)   PL, xliv 350; xlv 609

ibid., p. 107-108.

(*a*) Cfr n. 843.
(*b*) Ad editionem Souterianam paucas emendationes proposuit D. DE BRUYNE, in BALCL, i, n. 435, a nouissimo editore C. MARTINI immerito neglectas.

750 **Eclogarum liber** (fragmenta apud HIERONYMVM, *Dialogi contra Pelagianos*, i [n. 615]) (*SCHANZ*, iv, 2, 504; *STEGMÜLLER*, 6371) CC, lxxx, 1990 — MORESCHINI.

PL, xxiii, 495 (517); xlviii, 593

751 **De amore** seu **Commentarius in Canticum Canticorum** (fragmenta apud BEDAM [sub nomine IVLIANI]) (*SCHANZ*, iv, 2, 510; *STEGMÜLLER*, 5316, 3. 6370, 2; *CPPM*, ii, 2842)

PL, xlv, 1740; xci, 1068

A. BRUCKNER, *Die vier Bücher Julians von Aeclanum an Turbantius*, Berlin, 1910, p. 116 sq.

752 **De bono constantiae** (fragm. ut supra [n. 751]) (*SCHANZ*, iv, 2, 510)

PL, xci, 1072

A. BRUCKNER, *o. c.* [n. 751], p. 114 sq.

Nn. 751 et 752 uidentur IVLIANO AECLANENSI restituendi, cfr J. H. BAXTER et G. BOUWMAN [ante n. 773 et 776].

753 **De natura** (fragmenta apud AVGVSTINVM, *De natura et gratia* [n. 344])

PL, xliv, 247; xlviii, 598

CSEL, lx, 1913 — VRBA & ZYCHA, p. 231-299.

Fontes: A. SOLIGNAC, in *Valeurs dans le Stoïcisme. Mél. M. Spanneut*, Lille, 1993, p. 181-192.

754 **Epistula ad Liuaniam** (*SCHANZ*, iv, 2, 506):

Fragmenta apud AVGVSTINVM, *De gestis Pelagii*, vi, 16 [n. 348] CSEL, xlii, 1902 — VRBA & ZYCHA, p. 68-69;

PL, xlviii, 597

apud HIERONYMVM, *Dialogi contra Pelag.*, iii, 16 [n. 615] CC, lxxx, 1990 = MORESCHINI, p. 120;

PL, xliv, 329

apud MARIVM MERCATOREM, *Commonitorium* [n. 781], iv, 3 E. SCHWARTZ, ACO, I, v, 1924-1926, p. 69.

PL, xlviii, 102

755 **Fragmenta Vindobonensia et Mediolanensia** (cod. Wien, lat. 954 [*LOWE*, 1492/3]; Milano, Ambros. 3. P. II. 97). Inc. «... ut in ‹nu›llam partem eripere et uirtutibus» (*LAPIDGE & SHARPE*, 20; *CPPM*, ii, 3521)

PLS, i, 1561

A. DOLD, *Ein aszetischer Brief aus dem 5. Jahrh.*, in RB, li, 1939, p. 128-136, et M. FERRARI, in *Lateinische Kultur im viii. Jahrhundert. Traube Gedenkschrift*, St. Ottilien, 1989, p. 60-68, textum partim ediderunt, et locupletius et longe accuratius omnia fragmenta collegit et edidit Y.-M. DUVAL, in *Valeurs* (cfr n. 753), p. 203-243 (cum interpretatione gallica).

Genuinitas: G. DE PLINVAL, in RHE, xxxvi, 1940, p. 219; *IVLIANO AECLA-NENSI* tribuere mauult G. BOUWMAN, *o. c.* (n. 776), p. 22; iudicandi nondum locus est, ita prudenter nouissimus editor. — Quamquam ipse Germanus MORIN de fragmentis nostris iudicauit: «Je crois pouvoir assurer que je n'en ai pu trouver nulle part la moindre trace...» (RB, li, 1939, p. 137), iam antea euulgata erant, et quidem — mirabile dictu — ab eodem eruditissimo auctore eodemque e codice et eadem in ephemeride (G. MORIN, *Fragments pélagiens inédits du ms. 954 de Vienne*, in RB, xxxiv, 1922, p. 266-274). Haec prima editio paulo locupletior est, etsi minus accurata quam recensio Albani DOLD.

756 **Fragmenta e Collectaneo Sedulii Scotti** (cod. Cusanus C 14 nunc 37 [52]). Inc. «Contensio non dicitur»; «Verbositas illic esse dicitur» (*CPPM*, ii, 3522 a-b)   PLS, i, 1

S. HELLMANN, *Sedulius Scottus*, München, 1906, p. 99 sq., adn. 2; DEAN SIMPSON, *Sedulii Scotti Collectaneum Miscellaneum*, xiii, i, 31-32, in CCCM, lxvii, 1988, p. 50, lin. 51-55.

Notandum est secundam tantum sententiam (32) munitam esse indicatione fontis: PIL(AGIVS), primae sententiae (31) fons non indicatur.

[756a **Fragmentum de caritate**, seruatum apud [H]EMMONEM, *Liber de qualitate caelestis patriae*, ii, 4). Inc. «PELAG. [Quibus modis karitas consistat] Karitas quatuor modis consistit» (*CPPM*, ii, 3523)   PL, cxv 892; PL 1570 (cf 1109)

G. MORIN, in RB, xxviii, 1911, p. 3.

De scriptore cfr G. MORIN, *L'écrivain carolingien Hemmon et sa collection d'extraits des pères pour S. Guillaume de Gellone* [804-812], in *Rev. Charlemagne*, ii, 1912, p. 116-126. Cfr et n. 998a°.

Cod.: A. WILMART, in RB, xxxiv, 1922, p. 236.

Reuera excerptum est e Pelagii *Comment. in Galatas*, v, 14 — ed. A. SOUTER, p. 334 sq. Cfr J. SPEIGL, in VC, xxix, 1975, p. 227-229.]

DVBIA ET SPVRIA

Cfr G. DE PLINVAL, *a. c.* [n. 755], et eiusdem: *Pélage. Ses écrits, sa vie et sa réforme*, Lausanne, 1943, p. 17 sq. Genuinos esse nn. 729, 732, 742 et 743 adfirmare non ausus est G. DE PLINVAL, *Essai sur le style et la langue de Pélage*, Fribourg, 1947, p. 8.

757 **Expositio interlinearis libri Iob.** Inc. «Vir dictus de uirtute» (Ps. HIERONYMVS) (*SCHANZ*, iv, 1, 497; *STEGMÜLLER*, 3419. 6370, 1; *BHM*, 414; *LAPIDGE & SHARPE*, 3; *CPPM*, ii, 2351-2353. 2843)

PL, xxiii, 1407-1470 [1475-1538] = MARTIANAY.

Excerpta est e *Commentario* PHILIPPI PRESBYTERI (n. 643).

Excerpta quae sequuntur in editione Vallarsi (PL, xxiii, 1471-1484 [1539-1552]) (STEGMÜLLER, 3421) e S. GREGORII *Moralibus* assumpta sunt; illa uero quae *Expositionem* praecedunt (col. 1406-1407 [1473-1476]; **cod.**: Milano, Ambr. F 60 sup.) assumpta sunt ex eodem *Commentario* PHILIPPI, cfr D. FRANSES, *Het Job-Kommentaar van Philippus Presbyter*, in *De Katholiek*, clvii, 1920, p. 380 sq.

Noua ed. paratur a I. FRANSEN.

758 **Epistula vii^a Appendicis Sulpicii Seueri.** Inc. «Animorum quidem fides» (fragm.) (SCHANZ, iv, 2, 474; CPPM, ii, 1591)   PL, xx, 244

CSEL, i, 1866 — HALM, p. 256.

De sollempnitatibus et sabbatis

uide sub n. 2278.

759 **Interpolationes in Expositione xiii epistularum Pauli Apostoli** (Ps. HIERONYMVS)

A. SOUTER, Cambridge, 1931 (TSt, ix, 3)

In hoc uolumine edidit Souter solas interpolationes; textum commentariorum, qui sunt PELAGII, inuenies in TSt, ix, 2 (n. 728).

Dubium non est, quin discipulus aliquis Pelagii, forsitan CAELESTIVS, iam ante a. 430 hanc interpolatam recensionem, *Praedestinato* (n. 243) notam, publici iuris fecerit, cfr A. SOUTER, *o. c.*, p. viii sq. Nimis leuiter G. MORIN (in RB, xxvii, 1910, p. 113-117) eam IOANNI DIACONO (n. 952) tribuere uoluit.

Apud A. SOUTER etiam prologum inuenies «Corinthus metropolis» (p. 27 sq. [STEGMÜLLER, 689. 3440. 6369]), quem erronee genuinum foetum Pelagii putauit D. DE BRUYNE, *Le prologue inédit de Pélage*, in RB, xxiv, 1907, p. 257-263; nota tamen uarias lectiones recensionis D. DE BRUYNE; ibi eduntur etiam breues prologi in *Rom.* (inc. «Romani sunt in partes Italiae» [STEGMÜLLER, 677]) et in *II Cor.* (inc. «Secundam epistolam apostolus scribit» [STEGMÜLLER, 704]); cfr ed. D. DE BRUYNE, *Préfaces*, p. 235 sq.

APPENDIX

PS. HIERONYMVS

759a **Commentarius in epistulas Paulinas**

H. J. FREDE, *Ein neuer Paulustext und Kommentar*, i-ii, Freiburg, 1973-1974 (*Aus der Geschichte der lateinischen Bibel*, vii-viii)

760 **Fragmentum in epist. ad Hebraeos e cod. Paris.**, B. N. lat. 653 (*LOWE*, 527). Inc. «*Multifariae multisque modis*... Angelos dicit Moysen... Allegorizasse dicitur... Et apostolus Petrus, Christo, inquit, passo» (STEGMÜLLER, 3455. 6368, 1; *CPPM*, ii, 2682-2850)

PLS, i, 16

    H. J. FREDE, *Ein neuer Paulustext und Kommentar*, ii, Freiburg, 1975, p. 302-326 (tantum excerpta littera V adnotata).

761 **Epistula.** Inc. «Honorificentiae» (*LAPIDGE & SHARPE*, 1248; *CPPM*, ii, 709. 913)

PLS, i, 1

    C. P. CASPARI, *Briefe, Abhandlungen und Predigten*, Christiania, 1890, p. 3-13.

    Auctore IVLIANO AECLANENSI? Cfr G. BOUWMAN, *o. c.* [n. 776], p. 21-22. Pelagii cuidam sectatori e Britannia tribuit H. J. FREDE (p. 674).

762 **Epistula.** Inc. «Magnum cumulatur» (*LAPIDGE & SHARPE*, 1249; *CPPM*, ii, 706. 1124. 1423)

PLS, i, 1

    ibid., p. 171-178.

    Hanc epistulam Caspari inter annos 420-450 in Gallia scriptam esse putat; ea usus est auctor *epist.* n. 740. Cfr etiam n. 763°.

    Epistula subsequens «Nisi tanti seminis [*alit.*: Nisi tantis minis]» (p. 178-182), est BACHIARII (n. 570).

    Var. lect., **fontes**, **emend.** ad nn. 761 et 762: J. BAER, *o. c.* (n. 736).

763 **Admonitio e cod. Augiensi ccxxi.** Inc. «Ammoneo té» (*LAPIDGE & SHARPE*, 1250; *CPPM*, ii, 707. 1425)

PLS, i,

    G. MORIN, in RB, xlvi, 1934, p. 5-15.

    Eiusdem auctoris uidetur atque epist. «Honorificentiae» (cfr G. MORIN, in RB, xlvi, 1934, p. 17); fortasse una cum epistula «Magnum cumulatur» adscribenda est FASTIDIO, Pelagii discipulo et «Brittanorum episcopo» (circa 430).

764 **De vii ordinibus Ecclesiae.** Inc. «Sufficere quidem fidei tuae» (Ps. HIERONYMVS, *epist.* 12 [n. 633]) (*SCHANZ*, iv, 1, 491; *BHM*, 412)

PL, xxx
148 (152
PLS, ii,

    A. KALFF [Würzburg, 1938].

    Trad. text.: R. E. REYNOLDS, in RB, lxxx, 1970, p. 238-252.

    Emend.: É. GRIFFE, *a. infra c..*

    A quodam Pelagiano circa 417 ad Patroclum Arelatensem episcopum datum, iuxta G. MORIN, *Le destinataire de l'apocryphe hiéronymien «De septem ordinibus ecclesiae»*, in RHE, xxxiv, 1938, p. 229-244; É. GRIFFE, in *Bull. littér. eccl.*, lvii, 1956, p. 213-224. Attamen argumentis haud spernendis opusculum saec. vii, paulo post concilium ii Hispalense (n. 1790), conflatum esse ostendit J. LECHNER, in *Festschr. E. Eichmann*, Paderborn, 1940, p. 666-670, adn. 50. Cfr etiam nn. 1155*b* et 1222.

765 **De honorandis parentibus.** Inc. «Parentum meritis subiugans» (Ps. HIERONYMVS, *epist.* 11 [n. 633]) (*BHM*, 311; *CPPM*, ii, 3520)

PL, xxx, 145-147 [150-152] = VALLARSI.

766 **De duobus filiis, frugi et luxurioso.** Inc. «Omnium quidem de scripturis» (Ps. HIERONYMVS, *epist.* 35 [n. 633]; Ps. CHRYSOSTOMVS, *hom.* 33) (*STEGMÜLLER*, 6370, 6; *BHM*, 35; *CPPM*, ii, 780) PL, xxx, 248 (256)

W. WENK, *Zur Sammlung der 38 Homilien des Chrysostomus Latinus*, Wien, 1988, p. 170-188.

Cfr A. WILMART, in JTS, xix, 1918, p. 322; G. DE PLINVAL, *Pélage*, p. 43 sq.; A. C. VEGA, in *España Sagrada*, lvi, Madrid, 1957, p. 109-116 opusculum inter «*dubia*» GREGORII ILLIBERITANI collocauit. Prudentius iudicat W. WENK, p. 189-196.

b. CAELESTIVS

natione Afer, ut uidetur; obiit post 431. — Cfr H. J. FREDE, p. 351.

767 **Definitiones** (totum opus seruatur apud AVGVSTINVM, *De perfectione iustitiae hominis* [n. 347]) (*SCHANZ*, iv, 2, 507) PL, xlviii, 617

CSEL, xlii, 1902 — C. VRBA & J. ZYCHA, p. 4-48.

768 **Libellus fidei Zosimo papae oblatus** (fragm. apud AVGVSTINVM, *De gratia Christi et de peccato originali* [n. 349]) (*SCHANZ*, iv, 2, 507) PL, xlviii, 498

ibid., p. 167-206.

Fragmenta epistulae apud J. GARNIER [PL, xlviii, 505 sq.] (*CPPM*, ii, 481) potius sunt IVLIANI AECLAN. (n. 775); fragmentum in «Praedestinato», de quo M. SCHANZ, *l. c.* [nn. 767 et 768], est ipsius PELAGII (n. 728), cfr G. MORIN, *Études*, p. 545, adn. 4. Vide etiam n. 951°.

DVBIA

769 **Epistula Ps. Cypriani ad Turasium** (*CPPM*, ii, 480)

Cfr G. DE PLINVAL, *Pélage*, Lausanne, 1943, p. 254; uide n. 64.

770 **De singularitate clericorum**

Eiusdem auctoris est ac praecedens epistula, uide n. 64; item arcte conectitur cum *epist.* 42 PS. HIERONYMI, *de uita clericorum ad Oceanum*, uide n. 633.

c. ANIANVS DIACONVS CELEDENSIS

Pelagii discipulus ac primus interpres latinus operum S. Ioannis Chrysostomi; floruit saec. v. — Cfr E. HONIGMANN, *Patristic Studies*, Città del Vaticano, 1953 (StT, clxxiii), p. 54-58; fortasse idem est ac chronographus graecus Annianus cuius pauca tantum fragmenta supersunt, cfr E. HONIGMANN, *Le prétendu «moine Athénée», en réalité le chronographe Annianus*, in *Ann. Instit. phil. hist. orientales et slaves*, xii (*Mél. H. Grégoire*, iv), 1953, p. 177-180.

771 **Praefatio ad Orontium homiliis in Matthaeum praefixa.** PL, xlv, Inc. «Piissimi patris affectum» (*SCHANZ*, iv, 2, 511; *STEGMÜLLER*, 1749 ex 4348; *CPG*, 4424; *CPPM*, ii, 1831)

A. PRIMMER, *Die Originalfassung von Anianus' epistula ad Orontium*, in *Antidosis. Festschr. W. Kraus*, Wien, 1972, p. 279-282.

Cod. et **uersio latina** *homiliae* xvii a: R. SKALITZ, in *Aeuum*, xlv, 1971, p. 208-233.

772 **Praefatio ad Euangelum homiliis de laudibus S. Pauli prae-** PL, xlv **fixa.** Inc. «Recenti experimento didici» (*SCHANZ*, iv, 2, 511; *STEG-* 1750 ex *MÜLLER*, 4360; *CPG*, 4344)

PG, l, 471*-472* = DE MONTFAUCON.

Praeter CHRYSOSTOMI xxv homilias in Matthaeum (cfr G. MERCATI, *Note di letteratura biblica e cristiana antica*, Roma, 1901 [StT, v], p. 140 sq.) et septem de S. Paulo, uerisimiliter etiam alia opuscula latine uertit, puta *De compunctione, De reparatione lapsi, Quod nemo laeditur nisi a seipso*, cfr Chr. BAUR, *S. Jean Chrysostome. Histoire littéraire*, Louvain, 1907, p. 64 sq.; fortasse etiam homiliam *Ad neophytos* et sex libros *De sacerdotio*, cfr G. MORIN, *Études*, p. 496, adn. 1; A. SIEGMUND, p. 91 sq.; H. J. FREDE, p. 178 sq.

d. IVLIANVS EPISCOPVS AECLANENSIS

obiit post 454. — Cfr R. REFOULÉ, *Julien d'Éclane, théologien et philosophe*, in RSR, lii, 1964, p. 42-84; 233-247.

Critica et **emend.**: Y.-M. Duval, in RÉAug, xxv, 1979, p. 162-170; M. Lamberigts, in RTAM, liv, 1987, p. 238-239.

Latinitas: J. H. Baxter, in ALMA, xxi, 1951, p. 5-54.

773 **Libri viii ad Florum** (*SCHANZ*, iv, 2, 510)

Tantum libri i-vi seruati sunt apud AVGVSTINVM, *Opus imperfectum contra Iulianum* (n. 356); uide fragmentorum elenchum apud A. Bruckner, *Julian von Eclanum*, Leipzig, 1897 (TU, xv, 3*a*), p. 49, adn. 2.

Latinitas, clausulae: N. Cipriani, in *Augustinianum*, xv, 1975, p. 125-167; A. Primmer, in WSt, n. s., ix, 1975, p. 186-212.

774 **Libri iv ad Turbantium** (*SCHANZ*, iv, 2, 510)

CC, lxxxviii, 1977, p. 340-396 — De Coninck & D'Hont.

Fragmenta ab AVGVSTINO seruata in opusculis *Contra Iulianum, De nuptiis et concupiscentia l. ii* et *Opere imperfecto*, iam antea collexit A. Bruckner, *Die vier Bücher Julians von Aeclanum an Turbantius*, Berlin, 1910, p. 24-76.

775 **Epistulae** (*SCHANZ*, iv, 2, 509)   PL, xlviii,

ibid., p. 335-340; 396-398.   533

Fragmenta apud AVGVSTINVM, *Contra duas epistulas Pelagianorum* et *Opus imperfectum*, et apud MARIVM MERCATOREM, *Commonitorium adu. Pelagium*, collexit A. Bruckner, *Turbantius*, p. 108-113.

775*a* **Dicta in quadam disputatione publica**   PL, xlv,

ibid., p. 336.   1739; xlviii, 147

Fragmenta apud MARIVM MERCATOREM, *Commonitorium*, 13; collexit A. Bruckner, *Turbantius*, p. 109.

775*b* **Libellus fidei**

uide sub n. 778.

775*c* **De amore** seu **Commentarius in Canticum Canticorum**

uide sub n. 751.

775*d* **De bono constantiae**

uide sub n. 752.

776 **Tractatus Prophetarum Osee, Iohel et Amos** (*SCHANZ*, iv, 2, PL, xxi, 510; *STEGMÜLLER*, 5317-5319)   959

ibid., p. 111-329.

Cfr G. Bouwman, *Des Julian von Aeclanum Kommentar zu den Propheten Osee, Joel und Amos*, Roma, 1958.

777 **Expositio libri Iob** (*SCHANZ*, iv, 1, 497; iv, 2, 510; *STEGMÜLLER*, PLS, i, 15 3515; *CPPM*, ii, 2135)

ibid., p. 1-109.

Genuinitas: B. CAPELLE, in BALCL, i, n. 26.

Opera dubia uel spuria require sub nn. 243, 737, 745, 755, 761.

Codicem (Ambrosianum C 301 inf.) phototypice expressit R. I. BEST, Dublin, 1936; de codice Luxouiensi amisso, cfr F. MASAI, in *Scriptorium*, xiii, 1959, p. 242-243; F. NUVOLONE, in *Freiburger Zeitschr. f. Phil. u. Theol.*, xxvi, 1979, p. 211-219.

777a **Theodori Mopsuesteni Expositionis in Psalmos, Iuliano interpretante** (*STEGMÜLLER*, 1989. 3332, 5316. *CPG*, 3833; *CPPM*, ii, 2136)

CC, lxxxviii A, 1977 — DE CONINCK & D'HONT.

e. AMBROSIVS « EPISCOPVS CHALCEDONENSIS »

778 **Expositio fidei catholicae.** Inc. « Secundum sacramentum sancti symboli Dei » (*CPPM*, ii, 16. 1125 a) PLS, i,

A. AMELLI, in *Spicilegio Casinensi*, i, 1888, p. 30-33 (e *Collect. Nouariensi* [n. 1771]).

Ambrosium « episcopum Chalcedonensem » nusquam inuenimus; haec *Expositio* opus pseudepigraphum Pelagianum est, cfr F. KATTENBUSCH, *Das apostolische Symbol*, ii, Leipzig, 1900, p. 359, adn. 4. Recensio paulo diuersa extat inter opera IVLIANI AECLANI (inc. « Credimus in Deum Patrem omnipotentem omnium », PL, xlv, 1732-1736; xlviii, 509-526 [*SCHANZ*, iv, 2, 509]; *CPPM*, ii, 1125). Genuinam esse certo non constat, cfr G. MERCATI, OM, ii, p. 244 sq.; attamen pro origine Iulianensi nonnulla argumenta haud parui momenti affert G. BOUWMAN, *o. c.* [n. 776], p. 4 sq.

Cod.: P. PETITMENGIN, in RÉL, xlvi, 1968/69, p. 356 et 378; addatur Berlin, Phillipps 1717, saec. xvii (inter recensiores 2). Cfr V. ROSE, *Verzeichnis der lateinischen Handschriften*, i, Berlin, 1893, p. 467.

f. RVFINVS « NATIONE SYRVS »

779 **Liber de fide**

uide sub nn. 199 sq.

APPENDIX

MARIVS MERCATOR

natione Afer; floruit Constantinopoli saec. v. — Cfr S. Prete, *Mario Mercatore*, Torino, 1958.

Patrum Graecorum indefessi interpretis numerosiores uersiones in *CPG* recensitae sunt; quosdam textus edidit E. Schwartz, ACO, I, v, 1924-1926, p. 5-70.

Hic tantum recensentur opera antipelagiana, etsi ipsa fortasse graece primum confecta sunt et postea ab auctore translata.

780 **Commonitorium aduersum haeresim Pelagii.** Inc. « Quaestio contra catholicam fidem » (*SCHANZ*, iv, 2, 481)   PL, xlv, 1680; xlviii, 109

E. Schwartz, ACO, I, v, 1924-1926, p. 5-23.

Fontes: M. Ihm, in RhM, n. s., xliv, 1889, p. 529-531.

Cfr n. 199.

781 **Commonitorium super nomine Caelestii.** Inc. « Caelestius quidam, eunuchus » (*SCHANZ*, iv, 2, 481)   PL, xlv, 1686; xlviii, 67

ibid., p. 65-70.

Nn. 780 et 781: editionem Eduardi Schwartz repetiuit S. Prete, Bologna, 1959.

ANONYMVS

781a **Disputatio xii capitulorum Cyrilli Alexandrini et sic dictorum Nestorii antianathematismorum** (*CPG*, 5761)

CC, lxxxv A, 1978, p. 195-213 — Glorie.

S. Prete (*o. c.* [n. 781°]) *Disputationem* pro Nestorio uindicauit.

ANONYMVS

saec. v.

782 **Testimonia aduersum Pelagium hereticum.** Inc. « Sicut per unius delictum »   PLS, ii, 1579

D. De Bruyne, in RB, xliii, 1931, p. 142-144 (e cod. Paris., B. N., lat. 13.344, saec. ix).

Eodem ex codice ante iam edidit H. Vignier, *Sancti Aurelii Augustini Operum... Supplementum*, ii, Parisiis, 1654, p. 391-392, pauca emendans. De **codice**, cfr G. Morin, *Études*, p. 82 sq.

IOVINIANVS

floruit Romae circa 393.

783 **Fragmenta** (apud HIERONYMVM, *Aduersus Iouinianum*, l. ii [n. 610]) (*SCHANZ*, iv, 1, 474)

W. HALLER, Leipzig, 1897 (TU, xvii, 2), p. 1-31.

Critica: F. VALLI, in *Didaskaleion*, ii, 3, 1924, p. 1-66; ID., *Gioviniano. Esame delle fonte e dei frammenti*, Urbino, 1954.

SCRIPTORES LVCIFERIANI

uide sub nn. 112 sqq.

SCRIPTORES NOVATIANI

a. NOVATIANVS

uide sub nn. 68 sqq.

b. SYMPRONIANVS SEV SEMPRONIANVS

Hispanus sectae Nouatianae; saec. iv exeunte.

784 **Fragmenta** apud PACIANVM BARCINONENSEM (nn. 561 sqq.) (*SCHANZ*, iv, 1, 369)

PL, xiii, 1051

L. WOHLEB, in *Gesammelte Aufsätze zur Kulturgeschichte Spaniens*, ii, Münster, 1930, p. 26-35.

SCRIPTORES PRISCILLIANISTAE

a. PRISCILLIANVS EPISCOPVS ABILENSIS

haereticus hispanus; obiit 385. — Cfr B. VOLLMANN, *Studien zum Priszillianismus*, Sankt-Ottilien, 1965, p. 4 sq., n. 6.

785 **Tractatus xi** (*SCHANZ*, iv, 1, 376; *STEGMÜLLER*, 7003-7007, 1; *CPPM*, ii, 2900)

CSEL, xviii, 1889 — SCHEPSS, p. 3-106.

Nisi forte INSTANTIO episcopo seu alteri Priscilliani discipulo adscribendi sunt, cfr J. MADOZ, in *Rev. españ. de teolog.*, v, 1945, p. 459.

Emend.: J. MARTIN, in *Traditio*, xxxi, 1975, p. 317 sq.

786 **Canones in Pauli apostoli epistulas a Peregrino episcopo emendati** (SCHANZ, iv, 1, 374; STEGMÜLLER, 7008; CPPM, ii, 2901)

ibid., p. 109-147, collata cum editione D. DE BRUYNE, *Préfaces*, p. 224-234, et J. WORDSWORTH & H. J. WHITE, *Nouum Testamentum*, ii, 1, Oxford, 1913, p. 17-32.

Cum canonibus idem Peregrinus ipsas quoque epistulas S. Pauli edidit, numeris canonum in margine adpositis; quod opus traditur in codice Cauensi, 1 (14), et aliis codicibus biblicis hispanicis. De his et de praefationibus in Vetus Testamentum, quas composuit, deque eius reuisione textus S. Scripturae, uide D. DE BRUYNE, *Étude sur les origines de la Vulgate en Espagne*, B. *L'édition de Peregrinus*, in RB, xxxi, 1914/19, p. 378-401, et B. FISCHER, *Algunas observaciones sobre el « Codex Gothicus » de la R. Colegiata de S. Isidoro en León y sobre la tradición española de la Vulgata*, in *Archivos Leoneses*, xv, 1961, p. 40-47; ID., *Bibelausgaben des frühen Mittelalters*, in *La Bibbia nell'alto Medioevo*, Spoleto, 1963, p. 532-540. Caute tantum legere licet elucidationes numerosiores Theophili AYUSO MARAZUELA, quarum ipse summarium confecit in *La Vetus Latina Hispana*, i. *Prolegómenos*, Madrid, 1953, p. 520-522.

787 **Epistula** (fragm. apud OROSIVM, *Commonitorium* [n. 573]). Inc. « Haec prima sapientia » (SCHANZ, iv, 1, 375)   PL, xxxi, 1213; xlii, 667

ibid., p. 153.

De **genuinitate**, uide J. DAVIDS, *De Orosio et S. Augustino Priscillianistarum aduersariis*, 's Gravenhage, 1930, p. 221-226.

Emend. in totum opus haeresiarchae: F. PARET, *Priscillianus, ein Reformator des iv. Jh.*, Würzburg, 1891; M. PETSCHENIG, in BerlPhWo, x, 1889, col. 1399-1402; Th. STANGL, in WklPh, vii, 1889, col. 113; J. SVENNUNG, in *Strena philologica Vpsaliensis. Festskrift P. Persson*, Uppsala, 1922, p. 137-143.

Noua ed. paratur a V. BEJARANO.

SPVRIA

788 **De Trinitate fidei catholicae.** Inc. « *In terris uisus est ... et in ipso cognitus est Pater* » (SCHANZ, iv, 1, 376. 552; CPPM, ii, 1512)   PLS, ii, 1487

G. MORIN, *Études*, p. 151-205.

Emend.: G. MERCATI, OM, iii, p. 508 sq.

Fontes et **indoles**: A. ORBE, *Doctrina trinitaria del anónimo priscilianista « De Trinitate fidei catholicae »*, in *Gregorianum*, xlix, 1968, p. 510-562.

Saec. iv-v, auctore Priscillianista ignoto, an *INSTANTIO*?

789 **Fides « S. Ambrosii ».** Inc. « Nos Patrem et Filium et Spiritum PL, lvi, 5 sanctum [unum Deum] confitemur » (SCHANZ, iv, 1, 376; MAASSEN, 505; CPPM, ii, 36 a)

K. KÜNSTLE, *Antipriscilliana*, Freiburg, 1905, p. 59-60.

Cfr ed. E. S. BUCHANAN, in JTS, viii, 1907, p. 542.

De **genuinitate** uide A. D' ALÈS, *Priscillien*, Paris, 1936, p. 121 sq.; ID., in RSR, xxvi, 1936, p. 606 sq. Attamen auctorem Priscillianistam, quippe qui duas sententias maioris momenti ex AMBROSII libris *de fide* (i, 10-19) uerbotenus exscripserit ideoque illius nomen in titulo inscripserit, certe ipsum Priscillianum non esse, recte monuit B. FISCHER.

APPENDIX

Cfr etiam nn. 1872, 2302.

Apocrypha « Priscillianistica » (STEGMÜLLER, 283; LAPIDGE & SHARPE, 1252. 1511):

790 **i. Collectario de diuersis sententiis.** Inc. « Xpistus ait: Diligite PLS, ii, inuicem » 1508

791 **ii. Apocalypsis.** Inc. « Omnis roris qui discendit de austro »

792 **iii. Sermo sancti Augustini episcopi.** Inc. « Fratres karissimi, qui in Xpisto deum colentes » (CPPM, i, 2351)

(cfr n. 369°).

Exscribit *Apocalypsim Thomae* (n. 796a).

793 **iv. Homilia de die iudicii.** Inc. « Oportit enim nos timere uerbum domini »

794 **v. De parabolis Salomonis.** Inc. « Timor domini gloria et letitia celestis »

795 **vi. Liber « canon in ebreica » Hieronimi presbiteri.** Inc. « Canon in ebreica, regula in greca » (BHM, 403; CPPM, ii, 2406. 2902)

D. DE BRUYNE, in RB, xxiv, 1907, p. 318-335.

In Hibernia conflata, et quidem saec. viii, nec originis est Priscillianisticae, cfr M. R. JAMES, in JTS, xx, 1919, p. 15 sq.; B. BISCHOFF, in SE, vi, 1954, p. 221; **cod.** n. vi: B. BISCHOFF, *l. c.*, adn. 4; P. PETITMENGIN, in *Philologia Sacra. Festschr. H. J. Frede & W. Thiele*, ii, Freiburg, 1993, p. 624.

796 **Epistula Titi de dipositione sanctimonii.** Inc. «Magna est atque honesta pollicitatio» (STEGMÜLLER, 263; CANT, 307)

PLS, ii, 1522

    D. DE BRUYNE, in RB, xxxvii, 1925, p. 47-72.

    Emend.: V. BULHART, in RB, lxii, 1952, p. 297-299.

    Originem latinam et Priscillianisticam defenderunt A. HARNACK (in *Sb. Berlin*, 1925, p. 180-213, textum paulum emendans) et H. KOCH (in ZntW, xxxii, 1933, p. 131-144). Cum editore (cfr BALCL, i, p. [188] sq.) potius e graeco translatam credidimus; attamen fontes auctorem latinum patefaciunt, cfr A. DE SANTOS OTERO, in *Zeitschr. f. Kirchengesch.*, lxxiv, 1963, p. 1-14.

796a **Apocalypsis Thomae.** Inc. «Audi Thomas quia ego sum filius dei» (STEGMÜLLER, 280; CANT, 326)

    P. BIHLMEYER, in RB, xxviii, 1911, p. 270-282.

    Circa 400 latine composita, a Priscillianistis adhibitur, ita F. STEGMÜLLER, *l. c.*; cfr n. 792°.

796b **Fragmentum de creatione mundi**

    uide sub n. 2255.

796c **Vita S. Heliae**

    uide sub n. 2070a.

b. DICTINIVS EPISCOPVS ASTVRICENSIS

Priscillianista saec. iv.

Cfr J. DAVIDS, *De Orosio et S. Augustino*, 's Gravenhage, 1930, p. 262-274 et passim.

797 **Libra** (fragmenta apud AVGVSTINVM et CONSENTIVM) (*SCHANZ*, iv, 1, 384)

    Fr. LEZIUS, *Die «Libra» des Priszillianisten Diktinius von Astorga*, in *Abhandlungen für A. von Oettingen*, München, 1898, p. 113-124.

III. A CONCILIO CHALCEDONENSI
AD GREGORIVM MAGNVM

1. SCRIPTORES AFRICAE

VICTOR EPISCOPVS VITENSIS

scripsit ante a. 484, cfr Chr. COURTOIS, *Victor de Vite et son oeuvre*, Alger, 1954, p. 11; *Prosopographie*, i, p. 1175 sq.

798 **Historia persecutionis Africanae prouinciae** (SCHANZ, iv, 2, 567)

CSEL, vii, 1881 — PETSCHENIG, p. 3-107.

PL, lviii, 179; MG! *auct. an* iii, 1, 2

Cod. undecim descripsit M. PETSCHENIG, *Die handschriftliche Überlieferung des Victor von Vita*, in *Sb. Wien*, xcvi, 3, 1880, p. 637-650; 711-717; addantur: S. Petersburg Q v I, 23, saec. ix (fragm.); Berlin, Elect. 857, saec. xi; Paris, B. N., n. a. l. 1548, saec. xi (cfr M. C. GARAND, *Le scriptorium de Cluny*, in *Journ. des Savants*, 1977, p. 257-283); Holkham Hall 461, saec. xii/xiii (fragm.); Leipzig, Univ. 255, saec. xii/xiii (excerpta); Glasgow, Hunterian Mus. 94 (T. 4. 11 [3121], l. 59-97, saec. xiii; Wien 400, saec. xiii, f° 9ʳ-40ᵛ (cfr O. MAZAL, *Byzanz und das Abendland*, Graz, 1981, p. 43); Wroclaw I F 118, saec. xiv, f° 209-233ᵛ; Toulouse 468, saec. xvi, f° 157-166.

Trad. text.: M. MANITIUS, *Geschichtliches aus mittelalterlichen Bibliothekskatalogen*, in *Neues Archiv*, xxxii, 1907, p. 653 sq.; xxxvi, 1910, p. 758.

Emend.: A. VACCARI, in ALMA, i, 1924, p. 184; Chr. COURTOIS, *o. c.* [ante n. 798], passim; F. DI CAPUA, in *Biblica*, xvi, 1935, p. 451-452 (= *Scritti minori*, ii, Roma, 1959, p. 160-161); R. SINDOU, in *Rev. internat. d'onomastique*, ix, 1957, p. 132-135; B. LÖFSTEDT, in *Arctos. Acta philol. Fennica*, xvi, 1982, p. 69-72.

Latinitas: G. CAPELLO, in *Atti della Società ital. per il progresso delle Scienze*, xxxv, 1937, p. 74-108; R. PITKÄRANTA, *Studien zum Latein des Victor Vitensis*, Helsinki, 1978; cetera uide apud G. SANDERS & M. VAN UYTFANGHE, p. 129 sq. De *Prologo* «Quondam ueteres» (CSEL, vii, p. 1-2) Michaeli PETSCHENIG (*Sb. WIEN*, xcvi, 1880, p. 727-732) minime uidetur Victoris foetus genuinus.

799 In libro ii° *Historiae* integre exhibetur (n. 56-101) «*fides*» EVGENII EPISCOPI CARTHAGINENSIS (inc. «Regali imperio fidei catholicae» [SCHANZ, iv, 2, 571]), cuius etiam extant *suggestio* ad Huniricem regem (*ibid.*, ii, n. 41-42; inc. «Quotie[n]s animae uel uitae») et *litterae* «ad ciues suos pro custodienda catholica fide» apud GREGORIVM TVRONENSEM, in cap. 3 lib. ii *Historiarum Francorum*, ed. Br. KRUSCH (n. 1023), p. 41-42 (inc. «Regalis emanauit auctoritas») (SCHANZ, iv, 2, 571).

PL, lviii, 219; MGH, *auct. ant.*, iii, 1, 22

PL, lxxi, 193

De **traditione textus** Eugenii *Expositionis fidei*, uide P. LEHMANN, *Johannes Sichardus*, München, 1912, p. 220. Notandum est Eugenium in sua professione fidei exscripsisse *Instructionem ad competentes* NICETAE REMESIANAE (n. 647) et *Consultationes Zacchaei et Apollonii* (n. 103) et Ps. EVSEBII VERCELLENSIS *de Trinitate* (n. 105), lib. v, 36 sqq. (*a*)

Apud Victorem nostrum tria etiam traduntur edicta HVNIRICIS REGIS (*ibid.*, ii, 3-4; ii, 39 et iii, 3-7). Huniricis decessus narratur in cap. iii, 71; eorum genuinitatem certo non constat, cfr A. RONCORONI, in *Romano-Barbarico*, ii, 1977, p. 247-257. Vide etiam sub n. 708°.

PL, lviii, 203, 213 et 235; MGH, *auct. ant.*, iii, 1, 14, 22 et 40

APPENDIX

800 **Passio vii monachorum (Liberati et soc.)** (SCHANZ, iv, 2, 568; BHL, 4906)

CSEL, vii, 1881 — PETSCHENIG, p. 108-114.

Latinitas: R. PITKÄRANTA, *o. c.*, (n. 798).

PL, lviii, 261; MGH, *auct. ant.*, iii, 1, 59

801 **Notitia prouinciarum et ciuitatum Africae** (SCHANZ, iv, 2, 567, adn. 1)

ibid., p. 117-134.

Cfr Chr. COURTOIS, *o. c.* [ante n. 798], p. 91-100.

PL, lviii, 269; MGH, *auct. ant.*, iii, 1, 63

802 **Homilia de S. Cypriano.** Inc. «Hodie nos solitum deferre sermonem» (CPPM, i, 6450)

PL, lviii, 265-268 = RUINART.

Cod.: M. PETSCHENIG, in *Sb. Wien*, xcvi, 1880, p. 648 (Paris, B. N., lat. 2015); addatur Bruxellensis 1791-94 (v. d. Gh. 481), saec. x, f° 98.

SIGISTEVS COMES

natione Vandalus, ut uidetur; uixit saec. v-vi. — Cfr *Prosopographie*, i, p. 1077 et 821.

(*a*) De EVGENIO CARTHAGINENSI tractat *Prosopographie*, i, p. 362-365.

803 **Epistula ad Parthemium.** Inc. «Sigisteus comes filius tuus flo- PLS, iii, rulentis apicibus» 447

A. Reifferscheid, *Anecdota Casinensia*, Breslau, 1871, p. 3.

804 **Parthemii presbyteri rescriptum ad Sigisteum.** Inc. «Qualis PLS, iii, sit arbor in agro Dei plantata» 448

A. Reifferscheid, *o. c.* [n. 803], p. 4.

805 **Eiusdem epistulae conclusio metrica.** Inc. «... tempore quo PLS, iii, medio peragunt suum sidera cursum» (SCHANZ, iv, 2, 324; SCHAL- 449 LER & KÖNSGEN, 16196)

F. Bücheler & A. Riese, *Anthologia latina*, i, 2, Leipzig, 1906, p. 250-251, n. 763a.

Omnia ista documenta etiam extant in *Florilegio Casinensi*, i, p. 192-193.

VIGILIVS EPISCOPVS THAPSENSIS

floruit Constantinopoli? circa 484? Cfr *Prosopographie*, i, p. 1204 sq.

806 **Aduersus Eutychetem** (SCHANZ, iv, 2, 569)

PL, lxii, 95-154 = Chifflet.

Cod. et trad. text.: G. Ficker, *Studien zu Vigilius von Thapsus*, Leipzig, 1897, p. 10-25; A. Staerk, *Les manuscrits latins de St-Pétersbourg*, i, St-Pétersbourg, 1910, p. 48 (cod. F. v. I, n. 10, saec. ix).

807 **Contra Arianos, Sabellianos, Photinianos dialogus** (SCHANZ, iv, 2, 569)

ibid., 179-238.

Cod. et trad. text.: G. Ficker, *o. c.* [n. 806], p. 25-42. Cfr et n. 812°.

DVBIA

808 **Contra Felicianum Arianum de unitate Trinitatis** (Ps. Avgvs- PL, lxii, tinvs) (SCHANZ, iv, 2, 569; CPPM, ii, 168)

PL, xlii, 1157-1172 = *Maurini*.

Cod.: G. Ficker, *o. c.* [n. 806], p. 77 sq.; A. Dold, in RB, xxxvi, 1924, p. 251; H. Thoma, in RB, lxv, 1955, p. 273; HÜWA, i, 1, p. 80 sq.; ii, 1, p. 87 sq.; iv, p. 42; v, 1, p. 117; vi, 1, p. 83.

Versio graeca: M. Rackl, in *Misc. Fr. Ehrle*, i, Roma, 1924 (StT, xxxvii), p. 34.

SPVRIA

809 **Sermo in natali Domini.** Inc. «Hodie, fratres dilectissimi, celebramus Dominicae natiuitatis diem» (Ps. AVGVSTINVS, *sermo* 118 [n. 368]) (*CPPM*, i, 903)

PL, xxxix, 1981-1982 = *Maurini*.

Saec. vi in Italia septentrionali confectus, cfr J.-P. BOUHOT, in RÉAug, xx, 1974, p. 138.

810 **Sermo de duplici in Christo natura.** Inc. «Vna substantia est sanctae Trinitatis» (Ps. AVGVSTINVS, *sermo* MAI 174 [A. MAI, *Noua Patrum Bibliotheca*, i, Roma, 1852, p. 391-393]) (*CPPM*, i, 1783. 6446)

PLS, iii, 1259-1261 — MAI.

Cento saec. vi in Italia septentrionali conflata.

Fontes: A. CHAVASSE, *Un curieux centon christologique du vi^e siècle*, in *Rev. de droit canonique*, xvi, 1966, p. 87-97.

811 **Fragmenta xvi** (apud FLORVM DIAC. LVGDVNENSEM, *Expositio missae*) (*CPPM*, ii, 1697-1713)   PL, cxix, 15

P. DUC, *Étude sur l' «Expositio missae» de Florus de Lyon, suivie d'une édition critique du texte*, Belley, 1937, p. 64 et 109 sq.

Non sunt Vigilii, sed fere omnes sunt BEDAE VENERABILIS, cfr J.-P. BOUHOT, in RÉAug, xxi, 1975, p. 302-316.

812 **Solutiones obiectionum Arianorum.** Inc. «Prima eorum obiectio» (*SCHANZ*, iv, 2, 570)

PL, lxii, 469-472 = CHIFFLET.

Cod.: G. FICKER, *o. c.* [n. 806], p. 35 sq.; addatur New York, Pierpont Libr., Glazier Coll. G. 33, saec. ix. Cfr J. PLUMMER, *The Glazier Collection of Illuminated MSS*, New York, 1968, p. 9 sq., n. 6 (iuxta J. LECLERCQ [in epistula ad me, die 23.12.63] hic codex post *Solutiones* praebet [f° 134-139] appendicem quae inedita uidetur); eadem fortasse appendix legitur in cod. Bodleiano 1918 (Canonici Misc. 112), saec. xii, f° 73-78; Boulogne 29, saec. xi, n° 6.

Alia spuria uide in *Indice* i. Cetera uidentur posterioris aetatis, cfr G. FICKER, *o. c.* [n. 806], p. 26 sqq.; attamen *Dialogus contra Arianos* (PL, lxii, 155-180; inc. «Cum apud Nicaenam urbem» [*CPPM*, ii, 1692]), una cum «Praefatione incerti Auctoris» (PL, lxii, 179-180; inc. «Cum in manus strenui lectoris»), quae errore *Dialogus contra Arianos* (n. 807) est praefixa, iam adhibitus est a SISEBVTO REGE (612-620) in eius *epistula ad Aduabualdum* (n. 1299), ut per litteras me certiorem fecit Paulus Meyvaert (28-7-93).

De libris xii *De Trinitate* pseudo-athanasianis et saepius Vigilio nostro tributis, uide n. 105.

CEREALIS EPISCOPVS CASTELLI RIPENSIS

Vigilii aequalis. — Cfr *Prosopographie*, i, p. 207.

813 **Libellus contra Maximinum Arianum.** Inc. «Cum Carthaginem» (SCHANZ, iv, 2, 571)

PL, lviii, 757-768.

Cod.: D. DE BRUYNE, in ZntW, xxix, 1930, p. 199; E. A. LOWE, 448.

FVLGENTIVS EPISCOPVS RVSPENSIS

circa 468-533. — Cfr *Prosopographie*, i, p. 507-513.

Inde a disquisitione G. KRÜGER (*Ferrandus und Fulgentius*, in *Harnack-Ehrung*, Leipzig, 1921, p. 219-231) FVLGENTIVM RVSPENSEM a FVLGENTIO MYTHOGRAPHO merito distinguere solent. Cfr ante n. 849. Vtilia quaedam, etiam ad Fulgentii textum, codices, editiones, apud G. LAPEYRE, *S. Fulgence de Ruspe*, Paris, 1929, praesertim p. iii-iv; 207-350.

Fontes: G. FOLLIET, in *Africa Romana*, ii, Sassari, 1989, p. 561-569.

814 **Ad Monimum l. iii** (SCHANZ, iv, 2, 578) PL, lxv,

CC, xci, 1968 — FRAIPONT, p. 1-64.

815 **Dicta regis Trasamundi et contra ea responsiones** (seu **Contra Arianos**). Inc. «Dictum est Patrem de seipso» (SCHANZ, iv, 2, 578)

PL, lxv, 205

ibid., p. 67-94.

816 **Ad Trasamundum regem l. iii** (SCHANZ, iv, 2, 578) PL, lxv, 223

ibid., p. 97-185.

817 **Epistulae xviii** (SCHANZ, iv, 2, 579; CPPM, ii, 189, *epist.* 8) PL, lxv, 303

ibid., p. 189-280; 311-312; 359-444; xci A, 1968, p. 447-457; 551-624.

Harum quinque ad ipsum Fulgentium datae sunt: ix nempe quae est VICTORIS cuiusdam (n. 820); x, SCARILAE (n. 822); xi et xiii, FERRANDI DIACONI; xvi, *monachorum Goticorum,* seu *Liber Petri diaconi et aliorum qui in causa fidei a Graecis ex Oriente Romam missi fuerunt* (n. 663); *epist.* xvii, seu *Rescriptum episcoporum* ad praecedentem *Librum* (n. 663a); *epist.* uero xv, *de gratia Dei et humano arbitrio,* ad Ioannem presbyterum et Venerium diaconum scripserunt episcopi Africani in Sardinia exsules, Fulgentio calamo tenente; *epist.* xix, *ad Faustinum* (817a), tantum fragmentum superest.

PL, xlv, 1779

Cod.: Z. GARCIA, *Bibliotheca Patrum Latinorum Hispaniensis,* ii, Wien, 1915, p. 75 (Barcelona, Ripoll 151, saec. x-xi, f° 141ʳ-147ᵛ [capp. 1-4 *epist.* xiv, *ad Ferrandum*]).

817a **Epist. ad Faustinum** (fragm.). Inc. «Firmum (*aliter*: Vere firmum) fidei est fundamentum» (cap. xlv libri *de fide ad Petrum* [n. 826] in editionibus)

PL, xl, 778; lxv, 706

ibid., p. 627-629.

818 **Autographae notae marginales in codice Basilicano S. Hilarii de Trinitate** (LOWE, 1 a)

CC, xci, p. ix-xi = WILMART, in *Classical and Mediaeval Studies ... E. K. Rand,* New York, 1938, p. 304 sq., adn. 28.

At cfr supra, n. 433, et F. TRONCARELLI, in *Scriptorium,* xlv, 1991, p. 3-21, qui notas marginales minime autographas aestimat.

819 **De Trinitate ad Felicem notarium** (SCHANZ, iv, 2, 580; CPPM, ii, 190)

PL, lxv, 497

CC, xci A, p. 633-646.

Emend.: G. FOLLIET, in *Eulogia. Mél. A. Bastiaensen,* Steenbrugge, 1991 (= *Instr. Patr.,* xxiv), p. 115-117.

820 **Epistula Victoris de sermone Fastidiosi Ariani** cum sermone FASTIDIOSI ARIANI (n. 708) (*epist.* ix) ac FVLGENTII **Contra sermonem Fastidiosi Ariani** (SCHANZ, iv, 2, 579)

PL, lxv, 372

PL, lxv, 507

CC, xci, p. 277-308.

821 **De remissione peccatorum ad Euthymium l. ii** (SCHANZ, iv, 2, 579)

PL, lxv, 527

CC, xci A, p. 649-707.

Cod.: olim exstabat in *Bibliotheca Meermanniana* (*Catalogus,* t. iv, p. 85, n. 509, saec. xvi).

822 **Epistula Scarilae** (*epist.* x) ac FVLGENTII **De incarnatione filii** PL, lxv,
Dei et uilium animalium auctore (*SCHANZ*, iv, 2, 580) 377

CC, xci, p. 312-356. PL, lxv, ⁵

Cod.: Z. GARCIA, *Bibliotheca Patrum Latinorum Hispaniensis*, ii, Wien, 1915, p. 75 (Barcelona, Ripoll 151, saec. x-xi, f° 136ʳ-141ʳ [exc. cap. 3-16 complectens]).

823 **De ueritate praedestinationis ad Ioannem presbyterum et** PL, lxv,
Venerium diaconum l. iii (*SCHANZ*, iv, 2, 579) 603

CC, xci A, p. 458-548.

824 **Contra Fabianum** (fragm.) (*SCHANZ*, iv, 2, 579; *STEGMÜLLER*, 2341, PL, lxv,
1) 749

ibid., p. 763-866.

Fragm. 36 (inc. «Christianae fidei symbolum, quod graeco eloquio» [*STEGMÜLLER*, 2341]) recensione Migniana usus denuo edidit C. CASPARI, *Ungedruckte Quellen*, ii, Christiania, 1869, p. 245-282; in Appendice autem operis sui *Alte und neue Quellen*, p. 317, edidit symbolum e quadam «expositione symboli apostolici sancti Fulgentii episcopi», seu retractatione supra laudati fragmenti. Hoc uero symbolum (inc. «Credo in Deum Patrem omnipotentem. Creatorem caeli et terrae. Et in Iesum Christum, Filium eius unicum») (*CPPM*, ii, 752 a) non est Fulgentii. Cfr F. KATTENBUSCH, *Das apostolische Symbol*, i, Leipzig, 1894, p. 211 sq.

825 **De Spiritu sancto ad Abragilam presbyterum commonito-** PLS, iii,
rium (fragmenta ii). Inc. «Cum quaeritur quem Spiritum sanc- 1350
tum»; «Cum quaeritur qui Spiritus est» (*SCHANZ*, iv, 2, 578)

ibid., p. 869.

825*a* **Fragmenta iv ex opusculis ad Eugippium presbyterum con-** PL, xcvi
tra sermonem cuiusdam Pelagiani directis, seruata apud HA- 383; 343;
DRIANVM PAPAM I in *Codice Carolino*, nn. 95 et 96 (*JW*, 2479. 2445) MGH,
epist., i
ibid., p. 871-873. 642; 64(

826 **De fide ad Petrum** (Ps. AVGVSTINVS) (*SCHANZ*, iv, 2, 579; *CPPM*, PL, xl,
ii, 152) lxv, 671

ibid., p. 711-760.

Opusculo adnectitur in uno codice et in editionibus caput addiditium «Vere firmum fidei est fundamentum» (n. 817*a*).

Versio graeca: M. RACKL, in *Misc. Fr. Ehrle*, i, Roma, 1924 (StT, xxxvii), p. 22 sq.

827 **Psalmus abecedarius.** Inc. «Domine Redemptor noster, quod rogamus tu concede» (STEGMÜLLER, 2341, 2; SCHALLER & KÖNSGEN, 3893)   PLS, iii, 1352

M. G. BIANCO, in *Orpheus*, n. s., x, 1980, p. 152-171; uel melius: A. ISOLA, *Fulgenzio di Ruspe, Salmo contra Vandali ariani*, Torino, 1983.

Cfr B. LUISELLI, *Metrica della tarde latinità: i salmi di Agostino e Fulgenzio e la versificazione trocaica*, in *Quaderno Urbinati di Cultura Classica*, i, 1966, p. 29-91.

Sermones viii (SCHANZ, iv, 2, 580):

828 1. **De confessoribus** seu **de dispensatoribus Domini.** Inc. «Dominicus sermo, quem debemus omnes» (CPPM, i, 785)   PL, lxv, 719

CC, xci A, p. 889-896.

Cfr H. BARRÉ, in RB, lxxi, 1961, p. 81.

829 2. **In natali Domini** seu **De duplici Natiuitate Christi.** Inc. «Cupientes aliquid de huius diei sollemnitate»   PL, lxv, 726

ibid., p. 899-903.

Cod., uar. lect.: A. AUER, in *Benedikt. Monatschr.*, xxx, 1954, p. 143 sq.; D. WEBER, in *Scriptorium*, xlix, 1990, p. 270 sq.

830 3. **De S. Stephano [et de conuersione S. Pauli].** Inc. «Heri celebrauimus temporalem» (CPPM, i, 2140)   PL, lxv, 729

ibid., p. 905-909.

831 4. **De Epiphania [deque Innocentium nece, et muneribus Magorum].** Inc. «Nostis, carissimi fratres, quia dies iste qui a nobis» (CPPM, i, 4887)   PL, lxv, 732

ibid., p. 911-917.

832 5. **De caritate [Dei ac proximi].** Inc. «Quantum cupio sanctitati uestrae»   PL, lxv, 737

ibid., p. 919-923.

833 6. **De Epiphania.** Inc. «Post illam sollemnitatem, quam nobis anniuersaria reuolutione»   PLS, iii, 1335

ibid., p. 925-929.

De **cod.** Vat. lat. 4222, uide H. BARRÉ, *Un homéliaire bénéventain du xie siècle*, in *Misc. E. Tisserant*, vi, Roma, 1964 (StT, ccxxxvi), p. 89-119, praesertim p. 110.

834 **7. Sermo.** Inc. «Eleemosynam uero nouimus» (*CPPM*, i, 4786) PLS, iii, 1342
ibid., p. 931-934 = J. LECLERCQ, in RB, lvi, 1945/6, p. 93-102.

835 **8. Sermo.** Inc. «Propter incredulos qui de hominis futura immortalitate» (*CPPM*, i, 4884) PLS, iii, 1346
ibid., p. 937-942 = J. LECLERCQ, ibid., p. 103-105.

DVBIA ET SPVRIA

Sermones vi:

Genuinos putant LAPEYRE et LECLERCQ; ualde dubitat, et merito ut nobis uidetur, L. KOZELKA, *Fulgentius von Ruspe, Ausgewählte Schriften*, München, 1934 (*Bibl. der Kirchenväter*, ii, 9), p. 28 sq.

836 **1. De Cypriano.** Inc. «Clarum tanti martyris natalis diem» (*CPPM*, i, 4864. 4874)

PL, lxv, 740-741 = QUESNEL & MANGEANT.

837 **2. De latrone.** Inc. «Mirandum prae ceteris festiuitatibus sanctis» (*CPPM*, i, 4821. 4875)

ibid., 741-742.

838 **3. De sancto die Pentecostes.** Inc. «Anniuersaria sollemnitas agitur» (*CPPM*, i, 968. 4842. 4876)

ibid., 742-744.

Extat etiam inter sermones PS. AVGVSTINI ([n. 183] PL, xxxix, 2091-2092) et inter sermones PS. FVLGENTII ([n. 50] PL, lxv, 916-917) (inc. «Fratres charissimi, hodierna die anniuersaria sollemnitas»).

Sermo de S. Vincentio (PL, lxv, 744-746), S. Fulgentii *sermo* ix apud Mangeant, est *sermo* 276 S. AVGVSTINI, initio paulum mutato, quod non animaduertit J. LECLERCQ; cfr n. 284 (*CPPM*, i, 643).

839 **4. De eo quod ait Michaeas propheta «Indicabo tibi homo quid sit bonum».** Inc. «De praesenti prophetica lectione, in qua» PL, lxv, 746

CC, xci A, p. 937-942.

840 **5. In natali Domini.** Inc. «Temporalis secundum carnem Filii Dei» (Ps. AVGVSTINVS) (*CPPM*, i, 1335. 1785)

ibid., p. 945-950.

Nn. 839 et 840 genuini uidentur.

841 **6. In circumcisione Domini.** Inc. «Incarnationis diuinae mysterium, nostrae reconciliationis» (Ps. AVGVSTINVS) (*CPPM*, i, 1217. 1421. 4878. 5023)

PL, xlvii, 1135; lxv, 833

ibid., p. 953-959.

De **cod.**, cfr H. BARRÉ, *a. c.* (n. 833), p. 108.

[842 **In purificatione beatae Virginis Mariae.** Inc. «Subtiliter (*aliter*: Si subtiliter) a fidelibus» (*CPPM*, i, 164. 2258. 4879. 5016; *BHM*, 713)

PL, lxv, 838; lxxxix, 1291

CCCM, xxvii B, 1979 — WEBER, p. 985-1002.

Cfr J. LECLERCQ, *a. c.* [n. 834], p. 93, adn. 4, et in EL, lx, 1946, p. 15; L. KOZELKA, *o. c.*, p. 29 [ante n. 836].

Hic omittatur; est enim AMBROSII AVTPERTI, cfr R. LAURENTIN, *Table*, p. 136.]

843 **Testimonia de fide catholica** (seu **Aduersus Pintam**). Inc. «Catholicae fidei fidissimum fundamentum» (*SCHANZ*, iv, 2, 578; STEGMÜLLER, 2341, 3; *CPPM*, ii, 190. 751)

PL, lxv, 707

CC, xc, 1961 — FRAIPONT, p. 239-259.

Hoc in opusculo, potius quam in «Anecdoto Souteriano» (JTS, xiv, 1913, p. 482-488), Fulgentii *Commonitorium de sancto Spiritu* (*CPPM*, ii, 752) latere putat A. D'ALÈS (RSR, xxii, 1932, p. 304-316); quae sententia minime placuit Cyrillo LAMBOT (BALCL, ii, n. 511; RB, xlviii, 1936, p. 224, adn. 1). At reuera, illud «Anecdoton Souterianum», quod ipse editor fragmentum esse credidit deperditi *Commonitorii* Fulgentii nostri, PELAGII est foetus genuinus (n. 748*d*).

844 **Sermones lxxx** (*SCHANZ*, iv, 2, 580; *CPPM*, i, 4791-4872)

PL, lxv, 858-954 — RAYNAUD, cum exordio (*CPPM*, i, 4792 *a*), cum «praefatione» (inc. «Beatissimus frater et consacerdos... Cum suam in nobis uult exercere caritatem» [PL, lxv, 853-858]) et cum capitulis sermonum secundum recensionem R. GRÉGOIRE, *Homéliaires*, p. 108-125.

Circa totam collectionem, uide G. MORIN, *Notes sur un ms. des homélies du Ps. Fulgence*, in RB, xxvi, 1909, p. 223-228; R. GRÉGOIRE, *o. c.*, p. 89-125. De singulis haec adnotanda sunt:

sermo 2 (in ed., 3 in cod.) = PS. AVGVSTINVS, sermo 215;

sermo 3 (4) (*a*) = PS. AVGVSTINVS, sermo 214;

(*a*) «Praefatio» serm. 3 est cap. 1-2 serm. 125 PETRI CHRYSOLOGI (n. 227, 25).

sermo 4 (5) = *PS. AVGVSTINVS*, edid. CAILLAU, ii, App. 77, uel MAI, 149, alio praemisso exordio, cfr G. MORIN, *Misc. Agost.*, i, p. 722, sub initio *Admoniti sunt*;

sermo 5 (6): «Praefatio» huius sermonis reuera *AVGVSTINI* est (*sermo* 223 H) (*CPPM*, i, 2292);

sermo 28 (29) est *FVLGENTII sermo dubius* 2 (n. 837);

sermo 30 (31) (deest in PL, lxv) est *PS. HIERONYMI epist.* 24 prima pars (n. 633) seu *EVSEBII GALLICANI sermo* 12 A (n. 966);

sermo 31 (32) (deest in PL, lxv) = *PS. AVGVSTINVS*, edid. CAILLAU, i, 21;

sermo 32 (33) (deest in PL, lxv) est *HIERONYMI tractatus de Pascha* (n. 604);

sermo 33 (34) (deest in PL, lxv) est *AVGVSTINI sermo* 228;

sermo 34 (35) est *AVGVSTINI sermo* 272;

sermo 35 (36) paulum differt cum *serm.* 235 S. *AVGVSTINI*;

sermo 36 (deest in cod.) = *PS. AVGVSTINVS, sermo* 123, posteriore manu in primaeuam seriem insertus, cfr G. MORIN, *a. c.*, p. 226, adn. 7;

sermo 37 est *AVGVSTINI sermo* 239;

sermo 39 est *AVGVSTINI sermo* 245;

sermo 40 (41) est *AVGVSTINI sermo* 247;

sermo 41 (38) est *AVGVSTINI sermo* 248;

sermo 43 est *PS. AVGVSTINVS, sermo* 220;

serm. 45, *de unico baptismo*, critice excudit A. WILMART, in RB, xxix, 1912, p. 157-161; de **auctore**, uide G. MORIN, in RB, xxx, 1913, p. 393, adn. 3, et C. LAMBOT, in RB, lviii, 1948, p. 184;

sermo 47 est *AVGVSTINI tractatus in Ioannem*, 80;

sermo 48 = *PS. AVGVSTINVS, sermo* 180;

sermo 49 = *PS. AVGVSTINVS, sermo* 181;

sermo 50 est *FVLGENTII sermo dubius* 3 (n. 838);

sermo 51 est *AVGVSTINI sermo* 271;

sermo 54: **uar. lect.**: PL, xlvii, 1248-1250;

sermo 64 = *PS. AVGVSTINVS, sermo* 86, alio praemisso exordio;

sermo 72 est *FVLGENTII sermo dubius* 1 (n. 836);

sermo 73: uide sub n. 284, *serm.* 276;

sermo 79 est *AVGVSTINI* «*sermo dubius*» 396 (n. 285);

sermo 80 = *PS. AVGVSTINVS, sermo* 85.

Vide censuras H. J. FREDE, p. 485 sq.; *CPPM*, i, 1, p. 53; 2, p. 59; et R. GRÉGOIRE, *l. c.*; ad *serm.* 66 proxime accedit contio eiusdem ut uidetur auctoris:

845 **Sermo de fluxu sanguinis.** Inc. «Statio medici temporalis fixa est» PLS, iii, 1368

C. Turner, *A Laon MS. in 1906 and 1920*, in JTS, xxii, 1921, p. 1-5.

846 **Sermo S. Fulgenti episcopi de simbolo.** Inc. «Audite dilectissimi, qui desideratis» (*CPPM*, i, 4883) PLS, iii, 1370

G. Morin, in RB, xxxv, 1923, p. 236-245.

Est fons expositionis PS. AVGVSTINI *de symbolo* (n. 365). De **codicibus** cfr R. Grégoire, *Homéliaires*, p. 132-141; J. Lemarié, *a. infra c.* (n. 846b), p. 560 sq.

846a **Sermo in Matthaeum** (16, 13-19). Inc. «Tempus hodiernae sollemnitatis, quia principis apostolorum ... Nam dominus et saluator noster interrogauit» (*CPPM*, i, 4889)

J. Lemarié, *Un sermon inédit sur Matth. 16, 13-19, de l'école de Fulgence de Ruspe*, in RÉAug, xviii, 1972, p. 116-123.

Sermones 846 et 846a eiusdem concionatoris uidentur, Afri et S. Fulgentio postaequalis.

846b **Fragmenta vi sermonum** eiusdem auctoris, ut uidetur, ac sermonum 846 (cuidam FVLGENTIO tributi) et 846a

J. Lemarié, *L'homéliaire carolingien de Mondsee, témoin de sermons d'un Pseudo-Fulgence*, in *Philologia Sacra. Festschr. H. J. Frede & W. Thiele*, ii, Freiburg, 1993, p. 568-582.

Cfr H. J. Frede, p. 487 sq.

Liber de praedestinatione et gratia
uide sub n. 382.

FERRANDVS DIACONVS CARTHAGINENSIS

obiit 546 uel 547. — Cfr *Prosopographie*, p. 446-450.

847 **Vita S. Fulgentii** (*SCHANZ*, iv, 2, 573; *BHL*, 3208) PL, lxv, 117

G. Lapeyre, Paris, 1929.

Critica: J. Marouzeau, in RÉL, viii, 1930, p. 117-121; M. Simonetti, in AB, c, 1982, p. 277-289.

Fontes: P. Courcelle, *Les lettres grecques en Occident*, Paris, 1948, p. 108.

Genuinitatem negandam esse sibi uidetur A. Isola, in *Vet. Christ.*, xxiii, 1986, p. 63-71, nescio an recte.

848 **Epistulae** (*SCHANZ*, iv, 2, 574)

PL, lxvii, 887-950 = GALANDIVS.

Epist. 1 et 2, *ad Fulgentium*, in eiusdem epistolario n. 11 et 13, CC, xci, 1961 — FRAIPONT, p. 357-362; 383-387 [PL, lxv, 378-380; 392-394 = QUESNEL & MANGEANT (n. 817)];

epist. 3-7, in PL, lxvii, 887-908 = CHIFFLET;

epist. 4 integram edidit A. MAI, *Scriptorum ueterum noua collectio*, iii, 2, Roma, 1828, p. 169-184 (*Epistula dogmatica aduersus Arrianos aliosque*; inc. «Vnde subito sine propriis meritis»;

ep. 7, *ad Reginum*: **cod.**: G. LIEFTINCK, in VC, v, 1951, p. 202;

epist. 8-12: A. REIFFERSCHEID, *Anecdota Casinensia* (*Index scholarum Vratislauiensium* 1871/2), Breslau, p. 5-7. En elenchus singulorum:

epist. ad Felicianum. Inc. «Si sibi caritas credit a seruitio tuo»;

epist. ad Felicem. Inc. «Cotidie quaeso pro nostris iniquitatibus»;

epist. ad Lampadium. Inc. «Pacifico uiro pacificum dare consilium»;

epist. ad Eugippium. Inc. «Ita saepius fluenta spiritalis eloquii»;

epist. ad Iunillum. Inc. «Non semper oculis corporalibus».

Epistulas a MAI et REIFFERSCHEID editas inuenies etiam in *Florilegio Casinensi*, i, 1873, p. 193-202.

Breuiatio Canonum

uide sub n. 1768.

FVLGENTIVS MYTHOGRAPHVS (*a*)

Fulgentii episcopi aequalis.

Meo sensu opera Mythographi toto caelo differunt cum illis episcopi Ruspensis. Idem est nomen, eadem fortasse et patria — «Africa» scilicet, sed amplius quid dicam? Dubitant tamen nonnulli eruditi, cfr *Prosopographie*, i, p. 513; P. LANGLOIS, in RAC, viii, 1972, p. 653-659 (attamen emendandus est textus allegatus e *De uiris illustribus* SIGEBERTI GEMBLACENSIS, n. 28, ed. R. WITTE, Bern, 1974, p. 60, l. 184 sq.: «Quod*si* is est ipse Fulgentius ...»). Attende etiam ad argumenta ad utrumque distinguendum quae afferuntur a M. LAISTNER, in *Mél. M. Hroucbevsky*,

---

(*a*) Paucis uerbis hic laudare licet sic dictos *Mythographos Vaticanos* I et II. Reuera textus primogenitus certe est gentilis originis, sed quod nunc tam in codicibus quam in editis legitur, recensio est a compilatoribus christianis aucta et retractata. Medio aeuo, saltem post Isidorum Hispaliensem conficta est; edidit P. KULCSÁR, in CC, xci, 1988 (inc. I «Promotheus post factos a se homines»; II. «Fabulas poete a fando nominauerunt»).

Kiev, 1918, p. 445-456 (= *The Intellectual Heritage of the Early Middle Ages*, Ithaca, 1957, p. 202-215), qui et nonnulla optime exposuit de codicibus et de traditione text., emend. quasdam proponens.

Cod.: E. DEKKERS, in SE, xxvi, 1983, p. 66-68.

Fontes: B. BALDWIN, in *Traditio*, xliv, 1988, p. 37-57.

Cfr etiam L. G. WHITEBREAD, *Fulgentius the Mythographer* (uersio anglica nn. 849-853), Columbus (Ohio), 1971.

849 **Mitologiarum l. iii** (*SCHANZ*, iv, 2, 196)

R. HELM, Leipzig, 1898, p. 3-80.

Cod.: P. VON WINTERFELD, in *Hermes*, xxxiii, 1899, p. 173 sq.; L. DELISLE, in *Journal des Savants*, 1899, p. 126-129; P. LEJAY, in *Rev. critique*, xxxiii, 1899, p. 285; P. LEHMANN, in RhM, lxi, 1908, p. 107 sq.; W. M. LINDSAY, in *Palaeographia Latina*, iii, 1924, p. 23-25; M.-Th. VERNET, in *Bull. d'information I. R. H. T.*, vi, 1957, p. 39.

Emend.: R. ELLIS, in *Amer. Journal of Philol.*, xxix, 1908, p. 61-71; H. FUCHS, in RhM, cxiii, 1970, p. 95; J. C. RELHAN, in *Amer. Journal. of Philol.*, cix, 1988, p. 229-230.

Trad. text.: F. CHATILLON, in RMAL, xii, 1956, p. 9-11.

850 **Expositio Virgilianae continentiae** (*SCHANZ*, iv, 2, 198)

R. HELM, *o. c.* [n. 849], p. 81-107.

Emend. et fontes: T. A. MCVEIGH, in *Classical Folio*, xxviii, 1974, p. 103-105; F. BERTINI, in *Studi Noniani*, ii, Genova, 1972, p. 33-60.

De **editione**, cfr J. PERRET, in RÉL, li, 1973, p. 397.

851 **Expositio sermonum antiquorum** (*SCHANZ*, iv, 2, 202)

R. HELM, *o. c.* [n. 849], p. 111-126; U. PIZZANI, Roma, 1968.

Cod.: G. PENNISI, *Fulgenzio e la «Expositio Sermonum Antiquorum»*, Firenze, 1963; M. VAN ROOY, in *Scriptorium*, xli, 1987, p. 127-128.

Emend.: P. WESSNER, in *Comment. philol. Jenens.*, vi, 2, 1899, p. 63-144; T. KLEBERG, in *Eranos*, xxix, 1931, p. 74-79; W. VON STRZELECKI, in *Hermes*, lxviii, 1933, p. 352; G. PENNISI, in *Helikon*, iii, 1963, p. 500-504; G. HUXLEY, in *Classical Philology*, lxviii, 1973, p. 124-127; U. PIZZANI, *o. supra c.*

Fontes: S. COSTANZA, in *Messana*, iv, 1955, p. 159-178.

852 **De aetatibus mundi et hominis** (*SCHANZ*, iv, 2, 200)

R. HELM, *o. c.* [n. 849], p. 127-179.

Cod.: H. SILVESTRE, in SE, v, 1953, p. 187-189 (Bruxellensis 10.098-105, saec. xiii [excerpta]); addatur Bruxellensis II. 2539, s. xiii, f° 91-102.

853 **Super Thebaiden** (*SCHANZ*, iv, 2, 199)   PLS, iii,
R. HELM, *o. c.* [n. *849*], p. 180-186.   1408

Iuxta B. BISCHOFF (*Byzant. Zeitschr.*, xliv, 1951, p. 51, adn. 3 [= *Studien*, ii, p. 271, n. 138]) opusculum *Super Thebaiden* opus est cuiusdam falsarii saec. xii.]

Cetera Ps. Fulgentiana, quae omnia posterioris sunt aetatis (quaedam fortasse FVLGENTIO ABBATI AFFLIGEMENSI adscribenda sunt), recensuit P. LEHMANN, *Pseudo-antike Literatur des Mittelalters*, Leipzig, 1927, p. 20-22; ibidem etiam nonnulla de codicibus dicuntur.

VICTOR EPISCOPVS CARTENNENSIS

floruit in Mauretania saec. v medio. — Cfr *Prosopographie*, i, p. 1174.

854 **De paenitentia.** Inc. « Paenitentiae officia et merita » (Ps. AMBROSIVS) (*SCHANZ*, iv, 2, 572; *CPPM*, ii, 3007)

PL, xvii, 971-1004 (1059-1094) = DU FRISCHE & LE NOURRY.

Cod., trad. text.: J.-P. BOUHOT, in RHT, iv, 1974, p. 203 (et p. 194 sq.).

De **genuinitate** uide B. POSCHMANN, *Die abendländische Kirchenbuße im Ausgang des christlichen Altertums*, München, 1928, p. 166 sq.

Opusculum uero PS. BASILII *De consolatione in aduersis* (n. 999) certe non est nostri auctoris, uide G. BARDY, in DTC, xv, 2, 1950, col. 2876 sq. Certe, quidam codices hoc opusculum tribuunt chronistae VICTORI TONNENNENSI (n. 2260); attamen potius Gennadius Massiliensis (*De uiris*, 77) sequendus uidetur qui tractatum, « de paenitentia publica » inscriptum, sub nomine Victoris Cartennensis legebat.

ANONYMI

saec. v-vi.

Sermones inediti Africani ex homiliario Floriacensi (*a*)

855 i. **De Epiphania.** Inc. « Diei huius aduentum si perfecto » (*CPPM*,   PLS, iii,
i, 169. 1243);   1412

(*a*) De homiliario Floriacensi tractat R. GRÉGOIRE, *Homéliaires liturgiques médiévaux*, Spoleto, 1980, p. 263-280.

856 ii. **De Ascensione.** Inc. «Festiuitas Ascensionis dominicae uenerabiliter ueneranda est»;

857 iii. **In Pentecosten.** Inc. «Dudum post diluuium» (CPPM, i, 2368);

858 iv. **Item sermo unde supra.** Inc. «Perfidorum crebro cadit» (CPPM, i, 143);

859 [v. **De sancto Iohanne Baptista.** Inc. «... nostri ueniam peteremus» (a)];

860 [vi. **Item in natale sancti Iohannis.** Inc. «Natalem sancti Iohannis, fratres karissimi» (b) (CPPM, i, 981)];

861 vii. **In natale martyrum diuersorum.** Inc. «Multos et magnos patronos hodie»;

862 viii. **Item unde supra.** Inc. «Si semper dominica praecepta seruamus»;

863 ix. **In natale Machabaeorum.** Inc. «Multa sunt exempla fortium militum» (c)

J. LECLERCQ, in RB, lviii, 1948, p. 53-72.

Emend.: V. BULHART, in RB, lxi, 1951, p. 260.

Fontes: H. J. FREDE, p. 164 sq.; R. GRÉGOIRE, *l. c.*

PONTIANVS EPISCOPVS THENITANVS

scripsit anno 544 uel 545. — Cfr *Prosopographie*, i, p. 883 sq.

864 **Epistula de tribus capitulis ad Iustinianum Imperatorem.** Inc. «Principaliter nomen» (SCHANZ, iv, 2, 582)

PL, lxvii, 995-998.

(a) Est *sermo* 52 PS. AMBROSII, id est MAXIMI TAVRINENSIS (n. 180); initium in homiliario Floriacensi sic restituendum est: «Diximus superiore dominico cum silentii nostri...». Cfr P. COURCELLE, *Leçon inaugurale Collège de France*, [Paris, 1952], p. 27 sq.

(b) Hic omittatur; est enim recensio interpolata *sermonis* 216 S. CAESARII, cfr RB, lix, 1949, p. 113, adn. 1.

(c) Eundem sermonem eodem e codice accuratius iam edidit H. DÖRRIE, *Passio SS. Machabaeorum*, Göttingen, 1938, p. 107-108. Potius saec. viii uidetur.
Cod.: P. BOGAERT, in *Bull. de la Bible latine*, v, 1955 (1964)/1973, p. 222, n. 708.

F. Schütte (*Studien über den Schriftstellerkatalog des heiligen Isidor*, Breslau, 1902, p. 77-149) primum nucleum huius operis ISIDORI HISPALIENSIS Pontiano nostro tribuendum opinatus est; et fortasse olim exstabat huiuscemodi nucleus scriptores Afros recapitulans (cfr H. Koeppler, in JTS, xxxvii, 1936, p. 20 sqq.), sed quisnam confecit, omnino non constat. Cfr C. Codoñer Merino, *El 'De uiris illustribus' de Isidoro de Sevilla*, Salamanca, 1964, p. 31 sqq. De cetero, huic nucleo non amplius locus est in traditione nimis intricata huius operis Isidori, sicut enucleata est a Francisco Dolbeau, in *De Tertullien aux Mozarabes. Mél. offerts à J. Fontaine*, ii, Paris, 1992, p. 41-56.

LIBERATVS DIACONVS CARTHAGINENSIS

floruit circa 560.

865 **Breuiarium causae Nestorianorum et Eutychianorum**   PL, lxvii 969

E. Schwartz, ACO, ii, 5, 1936, p. 98-141.

Cod.: A. Paredi, *La Biblioteca del Pizzolpasso*, Milano, 1961, p. 101 (Milano, Ambros. D ii sup., saec. xv, f° 51ᵛ-109ᵛ); excerpta edidit I. B. Pitra, *Spicilegium Solesmense*, iv, 1, Paris, 1858, p. 188 sq.

Trad. text.: K. G. Schon, in *Deutsches Archiv*, xxxii, 1976, p. 546-557.

FACVNDVS EPISCOPVS HERMIANENSIS

obiit post a. 571.

866 **Pro defensione trium capitulorum l. xii** (SCHANZ, iv, 2, 581)   PL, lxvi 527

CC, xc A, 1974 — Clément & Vander Plaetse, p. 1-398.

Fontes: L. Abramowski, in *Stud. Patr.*, i, 1957, p. 61-69.

Cfr. A. Fraisy, *Une image historique et nuancée de l'histoire: Facundus d'Hermiane*, in *Bull. litt. eccl.*, xcvi, 1995, p. 185-197.

867 **Contra Mocianum Scholasticum** (SCHANZ, iv, 2, 581)   PL, lxv 853

ibid., p. 399-416.

868 **Epistula fidei catholicae in defensione trium capitulorum**   PL, lxv 867
(SCHANZ, iv, 2, 582)

ibid., p. 417-434.

Genuinitas: A. Placanica, in *Maia*, xliii, 1991, p. 41-46.

VERECVNDVS EPISCOPVS IVNCENSIS

obiit inter annos 551 et 553.

869 **Carmen de satisfactione paenitentiae.** Inc. «Quis mihi maesta dabit lacrimosis imbribus ora» (SCHANZ, iv, 2, 394; MANITIUS, i, 154; SCHALLER & KÖNSGEN, 13670; CPPM, ii, 3441)   PLS, iv, 39

CC, xciii, 1976 — DEMEULENAERE, p. 205-214; M. G. BIANCO, *Verecundo di Iunca, un poeta ancora trascurato del vi° secolo*, in *Disiecti membra poetae*, 1984, p. 216-231; EAD., *Verecundus Iuncensis, Carmen de paenitentia*, Napoli, 1984.

Cod., emend.: M. G. BIANCO, in *Augustinianum*, xxiv, 1984, p. 549-560.

Emend.: M. WINTERBOTTOM, in JTS, n. s., xxix, 1978, p. 241-244.

De **auctore** *Carminis ad Flauium de resurrectione mortuorum et de iudicio Domini* (n. 1463), quod olim Verecundo adscribere solebant, uide nunc H. MILTNER-ZURUNIK, in WSt, xlviii, 1930, p. 82-97; de aliis carminibus perperam Verecundo subditis, uide O. BARDENHEWER, v, p. 328; R. DEMEULENAERE, *o. c.*, p. viii sq.

870 «**Commentarii super Cantica ecclesiastica**» (SCHANZ, iv, 2, 395; MANITIUS, i, 153; STEGMÜLLER, 8285)   PLS, iv, 45

ibid., p. 1-203.

Text. bibl., fontes: C. M. MAGAZZÙ, *Technica exegetica nei Commentarii super Cantica ecclesiastica di Verecundo di Junca*, Messina, 1984.

SPVRIA

871 **Excerptiones de gestis Chalcedonensis Concilii** (SCHANZ, iv, 2, 396)

J. PITRA, *Spicilegium Solesmense*, iv, 1, Paris, 1858, p. 166-191.

Cod., fontes, indoles: cfr R. DEMEULENAERE, in CC, xciii, 1976, p. xiii-xvi; K. G. SCHON, *Exzerpte aus den Akten von Chalkedon bei Pseudo-Isidor und in der 74-Titel-Sammlung*, in *Deutsches Archiv*, xxxii, 1976, p. 546-557.

IVNILLVS AFRICANVS

scripsit Constantinopoli circa 542, cfr E. STEIN, *Le questeur Junillus et la date de ses «Instituta»*, in *Bull. Acad. Roy. Belg., classe des lettres*, 5ᵉ série, t. xxiii, 1937, p. 378-383.

872 **Instituta regularia diuinae legis** (*SCHANZ*, iv, 2, 583; *STEGMÜL-* PL, lxviii
LER, 5327-5329) 15

H. KIHN, *Theodor von Mopsuestia und Junilius Africanus als Exegeten*, Freiburg, 1880, p. 465-528.

Cod.: A. SIEGMUND, p. 107 sq.; M. LAISTNER, in *Harvard Theol. Rev.*, xl, 1947, p. 23-26.

Emend.: A. RAHLFS, in *Nachr. Göttingen*, 1891, 6. Heft, p. 242-246.

Hoc opus stricto sensu auctoris proprium minime dicendum est, cum potius liberior quaedam sit interpretatio latina tractatus PAVLI NISIBENI (*CPG*, 7015), qui et ipse multa debet THEODORO MOPSVESTENO, ut in ipsa uersionis latinae epistula praeuia locupletissime expositum est.

PRIMASIVS EPISCOPVS HADRVMETINVS

scripsit circa 550.

873 **Commentarius in Apocalypsin** (*SCHANZ*, iv, 2, 585; *STEGMÜLLER*, PLS, iv,
6988) 1211

CC, xcii, 1985 — ADAMS.

Index uerborum: ILL, A, 26.

Commentarius in epistulas Paulinas sub nomine Primasii editus (*CPPM*, ii, 2891-2892), partim est PELAGII secundum recensionem retractatam CASSIODORI, partim est HAYMONIS AVTISSIODORENSIS (n. 902). Vide A. SOUTER, *The Earliest Latin Commentaries on the Epistles of St Paul*, Oxford, 1927, p. 210.

873a **Quid haereticum facit** (fragm. apud CASSIODORVM, *Expos. in* PL, lxx,
psalm. cxxxviii [n. 900]). Inc. «Haereticus est qui diuinae legis» 994
(*SCHANZ*, iv, 2, 586)

CC, xcviii, 1958, p. 1255 — ADRIAEN.

Cfr *ibid.*, p. 1060.

VICTOR EPISCOPVS CARTHAGINENSIS

saec. vii medio.

874 **Epistula ad Theodorum papam.** Inc. «Vestrae beatissimae pa- PL, lxx
ternitatis apud Deum» (*CPG*, 9396) 637;
lxxxvii
ACO, n. s., i, 1984 — RIEDLINGER, p. 99-103 (cum **uersione graeca**).

COLVMBVS, STEPHANVS, REPARATVS ET VNIVERSI EPISCOPI AFRICANAE PROVINCIAE

875 **Epistula ad Theodorum papam.** Inc. «Magnum et indeficientem» (CPG, 9393) PL, lxxxvii, 81
ibid., p. 67-71 (cum **uersione graeca**).

STEPHANVS ET VNIVERSI EPISCOPI CONCILII BYZACENI

876 **Epistula ad Constantinum Augustum.** Inc. «Omnipotens Deus Ecclesiae suae prouidens» (CPG, 9394) PLS, iv, 2005
ibid., p. 75-79 (cum **uersione graeca**).

Epistolas nn. 875 et 876 spurias aestimat FREDE..

GVLOSVS, PROBVS ET VNIVERSI EPISCOPI CONCILII PROCONSVLARIS

877 **Epistula ad Paulum episc. Constantinopolitanum.** Inc. «Caput et fundamentum fidei catholicae» (CPG, 9395) PLS, iv, 2008
ibid., p. 81-95 (cum **uersione graeca**).

Textus latinus originalis nn. 874-877 in *Actis Concilii Lateranensis* a. 649 seruatus est; non enim uidetur retro translatus ex uersione graeca, cfr E. CASPAR, in ZKG, li, 1932, p. 77-82 et H. J. FREDE.

De aliis documentis ad concilium Lateranense a. 649 pertinentibus, uide sub n. 1774.

2. SCRIPTORES ITALIAE

BOETHIVS

floruit saec. v-vi. — Cfr P. COURCELLE, *La Consolation de la Philosophie dans la tradition littéraire. Antécédents et postérité de Boèce*, Paris, 1967; M. GIBSON e. a., *Boethius. His Life, Thought and Influence*, Oxford, 1981; F. TRONCARELLI, *Tradizione perdute. La 'Consolatio Philosophiae' nell' Alto Medioevo*, Padova, 1981; ID., *Tradizioni ritrovato?*, in RÉAug, xxxi, 1985, p. 215-226.

Bibliographia: CC, xciv, 1984[2], p. xviii-xl; L. OBERTELLO, *Severino Boezio*, ii, Genova, 1974.

878 **Philosophiae consolatio** (*SCHANZ*, iv, 2, 161 et 648; *MANITIUS*, i, 32; ii, 792; iii, 1060)   PL, lxiii, 579; CSE lxvii, 1

CC, xciv, 1984² — BIELER.

Cod.: M. GIBSON, M. LAPIDGE, C. PAGE, in *Anglosaxon England*, xii, 1983, p. 141-152; F. TRONCARELLI, *Boethiana Aetas. Modelli grafici e fortuna manoscritta della «De Consolatione Philosophiae»*, Alessandria, 1987; M. HUGLO, in *Scriptorium*, xlv, 1991, p. 288-294; M. B. PARKES, in *Boethius. His Life, Thought and Influence*, Oxford, 1981, p. 425-427 (cod. Vat. Lat. 3363, saec. ix).

Emend.: T. MACHON, in *Class. Phil.*, lxxxi, 1986, p. 328 sq.; F. TRONCARELLI, in *Scriptorium*, xli, 1987, p. 133-150.

Versiones graecae: uide APh, liii, 1984 (1982), nn. 971 et 973; cfr CC, xciv, 1984², p. xxxv sq.

Latinitas: C. MOHRMANN, in *Latin Script and Letters. Festschr. L. Bieler*, Leiden, 1976, p. 54-61.

Index uerborum: L. COOPER, *A Concordance to Boethius. The Five Theological Tractates and the Consolation of Philosophy*, Cambridge (Massach.), 1928.

879 **De institutione arithmetica** (*SCHANZ*, iv, 2, 152; *MANITIUS*, i, 26)   PL, lxiii, 1079

G. FRIEDLEIN, Leipzig, 1867, p. 3-173.

Cod.: M. SCHANZ, *l. c.*; M. MANITIUS, *l. c.*; addatur R. BRAGARD, in *Le Musée belge*, cxxxi, 1927, p. 125-133; THORNDIKE & KIBRE, pp. 362 et 447; M. MASI, *Boethian Number Theory*, Amsterdam, 1983, p. 58-63.

Var. lect., glossae, critica: M. DRAAK, *A Leyden Boethius-fragment*, in *Mededel. Amsterdam, afd. Letterkunde*, n. s., xi, 3, 1948; M. BERNHARD, *Glossen zur Arithmetik des Boethius*, in *Scire litteras. Festschr. B. Bischoff*, München, 1988, p. 23-34.

Emend.: E. ORTH, in PhWo, lv, 1935, col. 112; J.-Y. GUILLAUMIN, in *Philologus*, cxxxvi, 1992, p. 130-135.

Noua ed. paratur a H. OOSTHOUT.

880 **De institutione musica** (*SCHANZ*, iv, 2, 153; *MANITIUS*, i, 27)   PL, lxiii, 1167

G. FRIEDLEIN, *o. c.* [n. 879], p. 175-371.

Cod.: C. M. BOWER, *Boethius' De institutione musica: A Handlist of MSS*, in *Scriptorium*, xlii, 1988, p. 205-251.

Cfr etiam n. 1384°*i*.

Fontes: G. WILLE, *Musica Romana*, Amsterdam, 1967, p. 656-700; U. PIZZANI, in SE, xvi, 1965, p. 5-164; C. M. BOWER, *Boethius and Nicomachus. An Essay concerning the Sources of «De Institutione Musica»*, in *Vivarium*, xvi, 1978, p. 1-45.

Noua ed. paratur ab U. Pizzani.

M. Bernhard, *Wortkonkordanz zu A. M. S. Boethius De institutione Musica*, München, 1979.

881 **In Porphyrii Isagogen commentorum editio duplex** (SCHANZ, PL, lxiv, 71 iv, 2, 156; MANITIUS, i, 29; ii, 792)

CSEL, xlviii, 1906 — Brandt, p. 3-348.

Cfr H. J. Frede, p. 327.

882 **In categorias Aristotelis libri iv** (SCHANZ, iv, 2, 154; MANITIUS, i, 29)

PL, lxiv, 159-294 = Glareanvs (seu H. Lorit).

Cod.: Boethii commentariorum ac translationum operum Aristotelis commode reperies apud *Aristoteles Latinus. Codices descripsit G. La-combe. Supplementis et indicibus instructi* a L. Minio-Paluello, Roma/Brugis/Parisiis, 1939/1961 (cfr Index in *Suppl. altero*, p. 193 sq.).

Var. lect.: H. Geist, in BerlPhWo, xxxi, 1911, col. 598-599.

Emend.: G. Schepss, in *Blätter für das bayer. Gymnasialschulwesen*, xxxiii, 1897, p. 252 sq.; L. Minio-Paluello, *Aristotelis Categoriae et Liber de interpraetatione*, Oxford, 1949; Id., in *Aristoteles Latinus*, i, 1-5, Brugge/Paris, 1961, p. 5-41.

Cfr P. Hadot, *Un fragment du commentaire perdu de Boèce sur les Catégories d'Aristote dans le codex Bernensis 363*, in *Archives d'hist. doctr. et litt. du moyen âge*, xxxiv, 1959, p. 11-27.

Prolegomena ad criticam editionem Boethii translationum et commentariorum, qui «Aristoteles logicus» nuncupatur, edidit L. Minio-Paluello, *Les traductions et les commentaires aristotéliciens de Boèce*, in *Stud. Patr.*, ii, 1957, p. 358-365.

Cod.: G. Pesenti, *Boethiana*, in *Didaskaleion*, iii, 1914, p. 327-333.

882*a* **Priora analytica Aristotelis (duplex recensio Boethii translationis)**

L. Minio-Paluello, *Aristoteles Latinus*, iii, 1-4, Brugge/Paris, 1962, p. 5-191.

Cfr J.-P. Levet, *Philologie et Logique: Boèce traducteur des premiers chapitres du livre I des «Analytica priora» d'Aristote*, in RHT, xviii, p. 1-62.

Commentarius marginalis et interlinearis in Aristotelis *Priora Analytica*, e graecis praesertim fontibus haustus et uerisimilius a Boethio compositus, legitur in codice Firenze, B. N., Conv. soppr. J. vi. 34, saec. xii. Detexit et descripsit L. Minio-Paluello, *A Latin Commentary*

(? *translated by Boethius) on the Prior Analytics and its Greek Sources*, in *The Journal of Hellenic Studies*, lxxvii, 1957, p. 93-102. — Stilum Commentarii Boethianum esse comprobat T. SHIEL, *Recent Discovery: Boethius' Notes on the «Prior Analytics»*, in *Vivarium*, xx, 1982, p. 128-141.

883 **In librum Aristotelis Περὶ ἑρμηνείας commentarii editio duplex** (SCHANZ, iv, 2, 155; MANITIUS, i, 30)

PL, lxiv, 293 et 39

C. MEISER, Leipzig, i-ii, 1877-1880.

Emend.: L. MINIO-PALUELLO, *o. c.* [n. 822*a*], ii, 1-2, 1965, p. 5-38; textus graecus *Libri De interpraetatione* legitur apud L. MINIO-PALUELLO, *Aristoteles Latinus*, Brugge/Paris, 1949; Oxford, 1955².

884 **De syllogismo categorico** (SCHANZ, iv, 2, 157; MANITIUS, i, 30)

PL, lxiv, 793-832 = GLAREANVS.

Hunc tractatum genuinum esse negat A. P. McKINLAY, in *Classical and Mediaeval Studies ... E. K. Rand*, New York, 1938, p. 209-219; uidetur potius prima recensio subsequentis opusculi, cfr J. BIDEZ apud A. VAN DE VYVER, *Les étapes du développement philosophique du haut moyen-âge*, in *Rev. belge philol. hist.*, viii, 1929, p. 444.

885 **Introductio ad syllogismos categoricos (Antepraedicamenta)** (SCHANZ, iv, 2, 157; MANITIUS, i, 30)

ibid., 761-794.

Cod.: G. NOËL, in *Scriptorium*, xl, 1986, p. 81-82.

886 **De syllogismo hypothetico** (SCHANZ, iv, 2, 157; MANITIUS, i, 31)

PL, lxiv 831

L. OBERTELLO, Brescia, 1969.

887 **De diuisione** (SCHANZ, iv, 2, 158; MANITIUS, i, 32; ii, 792)

PL, lxiv, 875-910.

Prolegomena ad **nouam editionem**: J. MAGEE, *The Text of Boethius' De diuisione'*, in *Vivarium*, xxxii, 1994, p. 1-50.

887*a* **Interpretatio Topicorum Aristotelis**

L. MINIO-PALUELLO, *Aristoteles Latinus*, v, 1-3, Bruxelles/Paris, 1969, p. 5-179.

887*b* **Interpretatio Elenchorum Sophisticorum**

B. G. DOD, *Aristoteles Latinus*, vi, 1-3, Leiden/Bruxelles, 1975, p. 5-60.

888 **Commentaria in Ciceronis Topica** (SCHANZ, iv, 2, 157; MANITIUS, i, 31; ii, 792)   PL, lxiv, 1039

J. C. Orelli & I. G. Baiter, *Ciceronis Opera*, t. v, i, Zürich, 1833, p. 270-388.

Emend.: T. Stangl, *Boethiana*, Gotha, 1882; E. Stump, in sua uersione anglica huius operis (Ithaca, 1988).

Noua ed. paratur a G. Di Maria.

889 **De topicis differentiis** (SCHANZ, iv, 2, 158; MANITIUS, i, 31)

PL, lxiv, 1173-1216; D. Z. Nikitas, Athenae/Paris, 1990 (una cum duplice uersione graeca auctore M. Holobolos [saec. xiii] et Ps. Kydones [saec. xiv]).

Fontes: D. Z. Nikitas, *Ciceros rhetorische Schriften als Quellen von Boethius' De topicis differentiis*, in *Troisième Congrès grec d'études classiques*, Thessalonica, 1989, p. 243-279.

«Opuscula sacra» (SCHANZ, iv, 2, 159; MANITIUS, i, 35):

H. F. Steward & E. K. Rand, London, 1918 (1973[6], cum S. Tester).

890 1. **Quomodo Trinitas unus Deus ac non tres dii** (p. 2-30)   PL, lxiv, 1247

891 2. **Vtrum Pater et Filius et Spiritus Sanctus de diuinitate substantialiter praedicentur** (p. 32-36)   PL, lxiv, 1299

892 3. **Quomodo substantiae in eo, quod sint, bonae sint** siue **De hebdomadibus** (p. 38-50)   PL, lxiv, 1311

893 4. **De fide catholica** (p. 52-71)   PL, lxiv, 1333

Genuinitas, trad. text., **fragm.** «Summa fidei»: uide F. Troncarelli, in *Scriptorium*, xlii, 1988, p. 4-19 (cfr n. 950).

894 5. **Liber contra Eutychen et Nestorium** (p. 72-127)   PL, lxiv, 1337

Apparatus locupletiores inuenies in editione Peiperiana (Leipzig, 1871).

Cod.: E. K. Rand, *Der dem Boethius zugeschriebene Traktat de fide catholica*, Leipzig, 1901 (*Jahrb. f. klass. Philol.*, *Suppl.* xxvi), p. 405-461; E. J. Daly, in *Scriptorium*, iv, 1950, p. 205-219; F. Troncarelli, *a. c.* [n. 893].

Index uerborum: L. Cooper, *o. c.* (n. 878).

Breuem et optimum conspectum de «Opusculis sacris» praebet M. Cappuyns, in DHGE, ix, 1937, col. 371 sq.

APPENDIX

Ex spuriis non paucis sub nomine Boethii editis, unum tantum hic locum habet (*a*), nempe:

895 **Ars geometriae et arithmeticae** (SCHANZ, iv, 2, 153)   PL, lxiii,
M. FOLKERTS, «*Boethius*», *Geometrie*, ii, Wiesbaden, 1970,   1352
p. 113-171.

Cod., fragmenta: THORNDIKE & KIBRE, p. 554; M. GEYMONAT, in *Scriptorium*, xxi, 1967, p. 3-16.

Videtur enim ante terminum hic nobis assignatum confecta et e quodam Boethii opusculo genuino, sed hodie deperdito, nempe *De institutione geometrica*, consarcinata.

CASSIODORVS

natus paulo postea 485, obiit circa a. 580. — Cfr M. CAPPUYNS, in DHGE, xi, 1949, col. 1349-1408; Å. J. FRIDH, in CC, xcvi, 1973, p. v-xiii.

Bibliographia: CC, xcvi, 1973, p. xv-xxxiv. Vide et *Viuarium Scyllacense. Boll. dell' Istituto di Studi su Cassiodoro*, i, sqq., 1990 sqq.

Trad. text.: F. TRONCARELLI, *I codici di Cassiodoro* (i. e. codices Viuarii): *le testimonianze più antiche*, in *Scrittura e Civiltà*, xii, 1988, p. 47-99.

Clausulae: M. J. SÜLZER, *The Clausulae in Cassiodorus*, Washington, 1944; cfr B. BOTTE, in BTAM, v, n. 1156.

896 **Variarum l. xii** (SCHANZ, iv, 2, 97; MANITIUS, i, 40; ii, 793)   PL, lxix
CC, xcvi, 1973 — FRIDH, p. 1-499.   501; MG
                                                                            auct. a
Cfr L. VISCIDO, *Studi sulle Variae di Cassiodoro*, 1987.   xii, 3

Emend.: M. D. REUE, in *Class. Rev.*, xx, 1970, p. 136 (*Var.* v, 42, 6); L. BIELER, in *Scriptorium*, xxxii, 1978, p. 84.

Latinitas: Å. J. FRIDH, *Études critiques et syntaxiques sur les Variae de Cassiodore*, Göteborg, 1950; ID., *Terminologie et formules dans les Variae de Cassiodore*, Stockholm, 1956; ID., *Contributions à la critique et à l'interprétation des Variae de Cassiodore*, Göteborg, 1968; J. ROUGÉ, in *Latomus*, xxi, 1962, p. 384-390.

Praeter epistulas ipsius Senatoris necnon formularum libros tres, ibi seruatae sunt epistulae THEODORICI, ATHALARICI, TVLI (THOLVIT), AMALASIVNTHAE, THEODAHADI (cfr n. 1508*a*), GVDELINAE, VITIGIS.

(*a*) Cetera enim sunt posterioris aetatis, cfr M. CAPPUYNS, *a. c.* [n. 894], p. 362. Attamen tractatus *De definitione* inter opuscula MARII VICTORINI, eius ueri parentis, supra iam recensus est (n. 94).

897 **De anima** (= **Variarum l. xiii**) (*SCHANZ*, iv, 2, 100; *MANITIUS*, i, 41) PL, lxx, 1279

ibid., p. 333-575 — HALPORN.

Textum repetit G. PALERMO, paucas emendationes proponens, in *Orpheus*, xxiii, 1976, p. 41-143.

Fontes: M. DI MARCO, in *Studi e mater. di storia delle religioni*, ix, 1985, p. 93-117.

898 **Orationum reliquiae** (*SCHANZ*, iv, 2, 94; *MANITIUS*, i, 41)

MGH, *auct. ant.*, xii, 1894 — TRAUBE, p. 465-484.

Emend.: É. CHATELAIN, in *Rev. de philol.*, xxvii, 1903, p. 45-48; M.-L. ANGRISANI SANFILIPPO, in *Quaderni Cutanesi*, iv, 1982, p. 457-466; M. GEYMONAT, in *Scripta philolog.*, iii, Milano, 1982, p. 122 sq.

899 **Chronica**

uide sub n. 2269.

Historia Gothica (*MANITIUS*, i, 42), quod opus extat tantum in fragmentis a *IORDANE* excerptis, in editione Mommseniana huius auctoris sub n. 913 recensita est; *Historia uero ecclesiastica tripartita* in *CPG* sub numeris 6028, 6030, 6222, 7502. Alia nonnulla e graeco transtulit uel transferri iussit, uide A. SIEGMUND, p. 288 (*Verzeichnis der Übersetzer*); *CPG* 1380. 2562. 3810. 444°. 9089; adde F. BLATT, *Remarques sur l'histoire des traductions latines*, in *Classica et Mediaeualia*, i, 1938, p. 227-242; H. JANNE, *Un contresens de Cassiodore* (*IOSEPHVS, Contra Apionem*, 81), in *Byzantion*, xi, 1936, p. 225-227; A. LEROY-MOLINGHEN, *De quelques traductions latines littérales ou fautives*, in *Latomus*, iv, 1940/45, p. 35-39.

900 **Expositio psalmorum** (*SCHANZ*, iv, 2, 101; *STEGMÜLLER*, 1894) PL, lxx, 9

CC, xcvii-xcviii, 1958 — ADRIAEN.

Cod.: K. FORSTNER, in *Scriptorium*, xiv, 1960, p. 245-246; M. CAPPUYNS, in RB, lxxiv, 1964, p. 36 sqq.; J. W. HALPORN, in *Class. Phil.*, lxix, 1974, p. 124; ID., in *Traditio*, xxxvii, 1981, p. 388-396; ID., in RÉAug, xxx, 1984, p. 107-126; ID., in *Texte und Textkritik*, Berlin, 1987 (TU, cxxxiii), p. 239-247; ID., in *Class. Philol.*, lxxx, 1985, p. 46-50; U. HAHNER, *o. infra c.*, p. xi et 9-11; F. J. PEREZ DE URBEL, in *Classica et Iberica. Festschrift F. M. Marique*, Worcester, 1975, p. 393-416; R. N. BAILEY & R. HANDLEY, in *Class. Philol.*, lxxviii, 1983, p. 51-55.

In codicibus recentioribus occurrit excerptum *Super septem psalmos poenitentiales* (*STEGMÜLLER*, 1894, 1); **cod.** add.: Basel B ii 22, saec. xiv.

Text. bibl.: J. W. HALPORN, in RB, xcv, 1985, p. 169-184.

Fontes: A. Ceresa-Gastaldo, *La tradizione Virgiliana nell'esegesi biblica di Cassiodoro*, in *Riv. Studi Class.*, xvi, 1968, p. 304-309.

Trad. text.: R. N. Bailley, in JTS, xxxiv, 1983, p. 189-193.

Indoles: A. Ceresa-Gastaldo, *Contenuto e metodo dell'Expositio psalmorum di Cassiodoro*, in *Vet. Christ.*, v, 1968, p. 61-71; R. Schlieben, *Christliche Theologie und Philosophie in der Spätantike. Die schulwissenschaftlichen Methoden der Psalmenexegese Cassiodors*, Berlin, 1974.

Latinitas, critica, emend.: U. Hahner, *Cassiodors Psalmenkommentar. Sprachliche Untersuchungen*, München, 1973; J. W. Halporn, *Cassiodorus' Commentary on Psalms 20 and 21: Text and Context*, in RÉAug, xxxii, 1986, p. 92-102.

Emend.: A. Vaccari, *Cassiodoro e il «passûq» della Biblia hebraica*, in *Biblica*, xl, 1959, p. 309-321.

901 **Notae ad Expositionem psalmorum.** Inc. «Diuersas notas more maiorum» (SCHANZ, iv, 2, 102)

ibid., p. 2.

Cfr J.-M. Courtes, *Figures et Tropes dans le psautier de Cassiodore*, in RÉL, xlii, 1964, p. 361-375; L. Viscido, in *Vet. Christ.*, xxi, 1984, p. 157-164; C. Jeudy, in *Mittellat. Jahrb.*, xxix, 1995, p. 3-20.

902 **Expositio S. Pauli epistulae ad Romanos, una cum Complexionibus in xii sequentes S. Pauli epistulas a quodam Cassiodori discipulo anonymo concinnatis** (STEGMÜLLER, 6367, 3-9; 6989-7001)

PL, lxviii, 413-686 = *Bibl. Patr. Lugd.*, 1677.

Cod., trad. text.: A. Souter, *o. infra c.*, p. 320; U. Borse, *Der Kolosserbrieftext des Pelagius*, Bonn, 1966 (dissert.), p. 28, qui textum editionis principis (opera I. H. Gagney, Lugduni, 1537), emendatiorem aestimant.

Haec Expositio est retractatio commentariorum PELAGII in epistulas Paulinas, qui perperam PRIMASIO HADRVMETINO adscripti erant, cfr A. Souter, in TSt, ix, 1, Cambridge, 1922, p. 318-326. Subsequens uero *Expositio in epistulam ad Hebraeos* (PL, lxviii, 685-794 [STEGMÜLLER, 3114. 3454. 7002]) est HAYMONIS AVTISSIODORENSIS (circa 850), cfr Id., *The Earliest Latin Commentaries on the Epistles of St Paul*, Oxford, 1927, p. 210.

Cod.: A. Souter, *Earliest Commentaries, l. c.*; W. Affeldt, in *Traditio*, xiii, 1957, p. 394.

Var. lect.: D. De Bruyne, *Préfaces de la Bible Latine*, Namur, 1920, p. 213-217.

Critica: A. Souter, in TSt, ix, 2, 1926.

903 **Complexiones in Epistulas Apostolorum, Actuum Apostolorum et Apocalypsis Ioannis** (SCHANZ, iv, 2, 102; STEGMÜLLER, 1896-1918)

PL, lxx, 1319-1418 = MAFFEI.

Emend.: Th. STANGL, in *Sb. Wien*, cxiv, 1887, p. 405-413; ID. in *Blätter f. das bayer. Gymnasialschulwesen*, xxxiv, 1898, p. 249-283; 545-591 (= Th. STANGL, *Cassiodoriana*, München, 1898), necnon in WklPh, xxxii, 1915, col. 208-214; 228-240.

Fontes: ualde mirandum est in hisce *Complexionibus* Cassiodorum nuspiam adhibuisse *Adumbrationes* CLEMENTIS ALEXANDRINI *in Epistulas canonicas*, quas ipse transferri iussit (*Institutiones*, viii — MYNORS, p. 29, 16-22) (edid. O. STÄHLIN, L. FRÜCHTEL, U. TREU, in GCS, xvii², 1970, p. 203-215 [PG, ix, 729-740]; inc. « Benedictus Deus et pater domini nostri Iesu Christi... Si enim 'deus' nos genuit » (STEGMÜLLER, 1979, 1-3; CPG, 1380; **cod.**, **trad. text.**: P. COURCELLE, *Les lettres grecques en Occident*, Paris, 1948, p. 368 sq.).

904 **Prologus « Codicis grandioris » S. Bibliarum.** Inc. « Si diuino ut dignum est »; una cum tribus diuisionibus librorum S. Scripturae, quas in eodem codice praefixit et in *Institutionibus* (n. 906) repetiuit   PLS, iv, 1387

H. QUENTIN, in *Biblia Sacra iuxta Latinam Vulgatam uersionem*, i, Romae, 1926, p. xxi-xxiv.

Cfr M. CAPPUYNS, *a. c.* [ante n. 896], col. 1383 sq.

Prologum peculiarem in librum Esther (inc. « Hunc librum esther, sicut ait beatus hieronimus » [STEGMÜLLER, 340]) edidit D. DE BRUYNE, in RB, xxxi, 1914/19, p. 230 sq.; ID., *Préfaces*, p. 37; epilogum ad eundem librum (inc. « Hucusque completum est uetus testamentum » [PL, xxviii, 1521-1522]) edidit A. MUNDÓ in *Misc. biblica B. Ubach*, Montserrat, 1953, p. 168. De origine Cassiodoriana cfr M. CAPPUYNS, *a. c.* [ante n. 896], col. 1383; A. MUNDÓ, *a. c.*, p. 161-176; recusat B. FISCHER, dubitat H. J. FREDE.

905 **Prooemium in Librum de fide auctore « Rufino prouinciae Palaestinae presbytero »** (n. 200). Inc. « Hic liber qui attitulatur rufini non te seducat »   PLS, i, 1099

Autographice seruatum in cod. Leningrad Q. v. i, 6-10 (LOWE, 1614), edid. O. DOBIACHE-ROJDESTVENSKY, in *Speculum*, v, 1930, p. 31; de **auctore**, *ibid.*, p. 45 sq. Vide etiam F. BLATT, *a. c.* [n. 899], p. 238 sq., qui in alio codice, Ambrosiano nempe, Cimelio MS. I (LOWE, 304), leuissimis indiciis inductus, ipsam manum Cassiodori recognoscere sibi uisus est.

906 **Institutiones** (*SCHANZ*, iv, 2, 103; *MANITIUS*, i, 43; ii, 792; *STEGMÜL-* PL, lxx, *LER*, 1893) 1105

R. MYNORS, Oxford, 1937 (= 1961²).

Non in una uice textus pessime corruptus ueterum editionum sanari potuit: primam editionem criticam, Oxoniensem nempe, critice recensuit praecipue E. BICKEL, in *Gnomon*, xiv, 1938, p. 322-328; historia autem traditionis textus corrigenda est iuxta inuestigationes E. K. RAND, *The New Cassiodorus*, in *Speculum*, xiii, 1938, p. 433-447; A. VAN DE VYVER, *Les «Institutiones» de Cassiodore*, in RB, liii, 1941, p. 59-88, et praesertim P. COURCELLE, *Histoire d'un brouillon cassiodorien*, in RÉA, xliv, 1942, p. 65-86. Vide etiam *An introduction to divine and human readings by Cassiodorus Senator*, translated by L. W. JONES, New York, 1946.

Cod., trad. text., uar. lect.: L. HOLZ, in *Atti Septim. di studi su Fl. M. Aur. Cassiodoro*, Squillace, 1986, p. 281-312; H. THURN, in *Codices Manuscripti*, xii, 1986, p. 142-144; C. JEUDY, in RHT, xxi, 1991, p. 263-268.

In editione Oxoniensi tres tantum recuduntur appendices, nempe: *de topicis* (p. 164-167), *de quattuor elementis* (p. 167 sq. [*THORNDIKE & KIBRE*, p. 962]), *principia geometricae disciplinae* (p. 169-172 [*THORNDIKE & KIBRE*, p. 1152]). Addantur aliae appendices iuxta M. CAPPUYNS, in DHGE, *a. c.* [ante n. 896], col. 1379: *de syllogismis et paralogismis* (PL, lxx, 1192-1195 = GARET); *de propositionum modis* (*ibid.*, 1195 sq.); *Compotus a. 562* (*SCHANZ*, iv, 2, 107; *CORDOLIANI*, xxvii); ed. P. LEHMANN, in *Philo-* PL, lxix *logus*, lxxi, 1912, p. 278-289); *Iulii Seueriani praecepta artis rhetoricae* 1249 (C. HALM, *Rhetores latini minores*, p. 353-370) (*SCHANZ*, iv, 2, 265); **cod.**: C. E. FINCH, in *Transactions Amer. Phil. Assoc.*, cv, 1975, p. 73-77; *Excerpta de dialecticis locis* (cfr PL, lxx, 1181 sq.) (*SCHANZ*, iv, 2, 107); *Excerpta Augustini* (describit et **cod.** indicat R. MYNORS, *o. c.*, p. xxx-xxxv); *de quattuor uentis* (F. BÜCHELER & A. RIESE, *Anthol. lat.*, i, 2, Leipzig, 1906, n. 484, p. 6-8, inc. «Quattuor a quadro consurgunt» [*DÍAZ*, 263; *THORNDIKE & KIBRE*, p. 1179; *WALTHER*, 15282; *SCHALLER & KÖNSGEN*, 13013]); *Excerpta Boethii de musica* (A. HOLDER, *Die Reichenauer Handschriften*, i, Leipzig, 1906, p. 278 sq.); *Excerpta Quintiliani de arte rhetorica* (C. HALM, *o. c.*, p. 501-504) (*SCHANZ*, iv, 2, 105); **cod.**: V. M. LAGORIO, in *Scriptorium*, xxx, 1976, p. 45-47; **emend.**: U. SCHINDEL, in *Glotta*, lii, 1974, p. 95-114.

907 **De orthographia** (*SCHANZ*, iv, 2, 105; *MANITIUS*, i, 49) PL, lxx

H. KEIL, *Grammatici latini*, vii, Leipzig, 1880, p. 143-210. 1239

Emend.: L. TRAUBE, *Nomina Sacra*, München, 1907, p. 211, adn. 2.

908 **De oratione et octo partibus orationis.** Inc. «Oratio dicta est» (*SCHANZ*, iv, 2, 95)

PL, lxx, 1219-1240 = GARET.

Cod.: L. Holtz, in *Stud. Med.*, n. s., xvi, 1978, p. 135-137.

Spurium putant H. Keil aliique; genuinum M. Cappuyns, *a. c.* [ante n. 896], col. 1374, J. Fontaine, *S. Isidore*, i, Paris, 1959, p. 106, adn. 2, et L. Holtz, *a. c.* [n. 906]. Et reuera stilus Cassiodorum sapit; attamen dubitare licet num hic contineantur ista «aliqua de nominis uerbique regulis» quae se scripsisse testatur Cassiodorus (*Instit.*, i, 3); potius in ps. avgvstini *Regulis de nomine* (n. 1558) seruata uidentur.

APPENDIX

909 **Anecdoton Holderi «Ordo generis Cassiodororum».** Inc. «Symmachus patricius et consul» (fragm. in cod. Augiensi cvi) (*schanz*, iv, 2, 99; *manitius*, i, 50)   MGH, *auct. ant.*, xii, p. v

CC, xcvi, 1973 — Fridh, p. v-vi; uel L. Viscido, Napoli, 1991.

Cod., trad. text., uar. lect., emend.: Fr. Dolbeau, in RHT, xii/xiii, 1982/3, p. 397-399; pl. v-vi codicis Augiensis et primi apographi, manu Theodorici Ruinart, nempe cod. Parisiensis, B. N., français 17.698, f° 406, saec. xvii.

Exc. e libello quodam deperdito seu potius epistula Cassiodori ad Cethegum; alia exc. uide apud G. Schepss, in *Neues Archiv*, xi, 1886, p. 125 sq.

Critica: M. van den Hout, in *American Journ. of Philol.*, lxix, 1948, p. 234.

SPVRIA

910 **Expositio in Cantica Canticorum** «Salomon inspiratus» [inc. prooemium «Cum omnium sanctarum»] (*schanz*, iv, 2, 95; *stegmüller*, 1895. 3079; *cppm*, ii, 1904 b. 2024 a. 2125), quam M. Manitius, *Lateinische Literatur*, i, p. 50, adn. 9, *ivsti vrgellensis* esse contendit, et A. C. Vega, *El Comentario al Cantar de los Cantares atribuido a Casiodoro, es español?*, in *La Ciudad de Dios*, cliv, 1942, p. 143-155, *s. isidoro hispalensi* uindicauit; reuera est *haymonis halberstadtensis*, seu potius *avtissiodorensis*, cfr A. Vaccari, in *Biblica*, v, 1924, p. 183-191 (= *Scritti*, i, p. 331-340); uide etiam D. De Bruyne, in RB, xxxix, 1927, p. 261, adn. 1; G. Morin, in RTAM, iv, 1932, p. 116, adn. 19.   PL, lxx, 1056

PL, cxvii, 295

911 In exordio disputationis circa famosissimam **Regulam Magistri** M. Cappuyns illam Cassiodoro uindicauit (*L'auteur de la «Regula Magistri»: Cassiodore*, in RTAM, xv, 1948, p. 209-268). E. Franceschini (*La polemica sull'originalità della regola di S. Benedetto*, in *Aeuum*, xxiii, 1949, p. 52-72, praesertim p. 70 sq.) *Regulam Magistri* fluxisse censet e contionibus Cassiodori ad monachos. Vtriusque argumentis res probari nequit, cfr F. Masai, in *Scriptorium*, ii, 1948, p. 292-296, et H. Vanderhoven, *ibid.*, iii, 1949, p. 246-254. Cfr n. 1858.

IORDANES

origine Gotus uel Alanus; scripsit a. 551. Num idem est ac Iordanes episcopus cui direxit HONORIVS SCHOLASTICVS suum *Rescriptum contra epistulas Senecae* (n. 193), non constat.

Fontes: O. GIORDANO, *Jordanes e la storiografia nel VI° secolo*, Bari, 1973; L. VARADY, *Jordanes-Studien. Jordanes und das Chronicon des Marcellinus Comes*, in *Chiron*, vi, 1976, p. 441-487.

Latinitas: H. KALÉN, *Studia in Iordanem philologica*, Uppsala, 1939; R. IORDACHE, in *Helmantica*, xxiv, 1973, p. 117-134; xxvii, 1976, p. 5-62.

912 **De summa temporum uel origine actibusque gentis Romanorum** (SCHANZ, iv, 2, 119; MANITIUS, i, 211; ii, 798)

MGH, *auct. ant.*, v, 1, 1882 — MOMMSEN, p. 1-52.

Emend.: G. KNAACK, in *Philologus*, lx, 1901, p. 639-640.

Fontes: W. ENSLIN, *Des Symmachus Historia Romana als Quelle für Jordanes*, in *Sb. München*, 1949, 3. Heft; B. LUISELLI, in *Romano-barbarica*, i, 1976, p. 83-133.

913 **De origine actibusque Getarum** (e CASSIODORO concinnatum) PL, lxix (SCHANZ, iv, 2, 118; MANITIUS, i, 212; ii, 798; iii, 1061) 1251

Fr. GIUNTA & A. GRILLONE, Roma, 1991 (*Fonti per la storia d'Italia*, cxvii).

Critica: D. R. BRADLEY, in *Eranos*, lxiv, 1966, p. 66-69; J. SVENNUNG, *Jordanes und Scandia*, Stockholm, 1967; N. WAGNER, *Getica. Untersuchungen zum Leben des Jordanes und zur frühen Geschichte der Goten*, Berlin, 1967; N. ZORZETTI, in *Ann. Lett. e Filos. Trieste*, iv, 1967/68; Fr. GIUNTA, *In margine alla nuova edizione dei Getica di Jordanes* (ed. Teubneriana), in *Faventia*, x, 1988, p. 77-97.

Fontes: B. LUISELLI, in *Studi Urbinati*, ser. B, xlix, 1975, p. 529-535; V. ILIESCU, in *Actes xiie Confér. Étud. Class.*, București, 1975, p. 411-428; B. BALDWIN, in *Rev. belge philol. et hist.*, lix, 1981, p. 141-146.

Cod., uar. lect.: M. BESSON, *L'art barbare dans l'ancien diocèse de Lausanne*, Lausanne, 1909, p. 216-218 (Lausanne, fragm. capp. 58-60 [saec. viii?], sed non uidetur pertinere ad cod. Heidelbergensem 921 deperditum, cfr E. A. LOWE, 1224); Fr. GIUNTA, in *Archivio storico Siciliano*, iii, 1, 1947, p. 185-195; D. R. BRADLEY, in *Riv. di cult. class. e med.*, v, 1963, p. 366-382.

Emend.: V. LUNDSTRÖM, in *Eranos*, xxii, 1924, p. 219 sq.; D. NORBERG, in *Eranos*, xli, 1934, p. 33-42.

Clausulae: D. BIANCHI, in *Aeuum*, xxx, 1956, p. 239-246.

EPIPHANIVS LATINVS

(episcopus Hispalensis [441-461]? Beneuentanus [saec. v-vi]?)

914 **Interpretatio Euangeliorum** (*SCHANZ*, iv, 2, 567 et 650; *STEGMÜLLER*, 2245, 1)   PLS, iii, 834

A. ERIKSON, Lund, 1939.

Codicum elencho (p. viii sq.) addantur cod. Parisinus S. Genoueuae 232, saec. x, f° 155-162 (*serm.* 59-62), Beneuentanus, Bibl. Capit. 10, saec. xi (*serm.* 19, 23, 49), Casinensis 100 (*sermo* 21 [*PS. AVGVSTINVS*, *ed. Caillau* i, 42] [*CPPM*, i, 1272]) et Bruxellensis, B. R., 14.920-22 (*sermo* 59, quem denuo edidit J. LECLERCQ, in RB, lix, 1949, p. 102-104 [n. 418]). Sermo 60 fere idem est ac *sermo PS. AVGVSTINI* 81 (n. 368) (*CPPM*, i, 866). — Initia sermonum infra inuenies in *Indice* iv.

Trad. text.: H. BARRÉ, in RB, lxxi, 1961, p. 82.

Cfr A. ERIKSON, *Sprachliche Bemerkungen zu Epiphanius' Interpretatio Euangeliorum*, Lund, 1939.

PS. CHRYSOSTOMVS [IOANNES MEDIOCRIS EPISCOPVS NEAPOLITANVS ?]

sedit circa 533-553.

Cfr A. VACCARI, *La Bibbia nell'ambiente di S. Benedetto*, in *Biblica*, xxix, 1948, p. 331 sqq. (= *Scritti*, i, p. 268 sqq.; cfr *ibid.*, p. 249 sq.); B. FISCHER, in ThLz, lxxvii, 1952, col. 288.

915 **Sermones xxxi**   PLS, iv, 741

S. Ioannis Chrysostomi opera omnia, t. i, ii et v, Venetiis, 1549; C. P. CASPARI, *Ungedruckte... Quellen*, ii, Christiania, 1869, p. 225-244.

Capitula edidit M. LAMBERT, *Une collection homilétique du sixième siècle (Italie du Sud)* (dissert.), Louanii, 1968, p. 10-12.

Critica editionis in PLS: M. LAMBERT, in RÉAug, xv, 1968, p. 255-258.

Vide initia apud G. MORIN, in RB, xi, 1894, p. 385-391; xii, 1895, p. 390 sq., et infra, *Index* iv.

Cod.: A. WILMART, in JTS, xix, 1918, p. 305, adn. 3.

APPENDIX

Tam in codicibus quam in editionibus alii plurimi extant sermones sub nomine *IOANNIS CHRYSOSTOMI*, qui et latini et antiqui sunt, etsi certe uarios habent auctores. Series maxime communis est *Collectio xxxviii* (*xlii*) *sermonum* quam accurate descripsit A. WILMART, in JTS, xix, 1918, p. 305-327; cfr etiam censuras H. J. FREDE, p. 570 sq. **Cod.** numerosiores sunt; enumerantur ab A. WILMART, *a. c.*, p. 306, adn. 1 et 2 (*a*). — Elenchus sermonum hic inserendus uidetur (*b*):

916 i. **Sermo de beato Iob.** Inc. «Verumtamen fratres carissimi intendat caritas uestra» (*STEGMÜLLER*, 4334) (*c*)

ERASMVS & GELENIVS, *Ioannis Chrysostomi opera omnia*, Basel, i, 1547, p. 696-697.

Est adbreuiatio opusculi *s. AVGVSTINI de excidio urbis Romae* (n. 312). Cfr W. WENK, *o. infra c.* [n. 917], p. 24-25;

917 ii. **Sermo de ascensione Heliae.** Inc. «Apud quosdam reges» PLS, iv,

ibid., p. 649-652; critice edidit W. WENK, *Zur Sammlung der 38 Homilien des Chrysostomus Latinus*, Wien, 1988, p. 100-108;

918 iii. **Sermo de tribus pueris.** Inc. «Trium puerorum sermo tractabitur» PLS, iv,

ibid., p. 839-841; W. WENK, *o. c.* [n. 917], p. 117-121;

919 iv. **Sermo de sancta Susanna.** Inc. «Diuinae lectiones et sancta oracula Dei»

ibid., p. 841-842.

Cento est e *serm.* 343 *s. AVGVSTINI* (PL, xxxix, 1505); cfr A. WILMART, *a. c.* [ante n. 916], p. 311 sq.; rectius edidit C. LAMBOT, in RB, lxvi, 1956, p. 20-38.

920 v. **Sermo in natali Innocentium.** Inc. «Dauid propheta sanctissimus... Dedicatur nouus ab infantibus sermo» (Ps. AVGVSTINVS [*ed. Mai* 110 et 124; *Caillau*, ii, App. 79; *Flor. Casin.*, ii, 169]) (*CPPM*, i, 1487. 1733)

PL, xcv, 1176-1177.

Cfr G. MORIN, in *Misc. Agost.*, i, p. 730 sq.; A. OLIVAR, *Los sermones de S. Pedro Crisologo*, Montserrat, 1962, p. 114 sq.

(*a*) In collectione Escurialensi plures inuenies homilias latinas origine, sed sub nomine Chrysostomi.

(*b*) Praesens ordinatio horum sermonum felix dici nequit; melior est dispositio iuxta collectiones antiquas, praesertim Armamentarii (Paris, Arsenal 175) et Escurialensis (R III 5), quam sequitur PLS (III, 651 sqq.). Ne numeri singulorum sermonum mutandi essent, dispositio priorum editionum huius *Clauis* seruata est.

(*c*) Initium truncatum uidetur.

921 vi. **Sermo quomodo primus homo toti praelatus sit creaturae.** Inc. «Dignitas humanae originis»
ibid., 1205-1208.

922 vii. **Sermo de lapsu primi hominis.** Inc. «Nemo [est] qui nesciat principio hominem» (Ps. AVGVSTINVS [ed. *Caillau*, ii, 2]) (*CPPM*, i, 1308)
ibid., 1208-1210.
Cfr G. MORIN, *o. c.* [n. 920], p. 752.

923 viii. **Sermo de fide Abraham.** Inc. «Fides est religionis sanctissimae fundamentum»
ibid., 1210-1213.

924 ix. **Sermo de Iacob et Esau.** Inc. «Portabat Rebecca geminos in utero fratres» (Ps. PETRVS CHRYSOLOGVS) (*CPPM*, i, 6353)   PLS, iv, 674
F. LIVERANI, *Spicilegium Liberianum*, i, Firenze, 1863, p. 185-187.

925 x. **Sermo de Ioseph.** Inc. «Mittitur a Iacob patre sanctissimo» (Ps. PETRVS CHRYSOLOGVS) (*CPPM*, i, 6354)   PLS, iv, 680
F. LIVERANI, *o. c.* [n. 924], p. 187-189.

926 xi. **Sermo de confessione peccati.** Inc. «Spiritus sanctus medelam»   PLS, iv, 736
S. Ioannis Chrysostomi opera omnia, Venezia, i, 1549, f° 224.

927 xii. **Sermo de Moyse.** Inc. «Stabat Moyses in monte» (Ps. PETRVS CHRYSOLOGVS; Ps. CAESARIVS) (*CPPM*, i, 6355)   PLS, iv, 684
F. LIVERANI, *o. c.*, p. 190-192.

928 xiii. **Sermo de Hieremia.** Inc. «Magnum Hieremiae sanctissimi»   PLS, iv, 700
S. Ioannis Chrysostomi opera omnia, Venezia, i, 1549, f° 288-289.

929 xiv. **Sermo.** Inc. «Dominus Deus cum Dauid»   PLS, iv, 687
ibid., f° 131.

[930 xv. **Sermo de decollatione Ioannis Baptistae.** Inc. «Hodie nobis Ioannis uirtus» (PETRVS CHRYSOLOGVS)
PL, lii, 549-552 = PAOLI.
Hic omittatur; est enim PETRI CHRYSOLOGI *sermo* 127 (n. 227).]

931 xvi. **Sermo de eodem.** Inc. «Heu me, quid agam?»
PL, xcv, 1508-1514.

[932 xvii. **Sermo de paralytico curato.** Inc. «Christum in humanis»   PL, lvii,
(Ps. MAXIMVS TAVRINENSIS)   502; xcv,
PL, lii, 339-342 = PAOLI.   1430

Hic omittatur; est enim PETRI CHRYSOLOGI sermo 50 (n. 227).]

933 xviii. **Sermo.** Inc. «Tria sunt quae in misericordiae opere»   PLS, iv,
Ioannis Chrysostomi opera omnia, ed. Basileensis, t. v,   840
p. 588-590.

934 xix. **Sermo de martyribus.** Inc. «Qui sanctorum merita»   PLS, iv,
ibid., p. 608-609.

935 xx. **Sermo in letania.** Inc. «Clementissimus omnipotens Deus   PLS, iv,
pietate»   846

R. GRÉGOIRE, *Les homéliaires du Moyen Age*, Roma, 1966,
p. 186-196.

Sedecim hos *sermones* (nn. v-xx) sub nomine «BEATI IOANNIS» suo *Homiliario* inseruit PAVLVS DIACONVS, cfr F. WIEGAND, *Das Homiliar Karl des Großen*, Leipzig, 1897, p. 81, et melius G. MORIN, *Les sources non identifiées de l'homéliaire de Paul Diacre*, in RB, xv, 1898, p. 400-403 (numeri Homiliarii: i, 35, 68, 70, 72, 85, 88, 89, 91, 93; ii, 56, 71, 72, 89, 91, 120 et 130).

Non unius eiusdemque **auctoris** antiqui uidentur; *sermones* enim vi et xix ARNOBIO IVNIORI quondam uindicauit G. MORIN, *Études*, p. 382, adn. 2 et p. 499, n. 42; p. 500, n. 46, adhuc *sermonem* xxi (uide infra) eidem auctori adscribit; *sermones* uero xv et xvii sunt PETRI CHRYSOLOGI.

936 xxi. **Sermo de martyribus.** Inc. «Nemo est qui nesciat marty-   PLS, iv,
rum glorias»   726

Ioannis Chrysostomi opera omnia, iii, Venezia, 1549, f° 210.

937 xxii. **Sermo in coena Domini.** Inc. «In hodiernum conuiuium   PLS, iv,
qui» (Ps. AVGVSTINVS) (*CPPM*, i, 1357. 5555)   656

A. CAILLAU & B. SAINT-YVES, *S. Augustini operum Supplementum*, ii, Paris, 1839, *sermo* 51.

Cfr G. MORIN, *Misc. Agost.*, i, p. 746.

xxiii-xxvi. **Sermones iv e codice Vat. 3835** (Ps. AVGVSTINVS):

[938 *a.* **sermo de feria vi.** Inc. «Postea quam uirginei partus» (*CPPM*,   PLS, iv,
i, 1635. 6160);   659

939 *b.* **item de feria vi.** Inc. «Proxime cum dominicae passionis» (*CPPM*, i, 1636. 6361); PLS, iv, 662

Hic omittantur nn. 938 et 939; sunt enim PETRI CHRYSOLOGI (n. 233*a*, *b*).]

940 *c.* **sermo in pascha.** Inc. «Maria ueniens ad Christi» (*CPPM*, i, 1640. 6189); PLS, iv, 665

Vide sub n. 372, *sermo* 35.

941 *d.* **sermo de octauis paschae.** Inc. «Paschalis sollemnitas, dilectissimi, hodierna diei festiuitate» (*CPPM*, i, 1646. 5575) PLS, iv, 667

A. MAI, *Noua Patrum Bibliotheca*, i, Roma, 1852, *sermones* 30, 31, 35 et 41, p. 64-68; 75-76; 83-85.

Cfr G. MORIN, *Misc. Agost.*, i, passim; C. LAMBOT, in RB, lxviii, 1958, p. 194.

xxvii-xxx. **Sermones e codicibus Casinensibus 100, 106 et 123:**

[942 *a.* **In S. Mariam.** Inc. «Omnium quidem martyrum (*aliter*: sanctorum) sollemnitatem» (*BHG*, 1134) PG, lix, 707; lxv, 715

Florilegium Casinense, ii, 1875, p. 82-83.

Hic omittatur; est enim PROCLI CONSTANTINOPOLITANI, cfr R. LAURENTIN, *Table*, p. 164 sq.; **cod.**: H. BARRÉ, in *Marianum*, xxi, 1959, p. 131, adn. 15.]

[943 *b.* **Homilia in Matthaeum xi.** Inc. «Ioannes (inquit) audiens in uinculis... Beatum Ioannem fuisse Christi nuntiorum nuntium» PLS, iv, 844

ibid., p. 161-162.

Hic omittatur; est enim PETRI CHRYSOLOGI (n. 233*c*).]

944 *c.* **De S. Maria.** Inc. «Iterum nos sancta et superlaudabilis Dei genitrix»

ibid., p. 190-194.

[945 *d.* **Sermo in Annuntiatione.** Inc. «Iterum gaudii euangelii, iterum libertatis» PG, x, 1171; l, 791

ibid., iii, 1877, p. 117-118.

Hic omittatur; est enim uersio latina *sermonis in annuntiationem gloriosissimae Dominae nostrae Deiparae*, auctore PROCLO CONSTANTINOPOLITANO qui et GREGORIO THAVMATVRGO et AVGVSTINO tribuitur, cfr R. LAURENTIN, *Table*, p. 157; **cod.**: H. BARRÉ, in *Marianum*, xxi, 1959, p. 131, adn. 14.]

RVSTICVS DIACONVS

Romanus; floruit Constantinopoli saec. vi medio.

946 **Contra Acephalos disputatio** (SCHANZ, iv, 2, 596)
PL, lxvii, 1167-1254 = SICHART.

Eius *Synodicon* seu uersio latina actorum ac documentorum ad concilia Ephesinum et Chalcedonense spectantium, recensetur in CPG, 8619, 3. 4.

947 **Scholia, distinctiones et collationes in Acta Concilii Chalcedonensis** (SCHANZ, iv, 2, 596; CPG, 8944)
E. SCHWARTZ, ACO, II, ii, 1-3, Berlin, 1935-1937, in apparatu.

CLERICI MEDIOLANENSES

948 **Epistula.** Inc. «Ita se in omnibus»
uide in *Appendice VIGILII PAPAE* (n. 1697).

AGNELLVS EPISCOPVS RAVENNATENSIS

sedit 553 (556) — 570.

Cfr *Agnello Arcivescovo di Ravenna. Studi per il xiv centenario della morte (570-1970)*, Faenza, 1971.

949 **Epistula de ratione fidei ad Arminium.** Inc. «Frater Martinus exigit litteras» (SCHANZ, iv, 2, 595)   PL, lxvii, 381

J. HUHN, in *Sankt Bonifatius. Gedenkgabe zum zwölfhundertsten Todestag*, Fulda, 1954, p. 102-138.

Codex Sessorianus 77 qui olim epistulam Agnelli exhibebat, non est saec. vi, sed viii, cfr E. A. LOWE, 423.

Fragmentum extat apud AENEAM PARISIENSEM, *Aduersus Graecos*, lxxvi (PL, cxxi, 717 sq.).

Critica: G. MONTANARI, in *Agnello Arcivescovo etc.*, p. 25-52.

Ad Agnellum quattuor uel quinque litteras dedit PELAGIVS PAPA I (n. 1698 sqq.).

Idem uidetur ac «uir honestus forensis» nomine Agnellus, cui episcopus Rauennatensis Aurelianus a° 552 (?) testamentum suum dictauit (edid. J.-O. TJÄDER, *Die nichtliterarischen lateinischen Papyri Italiens aus der Zeit 445-700*, i, Lund, 1955, p. 198-217, n. 4-5 A-B, e pap. Paduano et Parisino 8842); ID., in *Agnello Arcivescovo etc.*, p. 1-23.

IOANNES DIACONVS

qui postea factus est Ioannes I Papa (523-526) (n. 1692)?

950 **Epistula ad Senarium.** Inc. «Sublimitatis uestrae paginam» PL, lix, 399 (SCHANZ, iv, 2, 595)

A. WILMART, *Analecta Reginensia*, Romae, 1933 (StT, lix), p. 170-179.

Nonnulli et optime noti eruditi Ioanni nostro adscripserunt opusculum *De fide catholica*, quartum inter *Opuscula Sacra* BOETHII (CPPM, ii, 2640), perperam uero, cfr M. CAPPUYNS, in DHGE, ix, 1937, c. 371 sq.; F. TRONCARELLI, *a. c.* (n. 893).

Eidem auctori tribuuntur *Breuiarium in Psalmos*, quod inter spuria S. HIERONYMI iam recensuimus (n. 629) (cfr G. MORIN, *Études*, p. 59 sq.) et series romana orationum in psalmos (n. 2015) (cfr L. BROU, *Où en est la question des «Psalter Collects»?*, in *Stud. Patr.*, ii, 1957, p. 18), tenuissimis inducti argumentis, cfr H. BOESE, *Die alte «Glosa Psalmorum ex traditione Seniorum*, Freiburg, 1982, p. 70 sq.

IOANNES DIACONVS

Romanus; floruit post 554.

Num idem sit atque interpres latinus libri sexti de *Vitis Patrum*, non constat, neque num postmodum Romanus Pontifex creatus sit sub nomine Ioannis III uel IV.

951 **Expositum in Heptateuchum** (SCHANZ, iv, 2, 596; STEGMÜLLER, 4428-4434; CPPM, ii, 2641)

Fragm. apud J. PITRA, *Spicilegium Solesmense*, i, Paris, 1852, p. lv-lxiv; 278-301; *Anal. sacra et classica*, i, Paris, 1888, p. 165-176. Adde fragmentum allegatum apud LVPVM FERRARIESEM, *Collectaneum de tribus quaestionibus* (PL, cxix, 657 B-C).

Noua ed. paratur a A. M. GENEVOIS.

Cfr C. LAMBOT, in RB, xlix, 1937, p. 236, adn. 4.

Iuxta G. MORIN (*Jean Diacre et le pseudo-Jérôme sur les épîtres de S. Paul*, in RB, xxvii, 1910, p. 113-117) Ioannes noster idem esset atque interpolator PELAGII *Expositionum in S. Pauli epistulas*; sed dubium non est, quin discipulus aliquis Pelagii, forsitan CAELESTIVS, iam ante a. 430 hanc editionem interpolatam, *Praedestinato* (n. 243) notam, publici iuris fecerit, cfr A. SOUTER, *o. supra c.* [n. 759], p. viii sq. [B. FISCHER, in litteras mihi datas]. Hic ergo omittendi sunt et sub n. 759 collocandi:

952 **Commentarii in Epistulas S. Pauli.** Inc. prologus «Litteris tuis cursim mihi allatis» (Ps. HIERONYMVS seu PELAGIVS INTERPOLATVS) (*STEGMÜLLER*, 3439-3452. 6367, 2. 6367, 8-9)

PL, xxx, 645 (669)

uide n. 759.

LVCVLENTIVS

tempore ac loco ignotis; fortasse Italus saeculi ix-x. Cfr J. LEMARIÉ, *La collection carolingienne de Luculentius restituée par les deux codices Madrid, Real Acad. de la Hist. Aemil. 17 et 21*, in SE, xxvii, 1984, p. 221-371, qui collectionem accuratissime descripsit et xi homilias partim ineditas edidit, ibidem (p. 283-371) et in RÉAug, xxv, 1979, p. 97-101. Ceterae cxlv homiliae passim in homiliariis carolinis reperiuntur. Hic ergo omittendum est quod in prioribus editionibus huius *Clauis* recensitum est sub nomine:

953 «**Commentarium in Nouum Testamentum**» (fragmenta xix) (*SCHANZ*, iv, 2, 596; *STEGMÜLLER*, 5408-5418)

PL, lxxii, 803-860 = THEINER-MAI; A. MÜLLER, in *Theol. Quartalschr.*, xciii, 1911, p. 206-222.

Cod.: W. AFFELDT, in *Traditio*, xiii, 1957, p. 388.

Cfr V. BULHART, *Textkritische Studien zu Luculentius*, in WSt, lix, 1941, p. 158 sq.

VICTOR EPISCOPVS CAPVANVS

Italus; sedit 541-554.

Vide G. BARDY, in DTC, xv, 1, 1950, col. 2874-2876; Fr. BOLGIANI, *Vittore di Capua e il «Diatessaron»* (Mem. Accad. Scienze di Torino, iv, 2), 1962.

Victoris *Comes Epistularum S. Pauli* inter *Monumenta liturgica* recensebitur (n. 1976).

953a **Praefatio in Euangelicas harmonias [Ammonii].** Inc. «Cum (*aliter*: Dum) fortuito in manus meas incideret» (*SCHANZ*, iv, 2, 596; *STEGMÜLLER*, 1279; *CPG*, 1106, 6)

PL, lxvi 251

F. RANKE, *Codex Fuldensis*, Marburgi/Lipsiae, 1868, p. 1-3.

Cfr D. DE BRUYNE, in RB, xxxix, 1927, p. 5-11; B. FISCHER, *Bibelausgaben des frühen Mittelalters*, in *La Bibbia nell'Alto Medioevo*, Spoleto, 1963, p. 546 sqq.

954 **De pascha** (SCHANZ, iv, 2, 596; CORDOLIANI, lxxi) (fragm. ii apud BEDAM)   PL, xc, 502 (lxviii, 1097)

    CC, cxxiii B, 1977, p. 441; cxxiii C, 1980, p. 639 = C. W. JONES, *Bedae opera de temporibus*, Cambridge, 1943, p. 272-273; 322-323.

    Alia fragmenta xvii (uel xvi), apud IOANNEM (n. 951) seruata, edidit J. PITRA, *Spicilegium Solesmense*, i, Paris, 1852, p. 296-301.

954a **Capitula de resurrectione Domini.** Inc. «Non est relatio Ioannis contraria, qua refert»   PLS, iv, 1196

    J. PITRA, *Spicilegium Solesmense, t. c.* [n. 954°], p. liv.

    De fragmentis «*Libri Responsorum*» POLYCARPI SMYRNENSIS et operum ORIGENIS a Victore collectis, uide n. 1152a et CPG, 1479. 1480. 1493. 1495; de fragmentis DIODORI TARSENSIS, uide CPG, 3817; SEVERIANI GABALITANI, CPG, 4195.   PLS, iv, 1191

955 **Reticulus** seu **de arca Noe** (fragmenta vi, apud IOANNEM [n. 951]) (SCHANZ, iv, 2, 596)   PLS, iv, 1194

    J. PITRA, *Spicilegium Solesmense, l. c.* [n. 954°], p. 287-289; cfr *ibid.*, p. 277 et *Anal. sacra et class.*, i, Paris, 1888, p. 163-165.

[956 **Glossa in epist. ad Romanos.** Inc. «Porro ex more sanctorum» (cod. Br. Mus., Harl. 659, saec. xiii) (CPPM, ii, 2960 a)   PLS, iv, 1182

    G. MORIN, in RB, xxvii, 1910, p. 114 sq., adn. 2.

    Hic omittas; est enim PELAGII (n. 728), ed. A. SOUTER, ii, p. 8, 2-4; similiter fragmentum quod ALCVINVS (*Liber adu. Felicis haeresim*, lvi — PL, ci, 110 [inc. «Verumtamen totus hic locus contra manichaeos»] [CPPM, ii, 2960 b]) sub nomine Victoris laudat, reuera est PELAGII, ed. cit., p. 8, 20-9, 14. Item non uidetur esse Victoris quoddam fragmentum apud SMARAGDVM seruatum (*Collectiones* — PL, cii, 15 D; inc. «Qui ante persecutor dicebatur» [CPPM, ii, 2960 c]).]

3. SCRIPTORES GALLIAE

GENNADIVS PRESBYTER MASSILIENSIS

    floruit saeculo v exeunte.

957 **De uiris inlustribus** (SCHANZ, iv, 2, 553)   PL, lviii, 1059

    E. RICHARDSON, Leipzig, 1896 (TU, xiv, 1) p. 57-97.

Nonnulli tam de **text. emendatione** quam de **genuinitate** singularum partium optime meruerunt; uide imprimis A. FEDER, in *Scholastik*, iii, 1928, p. 238-243; viii, 1933, p. 380-399; C. BRAKMAN, in Mn, lii, 1924, p. 183; et reuera textus ab A. CERESA-GASTALDO (Firenze, 1988) constitutus saepe rectius uidetur.

Cod.: J. ZARCO CUEVAS, in *Bolet. Acad. Hist. Madrid*, cvi, 1935, p. 397.

958 **Liber siue diffinitio ecclesiasticorum dogmatum** (*SCHANZ*, iv, 2, 552; *MAASSEN*, 362; *CPG*, 5984; *CPPM*, ii, 174. 176. ◆ 1085)   PL, xlii, 1211

C. TURNER, in JTS, vii, 1906, p. 78-99; viii, 1907, p. 103-114.

Cod.: HÜWA, i, 1, p. 63-66; ii, 1, p. 70-72; iii, p. 39-41; iv, p. 37; v, 1, p. 93-95; W. TELFER, *The Codex Verona* lx (58), in *Harvard Theolog. Rev.*, xxxvi, 1943, p. 169-246; A. OLIVAR, in *Anal. sacra Tarracon.*, xxii, 1949, p. 77; A. STAERK, *Les manuscrits latins de St-Pétersbourg*, i, 1910, p. 17-23 (cod. Q. v. i, 13 [*LOWE*, 1686], saec. viii in.); J. BICK, in *Sb. Wien*, clix, 1908, 7. Heft, p. 28 (Napoli 2 [*LOWE*, 394], saec. viii).

De **genuinitate** uide J. MADOZ, in *Razón y Fe*, cxxii, 1941, p. 237-239.

958a **Libri ecclesiasticorum dogmatum** recensio altera (auctore *BRACHIARIO EPISCOPO* [*HISPALIENSI* 656-681?])   PL, lxxx 1227; clx 1045

PL, lviii, 979-1054 = ELMENHORST.

Cfr J. MADOZ, *Epistolario de Alvaro de Cordoba*, Madrid, 1947, p. 168, n. 15; H. J. FREDE, p. 494.

Cod.: HÜWA, *l. c.* [n. 958]; M. CUNNINGHAM, in SE, vii, 1955, p. 294 (partim).

959 **Aduersus omnes haereses.** Inc. «Praedestinatiani sunt qui dicunt» (Ps. HIERONYMVS [n. 636]; Ps. AVGVSTINVS [n. 314°], *Indiculus de haeresibus*, Appendix) (*SCHANZ*, iv, 2, 553; *CPPM*, ii, 765)   PL, xlii, (partim)

F. OEHLER, *Corpus Haereseologicum*, i, Berlin, 1856, p. 297-300.

Inuenitur in nonnullis codicibus *AVGVSTINI* de *haeresibus* (n. 314).

Vide G. MORIN, in RB, xxiv, 1907, p. 450-453; ID., in *Basler Zeitschr. f. Gesch. u. Altertumsk.*, xxvi, 1927, p. 218 sq.; A. C. VEGA, in *Bolet. Acad. Hist. Madrid*, cxxxvi, 1955, p. 199-216, qui notitiam aduenticiam edidit e cod. Matritensi Acad. Hist. 80 (inc. «Audiani, Euetiani, Nystages»).

Statuta Ecclesiae antiqua

cfr n. 1776.

SPVRIA

960 **Epistula de fide (ad Gelasium episcopum Vrbis Romae missa).** Inc. « Credimus unum esse Deum, Patrem et Filium et Spiritum Sanctum, sine initio existentem » (SCHANZ, iv, 2, 553; STEGMÜLLER, 2447; CPPM, ii, 767)   PLS, iii, 723

C. CASPARI, *Kirchenhistorische Anecdota*, i, Christiania, 1883, p. 301-304.

Iuxta C. CASPARI, *o. c.*, p. xxiii, haec epistula saeculo viii concinnata est; iuxta K. KÜNSTLE, *Antipriscilliana*, Freiburg, 1905, p. 102-106, in Hispania orta est et quidem saec. v; alii **genuinitatem** defendunt, cfr C. MUNIER, *Les Statuta Ecclesiae Antiqua*, Paris, 1960, p. 108.

Expositio in Apocalypsim B. Ioannis, quam unanimiter Gennadio adscribebant uiri eruditi, nouissime a G. MORIN inter opera S. CAESARII ARELATENSIS, ueri eius parentis, recensita est (n. 1016).

FAVSTVS EPISCOPVS REIENSIS

natione Britannicus; floruit in Gallia circa 455-480.

961 **De gratia l. ii** (SCHANZ, iv, 2, 542; LAPIDGE & SHARPE, 21)   PL, lviii, 783

CSEL, xxi, 1891 — ENGELBRECHT, p. 3-98.

Cod., trad. text.: M. CAPPUYNS, in RB, lxxiv, 1964, p. 36-39.

De editione Vindobonensi emendanda optime meruit A. G. ELG, *In Faustum Reiensem studia*, Uppsala, 1937; ID., in *Eranos*, xlii, 1944, p. 24-46; xlvii, 1947, p. 78-80. Vide etiam W. BERGMANN, *Studien zu einer kritischen Sichtung der südgallischen Predigtliteratur*, Leipzig, 1898, p. 17-29 (*de gratia*); p. 52-55 (*de Spiritu sancto*); cfr G. WEIGEL, *Faustus of Riez. A Historical Introduction*, Philadelphia, 1938, p. 157-165. Addantur fragmenta apud SEDVLIVM SCOTTVM et IOANNEM MAXENTIVM seruata, iuxta A. SOUTER, in JTS, xviii, 1917, p. 227 sq., et Fr. GLORIE, in CC, lxxxv A, p. 298.

962 **De Spiritu sancto l. ii** (Ps. PASCHASIVS) (SCHANZ, iv, 2, 542; LAPIDGE & SHARPE, 23; CPPM, ii, 1315)   PL, lxii, 9

ibid., p. 99-157.

Cod.: Mainz, Stadtbibl. 614, saec. xv, f° 133^r-147^r (cfr A. SOTTILI, in *Italia medioevale e umanistica*, xi, 1968, p. 447).

Fontes: M. SIMONETTI, in *Siculorum Gymnasium*, xxix, 1976, p. 413-425.

963 **Epistulae xii** (*SCHANZ*, iv, 2, 542; *MAASSEN*, 447-448; *LAPIDGE & SHARPE*, 24; *CPPM*, ii, 715-717. 719)

ibid., p. 159-220.

PL, lviii, 835; MGH auct. ant viii, 265

Emend.: D. Franses, in *Donum natalicium Schrijnen*, Nijmegen, 1929, p. 719-723.

Epist. ii est LVCIDI PRESBYTERI;

epist. iii critice editur ab A. G. Elg, Uppsala, 1946; cfr eiusdem auctoris *In epistulam Fausti Reiensis tertiam adnotationes*, Lund, 1945; uide etiam sub n. 983;

epist. iv est PAVLINI cuiusdam BVRDIGALENSIS, de quo infra sub n. 981;

epist. vi et ix spuriae sunt iuxta W. Bergmann, *o. c.* [n. 961], p. 55-71; dubitat A. G. Elg, *In Faustum Reiensem studia*, p. iii, sed *epist.* vi exscribitur a CAESARIO in *serm.* 69, sicut et *epist.* v in *serm.* 209, 1-2;

epist. viii-xii, ad RVRICIVM LEMOVICENSEM (n. 985) denuo eduntur in CC, lxiv, p. 406-415;

cuiusdam *epist. deperditi* fragmentum adfertur in *concilio Massiliensi* a° 533 (CSEL, xxi, p. 220; CC, cxlviii A, p. 93, 181-182).

964 **De ratione fidei.** Inc. «Quid respondendum est his» (*SCHANZ*, iv, 2, 544; *LAPIDGE & SHARPE*, 23; *CPPM*, ii, 720)

ibid., p. 451-459.

PL, xxxi 2176-2178 (exc.)

Cod., uar. lect. et **genuinitas**: J. Huhn, in *Theol. Quartalschr.*, cxxx, 1950, p. 176-183 (de genuinitate ualde dubitat B. Fischer, in ThLz, lxxvii, 1952, p. 289; negat H. J. Frede), cum W. Bergmann, *o. c.* [n. 961], p. 105-107.

965 **Sermones**

integri et certo genuini amplius non extant, nisi quodammodo retractati in collectione Ps. Eusebiani (n. 966) uel in collectionibus Caesarianis (n. 1008), uel etiam in *Instructione secunda* Ps. COLVMBANAE (cfr n. 1107).

APPENDIX

966 **Sermonum lxxvi Collectio Ps. Eusebii Emeseni [Gallicani]** (*SCHANZ*, iv, 2, 545; *LAPIDGE & SHARPE*, 1180)

CC, ci et ci A, 1970/71 — (Leroy) et Glorie.

Cfr censuras apud H. J. Frede et in *CPPM*, i, p. 684-703.

Sequentia notanda sunt:

sermo 4: uide n. 967;

sermo 6 in PL, xxxix, 2211 (exc.); cfr CAESARII *serm.* 206;

sermo 11 in PL, l, 859;

sermo 12 in PL, xxx, 215 (222); xlvii, 1153; lviii, 889 et lxvii, 1041;

sermo 12bis in PL, xxxix, 2060 et lxvii, 1049;

sermo 13 in PL, xxx, 217 (224); lvii, 355 et lix, 407;

sermo 14 in PL, lxvii, 1043;

(*sermo* 15 in PL, lxvii, 1047;

sermo 15bis in PL, lviii, 877 et lxvii, 1050);

sermo 16 in PL, xxx, 271 (280); lviii, 889; lxvii, 1052 et lxxxiii, 1225;

sermo 19 in PL, lvii, 607 (exc.);

sermo 20 in PL, xxxix, 2062;

sermo 23 in PL, xxxix, 2043 (aliud initium);

sermo 27 in PL, xxxix, 2081 (alia recensio);

sermo 29 in PL, xxxix, 2115 (recensio Caesariana);

serm. 35-44 in PL, l, 833-859; lxvii, 1056-1069; 1088-1090; lviii, 883; xxxix, 2229 (*sermo* 44) [*serm.* 41 et 44 etiam in CSEL, xxi, p. 315-317 (n. 971) et p. 280-284 (CAESARIVS, *sermo* 197)];

sermo 49 in PL, l, 861;

sermonis 55 nn. 1-2 aliam recensionem (inc. «Compunctionis licet in omnibus bonum) eruit J. LEROY e cod. Montpellier 152, saec. ix, f° 168^v sq.; cfr G. MORIN, inter *Initia Caesariana*, CC, civ, p. 960;

sermo 57 in PL, xxxix, 2171; lvii, 883 (recensio breuior);

sermo 59 legitur in *Flor. Casin.*, ii, p. 196-197, sub nomine S. MAXIMI (n. 226);

sermo 60 in PL, lvii, 419-422 (aliud initium).

966a **Sermones ix extrauagantes**

CC, ci B, 1971, p. 821-894 — GLORIE.

sermo 1: n. 974;

sermo 2: n. 977;

sermo 3: cfr CPPM, i, 1985. 4696 (PLS, iv, 523);

sermo 4: n. 975a;

sermo 5: n. 968;

sermo 6: n. 971;

sermo 7: cfr CPPM, i, 2153. 4700;

sermo 8: cfr *CPPM*, i, 1224. 4629. 4749a. 4824. 5026;

sermo 9: cfr *CPPM*, i, 4702.

Fontes: cfr H. J. Frede, p. 456-460.

Partim extant in PL, partim in PLS, iii. — Omnium sermonum initia uide in *Indice* iv.

967 **Sermo de SS. Innocentibus.** Inc. «Deceptor itaque Herodes» (*CPPM*, i, 1748)

PL, xxxix 2150 (exc

A. Mai, *Noua Patrum Bibliotheca*, i, Roma, 1852, p. 326-329, *sermo* 139.

Cfr G. Morin, in *Misc. Agost.*, i, p. 731; cfr *serm. PS. AVGVSTINI* 218 (n. 368); *serm. EVSEBII* 4 (n. 966).

968 **Sermo de passione Domini.** Inc. «Admonet nos, fratres carissimi, ad sollemnitatem dominicae passionis» (Ps. Avgvstinvs, *sermo* 153 [n. 368]) (*CPPM*, i, 938. 4698)

PL, xxxi 2042

CC, ci B, 1971, p. 853-855 — Glorie.

Est *sermo* 5 inter extrauagantes (n. 966a); hic ergo ommitti potest.

DVBIA

Sermones vi ex editione Vindobonensi (*a*) (*SCHANZ*, iv, 2, 545):

969 1. **De Natiuitate.** Inc. «Legimus et fideliter retinemus» (Ps. Avgvstinvs, *serm.* 119) (*CPPM*, i, 904. 4709. 4888)

PL, xxx 1982

CSEL, xxi, 1891 — Engelbrecht, p. 227-232.

Cfr R. Laurentin, *Table*, p. 127 sq.; C. Lambot, in *Coll. Fragm.*, p. 103, adn. 2.

(*a*) Ceteri sermones, quos ibi reperies, reuera sunt Caesarii, etsi nonnulla continent, sicut plures alii Arelatensis sermones, quae de calamo Fausti fluxerunt. Vide G. Morin, in RB, ix, 1892, p. 49-61, et eiusdem *Initia et censurae sermonum*, ad calcem secundae partis primi tomi eius editionis operum S. Caesarii, Maredsous, 1937, p. 906-938 (= CC, civ, p. 955-990); B. de Gaiffier, in AB, lxvii, 1949, p. 272-274. — Sermonum uero in PL sub Fausti nomine editorum (lviii, 869-890), 1 est sermo *ad monachos* (n. 971), 2, 4 et 8 sunt Caesarii, 3 est Pavlini cuiusdam (n. 981), 6 etiam extat inter homilias S. Maximo Tavrinensi adscriptos (*hom.* 68); ceteri denique, nempe 5 et 7, e collectione gallicana, Evsebii Emeseni dicta (n. 966), fluxerunt.

970 **2. De Epiphania.** Inc. «Quod uobis de hesterna festiuitate» (*CPPM*, i, 4401. 4717. 6421)   PLS, iii, 529

ibid., p. 255-259.

Pars prior est EVSEBII sermo 4; posterior PS. AVGVSTINI sermo 136, 4-6.

971 **3. Ad monachos.** Inc. «Ad locum hunc, carissimi» (*CPPM*, i, 4380. 4401. 4699. 4731. 4741)   PL, lviii, 869; lxvii, 1059

CC, ci, 1971, p. 861-868 — GLORIE.

Ex sermonibus 38, 41, 42, 34 EVSEBII concinnatus, inter extrauagantes sermo 6 [n. 966a]; cfr J. COURREAU & A. DE VOGÜÉ, in SC, cccxcviii, 1994, p. 148 sqq.

972 **4. De quadragesima.** Inc. «Permotos esse uos credo» (Ps. LEO) (*CPPM*, i, 1299. 1432. 4734. 5480)   PL, liv, 488

CSEL, xxi, p. 328-330.

Cfr G. MORIN, *Misc. Agost.*, i, p. 757 sq.

973 **5. In depositione S. Augustini.** Inc. «Depositionem sanctae recordationis» (*CPPM*, i, 4735)   PLS, iii, 531

ibid., p. 330-334.

974 **6. De reuelatione corporis beati Stephani.** Inc. «Praesenti lectione percepimus uisionem» (*CPPM*, i, 4694. 4736)   PLS, iii, 534

CC, ci B, p. 821-824 — GLORIE (sermo 1 inter extrauagantes [n. 966a]; hic ergo ommittendus)

Cod.: G. MORIN, in ZntW, xxxiv, 1935, p. 115, adn. 33.

975 **Sermo in natali Apostolorum Petri et Pauli.** Inc. «Hodie duos christiani nominis fundatores» (Ps. AVGVSTINVS) (*CPPM*, i, 988)

PL, xxxix, 2122-2124 = *Maurini*.

Vide G. MORIN, *Études*, p. 497, n. 32.

975a **«Sermo S. Faustini».** Inc. «Non semper, fratres dilectissimi, suauitate laetificantes» (*Florilegium Casinense*, i, 1873, p. 181-183) (*CPPM*, i, 4697. 4751)   PLS, iii, 537

CC, ci B, 1971, p. 845-848 — GLORIE (inter extrauagantes sermo 4 [n. 966a]; hic ommittere potes)

SPVRIA

976 **Liber testimoniorum fidei contra Donatistas.** Inc. «Cum de deo sermo est sicut ualde» (Ps. AVGVSTINVS) (*SCHANZ*, iv, 2, 544; *CPPM*, i, 4738; *CPPM*, ii, 206. 721)   PLS, iii,

J. PITRA, *Analecta sacra et classica*, i, Paris, 1888, p. 147-158.

Emend.: P. SCHEPENS, in ALMA, ii, 1925, p. 41 sq.

Circa 502-542, cfr W. BERGMANN, *o. c.*, (n. 961), p. 97-105.

De hoc opusculo uide O. BARDENHEWER, *Geschichte*, iv, p. 585 et 471; G. MORIN, in ZntW, xxxiv, 1935, p. 115; *Breuiarium fidei aduersus Arianos*, quod et hic memoratur, reuera est CAESARII (n. 1015). De aliis fragmentis quae ex eodem codice Namurcensi 64 edidit J. PITRA, p. 158-162, uide F. CABROL, in *Rev. des études historiques*, xlvii, 1890, p. 241-243 (ultimum uero est IOANNIS MAXENTII [n. 664]).

977 **De symbolo.** Inc. «Primum requirendum est, quod in se rationis» (*SCHANZ*, iv, 2, 545; STEGMÜLLER, 2269, 3; *CPPM*, i, 4695. 4753; ii, 723 [add.])   PLS, iii,

CC, ci B, 1971, p. 829-834 (est inter extrauagantes *sermo* 2 [n. 966a]; hic ommittere potes)

De **genuinitate**, cfr W. BERGMANN, *o. c.* [n. 961], p. 86-91.

FAVSTI REIENSIS DISCIPVLVS ANONYMVS

Gallus; saeculo v.

[978 **Instructiones xii** (KENNEY, 44; LAPIDGE & SHARPE, 1251)

PL, lxxx, 229-260 = GALLANDI.

Hic omittantur; uidentur enim COLVMBANI, cfr n. 1107.]

979 **Sermo de ascensione Domini.** Inc. «Domini nostri Iesu Christi aduentus ac discensio multas, fratres» (*CPPM*, ii, 722°)   PLS, iii 710

G. MORIN, in *Rev. Charlemagne*, i, 1911, p. 161-164.

980 **De mysterio SS. Trinitatis.** Inc. «Deus trinitas inuissibilis est; inuissa etenim» (*CPPM*, ii, 722)   PLS, iii 712

G. MORIN, *a. c.* [n. 979], p. 164-166.

E **cod.** Ambros. O 212 sup. (saec. vii [LOWE, 361]).

PAVLINVS BVRDIGALENSIS [?]

Fausti Reiensis coaetaneus.

981 **De paenitentia ad monachos.** Inc. «Detur paenitentia saecu- PL, ciii, lari» (Ps. FAVSTVS) (*SCHANZ*, iv, 1, 273; *CPPM*, i, 4743) 699
PL, lviii, 875-876 = MPB.

Cod.: G. MEYER & M. BURCKHARDT, *Die mittelalterlichen Handschriften der Universitätsbibl. Basel*, ii, Basel, 1966, p. 554 (B x 14, saec. xiv, f° 78); A. WILMART, *Codices Reginenses latini*, i, Roma, 1937, nn. 140 et 245, p. 340 et 593; G. MORIN, in CC, ciii, p. xxxvi; recensio prolixior in cod. Regin. 242: cfr A. WILMART, *o. c.*, p. 581.

Vide G. MORIN, apud B. POSCHMANN, *Die abendländische Kirchenbuße im Ausgang des christlichen Altertums*, München, 1928, p. 128 sq., adn. 4. Fortasse eiusdem auctoris est atque *epist.* 4 inter litteras FAVSTI REIENSIS (n. 963).

DVBIA

982 **Tractatus duo de initio quadragesimae.** Inc. «Audite, fratres PLS, iii, karissimi, et sollicite pertractantes»; «Sicut dominus noster Ie- 916 sus Christus non permisit» (*SCHANZ,* iv, 1, 272)

A. MAI, *Spicilegium Romanum*, iv, Roma, 1840, p. 309-313.

Saec. vii?

MAMERTVS CLAVDIANVS PRESBYTER VIENNENSIS

scripsit circa 468.

983 **De statu animae** (*SCHANZ*, iv, 2, 547) PL, liii, 697
CSEL, xi, 1885 — ENGELBRECHT, p. 18-197.

Praeuia *Epistula* FAVSTI recensita est sub n. 963, iii.

Codicum elencho addantur sequentes: Trier, Bischöfl. Semin. 96, saec. xv, f° 22-68ᵛ (cum *epist.* FAVSTI [n. 963, iii]); Vat. Ottob. 1439; Vat. Reg. 1495; Avranches 226, n. 12, saec. xii-xiii (excerpta [ii, 3]); Bern 645, saec. xiii, f° 35ª-40ᵇ (excerpta); Douai 749, saec. xii/xiii, f° 80 sqq. (excerpta, cfr A. BOUTEMY, in *Latomus*, iii, 1939, p. 200-203); Paris, B. N., lat. 3334, saec. xii, f° 53ᵛ-75 (excerpta); cfr Troyes 281, saec. xii; Trier, Stadtbibl., fragm., saec. xi (cfr H. SCHIEL, in *Vierteljahrblätter Trierer Gesellschaft*, i, 1955, p. 6-9).

Emend.: E. HÅRLEMAN, *De Claudiano Mamerto gallicae latinitatis scriptore*, Uppsala, 1938; cfr eiusdem auctoris frustulum in *Eranos*, xxxvii, 1939, p. 64-68.

Fontes: Fr. Bömer, *Der lateinische Neoplatonismus und Neopythagoreismus und Claudianus Mamertus in Sprache und Philosophie*, Bonn, 1936; E. L. Fortin, *Christianisme et culture philosophique au ve siècle. La querelle de l'âme humaine en Occident*, Paris, 1959.

984 **Epistula ad Sapaudum.** Inc. «Disciplinarum omnium atque artium» (*SCHANZ*, iv, 2, 548)

CSEL, xi, 1885 — Engelbrecht, p. 203-206.

Habes et alteram epistulam Claudiani inter litteras SIDONII (n. 987); fortasse et prologus ille celeberrimus «ad Constantium» in capite *Comitis PS. HIERONYMI* (n. 1960) est Claudiani nostri, uide G. Morin, in RB, xxx, 1913, p. 228-231; cfr G. Kunze, *Die gottesdienstliche Schriftlesung*, i, Göttingen, 1947, p. 53; de indole uero huius epistulae ac de eius origine gallicana, uide Th. Klauser, *Das römische Capitulare Euangeliorum*, i, Münster, 1935, p. xx, adn. 17.

Carmina uero, quae inuenis apud Migne, sunt FORTVNATI, PAVLINI NOLANI uel CLAVDII CLAVDIANI et FLAVII MEROBAVDI (*CPPM*, ii, 1210-1217).

PL, liii,

RVRICIVS EPISCOPVS LEMOVICENSIS

floruit saec. v-vi.

985 **Epistulae** (*SCHANZ*, iv, 2, 550)

CC, lxiv, 1985, p. 303-394 — Demeulenaere.

Emend., fontes: G. Bartelink, in *Theol. Revue*, lxxxii, 1986, p. 287-289.

Index uerborum: ILL, A, 28.

Praeter 83 seu potius 82 (*epist.* ii, 12 eadem est ac ii, 53) Ruricii epistulas, in appendice i (p. 397-405) inuenis litteras GRAECI, VICTORINI, TAVRENTII, SEDATI, EVFRASII, CAESARII, SIDONII ad Ruricium nostrum; in appendice autem ii (p. 406-415) adduntur epistulae quinque ad eundem auctore FAVSTO REIENSI (n. 963).

Epistulam CAESARII ARELATENSIS et RVRICII ad Caesarium item excudit G. Morin (n. 1017°), p. 5-8.

PL, lviii 67; MG auct. a viii, 299 CSEL, x 351

APOLLINARIS SIDONIVS EPISCOPVS ARVERNORVM

floruit saec. v medio. — Cfr A. Loyen, *Sidoine Apollinaire et l'esprit précieux en Gaule aux derniers jours de l'Empire*, Paris, 1943; E. Faral, *Sidoine Apollinaire et la technique littéraire au moyen âge*, in *Misc. Mercati*, ii, p. 567-580; M. Banniard, *La rouille et la lime: Sidoine Apollinaire et la langue classique en Gaule au Ve siècle*, in *De Tertullien aux Mozarabes. Mél. J. Fontaine*, i, Paris, 1992, p. 413-427.

986 **Carmina xxiv** (SCHANZ, iv, 2, 47)
A. LOYEN, Paris, 1960 (*coll. Budé*).

PL, lviii, 639; MGH, *auct. ant.*, viii, 173

Cod.: É. CHATELAIN, in *Mél. Ch. Graux*, Paris, 1884, p. 321-327 (Vat. lat. 3421).

Nonnulli textui **emendando** operam dederunt; in uniuersum sequere K. A. MOSSBERG, *Studia Sidoniana*, Uppsala, 1934; adhibe etiam editionem W. B. ANDERSON, in *The Loeb Classical Library*, i-ii, London, 1936-1966 (cfr eiusdem auctoris elucidationes in *The Classical Quaterly*, xxviii, 1933, p. 17-23); attamen nonnullae eius emendationes probari nequeunt G. CAMBIER, in *Latomus*, xx, 1961, p. 863-865; B. LÖFSTEDT, in ALMA, xliv/xlv, 1983/85, p. 207-211.

Fontes: G. MEYER, *Zu Prudentius*, in *Philologus*, xciii, 1938, p. 377 sq.; W. B. ANDERSON, in *The Classical Quaterly*, xli, 1947, p. 124 sq.; D. R. SHACKLETON BAILEY, *Echoes of Propertius*, in Mn, IV, ix, 1952, p. 327; W. SPEYER, in *Hermes*, xcii, 1964, p. 225-248.

Critica: N. DELMEY, *Apollinaris Sidonius. Carmen 22*, Berlin, 1993 (cfr J.-L. CHARLET, in *Latomus*, liii, 1994, p. 641-643).

Trad. text.: W. SCHETTER, in *Hermes*, cxx, 1992, p. 343-363.

987 **Epistulae** (SCHANZ, iv, 2, 50)
A. LOYEN, Paris, 1970 (*coll. Budé*).

PL, lviii, 443; MGH, *auct. ant.*, viii, 1

Ibidem habes epist. CLAVDIANI MAMERTI ad Sidonium nostrum (iv, 2).

Cod., uar. lect.: M. C. BURKE, *De Apollinaris Sidonii codice nondum tractato Remensi 413*, München, 1911; S. WILLIAMS, in *Manuscripta*, xi, 1967, p. 48-51.

Emend.: A. MILDNAY, in *The Classical Rev.*, xiii, 1899, p. 434-436; A. E. HOUSMAN, *ibid.*, xiv, 1900, p. 54; P. H. DAMSTÉ, in Mn, xxxiii, 1905, p. 185, 188, 218; C. BRAKMAN, in Mn, xlviii, 1920, p. 97-100; D. R. SHACKLETON BAILEY, in *Phoenix*, xxxvi, 1982, p. 344-357.

Fontes: S. PRICOCO, in *Miscell. Herescu*, Roma, 1964, p. 209-306; ID., in *Nuovo Didaskaleion*, xv, 1965, p. 69-150 (attamen minus recte iudicauit de Apollinari «translatore» PHILOSTRATI *uitae Apollonii Tyanensis*; cfr A. LOYEN, *o. c.*, p. 26 sq.); L. ALFONSI, in VC, xix, 1965, p. 114 sq.

Epist. x, ad Ruricium, excuditur inter epistulas RVRICII in CC, lxiv, p. 404-405 (n. 985).

Cfr M. ZELZER, *Der Brief in der Spätantike. Überlegungen zu einem literarischen Genos am Beispiel der Briefsammlung des Sidonius Apollinaris*, in WSt, cvii/cviii, 1994/95, p. 541-551.

APPENDIX

987a **Glossae in epistulas Apollinaris Sidonii.** Inc. «Sidonius iste gratia et rogatu Constantii» (SCHANZ, iv, 2, 55)

PLS, iii, 450

R. ELLIS, *Anecdota Oxoniensia*, i, 5, Oxford, 1885, p. 27-62.

Non ita multo post ipsius Sidonii saeculum conscriptas esse editor censet, attamen haud pauca aetate recentiori interpolata sunt.

LVPVS EPISCOPVS TRECENSIS

saec. v medio.

988 **Epistula ad Thalassium** (*a*). Inc. «Commonitorium quod per subdiaconum Archontium» (SCHANZ, iv, 2, 529; MAASSEN, 445, 1)   PL, lviii, 66

CC, cxlviii, p. 140-141 — MUNIER.

Hanc epistulam scripsit Lupus una cum EVFRONIO EPISCOPO AVGVSTODV-NENSI. Alteram epistulam apud Migne, *t. c.* (in marg.), c. 63-65 (CPPM, ii, 1210), J. VIGNIER confecit (uide sub n. 993°).

In collectione canonica Diessensi (Clm 5508, saec. ix) legitur post epistulam «Commonitorium» (n. 988), sub titulo «*Incipit epistula eiusdem. Fides Niceni concilii*», lib. vi *De Trinitate* PS. ATHANASII seu PS. EVSEBII VERCELLENSIS (n. 105) (inc. «Posco a te de unito deitatis nomine» [MAASSEN, 445, 2 et p. 630]).

APPENDIX

989 **Vita S. Lupi** (*BHL*, 5087)

MGH, *scr. mer.*, vii, 1920 — KRUSCH, p. 284-302.

Cod., uar. lect.: *ibid.*, p. 827-835.

Hagiographi Bollandiani, contra sententiam nouissimi editoris, uitam S. Lupi aetate supparem affirmant (AASS, *Prop. Dec.*, Bruxellis, 1940, p. 313); saec. vii° reponit E. EWIG, in *Geschichtsschreibung und geistiges Leben im Mittelalter (Festschr. H. Löwe)*, Köln, 1978, p. 14-26.

ALCIMVS AVITVS EPISCOPVS VIENNENSIS

obiit 518.

990 **Dialogi cum Gundobado rege uel librorum contra Arrianos reliquiae** (SCHANZ, iv, 2, 386)   PL, lix, 301; 389

MGH, *auct. ant.*, vi, 2, 1883 — PEIPER, p. 1-15.

(*a*) Thalassii Andegauensis collectionem canonicam uide sub n. 1778.

Certe anteponenda recentiori editioni U. CHEVALIER, Lyon, 1890; cfr H. GOELZER, in ALMA, iii, 1927, p. 173. Vide etiam eiusdem auctoris: *Le latin de S. Avit*, Paris, 1909. Attamen U. Chevalier codices et editiones longe plenius ac commodius describit (p. xxviii-lxxix).

991 **Contra Eutychianam haeresim** (SCHANZ, iv, 2, 386)   PL, lix, 202

ibid., p. 15-29.

992 **Epistulae ad Gundobadum** (SCHANZ, iv, 2, 386)   PL, lix, 219, 381

ibid., p. 29-35; 54; 60-62; 73-74.

Vicesima prima est ipsius GVNDOBADI REGIS (*a*).

993 **Epistulae ad diuersos** (SCHANZ, iv, 2, 386; MAASSEN, 457)   PL, lix, 224, 384

ibid., p. 35-103.

Emend.: A. KLOTZ, in ALL, xv, 1908, p. 418 sq.; G. MORIN, in RB, xlvii, 1935, p. 208 (*epist.* 12); D. NORBERG, in *Eranos*, xxxvi, 1938, p. 129-130 (*epist.* 9). *Epist.* uero 41 et 42 in *Collectione Auellana* (n. 1620) denuo recensuit O. GÜNTHER (n. 136 et 137), et *epist.* 11 inter opera CAESARII ARELATENSIS (n. 1017°) excudit G. MORIN (*epist.* 2); *epist.* 90 emendatius ediderant F. MAASSEN et C. DE CLERCQ in *Actis Synodi Epaonensis* (MGH, *conc.*, i, p. 17-18; CC, cxlviii A, p. 22-23) (n. 1785); paucae emend. etiam apud M. BURCKHARDT, *Die Briefsammlung des Bischofs Avitus von Vienna*, Berlin, 1938, p. 105 sq.

Habes in epistolario Auiti etiam litteras APOLLINARIS EPISCOPI VALENTIANENSIS (*epist.* 13 et 71), VICTORII EPISCOPI (16), SIGISMVNDI REGIS (29 [n. 1678, 17], 47, 78, 93 et 94), VIVENTIOLI EPISCOPI (68 [n. 1069]), LEONIANI ARCHIDIACONI (86), HORMISDAE PAPAE (42 [n. 1620, cxxxvii]) et rescripta duo «illustrissimi uiri» HERACLII (54 et 96).

Attamen, *epist.* 33 (p. 63) (CPPM, ii, 375) necnon *Collatio episcopo-*   PL, lxii, 51; *rum ... coram rege Gundebaldo* (p. 161-164) (CPPM, ii, 376) falsa sunt   lix, 387 famosissima HIERONYMI VIGNIER, cfr H. RAHNER, *Die gefälschten Papstbriefe aus dem Nachlaß von Jérôme Vignier*, Freiburg, 1935, p. 24-66.

994 **Homiliae** (SCHANZ, iv, 2, 387)   PL, lix, 289, 391

ibid., p. 103-157.

Hom. xxiv emendatius ediderunt Ch. PERRAT & A. AUDIN, in *Studi in onore di A. Calderini e R. Paribeni*, ii, Milano, 1957, p. 433-451.

Cod.: *hom.* vi, *in Rogationibus*: J. B. BOUHOT, in RÉAug, xxi, 1975, p. 170 sq., n. 23.

(*a*) *Lex Gundobada* inter monumenta iuris recensebitur (n. 1804).

995 **Carmina de spiritalis historiae gestis** (SCHANZ, iv, 2, 383; PL, lix, SCHALLER & KÖNSGEN, 13599)

ibid., p. 201-274; D. J. NODES, Leiden, 1986 (= *Toronto Med. Latin Texts*, xvi).

Cod.: THORNDIKE & KIBRE, p. 1247.

Cod., emend.: J. RAMINGER, in WSt, ci, 1988, p. 313-325.

Emend.: C. J. MCDONOUGH, in VC, xxxv, 1981, p. 170-173.

Fontes: G. SIMONETTI ABBOLITO, *Avito e Virgilio*, in *Orpheus*, n. s., iii, 1982, p. 49-72.

Lib. i, *de mundi initio*, edidit A. SCHIPPERS, Amsterdam, 1945, pauca emendans.

996 **Carmina de consolatoria castitatis laude** (SCHANZ, iv, 2, 385; PL, lix, SCHALLER & KÖNSGEN, 15917)

ibid., p. 274-294.

Cfr n. 1517, adn. *a*.

Index uerborum: J. RAMINGER, *Concordantiae in Alcimi Ecdicii Auiti Carmina*, Hildesheim, 1990.

APPENDIX

997 **Titulorum Gallicanorum liber**

ibid., p. 183-196.

Ibi extant monumenta sequentia:

ipsius Auiti *epitaphium* (*titulus* vii [SCHALLER & KÖNSGEN, 13819]);

uarii tituli auctore AGOBARDO uel potius FLORO LVGDVNENSI (*tit.* i-v) (*a*);

titulus auctore DINAMIO (*tit.* xxi; uide etiam sub n. 1058);

epitaphium DOMNINI VIENNENSIS auctore FLAVIO LACANIO (*tit.* viii) (*b*);

tituli auctoribus EVGENIO TOLETANO (*tit.* xviii [= *carm.* EVGENII 28; cfr n. 1236]), MARTINO BRACARENSI (*tit.* xxii-xxiv; cfr n. 1087 et 1088), PAVLO DIACONO (*tit.* xx [= *carm.* 29 — edid. K. NEFF, *Die Gedichte des Paulus Diaconus. Kritische und erklärende Ausgabe*, München, 1908, p. 121-122; SCHALLER & KÖNSGEN, 8086]), et fortasse VENANTIO FORTVNATO (*tit.* vi,

(*a*) **Fontes** locique parallelli titulorum i-iv plenius indicantur ab E. DUMMLER in hoc tomo *Poetarum Latinorum*, quam in editione Peiperiana; tit. v (SCHALLER & KÖNSGEN, 9370); **cod., trad. text.**: cfr AB, xi, 1892, p. 411 sq.

(*b*) Emendatius edidit C. DE SMEDT in AASS, Nou. i, 1887, p. 663, textum traditum fidelius inhaerens.

xiii, xv-xvii). Vide M. MANITIUS, *Geschichte der christlich-lateinischen Poesie*, Stuttgart, 1891, p. 468; S. BLOMGREN, in *Eranos*, lxxi, 1973, p. 100-106 (ix et xii *FORTVNATO* abiudicanda) (*a*).

Cod.: tit. xiii: *WALTHER*, 18952 & *Add.*; *SCHALLER & KÖNSGEN*, 15938;

Concilia Epaonense (517) et Lugdunense (519?) (ed. PEIPER, p. 165-177) inter concilia Merouingica sub n. 1785 inuenies.

Vita S. Auiti (*ibid.*, p. 177-181) (*SCHANZ*, iv, 2, 381; *BHL*, 885) uidetur saec. ix uel etiam recentior, cfr M. BURCKHARDT, *o. c.* [n. 993], p. 103-105 (uide etiam sub n. 1050).

IVLIANVS POMERIVS PRESBYTER ARELATENSIS

natione Afer; scripsit saec. vi ineunte.

998 **De uita contemplatiua** (Ps. PROSPER) (*SCHANZ*, iv, 2, 554; *CPPM*, ii, 3583. 3705)

PL, lix, 415-520 = LE BRUN DES MARETTES — MANGEANT.

Cod.: uide elenchum apud M. LAISTNER, in *Misc. Mercati*, ii, Roma, 1946 (StT, cxxii), p. 352-358 (= M. LAISTNER, *The Intellectual Heritage of the Early Middle Ages*, Ithaca, 1957, p. 49-56); attamen ibi praetermittitur codex longe antiquissimus, saec. vii-viii nempe (Wolfenbüttel, cod. Weissenburgensis 76 [*LOWE*, 1391]), ad textum recensendum nondum adhibitus; item praetermittitur fragm. London (cfr N. R. KER, in *Brit. Mus. Quarterly*, xii, 1938, p. 134 sq.), Einsiedeln 281 (saec. viii/ix, cfr P. PIPER, in *Mél. Chatelain*, Paris, 1910, p. 311 [*LOWE*, 875; G. MEIER, *Catalogus... Einsidlensis*, i, Einsiedeln, 1899, p. 259]), Milano F 60 sup., saec. viii (*LOWE*, 336/340; textum exscripsit L. MURATORI, *Antiquitates Italicae*, iii, Milano, 1740, p. 847-850), Vat. Pal. 577 (saec. viii, cfr L. MACHIELSEN, in SE, xii, 1961, p. 488), León 22 (saec. viii-ix, cfr A. WILMART, in RB, xxix, 1912, p. 50). Addatur etiam J. HOFMANN, *Der Lambach-Wiener «Prosper» aus Würzburg*, in *Würzburger Diözesangeschichtsblätter*, xxv, 1963, p. 29-61; et cod. Bamberg, Patr. 29 (B v 10), saec. xii, Basel B v 10, saec. xii/xiii, Brussel 993 (12.053-62), saec. xv; 1379 (9875-80), saec. xii, Budapest, Univ. 64, saec. xv, Erlangen 170, saec. xiv, Leipzig, Univ. 326, saec. xv, Praha, Univ. 768, saec. xv; 1350, saec. xv, Wolfenbüttel, Weissenburg 56, saec. ix, etc.

Lect. uar.: Fr. DEGENHARDT, *Studien zu Iulianus Pomerius*, Eichstätt, 1905 (progr.).

Trad. text.: H. BARRÉ, in RB, lxxi, 1961, p. 82.

Emend.: ad textum Mignianum, haud praestabilem, emendandum, utilia quaedam inuenies apud M. LAISTNER, *a. c.*, p. 344-358 (p. 40-56);

(*a*) Cfr H. J. FREDE, p. 310.

J. C. Plumpe, *Pomeriana*, in VC, i, 1947, p. 227-239; M. Prendergast, *The Latinity of the «De uita contemplatiua» of Iulianus Pomerius*, Washington, 1938, et in nouissima uersione anglica auctore M. J. Suelzer, Westminster, 1947.

998a **De natura animae et qualitate eius** (*schanz*, iv, 2, 555) (fragm. apud Ivlianvm Toletanvm, *Prognosticum futuri saeculi* [n. 1258], i, 9; ii, 1; 10; iii, 19, 20; 25-28)   PL, cxvii 936; 946

CC, cxv, 1976, p. 24. 44. 49. 93. 95. 98-102 — Hillgarth.

Cfr J. Hillgarth, in *The Journal of the Warburg and Courtauld Institutes*, xxi, 1958, p. 21; J. Fontaine, *S. Isidore*, ii, Paris, 1959, p. 691, adn. 3. Quaedam fragmenta etiam leguntur apud *[h]emmonem*, *Liber de qualitate caelestis patriae*, iii, 7; 27; 28 (cfr n. 756a), qui tamen ea assumpsit ex opere Iuliani, cfr J. P. Bouhot, in RÉAug, xxiii, 1977, p. 113-121.

Insuper ad Iulianum Pomerium direxit *rvricivs* suas epist. i, 17 et ii, 10 (n. 485).

PS. BASILIVS MAGNVS

Gallus; saec. vi?

999 **De consolatione in aduersis.** Inc. «Quemadmodum nauis cum undarum tempestate» (*CPG*, 2898; *CPPM*, ii, 3555)

PG, xxxi, 1687-1704 = Garnier-Maran.

Cod.: Tours, Bibl. mun. 281, saec. ix.

Noua ed. paratur a Fr. Belmonte.

Cfr n. 854.

CLERICI VIRODVNENSES

saec. v medio, uel anno 407? Cfr P. Courcelle, in *Rev. belge de phil. et d'hist.*, xxxi, 1953, p. 29, adn. 3; Id., *Histoire littéraire des grandes invasions germaniques*, Paris, 1964³, p. 64, n. 1.

1000 **Epistula [Franci, Pauli, Valeriani presbyterorum, Sesinni arcediaconi et omnium clerecorum] 'de patria' ad Polochronium** [episcopum Virodunensem?]. Inc. «De patria graui sumus exire» (*maassen*, 535°)   PLS, iii

G. Morin, in RB, li, 1939, p. 31-36.

Paulum accuratius iam excusa erat a C. Turner, in JTS, xxx, 1929, p. 227 sq.

LICINIVS TVRONENSIS, MELANIVS RHEDONENSIS ET EVSTOCHIVS ANDEGAVENSIS, EPISCOPI

circa 511.

1000*a* **Epistula ad Louocatum et Catihernum presbyteros.** Inc. «Venerabilis uiri Sperati presbyteri relatione cognouimus» (MAASSEN, 453; LAPIDGE & SHARPE, 823)

PLS, iii, 1256

A. JÜLICHER, in ZKG, xvi, 1896, p. 664-671.

Cfr L. DUCHESNE, *Fastes épiscopaux de l'ancienne Gaule*, ii, Paris, 1910², p. 253 sq.

PS. THEOPHILVS EPISCOPVS ANTIOCHENVS

Gallus; circa 470-529.

1001 **Commentarius in quattuor Euangelia.** Inc. «Apis fauos... Quattuor euangelia quattuor animalibus» (SCHANZ, iv, 2, 567 et 650; STEGMÜLLER, 8014-8015 & *Suppl.*)

PLS, iii, 1282

Th. ZAHN, *Forschungen zur Geschichte des nt. Kanons*, ii, Erlangen, 1883, p. 29-85, collata cum cod. Bruxellensi 9850-52 (v. d. Gh. 1221), f° 144-176ᵛ, saec. vii ex. (LOWE, 1547 a) a J. PITRA recognito (*Anal. sacra*, ii, Paris, 1884, p. 626-634).

Prologum edidit A. HARNACK, TU, i, 4, 1883, p. 166-167 e cod. Remensi 427; addatur caput additicium «Cena gaudium angelorum» e cod. Lipsiensi, Universitätsbibl. 98 (F. p. 98, n. 3), saec. xii, f° 166, editum a R. HELSSIG, *a. infra c.*, p. 534.

Cod.: uide praeter Stegmüller, R. HELSSIG, in ZKG, xxxiii, 1912, p. 529-536; A. WILMART, in *Misc. Amelli*, Monte Cassino, 1920, p. 54, adn. 5. Addatur Leipzig, Universitätsbibliothek 217 (F. p. 99, n. 8), saec. xiii.

Var. lect.: R. HELSSIG, *a. c.*, p. 532-534.

Fontes: H. J. FREDE, p. 772.

VALERIANVS EPISCOPVS CEMELIENSIS

obiit circa 460.

1002 **Homiliae xx** (SCHANZ, iv, 2, 529)

PL, lii, 691-756 = GALLANDI.

Hom. i, *de bono disciplinae* (inc. «Multi sunt qui sanae doctrinae aduersantur») etiam inter spuria S. AVGVSTINI legitur (PL, xl, 1219-1222) (CPPM, i, 1122).

Cod., excerpta: J.-P. WEISS, in SE, xxi, 1972/73, p. 109 et 144; R. H. & M. ROUSE, *Preachers, Florilegia and Sermons*, Toronto, 1979, p. 132 sq., 197 sq.

Var. lect.: A. M. RIBERI, *S. Dalmazzo di Pedona*, Torino, 1929, p. 332-347 (*hom.* xv, xvi et xvii); attamen in his sermonibus potius agitur de S. Pontio Cimeliensi quam de S. Dalmatio Pedonensi, ut sibi uisus est A. M. RIBERI (*o. c.*, et iterum *S. Dalmazzo martyre e compagni*, Borgo S. Dalmazzo, 1935, p. 141-153); cfr Cl. PASSET, *La Passion de Pons de Cimiez*, Nice, 1977, p. 127-139, ubi etiam nonnulla inuenies circa codices et fontes. Vide insuper B. DE GAIFFIER, in AB, xcvii, 1979, p. 196-198.

Fontes: H. ASHWORTH, *A passage from Valerian of Cimiez and a Collect from the Gelasian Sacramentary*, in *The Heythrop Journal*, iii, 1962, p. 271-275; J.-P. WEISS, in SE, xxvii, 1984, p. 191-201.

Noua ed. paratur a J.-P. WEISS.

1003 **Epistula ad monachos.** Inc. «Impositae mihi uotorum» (SCHANZ, iv, 2, 529)

ibid., 755-758.

De **genuinitate** ualde dubitat J.-P. WEISS, in *Ann. Fac. Lettres Nice*, ii, 1967, p. 44 sq.; ID., in SE, xxi, 1972/73, p. 144 sq.

DVBIA

1004 **Homilia in dedicatione ecclesiae.** Inc. «Quotiescumque, dilectissimi, nostrorum martyrum natalitia festiua celebritate recursant» (CPPM, i, 6441) PLS, iii,

A. M. RIBERI, *o. c.* [n. 1002], p. 326-331.

Saec. v in Italia septentrionali habita, ita H. J. FREDE.

Ad Valerianum nostrum uerisimiliter direxit EVCHERIVS LVGDVNENSIS suam epistulam *De contemptu mundi* (n. 493).

ELEVTHERIVS EPISCOPVS TORNACENSIS

sedit saec. v-vi. — Cfr A. D'HAENENS, in DHGE, xv, 1963, col. 150-153.

1004a In *Bibliothecis Patrum* quinque sermones Eleutherio tribuuntur unaque oratio (PL, lxv, 83-102 = SCHOTT [CPPM, i, 4562-4567]). De his satis recte iudicauit C. OUDIN (*Commentarius de scriptoribus ecclesiasticis*, i, Frankfurt, 1722, col. 1334-1336), eos lucubrationes aestimans saec. xii uel xiii. Attamen paulo antiquiores uidentur. Extat enim **cod.** saec. xii *sermonum* i et ii (Mons, 10/165, f° 108-113, ex abbatia Bonae Spei); legitur etiam *sermo* i et excerpta *Orationis* (CPPM, ii, 660) (*a*) in «*Vita* secunda S. *Eleutherii*» (BHL, 2459-2466), quae anno 1141 confabulata est a canonico HENRICO TORNACENSI, instigante uel etiam ipso calamum tenente HERIMANNO abbate S. Martini Tornacensi (cfr P. ROLLAND, *Les Monumenta historiae Tornacensis saec. xii*, in *Ann. Acad. Roy. d'archéol. de Belgique*, lxxiii, 1926, p. 255-313; ID., *Les origines légendaires de Tournai*, in *Rev. belge de phil. et d'hist.*, xxv, 1946/47, p. 555-581).

Habemus ergo «terminum ante quem»; sed non mirarer uitae fabulatorem etiam sermones orationemque concinasse, partim e monumentis antiquis (*b*). Neque enim usquam antea memorantur neque in antiquioribus codicibus inueniuntur (*c*). Et reuera *Oratio beati Eleutherii, animam agentis ad Deum, pro fide et ecclesia Tornacensi*, haud male conuenit saec. xii, cfr e. g. S. ANSELMI *oratio* xvii (ed. F. SCHMITT, iii, p. 68-70 [*or.* lxxv, PL, clviii, 1012-1016]), sed quae hic sinceritas dictauit, illic nugacitas sauciauit (cfr A. HOSTE, in SC, lxxvi, 1961, p. 178 sqq.). De sermonibus iii-v, uide R. LAURENTIN, *Table*, p. 135 (*sermo* v, *in Annuntiationis festum*, uidetur imitari *serm.* 123 PS. AVGVSTINI); cfr H. BARRÉ, in *Études mariales*, xiii, 1955, p. 92.

SEDATVS EPISCOPVS NEMAVSENSIS

sedit circa 500.

1005 **Sermo de natale Domini.** Inc. «Hodie, fratres karissimi, natus est nobis Dominus (*aliter*: Christus). Paremus illi» (CPPM, i, 2188. 4370. 6416)   PLS, iv, 1927

A. WILMART, in RB, xxxv, 1923, p. 5-16.

Sub nomine AVGVSTINI idem sermo latebat in cod. Paris, B. N., lat. 2025 (saec. xiii); inde editus est inter sermones S. CAESARII (n. 190, ed. G. MORIN, *S. Caesarii opera omnia*, i, Maredsous, 1937 sq. [CC, civ, p. 775-777]); uide G. MORIN, *o. c.*, p. civ [cx]; legitur et in cod. Mellicensi 218 (E 8), saec. xv, cum alio initio (inc. «Ecce, fratres carissimi, adest

---

(*a*) Integra *Oratio* uerisimilius olim legebatur in codice deperdito Tornacensi *Vitae secundae S. Eleutherii*, cfr AASS, Febr., iii, p. 196, adn. c.

(*b*) *Sermonis* i fontem detexit A. LUMPE (*Die Quelle von Ps. Eleutherius, sermo de Trinitate i*, in RhM, n. s., c, 1957, p. 199-200) in *epistula synodica* CYRILLI ALEXANDRINI a DIONYSIO EXIGVO translata (ed. E. SCHWARTZ, ACO, Í, v, p. 236-244), e qua et *sermo* ii fluxisse uidetur.

(*c*) Cod. Casinensis 173, saec. xi, in quo A. REIFFERSCHEID (*Bibl. Patrum Italica*, ii, Wien, 1871, p. 335) sermonem iv S. Eleutherii legere sibi uisus est, reuera conciones exhibet «*Archidiaconi Romani*», quae editae sunt in CC, ix, p. 355-363 (n. 258).

exoptatus dies»); cfr G. MORIN, *o. c.*, i, 2, p. 915 [966]. Cfr etiam BALCL, iii, n. 1160.

Cod. et trad. text.: G. JOUASSARD, in *Science Religieuse* (= RSR), Paris, 1943, p. 211-215.

1005a **Sermo [in natale Domini].** Inc. «Dominicae natiuitatis sacramentum quanta sit» (*CPPM*, i, 6073. 6417)

P. VERBRAKEN, in RB, lxxxviii, 1978, p. 87-89.

1005b **Item alius sermo eiusdem.** Inc. «De eterno Dei uerbo dignum aliquid dicere» (*CPPM*, i, 6418)

ibid., p. 89-91.

Fragmenta quoque Sedati nonnulla supersunt in sermonibus CAESARII, et quidem in numeris 56, 57, 193 et 194 (**cod.**: P. VERBRAKEN, *a. supra c.* [n. 1005a], p. 84, n. 1).

Sedati etiam extant tres epistulae inter litteras RVRICII LEMOVICENSIS (n. 985). Praeterea quandam «*epistulam Sedati episcopi ad consolacionem et terrorem peccatorum*» repperit G. MORIN in cod. A 24 Sup. Bibl. Ambrosianae (saec. xv), f° 44ᵛ-46, et eius *incipit* dedit in BALCL, i, n. 212: «Beatus igitur Sedactus [sic] episcopus... peccatoribus monuit, dicens: Non enim nocent homini» — *explicit*: «retribuat bona nimis» (*CPPM*, ii, 3535).

[1005c «Epistola» integra iuxta cod. Mediolanensem editur a P. VERBRAKEN, in RB, xc, 1980, p. 135-139; et denuo e duobus mss. (Ambrosiano nempe et Romano, Vitt. Em. 1190) a M. G. BIANCO, in *Humanitas classica. Studi in onore R. Jacoangeli*, Roma, 1992, p. 287-303 (sub inscriptione «Consolatio et monitio peccatoribus»).

Certe non est Sedati genuinus foetus, etsi fortasse quaedam uestigia nostri auctoris nobis tradit. At uero haec farrago sententiarum magis sapit mediam aetatem in finem uergentem quam aeuum SS. Patrum. M. G. Bianchi tamen epistulam saec. v-vi tribuit.]

DVBIA ET SPVRIA

1006 **Sermo in natale Domini.** Inc. «Rogo uos, fratres carissimi, ut libenti animo» (Ps. AVGVSTINVS, *sermo* 117) (*CPPM*, i, 902. 6419)

PL, xxxix, 1977-1981 = *Maurini*.

Cod.: Wolfenbüttel, Weissenb. 99, saec. viii (*LOWE*, 1396).

Cfr G. MORIN, *o. c.* [n. 1005], p. 935 [986]. Prima pars etiam extat sub nomine HRABANI (PL, cx, 14-16), ultima uero sub nomine THEODVLPHI AVRELIANENSIS (PL, xxxix, 1977, adn. b).

Adfertur sub nomine AVGVSTINI a RATHERIO VERONENSI, *Praeloquia,* vi, 452-455 — CCCM, xlvi A, p. 180.

1007 **Homilia de Epiphania.** Inc. «Proxime, fratres carissimi, eius diei redemptionis nostrae» (Ps. AVGVSTINVS, *sermo* 136) (*CPPM,* i, 921. 4714. 6413)

CSEL, xxi, 1891 — ENGELBRECHT, p. 247-252.

PL, xxxix, 2013; lvii, 269; lxxii, 771

De **uariis recensionibus text.**, uide W. BERGMANN, *Studien zu einer kritischen Sichtung der südgallischen Predigtliteratur,* i, Leipzig, 1898, p. 279-305. Pars posterior est CAESARII *sermo* 168.

De **auctore** uide A. WILMART, *a. c.* (n. 1005), p. 6 sq. — Ceteri sermones a Migne collecti sunt CAESARII.

1007*a* **De saluatione animae.** Inc. «Audite diuina praecepta» (*CPPM,* i, 6425)

Latet ineditus in codicibus Monacensibus 6329 (sub nomine GREGORII) et 28.135 (sub nomine SEDATI).

Cfr R. ÉTAIX, in *Recherches aug.,* xxvi, 1992, p. 144.

CAESARIVS EPISCOPVS ARELATENSIS

circa 470-542.

Bibliographia: G. TERRANEO, in *La Scuola Cattol.,* xci, 1963, p. 272*-294*.

1008 **Sermones** (SCHANZ, iv, 2, 561)

G. MORIN, *S. Caesarii opera omnia,* i, Maredsous, 1937 (= CC, ciii-civ, 1953).

Cfr censuras H. J. FREDE, p. 337-345; *CPPM,* i, 4210-4415.

Cod.: C. LAMBOT, apud G. MORIN, *o. c.,* ii, 1942, p. 393; A. DOLD, in TA, i, 12, p. 35, adn. 4 (*sermo* 56 sq.).

partim in PL, xxxix (cfr n. 368); CSEL, xxi (cfr n. 969, adn. *a*)

Emend.: V. BULHART, apud G. MORIN, *o. c.,* ii, 1942, p. 393; G. ROHLFS, in *Studia neophilologica,* xxi, 1948/49, p. 42-46; R. M. FRANK, in *Traditio,* viii, 1952, p. 387-389 (*sermo* 1).

Var. lect.: A. HOLDER, *Die Reichenauer Handschriften,* ii, Leipzig, 1914, p. 495-498 (fragm. 79, saec. viii-ix [*serm.* 30 et 179]); M. MANITIUS, in AB, xxiii, 1904, p. 276-278 (Dresden, A 120[a], saec. viii; München 14.364, saec. ix [*sermo* 179]).

Latinitas: I. Bonini, in *Aeuum*, xxxv, 1962, p. 240-257.

Fontes: B. Fischer, in VC, v, 1951, p. 84-87; A. de Vogüé, in SE, xxix, 1986, p. 19-24.

Sermo 1 accuratius editus est a J. Delage, in SC, clxxv, 1971, p. 218-276;

sermo 17 accuratius et integer editus est a R. Étaix, in *Philologia Sacra. Festschr. H. J. Frede & W. Thiele*, ii, Freiburg, 1993, p. 560-567;

sermonum 100 et 179 **uersio graeca**: M. Rackl, in *Misc. Fr. Ehrle*, i, Roma, 1924 (StT, xxxvii), p. 30 sq., 35;

sermonum 119 et 120 **fontes**: A. Salvatore, in *Vet. Christ.*, vii, 1970, p. 83-113;

sermo 174: uide C. Lambot, in RÉAug, ii, 1956, p. 136;

sermo 178: locupletius denuo edidit R. Étaix, in SE, xxxiv, 1994, p. 59-66;

sermo 188: uide J. Bonnes, in RB, lvi, 1945/46, p. 180 et 200;

sermo 190 est SEDATII (n. 1005);

sermonis 216 alteram recensionem euulgauit J. Leclercq, in RB, lviii, 1948, p. 64-67 (Inc. «Natalem sancti Ioannis, fratres karissimi»); cfr RB, lix, 1949, p. 113, adn. 1;

sermo 223: cfr P. Salmon, *Le lectionnaire de Luxeuil*, i, Rome, 1944, p. 12, adn. 1.

sermones 233-238 accuratius ediderunt A. de Vogüé & J. Courreau, in SC, cccxcviii, p. 60-146; addatur et *sermo extrauagans* 6, EVSEBIO GALLICANO tributus (cfr n. 971), qui est Caesarii foetus genuinus.

Tres sermones a Caesario adaptatos edidit R. Étaix, in *Recherches aug.*, xxiv, 1989, p. 190-196; tres alios edidit J. Lemarié, in RB, lxxxviii, 1978, p. 92-110 (*initia* reperies in *Indice* iv).

1008a **Sermones additicii**

R. Étaix, in RÉAug, xi, 1965, p. 10-12; Id., in RB, lxxv, 1965, p. 204-210; Id., in *Corona Gratiarum. Miscell. E. Dekkers*, i (= *Instr. Patr.*, x), Steenbrugge, 1975, p. 219-227; Id., in RÉAug, xxiv, 1978, p. 273-275; J. Lemarié, in RB, lxxxviii, 1978, p. 98-108; A. M. Giorgetti Vichi, in *Accademie e Biblioteche d'Italia*, xxi, 1953, p. 335-342 (denuo editur a J. Lemarié, in RÉAug, xxvii, 1981, p. 293-295); R. Grégoire, in PLS, iv, 1903-1910.

1008b **Admonitio de contemptu praesentis uitae.** Inc. «Fratres carissimi, istas res terrenas non habent homines» (*CPPM*, ii, 3201)

Maxima Bibliotheca ueterum Patrum, xxvii, Lugduni, 1677, p. 346-347.

Post Gregorium Magnum, ita G. Morin, *Initia et Censura Sermonum*, in CC, civ, p. 966.

1009 **Statuta sanctarum uirginum** (*SCHANZ*, iv, 2, 558), una cum documentis adiectis, *epistula* nempe HORMISDAE n. 150 (inc. «Exulto in domino»), *orationibus super defunctae corpus* ac fragmento *Constituti abbatissae Caesariae* (uide n. 1054) *de iure sepulturae seruando* (inc. «... uel amico, uel patrono»).

PL, lxvii, 1105; PLS, v, 402

G. MORIN, *o. c.* [n. 1008], ii, 1942, p. 101-129; uel melius et locupletius A. DE VOGÜÉ & J. COURREAU, in SC, cccxlv, 1988, p. 170-272; 352-359; 496-498.

Fontes: B. FISCHER, *a. c.* [n. 1008]; M. C. MCCARTHY, *The Rule of Nuns of St Caesarius of Arles*, Washington, 1960.

Noua ed. paratur a H. MAYO.

1010 **Ad sanctimoniales epistulae ii.** Inc. «Coegisti me, famula Dei»; «Vereor, uenerabiles in Christo filiae [*aliter*: Gaudete et exsultate in Domino, uenerabiles filiae»; «Vereor, uenerabiles filii]» (*SCHANZ*, iv, 2, 560; *CPPM*, ii, 3613. 3617)

PL, lxvii, 1125; 1121 (exc.); 1128; 1154

G. MORIN, *o. c.* [n. 1009], p. 129-144; A. DE VOGÜÉ & J. COURREAU, *o. c.* [n. 1009], p. 294-337 (epist. altera tantum).

Epist. i spuria est et saec. vii mediante conficta; **fontes** indicauerunt B. FISCHER, *a. c.* [n. 1008], H. J. FREDE et praesertim A. DE VOGÜÉ, in SE, xxvii, 1984, p. 209-220.

1011 **Epistula hortatoria ad uirginem Deo dicatam.** Inc. «O profundum diuitiarum» (*SCHANZ*, iv, 2, 561; *CPPM*, ii, 3616 c)

PL, lxvii, 1135

G. MORIN, *o. c.* [n. 1009], p. 145-148; A. DE VOGÜÉ & J. COURREAU, *o. c.* [n. 1008], p. 418-438.

Num sit Caesarii non certe constat; probabilius a TERIDIO eius nepote accommodata.

1012 **Regula monachorum** (*SCHANZ*, iv, 2, 558; *CPPM*, ii, 3615 a)

PL, lxvii, 1099

G. MORIN, *o. c.* [n. 1009], p. 149-155; J. COURREAU & A. DE VOGÜÉ, in SC, cccxcviii, 1994, p. 204-227.

Cfr L.-R. DELSALLE, *Comparaison, datation, localisation relatives des règles monastiques de saint Césaire d'Arles, saint Ferréol d'Uzès et de la «Regula Tarnantensis Monasterii»*, in *Augustiniana*, xi, 1961, p. 5-26.

1013 **Opusculum de gratia.** Inc. «Secundum scripturas ueteris uel noui Testamenti» (*SCHANZ*, iv, 2, 560)

PL, cxv, 977 (exc.); PLS, iv, 528

ibid., p. 159-164.

Eundem textum, iam anno 1896 in RB (xiii, p. 433 sq.; cfr *ibid.*, p. 486) euulgatum, tamquam ineditum denuo edidit E. KALINKA, in WSt, lxi-lxii, 1943/47, p. 133-138.

1014 **De mysterio S. Trinitatis.** Inc. «Solent homines alterius reli- PLS, iv,
gionis» (SCHANZ, iv, 2, 560)
ibid., p. 164-180.

1015 **Breuiarium aduersus haereticos.** Inc. «Errare haereticos haec PL, xiii,
maxima causa» (Ps. FAVSTVS) (CPPM, ii, 718. 833. 1170) 653; ciii,
ibid., p. 182-208. 1383

1016 **Expositio in Apocalypsim.** Inc. «Ea quae in Apocalypsi [*alit.*: PL, xxxv
In lectione reuelationis b. Ioannis]» (Ps. AVGVSTINVS) (SCHANZ, iv, 2415
2, 563; STEGMÜLLER, 1495. 2445; CPPM, ii, 1800-1819. 1900. 2024. 2205)
ibid., p. 210-277.
Cod.: Kassel, Landesbibl. Theol. Oct. 5, saec. viii (LOWE, 1142).

1017 **Testamentum S. Caesarii** (SCHANZ, iv, 2, 558) PL, lxvi
ibid., p. 283-289; A. DE VOGÜÉ & J. COURREAU, *o. c.* [n. 1012], 1139
p. 380-396.

Habet etiam Caesarius noster epistulam ad Ruricium (n. 985); ad ipsum uero numerosiores litterae datae erant, quas omnes collegit eruditissimus uir G. MORIN et accuratius denuo excudit (t. ii, p. 1-32).

Insuper plura dicta Caesarii traduntur in actis conciliorum quibus interfuit (ea collegit et edidit G. MORIN [t. ii, p. 36-89] et locupletius ac paululum emendatius denuo recundunt C. MUNIER [CC, cxlviii, p. 189-228] et C. DE CLERCQ [CC, cxlviii A, p. 42-97]). Particulariter notandae sunt *Sententiae sanctorum Patrum*, actis concilii Arausicani a. 529 adnexae (inc. «Et ne forte aliquis dicat quod insinuatio gratiae» [ed. G. MORIN, p. 79-85; C. DE CLERCQ, p. 69-76]) una cum praefatiuncula Caesarii (inc. «In hoc loco continetur sinodus Arausicae» [ed. C. DE CLERCQ, p. 69, et emendatius F. MAASSEN, in MGH, *conc.*, i, p. 45-46]).

DVBIA

1017a **Sermo in dedicatione ecclesiae.** Inc. «*Vnusquisque propriam* PLS, iv
mercedem accipiet. Ait sermo diuinus, fratres carissimi, sicut
nuper audiuimus: *Vnusquisque propriam mercedem accipiet*»
(CPPM, i, 1985. 4696)

G. MORIN, in RB, xxiii, 1906, p. 367-372.

«Ex libro Fausti Reiensis *de gratia* excerptus, forte a Caesario», ita G. MORIN, *S. Caesarii opera*, i, 2, p. 908 (= CC, civ, p. 956).

Hic praetermitti potest; est enim *sermo* 3 inter «extrauagantes» EVSEBII GALLICANI (n. 966a), ed. F. GLORIE, CC, ci, p. 837-841 (CPG, 3543).

1017b **Omelia sancti Iacobi et Iohannis.** Inc. «Sollemnitatem sanc-   PLS, iv, 518
torum apostolorum martyrum Iacobi et Iohannis»

    R. Étaix, in RB, lxvii, 1957, p. 3-9.

APPENDIX

1018 **Vita S. Caesarii** auctoribus Cypriano, Firmino et Viventio   PL, lxvii,
episcopis, Messiano presbytero et Stephano diacono (*SCHANZ*, iv,   1001
2, 557 et 565; *BHL*, 1508-1509)

    G. Morin, *S. Caesarii opera omnia*, ii, Maredsous, 1942,
p. 296-345.

    Emend.: S. Cavallin, in *Eranos*, xlvi, 1948, p. 144; Id., *Vita SS. Honorati et Hilarii*, Lund, 1952, p. 115-117.

SPVRIA

1019 **Homiliae v Collectionis A** (nn. 35, 38-41)

    PL, lxvii, 1078 (cum additamentis iuxta G. Morin, *o. c.* [n. 1008], i, p. 930 [980]); PL, xl, 1078-1082. 1323-1324.

    De indole huius Collectionis uide G. Morin, *o. c.*, i, p. xlv sqq.

    Hom. A 40 (*CPPM*, i, 4391) **fontes**: R. M. Correale, in SE, xxvii, 1984, p. 203-220.

    Ceterae «homiliae» editionis Mignanae sunt «*EVSEBII GALLICANI*», Hieronymi, uel ipsius Caesarii genuinus foetus. Vide *Initia et censuras sermonum* auctore G. Morin, *o. c.*, i, 2, p. 907-938 [957-990], et censuras H. J. Frede, p. 348 sq., et infra in *Indice* iv.

1019a **De uiduitate seruanda.** Inc. «Audi, filia derelicta, quae perdidisti» (*Coll.* A, n. 42) (*CPPM*, i, 4398 a; ii, 708)

    PL, lxvii, 1094-1098 = Amaduzzi.

    Cod.: G. Morin, *o. c.* [n. 1008], i, p. xlvii-l. — De n. 2 *Collectionis* A, *Doctrina macarii de his qui in coenobiis sunt*, uide sub n. 1843a; n. 37, *De eleemosynis* (*hom.* 15 in PL, lxvii, 1077-1078 [*CPPM*, i, 4388]), excerptum est e *Testimoniis* cypriani (n. 39), iii, 1-2 — CC, iii, p. 82-88.

CYPRIANVS EPISCOPVS TELONENSIS

    sedit 524-546.

1020 **Epistula ad Maximum episcopum Genauensem.** Inc. «Peruenit ad paruitatem meam» (*SCHANZ*, iv, 2, 565; *MAASSEN*, 484)   PLS, iv, 598; MGH, *epist.*, iii, 434

    C. Wawra, in *Theol. Quartalschr.*, lxxxv, 1903, p. 575-594.

1021 **Praefatio super v libros Historiae Hegesippi de bello Iudaico.** Inc. «Ecce pater dulcis ut potui tua iussa peregi» (WALTHER, 5125; SCHALLER & KÖNSGEN, 4178)   PLS, iv, 601

V. USSANI, in ALMA, i, 1924, p. 22; ID., in CSEL, lxvi, p. 417 (in apparatu).

De **auctore** uide G. MORIN, in BALCL, i, n. 349.

E **cod.** Sangallensi 626 (erronee notatum est: 526) iidem uersus editi sunt in *Colophons des Manuscrits occidentaux*, i, Fribourg, 1965, p. 340; etiam leguntur in **cod.** Augiensi lxxxii apud A. HOLDER, *Die Reichenauer Handschriften*, i, Leipzig, 1906, p. 224.

Vita S. Caesarii

uide sub n. 1018.

VERANVS EPISCOPVS CABELLITANVS (a)

obiit 589.

1022 **Sententia de castitate sacerdotum.** Inc. «Veranus episcopus dixit: Quis praesidentem»

PL, lxxii, 701-702 = SIRMOND.

ANONYMVS

1022a **Generatio Regum.** Inc. «Primus rex Romanorum Alaneus»   PLS, iv, 1412

K. MÜLLENHOFF, *Deutsche Altertumskunde*, iii, Berlin, 1892, p. 326-328 (ex *Sb. Berlin*, 1862, p. 532-534).

Circa 520.

GREGORIVS EPISCOPVS TVRONENSIS

sedit a. 573-594.

Bibliographia: *Repertorium fontium*, v, Romae, 1984, p. 233-238; G. SANDERS & M. VAN UYTFANGHE, p. 66 sq.

(a) Nisi forte alterius Verani, filii S. Eucherii, fratris Salonii et Lugdunensis episcopi (circa 450-465), sunt pauca uerba haec.

[1023-1026] GREGORIVS TVRONENSIS 335

1023 **Historiarum libri x** (MANITIUS, i, 220; ii, 799; iii, 1061)   PL, lxxi,
MGH, scr. mer., i, 1, ed. 2ª, 1937-1951 — KRUSCH, LEVISON.   159

Cod. et trad. text.: Br. KRUSCH, in Hist. Vierteljahrschr., xxvii, 1932, p. 673-757; xxviii, 1933, p. 1-21; E. A. LOWE, in Scriptorium, vi, 1952, p. 284-286; H. BUTZMANN, in Scriptorium, xx, 1966, p. 31-40; M. MURJANOFF, ibid., p. 55-57; W. GOFFART, in Stud. Med. Cult., xxiii, 1987, p. 55-76.

Emend.: S. BLOMGREN, in Eranos, xxxiv, 1936, p. 25-40; B. LÖFSTEDT, in Acta Classica, xxi, 1978, p. 159.

Fontes: P. ANTIN, in Latomus, xxii, 1963, p. 273-284; M. OLDONI, in Stud. Med., n. s., xiii, 1972, p. 563-700.

Critica: J. WASZINK, in Mn, iii, 11, 1943, p. 77; O. CHADWICK, in JTS, l, 1949, p. 37-49; Kl. ZELZER, a. infra c. [ante n. 1027].

Clausulae: J. B. JUNGBLUT, in Gregorio di Tours. Convegni 10-13 ott. 1971, Todi, 1977, p. 327-364.

1024 **Miraculorum libri viii** (MANITIUS, i, 223; ii, 799)   PL, lxxi,
ibid., i, 2, 1885 — KRUSCH, p. 484-820.   705

Codices describens in t. vii, 2 Scriptorum rerum Merouingicarum, plura emendanda adnotauit editor, p. 707-756; uide etiam Br. KRUSCH, in Neues Archiv, xix, 1894, p. 27 sq.; p. 31-35; xxxiii, 1907, p. 24-26; l, 1935, p. 424 sq.; adde V. USSANI, Il codice Torinese Lat. A 216 (saec. x). Contributo alla critica di Gregorio da Tours e di Venantio Fortunato, in Studi Romanzi, vi, 1910, p. 177-193.

Fontes: H. J. FREDE, p. 507.

1025 **De cursu stellarum ratio.** Inc. «Plerique philosophorum, dum studiis» (MANITIUS, i, 221; ii, 799; THORNDIKE & KIBRE, 1053 [capp. 1-8])

ibid., i, 2, p. 854-872, collata cum cod. Sangall. 855, saec. ix (Neues Archiv, xii, 1887, p. 303-308).

Cfr Br. KRUSCH, in MGH, scr. mer., vii, 2, p. 770 sq.; St. McCLUSKEY, in Isis, lxxxi, 1991, p. 8-22.

Cod.: London, Lambeth Palace 414, saec. x, f° 74^v-77 (capp. 1-17).

1026 **Commentarii in psalmos fragmenta.** Inc. «Denique psalmi   PL, lxxi,
qui fugam» (STEGMÜLLER, 2661)   1097
ibid., i, 2, p. 873-877.

Primum fragmentum seu Explanatio de titulis psalmorum aliis ex codicibus edidit D. DE BRUYNE, Préfaces, p. 100 sq.

Quae Br. KRUSCH capitula commentariorum putabat, reuera est pars seriei v «Titulorum psalmorum» quam integram edidit P. SALMON, Les «Tituli psalmorum» des manuscrits latins, Città del Vaticano, 1959, p. 133-148: «Série inspirée d'Origène» (CPPM, ii, 2220).

APPENDIX

Quinque quae sequuntur opuscula hic in appendice collocamus, cum non sint opera ipsius Gregorii nostri, sed potius liberiores interpretationes latinae quorundam operum graecorum, cfr A. SIEGMUND, p. 217 sq. Insuper ipse Gregorius ea non in linguam latinam transtulit, sed fortasse retractauit antiquiores uersiones latinas, praesertim *Actuum Andreae* et *Passionis Dormientium*; cfr Kl. ZELZER, *Zur Frage des Autors der Miracula B. Andreae Apostoli und zur Sprache des Gregors von Tours*, in *Grazer Beiträge*, vi, 1977, p. 217-241.

1027 **Liber de miraculis Andreae apostoli** (*BHL*, 430; *MANITIUS*, i, 223; *CANT*, 225 ii)   PL, lxxi, 1099

ibid., i, 2, 1885 — BONNET, p. 821-846, quam editionem repetit J.-M. PRIEUR, in CCSA, vi, 1989, p. 553-651.

Cod.: Br. KRUSCH, in *Neues Archiv*, xxxviii, 1913, p. 249.

Fontes: G. QUISPEL, in VC, x, 1956, p. 129-148; J.-M. PRIEUR, in *Les Actes apocryphes des Apôtres*, Genève, 1981, p. 121 sqq., 289 sqq.; L. VAN KAMPEN, in VC, xlv, 1991, p. 18-26.

1028 **De miraculis Thomae apostoli** (*BHL*, 8140; *CANT*, 245 II, 2)

Kl. ZELZER, *Die alten lateinischen Thomasakten*, Berlin, 1977 (TU, cxxii), p. 43-77.

De interpretatione latina Gregorio abneganda, cfr Kl. ZELZER, *o. c.*, p. xxvi-xxix. — Cfr H. J. FREDE, p. 508.

1028a **Passio sancti Thomae Apostoli** (*BHL*, 8136; *CANT*, 245 ii, 1)), **Miraculis** pseudo-Gregorii antiquior, critice edita est a eodem

Kl. ZELZER, *o. c.* [n. 1028], p. 1-42.

1028b **Historiae apostolicae libri x** auctore Ps. ABDIA (*CANT*, 256)

J. A. FABRICUS, *Codex Apocryphus Noui Testamenti*, ii, Hamburg, 1703.

Saec. vi in Gallia conflata.

1029 **Passio vii dormientium apud Ephysum** (*MANITIUS*, i, 219; ii, 799; *BHL*, 2313)

MGH, *scr. mer.*, vii, 2, 1920 — KRUSCH, p. 757-769.

SPVRIA

1030 **Passio S. Iuliani Martyris** (*BHL*, 4540)

ibid., i, 2, 1885 — KRUSCH, p. 878-881.

Cod.: MGH, *scr. mer.*, vii, 2, p. 771 sq.

Mamerto Viennensi recentior, sed Gregorio antiquior, cfr P. FRANCHI DE' CAVALIERI, *Note agiografiche*, viii, Roma, 1935 (StT, lxv), p. 213 sq.

1031 **Liber de passione, uirtutibus et gloria S. Iuliani martyris** (*BHL*, 4542)

PL, lxxi, 1103-1106 = RUINART, collata cum AASS, *Aug.*, vi, 174 sq. et cum E. MUNDING, in TA, i, 3-4, 1918, p. 159-161.

Cetera quae inuenis apud Migne aut alibi iam recensuimus aut posterioris sunt aetatis.

APPENDIX

1032 **Nomina martyrum Lugdunensium anni 177** (saec. vi)　　MGH, *scr. mer.*, i, 878

H. QUENTIN, in AB, xxxix, 1921, p. 136 sq.

VENANTIVS FORTVNATVS EPISCOPVS PICTAVIENSIS

Italus origine; obiit 601.

Cfr D. TARDI, *Fortunat. Étude sur le dernier représentant de la poésie latine dans la Gaule mérovingienne*, Paris, 1927, p. vii-xvi: *Bibliographie*; L. NAVARRA, *Venanzio Fortunato. Stato degli studi e proposte di ricerca*, in *La cultura in Italia tra Tardo Antico e Alto Medioevo*, Roma, 1981, p. 605-610; G. SANDERS & M. VAN UYTFANGHE, p. 128 sq.

1033 **Carmina** (*MANITIUS*, i, 174; ii, 797; iii, 1061; *CPPM*, ii, 1642-1644)　　PL, lxxxviii, 59

MGH, *auct. ant.*, iv, 1, 1881 — LEO, p. 1-270; libri i-iv emendatius excusi sunt a Marco REYDELLET, Paris, 1994 (coll. Univ. de France) (**critica**: J.-L. CHARLET, in RÉL, lxxii, 1994, p. 263-265.

Animaduerte **emendationes** criticas in editionem *Monumentorum* quas elaborauit S. BLOMGREN, *Studia Fortunatiana*, i, Uppsala, 1933, necnon in opus poeticum obseruationes eiusdem auctoris in *Eranos*, xlii, 1944, p. 81-88; xliv, 1946, 100-134; xlviii, 1950, p. 57-65; 150-156; lxix, 1971, p. 104-150; lxxii, 1974, p. 143-155; lxxvii, 1979, p. 77 sq.

Cod., uar. lect.: E. WOLGARTEN, in *Arbor amoena comis. 25 Jahre Mittellat. Seminar in Bonn*, Stuttgart, 1990, p. 41-52.

Var. lect.: J. VIVES, *Inscripciones cristianas de la España*, Barcelona, 1942, p. 87 sq. (*epith. Victoriani*).

Emend.: H. DELEHAYE, *Une inscription de Fortunat sur S. Martin*, in *Mél. de Borman*, Liège, 1919, p. 19-26; P. J. ENK, in Mn, iv, 1, 1948,

p. 222 sq.; S. T. COLLINS, in JTS, l, 1949, p. 69; P. ANTIN, in *Rev. de philol.*, n. s., xxxiii, 1959, p. 48 sq.; M. ZICÀRI, in *Class. Mediaev. and Renaiss. Studies in honor of B. L. Ullman*, i, Roma, 1964, p. 204-215 (*carm.* i, 9); K. STEINMANN, *Die Geleswintha-Elegie des Venantius Fortunatus* (*Carm.* vi, 5), Zürich, 1975; Br. K. BRASWELL, in VC, xxix, 1975, p. 225 sq. (*Carm.* ii, 6).

Clausulae: A. F. MEMOLI, *Il ritmo prosaico in Venanzio Fortunato*, Salerno, 1952.

Fontes: W. SCHMID, *Ein christlicher Heroidenbrief des 6. Jh.*, in H. DAHLMANN & R. MERKELBACH, *Studien zur Textgeschichte und Textkritik*, Köln, 1959, p. 253-263 (*Carm.* viii, 3, 189-258); S. BLOMGREN, in *Eranos*, lxxix, 1981, p. 82-85.

De **editione principe** nuper detecta (Cagliari 1578), cfr L. BALSAMO, in *Studi bibliografici. Atti del Congresso ... dell'arte tipografica in Italia* (1965), Firenze, 1967, p. 67-80.

Index uerborum: M. I. CAMPANALE, *Concordanza critica dei Carmina struttura epitalamica di Venanzio Fortunata*, Bari, 1990.

De singulis carminibus cfr etiam SCHALLER & KÖNSGEN, *ad locum*.

1034 **Expositio orationis dominicae** (**Carminum liber** x, 1) (STEG- PL, MÜLLER, 8282) lxxxviii,

ibid., p. 221-229.

1035 **Expositio symboli** (**Carminum liber** xi, 1) (STEGMÜLLER, 8283) PL, lxxxviii, *ibid.*, p. 253-258. 345

Cfr F. KATTENBUSCH, *Das apostolische Symbol*, i, Leipzig, 1894, p. 130 sq.

1036 **Appendix Carminum** (**De excidio Thoringiae** [SCHALLER & PL, KÖNSGEN, 2523], **cet.**) lxxxviii, 427; 591
ibid., p. 271-292.

Genuinitas: E. REY, in *Rev. de philol.*, n. s., xxx, 1906, p. 124-138.

Emend.: S. BLOMGREN, in *Eranos*, lxix, 1971, p. 131-135.

Epistulam metricam ad Magnericum Treuirensem (p. 291-292) denuo edidit W. GUNDLACH, MGH, *epist.*, iii, p. 128-129 (= CC, cxvii, p. 432-433) (n. 1059*a*).

1037 **Vita S. Martini** (*BHL*, 5624; MANITIUS, i, 178) PL, lxxxviii *ibid.*, p. 293-370. 363

Cod.: V. USSANI, *a. c.* (n. 1024).

De **re metrica** tractat A. LONGPRÉ, in *Cahiers des Études anciennes*, v, 1976, p. 45-58.

1038 **Vita et uirtutes S. Hilarii** (*BHL*, 3885-7)
ibid., 2, 1885 — Krusch, p. 1-11.

PL, ix, 185; lxxxviii, 439

1039 **Vita S. Germani** (*BHL*, 3468)
MGH, *scr. mer.*, vii, 1920 — Krusch, p. 372-418.

PL, lxxii, 55; lxxxviii, 453; MGH, *act. ant.*, iv, 2, 11

1040 **Vita S. Albini** (*BHL*, 234)
MGH, *auct. ant.*, iv, 2, 1885 — Krusch, p. 27-33.

PL, lxxxviii, 479

1041 **Vita S. Paterni** (*BHL*, 6477)
ibid., p. 33-37.

PL, lxxxviii, 487

1042 **Vita Radegundis** (*BHL*, 7048)
MGH, *scr. mer.*, ii, 1888 — Krusch, p. 364-377.
Emend.: R. Aigrain, in RÉL, xxvi, 1948, p. 99-101.

PL, lxxii, 651; lxxxviii, 497; MGH, *auct. ant.*, iv, 2, 38

1043 **Vita S. Marcelli** (*BHL*, 5248)
MGH, *auct. ant.*, iv, 2, 1885 — Krusch, p. 49-54.

PL, lxxxviii, 541

1044 **Vita S. Seuerini Burdigalensis** (*BHL*, 7652)
MGH, *scr. mer.*, vii, 1920 — Levison, p. 219-224.
Genuinitas: De Maillé, *Recherches sur les origines chrétiennes de Bordeaux*, Paris, 1959, p. 66.

1044a **In laudem sanctae Mariae.** Inc. «Lingua prophetarum cecinit» (*SCHALLER & KÖNSGEN*, 8941; *CPPM*, ii, 1646)
MGH, *auct. ant.*, iv, 1, 1881 — Leo, p. 371-380.

PL, lxxxviii, 276

De **genuinitate** optime disseruit iam laudatus S. Blomgren in studiis suis fortunatianis, t. ii, Uppsala, 1934, textum nonnullis in locis emendans (uide etiam BALCL, iii, n. 53); H. Weisweiler, in *Scholastik*, xxviii, 1953, p. 520.

Missae a F. Mone editae (n. 1917) perperam, ut nobis uidetur, Fortunato nostro adscriptae sunt ab H. Brewer, in ZkTh, xliii, 1919, p. 693-703.

DVBIA

1045 **Epitaphium beati Marii [Auenticensis].** Inc. «Mors infesta ruens» (*WALTHER*, 11250a; *SCHALLER & KÖNSGEN*, 9796)
M. Besson, in *Atti della R. Acad. delle Scienze di Torino*, xxxix, 1903/4, p. 723-742; L. Duchesne, *Fastes épiscopaux de l'Ancienne Gaule*, iii, Paris, 1915, p. 219-220.
Genuinitas, emend.: S. Blomgren, in *Eranos*, xxxix, 1941, p. 82-91.

PLS, iv, 1415; MGH, *auct. ant.*, xi, 1, 227

1046 **Epitaphium Nicecii Lugdunensis.** Inc. «Ecce sacerdotis tenuit» (SCHALLER & KÖNSGEN, 4194)   PLS, iv, 2112

S. KOPP, *Ein neues Elogium von Venantius Fortunatus*, Würzburg, 1939, p. 25-26.

Genuinitas: S. BLOMGREN, *a. c.* [n. 1045], p. 91-99. Nil certi constat; prius epitaphium genuinum esse probabilius uidetur quam alteram.

APPENDIX

1047 **De priuilegio** [oppidi Pictauiensis]. Inc. «Felicis patriae ‹nostrae [*uel* Pictonum]› praeconanda fertilitas» (MANITIUS, i, 181; ii, 798; WALTHER, 6318; SCHALLER & KÖNSGEN, 4992)   PLS, iv, 2113; MG *poet. lat.* iv, 2, 654

W. MEYER, *Gesammelte Abhandlungen zur mittellateinischen Rythmik*, iii, Berlin, 1936 (1908), p. 42-51.

Saec. vii, uel etiam paulo antiquior, cfr L. PIACENTE, in *Romano-Barbarica*, i, 1976, p. 195-202, qui et quasdam **emendationes** proponit.

1048 **Carmina** (CPPM, ii, 1645-1656)

MGH, *auct. ant.*, iv, 1, 1881 — LEO, p. 381-386.

1049 **Vita S. Medardi** (BHL, 5864)   PL, lxxxviii,
ibid., 2, 1885 — KRUSCH, p. 67-73.

Sub Theodeberto ii [593-612] composita.

1050 **Vita S. Leobini** (BHL, 4847)   PL, lxxxviii, 549
ibid., p. 73-82.

Eiusdem auctoris ac *Vita S. Auiti* (n. 997°)?

1051 **Vita S. Dionysii** (BHL, 2171)   PL, lxxxviii, 577
ibid., p. 101-105.

Critica: R. J. LOENERTZ, in AB, lxix, 1951, p. 217-221.

Saec. v exeuntis, cfr H. MORETUS PLANTIN, *Les passions de S. Denys*, in *Mél. F. Cavallera*, Toulouse, 1948, p. 215-230.

1052 **Expositio fidei catholicae.** Inc. «Quicumque uult esse saluus ... Primo ergo omnium» (STEGMÜLLER, 8284; CPPM, ii, 1640)   PL, lxxxviii, 585
ibid., p. 105-110.

Genuinitatem non abnequandam aestimat H. J. FREDE; est enim alia recensio *Commentarii in Symbolum Athanasianum* qui et Fortunato nostro adscribitur (cfr n. 1747).

Cetera apud Migne et Krusch certe posterioris sunt aetatis; de *Vita S. Remedii* (uel *Remigii*) (saec. vi, iuxta Krusch) uide F. Baix, in *Misc. A. De Meyer*, i, Louvain, 1946, p. 219-222 (*BHL*, 7150; **cod.** et **uar. lect.**: A. Holder, *Die Reichenauer Handschriften*, ii, Leipzig, 1914, p. 483-489, fragm. 76, saec. ix).

BAVDONIVIA MONIALIS PICTAVIENSIS

saec. vi-vii.

1053 **Vita S. Radegundis** (*BHL*, 7049; Manitius, i, 173)

MGH, *scr. mer.*, ii, 1888 — Krusch, p. 377-395.

PL, lxxii, 663

Fontes: E. G. Whatley, in AB, cxi, 1993, p. 81-91.

Ipsius Radegundis *testamentum* seu *epistula ad episcopos* (inc. «Congruae prouisionis») traditur in *Historia Francorum* Gregorii Tvronensis, l. ix, cap. 42.

CAESARIA ABBATISSA

scripsit ante annum 587.

1054 **Epistula ad Richildam et Radegundim.** Inc. «Veniente misso uestro»

PLS, iv, 1404

MGH, *epist.*, iii, 1892 — Gundlach, p. 450-453; uel melius A. de Vogüé & J. Courreau, in SC, cccxlv, 1988, p. 476-494.

Dicta quaedam Caesariae seruata sunt in *Concordia Regularum* Benedicti Anianensis (xxv, 14-16 — PL, ciii, 925); uel melius A. de Vogüé & J. Courreau, *o. c.*, p. 470-474. Exstat insuper *Constitutum* eiusdem abbatissae, quod primum edidit G. Morin, *o. c.* (n. 1009), p. 128-129.

EPISTVLAE AVSTRASICAE

collectae saec. vi exeunte in ciuitate Mettensi.

CC, cxvii, 1957, p. 403-470 = Gundlach, MGH, *epist.*, iii, 1892, p. 110-153.

Emend.: J. Gil, in *Cuad. filol. clásica*, viii, 1975, p. 136-142; Id., in *Habis*, ix, 1978, p. 117-123.

En elenchus auctorum, ordine alphabetico digestus:

AVRELIANVS EPISCOPVS ARELATENSIS

sedit 546-551.

1055 **Epistula ad Theodebertum.** Inc. «Licet tam sera scriptorum officia iustissime» (SCHANZ, iv, 2, 564)

    ibid., p. 426-428.

    Eiusdem Regulas uide sub n. 1844 sq.; epistulam VIGILII PAPAE ad Aurelianum sub n. 1694.

PL, lxviii, 405; lxxi, 1164 (exc. MGH, *epist.*, iii, 124

AVSPICIVS EPISCOPVS TVLLENSIS

    Gallus; Sidonii coaetaneus?

1056 **Epistula [metrica] ad Argobastem comitem Treuirorum.** Inc. «Praecelso et spectabili his Argobasto comiti» (SCHANZ, iv, 2, 378; SCHALLER & KÖNSGEN, 12313)

    ibid., p. 442-447 = STRECKER [1914].

    Cfr W. MEYER, *Gesammelte Abhandlungen zur mittellateinischen Rythmik*, iii, Berlin, 1936 (1906), p. 1-42.

PL, lxi, 1005; MG *epist.*, iii 135; *poet. lat.*, iv, 614

CHILDEBERTVS II REX ET BRVNEHILDIS REGINA

1057 **Epistulae**

    ibid., p. 449-470 = GUNDLACH.

    Inter eas tres extant epistulae a MAVRITIO AVGVSTO uel eius exarcha ad Regem datae (nn. 40, 41, 42); cfr n. 1062a.

PL, lxxi, 1170; MC *epist.*, ii 138

DINAMIVS PATRICIVS

    obiit 601.

    Cfr D. NORBERG, in *Journ. Med. Lat.*, i, 1991, p. 46-51.

1058 **Epistulae ii.** Inc. «Quantum aestifero solis ardore»; «Vereor quidem, ne pro huius tarditate libelli reus»

    ibid., p. 430 sq.; 435 sq.

    Eiusdem *Vita S. Maximi episcopi Reiensis* sub n. 2125 recensebitur. *Vita* autem *S. Marini* sub Dinamii nomine uulgata, reuera est posterioris aetatis. — In *Anthologia latina* (edid. BÜCHELER-RIESE, i, 2, 1906, n. 786[a], p. 265-266) legitur Dinamii nostri carmen *de Lerine insula* (inc. «Inter praecipuas quas cingunt aequora terras» [WALTHER, 9480; SCHALLER & KÖNSGEN, 8222]). De **genuinitate** optime tractat S. GENNARO, *Dinamio agiografo, autore del carme «de Lerine insula»*, Catania, 1980.

PL, lxxx 25; MGI *epist.*, ii 127; 130

Insuper sub cuiusdam Dinamii nomine pars uersiculi traditur in opusculo *De dubiis nominibus cuius generis sint* (n. 1560), 174 — CC, cxxxiii A, p. 778.

Item cuidam Dinamio adscribitur *Ars grammatica* in cod. Vat. Pal. 1746, saec. x (edidit A. MAI, *Noua Patrum Bibliotheca*, I, ii, Roma, 1852, p. 182-198); cfr C. JEUDY, in *Historiographia Linguistica*, xx, 1993, p. 127-144; EAD., in *Mittellat. Jahrb.*, xxix, 1994, p. 2.

Dinamii coniugisque eius EVCHERIAE epitaphium (inc. «Coniugii dulcis hoc est» [SCHALLER & KÖNSGEN, 2507]) traditur inter «*Titulos Gallicanos*» sub n. xxi (n. 997). Fortasse eadem est atque EVCHERIA POETA, de qua uide sub n. 1479, cfr P. RICHÉ, *Éducation et culture dans l'Occident barbare*, Paris, 1962, p. 230.

FLORIANVS ABBAS REOMAENSIS

Italus; scripsit saec. vi medio.

1059 **Epistulae ii ad Nicetium.** Inc. «Benedicitur una Trinitas, Deus noster»; «Egregiam uestram sanctitatis famam» (SCHANZ, iv, 2, 392, adn. 1)

ibid., p. 413-416.

Fortasse eiusdem auctoris est *epigramma* i *in Prosperum Aquitanum* (n. 518°), cfr C. PASCAL, *Letteratura latina medioevale*, Catania, 1909, p. 59; C. WEYMAN, in *Münchener Museum f. Philol. des Mittelalters*, ii, 1914, p. 117 (SCHANZ, iv, 2, 501). Idemque uidetur ac Florianus abbas cui ARATOR SVBDIACONVS dicauit carmen *de Actibus apostolorum* (n. 1504).

PL, lxxii, 917; MGH, *auct. ant.*, vii, p. lix (*epist.* i); *epist.*, iii, 116

FORTVNATVS

circa 568.

1059a **Epistula [metrica] ad Magnericum.** Inc. «Culmen honorificum, patrum pater» (SCHALLER & KÖNSGEN, 2959)

ibid., p. 432-433.

Emend.: S. BLOMGREN, in *Eranos*, xlii, 1944, p. 129-131.

Cfr n. 1036°.

PL, lxxxviii, 137; MGH, *auct. ant.*, iv, 1, 291; *epist.*, iii, 128

GERMANVS EPISCOPVS PARISIENSIS

obiit 576.

1060 **Epistula ad Brunehildam Reginam.** Inc. «Quia caritas congaudet ueritati»

ibid., p. 423-426.

Expositionem antiquae liturgiae gallicanae, olim perperam Germano nostro adscriptam, uide sub n. 1925. *Vita S. Germani* auctore VENANTIO FORTVNATO recensita est sub n. 1039.

PL, lxxii, 77; MGH *epist.*, iii, 122

GOGO NVTRICIVS AVSTRASIAE REGIS

circa 575.

1061 **Epistulae iii.** Inc. «Ita in arcano pectoris uestrae dulcedinis»; «Augmen ingenii uestri non ueraciter excusatis»; «Sedula dilectionis ad uos»

ibid., p. 431 sq.; 434 sq.; 441 sq.

MGH, *epist.*, iii 128; 130; 134

MAPINIVS EPISCOPVS REMENSIS

obiit circa 550.

1062 **Epistulae ii.** Inc. «Euangelicae lectionis doctrina testatur»; «Felicem beatumque te, beatissime Pater»

ibid., p. 429 sq.; 433 sq.

PL, lxvii 43; lxxi, 1165 (*epi* i); MGH *epist.*, ii 126; 129

MAVRITIVS AVGVSTVS

anno 585 aut 590.

1062a **Epistula ad Childebertum II.** Inc. «Litterae uestrae gloriae per Iocundum episcopum»

ibid., p. 463-465.

PL, lxxi, 1172; MC *epist.*, ii 148

NICETIVS EPISCOPVS TREVIRENSIS

obiit 566.

1063 **Epistulae ii.** Inc. «In nouissimis temporibus iam»; «Cum legatos uestros per Francorum Reges»

ibid., p. 416-423.

PL, lxvii lxxi, 116 (*epist.* i MGH, *epist.*, ii

1064 **Epistula anonyma ad Nicetium.** Inc. «Humilitati meae coronam uestri apostolatus»

ibid., p. 447-449.

MGH, *epist.*, iii, 137

Alia epistula ad Nicetium, auctore RVFO OCTODVRENSI infra recensetur (n. 1065).

REMIGIVS EPISCOPVS REMENSIS

uide sub nn. 1070-1073.

RVFVS EPISCOPVS OCTODVRENSIS (*a*)

scripsit circa 550.

1065 **Epistula ad Nicetium Treuirensem.** Inc. «Dum suauissimis pietatis uestrae imperiis»

ibid., p. 439 sq.

MGH, *epist.*, iii, 133

THEODEBALDVS REX

scripsit anno 547.

1066 **Epistula ad Iustinianum Imperatorem.** Inc. «Accedentibus ad nos legatis uestris»

ibid., p. 436 sq.

PL, lxxi, 1165; MGH, *epist.*, iii, 131

THEODEBERTVS I REX

regnauit a. 534-548.

1067 **Epistulae ii ad Iustinianum.** Inc. «Litteras gloriae uestrae, Andrea comite»; «Theodorus uir expectabilis cum Solomonem»

ibid., p. 436-439.

Hucusque *Epistulae Austrasicae*.

PL, lxxi, 1164 (*epist.* ii); MGH, *epist.*, iii, 132

(*a*) Non Taurinensis, ut opinati sunt GUNDLACH et DUCHESNE, cfr Fr. LANZONI, *Le diocesi d'Italia*, ii, Faenza, 1927 (StT, xxxv), p. 1048.

VIVENTIOLVS EPISCOPVS LVGDVNENSIS

circa 520.

1068 **Epistula ad episcopos prouinciae Lugdunensis.** Inc. «Disciplinam fratrum filiorumque»

In *Actis Concilii Epaonensis* a° 517 (uide sub n. 1785); edid. C. DE CLERCQ, in CC, cxlviii A, p. 23 sq.

PL, lxvii, 993; MG auct. an vi, 2, 16

1069 **Epistula ad Auitum episcopum Viennensem.** Inc. «Ad similitudinem diuinae benignitatis»

Legitur inter epist. *S. AVITI VIENNENSIS*, n. 68 (uide sub n. 993), sed alio fortasse Viuentiolo tribuenda est, cfr P. RICHÉ, in *Le Moyen Age*, lxiii, 1957, p. 425-428.

PL, lix,

REMIGIVS EPISCOPVS REMENSIS

obiit 533.

1070 **Epistulae iv**

CC, cxvii, 1957, p. 407-413 = GUNDLACH [1892].

PL, lxv, 963; MG epist., ii

1071 **Versus de calice.** Inc. «Hauriat hinc populus uitam» (*SCHANZ*, iv, 2, 328; *SCHALLER & KÖNSGEN*, 6161)

ibid., p. 473 = KRUSCH, MGH, *scr. mer.*, iii, 1896, p. 262.

PL, lxv, cxxv, 11 cxxxv, MGH, script., 421

1072 **Testamentum** (*BHL*, 7160)

ibid., p. 473-479 (additamenta interpolatae recensionis, p. 479-487) = KRUSCH.

Emend.: A. H. M. JONES, P. GRIERSON, J. A. CROOK, *The Authenticity of the «Testamentum S. Remigii»*, in *Rev. belge de philol. et d'hist.*, xxxv, 1957, p. 356-373; cfr CC, cxvii, p. 692.

De **genuinitate** recensionis breuioris, uide L. DUCHESNE, *Fastes épiscopaux de l'ancienne Gaule*, iii, Paris, 1915², p. 81 sq.; A. H. M. JONES, P. GRIERSON, J. A. CROOK, *a. c.*

Remigii, quod fertur, *Epitaphium regis Clodouei* (inc. «Diues opum, uirtute potens», PL, lxv, 975-976 [*SCHALLER & KÖNSGEN*, 3834]), ex *Historia Francorum PS. AIMOINIS*, spurium est ac posterioris aetatis. Ipsius Remigii epitaphium «Cum transisset ex hoc mundo» (*WALTHER*, 3852b; *SCHALLER & KÖNSGEN*, 3173) apud FLODOARDVM, *Historia Ecclesiae Remensis*, i, 17, p. 427 sq. (n. 1317) item saec. x est.

PL, lxv, 969; cx 60; MG scr. me iii, 336; script., 428

MGH, lat., iv

APPENDIX

1073 **Missa in honorem S. Remigii**

uide sub n. 1918d.

Vita S. Remigii auctore PS. FORTVNATO (*BHL*, 7150) est saec. viii exeuntis, cfr F. BAIX, in *Misc. A. De Meyer*, i, Louvain, 1946, p. 219-222.

TROIANVS EPISCOPVS SANTONENSIS

circa 532.

1074 **Epistula ad Eumerium episcopum Namnetensem.** Inc. «Deferentibus diaconibus» (*MAASSEN*, 486)

CC, cxvii, 1957, p. 489 = GUNDLACH, MGH, *Epist.*, iii, 1892, p. 437.

PL, lxvii, 995

LEO EPISCOPVS SENONENSIS

obiit 541.

1075 **Epistula ad Childebertum I regem.** Inc. «Litteras celsitudinis» (*MAASSEN*, 485)

CC, cxvii, 1957, p. 489-491 = GUNDLACH, MGH, *Epist.*, iii, 1892, p. 437-438.

PL, lxviii, 11

[EVANTIVS ARCHIDIACONVS TOLETANVS

obiit 737.

1076 **De scripturis diuinis.** Inc. «Quia se praebuit occasio» (*DÍAZ*, 385)

L. GIL, *Corpus scriptorum Muzarabicorum*, i, Madrid, 1973, p. 2-5.

PL, lxxxviii, 719

Critica: J. MADOZ, *Secundo decenio de estudios sobre patrística española*, Madrid, 1951, p. 25.

Hoc opusculum, quod sub inscriptione *Epistula contra eos qui sanguinem animalium immundum esse iudicant*, olim Euantio cuidam abbati Proclarensi adscribitur, in Hispania confectum esse ostendit A. C. VEGA, in *La Ciudad de Dios*, cliii, 1941, p. 57-100. Infra in sectione iv, 2, post n. 1301, collocandum est.]

LEODEGARIVS EPISCOPVS AVGVSTODVNENSIS

saec. vii.

1077 **Epistula ad Sigradam.** Inc. «Gratias ago Deo meo» (MANITIUS, i, 702) PL, xcvi 373

CC, cxvii, 1957, p. 503-508 = GUNDLACH, MGH, *epist.*, iii, 1892, p. 464-467.

Canones monastici

uide sub n. 1865.

DVBIA

1078 **Testamentum.** Inc. «Ego Leodegarius etsi indignus episcopus» *ibid.*, p. 513-516. PL, xcv 379

Valde suspectum, iuxta A. ZIMMERMANN, *Kalendarium Benedictinum*, Metten, 1937, iii, p. 128; certo spurium secundum Br. KRUSCH, *o. c.* [n. 1079], p. 254. Cum Mabillonio potius genuinum, etsi forma foedata, putandum uidetur, cfr CC, *t. supra c.* [n. 1077], p. 511 sq.

APPENDIX

1079 **Passio S. Leodegarii**, auctore monacho S. Symphoriani (circa 690) (BHL, 4849b; 4850)

ibid., p. 527-586; 521 = KRUSCH, MGH, *scr. mer.*, v, 1910, p. 282-322; 260.

1079a **Passio S. Leodegarii altera**, auctore VRSINO LOCOGIACENSI (saec. viii ineunte) (BHL, 4851) PL, xcv 335

ibid., p. 587-634 = KRUSCH, p. 323-356.

1079b **Passio S. Leodegarii tertia**, auctore FRVLANDO MVRBACENSI (saec. xi) (BHL, 4855a)

ibid., p. 635-644 = KRUSCH, p. 356-362.

4. SCRIPTORES HISPANIAE (a)

MARTINVS EPISCOPVS BRACARENSIS

natione Illyricus; floruit 556-572. — Cfr L. Ribeiro Soarel, *A Lingahem cultural de Sao Martinho de Dume*, Lisbao, 1963 (codices, bibliographia, conspectus operum, etc., non omnia uero bene ordinata).

Latinitas: J. W. Rettig, *The Latinity of Martin of Braga*, 1963/64 (dissert.) (cfr BTAM, ix, p. 618, n. 1815); A. Fontán, *Martin de Braga, un testigo de la tradición clásica y cristiana*, in *Anuario de estudios medievales*, ix, 1974/79, p. 331-341.

1079c **Sententiae patrum Aegyptiorum** [quas latine interpretatus est Martinus] (*SCHANZ*, iv, 2, 626; *DÍAZ*, 20; *CPG*, 5572) PL, lxxiv, 381

C. W. Barlow, *Martini episcopi Bracarensis opera omnia*, New Haven, 1950, p. 30-51.

Cfr H. J. Frede, p. 625.

Emend.: J. H. Waszink, in VC, vi, 1952, p. 60; A. Kurfess, in *Athenaeum*, xxxiii, 1955, p. 60-63.

1080 **Formula uitae honestae** (*SCHANZ*, iv, 2, 624; *MANITIUS*, i, 110; iii, 1060; *DÍAZ*, 27; *CPPM*, ii, 3480) PL, lxxii, 21

ibid., p. 236-250.

Cod., trad. text.: A. Fontán, *La tradición de las obras morales de S. Martín de Braga*, in *Bol. Univ. de Granada*, xxiii, 1951, p. 73-86; M. Martins, *A «Formula uitae honestae» em Jean Courtecuisse e Cristina de Pisano*, in *Rev. portug. de filología*, xii, 1956, p. 126-137; M. De Marco, *Per la storia della fortuna della «Formula uitae honestae» di S. Martino di Braga*, in *Aeuum*, xxxiv, 1960, p. 571-572; *Bull. des Musées de Belgique*, iii, 1960/61 (cfr *Scriptorium*, xix, 1965, p. 298, n. 502); et praesertim M. W. Bloomfield, n. 4457. 4860. 6484.

Emend.: A. Kurfess, in *Athenaeum*, xxxiii, 1955, p. 59-60.

Fontes: E. Bickel, in RhM, lx, 1905, p. 505-551.

1081 **De ira** (*SCHANZ*, iv, 2, 624; *MANITIUS*, i, 112; *DÍAZ*, 25; *CPPM*, ii, 3480) PL, lxxii, 41

ibid., p. 150-158.

Emend.: A. Fontán, in *Emerita*, xviii, 1950, p. 378-380; A. Kurfess, in *Athenaeum*, xxxii, 1954, p. 250-258.

(a) Cfr J. Gil, *Para la edición de los textos visigodos y mozarabes*, in *Habis*, iv, 1973, p. 189-234.

1082 **Pro repellenda iactantia** (*SCHANZ*, iv, 2, 624; *MANITIUS*, i, 113; DÍAZ, 21)

PL, lxxii 31

ibid., p. 65-69.

Emend.: A. KURFESS, in *Athenaeum*, xxxii, 1954, p. 404-409.

1083 **De superbia** (*SCHANZ*, iv, 2, 624; *MANITIUS*, i, 113; DÍAZ, 22)

PL, lxxii 35

ibid., p. 69-73.

Emend.: A. KURFESS, *l. c.* [n. 1082]; ID., in *Athenaeum*, xxxiii, 1955, p. 55-57.

1084 **Exhortatio humilitatis** (*SCHANZ*, iv, 2, 624; *MANITIUS*, i, 113; DÍAZ, 23)

PL, lxxi 39

ibid., p. 74-79.

Emend.: A. KURFESS, *l. c.* [n. 1082]; ID., in *Athenaeum*, xxxiii, 1955, p. 57-59.

1085 **Epistula ad Bonifacium de trina mersione** (*SCHANZ*, iv, 2, 624; *MANITIUS*, ii, 796; DÍAZ, 28; *CPPM*, ii, 3433)

PLS, iv, 1393

ibid., p. 256-258.

1086 **De correctione rusticorum** (*SCHANZ*, iv, 2, 624; *MANITIUS*, i, 113; DÍAZ, 26; *CPPM*, ii, 3481)

PLS, iv 1395

ibid., p. 183-203; uel M. NALDINI, Fiesole, 1991 (*Bibl. Patristica*, xix).

Cod.: G. B. ALBERTI, *Lo stemma codicum del «De correctione rusticorum» di Martino di Braga*, in *Paideia Cristiana. Studi in onore di M. Naldini*, Roma, 1994, p. 147-152.

Trad. text.: J. MADOZ, *Una nueva recensión del «De correctione rusticorum» de Martín de Braga*, in *Est. Ecles.*, xix, 1945, p. 344-353.

Emend.: A. M. KURFESS, in *Aeuum*, xxix, 1955, p. 181-186.

1087 **Inscriptiones in basilica et in refectorio** (*SCHANZ*, iv, 2, 627; DÍAZ, 29; SCHALLER & KÖNSGEN, 12198. 10420)

PL, lxx 51; MG auct. (vi, 2,

ibid., p. 282-283.

Cfr Ch. PIETRI, in *Mél. d'hist. ancienne offerts à W. Seston*, Paris, 1974, p. 128 (uide supra, n. 478); P. FARMHOUSE ALBERTO, *Para uma revalorização dos poemas de Martinho de Braga*, in *Euphrosyne* (*Misc. M. C. Díaz y Díaz*), n. s., xxii, 1994, p. 215-223.

APPENDIX

1088 **Epitaphium** (*SCHANZ*, iv, 2, 627; *DÍAZ*, 29; *SCHALLER & KÖNSGEN*, 11592)   PL, lxxii, 52; MGH, *auct. ant.*, vi, 2, 195

ibid., p. 283.

Capitula Martini et *Excerptum de canonibus* infra inuenies una cum monumentis iuris ecclesiastici (nn. 1787 et 1788); officium uero et missam in honorem S. Martini Turonensis, quae Martinus noster composuit uel saltem retractauit (uide A. LAMBERT, in *Rev. Mabillon*, xxvi, 1936, p. 1-27; cfr tamen P. DAVID, *Études historiques sur la Galice et le Portugal*, Lisboa, 1947, p. 564 sq.), una cum monumentis liturgicis (n. 1929 sq.). Alia dubia uel spuria describit C. W. BARLOW, *o. c.* [n. 1079c], p. 284-287; cfr A. GARCÍA GALLO, *El Testamento de S. Martín de Dumio*, in *An. hist. derecho españ.*, xxvi, 1956, p. 369-386; et infra, nn. 1714, 2302.

SPVRIA

1089 **De paupertate.** Inc. «Honesta, inquit Epicurus» (*SCHANZ*, iv, 2, 626; *MANITIUS*, i, 112, *DÍAZ*, 30; *CPPM*, ii, 3484)

Fr. HAASE, *Senecae opera*, iii, Leipzig, 1853, p. 458-461.

Cfr P. FAIDER, *Études sur Sénèque*, Gand, 1921, p. 120 sq.

1090 **De moribus.** Inc. «Omne peccatum actio est» (*SCHANZ*, iv, 2, 626; *MANITIUS*, i, 112; *DÍAZ*, 30; *CPPM*, ii, 3483)   PL, lxxii, 29

E. WÖLFFLIN, *Publilii Syri sententiae*, Leipzig, 1869, p. 136-148.

Cod., uar. lect.: H. BACHMANN, in PhWo, l, 1930, col. 1065-1072; C. W. BARLOW, *o. c.*, p. 285; M. W. BLOOMFIELD, p. 306, n. 3609.

Cfr P. FAIDER, *l. c.*

IVSTVS EPISCOPVS VRGELLENSIS

circa 547.

1091 **Explicatio mystica in Cantica canticorum una cum epistulis praefatoriis ad Sergium episcopum et Iustum diaconum et prologo** «Cupiens in domo dei aliquid offerre» (deest in PL) (*SCHANZ*, iv, 2, 629; *DÍAZ*, 7-9; *STEGMÜLLER*, 5332)   PL, lxvii, 961; PLS, iv, 235

E. FELIPE FERNÁNDEZ, in *Rev. españ. de estudios biblicos*, i, 1926, 4, p. 7-28; 5, p. 4 sqq. (partim; cetera require in PL).

Epist. ad Iustum (inc. «Cum [*aliter*: Quod] nostris temporibus tepescentibus studiis») rectius edidit Z. GARCÍA-VILLADA, *Hist. ecles. de España*, ii, 2, Madrid, 1933, App. i, p. 265-266 (deest in PL).

Cod.: A. WILMART, in RB, xxviii, 1911, p. 13 sq., adn. 5; A. C. VEGA, in *La Ciudad de Dios*, clv, 1943, p. 174 sq.; J. ZARCO CUEVAS, in *Bolet. Acad. Hist. Madrid*, cvi, 1935, p. 403; H. RIEDLINGER, *Die Makellosigkeit der Kirche in den lateinischen Hoheliedkommentaren des Mittelalters*, Münster, 1958, p. 63; 90; M. L. W. LAISTNER, *The Intellectual Heritage of the Early Middle Ages*, Ithaca, 1957, p. 195, n. 34; R. ÉTAIX, in *Mél. de sc. rel.*, xv, 1958, p. 138 sq.; W. DUNPHY, in *Augustinianum*, xxi, 1981, p. 590, n. 7.

1092 **Sermo de S. Vincentio.** Inc. «Gloriosissimi Vincentii martyris disseminatas toto orbe uictorias» (*DÍAZ*, 10)   PLS, iv, 237

J. VILLANUEVA, *Viage literario á las Iglesias de España*, x, Valencia, 1821, p. 219-221.

Cod.: Z. GARCÍA VILLADA, in *Estud. Ecles.*, iii, 1924, p. 433 sq. — Cfr B. DE GAIFFIER, in AB, lxvii, 1949, p. 278-280.

APRINGIVS EPISCOPVS PACENSIS

saec. vi medio.

1093 **Tractatus in Apocalypsin** (*SCHANZ*, iv, 2, 629; *DÍAZ*, 14; *STEGMÜLLER*, 1422 & *Suppl.*; *CPPM*, ii, 1840)   PLS, iv, 1222

M. FÉROTIN, Paris, 1900.

Obseruationes criticae apud C. WEYMAN, in *Bibl. Zeitschr.*, i, 1903, p. 175-181. Noua ed. auctore A. C. VEGA, Escorial, 1940, praetermitti potest, cfr M. CAPPUYNS, in BTAM, v, 1946/49, p. 15 sq. et p. 300; M. ALAMO, in *Misc. Mercati*, ii, p. 24 sq.

Fontes: F. FITA, in *Bolet. Acad. Hist. Madrid*, xli, 1902, p. 358-402.

Trad. text.: J. ZARCO CUEVAS, *ibid.*, cvi, 1935, p. 406.

PSEVDO MELITO EPISCOPVS SARDENSIS

1093a **Clauis Scripturae.** Inc. «Caput Domini ipsa diuinitas eo quod» (*CPG*, 1098; *STEGMÜLLER*, 5575)

J. PITRA, *Analecta Sacra*, ii, Tusculum, 1884, p. 6-127.

Hanc recensionem primitiuam aestimat Pitra; aliae recensiones uel adbreuiationes inueniuntur in codicibus; quasdam edidit J. PITRA, *Spicilegium Solesmense*, ii, Paris, 1852, p. 1-66; 86-519; iii, 1855, p. 1-307 (inc. « Deus dicitur aliquando nuncupatiue, aliquando essentialiter » [STEGMÜLLER, 5574]); *ibid.*, ii, p. 66-83 (inc. « Caput Domini ipsa diuinitas. Capilli Domini candidi » [STEGMÜLLER, 5576]); p. 84-85: *Indiculus* (inc. « De mundo, de oriente » [STEGMÜLLER, 5577]).

Opus excerptum uidetur praesertim ex AVGVSTINO, EVCHERIO LVGDVNENSI, GREGORIO MAGNO; auctor etiam *Commentario in Apocalypsin* APRINGII (n. 1093) usum est; attamen ISIDORO est antiquior. In Hispania fortasse conscriptum est, cfr M. THIEL, in *Stud. Med.*, n. s., x, 3, 1969, p. 61-65.

MONTANVS EPISCOPVS TOLETANVS

sedit 522-531.

1094 **Epistulae** ii (DÍAZ, 4-5; MAASSEN, 476, 1-2)   PL, lxv, 51

J. VIVES, *Concilios visigóticos e hispano-romanos*, Barcelona, 1963, p. 46-52.

EVTROPIVS EPISCOPVS VALENTINENSIS

floruit circiter 580.

1095 **Epistula de viii uitiis.** Inc. « Octo sunt uitia principalia » (excerpta e *Collat.* V IOHANNIS CASSIANI) (SCHANZ, iv, 2, 629; DÍAZ, 38)   PL, lxxx, 9

M. C. DÍAZ Y DÍAZ, *Anecdota Wisigothica*, i, Salamanca, 1958, p. 27-35.

Cod.: M. W. BLOOMFIELD, p. 303, n. 3587; addatur Vat. lat. 5764, saec. ix-x, cfr A. REIFFERSCHEID, *Bibliotheca Patrum Latinorum Italica*, i, Wien, 1870, p. 550; Karlsruhe, Aug. cxcv, saec. ix, f° 42. Sed haec omnia adhuc accuratius inuestiganda sunt.

Fontes: ARNALDO DO ESPIRITO SANTO, in *Euphrosyne*, n. s., xxii (*Misc. M. C. Díaz y Díaz*), 1994, p. 225-234.

1096 **Epistula de districtione monachorum et ruina monasteriorum.** Inc. « Omnipotens Dominus pro sua misericordia » (SCHANZ, iv, 2, 629; DÍAZ, 37)   PL, lxxx, 15

M. C. DÍAZ Y DÍAZ, *o. c.* [n. 1095], p. 20-26.

Cod.: Torino G v 7, saec. ix, f° 119ᵛ-126.

LICINIANVS EPISCOPVS CARTHAGINIS NOVAE

obiit ante 603.

1097 **Epistulae iii** (SCHANZ, iv, 2, 630; DÍAZ, 44-46)
J. MADOZ, Madrid, 1948.

PL, lxxii
689; lxx
599 (epi.
i)

Prima epistula, ad GREGORIVM M., etiam in eiusdem Registro excusa est (i, 41a, p. 58-61 ed. EWALD); alteram uero, ad EPIPHANIVM, scripsit Licinianus una cum SEVERO EPISCOPO MALACENSI.

Critica text.: J. VALLEJO, in *Emerita*, xv, 1947, p. 149-154; 255 sq.; utilia quaedam, praesertim quod attinet ad **traditionem text.** antiquiorum editionum, inuenies apud M. AGUILAR AMAT, *Licinanea Gallicana. Notas para la historia de las ediciones francesas di Liciniano de Cartagena*, in *Cartaginensia*, iii, 1987, p. 305-310.

TARRA MONACHVS

scripsit circiter 586-601.

1098 **Epistula ad Reccaredum regem.** Inc. «Clementissime domne et inclite princeps, praecepisti» (DÍAZ, 71)

PL, lxx:
19

MGH, *epist.*, iii, 1892 — GUNDLACH, p. 676-677; J. GIL, *Miscellanea Wisigothica*, Sevilla, 1972, p. 28-29.

5. SCRIPTORES HIBERNIAE

M. LAPIDGE & R. SHARPE, *A Bibliography of Celtic-Latin Literature 400-1200*, Dublin, 1985; L. BIELER, *Ireland and the Culture of Early Medieval Europe*, London, Variorum Reprints, 1987.

PATRICIVS EPISCOPVS HIBERNORVM (a)

obiit 461, cfr L. BIELER, in *Irish Eccl. Record*, lxxxv, 1956, p. 171-189.

De «libris S. Patricii», uide praesertim L. BIELER, *The Life and Legend of St Patrick*, Dublin, 1949; ID., *Codices Patriciani latini*, Dublin, 1942 (cum addendis ipsius auctoris in AB, lxiii, 1945, p. 243-256) et P. GROSJEAN, in eadem ephemeride, lxii, 1944, p. 42-73; lxiii, 1945, p. 100-119.

Latinitas: L. BIELER, in *Classica et Mediaeualia*, xii, 1951, p. 81-214 (reeditio, una cum editione textus: Dublin, i-ii, 1950/52); ID., in VC, vi,

(a) Hic tantum memorantur Patricii scripta latina.

1952, p. 65-98; Chr. Mohrmann, in VC, vii, 1953, p. 57-61; Ead., *The Latin of Saint Patrick*, Dublin, 1961; K. Mras, in *Anzeiger Österreich. Akad. Wissensch.*, xc, 1954, p. 99-113; G. Sanders & M. van Uytfanghe, p. 107 sq.

Text. bibl.: L. Bieler, in *Biblica*, xxviii, 1947, p. 31-58; 235-263, et C. Charlier, in BALCL, iii, n. 583; cfr etiam A. Cordoliani, *Le texte de la Bible en Irlande du ve au ixe siècle*, in *Rev. biblique*, lvii, 1950, p. 5-41.

Fontes: D. S. Nerney, in *Irish Eccl. Record*, lxxi, 1949, p. 497-507; lxxii, 1949, p. 14-26; 97-110; 265-280.

Monumenta in *Libro Ardmachano* seruata adhuc require in editione diplomatica, quam uocant, J. Gwynn, Dublin, 1913, cuius filius E. J. Gwynn anno 1937 eadem monumenta Patriciana ex ipso codice phototypice exprimenda curauit (*Book of Armagh. The Patrician Documents*, Dublin, 1937).

1099 **Epistula ad milites Corotici** (*SCHANZ*, iv, 2, 531; *KENNEY*, 29; *LAPIDGE & SHARPE*, 26; *BHL*, 6493)   PL, liii, 813

L. Bieler, *Liber epistolarum Sancti Patricii Episcopi*, in *Classica et Mediaeualia*, xi, 1950, p. 91-102; P. C. Hanson, in SC, ccxlix, 1978, p. 134-152.

Emend.: P. Grosjean, in AB, lxxvi, 1958, p. 354-378.

1100 **Confessio S. Patricii** (*SCHANZ*, iv, 2, 531; *KENNEY*, 29; *LAPIDGE & SHARPE*, 25; *BHL*, 6492; *CPPM*, ii, 3500)   PL, liii, 801

L. Bieler, *o. c.* [n. 1099], p. 56-91; P. C. Hanson, *o. c.* [n. 1099], p. 70-132.

Trad. text.: D. Powell, in AB, lxxxvii, 1969, p. 387-409 (cfr P. C. Hanson, *o. c.*, p. 61, adn. 1); T. O'Raifeartaigh, *Misplacings in the Text of St Patrick's Confession*, in *Mainooth Rev.*, x, 1984, p. 67-71.

Emend.: P. Grosjean, in ALMA, xxv, 1955, p. 41-46.

1101 **Hymnus S. Patricii** auctore Secvndino. Inc. «Audite omnes amantes». (ex **Antiphonario Benchorensi** [n. 1938]) (*SCHANZ*, iv, 2, 533; *KENNEY*, 87; *LAPIDGE & SHARPE*, 573; *CHEVALIER*, 1525 & *Add.*; *SCHALLER & KÖNSGEN*, 1351; *BHL*, 6495)   PL, liii, 837; lxxii, 590

L. Bieler, in *Proceed. Roy. Irish Acad.*, lv, 1953, n. 6, p. 117-127.

De **auctore** et de **indole** uide D. Norberg, *Introduction à l'étude de la versification latine médiévale*, Stockholm, 1958, p. 112 sq.; M. W. Herren, *An Early Irish Precursor of the «Offiziendichtung» of the Carolingian and Ottonian Periods*, in *Euphrosyne*, n. s., xxii, 1994 (*Misc. M. C. Díaz y Díaz*), p. 291-300.

Critica: Fr. Chatillon, in RMAL, xi, 1955, p. 336 sq.

1102 **Synodus [i] episcoporum, id est Patricii, Auxilii et Isernini.** PL, liii,
Inc. «Satius nobis negligentes praemonere» (*SCHANZ*, iv, 2, 531; *KENNEY*, 30; *LAPIDGE & SCHARPE*, 599)

L. BIELER, *The Irish Penitentials*, Dublin, 1963, p. 54-58; M. J. FARIS, *The Bishop's Synod: the First Synod of St Patrick*, Liverpool, 1976.

1103 **Epistula ad episcopos in Campo hAi** (fragm.). Inc. «Quare absque consilio» (*LAPIDGE & SHARPE*, 364; *CPPM*, ii, 1336)

P. GROSJEAN, in AB, lxii, 1944; L. BIELER, *Liber Epistolarum*, p. 104.

De ceteris epistulis deperditis, cfr L. BIELER, *o. c.*, p. 103.

1104 **Dicta Patricii** (*SCHANZ*, iv, 2, 531; *KENNEY*, 29; *LAPIDGE & SHARPE*, 356; *BHL*, 6494; *CPPM*, ii, 1342-1346)

E. HOGAN, *Vita S. Patricii*, Bruxellis, 1886, p. 57; L. BIELER, *o. c.* [n. 1103], p. 105.

Cfr L. BIELER, *The Life and Legend of St Patrick*, Dublin, 1949, p. 35 sq. et adn. 14, p. 124.

PS. PATRICIVS

1104*a* **Epistula ad amicam.** Inc. «Dedit Dominus mihi uirtutem faciendi signa» (*CPPM*, ii, 1347)

L. BIELER, in *Corona gratiarum. Misc. E. Dekkers*, ii, Steenbrugge, 1975 (*Instr. Patr.*, xi), p. 166-167.

«A good (and probably fairly early) forgery», ita L. BIELER, *l. c.*

APPENDIX

1105 **Vita auctore Muirchú, «Collectanea» et Notulae Tirechani una cum uariis documentis in «Libro Ardmachano» seruatis** (*a*) (*KENNEY*, 128-129; *LAPIDGE & SHARPE*, 303; *BHL*, 6496-6500 b)

L. BIELER, *The Patrician Texts in the Book of Armagh*, Dublin, 1979, p. 62-166.

(*a*) *Confessionem* et *Dicta* supra posuimus, nn. 1100 et 1104.

SPVRIA

1106 **De xii abusiuis saeculi.** Inc. «Duodecim abusiua sunt saeculi» (Ps. CYPRIANVS; Ps. AVGVSTINVS) (*SCHANZ*, iv, 2, 531; *KENNEY*, 109; *LAPIDGE & SHARPE*, 339; *CPPM*, ii, 3067. 3230. 3430. 3506)

PL, iv, 869 (947); xl, 1079; CSEL, iii, 3, 152

S. HELLMANN, Leipzig, 1909 (TU, xxxiv, 1), p. 32-60.

In Hibernia circa 650-660 confectum.

Cod.: M. ESPOSITO, in *Hermathena*, xlviii, 1933, p. 221-227; HÜWA, I, 1, p. 17 sq.; II, 1, p. 23 sq.; III, p. 23; IV, p. 23; V, 1, p. 39 sq.; VI, p. 29 sq.

Trad. text.: H. H. ANTON, in *Würzburg. Diözesangeschichtsblätter*, li, 1989, p. 463-474.

Versio graeca saec. xiii: M. RACKL, in *Misc. Fr. Ehrle*, i, Roma, 1924, p. 18; W. SCHMITT, in *Studia Byzantina*, ii, Berlin, 1971, p. 13-36.

De ceteris quae falso sub Patricii nomine euulgata sunt, uide M. ESPOSITO, *Pseudo-Patriciana*, in *Hermathena*, xlvii, 1932, p. 253-271; xlviii, 1933, p. 221-236, et L. BIELER, *Codices Patriciani latini*, p. 8-16; quae siue alibi in hac *Claue* recensita sunt (n. 1791) siue recentiora inueniuntur, ut *Confessio* altera (*CPPM*, ii, 3505) uel insignis ille *Liber de iii habitaculis* (*SCHANZ*, iv, 2, 531; *KENNEY*, 110; *CPPM*, ii, 155. 490. 556. 1341-1360. 3510), de quo uide W. DELIUS, *Die Verfasserschaft der Schrift de tribus habitaculis*, in *Theol. Studien und Kritiken*, cviii, 1937-38, p. 28-39 (cod.: p. 30 sq.); É. BUYTAERT, *L'héritage littéraire d'Eusèbe d'Émèse*, Louvain, 1949, p. 126-128; fortasse est *PATRICII EPISCOPI DVBLINIENSIS* (saec. xi), cfr L. BIELER, in AB, lxiii, 1945, p. 246; cuius sub nomine opusculum critice editum est ab A. GWYNN, *The Writings of Bishop Patrick* (1074-1084), Dublin, 1955 (*Scriptores latini Hiberniae*, i), p. 106-125; **cod.**: HÜWA, I, 1, p. 180 sq.; II, 1, p. 186-188; III, p. 73; IV, p. 241 sq.; V, 1, p. 241 sq.; VI, 1, p. 183 sq.

PL, xl, 991; liii, 831

COLVMBA[NVS] ABBAS BOBIENSIS

obiit 615. — Cfr J. LAPORTE, *Étude d'authenticité des oeuvres attribuées à S. Colomban*, in *Rev. Mabillon*, xlv, 1955, p. 1-28; xlvi, 1956, p. 1-14; li, 1961, p. 35-46. Seuerius de **genuinitate** iudicatur ab auctoribus recentioribus, uide J. W. SMIT, *o. infra c.*, p. 25.

Cod., trad. text., latinitas, emend., fontes: A. MUNDÓ, in *Scriptorium*, xii, 1958, p. 289-293; L. BIELER, *Notes on the Text Tradition and Latinity of St. Columban's Writings*, apud G. S. M. WALKER, *o. infra c.* [n. 1107], p. lxxiii-lxxxii; G. S. M. WALKER, *On the Use of Greek Words in the Writings of St. Columbanus of Luxeuil*, in ALMA, xxi, 1951, p. 117-131; M. ESPOSITO, *On the New Edition of the Opera S. Columbani*, in *Classica & Mediaeualia*, xxi, 1960, p. 184-203; L. BIELER, *A Reply, ibid.*, xxi, 1961, p. 139-150; A. Quacquarelli, *La prosa d'arte di S. Colombano*, in *Vet. Christ.*, iii, 1966, p. 5-24; J. W. Smit, *Studies on the Language and Style of Columba the Younger*, Amsterdam, 1971 (cfr A. Önnerfors, in ZKG, lxxxii, 1972, p. 52-60); G. Sanders & M. van Uytfanghe, p. 43 sq.

Text. bibl.: G. Lomiento, in *Vet. Christ.*, iii, 1966, p. 25-43.

1107 **Instructiones** (KENNEY, 44; LAPIDGE & SHARPE, 1251)

G. S. M. Walker, *S. Columbani Opera*, Dublin, 1957 (*Scriptores latini Hiberniae*, ii), p. 60-121; 208-212.

PL, lxxx 229; xl, 1332 (*ins* v)

Instructio ii genuina non uidetur, cfr Fr. Glorie, in CC, ci, 1970, p. xiv; **fontes**: A. de Vogüé, in *Stud. Mon.*, x, 1968, p. 119-123.

Instructio v: **cod.**: C. Weyman, in *Rev. hist. litt. relig.*, iv, 1899, p. 93 (Clm 6330, saec. viii-ix [inc. «O tu uita, quantos decepisti»]); A. Mundó, *a. c.* [ante n. 1107], p. 290; J. Vilanova, *Regula Pauli et Stephani*, Montserrat, 1959, p. 22-29; addantur S. Gall. 141, saec. x; 927, saec. xv; 1347, saec. xvii; Budapest, Univ. 72, saec. xv; etc.

Instructio xiv inter epistulas collocanda est (*epist.* vi [n. 1111]); *instr.* xv spuria est (n. 1119); *instr.* xviii (inc. «Instruit nos atque hortatur sermo diuinus») non legitur in recentioribus S. Columbani editionibus; est enim collectionis EVSEBII GALLICANI (n. 966) *hom.* 38 (CC, ci A, p. 435-449; PL, l, 836-841; lviii, 883-887); de **gen.** *instr.* xvi et xvii dubitat G. S. M. Walker, p. lxii; eam defendit J. Laporte, *a. c.* [ante n. 1107], 1955, p. 5-28.

1108 **Regula monachorum** (KENNEY, 45, i; LAPIDGE & SHARPE, 641; CPPM, ii, 3636)

PL, lxx: 209

G. S. M. Walker, *o. c.* [ante n. 1107], p. 122-143.

Addatur fragmentum seruatum apud BENEDICTVM ANIANENSEM (PL, ciii, 1365-1366) uel SMARAGDVM (PL, cii, 927 A) (inc. «Defendere proximum uel consanguineum»).

Sola capp. 7, 8, 9 uidentur opus proprium S. Columbani, cfr J. Laporte, *a. c.* [ante n. 1107], 1956, p. 1-8. Cap. ultimum excerptum est ex *epist.* cxxv S. HIERONYMI.

Cod.: A. Mundó, *a. c.* [ante n. 1107], p. 290-292; J. Vilanova, *l. c.* [n. 1107]; J. Neufville, in RB, lxxvi, 1966, p. 328; fragmenta quaedam in cod. Basel B iii 16, n. 7, saec. xiii.

Fontes: A. de Vogüé, in *Rev. hist. Spirit.*, xlix, 1973, p. 129-134.

1109 **Regula coenobialis** (duplex recensio) (KENNEY, 45, ii; LAPIDGE & SHARPE, 642; CPPM, ii, 3636 a)

PL, lx> 216

G. S. M. Walker, *o. c.* [n. 1107], p. 142-168.

Cod.: A. Mundó, *l. c.* [ante n. 1107]; J. Vilanova, *l. c.* [n. 1107]; J. Neufville, *l. c.* [n. 1107].

Vtrum a Columbano profluxerit recensio altera et prolixior, necne, dubitare licet, cfr A. Teetaert, in *Dict. droit canon.*, iii, 1942, col. 1011; negant G. S. M. Walker, *o. c.*, p. l sq., et, prudentius, J. Laporte, *a. c.* [ante n. 1107], li, 1961, p. 35-46.

Fragmentum cuiusdam regulae monialium (inc. «... decim dies, aut certe propter profluentium capillorum... Quanta intentione ac studio inquirendum sit») (*CPPM*, ii, 3637), ad calcem codicis Coloniensis 231 BENEDICTI ANIANENSIS *Concordia Regularum* seruatum, edidit O. Seebass, in ZKG, xvi, 1896, p. 465-470 et Columbano nostro adscribit, cfr *ibid.*, xviii, 1898, p. 60 sq.; xl, 1922, p. 132-137; perperam uero, cfr Br. Krusch, *Zur Mönchsregel Columbans*, in *Neues Archiv*, xlvi, 1926, p. 148-157; **cod.**: cfr H. Plenkers, *Untersuchungen zur Überlieferungsgeschichte der ältesten lateinischen Mönchsregeln*, München, 1906, p. 9.

PLS, iv, 1603

1110 **De paenitentia** (KENNEY, 46; LAPIDGE & SHARPE, 640)

L. Bieler, *The Irish Penitentials*, Dublin, 1963, p. 96-106.

Cod.: J. Neufville, *l. c.* [n. 1108].

PL, lxxx, 223

1111 **Epistulae vi** (MANITIUS, i, 184; KENNEY, 42, i-v. vii; 44, xiv; LAPIDGE & SHARPE, 639; *CPPM*, ii, 529)

G. S. M. Walker, *o. c.* [n. 1107], p. 2-58.

Epist. vi est *instr.* xiv (n. 1107); *epist.* vi in PL est *Carmen de mundi transitu* (n. 1117); *epist.* vi in MGH spuria est (n. 2278).

Cod.: A. Mundó, *a. c.* [ante n. 1107], p. 290.

PL, lxxx, 259; 256; MGH, *epist.*, iii, 156

1112 **Carmina** (MANITIUS, i, 186; KENNEY, 42, viii. ix. x; LAPIDGE & SHARPE, 650-652; WALTHER, 2533. 18950; SCHALLER & KÖNSGEN, 2007. 15937. 119; *CPPM*, ii, 3215)

G. S. M. Walker, *o. c.* [n. 1107], p. 184-190; 192-196.

Cod.: M. Esposito, in JTS, xxxiii, 1932, p. 114, adn. 3.

PL, lxxx, 285; 291; MGH, *epist.*, iii, 156

1112a Carmen ultimum «Fidolio fratri suo» (inc. «Accipe, quaeso») difficilius Columbano Bobbiensi tribui potest; an COLVMBANO MONACHO S. TRVDONIS (a. 780-815) (*CPPM*, ii, 3215 b. c) adscribendum est, sicut et *carmina i* et *ii* (cfr M. Lapidge, in *Stud. Med.*, n. s., xviii, 1977, p. 249-314; 815-880) item ualde dubium uidetur, cfr P. Chr. Jacobsen, in *Die Iren*, i, p. 448-459; 465-467; ibidem etiam optime de **fontibus** disputauit; adde F. Chatillon, in RMAL, xxxv, 1979, p. 5-8; A. Welkenhuysen, *ibid.*, p. 119.

1113 **Celeuma** seu **Carmen nauale.** Inc. «En siluis caesa fluctu» (KENNEY, 43, i; LAPIDGE & SHARPE, 653; WALTHER, 5425; SCHALLER & KÖNSGEN, 4453; CPPM, ii, 3215 d)

G. S. M. WALKER, *o. c.* [n. 1107], p. 190-192.

Iuxta G. S. M. WALKER, *o. c.*, p. lviii; A. MUNDÓ, *a. c.* [ante n. 1107], p. 293, extat et altera recensio, haud paulum diuersa, in cod. Berolinensi Diez B Sant. 66, saec. viii (LOWE, 1044), f° 279, quam edidit, post E. DÜMMLER (in *Zeitschr. f. deutsches Altertum*, xvii [n. s., v], 1874, p. 144-145) et R. PEIPER (in RhM, n. s., xxxii, 1877, p. 523), E. BAEHRENS, *Poetae latini minores*, iii, Leipzig, 1879, p. 167 (inc. «Heia uiri nostrum reboans» [SCHANZ, iii, 41; KENNEY, 43, ii; LAPIDGE & SHARPE, 654; WALTHER, 7689; SCHALLER & KÖNSGEN, 6174]).

Sed nec una nec altera forma Columbano adscribenda uidetur, cfr P. Chr. JACOBSEN, *a. c.* [n. 1112*a*] p. 460-464.

1114 **Oratio S. Columbani e cod. Bobiensi.** Inc. «Domine deus, destrue quicquid in me plantat» PL, ci, 6

G. S. M. WALKER, *o. c.* [n. 1107], p. 214.

Inter dubia collocat G. S. M. WALKER, *o. c.*, p. lxiii.

De *commentario S. Columbani*, qui fertur, *in Psalterium* (KENNEY, 47; LAPIDGE & SHARPE, 1253), uide sub *IVLIANO AECLANENSI* (n. 777*a*).

APPENDIX

1115 **Vita S. Columbani discipulorumque eius Attalae, Eustasii, Burgundofarae et Bertulfi**, auctore IONA BOBIENSI (MANITIUS, i, 182; ii, 798; KENNEY, 48; BHL, 1898, 742, 2773, 1487-9, 1311-2) PL, lxxx 1011; M(scr. me. iv, 1

Br. KRUSCH, *Ionae Vitae Sanctorum Columbani, Vedasti, Ioannis*, Hannover, 1905, p. 144-294.

Cod.: Br. KRUSCH, in MGH, *scr. mer.*, vii, 2, 1920, p. 822-827; J. LECLERCQ, in AB, lxxiii, 1955, p. 193-196; **uar. lect.**: M. TOSI, *Jonas, Vita Columbani et discipulorum eius*, Piacenza, 1965.

Emend.: E. K. RAND, in *Studien zur lateinischen Dichtung des Mittelalters (Ehrengabe K. Strecker)*, Dresden, 1931, p. 134 sq.; E. FOLLETÊTE, in *Zeitschr. f. schweiz. Kirchengesch.*, xliv, 1950, p. 290-292.

Latinitas: B. LÖFSTEDT, in *Arctos*, viii, 1974, p. 79-85; G. ROQUES, *ibid.*, ix, 1975, p. 89-91; ID., *La langue de Jonas de Bobbio*, in *Travaux de linguistique... Univ. de Strasbourg*, lx, 1, 1971, p. 7-52.

Fontes: S. PRETE, in *Riv. di storia della Chiesa in Italia*, xxii, 1968, p. 94-111.

1116 **Epitaphium.** Inc. «Quisquis ab Occiduo properas» (*SCHALLER & KÖNSGEN*, 13735)

PLS, iv, 1611

J. DE ROSSI, *Inscriptiones Vrbis Romae*, ii, I, Roma, 1888, p. 244, n. 3.

DUBIA & SPVRIA

1117 **Epistula ad quendam discipulum** seu **Carmen de mundi transitu.** Inc. «Mundus iste transibit» (*KENNEY*, 42, xi; *LAPIDGE & SHARPE*, 819; *CHEVALIER*, 11814 & *Add.*; *SCHALLER & KÖNSGEN*, 9888; *CPPM*, ii, 3215 a)

PL, lxxx, 283; 293; MGH, *epist.*, iii, 189

G. S. M. WALKER, *o. c.* [n. 1107], p. 182-185.

Genuinitatem nuper optime defendit D. SCHALLER, in *Die Iren*, i, p. 468-483; dubitat tamen P. Chr. JACOBSEN, *ibid.*, p. 440-442.

Clausulae: M. J. MCGANN, in ALMA, xxxi, 1961, p. 143-149; D. SCHALLER, *a. c.*

De **uersibus «ad Sethum»** (inc. «Suscipe, Sethe, libens» [*WALTHER*, 18950; *SCHALLER & KÖNSGEN*, 15937; *CPPM*, ii, 3215 c]) optime tractauit L. BIELER, in *Antidosis. Festschr. W. Kraus*, Wien, 1972, p. 41-46 (cfr F. MASAI, in *Scriptorium*, xxix, 1975, p. 18*, n. 63).

1118 **Carmen in mulieres.** Inc. «Omnis mente pius» (*KENNEY*, 43, iv; *SCHALLER & KÖNSGEN*, 11360; *CPPM*, ii, 3216 d)

PL, lxxx, 294

G. S. M. WALKER, *o. c.* [n. 1107], 214.

Cod., **critica text.**, **genuinitas**: D. SCHALLER, *a. c.* [n. 1117], p. 478-480.

1119 **Exhortatio in conuentu ad fratres** seu **De charitate Dei et proximi** (*Instructio* xv). Inc. «In ecclesia Dei, fratres mei, summum locum» (*KENNEY*, 44; *CPPM*, ii, 3635)

PL, lxxx, 257

G. S. M. WALKER, *o. c.* [n. 1107], p. 206-208.

Cfr *ibid.*, p. lxi sq.

Epistula de sollempnitatibus et sabbatis et neomeniis celebrandis: uide n. 2278.

De saltu lunae: uide n. 2317.

Monosticha: uide n. 1465º.

Diplomata de monasterio Bobiensi (PL, lxxx, 321-326; C. CIPOLLA, *Codice diplomatico di S. Colombano*, i, Roma, 1918, p. 81-83) et ipsa spuria sunt ac posterioris aetatis, cfr M. TOSI, *o. c.* (n. 1115), p. 32-36, adn. 122.

AILERANVS SAPIENS, MONACHVS CLONARDENSIS

obiit 665. — cfr E. COCCIA, *Gli scritti attributi ad Ailerano il Saggio*, in *Stud. Med.*, n. s., iii, 8, 1967, p. 332-334.

1120 **Interpretatio mystica progenitorum domini Iesu Christi** (KENNEY, 107, i; LAPIDGE & SHARPE, 299; STEGMÜLLER, 944-945; CPPM, ii, 1735)

PL, lxxx, 327-342 = FLEMMING, cum *explicit* iuxta C. MAC- PLS, iv, DONNELL in *Proceed. Roy. Irish Acad.*, vii, 1861, p. 369-371. 1612

Cfr ed. D. DE BRUYNE, *Préfaces*, p. 191 sq.; et B. BISCHOFF, in SE, vi, 1954, p. 255-256, n. 25 (= *Studien*, i, p. 256).

1121 **Carmen in Eusebii canones.** Inc. «Quam in primo speciosa PL, ci, 7 quadriga» (KENNEY, 107, ii; LAPIDGE & SHARPE, 300; STEGMÜLLER, 843; WALTHER, 15143; SCHALLER & KÖNSGEN, 12980)

W. MEYER, in *Nachr. Göttingen*, 1912, p. 63-67, collata cum editione D. DE BRUYNE, *Préfaces*, p. 185.

Cod.: B. BISCHOFF, in SE, vi, 1954, p. 237-238 (= *Studien*, i, p. 242).

Auctor quis fuerit patet e cod. Barberini 587, cfr D. DE BRUYNE, in RB, xxix, 1912, p. 339 sq.; uide et P. MINARD, in *Rev. Mabillon*, xxxiii, 1943, p. 6 sq.

Vita S. Brigidae
uide sub n. 2148.

A[P]PONIVS

Explanationes in Canticum Canticorum
uide sub n. 194.

ANONYMVS

scripsit in Hibernia saec. viii.

1121a **Pauca de libris Catholicorum scriptorum in Euangelia ex-** PLS, iv **cerpta.** Inc. «Quomodo uocatur euangelium in tribus principa- 1614 libus linguis?» (LAPIDGE & SHARPE, 763)

CC, cviii B, 1973 — MCNALLY, p. 213-219.

ANONYMVS

scripsit in Hibernia saec. viii.

1121b **Praefacio secundum Marcum.** Inc. «Quae est causa ipsius conscriptionis?» (LAPIDGE & SHARPE, 775)   PLS, iv, 1618

ibid., p. 220-224.

ANONYMVS

1121c **Commentarius in Lucam.** Inc. «Lucas medicus Antiocensis, ut eius scripta indicent» (LAPIDGE & SHARPE, 773)

CC, cviii C, 1974 — KELLY, p. 3-101.

Anno circiter 780-785 ab ignoto auctore Hibernico in regione Salisburgensi confectus uidetur; eiusdem fortasse auctoris est **commentarius in Matthaeum** (LAPIDGE & SHARPE, 766) qui ineditus adhuc latet in cod. Vindobonensi 940, saec. viii/ix, f° 13^r-141^v (inc. «Queritur quod cooperantur circa agnitionem Euangelii»); cfr B. BISCHOFF, in SE, vi, 1954, p. 242-245; 263-265, n. 17 I (= *Studien*, i, p. 245-247; 261-263); ad talismodi commentarium pertinere uidentur fragmenta in cod. Paris, B. N., lat. 536, saec. ix, quae edidit E. A. LOWE (*An unedited Fragment of Irish Exegesis in Visigothic Script*, in *Celtica*, v, 1960, p. 1-7 [= *Palaeographical Papers*, ii, p. 459-465 et tab. 103-106]); inc. «sic nimirum Iohannis austera uita»; «... quod sequitur. Et non concupiscet rex decorem tuum. Sequere me» (PLS, iv, 1621-1626) (cfr B. BISCHOFF, *Studien*, i, p. 247-248, n. 17 II); item haud dissimilis est a *Commentario in Matthaeum* Ps. ALCVINI (n. 1168).

Eidem auctori tribuendum uidetur:

1121d **Commentarius in Iohannem.** Inc. «Iohannes per tres causas hunc librum scripsit» (LAPIDGE & SHARPE, 774)

CC, cviii C, p. 105-131.

Et fortasse idem est ac FRIGVLVS:

FRIGVLVS

floruit saec. viii. Proponit J. KELLY (*Frigulus: an Hiberno-Latin Commentator on Matthew*, in RB, xci, 1981, p. 363-373) Frigulum (uel hibernice Fergil) eundem esse ac VIRGILIVM SALISBVRGENSEM EPISCOPVM († 784).

1121e **Commentarius in Mattheum** (LAPIDGE & SHARPE, 645)

Fragmenta nonnulla edita sunt in *Expositione libri Comitis* SMARAGDI (PL, cii, 13-532 = HEDIO & PITRA). Post Alexandrum Souter ea enumerat B. BISCHOFF, in SE, vi, 1954, p. 247-251, n. 20 (= *Studien*, i, p. 249-252).

Totum opus nuper detexit B. BISCHOFF in cod. Quedlinburg 127 Vniuersitatis Hallensis, saec. ix (cfr F. RÄDLE, in *Die Iren*, i, p. 490); fragmenta uel recensio haud paululum diuersa legitur in cod. Orléans 65 (62), saec. ix (cfr J. KELLY, *a. c.* [ante n. 1121c], p. 367-371).

ANONYMVS

1122 **Fragmenta in Matthaeum de ieiunio e cod. Cracouiensi 43**
(*LAPIDGE & SHARPE*, 802)

P. DAVID, *Un recueil de conférences monastiques irlandaises du viiie siècle*, in RB, xliv, 1937, p. 62-89.

Saec. viii in Gallia confecta a quodam auctore Hibernico, cfr B. BISCHOFF, in SE, vi, 1954, p. 221 (= *Studien*, i, p. 229); E. COCCIA, in *Stud. Med.*, iii, 8, 1967, p. 347-348.

ANONYMVS

scripsit in Hibernia saec. vii-viii.

1122a **Expositio epistole Pauli apostoli ad Hebreos.** Inc. «In primis dicendum est cur apostolus»

PLS, iv, 1627

H. ZIMMER, *Pelagius in Irland*, Berlin, 1901, p. 420-448.

Fragmenta aliae recensionis (sub nomine *HIERONYMI*; inc. «Haec nos de intimo Hebreorum fonte libauimus» [*STEGMÜLLER*, 3455; *CPPM*, ii, 2374]) edidit E. RIGGENBACH, *Die ältesten lateinischen Kommentare zum Hebräerbrief*, Leipzig, 1907, p. 206-212. Cfr B. BISCHOFF, in SE, vi, 1954, p. 268-269 (= *Studien*, i, p. 265-266).

«AVGVSTINVS HIBERNICVS»

scripsit anno 655. — Cfr P. GROSJEAN, *Quelques exégètes irlandais du viie siècle*, in SE, vii, 1955, p. 67-98; M. SIMONETTI, in *Romano-Barbarica*, iv, 1979, p. 225-251.

1123 **De mirabilibus Sacrae Scripturae.** Inc. «Beatissimi, dum adhuc uiueret, patris mei Eusebii» (Ps. AVGVSTINVS) (*KENNEY*, 104; *LAPIDGE & SHARPE*, 291; *STEGMÜLLER*, 1483; *CPPM*, ii, 1850-1851. 1896)

PL, xxxv, 2149-2200 = *Maurini*.

Cod.: M. ESPOSITO, in *Proceed. Roy. Irish Acad.*, xxxv, 1919, p. 189-207; B. BISCHOFF, in SE, vi, 1954, p. 273-274 (= *Studien*, i, p. 268-269); HÜWA, i, 1, p. 122; ii, 1, p. 125 sq.; iv, p. 54; v, 1, p. 165 sq.

Emend.: P. GROSJEAN, *a. c.* [ante n. 1123], p. 70 sqq.

Forma adbreuiata (STEGMÜLLER, 9378) occurrit in nonnullis codicibus inde a saec. ix, cfr B. BISCHOFF, *l. c.*; HÜWA, *l. c.* (inc. «Omnium mirabilium uelut principale fundamentum»); frustulum additium quod non legitur in recensione longiori edidit B. BISCHOFF, *l. c.* (inc. «Feras a continenti terra in insulis»).

Noua ed. paratur a MCGINTY.

Alia plurima exegetica inedita Hibernicae originis saec. viii/ix recenset B. BISCHOFF, *Wendepunkte in der Geschichte der lateinischen Exegese im Frühmittelalter*, in SE, vi, 1954, p. 189-281, praesertim p. 223-274 (= *Studien*, i, p. 205-273, praesertim p. 231-269) (uide etiam sub nn. 1129, 1168, 1354, 1716). Cfr et J. KELLY, *Hiberno-Latin Exegesis and Exegetes*, in *Annuale Mediaevale*, xxi, 1981, p. 46-60.

ANONYMVS

1123*a* **Commentarius in epistolas catholicas.** Inc. «Septem tubae» (KENNEY, 105; LAPIDGE & SHARPE, 340; STEGMÜLLER, 9381-87)

CC, cviii B, 1973, p. 1-50 — MCNALLY.

Saec. vii mediante in Hibernia conscriptus ab eodem fortasse auctore ac opus praecedens (n. 1123). Cfr B. BISCHOFF, *a. c.* [n. 1123], p. 269-270 (= *Studien*, i, p. 266). Adhibuit hunc commentarium Ps. HILARIVS in easdem epistulas (n. 508).

PETRVS ARCHIDIACONVS (PETRVS PISANVS?)

1123*b* **Liber de diuersis quaestiunculis (in Danielem prophetam a Petro Archidiacono enodatis)** (STEGMÜLLER, 6413)

PL, xcvi, 1347-1362 — MARTÈNE.

E codice Bruxellensi II. 2572, saec. viii ex. (LOWE, 1553), olim Stabulensi editum. Exemplar transcriptum est «ex authentico Petri Archidiaconi» (cfr L. TRAUBE, *Textgeschichte der Regula S. Benedicti*, München, 1910², p. 74 et 122; B. BISCHOFF, *Mittelalterliche Studien*, i, Stuttgart, 1966, p. 63; iii, 1981, p. 154-158).

Textus excerptus est ex *Commentario in Danielem* HIERONYMI (n. 588), in forma quaestionum et responsionum more Hibernico consarcinatus.

ANONYMVS

1124 **Liber monstrorum de diuersis generibus.** Inc. «Primo namque de his ad ortum sermo [*aliter*: De oculto orbis terrarum situ interrogasti]» (*MANITIUS*, i, 114; iii, 1060; *KENNEY*, 403; *LAPIDGE & SHARPE*, 1310)

C. BOLOGNA, Milano, 1977, uel fortasse melius F. PORSIA, Bari, 1976.

Emend.: A. KNOCK, in *Scriptorium*, xxxii, 1978, p. 19-28.

Fontes: L. G. WHITEBREAD, in *Latomus*, xxxvi, 1977, p. 811 sq.

Saec. viii, cfr S. BACKX, in *Latomus*, iii, 1939, p. 61; hibernica fortasse origine, cfr E. A. ANSPACH, in *Misc. Isidoriana*, Roma, 1936, p. 336; uel potius saxonica (non autem *ALDHELMI*), cfr M. LAPIDGE, in *Stud. Med.*, n. s., xxiii, 1982, p. 151-192 (qui et fusius de **codicibus** tractat, p. 163 sq.).

1125   Praeterea inter **fontes** nominandi sunt:

Mirabilia Orientis. Inc. «Colonia est initium ab Antimolima»; edid. F. KNAPPE, *Die Wunder des Orients*, Berlin, 1906; **cod.**: M. R. JAMES, *Marvels of the East*, Oxford, 1929; Fr. SAXL & H. MEIER, *Verzeichnis astrologischer und mythologischer Handschriften*, iii, 1, London, 1953, p. 127 sq., 316; *THORNDIKE & KIBRE*, p. 234. Videntur in Anglia concinnata saec. viii, cfr K. SISAM, *Studies in the History of Old English Literature*, Oxford, 1953, p. 74-76;

Epistula Fermetis ad Hadrianum imperatorem. Inc. «Litteras tuas, domine Caesar, ab Asacrate»; edid. H. OMONT, in *Bibl. École des Chartes*, lxxiv, 1913, p. 507-515; **emend.**: *ibid.*, p. 771; **trad. text.**: E. FARAL, in *Romania*, lxxii, 1951, p. 367-370; uidetur e graeco translata;

Epistula Premonis ad Traianum imperatorem. Inc. «Loca uel insulas in oriente, ubi diuersa»; edid. E. FARAL, in *Romania*, xliii, 1914, p. 199-215; 353-370;

Epistula Alexandri ad Aristotelem. Inc. «Semper amor tui»; edid. W. W. BOER, Meisenheim, 1973 (dissert.); **cod.**: J. A. Ross, in *Scriptorium*, x, 1956, p. 127-132 (cfr n. 192); **trad. text.**: R. SCHNELL, *Libri Alexandri Magni*, München, 1989; **latinitas**: E. HANETSEDER, in ALMA, lii, 1994, p. 167-200; item e graeco translata.

ARTVIL PRINCEPS

uixit saec. vii-viii.

1126 **Epistula ad Aldhelmum.** Inc. «Dum te praestantem ingenio» (*KENNEY*, 63; *LAPIDGE & SHARPE*, 1309)

PL, lxx 96; MGH *epist.*, 237

MGH, *auct. ant.*, xv — EHWALD, 1913/1919, p. 494.

Epistulam ab Artuilo, quem laudat Gulielmus Malmesburiensis (v, 191), scriptam esse probari nequit.

CELLANVS ABBAS PERRONAE SCOTTORVM

obiit anno 706.

1127 **Versus.** Inc. i. «Istam Patricius sanctus»; ii. «Quid Vermendensis nemorum» (KENNEY, 306, iii; LAPIDGE & SHARPE, 644; SCHALLER & KÖNSGEN, 8406, 13577)   PLS, iv, 1291

L. TRAUBE, *Vorlesungen und Abhandlungen*, iii, München, 1920, p. 107-108.

Cfr W. LEVISON, *Aus rheinischer und fränkischer Frühzeit*, Düsseldorf, 1948, p. 551-556.

Cellanus habet etiam *epistulam ad Aldhelmum* (inc. «Domino lectricibus ditato... Quasi pennigero uolatu») (KENNEY, 306, i et ii; LAPIDGE & SHARPE, 643), una cum responso eiusdem seruata in *Gestis pontificum Anglorum* auctore GVLIELMO MALMESBVRIENSI (n. 1334).   PL, lxxxix, 99; MGH, auct. ant., xv, 498

DVBIA

1128 **Acrostichon e cod. Leningrad Q. v. i.** 15, saec. x. Inc. «Iohannis celsi rimans misteria caeli» (KENNEY, 306, iii, adn. 56; WALTHER, 9873; SCHALLER & KÖNSGEN, 8331)   PLS, iv, 1292

A. BURN, *Facsimiles of the Creeds*, London, 1909 (HBS, xxxvi), pl. xix et p. 21.

Cod.: Leningrad F. v. xiv, 1, saec. viii/ix (LOWE, **570), f° 1ᵛ; Zürich C 68, saec. ix/x, f° 124ᵛ sq.

Cfr L. TRAUBE, *o. c.* [n. 1127], p. 111 sq.

CALMANVS

1128*a* **Epistula ad Feraclacum.** Inc. «Dilectissimo et eruditissimo filio Feraclaco... Multa quidem ad nos a Romanis scripta» (LAPIDGE & SHARPE, 290)

DE REIFFENBERG, in *Bull. Acad. Royale des sciences et belles-lettres de Bruxelles*, x, 1843, p. 368.

Saec. vii?

ANONYMVS

1129 **Collectanea (Excerptiones Patrum; Flores ex diuersis).** Inc. «Dic mihi, quaeso, quae est illa mulier» (Ps. BEDA) (KENNEY, 541; LAPIDGE & SHARPE, 1257; CPPM, ii, 407)

PL, xciv, 539-560 = *ed. Basileiensis*, 1563.

Partes (col. 539-540 D; 544 B-C) excerptae e «*Iocis monachorum*» (n. 1155*f*) denuo eduntur a W. SUCHIER, *Das mittellateinische Gespräch Adrian und Epictitus*, Tübingen, 1955, p. 137-138. Quaedam communa habent cum *Collectaneo* SEDVLII SCOTTI (n. 1130°), sect. ii. Cfr etiam nn. 1370° et 1522 (col. 557-560).

Saec. viii, ut uidetur; non enim inueniuntur hic excerpta e scriptoribus recentioribus; recensio uero, quae in editis legitur, fortasse saec. tantum xvi diuersis ex opusculis coagulata est, cfr W. SUCHIER, *o. c.*, p. 92, adn. 21. *Collectanea* saec. xii tribuunt H. KEHRER (*Die 'Heiligen Drei Könige' in der Legende*, Strassburg, 1904, p. 25-26; ID., *Die 'Heiligen Drei Könige' in der Literatur*, i, Leipzig, 1908, p. 160-168) et K. YOUNG (*The Drama of the Medieval Church*, ii, Oxford, 1933, p. 32, adn. 8). Origo hibernica, siue, ut Mario Esposito magis placet, anglosaxonica. — Cfr S. HELLMANN, *Sedulius Scottus*, München, 1906, p. 99 sq.; ID., in TU, xxxiv, i, 1909, p. 16; M. MCNAMARA, *The Apocrypha in the Irish Church*, Dublin, 1975, p. 134 sq., n. 104 D.

ANONYMVS

saec. viii.

1129*a* **Quaestiones uel glossae in Euangelio nomine.** Inc. «Praestatio est praedictio, praeloquatio» (*LAPIDGE & SHARPE*, 1264)

CC, cviii B, 1973 — MCNALLY, p. 133-149.

1129*b* **Quaestiones Euangelii.** Inc. «Euangelium in cuius lingua nuncupatur» (*LAPIDGE & SHARPE*, 1265)

ibid., p. 150-151.

Cfr B. BISCHOFF, in SE, vi, 1954, p. 238-240, n. 14 I-II (= *Studien*, i, p. 242-244).

ANONYMVS

saec. viii.

1129*c* **Prebiarum de multorium exemplaribus.** Inc. «Quod sunt sapiencia generis?» (*LAPIDGE & SHARPE*, 777)

CC, cviii B, 1973 — MCNALLY, p. 161-171.

Fontes: auctor saepius exscripsit opellum AVGVSTINO tributum, quod inscribitur: *Dialogus quaestionum lxv Orosii percontantis et Augustini respondentis* (n. 373*a*).

Cfr B. Bischoff, *a. c.* [n. 1129*b*], p. 221 sq. (= *Studien*, i, p. 229 sq.); P. Meyvaert, in epistula recensita sub n. 373*a*°.

Eodem in codice Frisingensi (hodie Clm 6302, saec. viii [LOWE, 1267]) leguntur f° 29^v-46^r **Genelogium Iesu Christi secundum carnem** (inc. «Quid est hoc nomen quod est euangelium et cuius linguae») et f° 49^r-64^r **De operibus sex dierum** (inc. «*In principio fecit Deus caelum et terram.* Quis hoc dixit?»), inedita eiusdemque fortasse auctoris. Cfr B. Bischoff, *a. c.* [n. 1129*b*], p. 230 sq. et 254 sq., nn. 2 et 24 (= *Studien*, i, p. 236 et 255 sq.).

ANONYMVS

saec. vi.

1130 **Prouerbia Grecorum.** Inc. «Haec uero de Grecorum prudentia... Sapiens sapientem adiuuat» (KENNEY, 374, i; LAPIDGE & SHARPE, 344)   PLS, iv, 1263; MGH, *epist.*, vi, 1, 206 (exc.)

MGH, *epist.*, vi, 1902 — Dümmler, p. 206 (*epist.* 34); S. Hellmann, *Sedulius Scottus*, München, 1906, p. 122-132.

Textus praesertim traditur in *Collectaneo* SEDVLII SCOTTI, cuius primam partem constituit; edid. D. Simpson in CCCM, lxvii, 1988, p. 3-10.

COLVMBA ABBAS HIENSIS

obiit 597. — Cfr *Die Iren*, ii, p. 1057 (*Personen-Register*).

1131 **Hymnus de fabrica mundi** «Altus prosator» (KENNEY, 91; LAPIDGE & SHARPE, 580; CHEVALIER, 961 & *Add.*; SCHALLER & KÖNSGEN, 685)   MGH, *poet. lat.*, ii, 197

C. Blume, *Analecta hymnica*, li, Leipzig, 1908, p. 275-283; et iuxta cod. Londiniensem, B. M., Galba A xiv, saec. xi, a B. Muir, in RMAL, xxxix, 1983, p. 210-216.

1131*a* **Hymnus** «Adiutor laborantium»

B. Muir, *a. c.* [n. 1131], p. 210.

De **genuinitate** ualde probabili uide B. Muir, *a. c.*, p. 205-207.

DVBIA

1132 **Hymni.** Inc. i. «In te Christe credentium» (KENNEY, 91; LAPIDGE & SHARPE, 587; CHEVALIER, 8772 & *Add.*; SCHALLER & KÖNSGEN, 3551); ii.   PLS, iv, 1275

« Christus lorica militum » (KENNEY, 91; CHEVALIER, 41710; SCHALLER & KÖNSGEN, 2297); iii. « Noli Pater indulgere » (CHEVALIER, 12069 & Add.; SCHALLER & KÖNSGEN, 10296)

ibid., p. 283-288.

Emend., critica: S. T. COLLINS, in JTS, l, 1949, p. 70; E. COCCIA, in *Stud. Med.*, n. s., viii, 1967, p. 303 sq.

APPENDIX

[1133 **Vita S. Columbae** auctore CVMMINEO ALBO ABBATE HIENSI (657-669) (MANITIUS, i, 239; ii, 799; KENNEY, 213; LAPIDGE & SHARPE, 1274; BHL, 1884)

G. BRÜNING, in *Zeitschr. f. celtische Philologie*, xi, 1917, p. 260-272; 291-304.

Genuinitas: J. F. KENNEY, *The Earliest Life of St Columcille*, in *Cath. Histor. Rev.*, n. s., v, 1926, p. 636-644.

Hic omittenda est; uidetur enim saec. xii excerpta e *uita S. Columbae* auctore ADOMNANO, cfr A. O. & M. A. ANDERSON, *o. c.* (n. 1134).]

[1133*a* **De Virtutibus S. Columbae** auctore CVMMINEO ALBO ABBATI HIENSI (657-669). Fragmentum seruatum in cod. Schaffhausen Gener. 1, saec. viii (LOWE, 998), f° 108ᵃ, et repetitum in *Vita* perperam Cummineo Albo tributa (n. 1133).

G. BRÜNING, *a. c.* (n. 1133)]

1134 **Vita S. Columbae** auctore ADOMNANO ABBATE HIENSI (circa 624-704) (MANITIUS, i, 239; ii, 799; iii, 1061; KENNEY, 214; LAPIDGE & SHARPE, 305; BHL, 1886) (*a*)

A. O. & M. O. ANDERSON, Oxford, 1991.

Cod.: L. BIELER, in *Irish Hist. Studies*, xiii, 1962, p. 175-184.

Orthographica: A. HARVEY, in *Celtica*, xxii, 1991, p. 48-63.

(*a*) Adomnani, quod fertur, opus *De locis sanctis* inter *Itinera Hierosolymitana* recensebitur (n. 2332), eius *Canones* uero sub n. 1792. De *Scholiis Bernensibus in Virgilium* (MANITIUS, i, 239; ii, 799), quae fortasse ad Adomnanum nostrum pertinent, uide J. F. KENNEY, *o. c.*, n. 113; M. ESPOSITO, in *Hermathena*, xlviii, 1933, p. 236-238.

1135 **Additamentum de S. Columbae discipulis et cognatis** (KENNEY, 219, i; LAPIDGE & SHARPE, 361; BHL, 1888)

ibid., p. 546-548.

Tituli psalmorum, qui leguntur in «Psalterio S. Columbae» (Dublin, Roy. Irish Acad., saec. vi [LOWE, 266], critice editi sunt a P. SALMON, *Les «Tituli psalmorum» des manuscrits latins*, Roma, 1959, p. 45-74: «Série de S. Colomba».

CVMMINEVS LONGVS (CVMMEANVS)

591 uel 592-662.

1136 **Hymnus** «Celebra Iuda» (KENNEY, 93; LAPIDGE & SHARPE, 582; CHEVALIER, 2717 & *Add.*; SCHALLER & KÖNSGEN, 2060)   PLS, iv, 2051

C. BLUME, *Anal. hymnica*, li, Leipzig, 1908, p. 308-311.

Critica, emend.: E. COCCIA, in *Stud. Med.*, n. s., viii, 1967, p. 294-296; W. BULST, in *Latin Script and Letters A. D. 400-900. Festschr. L. Bieler*, Leiden, 1976, p. 93-95 (cfr n. 1882°).

Paenitentiale

uide sub n. 1882.

ANONYMVS

1137 **Hisperica famina.** Inc. «Ampla pectoralem suscitat uernia cauernam» (MANITIUS, 156; KENNEY, 84; LAPIDGE & SHARPE, 325-330; SCHALLER & KÖNSGEN, 745 etc. (*a*))   PL, xc, 1187

M. HERREN, Toronto, 1974, i (recensio A); F. J. H. JENKINSON, Cambridge, 1908, p. 23-49 (adbreuiationes B-D); ii (Related Poems), 1987.

Saec. vii, et non saec. v-vi, ut opinatus est E. CAMPANILE, in *Annali Scuol. Norm. Sup. Pisa*, xxxii, 1963, p. 199-209; adferuntur enim quaedam ex ISIDORO HISPALENSI.

Emend., critica: B. LÖFSTEDT, in *Indogerman. Forschungen*, lxxxi, 1976, p. 369-374.

De **latinitate** uide H. A. STRONG, in ALL, xiv, 1906, p. 508; E. K. RAND, in *Ehrengabe für K. Strecker*, Dresden, 1931, p. 134-142; Ph. W. DAMON, *The Meaning of the Hisperica Famina*, in *Americ. Journ. Philol.*, lxxiv, 1953, p. 398-406; M. NIEDERMANN, in ALMA, xxiii, 1953, p. 75-

(*a*) Hic tantum carmen primum separatim indicatur.

101; P. Grosjean, *Confusa caligo. Remarques sur les «Hesperica famina»*, in *Celtica*, iii, 1955, p. 35-85; M. Herren, in *Ériu*, xxiv, 1973, p. 41 sqq.; G. Knappe, in *Journ. of Med. Latin*, iv, 1994, p. 130-162. Alia nonnulla uide apud M. Lapidge & R. Sharpe, p. 93.

«LORICAE»
(*MANITIUS*, i, 159; ii, 797)

1138 i. **Oratio seu lorica** Brendani abbatis (577/583). Inc. «Brendanus monachus fecit istam orationem ... Per sanctam annuntiationem» (*KENNEY*, 588; *LAPIDGE & SHARPE*, 533; *CPPM*, ii, 470)   PLS, iv, 2053

CCCM, xlvii, 1977 — Salmon, p. 1-21.

Adbreuiationes duae: *ibid.*, p. 22-31 (inc. i: «Domine Deus noster omnipotens»; ii: «Oratio sancti Prandiani quam si quis cantauerit».

Var. lect. e cod. recentioribus uide in editione P. C. Moran, *Acta S. Brendani*, Dublin, 1872, p. 27-44.

De **genuinitate** minime certiores sunt eruditi, cfr L. Gougaud in BALAC, i, 1911, p. 267; J. F. Kenney, p. 729; uidetur tamen saec. viii mediantem non antecedere, cfr P. Salmon, *o. c.*, p. xxxiv.

1139 ii. **Hymnus seu lorica** Gildae abbatis uel Lathcen monachi
uide sub n. 1323.

1140 iii. **Rubisca** auctore Olimbriano (?). Inc. «Parce domine digna narranti» (*KENNEY*, 85; *LAPIDGE & SHARPE*, 314; *WALTHER*, 13678; *SCHALLER & KÖNSGEN*, 11608)   PLS, iv, 2066

F. J. H. Jenkinson, *o. c.* [n. 1137], p. 55-59.

Latinitas: J. Stevenson, in *Nottingham Mediaeval Studies*, xxxvi, 1992, p. 15-41, qui et hoc poema saec. ix uel x tribuit.

1141 iv. **Hymnus Audomaropolitanus.** Inc. «Adelphus adelpha meter» (*KENNEY*, 86; *LAPIDGE & SHARPE*, 897; *WALTHER*, 409; *SCHALLER & KÖNSGEN*, 251)   PLS, iv, 2068

F. J. H. Jenkinson, *o. c.* [n. 1137], p. 61-64.

1142 v. **Lorica Lugdunensis** (Batauorum). Inc. «*Domine exaudi orationem meam ... Descendat meus amor*» (*KENNEY*, p. 272; *LAPIDGE & SHARPE*, 1239; *SCHALLER & KÖNSGEN*, 3507)   PLS, iv, 2070

W. H. Friedel, in *Zeitschr. f. celtische Philologie*, ii, 1899, p. 64-72.

Cfr L. Gougaud, in BALAC, i, 1911, p. 274.

6. SCRIPTORES INCERTAE ORIGINIS

1143 « **EPHRAEM LATINVS** »

De scriptis S. Ephraem uide E. BECK, D. HEMMERDINGER-ILIADOU & KIRCHMEYER, in *Dict. de spiritualité*, IV, xxvi-xxvii, Paris, 1959, col. 788-822; D. ILIADOU, *Ephrem. Versions grecque, latine et slave. Addenda et corrigenda*, in Ἐπετηρὶς Ἑταιρείας βυζαντινῶν σπουδῶν, xlii, Athènes, 1975-76 ['77], p. 320-373; et praesertim M. GEERARD, *Clauis Patrum Graecorum*, ii, Turnhout, 1974, p. 366-468. — Sub nomine EPHRAEM DIACONI EDESSENI paruum corpus sermonum cognoscunt scriptores latini medii aeui, praesertim auctor *Libri Scintillarum* (n. 1302) et FLORVS DIACONVS LVGDVNENSIS (cfr I. FRANSEN, in BALCL, iii, n. 885; ID., *Les extraits d'Ephrem latin dans la compilation des XII Pères de Florus de Lyon*, in RB, lxxxvii, 1977, p. 349-371) (ed. critica omnium excerptionum quae collegit Florus ex opusculis Ephraem tributis).

Accipe conspectum opusculorum:

i. **De die iudicii et de resurrectione** (CPG, 4080)

Cod., uar. lect.: A. HOLDER, *Die Reichenauer Handschriften*, ii, Leipzig, 1914, p. 498 (fragm. 79, saec. viii/ix).

ii. **De beatitudine animae** (CPG, 3935, 2a)

iii. **De patientia** (aliter: **de paenitentia**) (CPG, 3915)

iv. **In luctaminibus** (CPG, 3920. 3935, 2b. 4002. 4081)

v. **De die iudicii** (CPG, 3940. 4089)

vi. **De compunctione cordis** (CPG, 3909. 3968)

J. S. ASSEMANI, *Ephraemi Syri opera omnia*, iii, Roma, 1746, p. 553-560; 579-581.

De **genuinitate** uide D. HEMMERDINGER-ILIADOU, *a. c.*, col. 815 sq.; certe graecae sunt originis, etsi uersio latina haud paulum differt cum recensione originali.

Cod.: A. SIEGMUND, p. 67-71; D. HEMMERDINGER-ILIADOU, *a. c.*, col. 816; 818; P. PETITMENGIN, *Notes sur des manuscrits patristiques latins, I: Fragments patristiques dans le ms. Strasbourg 3762*, in RÉAug, xvii, 1971, p. 3-12.

Ed., fontes, influxus: H. J. FREDE, p. 446-448.

Alius sermo qui genuinus uidetur, legitur in antiqua uersione latina, nempe:

Sermo in pulcherrimum Ioseph. Inc. « Deus Abraham, Deus Isaac, Deus Iacob, benedicte Deus » (CPG, 3938)

L. Bailly, in SE, xxi, 1972/73, p. 71-80.

De sermone aduersus improbas mulieris (in decollatione Iohannis Baptistae). Inc. « Heu me, quid agam? Vnde sermonis exordium » (*CPG*, 4001)

Cfr nn. 931, 935°.

SPVRIA ET DVBIA

1143*a* **Liber de paenitentia.** Inc. « Plerosque cernimus in ecclesia »

J. S. Assemani, *t. c.* [n. 1143], p. 589-599.

Cfr D. Hemmerdinger-Iliadou, *a. c.* [n. 1143], col. 818.

Partim cento est e *BACHIARIO*, *De lapso* (n. 569), cfr M. Bogaert, in RB, lxx, 1960, p. 672.

Extat in codicibus manu scriptis et alius sermo sub nomine *EPHRAEM* uel *ISIDORI*:

1144 **Scarpsum de dictis S. Efrem prope fine mundi et consummatione saeculi et conturbatione gentium.** (Inc. « Fratres karissimi, Spiritui sancto creditis qui loquitur » (Ps. Isidorvs) (*CPG*, 3944/46. 4012; *DÍAZ*, 134; *CPPM*, i, 5317) PLS, iv, 608

D. Verhelst, in *Pascua Mediaeualia. Studies voor Prof. Dr. J. M. De Smet*, Leuven, 1983, p. 518-528. Primo editum est a C. P. Caspari, *Briefe, Abhandlungen und Predigten*, Christiania, 1890, p. 208-220, sub inscriptione *Sermo de fine mundi* (*ibid.*, p. 430 sq.).

Anno 628 antiquiorum esse censet Caspari; saec. iv esse W. Bousset, *Der Antichrist in der Überlieferung*, Göttingen, 1895, p. 21 sq., cuius tamen argumenta minus solida uidentur.

Emend.: J. Baer, *De operibus Fastidii*, Nürnberg, 1902 (dissert.), p. 53.

1145 **Dicta sancti Effrem.** Inc. « Fratres carissimi, quid quaerit Dominus a nobis, nisi salutem » (*CPG*, 4090 A)

J. S. Assemani, *t. c.* [n. 1143], p. 581-585.

Cfr A. Wilmart, in RB, xxvi, 1909, p. 480; D. Hemmerdinger-Iliadou, *a. c.* [n. 1141], col. 816 sq.; H. J. Frede, p. 447 sq.

Altera pars huius collectionis (inc. « Duo fratres carnales uenerunt habitare in monasterio » [*CPG*, 4090 B]), quam J. S. Assemani (p. 583-585) eruit e cod. Vat. Pal. 556 (cfr n. 1145*a*), f° 38^v-41, nihil habet Ephraem, nec tradita est sub eius nomine, sed excerpta est e *Verbis Seniorum PELAGII* (n. 1703°; *CPG*, 5570), PL, lxxiii, 951-953, 998 sq., 880, 882 sq., cfr A. Hamman, in PLS, iv, 605.

1145a **Florilegium cod. Vat. Pal. 556**, saec. ix/x, f° 42-48. Inc. «Scribtum est enim: *Initium sapientiae timor Domini*» (*CPG*, 4090 C)

Graziano di S. Teresa, in *Ephemerides Carmelitanae*, xiv, 1963, p. 432-452.

Saec. viii, ut uidetur, sed nihil continet quod adsumptum est ex operibus Ephraem, nec sub eius nomine traditur.

Etiam inter contiones PS. CHRYSOSTOMI et PS. AVGVSTINI quaedam olim nostro auctori adscribuntur:

1146 **Sermo de eruditione disciplinae.** Inc. «Eruditio disciplinae custos est spei» PLS, iv, 613

Erasmvs & Gelenivs, *S. Ioannis Chrysostomi opera omnia*, v, Basel, 1547, p. 743-746; critice edidit W. Wenk, *o. c.* (n. 917), p. 127-138.

Cod.: D. Hemmerdinger-Iliadou, *a. c.* [n. 1143], col. 817.

Perplura e libro S. CYPRIANI *De zelo et liuore* (n. 49) exscripta sunt.

1147 **Sermo de militia spiritali.** Inc. «Bona quidem sunt et utilia» (*CPG*, 2888)

ibid., p. 736-739.

Versio latina est cuiusdam opusculi graeci sub nomine S. BASILII editi (PG, xxxi, 620-625), et fortasse ab ANNIANO CELEDENSI (n. 771 sq.) translati; cfr J. Gribomont, *Histoire du texte des Ascétiques de S. Basile*, Louvain, 1953, p. 310.

1148 **Sermo de militia christiana.** Inc. «Omnes homines qui se student»

ibid., p. 739-743.

Ad nn. 1146-1148 cfr A. Wilmart, in JTS, xix, 1918, p. 320 et 322; **cod.**: *ibid.*, p. 306.

1149 **Sermo.** Inc. «Niniuitis Ionas a Deo missus» (*CPG*, 4082; *CPPM*, i, 1704; *BHG*, 941 g)

A. Mai, *Noua Patrum Bibliotheca*, i, Roma, 1852, *sermo* 97, p. 194-204.

Cfr G. Morin, in *Misc. Agost.*, i, p. 752. Et reuera est uersio latina sermonis genuini; edidit D. Hemmerdinger in *Le Muséon*, lxxx, 1967, p. 52-74. — *Sermo* uero PS. AVGVSTINI (Mai xxiii) *de immolatione Isaac* (inc. «Adhibete huc aures qui accessistis»), quem G. Morin, *o. c.*, p. 721, Ephraem Latino adscripsit, reuera est ORIGENIS *in Genesim hom. viii*, RVFINO interpretante (PG, xii, 203-210; GCS, xxix, p. 77-86 [*CPG*, 1411]).

1150 **Sermo S. Effrem monachi in transfigurationem Domini.**
Inc. «De regionibus messis: gaudium. De uinea: fructus suauitatis» (CPG, 3939; BHG, 1982)

Florilegium Casinense, iii, 1877, p. 28-31.

E cod. Casin. 113, qui ignoratur a SIEGMUND; eundem tamen sermonem in recensione paulo diuersa inuenit in cod. Bernensi 318, saec. ix; etiam legitur in cod. Chicagensi, Newberry Library I, saec. ix, cfr M. CUNNINGHAM, in SE, vii, 1955, p. 293.

Textus graecus editus est a J. S. ASSEMANI, *o. c.* [n. 1143], ii, p. 41-49. Fortasse ISACI ANTIOCHENO sermo adscribendus est, cfr D. HEMMERDINGER-ILIADOU, *a. c.* [n. 1143], col. 811; 817.

1151 **Fragmenta in Libro Scintillarum** (n. 1302) **seruata**

CC, cxvii, 1957, p. 246-247; 255 — ROCHAIS.

Cfr J. KIRCHMEYER & D. HEMMERDINGER-ILIADOU, in RSR, xlvi, 1958, p. 545-550.

1151a **Centones** (ex operibus S. Gregorii Magni erutis)

PLS, iv, 641-648 — HEMMERDINGER-ILIADOU.

Cfr *ibid.*, col. 608.

1152 **Centones a S. Caesario seruati** (CPG, 4091. 4129)

J. S. ASSEMANI, *t. c.* [n. 1143], p. 587-588; G. MORIN, in CC, ciii, 1953, p. [290] sqq.; [305] sqq.

Cfr G. BARDY, *Le souvenir de Saint Éphrem dans le haut moyen âge latin*, in RMAL, ii, 1946, p. 297-300, praesertim p. 299 sq.

Extat etiam *Oratio ad Dominum S. Effremis* in libello precum «Book of Cerne» nuncupato (n. 2019), edidit A. B. KUYPERS, Cambridge, 1902, p. 142 sq. (inc. «Deus excelsissime, deus misericordissime»).

PACATVS (PS. POLYCARPVS SMYRNENSIS)

1152a **«Contra Porphyrium»** (fragm. nouem a VICTORE CAPVANO [n. 954 sq.] apud IOANNEM DIACONVM [n. 951] seruata) (CPG, 1040)   PL, lxvi 359; PG 1025

A. HARNACK, in *Sb. Berlin*, 1921, p. 269-271; 275-276 (= *Kleine Schriften*, ii, p. 478-480; 484-485).

Cfr H. J. FREDE, p. 658.

Iuxta A. HARNACK, *a. c.*, p. 279 sqq.; 834 sq. (488 sqq.; 494 sq.), Pacatus noster idem est ac Latinius Drepanius Pacatus, rhetor Aquitanus saec. iv-v. Haec sententia admitti nequit, cfr W. BAEHRENS, in *Hermes*, lvi, 1921, p. 443-445, et D. DE BRUYNE, in BALCL, i, n. 29, et É. GALLETIER, *Panégyriques latins*, iii, Paris, 1955, p. 49, adn. 4. Potius aequari potest cum Pacato amico Paulini Nolani, cui Vranius dedit epistulam suam *de obitu Paulini* (n. 207). Cfr etiam D. MALLARDO, in EL, lxvi, 1952, p. 3-6.

J. M. BOVER, *Un fragmento atribuído a S. Policarpo sobre los principios de los Evangelios*, in *Estud. Ecles.*, xiv, 1935, p. 5-19, Pacati nomen plane ignorans, tertium fragmentum nostrum S. Polycarpi foetum genuinum esse probare et textum graecum restituere conatus est. Omnia ualde dubia uidentur.

EVLOGIOS

saec. v-vi. — Cfr H. SILVESTRE, in RHE, lix, 1964, p. 1046.

1152*b* **Epistula ad Mertam.** Inc. «... sanctitatem tuam et ... eum dominus» (pap. London V 1792)

R. CAVENAILE, *Corpus Papyrorum Latinorum*, Wiesbaden, 1958, p. 375-376, n. 269.

Quasdam litteras plenius legunt A. BRUCKNER & R. MARICHAL, *Chartae Latinae Antiquiores*, iii, Olten/Lausanne, 1963, p. [103], n. 211; p. [102] documentum phototypice redditur.

PS. ALCVINVS

1152*c* **De septem sigillis** (*Commentarius in Apocalypsim*). Inc. «Legimus in apocalypsin septem sigillis librum esse signatum» (*altera recensio*: «Primum sigillum natiuitas»)

A. MATTER, in *Traditio*, xxxvi, 1980, p. 113-116.

In Hispania confectum inter annos circiter 500-633, ita editor. Cfr V. SCHUPP, *Septenas und Bauform*, Berlin, 1964, p. 123 et 127 sq.

ANONYMVS

1152*d* **Liber Esdrae.** Inc. «Liber Ezrae prophetae secundus, filii Sarei... Et factum est uerbum Domini ad me dicens: Vade et (a)nuntia populo meo facinora ipsorum» (*CANT*, 318)

R. L. BENSLEY & J. MONTAGUE RHODES, Cambridge, 1895 (TSt, iii, 2).

Sub inscriptione «Liber Ezrae quartus» edidit A. R. KLIJN textum latinum *Apocalypsis Ezrae* (*Der lateinische Text der Apocalypse des Esra*, Berlin, 1983 [TU, cxxxi]), p. 25-90.

Inscriptiones huius opusculi (uel potius horum opusculorum) ualde incertae sunt. Sic summatim disponi possunt:

Libri Esdrae I et *II* canonici sunt; liber uero II saepius *Liber Nehemiae* nuncupatur;

Liber Esdrae III inter apocrypha recte deputatur; nihilominus in praeuiis editionibus *Vulgatae* saepe legitur post *Apocalypsin Iohannis* (et *Orationes Manassae*);

Liber Esdrae IV sequitur in iisdem editionibus. Attamen cap. iii-xiv huiusce *Libri* et separatim extant, et quidem sub titulo *Liber Esdrae IV*, dum cap. i-ii a modernis haud semel *Liber Esdrae V* nuncupatur; cap. uero xv-xvi etiam inscribuntur *Liber Esdrae VI* (cfr R. L. BENSLY, *o. c.*, p. xxiv-xxviii; M. J. LABOURT, *Le cinquième livre d'Esdras*, in *Rev. biblique*, xvii, 1909, p. 412;

Textum «*Libri V*» latine confectum, et quidem Romae saec. vi, censet M. J. LABOURT, *a. c.*, p. 412-434; originem latinam etiam probat J. DANIÉLOU, qui opusculum nostrum saec. ii-iii tribuit, fortasse rectius (*Le Ve Esdras et le judéo-christianisme latin au second siècle*, dans Ex orbe religionum. *Studia G. Widengren oblata*, Leiden, 1972, p. 162-171). Reuera certe non constat «*Librum IV*» graece compositum fuisse; tantum enim quaedam adbreuiatio capitum xi et xii reperta est, lingua neograeca scripta (uide R. RUBINKIEWICZ, *Un fragment grec du ive livre d'Esdras*, in *Le Muséon*, lxxxix, 1976, p. 75-87). Quidquid sit de hac re, libri liturgici latini, et praesertim hispanici, textum nonnullarum antiphonarum ex «*Libro IV*» mutuauerunt, cfr L. BROU, *Le IVe Livre d'Esdras dans la liturgie hispanique et le Graduel Romain* «*Locus iste*» *de la messe de la Dédicace*, in SE, ix, 1957, p. 75-109; J. DANIÉLOU, *a. c.*, p. 162 sq.

SEVERINVS EPISCOPVS

saeculo iv? Cfr n. 540.

1153 **Doctrina de sapientia.** Inc. «Dilige Deum. Sapientiam disce. Omnia cum mensura age» PL, lxx, 845

J. SCHLECHT, *Doctrina xii Apostolorum. Die Apostellehre in der Liturgie*, Freiburg, 1901, p. 127-129.

Cod.: G. MORIN, in RB, xxviii, 1911, p. 3 (Oxford, Bodl., Laud. misc. 350, saec. xi-xii); Klosterneuburg 215, saec. xii, f° 34^v-36.

ANONYMVS

1153a **Tractatus sancti Augustini de regula monachorum.** Inc. «Sunt quidam qui uolunt esse remoti»

J. LECLERCQ, *Un ancien sermon monastique dans le ms. Palat. lat. 295*, in *Mél. Eug. Tisserant*, vi, Città del Vaticano, 1964 (= StT, 236), p. 577-582.

Saeculo vi in Gallia meridionali confecta? Proxime accedit ad *Dicta Leonis* (n. 540a) uel *Sententiam NOVATI* (n. 1154), cfr A. DE VOGÜÉ, in *Dizion. Ist. Perfez.*, vi, Roma, 1980, p. 441 sq.

PS. ORIGENES

1153b **Lamentatio** (seu **Lamentum** uel **Planctus**) **Origenis.** Inc. «In afflictione et dolore» (*PS. HIERONYMVS*) (*CPPM*, ii, 3382 a)

A. C. VEGA, in *Bol. Real. Acad. Hist.*, clxviii, 1971, p. 29-39.

Cod.: B. LAMBERT, *BHM*, iii 3, Steenbrugge, 1970, n. 532; addatur Avranches 105, saec. xi, f° 174-183 (inc. «Ego igitur Origenes indig[e]nus»). Notandum est codices omnes aeuo carolino recentiores esse.

De origine nihil constat; uide M. GEERARD, *CPG*, i, 1983, p. 184 sq., n. 1522; H. J. FREDE, p. 655. A Ps. GELASIO (*Decretum de libris recipiendis et non recipiendis* [n. 1676], v, 301 — ed. DOBSCHÜTZ, p. 54) reprobatur «liber qui appellatur Paenitentia Origenis». Sitne nostrum opusculum?

NOVATVS CATHOLICVS

saeculo vi, cfr A. DE VOGÜÉ, in *Monastic Studies*, xii, 1976, p. 264-274. — Cfr n. 639.

1154 **Sententia de humilitate et oboedientia et de calcanda superbia.** Inc. «Saecularibus aliter in Ecclesia»

F. VILLEGAS, in RB, lxxxvi, 1976, p. 49-74.

Cod.: addantur Basel B x 14, saec. xiv, f° 78^v-81; Paris, Arsenal 250, saec. xii (Saint-Victor), f° 155-159; Dendermonde, Abbatia, 24 (21), saec. xv, f° 34^r-35^v.

OPTANTIVS

saec. vii, cfr H. J. FREDE, p. 652 sq.

1154a **Commentatio de uitiis ad loca S. Pauli explananda.** Inc. «Iniquitas dicitur quicquid contrarium est aequitati» *Florilegium Casinense*, i, 1873, p. 225-228.

PLS, iv, 2197

Cod.: A. WILMART, *Codices Reginenses latini*, ii, Città del Vaticano, 1945, p. 37.

ANONYMVS

1154b **Capitulum de omnibus uitiis.** Inc. «Haec subsequens uerba non conuenit monacho»

PLS, iv, 2204

H. ROCHAIS, in *Rev. Mabillon*, xliii, 1953, p. 41-43.

Cod., emend., uar. lect.: P. MEYVAERT, in *Scriptorium*, xvii, 1963, p. 93. Ad Lerinam insulam pertinere uidetur, et aetate est Isidoro posterior.

ANONYMVS

1154c **Fragmentum monasticum.** Inc. «... dei aut amarum salute»

A. DE VOGÜÉ, in RB, c, 1990, p. 482-459.

ANONYMVS

1154d **Monitum monasticum.** Inc. «Oportet abbatem ducem esse omnis iustitiae»

R. GRÉGOIRE, *Les homéliaires mérovingiens du viie-viiie siècle*, in *Stud. Med.*, n. s., xiii, 1972, p. 913.

ANONYMVS

1154e **Epistula de contemptu mundi.** Inc. «Iohannis euangelista, quasi di‹ui›norum conscio sacramentorum» (New York, Pierpont Morgan, M 17, saec. viii, f° 27^v-29^r)

R. GRÉGOIRE, *a. c.* (n. 1154d), p. 910 sq.

PS. ATHANASIVS

1155 **De obseruationibus monachorum.** Inc. «Etsi [quis] gloriari in Christo licet quod huiusmodi principiis» (*CPG*, 2308; *BHL*, 3192 b)

PL, xv, 71

PL, ciii, 665-672 = Holste-Brockie.

Cod.: A. Wilmart, *Codices Reginenses latini*, i, Roma, 1937, n. 140 et 185, p. 338 et 445; Basel B IV, 19, saec. xiv, f° 57ᵛ-61; cfr adn. in *BHL, Suppl.*, p. 138, n. 3192 b, et supra, n. 639.

PS. BASILIVS MAGNVS

1155*a* **Admonitio ad filium spiritalem.** Inc. «Audi, fili, admonitionem patris tui» (*CPG*, 2898°; *CPPM*, ii, 3596)   PL, ciii, 683

P. Lehmann, in *Sb. München*, 1955, 7. Heft (= *Erforschung*, v, 1962, p. 200-245).

Recensio haud paulo diuersa, uice prologi ad *Librum Scintillarum* (n. 1302) adhibita, edita est ab H. Rochais, in RB, lix, 1949, p. 145-153 (inc. «Fili, patientiam arripe quia maxima uirtus»).

Cod.: H. Rochais, in SE, ix, 1957, p. 201 sqq., nn. 17, 229, 357; [W. Beattie], *De rijkdom van de Schotse bibliotheken*, Brussel, 1963, p. 2 (Fort Augustus, Abbey, Ms. Rat. 1, saec. xi); Stuttgart, HB vii 53, saec. xv, f° 226ʳ-269.

Var. lect. in *Libro Scintillarum*: uide H. Rochais, in CC, cxvii, 1957, p. 245.

Fontes: E. Manning, in *Rev. ascét. myst.*, xlii, 1966, p. 475-479.

Versio saxonica: H. W. Norman, *The Anglo-saxon Version of the Hexameron of St. Basil ... and the Saxon Remains of St. Basil's Admonitio ad filium spiritalem*, London, 1848.

De **origine** tractauerunt P. M. Bogaert, in RB, lxxxii, 1972, p. 43 sq. et fusius A. de Vogüé, in *Regulae Benedicti Studia*, x-xi, 1981/82 (1984), p. 19-34. Videtur saec. v-vi in ambitu Lirinensi confecto. Adhibita est in sermone Eligii Noviomensis (n. 2096).

TRACTATVS ANONYMI

1155*b* **De natura caeli, quod non sit ex quattuor elementis secundum Aristotelem.** Inc. «Aristoteles autem quintum inducit corpus»

PL, lxvii, 387-388 = *ed. Coloniensis Dionisii Exigui*, 1538.

Interpolatio in cap. xxiv interpretationis latinae (quam confecit Dionysivs Exigvvs [n. 652*a*]) libri *De creatione hominis* auctore Gregorio Nysseno (*CPG*, 3154*a*). Cfr P. Courcelle, *Les lettres grecques en Occident*, Paris, 1948², p. 315.

Cod.: A. Siegmund, p. 85.

1155c **Tractatus de Manichaeis.** Inc. «... fidelium qui in iudicium non ibunt» PLS, ii, 1378

P. ALFARIC, *Un manuscrit manichéen*, in *Rev. d'hist. et de litt. relig.*, n. s., vi, 1920, p. 62-98.

Fragmenta haec (cod. Paris, B. N., n. a. l. 114, saec. v-vi [LOWE, 680]) ipso MANI tribuere uult ALFARIC; cfr H.-Ch. PUECH, *Le Manichéisme*, Paris, 1949, p. 193, adn. 391; excerpta putat A. WILMART (*Comptes rendus Acad. des Inscriptions*, 1918, p. 304 sq.) e quadam apologia aduersus Manichaeos.

Cod.: R. MERKELBACH, in *Manichaean Studies*, Lund, 1988, p. 235-264.

1155d **De inuentione nominum.** Inc. «Duo sunt Adam, unus est protuplaustus» PLS, iv, 907

M. R. JAMES, in *JTS*, iv, 1903, p. 218-244.

Iuxta cod. S. Gall. 133 et 933, Albi 29 et [Cheltenham] 12.266 (*a*) textum locupletius et emendatius edidit et commentatus est M. R. JAMES quam primus editor A. AMELLI, *a. infra* (n. 1155e) c., p. 9-16.

Cod.: J. LECLERCQ, in *Hispania Sacra*, ii, 1949, p. 327, adn. 4.

1155e **Virtutes Heliae quae eius merito a domino factae sunt.** Inc. «Prima uirtus clausit caelum»; **Virtutes Helisei.** Inc. «Prima uirtus de melote» PLS, iv,

A. AMELLI, *Miscell. Casin.*, i, 1897, *Patristica*, p. 23-24; et longe accuratius et locupletius a Fr. DOLBEAU et É. POIROT, in *SE*, xxxiv, 1994, p. 152-164.

1155ee **Dies dominica** i-iii. Inc. i. «Diem autem dominicam primam diem»; ii. «Qua‹re› in hac die creata sunt omnia»; iii. «Dies dominicus dies beatus» (*LAPIDGE & SHARPE*, 903/5) (*b*)

CC, cviii B, 1973 — McNALLY, p. 181-186.

Cfr B. BISCHOFF, *a. c.* [n. 1123°], p. 274, n. 39 (= *Studien*, i, p. 269).

1155f «**Ioca monachorum**» (*CPPM*, ii, 3675)

ita improprie nominantur quaedam altercationes uel colloquia per interrogationes et responsa necnon aenigmata quae inde a saec. vi maxime in Galliia, ut uidetur, confabulata sunt, uariis in recensionibus, fortasse iuxta quoddam exemplar graecum:

(*a*) In hoc codice etiam inuenitur *Indiculus* operum S. CYPRIANI;
(*b*) Tractatum iii iam edidit A. WILMART e cod. Vat. Reg. 49, saec. ix/x, f° 53 (*Analecta Reginensia*, Città del Vaticano, 1933 [= StT, lix], p. 111-112).

i. **Altercatio Adriani et Epictiti.** Inc. «Homo Epictauus commendauit se (*aliter*: Iuuenis homo, Epictitus nomine, commendauit se)» (*CPPM*, ii, 3675 a) PLS, iv, 917

W. Suchier, *Das mittellateinische Gespräch Adrian und Epictitus, nebst verwandten Texten (Joca Monachorum)*, Tübingen, 1955, p. 11-52.

Circ. 500-650 in Gallia confecta.

Cod. i-vii: Basel, Univ. B v 24, saec. xiv.

Inter fontes hic memoranda est *Altercatio Hadriani Augusti et Epicteti philosophi*, edid. Lloyd W. Daly & W. Suchier, Urbana, 1939, p. 104-107. Haec gentilis est originis et saec. ii-iii confecta (cfr W. Suchier, *o. c.*, p. 45 sq., adn. 10); saec. vi, iuxta B. Löfstedt, in *Classica & Mediaeualia*, vii, 1945, p. 146-149, qui et paucas emendationes proposuit.

ii. Inc. «Quod tempore adnunciauit Gabrihel archangelus. Incipit questio quomodo factus est homo» PLS, iv, 924

G. Baesecke, *Der Vocabularius Sti. Galli in der angelsächsischen Mission*, Halle, 1933, p. 7-8.

Cod., uar. lect.: H. Omont, in *Bibl. École des Chartes*, xliv, 1883, p. 70-71 (e cod. Paris, B. N., n. a. l. 2171, saec. xi [inc. «Quo tempore adnunciabit Gabriel angelus»]).

iii. **Ioca monachorum.** Inc. «Quis primus ex Deo preceset? Verbum» (e cod. Parisino 13.246, saec. viii [n. 1924]) PLS, iv, 926

E. A. Lowe, *The Bobbio Missal*, ii, London, 1920, p. 5-7.

iv. Inc. «Quid primo ex Deo [*aliter*: de ore Dei] processit? Fiat lux [*aliter*: Dic michi, quid primo eqs.]» PLS, iv, 928

W. Suchier, *o. c.*, p. 108-119; 123-124; 130-134.

Cod., uar. lect.: H. Omont, *a. c.*, p. 60-62 (e cod. Autun 4 [Sém. 3], saec. viii/ix [Lowe, 717]).

v. Inc. «De principio mundi usque ad diluuium quod anni fuerunt?» PLS, iv, 933

W. Suchier, *o. c.*, p. 119-121.

vi. **Enigmata interrogatiua.** Inc. «Quid est inter ueritatem et mendatium?» PLS, iv, 935

W. Suchier, *o. c.*, p. 122-123.

vii. **Interrogationes quedam mirabiles.** Inc. «Quis fuit natus et non mortuus?»   PLS, iv, 936

W. Suchier, *o. c.*, p. 134-137.

Aliae recensiones, quae omnes e quadam collectione huiusmodi interrogationum procedunt, saec. vi in Gallia meridionali concinnata uel e graeco sermone translata, ediderunt W. Wilmanns, in *Zeitschr. f. deutsches Altertum*, xv, 1872, p. 167-169; H. Omont, *a. c.*, p. 62-71 (sub titulo *Interrogationes de fide catholica*). Partes quae leguntur in *Collectaneis* PS. BEDAE (n. 1129); denuo eduntur a W. Suchier, *o. c.*, p. 137-138.

viii. **Chronica S. Gironimi presbyteri.** Inc. «Caeli et terre creationis»; **De plasmationem Adam.** Inc. «Vbi deus Adam plasmauit, ibi Christus natus est» (e cod. Selestadiensi 1 [1093], saec. viii [LOWE, 829]) (*MANITIUS*, ii, 794)   PLS, iv, 937

C. Munier, in RB, civ, 1994, p. 106-122; uel partim: M. Förster, *Das älteste mittellateinische Gesprächbüchlein*, in *Romanische Forschungen*, xxvii, 1910, p. 342-348.

Saec. vii-viii in Italia septentrionali, maxime ex operibus S. ISIDORI concinnatum, cfr M. Förster, in *Archiv f. Religionswissenschaft*, xi, 1908, p. 477-529; C. Munier, *a. c.*, p. 122.

1155g   **Tractatus de partu sanctae Mariae.** Inc. «Sunt quidam qui dicunt fieri» (*CPPM*, i, 1834)   PLS, ii, 1186; iv, 941

H. Barré, in RB, lxvii, 1957, p. 29-33.

Saec. v et in Africa confectum. — Fons est *serm.* PS. AVGVSTINI 245 et A. Mai 76, 3-4, cfr H. J. Frede, p. 275.

1155h   **Quando uel quomodo impleuit Dominus vii gradibus in Ecclesiam.** Inc. «Primus gradus lector (fuit) quando aperuit»; uel: «Ostarius (fuit) quando percutiebat» (*uel alia huiusmodi*)   PLS, iv, 943

A. Wilmart, *Les ordres du Christ*, in RevSR, iii, 1923, p. 305-327.

Decem recensiones ibi edidit A. Wilmart. Adde undecimam quam e cod. Monacensi 6330 saec. viii-ix euulgauit C. Weyman, in *Rev. d'hist. et de littér. relig.*, iv, 1899, p. 93. Cfr etiam A. Dold, in TA, i, 48, Beuron, 1957, p. 51; duodecimam edidit R. E. Reynolds e cod. Monacensi 19.414, Veronensi xxxvii (35), Leidensi, Voss. Q 119, et Sangallensi 40, in *Harvard Theol. Rev.*, lxiii, 1970, p. 251. Cfr R. E. Reynolds, *The Ordinals of Christ*, Berlin/New York, 1978. — Cfr nn. 1222. 764 et H. J. Frede, p. 592 sq.

Ex *Apophtegmatibus Patrum* opusculum originem ducit (cfr *Vitae Patrum*, VI, iv, 8 — PL, lxxiii, 1015 sq.), et insertum est in *Quaestionibus [Ps.]-Hysidori de Nouo et Vetere Testamento* (n. 1194), cap. 41-47 — CC, cviii B, p. 202 sq.

Eiusdem indolis est opusculum sequens:

SEVERVS

1155*i* **Responsum de Christi traditione** seu **De vii gradibus Ecclesiae.** Inc. « Dic mihi qua aetate erat Ihesus quando baptizatus est » (*CPPM*, ii, 815) PLS, iv, 949

G. Morin, in RB, xiv, 1897, p. 100-101.

E cod. Lambeth Palace 414, saec. x, cfr M. R. James, *A Descriptive Catalogue of the MSS. in the Library of Lambeth Palace*, Cambridge, 1932, p. 575.

Cfr etiam n. 1222 sq.

SERMONES ANONYMI

[1156 **Sermones iv dominicales**:

Inc. i. « Ad cursum spiritalis stadii »; ii. « Studete, charissimi, qui uestras animas »; iii. « Decedente iam quadragesimae tempore »; iv. « Delectatione praesentis diei, fratres carissimi »

PL, xiii, 641-652 = Mai.

Hic omittendi sunt; uidentur enim recentioris aetatis; *serm.* i et iv leguntur inter sermones Hildeberto Cenomanensi adscriptos (nn. 17 et 33 [PL, clxxi, 419-422; 502-505]). Cfr P. Glorieux, *Tables rectificatives*, p. 64.]

ANONYMVS

1156*a* **Sermo.** Inc. « Saluator noster natus de Patre sine die » (*CPPM*, i, 5573)

J.-P. Bouhot, in RÉAug, xv, 1969, p. 247-253, et J. Lemarié, in RÉAug, xxv, 1979, p. 86.

Afer, saec. v/vi?

1156*b* **Sermo de Epiphania.** Inc. « (H)odie Dominus et Saluator noster Iesus Christus filius Dei apparuit »

R. Étaix, in *Recherches aug.*, xxvi, 1992, p. 177-179.

Cfr n. 695*a*.

1156c **Sermo ‹de Epiphania›.** Inc. «Qui nobis natus est nostra latebat in carne»

R. Étaix, in RB, xcviii, 1988, p. 14-15.

Saec. v-vi, Italia septentrionalis?

1157 **Sermo de Quadragesima.** Inc. «Sicut dicit euangelista abstinuisse Dominum xl diebus» (*CPPM*, i, 932)   PLS, iv,

J. Leclercq, in *Hispania sacra*, ii, 1949, p. 110-112.

«Époque patristique», ita editor, et reuera est *serm*. 50A *MAXIMI TAVRINENSIS*, exordio omisso; edid. A. Mutzenbecher, in CC, xxiii, 1962, p. 202, 16-204, 89. Cfr J.-P. Bouhot, in RÉAug, xx, 1974, p. 135-137.

1157a **Sermones a J. Lemarié editi:**

1. **Sermo de ieiunio.** Inc. «Vtili sermone uos ammoneo, dilectissimi, ut in hoc quadragesimo tempore»

J. Lemarié, in *Recherches aug.*, xxi, 1986, p. 195-197.

«Certainement ancien ... le vocabulaire n'est pas sans rappeler celui de Césaire», ita editor;

2. **De decimis inferendis.** Inc. «Scriptum est enim, fratres dilectissimi: Domini est terra» (*CPPM*, i, 1680. 2291)

Id., in RB, lxxxviii, 1978, p. 102-103;

3. **Sermo S. Leonis.** Inc. «Saluator noster natus de Patre» PLS, iv, (*CPPM*, i, 5573)   456

Id., in RÉAug, xxv, 1979, p. 86 (fragm.);

4. **Sermo S. Maximi.** Inc. «Hodie puer natus est nobis ... hodierna enim natiuitas» (*CPPM*, i, 6075)

Id., *ibid.*, p. 87-88 (fragm.);

5. **Sermo S. Augustini in quinquagesima feria secunda.** Inc. «Non uobis possum dicere» (*CPPM*, i, 1945);

Id., *ibid.*, p. 90-91;

6. **‹Sermo›.** Inc. «Praeclara huius diei solemnitas»

Id., in RÉAug, xxvii, 1981, p. 291-292;

7. **Sermo S. Augustini de die sabbato sancto.** Inc. «Si quis me, quod non arbitror» (*CPPM*, i, 1947)

Id., *ibid.*, p. 297-298;

8. **Sermo beati Iohannis Os aurei.** Inc. «Iustitiae nobis hodie sol magnus»

Id., in *Vet. Christ.*, xxii, 1985, p. 37-41;

9. **Sanctorum Innocentium sermo S. Augustini.** Inc. «Tempore quo Dominus et Saluator noster in mundo» (*CPPM*, i, 1801)

Id., in AB, xcix, 1981, p. 139-150.

1157*b* **Omelia de oratione dominica.** Inc. «Inuocare Deum, beneficium est Dei»

J.-P. Bouhot, in *Ecclesia Orans. Mél. A. G. Hamman* (= *Augustinianum*, xx), Roma, 1980, p. 69-78.

1158 **Sermo de Pascha.** Inc. «... tas. Vbi sunt ista quae tempore» (fragm. Donaueschingen B iii, 15) (*CPPM*, i, 894)   PLS, iv, 954

A. Dold, in TA, i, 14, 1928, p. 38-39.

Est pars posterior *serm.* 109 PS. AVGVSTINI (cap. 4-5) (n. 368, *serm.* 109). Cfr J.-P. Bouhot, *a. c.* [n. 1157], p. 137.

[1158*a*] **Homilia in Ascensa Domini** (exc. e «uetustissimo codice Ecclesiae Lugdunensis», scil. Bibl. mun. 628, saec. ix). Inc. «Quid dicendum est de paruulis qui quando baptizantur»

PL, xcvii, 488 = Baluze.

Reuera est exscarpsum ex *hom.* ii, 8 *in die Ascensa Domini* (inc. «*Recumbentibus undecim discipulis apparuit illis* ... [Vt] in textu euangelii habetur: Nouissime recumbentibus») collectionis Petri Quentell (Coloniae 1530), quae saec. ix exeunte in Italia confecta est. Hic ergo est omittenda. Vide J.-P. Bouhot, *a. c.* [n. 1157], p. 141 sq.; **cod.** indicat H. Barré, *Les homéliaires carolingiens de l'école d'Auxerre*, Città del Vaticano, 1962 (= StT, ccv), p. 180 et 186.]

1159 **Sermo de Ascensione.** Inc. «Summa praeteritae sollemnitatis festis»   PLS, iv, 955

C. P. Caspari, *Briefe, Abhandlungen und Predigten*, Christiania, 1890, p. 185-190.

Emend.: J. Baer, *o. c.* (n. 1144), p. 53.

Saec. v uidetur et eiusdem auctoris ac sermo sequens:

1160 **Sermo de Pentecoste.** Inc. «Cum et sollemnitas diei et cultus Dei»   PLS, iv, 959

C. P. Caspari, *o. c.* [n. 1159], p. 190-199.

Emend.: J. Baer, *l. c.* [n. 1144].

1160*a* **Sermones a R. Étaix editi:**

2. (*a*) **Sermo in dedicatione ecclesiae.** Inc. «Gaudemus et congratulamur»

ID., in RB, lxxiii, 1963, p. 304-306;

3. **Sermo in Mattheum** (iv, 17). Inc. «Dominus Iesus Christus, dilectissimi fratres, postquam salutifero aduentu suo»

ID., in RÉAug, xxvi, 1980, p. 73-74;

4. **Sermo de Gideon.** Inc. «Descendit Dominus sicut pluuia in uellus. Hec uerba accepit»

ID., *ibid.*, p. 74-76;

5. **Fragm. aduersus Iudaeos.** Inc. «... Nos igitur, fratres karissimi, inter uersucias Iudaeorum»

ID., *ibid.*, p. 78.

Cfr H. J. FREDE, p. 162.

6. **Sermo sancti Austini** (sic) **episcopi.** Inc. «Exigit a nobis, fratres carissimi, ipsa solempnitas uenerandi diei» (*CPPM*, i, 1884)

R. ÉTAIX, in *Recherches aug.*, xvi, 1981, p. 397-398.

«Certainement ancien ... plusieurs expressions rappellent le sermon *In die dominica Paschae* de saint Jérôme» (n. 603), ita editor.

7. **Sermo in Mattheum** (vii, 24-27). Inc. «Omnis qui audit uerba mea ... Christus haec duo uerba»

ID., in RB, xci, 1981, p. 127-128;

8-17. **Sermones x ex uariis homiliariis Beneuentanis**

ID., in RB, xcii, 1982, p. 324-357;

Vide sub n. 1997*a*.

18-20. **Sermones iii ex homiliario Beneuentano** (Madrid, B. N. 194)

ID., in *Orpheus*, n. s., iii, 1982, p. 110-132.

21. **Sermo de sancto Stephano.** Inc. «Sollemnitate celebrata dominici natalitii in quo rex» (*CPPM*, i, 1890)

ID., in AB, c, 1982, p. 601-605;

(*a*) *Sermo* 1 est CHROMATII *sermo* 32 (n. 217).

22. **Tractatus de carne superba.** Inc. «Ad te manum meam extendo»

ID., in RB, xcv, 1985, p. 55-59.

Vide et sub n. 639*a*;

23. **Lectio beati Augustini de expositione psalmi vii.** Inc. «Domine Deus meus in te speraui ... Sed et Petrus apostolus» (*CPPM*, i, 1891)

ID., in RB, xcvi, 1986, p. 236-238;

24. **Lectio beati Augustini de expositione psalmi xl.** Inc. «Nemo igitur claudat uiscera sua contra indigentem»

ID., *ibid.*, p. 239;

25. **Lectio beati Augustini.** Inc. «Scire enim debemus quia diabolus»

ID., *ibid.*, p. 241-246;

26. **Lectio beati Iohannis Crysostomi.** Inc. «Ait enim Dominus per Esaiam»

ID., *ibid.*, p. 247-248;

27. ‹**Via›** **lata de sancta anima uel eius uirtutibus.** Inc. «Per auditum credit»

ID., *ibid.*, p. 248-249.

Initia sermonum 2-27 reperies in *Indice* iv.

[1161 **Homilia in Luc. x,** 30-35. Inc. «*Homo quidam descendebat ab Ierusalem* ... Cum in euangelica lectione hoc legeretur»

C. P. CASPARI, *o. c.* [n. 1159], p. 206-208.

Hic omittenda est; est enim CAESARII *sermo* 61.]

1162 **Sermo de x uirginibus.** Inc. «... qui autem non propterea» (fragm. Donaueschingen B iii, 18)

A. DOLD, in TA, i, 14, 1928, p. 46-49.

Videtur iam ad Carolinam pertinere aetatem.

[1162*a* **Sermo sancti Augustini episcopi de conscientia.** Inc. «Fratres estote fideles in omnibus, ut per fidem» (Basel N I 6 Nr 9) (*CPPM*, i, 2352)   PLS, iv, 966

A. DOLD, in RB, lxiii, 1953, p. 241-242.

1162*b* **Sermo.** Inc. «... rapuerit, reus erit sanguinis Christi» (Basel N I 6 Nr 9)

PLS, iv, 967

A. Dold, *ibid.*, p. 240-241.

Nn. 1162*a* et *b* hic omittendi sunt. Textus ad saec. ix pertinent et emendatius ac longe locupletius editi sunt a R. E. Reynolds, *The Pseudo-Augustinian «Sermo de conscientia» and the Related Canonial «Dicta sancti Gregorii Papae»*, in RB, lxxxi, 1971, p. 310-317 (inc. i: «De eo qui laicus uel adulter clericus ecclesiam Dei inuasit» [frustulum a Dold editum continet l. 24-31 huius canonis paenitentialis, *Dicta sancti Gregorii Papae* inscripti]; ii: «Fratres estote etc.» [ut supra]; textus apud Dold currit usque ad l. 14 editionis Reynoldiane)]

1163 **Sermo seu instructio rusticorum.** Inc. «Gratias agimus, Domine, semper»

PLS, iv, 967

partim edidit W. Levison, *England and the Continent*, Oxford, 1946, p. 306-312.

Aeui Merouingici est et eiusdem indolis ac *sermo s. eligii* (n. 2096) seu *martini bracarensis De correctione rusticorum* (n. 1086).

1163*a* **Sermo de sacrilegia.** Inc. «Fratres carissimi, admonitio diuina cessare non debet» (Ps. Avgvstinvs) (*cppm*, i, 1850)

PLS, iv, 969

C. P. Caspari, *Eine Augustin fälschlich beigelegte Homilia de sacrilegiis*, Christiania, 1886, p. 5-16.

Cento saec. viii med., maxime e *caesario arelatensi* concinnatus, cfr G. Morin, *Initia Caesariana*, p. 917.

1163*b* **Sermones anonymi vii.** Inc. «In nomine Dei summi. Primum quidem dicat» (*lapidge & sharpe*, 803)

R. E. McNally, in *Traditio*, xxxv, 1979, p. 121-143 (textus p. 134-143).

Saec. viii auctore Hibernico compositi.

1163*c* **Sermones ix**, ab H. Barré editi

H. Barré, *Sermons marials inédits «in Natali Domini»*, in *Marianum*, xxv, 1963, p. 39-93.

Vide censuras Hermanni J. Frede, p. 158 sq.

Initia sermonum in *Indice* iv inserta sunt.

1164 **Sermo de saltationibus respuendis.** Inc. «Non debemus mirari, dilectissimi, ‹quod fidei› preconio» (*cppm*, i, 1933)

PLS, iv 973

J. Leclercq, *Sermon ancien sur les danses déshonnêtes*, in RB, lix, 1949, 196-210.

Saec. v-vi? Ex Africa, Gallia, Italia? Potius ex Hispania.

Cod.: A. WILMART, in RB, xxix, 1912, p. 51; inuenitur etiam in *Milleloquio ueritatis* S. *Augustini* BARTHOLOMAEI EPISCOPI VRBINATENSIS († 1350) (**cod.**: A. ZUMKELLER, *Manuskripte von Werken der Autoren des Augustiner-Eremitenordens*, Würzburg, 1966, p. 88-89.)

Emend.: V. BULHART, in RB, lxi, 1951, p. 261.

Altera et longior recensio legitur inter *Homilias Toletanas* (n. 1997), hom. 53, sub titulo *Sermo de decollatione sancti Iohannis babtiste* (inc. «Non debemus, fratres karissimi, praeconio diu cessare»).

1164a **Sermo de pace.** Inc. «*Domini in euangelio uox est: Pacem meam... De pace dicturi*» (Ps. AVGVSTINVS, Ps. AMBROSIVS, Ps. PETRVS CHRYSOLOGVS) (*CPPM*, i, 171. 172. 882. 6347)

P. VERBRAKEN, in *Homenaje A. C. Vega*, Escorial, 1968 (= *La Ciudad de Dios*, clxxxi, 3-4), p. 560-566.

Saec. v mediante in Italia septentrionali confectus, fons est *serm.* 174 CAESARII (n. 1008).

1164b **Admonitiones iii e cod. Vat. Pal.** 577 (saec. viii [LOWE, 97]). Inc. i: «*Fili hominis, speculatorem posui te* ... Videtis filii carissimi quale nobis incumbit periculum»; ii: «*Rogamus uos, carissimi filii, rogamus uos uiscera sanctae matris Ecclesiae*»; iii: «*Magnificentissimi patres nostri apud Laudiciam*»   PL, lxxxix, 818

L. MACHIELSEN, in SE, xii, 1961, p. 532-537.

Admonitiones i et ii eiusdem uidentur auctoris, qui saec. v uel vi scripsit; eiusdem aetatis est auctor admonitionis iii (hanc iam edebat C. H. TURNER, *Ecclesiae Occidentalis Monumenta Iuris Antiquissima*, ii, Oxoniae, 1907, p. 325). Vide etiam sub n. 1327.

1164c **De contemnenda morte.** Inc. «*Omnis causa martyrii in contemnenda morte consistit*»

CC, xc, 1961 — FRAIPONT, p. 260

Latebat ineditus in codicibus Laon 135 et 136; Rouen 471; Dijon 150, ad calcem opusculi PS. FVLGENTII RVSPENSIS *pro fide catholica [aduersus Pintam]* (n. 843). Sermo (seu potius summarium sermonis) antiquus uidetur.

FRAGMENTA

1164d **Interrogatio de diuina scriptura.** Inc. «*Quibus modis diuina nititur scriptura*»   PLS, iv, 978

P. Courcelle, in *Rec. de travaux offerts à Cl. Brunel*, Paris, 1955, p. 320.

E cod. Parisino 2034, saec. viii (*lowe*, 540). Proxime accedit ad *Instituta IVNILLI* (n. 872).

1165 **Fragm. de Exodo xii, 12-23.** Inc. «... corruerint. Aliter fecit dñs in eis» (Donaueschingen B iii, 23)   PLS, iv, 978

A. Dold, in TA, i, 14, 1928, p. 40-41.

Fragm. Donaueschingen B iii, 17, *de choris angelorum*, quod A. Dold, *o. c.*, p. 43-44, edidit, reuera est *isidori* (n. 1199°).

[1166 **Quaestiones Salamonis.** Inc. «Sanguisugae tres filiae fuerunt» (fragm. *Prou.* xxx, 15-25 e Clm 14.096 [saec. viii])

D. De Bruyne, in RB, xlv, 1933, p. 141.

Hic omittendum est, cfr A. Lehner, in CC, cviii D, 1987, p. 40].

1167 **Glossae in Prophetas** (saec. vi)

A. Dold, *Konstanzer altlateinische Propheten- und Evangelienbruchstücke mit Glossen*, Beuron, 1923 (TA, i, 7-9), p. 169-193.

Emend.: D. De Bruyne, in BALCL, i, p. [118].

1167a **Interrogatio de psalmis.** Inc. «Quare psalmi dicuntur?»   PLS, iv, 990

D. De Bruyne, *Préfaces*, p. 80-81, collata cum editione in *Floril. Casin.*, i, 1873, p. 214-215.

E cod. Sangallensi 188 saec. viii ineuntis (*lowe*, 913), aliisque.

1167b **Inquisitio sancti Hieronymi qualis psalmus fuerit primus cantatus.** Inc. «Psalterium inquirendum est»

D. De Bruyne, *o. c.* [n. 1167a], p. 78-79.

Cod.: H. Boese, *o. infra c.* [n. 1167c], p. 19-22.

Est prologus in glossas sequentes:

1167c **Glossa psalmorum ex traditione seniorum.** Inc. «*Beatus uir.* Contra beatitudinem miseria ponitur»

H. Boese, i-ii, Freiburg, 1992-1994.

Saec. vii in Gallia meridionali consarcinata.

1167d Ex his *Glossis* fluunt *Glossae* in psalterio Stuttgart Fol. 23, quas edidit B. Fischer, *Der Stuttgarter Bilderbibel*, ii, Stuttgart, 1968, p. 227-254 (inc. «*Beatus uir.* Christus est inmortalis»); **cod., uar. lect., emend.**: H. Boese, in *Codices Manuscripti*, vi, 1980, p. 1-8.

1167e **Glossae Lunaelacenses** in cod. Montpellier, Univ. 409, saec. viii (*LOWE*, 795)

F. UNTERKIRCHER, *Die Glossen des Psalters von Mondsee*, Freiburg, 1974.

Saec. vi in Italia septentrionali confectae.

1167f **Glossa in Psalmos.** Inc. «A concilio multa, id est toto Israhel» (Vat. Pal. 68 [*LOWE*, 78])

M. MCNAMARA, Città del Vaticano, 1986 (StT, cccx).

Saec. viii.

1168 **Commentarium in Matthaeum** (Ps. ALCVINVS). Inc. «... ab ortu natiuitatis in custodiam sui angelum habeat ligatum» (fragm. Dresden R 52) (*STEGMÜLLER*, 1100; *LAPIDGE & SHARPE*, 764)   PLS, iv, 993

M. MANITIUS, in ZKG, xxvi, 1905, p. 235-238.

Commentarius integer tantum seruatur in cod. Orléans 65 (62), p. 1-269, saec. ix med.; alia fragmenta ediderunt F. MONNIER, *Alcuin et Charlemagne*, Paris, 1863², p. 364-369; B. GÜTERBOCK, in *Zeitschr. f. vergleichende Sprachforschung*, xxxiii, 1895, p. 86-87; A. E. SCHÖNBACH, in *Sb. Wien*, cxlvi, 4, 1903, p. 75-76.

Cod.: D. DE BRUYNE, in *Palaeographia latina*, v, 1927, p. 48 sq.; vi, 1929, p. 67 sq.; B. BISCHOFF, in SE, vi, 1954, p. 241-242, n. 16 I et II (= *Studien*, i, p. 244-245).

Certe saec. viii, at Beda recentius, iuxta G. HEINRICI, in ZKG, *t. c.*, p. 239-241; circ. 750-800 in Hibernia conscriptum, iuxta R. E. MCNALLY, *The Bible in the Early Middle Ages*, Westminster, 1959, p. 106, n. 7.

1168a **Fragmentum in Iohannem cap. 1.** Inc. «In principio erat Verbum et Verbum erat apud Deum, id est in Patre qui omnium principium est»   PLS, iv, 1999

A. HOSTE, *In Principio erat Verbum*, Steenbrugge, 1961, p. 7-14.

Saec. viii in Hibernia conscriptum.

IV. A S. ISIDORO AD S. BEDAM

1. SCRIPTORES ITALIAE

MAVRVS EPISCOPVS RAVENNATENSIS

scripsit a. 649.

1169 **Epistula ad Martinum Papam.** Inc. «Vnicum omnibus et singulare» (*CPG*, iv, 9398, 3)

R. Riedinger, *Concilium Lateranense* (n. 1774), in ACO, ii, 4, 1984, p. 23-25.

MANSVETVS EPISCOPVS MEDIOLANENSIS SEV DAMIANVS EPISCOPVS TICINENSIS

scripsit anno 679. — Cfr G. Morin, in RB, xxii, 1905, p. 512.

1170 **Epistula ad Constantinum Imperatorem.** Inc. «Si apicem imperialis fastigii» (*MAASSEN*, 268)

PL, lxxxvii, 1261-1265 = Mansi.

1171 **Expositio fidei.** Inc. «Profitemur nos credere indiuisibilem [et inseparabilem] sanctam Trinitatem» (*PS. AVGVSTINI sermo* Mai 200) (*MAASSEN*, 355, 4; *CPPM*, i, 1808)

PL, xiii,

ibid., 1265-1267.

[CRISPVS DIACONVS MEDIOLANENSIS

saec. xi-xiv, cfr F. Brunhölzl, *Benedetto di Milano ed il «Carmen medicinale» di Crispo*, in *Aeuum*, xxxiii, 1959, p. 25-49.

Hic ergo omittendus est. — Cfr n. 1542°.

1172 **Epistula ad Maurum Mantuanum.** Inc. «Quia te, fili karissime Maure» (*MANITIUS*, i, 197)

PL, lxx 369; M epist., i

F. Brunhölzl, *a. c.* [ante n. 1172], p. 50.

1173 **Medicinalis liber.** Inc. «Si caput innumeris agitatur pulsibus egrum» (MANITIUS, i, 198; WALTHER, 17646; SCHALLER & KÖNSGEN, 14999) PL, lxxxix, 369

F. BRUNHÖLZL, *a. c.* [ante n. 1172], p. 50-67.

Cod.: THORNDIKE & KIBRE, p. 1444; J. GARVIN, in *Scriptorium*, xx, 1966, p. 337, n. 940.

Fontes: J. STANNARD, *Benedictus Crispus, an Eight Century Medical Poet*, in *Journ. Hist. of Medicine*, xxi, 1966, p. 24-46.]

IOANNES EPISCOPVS AQVILEIENSIS

circa 607.

1174 **Epistula ad Agilulfum.** Inc. «Qualis autem unitas dicitur facta»
MGH, *epist.*, iii, 1892 — GUNDLACH, p. 693.

IONAS BOBIENSIS

floruit saec. vii medio.

1175 **Vita S. Columbani**
uide sub n. 1115.

1176 **Vita S. Vedasti Atrebatensis**
uide sub n. 2144.

1177 **Vita S. Ioannis abbatis Reomaensis**
uide sub n. 2113.

ANONYMVS

scripsit circa 670.

1178 **Origo gentis Langobardorum** seu **Chronicon Rothari.** Inc. «Est insula qui dicitur Scadanan» (MANITIUS, i, 268)
MGH, *lang.*, 1878 — WAITZ, p. 2-6.

PAVLVS DIACONVS

circa 720-799.

1179 **Historia Langobardorum** (MANITIUS, i, 267; ii, 800)

MGH, *lang.*, 1878 — BETHMANN & WAITZ, p. 45-187; uel accuratius: L. CAPO, *Paolo Diacono, Storia dei Longobardi*, Milano, 1992.

PL, xcv, 433; MGH auct. an. ii, 379 (exc.)

Cod.: G. VETTACH, *Paolo Diacono, Studi*, Trieste, 1899; R. MORGHEN, *Il palinsesto assisiense della «Historia Langobardorum»*, Roma, 1918; E. CARUSI, in *Archivio Muratoriano*, xxii, 1922, p. 663-667; O. DOBIACHE ROJDESTVENSKY, in *Classical and Mediaeval Studies in honor of E. K. Rand*, New York, 1938, p. 79-85. Cfr W. LEVISON & H. LOWE, apud WATTENBACH-LEVISON, *Deutschlands Geschichtsquellen im Mittelalter, Vorzeit und Karolinger*, ii, Weimar, 1953, p. 223 sq.; CHAUNCEY E. FINCH, in *Manuscripta*, viii, 1964, p. 93-98; M. C. GARAND, in *Journ. des Savants*, 1977, p. 257-283.

Emend.: J. DRÄSEKE, in WoklPh, xxxiv, 1916, col. 377-383. 1047; A. BISANTI, in *Orpheus*, n. s., xv, 1994, p. 204-207.

Latinitas, fontes: G. BRUGNOLI, in *Benedictina*, xii, 1958, p. 185-203.

1180 **Gesta episcoporum Mettensium** (MANITIUS, i, 261)

MGH, *script.*, ii, 1829 — PERTZ, p. 260-268.

PL, xcv, 699

1181 **Historia Romana** (SCHANZ, iv, i, 80; MANITIUS, i, 262; iii, 1061)

A. CRIVELLUCCI, Roma, 1914.

MGH, auct. a. ii, 4

Cod.: C. BEESON, *The Oldest MS. of Paulus Diaconus «Historia Romana»*, in *Memorie storiche Forogiuliesi*, xxv, 1929, p. 15-22. — Cfr etiam A. CRIVELLUCCI, in *Boll. Istit. stor. Italiano*, xl, 1921, p. 7-103; D. BIANCHI, *Appunti sulla «Historia Romana» di Paolo Diacono*, 1957 (estr. e *Memorie storiche Forogiuliesi*, xlii); A. CAMERON, in *Latomus*, xxiii, 1964, p. 818-819.

De *Homiliario* Pauli Diaconi, uide ante n. 1995; de *carminibus* ab ipso concinnatis uide n. 205° et 997°.

AGNELLVS QVI ET ANDREAS

floruit circa 835-846. — Cfr G. CORTESI, in *Corsi di Cultura sull'arte Ravennate e Bizant.*, xxviii, 1981, p. 31-76.

1182 **Liber pontificalis ecclesiae Rauennatis** (MANITIUS, i, 712; ii, 814)

A. TESTI RASPONI, *Codex pontificalis ecclesiae Rauennatis*, i, Bologna, 1924 (cap. 1-104); MGH, *lang.*, p. 345-391 (cap. 104-175) — HOLDER-EGGER.

PL, cvi, 459; M lang.,

Cod., trad. text., emend.: J. O. TJÄDER, in *Italia medioevale et umanistica*, ii, 1959, p. 431-439; A. CHAVASSE, in EL, lxxiv, 1960, p. 115-120.

Latinitas: J. BRILL, *Der «Liber pontificalis» des Agnellus von Ravenna. Kulturelles und Sprachliches*, Münster, 1933.

In hoc opere seruatum est *Constitutum Felicis Papae iii [iv]* (inc. «Laudanda est decessorum nostrorum sollicitudo» [n. 1687]) (cap. 24, p. 168-172).

Fontes: Cl. NAUERTH, *Agnellus von Ravenna. Untersuchungen zur archäologischen Methode des ravennatischen Chronisten*, München, 1976 (= *Münchener Beiträge zur Mediävistik*, xv).

2. SCRIPTORES HISPANIAE

LEANDER EPISCOPVS HISPALENSIS

sedit 584-600.

1183 **De institutione uirginum et de contemptu mundi** (triplex recensio) (*SCHANZ*, iv, 2, 627; *DÍAZ*, 72; *CPPM*, ii, 3685)   PL, lxxii, 873

J. VELÁZQUEZ ARENA, Madrid, 1979.

Latinitas: V. BEJARANO, in *Emerita*, xxviii, 1960, p. 49-73; J. VELÁZQUEZ ARENA, *o. c.*, p. 42-48; ID., *Index grammaticus del 'De institutione uirginum'*, in *Faventia*, x, 1988, p. 81-102.

1184 **De triumpho Ecclesiae ob conuersionem Gothorum.** Inc. «Festiuitatem hanc omnium esse solemniorem festiuitatum» (*SCHANZ*, iv, 2, 628; *DÍAZ*, 73; *MAASSEN*, 364)   PL, lxxii, 893; lxxxiv, 360

Est concio in concilio iii° Toletano a° 589 habita (edid. J. VIVES, *o. c.* [n. 1790], p. 139-145). Verisimiliter et calamum tenebat pro rege RECCAREDO coetum episcoporum adloquente (*ibidem*, p. 107-108; 108-113), cfr J. VELÁZQUEZ ARENA, *o. c.*, p. 21, adn. 30.

SPVRIA

1185 **Sermo in natali S. Vincentii.** Inc. «Cunctorum licet, dilectissimi, gloriosas [*aliter*: Quantumuis, dilectissimi fratres, gloriosissimas]» (Ps. AVGVSTINVS; Ps. LEO; Ps. MAXIMVS) (*DÍAZ*, 74; 320; *CPPM*, i, 973)   PL, xxxix, 2095; liv, 501; lvii, 871

A. C. VEGA, *El «De institutione uirginum» de S. Leandro de Sevilla*, Escorial, 1948, p. 133-136.

Probabilius non est Leandri genuinus foetus (cfr B. DE GAIFFIER, in AB, lxvii, 1949, p. 280-286), sed fortasse BRAVLIONIS (n. 1230 sq.), uide M. ALAMO, in RHE, xxxviii, 1942, p. 421 sq.

De orationibus in psalmis, quas nuper Leandro adscripsit U. DOMINGUEZ DEL VAL, uide n. 2015a.

ISIDORVS EPISCOPVS HISPALENSIS

sedit 600-636. — Cfr J. FONTAINE, *Isidore de Séville et la culture classique*, i-ii, Paris, 1983²; ID., *Tradition et actualité chez Isidore de Séville*, London, Variorum Reprints, 1988.

De **codicibus** uide praesertim C. H. BEESON, *Isidor-Studien*, München, 1913, p. 1-131: *Die außerspanische Isidorüberlieferung bis zur Mitte des ix. Jh.* (quaedam adduntur a W. M. LINDSAY, in *Deutsche Literaturzeitung*, 1913, col. 3166-3168); A. E. ANSPACH, *Taionis et Isidori noua fragmenta et opera*, Madrid, 1930, p. 25 sq. et passim (*a*); B. ALTANER, *Der Stand der Isidorforschung*, in *Misc. Isidoriana*, Roma, 1936, p. 4-9 et 31 sq.; et plurimorum auctorum: *Manuscritos españoles en bibliotecas extranjeras*, in *Hispania sacra*, i, 1948, p. 193, 440 sq., 445, 459-463; ii, 1949, 221-231; iii, 1950, p. 219 sq.; 424 sq.; iv, 1951, p. 469; v, 1952, p. 181-196. — P. SÉJOURNÉ, *Saint Isidore de Séville*, Paris, 1929, Appendice i: *Les manuscrits d'Isidore* (p. 495-498) nil noui adfert. Certe longe maioris momenti est lectio Bernardi BISCHOFF, *Die europäische Verbreitung der Werke Isidors von Sevilla*, in *Isidoriana. Estudios sobre S. Isidoro de Sevilla*, León, 1961, p. 317-344 (= *Studien*, i, p. 171-194).

De **editione** Faustini Arévalo, uide C. E. RUIZ, in *Misc. Isidoriana*, Roma, 1936, p. 364-384.

Index uerborum: F. FUENTES MORENO, *Isidorus Hispalensis: Concordantiae Indices*, Granada, 1987.

Bibliographia: J. N. HILLGARTH, in *Stud. med.*, n. s., xxiv, 1983, p. 817-905, praesertim p. 823-839, et p. 845-853 (**fontes**).

OPERA DIDASCALICA

1186 **[Etymologiarum siue] Originum l. xx** (*MANITIUS*, i, 60; ii, 793; iii, 1060; *DÍAZ*, 122; *STEGMÜLLER*, 5164)

W. M. LINDSAY, Oxford, 1911.

PL, lxxx. 73; MG auct. a xi, 424 (exc.)

Nouae editionis, a J. FONTAINE ordinatae (cfr RHT, ii, 1972, p. 282-287; J. OROS RETA & M. A. MARCOS CASQUERO, in *De Tertullien aux Mozara-*

(*a*) De inuestigationibus isidorianis Augusti ANSPACH, quae luculentae dici non possunt, uide *Archivos Leoneses*, xix, 1965, nn. 37-38.

bes. Mél. J. Fontaine, ii, Paris, 1992, p. 93-98) plura iam parata sunt uolumina, nempe libri ii, a P. K. MARSHALL (Paris, 1983 [**critica**: B. LÖFSTEDT, in *Acta Classica*, xxvii, 1984, p. 140-144; J. N. HILLGARTH, in *Journ. Roman Stud.*, lxxxviii, 1988, p. 265-267]); libri ix a M. REYDELLET (1984 [**critica**: *l. c.*]); libri xii, a J. ANDRÉ (1981 [**critica**: G. PHILIPPART, in *Scriptorium*, xxxvii, 1983, p. 290-294]).

Cod.: 967 codices enumerant [A. ANSPACH] & J. M. FERNÁNDEZ CATON, in *Archivo Leoneses*, xix, 1965, p. 121-384; cfr etiam M. REYDELLET, in *Mél. d'Archéol. et d'Hist.*, lxxviii, 1966, p. 383-456; M. C. DÍAZ Y DÍAZ, in *Festschr. B. Bischoff*, Stuttgart, 1971, p. 70-80; C. BEESON, *o. c.* [ante n. 1196], p. 6-20; 83-102 (addantur Clm 29.051 b [LOWE, 144, post n. 1332], Paris, B. N., lat. 8812 [saec. ix]. Addantur etiam **uar. lect.** e codice longe antiquissimo [saec. vii], cuius fragmenta extant in Sangall. 1399 a 1 [LOWE, 995], iuxta A. DOLD, in TA, i, 31, 1940, p. 85-88, et J. DUFT, *ibid.*, p. 89-94 [Anhang, 1955]; e cod. Friburgensi 483, 7 [LOWE, 1194], iuxta L. SADÉE, *Freiburger Fragmente einer Handschrift der Etymologiae des Isidorus Hispalensis* [xiii, 316; 18/19], Freiburg, 1883 [progr.], et e cod. Legionensi iuxta A. ALVÁREZ, in *Archivos Leoneses*, i, 1947, p. 125-167). Vide etiam B. ALTANER, *a. c.* [ante n. 1186], p. 4 sq. et 31; J. ZARCO CUEVAS & J. GARCÍA SORANO, in *Bol. Acad. Hist. Madrid*, cvi, 1935, p. 389 sqq. et 479 sqq.; R. UHDEN, in Mn, iii, 3, 1935/36, p. 2 sq., adn. 1; G. GOLDSCHMIDT, in *Gesnerus. Vierteljahrschr. f. Geschichte der Medizin*, ii, 1945, p. 151 et 156-162; G. MARTÍNEZ DIEZ, in *Ann. Estud. Mediev.*, ii, 1965, p. 431-432; H. SPILLING, in *Cod. man.*, ii, 1976, p. 69-73; M. A. BALOIRA BERTOLO, in *Archivos Leoneses*, xxxii, 1978, p. 9-34 (liber xx); L. SCHUBA, in *Bibliotheca Palatina*, i, Heidelberg, 1986, p. 17-18; V. M. LAGORIO, in *Texte u. Textkritik* (= TU, cxxxiii), Berlin, 1987, p. 295-297; J. P. CARLEY & A. DOOLEY, in *Archeology and History of Glastonbury. Essays in honour of R. Radford*, Woodbridge, 1991, p. 135-161.

Fontes: P. GAUTIER DALCHÉ, in RÉAug, xxxi, 1985, p. 278-286.

Trad. text.: W. PORZIG, *Die Rezensionen der «Etymologiae» des Isidorus von Sevilla*, in *Hermes*, lxxii, 1937, p. 129-170; U. SCHINDEL, in *Stud. Med.*, n. s., xxix, 1988, p. 587-605; C. CODOÑER, in *Euphrosyne*, n. s., xxii (*Misc. M. C. Díaz y Díaz*), 1994, p. 125-146.

Latinitas: I. VELÁZQUEZ SORIANO, in *Euphrosyne*, n. s., xxii (*Misc. M. C. Díaz y Díaz*), 1994, p. 235-243.

Orthographia: M. RODRÍGUEZ-PANTOJA, in *Tabona*, iv, 1983, p. 281-311; cfr APh, liv, 1985, n. 2840.

Emend.: L. HAVET, in *Rev. de philologie*, xxxvi, 1912, p. 195; H. PHILIPP, *Die historisch-geographischen Quellen in den Etymologiae des Isidorus von Sevilla*, ii, *Textausgabe* (*Etym.* ix, 2; xiii, 12-22; xiv; xv, 1), Berlin, 1913; A. LANGENHORST, in BerlPhWo, xxxiii, 1913, col. 649-650; J. E. SANDYS, in *The Classical Review*, xxix, 1915, p. 139 sq.; H. J. THOMSON, in *Amer. Journ. of Philol.*, xliii, 1922, p. 352-356; H. QUENTIN, *Liber Genesis* (*Biblia Sacra iuxta latinam uulgatam uersionem*, i), Roma, 1926,

p. 38-44 (liber vi); J. Sofer, *Lateinisches und Romanisches aus den Etymologien des Isidorus von Sevilla*, Göttingen, 1930; W. D. A. S. Pease, in *Amer. Journ. of Philol.*, lxi, 1940, p. 80; K. Mras, in WSt, lxi-lxii, 1943/47, p. 106, adn. 22; M. van den Hout, in VC, ii, 1948, p. 56; J. Vallejo, in *Emerita*, xvi, 1948, p. 227-230; 268 sq.; W. T. Avery, in *Class. Philol.*, xlix, 1954, p. 104 et 189; li, 1956, p. 172 sq.; lii, 1957, p. 172; W. D. Sharpe, in *Traditio*, xiv, 1958, p. 377-378 (cfr D. Gourevith, in *Traditio*, xlix, 1994, p. 317-319); J. Fontaine, *o. c.*, i, p. 47, adn. 3; 113 sq., 235 sq., 357 sq.

De **titulis** uide E. Anspach, *o. c.*, p. 27-36; R. Schmidt, in *Festschr. A. Hofmeister*, Halle, 1955, p. 223-232; J. Fontaine, *o. c.*, i, p. 11, adn. 1.

Excerpta ediderunt D. De Bruyne, *Préfaces*, p. 8-9. 34. 121. 185 (*Etym.*, vi); H. Quentin, *o. c.*, p. 38-44.

Mappam mundi, Isidoro tributam, edidit R. Uhden, in Mn, iii, 3, 1935/36, p. 1-28; cfr tamen nn. 2346*a* et *b*.

Isidori, Sisebvti et Bravlionis epistulae praeuiae emendandae sunt iuxta editionem J. Madoz, *Epistolario de S. Braulio de Zaragoza*, Madrid, 1941, p. 71-89.

1187 **De differentiis uerborum.** Inc. « Inter aptum et utile » (*Manitius*, i, 67; *Díaz*, 101; *Stegmüller*, 5166)   PL, lxxx 9

C. Codoñer Merino, Paris, 1992.

Cod., trad. text.: C. Codoñer Merino, in RHT, xiv-xv, 1984/85, p. 77-95 (lib. i).

1188 **De natura rerum** (*Manitius*, i, 55; ii, 793; *Díaz*, 106; *CPPM*, ii, 777)   PL, lxxx 963

J. Fontaine, *Isidore de Séville. Traité de la nature*, Bordeaux, 1960.

Cod.: L. Thorndike & P. Kibre, p. 473; J. Fontaine, in *Stud. Med.*, n. s., vii, 1966, p. 108-127; W. M. Stevens, in *Isis*, lxxi, 1980, p. 268-277.

De origine figurarum uide J. Fontaine, *o. c.*, p. 15-18; B. Teysèdre, in *Gazette des Beaux Arts*, lvi, 1960, p. 19-34.

Inter **fontes** G. Becker, *Isidorus. De natura rerum*, Berlin, 1857, p. xix-xxi, enumerat *Carmen de xii uentibus* (inc. « Quatuor a quadris uenti fiant », edid. C. Pascal, *Letteratura latina medievale*, Catania, 1909, p. 29-33 [*Díaz*, 262; *Walther*, 15281. 15307; *Schaller & Könsgen*, 13112]).

Epilogus seu **Epistula Sisebuti Regis Gothorum missa ad Isidorum de libro rotarum** editur a J. Fontaine, *o. c.*, p. 329-335 (uide n. 1300).

1189 **De ordine creaturarum** (*Díaz*, 134; *Lapidge & Sharpe*, 342; *CPPM*, ii, 1084)   PL, lxxx 913

M. C. Díaz y Díaz, *Liber de ordine creaturarum. Un anónimo irlandés del siglo vii*, Santiago de Compostela, 1972.

Cod.: A. Wilmart, in *Bull. hist. de la Soc. des Antiquaires de la Morinie*, xiv, n. 270, 1925, p. 353-360; M. C. Díaz y Díaz, in SE, v, 1953, p. 152.

Spurius hibernicae originis iuxta B. Bischoff et M. C. Díaz y Díaz, in SE, v, 1953, p. 147-166; cfr P. Grosjean, in SE, vii, 1955, p. 96; J. N. Hillgarth, *a. c.* [ante n. 1186], p. 840.

OPERA EXEGETICA

1190 **Allegoriae quaedam S. Scripturae (= De nominibus legis et euangelii)** (*díaz*, 109; *stegmüller*, 5173)

PL, lxxxiii, 97-130.

Fontes: U. Dominguez del Val, *a. c.* (uide n. 546), p. 159.

1191 **De ortu et obitu Patrum** (*díaz*, 103; *lapidge & sharpe*, 780; *stegmüller*, 5169; *cppm*, ii, 2656-2656 g) PL, lxxxiii, 129

C. Chaparro Gómez, Paris, 1985.

Excerpta ediderunt D. De Bruyne, *Préfaces*, p. 34-36; 131-132; 145; 176-177; 220; 258-259; et M. C. Díaz y Díaz, in *Hist. Jahrb.*, lxxvii, 1958, p. 472.

Epitomen edidit A. Miodoński, *Analecta graeco-latina*, Krakòw, 1893, p. 18-29.

De **textu graeco**, qui certe fons est opusculi nostri, fusius egit Th. Schermann, in TU, xxxi, 3, Leipzig, 1907, qui uarias recensiones (*BHG*, 1585-1591) edidit in *Bibl. Teubneriana*, Leipzig, 1907; cfr A. Vaccari, *Una fonte del «De ortu et obitu Patrum»*, in *Misc. Isidoriana*, Roma, 1936, p. 165-175 (= *Scritti*, ii, p. 271-281).

Recensio longe diuersa legitur in PL, *t. c.* (in marg.), col. 1275-1294 (inc. «Abraham filius Thare» [*stegmüller*, 570]), cuius retractatio extat in cod. Colmar 39, et partim excuditur a G. Morin, in RB, xxii, 1905, p. 507-509, partim a J. Pitra, *Spicilegium Solesmense*, iii, Paris, 1855, p. 417. Eiusdem auctoris uidetur ac Ps. Isidori *Liber de numeris* (n. 1193°).

Fontes: Fr. Dolbeau, in RHT, xvi, 1986, p. 83-139, editionem principem praebet duarum retractationum e graeco, quae adhibitae fuere ab Isidoro, nempe: *Libellus sancti Epiphanii episcopi* (inc. «Esayas fuit ex Iherusalem», *a. c.*, p. 115-130 [*a*]); *De ortu et obitu prophetarum et apostolorum* (inc. «Esayas in Hierusalem nobili genere», *a. c.*, p. 131-136).

(*a*) Hoc opusculum partim iam excusum erat in *Misc. Casinensia* auctore A. Amelli, t. i, 1897, p. 23-24, sub titulo *Virtutes Heliae* (uide n. 1155e).

Attamen nuperrime edidit Fr. Dolbeau sectionem nostri opusculi de apostolis agentem (inc. «Simon Petrus, fili Iohannis»); addidit etiam nonnulla uere utilia de codicibus ceterarum partium et de origine totius tractatuli, quem saec. vi/vii tribuere praefert (*Augustiniana*, xxxiv, 1994, p. 91-107). Iam antea idem eminens eruditus edidit opusculum pseudo-hieronymianum quod sic incipit «Hec sunt nomina septuaginta discipulorum domini nostri Ihesu Christi» (*Apocrypha*, iii, 1992, p. 259-279).

1192 **In libros ueteris ac noui Testamenti prooemia** (*DÍAZ*, 58. 102; *STEGMÜLLER*, 5176-5231)

PL, lxxxiii, 155-180, collata cum editione D. De Bruyne, *Préfaces*, p. 26-28; 34-36; 67; 129-131; 136-137; 144-146; 151; 176-178; 210; 219; 258-262; cfr etiam p. 120; 122.

Cod.: Fr. Dolbeau, *a. c.* [n. 1191], p. 89.

1193 **Liber numerorum qui in sanctis scripturis occurrunt** (*MANITIUS*, i, 56; *DÍAZ*, 107; *LAPIDGE & SHARPE*, 778. 1254; *STEGMÜLLER*, 5174; *CPPM*, ii, 2670)   PL, lxxx 179

R. E. McNally, *Der irische Liber de numeris*, München, 1957 (dissert.).

Emend., fontes: C. Leonardi, in *Bull. Istit. stor. ital. per il Medio Evo*, lxviii, 1956, p. 203-231.

Genuinitatem negat B. Bischoff, *Eine verschollene Einteilung der Wissenschaften*, in *Archives d'hist. doctr. et littér. du moyen âge*, xxv, 1958, p. 9 sq.

Alteram recensionem in appendicem reicit F. Arévalo, PL, *t. c.* [in marg.], col. 1293-1302 (inc. «Domino nostro [altissimo] adiuuante») (*DÍAZ*, 108; *STEGMÜLLER*, 5175; *CPPM*, ii, 2674), antiquam uero et fortasse genuinam, iuxta G. Morin, *a. c.* [n. 1191], p. 509 sq., ubi et de **codicibus** agitur; attamen circ. 775 ab auctore Hibernico confecta est, cfr R. E. McNally, *Isidoriana*, in *Theological Studies*, xx, 1959, p. 436; Id., *The Bible in the Early Middle Ages*, Westminster, 1959, p. 92, n. 22; J. N. Hillgarth, *a. c.* [ante n. 1186], p. 840; H. J. Frede, p. 580 sq.

1194 **Quaestiones de ueteri et nouo Testamento** (*DÍAZ*, 108, adn. 38. 134; *STEGMÜLLER*, 5232; *CPPM*, ii, 2671)   PL, lxxx 201

CC, cviii B, 1973, p. 197-205 — McNally.

Fontes: U. Dominguez del Val, *a. c.* (uide n. 546), p. 151-159.

De dubia **genuinitate**, cfr B. Altaner, *a. c.* [ante n. 1186], p. 10; M. C. Díaz y Díaz, *l. c.* [n. 1191]; Id., in SE, v, 1953, p. 151, adn.; uidetur originis hibernicae, cfr R. E. McNally, *a. c.* [n. 1193], p. 437; J. N. Hillgarth, *a. c.* [ante n. 1186], p. 840 sq. De altera recensione seu potius de excerpto (DÍAZ, 121, adn. 55; 134) agit A. E. Anspach, *o. c.* [ante n. 1186], p. 95-99 (attamen haud bene intellego doctissimi uiri «narratiunculas», quas dicit).

Cod.: C. Beeson, *o. c.* [ante n. 1186], p. 33 et 36; A. Mundó, in *Faventia*, i, 1979, p. 119-120.

1195 **Mysticorum expositiones sacramentorum seu quaestiones in uetus Testamentum** (DÍAZ, 121; STEGMÜLLER, 5233-5266; CPPM, ii, 2655)

PL, lxxxiii, 207-424.

Cod.: R. Robinson, *Manuscripts 27 and 107 of the Municipal Library at Autun*, Rome, 1939 (*Memoirs of the American Acad.*, xvi); E. Dekkers, in SE, ix, 1957, p. 110-114 (Milano, Ambros. S 36 sup., saec. vii); G. Meyer & M. Burckhardt, *Die mittelalterlichen Handschriften der Universitätsbibliothek Basel*, Abt. B, 1, Basel, 1960, p. 862.

Fontes: J. Chatillon, *Isidore et Origène*, in *Mél. A. Robert*, Paris, 1957, p. 537-547.

Cfr n. 1363a.

1196 **Prologus in librum sedecim prophetarum.** Inc. «Prophetarum omnium libri oracula» (DÍAZ, 330; CPPM, ii, 2675)   PLS, iv, 1805

A. E. Anspach, *o. c.* [ante n. 1186], p. 90-91.

1197 **Praefatio in psalterium.** Inc. «Ysidorus lectori salutem. Origenes quondam ille qui apud grecos» (DÍAZ, 133; CPPM, ii, 2680)   PL, lxxxi, 971

B. Fischer, *Der Stuttgarter Bilderpsalter*, ii, Stuttgart, 1962, p. 257.

Genuinitas ualde dubia est.

OPERA DOGMATICA

1198 **De fide catholica contra Iudaeos** (DÍAZ, 113)

PL, lxxxiii, 449-538 = Arévalo.

Cod.: G. Meyer & M. Burckhardt, *Die mittelalterlichen Handschriften der Universitätsbibl. Basel*, t. ii, Basel, 1966, p. 557.

Versio germanica saec. viii/ix: F. Del Bono, in *Nuovi Ann. Fac. di Magist. Univ. Messina*, iv, 1986, p. 159-182.

1199 **Sententiarum l. iii** (DÍAZ, 111)

ibid., 537-738.

Cfr D. STOUT, *A Study of the Sententiarum libri tres of St Isidore*, Washington, 1943 (autographice editum).

Cod.: B. KRAFT, *Die Handschriften der bischöflichen Ordinariatsbibliothek in Augsburg*, Augsburg, 1934, p. 12 sq. (cod. 2, saec. ix); G. OUY, in *Le Moyen Age*, lxiv, 1958, p. 115-138; G. MEYER & M. BURCKHARDT, *o. c.* [n. 1198], i, p. 340-342; P. CAZIER, *a. infra c.*; D. CICCARELLI, in *Schede med.*, xvi/xvii, 1989, p. 336-341.

Cap. i, 10, 14-20 edidit A. DOLD e cod. Donaueschingen B iii, 17, in TA, i, 14, 1928, p. 43-44 (fragmentum de choris angelorum; inc. «... uirtutis subministra»), cfr P. VOLK, in BALCL, ii, n. 20.

Trad. text.: P. CAZIER, in RÉAug, xix, 1973, p. 241-261, a quo et **noua ed.** paratur.

Fontes: P. A. CAVALLERO, in *Noua Tellus*, vii, 1989, p. 113-118; P. CAZIER, in *Valeurs dans le Stoïcisme (Mél. M. Spanneut)*, Lille, 1994, p. 245-264.

Liber iv (PL, lxxxiii, 1153-1200 [CPPM, ii, 1080]) posteriori aetate additus est.

1200 **De Trinitate**. Inc. «Tota Trinitas incarnationem accepit, an forte sola Filii persona?» (DÍAZ, 134; CPPM, ii, 1088-1089) PLS, iv, 1807

Z. GARCÍA VILLADA, *Hist. ecles. de España*, ii, 2, Madrid, 1933, p. 282-289.

Inter spuria collocanda uidetur hic cento ex operibus S. Isidori, cfr M. C. DÍAZ Y DÍAZ, in SE, v, 1953, p. 151, adn. 3; J. H. HILLGARTH, *a. c.* [ante n. 1186], p. 841.

1200a **Isaiae testimonia de Christo domino siue de natiuitate Christi.** Inc. «Beatus itaque Ysaias filius Amos» (CPPM, ii, 2678) PLS, iv, 1822

L. CASTÁN LACOMA, *Un opúsculo apologético de San Isidoro, inedito*, in Rev. esp. teol., xx, 1960, p. 319-360.

Fontes: H. J. FREDE, 580.

Genuinitas ualde dubia uidetur; est potius cento ex opere *De fide catholica contra Iudaeos* (n. 1198). Cfr J. N. HILLGARTH, *a. c.* [ante n. 1186], p. 845.

1201 **De haeresibus.** Inc. «Primum autem quid inter orthodoxum» (DÍAZ, 110; CPPM, ii, 1086) PLS, iv, 1815

A. C. VEGA, Escorial, 1940.

Emend.: V. BEJARANO, in *Emerita*, xxvi, 1958, p. 65-76.

De dubia **genuinitate**, cfr A. E. Anspach, in *Misc. Isidoriana*, Roma, 1936, p. 356; M. C. Díaz y Díaz, in *Rev. españ. de teol.*, xvii, 1957, p. 37-38; A. C. Vega, in *La Ciudad de Dios*, clxxi, 1958, p. 241-256.

1202 **De differentiis rerum** siue **Differentiae theologicae uel spiritales.** Inc. «Inter Deum et dominum» (MANITIUS, i, 68; ii, 794; DÍAZ, 101)

PL, lxxxiii, 69-98 = Arévalo.

Var. lect.: A. Ratti, in *Misc. Ceriani*, Milano, 1910, p. 789-810 (cap. 37-40 e cod. Ambr. D 23 sup.)

Cfr G. Brugnoli, in *Vet. Christ.*, i, 1964, p. 65-82.

1203 **Synonymorum de lamentatione animae peccatricis l. ii** (MANITIUS, i, 68; DÍAZ, 105; CPPM, ii, 3425)

ibid., 827-868.

Cod.: J. Vilanova, *Regula Pauli et Stephani*, Montserrat, 1959, p. 23-26; P. Petitmengin, in RÉAug, xvii, 1971, p. 8-9.

Var. lect.: K. Wotke, *Isidors Synonyma (ii, 50-103) im Papyrus Nr. 226 der Stiftsbibliothek von St. Gallen* (LOWE, 929), in *Sb. Wien*, cxxvii, 1892, 1, p. 4-18; J. P. Postgate, in *Transactions of the Cambridge Philol. Assoc.*, v, 1902, p. 190-191.

Latinitas: A. Peris, in *Durius*, i, 1973, p. 77-96.

Prologus prior «In subsequenti hoc libro» (PL, lxxxiii, 825-828) non est ipsius Isidori, sed fortasse BRAVLIONIS, cfr J. Fontaine, *o. c.* [ante n. 1186], ii, p. 818, adn. 1.

Cfr J. Fontaine, in *Stud. Med.*, n. s., vi, 1965, p. 163-195.

OPERA HISTORICA

1204 **De origine Getarum, ‹Vandalorum, Sueborum›** (MANITIUS, i, 59; DÍAZ, 117. 119. 120)   PL, lxxxiii, 1057; MGH, auct. ant., xi, 267

C. Rodríguez Alonso, *Las Historias de los Godos, Vándalos y Suevos de san Isidoro de Sevilla*, León, 1975 (duae recensiones Isidorianae).

Huius editionis pag. 1 sq. habes *epistula ad* SISENANDVM REGEM (inc. «Quia de origine Gothorum») (DÍAZ, 118) quae non uidetur Isidoro tribuenda, cfr J. N. Hillgarth, *a. c.* [ante n. 1186], p. 835; editionis Mommsenianae p. 304-390 habes nonnulla additamenta quae describuntur a H. J. Frede, p. 576; cfr infra, n. 1205°.

De praefatiuncula *De laude Spaniae* (Th. Mommsen, *o. c.*, p. 267), inc. «Omnium terrarum» (Díaz, 116), uide J. Madoz, in *Razón y Fe*, cxvi, 1939, p. 247-257 (**fontes**); R. Rodríguez & A. Alvarez, in *Archivos Leoneses*, ii, 1947, p. 137-139; I. Rodríguez, in *Helmántica*, xii, 1961, p. 177-226.

1205 **Chronica** (*MANITIUS*, i, 58; *DÍAZ*, 112; *STEGMÜLLER*, 5162)

MGH, *auct. ant.*, xi (*chron. min.*, ii), 1894 — Mommsen, p. 424-488.

PL, lxxxi 1017

Epitomen a. 627 et *additamenta* diuersa edidit Th. Mommsen, *o. c.* (cfr supra, n. 1204°), p. 334-368 (*MANITIUS*, i, 59; *DÍAZ*, 385. 397) et p. 489-506.

Emend.: M. C. Díaz y Díaz, in ALMA, xxii, 1952, p. 80.

De opere historico Isidori nostri, uide B. Sanchez Alonso, *Historia de la Historiografía española*, i, Madrid, 1941, p. 63-90; C. Rodríguez Alonso, *o. c.* [n. 1204]; J. N. Hillgarth, *a. c.* [ante n. 1186], p. 835.

1206 **De uiris illustribus**, una cum appendice auctore Bravlione (**Renotatio librorum diui Isidori** [BHL, 4483]) (*MANITIUS*, i, 57; ii, 793; *DÍAZ*, 114. 159; *CPPM*, ii, 461)

PL, lxxx 1081

C. Codoñer Merino, *El «De viris illustribus» de Isidoro de Sevilla*, Salamanca, 1964.

Trad. text.: Fr. Dolbeau, dans *De Tertullien aux Mozarabes. Mél. offerts à J. Fontaine*, ii, Paris, 1992, p. 41-56.

Appendicem de libris S. Isidori critice excudit P. Galindo, *o. c.* [ante n. 1230], p. 356-361; **emend.**: G. Brugnoli, in *Riv. cult. class. e medioev.*, viii, 1966, p. 227 sq.

VARIA

1207 **De ecclesiasticis officiis** (*DÍAZ*, 104)

CC, cxiii, 1989 — Lawson.

PL, lxx 15; PL, lxxxiii,

Cod.: K. Forstner, in *Scriptorium*, xiv, 1960, p. 249-252.

Trad. text.: Chr. Lawson, in *Isidoriana*, León, 1961, p. 299-304.

Var. lect.: D. De Bruyne, *Préfaces*, p. 122.

Fontes: A. C. Lawson, *The Sources of the De ecclesiasticis officiis*, Oxford, 1936 (autographice editum); Id., in RB, l, 1938, p. 26-36, et locupletius: C. M. Lawson, in *Archivos Leoneses*, xvii, 33, 1963, p. 129-176; xvii, 34, 1963, p. 109-138.

Index uerborum: ILL, A & B, 51.

1208 **Prologus in librum canticorum.** Inc. «Plura nouimus cantica» (DÍAZ, 132)

A. E. ANSPACH, o. c. [ante n. 1186], p. 86-87; W. M. WHITEHILL, in *Speculum*, iv, 1929, p. 465-466.

Librum canticorum, antiphonis interiectis, ut in uetere liturgia hispanica adhibebatur, habes in PL, lxxxvi, 845-886; omnia uero cantica, quaecumque traduntur in libris mss., in seriem secundum annum liturgicum congessit A. W. S. PORTER, in EL, xlix, 1935, p. 126-145.

Cod.: H. SCHNEIDER, *Die altlateinischen biblischen Cantica*, Beuron, 1938 (TA, i, 29-30), p. 126-158.

Regula monachorum

uide sub n. 1868.

Epistulae iii:

1209 **i. Epist. ad Massonam episcopum.** Inc. «Veniente ad nos famulo uestro» (DÍAZ, 124; MAASSEN, 489, 2; CPPM, ii, 1076)

PL, lxxxiii, 899-902.

Cod.: W. LEVISON, *England and the Continent*, Oxford, 1946, p. 282.

1210 **ii. Epist. ad Eugenium episcopum.** Inc. «Vestrae sanctitatis litteras per nuntium suscipiens» (DÍAZ, 134; CPPM, ii, 1079)

ibid., 908.

Inter spuria seponit DÍAZ, approbante H. J. FREDE, p. 575.

1211 **iii. Epist. ad Helladium episcopum.** Inc. «Afficimur lacrimis» (DÍAZ, 125)

PL, lxxxiii, 902

MGH, *epist.*, iii, 1892 — GUNDLACH, p. 661-662.

Epistulas ISIDORI (DÍAZ, 126. 127. 129-131) et BRAVLIONIS iuxta recensionem J. MADOZ sub n. 1186° posuimus; *epistulam* ad SISEBVTVM REGEM (DÍAZ, 128) praemissam libro *de natura rerum* require sub n. 1188°; *epistula* ad SISENANDVM REGEM (DÍAZ, 118) sub n. 1204° recensetur. Ceterae quas profert PL spuriae sunt (cfr n. 1223 sqq.), immo sunt studiosi qui suspectas habeant eas quas modo numerauimus, uide A. DE ALDAMA, in *Misc. Isidoriana*, Roma, 1936, p. 58-60.

1212 **Versus S. Isidori** (MANITIUS, i, 69; ii, 794; DÍAZ, 123; WALTHER, 18826; SCHALLER & KÖNSGEN, 15860)

PL, xiii, 416 (*partim*); lxxxiii, 1107

C. BEESON, *Isidor-Studien*, München, 1913, p. 133-166; A. ORTEGA, in *Helmántica*, xii, 1961, p. 261-299.

Cod.: J. LECLERCQ, in *Irénikon*, xxiv, 1951, p. 434.

Fontes: J. MADOZ, in *Estud. Ecles.*, xxi, 1947, p. 217-223.

Cfr C. WEYMAN, *Beiträge*, p. 171-177, et supra, n. 640; Fr. STELLA, *La Poesia Carolingia Latina a tema biblico*, Spoleto, 1993, p. 29 sq.

APPENDIX

Cfr M. A. RAMOS, *Un poco de crítica sobre las antiguas biografías isidorianas*, in *Rev. eclesiástica*, x, 1936, p. 589-601.

1213 **Liber de transitu S. Isidori** auctore REDEMPTO clerico Hispalensi (*BHL*, 4482; DÍAZ, 136)

PL, lxxxi, 30-32 = ARÉVALO.

Var. lect.: P. GALINDO, *o. c.* (ante n. 1230), p. 329-330.

Anno 636.

[1214 **Vita S. Isidori**, perperam LVCAE EPISCOPO TVDENSI adscripta (*BHL*, 4486; DÍAZ, 1082)

PL, lxxxii, 19-53 = ARÉVALO.

Ibi insertum est *epitaphium* Isidori «Crux [haec] alma gerit» (DÍAZ, 380) (J. VIVES, *Inscripciones cristianas de la España*, Barcelona, 1942, p. 80 sq., n. 272), quod fortasse BRAVLIO CAESARAVGVSTANVS composuit (M. ALAMO, in RHE, xxxviii, 1942, p. 421).

1215 **Abbreuiatio de uita S. Isidori**, perperam BRAVLIONI EPISCOPO CAESARAVGVSTANO adscripta (*BHL*, 4486; DÍAZ, 846)   PL, lxxx 53

A. E. ANSPACH, *Taionis et Isidori noua fragmenta et opera*, Madrid, 1930, p. 57-64.

Vide C. LYNCH, *St Braulio*, Washington, 1938, p. 213 sq. (P. GALINDO, *o. c.* [ante n. 1230] p. 248 sq.).

Nn. 1214 et 1215 hic omittendi sunt; etenim opuscula uidentur conscripta, hoc saec. xi, illud saec. xii.]

DVBIA ET SPVRIA

Cfr Fr. STEGMÜLLER, iii, p. 471-500; R. E. MCNALLY, *Isidoriana*, in *Theol. Studies*, xx, 1959, p. 432-442; ID., *Isidorian pseudepigrapha in the Early Middle Ages*, in *Isidoriana. Estudios sobre S. Isidoro de Sevilla*, León, 1961, p. 305-316; uide et supra sub nn. 1189. 1193. 1196. 1197. 1200. 1200a. 1201. 1202. 1208. 1210.

1216 **Institutionum disciplinae.** Inc. «Bonorum natalium indolem» (Ps. AVGVSTINVS) (DÍAZ, 134; CPPM, ii, 3065 b)

PLS, iv, 1845

P. PASCAL, in *Traditio*, xiii, 1957, p. 424-431.

Inter spuria seponunt M. C. DÍAZ Y DÍAZ et J. FONTAINE, *o. c.* [ante n. 1186], p. 14, adn. 2, et praesertim in sua expositione in *Homenaje A. C. Vega*, Escorial, 1968 (= *La Ciudad de Dios*, clxxi), p. 617-655, qui et quasdam emendationes proposuit (p. 655) ac fontes accuratius inuestigauit; prudentius tamen iudicant P. RICHÉ, *Éducation et culture dans l'Occident barbare*, Paris, 1962, p. 303, adn. 575, et J. H. HILLGARTH, *a. c.* [ante n. 1186], p. 841 sq.

1217 **Fragmenta** (DÍAZ, 134; CPPM, ii, 2677-2677 e)

A. E. ANSPACH, *Taionis et Isidori noua fragmenta et opera*, Madrid, 1930, p. 133-138.

Vide etiam A. E. ANSPACH, in *Misc. Isidoriana*, Roma, p. 333; M. C. DÍAZ Y DÍAZ, *o. c.*, p. 46. — Fragmenta apud A. E. ANSPACH, *o. c.*, p. 102-103, reuera sunt excerpta e *Commentario in Genesim* CLAVDII TAVRINENSIS (n. 498°) — PL, l, 898 B; 899 D – 900 A; 900 C-D; 915 C. — De fragmentis p. 161-164, uide n. 1217*a* et *b*.

1217*a* **Benedictio lucernae.** Inc. «Dignum et iustum est ... Qui mici tribuas» (DÍAZ, 151)

PL, lxxxv, 441

L. BROU & J. VIVES, *Antifonario visigótico mozárabe de la Catedral de León*, Barcelona-Madrid, 1959, p. 281-282.

Var. lect.: J. PINELL, in *Liturgica*, ii, 1958, p. 115-119; A. E. ANSPACH, *o. c.* [n. 1217], p. 161-163.

De **auctore**, uide B. CAPELLE, in RB, xliv, 1932, p. 107, ac praesertim D. DE BRUYNE, in RB, xxx, 1913, p. 424 sq.; J. PINELL, in *Liturgica*, i, *Card. I. A. Schuster in memoriam*, Montserrat, 1956, p. 141; L. BROU, in *Isidoriana*, León, 1961, p. 194 sq.; J. BERNAL, in *Angelicum*, xli, 1964, p. 317-347, praesertim p. 341-345.

1217*b* **[Benedictiones] in Danielo, domni Hysidori.** Inc. «Daniel propheta. Tunc illi tres» (DÍAZ, 134)

L. BROU & J. VIVES, *o. c.* [n. 1217*a*], p. 332.

Cfr A. E. ANSPACH, *o. c.* [n. 1217], p. 163 sq.

De **genuinitate**, uide L. BROU, in *Isidoriana*, León, 1961, p. 198 sq.

1217*c* **Fragmentum apud Guitmundum Auersanum, De corporis et sanguinis Christi ueritate in Eucharistia**, iii. Inc. «Totum hoc, Domine, diuinum est» (CPPM, ii, 1112)

PL, cxlix, 1484 C-D — VLIMMERIVS.

Cfr L. BROU, *a. c.* [n. 1217], p. 195, adn. 3.

1218 **Hymnus de SS. Iusta et Rufina.** Inc. «Adsunt punicea floscula» (DÍAZ, 340; CHEVALIER, 553 & Add.; SCHALLER & KÖNSGEN, 1181)

PL, xxxi, 439; lxxx 1159

C. BLUME, *Analecta hymnica*, xxvii, Leipzig, 1897, p. 212-213.

Cfr J. PÉREZ DE URBEL, *El origen de los himnos mozárabes*, in *Bull. hispanique*, xxviii, 1926, p. 215 sq. (cfr n. 2011). Inter spuria computant M. C. DÍAZ Y DÍAZ, R. E. MCNALLY, *a. c.* [ante n. 1216], p. 440, H. J. FREDE, p. 556 sq.

1219 **Commonitiuncula ad sororem.** Inc. «Tuae non immemor piae petitionis» (Ps. HIERONYMVS; Ps. AVGVSTINVS [n. 371]; Ps. ADALGERVS) (saec. vii; ignoti auctoris) (DÍAZ, 134; CPPM, ii, 911. 3010 a. 3200. 3439)

PL, cxxx 915

A. E. ANSPACH, Escorial, 1935.

Cod., fontes, uar. lect., trad. text.: H. ROCHAIS, in RB, lxiii, 1953, p. 251, adn. 1; G. BRUGNOLI, in *Benedictina*, ix, 1955, p. 169-173; A. VACCARI, *l. infra c.*, et praesertim L. ROBLES, in *Anal. sacra Tarracon.*, xliv, 1971, p. 5-32; B. LAMBERT, BHM, iii A, n. 362, p. 235-241.

Cfr A. DE ALDAMA, in *Misc. Isidoriana*, Roma, 1936, p. 83, adn. 100; et praesertim A. VACCARI, in *Mél. Cavallera*, Toulouse, 1948, p. 147-162 (= *Scritti*, ii, p. 283-300).

[1220 **Expositio in Canticum Canticorum.** Inc. Tangat me dulcedine« (DÍAZ, 134; STEGMÜLLER, 5266; CPPM, ii, 2672. 2677)

PL, lxxxiii, 1119-1132 = ARÉVALO.

Cod.: Ph. GRIERSON, in RB, lii, 1940, p. 114.

A. C. VEGA, in *La Ciudad de Dios*, cliv, 1942, p. 143-155, immerito **genuinitatem** uindicat. Excerptum est ex ALCVINI commentario qui ipse e BEDA hausit, sicut et *Commentarius* «Salomon inspiratus» PS. CASSIODORI seu potius HAYMONIS (n. 910), cfr H. RIEDLINGER, *Die Makellosigkeit der Kirche in der lateini schen Hohelied kommentaren des Mittelalters*, Münster, 1958, p. 89, adn. 1; 95, adn. 3; F. OHLY, *Hohelied-Studien*, Wiesbaden, 1958, p. 71 sq., adn. 4. Hic ergo omittendum est.]

Commentarium uero ineditum «Vbi per epitalamium carmen» (STEGMÜLLER, 5307) (cod. Fulda Aa 4° 2, f° 72-74) ISIDORO dubitanter adscribit H. RIEDLINGER, *o. c.*, p. 67, adn. 17.

1221 **Commentarius in Apocalypsin.** Inc. «Multa quidem obscuritas, Ioannes Dei gratia» (DÍAZ, 134; STEGMÜLLER, 3461. 5271; LAPIDGE & SHARPE, 781; CPPM, ii, 2393. 2679)

PLS, iv, 1850

G. LO MENZO RAPISARDA, *Incerti Auctoris Commentarius in Apocalypsin*, Catania, 1967.

In Clm 14.469 et cod. Mettensi 125 et Atrebatensi 1079 (235) S. HIERO-
NYMO adscriptus, in cod. Bambergensi B. V. 18 S. ISIDORO; neutrius uidetur, cfr B. BISCHOFF, in SE, vi, 1954, p. 272, n. 37 (= *Studien*, i, p. 267
sq.); potius cuidam discipulo CASSIODORI tribuendus est qui saec. vi-vii
Viuario laborauit; cfr K. STEINHAUSER, in *Freiburger Zeitschr. f. Philos.
u. Theol.*, xxvi, 1979, p. 220-242; H. J. FREDE, p. 121.

Cod.: B. LAMBERT, BHM, n. 491.

1222 **De officiis vii graduum.** Inc. «Ostiarium oportet percutere PLS, iv,
cymbalum» (DÍAZ, 134) 1863

R. E. REYNOLDS, *The Ordinals of Christ*, Berlin, 1978.

Cod.: R. E. REYNOLDS, in *Mediaeval Studies*, xxxiv, 1972, p. 113-151; Fr.
DOLBEAU, in RHT, xvi, 1986, p. 90.

Exstat in uariis recensionibus saec. v-vii confectis; cfr et nn. 1155b et
764.

1223 **Epistula ad Leudefredum episcopum.** Inc. «Perlectis sanctita- PL, lxxxiii,
tis tuae litteris, gauisus sum» (DÍAZ, 453; MAASSEN, 489, 1; CPPM, 893
ii, 1075)

R. E. REYNOLDS, in *Mediaeval Studies*, xli, 1979, p. 360-362
(iuxta cod. Aemilianensem saec. x).

Cod.: R. E. REYNOLDS, *a. c.*, p. 283-330.

Saec. vii uel viii in Hispania confecta.

1224 **Epistula ad Claudium ducem.** Inc. «Catholicae strenuitatis»
(DÍAZ, 134; CPPM, ii, 1177)

PL, lxxxiii, 902-905 — ARÉVALO.

Recentioris aetatis, cfr P. J. MULLINS, *The Spiritual Life according to
Isidore of Seville*, Washington, 1940, p. 19; R. E. MCNALLY, *a. c.* [ante n.
1216], p. 439.

Epist. ad Redemptum (col. 905-907 [DÍAZ, 134; CPPM, ii, 1078] spuria est
et saeculi xii, cfr J. GEISELMANN, *Die Abendmahlslehre an der Wende
der christlichen Spätantike zum Frühmittelalter*, München, 1933, p. 9-
163.

1225 **Omelia de anima et corpore.** Inc. «Fratres, oportet nos satis
timere» (DÍAZ, 134; CPPM, i, 5306)

ibid., 1223-1225.

Cod.: Clm 17.059 (saec. ix).

In nonnullis concordat cum PS. AVGVSTINI sermone 68 *ad fratres in
eremo* (PL, xl, 1354-1355).

Ceteri sermones *Appendicis* Areualonis sunt CAESARII (*sermo* 199), et excerpta e QVODVVLTDEI, *De cataclysmo*, v, 11 – vi, 26 [= *serm.* PS. AVGVSTINI, Caillau, ii, 35] (cfr G. MORIN, in *Misc. Agost.*, i, p. 767) et EVSEBII GALLICANI *hom.* 17; alii sermones Nostro adscriptos recensent M. C. DÍAZ Y DÍAZ, p. 46 sq., et CPPM, i, 5302-5303.

[1226 **De proprietate sermonum uel rerum** (seu **Differentiarum liber**). Inc. «Inter polliceri et promittere» (DÍAZ, 134) PL, lxxxi 1319

M. L. UHLFELDER, Roma, 1954.

Cod.: A. HOLDER, *Die Reichenauer Handschriften*, ii, Leipzig, 1914, p. 576, fragm. 123, saec. xi.

Saec. iv uel v conscriptus, sed hic omittendus uidetur, cum originis uidetur gentilis.]

1227 **Exhortatio paenitentiae.** Inc. «Quur fluctuas anima» (MANITIUS, i, 70; DÍAZ, 305; SCHALLER & KÖNSGEN, 3217; CPPM, ii, 3456. 3550) PL, lxxx 1251

MGH, *poet. lat.*, iv, 2, 1923 — STRECKER, p. 762-768.

Cod.: [Cheltenham] Phillipps 2847, saec. xii, n. 6; Giessen, Univ. 674, saec. xv, f° 9^v-11.

1227*a* **Norma uiuendi.** Inc. «Age, fili, ut oportet, age ut decet» (CPPM, ii, 3434. 3482)

PL, lxxxiii, 1247-1252 — ARÉVALO.

Ipse Isidorus uel quidam coaetaneus hanc *Normam* conflauit ex *Synonymis* Isidori, pauca addens e PS. VALERII BERGIDENSIS *de nouae uitae institutione* et ex *Epist.* PS. AMBROSII (n. 1289). Cfr A. ROBLES SIERRA, in *Augustinus*, xxxii, 1987, p. 325-367.

1228 **Oratio pro correptione uitae.** Inc. «Deus omnium mirabilium auctor» (DÍAZ, 306; CPPM, ii, 3437)

PL, lxxxiii, 1261-1274 = ARÉVALO.

Innititur in Ps. Isidori *Lamentum paenitentiae* (n. 1533).

Nn. 1227 et 1228 uerisimiliter SISBERVTVM (n. 1533) habent auctorem.

1229 **Confessio beati Isidori.** Inc. «Sume miser debitum» (MANITIUS, i, 70; DÍAZ, 307; SCHALLER & KÖNSGEN, 15774; CPPM, ii, 3440) PLS, iv 1864

J. DE ROSSI, *Inscriptiones Vrbis Romae*, ii, 1, Roma, 1888, p. 292, adn. 2.

Cfr C. M. SAGE, *Paul Albar of Cordoba*, Washington, 1943, p. 91 sq.

1229a   ‹**Carmen**› **de fabrica mundi.** Inc. «Creator mundi ‹diuinus›
(SCHALLER & KÖNSGEN, 2842)

M. C. Díaz y Díaz, *Un poema pseudoisidoriano sobre la creación*, in *Stud. Med.*, n. s., xi, 1970, p. 397-402.

Saec. ix?

Cetera spuria (DÍAZ, 134; CPPM, ii, 1081), siue alibi locum iam inuenerunt (cfr *Indicem* i), siue recentiora sunt, ut *Liber* ille *de uariis quaestionibus aduersus Iudaeos* (DÍAZ, 401; STEGMÜLLER, 5172; CPPM, ii, 460) quem ediderunt A. C. Vega et A. E. Anspach (Escorial, 1940); fortasse est FELICIS VRGELLENSIS uel potius alterius auctoris saec. viii, cfr J. Madoz, in *Estud. Ecles.*, xxiii, 1949, p. 147-168; xxiv, 1950, p. 439-458; M. C. Díaz y Díaz, in *Rev. españ. de teol.*, xvii, 1957, p. 39-43.

BRAVLIO EPISCOPVS CAESARAVGVSTANVS

sedit a. 631-651. — Cfr C. H. Lynch, *St Braulio*, Washington, 1938 [huius operis interpretatio hispanica, emendata et aucta a P. Galindo, prodiit Matritis 1950].

1230   **Epistularium** (DÍAZ, 154. 155. 160-187)

L. Riesco Terrero, Sevilla, 1975.

Fontes: V. Janeras, in *Hisp. Sacra*, xviii, 1965, p. 243-247.

Critica: P. Cazier, in RÉAug, xxii, 1976, p. 429-431; B. Löfstedt, in *Indogerman. Forsch.*, lxxxi, 1976, p. 366-369.

Index uerborum: V. Valcárel, *S. Braulionis epistularum concordantia*, Vitoria, 1991.

Cfr etiam adnotationis J. Madoz in eius editione (Madrid, 1941) et in elucubratione *Autenticidad de las cartas de S. Braulio*, in *Estud. Ecles.*, xvii, 1943, p. 433-485.

Epistulis Braulionis insertae sunt nonnullae S. ISIDORI HISPALENSIS (cfr n. 1186°), AEMILIANI (*ep.* 26 [DÍAZ, 146]), CHINDASVINTHI REGIS (*ep.* 32 [DÍAZ, 147; CPPM, ii, 510]), EVGENII II TOLETANI (*ep.* 35 [DÍAZ, 196]), RECESVINTHI REGIS (*ep.* 39 et 41 [DÍAZ, 216]), S. FRVCTVOSI (*ep.* 43 [DÍAZ, 152. 153; cfr *a. c.* eiusdem auctoris ante n. 1273a°]), fragmentum epistulae TAIONIS (post *ep.* 41 [DÍAZ, 205], inc. «Pia quidem talis est religio»).

PL, lxxx, 649; MGH, auct. ant., xiv, 283 (*ep.* 35-36)

1231   **Vita S. Aemiliani** (DÍAZ, 156-157; BHL, 100)

E. Cazzaniga, in *Boll. del Comitato per la preparazione dell'edizione nazionale dei Classici greci e latini*, n. s., iii, 1955, p. 7-44; J. Oroz, in *Perfecit*, ix, 1978, p. 165-214. Cfr P. Ortiz García, in *Hispania Sacra*, xlv, 1993, p. 459-486 (cum interpretatione hispanica *Vitae*).

PL, lxxx, 699

Cod., uar. lect.: H. CRUGNOLA, in *Acme*, xiii, 1960, p. 219-243.

Emend.: E. CAZZANIGA, in *Paideia*, viii, 1953, p. 86-87; E. LÖFSTEDT, in AB, xcv, 1977, p. 132.

Clausulae: M. RUFFINI, in *Helmántica*, vi, 1955, p. 3-68.

1232 **Hymnus de S. Aemiliano.** Inc. «O magne rerum Christe rector inclite» (*DÍAZ*, 158; CHEVALIER, 13169 & *Add.*; SCHALLER & KÖNSGEN, 10924) PL, lxxx, 713; lxxx 1242

J. OROZ, *a. c.* [n. 1231], p. 214-227.

Cfr ed. J. GILSON, *Psalterium Mozarabicum*, London, 1905 (HBS, xxx), p. 265-268, collata cum editione C. BLUME, *Anal. hymnica*, xxvii, Leipzig, 1897, p. 125-127.

Vide C. H. LYNCH, *St Braulio*, Washington, 1938, p. 236-240 (P. GALINDO [ante n. 1230], p. 274-278).

1233 **Confessio** uel **professio Iudaeorum ciuitatis Toletanae.** Inc. «Sacratissimo concilio uniuersali, quod anno presenti» (*DÍAZ*, 188) PLS, iv, 1664

F. FITA, in *La Ciudad de Dios*, iv, 1870, p. 189-204.

Fortasse Braulio noster *canones* composuit *concilii* vi *Toletani* (638) (n. 1790); cfr J. MADOZ, *o. c.* [n. 1230°], p. 18 sq.; de prologo in libros *Synonymorum s. ISIDORI*, uide n. 1203°.

Spuria Braulionis nomine decorata uide in *Indice* i; de ceteris cfr C. H. LYNCH, *o. c.* [n. 1232], p. 250-252; P. GALINDO *o. c.* [ante n. 1230], p. 289-292; 327 sq.; M. ALAMO, in RHE, xxxviii, 1942, p. 421 sq., tres missas *Libri sacramentorum* (n. 1929) Braulioni uindicauit. Cfr etiam nn. 1185 et 1214°.

GVNDEMARVS REX VISIGOTHORVM

circa 609-612.

1234 **Decretum de ecclesia Toletana.** Inc. «Licet regni nostri cura» (*DÍAZ*, 75; MAASSEN, 331) PL, lxx 181; lxx 482

C. GARCÍA GOLDARAZ, *El Códice Lucense de la Collección Canónica Hispana*, iii, Burgos, 1954, p. 231-234; J. VIVES, *Concilios Visigóticos e Hispano-Romanos*, Barcelona, 1963, p. 407-408.

Genuinitas: P. SÉJOURNÉ, *S. Isidore*, Paris, 1929, p. 86 sq.

IVSTVS EPISCOPVS TOLETANVS

Isidori aequalis.

[1235] **De aenigmatibus Salomonis.** Inc. «Sunt autem in Salomonis carminibus aenigmata multa» (DÍAZ, 135; STEGMÜLLER, 5324; CPPM, ii, 2775) — PLS, iv, 1793

potius uidetur TAIONI CAESARAVGVSTANO adscribendum, uide sub n. 1269.]

EVGENIVS EPISCOPVS II (a) TOLETANVS

sedit a. 646-657.

1236 **Carmina** (MANITIUS, i, 195; iii, 1061; DÍAZ, 202; CPPM, ii, 3270) MGH, *auct. ant.*, xiv, 1905 — VOLLMER, p. 231-270. — PL, lxxxvii, 359, 389; MGH, auct. ant., vi, 2, 193 (exc.)

Cod.: Y.-F. RIOU, in RHT, ii, 1972, p. 11-44.

Var. lect.: D. DE BRUYNE, *Préfaces*, p. 104-105 (*carm.* i-iii); C. E. FINCH, in *Class. Bull.*, xxxviii, 1962, p. 76 sq. (*carm.* vi, e cod. Vat. Pal. 186, saec. ix).

Emend.: L. MUNZI, in *Riv. filol. e istruz. class.*, cv, 1977, p. 320 sq. (*praef.*); J. A. CORREA & J. PEREIRA, in *Habis*, iii, 1972, p. 325 sq.

Carm. viii (inc. «Regula quos fidei commenda» [WALTHER, 16554; SCHALLER & KÖNSGEN, 14151; CPPM, ii, 687]) auctorem habet IOHANNEM II CAESARAVGVSTANVM EPISCOPVM (sedit 619-631), cfr T. AYUSO MARAZUELA, in *Isidoriana*, León, 1961, p. 155; *carm.* xxviii etiam legitur inter *Titulos* erronee AVITO VIENNENSI adscriptos (n. 997).

1236a **Oratio pro rege.** Inc. «Oremus pariter toto (de) corde rogantes» (PS. SMARAGDVS) (DÍAZ, 201; CHEVALIER, 39797; SCHALLER & KÖNSGEN, 11448) — PL, lxxxvii, 398

ibid., appendix, xx, p. 275-276.

De **auctore**, uide F. RÄDLE, *Studien zu Smaragd*, München, 1974, p. 32-39.

1237 **Epistula ad Protasium episc. Tarraconensem.** Inc. «Vestrae pietatis oracula faui» (MANITIUS, i, 197; DÍAZ, 197) — PL, lxxxvii, 411

ibid., p. 286-287.

(a) Minime tertius huius nominis, cfr B. DE GAIFFIER, in AB, liii, 1935, p. 97 sq., adn. 6.

Alia epistula, ad Braulionem nempe, in eiusdem epistulario inuenitur (n. 1230). Exstat et TAIONIS epistula ad Eugenium (n. 1267).

Etiam carmina DRACONTII, quae *Hexaemeron* et *Satisfactio* inscribuntur, denuo recensuit (n. 1510 sq.); ibidemque eius epistulam ad Chindasuinthum regem de Dracontii carminibus inuenies (DÍAZ, 198), ac praefationem metricam in Dracontii libros (inc. «Principis insignem faciem uisere libelle» [DÍAZ, 199; SCHALLER & KÖNSGEN, 12586]), ed. MGH, *t. c.*, p. 27 et 29.

1237a **Decretum pro Potamio episcopo.** Inc. «Assumere poteramus canoram» (DÍAZ, 194)

PL, lxxx 448

J. VIVES, *Concilios Visigóticos*, Barcelona, 1963, p. 319-322.

De **genuinitate**, cfr M. C. DÍAZ Y DÍAZ, in *Rev. españ. de teol.*, xvii, 1957, p. 20-23.

1238 **Fragmenta** (DÍAZ, 203)

MGH, *auct. ant.*, xiv, p. 291.

Orationes in die S. Ippolyti (CPPM, ii, 691), quas composuit, uide sub n. 2016.

1239 **Carmina dubia et spuria** (DÍAZ, 236. 237. 234. 312. 313; CPPM, ii, 690)

PL, lxx 401

ibid., p. 271-282.

Emend. in *carm.* xx, 22: N. MESSINA, in *Faventia*, xi, 1989, p. 109-128.

Cfr n. 1236a, 1535.

1240 **Epitaphium Antoninae**. Inc. «In lacrimis cuncta si possem uertere membra» (DÍAZ, 149; SCHALLER & KÖNSGEN, 7860)

PLS, iv 1669

M. C. DÍAZ Y DÍAZ, *Anecdota Wisigothica*, i, Salamanca, 1958, p. 47-48.

Cfr J. MADOZ, *Epistolario de S. Braulio*, Madrid, 1941, p. 22.

Hymni:

1241 i. **De purificatione Mariae.** Inc. «Fit porta Christi peruia» (DÍAZ, 350; CHEVALIER, 6346 & *Add.*; SCHALLER & KÖNSGEN, 5163)

PL, xv 1412 (1 lxxxvi, cxii, 1

C. BLUME, *Analecta hymnica*, xxvii, Leipzig, 1897, p. 118-119, n. 82;

1242 ii. **De SS. Adriano et Natalicia.** Inc. «Hierusalem gloriosa mater» (CHEVALIER, 9446 & Add.; SCHALLER & KÖNSGEN, 6814) PL, lxxxvi, 1123

C. BLUME, t. c. [n. 1241], p. 122-124, n. 86;

1243 iii. **De S. Hippolyto.** Inc. «Assunt, o populi, festa celebria» (DÍAZ, 339; CHEVALIER, 552 & Add.; SCHALLER & KÖNSGEN, 1180) PL, lxxxvi, 1183

C. BLUME, t. c. [n. 1241], p. 183-184, n. 127;

1244 iv. **De S. Leucadia.** Inc. «Sanctissimae Leucadiae» (DÍAZ, 363; CHEVALIER, 18579; SCHALLER & KÖNSGEN, 14664) PL, xxxi, 447; lxxxvi, 1269

C. BLUME, t. c. [n. 1241], p. 213, n. 148;

1245 v. **Sacratio basilicae.** Inc. «Ecce te, Christe, tibi cara» (DÍAZ, 349; CHEVALIER, 5192 & Add.; SCHALLER & KÖNSGEN, 4207) PL, lxxxvi, 913

C. BLUME, t. c. [n. 1241], p. 263-264, n. 187;

1246 vi. **Item.** Inc. «Christe, cunctorum dominator alme» (DÍAZ, 344; CHEVALIER, 2854 & Add.; SCHALLER & KÖNSGEN, 2167) PL, xvii, 1219 (1256); lxxxvi, 914; cli, 969

C. BLUME, t. c. [n. 1241], p. 265, n. 189; t. li, 1908, p. 112-115, n. 103 (a).

De **auctore**, cfr J. PÉREZ DE URBEL, *El origen de los himnos mozárabes*, in *Bull. hispanique*, xxviii, 1926, p. 120 sq., 220 sq., 237 sq.; H. J. FREDE, p. 556-559.

Emend.: J. P. GILSON, *The Mozarabic Psalter*, London, 1905, p. 193; 198; 243-244; 275-276; B. THORSBERG, *Études sur l'hymnologie mozarabe*, Stockholm, 1962, p. 82; 150.

ILDEFONSVS EPISCOPVS TOLETANVS

sedit a. 657-667.

Cfr A. BRAEGELMANN, *The Life and Writings of St Ildefonsus of Toledo*, Washington, 1942; J. MADOZ, in *Estud. Ecles.*, xxvi, 1952, p. 467-505; U. DOMÍNGUEZ DEL VAL, *Personalidad y herencia literaria de S. Ildefonso de Toledo*, in *Rev. españ. de teol.*, xxxi, 1971, p. 137-166; 283-334.

(a) E **cod.** Paris. 13.388, saec. x, hunc hymnum edidit A. WILMART, *Precum Libelli quatuor Aeui Karolini*, Romae, 1940, p. 120. — Iuxta H. J. FREDE, p. 559 minime est Hispanicae originis.

1247 **De uirginitate perpetua beatae Mariae** (DÍAZ, 223), una cum prologo auctore GOMETE (uel GOMESANO) ALBELDENSI ad Godescalcum episcopum Podiensem a° 951 (inc. «Ego quidem Gomes licet indignus» [DÍAZ, 578]). PL, xcvi,

    V. BLANCO GARCÍA, Madrid, 1937 (1942), p. 55-170 et 33-35 (*a*).

    Cod.: J. CANAL, in *Rev. españ. de teol.*, xxviii, 1968, p. 51-76.

    Trad. text., emend.: M. SCHAPIRO, *The Parma Ildefonsus*, Princeton, 1964; L. BOURBON, in *Principe Viana*, xxvi, 1965, p. 69-74; J. GIL, in *Habis*, vi, 1975, p. 153-166; Ch. FAULHABER, *S. Ildefonso de Toledo y Juan Gil de Zamora*, in *Rev. españ. de teol.*, xxxix/xl, 1978, p. 311-315; R. MALOY, *a. infra c.* (n. 1257).

    Fontes: J. CANAL, in *Claretianum*, vi, 1966, p. 115-130.

    Latinitas: V. BLANCO GARCÍA, *S. Ildefonso. Tratado della perpetua virginidad de S. Maria*, Zaragoza, 1954, p. 151-172.

1248 **De cognitione baptismi** (DÍAZ, 221) PL, xcvi, 111

    J. CAMPOS RUIZ, in *S. Ildefonso de Toledo*, Madrid, 1971 (= *Bibl. de autores crist.*, cccxx), p. 236-238.

    M. C. BILLY, *St Ildefonse of Toledo «Liber de cognitione baptismi»*, 1951, non inspeximus; cfr BALCL, iv, n. 1084.

    Genuinitas, fontes, emend.: A. BRAEGELMANN, *o. c.* [ante n. 1247], p. 62-96; I. LOBO, in *Rev. españ. de teol.*, xxvii, 1967, p. 139-158; L. ROBLES, in *Teologia espiritual*, xiii, 1969, p. 379-458.

1249 **De itinere deserti** (DÍAZ, 222) PL, xcv, 171

    ibid., p. 381-436.

1250 **Epistulae** (DÍAZ, 224. 225)

    PL, xcvi, 193-196 = FLOREZ & RISCO.

    Inter eas prima et tertia sunt QVIRICI BARCINONENSIS EPISCOPI (n. 1272).

1251 **Sermo in diem S. Mariae.** Inc. «Exhortatur nos Dominus Deus noster» (*sermo* 4 inter *Homilias Toletanus* [cfr n. 1997]; DÍAZ, 226, adn. 114; CPPM, i, 2313. 5269) PL, xcv, 280

    J. F. RIVERA, in *Rev. españ. de teol.*, vi, 1946, p. 573-588.

    Inter spuria collocandus, cfr H. BARRÉ, in RB, lxvii, 1957, p. 10-33, qui et de **codicibus** et de **traditione text.** optime disputauit. Videtur saec. vii in Italia concinnatus. Nonnulla communia habet cum *serm.* 245

    (*a*) Textus repetitur in *Biblioteca de Autores cristianos*, cccxx, Madrid, 1971, p. 43-154.

Appendicis Augustinianae (inc. «Legimus sanctum Moysen populo Dei» [n. 368]), et cum sermone pseudoaugustiniano Mai 76 (inc. «Clementissimus Pater omnipotens Deus cum doleret» [n. 372, a]).

1252 **De uirorum illustrium scriptis**, una cum elogio ipsius Ildefonsi auctore IVLIANO (*BHL*, 3917) necnon eiusdem Iuliani encomio auctore FELICE (*BHL*, 4554) (*MANITIUS*, i, 235; 132; DÍAZ, 220; 276; 309)

PL, xcvi, 195; 43; 445

C. CODOÑER MERINO, Salamanca, 1972.

Cap. i, de S. Gregorio Magno, additicium uidetur, cfr J. FONTAINE, in RÉAug, xix, 1973, p. 171.

Recensionem breuiorem ac genuinam *Elogii S. Ildefonsi* auctore IVLIANO edidit J. MADOZ, *S. Ildefonso de Toledo a través de la pluma del Arcipreste de Talavera*, Madrid, 1943, p. 13; uel U. DOMÍNGUEZ DEL VAL, in *Rev. españ. de teol.*, xxxi, 1971, p. 138 sq.

Var. lect.: F. VOLLMER, in MGH, *auct. ant.*, xiv, 1905, p. 300 (cap. xiv).

Hymni:

1253 i. **De S. Ioanne Bapt.** Inc. «Puer hic sonat Ioannes» (*DÍAZ*, 360; CHEVALIER, 15772 & *Add.*; SCHALLER & KÖNSGEN, 12746)

PL, lxxxvi, 1139

1254 ii. **De SS. Cosma et Damiano.** Inc. «Plebs Deo dicata pollens» (*DÍAZ*, 359; CHEVALIER, 15076 & *Add.*; SCHALLER & KÖNSGEN, 12051)

PL, lxxxvi, 1229

C. BLUME, *Analecta hymnica*, xxvii, Leipzig, 1897, p. 191 et 148-149.

Cfr A. BRAEGELMANN, *o. c.* [ante n. 1247], p. 157 sq.

Hymnus «*Sanctissimae Leucadiae*» (*ibid.*, p. 156 sq.) potius est EVGENII TOLETANI (n. 1244).

1255 **Missae, Orationes**
uide sub nn. 1929°. 2016°.

1256 «**Homiliae Toletanae**»
uide sub n. 1997.

SPVRIA

1257 **Sermones** (*DÍAZ*, 226; CPPM, i, 5255-5270)
PL, xcvi, 239-284 = DE LORENZANA.

Cod., ed., trad. text.: R. MALOY, *The Sermonary of Saint Ildephonsus of Toledo. A Study of the Scholarship and Manuscripts*, in *Classical Folia*, xxxv, 1971, p. 137-198; ID., *The «Speculum Historiale» of Vincent of Beauvais and the Marian Works attributed to Saint Ildephonsus of Toledo*, in *Ephem. Mariologicae*, xxii, 1972, p. 5-14. Ab eodem Roberto MALOY **ed. noua** paratur.

Nonnulli uero sermones uidentur posterioris aetatis; *sermones* enim 1, 2, 3 *PASCHASII RADBERTI* uidentur, cfr H. WEISWEILER, in *Scholastik*, xxviii, 1953, p. 352-360; L. SCHEFFCZYK, *Das Mariengeheimnis in Frömmigkeit und Lehre der Karolingerzeit*, Erfurt-Leipzig, 1959, p. 54, adn. 95; *sermo* 4 e *RADBERTO* haustus uidetur, cfr H. BARRÉ, in *Ephem. Mariol.*, x, 1960, p. 205; **cod.**: E. PELLEGRIN, in *Bull. Instit. de Rech. et d'Hist. des Textes*, x, 1961, p. 25; *sermo* 5 est *ODILONIS CLVNIACENSIS* (PL, cxlii, 1023-1028); *serm.* 7 et 8 ab *AMBROSIO AVTPERTO* adhibiti sunt, cfr R. LAURENTIN, *Table*, p. 125; H. BARRÉ, in *Marianum*, xxi, 1959, p. 134, adn. 24; 151-156 (**cod., uar. lect.**) (cfr n. 223, *serm.* 11, 12); **fontes** *serm.* 7 detexit J.-P. BOUHOT, in RÉAug, xv, 1969, p. 247-253 (n. 1156*a*); *serm.* 13 uide sub n. 1251; *sermo* 14 est *AVGVSTINI sermo* 225. De singulis, uide etiam A. BRAEGELMANN, *o. c.* [ante n. 1247], p. 163-167; R. LAURENTIN, *Table*, p. 140-142, uel H. BARRÉ, in RB, lxvii, 1957, p. 10 sqq.; H. J. FREDE, p. 562, et praesertim *CPPM*, i, 5257-5270.

Alia quae inuenies in duabus appendicibus apud Migne et ipsa spuria sunt ac posterioris aetatis, cfr A. BRAEGELMANN, *o. c.* [ante n. 1247], p. 163-167; R. LAURENTIN, *Table*, p. 140; M. C. DÍAZ Y DÍAZ, n. 226.

IVLIANVS EPISCOPVS TOLETANVS

sedit 667-690.

Prolegomena ad **nouam editionem** operum Iuliani edidit J. HILLGARTH, in *Stud. Patr.*, 1957, i, p. 37-43; *Anal. sacra Tarracon.*, xxx, 1957, p. 3-62; *Journ. of Warburg & Courtauld Institutes*, xxi, 1958, p. 7-26.

Fontes: J. MADOZ, in *Gregorianum*, xxxiii, 1952, p. 399-417.

1258 **Prognosticum futuri saeculi** (DÍAZ, 270-272), una cum epistulis praeuiis IDALII BARCINONENSIS EPISCOPI (inc. «Recordatione meorum peccaminum»; «Opus egregium quod non solum» [DÍAZ, 253; 254]) PL, xcv 453

CC, cxv, 1976, p. 3-126 — HILLGARTH.

1259 **De tribus substantiis in Christo manentibus** seu **Apologeticum de tribus capitulis** (DÍAZ, 269) PL, lxx 514; xc 528

ibid., p. 129-139.

1260 **De comprobatione aetatis sextae** (DÍAZ, 266-268)
PL, xcvi, 537-586 = DE LORENZANA.
Noua ed. paratur a L. GALMÉS.

1261 **'Ἀντικειμένων libri duo** (DÍAZ, 273; STEGMÜLLER, 5322)   PL, xcvi,
CC, t. c. [n. 1258], p. 143-212.   595

1262 **Historia de Wambae regis Gothorum Toletani expeditione**   PL, xcvi,
(MANITIUS, i, 130; DÍAZ, 264. 265)   761; MGH,
CC, t. c. [n. 1258], p. 217-255 — LEVISON.   scr. mer.,
  v, 500

Praemittitur epistula PAVLI DVCIS GALLIAE ad Wambanem (DIAZ, 238) et subsequuntur *Insultatio* et WAMBAE REGIS *Iudicium in tyrannorum perfidia* (DÍAZ, 239).

De indole huius collectionis de Wamba uide S. TEILLET, *Un coup d'état au viie siècle*, in *De Tertullien aux Mozarabes. Mél. J. Fontaine*, ii, Paris, 1992, p. 99-113; Y. GARCÍA LÓPEZ, *La cronologia de la «Historia Wambae»*, in *An. estud. med.*, xxiii, 1993, p. 121-139.

1262a **Versus ad Modoenum.** Inc. «Tua aetas grauis iam... Sic patriarchae, sic prophetae nobiles» (DÍAZ, 274; SCHALLER & KÖNSGEN, 15389)
ibid., p. 259-260 — BISCHOFF.

1262b **Fragmenta ii** apud ALVARVM CORDVBENSEM, **Epist.** x, 3 et 4. Inc.   PL, cxxi,
«Insani capitis censetur»; « Non minoris est prouidentiae»   469; 472
(DÍAZ, 275)

J. MADOZ, *Epistolario de Alvaro de Córdoba*, Madrid, 1947, p. 194; 198; uel J. GIL, *Corpus Scriptorum Muzarabicorum*, i, Madrid, 1973, p. 216; 220.

Encomion S. Ildefonsi (BHL, 3917; DÍAZ, 276) auctore IVLIANO locum suum iam inuenit una cum «*uita*» ipsius Iuliani auctore FELICE (n. 1252).

DVBIA VEL SPVRIA

1263 **Vtrum animae de humanis corporibus exeuntes mox deducantur ad gloriam uel ad poenam.** Inc. «Serpens ille ueternosus» (MANITIUS, ii, 796; DÍAZ, 402; CPPM, ii, 1135)
PL, xcvi, 1379-1386 = MAI.

Hoc in opusculo agnouit G. MORIN (*Études*, p. 53 sq.) opus genuinum Iuliani *De remediis blasphemiae*, hucusque deperditum; probauerunt eruditi nonnulli, u. g. GARCÍA VILLADA, *Historia eclesiástica de*

España, ii, 2, Madrid, 1933, p. 267-274; sed potius cum J. Madoz (*Estud. Ecles.*, xxvi, 1952, p. 62-65) saec. viii relegandus uidetur tractatus «Serpens ille ueternosus», quam sententiam etiam tenet J. Hillgarth, in *Classica et Iberica. Festschr. J. M. F. Marique*, Worchester, 1975, p. 339-344.

1264 **De Trinitatis diuinitatis quaestionibus.** Inc. «Excellentissimum est testimonium ueridicis excrutare» (Díaz, 277. 562; CPPM, ii, 1136)   PLS, iv, 2291

    Z. García Villada, *Historia eclesiástica de España*, ii, 1, Madrid, 1932, p. 334-335.

    Cfr J. Madoz, in *Estud. Ecles.*, xxvi, 1952, p. 50; saec. viii uel ix tribuit H. J. Frede.

1265 **De nominibus locorum uel cursu ribulorum**
    uide sub n. 2346.

1266 **Ars grammatica, poetica et rhetorica**
    uide sub. n. 1555.

    Num collectionem canonum, «*Hispanam systematicam*» nuncupatam (n. 1790a [Díaz, 230-231]), confecerit Iulianus noster, ut asseruerunt Fr. Maassen et P. Séjourné, adhuc est controuersia, cfr A. Van Hove, *Commentarium Louaniense in C. I. C., Prolegomena*, Mechliniae, 1945², p. 282. — Dubia uero quae inuenis apud Migne, posterioris sunt aetatis, uide G. Morin, in RB, xxxvii, 1925, p. 404 sq.; A. Veigo Valiña, *La doctrina escatológica de San Julián de Toledo*, Lugo, 1940, p. 27-30; J. H. Hillgarth, in *Anal. sacra Tarracon.*, xxx, 1957, p. 8-9; R. Baron, in RB, lxviii, 1958, p. 118-122; M. C. Díaz y Díaz, n. 277.

TAIO EPISCOPVS CAESARAVGVSTANVS

    sedit 651-683.

1267 **Epistula ad Eugenium Toletanum.** Inc. «Congrua satis ualdeque» (Díaz, 206)   PL, lxx 723; lxxxvii,

    MGH, *auct. ant.*, xiv, 1905 — Vollmer, p. 287-290.

    Cod.: R. Étaix, in *Mél. de science relig.*, xv, 1958, p. 141, adn. 18.

1268 **Sententiarum libri v** (Manitius, i, 99; Díaz, 208-209)

    PL, lxxx, 727-990 = Risco, una cum fragm. edito ab A. E. Anspach, *Taionis et Isidori noua fragmenta*, Madrid, 1930, p. 6-22, uel ab Z. García Villada, in *Rev. de Archivos, Bibliotecas y Museos*, xxx, 1934, p. 23-31.

Ibidem legitur epistula ad Taionem auctore QVIRICO BARCINONENSI EPISCOPO qui et Ildefonso responsionem dedit (n. 1271).

Cod.: H. ROCHAIS, in RB, lxiii, 1953, p. 256, adn. 1; J. H. HILLGARTH, in *Journal Warburg & Courtauld Institutes*, xxi, 1958, p. 17, adn. 77; H. DENIFLE, in *Archiv f. Literatur- u. Kirchengesch. d. Mittelalters*, i, 1886, p. 587; W. M. LINDSAY, *Notae Latinae*, Cambridge, 1915, p. 473 (Paris, B. N., lat. 9565, saec. viii); Paris, B. N., n. a. l. 1463, saec. ix; Brussel, K. B. II.2567 (v. d. Gheyn 1240), saec. ix; Paris, B. N., lat. 2306, saec. x, cfr J. ALTURO I PERUCHO, in *Espacio*, iii, 1990, p. 11-19; Barcelona, Ripoll 229, saec. x (?); Gent, U. B. 535, saec. xii; Graz, U. B. 702, saec. xiv-xv, f° 1-104; Basel, U. B., B i 14, saec. xv (alii adhuc codices enumerantur in Catalogo Basileensi auct. G. MEYER & M. BURCKHARDT, i, Basel, 1960, p. 56. — Opus etiam memoratur in catalogo bibliothecae Laurishamensis saec. ix sub nomine SAMVELIS, quod est Taionis cognomen (ed. G. BECKER, n. 37, 58: «Collectiones Samuhelis de opusculis S. Gregorii»), a M. MANITIUS (i, p. 100) perperam SAMVELI ABBATI LAVRISHAMENSI (+ 859) adscriptum.

Epigramma *Sententiarum* libris praefixum (inc. «Quisquis amas sacrum [*aliter*: amore sacro] lector») — PL, lxxx, 722; 731-732 [DÍAZ, 208; WALTHER, 16147, 16153; SCHALLER & KÖNSGEN, 13759] e cod. Bern 611, f° 88, saec. viii (LOWE, 604b bis) edidit H. HAGEN, *Carmina medii aeui*, Bern, 1877, p. 12, n. xi. Legitur etiam in Paris, B. N., lat. 11280 et Karlsruhe, Aug. cclv, saec. ix, f° 108. Ab ALANO FARFENSI [ante n. 1995°] homiliario praefigitur, ed. K. STRECKER, in MGH, *poet. lat.*, vi, 1, 1951, p. 177, n. xviii.

PL, lxxx, 686

Lexicographica: J. BATANY, *Tayon de Saragosse et la nomenclature sociale de Grégoire le Grand*, in ALMA, xxxvii, 1969/70, p. 173-192.

Noua ed. paratur a P. BOIRA.

Fragmentum epistulae Taionis ad Braulionem supra recensuimus (n. 1230).

DVBIA

1269 **Excerpta S. Gregorii** (DÍAZ, 210)

A. C. VEGA, in *España Sagrada*, lvi, Madrid, 1957, p. 263-305 (*Commentarius in Canticum Canticorum*, inc. praef. «Scriptura sacra quasi quoddam speculum»; inc. cap. I: «Ecce enim uocata gentilitas» [DÍAZ, 381]); p. 308-419 (*in libris Salomonis*, inc. «Absit enim ne hoc loco parabolam»; «Salomonis liber huic operi»; «Dominus noster Iesus Christus in eo quod uirtus»; «Qui textum considerat et sensum»; «Sunt autem in Salomonis carminibus aenigmata multa» [DÍAZ, 426. 426*. 135; ultima pars: STEGMÜLLER, 5324])

PLS, iv, 1680

Prior et ultima pars iam antea edita fuit a G. HEINE, *Bibliotheca Anecdotorum*, i, Leipzig, 1848, p. 187-196; 196-200; ultima pars etiam a E. FELIPE FERNÁNDEZ, in *Rev. españ. de estud. bíblicos*, i, 1926, 2, p. 5-14. Haec communiter IVSTO EPISCOPO TOLETANO tribuitur, attamen sine sufficienti ratione, cfr J. MADOZ, *Secundo decenio* etc., Madrid, 1951, p. 138-139; M. C. DÍAZ Y DÍAZ, in *Rev. españ. de teol.*, xvii, 1957, p. 23-26; certe post *Etymologias S. ISIDORI* conscripta est, cfr A. E. ANSPACH, in *Misc. Isidoriana*, Roma, 1936, p. 325; M. C. DÍAZ Y DÍAZ, *a. c.*, p. 23, adn. 74. **Genuinitas** clarius ostenditur a R. ÉTAIX, in *Mél. de sc. relig.*, xv, 1958, p. 137-142, qui et **codices** enumerat; addatur Soissons, Bibl. mun. 75, saec. xii; attamen cfr U. DOMÍNGUEZ DEL VAL, in *La Ciudad de Dios*, clxxiii, 1960, p. 139-143; ID., in *Repertorio de historia de las ciencias eclesiast. en España*, ii, Salamanca, 1971, p. 421.

[1270] *Visio Taionis* de libris S. Gregorii (PL, lxxx, 989-992 [*BHL*, 3648]): cfr J. MADOZ, *Epistolario de S. Braulio*, Madrid, 1941, p. 184; ID., in *Mél. J. de Ghellinck*, i, Gembloux, 1951, p. 345-360. Excerpta est e continuatione a. 754 *Chronicorum ISIDORI* (MGH, *auct. ant.*, xi, 341-343 [*DÍAZ*, 397; supra, n. 1205°]); alteram recensionem uide sub n. 1715.]

QVIRICVS [CYRICIVS] EPISCOPVS BARCINONENSIS

saec. vii medio.

1271 **Epistula ad Taionem** (n. 1268). Inc. «En, beatissime uirorum, sancti Spiritus» (*DÍAZ*, 211)

PL, lxxx, 729-730 = RISCO.

1272 **Epistulae ii ad Ildefonsum** (n. 1250). Inc. «Cum a uobis remeans ad ouilis crediti loca»; «Cum ad omnia noua» (*DÍAZ*, 212; 213)

PL, xcvi, 193-194; 194-196 = FLOREZ & RISCO.

DVBIA

1273 **Hymnus de S. Eulalia.** Inc. «Fulget hic honor sepulchri» (*DÍAZ*, 352; *CHEVALIER*, 6627 & *Add.*; *SCHALLER & KÖNSGEN*, 5417)

PL, xxx 449; lx 1099

C. BLUME, *Analecta hymnica*, xxvii, Leipzig, 1897, p. 167-168, n. 116.

Emend.: B. THORSBERG, *Études sur l'hymnologie mozarabe*, Stockholm, 1962, p. 163 sq.

De **auctore**, uide J. PÉREZ DE URBEL, in *Bull. hispanique*, xxviii, 1926, p. 135 sq.; iuxta A. LAMBERT, in RHE, xxvi, 1930, p. 214, probante M. C. DÍAZ Y DÍAZ, posterioris esset aetatis (circiter a. 878).

FRVCTVOSVS EPISCOPVS BRACARENSIS

obiit circa 665. — Cfr *Fructuoso y su tiempo*, León, 1966, et praesertim *Actas de Congresso de Estudos de commemoração do xiii centenário da morte de S. Fructuoso*, i-ii, Braga, 1967/68; M. C. DÍAZ Y DÍAZ, *Fructuosiana*, in *De Tertullien aux Mozarabes. Mél. J. Fontaine*, ii, Paris, 1992, p. 31-40.

1273a **Hymnus de S. Cucuphate.** Inc. « Barcinon laete Cucufati uernans » (DÍAZ, 343; CHEVALIER, 2317 & *Add.*; SCHALLER & KÖNSGEN, 1602)

C. BLUME, *o. c.* [n. 1273], p. 150-152, n. 1086.

Cod., uar. lect.: J. M. PINELL, in *Hispania Sacra*, xvii, 1964, p. 205.

Emend.: J. P. GILSON, *o. c.* (n. 1246), p. 239-240.

De **auctore**, cfr J. PÉREZ DE URBEL, *a. c.* [n. 1273], p. 218; H. J. FREDE (p. 558 [hymn. 106]) *Hymnum de S. Cucuphate* QVIRICO BARCINONENSI tribuere praefert.

PL, xxxi, 428; lxxxvi, 1170

1274 **Epistula ad Recesuinthum regem.** Inc. « Vereor ne, saepe suggerendo gloriae » (DÍAZ, 217)

A. C. VEGA, in *La Ciudad de Dios*, cliii, 1941, p. 335-344.

Epistula ad Braulionem

uide sub n. 1230.

Regulae monasticae

uide sub n. 1869 sq.

PLS, iv, 2092; MGH, *epist.*, iii, 688

1274a **Fragmenta**

M. C. DÍAZ Y DÍAZ, *a. c.* [ante n. 1273a], p. 37-40.

APPENDIX

Vita S. Fructuosi

uide sub n. 1293.

DVBIA

1275 **Carmina.** Inc. « Pulchrifico radians ... Quid Sisenandum recolam »; « Haec tu alme decus »; « Cernite cuncti praesens » (DÍAZ, 245-247; SCHALLER & KÖNSGEN, 12765. 6033. 2112; CPPM, ii, 3330-3333)

M. C. DÍAZ Y DÍAZ, *La Vida de san Fructuoso de Braga*, Braga, 1974, p. 123 (*carmen* 1); ID., in *Hispania sacra*, iv, 1951, p. 142-144 (*carmina* 2 et 3).

Carmen 1 genuinum aestimat editor.

PL, lxxxvii, 1129

VALERIVS ABBAS BERGIDENSIS

obiit 695.

Opellorum Valerii recentiorem editionem cura R. FERNÁNDEZ POUSA (Madrid, 1942) adhibere fere nihil iuuat, cfr e. g. L. VASQUEZ DE PARGA, in *Hispania*, ii, 1942, p. 452-455; B. DE GAIFFIER, in AB, lxvi, 1948, p. 309-312; C. M. AHERNE, *Valerio of Bierzo, an Ascetic of the late Visigothic Period*, Washington, 1949, p. 15, adn. 10. **Noua** paratur **ed.** a M. C. DÍAZ Y DÍAZ.

Latinitas: J. GIL & B. LÖFSTEDT, *Sprachliches zu Valerius von Bierzo*, in *Cuad. de filol. clásica*, x, 1976, p. 271-304; R. A. WHITE, in *Acta Classica*, xx, 1977, p. 209-211 (adn. ad nn. 1278 et 1279).

Praeter excerpta nonnulla, quae ex uariis operibus asceticis et hagiographicis collegit Valerius noster (uide elenchum apud D. DE BRUYNE, in RB, xxxii, 1920, p. 5-7 uel apud M. C. DÍAZ Y DÍAZ, *La compilación hagiográfica de Valerio*, in *Hispania sacra*, iv, 1951, p. 3-25, quorum hic tantum recensendum uidetur *Epitameron de libri huius exordio* [n. 1287c]), quaedam breuiora conscripsit opuscula:

1276 **Epistula beatissimae Egeriae laude conscripta** (DÍAZ, 285; PL, lxxx BHL, 2382) 421

M. C. DÍAZ Y DÍAZ, in SC, ccxcvi, 1982, p. 321-348.

Editionem diplomaticam, ut aiunt, iuxta codicem Paris., B. N., n. a. l., 2178, saec. xi, ex abbatia Silensi, curauit P. DEVOS, in AB, ci, 1983, p. 67-70.

1277 **Dicta ad beatum Donadeum** (DÍAZ, 286)

PL, lxxxvii, 431-433 = FLOREZ.

1278 **De Bonello monacho** (DÍAZ, 287)

ibid., 433-435.

1279 **De caelesti reuelatione** (DÍAZ, 288)

ibid., 435-436.

Opusculum sequens, *de monachorum paenitentia* (col. 436-437) excerptum est e *Vitis Patrum* (PL, lxxiii, 822) (CPPM, ii, 3715)

1280 **De [septimo] genere monachorum** (DÍAZ, 289) PL, lxx
437; ci
M. C. DÍAZ Y DÍAZ, *Anecdota Wisigothica*, i, Salamanca, 750
1958, p. 56-61.

Cfr J. FERNÁNDEZ, in *Hispania sacra*, ii, 1949, p. 275, adn. 83.

1281 **De uana saeculi sapientia** (DÍAZ, 290)

PL, lxxxvii, 425-431 = FLOREZ.

1281a **Epitameron propriae necessitudinis.** Inc. «Varia penuria saeua discrimina» (DÍAZ, 291; SCHALLER & KÖNSGEN, 16996)

PLS, iv, 2019

M. C. DÍAZ Y DÍAZ, o. c. [n. 1280], p. 105-106.

1282 **Valerii narratio: ordo querimoniae** (DÍAZ, 292; BHL, 8497)

PL, lxxxvii, 439

C. M. AHERNE, o. c. [ante n. 1276], p. 69-109.

Numeri 1282 sqq.: uide J. FERNÁNDEZ, *Sobre la autobiografía de San Valerio*, in *Hispania sacra*, ii, 1949, p. 259-284; J. GIL, *Sumario sobre la transmisión textual de los opusculos autobiográficos de Valerio*, in *Cuad. de filol. clás.*, x, 1976, p. 305-307.

1283 **Replicatio sermonum** (DÍAZ, 294)

PL, lxxxvii, 447

C. M. AHERNE, o. c. [ante n. 1276], p. 115-151.

1284 **Quod de superioribus querimoniis residuum sequitur** (DÍAZ, 295)

PL, lxxxvii, 455

C. M. AHERNE, o. c. [ante n. 1276], p. 153-159.

1285 **Epitameron proprium praefati discriminis.** Inc. «Veritatis iter adgrediens» (DÍAZ, 293; SCHALLER & KÖNSGEN, 17122)

PLS, iv, 2020

M. C. DÍAZ Y DÍAZ, o. c. [n. 1280], p. 106-107.

1286 **Epitameron propriae orationis.** Inc. «Vera Trinitas, alme Deus» (DÍAZ, 296; SCHALLER & KÖNSGEN, 17083)

PLS, iv, 2020

M. C. DÍAZ Y DÍAZ, o. c. [n. 1280], p. 114.

1286a **Conuersio deprecationis ad sanctos apostolos.** Inc. «Precor pietatem uestram ego puniendus peccator» (DÍAZ, 297; SCHALLER & KÖNSGEN, 12449)

PLS, iv, 2021

M. C. DÍAZ Y DÍAZ, o. c. [n. 1280], p. 114-115.

1287 **Kaput opuscolorum [de] quinquagenis numeris psalmorum.** Inc. «Velut quidam arentis terrae» (Ps. HIERONYMVS [ed. G. Antolín]) (DÍAZ, 298; SCHALLER & KÖNSGEN, 17028; CPPM, ii, 2398)

PLS, iv, 2022

M. C. DÍAZ Y DÍAZ, o. c. [n. 1280], p. 115-116.

1287a **De primo quinquageno numero psalmorum.** Inc. «Quisquis ille est qui per opus» (DÍAZ, 299)

PLS, iv, 2022

D. DE BRUYNE, in RB, xxxii, 1920, p. 10.

1287b **Epitameron de quibusdam admonitionibus uel rogationibus.** Inc. «Attendite artius antistites almifici» (DÍAZ, 300; SCHALLER & KÖNSGEN, 1276; CPPM, ii, 2398)   PLS, iv, 2023

M. C. Díaz y Díaz, *o. c.* [n. 1280], p. 107-113.

1287c **Epitameron de libri huius exordio.** Inc. «Sacratissimorum... of...» [fragm.] (DÍAZ, 301)   PLS, iv, 2028

M. C. Díaz y Díaz, *o. c.* [n. 1280], p. 103.

1288 **Epitameron consummationis libri huius** (DÍAZ, 302; SCHALLER & KÖNSGEN, 12607)   PL, lxxx 425

M. C. Díaz y Díaz, *o. c.* [n. 1280], p. 104.

DVBIA

1289 **De nouae uitae institutione.** Inc. «Dilecte fili, dilige lacrimas» (Ps. AMBROSIVS, *epist.* 4) (DÍAZ, 134. 303. 383; CPPM, ii, 28 b. 306. 3431. 3434. 3541)   PL, xvii, 749 (827

PL, lxxxvii, 457-458 = TAMAYO DE SALAZAR.

Opus genuinum esse censet R. FERNÁNDEZ POUSA, *o. c.* [ante n. 1276], p. 209 sq.; ut certo spurium reicit M. C. DÍAZ Y DÍAZ; saec. viii tribuit H. J. FREDE.

Cod.: M. MANITIUS, ii, p. 796.

Fontes: cfr A. ROBLES SIERRA, in *Augustinus*, xxxii, 1987, p. 325-368 (uide sub n. 1229a).

1290 **De perfectis monachis.** Inc. «Iam dudum animis nostris insedit, dilectissimi fratres, monachorum singularis uitae propositum declarare» (DÍAZ, 59)   PLS, iv, 2029

M. C. Díaz y Díaz, *o. c.* [n. 1280], p. 80-87.

Saec. vi exeunte.

EVCHERII LVGDVNENSIS esse testatur cod. Madrid 10.092, cfr R. FERNÁNDEZ POUSA, *San Valerio. Obras*, Madrid, 1942, p. 205 sq. — In nonnullis concordat cum priuilegio de fundatione monasterii Ciuitatensis (PL, xcix, 629 sq.).

1291 Cetera opuscula quae profert R. FERNÁNDEZ POUSA mere excerpta sunt e *Dialogis* SVLPICII SEVERI uel e *Vitis Patrum*. Fragmentum apud Z. GARCÍA VILLADA, *Historia eclesiástica de España*, ii, 1, Madrid, 1932, p. 339-340 (inc. «Sed mici ista replicanti»), item ex *Dialogis* SVLPICII SEVERI desumptum est (i, 21 – ed. HALM, p. 173 sq.) (CPPM, ii, 3540).

SPVRIA

1292 **Vita S. Frontoni** (DÍAZ, 303; BHL, 3190) PL, lxxii,
R. FERNÁNDEZ POUSA, *San Valerio. Obras*, Madrid, 1942, p. 56-64. 437

Trad. text.: A. VACCARI, in AB, lxvii, 1949, p. 309-318 (= *Scritti*, ii, p. 193-210).
Saec. vii antiquior, cfr H. J. FREDE.

1293 **Vita S. Fructuosi**, una cum prologo «Nonnulli fidelissimi fra- PL, lxxxvii,
tres» (DÍAZ, 260. 261; BHL, 3194) 459
M. C. DÍAZ Y DÍAZ, Braga, 1974.

Indices: A. NASCIMENTO, Lisboa, 1977.

Critica: B. DE GAIFFIER, in AB, xcii, 1974, p. 407-408; B. LÖFSTEDT, in *Indogerman. Forschungen*, lxxxi, 1976, p. 362-365; A. MAYA SANCHEZ, in *Habis*, ix, 1978, p. 169-196; C. CODOÑER, in *Athlon. Satura grammatica in honorem F. Rodríguez Adrados*, Madrid, 1987, p. 183-190.

Valerio Bergidensi antiquiorum aestimat M. C. DÍAZ Y DÍAZ.

MAVRITIVS MONACHVS

scripsit post 610.

1294 **Epistula apologetica.** Inc. «Tamen nempe tuae beatitudinis» MGH,
(DÍAZ, 78) *epist.*, iii,
J. GIL, *Miscellanea Wisigothica*, Sevilla, 1972, p. 45-47 (*epist.* 17). 686

ANONYMVS

post 610; in Hispania.

1295 **Epistula ad Agapium episcopum.** Inc. «Votis uestri omni MGH,
corde» (DÍAZ, 77) *epist.*, iii,
J. GIL, *o. c.* [n. 1294], p. 43-44 (*epist.* 16). 685

AVRASIVS EPISCOPVS TOLETANVS

sedit circa 603-615.

1296 **Epistula ad Froganem Toleti comitem.** Inc. «Cognosce te, MGH,
propter quod Ecclesiam Dei» (DÍAZ, 81) *epist.*, iii,
J. GIL, *o. c.* [n. 1294], p. 48 (*epist.* 18). 689
Cfr A. LAMBERT, in DHGE, v, 1931, col. 696 sq.

BVLGAR[ANVS] COMES

Gundemari regis aequalis.

1297 **Epistulae**

J. Gil, *o. c.* [n. 1294], p. 30-43 (*epist.* 10-15).

Cfr M. Alamo, in DHGE, x, 1938, p. 1114-1116.

PL, lxxx, 107; MGH *epist.*, iii 677

SISEBVTVS REX VISIGOTHORVM

regnauit 612-620.

1298 **Vita** uel **Passio Desiderii episcopi Viennensis** (*MANITIUS*, i, 188; *DÍAZ*, 86; *BHL*, 2148)

MGH, *scr. mer.*, iii, 1896 — Krusch, p. 630-637; J. Gil, *o. c.* [n. 1294], p. 53-68.

Cod. et uar. lect.: *ibid.* t. vii, p. 821 sq.

Cfr W. J. McAuliffe, *Saint Desiderius of Vienna*, Washington, 1942 (autographice editum).

PL, lxxx 377

1299 **Epistulae** (*MANITIUS*, i, 188; *DÍAZ*, 82-84; 87-91)

J. Gil, *o. c.* [n. 1294], p. 3-27 (*epist.* 1-8).

Inter eas nonnullae sunt ad Sisebutum datae a *CAESARIO PATRICIO*. — Sisebuti edicta aduersus Iudaeos seruat *Lex Visigothorum*, xii, 2, 13 et 14 (n. 1800).

PL, lxxx 363; MG *epist.*, ii 662

1300 **Carmen de eclipsibus solis et lunae** seu **Epistula ad Isidorum de libro rotarum.** Inc. «Tu forte in lucis» (*MANITIUS*, i, 187; *DÍAZ*, 92; *SCHALLER & KÖNSGEN*, 16513) (cfr supra sub n. 1188)

J. Fontaine, *Isidore de Séville. Traité de la Nature*, Paris, 1960, p. 329-335.

Cod., ed.: J. Fontaine, *o. c.*, p. 151-161.

Index uerborum: J. Fontaine, *o. c.*, p. 457-466.

De **indole** huius carminis minus recte indicauit V. Recchia, *Sisebuto di Toledo: il «Carmen de Luna»*, Bari, 1971. Cfr J. Fontaine, in RÉL, xlix, 1971, p. 514-516; J.-L. Charlet, in *Latomus*, xxxi, 1972, p. 901-906; L. J. Van der Lof, in RÉAug, xviii, 1972, p. 145-151; G. Gasparotto, in *De Tertullien aux Mozarabes. Mél. J. Fontaine*, ii, Paris, 1992, p. 57-67.

PL, lxxx 1112

1301 **Hymnus de ratione temporum.** Inc. «Annus solis continetur» (Ps. Beda) (*MANITIUS*, ii, 795; *WALTHER*, 1271; *SCHALLER & KÖNSGEN*, 853)

PL, xci 605; cx 1369

MGH, *poet. lat.*, iv, 2, 1923 — STRECKER, n. 114, p. 682-686.

Cod.: C. H. BEESON, *Isidor-Studien*, München, 1913, p. 66 sq.; THORN-DIKE & KIBRE, p. 106; C. JONES, *Bedae Pseudepigrapha*, Ithaca, 1939, p. 92-93; ID., *Bedae opera de temporibus*, Cambridge (Mass.), 1943, p. 106; A. CORDOLIANI, in SE, xvii, 1966, p. 58.

De **auctore** disquisitio desideratur. — PS. BEDAE Martyrologium metricum (PL, xciv, 603-606) in antiquissimo codice (Amiens 222) Sisebuto adscribitur, cfr C. JONES, *Bedae Pseudepigrapha*, p. 92; at certe est posterioris aetatis, cfr H. QUENTIN, in DACL, ii, 1, 1910, col. 644, et infra sub n. 2032°.

EVANTIVS ARCHIDIACONVS TOLETANVS

uide sub n. 1076.

3. SCRIPTORES GALLIAE

DEFENSOR MONACHVS LOCOGIACENSIS

saec. vii. — Cfr H. M. ROCHAIS, *Defensoriana*, in SE, ix, 1957, p. 199-264; ID., *Apostilles à l'édition du «Liber Scintillarum» de Défensor de Ligugé*, in Rev. Mabillon, lx, 1983, p. 267-293.

1302 **Scintillarum liber** (*MANITIUS*, i, 422; ii, 805; DÍAZ, 502; STEGMÜLLER, 2056-2057; CPPM, ii, 3093. 3188. 3206. 3250. 3438. 3495) PL, lxxxviii, 597

CC, cxvii, 1957, p. 1-308 — ROCHAIS.

Nonnulla emendauit et addidit ipse editor in sua altera editione in SC, lxxvii et lxxxvi, Paris, 1961/62; cfr etiam H. ROCHAIS, *Apostilles* [cfr supra, ante n. 1302].

Cod.: H. M. ROCHAIS, in SE, ix, 1957, p. 199-264; ID., *Apostilles* [ante n. 1302], p. 290-292; H. SILVESTRE, in RHE, liv, 1959, p. 630; addantur Kynzvart 28, saec. xiv, f° 1-63 (cfr Fr. CADA, *Codices manu scripti Bibl. Castelli Kynzvart in Bohemia occidentali*, Pragae, 1965, p. 101); Philadelphia, Univ. of Pennsylvania, lat. 55, saec. xiii-xiv, f° 1-24.

Fontes: A. J. BELL, in RB, xc, 1980, p. 139-141; H. CROUZEL, *Les citations d'Origène dans le 'Livre des Étincelles'*, in RÉAug, xxiv, 1984, p. 385-394. B. LÖFSTEDT, in *Eranos*, lxxxvi, 1988, p. 174.

Emend. et **critica**: P. SMULDERS, in *Bijdragen. Tijdschr. v. filos. en theol.*, xxi, 1960, p. 437-438; A. LEHNER, in CC, cviii D, 1987, p. xxxviii sq., qui et florilegium eiusdem indolis ac *Librum Scintillarum* edidit e codice Frisingensi 233 (nunc Clm 6433), saec. viii. *Florilegium Frisingense* composuit quidam monachus hibernicus in Germania degens, nomine «PEREGRINVS» ; nonulla mutuatus est ex opere Defensoris.

Diuersos prologos edidit H. M. ROCHAIS, in RB, lix, 1949, p. 137-156; cap. xxxii, *de doctoribus et rectoribus* (p. 123-133), quod in PL desideratur, excusum est e cod. Casin. 214 in *Florilegio Casinensi*, iv, 1880, p. 347-350 (inc. «Dominus dicit in euangelio: Euntes autem praedicate dicentes»).

Recensionem haud paulo recentiorem euulgauit, cum **interpretatione anglica** saec. xi, E. RHODES, in *Early English Text Society*, t. xciii, London, 1889.

DESIDERIVS CADVRCENSIS EPISCOPVS

obiit 655.

1303 **Epistulae**

D. NORBERG, Stockholm, 1961

Latinitas: D. NORBERG, in *Classical ... Studies in Honor. of B. L. Ullman*, i, Roma, 1964, p. 277-281.

Liber 2us huius epistolarii constat ex uariorum litteris ad Desiderium datis, nempe ABBONIS METTENSIS, AVIVLPHI VALENTINIENSIS, BERTEGYSELI ABBATIS, CHAENVLPHI, CONSTANTII ALBIGENSIS, DADONIS ROTOMAGENSIS, ELIGII NOVIOMENSIS, FELICIS LEMOVICENSIS, GALLI CLAROMONTANI, PALLADII AVTISSIODORENSIS, PAVLI VIRDVNENSIS, RAVRACII NIVERNENSIS, SIGEBERTI REGIS, SVLPICII BITVRICENSIS, VERI RVTHENENSIS.

Cfr S. LINGER, *L'écrit à l'époque mérovingienne d'après la correspondance de Didier, évêque de Cahors*, in *Stud. Med.*, n. s., xxxiii, 1992, p. 799-823.

APPENDIX

1304 **Vita S. Desiderii** (*BHL*, 2143-2144; *KENNEY*, 284)

CC, cxvii, 1957, p. 343-401 = KRUSCH, MGH, *scr. mer.*, iv, 1902, p. 563-602.

Etsi certo posterioris aetatis, hic tamen inseritur monumentorum causa quae ibi seruata sunt, praeceptorum nempe DAGOBERTI REGIS, litterarum HARCHENEFREDAE matris Desiderii et fragmenti testamenti ipsius Sancti.

Fontes: A. DE VOGÜÉ, *Emprunts à Fauste de Riez, saint Benoît et Grégoire le Grand dans la Vita S. Desiderii*, in *Misc. Casin.*, xlvii, 1983, p. 9-15.

Emend.: E. Griffe, *La patrie de S. Didier*, in *Bull. littér. eccl.*, lx, 1959, p. 203-205; E. Nègre, *S. Didier et l'Albigeois*, in *Rev. du Tarn*, 1959, p. 223-240.

VENERANDVS

fundator monasterii Altaripensis; scripsit circa 620-630.

1305 **Epistula ad Constantium episcopum Albigensem.** Inc. «Regulam sancti Benedicti abbatis Romensis, quam praesens continet liber»   PLS, iv, 1655

CC, cxvii, 1957, p. 502-503 = L. Traube, *Textgeschichte der Regula s. Benedicti*, München, 1898, p. 92-93 (ed. 2ª, 1910, p. 87-88).

ANONYMVS

circa 646.

1306 **Epistula ad regem.** Inc. «Moneo sublimitatem tuam» (Ps. Eligivs) (*CPPM*, ii, 665)   PL, lxxxvii, 653

CC, cxvii, 1957, p. 491-496 = Gundlach, MGH, *epist.*, iii, 1892, p. 457-460.

Cod.: Giessen, Univ. 674, saec. xv, f° 8-9.

CHRODEBERTVS EPISCOPVS TVRONENSIS

sedit 653-682 (?).

1307 **Epistula ad Bobam abbatissam.** Inc. «Litteris tuis paruitatem meam postulasti»   PL, liv, 1424; MGH, leg. sect., v, 494

CC, cxvii, 1957, p. 496-502 = Gundlach, MGH, *epist.*, iii, 1892, p. 461-464.

Epistula ad Audoenum episcopum Rotomagensem. Inc. «Decreueram quidem gratificae iussioni uestrae»

uide sub n. 2094°.

1307a **Epistulae v ad Inportunum episcopum Parisiensem**

G. J. J. Walstra, *Les cinq épitres rimées dans l'Appendice des Formules de Sens*, Leiden, 1962, p. 66-80.

Epist. 2 et 3 ab ipso inportvno conscripta sunt (cfr n. 1835[a]).

WARNAHARIVS

circa 614.

1308 **Epistula ad Ceraunium episcopum Parisiensem.** Inc. «Praecipuis beatissimorum» (prologus sequentis *Passionis*) PL, lxxx, 185

MGH, *epist.*, iii, 1892 — GUNDLACH, p. 457.

1309 **Passio SS. Tergeminorum Speusippi, Eleusippi, Meleusippi** (*BHL*, 7829) PL, lxxx, 187

AASS., *Ian.*, ii, 440-444.

Cfr A. SIEGMUND, p. 224 sq.; H. J. FREDE, p. 795.

1310 **Passio S. Desiderii episcopi apud Lingonas** (*BHL*, 2145) PL, lxxx, 195

AASS., *Mai.*, v, 246-248 — HENSKENS.

AVNA[CHA]RIVS EPISCOPVS AVTISSIODORENSIS

obiit ante 603.

1311 **Instructio de rogationibus et uigiliis** (in **Gestis Episcoporum Autissiodorensium** [i, 19] seruata) PL, cxxxviii, 233

L. M. DURU, *Bibliothèque historique de l'Yonne*, i, Auxerre, 1850, p. 328-330.

Epistula ad Stephanum presbyterum. Inc. «Tue nobis doctrine» (*MANITIUS*, i, 503)

uide sub n. 2083°.

Ad Aunarium Pelagius ii Papa dedit duas epistulas [n. 1707].

SONNATIVS EPISCOPVS REMENSIS

sedit anno 600-622.

[1312 **Statuta synodalia ecclesiae Remensis.** Inc. «De rebus ecclesiae qualiter tractandae sint» PL, cxx, 102

apud FLODOARDVM, *Historia ecclesiae Remensis*, ii, 5, p. 452-454 (n. 1317).

Iisdem ferme uerbis concepta sunt ac canones *Concilii Clipiacensis* a. 626, cfr C. DE CLERCQ, *La législation religieuse franque*, i, Louvain, 1936, p. 65 sq., et uerisimiliter ab ipso Flodoardo concinnata sunt, cfr C. DE CLERCQ, in CC, cxlviii A, 1963, p. 298].

CLAVDIVS ABBAS S. EVGENDI IVRENSIS

obiit circ. 700.

[1312a] « **Sermo in festiuitate omnium Sanctorum** ». Inc. « ... tollatur, homines domni » (fragmentum)

C. PERRAT, in *Bibliothèque d'Humanisme et Renaissance*, xii, 1950, p. 149-162.

Cfr C. PERRAT, *Le Papyrus 1 B de Bâle*, in *Comptes rendus Acad. des Inscriptions*, 1950, p. 114-116; sed iuxta J.-O. TJÄDER, *Revisione dei Papiri Latini Basel 1 B C*, Roma, 1953, non est sermo sed actus donationis Rauennae confectus; cfr J.-O. TJÄDER, *Die nichtliterarischen lateinischen Papyri Italiens*, i, Lund, 1955, p. 37, n. 53-54; A. BRUCKNER & R. MARICHAL, *Chartae Latinae Antiquiores*, i, Olten, Lausanne, 1954, n. 1 (qui textum ediderunt iuxta TJÄDER)].

1312b « **Tractoria Cameracensis** ». Inc. « Istae sunt pigmentae quas ad Cameracum debemus comparare » (appendix ad *Statuta* ADAL-HARDI ABBATIS CORBEIENSIS in cod. Paris, B. N., lat. 13.908, saec. x, f° 26-27)

PLS, iv, 2037

B. GUÉRARD, *Polyptique de l'abbé Irminon*, i, Paris, 1836, p. 335.

Aeuo merouingico conscriptum, cfr H. PIRENNE, in *Annuaire de l'Institut de philol. et d'hist. orientales*, ii, 1934 (*Mél. J. Bidez*, ii), p. 679, adn. 1; F. VERCAUTEREN, *Étude sur les ciuitates de la Belgique seconde*, Bruxelles, 1934, p. 210-212.

ANONYMVS

saec. vii/viii.

1312c **Breve reliquiarum monasterii S. Vincentii Vergiacensi**. Inc. « Hic sunt reliquiae sancti Victuri episcopi. Festiuitate kalendis Septembris »

L. DELISLE, *Authentiques de reliques de l'époque mérovingienne découvertes à Vergy*, in *Mél. de l'École française de Rome*, iv, 1884, p. 3-8.

Ibidem memoratur authenticum reliquiarum Carnotense (saec.?). Inc. « + Hyc sunt pignora de coberturio domini Monulfo Traiectensi episcopo » (E. LE BLANT, *Inscriptions chrétiennes de la Gaule*, i, Paris, 1856, p. 311 sq.).

ANONYMVS

scripsit circa 679.

1313 **Visio S. Baronti monachi.** Inc. «Memorare igitur uobis uolo» (BHL, 997a et b)

MGH, scr. mer., v, 1910 — LEVISON, p. 368-394.

Cod.: ibid., t. vii, p. 846.

Fontes: M. P. CICCARESE, in Romano-barbarica, vi, 1981/82, p. 25-52.

PS. FREDEGARIVS

saec. vii-viii.

Cfr S. HELLMANN, Das Fredegarproblem, in Histor. Vierteljahrschrift, xxix, 1934, p. 36-92; W. GOFFART, in Speculum, xxxviii, 1963, p. 206-241.

Bibliographia: Repertorium fontium, iv, Romae, 1976, p. 553-556.

1314 **Chronicorum libri iv cum continuationibus** (MANITIUS, i, 223; ii, 799; iii, 1061)   PL, lxxi, 573; 605 (exc.)

MGH, scr. mer., ii, 1888 — KRUSCH, p. 18-193.

Cod.: W. LEVISON, apud WATTENBACH-LEVISON, Deutschlands Geschichtsquellen im Mittelalter, Vorzeit und Karolinger, i, Weimar, 1952, p. 109; Repertorium, p. 54.

Latinitas: A. ERIKSON, in Eranos, lxiii, 1965, p. 47-76.

Critica: J. M. WALLACE-HADDRILL, The 4th Book of the Chronicle of Fredegar, with his Continuations, Edinburgh, 1960.

APPENDIX

1315 **Historia Daretis Frigii de origine Francorum** (saec. viii) (MANITIUS, i, 225)

ibid., p. 194-200.

Cfr. Repertorium fontium, v, Romae, 1984, p. 517.

1316 **Liber historiae Francorum (Gesta regum Francorum)** (anno 726-7) (MANITIUS, i, 227; iii, 1061)

ibid., p. 238-328.

Cod. et uar. lect.: ibid., t. vii, p. 772-775; R. A. GERBERDING, in Traditio, xliii, 1987, p. 381-386.

Latinitas: P. TAYLOR, The Latinity of the Liber historiae Francorum, New York, 1925; ID., in Todd Memorial Volumes, ii, 1930, p. 207-214.

FLODOARDVS CANONICVS REMENSIS

894-966.

1317 **Historia ecclesiae Remensis** (MANITIUS, ii, 160)   PL, cxxxv, 27

MGH, script., xiii, 1881 — HELLER & WAITZ, p. 409-599.

In hoc opere nonnulla extant antiquitatis monumenta, *Epitaphium* nempe IOVINI (n. 1486), quaedam documenta ad S. REMIGIVM spectantia (n. 1070 sqq.), et sic dicta «*Constituta SONNATII EPISCOPI*» (n. 1312). Cfr *Repertorium fontium*, iv, Romae, 1976, p. 470.

Cod.: F. HEINZER, in *Deutsches Archiv*, xxxviii, 1982, p. 551-554.

ANONYMVS

1318 **Gesta Sanctorum Patrum Fontanellensis coenobii.** Inc. «Igitur ab almificae memoriae patre nostro» (MANITIUS, i, 641; ii, 813)   MGH, script., ii, 271

F. LOHIER & J. LAPORTE, Rouen, 1936.

Saec. ix, cfr Ph. GRIERSON, *Abbot Fulco*, in *English Historical Review*, lv, 1940, p. 275-284; *Repertorium fontium*, iv, Romae, 1976, p. 727.

4. SCRIPTORES BRITANNIAE MAIORIS

GILDAS SAPIENS

floruit saec. vi.

Cfr F. KERLOUÉGAN, *Le «De excidio Britanniae» de Gildas*, Paris, 1987 (uide et M. BANNIARD, in RÉAug, xxxv, 1989, p. 196-200; J.-M. PICARD, in *Peritia*, xiii, 1994, p. 248-250).

1319 **Liber querulus de excidio et conquestu Britanniae** (MANITIUS,   PL, lxix, i, 208; ii, 798; iii, 1061; KENNEY, 23; LAPIDGE & SHARPE, 27; CPPM, ii, 775)   329

MGH, *auct. ant.*, xiii (*chron. min.*, iii), 1898 — MOMMSEN, p. 25-85.

Cod., trad. text., fontes, emend.: P. GROSJEAN, in ALMA, xxv, 1955, p. 155-176; ID., in AB, lxxv, 1957, p. 185-202; 206-226; ID., *Romana stigmata chez Gildas*, in *Hommages à M. Niedermann*, Bruxelles, 1956, p. 128-139; M. MILLER, in *Bull. of the Board of Celtic Studies*, xxvi, 1975, p. 169-174 (cfr *Scriptorium*, xxx, 1976, p. 149*, n. 846); M. WINTERBOTTOM, in JTS, n. s., xxvii, 1976, p. 132-136, et in editione sua cum translatione anglica: *The Ruin of Britain and other Works*, London, 1978. Cetera uide apud Lapidge & Sharpe, p. 12 sq., et apud F. Kerlouégan, *o. c.* [ante n. 1319], p. xxvii-lx.

Fontes: N. Wright, in SE, xxxii, 1991, p. 121-162.

Text. bibl.: F. C. Burkitt, in RB, xlvi, 1934, p. 206-215; P. Grosjean, in AB, lxxv, 1957, p. 203-206.

Latinitas: F. Kerlouégan, *Le latin du De excidio Britanniae de Gildas*, in *Christianity in Britain (300-900)*, Nottingham, 1967, p. 151-176, et locupletius in opere supra citato [ante n. 1319] eiusdem auctoris, p. 213-476. **Genuinitas**: Th. D. O'Sullivan, *The De Excidio of Gildas. Its Authenticity and Date*, Leiden, 1978.

Cap. 2-26 interpolata uidentur. Totum opus conflatum esse ab «auctore Badonico» anno 708 iterum atque iterum adfirmauit A. W. Wade-Evans, nouissime in sua interpretatione anglica NEMNII et GILDAE et ANNALIVM CAMBRIAE (London, 1938) et in suo libro *The Emergence of England and Wales*, London, 1956. — Cfr etiam P. K. Johnstone, in *Antiquity*, xxii, 1948, p. 38-40; I. Cazzaniga, *Le prime fonte letteraria dei popoli d'Inghilterra: Gildas e la Historia Brittonum*, 1961; E. A. Thompson, in *Britannia*, x, 1979, p. 203-226; xi, 1980, p. 344; M. Muraglia, *I valori guida proposti da Gilda*, in *Schede Medievali*, xxii-xxiii, 1992, p. 19-42.

1320 **Epistularum fragmenta viii e Collectione Hibernensi** (Kenney, 82; Lapidge & Sharpe, 28)

ibid., p. 86-89.

Emend.: M. Winterbottom, *a. c.* [n. 1319], p. 136-139.

1321 **Praefatio de paenitentia.** Inc. «Praesbyter aut diaconus faciens fornicationem» (Manitius, i, 210; Kenney, p. 239; Lapidge & Sharpe, 147)   PL, xcvi 1315; MG auct. a[nt.] xiii, 89

L. Bieler, *The Irish Penitentials*, Dublin, 1963, p. 60-64.

DVBIA

1322 **Fragmenta dubia iii** (Kenney, 82)

MGH, *auct. ant.*, xiii, p. 88.

Emend.: M. Winterbottom, *a. c.* [n. 1319], p. 139-140.

1323 **Hymnus seu lorica.** Inc. «Suffragare, trinitatis unitas» (Manitius, i, 210; Kenney, 100; Lapidge & Sharpe, 294; Chevalier, 19610; Schaller & Könsgen, 15745; CPPM, ii, 776)   PLS, iv, 1260

F. J. H. JENKINSON, *The Hisperica Famina*, Cambridge, 1908, p. 50-54.

Cfr n. 1139 et P. GROSJEAN, in SE, vii, 1955, p. 94. Potius *LATHCEN* (n. 1716°) tribuendus uidetur, cfr M. HERREN, *The Authorship, Date and Composition of the so-called 'Lorica Gildae'*, in *Ériu*, xxiv, 1973, p. 35-51, qui et fusius de **cod.** tractat.

Var. lect.: M. ESPOSITO, in JTS, xxx, 1929, p. 289-291.

1324 **Oratio pro itineris et nauigii prosperitate.** Inc. «Dei Patris festinare maximum» (*KENNEY*, p. 272, adn. 363; *LAPIDGE & SHARPE*, 1225; *SCHALLER & KÖNSGEN*, 3451)   PL, ci, 607

MGH, *poet. lat.*, iv, 2 — STRECKER, 1914, p. 618-619.

Cod.: Paris, Mazarine 512, saec. xi, f° 79ʳ.

Cfr L. GOUGAUD, *Étude sur les «loricae» celtiques et sur les prières qui s'en rapprochent*, in BALAC, i, 1911, 267 sq.

NEMNIVS [NENNIVS SEV NEMNIVVS]

saec. ix ineunte.

De Nemnio uide R. THURNEYSEN, in *Zeitschr. f. celtische Philologie*, xx, 1, 1934, p. 97-137; xx, 2, 1935, p. 185-191.

1325 **Excerpta seu Historia Britonum** (*MANITIUS*, i, 240; ii, 799; iii, 1061; *KENNEY*, 24; *LAPIDGE & SHARPE*, 127-134)

MGH, *auct. ant.*, xiii (*chron. min.*, iii), 1898 — MOMMSEN, p. 126-222.

Cod., trad. text.: A. W. WADE-EVANS, *The Chartres Historia Britonum*, in *Archaeologia Cambrensis*, xcii, 1937, p. 64-85; I. WILLIAMS, *Mommsen and the Vatican Nennius*, in *Bull. Celtic Studies*, xi, 1941, p. 43-48; L. BIELER, *Codices Patriciani latini*, Dublin, 1942, p. 21 sq.; N. K. CHADWICK, *a. infra. c.*, et praesertim D. M. DUMVILLE, in *Bull. of the Board of Celtic Stud.*, xxv, 1974, p. 369-380; 439-445; xxvi, 1976, p. 103-122 (cfr *Scriptorium*, xxix, 1975, p. 207*, nn. 889/890; xxx, 1976, p. 120*, n. 677); ID., *The «Historia Brittonum»*, iii, *The Vatican Recension*, Cambridge, 1985.

Fontes: I. CAZZANIGA, *o. c.* (n. 1319); D. P. ORSI, in *Ann. Fac. Lettere e Filosofia*, Bari, xix/xx, 1976/77, p. 157-172.

Quaedam utilia etiam inuenies apud J. LOTH, *Nennius et l'Historia Brittonum*, Paris, 1934, cfr J. VENDRYES, in *Études celtiques*, iii, 1938, p. 170-175; N. K. CHADWICK, in *Studies in the Early British Church*, Cambridge, 1958, p. 121-182; L. BIELER, in *Scriptorium*, xiii, 1959, p. 119.

VINISIVS

Britannus saeculi vi.

1326 **Epistula ad Nigram.** Inc. «[Gratia] dñi Ihcv Xti & tvis» (*LAPIDGE* & *SHARPE*, 1)   PLS, iv, 1262

E. W. B. NICHOLSON, «*Vinisius to Nigra*», London, 1904, p. 5.

Cfr L. GOUGAUD, in RHE, vi, 1905, p. 691 sq.; H. LECLERCQ, in DACL, iv, 1, p. 1170 sq. (sub uerbo «Direction [lettre de]»!).

AVGVSTINVS EPISCOPVS CANTVARIENSIS

natione Italus; obiit 604.

1327 *Interrogationes ad Gregorium papam*, inter epistulas GREGORII MAGNI et apud BEDAM extantes: n. 1714.

Obsecratio Augustini et *Concessio Gregorii* de reliquis S. Sixti Martyris (MGH, *epist.*, ii, p. 337; PL, lxxvii, 1193): n. 1714.

Ordinauit etiam, ut uerisimilius uidetur, excerpta patristica in cod. Vat. Pal. 577 (nn. 160*a*, 1164*b*), cfr L. MACHIELSEN, in SE, xii, 1961, p. 532-537 (n. 1164*b*).

Priuilegium abbatiae Cantuariensis (PL, lxxx, 95-98) spurium est, cfr W. LEVISON, *England and the Continent*, Oxford, 1946, p. 174 sq.

DINOTHI denique abbatis Benchorensis *responsio ad Augustinum monachum* (PL, lxxx, 21-24, inc. «Notum sit et absque dubitatione») spuria est atque saec. xvi confecta, cfr J. LOTH, in *Annales de Bretagne*, xvii, 1902, p. 139-140.

Tituli psalmorum, qui in «Psalterio S. Augustini» (London, B. M. Cotton Vesp. A 1, saec. viii [*LOWE*, 193]) leguntur, critice editi sunt a P. SALMON, *o. c.* (n. 1135°), p. 75-93: «Série de S. Augustin de Cantorbéry». Cfr n. 626°.   PLS, ii,

LAVRENTIVS EPISCOPVS CANTVARIENSIS, MELLITVS EPISCOPVS LONDINIENSIS, IVSTVS EPISCOPVS ROFFENSIS

Itali; scripserunt ante a. 619.

1328 **Epistula ad episcopos et abbates Scottiae** (fragm.). Inc. «Dum nos sedes apostolica»   PL, xcv

apud BEDAM, *Historia ecclesiastica* (n. 1375), ii, 4, ed. PLUMMER, p. 87 sq.

WILFRIDVS EPISCOPVS EBORACENSIS
obiit 709.

1329 **Petitio ad Agathonem Papam.** Inc. «Wilfrithus humilis et indignus»

apud EDDIVM, *Vita S. Wilfridi* (n. 2151), cap. 30, ed. B. COLGRAVE, Cambridge, 1927.

MGH, *scr. mer.*, vi, 210

APPENDIX

1330 **Epitaphium.** Inc. «Wilfridus hic magnus» (*SCHALLER & KÖNSGEN*, 17554)

apud BEDAM, *Historia ecclesiastica* (n. 1375), v, 19, ed. PLUMMER, i, p. 330.

Auctore ipso BEDA? Cfr W. JAAGER, *Bedas metrische Vita S. Cuthberti*, Leipzig, 1935, p. 50 sq.

PL, xcv, 269

Vita S. Wilfridi, auctore EDDIO (STEPHANO)
uide sub n. 2151.

ALDHELMVS EPISCOPVS SCIREBVRNENSIS
circa 640-709.

Cod.: B. B. BOYER, in *Classical Philology*, xlii, 1947, p. 209-222.

Trad. text.: A. BREEZE, *The Transmission of Aldhelm's Writings in Early Medieval Spain*, in *Anglo-Saxon England*, xxi, 1992, p. 5-21.

Latinitas: J. MARENBON, in ALMA, xli, 1977/78, p. 75-90.

1331 **Carmina ecclesiastica** (*MANITIUS*, i, 135; ii, 797; iii, 1060; *WALTHER*, 7639; 7651; 17305; *SCHALLER & KÖNSGEN*, 6291. 6061. 7116. 6092. 14738/39, et alibi)

MGH, *auct. ant.*, xv, 1913-1919 — EHWALD, p. 11-32.

Cod., uar. lect.: CC, cxxxiii, p. 315.

Fontes: R. E. MESSENGER, in *Speculum*, xxii, 1947, p. 83-84.

PL, lxxxix, 289

1332 **De laudibus uirginitatis** (*MANITIUS*, i, 138; ii, 797; iii, 1060)
ibid., p. 226-323.

Cod.: E. A. LOWE, in RB, xxxix, 1927, p. 191 sq.; T. E. MARSTON, in *Yale Univ. Libr. Gazette*, xliv, 1970, p. 204-206 (cfr *Scriptorium*, xvi, 1962, p. 221*, n. 632).

PL, lxxxix, 103

Cod. Bruxellensem 1650 phototypice expressit G. Van Langenhove, *Aldhelm's de laudibus uirginitatis with Latin and Old English Glosses*, Bruges, 1941.

Glossae: cfr Scott Gwara, in *Scriptorium*, xlviii, 1994, p. 18-38.

1333 **De uirginitate** (metrice) [et **De octo principalibus uitiis**] (*Manitius*, i, 138; iii, 1061; *Schaller & Könsgen*, 9616; 11325; *CPPM*, ii, 3004)   PL, lxxxi, 237

ibid., p. 350-471.

Cod.: P. Lehmann, in *Sb. München*, 1929, i, p. 23 sq.

Fontes: A. Campbell, in *Transactions Philol. Society*, Oxford, 1953, p. 1-20.

1334 **Epistulae** (*Manitius*, i, 140)   PL, lxxx 87; MGH *epist.*, ii

ibid., p. 475-503.   231

Inter has habes epistulas quas ad Aldhelmum dederunt *Artvil* (n. 1126), *Aethilwaldvs* (n. 1341), *Cellanvs* (n. 1127°). At «*chartae Aldhelmianae*» (*ibid.*, p. 507-516 et PL, lxxxix, 309-314) omnes suspectae sunt; cfr n. 1740.

1335 **Epistula ad Acircium siue liber de septenario, de metris, aenigmatibus ac pedum regulis** (*Manitius*, i, 136; ii, 797; iii, 1060; *Walther*, 1392; *Schaller & Könsgen*, 961, etc.)   PL, lxxx 161; MG *auct. a* xv, 59

ibid., p. 59-204.

Aenigmata ex editione Ehwald repetiuit J. H. Pitman, New Haven, 1925; paulo emendatius ea edidit Fr. Glorie, in CC, cxxxiii, 1968, p. 367-540.

Cod., trad. text., uar. lect.: Thorndike & Kibre, p. 219; Z. Mady, *An viii[th] Cent. Aldhelm Fragment in Hungary*, in *Acta ant. Acad. Hung.*, xiii, 1965, p. 441-453 (*Lowe*, 1792); H. Silvestre, in ALMA, xxxiv, 1964, p. 95-97; V. M. Lagorio, in *Manuscripta*, xv, 1971, p. 23-27; R. Leotta, in *Giorn. ital. di Filol.*, xxxii, 1980, p. 119-134; K. O'Brien Keeffe & A. R. P. Journet, in *Manuscripta*, xxvii, 1983, p. 131-145; K. O'Brien Keeffe, in *Anglo-Saxon England*, xiv, 1985, p. 61-73.

APPENDIX

[1336 **Epitome ad regem Oswaldum** (lege: **Acircium**). Inc. «Confido, reuerentissime fili, pepigisse»   PLS, iv 2176

MGH, *t. c.* [n. 1331], p. 206-207.

Excerptum e n. praecedenti (1335).]

1337 **Carmen clerici cuiusdam ad Aldhelmum** (*a*). Inc. «Lector casses catholicae» (*MANITIUS*, i, 142; *WALTHER*, 10215; *SCHALLER & KÖNSGEN*, 8824)

ibid., 524-528.

PL, lxxxix, 301; MGH, *epist.*, iii, 240

SPVRIA

[1338 **De die iudicii** (fragm.). Inc. «Cur non ex aliquo possit confingere nota» (*CPPM*, ii, 11)

PL, lxxxix, 297-300 = GILES.

Hic omittendum est; est enim fragmentum *Carminis* ad Flauium Felicem (n. 1463), nn. 108-291.

Vide etiam sub n. 1124° (*Liber monstrorum*).]

1339 **Epistula ad sororem.** Inc. «Splendida uirginitatis castimonia ... Fateor caritati uestrae, postquam Brittanicae telluris»

ibid., 299-310.

Reuera est quaedam epistula *LVLLI* a° 738 conscripta; extat inter epistulas *BONIFATII MOGVNTINENSIS* n. 98, ed. M. STANGL, Berlin, 1916 (reeditio anastatica, 1955 [MGH, *epist. selectae*, i], p. 218-222).

AETHILWALDVS

Aldhelmi discipulus (et postea rex Merciae [716-757]? Cfr A. BRANDL, *Zu den angeblichen Schreiben des altmercischen Königs Aethelweald an Aldhelm*, in *Archiv f. das Studium der neueren Sprachen*, clxxi, 1937, p. 70).

1340 **Carmina** (*MANITIUS*, i, 141; ii, 797; *KENNEY*, p. 227, adn. 204; *SCHALLER & KÖNSGEN*, 10788. 15842. 437. 16982)

MGH, *auct. ant.*, xv, 1913-1919 — EHWALD, p. 528-537.

Emend.: S. T. COLLINS, in JTS, l, 1949, p. 70.

De re metrica uide W. MEYER, *Gesammelte Abhandlungen zur mittellateinischen Rythmik*, iii, Berlin, 1936, p. 328-346; I. SCHRÖBLER, in *Beitr. zur Geschichte der deutschen Sprache u. Literatur*, lxxix, 1957, p. 1-42.

PL, lxxxix, 304; MGH, *epist.*, iii, 242

1341 **Epistula ad Aldhelmum.** Inc. «Aestiui igitur temporis» (*MANITIUS*, i, 141)

ibid., p. 495-497.

Cfr n. 1334.

PL, lxxxix, 97; MGH, *epist.*, iii, 238

(*a*) Siue ad *HELMGISILVM*? Cfr H. BRADLEY, in *English Hist. Rev.*, xv, 1900, p. 291.

BERTHVVALDVS ARCHIEPISCOPVS CANTVARIENSIS

sedit a. 693-731; scripsit a. 709-712.

1341a **Epistula ad Forthereum episcopum Scireburnensem.** Inc. «Quoniam petitio mea qua precatus sum»

M. TANGL, *Die Briefe des hl. Bonifatius und Lullus*, Berlin, 1916 (reeditio anastatica, 1955 [MGH, *epist. selectae*, i]), n. 7, p. 2.

PL, lxxxi 799; MGH *epist.*, iii 248

AELFFLED ABBATISSA STREANESHALCHENSIS

obiit 713.

1341b **Epistula ad Adolanam abbatissam.** Inc. «Ex quo famam uestrae sanctitatis»

M. TANGL, *o. c.*, n. 8, p. 3-4.

PL, lxxx 803; MG *epist.*, ii 248

EVSEBIVS [HWAETBERHTVS] ABBAS WIREMVTHENSIS

circa 716.

1342 **Aenigmata**

uide sub n. 1564.

Vitam Eusebii (BHL, 8968), ubi et eiusdem *epistula* ad Gregorium ii (inc. «Gratias agere non cesso») extat, BEDA VENERABILIS conscripsit (n. 1378). Haec epistula, una cum Gregorii responso (inc. «Scriptorum tuae amplectende religionis»), extat in *Vita Ceolfridi abbatis* (BHL, 1726 [n. 1377]) quam fortasse ipse Eusebius conscripsit, uide H. HAHN, *Bonifaz und Lull*, Leipzig, 1883, p. 216 sq.; cfr W. LEVISON, *Aus rheinischer und fränkischer Frühzeit*, Düsseldorf, 1948, p. 364, adn. 2. Item uidetur eiusdem auctoris *uita Cuthberti* (BHL, 2019 [n. 1379]).

Praeterea ad Eusebium habes epistulam BONIFATII (n. 76 — MGH, *epist. sel.*, i, 1916 — TANGL, *o. c.* [n. 1341a], p. 158 sq. Inc. «Fraternitatis uestrae pietatem intimis obsecramus precibus»).

PL, lxx 735; MG *epist.*, 348

BEDA VENERABILIS

obiit 735.

Cod.: M. LAISTNER, *A Hand-List of Bede MSS.*, Ithaca, 1943; cfr N. R. KER, in *Medium Aeuum*, xiii, 1944, p. 36-40; V. DE MONTMOLLIN, in

RMAL, iv, 1948, p. 396; B. SMALLEY, in JTS, xlv, 1944, p. 228-231; J. LE-CLERCQ, in RTAM, xiv, 1947, p. 211 sq., adn. 4; C. BEESON, *The MSS. of Bede*, in *Classical Philology*, xlii, 1947, p. 73-87; H. SILVESTRE, *Les manuscrits de Bède à la Bibliothèque Royale de Bruxelles*, Léopoldville, 1959; ID., in *Scriptorium*, xvii, 1963, p. 110-113; E. PELLEGRIN, in *Bibl. Éc. Chartes*, cxvii, 1959, p. 284-286; O. ARNGART, *On the Dating of Early Bede MSS*, in *Studia Neophilol.*, xlv, 1973, p. 47-52.

Trad. text.: H. SCHREIBER, *Beda in buchgeschichtlicher Betrachtung*, in *Zentralblatt f. Bibliothekswesen*, liii, 1936, p. 625-652.

Critica: W. LEVISON, *Modern Editions of Bede*, in *Durham University Journal*, xxxvii, 1945, p. 78-85.

Fontes: R. DAVIS, *Bede's Early Reading*, in *Speculum*, viii, 1933, p. 179-195; M. LAISTNER, *The Intellectual Heritage of the Early Middle Ages*, Ithaca, 1957, p. 93-149; A. WILLMES, *Bedas Bibelauslegung*, in *Archiv f. Kulturgesch.*, xi, 1962, p. 281-314.

OPERA DIDASCALICA

1343 **De natura rerum** (*MANITIUS*, i, 77; ii, 795)   PL, xc, 187

CC, cxxiii A, 1975, p. 189-234 — JONES.

Cod.: THORNDIKE & KIBRE, p. 1008; D. HUWS, in *Bull. Board of Celtic Stud.*, xxvii, 1978, p. 491-504.

Opera de grammatica

uide sub nn. 1565 sqq.

Opera de temporibus

uide sub nn. 2273 et 2318 sqq.

OPERA EXEGETICA (a)

1344 **Hexaemeron** (seu **Libri iv in principium Genesis**) (*STEGMÜL-*   PL, xci, 9
LER, 1598)

CC, cxviii A, 1967 — JONES.

De duabus recensionibus, uide M. LAISTNER, *Hand-List*, p. 41, et prolegomena Caroli JONES in suam editionem, p. vi sq.

Fontes: A. DI PILLA, in *De Genesi contra Manichaeos. Commento di G. Pelland e. a.*, Palermo, 1992, p. 99-113.

(a) Cfr R. RAY, *What do we know about Bede's Commentaries?*, in RTAM, xlix, 1982, p. 1-20; B. P. ROBINSON, *The Venerable Bede as Exegete*, in *The Downside Rev.*, cxii, 1994, p. 201-226.

1345 **De tabernaculo** (STEGMÜLLER, 1602) PL, xci,
CC, cxix A, 1969, p. 1-139 — HURST.
Fontes: A. G. HOLDER, in RB, ii, 1989, p. 237-249.

1346 **In Samuelem prophetam allegorica expositio** (STEGMÜLLER, PL, xci,
1603-1604) 499
CC, cxix, 1962, p. 1-272 — HURST.
Fontes: P. MEYVAERT, in JTS, n. s., xix, 1968, p. 225.

1346*a* **Nomina locorum ex Beati Hieronimi et Flaui Iosephi collecta opusculis**
ibid., p. 273-287.

1347 **In libros Regum quaestiones xxx** (STEGMÜLLER, 1606) PL, xci,
ibid., p. 289-322.

1348 **De templo Salomonis** (STEGMÜLLER, 1605) PL, xci,
CC, cxix A, 1969, p. 141-234 — HURST.
Fontes: A. G. HOLDER, *a. c.* (n. 1345).

1349 **In Ezram et Neemiam prophetas allegorica expositio** (STEG- PL, xci,
MÜLLER, 1607) 807
ibid., p. 235-392.
Cfr n. 1363*b*.

1350 **In librum beati patris Tobiae allegorica expositio** (STEGMÜL- PL, xci,
LER, 1608) 923
CC, cxix B, 1983, p. 1-19 — HURST.
Cod.: L. KISSELEVA, in *Scriptorium*, xxxii, 1978, p. 304.

1351 **Commentarius in Parabolas Salomonis** (Ps. HIERONYMVS; Ps. PL, xci
HRABANVS MAVRVS) (STEGMÜLLER, 1609. 7051) 937; cx
ibid., p. 21-163. 679

De **fontibus** huius opusculi disquisitionem instituit J. HABLITZEL, in *Bibl. Zeitschr.*, xxiv, 1939, p. 357-359. — De **genuinitate** uide A. VACCARI, in *Misc. Geronimiana*, Roma, 1920, p. 5-7 (= *Scritti*, ii, p. 36-38); J. SCHILDENBERGER, in TA, i, 132-33, 1941, p. 146. — *Libellus de muliere forti* (PL, xci, 1039-1052) mere ultimum caput refert huius *Commentarii*; in nonnullis codicibus separatim inuenitur (cfr STEGMÜLLER, 1465. 1669).

1352 **In prouerbia Salomonis allegoricae interpretationis fragmenta** (STEGMÜLLER, 1668)

PL, xci, 1051-1066 — GILES.

Inter spuria reponunt F. STEGMÜLLER et H. J. FREDE, p. 323; deest apud LAISTNER.

Fontes: H. J. FREDE, *l. c.*

1353 **In Cantica Canticorum allegorica expositio** (STEGMÜLLER, 1610)   PL, xci, 1065

CC, cxix B, 1983, p. 165-375 — HURST.

Fontes: H. J. FREDE, p. 316 sq.

Cfr n. 1363c.

1354 **Super Canticum Abacuc allegorica expositio** (STEGMÜLLER, 1612)   PL, xci, 1235

ibid., p. 377-409 — HUDSON.

Index uerborum (nn. 1350-1354): ILL, A, 15.

Excerpta ex HIERONYMI *commentario in Isaiam* (n. 584) in cod. Sangall. 254, saec. ix (STEGMÜLLER, 1641) Bedae tribuitur a M. MANITIUS, ii, p. 795; prologum metricum edidit M. GERBERT, *Iter Alemannicum*, St. Blasien, 1773², p. 109 (inc. «Isaiae breuibus lector mysteria uerbis» [SCHALLER & KÖNSGEN, 8389]), qui reuera potius ad Alcuini pertinet aetatem et uerisimilius IOSEPHVM SCOTTVM habet parentem (PL, xcix, 821; MGH, *poet. lat.*, i, 151 [STEGMÜLLER, 5146; KENNEY, 341]). Cfr B. BISCHOFF, in SE, vi, 1954, p. 234 (= *Studien*, i, p. 239). De ipsius uero Bedae «distinctionibus capitulorum e tractatu B. Hieronymi», uide A. VACCARI, in *Biblica*, v, 1924, p. 372-373.

1355 **In Marci Euangelium expositio** (STEGMÜLLER, 1613)   PL, xcii, 131

CC, cxx, 1960, p. 427-648 — HURST.

Cod.: cod. Gerona, San Felin 146, saec. xi plenius descripsit R. ÉTAIX, in *Anal. Sacra Tarracon.*, xxxiv, 1961, p. 47-55; T. E. MARSTON, in *Yale Univ. Libr. Gazette*, xliii, 1968/69, p. 81-84. Addatur Karlsruhe, Aug. fragm. 81, f° 5-6, saec. ix.

Emend.: B. LÖFSTEDT, in *Arctos*, xxi, 1987, p. 61-72.

Fontes: H. J. FREDE, p. 319; B. LÖFSTEDT, *a. c.*

1356 **In Lucae euangelium expositio** (STEGMÜLLER, 1614)   PL, xcii, 301

ibid., p. 1-425.

Cod.: R. ÉTAIX, *a. c.* (n. 1355); L. KISSELEVA, in *Scriptorium*, xxxii, 1978, p. 304; M. GORMAN, in *Manuscripta*, xxvi, 1982, p. 157-166; Th. McKAY, in *Manuscripta*, xxx, 1986, p. 176 (LOWE, 220).

Emend.: B. LÖFSTEDT, *a. c* [n. 1355].

1357 **Super Acta Apostolorum expositio** (STEGMÜLLER, 1615. 1617)   PL, xcii,
CC, cxxi, 1983, p. 1-99 — LAISTNER.   937

1358 **Libellus retractationis in Actus Apostolorum** (STEGMÜLLER,   PL, xcii,
1616-1617)   995

ibid., p. 101-163.

Retractatio 16, 3 est excerptum ex AVGVSTINI sermone DOLBEAU 10, 10, ita Fr. DOLBEAU apud J. H. FREDE, p. 315.

Ad calcem libelli excuduntur in PL, xcii, 1031-1034 *Quaestiones quinque in Acta Apostolorum* (inc. «Quid indicat illud quod legimus» [STEGMÜLLER, 1682]), quae subdititiae uidentur.

1359 **Nomina regionum atque locorum de Actibus Apostolorum**   PL, xxiii
(STEGMÜLLER, 1618; CPPM, ii, 2343. 2405)   1297 (135
ibid., p. 165-178.   xcii, 103

Genuinitatem peremptorie defendit editor in prolegomenis ad priorem suam editionem, Cambridge (Mass.), 1939, p. xxxvii sq.

Index uerborum (nn. 1357-1359): ILL, A, 12.

1360 **Collectio Bedae presbiteri ex opusculis sancti Augustini in epistulas Pauli Apostoli** (STEGMÜLLER, 1619-1631; CPPM, ii, 2013)

descripserunt A. WILMART, in RB, xxxviii, 1926, p. 16-52, et locupletius I. FRANSEN, in RB, lxxi, 1961, p. 22-70.

De **codicibus** et **traditione text.** uide, praeter M. LAISTNER, *Hand-List*, p. 38: C. CHARLIER, in RB, lvii, 1947, p. 133-136; W. AFFELDT, in *Traditio*, xiii, 1957, p. 375 sq.; de **textu**, cfr A. WILMART, in *Misc. Agost.*, ii, Roma, 1931, p. 266 sq. et 292 sq.; I. FRANSEN, in RB, lxv, 1955, p. 262-266.

Noua ed. paratur a D. HURST, I. FRANSEN, R. DEMEULENAERE.

1361 **In epistulam ad Hebraeos.** Inc. «Quid ergo, dicit aliquis, dum   PLS, iv,
praepositus malignus extiterit» (fragm. apud GVALTERVM HV-   2222
NOCVRTENSEM [saec. xi]) (CPPM, ii, 2010)

G. MORIN, *Études*, p. 482.

De **genuinitate** non constat.

1362 **Super epistulas catholicas expositio** (STEGMÜLLER, 1632-1638;   PL, xci
CPPM, ii, 2011; [cfr STEGMÜLLER, 1639])
CC, cxxi, 1983, p. 179-342 — HURST.

Var. lect. textus biblici apud J. WORDSWORTH, H. J. WHITE, H. F. D. SPARKS, *Nouum Testamentum*, iii, 2, Oxford, 1949.

Cod.: A. DOLD, in *Festschr. W. Stammler*, Bielefeld, 1953, p. 29-44. Addatur fragm. e cod. Balliol 177 iuxta C. JENKINS & M. LAISTNER, in JTS, xliii, 1942, p. 42-45; 184-187; prooemium metricum e cod. Karlsruhe 122 (inc. « Iacobus, Cephas, Iohannes, Thateus » [*MANITIUS*, i, 86; *WALTHER*, 9677; *SCHALLER & KÖNSGEN*, 7461]) edidit K. STRECKER, in MGH, *poet. lat.*, iv, 2, 1923, n. 25, p. 1067, in CC, *t. c.*, p. 181 adn.; auctore ipso Beda, ita W. JAAGER [ante n. 1370]).

PLS, iv, 2223

1363 **Explanatio Apocalypsis** (*STEGMÜLLER*, 1640; *CPPM*, ii, 2012)

PL, xciii, 129-206.

Var. lect. textus biblici: J. WORDSWORTH e. a. (cfr n. 1362), iii, 3, 1954.

Cod.: J. ZARCO CUEVAS, in *Bol. Acad. Hist. Madrid*, cvi, 1935, p. 406; Th. W. McKAY, in *Saints, Scholars and Heroes. Studies in honour of Ch. W. Jones*, i, Collegeville, 1979, p. 211-212.

Fontes: G. BONNER, *S. Bede in the Tradition of Western Apocalyptic Commentary* (Jarrow Lecture), Newcastle, 1966; S. F. KELLEY, in RB, xcii, 1982, p. 393-406.

Addatur « explicit » quod non inuenitur in editionibus sed euulgatum est in catalogis codicum manuscriptorum, e. g. V. ROSE, *Verzeichnis der lateinischen Handschriften der königlichen Bibliothek zu Berlin*, i, Berlin, 1893, p. 198 (e cod. Phillipps 93, saec. ix) (inc. « Explicato tandem tanto tamque periculoso labore »). Cfr P. MEYVAERT, *Colophons dans des manuscrits de Bède*, in RB, lxix, 1959, p. 100-101.

Noua ed. paratur a H. F. D. SPARKS, D. HURST, Th. W. McKAY; epistula praefatoria ad Eusebium iam critice edita est curante Th. W. McKAY, *a. c.*, p. 222-231.

In editionibus nonnulli alii extant Commentarii in S. Scripturam, Bedae nomine inscripti, qui uidentur posterioris aetatis aut certe inter spuria reiciendi sunt; cfr e. g. A. SCHÖNBACH, *Über einige Evangelienkommentare des Mittelalters*, in *Sb. Wien*, cxlvi, 1903, Abh. 4, p. 3-42.

Ex alia parte genuina quaedam fortasse adhuc latent in codicibus uel etiam in editis, ut « *Capitula lectionum* » *Bedae presbiteri in librum beati Patris Iob* (cfr A. VACCARI, *Scripsitne Beda commentarium in Iob?*, in *Biblica*, v, 1924, p. 369-373), et *In libro* (sic) *Tobiae, Iudith et Aesther*, quae memorantur in codice Leningradtensi *Historiae ecclesiasticae* (n. 1375), f° 160ᵛ?

1363*a* **Capitula lectionum in Pentateuchum Moysi, Iosue, Iudicum** (*CPPM*, ii, 2037-2048) descripsit G. MORIN, in RB, xi, 1894, p. 293-295.

PL, xciii, 225 (partim)

De **genuinitate** nihil constat. Excerpta uidentur ex *ISIDORI Quaestionibus* (n. 1195). Cfr tamen A. WILMART, in RB, xliv, 1932, p. 26, adn. 4, et catalogus librorum abbatiae Augiensis, saec. ix (P. LEHMANN, *Mittel-*

alterliche Bibliothekskataloge, i, München, 1918, p. 253, lin. 25/26: «Super Eptaticum de Hieronymi, Ambrosii, Augustini, Isidori dictis ‹quae› Beda conficiens composuit» (uel rectius, cum **cod.** [deperdito]: «dictis Beda conficiente composuit»).

Fere omnia *Capitula lectionum* quae ipse Beda enumerat in sua *Historia ecclesiastica* (v, 24) nuperrime tum in codicibus cum in editione Donatiani De Bruyne (n. 1363*b*) manifesta fecit Paulus MEYVAERT, *Bede's Capitula lectionum for the Old and New Testaments*, in RB, cv, 1995.

1363*b* **Capitula lectionum in Ezram et Neemiam.** Inc. «Cyrus (in) initio regni sui»   PL, xci, (litterae inclinata

Biblia Sacra iuxta latinam uulgatam uersionem, viii, Romae, 1950, p. 13-16; CC, cxix A, p. 238-240 — HURST.

Cod.: D. DE BRUYNE, *Sommaires, divisions et rubriques de la Bible Latine*, Namur, 1914, p. 406.

1363*c* **Capitula lectionum in Cantica Canticorum.** Inc. «Synagoga Dominum uenire in carne» (STEGMÜLLER, 1642)   PL, xci, 1079

CC, cxix B, p. 181-184 — HURST.

Genuinitas: A. VACCARI, *a. c.* [n. 1363], p. 369-371.

Capitula lectionum in alios libros V. ac N. Testamenti, quae ipse Beda enumerat in elencho suorum operum (*Historia ecclesiastica*, v, 24), fortasse seruata sunt in quibusdam codicibus S. Scripturae; nonnulla edidit D. DE BRUYNE, *Sommaires* [n. 1363*b*].

1364 **Aliquot quaestionum liber** (*MANITIUS*, ii, 795; *CPPM*, ii, 400)

PL, xciii, 455-462 = edit. *Coloniensis a.* 1688.

Cod.: B. BISCHOFF, in *Studien & Mitteil. O. S. B.*, li, 1933, p. 173-175.

Fontes *quaest. vi*: H. FRANK, *Die Bezeugung eines Karsamstagsresponsoriums durch Beda Venerabilis*, in AL, xvi, 1974, p. 150-153.

Totus liber olim inter spuria reputabatur; et reuera octo tantum «quaestiones», de S. Scriptura nempe (quaest. 1-8), genuinae uidentur, cfr B. CAPELLE, in *Beda Venerabilis*, Roma, 1936, p. 27, et H. WEISWEILER, *Das Schrifttum der Schule Anselms von Laon und Wilhelms von Champeaux*, Münster, 1936, p. 54-72; **fontes** quaestionum 9-12 indicat H. J. FREDE, p. 320.

1365 **De mansionibus filiorum Israel.** Inc. «Quasdam mihi pariter» (= BEDAE *epist.* 14) (STEGMÜLLER, 1601)

PL, xciv, 699-702 = GILES.

1366 **De eo quod ait Isaias: « Et claudentur ».** Inc. «Quoniam quidem, primae tuae propositioni» (= BEDAE *epist.* 15) (*STEGMÜLLER*, 1611)

ibid., 702-710 = GILES.

Ceteras epistularus quas collegit J. A. GILES (PL, xciv, 655-710) nn. 1. 2. 5-13. 16 sunt praefationes diuersorum operum Bedae (nn. 1374. 1376. 1344. 1348. 1347. 1355. 1356. 1357. 1358. 1363. 1346. 1362); nn. 3 et 4 uero inuenies cum operibus de tempore (nn. 2319. 2321).

Liber de locis sanctis
uide sub n. 2333.

OPERA HOMILETICA

1367 **Homeliarum euangelii libri ii** (*MANITIUS*, ii, 795)   PL, xciv, 9;
CC, cxxii, 1955, p. 1-378 — HURST.   334; 433

Cod.: Münster, Staatsarchiv, saec. ix in.; Freiburg i. Br. 483, 6, saec. ix a. m.; Gent 248, saec ix medio; Bloomington, Lilly Libr. (cfr J. W. HALPORN, in *Trans. Amer. Phil. Assoc.*, cxix, 1961, p. 220-238).

Trad. text.: L. BIELER, in *Scriptorium*, x, 1956, p. 323.

Emend., fontes: B. LÖFSTEDT, in *Arctos*, xxii, 1988, p. 95-98. Cfr et A. VAN DER WALT, *Reflections of the Benedictine Rule in Bede's Homiliary*, in *Journ. Eccl. Hist.*, xxxvii, 1986, p. 367-376; L. MARTIN, in *Augustine: Second Founder of the Faith*, New York, 1990, p. 357-369 (cfr F. VAN FLETEREN, in RÉAug, xl, 1994, p. 576, n. 322).

1368 **Sermones spurii e libro iii homiliarum** (nn. 42, 44, 55, 59, 85, 86, 88-105, 107, 108)

PL, xciv, 360-363; 364-368; 413-419; 422-423; 477-480; 489-507; 510-513.

Vide censuras Ioannis LECLERCQ, *Le troisième livre des homélies de Bède le Vénérable*, in RTAM, xiv, 1947, p. 216 sq., uel apud D. HURST, in CC, cxxii, p. 381-384, apud H. J. FREDE, p. 322 sq.; et locupletius in CPPM, i, nn. 3870-4130, p. 567-631:

Sermo 54 est PS. ORIGENIS (n. 674);

sermo 70: cfr n. 1369;

sermo 71, *in sollemnitate omnium Sanctorum*, non uidetur AMBROSII AVTPERTI, ut proposuit J. WINANDY, in RB, lx, 1950, p. 116 sq.; in codicibus occurrit etiam sub nomine *HELISACHARIS ABBATIS CENTVLENSIS*, postea S. MAXIMINI TREVIRENSIS († 833/840), cfr R. WEBER, in RB, lxxxvi, 1976, p. 326 sq., at uide etiam T. E. CROSS, *'Legimus in ecclesiasticis historiis': a Sermon for All Saints, and its Use in Old English Prose*, in *Tra-*

ditio, xxxiii, 1977, p. 101-135, qui textum critice edidit et **codices** et **fontes** locupletissime adnotauit (*CPPM*, i, 4046);

sermo 87, *de S. Scholastica* (BHL, 7516-7517), est BERTARII ABBATIS CASINENSIS (saec. ix), quem critice edidit A. LENTINI, in *Benedictina*, I, 1947, p. 212-232 (*CPPM*, i, 4060).

1369 **Sermo [spurius] in sollemnitate omnium Sanctorum**. Inc. «Hodie, dilectissimi, omnium Sanctorum» (Ps. AVGVSTINVS, *sermo* 209; BEDA, *hom.* iii, 70) (*CPPM*, i, 4045)

PL, xciv, 450

PL, xxxix, 2135-2137 = *Maurini*.

Vide J. LECLERCQ, *a. c.* [n. 1368], p. 216, adn. 27. Cod. Aurelianensis 60 (57) addit in margine «BEDAE» (cfr C. LAMBOT, in RB, lix, 1949, p. 55).

Cod.: M. CUNNINGHAM, in SE, vii, 1955, p. 297; H. BARRÉ, in RB, lxxi, 1961, p. 78.

Fontes: H. J. FREDE, p. 270 sq.

Genuinitatem negat G. MORIN, *Études*, p. 498 sq., et reuera potius uidetur carolinae aetatis.

OPERA POETICA

Cfr W. JAAGER, *Bedas metrische Vita sancti Cuthberti*, Leipzig, 1935, p. 49-55. Praeter hanc uitam metricam, hymnum in Ediltrudam reginam in Bedae *Historia ecclesiastica* seruatum (ed. G. DREVES, *Analecta hymnica*, l, Leipzig, 1907, p. 98-100 [uersus 29-33 spurii sunt, cfr W. MEYER, *Gesammelte Abhandlungen zur mittellateinischen Rythmik*, iii, Berlin, 1936, p. 329, adn. 1]; [MANITIUS, ii, 795; CHEVALIER, 839; WALTHER, 781; SCHALLER & KÖNSGEN, 582]), epitaphium Wilfridi (n. 1330), uerisimilius a Beda confectum (cfr W. JAAGER, *o. c.*, p. 50 sq.), epigrammata pauca in *Libro de locis sanctis* (n. 2333) et in *epistula ad Wicthedum* (n. 2321) ac prooemium in *Expositiones super epistulas catholicas* (n. 1362), extant sequentia opera rythmica (*a*):

1370 **De die iudicii**. Inc. «Inter florigeras» (MANITIUS, i, 86; ii, 795; STEGMÜLLER, 1646, I; CHEVALIER, 9021; WALTHER, 9456; SCHALLER & KÖNSGEN, 8207; *CPPM*, ii, 401)

PL, xc; 633; M poet. l iv, 108 134 (e

CC, cxxii, 1955, p. 439-444 — FRAIPONT.

Cod., uar. lect., ed.: L. WHITBREAD, in *Scriptorium*, xii, 1958, p. 280-281 (SCHALLER & KÖNSGEN, 14857); ID., *The Old English Poem Judgment Day II and his Latin Sources*, in *Philol. Quart.*, xlv, 1966, p. 635-656; li, 1972, p. 485-486.

(*a*) Cfr et W. BULST, *Bedae opera rythmica*, in *Zeitschr. f. deutsches Altertum*, lxxxix, 1959, p. 83-91.

Antiqua **uersio anglica**: H. LÖHE, *Be Domes Daege. De die iudicii*, Bonn, 1907.

Hymnus de die iudicii (inc. «A prophetis inquisiui» [PL, xciv, 557-560; MGH, *poet. lat.*, iv, 2, n. 89, p. 646-648] SCHALLER & KÖNSGEN, 24; CPPM, ii, 412) spurius est.

1371 **Collectio psalterii** seu **Psalterium paruum**   PL, xciv,
ibid., p. 452-470.   515; ci, 569

    Genuinitas confirmatur EGINHARDI *libello de psalmis* (ed. M. VATTASSO, in *Bessarione*, xix, 1915, p. 92-104; P. SALMON, in CCCM, xlvii, 1977, p. 55-78, et particulariter p. 55, lin. 11). Cfr P. VIARD, in *Dict. de spiritualité*, IV, xxv, Paris, 1958, col. 343.

1371*a* **Soliloquium de psalmo xli.** Inc. «Ceruus ut ad fontes sitiens»   PLS, iv,
(MANITIUS, ii, 795; CHEVALIER, 36071; WALTHER, 2558; SCHALLER & KÖNS-   2235
GEN, 2131)
ibid., p. 447-448.

1371*b* **De psalmo lxxxiii.** Inc. «Quam dilecta tui fulgent sacraria»   PLS, iv,
(SCHALLER & KÖNSGEN, 12972)   2236
ibid., p. 449.

1371*c* **Carmen de psalmo cxii.** Inc. «Laudate Altithronum, pueri»   PLS, iv,
(CHEVALIER, 38588; SCHALLER & KÖNSGEN, 8705)   2236
ibid., p. 450.

1372 **Liber hymnorum** (MANITIUS, i, 86)   PL, xciv,
ibid., p. 407-438.   621
    (partim)

1373 **Oratio ad Deum.** Inc. «O deus, aeternae mundo spes unica   PL, ci, 1397
uitae» (MANITIUS, ii, 795; WALTHER, 12585*a*; SCHALLER & KÖNSGEN, 10861)
ibid., p. 445-446.

1373*a* **Fragmenta**   PLS, iv,
ibid., p. 451.   2235

1373*b* **Versus Bedae in absida basilicae.** Inc. «Splendet apostolici radio locus iste dicatus» (SCHALLER & KÖNSGEN, 15611)

    D. SCHALLER, in *Mittellat. Jahrb.*, xii, 1977, p. 9-21.

    Cfr CC, *t. c.*, p. 406, adn. 1. — De *Libro Epigrammatum* deperdito, cfr Br. LUISELLI, in *Poesia latina in Grammenti*, Genova, 1974, p. 367-

379; quaedam fragmenta, uel genuina uel subditicia, collegit post J. LELAND, M. LAPIDGE, *Some Remnants of Bede's Liber Epigrammatum*, in *English Hist. Rev.*, xc, 1975, p. 798-820.

OPERA HISTORICA

Vide, praeter prolegomena CAROLI PLUMMER, W. LEVISON, *Bede as Historian*, in *Bede, His Life, Times and Writings*, Oxford, 1935, p. 111-151 (iterum plenius in *Aus rheinischer und fränkischer Frühzeit*, Düsseldorf, 1948, p. 347-382).

1374 **Epistula ad Albinum.** Inc. «Gratantissime suscepi» (= BEDAE PL, xciv *epist.* 1) 655

C. PLUMMER, *Venerabilis Baedae opera historica*, i, Oxford, 1896, p. 3.

1375 **Historia ecclesiastica gentis Anglorum** (*MANITIUS*, i, 81; ii, 795; PL, xcv, iii, 1060; *KENNEY*, 67)

B. COLGRAVE & R. MYNORS, Oxford, 1969, p. 1-576.

Plures iam eruditi tractauerunt de **cod.** peruetusto Leningradtense (Q. v. i, 18, [quem Beda manu propria ut quibusdam uidetur, subscripsit, cfr E. A. LOWE, *An Autograph of the Venerable Bede?*, in RB, lxviii, 1958, p. 200-202; ID., *A Key to Bede's Scriptorium*, in *Scriptorium*, xii, 1958, p. 182-190; D. MISONNE et P. MEYVAERT, in RB, lxix, 1959, p. 97-101]; P. MEYVAERT, in RB, lxxi, 1961, p. 274-286; D. H. WRIGHT, in RB, lxxi, 1961, p. 265-273; M. BÉVENOT, in *Scriptorium*, xvi, 1962, p. 365-369); sed cfr O. DOBIACHE-ROJDESTVENSKY, in *Speculum*, iii, 1928, p. 314-321 (phototypice descripsit O. ARNGART, *The Leningrad Bede*, København, 1952; cfr M. SCHAPIRO, *The Decoration of the Leningrad MS. of Bede*, in *Scriptorium*, xii, 1958, p. 191-207); de ceteris **codicibus** uide etiam E. A. LOWE, in *English Hist. Rev.*, xliv, 1926, p. 244-246, et eiusdem *Codices latini antiquiores*, ii, nn. 139 et 191; B. KRAFT, *Die Handschriften der bischöflichen Ordinariatsbibliothek in Augsburg*, Augsburg, 1934, p. 47 sq.; E. FRANCESCHINI, in *Mél. de Ghellinck*, i, Gembloux, 1951, p. 155; 157 (Ambros. C 72 inf., saec. xi); P. HUNTER BLAIR, *The Moore Bede* (fototypica descriptio cod. Cantabrigiensis Kk. 5.16), København, 1959 (cum notis a R. MYNORS digestis [p. 33-37]); T. E. MARSTON, in *Yale Univ. Libr. Gazette*, xliii, 1968/69, p. 81-84; R. KOTJE, *Ein bisher unbekanntes Fragment der Hist. eccl. Bedas* (Trier, Seminar, Ink. 17, saec. ix), in RB, lxxxiii, 1973, p. 429-432.

Emend.: J. H. MOZLEY, in *Latomus*, xix, 1960, p. 578; M. SIMONETTI, in *Sicul. Gymn.*, xxix, 1976, p. 403-411.

Fontes: M. MILLER, *Bede's Use of Gildas*, in *English Hist. Rev.*, xc, 1975, p. 241-261.

Index uerborum: P. F. JONES, *A Concordance to the Historia ecclesiastica of Bede*, Cambridge (Mass.), 1929.

Bedae *continuationes* usque ad a. 734 et a. 766 (inc. «Anno DCCXXXI, Ceoluulf rex»; «Anno ab incarnatione Christi DCCXXXIIII Tatuini episcopus obiit») edidit C. PLUMMER, *o. c.* (n. 1374), p. 361-363.

PL, xcv, 289

De appendicibus quae in nonnullis codicibus inueniuntur, uide R. MYNORS, *l. c.*; L. MACHIELSEN, in SE, xii, 1961, p. 496-501 (inc. «Inuenimus etiam in aliorum decretis»); et in RB, lxxiii, 1963, p. 33-47 (inc. «Beatus Hysidorus de consanguinitate sic loquitur», auctore DANIELE WINTONIENSE [† 745]?).

Extat etiam uersio anglica, quae ALFREDI regi tribuitur, perperam ut uidetur, cfr D. WHITELOCK, *The Old English Bede*, in *Proceed. Brit. Acad.*, xlviii, 1963, p. 57-90; ac uersio hibernica, cfr PRÓINSÉAS NÍ CHATHÁIN, in *Peritia*, iii, 1984, p. 115-130.

1376 **Epistula ad Egbertum**. Inc. «Memini te hesterno dixisse anno» (= BEDAE *epist.* 2)

PL, xciv, 657

C. PLUMMER, *o. c.* [n. 1374], p. 405-423.

1377 **Vita sanctissimi Ceolfridi abbatis**, auctore incerto (*BHL*, 1726; KENNEY, 64)

C. PLUMMER, *o. c.* [n. 1374], p. 388-404.

Cfr n. 1342. In hac *uita* (ed. PLUMMER, p. 402) seruantur uersus ipsius CEOLFRIDI, quibus exemplar S. Scripturae (nunc codicem Amiatinum, Firenze, Bibl. Laurent., saec. vii-viii [LOWE, 299] S. Petro dedicauit (f° 1ᵛ — ed. H. QUENTIN, *Biblia Sacra*, i, Romae, 1926, p. xxii sq.; inc. «Corpus [*aliter*: cenobium] ad eximii merito uenerabile Petri [*aliter*: saluatoris]» [SCHALLER & KÖNSGEN, 2820. 2437]); cfr E. A. LOWE, in *Scriptorium*, xii, 1958, p. 183, adn. 7.

CEOLFRIDI *epistula de legitima obseruatione Paschae* (inc. «Catholicam sanctae Paschae obseruantiam»; CORDOLIANI, xxviii) habetur apud BEDAM, *Historia ecclesiastica*, v, 21 — ed. PLUMMER, p. 333-345.

1378 **Vita BB. Abbatum Benedicti, Ceolfridi, Eosterwini, Sigfridi et Hwaetberti**, auctore BEDA (*MANITIUS*, i, 83; *BHL*, 8968)

PL, xciv, 713

C. PLUMMER, *o. c.* [n. 1374], p. 364-387.

1379 **Vita Cuthberti** (*BHL*, 2019; KENNEY, 61, i)

B. COLGRAVE, Cambridge, 1940, p. 61-140.

Anno 699-705, auctore monacho Lindisfarnensi HEREFRIDO uel EVSEBIO WIREMVTHENSI (n. 1342), confecta, cfr H. HAHN, *Bonifaz und Lull*, Leipzig, 1883, p. 175 sq.; 216. — CVTHBERTI (uel CVTHRADI LINDISFARNENSIS [circ. 793-794]?) *uersus de Trinitate* (inc. «Mente canam Domino gratias laudesque rependens» [CHEVALIER, 11470; WALTHER, 10935; SCHALLER & KÖNSGEN, 9568]) leguntur in *Libello precum*, London, Brit. Libr., Reg. 2 A xx (n. 2018), f° 40, ed. W. MEYER, in *Nachr. Göttingen*, 1917, p. 614-615 (KENNEY, 576).

1380 **Vita Cuthberti metrica**, auctore BEDA (*MANITIUS*, i, 84; *BHL*, 2020; KENNEY, 61, ii; WALTHER, 11372; SCHALLER & KÖNSGEN, 9848; 581) PL, xciv, 575

W. JAAGER, Leipzig, 1935.

Cod., uar. lect.: P. GROSJEAN, in AB, liv, 1936, p. 206; P. LEHMANN, in *Sb. München*, 1938, 4, p. 5 sq.; H. HORNUNG, in *Scriptorium*, xiv, 1960, p. 344-346; L. MEZEY, in *Magyar Könyvszemle*, lxxviii, 1962, p. 18-24 (cfr RHE, lviii, 1963, p. 1097 sq.); M. LAPIDGE, in *St. Cuthbert*, Woodbridge, 1989, p. 77-93 (cfr *Med. Lat.*, xii, 1991, p. 66, n. 429).

Fontes: A. CAMPBELL, in *Transactions Philol. Society*, Oxford, 1953, p. 1-20.

1381 **Vita et miracula Cuthberti**, auctore BEDA (*MANITIUS*, i, 84; *BHL*, 2021; KENNEY, 61, iii) PL, xciv 733

B. COLGRAVE, Cambridge, 1940, p. 141-307.

Cod.: M. BAKER, in *Journ. Warburg & Courtauld Instit.*, xli, 1978, p. 16-49; E. TEMPLE, *A Note on the University College Life of S. Cuthbert*, in *Bodl. Libr. Rec.*, ix, 1978, p. 320-322.

Critica: A. SOUTER, in JTS, xli, 1940, p. 321-324; M. LAISTNER, in *American Hist. Rev.*, xlvi, 1941, p. 379-381.

1382 **Vita S. Felicis**, auctore BEDA (*BHL*, 2873)

PL, xciv, 789-798 = GILES.

Noua ed. parata est a T. W. MCKAY (cfr *Ann. Phil.*, xliii, 1974, p. 60).

1382*a* **Passio S. Anastasii**, «male de graeco translata et peius a quodam imperito emendata, ad sensum correcta» a Beda (*BHL*, 408)

AASS, *Ian.*, iii, 39-45 — BOLLAND.

Genuinitas, cod., fontes: cfr C. VIRCILLO FRANKLIN & P. MEYVAERT, *Has Bede's Version of the Passio S. Anastasii come down to us in «BHL» 408?*, in AB, c, 1982, p. 373-400.

Martyrologium

uide sub nn. 2032 et 1301°.

Chronica minora et maiora

uide sub n. 2273.

APPENDIX

1383 **Epistula Cuthberti de obitu Bedae** (*BHL*, 1068)   PL, xc, 63

Elliot Van Kirk DOBBIE, *The MSS. of Caedmon's Hymn and Bede's Death Song*, New York, 1937, p. 117-129, collata cum N. R. KER, *The Hague MS. of the Epistola Cuthberti de obitu Bedae with Bede's Song*, in *Medium Aeuum*, viii, 1939, p. 40-44.

Cod.: M. LAISTNER, *Hand-List*, p. 120; K. W. HUMPHREIS & A. S. C. ROSS, in *Notes & Queries*, xxii, 1975, p. 50-55.

Cfr W. F. BOLTON, in *Mediaeualia et Humanistica*, n. s., i, 1970, p. 127-139.

R. MYNORS & B. COLGRAVE, *o. c.* [n. 1375], p. 580-586.

1384 **De titulis psalmorum** (*STEGMÜLLER*, 1665; *CPPM*, ii, 2058)

PL, xciii, 477-1098 = GILES.

«Explanationes» et «Argumenta» quae in editionibus inde ab Heruagiana (Basileae, 1563; cfr B. BISCHOFF, in *Studien & Mitteil. O. S. B.*, li, 1933, p. 171-173 [= *Mittelalt. Studien*, i, 1966, p. 112-117]) sicut in codicibus haud paucis, interiecta sunt singulis psalmis, sunt CASSIODORI (n. 900) et THEODORI MOPSVESTENI (n. 777*a*); «Commentarii» uero sunt MANEGOLDI LAVTENBACHENSIS (STEGMÜLLER, 5442), cfr G. MORIN, in RB, xi, 1894, p. 289-293; xxviii, 1911, p. 331-340; H. WEISWEILER, in *Biblica*, xviii, 1937, p. 197-204; J. GROSS, *Die Erbsündenlehre Manegolds von Lautenbach nach seinem Psalmenkommentar*, in ZKG, lxxi, 1960, p. 252-261. An ipse Beda «explanationes» et «argumenta» excerpsisset, iam nimis ambigit B. CAPELLE, in BTAM, iii, p. 164* sq., n. 375, et nunc accuratius manum Bedae in hac compilatione indicauit B. FISCHER, *Bedae de Titulis Psalmorum Liber*, in *Festschr. B. Bischoff*, Stuttgart, 1971, p. 90-110.

Fontes: cfr Kl.-D. DAUR, in CC, xxv, 1990, p. xxxvii sq.

Tituli psalmorum, praesertim e Cassiodoro excerpti, editi sunt a P. SALMON, *o. c.* (n. 1135), p. 149-186: «Série de Cassiodore, résumée par Bède»; cfr p. 47 sv.

SPVRIA

Bedae opera spuria non recensuimus, praeter illa quae in *Indice* ii sub lemmate PS. BEDA recensita sunt; cetera enim posteriora sunt nostro termino chronologico (uide CPPM, i et ii); sequentia tamen adnotari possunt:

opera scientifica et *didascalica*: C. W. JONES, *Bedae Pseudepigraphica: Scientific Writings Falsely Attributed to Bede*, Ithaca, 1939; quaedam edidit ipse C. W. JONES, in CC, cxxiii C, 1980, p. 661-672 «Fontes Bedae prope coaeui», nempe:

a. De causis quibus nomina acceperunt duodecim signa. Inc. «Signa duodecim uel a causis annalibus».

ibid., p. 665-667.

Cod.: THORNDIKE & KIBRE, p. 1501;

b. De flexibus digitorum. Inc. «Romana computatio ita digitorum flexibus»

ibid., p. 671-672.

Cod.: *ibid.*, p. 1365;

c. De signis caeli (PL, xc, 945-950): cfr A. PANTONI, *Il Cod. 3 di Montecasino*, in *Benedictina*, xxiv, 1977, p. 27-45;

d. Argumentum ad inueniendum locum XIIII lunae paschalis. Inc. «Constat igitur quod primo anno»

ibid., p. 679;

e. De natiuitate lunae (siue *De initio primi mensis*). Inc. «Quaerenda est natiuitas lunae»

ibid., p. 681.

Vide et sub n. 2313;

f. De ratione embolismorum. Inc. «In primo igitur anni embolismo»

ibid., p. 685-689;

g. Epistola de Pascha et cyclo. Inc. «Sacratissimus festi paschalis dies»

ibid., p. 695-697.

Vide et sub n. 2323*b*;

h. De arithmeticis propositionibus (PL, xc, 665-668): cfr M. FOLKERTS, *Ps. Beda. De arithmeticis propositionibus. Eine mathematische Schrift aus der Karolingerzeit*, in *Südhoffs Archiv. Zeitschr. f. Wissenschaftsgesch.*, lvi, 1972, p. 22-43;

i. De musica theorica (PL, xc, 909-920): cfr U. PIZZANI, in *Maia*, ix, 1957, p. 36-48, siue scholia in excerpta BOETHII *de musica* (n. 880); critice edidit U. PIZZANI, *(Bedae Presbyteri) Musica theorica siue Scholia in Boethii de institutione musica libros v*, in *Romano-barbarica*, v, 1980, p. 300-361. Inc. «Notandum est quod omnis ars»;

k. opera exegetica: F. STEGMÜLLER, nn. 1600. 1614, 1; 1641. 1645. 1647-1648; Ph. GRIERSON, in RB, lii, 1940, p. 115 (*STEGMÜLLER*, 1670); cfr etiam supra, n. 1363*a*°;

l. Interpretatio nominum hebraicorum (*STEGMÜLLER*, 1677. 7192): O. BARDENHEWER, *Der Name Maria*, Freiburg, 1895, p. 83-85 (fortasse REMIGII AVTISSIODORENSIS);

m. Interpretatio psalterii artis cantilenae: cfr M. LAISTNER, *The Mediaeval Organ and a Cassiodorus Glossary among the Spurious Works of Bede*, in *Speculum*, v, 1930, p. 217-221;

Cfr etiam H. SILVESTRE, *o. c.* [ante n. 1343], p. 15-27: *Manuscrits de Bruxelles renfermant des* DVBIA, SPVRIA *et* VARIA *de Bède*.

V. POETAE LATINI

Cfr J. Fontaine, *Naissance de la poésie dans l'Occident chrétien*, Paris, 1981; Fr. Stella, *La poesia carolingia Latina a tema biblico*, Spoleto, 1993.

IVVENCVS PRESBYTER

Hispanus (Illiberritanus? Cfr J. Fontaine, *S. Isidore de Séville*, i, Paris, 1959, p. 8, adn. 3). Floruit circa 330. — Cfr J. Fontaine, *o. c.*, p. 67-80; 293; D. Kartschoke, *Bibeldichtung. Studien zur Geschichte der epischen Bibelparaphrase von Juvencus bis Otfrid von Weissenburg*, München, 1975, p. 78-87.

1385 **Euangeliorum l. iv** (*SCHANZ*, iv, 1, 209; *HERZOG & SCHMIDT*, v, 561; PL, xix, 53 *STEGMÜLLER*, 5334; *SCHALLER & KÖNSGEN*, 7777. 14271. 7484. 5401. 15976)

    CSEL, xxiv, 1891 — Huemer.

De proemio «Immortale nihil» uide P. G. van der Nat, in *Romanitas et Christianitas. Studia J. H. Waszink oblata*, Amsterdam, 1973, p. 249-257.

Legitur etiam in cod. et ed. et alia praefatio (inc. «Mattheus instituit uirtutum tramite mores» [*WALTHER*, 10787; *SCHALLER & KÖNSGEN*, 9446]) quae uero Iuuenco tribuenda non uidetur; duas recensiones huius textus edidit D. De Bruyne, *Préfaces*, p. 195.

Cod.: N. Hansson, *o. infra c.*, p. 19-20; G. Frank, in *American Journal of Philology*, xliv, 1923, p. 67-71; E. Rand, *ibid.*, p. 171-172; G. Mercati, OM, iv, p. 506-512; H. Thoma, *The Oldest MS. of Iuvencus*, in *The Class. Rev.*, lxiv, 1950, p. 95-96; M. A. Norton, in *Folia*, iv, 1950, p. 36-42; L. Bieler, in *Stud. Patr.*, i, p. 183; H. Walther, p. 443.

Critica: M. Petschenig, in BerlPhWo, ix, 1891, p. 137-144; C. Weyman, *Beiträge*, p. 21-28; 133-135; P. Santorelli, in *Annali ... Napoli*, xxix, 1986/87, p. 17-20. — J. Kievits, *Ad Iuuenci Euangeliorum librum primum commentarius exegeticus*, Groningen, 1940; J. de Wit, *Ad Iuuenci Euangeliorum librum secundum commentarius exegeticus*, Groningen, 1947, nobis minus profuerunt.

Emend.: L. Strzelecki, *Studia prosodiaca et metrica*, Kraków, 1949, p. 14-40; N. Hansson, *Textkritisches zu Iuuencus*, Lund, 1950; J. de Wit, in VC, viii, 1954, p. 145-148.

Var. lect.: J. Jiménez Delgado, *Juvenco en el Cód. Matritense 10.029*, in *Helmántica*, xix, 1968, p. 277-332.

Fontes: F. Lagana, *Giovenco*, Catania, [1947]; P. van der Weyden, *o. c.* (n. 1386).

Latinitas: P. Flury, in *Lemmata W. Ehlers*, München, 1968, p. 38-47; F. G. van der Nat, in *Romanitas et Christianitas. Studia J. H. Waszink oblata*, Amsterdam, 1973, p. 249-257; G. Simonetti Abbolito, in *Orpheus*, n. s., viii, 1986, p. 53-84.

Index uerborum: N. Hansson, *o. c.*, p. 107-164.

ANONYMVS AVGVSTODVNENSIS

scripsit circa 317-326.

1386 **Laudes Domini.** Inc. «Quis quaeritur sero uirtutis» (Ps. Ivvencvs) (*SCHANZ*, iv, 1, 206; *HERZOG & SCHMIDT*, v, 560; *CHEVALIER*, 16756; *SCHALLER & KÖNSGEN*, 13691; *CPPM*, ii, 1150) — PL, vi, 4 xix, 379; lxi, 1091

P. van der Weyden, Amsterdam, 1967.

Fontes: A. Frisone, in *Helikon*, ix/x, 1969, p. 673-676.

PVBLILIVS OPTATIANVS PORPHYRIVS

obiit ante a. 335.

1386a **Carmina**, una cum litteris praeuiis ad Constantinvm Avgvstvm et Constantini ad Optatianum (inc. «Fateor, Domine Constantine maxime inuicte»; «Si tantum pondus et grauitas») (*SCHANZ*, iv, 1, 12; *SCHALLER & KÖNSGEN*, 12870 [*a*]; *HERZOG & SCHMIDT*, v, 544)

G. Polara, Torino, 1973.

Cod.: H. Silvestre, in *Scriptorium*, xvii, 1963, p. 127.

Cfr G. Polara, *Cinquant' Anni di studi su Optaziano (1922-1973)*, in *Vichiana*, iii, 1974, p. 110-124; Id., *Le parole nelle pagina: grafica e contenati nei carmi figurati latini*, in *Vet. Christ.*, xxviii, 1991, p. 291-336.

Emend.: R. M. Angelo, in *Dialogos*, xvii, 1976, p. 81-83; G. Polara, in *Koinonia*, i, 1977, p. 191-194 (*Carmen* xxvi); Id., in *Vichiana*, vii, 1978, p. 334-365.

(*a*) Singula carmina recensita sunt a *SCHALLER & KÖNSGEN*; hic tantum primum carmen adnotatum est.

AVSONIVS BVRDIGALENSIS

obiit post a. 393. — R. HERZOG & P. L. SCHMIDT, *Nouvelle histoire de la Littérature Latine* (v, Turnhout, 1993, § 554, p. 306-352) optimam praebent enucleationem uitae operumque Ausonii ac traditionis textus. Ex multis hic satis pauca selegimus uel ex prioribus editionibus huius *Clauis* repetenda ducimus; alia addimus.

De **religione** Ausonii ac de **indole** eius christianitatis, post I. PATTIST (*Ausonius als Christen*, Amsterdam, 1925) optime egit Chr. MOHRMANN, *Ausonius en zijn verhouding tot het christendom*, in *Studia Catholica*, iv, 1927/8, p. 364-391; v, 1928/9, p. 23-39; cfr etiam L. JOUAI, *De magistraat Ausonius*, Nijmegen, 1938; R. ÉTIENNE, in *Rev. franç. d'hist. du livre*, Bordeaux, liv, 1985, p. 7-98.

Complures sunt **ed. criticae**. Schenkliana (MGH, *auct. ant.*, v, 2, 1883) anteponenda uidetur teubnerianae curis ac studiis R. PEIPER (Leipzig, 1886) (cfr C. BRAKMAN, *Ausoniana*, in Mn, liii, 1925, p. 320, et H. EMONDS, *Zweite Auflage im Altertum*, Leipzig, 1941, p. 86) et illi Sestonis PRETE, Leipzig, 1978 (cfr M. D. REEVE, in *Gnomon*, lii, 1980, p. 444-451), etsi interdum textum accuratiorem praebent.

Cod. et **trad. text.**: M. J. BYRNE, *Prolegomena to an Edition of the Works of Decimus Magnus Ausonius*, New York, 1916, et praesertim H. EMONDS, *o. c.*, p. 82-108. H. DE LA VILLE DE MIRMONT, *Le ms. de l'île Barbe et les travaux de la critique sur le texte d'Ausone*, i-ii, Bordeaux, 1917/1918; S. TAFEL, in RhM, lxix, 1914, p. 630-641; C. BRAKMAN, *l. c.*, p. 320-340; G. JACHMANN, *Das Problem der Urvariante und die Grundlage der Ausoniuskritik*, in *Concordia decennalis. Festschr. Universität Köln*, 1941, p. 47-104; S. PRETE, *Problems of the Text of Ausonius*, in *L'Antiquité classique*, xxviii, 1959, p. 243-254; ID., apud H. DAHLMAN & R. MERKELBACH, *Studien zur Textgeschichte und Textkritik*, Köln, 1959, p. 191-229; F. DELLA CORTE, in *Riv. di cult. class. e med.*, ii, 1960, p. 21-29 (= F. DELLA CORTE, *Opuscula*, vi, p. 321-333); A. PASTORINO, in *Maia*, xiv, 1962, 41-68; 212-243; S. BLOMGREN, in *Eranos*, lxvii, 1969, p. 62-70; M. D. REEVE, in *Prometheus*, iii, 1977, p. 112-120; ID., in RhM, cxxi, 1978, p. 350-366; S. PRETE, *La tradition textuelle et les manuscrits d'Ausone*, in *Rev. franç. d'hist. du livre*, liv, 1985, p. 99-109; p. 111-157: Elenchus codicum; p. 159-251: Elenchus editionum ueterum; ID., in *Texte u. Textkritik*, Berlin, 1987 (= TU, cxxxiii), p. 509-514; ID., in *Philologus*, cxxxii, 1988, p. 196-209.

Emend.: S. G. OWEN, in *Classical Quarterly*, xxvii, 1933, p. 178-181; xxviii, 1934, p. 44-45; V. CRISI, *De re metrica et prosodia Ausonii*, Udine, 1938; M. JASINSKI, in editione sua Parisiensi cum uersione gallica (*Librairie Garnier*), s. a. (1935); A. KURFESS, in *Gymnasium*, lx, 1953, p. 262-263.

Fontes: D. R. SHACKLETON BAILEY, *Echoes of Propertius*, in Mn, IV, v, 1952, p. 322; R. E. COLTON, in *Latomus*, xlvii, 1988, p. 875-882; D. NARDO, *Ausonio e Orazio*, in *Paideia*, xlv, 1990, p. 321-336.

Versiones antiquae et recentiores: H. L. Felber & S. Prete, in *Catal. Translationum*, iv, Washington, 1980, p. 195-222.

De singulis uide etiam M. Schanz, iv, 1, p. 21-43, et praesertim R. Herzog & P. L. Schmidt, v, p. 320-346.

1387 **Epistula Theodosii Augusti**
MGH, *auct. ant.*, v, 2, 1883 — Schenkl, p. 1; S. Prete, p. 1-2.

ed. castigata
PL, xix, 823

1388 **Versus ad Theodosium Augustum** (SCHALLER & KÖNSGEN, 502) (*a*)
ibid., p. 1-2; S. Prete, p. 4.

PL, xix, 823

1389 **Versus ad lectorem** (SCHALLER & KÖNSGEN, 1510)
ibid., p. 2-3; S. Prete, p. 1.

PL, xix, 824

1389*a* **Versus ad Syagrium**
ibid., p. 3; S. Prete, p. 1.

PL, xix,

1390 **Ephemeris, id est totius diei negotium** (SCHANZ, iv, 1, 35; SCHALLER & KÖNSGEN, 9254; CPPM, ii, 1371 b)
ibid., p. 3-9; S. Prete, p. 5-13.
Cfr n. 203°.

PL, xix, 839; CSE xxx, 4

1391 **Eclogarum liber** (SCHANZ, iv, 1, 36; SCHALLER & KÖNSGEN, 10336)
ibid., p. 9-17; S. Prete, p. 91-115.

PL, xix, 910

1392 **Precationes Ausonii consulis designati** (SCHALLER & KÖNSGEN, 7596)
ibid., p. 17-19; S. Prete, p. 79-81.

PL, xix, 886

1393 **Gratiarum actio dicta Gratiano Augusto** (SCHANZ, iv, 1, 38)
ibid., p. 19-30; S. Prete, p. 214-232.

PL, xix, 937

1394 **Versus paschales** (SCHALLER & KÖNSGEN, 14609)
ibid., p. 30-31; S. Prete, p. 82-83.

PL, xix, 877

1395 **Oratio consulis Ausonii** (SCHANZ, iv, 1, 38; SCHALLER & KÖNSGEN, 15578)
ibid., p. 31-32; S. Prete, p. 84-85.

(*a*) Singula carmina recensita sunt apud SCHALLER & KÖNSGEN; hic tantum initia priorum carminum cuiusuis operis adnotantur.

1396 **Epicedion in Patrem** (*SCHALLER & KÖNSGEN*, 10318) PL, xix,
ibid., p. 32-34; S. PRETE, p. 86-88. 878

1397 **De herediolo** (*SCHALLER & KÖNSGEN*, 14555) PL, xix,
ibid., p. 34-35; S. PRETE, p. 89-90. 879

1398 **Liber protrepticus ad nepotem** (*SCHALLER & KÖNSGEN*, 15857) PL, xix,
ibid., p. 36-39; S. PRETE, p. 72-78. 880

Emend.: M. BOAS, in BerlPhWo, xxxv, 1915, col. 1165-1168.

1399 **Genethliacos** (*SCHALLER & KÖNSGEN*, 1963) PL, xix,
ibid., p. 40; S. PRETE, p. 70-71. 882

1400 **Parentalia** (*SCHANZ*, iv, 1, 35; *SCHALLER & KÖNSGEN*, 10332) PL, xix,
ibid., p. 41-55; S. PRETE, p. 14-32. 841

Emend.: E. HARRISON, in *Proceed. Cambridge Philol. Association*, 1924, p. 26 sq.; A. Y. CAMPBELL, in *Classical Quarterly*, xxviii, 1934, p. 45; L. HÅKANSON, in *Amer. Journ. Philol.*, xcviii, 1977, p. 247-248; H. SIVAN, in *Latomus*, xlviii, 1989, p. 879-880.

1401 **Commemoratio professorum Burdigalensium** (*SCHANZ*, iv, 1, PL, xix, 851
35; *SCHALLER & KÖNSGEN*, 17403)
ibid., p. 55-71; S. PRETE, p. 33-55.

Emend.: J. B. HALL, in *Class. Quart.*, xxix, 1979, p. 227-228.

1402 **Epitaphia** (*SCHANZ*, iv, 1, 36; *SCHALLER & KÖNSGEN*, 14300) PL, xix,
ibid., p. 72-80; S. PRETE, p. 56-59. 861

1403 **Mosella** (*SCHANZ*, iv, 1, 39; *SCHALLER & KÖNSGEN*, 16446; *HERZOG &* PL, xix,
SCHMIDT, p. 340-343) 887
ibid., p. 81-97; S. PRETE, p. 170-192.

Emend.: O. SCHISSEL, in RhM, lxxv, 1926, p. 127; L. BIELER, *ibid*, lxxxvi, 1937, p. 285-287; W. JOHN, in *Hermes*, lxxviii, 1943, p. 97-105; M. ZICARI, in *Philologus*, cii, 1958, p. 155.

Fontes: M. R. POSANI, in *Studi Ital. Filol. class.*, xxxiv, 1962, p. 31-69; W. GÖRLER, *Virgilzitate in Ausonius' Mosella*, in *Hermes*, xcvii, 1969, p. 94-114.

Clausulae: cfr P. TORDEUR, *Les élisions dans la Moselle d'Ausone*, in *Latomus*, xxix, 1970, p. 966-987.

Apud C. HOSIUS, *Die Moselgedichte des Decimus Ausonius und des Venantius Fortunatus*, Marburg, 1926³, textus Peiperianus repetitur.

1404 **Ordo urbium nobilium** (*SCHANZ*, iv, 1, 36; *SCHALLER & KÖNSGEN*, 12509. 2667) PL, xix, 869

ibid., p. 98-103; S. PRETE, p. 193-201.

Cfr A. Y. CAMPBELL, *l. c.* [n. 1400].

1405 **Ludus vii Sapientium** (*SCHANZ*, iv, 1, 37; *SCHALLER & KÖNSGEN*, 7688) PL, xix, 871

ibid., p. 104-111; S. PRETE, p. 139-149.

Emend.: A. KURFESS, in SE, v, 1953, p. 141-143; E. BADIAN, in *Amer. Journ. Philol*, xcviii, 1977, p. 139-140.

1406 **Caesares** (*SCHANZ*, iv, 1, 36; *WALTHER*, 2295; *SCHALLER & KÖNSGEN*, 1826) PL, xix, 865

ibid., p. 112-119; S. PRETE, p. 202-211.

Cod.: S. PRETE, in *Res Publica Litterarum*, i, 1978, p. 255-262.

1407 **De fastis ad Hesperium** (*SCHALLER & KÖNSGEN*, 7689) PL, xix, 838

ibid., p. 119-120; S. PRETE, p. 212-213.

1408 **Versus ad Drepanium** (*SCHALLER & KÖNSGEN*, 2929) PL, xix, 825

ibid., p. 120-121; S. PRETE, p. 91.

1409 **Cupido cruciatus** (*SCHALLER & KÖNSGEN*, 396) PL, xix, 882

ibid., p. 121-124; S. PRETE, p. 116-121.

1410 **Bissula** (*SCHANZ*, iv, 1, 36; *SCHALLER & KÖNSGEN*, 16921) PL, xix, 885

ibid., p. 125-127; S. PRETE, p. 122-125.

Cfr A. KURFESS, in PhWo, lv, 1935, col. 1295.

1411 **Griphus** (*SCHANZ*, iv, 1, 38; *SCHALLER & KÖNSGEN*, 16236) PL, xix, 895

ibid., p. 127-132; S. PRETE, p. 150-158.

1412 **Technopaegnion** (*SCHANZ*, iv, 1, 38; *SCHALLER & KÖNSGEN*, 14191) PL, xix, 898

ibid., p. 132-139; S. PRETE, p. 126-137.

Emend.: R. PERRELLI, in *Quad. cult. classica*, ii/iii, 1984/5, p. 79-88 (cfr APh, lix, 1990, p. 69); M. BONARIA, in *Latomus*, xliv, 1985, p. 882; C. DI GIOVINI, in *Dicti studiosus. Scritti offerti S. Mariotti*, Urbino, 1990, p. 177-208.

1413 **Cento nuptialis** (*SCHANZ*, iv, 1, 37; *SCHALLER & KÖNSGEN*, 130) PL, xix, 903

ibid., p. 140-146; S. PRETE, p. 159-169.

Emend.: C. O. ZURETTI, in *Studi Ital. Filol. class.*, xii, 1904, p. 319.

1414 **Pythagorica** (*WALTHER*, 20390. 5658; *SCHALLER & KÖNSGEN*, 14008) PL, xix, 906
ibid., p. 147-152; S. PRETE, p. 91 sqq.

1415 **De aetatibus animantium** (*WALTHER*, 19203; *SCHALLER & KÖNSGEN*, PL, xix, 16238) 908
ibid., p. 152-153.
Emend.: W. H. ROSCHER, in *Philologus*, lxvii, 1908, p. 158-160.

1416 **Monosticha de aerumnis Herculis** (*WALTHER*, 14546; *SCHALLER &* PL, xix, *KÖNSGEN*, 12481) 908
ibid., p. 153-154.

1417 **De ratione librae** (*SCHALLER & KÖNSGEN*, 9670) PL, xix, 907
ibid., p. 154-155.

1418 **De ratione puerperii maturi** (*SCHALLER & KÖNSGEN*, 11272) PL, xix, 909
ibid., p. 155-156.

1419 **Epistulae xxv** (*SCHANZ*, iv, 1, 33; *SCHALLER & KÖNSGEN*, 2858) PL, xix, 913; MGH, auct. ant., vi, 1, 17 (epist. xvii)
ibid., p. 157-194; S. PRETE, p. 233-285.
Cod.: W. HARTEL, in *Anzeiger Akad. Wissensch. Wien*, 1897, p. 103-110.
Emend.: I. HILBERG, in WSt, xxi, 1899, p. 157-158; A. KURFESS, in Mn, n. s., xli, 1913, p. 392-395; H. WEIL, in *Album van Herwerden*, Utrecht, 1902, p. 238-254; L. HÅKANSON, in *Amer. Journ. Philol.*, xcviii, 1977, p. 247-248; F. CAPPONI, in *Quad. cult. classica*, ii/iii, 1984/85, p. 17-34 (cfr APh, lix, 1990, p. 68).

Ad Ausonium misit SYMMACHVS epistulas suas i, 14 et 25 et 31 et probabilius etiam ix, 88, cfr S. RODA, *Una nuova lettera di Simmaco ad Ausonio?*, in RÉA, lxxxiii, 1981, p. 273-280.

1420 **Epigrammata** (*SCHANZ*, iv, 1, 32; *SCHALLER & KÖNSGEN*, 11974) PL, xix, 825
ibid., p. 194-226; S. PRETE, p. 286-329.
Emend.: G. STRAMONDO, in *Quad. Catan.*, ix, 1983, p. 41-56.

1420a **In notarium** (*SCHALLER & KÖNSGEN*, 12749) PL, xix, 837
ibid., p. 226; S. PRETE, p. 330-331.

1421 **Fragmenta** (in *De dubiis nominibus* [n. 1560])
ibid., p. 226.

APPENDIX

1422 **Epigrammata dubia uel spuria** (SCHALLER & KÖNSGEN, 10450) PL, xix, 866
ibid., p. 252-262.

Cod., uar. lect.: F. MUNARI, *Epigrammata Bobiensia*, ii, Roma, 1955.

Emend.: S. MARIOTTI, in *Philologus*, c, 1956, p. 324-325 (n. xxiii); W. MOREL, in *Gymnasium*, lxvi, 1959, p. 318-319.

Cetera spuria apud SCHENKL uel posterioris sunt aetatis uel gentilem habent originem. Item gentilis uidentur originis cetera «*Epigrammata Bobiensia*» (saec. iv-v), quae nuper detexit A. CAMPANA et edidit F. MUNARI, Roma, 1955.

ANONYMVS

1422a **Laudes Eunomiae.** Inc. «Plena Deo, moderata animo»; «Ful- PLS, iii, gens Eunomia decensque uirgo» (SCHALLER & KÖNSGEN, 12055. 1430 5407)

F. BÜCHELER & A. RIESE, *Anthologia latina*, i, 2, Leipzig, 1906, nn. 767-768.

An Eunomia filia fuisset NAZARII RHETORIS BVRDIGALENSIS (saec. iv) certe non constat, cfr É. GALLETIER, *Panégyriques latins*, ii, Paris, 1952, p. 147.

PAVLINVS NOLANVS

uide sub n. 203.

CYPRIANVS GALLVS

floruit saec. v ineunte. — Cfr L. KRESTAN, in RAC, iii, 1957, col. 477-481.

1423 **Heptateuchos** (partim inter spuria TERTVLLIANI, CYPRIANI CAR- partim THAGINENSIS et IVVENCI) (SCHANZ, iv, 1, 212; STEGMÜLLER, 2036-2037; PL, ii, SCHALLER & KÖNSGEN, 12575, eqs.; CPPM, ii, 2000. 2145. 2157. 2780) (1155); 345; CS
CSEL, xxiii, 1, 1891 — PEIPER, p. 1-208. iii, 3, 2

Emend.: D. KUIJPER, in VC, vi, 1952, p. 44-46.

1424 **Deperditorum carminum relliquiae** (SCHALLER & KÖNSGEN, 3481, eqs.)
ibid., p. 209-211.

Reuera, fragm. in Iob (inc. «Lanigerae pecudes» [SCHALLER & KÖNSGEN, 8675]) fere ad litteram assumptum est e LVCRETIO, *De natura rerum*, ii, 661 (cfr n. 1427°).

SPVRIA ET DVBIA

1425 **Carmen de Sodoma.** Inc. «Iam Deus omnipotens» (Ps. TERTVL- PL, ii, 1101
LIANVS; Ps. CYPRIANVS CARTHAGINENSIS) (*SCHANZ*, iv, 1, 207; *STEG-* (1159);
MÜLLER, 2038; SCHALLER & KÖNSGEN, 7477; *CPPM*, ii, 2146. 2155) CSEL, iii,
3, 289
L. MORISI, *Versus de Sodoma. Testo critico, traduzione e commento*, Bologna, 1993.

Cod.: H. VON SODEN, *Die cyprianische Briefsammlung*, Leipzig, 1904 (TU, n. s., x, 3), p. 228; **cod. et uar. lect.**: P. LEHMANN, *Johannes Sichardus*, München, 1912, p. 156; R. BRAUN, in RÉAug, xl, 1994, p. 476 sq.

Fontes: R. HEXTER, in *Traditio*, xliv, 1988, p. 1-35, a quo et **noua ed.** paratur.

Incerto scriptore, sed Cypriani aequali? Vide tamen n. 1426°.

1426 **Carmen de Iona.** Inc. «Post Sodomum et Gomorum» (Ps. TER- PL, ii, 1108
TVLLIANVS; Ps. CYPRIANVS CARTHAGINENSIS) (*SCHANZ*, iv, 1, 208; *STE-* (1166);
GMÜLLER, 2038; SCHALLER & KÖNSGEN, 12236; *CPPM*, ii, 2147. 2156) CSEL, iii,
3, 297
CSEL, *t. c.* [n. 1423], p. 221-226.

Cod.: E. KROYMANN, in *Sb. Wien*, clxxxviii, 1898, p. 27; G. BALLAIRA, *Per il catalago dei codici di Prisciano*, Torino, 1982, p. 205.

Emend.: A. TRAINA, in *Riv. filol. class.*, cxviii, 1990, p. 200-202.

Eiusdem auctoris ac *Carmen de Sodoma*; duo carmina AVITO VIENNENSI (n. 990 sqq.) tribuit M. DANDO, in *Classica & Mediaeualia*, xxvi, 1965, p. 258-275. Cfr Y.-M. DUVAL, *Le livre de Jonas*, Paris, 1973, p. 506-508; W. VANTUONO, in *Mediaeval Studies*, xxxiv, 1972, p. 411-413; M. BERTOLINI, in *Studi class. e orient.*, xxxix, 1989, p. 185-202; L. MORISI, in *Vichiana*, iii, 1991, p. 173-185.

1427 **In Genesin ad Leonem Papam.** Inc. «Paruimus monitis, tua PL, l, 1287
dulcia iussa secuti» (Ps. HILARIVS PICTAVIENSIS) (*SCHANZ*, iv, 1, 228;
STEGMÜLLER, 3532. 3536; SCHALLER & KÖNSGEN, 11655; *CPPM*, ii, 2160)
ibid., p. 231-239.

Cod.: H. VON SODEN, *l. c.* (n. 1425).

Fontes: K. SMOLAK, *Unentdeckte Lukrezspuren*, in WSt, n. s., vii, 1973, p. 216-239 (cfr n. 1424°).

Cuiusdam HILARII, Hilarii metropolitae Arelatensis aequalis, uel ipsius Hilarii calamo conscriptum, cfr S. CAVALLIN, *Vitae Sanctorum Honorati et Hilarii*, Lund, 1952, p. 16.

1428 **De martyrio Machabaeorum.** Inc. «Rex fuit Antiochus Syriae» PL, l, 127
(Ps. Hilarivs Pictaviensis; Ps. Hilarivs Arelatensis; Ps. Victo-
rinvs) (SCHANZ, iv, 1, 159; BHL, 5112; STEGMÜLLER, 1890. 3533; SCHAL-
LER & KÖNSGEN, 14269; CPPM, ii, 2161. 2603. 2630)

ibid., p. 240-254; 255-269 (duplex recensio).

Cod.: E. A. Lowe, CLA, iii, n. 324 (Ambros. C 105 inf., saec. vi); H.
Dörrie, *Passio SS. Machabaeorum*, Göttingen, 1838, p. 117.

Cfr D. Kartschoke, *o. c.* [ante n. 1385], p. 105-111.

1429 **De Euangelio.** Inc. «Christus hic flos ‹est›. Decor ‹hic› est» PLS, iii,
(Ps. Hilarivs Pictaviensis) (SCHANZ, iv, 1, 228; STEGMÜLLER, 3534; 1243
SCHALLER & KÖNSGEN, 2291; CPPM, ii, 2162)

ibid., p. 270-274.

Cfr D. Kartschoke, *o. c.* [ante n. 1385], p. 91 sq.

1430 **Cena Cypriani**, una cum recensione cuiusdam Iohannis dia- PL, iv, 9
coni. Inc. «Quidam (Rex) nomine Iohel (Rex)» (SCHANZ, iii, 383 (1007)
[409]; SCHALLER & KÖNSGEN, 13590; CPPM, ii, 2148. 2159)

MGH, *poet. lat.*, iv, 2, 1914 — Strecker, p. 872-900.

Cod.: H. von Soden, *o. c.* [n. 1425F], p. 230 sq.; A. Wilmart, *Le prologue d'Hervé de Bourgdieu pour son commentaire de la «Cena Cypriani»*, in RB, xxxv, 1923, p. 256 sq.

Saec. iv-v in Italia septentrionali conficta.

Sententiam Patris A. Lapôtre (*La «cena Cypriani» et ses énigmes*, in RSR, iii, 1912, p. 497-596), qui summo ingenio miras has reliquias antiquitatis enodauit et BACHIARIO, de quo supra sub n. 568 sq., adscribere conatus est, item alia quaedam ps. cyprianea ut *De Sodoma* et *De Iona*, suam non fecerunt eruditi, cfr G. Morin, in RB, xxx, 1913, p. 472 sq.; A. Lambert, in DHGE, vi, 1932, col. 60 sq.; prudentius de hac re iudicauit P. Lehmann, *Die Parodie im Mittelalter*, Stuttgart, 1963², p. 12-18.

Extat et recensio abbreuiata auctore HRABANO MAVRO qui eam Lothario Imperatore dedicauit (*Epist.* 52 — edid. E. Dümmler, MGH, *epist.*, v, p. 506). Textum (in fine mutilatum) edidit H. Hagen e cod. Bernensi A 9, saec. x, in *Zeitschr. f. wissensch. Theologie*, xxxii, 1883, p. 165-166. Abbreuiatio integra traditur in cod. Cantabrigensi, St. John's College 77, saec. xii, f° 92 sq. (inc. «Quidam uir magnus et prepotens rex» [STEGMÜLLER, 8676]).

Est et alia abbreuiatio, uel potius excerptum, auctore dicto IOHANNE DIACONO (inc. «Quique capitis saltantem me Iohannem cernere» [WALTHER, 15459; SCHALLER & KÖNSGEN, 13639]; edid. K. Strecker, *o. c.*, p. 870-871. Haec omnia optime enucleauit Chr. Modesto, *Studien zur 'Cena*

Cypriani' und zu deren Rezeption, Tübingen, 1992, uarias recensiones critice recudens.

Emend.: Fr. DOLBEAU, in RÉAug, xxxix, 1993, p. 442-444.

Cod., **emend.** recensionis IOHANNIS DIACONI: C. M. MONTI, in *Medioevo e Latinità in memoria di E. Franceschini*, Milano, 1993, p. 277-302.

ANONYMVS

saec. iv-v.

1430a «**Carmen Sibyllae**». Inc. «Mundus origo mea est» (*WALTHER*, 11469; SCHALLER & KÖNSGEN, 9889)   PLS, iii, 1431

B. BISCHOFF, *Die lateinischen Übersetzungen und Bearbeitungen aus den «Oracula Sibyllina»*, in *Mél. J. de Ghellinck*, i, Gembloux, 1951, p. 138-147 (= *Mittelalterliche Studien*, i, Stuttgart, 1966, p. 164-171).

ANONYMVS

scripsit Romae, circa 384-394.

1431 **Carmen contra paganos [aduersum Nicomachum]** seu **Damasi episcopi uersus de Praetextato praefecto Vrbis** (*a*).   PLS, i, 780
Inc. «Dicite qui colitis lucos antrumque Sibyllae» (*SCHANZ*, iv, 1, 221; SCHALLER & KÖNSGEN, 3664; *CPPM*, ii, 584)

D. R. SHACKLETON BAILEY, *Anthologia Latina*, i, Stuttgart, 1982, p. 17-23.

Emend.: A. PERELLI, in *Giorn. Ital. Filol.*, xl, 1988, p. 241-254.

Cfr A. PERELLI, *Claudiano e il Carmen contra paganos*, in *Vichiana*, xvi, 1987, p. 135-150; ID., *Suggestioni Claudianee nel Carmen contra paganos*, in V. TANDOI, *Disiecti membra poetae*, iii, 1988.

1432 **Carmen ad quendam senatorem.** Inc. «Cum te diuersis iterum» (Ps. TERTVLLIANVS; Ps. CYPRIANVS CARTHAGINENSIS) (*SCHANZ*, iv, 1, 222; SCHALLER & KÖNSGEN, 3150; *CPPM*, ii, 543. 1623. 2163)   PL, ii, 1105 (1163); CSEL, iii, 3, 302

CSEL, xxiii, i, 1891 — PEIPER, p. 227-230.

(*a*) Cfr L. CRACCO RUGGINI, *Il paganesimo Romano tra religione e politica (384-394): per una reinterpretazione del «Carmen contra paganos»*, Roma, 1979; EAD., in *Paradoxos Politeia. Studi patristici in onore di G. Lazzati*, Milano, 1979, p. 119-144; D. SHANZER, *The Anonymous 'Carmen contra paganos' and the Date and Identity of the Centonist Proba*, in RÉAug, xxxii, 1986, p. 232-248, qui et carmen PROBAE tribuere uult, uide n. 1480.

Cod.: H. von Soden, *l. c.* (n. 1425); P. Petitmengin, in RÉAug, xx, 1974, p. 23, adn. 27.

Circa 384/394 Romae conflatum; eiusdem auctoris uidetur ac *Carmen contra paganos* et *Carmen 32 PS. PAVLINI NOL.* (n. 206), nempe CLAVDII ANTONINI CONSVLIS, cfr J. M. Poinsotte, *Le consul de 382, Fl. Claudius Antoninus fut-il un auteur antipaïen?*, in RÉL, lx, 1982, p. 298-312.

FLAVIVS MEROBAVDES

Hispanus; saec. v. — Cfr S. Gennaro, *Da Claudiano a Merobaudo. Aspetti della poesia cristiana de Merobaude*, Catania, 1959; F. M. Clover, *Flavius Merobaudes. A Translation and Historical Commentary*, Philadelphia, 1971; A. Fo, in *Romano-barbarica*, vi, 1981/2, p. 101-128.

1433 **Carmina iv** (SCHANZ, iv, 2, 41; SCHALLER & KÖNSGEN, 8027. 1411. 4827. 851)

MGH, *auct. ant.*, xiv, 1905 — Vollmer, p. 1-6.

1434 **Panegyrici ii in Aetium** (SCHANZ, iv, 2, 41; SCHALLER & KÖNSGEN, 3319)

ibid., p. 7-18.

Fontes: T. D. Barnes, in *Phoenix*, xxviii, 1974, p. 314-319.

1435 **Carmen de Christo** seu **Laus Christi**. Inc. «Proles uera Dei» (Ps. Clavdianvs; Ps. Damasvs) (SCHANZ, iv, 2, 28 et 41; CHEVALIER, 15589; SCHALLER & KÖNSGEN, 12659; CPPM, ii, 527. 617. 1216) PL, liii, 789; lxi, 971; MG auct. ar x, 411

ibid., p. 19-20.

1436 **Fragmentum** (SCHANZ, iv, 2, 43)

ibid., p. 20.

PRVDENTIVS

natione Hispanus; floruit saec. v ineunte, cfr J. Vives, *La patria de Prudencio*, in *Anal. Sacra Tarracon.*, xii, 1936, p. 14-18; I. Lana, *Due capitoli prudenziani*, Roma, 1962. Vide etiam B. Peebles, *The Poet Prudentius*, New York, 1951; A. Kurfess, in Pauly-Wissowa, xlv, 1957, p. 1039-1071; A. Bastiaensen, *Prudentius in Recent Literary Criticism*, in *Early Christian Poetry*, Leiden, 1993, p. 101-134.

1437 **Praefatio operum** (SCHANZ, iv, 1, 234; SCHALLER & KÖNSGEN, 11856) PL, lix,

CSEL, lxi, 1926 — Bergman, p. 3-4; CC, cxxvi, 1966 — Cunningham, p. 1-2.

Ipsa principia editionis Vindobonensis impugnauit G. MEYER, *Prudentiana*, in *Philologus*, lxxxvii, 1932, p. 249-260; 332-357; xciii, 1938, p. 389-401. Vide nunc M. P. CUNNINGHAM, *A Preliminary Recension of the Older MSS. of the Cathemerinon, Apotheosis, and Hamartigenia of Prudentius*, in SE, xiii, 1962, p. 5-59.

Textum Bergmanianum denuo excudendum curauerunt, paucis emendatis, M. LAVARENNE in serie *Collection Budé* (Paris, 1943-1948), et H. J. THOMSON, in serie *Loeb Classical Library* (London, 1949-1953), et M. PELLEGRINO, in serie *Verba Seniorum* (t. i, Alba, 1954) (tantum nn. 1437 et 1438); textum uero CC secuti sunt A. ORTEGA & I. RODRIGUEZ, *Aurelio Prudencio. Edición bilingüe*, Madrid, BAC, 1981, fontes uberius indicantes et perutilem bibliographiam praebentes (p. 69*-87*). — Editio Mauritii CUNNINGHAM seuerius iudicauit K. THRAEDE, in *Gnomon*, xl, 1968, p. 281-291; quaedam Cunningham ipse emendauit in *Transact. & Proceed. Amer. Philol. Assoc.*, xcix, 1968, p. 119-141; cii, 1971, p. 59-69.

Cod.: S. COLOMBO, in *Didaskaleion*, n. s., v, 1927, p. 1-30; H. SILVESTRE, *Les manuscrits bruxellois de Prudence*, in *Scriptorium*, xi, 1957, p. 102-104; M. P. CUNNINGHAM, in *Year Book of the American Philos. Society*, 1960, p. 601-605.

Index uerborum: Roy J. DEFERRARI & J. M. CAMPBELL, *A Concordance of Prudentius*, Cambridge (Mass.), 1932.

Emend.: S. COLOMBO, in *Studi ... P. Ubaldi*, Milano, 1937, p. 171-175; R. VERDIÈRE, in *Latomus*, 1972, 391-392; C. MORESCINI, in *Studi poesia latina in onore A. Traglia*, Roma, 1979, p. 645-656; Chr. GNILKA, *Filologia e forme*, in *Studi F. Della Corte*, iv, Urbino, 1987, p. 231-251.

Trad. text.: P. PELOSI, in *Studi italiani di filologia classica*, xvii, 1941, p. 137-180; G. LAZZATI, in *Atti del Reale Istituto Veneto*, ci, 2, 1941/2, p. 217-233; S. JANNACCONE, *Le Parisinus 8084 de Prudence et la «recensio» de Mavortius*, in RÉL, xxvi, 1948, p. 228-234; W. SCHMID (n. 1442); M. P. CUNNINGHAM, *Some Facts about the Puteanus of Prudentius*, in *Transact. & Proceed. of Amer. Philol. Assoc.*, lxxxix, 1958, p. 32-37; M. FERRARI, in *Italia med. e umanist.*, xv, 1972, p. 40-52.

Text. bibl.: J.-L. CHARLET, in *Recherches aug.*, xviii, 1983, p. 8-40.

Var. lect.: C. MENGIS, *Fragmente einer Freiburger Prudentiushandschrift*, in *Philologus*, lxxxiii, 1928, p. 89-105.

Latinitas: M. LAVARENNE, *La langue du poète Prudence*, Paris, 1933; C. RAPISARDA, *Prudenzio e la lingua greca*, in *Misc. di studi e di letteratura cristiana antica*, ii, 1948, p. 1-39; K. THRAEDE, *Studien zu Sprache und Stil des Prudentius*, Göttingen, 1965.

Fontes: E. RAPISARDA, *Influssi Lucreziani in Prudenzio*, in VC, iv, 1950, p. 46-60; D. R. SHACKLETON BAILEY, *Echoes of Propertius*, in Mn, IV, v, 1952, p. 321-322.

1438 **Cathemerinon liber** (SCHANZ, iv, 1, 236; SCHALLER & KÖNSGEN, 532, PL, lix, 7 eqs.)

ibid., p. 5-76; p. 3-72.

Emend.: S. T. COLLINS, in SE, iv, 1952, p. 188-192; A. SALVATORE, *Studi Prudenziani*, Napoli, 1958; E. PIANEZZOLA, in *Misc. critica Teubner*, ii, Leipzig, 1965, p. 269-286; Br. K. BRASWELL, in VC, xxix, 1975, p. 224-225.

De usu et influxu liturgico libri *Cathemerinon* uide W. EVENEPOEL, *Zakelijke en literaire onderzoekingen betreffende het Liber Cathemerinon van Aurelius Prudentius Clemens*, Brussel, 1979, p. 29-50.

Fontes: A. SALVATORE, in *Ann. Fac. Lett. e Filos.* Napoli, vi, 1956, p. 119-140.

1439 **Liber Apotheosis** (SCHANZ, iv, 1, 244; SCHALLER & KÖNSGEN, 4629, PL, lix, eqs.)

ibid., p. 79-124; p. 73-115.

Emend.: R. G. AUSTIN, in *The Classical Quarterly*, xx, 1926, p. 46-48; S. T. COLLINS, in SE, ix, 1957, p. 44-49.

1440 **[H]amartigenia** (SCHANZ, iv, 1, 245; SCHALLER & KÖNSGEN, 5358; PL, lix, 13859) 1007

ibid., p. 127-163; p. 116-148.

Emend.: S. T. COLLINS, in JTS, l, 1949, p. 69; A. SALVATORE, *o. c.* [n. 1438]; Chr. GNILKA, in *Philologus*, cix, 1968, p. 246-258; ID., in *Hermes*, cxiv, 1986, p. 88-98; W. J. MCCARTHY, in *Class. & Mediaeualia*, xl, 1989, p. 213-225; J. STAMM, *Prudentius. Hamartigenia*, Amsterdam, 1940, repetit textum Bergmanianum, commentario philologico instructum.

Text. bibl.: N. GRASSO, in *Misc. studi lett. crist. ant.*, iii, 1951, p. 124-135.

1441 **Psychomachia** (SCHANZ, iv, 1, 246; SCHALLER & KÖNSGEN, 14889. PL, lx, 2187) (*a*)

ibid., p. 167-211; p. 149-181.

Cod.: A. OLIVAR, in *Anal. Sacra Tarracon.*, xxii, 1949, p. 86; G. R. WIELAND, in *Anglo-Saxon England*, xvi, 1987, p. 213-231.

Trad. text.: Chr. GNILKA, in WSt, n. s., xix, 1985, p. 179-203.

Emend.: G. BARDY, in RSR, xxv, 1935, p. 363; Chr. GNILKA, *Studien zur Psychomachie des Prudentius*, Wiesbaden, 1963; ID., *Hermes, a. c.*

(*a*) Commentarius seu *Glose in prima et extrema parte Sichomachie* editur a H. SILVESTRE, in SE, ix, 1957, p. 65-74 (inc. «Septem sunt consideranda in inicio»). Opusculum recentioris aetatis est, sed certe RVPERTO TVITIENSI († 1130) antiquius.

Fontes: L. Hench, in *Class. Philology*, xix, 1924, p. 78-79; M. W. Bloomfield, in *Speculum*, xviii, 1943, p. 88-90.

Text. bibl.: Chr. Gnilka, in VC, xlii, 1988, p. 147-155.

1442 **Contra Symmachum** (*SCHANZ*, iv, 1, 248; *SCHALLER & KÖNSGEN*, PL, lx, 111 11766. 2851. 15381. 5810)

ibid., p. 215-288; p. 182-250.

Emend.: S. Blomgren, in *Eranos*, xxxviii, 1940, p. 109-111; W. Schmid, *Die Darstellung der Menschheitsstufen bei Prudentius und das Problem seiner doppelten Redaktion*, in VC, vii, 1953, p. 171-186; Chr. Gnilka, in *Philologus*, cix, 1965, p. 246-258; Id., in *Illinois Class. Stud.*, xiv, 1989, p. 356-382.

1443 **Peristefanon** (*SCHANZ*, iv, 1, 239; *SCHALLER & KÖNSGEN*, 14793 eqs.) PL, lx, 275

ibid., p. 291-431; p. 251-389.

Cod. hymni xiii: H. von Soden, *l. c.* (n. 1425); E. A. Lowe, in *Coll. Vatic. in honorem A. Albareda*, ii, Città del Vaticano, 1962 (StT, ccxx), p. 223.

Emend.: R. E. Messenger, in *Speculum*, xxii, 1947, p. 83 sq.; M. Lavarenne, in *Latomus*, viii, 1949, p. 281-282; L. Alfonsi, in *Latomus*, x, 1951, p. 27-28; P. Künzle, in *Riv. di storia della Chiesa in Italia*, xi, 1957, p. 309-370; R. Pillinger, in *Vet. Christ.*, xiii, 1976, p. 113-115.

Fontes: C. Weyman, in *Siluae Monacenses*, München, 1926, p. 91 sq.

1444 **Dittochaeon** seu **Tituli historiarum** (*SCHANZ*, iv, 1, 250; *STEG-* PL, lx, 89 *MÜLLER*, 7012; *WALTHER*, 5963; *SCHALLER & KÖNSGEN*, 4731 eqs.; *CPPM*, ii, 1830)

ibid., p. 435-447; p. 390-400.

Cfr R. Pillinger, *Die Tituli Historiarum ... Philosophisch-archäologischer Kommentar*, Wien, 1980.

1445 **De opusculis suis** seu **Epilogus** (*SCHALLER & KÖNSGEN*, 7775) PL, lx, 591

ibid., p. 448-449; p. 401-402.

Cfr M. Brozek, in *Eos*, xlix, 1959, p. 151-154.

APPENDIX

1446 **Glossemata de Prudentio** (*SCHANZ*, iv, 1, 258) PLS, iii, 965
J. M. Burnam, Cincinnati, 1905.

Non sunt saec. vii-viii, ut posuit editor, sed saec. ix, cfr M. Manitius, in *Histor. Vierteljahrschr.*, xxviii, 1933/34, p. 142-153, et praesertim

H. Silvestre, *Aperçu sur les commentaires carolingiens de Prudence*, in SE, ix, 1957, p. 50-74; 398, qui et nonnulla maximi momenti de codicibus, de textu, de fontibus adnotauit.

1446a **Glossae**

G. R. Wieland, *The Latin Glosses on Arator and Prudentius in Cambridge Univ. Libr. Ms. Gg. 5.35*, Toronto, 1983.

SEDVLIVS (PRESBYTER)

Floruit circa 425-450 in Gallia meridionali uel Hispania septentrionali, cfr Chr. Ratkowitsch, in *Jahrb. Ant. u. Christ.*, xxxii, 1989, p. 198. — Cfr F. Corsaro, *Sedulio poeta*, Catania, 1956, et accuratius C. Springer, *The Gospel as Epic in Late Antiquity. The Paschale Carmen of Sedulius*, Leiden, 1988, qui et **nouam editionem** Sedulii parat.

1447 **Paschale Carmen** (Schanz, iv, 2, 369; Stegmüller, 1864; Schaller & Könsgen, 11692. 3143. 4840. 12506. 7531. 6143) PL, xix, 549

CSEL, x, 1885 — Huemer, p. 1-154.

Cod., uar. lect., critica: D. De Bruyne, *Préfaces*, p. 192; G. R. Manton, *The Cambridge MS. of Sedulius' Carmen Paschale*, in JTS, xl, 1939, p. 365-370; G. Frank & E. Rand, in *American Journal of Philology*, xliv, 1923, p. 67-71; 171-172; A. Olivar, in *Anal. Sacra Tarracon.*, xxii, 1949, p. 86; P. Courcelle, in RÉAug., ii, 1956, p. 453; W. Jungandreas, *Die Runen des Codex Seminarii Treuirensis R. III, 61*, in *Trierer Zeitschr.*, xxx, 1967, p. 161-169.

Trad. text.: A. Bastiaenssen, in RB, lxxxiii, 1973, p. 388-389; C. Tibiletti, in *Forma futuri. Studi in onore del Card. M. Pellegrino*, Torino, 1975, p. 778-785; C. Jeudy, in *Scire litteras (Festschrift B. Bischoff)*, München, 1988, p. 221-226 (cfr H. Löfling, in *Philologus*, cxv, 1971, p. 179-182).

Quid sentiendum de excerptis ex Remigii Autissiodorensis *Expositione in Paschale Carmen*, quae edidit J. Huemer in CSEL, x, p. 316-359, disce ab C. Jeudy, *a. c.*, p. 225.

Emend.: Th. Mayr, *Studien zu dem Paschale Carmen*, Augsburg, 1916; C. Weyman, *Beiträge*, p. 121-137; N. Scheps, *Sedulius' Paschale Carmen, boek i en ii*, Delft, 1938; P. van der Laan, *Sedulius. Paschale Carmen, boek iv*, Leiden, 1990.

Latinitas: F. Corsaro, *La lingua di Sedulio*, Catania, 1949.

1448 **Opus Paschale** (Schanz, iv, 2, 369; Stegmüller, 1865) PL, xix, 546
ibid., p. 171-303.

Cod.: J. Candel, in *Rev. de philol.*, xxviii, 1904, p. 283-292.

1449 **Hymni ii** (*SCHANZ*, iv, 2, 372; *STEGMÜLLER*, 1866; *CHEVALIER*, 2596. PL, xix, 26 & *Add.*; *WALTHER*, 2382. 87; *SCHALLER & KÖNSGEN*, 1904. 33) 753; CSEL,
G. Dreves, *Analecta hymnica*, l, Leipzig, 1907, p. 53-60, n. x, 155
52-53.

APPENDIX

1450 **Turcii Rufi Asterii carmen** (*SCHANZ*, iv, 2, 373; *SCHALLER & KÖNS-* PL, xix,
GEN, 15784) 779; CSEL,
F. Bücheler & A. Riese, *Anthologia latina*, i, 2, Leipzig, x, 307
1906, n. 491, p. 48.

1451 **Versus Belisarii scholastici** (*SCHANZ*, iv, 2, 373; *SCHALLER & KÖNS-* PL, xix,
GEN, 14341) 782; CSEL,
ibid., n. 492, p. 49. x, 308

1452 **Versus Liberati scholastici** (*SCHANZ*, iv, 2, 373; *WALTHER*, 17473; PL, xix,
SCHALLER & KÖNSGEN, 14842) 784; CSEL,
ibid., n. 493, p. 49-50. x, 309

SPVRIA

1453 **Epigramma.** Inc. «Haec tua perpetua» (*SCHALLER & KÖNSGEN*,
6035)
PL, xix, 771-772 = Arévalo.

1454 **Paraphrasis Carminis Paschalis** ab incerto scriptore Hiber- PLS, i, 772
nico concepta. Inc. «Genitorem nati atque filium» (*SCHANZ*, iv,
2, 374; *KENNEY*, 108; *SCHALLER & KÖNSGEN*, 5559; *LAPIDGE & SHARPE*,
1226; *CPPM*, ii, 1555)
W. Meyer, in *Nachr. Göttingen*, 1917, p. 594-596.
Spurium *Carmen de incarnatione* inuenies sub n. 1482.

CLAVDIVS MARIVS VICTORIVS

Gallus; saec. v.

1455 **Alethia** (*SCHANZ*, iv, 2, 363; *STEGMÜLLER*, 1945; *SCHALLER & KÖNSGEN*, PL, lxi,
15816. 857. 5803. 15980; *CPPM*, ii, 2954) 937; CSEL,
CC, cxxviii, 1960, p. 118-193 — Hovingh. xvi, 1, 359

Cfr P. F. Hovingh, in SE, xi, 1960, p. 193-211.

Fontes: H. Silvestre, in SE, xiii, 1962, p. 517-518; C. Codoñer Merino, in *Helmántica*, xxviii, 1977, p. 87-96.

Emend.: A. Hudson Williams, in *Eranos*, lxi, 1963, p. 176 sq.; Idem, in *Class. Quarterly*, xiv, 1964, p. 296-310.

SEVERVS ENDELECHIVS RHETOR

Gallus; scripsit a. 394-395, uide F. Corsaro, in *Orpheus*, xxii, 1975, p. 3-26.

1456 **De mortibus boum** seu **De uirtute signi crucis.** Inc. «Quidnam, soliuagus, Bucole» (*SCHANZ*, iv, 2, 360; *SCHALLER & KÖNSGEN*, 13597)   PL, xix, 797

F. Bücheler & A. Riese, *Anthologia latina*, i, 2, Leipzig, 1906, n. 893, p. 334-339.

Cfr C. Weyman, *Beiträge*, p. 103-110; U. Moricca, *Endelechius o Sanctus Seuerus Endelechius*, in *Didaskaleion*, n. s., iv, 1926, p. 91-94.

Cod.: M. Cock, in *Latomus*, xxx, 1971, p. 156-160.

Fontes: T. Alimonti, *Structura, ideologia ed imitazione virgiliana nel 'De mortibus boum' di Endelechio*, Torino, 1976.

ANONYMVS

Gallus, saec. v-vi, cfr J. Martin, *Ein frühchristliches Kreuzigungsbild*, in *Würzburger Festgabe f. H. Bulle*, Würzburg, 1938, p. 151-168.

1457 **Carmen de passione Domini.** Inc. «Quisquis ades mediique»   PL, vii, (Ps. Cyprianvs; Ps. Lactantivs) (*SCHANZ*, iii, 433 [470]; *CHEVALIER*, 16792 & *Add*.; *SCHALLER & KÖNSGEN*, 13754; *CPPM*, ii, 546. 1160)

CSEL, xxvii, 1, 1893 — Brandt, p. 148-151.

Cod.: A. Roncoroni, in VC, xxix, 1975, p. 208-221. Addatur Bruxellensis 5260, saec. xvi.

Var. lect.: R. Sabbadini, in *Studi Ital. Filol.*, vii, 1899, p. 135-136; xiv, 1906, p. 37-38.

Emend.: C. Weyman, *Beiträge*, p. 16-20; A. Roncoroni, *a. c.*

VICTORINVS POETA

saec. v? — M. Dando, in *Class. & Med.*, xxvi, 1965, p. 258-275, uersus *De Pascha* pro ALCIMO AVITO uindicauit, argumentis haud peremptoriis.

1458 **De Pascha** seu **De Cruce** uel **De ligno uitae**. Inc. «Est locus ex omni medius» (Ps. TERTVLLIANVS; Ps. CYPRIANVS) (*SCHANZ*, iv, 1, 159; *CHEVALIER*, 5547 & *Add*.; *WALTHER*, 5721; *SCHALLER & KÖNSGEN*, 4589; *CPPM*, ii, 544. 1624. 1670 a. 2002) — PL, ii, 1113 (1171)

A. RONCORONI, in *Riv. stor. lett. relig.*, xii, 1976, p. 380-390; J. SCHWIND, in *Ars et Ecclesia. Festschr. Fr. J. König*, Trier, 1989, p. 379-402.

Cod.: H. VON SODEN, *o. c.* (n. 1425), p. 227; R. RASI, in *Riv. di filologia*, xxxiv, 1906, p. 426 sqq., et in *Rendic. Real. Istit. Lombardo*, ser. ii, t. xxxix, 1906, p. 657-665; R. BASSI, in *Classici e Neolatini*, vii, 1911, p. 141 sq.; S. BRANDT, in BerlPhWo, xl, 1920, p. 424-432; Fr. DOLBEAU, in RÉAug, xxxi, 1990, p. 329.

Emend.: R. RASI, in *Miscell. Ceriani*, Milano, 1910, p. 577-604.

1459 **De Iesu Christo Deo et homine**. Inc. «Verbum Christe, Dei Patris caelestis foeta» (*SCHANZ*, iv, 1, 159; *SCHALLER & KÖNSGEN*, 17097) — PLS, iii, 1135

G. FABRICIVS, *Poetarum ueterum ecclesiasticorum opera christiana*, Basileae, [1564], p. 761-764; uel A. RIVINVS, *Sanctae Reliquiae duorum Victorinorum*, Gotha, 1652, p. 124 sq.

1460 **Versus de lege Domini**. Inc. «Solus in antiquo fulgebat» (*SCHANZ*, iv, 1, 225; *SCHALLER & KÖNSGEN*, 15410; *CPPM*, ii, 1680. 1681) — PLS, iii, 1139

A. OXÉ, Krefeld, 1894 (progr.); A. MAI, *Auctores Classici*, v, Roma, 1833, p. 382-386 (**Versus de natiuitate, uita, passione et resurrectione Domini**. Inc. «Actus euangelii confirmant gesta priora» [*SCHALLER & KÖNSGEN*, 150]).

Centones e *PS. TERTVLLIANI Carmine aduersus Marcionem* [n. 36], saec. vii-viii in Gallia concinnati. Cfr E. BENZ, *Marius Victorinus*, Stuttgart, 1932, p. 38; R. WILLEMS, in CC, ii, p. 1419-1420.

SEVERVS EPISCOPVS

saec. vi.

1460a **Metrum in Euangelia libri xii**.

Editionem adnuntiauit B. BISCHOFF, *Lorsch im Spiegel seiner Handschriften*, München, 1974, p. 125.

Cfr N. HUYGHEBAERT, in *Scriptorium*, xxix, 1975, p. 22*, n. 68; G. BECKER, *Catalogi Bibliothecarum antiqui*, Bonn, 1885, p. III, n. 37, 456.

MARIVS VICTORINVS

uide sub n. 99.

[PS.] CLAVDIVS CLAVDIANVS

Circiter a. 395, cfr C. Lo Cicero, *Il Carmi cristiani di Claudiano*, in *Atti Accad. Palermo*, xxxvi, 1976/77, p. 5-51.

1461 **Carmen Paschale [De Saluatore].** Inc. «Christe potens rerum» (Ps. Damasvs) (SCHANZ, iv, 1, 217; CHEVALIER, 2921 & *Add*.; WALTHER, 2703; SCHALLER & KÖNSGEN, 2209; CPPM, ii, 525. 586. 1214)

J. B. Hall, *Claudii Claudiani Carmina*, Leipzig, 1985, p. 390-391.

PL, xiii, 376; liii, 788; MG auct. an x, 330; epist., iii 238

1462 **Miracula Christi.** Inc. «Angelus alloquitur Mariam» (SCHANZ, iv, 2, 28; CHEVALIER, 1068; SCHALLER & KÖNSGEN, 780; CPPM, ii, 526. 1217)

F. Bücheler & A. Riese, *Anthologia latina*, i, 2, Leipzig, 1906, n. 879, p. 329; J. B. Hall, *o. c.* [n. 1461], p. 426-427.

PL, liii, 790; MG auct. an x, 412

Cfr G. Turcio, in *Riv. di archeol. crist.*, v, 1928, p. 337-344; D. Calcagnini, in *Vet. Christ.*, xxx, 1993, p. 17-45.

ANONYMVS

1463 **Carmen ad Flauium Felicem de resurrectione mortuorum et de iudicio Domini.** Inc. «Qui(s) mihi ruricolas» (Ps. Tertvllianvs; Ps. Cyprianvs) (SCHANZ, iv, 2, 396; MANITIUS, i, 155; SCHALLER & KÖNSGEN, 13300; CPPM, ii, 545. 1622. 1665. 2146)

J. H. Waszink, Bonn, 1937 (FlP, Suppl. 1).

PL, ii, 1 (1147); i 1027 (10 CSEL, ii 3, 308

Circa 496-523 in Africa confectum. — ALCIMO AVITO tribuere uoluit M. Dando (*Class. & Med.*, xxvi, 1965, p. 258-275). S. Isetta, in *Vet. Christ.*, xx, 1983, p. 111-140, hoc *Carmen* VERECVNDO tribuit, probante H. J. Frede p. 783.

Cod.: Vat. Reg. 324, f° 9-13 (cfr P. Petitmengin, in RÉAug., xx, 1974, p. 28 sq.

Trad. text.: uers. 108-291 etiam leguntur inter spuria ALDHELMI (cfr n. 1338, et J. H. Waszink, *o. c.*, p. 15 sq.).

Emend.: L. Eizenhöfer, *Totenpräfation aus einem altchristlichen Gedicht*, in AL, i, 1950, p. 102-106; J. H. Waszink, in *Siculorum Gymnasium. Rassegna*, xxix, 1976, p. 449-459; Id., in *Jenseitsvorstellungen in Antike u. Christentum. Gedenkschr. f. A. Stuiber*, Münster, 1982, p. 79-85.

AGRESTIVS EPISCOPVS

Gallus saec. v? Idem ac AGROECIVS EPISCOPVS SENONENSIS (n. 1545)?

1463a **Versus de fide ad Auitum episcopum.** Inc. «Inter christicolas celebres quos fama frequentat» (SCHALLER & KÖNSGEN, 8198)

E cod. Parisino, B. N., lat. 8093, saec. ix, f° 38^v, textum quem detexit Fr. VOLLMER, in MGH, auct. ant., xiv, Berlin, 1905, p. xx, ediderunt A. C. VEGA, in Bol. Real Acad. Hist., clix, 1966, p. 167-209; L. BAILLY, in PLS, v, 1974, p. 401 (cum **emend.** J. VEZIN); K. SMOLAK, in Sb Wien, 284, 2, 1973, p. 39-41.

Emend.: B. LÖFSTEDT, in Arctos, xvi, 1982, p. 65-66.

PAVLINVS [EPISCOPVS BITERRENSIS?]

scripsit post a. 407-409. Cfr E. GRIFFE, in RÉAug, ii, 1956, p. 186-194.

1464 **Epigramma** seu **De peruersis suae aetatis moribus.** Inc. «Si Domini templum supplex peccator adisti» (SCHANZ, iv, 2, 361; SCHALLER & KÖNSGEN, 15026; CPPM, ii, 3515. 3560)   PL, lxi, 969

CSEL, xvi, 1, 1888 — SCHENKL, p. 503-508.

Emend.: E. GRIFFE, a. c. [ante n. 1464], p. 194; A. GALLICO, Nota per una nuova edizione dell' 'Epigramma' Paulini, in Studi stor. relig., vi, 1982, p. 163-172; K. SMOLAK, in WSt, cii, 1989, p. 206-212.

ORIENTIVS (EPISCOPVS AVSCIENSIS?)

Gallus; floruit circa 430-440.

1465 **Commonitorium** (SCHANZ, iv, 2, 365; SCHALLER & KÖNSGEN, 13737; 15076)   PL, lxi, 977; CSEL, xvi, 1, 205

C. A. RAPISARDA, Catania, 1958, p. 83-128.

Emend.: J. FONTAINE, in Latomus, xvii, 1958, p. 468-470; C. A. RAPISARDA, in Conuiuium Dominicum. Studi sull'Eucarestia nei Padri della Chiesa antica e Miscellanea patristica, Catania, 1959, p. 407-413; Br. LUISELLI, Orientiana, in Atene & Roma, vi, 1961, p. 173-180; G. BRUGNOLI, in Riv. cult. class. e med., viii, 1966, p. 226; F. SGARLATA, in Helikon, ix/x, 1969/70, p. 695-697; D. R. SHACKLETON BAILEY, in Class. Philol., lxxii, 1977, p. 130-133; V. TANDOI, in Vichiana, xiii, 1984, p. 199-210; et ipse C. A. RAPISARDA in noua sua editione Commonitorii, Catania, 1960, p. viii.

Fontes: F. Sciuto, *Tertulliano in Orienzio*, in *Conuiuium Dominicum* (cfr *supra*), p. 415-422; Id., in *Misc. di studi di lett. crist. antica*, ix, 1959, p. 25-32; A. Hudson-Williams, in *The Class. Quarterly*, liii, 1959, p. 67-68; H. Silvestre, in ALMA, xxxii, 1962, p. 256, adn. 4.; P. Courcelle, *Histoire littéraire des grandes invasions germaniques*, Paris, 1964³, p. 98, n. 6; N. Adkin, *Orientius and Jerome*, in SE, xxxiv, 1994, p. 165-174.

Trad. text.: L. Bellanger, *Note sur Orientius et Colomban*, in *Rev. de Gascogne*, xlv, 1904, p. 171 (*Comm.* ii, 195 et 240 apud ALCVINVM, *Monostica* 78 et 82 — PL, lxxx, 289; MGH, *poet. lat.*, i, 279 (MANITIUS, i, 186; KENNEY, 43, ii; WALTHER, 7569 a; SCHALLER & KÖNSGEN, 5960; CPPM, ii, 3216 b).

Cod. et genuinitas: G. S. M. Walker, *S. Columbani opera*, Dublin, 1957, p. lxv-lxvi) et L. Bieler, in *Classica & Mediaeualia*, xxii, 1961, p. 141; M. Esposito uero, in *Classica & Mediaeualia*, xxi, 1960, p. 188 sq. *Monostica* COLVMBANO tribuit. Vide etiam WALTHER, 16131. 21234 (MGH, *poet. lat.*, iii, 751) (cfr *Comm.* i, 1), et *infra*, n. 1468.

SPVRIA

1466 **Carmina minora v** (SCHANZ, iv, 2, 366; SCHALLER & KÖNSGEN, 15621. 7610. 13903. 7609. 3480; CPPM, ii, 1286-1291)

C. A. Rapisarda, *o. c.* [n. 1465], 129-137.

PL, lxi, 1000; CS xvi, 1, 2

1467 **Orationes ii** (SCHANZ, iv, 2, 366; SCHALLER & KÖNSGEN, 16370)

C. A. Rapisarda, *o. c.* [n. 1465], p. 138-140.

Fontes: K. Smolak, in WSt, lxxxvii, p. 188-200.

PL, lxi, 1005; CS xvi, 1, 2

APPENDIX

1468 **Vita prima S. Orientii** (saec. vi-vii) (BHL, 6344-5)

AASS, *Mai.*, i, p. 62-63 — Henskens.

Dubium est, idemne sit S. Orientius episcopus Ausciensis ac alius quispiam eiusdem nominis *Commonitorium* scripserit, cfr H. Delehaye, in AB, xxiv, 1905, p. 148 sq. — Acrosticon ORIENTIVS illustrat quendam recentioris aetatis hymnum in *Libro hymnorum mozarabico*, de sancto Andrea (inc. «Omnipotenti Domino prostrato» [CHEVALIER, 14306; SCHALLER & KÖNSGEN, 11345], ed. Cl. Blume, in *Anal. hymnica*, xxvii, 1897, p. 133, n. 92; PL, lxxxvi, 1264).

ANONYMVS GALLVS

scripsit saec. v; Orientii *Commonitorio* usus est.

1469 **Ad Deum post conuersionem et baptismum suum.** Inc. «Sancte Deus, lucis lumen, concordia rerum» (Ps. PAVLINVS NOLANVS) (SCHANZ, iv, 1, 269; SCHALLER & KÖNSGEN, 14624; CPPM, ii, 1376)

PLS, iii, 1129

CSEL, xxx, 1894 — HARTEL, p. 350-356.

COMMODIANVS

saec. iii floruit, fortasse Romae, cfr J. MARTIN, in *Traditio*, xiii, 1957, p. 1-71; Kl. THRAEDE, *Beiträge zur Datierung Commodians*, in *Jahrb. f. Antike und Christent.*, ii, 1959, p. 90-114. Alii eruditi eum ponunt in Gallia, et quidem saec. V.

Cfr A. SORDI, *Dionigi di Alessandria, Commodiano ed alcuni problemi della storia del III secolo*, in *Rendic. Pont. Accad. Archeol.*, xxxv, 1962/63, p. 123-146; V. SIRAGO, *Galla Placidia e la Trasformazione politica dell' Occidente*, Louvain, 1963, p. 483-493: *Commodiano e la Vittoria Gotica*.

Bibliographia: G. SANDERS & M. VAN UYTFANGHE, p. 44-46.

Fontes: I. OPPELT, *Ein Baustein der Dichtungen Commodians: Die Distycha Pseudo-Catonis*, in EAD., *Paradeichmata Poetica Christiana*, Düsseldorf, 1988, p. 138-147.

1470 **Instructiones** (SCHANZ, iii, 400 [429]; iv, 2, 397) (a)

PL, v, 201; CSEL, xv, 3

CC, cxxviii, 1960, p. 1-70 — MARTIN, et accuratius A. SALVATORE, i-iii, Napoli, 1965-1968.

Emend.: P. COURCELLE, in *Latomus*, xxvi, 1967, p. 1040.

1471 **Carmen de duobus populis** (seu **Carmen apologeticum**) (SCHANZ, iii, 401 [430]; iv, 2, 397; SCHALLER & KÖNSGEN, 13684)

PLS, i, 75; CSEL, xv, 115

ibid., p. 71-113, et accuratius A. SALVATORE, Torino, 1977.

Critica, emend.: A. SALVATORE, *Commodianea. Rilieve critici sul Carmen apologeticum di Commodiano*, Napoli, 1970; B. BOTTE & Chr. MOHRMANN, *L'Ordinaire de la Messe*, Louvain, 1953, p. 149; H. SILVESTRE, in *SE*, xiii, 1963, p. 515-517; M. SORDI, in *Augustinianum*, xxii, 1982, p. 201-210.

Index uerborum: A. F. VAN KATWIJK, *Lexicon Commodianeum*, Amsterdam, 1934.

(a) Non inseruimus numeros singularum poematum quibus usi sunt SCHALLER & KÖNSGEN.

Carmen aduersus gentes (PL, v, 261-282) inter spuria PAVLINI NOLANI recensetur (n. 206).

PAVLINVS PELLAEVS

Gallus; scripsit 455-459.

1472 **Eucharisticos** (*SCHANZ*, iv, 2, 374; *SCHALLER & KÖNSGEN*, 4473)   CSEL, xvi, 289
Cl. MOUSSY, in SC, ccix, Paris, 1974.

1473 **Oratio.** Inc. «Omnipotens genitor rerum» (PAVLINVS NOLANVS, *carmen iv*) (*SCHANZ*, iv, 1, 261; *CHEVALIER*, 14094 & *Add.*; *WALTHER*, 13331; *SCHALLER & KÖNSGEN*, 11328; *CPPM*, ii, 1371 a)   PL, lxi, 439; CSI xxx, 3

Cl. MOUSSY, *o. c.* [n. 1472], p. 218.

De **auctore** uide P. COURCELLE, *Un nouveau poème de Paulin de Pella*, in VC, i, 1947, p. 101-113 (= ID., *Histoire littéraire des grandes invasions germaniques*, Paris, 1964³, p. 293-302); P. FABRE, *Essai sur la chronologie de l'oeuvre de S. Paulin de Nole*, Paris, 1948, p. 107, adn. 3.

Fontes: D. NARDO, in *Atti Accad. Patavina*, lxxxvi, 3, 1973/74, p. 121-123.

Index uerborum: P. TORDEUR, *Concordance de Paulin de Pella*, Bruxelles, 1973 (= *Coll. Latomus*, cxxvi).

PAVLINVS PETRICORDIAE

floruit in Gallia circa 459-472.

1474 **De uita S. Martini l. vi** (*SCHANZ*, iv, 2, 376; *BHL*, 5617; *SCHALLER & KÖNSGEN*, 15561. 11559. 13857. 5142. 7548. 8172)   PL, lxi 1009
CSEL, xvi, 1, 1888 — PETSCHENIG, p. 17-159.

Cfr A. H. CHASE, *The Metrical Lives of St Martin of Tours by Paulinus and Fortunatus and the Prose Life by Sulpicius Severus*, in *Harvard Studies in Class. Philol.*, xliii, 1932, p. 51-76; A. LONGPRÉ, in *Cahiers Étud. anc.*, v, 1976, p. 45-58; M. I. CAMPANALE, in *Inuigilata lucernis*, xi, 1989 (= *Scritti in onore di V. Recchia*), p. 73-136.

Emend.: P. THOMAS, in Mn, III, xlix, 1921, p. 70.

Fontes: D. R. SHACKLETON BAILEY, *Echoes of Propertius*, in Mn, IV, v, 1952, p. 325; Cl. WEIDMANN, in WSt, civ, 1991, p. 169-182.

Latinitas: J. DREVON, *De Paulini Petricordii uita et scriptis*, Agen, 1889.

1475 **Praefatio ad carmina minora** (= **epistula ad Perpe-** PL, lxi,
tuum) (*a*). Inc. «Iterato asinae ora reserastis» (SCHANZ, iv, 2, 1071
377)
ibid., p. 160-161.
Emend.: U. MORICCA, in *Didaskaleion*, ii, 1927, p. 32 sq.

1476 **De uisitatione nepotuli sui.** Inc. «Quam modicam stillam» PL, lxi,
(SCHANZ, iv, 2, 377; SCHALLER & KÖNSGEN, 12995) 1073
ibid., p. 161-164.

1477 **De orantibus.** Inc. «Quisque solo adclinis» (SCHANZ, iv, 2, 377; PL, lxxiv,
SCHALLER & KÖNSGEN, 13721) 673
ibid., p. 165.

APOLLINARIS SIDONIVS

uide sub n. 986.

VENANTIVS FORTVNATVS

uide sub n. 1033.

[EVCLERIVS COMES

1478 **Oratio.** Inc. «O pater altitonans (*aliter*: omnipotens), celsi PLS, i, 779
dominator Olympi» (SCHALLER & KÖNSGEN, 10965)

F. BÜCHELER & A. RIESE, *Anthologia latina*, Leipzig, i, 2,
1906, n. 789, p. 268; L. BERTALOT, in RhM, n. s., lxvi, 1911,
p. 57.

Cfr M. MANITIUS, *Geschichte der christl.-lat. Poesie*, Stuttgart, 1891,
p. 317 sq.; attamen cuidam comiti RVGLERII nomine saec. xv, tribuenda
uidetur. Hic ergo omittenda est.]

(*a*) PERPETVI EPISCOPI TVRONENSIS (circiter 461-491), cui etiam *Vita S. Martini* di-
catur, extant in PL (lviii, 753-756), *Epitaphium* et *Testamentum*, quae tamen ab
Hieronymo VIGNIER saec. xvii confecta sunt. Ad Perpetuum, praeter epistulam
illam Paulini nostri, data est *epist.* 7 APOLLINARIS SIDONII (n. 987); praeterea in
Historia Francorum GREGORII TVRONENSIS (x, 31) inuenies kalendarium, quod in
ecclesia adhibebat (n. 2029).

EVCHERIA

Gallia; saec. vi. Cfr n. 1058°.

1479 **Epigramma.** Inc. «Aurea concordi quae fulgent» (*CHEVALIER*, 23286; *WALTHER*, 1792; *SCHALLER & KÖNSGEN*, 1429)

F. BÜCHELER & A. RIESE, *o. c.* [n. 1478], i, 1, 1894, n. 390, p. 303-305.

Cod.: Groningen, Univ. 8, saec. x, f° 177^v; Paris, B. N., lat. 8071, saec. ix-x, f° 58; Wien, N. B., 277, saec. ix, f°. 55^r (partim). Vide R. VERDIÈRE, *Gratii Cynegeticon libri I quae supersunt*, i, Wetteren, s. a., p. 84 et 86.

Fontes: M. MARCOVICH, in *Illinois Class. Stud.*, xiii, 1988, p. 164-174.

Cfr A. THOMAS, in ALMA, iii, 1927, p. 49-58; P. RICHÉ, *Éducation et culture dans l'Occident barbare*, Paris, 1962, p. 230.

CENTONES IV

PROBA

Itala origine; scripsit circa 385-387, cfr D. SHANZER, in RÉAug, xxxii, 1986, p. 232-248; EAD., in *Recherches aug.*, xxvii, 1994, p. 75-96 (*a*).

1480 **Cento.** Inc. «Romulidum ductor ... Iam dudum temerasse duces» (*SCHANZ*, iv, 1, 219; *STEGMÜLLER*, 2035. 7009; *WALTHER*, 9696; *SCHALLER & KÖNSGEN*, 14383. 7487; *HERZOG & SCHMIDT*, 562; *CPPM*, ii, 1560)

PL, xix 773 et

CSEL, xvi, 1, 1888 — SCHENKL, p. 568-609.

Cod. et uar. lect.: G. BELLISSIMA, *Notizia di duo codici inediti del «Centone Virgiliano» di Proba*, Siena, 1923.

SEDVLIO adscripsit S. ALAMEDA, *La Mariología y las fuentes de la Revelación*, in *Est. Marianos*, i, 1942, p. 99. Eiusdem auctoris esse *Carmen contra paganos* (n. 1431) sibi uisa est D. SHANZER, *l. c.*; prudentius iudicat H. SIVAN, in VC, xlvii, 1993, p. 140-157.

Cfr H. BARDON & R. VERDIÈRE, *Vergiliana*, Leiden, 1971, p. 35-40.

POMPONIVS

1481 **Cento Tityri (Versus ad gratiam Domini).** Inc. «Tityre, tu patulae recubans sub tegmine fagi» (*SCHANZ*, iv, 1, 220; *STEGMÜLLER*, 6984; *SCHALLER & KÖNSGEN*, 16394)

PLS, i, CSEL, 1, 609

(*a*) R. HERZOG & P. L. SCHMIDT, v, 1993, § 562, p. 385, eam ponunt inter annos 322-370.

F. Bücheler & A. Riese, *Anthologia latina*, i, 2, Leipzig, 1906, n. 719*a*, p. 189-193.

Fontes uero locupletius adnotantur in editione Vindobonensi.

ANONYMI

1482 **Cento de Verbi incarnatione.** Inc. «Omnipotens genitor tandem miseratus» (Ps. Sedvlivs) (*SCHANZ*, iv, 1, 221; 2, 371; *WALTHER*, 13330; *SCHALLER & KÖNSGEN*, 11331; *CPPM*, ii, 1561)   PL, xix, 773; CSEL, x, 310

CSEL, xvi, 1, 1888 — Schenkl, p. 615-620.

1483 **Cento de Ecclesia.** Inc. «Tectum augustum ingens» (*SCHANZ*, iv, 2, 221; *SCHALLER & KÖNSGEN*, 16135)   PLS, i, 766

ibid., p. 621-627.

Text. bibl.: M. L. Ricci, *Motivi ed espressioni bibliche nel centone virgiliano 'De Ecclesia'*, in *Studi ital. filol.*, xxxv, 1963, p. 161-185.

ACHILLE[V]S EPISCOPVS SPOLETANVS

anno 419.

1484 **Epigramma in ecclesia S. Petri.** Inc. «Solue iubente (*uel* iuuante) Deo» (*WALTHER*, 18433; *SCHALLER & KÖNSGEN*, 15514)   PLS, iii, 1246

J. de Rossi, A. Silvagni, A. Ferrua, *Inscriptiones Christianae Vrbis Romae*, n. s., ii, Roma, 1935, p. 20, n. 4139.

Ad Achilleum data est epist. 22 *Collectionis Auellanae* (n. 1582), p. 69.

BASSVS IVNIOR

consul anno 431.

1485 **Versus in tumulo Monicae.** Inc. «Hic posuit cineres» (*SCHANZ*, iv, 2, 462; *WALTHER*, 21115; *SCHALLER & KÖNSGEN*, 6618)   PLS, iii, 1246

F. Bücheler & A. Riese, *Anthologia latina*, i, 2, Leipzig, 1906, n. 670, p. 140; J. de Rossi e. a., *o. c.* (n. 1484), ii, p. 252.

Cfr E. Hendrikx, *De grafsteen van de H. Monica gevonden*, in *Studia Catholica*, xxi, 1946, p. 176-178; A. Casamassa, *Scritti patristici*, i, Roma, 1955, p. 215-218; L. Brix, in RÉAug, xii, 1966, p. 306-307.

CYTHERVS RHETOR

saec. v, familiaris Paulini Nolani?

1485a **Epitaphium Hilarini.** Inc. «Quisque grauis lacrimis Hilarini flebile marmor» (*SCHALLER & KÖNSGEN*, 13712)

PLS, iii, 1429; iv, 1181

F. BÜCHELER & A. RIESE, *Anthologia latina*, i, 2, Leipzig, 1906, n. 484 b, p. 8; J. DE ROSSI e. a., *o. c.* (n. 1484), ii, p. 41.

E cod. Sessoriano 55, saec. v-vi (*LOWE*, 420 a), f° 168^v.

ANDREAS ORATOR

1485b **Carmen de Maria Virgine ad Rusticianum.** Inc. «Virgo parens hac luce» (Ps. HIERONYMVS; Ps. GREGORIVS M.) (*CHEVALIER*, 34625; *WALTHER*, 20527; *SCHALLER & KÖNSGEN*, 17345)

PLS, iii, 1429

A. RIESE, *Anthologia latina*, ii, Leipzig, 1906, n. 494 c, p. 57-58; J. DE ROSSI e. a., *o. c.* (n. 1484), p. 109, n. 63 (cfr A. CAMERON, in *Classic. Philol.*, lxxiv, 1979, p. 222-232).

Cod.: B. LAMBERT, BHM, iii B, Steenbrugge, 1970, n. 803, p. 619-620.

ANONYMVS

1486 **Epitaphium Iouini magistri militum in basilica S. Agricolae Remensi** (apud FLODOARDVM, *Historia ecclesiae Remensis*, i, 6 [n. 1317], p. 419). Inc. «Felix militiae sumpsit» (*WALTHER*, 6335; *SCHALLER & KÖNSGEN*, 5011) (saec. iv)

PL, cxx 40

E. DIEHL, i, n. 61, p. 17.

ENNODIVS EPISCOPVS TICINENSIS

Gallus; obiit 521. — Cfr J. FONTAINE, in RAC, v, 1960, col. 398-421.

Epistulas, opuscula miscella, dictiones, carmina, hymnos, epigrammata edidit F. VOGEL (in MGH), ordinem codicum sequens; nos omnia recensemus secundum ordinem editionum SIRMONDI (in PL) et HARTELLI (in CSEL), paginas quantum possumus indicantes editionis VOGELIANAE.

Bibliographia: G. SANDERS & M. VAN UYTFANGHE, p. 34-35.

Emend.: M. SCHIPA, *Un passo dubbio di Ennodio*, Napoli, 1901; R. CESSI, *Un passo dubbio di Ennodio*, Padova, 1905.

Latinitas: A. Dubois, *La latinité d'Ennodius*, Paris, 1913.

Clausulae: A. Fougnies, *Een studie over de clausulen bij Ennodius*, Brussel, 1951.

1487 **Epistulae** (SCHANZ, iv, 2, 143) PL, lxiii,
MGH, *auct. ant.*, vii, 1885 — Vogel, passim. 13; CSEL,
Epist. 247 (v, 19): cfr n. 1503. vi, 1

Epist. 461 (ix, 33), *ad Caesarium*, accuratius excudit G. Morin, *S. Caesarii opera omnia*, ii, Maredsous, 1942, p. 3-4.

Praeter litteras hic positas alias fortasse epistulas confecit Ennodius noster nomine SYMMACHI PAPAE (n. 1678).

1488 **Dictio in natali Laurentii Mediolanensis episcopi** (SCHANZ, PL, lxiii,
iv, 2, 141; BHL, 4751) 263; CSEL,
ibid., p. 1-4. vi, 423

1489 **Dictiones xxvii** (SCHANZ, iv, 141) PL, lxiii,
ibid., passim. 267; CSEL,
  vi, 430

Fontes: G. Fini, in *Acta antiqua Academiae Hungaricae*, xxx, 1982-1984, p. 387-393 (cfr APh, lix, 1988, n. 1727).

1490 **Carmina** (SCHANZ, iv, 2, 144; WALTHER, 20052) (*a*) PL, lxiii,
ibid., passim. 309; CSEL,
  vi, 507

Emend.: F. Walter, in PhWo, xlviii, 1928, col. 637. Inter ea habes *disticha* FLAVII, PROBI, FAVSTI et MESSALAE (MGH, *t. c.*, 367 [ii, 143] et 371 [ii, 144]); de Fausto, uide M. Manitius, *Geschichte der christlich-lateinischen Poesie*, Stuttgart, 1891, p. 315 sq.

1491 **Hymni** (SCHANZ, iv, 2, 146) PL, lxiii,
ibid., p. 249-256. 326; CSEL,
  vi, 539

Hymnos xii denuo edidit W. Bulst, *Hymni Latini Antiquissimi lxxv. Psalmi iii*, Heidelberg, 1956, p. 75-88; 187-189, paucas emendationes proponens.

Emend.: G. Dreves, *Analecta hymnica*, l, Leipzig, 1907, p. 61-69; S. T. Collins, in JTS, l, 1949, p. 68 sq.

1492 **Panegyricus dictus Theodorico** (SCHANZ, iv, 2, 137) PL, lxiii,
ibid., p. 203-214. 167; CSEL,
  vi, 261

Fontes: R. Ficarra, in *Scritti in onore di S. Pugliatti*, Milano, 1978, p. 235-254.

(*a*) Non inseruimus numeros singulorum *Carminum* uel *Hymnorum* quos indicant CHEVALIER uel SCHALLER & KÖNSGEN.

1493 **Libellus contra eos qui contra synodum scribere praesumpserunt** (SCHANZ, iv, 2, 136)
ibid., p. 48-67.

PL, lxiii, 183; CSEL vi, 287

1494 **Vita Epiphanii** (SCHANZ, iv, 2, 134; BHL, 2570)
ibid., p. 84-109; uel M. CESA, Como, 1988.

Emend.: F. WALTER, l. c. (n. 1490); M. COOK, *The Life of St Epiphanius by Ennodius*, Washington, 1941; P. KRAFT, in *Latomus*, xxviii, 1969, p. 192-196.

PL, lxiii, 207; CSE vi, 331

1495 **Vita Antonii monachi Lirinensis** (SCHANZ, iv, 2, 136; BHL, 584)
ibid., p. 185-190.

PL, lxiii, 239; CSE vi, 383

1496 **Eucharisticon de uita sua** (SCHANZ, iv, 2, 140; BHL, 2554)
ibid., p. 300-304.

PL, lxiii 245; CSE vi, 393

1497 **Paraenesis didascalica** (SCHANZ, iv, 2, 139)
ibid., p. 310-315.

PL, lxiii 249; CSE vi, 401

1498 **Praeceptum de cellulanis** (SCHANZ, iv, 2, 133)
ibid., p. 12-13.

PL, lxiii 255; CSE vi, 411

1499 **Petitorium quo absolutus est Gerontius** (SCHANZ, iv, 2, 133)
ibid., p. 131-142.

PL, lxiii 257; CSE vi, 414

1500 **Benedictiones cerei ii** (SCHANZ, iv, 2, 133)
ibid., p. 18-20; 109-110.

PL, lxii 257; CS vi, 415

APPENDIX

1501 **Epitaphium.** Inc. «Ennodius uatis» (SCHALLER & KÖNSGEN, 4478)
E. DIEHL, i, n. 1046, p. 200.

CSEL, 609; M *auct. a* vii, p.

SPVRIA

1502 **Dictio in natali Laurentii episc. Mediolanensis.** Inc. «Vsu rerum uenit inter homines» (CPPM, ii, 670)

PL, lxiii, 361-364 = MARTÈNE.

Reuera est excerptum e n. 1488 (MGH, *auct. ant.*, vii, p. 1, lin. 3 sqq.; CSEL, vi, p. 423, 7).

1503 **Epistula ad Venantium.** Inc. «Domine admiror sermonis abstinentiam» (*CPPM*, ii, 671)

ibid., 364.

Reuera est *epist.* 247, Ennodii ad Parthenium (lib. v, 19 — CSEL, vi, p. 141) sub initio «Non in te admiror sermonis abstinentiam». Lectiones uariantes notat Fr. VOGEL (MGH, *auct. ant.*, vii, p. 195).

ARATOR SVBDIACONVS

Italus; Ennodii aequalis.

1504 **Historia Apostolica**, una cum epistulis (praeuiis) ad FLORIANVM, VIGILIVM et PARTHENIVM (*SCHANZ*, iv, 2, 393; *MANITIUS*, i, 162; ii, 797; iii, 1061; *STEGMÜLLER*, 1423; *SCHALLER & KÖNSGEN*, 13299. 9735. 15217. 16901. 15591) PL, lxviii, 63

CSEL, lxxii, 1951 — MCKINLAY.

Cod.: H. PATCH MCKINSLAY, *Arator. The Codices*, Cambridge (Mass.), 1942.

Cod., fontes: R. J. SCHRADER, in VC, xlii, 1988, p. 75-78; N. WRIGHT, in *Eranos*, lxxxvii, 1989, p. 51-64.

Cod., uar. lect.: H. SILVESTRE, in SE, v, 1953, p. 186-187.

Emend.: A. HUDSON-WILLIAMS, in VC, vii, 1953, p. 89-97; H. MARROU, in *Gnomon*, xxv, 1953, p. 253-254; J. H. WASZINK, in VC, viii, 1954, p. 87-92; L. BIELER, in *Scriptorium*, ix, 1955, p. 165-167; S. BLOMGREN, in *Eranos*, lxxii, 1974, p. 143-151.

Critica: L. WALLACH, in *Speculum*, xxix, 1954, p. 145-150; F. CHATILLON, in RMAL, xii, 1956, p. 155-174.

Cfr P. ANGELUCCI, *Aratore nella critica del'ultimo secolo*, in *Cultura & Scuola*, xxii, 1983, n. 88, p. 42-46 (cfr APh, liv, 1985, n. 265); J. SCHWIND, *Arator-Studien*, Göttingen, 1990; P.-A. DEPROOST, in VC, xliv, 1990, p. 76-82; P.-A. DEPROOST & J.-Cl. HAELEWYCK, *Le texte biblique des Actes et l'authenticité des sommaires en prose dans l'Historia Apostolica d'Arator*, in *Philologia sacra. Festschr. H. J. Frede & W. Thiele*, ii, Freiburg, 1993, p. 582-604.

Trad. text.: L. EIZENHÖFER, *Arator in einer Contestatio der Mone-Messen und in einer mailändischen Präfation*, in RB, lxiii, 1953, p. 329-333.

Tituli inserti in opus Aratoris minime uidentur **genuini**, cfr J. SCHWIND, *o. c.*, et P.-A. DEPROOST & J.-Cl. HAELEWYCK, *a. c.*

APPENDIX

1505 **Prologi antiqui in opus Aratoris:** PLS, iv, 995

i. Inc. «In nomine Patris ... Beato domino Petro adiuuante oblatus est»

CSEL, lxxii, 1951 — McKINLAY, p. xxviii;

ii. Inc. «Versibus egregiis decursum» (*WALTHER*, 20227; *SCHALLER & KÖNSGEN*, 17136)

ibid., p. xxix;

iii. Inc. «Temporibus Vigilio (*sic*) papae obsessa est»
ibid., p. xxx;

iv. Inc. «Iste Arator secundum Augustinum»
ibid., p. xxxi.

Cfr P.-A. DEPROOST & J. Cl. HAELEWYCK, *a. supra c.*

De *Glossis* (*STEGMÜLLER*, 1424-1425), cfr A. P. McKINLAY, in *Transact. & Proceed. American Philol. Assoc.*, lxxvii, 1946, p. 325; ID., in *Scriptorium*, vi, 1952, p. 151-156 (= P. O. KRISTELLER, *Catalogus Translationum et Commentariorum*, i, Washington, 1960, p. 241-247); G. R. WIELAND, *o. c.* (n. 1446*a*).

RVSTIC(I)VS HELPIDIVS DOMNVLVS

Gallus, familiaris Sidonii Apollinaris, cfr S. CAVALLIN, *Le poète Domnulus*, in SE, vii, 1955, p. 49-66.

1506 **Carmen de Iesu Christi beneficiis** (*SCHANZ*, iv, 2, 389; *STEGMÜL-* PL, lxii, *LER*, 2238; *SCHALLER & KÖNSGEN*, 2561) 545

Fr. CORSARO, *Elpidio Rustico*, Catania, 1955, p. 134-142.

Emend.: D. KUIJPER, in VC, xi, 1957, p. 111-112; L. ALFONSI, in VC, xii, 1958, p. 232.

Fontes: L. ALFONSI, in *Riv. filol. e instruz. class.*, xxxiv, 1956, p. 173-178.

1507 **Tristicha historiarum Testamenti ueteris et noui** (*SCHANZ*, iv, PL, lxii, 2, 389; *STEGMÜLLER*, 2237; *SCHALLER & KÖNSGEN*, 4732) 543

ibid., p. 126-133.

Critica: L. ALFONSI, in VC, x, 1956, p. 33-42; H. WASZINK, in VC, x, 1956, p. 243-246.

APPENDIX

1508 **Versus Rustici defensoris Augustini.** Inc. «Ter quinos animo» (SCHANZ, iv, 2, 422; SCHALLER & KÖNSGEN, 16246; CPPM, ii, 1540)   PLS, iii, 1263

A. WILMART, in *Misc. Agost.*, ii, p. 271 sq.

De **auctore** cfr S. CAVALLIN, *a. c.* [ante n. 1506], p. 50, adn. 2.

1508*a* [**Fragmenta quattuor poeseos saec. vi** in appendice ad *Elegias* MAXIMI ETRVSCI (n. 1519; cod. Oxford Bodl. 38, saec. xii). Inc. i. «Praemia tot formae (*aliter*: forte) numeret quis uoce secunda» (WALTHER, 14419; SCHALLER & KÖNSGEN, 12358); ii. «Lux oculis, lux blanda, meis lux mentibus apta» (WALTHER, 10517; SCHALLER & KÖNSGEN, 9135); iii. «Quisquis ad excelsi tendis fastigia montis» (WALTHER, 16136; SCHALLER & KÖNSGEN, 13740); iv. «Quod micat ornatum pulcro munimine saxum» (WALTHER, 16274; SCHALLER & KÖNSGEN, 13916); vi. «Haec quondam rapido fugiens» (SCHALLER & KÖNSGEN, 5975)

A. FO, in *Romano-barbarica*, viii, 1984/5, p. 151-230.

Cod.: V. TANDOI, *La tradizione manoscritta di Massimiano*, in *Maia*, xxv, 1973, p. 140-149.

Emend.: M. SALANITRO, in *Orpheus*, n. s., viii, 1987, p. 138-143; C. SALEMME, *ibid.*, ix, 1988, p. 98-101.

Fontes: H. E. STIENE, in RhM, cxxix, 1986, p. 184-192.

Saltem iii et iv inter annos 534-536 conscripta sunt sub Theodahado et Amalasuiuntha regibus; i et ii gentilis uidentur originis.]

DRACONTIVS

Afer; floruit saec. v exeunte.

1509 **Laudes Dei** (SCHANZ, iv, 2, 63; STEGMÜLLER, 2191; SCHALLER & KÖNSGEN, 13231. 11304. 9090)   PL, lx, 679; MGH, auct. ant., xiv, 23

Cl. MOUSSY & C. CAMUS, i-ii, Paris, 1985-1988.

Cod., Critica: Fr. DOLBEAU, in *Latomus*, xlviii, 1989, p. 416-423.

1510 **Hexaemeron** seu **Eugeniana recensio Laudum Dei** (SCHANZ, iv, 2, 60; DÍAZ, 198-200; STEGMÜLLER, 2265; SCHALLER & KÖNSGEN, 12586. 12489; THORNDIKE & KIBRE, p. 1089; CPPM, ii, 2180)   PL, lxxxvii, 369

MGH, *auct. ant.*, xiv, 1905 — VOLLMER, p. 27-67.

Quaedam ipse emendauit F. VOLLMER in editione sua Teubneriana (Leipzig, 1914); aliae **emend.** uidesis apud D. KUYPER, *Varia Dracontiana*, 's-Gravenhage, 1958.

1511 **Satisfactio** (SCHANZ, iv, 2, 62; STEGMÜLLER, 2192; SCHALLER & KÖNSGEN, 14279)

Cl. MOUSSY, ii, Paris, 1988.

PL, lx, 9
MGH,
auct. an.
xiv, 114

1512 **Eugeniana recensio Satisfactionis** (SCHANZ, iv, 2, 61; SCHALLER & KÖNSGEN, 14232; CPPM, ii, 2181)

MGH, *t. c.* [n. 1510], p. 115-129.

PL, lxxx
383

Cfr recentior ed.: F. SPERANZA, Roma, 1978.

1513 **Romulea** (SCHANZ, iv, 2, 65; SCHALLER & KÖNSGEN, 11466) (*a*)

MGH, *t. c.* [n. 1510], p. 132-196, et longe melius J. BOUQUET & Ét. WOLFF, Paris, 1995.

Emend.: P. DAMSTÉ, in Mn, III, lv, 1927, p. 120; cfr Th. BIRT, in *Philologus*, lxxxiii, 1928; D. R. SHACKLETON BAILEY, in VC, ix, 1955, p. 178-183; S. BLOMGREN, in *Eranos*, lxiv, 1966, p. 55-64; J. GIL, in *Nauicula Tubingensis für A. Tovar*, Tübingen, 1984, p. 161-166; A. GRILLONE, in *Civiltà classica e cristiana*, v, 1984, p. 191-200.

1514 **Orestis tragoedia** (SCHANZ, iv, 2, 61 et 67; SCHALLER & KÖNSGEN, 5536)

MGH, *t. c.* [n. 1510], p. 197-226; J. BOUQUET & Ét. WOLFF, Paris, 1995.

Emend.: S. BLOMGREN, *a. c.* [n. 1513], p. 65-66; A. GRILLONE, *a. c.* [n. 1513].

Index uerborum Dracontii: Ét. WOLFF, *Index nominum et uerborum ... praeter Orestis tragoediam*, Hildesheim, 1970.

Quae in Appendice continentur, gentilis sunt originis.

VERECVNDVS IVNCENSIS

uide sub n. 869.

(*a*) Non inseruimus numeros singulorum carminum quos adnotabant SCHALLER & KÖNSGEN.

FLAVIVS CRESCONIVS CORIPPVS

Afer; floruit saec. vi mediante. — Cfr H. HOFMANN, *Corippus as a Patristic Author?*, in VC, xliii, 1989, p. 361-377.

Critica: E. APPEL, *Exegetisch-kritische Beiträge zu Corippus*, München, 1904.

1515 **Iohannes seu de bellis Libycis** (SCHANZ, iv, 2, 78; MANITIUS, i, 169; SCHALLER & KÖNSGEN, 17209. 15353. 11827. 1206. 4044. 17104. 8236. 12251)   PLS, iv, 998; MGH, auct. ant., iii, 2, I

J. DIGLE & F. R. D. GOODYEAR, Cambridge, 1970.

Emend.: L. NOSSARTI, *Coniectanea*, i, in *Mus. Patiuum*, v, 1957, p. 135-150; V. ZARINI, in RÉAug, xxxii, 1986, p. 74 sq.; Y. MODERAN, in *Mél. d'archéol. et d'hist. de l'École franç. de Rome*, xcix, 1987, p. 963-989; R. JAKOBI, in *Hermes*, cxvii, 1989, p. 95-119; J. URBAN ANDRES, in VC, xlviii, 1994, p. 65-77.

Index uerborum: J. URBAN ANDRES, *Concordantia in Flauii Corippi Ioannida*, Hildesheim, 1993.

1516 **In laudem Iustini** (SCHANZ, iv, 2, 79; MANITIUS, i, 169; SCHALLER & KÖNSGEN, 3557. 7761. 7786. 14388. 2704. 7572)   PLS, iv, 1129; MGH, auct. ant., iii, 2, III

A. CAMERON, London, 1976; S. ANTÈS, Paris, 1981; A. RAMÍREZ DE VERGER, Sevilla, 1985.

Emend.: W. EHLERS, in RhM, cxxvii, 1984, p. 58-67; D. ESTEFANÍA, in *Bivium. Homen. M. C. Díaz y Díaz*, Madrid, 1984, p. 63-66; B. BALDWIN, in *Hermes*, cxiv, 1986, p. 503; G. GIANGRANDE, in *Siculorum Gymnas.*, xliii, 1990, p. 139-170; D. R. SHACKLETON BAILEY, in *Kontinuität und Wandel. Festschr. F. Munari*, Hildesheim, 1986, p. 315-319.

Trad. text.: A. RAMÍREZ DE VERGER, in RHT, xviii, 1988, p. 228-232; D. SCHALLER, *Frühkarolingische Corippus-Rezeption*, in WSt, cv, 1992, p. 173-187.

1517 «**Anthologia latina**» seu potius **Libri epigrammaton e cod. Salmasiano** (Paris, B. N., lat. 10.138) (SCHANZ, iv, 2, 69; LOWE, 593) (*a*)   PLS, iii, 1426

F. BÜCHELER & A. RIESE, *Anthologia latina*, Leipzig, i, 1, 1894, n. 7-388, p. 33-221.

Codicem phototypice descripsit H. O‹MONT›, Paris, s. a. (1903).

(*a*) Non inseruimus numeros singulorum carminum quos adhibent SCHALLER & KÖNSGEN.

Cod.: M. Th. VERNET-BOUCREL, in *Mél. F. Grat*, Paris, ii, 1949, p. 351-386 (cod. deperditus Louaniensis); M. SPALLONE, in *Stud. Med.*, n. s., xxix, 1988, p. 607-624.

Emend., critica: L. TRAUBE, *Vorlesungen und Abhandlungen*, iii, München, 1920, p. 51-59 (= *Philologus*, liv, 1895, p. 124-134); C. WEYMAN, in *Siluae Monacenses*, München, 1926, p. 91, 100, 101; S. MARIOTTI, in *Philologus*, c, 1956, p. 324-325; ID., in *Boll. Comit. preparat. del Ediz. Naz. dei Classici*, vii, 1959, p. 55-58; F. MUNARI, *Zu Anth. lat. 102*, in *Stud. zu Textgeschichte u. Textkritik G. Jachmann gewidmet*, Köln, 1959, p. 185-189; S. TIMPANARO, in *Maia*, xv, 1963, p. 386-394; ID., in *Kontinuität und Wandel. Festschr. F. Munari*, Hildesheim, 1986, p. 298-314; B. BISCHOFF, *Mittelalterliche Studien*, ii, Stuttgart, 1967, p. 275 sq.; A. J. BAUMGARTNER, *Untersuchungen zur Anthologie des Codex Salmasianus*, Zürich, 1981.

Poetae latini praesertim Africae tempore Vandalicae dominationis, cfr R. T. OHL, *Some Remarks on the Latin Anthology*, in *Class. Weekly*, xlii, 1948/49, p. 146-153. Non omnes uero qui hos uersus conscripserunt christianae sunt religionis; en elenchus auctorum, qui iuxta M. MANITIUS, *Geschichte der christlich-lateinischen Poesie*, Stuttgart, 1891, p. 340-344, christianam fidem professi sunt: AVITVS (*a*), BONOSVS, CALBVLVS, CATO, CORONATVS, FLAVIVS FELIX FLORENTINVS (*b*), LINDINVS, LVXORIVS (*c*), MODESTINVS, PETRVS REFERENDARIVS, PONNANVS, REGIANVS, TVCCIANVS, VINCENTIVS.

SYMPHOSIVS SCHOLASTICVS

Cfr M. J. MUÑOZ JIMÉNEZ, *Algunos aspectos de los Aenigmatos Symphosii. Titulo, autor y relación con la Historia Apollonii Regis Tyri*, in *Emerita*, lv, 1987, p. 307-312. — Floruit in Africa saec. iv-v; num Christianus fuit, non certe constat.

1518 **Centum epigrammata tristicha aenigmatica** (e cod. Salmasiano) (Ps. LACTANTIVS). Inc. «Haec quoque Symphosius carmine lusit inepto» (*SCHANZ*, iii, 425 [460]; iv, 2, 74; *WALTHER*, 7578; *SCHALLER & KÖNSGEN*, 5984; *CPPM*, ii, 1161) (*d*)   PL, vii,

(*a*) Nescio qua de causa, at certe per errorem, affirmatur in ALMA, xx, 1950, p. 15, n. 78, Auitum nostrum eundem esse atque Auitum episcopum Viennensem (n. 990 sqq.).

(*b*) Cfr M. Fr. BUFFA GIOLITO, in *Civ. class. e crist.*, xii, 1991, p. 213-232; xiii, 1992, p. 169-182.

(*c*) Vide H. HAPP, *Luxurius. Text, Untersuchungen, Kommentar*, i-ii, Leipzig, 1986; **emend.**: B. SCHOLZ, in *Hermes*, clv, 1987, p. 231-240; **critica**: B. LÖFSTEDT, in *Acta classica*, xxiii, 1980, p. 97-105.

(*d*) Non inscribimus numeros singulorum *Aenigmaticum* quos adhibent SCHALLER & KÖNSGEN.

CC, cxxxiii A, 1968 — Fr. GLORIE, p. 621-721; uel D. R. SHACKLETON BAILEY, *Anthologia Latina*, I, i, Stuttgart, 1982, p. 202-234.

Cod., uar. lect.: C. E. FINCH, in *Transact. & Proceed of Amer. Philol. Assoc.*, xlviii, 1967, p. 173-179; ID., in *Manuscripta*, xiii, 1967, p. 3-11; M. C. DÍAZ Y DÍAZ, in *Helmántica*, xxviii, 1977, p. 121-136.

Cfr A. BAUMGARTNER, *Untersuchungen zur Anthologie des Codex Salmasianus*, Zürich, 1951.

1518a **Appendix quatuor aenigmatum.** Inc. «Frigore digredior» (*SCHALLER & KÖNSGEN*, 5387. 1883. 10755. 9418)

ibid., p. 722-723.

MAXIMIANVS ETRVSCVS

saec. vi; in Italia.

1519 **Elegiae** (*SCHANZ*, iv, 2, 76; *WALTHER*, 578; *SCHALLER & KÖNSGEN*, 355)

J. PRADA, Abbiategrasso, 1919 (*a*).

Cod., trad. text.: L. TRAUBE, *Vorlesungen und Abhandlungen*, iii, München, 1920, p. 38-41 (= RhM, xlviii, 1893, p. 284-289); W. SCHETTER, *Studien zu Überlieferung und Kritik des Elegikers Maximian*, Wiesbaden, 1970 (cfr V. TANDOI, in *Maia*, xxv, 1973, p. 140-149; P. PARROW, in *Gnomon*, li, 1979, p. 144-150); Y. F. RIOU, in RHT, ii, 1972, p. 36-38; C. E. LUTZ, in *Yale Univ. Libr. Gazette*, xlix, 1974, p. 212-216.

Emend.: J. HUNT, in *La Parola del Passato*, xxxiii, 1978, p. 59-60; G. POLARA, in *Sileno*, xv, 1989, p. 197-205.

Latinitas: D. ALTAMURA, in *Latinitas*, xxx, 1982, p. 95-103.

Fontes: L. ALFONSI, in *Aeuum*, xvi, 1942, p. 86-92; G. BOANO, in *Riv. fil. clas.*, xxvii, 1949, p. 198-216; D. R. SHACKLETON BAILEY, *Echoes of Propertius*, in Mn, IV, v, 1952, p. 325.

De **indole**, cfr R. ANASTASI, *La iii elegia di Massimiano*, in *Misc. Studi lett. crist. ant.*, iii, 1951, p. 45-92; F. SPALTENSTEIN, *Structures et intentions du recueil poétique de Maximien*, in *Études de Lettres*, X, ii, 1977, p. 81-101.

1519a **Appendix Maximiani**

uide sub n. 1508a.

(*a*) *Massimiano. Elegie, a cura di* T. AGOZZINNO, Bologna, 1970, inspicere non potuimus.

CHILPERICVS REX

obiit anno 584.

1520 **Ymnus in sollemnitate S. Medardi episcopi.** Inc. «Deus mirande, uirtus alma» (CHEVALIER, 36665; SCHALLER & KÖNSGEN, 3554)

PLS, iv, 1464

MGH, poet. lat., iv, 2, 1923 — STRECKER, n. 1, p. 455-457.

Emend.: W. BULST, Hymni Latini Antiquissimi lxxv. Psalmi iii, Heidelberg, 1956, p. 195-196.

Cfr D. NORBERG, La poésie latine rythmique du haut moyen âge, Stockholm, 1954, p. 31-40.

POETAE LATINI ANONYMI AEVI MEROVINGICI

1520a **Ymnus in sollemnitate S. Medardi episcopi.** Inc. «Ymnum laudis, Medarde, tibi» (CHEVALIER, 38061; SCHALLER & KÖNSGEN, 7446)

PLS, iv, 1467

MGH, poet. lat., iv, 2, 1923 — STRECKER, n. 2, p. 457-458.

Emend.: W. MEYER, Abhandl., iii, 1936, p. 49-51.

Cfr D. NORBERG, o. c. [n. 1520], p. 40;

1521 **Versus de aduentu Domini.** Inc. «A superna caeli parte angelus dirigitur» (CHEVALIER, 41 & Add.; SCHALLER & KÖNSGEN, 37)

PLS, iv, 1468

ibid., n. 7, p. 477-480;

1522 **Versus de contemptu mundi.** Inc. «Audax es, uir iuuenis» (CHEVALIER, 1446 & Add.; WALTHER, 1687; SCHALLER & KÖNSGEN, 1305; CPPM, ii, 3186)

PL, xciv, 558

ibid., n. 14, p. 495-500;

1522a **Versus de die iudicii.** Inc. «Apparebit repentina» (CHEVALIER, 1240; WALTHER, 1364; SCHALLER & KÖNSGEN, 945)

ibid., n. 17, p. 507-510.

Bedae antiquiores, cfr BEDA, De arte metrica, i, 24 — CC, cxxiii A, p. 139, 28-31;

1523 **Hymnus in sancta Hierusalem caelesti.** Inc. «Alma fulget in caelesti perpes regno ciuitas» (CHEVALIER, 844 & Add.; SCHALLER & KÖNSGEN, 588; LAPIDGE & SHARPE, 1287)

PLS, iv, 1471

ibid., n. 19, p. 512-514;

1524 **Carmen de laude Dei.** Inc. «Ante saecula et tempora» (CHEVA-   PLS, iv,
LIER, 1179 & Add.; SCHALLER & KÖNSGEN, 879)   1473

ibid., n. 25, p. 524-526;

1525 **Carmen de resurrectione Christi.** Inc. «Tristis uenit ad Pila-   PLS, iv,
tum» (CHEVALIER, 20593; SCHALLER & KÖNSGEN, 16493)   1475

ibid., n. 32, p. 531-533;

1526 **Praefatio de Iesu Christo Domino inter Vespasianum et Ti-**   PLS, iv,
tum. Inc. «Arue, poli conditorem» (WALTHER, 1560; SCHALLER &   1478
KÖNSGEN, 1098)

ibid., n. 38, p. 542-545;

1527 **Hymnus.** Inc. «Audite omnes canticum mirabile» (SCHALLER &   PLS, iv,
KÖNSGEN, 1352)   1481

ibid., n. 42, p. 565-569;

1528 **Versus in Canticis canticorum de Deo sanctaque Ecclesia,**   PLS, iv,
auctore SICFREDO CORBEIENSI. Inc. «Audite cuncti canticum almifi-   1485
cum» (SCHALLER & KÖNSGEN, 1345)

ibid., n. 81, p. 620-629;

Cfr D. NORBERG, in *Lateinische Kultur im VIII. Jahrhundert. Traube-Gedenkschrift*, St. Ottilien, 1989, p. 195-207.

1529 **Versus de contentione Zabuli cum Auerno.** Inc. «Audiat ce-   PLS, iv,
lum atque terram» (SCHALLER & KÖNSGEN, 1335)   1493

ibid., n. 83, p. 636-637;

1530 **Hymnus.** Inc. «Beatus quidem opifex» (SCHALLER & KÖNSGEN,   PLS, iv,
1628)   1494

ibid., n. 84, p. 637-638;

1531 **Hymnus.** Inc. «Audite omnes gentes» (CHEVALIER, 1527; WALTHER,   PLS, iv,
1729; SCHALLER & KÖNSGEN, 1355)   1495

ibid., n. 91, p. 651;

1532 **Hymnus.** Inc. «Homnes homo christianus qui accepet bap-   PLS, iv,
tismo» (SCHALLER & KÖNSGEN, 11354)   1495

ibid., n. 92, p. 651;

1532*a* **Inscriptio**, auctore FROMONDO EPISCOPO CONSTANTIENSI (circa 674- 690). Inc. «Constantinensis urbis rector» (SCHALLER & KÖNSGEN, 2666) PLS, iv, 1495

ibid., n. 94, p. 652-654;

1532*aa* **Versus.** Inc. «Audite pueri quam sunt dulces litterae» (WALTHER, 1732; SCHALLER & KÖNSGEN, 1360) PLS, iv, 1495

ibid., n. 98, p. 657-658.

Saec. vii, ita dubitanter H. J. FREDE.

Cetera cantica apud STRECKER, aut alibi recensentur aut posterioris uidentur aetatis, si fidem praestes F. LOT, *Index scriptorum operumque latino-gallicorum medii aeui*, in ALMA, xiv, 1939, p. 113 sqq.; saepius tamen secuti sumus H. J. FREDE.

1532*aaa* **Hymnus abecedarius in Christo.** Inc. «Almus altus agnus, aptus ac perfectus» (SCHALLER & KÖNSGEN, 640; LAPIDGE & SHARPE, 814) PLS, iv, 1495

A. DOLD, in TA, i, 51, 1959; W. BULST, in *Britannica. Festschr. H. M. Flasdieck*, Heidelberg, 1960, p. 82-95.

Saec. viii, et hibernici originis?

Hymnodia hiberno-celtica

uide sub n. 2012.

Loricae

uide sub n. 1138 sq.

COLVMBANVS BOBIENSIS

uide sub n. 1112 sqq.

COLVMBA HIENSIS

uide sub n. 1131 sq.

Hymnodia gothica

uide sub n. 2011.

SISBERTVS TOLETANVS

saec. vii exeunte.

1533 **Lamentum paenitentiae.** Inc. «Audi, Christe, tristem fletum» PL, lxxxiii,
(Ps. ISIDORVS) (SCHANZ, iv, 2, 395; DÍAZ, 304; CHEVALIER, 1454 & 1255
Add.; WALTHER, 1692; SCHALLER & KÖNSGEN, 1314; CPPM, ii, 3436)

MGH, *poet. lat.*, iv, 2, 1923 — STRECKER, p. 770-783.

Emend.: *ibid.*, iv, 3, p. 1133.

De **auctore** uide J. PÉREZ DE URBEL, in *Bull. hispanique*, xxviii, 1926, p. 308-311.

Eiusdem auctoris uidentur esse *Exhortatio paenitendi* ac *Lamentum paenitentiae* ISIDORO HISPALENSI olim adscripta (n. 1227 et 1228), nonobstante elucidatione A. C. VEGA, in *Bol. Real Acad. Hist.*, clxviii, 1971, p. 29-31.

ANONYMVS

1533a **Versus.** Inc. «Verbis crede meis» (DÍAZ, 321. 488; SCHALLER & KÖNS- PLS, iv,
GEN, 17095; CPPM, ii, 1091) 1841

MGH, *poet. lat.*, iii, 2, 1896 — TRAUBE, p. 749.

Cod.: C. JEUDY, in RHT, ii, 1972, p. 123.

Tempore Isidori et Sisebuti confecti? uel saeculi ix, iuxta H. J. FREDE, p. 174.

EVGENIVS II TOLETANVS

uide sub nn. 1236 sq. et 1510 sq.

SISEBVTVS REX VISIGOTHORVM

uide sub nn. 1300 sq.

CHINTILA REX VISIGOTHORVM

regnauit a. 636-640.

1534 **Disticha.** Inc. «Discipulis cunctis Domini praelatos amore» PLS, iv,
(DÍAZ, 144; WALTHER, 4554; SCHALLER & KÖNSGEN, 3763) 1800

J. VIVES, *Inscripciones cristianas de la España romana y visigoda*, Barcelona, 1942, n. 389, p. 135 sq.

RECESVINTHVS REX VISIGOTHORVM

regnauit a. 652-673.

1535 **Versus in ecclesia S. Ioannis.** Inc. «Precursor Domini martir» (DÍAZ, 376; SCHALLER & KÖNSGEN, 12337)

J. VIVES, *o. c.* [n. 1534], n. 314, p. 106.

PL, lxxxv 402; MGH *auct. ant* xiv, 280

APPENDIX

1536 **Epitaphium coniugale.** Inc. «Rex legum, rex imperii» (DÍAZ, 234; SCHALLER & KÖNSGEN, 14284)

MGH, *auct. ant.*, xiv, 1905 — VOLLMER, p. 281.

PL, lxxxv 401

WAMBA REX VISIGOTHORVM

regnauit a. 672-680; obiit a. 683. — Cfr n. 1262.

1537 **Inscriptio Toletana.** Inc. «Erexit fautore Deo» (DÍAZ, 240; SCHALLER & KÖNSGEN, 4506)

J. VIVES, *o. c.* [n. 1534], n. 361, p. 125.

PLS, iv, 2093

APPENDIX

1538 **In lecto regis.** Inc. «Regius hic lectus» (DÍAZ, 202; SCHALLER & KÖNSGEN, 14142; CPPM, ii, 689)

PL, lxxxvii, 401 = DE LORENZANA.

Inter carmina Eugeniana editum est a F. VOLLMER (n. lxix), qui in u. 5 nomen WAMBAE REGIS mutauit in nomine RECCESWINTHI, cfr F. VOLLMER, in *Neues Archiv*, xxvi, 1900, p. 408 sq.

MGH, *auct. ar* xiv, 262

1538a **Versum defuncto.** Inc. «Adgregati simul unum deploremus proximum»

M. C. DÍAZ Y DÍAZ, *Sobre un himno funerario de época postvisigótica*, in *Augustinianum*, xx, 1980 (= *Ecclesia Orans. Mél. A. G. Hamman*), p. 131-139.

Saec. vii, uel paulo post.

[H]ELPIS

saec. vii.

1539 **Hymni in honorem SS. Petri et Pauli** (CHEVALIER, 1596. 2371. 4298. 4791. 6060. 13556. 16917. 16918 & Add.; SCHALLER & KÖNSGEN, 5017. 1439)   partim in PL, lxiii, 537; PLS, iii, 1276

   C. BLUME, *Analecta hymnica*, 1, Leipzig, 1907, p. 141; li, 1908, p. 216-218.

   Cod., uar. lect.: A. S. WALPOLE, *Early Latin Hymns*, Cambridge, 1922, p. 395-397, n. 126; J. SZÖVÉRFFY, *o. infra c.*, p. 401.

   De **auctore**, «uxore Boethii» dicta, uide C. BLUME, *o. c.*, p. 219. Eius epitaphium (inc. «Helpis dicta fui, Siculae regionis alumna» [WALTHER, 5352. 7695; SCHALLER & KÖNSGEN, 6193]) extat apud E. DIEHL, *Inscriptiones Latinae Christianae ueteres*, n. 3484, t. ii, p. 217 sq. (PL, lxiv, 1421).

   De **indole**, cfr J. SZÖVÉRFFY, *A Mirror of Medieval Culture. Saint Peter Hymns of the Middle Ages*, New Haven, 1965, p. 129 sqq.

STEFANVS MAGISTER

   scripsit anno 698.

1540 **Carmen de Synodo Ticinensi.** Inc. «Sublimes ortus in finibus Europe» (SCHALLER & KÖNSGEN, 15726)   MGH, lang, 190

   MGH, *poet. lat.*, iv, 2, 1923 — STRECKER, p. 728-731.

   Cfr C. CIPOLLA, *Codice diplomatico di S. Columbano*, i, Roma, 1918, p. 116 sq.; M. VAN DEN HOUT, *M. Corn. Frontonis epistulae*, Leiden, 1954, p. xvii-xix; C. MRAS, in CSEL, lxvi, 2, 1960, p. ix.

IOANNES MAGISTER

   scripsit sub Liutprando.

1541 **Epitaphium Cummiani episcopi.** Inc. «Hic sacra beati membra Cumiani soluuntur» (KENNEY, 321; SCHALLER & KÖNSGEN, 6694)   MGH, poet. lat., i, 107

   MGH, *poet. lat.*, iv, 2, 1923 — STRECKER, p. 723.

   Cfr L. GOUGAUD, *Les Saints irlandais hors d'Irlande*, Louvain, 1936, p. 72 sq.

[BENEDICTVS EPISCOPVS MEDIOLANENSIS

   685-732.]

1542 **Epitaphium Caeduallae regis.** Inc. «Culmen opes subolem» (*WALTHER*, 3531; *SCHALLER & KÖNSGEN*, 2961)

apud BEDAM, *Historia ecclesiastica* (n. 1375), v, 7 — ed. PLUMMER, i, p. 293 sq.

PL, lxxxix, 375; xcv, 237; clxxxviii, 85; MGH, *lang.*, 165

Var. lect. e cod. Paris, B. N., lat. 6040, saec. xii: J. HAMMER, in *Speculum*, vi, 1931, p. 607-608.

Nullo modo Benedicto episcopo Mediolanensi tribuendum est epitaphium regis Occidentalium Saxonum qui Romae occubuit a° 689, cfr F. BRUNHÖLZL, in *Aeuum*, xxxiii, 1959, p. 25-27.

In PL, lxxxix, 361-366, inuenitur, eiusdem scriptoris ut fertur, *Querimonia in synodo*, spuria tamen ac recentior. — De BENEDICTO EPISCOPO MEDIOLANENSI, uide L. JADIN, in DHGE, viii, 1935, col. 222 sq. (*CPPM*, ii, 450) Omnino discernendus est a BENEDICTO CRISPO DIACONO MEDIOLANENSI (n. 1172 sq.), cfr F. BRUNHÖLZL, *a. c.*, p. 27-49.

VI. GRAMMATICI ET RHETORES

Vide *La Lexicographie du latin médiéval* (Colloque à Paris, 1978), Paris, 1981, praesertim p. 261-341; *L'Héritage des grammairiens latins, de l'Antiquité aux Lumières (Chantilly, 1987)*, Paris, 1988. — De aspectu christiano artium medii aeui tractauit E. PÉREZ RODRÍGUEZ, *La Gramatica latina y la Palabra de Dios*, in *Minerva*, vi, 1992, p. 257-267.

Cod.: G. L. BURSILL-HALL, *A Census of Mediaeval Latin Grammatical MSS*, Stuttgart, 1981 (maioris momenti, sed minus utilis quoad grammaticas christianas antiquiores).

MARIVS VICTORINVS

uide sub n. 94 sq. — Cfr P. WESSNER, in PAULY-WISSOWA, xxviii. Halbb., 1930, col. 1840-1848; P. JADOT, *Marius Victorinus. Recherches sur sa vie et ses oeuvres*, Paris, 1971, p. 61-88.

Latinitas: M. D. METZGER, in *Eranos*, lxxii, 1974, p. 65-77.

1543 **Ars grammatica** (*SCHANZ*, iv, 1, 50; *HERZOG & SCHMIDT*, 564 B a 2)

I. MARIOTTI, Firenze, 1967 (H. KEIL, *Grammatici latini*, vi, Leipzig, 1874, p. 3-31).

Fontes, emend.: H. DAHLMANN, *Zur Ars grammatica des Marius Victorinus*, Wiesbaden, 1970.

1543a **Ars Victorini grammatici.** Inc. «Ars quid est?»

H. KEIL, *t. c.* [n. 1543], p. 187-205.

1543b **Ars Palaemonis de metrica institutionis.** Inc. «Metrum quid est?»

H. KEIL, *t. c.* [n. 1543], p. 206-215.

Haec dua opuscula omnino dubitanter Mario Victorino tribuunt eruditi, cfr P. TOMBEUR, in *Thesauro Marii Victorini*, Turnhout, 1993, p. x.

1544 **Explanationes in Ciceronis rhetoricam** (*SCHANZ*, iv, 1, 155; *HERZOG & SCHMIDT*, 564 B a 6)

C. HALM, *Rhetorici latini minores*, Leipzig, 1863, p. 153-304.

Critica: Th. STANGL, *Tulliana et Mario-Victoriana*, München, 1888 (progr.), p. 49-60.

Receptio: H. Silvestre, ‹Alcuin›, Gunzo et Marius Victorinus, in RB, lxxiv, 1964, p. 321-323.

SPVRIVM

1544a **De soloecismo et barbarismo** (fragmentum). Inc. «De soloecismo. Soloecismus quid est» (*HERZOG & SCHMIDT*, 522, 4)

M. Niedermann, *Consentii Ars de barbarismis et metaplasmis*, Neuchâtel, 1937, p. 32-37 (H. Keil, v, p. 327 sq. [excerptum]).

AGROECIVS EPISCOPVS SENONENSIS

Apollinaris Sidonii coaetaneus. Cfr n. 1463a.

1545 **Ars de orthographia** (*SCHANZ*, iv, 2, 206)

M. Pugliarello, Milano, 1978 (H. Keil, vii, p. 113-125).

Cod.: A. M. Negri, *De codice Bononiensi 797 (saec. xi)*, in *Riv. fil. istruz. class.*, xxxvii, 1959, p. 260-277.

PRISCIANVS CAESARIENSIS GRAMMATICVS

floruit Constantinopoli saec. v-vi. — Cfr R. Helm, in Pauly-Wissowa, xliv. Halbb., 1954, col. 2328-2346.

Cod.: M. Passalacqua, *I Codici di Prisciano*, Roma, 1978; cfr Fr. Riou, in *Latomus*, xliv, 1982, p. 373-376; C. Jeudy, in *Scriptorium*, xxxvi, 1982, p. 313-325; Ead., in RHT, xiv-xv, 1984/85, p. 131-141; G. Ballaira, *Per il catalogi dei codici di Prisciano*, Torino, 1982.

Ed.: M. Gibson, *The Collected Works of Priscian*, in *Stud. Med.*, n. s., xviii, 1977, p. 249-260.

1546 **Institutiones** (*SCHANZ*, iv, 2, 222)

M. Hertz, apud H. Keil, *o. c.*, ii-iii, 1855-1859, p. 1-384.

Addantur subscriptiones quas edidit G. Ballaira, *Prisciano e i suoi amici*, Torino, 1989, p. 57-64; 88-97.

Trad. text.: P. Benvenuti, in *Atti Accad. Torino*, cxiii, 1979, p. 323-337; Fr. Kerlouégan, in *De Tertullien aux Mozarabes. Mél. J. Fontaine*, ii, Paris, 1992, p. 183-189. **Var. lect.**: A. Holder, *Die Reichenauer Handschriften*, ii, Leipzig, 1914, p. 570-574 (fragm. 123, saec. xi); G. Mazzini, in ALMA, i, 1924, p. 213-222; ii, 1925, p. 5-14; A. Boutemy, in *Latomus*, iii, 1939, p. 183-206; 264-298; F. Karntthaller, in WSt, lix, 1941, p. 125-133; O. Meyer, *Fragmenta Prisciani Swinfurtensia*, Bamberg, 1954.

Emend., fontes: J. D. Graig, *Priscian's Quotations from Terence*, in *The Class. Quarterly*, xxiv, 1930, p. 64-73; L. Strzelecki, in *Eos*, 1937, p. 446-448; M. De Nono, in *Riv. fil. istruz. class.*, cv, 1977, p. 365-371; Id., in *Prometheus*, xvi, 1990, p. 180; C. Jeudy, in *Intellectual Life in the Middle Ages. Misc. A. M. Gibson*, London, 1992, p. 61-70.

1547 **De figuris numerorum** (SCHANZ, iv, 2, 231)

M. Passalacqua, *Prisciani Caesariensis opuscula*, i, Roma, 1987 (H. Keil, iii, p. 406-417).

Cod.: M. Passalacqua, in *Dicti Studiosus: Scritti in onore S. Mariotti*, Urbino, 1990, p. 321-327; Ead., in *L'Héritage des Grammairiens latins*, Paris, 1988, p. 147-154.

Var. lect.: A. Holder, *o. c.* [n. 1546], p. 574-576 (fragm. 123).

Critica in nn. 1547, 1548 et 1549: H. D. Jocelyn, in *Riv. fil. istruz. class.*, cxvii, 1989, p. 88-97.

1548 **De metris fabularum Terentii** (SCHANZ, iv, 2, 231)

H. Keil, *o. c.* [n. 1547], p. 418-429.

1549 **Praeexercitamenta** (SCHANZ, iv, 2, 231)

C. Halm, *Rhetores latini minores*, Leipzig, 1863, p. 551-560.

Magna ex parte translata e *Progymnasmatis* hermogenis, cfr M. Passalacqua, in *Riv. fil. istruz. class.*, cxiv, 1986, p. 443-448.

1550 **Institutio de nomine et pronomine et uerbo** (SCHANZ, iv, 2, 234)

M. Passalacqua, Urbino, 1992 (H. Keil, *o. c.* [n. 1547], p. 443-456).

Cod., trad. text.: C. Jeudy, in RHT, ii, 1972, p. 73-144.

Var. lect.: A. Holder, *o. c.* [n. 1546], p. 570 (fragm. 122, saec. ix [LOWE, 1009**])

Critica: V. Lomanto, in *Orpheus*, n. s., xv, 1994, p. 197-200.

1551 **Partitiones xii uersuum Aeneidos principalium** (SCHANZ, iv, 2, 234)

H. Keil, iii, p. 459-515.

Cod.: C. Jeudy, in RHT, i, 1971, p. 123-144; M. De Nono, *ibid.*, ix, 1979, p. 123-139.

Var. lect.: G. Funaioli, in *Misc. Mercati*, iv, p. 143-163.

1552 **De accentibus** (SCHANZ, iv, 2, 234)
ibid., p. 519-528.

Nonnullis spurius uidetur. Cfr J. FONTAINE, *S. Isidore de Séville*, i, Paris, 1959, p. 71, adn. 1.

Cod.: G. FUNAIOLI, *a. c.* [n. 1551], p. 163 sq.; M. G. LA CONTE, in *Atti Accad. Torino*, cxv, 1981, p. 109-124.

1552a **Scalprum Prisciani** seu **Excerptum cuiusdam de Prisciano.** Inc. prologus « Ad formandum grammaticae medicationis scalprum »

Prologum tantum edidit C. JEUDY, *Le « Scalprum Prisciani » et sa tradition manuscrite*, in RHT, xii/xiii, 1982/83, p. 181-193.

1553 **Carmen in laudem Anastasii imperatoris** (SCHANZ, iv, 2, 235; SCHALLER & KÖNSGEN, 15829) (Inc. « Summi poetae qui solent in uersibus »)

E. BAEHRENS, *Poetae latini minores*, v, Leipzig, 1883, p. 264-274; uel A. CHAUVOT, *Panégyriques de l'Empereur Anastase Ier*, Bonn, 1986, p. 56-68.

Fontes: D. R. SHACKLETON BAILEY, *Echoes of Propertius*, in Mn, IV, v, 1952, p. 325.

1554 **Periegesis.** Inc. « Naturae genitor quae mundum » (SCHANZ, iv, 2, 236; WALTHER, 11608; SCHALLER & KÖNSGEN, 10028)

P. VAN DE WOESTIJNE, Brugge, 1953.

Magna ex parte translata e *Periegesi* DIONYSII.

Cod. et emend.: Ch. E. FINCH, in *Class. Bull.*, xxxii, 1956, p. 33; 64-67; ID., in *Manuscripta*, iv, 1960, p. 19-22; V. M. LAGORIO, in *Class. Bull.*, liii, 1976, p. 26.

Var. lect.: P. VAN DE WOESTIJNE, in *Class. Mediaev. Renaiss. Studies in honor of B. L. Ullman*, ii, Roma, 1964, p. 427-434.

Latinitas: H. VAN LOOY, in *Handelingen Kon. Zuidnederl. Maatsch.*, xvi, 1962, p. 342-371.

ASPER(VS) (= Ps. Asper)
saec. vii? Hibernia?

1554a **Ars**
H. HAGEN, *Anecdota Heluetica* (apud H. KEIL, *o. c.*, Suppl., Leipzig, 1870), p. 39-61.

Cfr L. Holtz, *Donat et la tradition de l'enseignement grammatical*, Paris, 1981, cap. viii: *La grammaire d'Asper Minor*, p. 272-283.

BOETHIVS

Commentaria in Ciceronis Topica

uide sub n. 888.

CASSIODORVS

De orthographia

uide sub n. 907.

De oratione et octo partibus orationis

uide sub n. 908.

Iulii Seueriani praecepta artis rhetoricae et Excerpta Quintiliani de arte rhetorica

uide sub n. 906°.

ISIDORVS

De differentiis uerborum

uide sub n. 1187.

PS. ISIDORVS

De proprietate sermonum uel rerum (seu Differentiarum liber)

uide sub n. 1226.

IVLIANVS TOLETANVS

1555 **Ars grammatica, poetica, rhetorica** (*MANITIUS*, i, 131; ii, 796; DÍAZ, 308)

M. A. H. Maestre Yenes, *Ars Iuliani Toletani episcopi. Una grammática latina de la España visigoda. Estudio y edición crítica*, Toledo, 1973 (= *Ars minor* et *Ars maior*); L. Munzi, *Il «De partibus orationibus» di Giuliano di Toledo*, Napoli, 1980-1981, p. 153-228 (= *ars maior*).

Cod.: L. Holtz, in *Stud. Med.*, n. s., xvi, 1975, p. 134-135.

Critica: L. Holtz, *Édition et tradition des manuels grammaticaux antiques et médiévaux*, in RÉL, lii, 1974, p. 75-82; Id., *Donat et la tradition de l'enseignement grammatical*, Paris, 1981, p. 206-263, 433, 459-461, et passim.

Fontes: R. Stratti, in *Riv. fil. istruz. class.*, cx, 1982, p. 442-445; cxii, 1984, p. 196-200; Id., in *Maia*, xxxviii, 1986, p. 41-50; L. Munzi, *a. infra* c.

Emend.: L. Munzi, in *Annali Istit. Napoli. Sezione filol.*, i, 1979, p. 171-173; ii/iii, 1980/81, p. 229-231; Id., in *Riv. fil. istruz. class.*, cviii, 1980, p. 320-321.

« ISIDORVS IVNIOR »

saec. v-vi.

1555*a* **De uitiis et uirtutibus orationis liber** (**cod.** Basel UB F III 14 d, saec. viii [Lowe, 847])

U. Schindel, *Die lateinischen Figurenlehren des 5. bis 7. Jahrhunderts*, Göttingen, 1975, p. 209-341.

Fons, ut uidetur, Artis IVLIANO TOLETANO tributae.

[PS.] AVGVSTINVS

1556 **Principia rhetorices.** Inc. «Orationis officium est» (*SCHANZ*, iv, 2, 414)   PL, xxx 1439

R. Giomini, *S. Augustinus «De rhetorica»*, in *Studi Latini e Italiani*, iv, 1990, p. 7-82.

Cod., **uar. lect.**: R. Giomini, *I Principia rhetorices di Agostino e il nuovo Bodmer 146*, in *Studi F. Della Corte*, iv, Urbino, 1987, p. 281-297.

In appendice collocarunt Maurini; certe spuria declarant J. Zurek, *De S. Aurelii Augustini praeceptis rhetoricis*, Wien, 1905, p. 69-110, et H. Marrou, *S. Augustin et la fin de la culture antique*, Paris, 1949, p. 578-579. **Genuinitatem** defendi posse sibi uisus est B. Riposati, in *Studi in onore di G. Funaioli*, Roma, 1955, p. 378-393; circa **cod.** et **trad. text.** utilia quaedam afferuntur, sed genuinitas minime confirmatur. Dubitat

H. J. Frede, p. 263; eam uero admittit K. Barwick, in *Philologus*, cv, 1961, p. 97-110; cviii, 1964, p. 80-101; cix, 1965, p. 186-218, ubi utilia et quidem maioris momenti inuenies circa fontes et textus traditionem.

Cod.: Hüwa, i, 1, p. 161; iv, 1, p. 67; v, 1, p. 210; addantur I. Vecchi, *Aur. Augustini Praecepta artis musicae*, Bologna, 1951, p. 4, adn. 4; G. Billanovich, in *Italia Med. uman.*, v, 1962, p. 103-64.

1557 **Ars sancti Augustini pro fratrum mediocritate breuiata.** Inc. «Latinitas est obseruatio» (*Schanz*, iv, 2, 414)

C. F. Weber, Marburg, 1861 (H. Keil, *o. c.*, v, 1868, p. 494-496 [excerpt.]).

Cod.: Hüwa, i, 1, p. 91; v, 1, p. 125.

Genuinitatem, iam approbatam ab U. Pizzani, in *Misc. di studi agostiniani in onore di A. Trapé*, Roma, 1985 (= *Augustinianum*, xxv, 1-2), p. 361-383; Id., in *Convegno di studi fenici e punici*, Roma, 1983, p. 897-902), optime demonstrant V. L. Law, in *Rech. august.*, xix, 1984, p. 155-183, et P. Meyvaert (per litteras ad me directas [27-4-94]).

1558 **Regulae Aurelii Augustini.** Inc. «Omnia nomina xiii litteris» PL, xxxii, (*Schanz*, iv, 2, 414) 1385

H. Keil, *t. c.*, p. 496-524.

Certe ab alio grammatico confectae quam *Artis breuiatae* (n. 1557), cfr U. Pizzani, *a. c.* [n. 1557], p. 369-380.

Cod.: Hüwa, i, 1, p. 91.

Vide etiam sub n. 908°.

VIRGILIVS MARO GRAMMATICVS

Isidoro recentior, cfr M. Manitius, in PhWo, xlix, 1929, col. 1111; M. Esposito, in *Hermathena*, l, 1937, p. 151-153; M. Herren, *Some New Light on the Life of Virgilius Maro Grammaticus*, in *Proceed. Roy. Irish Acad.*, lxxix, 1979, p. 28-71; Id., *The Hiberno-Latin poems in Virgil the Grammarian*, in *De Tertullien aux Mozarabes. Mélanges J. Fontaine*, ii, Paris, 1992, p. 141-155; B. Bischoff, *Die «zweite Latinität» des Virgilius Maro Grammaticus und seine jüdische Herkunft*, in *Mittellat. Jahrb.*, xxiii, 1988, p. 11-16.

1559 **Epitomae et epistulae** (*Manitius*, i, 119; *Kenney*, 20; *Lapidge & Sharpe*, 295-297)

G. Polara, Napoli, 1979.

Nouum fragmentum e cod. Ambros. F 60 sup., **emend.** et **cod.**: G. Pesenti, in *Boll. di filologia classica*, xxvii, 1920/21, p. 49-52. Alia fragmenta ediderunt B. Löfstedt, in *Riv. cult. class. e medioev*, xxiii, 1983, p. 159 sq., et D. Pohl, in *Quad. Ling. filol.*, 1982/84, p. 107-138; fragmentum uero quod in appendice edidit G. Polara, *o. c.*, p. 332, spurius uidetur, cfr H. J. Frede, p. 793.

Cod.: A. Holder, *o. c.* (n. 1546), p. 562 (fragm. 120, saec. ix); J. Savage, in *Transact. & Proceed. of the Amer. Philol. Association*, lvii, 1926, p. xxiv; B. Bischoff, in *Studien zur latein. Dichtung des Mittelalters (Ehrengabe K. Strecker)*, Dresden, 1931, p. 10 sq.

Trad. text.: B. McMenomy, in *Riv. cult. class. e medioev.*, xxiii, 1981, p. 165-168.

Emend.: V. Bulhart, in WSt, xlviii, 1930, p. 75, n. 13; M. Herren, in *Stud. Med.*, n. s., xxi, 1980, p. 757-761; B. Löfstedt, in *Latomus*, xl, 1981, p. 828-829; Id., in *Speculum*, lvi, 1981, p. 205-208.

Fontes: B. Löfstedt, in *Eranos*, lxxix, 1981, p. 117-119.

Latinitas: B. Löfstedt, in *Latomus*, xl, 1981, p. 121-126; Id., in *Philologus*, cxxvi, 1982, p. 99-110.

D. Tardi, *Les Epitomae de Virgile de Toulouse. Essai de Traduction critique* (Paris, 1928), J. Huemer (Leipzig, 1886) secutus est, pauca emendans iuxta T. Stangl, *Virgiliana*, München, 1891, qui et alteram recensionem *epist*. xiv edidit, p. 61-66.

ANONYMVS

fortasse Hispanus, S. Isidoro recentior.

1560 **De dubiis nominibus.** Inc. «Aegyptus generis feminini» (*Manitius*, i, 127)

CC, cxxxiii A, 1968, p. 655-820 — Glorie (H. Keil, *o. c.*, v, 1868, p. 571-594).

Emend.: C. Weyman, in *Neophilologus*, vii, 1922, p. 130 sq.

Trad. text.: B. Peebles, apud J. Fontaine, *Sulpicius Seuerus, Vita S. Martini*, in SC, cxxxiii, 1967, p. 213.

ANONYMVS

1560a **Fragmenta duo Grammatico-Rhetorica** (apud Cvimnanvm)

B. Löfstedt, in *Eranos*, lxxvii, 1990, p. 121-124.

Saec. vii.

ANONYMVS

1561 **Quaestiones aenigmatum rhetoricae artis** seu **Aenigmata in Dei nomine Tullii (Aenigmata Bernensia).** Inc. « De olla. Ego nata duos patres habere dinoscor » (SCHANZ, i, 2, 406; MANITIUS, i, 136. 192; ii, 798; WALTHER, 5266; SCHALLER & KÖNSGEN, 4300)

CC, cxxxiii A, 1968, p. 547-610 — GLORIE.

Saec. vii/viii in Italia Septentrionali conscriptae.

ANONYMVS

1561a **Aenigmata Laureshamensia.** Inc. « Sunt mihi diuerso uaria sub tempore fata » (SCHALLER & KÖNSGEN, 15863)

CC, cxxxiii, 1968, p. 347-358 — GLORIE.

Saec. viii? Saltem ALDHELMO recentiora.

MALSACHANVS

1561b **Ars.** Inc. « Oratio dicta est quasi oris ratio » (LAPIDGE & SHARPE, 306)

B. LÖFSTEDT, *Der hibernolateinische Grammatiker Malsachanus*, Uppsala, 1965, p. 173-260.

In Hibernia saec. vii/viii confecta.

Fontes: G. BARABINO, in *Grammatici Latini d'età imperiale*, Genova, 1976, p. 195-218.

ANONYMVS AD CVIMNANVM

1561c **Expositio Latinitatis.** Inc. « Domine Iesu Christe qui nos octo »

CC, cxxxiii D, 1992 — B. BISCHOFF & B. LÖFSTEDT.

Index uerborum: ILL, A, 74.

Anno 744 antiquior et in monasterio Bobbiensi confecta.

ANONYMVS

1561d **Ars Ambrosiana.** Inc. « Hanc praefatiunculam alii adfirmant »

CC, cxxxiii C, 1982 — B. LÖFSTEDT.

Index uerborum: ILL, A & B, 6.

Saec. ix in monasterio Bobbiensi exarata.

ANONYMVS

1562 **Versus cuiusdam Scotti de alfabeto.** Inc. «A principium uocis ueterumque inuentio mira» (MANITIUS, i, 190; KENNEY, 103; WALTHER, 74; SCHALLER & KÖNSGEN, 12594; LAPIDGE & SHARPE, 731)

CC, cxxxiii A, 1968, p. 725-741 — GLORIE.

Saec. vii medio confecti, nisi carolinae sunt aetatis.

TATVINVS EPISCOPVS CANTVARIENSIS

sedit 731-734.

1563 **Ars grammatica (de viii partibus orationis).** Inc. «Partes orationis secundum grammaticos sunt viii, id est» (MANITIUS, i, 204)

CC, cxxxiii, 1968, p. 3-93 — DE MARCO.

Cod., trad. text.: V. A. LAW, in RHT, ix, 1979, p. 281-288.

Emend.: B. LÖFSTEDT, in *Arctos*, vii, 1972, p. 47-65; ID., in *Acta Classica*, xv, 1972, p. 85-94.

1564 **Aenigmata**, una cum EVSEBII **Aenigmatibus** (MANITIUS, i, 204; iii, 1061) (n. 1342)

CC, cxxxiii, 1968, p. 211-271 — GLORIE.

Epistula GREGORII II PAPAE ad Tatuinum (in *Gestis Pontificum* GVLIELMI MALMESBVRIENSIS) est figmentum saec. xii.

BONIFATIVS EPISCOPVS MOGVNTINVS

obiit 745.

1564a **Aenigmata**

CC, cxxxiii, 1968, p. 278-343 — GLORIE.

1564b **Ars grammatica**

CC, cxxxiii B, 1980, p. 3-99 — GEBAUER & LÖFSTEDT.

1564c **Ars metrica**

ibid., p. 107-113.

Cfr E. VON EHRHARDT-SIEBOLD, *Die lateinischen Rätsel der Angelsachsen*, Heidelberg, 1929; G. ROSSI, *Storia dell'Enigmistica*, Firenze, 1971.

BEDA VENERABILIS
uide sub n. 1343 sq.

Cod.: A. NEGRI, *a. c.* (n. 1545).

1565 **De arte metrica** (*MANITIUS*, i, 74)   PL, XC, 149

CC, cxxiii A, 1975, p. 81-141 — C. B. KENDALL (H. KEIL, vii, 227-260).

Pauci cod. praemittunt ‹*Accessus ad auctorem Bedam*›. Inc. «Dominus Beda gentis Anglorum» (CC, cxxiii C, 1980, p. 701-702). Cfr R. B. PALMER, *Bede as Textbook Writer*, in *Speculum*, xxxiv, 1959, p. 573-584; M. H. KING, *Grammatica mystica. A Study of Bede's Grammatical Curriculum*, in *Saints, Scholars and Heroes. Studies in honor of Ch. W. Jones*, i, Collegeville, 1979, p. 145-159.

Cfr Br. LUISELLI, in *Grammatici Latini*, *o. c.* (n. 1561b°), p. 169-180; L. CORONATI, in *Romano-barbarica*, vi, 1981/82, p. 53-62; C. JEUDY, *Nouveaux fragments de textes grammaticaux*, in RHT, xiv/xv, 1984/85, p. 131-141.

1566 **De orthographia** (*MANITIUS*, i, 75)   PL, XC, 123

CC, cxxiii A, 1975, p. 7-57 — JONES (H. KEIL, vii, p. 261-294).

Cod.: V. M. LAGORIO, in *Manuscripta*, xix, 1975, p. 98-186; ID., in *Class. Philol.*, lxx, 1975, p. 206-208.

Cfr E. ZAFFAGNO, in *Romano-barbarica*, i, 1976, p. 325-339; A. C. DIONISOTTI, *On Bede, Grammars and Greek*, in RB, xcii, 1982, p. 111-141; L. PIACENTE, in *Romano-barbarica*, ix, 1986/87, p. 229-245.

1567 **De schematibus et tropis** seu **De arte metrica liber ii** (*MANI-* PL, CX, 175
TIUS, i, 75; STEGMÜLLER, 1643)

CC, cxxiii A, 1975, p. 142-171 — KENDALL.

Fontes: U. SCHINDEL, *Die Quellen von Bedas Figurenlehre*, in *Classica et Mediaeualia*, xxix, 1968, p. 169-186; A. ISOLA, in *Romano-Barbarica*, i, 1976, p. 71-82.

Cfr B. CLAUSI, *Elementi di ermeneutica monastica nel De schematibus et tropis di Beda*, in *Orpheus*, n. s., xi, 1990, p. 277-307.

GLOSSARIA
(*MANITIUS*, i, 133; ii, 796; iii, 1060)

E magna mole *Glossariorum* (ediderunt seu potius excerpserunt G. LÖWE, G. GÖTZ, G. GUNDERMANN & W. HERAEUS, *Corpus Glossariorum latinorum*, i-viii, Leipzig, 1876-1923) nihil afferendum putamus. Quam infimae utilitatis sint hae collectiones medii aeui ad cognoscendam antiquitatem, nemo melius ostendit quam ipse W. M. LINDSAY, iussu Academiae Britannicae *Glossaria latina* praestantiora excudens (i-v, Paris, 1926-1931). Cfr iocosa uerba quibus ipse opus suum recensuit in ALMA, iii, 1927, p. 95-100; et eiusdem auctoris: *Note on the Use of Glossaries for the Dictionary of Medieval Latin*, in ALMA, i, 1924, p. 16-19. Totius materiae optimum compendium praebet M. LAPIDGE, in *Lexikon des Mittelalters*, iv, München, 1989, c. 1508-1510. Recentiora quaedam addunt A. DELLA CASA, *Les glossaires et les traités de grammaire du moyen âge*, in *La Lexicographie du Latin médiéval* (Colloque de Paris, 1978), Paris, 1981, p. 35-46; B. BISCHOFF, *A propos des glosses de Reichenau. Entre latin et français*, ibid., p. 47-56 (= *Mittelalterliche Studien*, iii, Stuttgart, 1981, p. 234-242); G. BARBERO, *Per lo studio delle fonti del Liber Glossarum: il Ms. Amploniano F. 10*, in *Aeuum*, lxvi, 1993, p. 253-278.

VII. ROMANORVM PONTIFICVM OPVSCVLA, ACTA, EPISTVLAE GENVINAE AC SPVRIAE

Romanorum Pontificum epistulas omnes, seruatas et deperditas, genuinas et spurias, recensuerunt uiri doctissimi PH. JAFFÉ et G. WATTENBACH, operam conferentibus S. LÖWENFELD, F. KALTENBRUNNER et P. EWALD (*Regesta Romanorum Pontificum ab condita Ecclesia ad a. 1198*, Leipzig, 1885-1888 [= *JW*]. Ex quo conspectu plurimum commodi adhuc capietur, etsi auctoribus recentiores editiones criticae curis W. GUNDLACH, A. GÜNTHER, E. SCHWARTZ, C. SILVA-TAROUCA aliaeque nondum praesto erant; etiam in nouissimo catalogo omnium monumentorum Romanorum Pontificum qui paratur a P. KEHR cum suis (*Italia Pontificia*, etc.) perpauca tantum documenta praecarolina inuenire potuimus, quae in *JW* praetermissa erant.

Praeter S. PETRI ac S. CLEMENTIS epistulas graece confectas, de quibus hic non est locus, duae tantum extant integrae litterae genuinae Romanorum Pontificum ante Nicaenam synodum conscriptae, S. CORNELII nempe, quae sunt 49 et 50 inter epistulas S. CYPRIANI (n. 50); de fragmentis uero in EVSEBII *Historia ecclesiastica* et apud ATHANASIVM et apud CYRILLVM ALEXANDRINVM seruatis etiam in *Claui Patrum Graecorum* uide sis. Insuper pauca uerba STEPHANI PAPAE I habentur in *epist*. 74 S. CYPRIANI et fortasse etiam in *Libro Pontificali*, cap. 24 (n. 1568), cfr H. KOCH, *Zwei Erlässe Papst Stephanus I. in sprachgeschichtlicher Beleuchtung*, in *Philologus*, lxxxvi, 1930, p. 128-132.

Spuria, quae auctorem habent ISIDORVM MERCATOREM uel adhuc posterioris sunt aetatis, hic non memorantur.

De **editionibus** ueteribus et de noua paranda perpulchre egit C. SILVA-TAROUCA, *Le antiche lettere dei Papi e le loro edizioni (saec. iv-vi)*, in *La Civiltà Cattolica*, lxxii, 1921, p. 13-22; 323-336; attamen non in omnibus talem ac tantum magistrum sequendum putamus. Vide nihilominus explanationes eiusdem auctoris: *Beiträge zur Überlieferungsgeschichte der Papstbriefe des iv.-vi. Jh.*, in ZkTh, xliii, 1919, p. 467-481; 657-692; et praesertim eius pulcherrimum opus: *Nuovi Studi sulle antiche lettere dei Papi*, in *Gregorianum*, xii, 1931, p. 3-56; 349-425; 547-598. Addantur G. B. PICOTTI, *Per una edizione critica delle antiche lettere dei Papi*, in ALMA, iii, 1927, p. 205-213; H. WURM, *Studien und Texte zur Dekretalensammlung des Dionysius Exiguus*, Rom, 1939. Cfr etiam L. SANTIFALLER, *Neuere Editionen mittelalterlicher Königs- und Papsturkunden. Eine Übersicht*, Wien, 1958.

1568 **Liber Pontificalis** (usque ad Constantinum Papam I)   PL, cxxvi 1003
MGH, *Gesta Pontificum*, i, 1, 1898 — MOMMSEN.

Critica: L. DUCHESNE, in *Mél. archéol. hist. Éc. franç. de Rome*, xviii, 1898, p. 381-417; L. DUCHESNE & C. VOGEL, *Le Liber pontificalis*, iii, *Additions et Corrections*, Paris, 1957.

Emend.: I. CAZZANIGA, in *Stud. class. orient.*, xv, 1966, p. 278-280.

Translatio graeca notitiarum inde a Papa Formoso usque ad Ioannem X critice euulgatur a I. DUJČEV, in *Archivio Muratoriano*, lxxiv, 1962, p. 213-226.

De epistulis Pseudo-Hieronymi et Pseudo-Damasi, agitur in n. 633, *epist.* 44 et 45.

1569 **Catalogi Romanorum Pontificum** (*MAASSEN*, 531)   PL, xiii, 447; lxx 1405; cxxvii, 1463; cxxviii, 1423
L. DUCHESNE, *Liber pontificalis*, i, Paris, 1886, p. xiv-xxiv; 14-41; Th. MOMMSEN, *o. c.*, p. xxxiii-lii; G. MERCATI, OM, i, p. 1-19 (uersio graeca).

Collectio Auellana (*SCHANZ*, iv, 2, 598; *MAASSEN*, 814-817)

CSEL, xxxv, 1-2, 1895/8 — GÜNTHER.

Sub Pelagio I confecta, anno 556-561.

En elenchus celeberrimae huius collectionis Imperatorum et Pontificum epistularum documentorumque ad ipsos pertinentium:

1570 i. **Gesta inter Liberium et Felicem episcopos.** Inc. «Temporibus Constantii imperatoris filii Constantini durior orta est»   PL, xiii

p. 1-4;

Cfr n. 190°;

1571 ii. FAVSTINVS et MARCELLINVS, **De confessione uerae fidei** (*MAASSEN*, 371)   PL, xiii CSEL, xxxv,

CC, lxix, 1967, p. 359-392 — SIMONETTI.

Cfr n. 120°;

1572 iii. VALENTINIANVS, THEODOSIVS et ARCADIVS AVGVSTI Salustio praefecto Vrbi

CSEL, xxxv, 1, p. 46-47;

1573 iv. VALENTINIANVS AVGVSTVS Piniano (= SIRICII *epist.* 2)   PL, xii 593

p. 47-48;

1574 v-xii. **Rescripta** Imperatorvm Valentiniani et Valentis et Gratiani
p. 48-54;

1575 xiii. Gratianvs et Valentinianvs Avgvsti Aquilino Vicario
p. 54-58;

PL, xiii, 583

xiv-xxxvii: **Quae inter Bonifatium et Eulalium gesta sunt quando utrique post mortem papae Zosimi episcopatum Romanae Vrbis contentionis ambitu persuaserunt**:

1576 xiv. **Relatio** Symmachi Praefecti Vrbi
p. 59-60;

PL, xviii, 397

1577 xv. Honorivs Avgvstvs Symmacho
p. 60-61;

PL, xviii, 398

1578 xvi. **Relatio** Symmachi
p. 61-63;

PL, xviii, 399

1579 xvii. **Preces presbyterorum pro Bonifatio** (= Bonifatii I *epist.* 1)
p. 63-65;

PL, xviii, 400; xx, 750

1580 xviii. Honorivs Avgvstvs Symmacho
p. 65-66;

PL, xviii, 401

1581 xix. **Relatio** Symmachi
p. 66-67;

PL, xviii, 401

1582 xx-xxviii. **Epistulae** Honorii Avgvsti
p. 67-74;

PL, xviii, 402 (n. xxi)

1583 xxix. **Relatio** Symmachi
p. 74-76;

PL, xviii, 402

1584 xxx. Constantivs Comes Symmacho
p. 76;

PL, xviii, 403

1585 xxxi. Honorivs Avgvstvs Symmacho
p. 76-78;

PL, xviii, 403

1586	xxxii. **Relatio** Symmachi p. 78-79;	PL, xviii, 404
1587	xxxiii. Honorivs Avgvstvs Symmacho p. 79-80;	PL, xviii, 405
1588	xxxiv. **Relatio** Symmachi p. 80-81;	PL, xviii, 406
1589	xxxv. Honorivs Avgvstvs Largo proconsuli Africae p. 81-82;	
1590	xxxvi. Largvs Aurelio Carthaginensi episcopo p. 82;	
1591	xxxvii. Honorivs Avgvstvs Bonifatio papae (= Bonifatii *epist.* 8) p. 83-84;	PL, xx, 768; lxx 677; cxx 746
1592	xxxviii. Honorivs Avgvstvs Arcadio (= Innocentii *epist.* 8) (*CPG*, 4403 b°) p. 85-88;	PL, xx,
1593	xxxix. Maximvs Valentiniano Augusto p. 88-90;	PL, xiii,
1594	xl. Maximvs Siricio papae (= Siricii *epist.* 3) p. 90-91;	PL, xiii,
	xli-xliv. **Epistulae** Innocentii papae p. 92-98;	PL, xx, 594; xx 1162; x> 786; xl 1714; C xliv, 7 lvi, 56
1595	xli = Innocentii *epist.* 31 = Avgvstini *epist.* 183;	
1596	xlii = Innocentii *epist.* 34 = Hieronymi *epist.* 136;	
1597	xliii = Innocentii *epist.* 35 = Hieronymi *epist.* 137;	
1598	xliv = Innocentii *epist.* 33 = Hieronymi *epist.* 135;	
1599	xlv-xlvi. **Epistulae** Zosimi papae (= Zosimi *epist.* 2-3) p. 99-108;	PL, xx

[1600-1610] COLLECTIO AVELLANA 519

1600 xlvii. Pavlini Mediolanensis **libellus aduersus Caelestium** (= PL, xx, 711;
Zosimi *epist.* 8) xlv, 1724

p. 108-111.

uide sub n° 169°;

1601 xlviii. Avgvstini *epist.* 191 PL, xxxiii,
867; CSEL,
p. 111-113; lvii, 162

1602 xlix. Evsebivs episcopvs Cremonensis (?) Cyrillo

p. 113-115;

1603 l. Zosimvs papa concilio Carthaginensi (= Zosimi *epist.* 12) PL, xx,
676; xlv,
p. 115-117; 1725

1604 li-lv. **Epistulae** Leonis M. (nn. 169, 170, 171, 172 et 173 [*ed. Bal-* PL, liv,
lerini]) (*CPG*, 9100-9104) 1212

p. 117-124;

1605 lvi-lxix. **Epistulae** Simplicii papae (nn. 3, 5, 2, 4, 6, 9, 10, 11, 12, PL, lviii, 35
13, 15, 16, 18, 17 [*ed. Thiel*]) (*CPG*, 9108. 9110. 9107. 9109. 9112.
9115-9121. 9126. 9127)

p. 124-155;

1606 lxx. **Synodus Romana a.** 485 (= Felicis III *epist.* 11 [*ed. Thiel*])
(*CPG*, 9143)

p. 155-161;

1607 lxxi-lxxviii. **Epistulae spuriae ad Petrum Fullonem** (*CPG*, PL, lviii,
6525) 915 (n.
lxxi)
p. 162-218.

E graeco sermone uersae sunt saec. vi ineunte;

1608 lxxix. Gelasivs papa, *epist.* 7 (*ed. Thiel*) (*CPG*, 9154) PL, lix, 23

p. 218-223;

1609 lxxx. Episcopi Dardaniae Gelasio (= Gelasii *epist.* 11 [*ed. Thiel*]) PL, lix, 21
(*CPG*, 9155)

p. 223-225;

1610 lxxxi. Anastasivs II papa, *epist.* 3 (*ed. Thiel*) (Ps. Gelasivs) (*CPG*, 9160) PL, lix, 19

p. 225-229;

1611 lxxxii. Agapitvs papa, *epist.* 1 (= n. xci) (*CPG*, 9323)   PL, lxvi,
p. 229-230;

1612 lxxxiii. **Constitutum** Vigilii papae (*CPG*, 9363)   PL, lxix,
p. 230-320;

1613 lxxxiv. Ioannes ii papa, *epist.* 2 (*CPG*, 9316. 6893. 6874. 9315)   PL, lxvi,
p. 320-328.

    Inserta est *epist. ivstiniani avgvsti* ad Ioannem, p. 322-325 (PL, lxvi, 14-17); idem textus etiam in n. xci repetitur, p. 344-347 (PL, lxvi, 35-37). Ambae epistulae etiam leguntur in *Codice Iustiniani* (n. 1796);

1614 lxxxv. Episcopi Africani ad Ioannem   PL, lxvi,
p. 328-330;

1615 lxxxvi-xci. Agapiti papae *epistulae iv*, cum responsis Ivstiniani   PL, lxvi,
Avgvsti et Menae Constantinopolitani episcopi (*CPG*, 9318. 6876.   35; lxv,
9321. 6923. 9322. 9174. 6875. 9320. 6874. 9315)
p. 330-347;

1616 xcii-xciii. Vigilii papae *epistulae ii* (*CPG*, 9332. 9333)   PL, lxix.
p. 348-356;

1617 xciv-ci et ciii. Gelasii papae *epistulae et opuscula* (*CPG*, 9158.   PL, lix,
9156. 9157)   (t. xlv,
    1763 =
p. 357-468; 474-487;   xciv, xc
    et xcvii
1618 cii. Apocrisarii Alexandrini Anastasio II, inter eius *epist.* n. 5   cxxx, 9
(ed. Thiel), a Dionysio Exigvo translata (*CPG*, 9161)   = n. xc
p. 468-473;

1619 civ. Symmachi papae *epist.* 13 (ed. Thiel) (*CPG*, 9164)   PL, lxii
p. 487-493;

1620 cv-ccxliii. **Epistulae** Hormisdae papae uel ad eum datae ab   PL, lxii
Anastasia (clxv) (*CPG*, 9233); Anastasio Avgvsto (cvii [*CPG*, 9167],   367; M(
cix, cxi [*CPG*, 9177], cxiii [*CPG*, 9178], cxxv [*CPG*, 9175], cxxxviii   auct. a
[*CPG*, 9199]); Andrea Praevalitano (ccxv) (*CPG*, 9239); Avito Vien-   vi, 2, 6
nensi (cxxxvi); Celere (cxcviii) (*CPG*, 9283); Dioscoro diacono   (n. cxx
(clxvii, ccxvi, ccxxii, ccxxiv [*CPG*, 9234. 9241. 9277. 9264]); Do-   sq.)
rotheo Thessalonicensi (cv, ccviii [*CPG*, 9168. 9287]); Epiphanio

Constantinopolitano (cxcv, ccxxxiii, ccxlii [*CPG*, 6840. 6838. 6839]); Evphemia (cxciv) (*CPG*, 9280); Ioanne Constantinopolitano (cxlvi, clix, clxi, clxxxii, clxxxiii, clxxxiv [*CPG*, 9226. 9272. 9273. 9275]); Ioanne Nicopolitano (cxvii) (*CPG*, 9182); Ioanne Thessalonicensi (clxxxvi) (*CPG*, 9261); Ivliana Anicia (clxiv, cxcviii) (*CPG*, 9232. 9284); Ivstiniano Avgvsto (cxlvii, clxii, clxxxvii, clxxxviii, cxci, cxcvi, cc, ccxxxv, ccxliii [*CPG*, 9209. 9230. 9240. 9263. 9293. 9229. 9230. 9295. 9246]); Ivstino Avgvsto (cxli, cxliii, clx, clxxxi, cxcii, cxciii, cxcix, ccxii, ccxxxii, ccxli [*CPG*, 9203. 9207. 9228. 9271. 9279. 9278. 9289. 9266. 9291. 9307]); Pompeio (clxiii) (*CPG*, 9231]; Possessore (ccxxx); Theodorito Lignidensi (clxvi) (*CPG*, 9238)

p. 495-743.

Cod.: R. Frauenfelder, in *Zeitschr. f. schweiz. Kirchengesch.*, xlix, 1955, p. 133-135 (*epist.* 232);

1621 ccxliv. Epiphanivs Constantiensis, **De duodecim gemmis** (*CPG*, 3748)

PL, lxvii, 617 (exc.); PG, xliii, 321

p. 743-773.

1622 **Appendices** iv seu aliae (et recentiores) recensiones numerorum xcv (*App.* i), xcix (*App.* ii et iii), lxxxix, xc, cxvi*b*, clix (*App.* iv)

p. 774-801.

Critica et **emend.**: G. Landgraf, in BerlPhWo, xix, 1899, col. 74; J. Svennung, *Untersuchungen zu Palladius*, Uppsala, 1935, p. 250; 550; D. Norberg, *Syntaktisch-kritische Bemerkungen zu den Avellana-Briefen*, in *Eranos*, xxxix, 1941, p. 100-120; A. Ferrua, *Epigrammata Damasiana*, Città del Vaticano, 1942, p. 65-74.

Emendatius excuduntur numeri:

xli, xlviii ab A. Goldbacher ut Avgvstini *epist*. 183 et 191 in CSEL, xliv, p. 724-730, et lvii, p. 162-165;

xlii, xliii, xliv ab I. Hilberg ut Hieronymi *epist*. 136, 137, 135 in CSEL, lvi, p.263-265;

lxxi-lxxviii: textus graeci duae sunt recensiones, quas diligentissime edidit E. Schwartz, *Publizistische Sammlungen zum Acacianischen Schisma*, München, 1934, p. 125-150; ACO, III, 1940, p. 6-25; 217-231;

lxxxiii, partim, nempe litterae legatorum *paschasini* et *lvcensii episcoporvm* ac *bonifatii presbyteri* (p. 297-302), ab E. Schwartz, ACO, II, iii, 3, p. 48-52, et II, i, 3, p. 39-43 (textus graecus);

civ: **uar. lect.**: E. SCHWARTZ, *o. c.*, p. 281, adn. 1;

cxl: HORMISDAE PAPAE *ad clerum secundae Syriae*, ab E. SCHWARTZ, ACO, III, 1940, p. 52-56 (textus graecus);

ccxxxi: eiusdem *ad Possessorem, ibid.*, IV, ii, 1914, p. 44-46; et emendatius in CC, lxxxv A, 1979, p. 115-121 — GLORIE;

ccxxxvii: eiusdem *ad Epiphanium Constantinopolitanum, ibid.*, III, p. 56-59 (textus graecus);

ccxliv: cfr [O. ROUSSEAU], in *Adnotationibus* ad t. xliii *Patrologiae graecae*, Turnhout, 1959, p. [3] (textus graecus et uersiones orientales); A. SIEGMUND, p. 71-72;

App. iv, *Fides Hormisdae papae* «Prima salus», a W. HAACKE, *Die Glaubensformel des Papstes Hormisdas*, Roma, 1939, p. 10-14; uide et J. SAN MARTIN, in *Rev. españ. de teol.*, i, 1940/41, p. 796.

1623 **Collectio Thessalonicensis** (*SCHANZ*, iv, 2, 598; *MAASSEN*, 783-785)

C. SILVA-TAROUCA, *Epistularum Romanorum Pontificum ad uicarios per Illyricum aliosque episcopos collectio Thessalonicensis*, Roma, 1937.

Addendum uidetur fragmentum *epist.* HILARI PAPAE ad Nicephorum (n. 1663), cfr H. FUHRMANN, in *Traditio*, xiv, 1958, p. 371-377, ubi et docte de **traditione text.** *Collectionis Thessalonicensis* disputatur.

Haec documenta ad Illyriam spectantia in unum collegit THEODORVS EPISCOPVS ECHINENSIS a. 531.

Ibi inueniuntur *Acta Synodi Romanae anni* 531 cum libellis STEPHANI LARISSENI et HELPIDII et TIMOTHEI EPISCOPORVM, *epistulae* quaedam DAMASI, SIRICII, INNOCENTII, BONIFATII I, et XYSTI II PONTIFICVM ROMANORVM, THEODOSII et HONORII IMPERATORVM; item BONIFATII I et LEONIS MAGNI PONTIFICVM, MARCIANI IMPERATORIS et ANATOLII EPISCOPI CONSTANTINOPOLITANI.

De genuinitate rescripti THEODOSII AVGVSTI ad Honorium (n. xvi, p. 44-45) ualde dubitat E. CHRYSOS, in Κληρονομία, iv, 1972, p. 240-250.

1624 **Collectio Veronensis** (*MAASSEN*, 739-742; *CPG*, 8619, 2)

E. SCHWARTZ, ACO, I, ii, 1925/26.

Constat ex epistulis ad synodum Ephesinam spectantibus, nempe CAELESTINI PAPAE I, CAPREOLI EPISCOPI CARTHAGINENSIS, XYSTI PAPAE III, THEODOSII et VALENTINIANI IMPERATORVM; uersio graeca extat praesertim in *Coll. Vaticana*, ed. E. SCHWARTZ, ACO, I, i, 1927/30.

Cod.: I. RUCKER, *Studien zum Concilium Ephesinum*, ii, Oxenbronn, 1931, p. III sq.; A. OLIVAR, in *Anal. sacra Tarracon.*, xxii, 1949, p. 80 sq.

1625 **Collectio Arelatensis** (SCHANZ, iv, 2, 598; MAASSEN, 786-790)
MGH, *epist.*, iii, 1892 — GUNDLACH, p. 1-83.

Habes hic *epistulas* THEODOSII II IMPERATORIS, ZOSIMI, LEONIS, HILARI, GE-LASII, SYMMACHI, HORMISDAE, FELICIS IV, IOANNIS II, AGAPITI, VIGILII, PELAGII I PONTIFICVM, CAESARII EPISCOPI.

Plurimas epistulas denuo ediderunt, textum nonnullis in locis emendans, G. MORIN, *S. Caesarii Arelatensis opera omnia*, ii, Maredsous, 1942, p. 1-32, et P. M. GASSO & C. M. BATLLE, *Pelagii I Papae epistulae*, Montserrat, 1956.

Collectio Britannica (SCHANZ, iv, 2, 598) est posterioris aetatis; nostrorum pontificum tantum GELASII I et PELAGII I *litteras* continet, ut suis locis notatur (de **traditione text.**, cfr W. ULLMANN, in *Ephem. Iuris canonici*, ix, 1953, p. 279-287). *Epistulae* uero *Viennenses* (MGH, *epist.*, iii, 1892 -GUNDLACH, p. 84-109) cum iis, quae exscribere se mentiuntur de primaeuis pontificibus, fere omnia spuria sunt, totum omittatur, praeter *epist.* nn. 7 (ZOSIMVS) et 8 (LEO M.).

1626 **Liber diurnus** PL, cv, 9

H. FÖRSTER, Bern, 1958.

Cfr H. FÖRSTER, *Die Liber diurnus-Fragmente in der Kanonessammlung des Kardinals Deusdedit*, in *Lebendiges Mittelalter. Festgabe W. Stammler*, Freiburg, 1958, p. 44-55; L. SANTIFALLER, *Bemerkungen zum Liber Diurnus*, in *Mitteil. Instit. Österreich. Geschichtsforsch.*, lxxviii, 1970, p. 42-54.

Clausulae: F. DI CAPUA, in *Studi ... P. Ubaldi*, Milano, 1937, p. 345-361.

Hic traduntur *epistulae* BONIFATII IV PAPAE, BONIFATII EPISCOPI, ZACHARIAE PAPAE, et *priuilegium* HONORII I PAPAE pro monasterio Bobbiensi. Quoad imitationes a falsariis elaboratas uide H. H. ANTON, *Der Liber diurnus in angeblichen und verfälschten Papstprivilegien des früheren Mittelalters*, in *Fälschungen im Mittelalter*, iii, Hannover, 1988, p. 115-142.

EPISTVLAE ROMANORVM PONTIFICVM

IVLIVS I

sedit a. 337-352.

1627 **Epistulae** ii, apud ATHANASIVM, *Apologia contra Arianos*, nn. 21-35 et 52-53 (JW, 186 et 188; CPG, 2123, 2. 8)

H. OPITZ, *Athanasius' Werke*, ii, 1, Berlin, 1938, p. 102-113; 132-133 (textus graecus).

PL, viii, 879 et 908; PG, xxv, 281 et 343

Textum paulo pleniorem alterius epistulae praebet SOCRATES in sua *Historia ecclesiastica*, ii, 23 — ed. R. HUSSEY, Oxford, 1893³, p. 234-235 (uersio latina in *Historia eccl. tripartita*, iv, 28 — CSEL, lxxi, 1952, p. 197-200).

PL, lxix, 977; PG, lxvii, 251

Emend.: F. E. BRIGHTMANN, in JTS, xxix, 1928, p. 159..

Spuria in PL sunt pseudepigrapha origine Apollinaristica, uide J. FLEMMING & H. LIETZMANN, *Apollinaristische Schriften syrisch mit dem griechischen Text*, Berlin, 1904 (*Abhandl. Göttingen*, vii, 4), p. 16 sq.; E. SCHWARTZ, in *Abhandlung xxxii, 6 der Bayer. Akad. der Wissenschaften*, München, 1927, et in *Coll. Nouariensi* (n. 1771), p. 35 sq.

LIBERIVS

sedit a. 352-366. — Cfr J. DOIGNON, *Le pape Libère*, in *Nouv. hist. litt. Lat.*, v, Turnhout, 1993, p. 567-573; 592.

1628 **Epist. iii ad Eusebium Vercellensem** (SCHANZ, iv, 1, 366; JW, 211, 213 et 215)

PL, viii, 1349

CC, ix, 1957, p. 121-123 — BULHART.

Cfr nn. III *a-c*.

Epist. iv ad eundem, «Quamuis sub imagine» (JW, 216; MAASSEN, 273, 2), apud HILARIVM, *o. c.*, p. 164 sq. (n. 1630), reperies in CC, ix, p. 123-124 (cfr n. IIId), et emendatius in CC, viii, 1978, p. 320-322 — DIERCKS (*epist.* viii LVCIFERI).

1629 **Epist. ad Orientales episcopos**, apud SOCRATEM, *Historia ecclesiastica*, iv, 12. Inc. «Optabile (*aliter*: Optatissimum) nobis pacis atque concordiae» (SCHANZ, iv, 1, 366; JW, 228)

PL, viii, 1381; lxi 1088; PC lxvii, 48

R. HUSSEY, ii, Oxford, 1893³, p. 496-501 (textus graecus [CPG, 6028]); CSEL, lxxi, 1952, p. 423-426 — JACOB & HANSLIK.

1630 **Epistulae** ix, apud HILARIVM, *Opus historicum* (n. 436 sqq.) (SCHANZ, iv, 1, 366; JW, 209 sqq.; MAASSEN, 273, 1)

PL, viii 1331; X, 627; xii 765; CS xiv, 320 327

CSEL, lxv, 1916 — FEDER, p. 89-93; 155-157; 164-173.

Epist. vii, ad CONSTANTIVM (inc. «Opto [uel »Obsecro«] tranquillissime Imperator») in duplici recensione excudit G. F. DIERCKS in CC, viii, 1978, p. 311-316 (*epist.* v LVCIFERI).

De quattuor epistularum captiuitatis (inc. «Studens paci», «Pro deifico», «Quia scio», «Non doceo» [MAASSEN, 273, 3]) **genuinitate** acriter disputatum est; at uero anno 1927 eas spurias esse peremptorie, ut nobis uidetur, demonstrauit F. DI CAPUA, *Il ritmo prosaico e le epistole attribuite a Papa Liberio*, Castellammare, 1927; cfr eiusdem auctoris *Il ritmo* *prosaico nelle lettere dei Papi*, i, Roma, 1937, p. 7 et 236-247. Nuper et P. GLORIEUX, *Hilaire et Libère*, in *Mél. de sc. relig.*, i, 1944, p. 7-34, epistularum ueram indolem atque originem Arianam tamquam falsificationes Luciferianas enodauit.

Graece tantum traditur sub nomine Liberii quaedam epistula ad Athanasium (PL, viii, 1396-1397; PG, xxviii, 1441-1444 [*JW*, 229; *CPG*, 2291]), antiqua certe, sed a stylo ac sensu Liberii prorsus aliena.

Sermo autem *ad Marcellinam*, a *S.* AMBROSIO in libro iii *de uirginibus* (iii, 1, 1 et iii, 14 [n. 145]) relatus, saltem quod ad formam attinet opus est doctoris Mediolanensis, uide E. CASPAR, in ZKG, xlvi, 1927, p. 346-355. PL, viii, 1345; xvi, 219 (231)

Quid sentiendum de quodam sermone *de ieiunio*, sub Liberii nomine seruato in uersione coptica saec. v, disce a Th. LEFORT, *Homélie inédite du pape Libère sur le jeûne*, in *Le Muséon*, n. s., xii, 1911, p. 1-19 (textus copticus una cum interpretatione gallica).

Datur aequaliter in uersione coptica quaedam epistula spuria de morte Athanasii, Liberio nostro perperam adscripta, cum Liberius obiendo saltem per septem annos Athanasio praecessit, cfr Th. LEFORT, *a. c.*, p. 9 sq.

APPENDIX

1631 **Elogium** seu **epitaphium e cod. Corbeiensi.** Inc. «Quam domino fuerant deuota mente parentes» (SCHANZ, iv, 1, 218) PLS, i, 200

E. DIEHL, *Inscriptiones latinae christianae ueteres*, i, Berlin, 1925, p. 178-180, n. 967.

Critica: C. WEYMAN, in *Zeitschr. f. die österreichischen Gymnasien*, lix, 1908, p. 704-706.

Valde olim dissentiebant eruditi utrum elogium LIBERIO conueniret an potius FELICI II antipapae uel, ut perperam opinatus est F. X. FUNK, MARTINO I; lites de hac re more suo optime enarrat H. LECLERCQ, in DACL, ix, col. 521 sq.

Sub nomine eiusdem FELICIS II antipapae duae habentur *epistulae* (PL, xiii, 18-28 [*JW*, 230 et 231]), et ipsae spuriae. PL, cxxx, 644

DAMASVS I

sedit 366-384.

1632 **Decretale ad episcopos Galliae.** Inc. «Dominus inter cetera salutaria mandata» (= SIRICIVS, *epist.* 10) (*JW*, post n. 285; MAASSEN, 275, 7) PL, xiii, 1181

E. BABUT, *La plus ancienne décrétale*, Paris, 1904, p. 69-87.

1633 **Epistulae** (SCHANZ, iv, 1, 218; JW, 232 sqq.; MAASSEN, 274)   PL, liii, 31
PL, xiii, 347-373 = MERENDA (COUSTANT). (*epist.* 3,

Epist. 1, *in causa Auxentii*, ac fragmenta «*epist.* 2» accuratius excu-   PL, lxix,
duntur ab E. SCHWARTZ, in ZntW, xxxv, 1936, p. 19-23, et a L. PARMEN-   1006; PG,
TIER & F. SCHEIDWEILER, *Theodorets Kirchengeschichte* (ii, 22), Berlin,   lxxxii, 10
1954 (GCS, xliv [xix], p. 147-150 (textus graecus), et a M. RICHARD, *La
lettre «Confidimus quidem» du Pape Damase*, in *Ann. de l'Instit. de
philol. et d'hist. orientales et slaves*, xi, 1951 (*Mél. H. Grégoire*, iii),
p. 323-340 (**critica** et **emend.**: F. SCHEIDWEILER, *Besitzen wir das lateinische Original des römischen Synodalschreibens vom Jahre* 371?, in
eadem ephemeride, t. xiii, 1955 [*Mél. I. Lévy*], p. 572-586), et a W. JACOB
& R. HANSLIK, in CSEL, lxxi, 1952, p. 257-259;

epist. 4, seu *Confessio fidei*, epistulae ad Paulinum Antiochenum ad-   PL, liii,
nexa, edita est a C. TURNER, *Ecclesiae occidentalis monumenta iuris*   319; lvi,
antiquissima, I, ii, 1, Oxford, 1913, p. 281-296; R. RIEDINGER, in *Byzan-*   686; CSE
tion, liv, 1984, p. 634-637 (recensio **graeca**). — Laudata *Confessio* ad   lxxi, 518;
Concilium Romanum a. 382 pertinet, et AMBROSIVM uidetur habere auc-   PG, lxxx
torem, cfr P. GALTIER, *Le «tome de Damase»*, in RSR, xxvi, 1936, p. 385-   1222; GC
418; 563-578;   xix, 297

epist. 5 et 6, *ad Acholium*, in *Coll. Thessal.* (n. 1623), n. i et ii;

epist. 7, *ad episcopos Orientis*, a L. PARMENTIER & F. SCHEIDWEILER, *o.*   PL, lxix,
c., p. 295-297 (v, 10) (textus graecus); W. JACOB & R. HANSLIK, *o. c.*,   1133; PG,
p. 516-518;   lxxxii, 12

epist. 8 et 9, *ad Hieronymum*, in CSEL, liv, 1910 — HILBERG, p. 103-
104; 265-267.

Emend. in epistulas Damasianas: F. DI CAPUA, *o. c.*, i, p. 251-273.

1634 Acta Synodi Romanae a. 382 seu *Explanatio fidei*, in PL post epist. 9
inserta (JW, 251; MAASSEN, 274, 5), a C. TURNER, in JTS, i, 1899, p. 556 sq.
et partim ab eodem in eius *Ecclesiae Occidentalis Monumenta Iuris
antiquissima*, t. i, 2, Oxford, 1904, p. 155-158, edita, in codicibus praesertim traduntur tamquam cap. i-iii *Decreti Gelasiani* (n. 1676).

1635 **Epigrammata** (SCHANZ, iv, 1, 214; STEGMÜLLER, 2045)   PL, xiii,
A. FERRUA, Roma, 1942.   375; 1217
  lxxiv, 5

Emend.: J. VIVES, *Damasiana*, in *Anal. Sacra Tarracon.*, xvi, 1943,
p. 1-6; P. KÜNZLE, in *Riv. di storia della Chiesa in Italia*, vii, 1953, p. 1-
26; A. FERRUA, in *Riv. di archeol. crist.*, xxix, 1953, p. 231-235; V. PERI, in
Rendic. Pont. Accad. di Archeol., xli, 1968/69, p. 193-204; J. RUYSCHAERT,
ibid., xlii, 1969/70, p. 201-218. — Cfr n. 641.

Var. lect.: D. DE BRUYNE, *Préfaces*, p. 234.

Critica: A. VACCARI, in *Biblica*, xxiv, 1943, p. 190-194.

1636 **Tituli Damaso falso tributi uel ad Damasianos spectantes** PL, xiii, 375; PLS, i, 312
(STEGMÜLLER, 2046-2048; CPPM, ii, 581-583)

ibid., p. 219-259; M. IHM, *Damasi Epigrammata*, Leipzig, 1895, p. 67-105.

Carmen Paschale, ed. IHM, n. 68, p. 69-71, est PS. CLAVDII CLAVDIANI (n. 1461); *carmen* uero *de Christo*, ed. IHM, n. 69, p. 71-73, uidetur FLAVII MEROBAVDIS (n. 1435); alios quosdam titulos accuratius edidit E. DIEHL, nempe:

IHM 74	= DIEHL 1514	IHM 91	= DIEHL 1975
IHM 75	= DIEHL 952	IHM 92	= DIEHL 973
IHM 76a	= DIEHL 1777	IHM 93	= DIEHL 972
IHM 78	= DIEHL 1980	IHM 96	= DIEHL 1774
IHM 83	= DIEHL 1994	IHM 97	= DIEHL 983
IHM 84	= DIEHL 1768	IHM 104	= DIEHL 1782
IHM 85	= DIEHL 316	IHM 105	= DIEHL 92
IHM 89	= DIEHL 1991	IHM 107	= DIEHL 3438

Carmen de Chrysantho et Daria (PL, lxxiv, 527-530 [BHL, 1789; CPPM, ii, 611 (cfr 583)]) excerptum est ex ALDHELMI *de uirginitate*, l. 1123-1250 (n. 1333).

Epistulae spuriae ad Hieronymum (CPPM, ii, 580)

uide sub nn. 633, *epist.* 43-47; 633a; 633b.

Ceterae epistulae spuriae carolinae sunt aetatis.

SIRICIVS

sedit a. 384-399.

1637 **Epistulae** (SCHANZ, iv, 1, 366; JW, 255 sqq.; MAASSEN, 275)

PL, xiii, 1131-1178 = COUSTANT.

Epist. 1: **cod.**, **trad. text.**: H. WURM, *Studien und Texte zur Dekretalensammlung des Dionysius Exiguus*, Rom, 1939, p. 120-123;

epist. 2 = *Coll. Auell.*, n. iv;

epist. 3 = *Coll. Auell.*, n. xl;

epist. 4 = *Coll. Thessal.*, n. iii;

epist. 5 accuratius edidit Ch. MUNIER, in CC, cxlix, 1974, p. 59-63;

epist. 7 = inter AMBROSII *epist.* 41a;

epist. 8 = AMBROSII *epist.* 42 (MAASSEN, 372);

epist. 9, *de causa Bonosi*, inter AMBROSII *epist. 56a* (71); potius est ipsius Ambrosii quam Siricii papae, cfr F. CAVALLERA, in *Bull. de littérature ecclésiastique*, xxi, 1920, p. 141-147; et praesertim J. A. DE ALDAMA, in *Marianum*, xxv, 1963, p. 1-22;

epist. 10 (extra coll. 4), est fortasse DAMASI (n. 1632).

Epist. 7-9 accuratius editae sunt a M. ZELLER (n. 160).

Emend.: F. DI CAPUA, *o. c.* [n. 1630], ii, 1939, p. 161-179.

Quasdam formulas liturgicas Siricio adscribit J. JANINI, *S. Siricio y las cuatro Témporas*, Valencia, 1958.

Ad quendam SIRICIVM episcopum misit AMBROSIVS epistulas suas 85 (46) et 86 (41); utrum idem sit Siricius Papa necne, ambiguum est. Cfr R. PALANQUE, *S. Ambroise et l'Empire Romain*, Paris, 1933, p. 473.

ANASTASIVS I

sedit a. 399-401.

1638 **Epistula ad Simplicianum Mediolanensem episcopum** (inter *epist.* HIERONYMI, 95). Inc. «Grandem sollicitudinem atque excubias» (SCHANZ, iv, 1, 367; JW, 276)   PL, xx,
xxii, 772

CSEL, lv, 1912 — HILBERG, p. 157-158.

1639 **Epistula ad Venerium Mediolanensem episcopum.** Inc. «Dat mihi plurimum (laetitiae)» (SCHANZ, iv, 1, 367; JW, 281)   PLS, i, 7

J. VAN DEN GHEYN, in *Rev. d'hist. et de littérature religieuse*, iv, 1899, p. 1-12.

1640 **Epistula ad Ioannem Hierosolymitanum.** Inc. «Probatae quidem adfectionis est» (SCHANZ, iv, 1, 367; JW, 282)   PL, xx,
xxi, 627
xlviii, 2

E. SCHWARTZ, ACO, I, v, 1924/25, p. 3-4.

Emend.: C. TURNER, in JTS, xxvii, 1926/27, p. 285, adn. 1.

INNOCENTIVS I

sedit a. 401-417.

1641 **Epistulae** (SCHANZ, iv, 2, 598; JW, 285 sqq.; MAASSEN, 276)   PL, lvi,
(*partim*
PL, xx, 463-608 = COUSTANT.

Epist. 1 = *Coll. Thessal.*, n. iv;

epist. 2: **cod.**, **trad. text.**: H. WURM, *o. c.* [n. 1637], p. 129-130;

epist. 3: **cod.**, **trad. text.**: H. WURM, *o. c.* [n. 1637], p. 128;

epist. 4 est *IOANNIS CHRYSOSTOMI epist.* in *Dialogo PALLADII* (cap. ii) seruata (ed. P. R. COLEMAN-NORTON, Cambridge, 1928, p. 8-16 [PG, xlvii, 8-12; lii, 529-536]) (*CPG*, 4402);

epist. 5, ad *THEOPHILVM* (*ibid.*, p. 17 [PG, xlvii, 12-13]) (*CPG*, 6037, 3);

epist. 6: ed. H. WURM, in *Apollinaris*, xii, 1939, p. 46-78; Ch. MUNIER, in CC, cxlviii, 1963, p. 197-199;

epist. 7 seruauit *SOZOMENVS*, *Hist. eccl.*, viii, 26, 7-19 (ed. J. BIDEZ & G. C. HANSEN, in GCS, 1, 1960, p. 385-387 [PG, lxvii, 1585-1590]); a Sozomeno accepit eam et *NICEPHORVS*, *Hist. eccl.*, xiii, 32 — PG, cxlvi, 1031-1034 (*CPG*, 4403°*b*);

epist. 8, *HONORII AVGVSTI* = *Coll. Auell.*, n. xxxviii (*MAASSEN*, 317, 1) (*CPG*, 4403°*b*);

epist. 9, item *HONORII*, seruatur apud *PALLADIVM* (*ibid.*, p. 21-22 [PG, xlvii, 14-15]) (*CPG*, 6037, 3);

epist. 10 = *AVGVSTINI epist.* 184;

epist. 11 est *IOANNIS CHRYSOSTOMI epist.* altera (PG, lii, 535-536) (*CPG*, 4403);

epist. 12, ad *IOANNEM*, seruauit *SOZOMENVS*, *Hist. eccl.*, viii, 26, 2-6 (p. 384-385 [PG, lxvii, 1583-1586]); a Sozomeno accepit eam et *NICEPHORVS*, *Hist. eccl.*, xiii, 32 — PG, cxlvi, 1029-1032 (*CPG*, 4403°*b*);

epist. 13 = *Coll. Thessal.*, n. v;

epist. 14: uide sub n. 2281*a*;

epist. 17: **cod.**, **trad. text.**: H. WURM, *o. c.* [n. 1637], p. 133-137;

epist. 25, ad *DECENTIVM*: **cod.** et **emend.**: H. WURM, *o. c.* [n. 1637], p. 124-128; B. CAPELLE, in RTAM, xix, 1952, p. 5-16; ID., in BTAM, vi, nn. 2027, 2028; ed. R. CABIÉ, *La lettre du pape Innocent Ier à Décentius de Gubbio*, Louvain, 1973;

epist. 26, *Concilii Carthaginensis* a. 416 = *AVGVSTINI epist.* 175 (*MAASSEN*, 151);

epist. 27, *Concilii Mileuitani* a. 416 = *AVGVSTINI epist.* 176 (*MAASSEN*, 152);

epist. 28 = *AVGVSTINI epist.* 177;

epist. 29 = *AVGVSTINI epist.* 181;

epist. 30 = *AVGVSTINI epist.* 182;

epist. 31 = *AVGVSTINI epist.* 183 (= *Coll. Auell.*, n. xli);

epist. 33 = *HIERONYMI epist.* 135 (= *Coll. Auell.*, n. xliv);

epist. 34 = *HIERONYMI epist.* 136 (= *Coll. Auell.*, n. xlii);

epist. 35 = HIERONYMI *epist.* 137 (= *Coll. Auell.*, n. xliii);

epist. 42: fragmenta sunt «*PELAGII*» (n. 749).

Emend.: F. Di Capua, *o. c.* [n. 1630], ii, p. 189-204.

1642 **Epistula [44] ad Aurelium Carthaginensem.** Inc. «Qua indignitate, qua molestia» (SCHANZ, iv, 2, 598; JW, 312; MAASSEN, 276, 19) PL, cxxx 709

PL, lxxxiv, 657-658 = González.

1643 **Fragmentum epistulae [43] ad Seuerianum Gabalae episcopum.** Inc. «Cum diuinum e caelis» (*epist.* 43) (JW, 319)

PL, xx, 611-612 = Mai, qui textum arabicum latine uertit.

INNOCENTII et ARCADII AVGVSTI *litterae amoebaeae* (PL, xx, 629-636; PG, cxlvi, 1037-1040; clviii, 485-487; JW, 290 sq.) subdititiae sunt graecae originis, fortasse saec. vi conflatae.

ZOSIMVS

sedit a. 417-418.

1644 **Epistulae** (SCHANZ, iv, 2, 598; JW, 328 sqq.; MAASSEN, 277)

PL, xx, 642-686 = Coustant.

Epist. 1 accuratius excuditur in *Coll. Arel.*, n. i;

epist. 2 in *Coll. Auell.*, n. xlv;

epist. 3 in *Coll. Auell.*, n. xlvi;

epist. 4 in *Coll. Arel.*, n. ii;

epist. 5 in *Coll. Arel.*, n. v;

epist. 6 in *Coll. Arel.*, n. iii;

epist. 7 in *Coll. Arel.*, n. iv;

(*epist.* 8 = *Coll. Auell.*, n. xlvii [n. 1600, PAVLINI DIACONI *adu. Caelestium*; cfr n. 169°]) (MAASSEN, 374);

epist. 9: **cod.**, **trad. text.**: H. Wurm, *o. c.* [n. 1637], p. 138-139;

epist. 10 in *Coll. Arel.*, n. vi;

epist. 11 in *Coll. Arel.*, n. vii;

epist. 12 in *Coll. Auell.*, n. l;

epist. 13, HONORII et THEODOSII AVGVSTORVM, deest in PL, xx; require in t. xlv, 1726-1728, uel t. lvi, 490-492 (MAASSEN, 318, 9-10);

epist. 14: **cod.**, **trad. text.**: H. Wurm, *o. c.* [n. 1637], p. 139-140;

epist. 15: ed. Ch. Munier, in CC, cxlix, 1974, p. 90-91.

1645 **Epistula tractoria** (fragm. apud AVGVSTINVM, *epist.* 190, n. 23, et apud PROSPERVM AQVITANVM, *Auctoritates* [n. 527], cap. 7) (SCHANZ, iv, 2, 598; JW, 343)   PL, xx, 693

 CSEL, lvii, 1911 — GOLDBACHER, p. 159; P. & H. BALLERINI, *S. Leonis opera*, ii, Venezia, 1756, col. 255.

1646 **Epistula ad Simplicium Viennensem** (inter **Viennenses spurias**). Inc. «Reuelatum nobis» (JW, 335)   PL, xx, 704

 MGH, *epist.*, iii, 1892 — GUNDLACH, p. 90.

 Genuinitas: E. BABUT, *Le Concile de Turin*, Paris, 1904, p. 243-265; ualde dubia, cfr W. H. A. (= A. WILMART) in RHE, vi, 1905, p. 937; H. J. FREDE, p. 797.

1647 **Epistula ad Remigium episcopum.** Inc. «Licet proximae scribta dedirimus» (SCHANZ, iv, 2, 598; JW, 337; MAASSEN, 277, 8)   PLS, i, 797

 F. MAASSEN, *Geschichte*, i, p. 954 sq.

 Emend.: L. DUCHESNE, *Fastes épiscopaux de l'ancienne Gaule*, i, Paris, 1907², p. 101 sq., adn. 2.

BONIFATIVS I

 sedit a. 418-422.

1648 **Epistulae** (SCHANZ, iv, 2, 598; JW, 348 sqq.; MAASSEN, 278)

 PL, xx, 750-784 = COUSTANT.

 Epist. 1 accuratius editur in *Coll. Auell*, n. xvii;

 epist. 2 est AVRELII CARTHAGINENSIS (n. 393);

 epist. 3, 7, 12: **cod.**, **trad. text.**: H. WURM, *o. c.* [n. 1637], p. 150-151;

 epist. 4, in *Coll. Thessal.*, n. vii, p. 24-27;

 epist. 5, cuius prior pars est LEONIS M., posterior tantum BONIFATII, in eadem *Coll. Thessal.*, n. xxvii, p. 62-65;

 epist. 6 = AVGVSTINVS, *Contra duas epistulas Pelagianorum*, i, 1-3;

 epist. 8, seu rescriptum HONORII AVGVSTI, in *Coll. Auell.*, n. xxxvii (MAASSEN, 318, 36); **cod.**, **trad. text.**: H. WURM, *o. c.* [n. 1637], p. 150-151;

 epist. 9 = *Cod. Theodosianus*, xvi, 2, 45;

 epist. 10, 11 (MAASSEN, 318, 39. 40), 13, 14 et 15 in *Coll. Thessal.*, n. xv, xvi, ix, x, viii, p. 43-45; p. 27-36, ubi et aliam *epistulam* Bonifatii habes (n. vi, p. 23-24), in PL (l, 427) sub CAELESTINI nomine editam.

1649 **Epistula ad uicarios suos in Africana synodo.** Inc. «Dilectionis uestrae pagina» (*JW*, 348; MAASSEN, 278, 1)   PL, xx, 7̃

C. TURNER, *Ecclesiae Occidentalis monumenta iuris antiquissima*, 1, ii, 3, Oxford, 1930, p. 565.

Alia epistula a MANSI edita (PL, xx, 791, inc. «Pallium per latorem») spuria est.

CAELESTINVS I

sedit a. 422-432.

1650 **Epistula (iv) ad episcopos per Viennensem et Narbonensem prouincias.** Inc. «Cuperemus quidem» (*JW*, 369; MAASSEN, 279, 2)   PL, lvi, 576; lxxx 685; cxxx 754

PL, l, 430-436 = COUSTANT.

Cod., trad. text.: H. WURM, *o. c.* [n. 1637[, p. 140-141.

1651 **Epistula (v) ad episcopos Apuliae et Calabriae.** Inc. «Nulli sacerdotum» (*JW*, 371; MAASSEN, 279, 3)   PL, lvi, lxxxiv, 6 cxxx, 75

ibid., 436-437.

cod., trad. text.: H. WURM, *o. c.* [n. 1637], p. 142.

1652 **Epistula (iii) ad episcopos Galliarum.** Inc. «Apostolici uerba praecepti» (*JW*, 381; MAASSEN, 279, 12)   PL, xlv, 1755; lxxxiv, cxxx, 7̃

ibid., 528-530.

Huic epistulae adnexa sunt *Capitula antipelagiana* a PROSPERO AQVITANO consarcinata (n. 527).

Ceteras epistulas in PL editas (*JW*, 366 sqq.; MAASSEN, 279) inuenies in *Coll. Veronensi* (n. 1624 [locupletius exponitur a H. J. FREDE, p. 349 sq.]), p. 5-27; 88-101, praeter *epist.* 1ᵃᵐ, quae est AVGVSTINI *epist.* 209; 2ᵃᵐ quam uideas sub n. 394; 3ᵃᵐ, reuera BONIFATII I, quae in *Coll. Thessal.* (n 1623) habetur.

De **traditione text.**, cfr I. RUCKER, *Studien zum Concilium Ephesinum*, ii, *Ephesinische Konzilsakten in lateinischer Überlieferung*, Oxenbronn, 1931, p. 45 sq., 88 sq.; N. M. HÄRING, *Eine Zwettler Handschrift der lateinischen Akten des Konzils von Ephesus*, in *Anal. Cisterc.*, xxiv, 1968, p. 3-38.

1653 **Epistula ad Flauianum episcopum Philippensem.** Inc. «Κεχαρισμένα, καὶ γὰρ οὐκ ὀλίγον» (*Coll. Atheniensis*, 98) (*CPG*, 8785)

E. Schwartz, ACO, I, i, 7, 1929, p. 142-143.

Latine periit.

1654 **Fragmentum sermonis.** Inc. «Recordor beatae memoriae Ambrosium» (apud Arnobium Iuniorem, *Conflictus cum Serapione*, ii, 13 n. 239])   PL, liii, 289

CC, xxv A, 1992, p. 112 — Daur.

In uersione coptica exstant quattuor homiliae sub nomine Caelestini episcopi Romani (cfr O'Leary, in DACL, ix, 2, 1930, c. 607 sq.). De genuinitate nihil constat.

SIXTVS seu XYSTVS III

sedit a. 432-440.

1655 **Epistulae iii** in *Coll. Atheniensi* (n. 99-101) (JW, 389 sq.; CPG, 8792. 8793)   partim in PL, l, 583

E. Schwartz, ACO, I, i, 7, 1929, p. 143-145.

Latine in *Acta Concilii Ephesini* (cfr supra, sub n. 1652).

Aliae epistulae (JW, 393 sqq.; Maassen, 280) exhibentur in *Coll. Veronensi* (n. 1624 [cfr supra, sub n. 1652]), p. 107-110, et in *Coll. Thessalonicensi* (n. 1623), p. 36-43, cfr H. J. Frede, p. 757).

LEO I

sedit a. 440-461.

1656 **Epistulae** (Schanz, iv, 2, 600; JW, 398 sqq.; Maassen, 281)

PL, liv, 593-1218 = Ballerini.

Cfr J. Jiménez Delgado, *Hacia una nueva edición critica del epistolario leonino*, in *Helmántica*, xiii, 1964, p. 235-268; A. Chavasse, *Les lettres de saint Léon le Grand dans le supplément de la Dionysiana et de l'Hadriana et dans la collection des manuscrits du Vatican*, in RevSR, xxxviii, 1964, p. 154-176.

Fontes: A. Granata, *Note sulle fonti di S. Leone Magno*, in Riv. di storia della Chiesa in Italia, xiv, 1960, p. 263-282.

Inter editiones totius epistolarii S. Leonis Magni Balleriniana praestantissima reputatur, cfr obseruationes criticas in omnes editiones S. Leonis auctore C. Silva-Tarouca, in *Gregorianum*, xii, 1931, p. 7-15. Nonnullae tamen epistulae a recentioribus accuratius excusae sunt, praesertim ab E. SCHWARTZ, ACO, II, i-iv, 1932/1935 (uide elenchum, t. II, iv, p. 170 sq.), et etiam melius iuxta optimum codicem Clm 14.540 (*Collectio Ratisbonensis*) aliosque libros manuscriptos a C. SILVA-TAROUCA, in collectione *Textus et Documenta*, ser. theol., fasc. 9, 15, 20, Roma, 1932/1935, qui etiam de **genuinitate** erudite disseruit: *Nuovi Studi* etc., in *Gregorianum*, xii, 1931, p. 547-598.

De singulis sequentia notanda sunt:

epist. 2*a*, seu *fragmentum de computo*, CYRILLO ALEXANDRINO adscriptum, uide inter opera de temporibus, n. 2304;

epist. 3 (*PASCHASINI ad Leonem* [**cod.**: THORNDIKE & KIBRE, p. 114), 88, 121, 122, 127, 131, 133 (*PROTERII ALEX.* [CORDOLIANI, lxv; THORNDIKE & KIBRE, p. 1048; **cod.** addantur: Bremen, Öffentl. Bibl., in-8°, 46; Rouen, Bibl. mun. 524, saec. ix; cfr J. LAPORTE, in *Rev. Mabillon*, liii, 1963, p. 31]), 137 (spuria) et 142, ed. Br. KRUSCH, *Studien zur christlich-mittelalterlichen Chronologie*, i, Leipzig, 1880, p. 247-278;

epist. 4, ed. A. WURM, in *Apollinaris*, xii, 1939, p. 82-93;

epist. 5, 6, 13, 100, 132, 135, ed. SILVA-TAROUCA, in *Coll. Thessalonicensi* (n. 1623), p. 46-63, una cum fragmento epistulae Leonis *ad Anastasium episcopum* (inc. «Credebamus, post epistulas nostras», PL, xx, 761-762 [*JW*], 351; MAASSEN, 278, 4]), quod perperam BONIFATIO I adscribitur;

epist. 6, uide *epist.* 5;

epist. 8, est constitutio VALENTINIANI III AVGVSTI (cfr n. 1795, i, p. 103-105);

epist. 11, item constitutio eiusdem (ut supra, p. 101-103);

epist. 13, uide *epist.* 5;

epist. 15, spuria eaque concilio Bracarensi a. 563 posterior, iuxta K. KÜNSTLE, *Antipriscilliana*, Freiburg, 1905, p. 117-126; **genuinitatem** uindicant J. RUÍZ-GOYO, in *Estud. Ecl.*, xv, 1936, p. 367-379; A. LANG, *o. infra c.* (n. 1657*c*), p. 17 sq.; B. VOLLMANN, *Studien zum Priszillianismus*, St. Ottilien, 1965, p. 87-138; **ed. crit.**: J. CAMPOS, in *Helmántica*, xiii, 1962, p. 269-308;

epist. 20, ed. E. SCHWARTZ;

epist. 21, EVTYCHETIS ad Leonem, ed. E. SCHWARTZ (*CPG*, 5948*b*; MAASSEN, 426, 4);

epist. 22, FLAVIANI ad Leonem, ed. E. SCHWARTZ (*CPG*, 5933*a*; MAASSEN, 418, 1);

epist. 23 et 24, ed. E. SCHWARTZ et C. SILVA-TAROUCA;

epist. 25, PETRI CHRYSOLOGI (n. 229);

epist. 26, FLAVIANI ad Leonem, ed. E. SCHWARTZ (*CPG*, 5935*b*; MAASSEN, 418, 3);

epist. 27, ed. E. SCHWARTZ; epistula suspecta, iuxta C. SILVA-TAROUCA;

epist. 28, «tomus Leonis», ed. E. SCHWARTZ et C. SILVA-TAROUCA (*CPG*, 8922);

epist. 29-35, ed. E. SCHWARTZ et C. SILVA-TAROUCA (*CPG*, 8923-8929);

epist. 36, ed. E. SCHWARTZ; suspecta, iuxta C. SILVA-TAROUCA (*CPG*, 8930);

epist. 37 et 38, ed. E. SCHWARTZ et C. SILVA-TAROUCA (*CPG*, 8931-8932);

epist. 39, ed. E. SCHWARTZ; suspecta, iuxta C. SILVA-TAROUCA (*CPG*, 8934);

epist. 40, 41, 42, 65 (*MAASSEN*, 423), 66 et 67, inter *Epistulas Arelatenses* (n. 1625), p. 15-22 (*epist.* 67 etiam apud C. SILVA-TAROUCA, fasc. 15 [cfr supra], p. 89);

epist. 43, ed. E. SCHWARTZ et C. SILVA-TAROUCA; spuria uidetur iuxta C. SILVA-TAROUCA (*CPG*, 8936);

epist. 44 et 45, ed. E. SCHWARTZ et C. SILVA-TAROUCA (*CPG*, 8948-8949);

epist. 46, HILARI DIACONI ad Pulcheriam, ed. E. SCHWARTZ (*CPG*, 8950; *MAASSEN*, 419);

epist. 47, 48 et 49, ed. E. SCHWARTZ; suspectae, iuxta C. SILVA-TAROUCA (*CPG*, 8951-8953);

epist. 50 et 51, ed. E. SCHWARTZ et C. SILVA-TAROUCA (*CPG*, 8954-8955);

epist. 52, THEODORETI CYRI ad Leonem (*CPG*, 6240, 113);

epist. 53, ANATOLII ad Leonem, ed. E. SCHWARTZ (*CPG*, 5956);

epist. 54, ed. E. SCHWARTZ et C. SILVA-TAROUCA (*CPG*, 8956);

epist. 55, VALENTINIANI III AVGVSTI ad Theodosium, ed. E. SCHWARTZ (*CPG*, 8951; *MAASSEN*, 320, 46);

epist. 56, GALLAE PLACIDIAE ad eundem, ed. E. SCHWARTZ (*CPG*, 8958; *MAASSEN*, 420, 1);

epist. 57, EVDOXIAE ad eundem, ed. E. SCHWARTZ (*CPG*, 8959; *MAASSEN*, 421);

epist. 58, GALLAE PLACIDIAE ad Pulcheriam, ed. E. SCHWARTZ (*CPG*, 8960; *MAASSEN*, 420, 2);

epist. 59, 60 et 61, ed. E. SCHWARTZ et C. SILVA-TAROUCA (*CPG*, 8965-8967);

epist. 62, 63 et 64, THEODOSII ad diuersos, ed. E. SCHWARTZ (*CPG*, 8961-8963; *MAASSEN*, 320, 47-49);

epist. 65, 66 et 67, uide *epist.* 40;

epist. 68, SALONII, CERETII et VERANI ad Leonem (*MAASSEN*, 424);

epist. 69 et 70, ed. E. SCHWARTZ et C. SILVA-TAROUCA (*CPG*, 8968-8969);

epist. 71 et 72, ed. E. SCHWARTZ (*CPG*, 8970; 8911);

epist. 73, VALENTINIANI et MARCIANI ad Leonem, ed. E. SCHWARTZ (*CPG*, 8971; MAASSEN, 321, 1);

epist. 74, ed. E. SCHWARTZ; spuria, iuxta C. SILVA-TAROUCA (*CPG*, 8972);

epist. 75, ed. E. SCHWARTZ et C. SILVA-TAROUCA (*CPG*, 8975);

epist. 76, MARCIANI ad Leonem, ed. E. SCHWARTZ (*CPG*, 8973; MAASSEN, 321, 2);

epist. 77, PVLCHERIAE ad Leonem, ed. E. SCHWARTZ (*CPG*, 8974; MAASSEN, 422, 1);

epist. 78, 79, 80 et 81, ed. E. SCHWARTZ et C. SILVA-TAROUCA (*CPG*, 8976-8979);

epist. 82, ed. E. SCHWARTZ (*CPG*, 8980);

epist. 83-95, ed. E. SCHWARTZ et C. SILVA-TAROUCA (*CPG*, 8983-8995);

epist. 97, EVSEBII MEDIOLANENSIS ad Leonem;

epist. 98, ed. E. SCHWARTZ (*CPG*, 5957*a*);

epist. 99, RAVENNII ALIORVMQVE EPISCOPORVM GALLIAE ad Leonem;

epist. 100, VALENTINIANI et MARCIANI ad Leonem, ed. E. SCHWARTZ et C. SILVA-TAROUCA (uide *epist.* 5) (*CPG*, 9025; MAASSEN, 321, 10);

epist. 101, ANATOLII ad Leonem (*CPG*, 9026);

epist. 102, ed. E. SCHWARTZ et C. SILVA-TAROUCA (*CPG*, 9027);

epist. 103, ed. E. SCHWARTZ (*CPG*, 9028);

epist. 104, 105, 106, 107 et 109, ed. E. SCHWARTZ et C. SILVA-TAROUCA (*CPG*, 9031-9037);

epist. 110, VALENTINIANI et MARCIANI ad Leonem (*CPG*, 9043);

epist. 111, 112 et 113, ed. E. SCHWARTZ; spuriae, iuxta C. SILVA-TAROUCA; genuinitatem *epist.* 113 merito uindicat P. PEETERS, in AB, l, 1932, p. 395 sq. (*CPG*, 9044-9046);

epist. 114, 115, 116 et 117, ed. E. SCHWARTZ et C. SILVA-TAROUCA (*CPG*, 9047-9050);

epist. 118, ed. E. SCHWARTZ; spuria, iuxta C. SILVA-TAROUCA (*CPG*, 9051);

epist. 119-123, ed. E. SCHWARTZ et C. SILVA-TAROUCA; attamen *epist.* 120 spuria est iuxta C. SILVA-TAROUCA, in *Gregorianum*, xii, 1931, p. 373 sq.; ID., in *Textus et Documenta* (cfr supra), fasc. 20, p. xxxiv-xxxviii; R. SCHIEFFER, in Ἀντίδωρον. *Hulde-Album M. Geerard*, Wetteren, 1984, p. 81-87 (pertinet ad defensionem «Trium Capitulorum»); attamen genuinitatem defendere conatus est H. M. KLINKENBERG, in *Zeitschr. der Savigny-Stiftung, kanonische Abt.*, lxix, 1952, p. 37-112 (*CPG*, 9052-9056);

epist. 124 et 125, ed. E. SCHWARTZ (*CPG*, 9057-9058); cfr et F. DI CAPUA, *Scritti*, ii, 177-190;

epist. 126 et 127, ed. SCHWARTZ et C. SILVA-TAROUCA (*CPG*, 9059-9060);

epist. 128, ed. E. SCHWARTZ (*CPG*, 9061);

epist. 129, 130 et 131, ed. E. SCHWARTZ et C. SILVA-TAROUCA (*CPG*, 9062-9064);

epist. 132, *ANATOLII* ad Leonem, ed. E. SCHWARTZ et C. SILVA-TAROUCA (uide *epist.* 5) (*CPG*, 5959; *MAASSEN*, 435, 1);

epist. 133, *PROTERII ALEXANDRINI* (uide *epist.* 3) (*CPG*, 5473);

epist. 134, ed. E. SCHWARTZ (*CPG*, 9062);

epist. 135, ed. E. SCHWARTZ et C. SILVA-TAROUCA (uide *epist.* 5) (*CPG*, 9067);

epist. 136, ed. E. SCHWARTZ et C. SILVA-TAROUCA (*CPG*, 9068);

epist. 137, ed. E. SCHWARTZ; spuria, iuxta C. SILVA-TAROUCA (*CPG*, 9069);

epist. 139, ed. E. SCHWARTZ et C. SILVA-TAROUCA (*CPG*, 9070);

epist. 140, ed. E. SCHWARTZ (*CPG*, 9071);

epist. 141, ed. E. SCHWARTZ; spuria, iuxta C. SILVA-TAROUCA (*CPG*, 9075);

epist. 142-153, ed. E. SCHWARTZ et C. SILVA-TAROUCA (*CPG*, 9073-9086);

epist. 154, ed. E. SCHWARTZ; suspecta, iuxta C. SILVA-TAROUCA (*CPG*, 9087);

epist. 155 et 156, ed. E. SCHWARTZ (*CPG*, 9088-9089);

epist. 157 et 158, ed. E. SCHWARTZ; suspectae, iuxta C. SILVA-TAROUCA (*CPG*, 9090-9091);

epist. 159: **emend.**: G. HAENNI, in *Zeitschr. f. schweiz. Kirchengesch.*, l, 1956, p. 281;

epist. 160 et 161, ed. E. SCHWARTZ; de integritate dubitat C. SILVA-TAROUCA (*CPG*, 9092-9093);

epist. 162, ed. E. SCHWARTZ et C. SILVA-TAROUCA (*CPG*, 9094);

epist. 163, ed. E. SCHWARTZ (*CPG*, 9095);

epist. 164 et 165, ed. E. SCHWARTZ et C. SILVA-TAROUCA; **fontes**: M. RICHARD, in RHE, xxxiii, 1937, p. 794 sq. (*CPG*, 9096-9097); cfr et F. DI CAPUA, *Scritti*, ii, p. 177-190;

epist. 169-173, in *Coll. Auellana* (n. 1604), p. 117-124;

epist. 1 Appendicis (inc. «Quali pertinacia», *JW*, 446) inter *epistulas Viennenses* ed. G. GUNDLACH, MGH, *epist.*, iii, p. 91; de **genuinitate**, uide E. BABUT, *Le concile de Turin*, Paris, 1904, p. 265-279, et W. H. A. (= A. WILMART), in RHE, vi, 1905, p. 240. — Addatur fragm. *epist. ad Balconium* de trina mersione in baptismo (*JW*, 413, et t. ii, p. 692; *MAASSEN*, 705, xxxii, p. 659-661).

Cod., uar. lect.: C. JONES, *Bedae opera de temporibus*, Cambridge (Mass.), 1943, p. 55, adn. 3 (*epist.* 3, *PASCHASINI LILYBETANI*); p. 58, adn. 1 (*epist.* 133, *PROTERII ALEXANDRINI*); p. 60, adn. 1 (*epist.* 138); A. CORDOLIANI, in ALMA, xvii, 1943, p. 65, n. lxv (*epist.* 133, *PROTERII ALEXANDRINI*);

M. Manitius, in AB, xxiii, 1904, p. 281-283 (*epist.* 4); J. Ruíz-Goyo, in *Estud. Ecl.*, xiv, 1935, p. 249-250 (*epist.* 28) (addantur **cod.** St. Gallen 908 [A. Dold, in RB, xxxvi, 1924, p. 251], et Paris, B. N. 2739); A. Jülicher, in ThLz, xlviii, 1923, col. 419 sq. (*epist.* 35); R. Mouterde, in *Mél. de l'Université de Beyrouth*, xvi, 1934, p. 121-165 (**uersio syriaca** *epist.* 28); T. Jalland, *Life and Times of St. Leo the Great*, London, 1941, p. 500-514: *MSS. of the Letters*; N. Haastrup, in *Cahiers de l'Institut du moyen âge grec et latin*, n. 49, 1984, p. 3-6.

Trad. text.: uide (praeter *Prolegomena* Eduardi Schwartz) C. H. Turner, in *Misc. Ceriani*, Milano, 1910, p. 687-739; C. Silva-Tarouca, *Die Quellen der Briefsammlungen Papst Leos des Großen*, in *Papsttum und Kaisertum. Festgabe P. Kehr*, München, 1926, p. 23-47; *Originale o Registro? La tradizione manoscritta del Tomus Leonis*, in *Studi ... P. Ubaldi*, Roma, 1937, p. 151-170; F. Di Capua, *Il ritmo prosaico nelle lettere dei Papi*, i, Roma, 1937, p. 86-99; 160-179; H. Wurm, *o. c.* [n. 1637], p. 166-189. Insuper plures epistulae in uariis interpretationibus, tam graecis quam latinis, seruatae sunt, cfr H. J. Frede, p. 597-602; J. Darrouzès, in *Rev. étud. byzant.*, xviii, 1960, p. 189 sq. (*epist.* 14 et 114).

De epistularum **confectione** uide N. Ertl, *Diktatoren frühmittelalterlicher Papstbriefe*, in *Archiv f. Urkundenforschung*, xv, 1938, p. 57-61, et praesertim J. Gaidioz, *S. Prosper d'Aquitaine et le tome à Flavien*, in RevSR, xxiii, 1949, p. 270-301.

1657 **Sermones xcvi** (*SCHANZ*, iv, 2, 600) PL, liv,

CC, cxxxviii-cxxxviii A, 1973 — Chavasse.

Cod.: A. Dold, in JL, vii, 1927, p. 125; K. Forstner, in *Scriptorium*, xiv, 1960, p. 245.

Genuinitas sermonis lxxxiv: cfr n. 1675°.

1657*a* **Sermo (84bis) in natali SS. Machabaeorum.** Inc. «Gratias, di- PL, liv, lectissimi, Domino Deo nostro, quod quanta sit» (Ps. Avgvstinvs [*ed. Caillau*, i, 63])

CC, cxxxviii A, p. 529-532.

Cod., genuinitas: A. Chavasse, in RB, xci, 1981, p. 46-101.

Index uerborum (nn. 1637-1657*a*): ILL, A & B, 40.

1657*b* **Inscriptio in baptisterio Lateranensi.** Inc. «Gens sacranda PL, xiii polis» (*DIEHL*, 1513)

F. J. Dölger, *Antike und Christentum*, ii, 1930, p. 252-257.

Aliae inscriptiones Leoni tribuuntur ab H. Leclercq, in DACL, viii, 2, 1929, col. 2533-2537. Valde dubium uidetur.

1657c Numerosiores orationes precesque in antiquis libris liturgicis, praesertim in sacramentariis *Leoniano* (n. 1897) et saepius in *Gelasiano* (n. 1899) occurrentes, S. Leoni adscribendae uidentur. Vide C. CALLEWAERT, *S. Léon et les textes du Léonien*, in SE, i, 1948, p. 35-122; A. LANG, *Leo der Große und die Texte des Altgelasianums*, Steyl, 1958; ID., in SE, ix, 1957, p. 116-162; x, 1958, p. 43-126; xi, 1960, p. 12-135, 3*-22*; xiii, 1962, p. 281-325; xviii, 1967/68, p. 5-119; xxiii, 1978/79, p. 143-170; xxvii, 1984, p. 129-149; xxviii, 1985, p. 155-381. Elenchum formularum uide in SE, x, 1958, p. 275-395. — Vide etiam nn. 1897 et 2002.

SPVRIA

1658 **Sermones** (*SCHANZ*, iv, 2, 601; *CPPM*, i, 5474-5497)

PL, liv, 477-522 = BALLERINI.

De singulis sequentia adnotanda sunt:

sermo 1: cento ex sermonibus et epistulis genuinis, ut indicatur a BALLERINIS;

sermo 2, posterioris aetatis, cfr G. MORIN, in *Misc. Agost.*, i, p. 742; sed cfr Y.-M. DUVAL, in JTS, n. s., xi, 1960, p. 84, adn. 5;

sermo 3 = *FAVSTI REIENSIS sermo dubius* 4 (n. 972);

sermo 4 (qui etiam legitur in PL, lvi, 1131-1133), *PS. CAESARII*, iuxta G. MORIN, *Initia Caesariana*, p. 914; genuinitas uindicatur ab E. LIO, in *Antonianum*, xxvii, 1952, p. 349-366;

sermo 5 etiam legitur in PL, lvi, 1133; saec. ix putat J.-P. BOUHOT, in RHT, iv, 1974, p. 183 et 197;

sermo 6, item carolinae aetatis iuxta J.-P. BOUHOT, *a. c.*, p. 188 et 197;

sermo 7 (qui etiam legitur in PL, lvi, 1134-1136 et sub nomine *AVGVSTINI* apud MAI [*sermo* 166]), reuera est uersio latina homiliae περὶ Πάσχα MELITONIS; critice edidit H. CHADWICK, in JTS, n. s., xi, 1960, p. 76-82; textus graecus: O. PERLER, *Méliton de Sardes. Sur la Pâque*, Paris, 1966 (SC, cxxiii);

sermo 8 etiam legitur in PL, lvi, 1136-1138; **cod.**: Wien 1616, saec. viii-ix, f° 113; pars posterior concordat cum sermone *PS. AVGVSTINI*, ed. Caillau, ii, 58, uel *Flor. Cas.*, i, p. 132;

sermo 9, posterioris aetatis, cfr G. MORIN, in *Misc. Agost.* i, p. 746; legitur tamen in laudato codice saec. viii-ix, f° 101ᵛ, cfr C. LAMBOT, in RB, lxviii, 1958, p. 193;

sermo 11 etiam inter contiones *IVONIS CARNOTENSIS* occurrit (PL, clxii, 591 sq.); eumque adhibebat Meyranesius ad *serm.* 47 *PS. MAXIMI* concinendum (cfr n. 221);

sermo 12 = BEDAE *homilia* ii, 16 (initium);

sermo 13 = PS. AVGVSTINI *sermo* 188; uide n. 1185;

sermo 14, incerti auctoris, sed posterioris aetatis;

sermo 15, PROCLI CONSTANTINOPOLITANI, iuxta G. MORIN, in *Misc. Agost.*, i, p. 722; attamen latine est compositus, et quidem in Africa, cfr B. FISCHER, in ThLz, lxxvii, 1952, p. 289;

sermo 16, PS. AVGVSTINVS, *sermo* CAILLAU, ii, *App.* 67;

sermo 17 (qui partim etiam legitur in PL, lvi, 1138-1139): cfr A. CHAVASSE, in EL, lxxiv, 1960, p. 166-167;

sermo 19, *de Machabaeis*, genuinus est *sermo* 84bis (n. 1657*a*).

1658*a* **Sermo de Natiuitate Domini.** Inc. «Gaudeamus, fratres karissimi, simul in unum» (inter *Homilias Toletanas* [n. 1997], *sermo* 6)(*CPPM*, i, 5572)   PLS, iv, 1938

H. BARRÉ, in *Marianum*, xxv, 1963, p. 46-47.

«Incerti auctoris, antiqui tamen», ita G. MORIN, *Anecd. Maredsolana*, i, 1893, p. 408.

1659 **Sermones ii in sollemnitate Machabaeorum e cod. Casin. xii.** Inc. «Audita a uobis hodie, dilectissimi»; «Si uelimus, fratres dilectissimi, de singulis» (Ps. AVGVSTINVS [*ed. Caillau*, i, 61-62]) (*CPPM*, i, 1291. 1292; 5529. 5510)   PLS, iii,

P. Th. CACCIARI, *S. Leonis opera omnia*, i, Roma, 1751, p. 244 et 246.

Cfr G. MORIN, in *Misc. Agost.*, i, p. 725 et 765; A. CHAVASSE, *Quelques sermons latins concernant les Maccabées*, in RB, xci, 1981, p. 101-104.

1660 **Sermo de Ascensione.** Inc. «Cum (*aliter*: Dum) enim Christus ascendit ad caelum et nostris aufertur optutibus» (Ps. LEO [*ed. Liverani*]) (*SCHANZ*, iv, 2, 601; *CPPM*, i, 1322. 5580)   PLS, iii,

Florilegium Casinense, ii, p. 145-146; cfr iii, p. 6-7.

Sermo, qui legitur in homiliario ALANI 2, 24, reuera non constat nisi ex S. MAXIMI hom. 61 (= *serm.* 44 Mutzenbecher), S. ISIDORI *de fide* (n. 1198) 1, 56, iterum S. MAXIMI hom. 62 (= *serm.* 40 Mutzenbecher).

Quoad *sermones* octo «ineditos» ab A. B. CAILLAU euulgatos (PL, lvi, 1131-1154 [*CPPM*, i, 5498-5506]), quinque iam inueniuntur inter spuria Balleriniana; de ceteris quid censendum disce a Ballerinis in censuris sermonibus suis subditiis praemissis (PL, liv, 469-476); *sermo* 6 est PROCLI CONSTANTINOPOLITANI, cfr R. LAURENTIN, *Table*, p. 131 et 164 (*CPG*, 5800); *sermo* 7, *de Dionysio* (PL, liv, 1144-1151), et ipse certe est posterioris aetatis.

Item dicendum uidetur de ceteris sermonibus Leoni tributis, qui recensiti sunt in CPPM, i, 5507. 5508. 5511-5600; cfr censuras J. MACHIELSEN, CPPM.

APPENDIX

1661 **Epistula taciti nominis facta ad quendam scire cupientem quid contrarium catholicae fidei senserit Eutychis.** Inc. «Misit mihi nobilitas tua»

PL, lvi, 1245; PG, lxxxiv, 858

E. SCHWARTZ, ACO, II, 4, 1932, p. 145-151.

Scripta a. 449 a clerico ignoto ad quendam nobilem Romanum, cfr E. SCHWARTZ, *l. c.*, p. xiii. Bene idem cl. auctor suo loco restituit fragmentum in codice Casinensi ii°, errore in LEONIS *epist*. 24 (ed. SCHWARTZ, n. 2) insertum (inc. «... humanitatis creatricis et create») et sic in *Florilegio Casinensi*, i, p. 55-56, editum.

HILARVS

sedit a. 461-468.

1662 **Epistulae** xvii (SCHANZ, iv, 2, 598; JW, 552 sqq.; MAASSEN, 282)   PL, lviii, 16

A. THIEL, *Epistulae Romanorum Pontificum*, i, Braunsberg, 1868, p. 126-170 (*a*).

Epist. 1, *ad Pulcheriam*, scripsit Hilarus noster adhuc diaconus; est inter *epistulas* LEONIS M. 46 iuxta BALLERINOS, 26 iuxta SCHWARTZ (MAASSEN, 419);

epist. 2, *ad Victorium*, item adhuc diaconus confecit; una cum litteris ipsius VICTORII (ed. THIEL, *epist*. HILARI 3) eam edidit Br. KRUSCH, *Studien zur christlich-mittelalterlichen Chronologie*, ii, Berlin, 1938, p. 16-52 (n. 2282°);

epist. 4, 6, 7, 8, 9, 10 et 11 inter *Arelatenses* (n. 1625) sunt nn. 16, 17, 15, 18, 19, 21 et 20, ed. W. GUNDLACH, p. 22-32;

epist. 5, LEONTII ARELATENSIS *ad Hilarum*, ab Hieronymo VIGNIER fabricata est, cfr H. RAHNER, *Die gefälschten Papstbriefe aus dem Nachlaß von Jérôme Vignier*, Freiburg, 1935, p. 129-142; F. DI CAPUA, *o. c.* [n. 1656], iii, p. 67-75.

Emend.: K. MÜLLER, in ZntW, xxxii, 1933, p. 180, adn. 137; G. HAENNI, *l. c.* (n. 1656, *epist*. 159).

(*a*) Numeri epistolarum saepesaepius discrepant cum illis quibus usi sunt ueteres editores necnon et PL.

1663 **Fragm. epist. ad Nicephorum.** Inc. «De Deogratias (*aliter*: PLS, iii, N.) autem quem in Adrianopolitana» (*JW*, 565) 443

Seruatum in Actis Synodi Ticinensis a. 866, cap. v, ed. MANSI, t. xv, col. 761 (apud A. THIEL, p. 174); critice edidit H. FUHRMANN, *Ein Bruchstück der Collectio Ecclesiae Thessalonicensis* [n. 1623], in *Traditio*, xiv, 1958, p. 374.

De **genuinitate** uide etiam F. DI CAPUA, *o. c.* [n. 1656], p. 94.

SIMPLICIVS

sedit a. 468-483.

1664 **Epistulae** xxi (*SCHANZ*, iv, 2, 598; *JW*, 570 sqq.; *MAASSEN*, 283) PL, lviii,
A. THIEL, *o. c.* [n. 1662], p. 175-214.

Epist. 2-6, 9-13, 15-18 = *Coll. Auell.* nn. lvi-lxix;

epist. 7, 8 (*ACACII ad Simplicium* [*MAASSEN*, 449; *CPG*, 9113. 5990. 9114. 9125. 9128]), 19 et 20 accuratius edidit E. SCHWARTZ, *Publizistische Sammlungen zum Acacianischen Schisma*, München, 1934, p. 121-122; 1-5.

Anathemata sub nomine Simplicii in *Florilegio* TIMOTHEI AILVRI seruata, spuria uidentur, cfr E. SCHWARTZ, *Codex Vatic. gr.* 1431, München, 1927, p. 118 et 130 sq.

FELIX II (III)

sedit a. 483-492.

1665 **Epistulae** xviii (*SCHANZ*, iv, 2, 598; *JW*, 591 sqq.; *MAASSEN*, 284) PL, lviii
A. THIEL, *o. c.* [n. 1662], p. 222-277. 893

Epist. 1, 2, 3, 4, 6, 7, 8, 10, 12, 14 (sub nomine GELASII [*MAASSEN*, 450]), 15, 16, 17 et 18, require apud E. SCHWARTZ, *Publizistische Sammlungen*, p. 6-7; 63-85; 111-113 (*CPG*, 9130-9133. 9136-9150);

epist. 11 accuratius in *Coll. Auell.*, n. lxx, et *epist.* 12 multo emendatius in editione P. NAUTIN, *La lettre «Diabolicae artis» de Félix III aux moines de Constantinople. Édition critique et traduction annotée*, in RÉAug, xxx, 1984, p. 263-268.

De **indole** *epist.* 18 uide P. NAUTIN, in RHE, lxxvii, 1982, p. 5-34, et infra sub n. 1672.

Genuinitatem *epist.* 6, 7, 10, 12 negat W. HAACKE, *Die Glaubensformel des Papstes Hormisdas*, Roma, 1939, p. 28-32.

Vide etiam sub n. 1667, *epist.* 1.

1666 **Fragm.** apud Nicolavm Papam I (sententia ex *epist.* 8 mutuata) (*JW*, 2813; cfr 2819)

PL, cxix, 1020; MGH, *epist.*, vi, 491 et 518

E. Perels, in ZKG, lii, 1932, p. 162-163.

De Felicis *epistulis spuriis ad Petrum Fullonem*, uide supra, nn. 1607 et 1622°.

Felicis huius (et eius decessoris *simplicii*) epistulas conscripsit Gelasivs, qui in sede apostolica proximus sedit, uide H. Koch, *Sb. München*, 1935, 6. Heft; N. Ertl, *Diktatoren frühmittelalterlicher Papstbriefe*, in *Archiv f. Urkundenforschung*, xv, 1938, p. 61-66; Id., in *Deutsches Archiv*, ii, 1938, p. 219 (de Simplicio, contra Koch); C. Coebergh, in SE, iv, 1951, p. 97-101.

GELASIVS I

sedit a. 492-496.

1667 **Epistulae lii cum fragm. xlix** (*Schanz*, iv, 2, 602; *JW*, 621 sqq.; *Maassen*, 285)

PL, lix, 13

A. Thiel, *o. c.* [n. 1662], p. 287-510.

Epist. 1, est *Felicis* (n. 1665);

epist. 2 = *Anastasii II epist.* 3 (n. 1677);

epist. 3, 8, 9, 10, 12 et 27 accuratius apud E. Schwartz, *Publizistische Sammlungen*, p. 16-32; 49-58 (*CPG*, 9151-9158);

epist. 4, 5, 6, 7, 11 [*Maassen*, 452], 18, 26 et 30 in *Coll. Auell.*, nn. xcviii, xcvi, xciv, lxxix, ci, xcv et *App.* 1, ciii;

epist. 13, ab Hieronymo *vignier* excogitata, omittatur; cfr H. Rahner, *o. c.* [n. 1662] p. 142-153;

epist. 14: **cod.**, **uar. lect.**, **trad. text.**: H. Wurm, *o. c.* [n. 1637], p. 151-160;

epist. 19, in *Coll. Arelatensi*, n. 22;

epist. 31 et 32, in *Collectione Canonum* Card. *devsdedit*, ed. V. Wolf von Glanvell, i, Paderborn, 1905, p. 321;

epist. 41 = *Pelagii I epist.* 29 (n. 1698-1702);

epist. 42 = *Decretum de libris recipiendis* (n. 1676), 3-5;

epist. 43 (spuria), apud E. Schwartz, ACO, II, iii, 1940, p. 218-220; *Publizistische Sammlungen*, p. 126-130;

fragm. 2, 6, 11, 13, 14, 21, 22, 27, 34, 35, in *Collectione* Card. *devsdedit*, p. 320, 109, 443, 318-320;

fragm. 3 = *Pelagii I epist.* 29 (n. 1698-1702);

fragm. 7: **emend.**: B. Botte, in BTAM, vi, n. 757;

fragm. 11, 13 et 36, edidit Th. MOMMSEN, in MGH, *auct. ant.*, xii, 1894, p. 390 sq.;

fragm. 48: est ARNONIS SALZBVRGENSIS (MGH, *conc. aeui karolini*, i, 198).

Genuinitatem *epist.* 3, 10 et 27 negat W. HAACKE, *o. c.* [n. 1665], p. 34 et 37 sq.

1668 **Epistulae lxv e Collectione Britannica** (SCHANZ, iv, 2, 604) PL, lix,
139; 141;
P. EWALD, in *Neues Archiv*, v, 1880, p. 509-526; 562-563 PLS, iii,
(exc.); Th. MOMMSEN, in MGH, *auct. ant.*, xii, p. 389-391 749
(*epist.* 5, 14, 16, 46 et 47); S. LÖWENFELD, *Epistulae Pontificum Romanorum ineditae*, Leipzig, 1885, p. 1-12 (*epist. xxii*).

1669 **Dicta aduersus Pelagianam haeresim** (SCHANZ, iv, 2, 603) PL, lix,

in *Coll. Auell.* (n. xcvii), p. 400-436.

1670 **Gesta de nomine Acacii** (SCHANZ, iv, 2, 603) PL, lviii,
928
in *Coll. Auell.* (n. xcix et *App.* 2 et 3), p. 440-453; 791-800.

1671 **Aduersus Andromachum contra lupercalia** (SCHANZ, iv, 2, PL, lix,
603)

in *Coll. Auell.* (n. c), p. 453-464.

Emend.: G. POMARÈS, in SC, lxv, 1959; A. POUYSÉGUR, in *Bull. litt. eccl.*, lxi, 1960, p. 230.

Fontes: R. MERKELBACH, in VC, ix, 1955, p. 176-177. — Cfr G. POMARÈS, *o. infra c.* (n. 1675°), qui textum *Coll. Auell.* repetiuit.

1672 **Tomus de anathematis uinculo** (SCHANZ, iv, 2, 603) PL, lix,

E. SCHWARTZ, *Publizistische Sammlungen*, p. 7-15.

Iuxta P. NAUTIN, *a. c.* (n. 1665) FELIX III confecit hoc opusculum, et reuera ita esse uidetur.

1673 **De duabus naturis in Christo aduersus Eutychem et Nesto-** PLS, iii
rium. Testimonia ueterum (SCHANZ, iv, 2, 603) 763

ibid. p. 85-106.

Cfr E. SALTET, in RHE, vi, 1905, p. 289-303; 513-536; 741-754.

1674 **De damnatione nominum Petri et Acacii** (SCHANZ, iv, 2, 603) PL, lix,

ibid., p. 106-111.

Haec opuscula utrum genuina sint, necne, adhuc probe indagandum est; de secundo tractatu et sexto uide H. KOCH, *a. c.* [n. 1666], p. 66-76, et quae animaduertit idem scriptor in ThLz, lxv, 1940, col. 258.

1675 **Deprecatio Gelasii** PL, ci, 560

B. CAPELLE, in RB, xlvi, 1934, p. 135-144.

Cod.: B. CAPELLE, in RHE, xxxv, 1939, p. 26, adn. 2.

De hac litania, uide etiam J. A. JUNGMANN, *Missarum Sollemnia*, i, Wien, 1952³, p. 433 sqq.

Sacramentarii quod *Gelasianum* dicitur uarias recensiones inter *Monumenta liturgica* inuenies (n. 1899 sq.). De Gelasio uero *Sacramentarii Leoniani* participe, uide G. POMARÈS, *Gélase Ier. Lettre contre les Lupercales et dix-huit messes du sacramentaire Léonien*, Paris, 1959 (SC, lxv), p. 52-149; 191-247. Cfr B. CAPELLE, *L'oeuvre liturgique de S. Gélase*, in JTS, n. s., ii, 1952, p. 129-144; C. COEBERGH, *Le pape S. Gélase Ier, auteur de plusieurs messes et préfaces du soi-disant sacramentaire léonien*, in SE, iv, 1952, p. 46-102.

Sermo «de neglecta festiuitate» (inter sermones Leonis Magni n. lxxxiv) Gelasio tribuitur a J. JANINI, in *Stud. Patr.*, viii, Berlin, 1966, p. 248-258, haud peremptoribus inducto argumentis.

APPENDIX

1676 **Decretum Gelasianum de libris recipiendis et non recipiendis.** Inc. «Incipit concilium urbis Romae sub Damaso papa» (SCHANZ, iv, 2, 603) PL, lix, 157; lxii, 537

E. VON DOBSCHÜTZ, in TU, xxxviii, 4, 1912.

Cod.: J. ZARCO CUEVAS, in *Bolet. Acad. Hist. Madrid*, cvi, 1935, p. 399; B. DE GAIFFIER, in AB, lxxxii, 1964, p. 354.

Partim ex antiquioribus Romanorum pontificum documentis erutum (cfr nn. 1634, 1667), probabilius uero in Gallia meridionali saec. vi ineunte consarcinatum, cfr E. SCHWARTZ, in ZntW, xxix, 1930, p. 161-168, et in *Zeitschr. der Savigny-Stiftung, kanonistische Abt.*, lvi, 1936, p. 63, adn. 2.

Addatur prologus «Omnia quae a sanctis gesta sunt». Saec. v-vi confectus, in capite nonnullarum passionum huiusce temporis inuenitur (edidit B. DE GAIFFIER, *Un prologue hagiographique hostile au Décret de Gélase?*, in AB, lxxxii, 1964, p. 341-353, specialiter p. 343 sq.). Auctor, quisquis sit, decreto *Gelasiano* dicto se opponit.

ANASTASIVS II

sedit a. 496-498.

1677 **Epistulae** (SCHANZ, iv, 2, 599; JW, 744 sqq.; MAASSEN, 286; CPG, 9159-9161) PLS, iii, 988

A. THIEL, *o. c.* [n. 1662], p. 614-637.

Epist. 2, est Hieronymi VIGNIER, cfr H. RAHNER, *o. c.* [n. 1662], p. 67-128;

epist. 3, melius in *Coll. Auell.*, n. lxxxi, perperam sub nomine GELASII; hanc epistulam Anastasii ii in PL inuenies (PL, lix, 19 sq.);

epist. 5, in *Coll. Auell.*, n. cii (MAASSEN, 452).

Cod., trad. text.: H. WURM, *o. c.* [n. 1637], p. 160-161.

SYMMACHVS

sedit a. 498-514.

1678 **Epistulae** xxiv (SCHANZ, iv, 2, 599; JW, 752 sqq.; MAASSEN, 287) PL, lxii,

A. THIEL, *o. c.* [n. 1662], p. 641-734.

Epist. 1, 5 et 6 seu *Acta Synodi Romanae* a. 499, 501 et 502 (MAASSEN, 287, 1-6), accuratius edidit Th. MOMMSEN, in MGH, *auct. ant.*, xii, 1894, p. 399-455, in Appendice *Variarum* CASSIODORI (**cod.** *epist.* 5: R. FRAUENFELDER, in *Zeitschr. f. schweiz. Kirchengesch.*, xlix, 1955, p. 133-135); appendix *epistulae* 6, seu *Praeceptum Regis Theodorici* (inc. «Peruenit ad nos, patres conscripti, de ecclesiae»), legitur apud Th. MOMMSEN, *l. c.*, p. 392; cfr H. WURM, *o. c.* [n. 1637], p. 162-166; G. B. PICOTTI, *I sinodi romani nello scisma lorenziano*, in *Studi ... G. Volpe*, Firenze, ii, 1958, p. 741-786;

epist. 2, 3, 14, 15 et 16, in *Coll. Arelat.*, nn. 23, 24, 25, 26, 28 (tres ultimas *litteras* inter epistulas CAESARII sui paulo emendatius edidit G. MORIN); cfr H. WURM, *o. c.* [n. 1637], p. 161-162;

epist. 4 = AVITI *epist.* 33, ab H. VIGNIER confecta, cfr H. RAHNER, *o. c.* [n. 1662], p. 24-66;

epist. 7, 9, 11, 18, 19, 20, 21, 22, 23 et 24, cum ENNODIO habitas, edidit F. VOGEL, in MGH, *auct. ant.*, vii (n. 1487); *epist.* 13, ad Orientales, et fortasse etiam *epist.* 10, ad Anastasium, confecit ENNODIVS, cfr W. T. TOWNSEND & W. E. WYATT, in *Classical and Mediaeval Studies in Honor of E. K. Rand*, New York, 1938, p. 277-291; N. ERTL, in *Archiv f. Urkundenforschung*, xv, 1938, p. 66 sq.;

epist. 8, est *Libellus emendationis* COELII IOANNIS DIACONI (MAASSEN, 454);

epist. 10, apud E. SCHWARTZ, *Publizistische Sammlungen*, p. 153-157 quam forsitan unfecit ENNODIVS; **fontes**: J. MEHLMANN, in *Biblica*, xliv, 1963, p. 209;

epist. 12, est DOROTHEI THESSALONICENSIS, iuxta E. SCHWARTZ, *o. c.*, p. 302-303;

epist. 13, in *Coll. Auell.*, n. civ;

epist. 17, SIGISMVNDI REGIS ad *Symmachum*, scripsit AVITVS VIENNENSIS (*epist.* 29, ed. PEIPER, p. 59).

APPENDIX

Apocrypha Symmachiana (*MAASSEN*, 537-539; 557-559):

1679 **Sinuessanae Synodi Gesta de Marcellino.** Inc. «Diocletiano et Maximiano Augustis, cum multi»;

1680 **Constitutum Siluestri cum tribus epistulis eiusdem.** Inc. «Canonum constitutio, gradus uel religio» (*a*);

1681 **Gesta Liberii.** Inc. «Anno regni Constantini Regis, nepotis Constantini» (*BHL*, 4907);

PL, vi, 11-20; viii, 829-840; 1388-1393 = COUSTANT.

1682 **Gesta de Xysti purgatione et Polychronii accusatione.** Inc. «Valentiniano et Anatolio consulibus, Crescentio» (*BHL*, 7813) (*b*)

PLS, iii, 1249

P. COUSTANT, *Epistulae Romanorum Pontificum*, i, Paris, 1731, Append., p. 117-124.

Cod., uar. lect., trad. text.: St. KUTTNER, in *Traditio*, iii, 1945, p. 190-192; 203-214; A. CHAVASSE, in RevSR, xxxviii, 1964, p. 154-176 (passim).

Saec. vi ineunte *Apocrypha Symmachiana* fabricata sunt, cfr W. LEVISON, *Aus rheinischer und fränkischer Frühzeit*, Düsseldorf, 1948, p. 409.

HORMISDAS

sedit a. 514-523. — Cfr *Atti del convegno su Papa Ormisda, a curi di* C. NOLE, Frosinone, 1993 (uide V. POGGI, in *Orientalia Christiana Periodica*, lx, 1994, p. 670 sq.).

1683 **Epistulae** cl (*SCHANZ*, iv, 2, 599; *JW*, 770 sqq.; *MAASSEN*, 288)

A. THIEL, *o. c.* [n. 1662], p. 741-990.

Praeter *epist.* 9, 24, 25, 26, 88, 125, 142, 143, 148, 149 et 150, omnes inueniuntur in *Coll. Auell.*, p. 495-742;

PL, lxiii, 367; lxvii, 1285; MGH, *auct. ant.*, vi, 1, 69 (*epist.* 21 et 22)

(*a*) Alteram recensionem at eiusdem fere aetatis euulgauit Ch. POISNEL, in *Mél. de l'École française de Rome*, vi, 1886, p. 4 sq.

(*b*) Alia recensio (*BHL*, 7814) in *Libro Pontificali* (n. 1568), p. 96-100.

epist. 9, in *Coll. Arelat.* n. 30, p. 42-44, nouissime edidit G. MORIN inter litteras Caesarianas (n. 1017°), n. 10;

epist. 124, *ad Possessorem* (*Coll. Auell.*, n. ccxxxi), edidit E. SCHWARTZ, ACO, IV, ii, 1914, p. 44-46;

PG, lxxx 91

epist. 125, *de scripturis diuinis*, e *Decreto Gelasiano* excerpta (n. 1676);

epist. 148, est DIONYSII EXIGVI (n. 653);

epist. 150, item edidit G. MORIN una cum Caesarii *Statutis de uirginibus*, inter *S. Caesarii Opera omnia*, ii, Maredsous, 1942, p. 125-127 (n. 1009).

1683*a* **Epistula ad Caesarium Arelatensem.** Inc. «Quamuis ratio exigat» (fragmentum breuissimum)

PLS, iii, 1275

G. MORIN, *S. Caesarii Opera omnia*, ii, Maredsous, 1942, p. 14 (inter *epist.* CAESARII, n. 9).

1684 **Fides Hormisdae papae.** Inc. «Prima salus» (*Coll. Auell.*, lxxxix, xc, cxvi b, clix et *App.* iv) (*CPG*, 9178)

CSEL, xxxv, 8c

W. HAACKE, *Die Glaubensformel des Papstes Hormisdas*, Roma, 1939, p. 10-14.

Ibidem, p. 34-38 critica quaedam de epistulis Hormisdae inuenies. Vide de his omnibus D. AMAND, in RB, liii, 1941, p. 153, et H. KOCH, in ThLz, lxv, 1940, col. 256-266; cfr J. SAN MARTIN, in *Rev. españ. de teol.*, i, 1940/41, p. 767-812, praesertim p. 794.

1685 **IOANNES I**

sedit a. 523-526.

Genuinae *epistulae* perierunt; spuriae sunt quas praebent PL, lxiii, 529-534 (JW, 872 sq.) et J. PITRA, *Analecta nouissima*, i, Paris, 1885, p. 466.

Fortasse idem est ac IOANNES DIACONVS, de quo sub n. 950.

FELIX III (IV)

sedit a. 526-530.

1686 **Epistula ad Caesarium** (SCHANZ, iv, 2, 599; JW, 874; MAASSEN, 289) in *Coll. Arelat.* (n. 31). Emendatius eam edidit G. MORIN (inter Caesarianas, *epist.* II)

PL, lxv

CC, cxlviii A, 1963, p. 51-52 — DE CLERCQ.

1687 **Constitutum de ecclesia Rauennatensi** (*JW*, 877)   PL, lxv, 12;
   in *AGNELLI* Libro Pontificali Ecclesiae Rauennatis (n. 1182),   cvi, 585;
   p. 168-172.   MGH,
                                                                          lang., 319

1688 **Praeceptum Papae Felicis morientis per quod sibi Bonifa-**   PLS, iii,
   tium post se substituere cupiebat. Inc. « De quiete uestra et   1280
   pace » (*SCHANZ*, iv, 2, 599; *JW*, 879a)

   E. SCHWARTZ, ACO, IV, ii, 1914, p. 96-97 (*Coll. Nouariensis*
   [n. 1771]).

APPENDIX

1689 **Senatus consultum anno** 530. Inc. « In sanctitatis uestrae noti- PLS, iii,
   tiam » (*JW*, 879a)   1281

   E. SCHWARTZ, *o. c.* [n. 1688], p. 97 (*Coll. Nouar.*).

1690 **Libellus quem dederunt presbyteri lx post mortem Dios-**   PLS, iii,
   cori Bonifatio papae. Inc. « Non est dubium, beatissime papa »   1282
   (anno 530) (*JW*, 880 [t. ii, p. 694])

   E. SCHWARTZ, *o. c.* [n. 1688], p. 97-98 (*Coll. Nouar.*).

BONIFATIVS II

   sedit a. 530-532.

1691 **Epistula ad Caesarium Arelatensem** (*SCHANZ*, iv, 2, 599; *JW*,   PL, xlv,
   881; *MAASSEN*, 290, 1)   1790; lxv,
                                                                          31
   G. MORIN, *S. Caesarii opera omnia*, ii, Maredsous, 1942,
   p. 67-70; CC, cxlviii A, 1963, p. 66-69 — DE CLERCQ.

   Acta Synodi Romanae anni 531 (*MAASSEN*, 290, 2), sub Bonifatio ii habitae, extant in capite *Collectionis Thessalonicensis* (n. 1623), ed. SILVA-
   TAROUCA, p. 1-16.

IOANNES II

   sedit a. 532-535.

1692 **Epistula ad Senatores.** Inc. « Olim quidem, illustres et magni-   PL, lxvi, 20
   fici filii » (*SCHANZ*, iv, 2, 599; *JW*, 885)

   E. SCHWARTZ, ACO, IV, ii, 1914, p. 206-210.

Praeterea tres *epistulas* (*JW*, 886 sqq.; MAASSEN, 291, 2-4) praebet *Collectio Arelatensis* (p. 45-48), quas denuo edidit G. MORIN inter Caesarianas (nn. 12, 13, 14), atque inter *Concilia Galliae* a C. DE CLERCQ (CC, cxlviii A, 1963, p. 86-89), et unam praebet *Auellana Collectio* (n. lxxxiv, p. 320-328 [*JW*, 884; MAASSEN, 291, 1]), e *Codice Iustiniani*, I, i, 8 (n. 1796) (*CPG*, 9315. 9316. 6874). PL, lxvi,

PL, lxvi,

AGAPITVS I

sedit a. 535-536.

1693 Agapiti habet *Collectio Auellana* (p. 330-347) *epistulas* quattuor (1-4), *Collectio Arelatensis* (p. 54-57) duas (6 et 7), ad CAESARIVM, denuo a G. MORIN recensitas cum ceteris Caesarianis sub nn. 15 et 16 (SCHANZ, iv, 2, 599; *JW*, 890 sqq.; MAASSEN, 292); 7^{am} edidit C. DE CLERCQ inter *Concilia Galliae* (CC, cxlviii A, 1963, p. 96-97); 5^a autem spuria est (*JW*, 895). PL, lxvi,

VIGILIVS

sedit a. 537-555.

1694 **Epistulae** (SCHANZ, iv, 2, 599; *JW*, 906 sqq.; MAASSEN, 293)
PL, lxix, 15-68.

Epist. 1, ad Profuturum Bracarensem episcopum, rectius legitur in F. A. GONZALEZ, *Epistolae Decretales ac Rescripta Romanorum Pontificum*, Madrid, 1821, p. 154-156, quem textum recudit et optime exposuit J. O. BRAGANÇA, *A Carta do Papa Vigílio ao Arcebispo Profuturo de Braga*, Braga, 1968;

epistulae octo (3 [= inter Caesarianas 17, ed. G. MORIN, p. 31-32], 6, 7, 8, 9, 10, 11, 13) *Collectioni Arelatensi* insertae sunt (p. 57-68), duae uero (4 et 5) *Collectioni Auellanae* (p. 348-356), ubi etiam legitur *Constitutum de tribus capitulis* (n. lxxxii, p. 230-320); *epist.* 15a, cum fragmento damnationis Theodori, edidit E. SCHWARTZ, *Vigiliusbriefe*, in *Sb. München*, 1940, 2. Heft, p. 1-15; *epist.* denique 16 (*JW*, 932; *CPG*, 9350) edidit J. STRAUB, in ACO, iv, 1, 1971, p. 16-18. — De notariis Vigilii epistularum uide N. ERTL, *a. c.* [n. 1678], p. 67-70. PL, lxix

1694a **Iudicatum** (fragm. apud IVSTINIANVM) (*CPG*, 6887)
J. STRAUB, in ACO, iv, 1, 1971, p. 8-14.

1695 **Epistula de Theodoro.** Inc. «Ideo istas uobis chartas transmisimus» (*CPG*, 9347) PLS, iv 1250

E. SCHWARTZ, *o. c.* [n. 1694], p. 15-18.

1696 **Ex epistula de tribus Capitulis** seu **Constitutum** ii (*JW*, 937; *CPG*, 9365)

E. Schwartz, ACO, IV, ii, 1914, p. 138-168.

PL, lxix, 143

APPENDIX

1697 **Epistula Clericorum Mediolanensium ad legatos Francorum, qui Constantinopolim proficiscebantur.** Inc. «Ita se in omnibus gentibus» (*CPG*, 9345)

E. Schwartz, *Vigiliusbriefe*, p. 18-25.

PL, lxix, 114; MGH, *epist.*, iii, 438

Vigilio etiam uindicantur formulae missarum haud paucae ex *Sacramentario Leoniano*, cfr A. Chavasse, *Messes du pape Vigile dans le Sacramentaire Léonien*, in EL, lxiv, 1950, p. 161-213; C. Coebergh, in SE, iv, 1951, p. 93-96.

PELAGIVS I

sedit a. 555-561.

1698/ **Epistulae** (*SCHANZ*, iv, 2, 599; *JW*, 938 sqq.; *MAASSEN*, 294)
1702
P. M. Gassó & C. M. Batlle, *Pelagii I Papae epistulae quae supersunt*, Montserrat, 1956.

Critica: W. Ullmann, in JTS, n. s., viii, 1957, p. 346; B. Botte, in BTAM, ix, p. 477 sq., n. 1465.

Cod.: 's-Gravenhage, Mus. Meermann-Westreenen 10 D 10, saec. x, f° 6ʳ (*epist.* 93 aliaeque? Cfr P. J. H. Meeren & A. F. Dekker, *Inventaris van de handschriften van het Museum Meermann-Westreenen*, 's-Gravenhage, 1960, p. 1).

Epist. I-II in *Coll. Arel.* seruatae sunt, p. 69-83 (n. 1625), ceterae praesertim in *Coll. Britannica* (ed. P. Ewald, in *Neues Archiv*, v, 1880, p. 533-562; S. Löwenfeld, *Epistulae Pontificum Romanorum ineditae*, Leipzig, 1885, p. 12-21; W. Gundlach, in MGH, *epist.*, iii, 1894, p. 442-446 [inc. «Quomodo ergo me»; «Peto ergo ut, sicut»]) et in *Collectione* Cardinalis Devsdedit (ed. V. Wolf von Glanvell, Paderborn, 1905, p. 321-326).

PL, lix, 139; 145; 156; lxviii, 381; lxix, 393; lxxii, 745; MGH, *epist.*, iii, 69; 442

1703 **In defensione Trium Capitulorum** (*SCHANZ*, iv, 2, 599)

R. Devreese, Roma, 1932 (StT, lvii).

Cod.: cfr M. Bogaert, in RB, lxxxii, 1972, p. 37 sq.

Fontes: L. Abramowski, in VC, x, 1956, p. 160-193.

Hoc opus etiamtum diaconus Romanae ecclesiae conscripsit, itemque, ut uidetur, *Constitutum* VIGILII decessoris sui magna ex parte, cfr N. Ertl, *a. c.* [n. 1678], p. 67 sq.; insuper e graeco sermone latine uertit librum quintum *Vitarum Patrum* (*CPG*, 5570).

PLS, iv, 1313

IOANNES III
sedit a. 561-574.

1704 **Exemplum praecepti ad Petrum episcopum Rauennatem de usu palii.** Inc. «Conuenire (*aliter*: Omni conuenire) nouimus (*JW*, 1041) (= GREGORIVS, *Registr.*, app. 7)

MGH, *epist.*, i, 1891 — EWALD, p. 230; CC, cxl A, 1982, p. 1100 — NORBERG.

PL, lxxvi 655, adn. h; 1348

Fortasse idem est ac IOANNES DIACONVS, de quo in n. 951.

PELAGIVS II
sedit a. 578-590.

1705 **Epistula ad Gregorium diaconum.** Inc. «Omnia quidem quae necessaria» (*SCHANZ*, iv, 2, 599; *JW*, 1052)

MGH, *epist.*, ii, 1899 — HARTMANN, p. 440-441.

PL, lxxii 703; lxx 76

1706 **Epistulae iii ad episcopos Istriae** (*SCHANZ*, iv, 2, 599; *JW*, 1054 sqq.)

E. SCHWARTZ, ACO, IV, v, 2, 1914, p. 105-132.

Emend.: V. BULHART, in WSt, xlviii, 1930, p. 74, n. 10.

Sunt qui has putant a GREGORIO MAGNO, etiamtum diacono, conscriptas, cfr E. SCHWARTZ, *o. c.*, p. xxii sq.; reuera sola epist. tertia est GREGORII MAGNI foetus genuinus, iuxta P. MEYVAERT.

PL, lxxi 706; MC *epist.*, i 442

1707 **Epistulae ii ad Aunarium Autissiodorensem** (*SCHANZ*, iv, 2, 599; *JW*, 1048 et 1057; *MAASSEN*, 295)

MGH, *epist.*, iii, 1892 — GUNDLACH, p. 448-450.

Cetera documenta apud Migne adulterina sunt.

PL, lxx 705; 74

GREGORIVS MAGNVS
sedit a. 590-604.

Accuratior quam Migniana est textus Maurinorum noua recensio quam procurauit J. B. GALLICCIOLLI, Venetiis, 1768-1776, naeuis aliquot hinc inde sublatis, additisque uariantibus lectionibus codicum S. Marci Venetorum.

Quod attinet ad primam editionem Operum omnium S. Gregorii (1518-1533) uide M. MURJANOFF, in *Bibl. d'Humanisme et Renaissance*, xxvi, 1964, p. 365-371.

Bibliographia: R. GODDING, *Bibliographia di Gregorio Magno (1890-1989)*, Roma, 1990.

Index uerborum: *Thesaurus S. Gregorii Magni*, Series A: *Formae*, curante CETEDOC, Turnhout, 1986.

Cfr L. M. HARTMANN, *Über die Orthographie Papst Gregors I*, in *Neues Archiv*, xv, 1890, p. 526-549; A. SEPULCRI, *Le alterazioni fonetiche e morfologiche nel latino di Gregorio Magno e del suo tempo*, Torino, 1904 (= *Stud. Med.*, i, 1904, p. 171-234); cfr F. X. BURGER, in ALL, xiv, 1905, p. 295-297; G. J. M. BARTELINK, *De kennis van het Grieks bij Gregorius de Grote*, in *Noctes Nouiomagenses J. Nuchelmans oblatae*, Nijmegen, 1985, p. 3-18.

Cod.: *Catalogo sommario della Esposizione Gregoriana nella Biblioth. Apost. Vatic.*, 2ª ed., Roma, 1904 (StT, xiii).

1708 **Moralia siue Expositio in Iob** (SCHANZ, iv, 2, 610; MANITIUS, i, 97; STEGMÜLLER, 2634-2637; CPPM, ii, 2231-2267) — PL, lxxv, 515

CC, cxliii. cxliii A. cxliii B, 1979-1985 — ADRIAEN.

Cod.: CC, cxliii, p. xiv-xxix; addantur: A. PETRUCCI e. a., in *Rendic. Accad. Lincei*, xxix, 1974, p. 587-603; D. G. BREARLY, in *Mél. en hommage à É. Gareau*, Ottawa, 1982, p. 235-239; J. ALTURO Y PERUCHO, in *Faventia*, vi, 1984, p. 127-138; ID., in *Rev. Catal. de Teologia*, xiii, 1988, p. 435 sq.; W. BERSCHIN, *Heidelberger Handschriften-Studien*, in *Bibliothek und Wissensch.*, xx, 1986, p. 1-48; M. FERRARI, in A. LEHNER & W. BERSCHIN, *Lateinische Kultur im viii. Jahrhundert*, St. Ottilien, 1989, p. 73-77. Cetera uide apud R. GODDING, *o. c.* [ante n. 1708], p. 78-79.

Epistula praeuia ad LEANDRVM HISPALENSEM (col. 509-516) a P. EWALD excuditur in *Registro epistularum* (n. 1714), t. i, p. 353-358 (*epist.* v, 53 a [JW, 1368]).

Text. bibl.: P. SALMON, in *Misc. A. MILLER*, Roma, 1951, p. 187-194; J. GRIBOMONT, in *Grégoire le Grand* (Chantilly, 1982), Paris, 1986, p. 467-475.

Fragmenta prioris «editionis» librorum *Moralia in Iob* asseruata uidentur in quodam codice Becensi, nunc Parisino, B. N., lat. 2342, saec. xii, et in *Sententiis* sancti Isidori (n. 1199); cfr P. MEYVAERT, *Uncovering a lost Work of Gregory the Great: Fragments of the Early Commentary in Job*, in *Traditio*, l, 1996.

Fontes: P. MEYVAERT, *Gregory the Great and Astronomy*.

1709 **Homiliae ii in Canticum Canticorum** (STEGMÜLLER, 2639-2641; CPPM, ii, 2288) — PL, lxxix, 471

CC, cxliv, 1963 — VERBRAKEN, p. 1-46.

Cod., uar. lect.: P. VERBRAKEN, in RB, lxxx, 1965, p. 143-144.

Emend., fontes: P. MEYVAERT, in JTS, n. s., xix, 1968, p. 215-225; J. H. WASZINK, in VC, xxvii, 1973, p. 72-74; R. BÉLANGER, in SC, cccxiv, Paris, 1984.

Genuinitas: B. CAPELLE, in RB, xli, 1929, p. 204-217.

1710 **Homiliae in Hiezechielem** (*SCHANZ*, iv, 2, 611; *STEGMÜLLER*, 2643-2645; *CPPM*, ii, 2288)   PL, lxxvi, 785

CC, cxlii, 1979 — ADRIAEN.

Index uerborum: ILL, A 8.

Fragmenta xix addunt J. GALLICCIOLLI, t. iv, 1769, p. 263-271, et M. ADRIAEN, *o. c.*, p. 401-432, e *Libro testimoniorum* PATERII (n. 1718). Cfr R. ÉTAIX, in RevSR, xxxii, 1958, p. 76-78.

Cod.: M. ADRIAEN, *o. c.*, p. xiv-xxi; addatur J. CHAURAND, in *Romania*, lxxxviii, 1967, p. 91-112.

Emend.: Ch. MOREL, in SC, cccxxvii, Paris, 1986, p. 29-31.

Epistula praeuia ad MARIANVM RAVENNATENSEM (col. 785) in *Registro epistularum* (n. 1714), t. ii, p. 362 sq., excuditur (*epist.* xii, 16 a).

Var. lect.: A. STAERK, *Les manuscrits latins de St-Pétersbourg*, i, St-Pétersbourg, 1910, p. 16 sq.; P. LEHMANN, *Erforschung des Mittelalters*, iv, Stuttgart, p. 88.

Latinitas: V. RECCHIA, in *Vet. Christ.*, xxix, 1992, p. 75-112.

Versiones antiquas linguis germanicis confectas recenset O. BARDENHEWER, *Geschichte*, v, p. 497.

1711 **Homiliae xl in Euangelia** (*SCHANZ*, iv, 2, 611; *MANITIUS*, i, 101; *STEGMÜLLER*, 2646; *CPPM*, ii, 1289)

PL, lxxvi, 1075-1312 = *Maurini*.

De uetustissimo codice Barcinonensi uide E. A. LOWE, in RB, xliii, 1931, p. 103 sq., et fusius P. PUYOL Y TUBAU, in *Butlletti de la Bibl. de Catalunya*, n. 8, v-vi, 1918/1919, p. 186-194, et R. GIL Y MIQUEL, in *Revista histórica*, i, 1918, p. 112-120; 153-160; 224-235.

Fragm. Augiensia: A. HOLDER, *Die Reichenauer Handschriften*, ii, Leipzig, 1914, p. 499-501; 503-507; fragm. Donaueschingen B iii 19: A. DOLD, in TA, i, 14, 1928, p. 51; fragm. Vallisuenaria: I. GÓMEZ, in *Hisp. sacra*, v, 1952, p. 377; J. RIEMANN, in *Mitteil. Inst. Österr. Geschichtsforschung*, lxxxiv, 1976, p. 266 (Innsbruck, Ferdinandeum, FB 32.139: fragm. saec. ix); R. G. BABCOCK, in *Scrittura e Civiltà*, ix, 1985, p. 299-307 (Venezia, Bibl. Marc. Lat. xiv, 232 [4257]: fragm. saec. vii).

Cod., critica: Br. Luiselli, *Il cod. Sessoriano 39 (fasc. 7) e la critica testuale delle Homiliae in Euangelia di Gregorio Magno*, in *Studi class. in onore di Q. Cataudella*, iii, Catania, 1972, p. 631-655.

Emend.: E. F. Sutcliffe, *A Note on St. Gregory's Hom. 13 in Evangelia*, in *Irish Theol. Quart.*, xxvii, 1960, p. 69-71; B. Löfstedt, in *Aeuum*, lxii, 1988, p. 170.

Trad. text.: G. Pfeilschifter, *Die authentische Ausgabe der Evangelien-Homilien Gregors des Großen*, München, 1900; et praesertim R. Étaix, in *Grégoire le Grand* (Chantilly, 1982), Paris, 1986, p. 551-559.

1712 **Regula pastoralis** (*SCHANZ*, iv, 2, 616; *MANITIUS*, i, 104; ii, 796; *CPPM*, ii, 3344)   PL, lxxvii, 13

F. Rommel, in SC, ccclxxxi et ccclxxxii, Paris, 1992.

Hic editur altera recensio *Regulae pastoralis*, illa nempe quae traditur in cod. Trecensi 504 emendato; prima recensio adhuc inedita latet in nonnullis cod. Angliae necnon et in cod. Trecensi ante correctionem. Cfr R. W. Clement, *Two Contemporary Gregorian Editions of Pope Gregory the Great's Regula Pastoralis in Troyes MS 504*, in *Scriptorium*, xxxix, 1985, p. 89-97. Haec prima recensio euulgabitur in t. cxliv B *Corporis Christianorum*.

Cod.: L. Hartmann, *a. c.* [ante n. 1708], p. 530 sq.; V. Federici, in *Röm. Quartalschr.*, xv, 1901, p. 12-31; A. Ernout, in *Mél. Ém. Chatelain*, Paris, 1910, p. 83-91; C. Turner, *Early Worcester MSS.*, Oxford, 1916, p. xviii-xxiv; 15-26; A. Wilmart, in *Bull. hist. de la Soc. des Antiquaires de la Morinie*, xiv, n. 270, 1926, p. 353-360; D. De Bruyne, in RB, xlvii, 1935, p. 304 sq., et praesertim R. W. Clement, in *Manuscripta*, xxviii, 1984, p. 33-44.

Anastasius ii, patriarcha Antiochiae, curauit anno 602 uersionem graecam quae periit; anglice extat ALFREDI regis († 901) calamo, quam edidit H. Sweet, London, 1871. Cfr K. Sisam, *Studies in the History of Old English Literature*, Oxford, 1953, p. 140-147: *The Publication of Alfred's Pastoral Care*.

Cod.: R. W. Clement, in *Manuscripta*, xxviii, 1984, p. 36.

1713 **Dialogorum libri iv** (*SCHANZ*, iv, 2, 614; *MANITIUS*, i, 102; ii, 796; iii, 1060)   PL, lxxvii, 148; lxvi, 126; MGH, lang., 524 (exc.)

A. de Vogüé, in SC, ccli, cclx, cclxv, Paris, 1978-1980, una cum interpretatione graeca saec. viii cura Zachariae papae, PL, lxxvii, 147-432; lxvi, 125-203 = *Maurini*, collata cum prologo graeco, quem edidit I. Havener, in RB, xcix, 1989, p. 103-117, cum *Epigrammata* (BHG, 1445), quae edidit S. Mercati, in *Bessarione*, xxxv, 1919, p. 67-75, et cum recensione libri ii[i], e cod. Vat. gr. 1666, quam recensuit J. COZZA-LUZI, Grotta-Ferrata, 1880 (*BHG*, 1445y-1448*l*; *CPG*, 5605°) (*a*).

Cod.: A. DE VOGÜÉ, *o. c.*, t. i, p. 164-172; uide etiam A. H. KRAPPE, in *Le Moyen Age*, xlvii, 1937, p. 272-275; E. A. LOWE, CLA, iii, 1938, p. [34], n. 383 (Monza, Bibl. Capit. a 2 [4], saec. viii/ix); A. DOLD, *Zwei Doppelblätter in Unziale des vii. Jahrhunderts*, in *Zentralblatt f. Bibliothekswesen*, lv, 1938, p. 253-259; Chauncey E. FINCH, in *Transact. & Proceed. Amer. Philol. Associat.*, 1938, p. xxxv; A. AUER, in *Misc. G. Galbiati*, iii, Milano, 1952, p. 117-122; G. PHILIPPART, in AB, lxxxviii, 1970, p. 22; D. YERKES, in *Manuscripta*, xix, 1975, p. 171-173; ID., in RB, lxxxix, 1979, p. 178-182; W. MILDE, in *Probleme der Bearbeitung mittelalterlicher Handschriften*, Wiesbaden, 1986, p. 145-165; T. E. MARSTON, in *Yale Univ. Libr. Gazette*, l, 1975, p. 15-18; A. M. MUNDÓ, in *Misc. R. Roca Puiq*, Barcelona, 1987, p. 221-223; H. THURN, in *Würzburger Diözesangeschichtsblätter*, lii, 1990, p. 17-24. Cetera uide apud R. GODDING, *o. c.* [ante n. 1708], p. 116-118.

Cod. graecae uersionis: C. HANNICK, in *Slovo*, xxiv, 1974, p. 41-57 (specialiter p. 44-46); I. HAVENER, *a. c.*, p. 108-111.

Tituli libri i: D. YERKES, *The Chapter Titles for Book 1 of Gregory's «Dialogues»*, in RB, lxxxix, 1979, p. 178-182.

Latinitas: A. BRUZZONE, in *Studi latini e italiani*, v, 1991, p. 195-280 (cfr *Med. Lat.*, xv, 1994, p. 214, n. 1198).

Orthographiam editionis U. MORICCA (Roma, 1924) omnino emendandam esse, per se patet.

Versiones arabicae, georgicae, slauicae: cfr C. HANNICK, *a. c.*, p. 51-56; cetera uide R. GODDING, *o. c.*, n. 1442-1450.

Veteres uersiones anglicam, gallicam, italicam, neerlandicam recensent O. BARDENHEWER, *Geschichte*, t. v, p. 294; K. SISAM, *o. c.*, p. 201-203; 225-231; B. ALTANER, *Patrologie*, p. 433; G. DUFNER, *Die Dialogen Gregors des Grossen im Wandel der Zeiten und Sprachen*, Padua, 1968; B. LANGEFELD, *A third Old English translation of part of Gregory's Dialogues*, in *Anglo-Saxon England*, xv, 1986, p. 197-204.

Ed.: cfr A. ALBAREDA, *Bibliografia de la Regla Benedictina*, Montserrat, 1933, p. 46 sq.; M. SANSEGUNDO, in *S. Benito, su Vida y su Regla*, Madrid, 1954, p. 135-136, et longe locupletius: J.-D. BROEKAERT, *Bibliographie de la Règle de Saint Benoît*, Rome, 1980 (= *Studia Anselmiana*, 77-78), p. 909 sq. (*Index*).

De **genuinitate** dubitat Fr. CLARK, *The Pseudo-Gregorian Dialogues*, Leiden, 1987. Eum non secuti sunt eruditi fere omnes.

(*a*) De hac uersione uide G. BARTELINK, *Une phase dans la transmission de la Vita Benedicti de Grégoire le Grand. La traduction grecque par le pape Zacharie*, in *Polata Knigopisnaja. An Information Bull. devoted to the History of Early Slavic Books*, iv, 1981, p. 4-14.

1714 **Registrum epistularum** (*SCHANZ*, iv, 2, 608; *MANITIUS*, i, 105; *JW*, 1067 sqq.; *MAASSEN*, 296)

CC, cxl-cxl A, 1982 — NORBERG.

PL, lxxvii, 441; lxxxiv, 831

E. PITZ, *Papstreskripte im frühen Mittelalter: diplomatische und rechtsgeschichtliche Studien zum Brief-Corpus Gregors des Grossen*, Sigmaringen, 1990.

Nonnulla monumenta, a Paulo EWALD & Ludouico HARTMANN in *Registri* editionem MGH inserta, praesertim epistulae dedicatoriae, recte praetermissa sunt in noua editione a D. Norberg parata, uel in Appendice seposita: i, 16 a. b. 24 a. 39 a; iv, 17 a; v, 53 a. 57 a; ix, 227 a; xi, 56 a; xii, 16 a.

Cod.: O. DOBIACHE-ROJDESTVENSKY, in *Memorie storiche forogiuliesi*, xxv, 1929, p. 129-143. Cetera uide apud R. GODDING, *o. c.* [ante n. 1708], p. 159 sqq.

Var. lect.: E. WELLESZ, *Gregory the Great's Letter on the Alleluia* (*Reg.* ix, 26), in *Annal. Musicol.*, ii, 1954, p. 7-26.

In *Registro* sub n. xiii, 2 continetur oratio illa *de mortalitate* (inc. «Oportet, fratres charissimi, ut flagella Dei») (*SCHANZ*, iv, 2, 613), quam D. NORBERG in *Appendice* collocauit (CC, cxl, p. 1102-1104) et *Maurini* ad calcem homiliarum in Euangelia reiecerunt. — Circa *Responsa ad Augustinum* et *Obsecrationem s. AVGVSTINI de reliquis S. Sixti* (*Reg.* xi, 56a [*MAASSEN*, 298, 15; *CPPM*, ii, 795]) uide H. FARMER, in *Studia monastica*, i, 1959, p. 419-422, et praesertim P. MEYVAERT, in RHE, liv, 1959, p. 879-894; ID., in *Grégoire le Grand* (Chantilly, 1982), Paris, 1986, p. 543-550.

PL, lxxi, 528; lxxv, 79; lxxvi, 1311

Reg. viii, 29, lin. 57 sqq. graece etiam exstat in cod. Vat. gr. 1455, cfr J. DARROUZÈS, in *Rev. étud. byzant.*, xviii, 1960, p. 189.

Praeterea in *Registro* inuenies:

epist. MAVRITII IMPERATORIS (i, 16 b);

epist. LICINIANI CARTHAGINIS NOVAE (i, 41 a), quam emendatius edidit J. MADOZ (n. 1097);

epist. IOANNIS RAVENNATENSIS (iii, 66); apud Norberg, append. vi;

praeceptum IOANNIS III (iii, 67; apud Maurinos *Append.* xi; apud Norberg, append. vii) (n. 1704);

decretum Synodi Romanae a. 595 (v, 57 a; apud Maurinos *Append.* v) (*MAASSEN*, 296, 4);

append. de Maximo Salonitano (inc. «Leuatus est Maximus praesumptor») (viii, 36; apud Maurinos *Append.* viii — PL, lxxvii, 1343);

epist. RECCAREDI REGIS VISIGOTHORVM (ix, 227 a [*DÍAZ*, 51]; ad Reccaredum responsum, perperam Gregorio adscriptum sed fortasse a *MARTINO BRACARENSI* confectum, legitur in cod. Vat. Reg. 460, saec. xii, cfr A. WILMART,

Codices Reginenses latini, ii, Città del Vaticano, 1945, p. 612-613 (DÍAZ, 30; CPPM, ii, 3485);

abiurationem haeresis, fortasse auctore FIRMINO EPISCOPO ISTRIAE (inc. «Quotiens cordis oculus nube erroris») (xii, 7; apud Maurinos *Append*. x — PL, lxxvii, 1347);

de Phoca coronato et de Mauritio interfecto (xiii, 1; apud Maurinos *Append*. xii — PL, lxxvii, 1349).

In Appendice apud EWALD & HARTMANN inuenies priuilegium Gregorii archidiaconi pro monasterio S. Andreae (t. ii, p. 437-439; inc. «Imperante domno Mauritio Tyberio perpetuo Augusto anno sexto»); epistulas PELAGII II, de quibus sub nn. 1705 sq.; priuilegium pro quibusdam Beneuentanis monasteriis, t. ii, p. 468 sq.; inc. «Quoniam (*aliter*: Scitis quoniam) semper sunt concedenda ... oportet ut deuotio» (JW, 1926), potius GREGORIO II uel etiam III adscribendum (cfr P. T. McLAUGHLIN, *Le très ancien droit monastique de l'Occident*, Paris, 1935, p. 189) et epitaphium Gregorii «Suscipe terra tuo corpus» (p. 470; DIEHL, n. 990 [WALTHER, 1895; SCHALLER & KÖNSGEN, 15938]); de hoc epitaphio luculentissime tractauit G. SANDERS, *L'épitaphe de Grégoire le Grand: banalité ou message?*, in *Atti Congr. intern. su Gregorio Magno* (Roma, *1990*), Roma, 1990, p. 251-281. PL, xcv, 80; MGH auct. an vi, 2, 19(

In Appendice apud Maurinos legitur iuxta PL, lxxvii, 1327-1352:

i. *Symbolum fidei dictatum a B. Gregorio* (inc. «Credo in unum Deum omnipotentem, Patrem et Filium et Spiritum sanctum, tres personas»), fortasse genuinum, cfr L. BROU, in SE, viii, 1956, p. 275; uide tamen B. VOLLMANN, *Priszillianismus*, St. Ottilien, 1965, p. 81;

ii. *Narratio de depositione Laurentii archidiaconi* = *Reg*. ii, 1;

iii. *Praeceptio Gregorii de litania maiore* = *Reg*. ii, 2;

iv. *Priuilegium monasterii S. Medardi* (JW, † 1239); cfr W. LEVISON, *England and the Continent*, Oxford, 1946, p. 213 sq.;

v. *Decretum Synodi Romanae* a. 595 = *Reg*. v, 57 a; cfr P. MEYVAERT, in JTS, n. s., xii, 1961, p. 298-302;

vi. *Decreta S. Gregorii Papae*. Inc. «Gregorius sanctissimus apostolicus papa, ante corpus beatissimi Petri». E *Concilio Romano* a. 721 sub GREGORIO II (JW, post † 2158; MAASSEN, 303, 1);

vii. *Concilium III Lateranense* (JW, † 1366); cfr W. LEVISON, *o. c.*, p. 192-195;

viii. *De causa Maximi praeuaricatoris* = *Reg*. viii, 36;

ix. *Priuilegium monasterii SS. Andreae et Luciae* = *Reg*. xi, 15;

x. *Abiuratio haeresis* = *Reg*. xii, 7;

xi. *Praeceptum* IOANNIS III = *Reg*. iii, 67 (n. 1704);

xii. *De Phoca coronato et Mauritio interfecto* = *Reg*. xiii, 1;

xiii. *Fragmenta epistularum ex Decreto Gratiani*, ad AVGVSTINVM CAN-TVARIENSEM (JW, † 1987) aliosque.

De quadam epistula deperdita ad reginam Francorum directa, uide M. SIMONETTI, in *Romano-barbarica*, iii, 1978, p. 291-296.

Spuriae uidentur quas edidit epistulas priuilegia decreta J. B. GALLIC-CIOLLI, *o. c.* [ante n. 1708], ix, p. 68-85 (JW, † 1883 a, 1934, 1936, 1937, 1939, 1942-1963, 1981-1986, 1989; documenta xi, xii, 15 et xiv, 1-4 apud GALLICCIOLLI desiderantur apud JW). Cfr n. 1721°.

APPENDIX

1715 **De inuentione librorum Moralium in Iob.** Inc. «Beatus Gregorius Papa librum beati Iob» (SCHANZ, iv, 2, 612; MANITIUS, i, 99; BHL, 3647; DÍAZ, 700)

PL, lxxv, 507-510 = *Maurini*.

[Hic omittendum uidetur; est enim retractatio *Visionis Taionis de libris S. Gregorii* (n. 1270). Cfr BHL, 3647, 10 b. In **codicibus** *Moralium* saepius occurrit inde a saec. xi, e. gr. Paris, B. N. 2213¹, saec. xi; Douai 301, saec. xii; alios codices recenset M. C. DÍAZ Y DÍAZ].

1716 **Ecloga de Moralibus Iob quae Gregorius fecit.** Inc. «Inter multos saepe quaeritur» (MANITIUS, i, 99; ii, 796; KENNEY, 106; STEGMÜLLER, 5384; CPPM, ii, 2241)

CC, cxlv, 1969 — ADRIAEN.

Auctore LATHCEN monacho in Cluain-Ferta-Molúa († 661) (cfr P. GROSJEAN, in SE, vii, 1955, p. 92-96), cui etiam *hymn*. «Suffragare, Trinitas unitas» (SCHALLER & KÖNSGEN, 15745) tribuitur (cfr nn. 1139 et 1323).

1717 **Concordia quorumdam testimoniorum Sacrae Scripturae.** PL, lxxix, Inc. «Quid est quod magister» (SCHANZ, iv, 2, 613; STEGMÜLLER, 659 2655; CPPM, ii, 2292)

I. FRANSEN, in RB, lxxiii, 1963, p. 244-276.

Genuinitatem propugnat P. MEYVAERT (in epistula sua ad me directa).

Cod.: addatur Gent 441, saec. xii

1718 **Liber testimoniorum ueteris testamenti quem Paterius ex opusculis S. Gregorii excerpi curauit.** Inc. «Cum beatissimi atque apostolici Gregorii» (SCHANZ, iv, 2, 613; MANITIUS, i, 98; ii, 796; STEGMÜLLER, 6264-6277; CPPM, ii, 2820)

PL, lxxix, 683-916 = *Maurini*.

In hac collectione fragmenta quaedam genuina S. Gregorii seruantur quae in eis scriptis frustra quaeruntur. — Quidem sentiendum de editione Maurinorum, disce a R. ÉTAIX et R. WASSELYNCK, *a. infra c..*

Cod.: C. TURNER, *Early Worcester MSS.*, Oxford, 1916, p. xxiv-xxvii; A. WILMART, *l. infra c.*; H. ROCHAIS, in RB, lxiii, 1953, p. 256, adn. 1; R. ÉTAIX, *a. infra c.*, p. 67. Addatur Erlangen, Univ. Ac III. 29, saec. ix.

Trad. text.: R. ÉTAIX, in RevSR, xxxii, 1958, p. 66-78.

Noua ed. paratur a R. VANDER PLAETSE.

Prologus «Domino Wernero» (*ibid.*, 681-684 [STEGMÜLLER, 6317]), est BRVNONIS, monachi ut uidetur saec. xii; ultimas uero partes huius expositionis in recensione Maurinorum (c. 917-1136 [STEGMÜLLER, 6278-6316]), neque Paterium neque alium Gregorii discipulum habere auctorem luculentissime ostendit A. WILMART, in RB, xxxix, 1927, p. 81-104; medio aeuo concinnatae sunt, partim tamen ex genuinis S. Gregorii operibus.

Variis modis uariisque auctoribus florilegia compilata sunt ex operibus Gregorii Magni, cfr R. WASSELYNCK, *La compilation des «Moralia in Job» du viie au xiie siècle*, in RTAM, xxix, 1962, p. 5-32; E. DEKKERS, *Les florilèges patristiques*, Turnhout.

1719 **In librum primum Regum expositionum libri vi.** Inc. «Post Moysi et Iesu Naue» (SCHANZ, iv, 2, 613; STEGMÜLLER, 2633. 2648; CPPM, ii, 2230) — PL, lxxix 17

CC, cxliv, 1963, p. 47-641 — VERBRAKEN; SC, cccli, 1989 — DE VOGÜÉ; cccxci, 1993 — VUILLAUME (libri i-iii).

Originem gregorianam saltem remotam post Thomassinum defenderunt Maurini, quam sententiam B. CAPELLE (in RB, xli, 1929, p. 205) confirmauit, perpendens «que cet important ouvrage porte dans son ensemble la marque grégorienne indubitable, mais une main étrangère y a touché». Haec sententia fusius probatur a P. VERBRAKEN, in RB, lxvi, 1956, p. 39-62; 159-217. *Expositio* paululum retractata fuit, fortasse a CLAVDIO RAVENNATENSI.

Critica: P. MEYVAERT, *a. c.* (n. 1708) et in SC, *l. c.*

Imitationes: A. DE VOGÜÉ, in RB, xcviii, 1988, p. 327-328.

1719a **Epistula ad Theodelindam et Agilulphum.** Inc. «... uestra primum omnium salutem» — PLS, iv, 1577

H. BRESSLAU, *Zusatz über einen Gregor I. zugeschriebenen Brief (Original auf Papyrus in Monza)*, in *Neues Archiv*, xv, 1890, p. 550-554.

Saec. vi-vii? Cfr J.-O. TJÄDER, *Die nichtliterarischen lateinischen Papyri Italiens*, i, Lund, 1955, p. 44 et 64.

1720 **Sermo Augustini de Resurrectione.** Inc. «Delectet nos, dilec- PLS, iv, tissimi, una uobiscum» (*CPPM*, i, 2002. 4923) 1585

A. Wilmart, in RB, xlvii, 1935, p. 3-7.

Saec. viii° ex *hom.* viii[a] [*aliter* xx[a]] libri ii[i] S. Gregorii *in Ezechielem* consarcinatus, ab Arnone Salisburgensi?

Cod.: addatur Kremsmünster 266, f° 153[v]-155[v].

[1721] **Sermo in dominica Resurrectionis.** Inc. «Audistis, fratres, PL, xvii, quod sanctae mulieres» (Ps. Ambrosivs, *sermo* 34) (*CPPM*, i, 3. 671 (693) 44)

C. Lambot, in RB, liv, 1942, p. 12-15.

Quis scripserit, incertum est; dicendi genus Gregoriano uix absimile censet C. Lambot. Attamen hic omittendum uidetur; est enim alia recensio, paululum diuersa, *serm.* xii seriei sermonum pseudo-ambrosianorum saec. ix (cfr n. 180.]

Cetera quae in Appendice collegerunt Maurini, hic omittenda sunt, ut recentiora. De singulis haec adnotare ex usu erit:

Expositio super cantica canticorum (Stegmüller, 7488; *CPPM*, ii, 2290), inde a i, 30, concinnata est saec. xi a Roberto de Tvmbalenia, cfr B. Capelle, in RB, xli, 1929, p. 204-217;

De *Expositio in vii psalmos paenitentiales* (Stegmüller, 2649. 3234; *CPPM*, ii, 2126. 2291), quam Heribertvs, eodem fere tempore episcopus Regii Lepidi, elucubrauit, tractatur a A. Mercati, in RB, xxxi, 1914/9, p. 250-257;

«*Liber de gradibus caeli*» (*CPPM*, ii, 796): uide P. Grosjean, in AB, lxi, 1943, p. 99-103; J. Rittmueller, *Ms. Vat. Reg. 49 Reviewed: a New Description and a Table of Textual Parallels with the «Liber Quaestionum in Euangeliis»*, in SE, xxxiii, 1992/93, p. 259-305.

Oratio S. Gregorii: uide R. Bauerreiss, *Über ein frühmittelalterliches, dem hl. Gregor d. Gr. zugeschriebenes Gebet*, in *Studien & Mitteil. OSB*, lvi, 1938, p. 202-204;

Decretum Gregorii (JW, † 1951): uide H. Frank, *ibid.*, lv, 1937, p. 19-47;

Opera denique *liturgica*, quae Gregorio adscribuntur, inter *Monumenta liturgica* reperies (n. 1902); cum in sacramentariis antiquis tum in antiphonariis nonnullae formulae leguntur a Gregorio compositae, cfr H. Ashworth, *The Liturgical Prayers of St. Gregory the Great*, in *Traditio*, xv, 1958, p. 107-161; xvi, 1960, p. 364-373; E. Dekkers & P. Meyvaert, in *Liturg. Woordenboek*, i, 3, Roermond, 1961, col. 919-925. Hymnos autem (cfr n. 2008) genuinos esse, quod nonnullis olim uisum erat, passim nunc negatur. Cetera uide apud R. Godding, *o. c.* [ante n. 1708], nn. 1647 sqq.

S. GREGORII VITAE ANTIQVAE

1722 **Vita auctore anonymo Anglo** (SCHANZ, iv, 2, 606; BHL, 3637)

B. COLGRAVE, *The Earliest Life of Gregory the Great*, Cambridge, 1985.

Critica, emend.: B. LÖFSTEDT, in *Orpheus*, n. s., xi, 1990, p. 331-336.

Anno 713, nisi forte antiquior, cfr Ch. W. JONES, *Saints' Lives and Chronicles in Early England*, Ithaca, 1947, p. 64 sq.

1723 **Vita auctore Paulo diacono** (SCHANZ, iv, 2, 606; BHL, 3639)

H. GRISAR, ZkTh, xi, 1887, p. 162-173, collata cum recensione interpolata, quam ediderunt *Maurini*, PL, lxxv, 41-59.

Cod.: A. POTTHAST, *Bibliotheca historica Medii Aeui*, ii, Berlin, 1896, p. 1349.

Emend.: C. CIPOLLA, in *Bull. Istit. stor. ital.*, xxii, 1901, p. 10 sq.

De PAVLI DIACONI recensione interpolata (BHL, 3640) et S. Gregorii uita auctore IOANNE DIACONO (BHL, 3641-3643), saec. ix consarcinatis, quae nihil noui adferunt, uide S. BRECHTER, *Die Quellen der Angelsachsenmission Gregors des Großen*, Münster, 1941, p. 157-193; D. LIMONE, in *Stud. med.*, n. s., xix, 1978, p. 37-67.

Omnia documenta Romanorum Pontificum saec. vii, epistulae datae necnon et receptae, priuilegia, decreta, tam genuina, quam dubia uel spuria, locupletissime recensita sunt a Pietro CONTE, *Chiesa e Primato nelle Lettere dei Papi del secolo vii*, Milano, 1971, p. 397-507.

BONIFATIVS IV

sedit a. 608-615.

1724 **Epistulae ii.** Inc. «Mutum frater»; «Scripta excellentiae» (JW, 2001 sq.; MAASSEN, 297)   PLS, iv, 1597

MGH, *epist.*, iii, 1892 — GUNDLACH, p. 453-456.

Genuinitas: C. SILVA-TAROUCA, in *Gregorianum*, xii, 1931, p. 47.

Fontes: H. ASHWORTH, *Did St. Gregory the Great compose a Sacramentary?*, in *Stud. Patr.*, ii, 1957, p. 3-16, ubi et de precibus liturgicis agitur quas Bonifatium IV composuisse uerisimile est.

Quae in PL, lxxx, 104-106, leguntur, spuria sunt, cfr H. FRANK, in *Studien & Mitteil. OSB*, lv, 1937, p. 19-47; W. LEVISON, *England and the Continent*, Oxford, 1946, p. 190 sq., qui p. 174 sq. merito contendit item spuria esse cetera priuilegia monasterii Cantuariensis, AETHELBERTI nempe, *AVGVSTINI, EADBALDI, ADEODATI, AGATHONIS*; eaque confecit saec. xii *GVERNO* monachus S. Medardi Suessionensis, cfr C. N. L. BROOKE, *The Canterbury Forgeries and their Author*, in *The Downside Review*, lxviii, 1950, p. 462-476; lxix, 1951, p. 210-231.

BONIFATIVS V

sedit a. 619-625.

1725 **Tres epistulae** (*JW*, 2006 sqq.) seruantur apud *BEDAM*, Historia PL, lxxx, *ecclesiastica*, ii, 8, 10, 11 (ed. PLUMMER, i, 95-97; 100-106; COLGRAVE 435 & MYNORS, p. 158-160; 166-174); duae uero ultimae epistulae *HONORII I* uidentur; epistula quarta in PL, lxxx, 439-440, spuria est.

HONORIVS I

sedit a. 625-638.

1726 **Epistulae** (*JW*, 2010 sqq.) PLS, iv,
PL, lxxx, 469-482 = MANSI. 1658

Epist. 1, 2, 15 et 16, melius in MGH, *epist.*, iii, 1892 — GUNDLACH, p. 694-696; attamen *epist.* 2 (PL, lxxx, 469-470; MGH, *t. c.*, p. 695-696; PLS, iv, 1658-1659 [*JW*, 2016]) spuria est, cfr C. SILVA-TAROUCA, in *Gregorianum*, xii, 1931, p. 44 sq.;

epist. [3], 4 et [5]: in PL (lxxx, 470 sqq.) tantum **textus latinus** excuditur, qui est retrouersio graecae interpretationis Honorii epistularum latine conscriptarum (*a*).

Textus graecos uide in *Amplissima Conciliorum Collectione* Ioannis Dominici MANSI, t. xi, p. 537 sqq.; R. RIEDINGER, in ACO, II, ii, 2, Berlin, 1992, p. 535-537; *epist.* 4 et 5 etiam apud G. KREUZER, *Die Honoriusfrage im Mittelalter und in der Neuzeit*, Stuttgart, 1975, p. 32-53 (*JW*, 2018. 2024; *MAASSEN*, 298. 490);

(*a*) De fide huius retrouersionis, Actibus Concilii iii Constantinopolitani insertae, quae certe accurata dici nequit, uide E. CASPAR, *Die Lateransynode von 649*, in ZKG, li, 1932, p. 75-137, praesertim p. 92 sq., et K. HIRSCH, *Papst Honorius I und das vi. allgemeine Konzil*, in *Festschrift deutscher Philologen*, Salzburg, 1929, p. 158-179; quaedam etiam apud P. GALTIER, in *Gregorianum*, xxix, 1948, p. 42-61; G. KREUZER, *l. c.*; P. CONTI, in *Riv. storia Chiesa in Italia*, xxxviii, 1984, p. 173-182. — Minus placent explanationes in hanc materiam auctore H. QUENTIN, *Notes sur les originaux latins des lettres des papes Honorius, S. Agathon et Léon II relatives au monothélisme*, in *Misc. Amelli*, Monte Cassino, 1920, p. 71-76; cfr infra, n. 1733°.

epist. 6 et 7, e BEDAE *Historia ecclesiastica*, ii, 17 et 18, accuratius ediderunt C. PLUMMER, i, p. 118-122, uel B. COLGRAVE & R. MYNORS, p. 194-198;

epist. 8, 9, 11 et 12, e *Collectione Canonum* Card. DEVSDEDIT, edidit V. WOLF VON GLANVELL, Paderborn, i, 1905, p. 137 sq., 326 sq.;

epist. 10, *ad Honorium Cantuariensem* certe inter spurias numeranda est;

epist. 13, 14, 15 et 16, e *Collect. Britannica*, cfr P. EWALD, in *Neues Archiv*, v, 1880, p. 583, ubi et quinta et sexta epistulae extant, quae desiderantur in PL (*JW*, 2028. 2026);

epist. 17 et 18: L. BAILLY, in PLS, iv, 1659.

1727 **Fragmentum** (*JW*, 2030)

PL, lxxx, 482-483 = MANSI.

Praecedens fragm., *ibid.*, col. 482 (*JW*, † 2037), spurium est.

1728 **Priuilegium Bobiensi coenobio datum** (*JW*, 2017)   PL, lxxx, 483

C. CIPOLLA, *Codice diplomatico di S. Columbano*, Roma, i, 1918, p. 100-103.

Genuinitatem admittit T. P. MC LAUGHLIN, *o. infra c.* [n. 1732], p. 187.

IOANNES IV

sedit a. 640-642. Eodem scriba, Ioanne nempe abbate, usus est atque decessor eius Honorius, cfr N. ERTL, *a. c.* [n. 1678], p. 70 sq.

1729 **Apologia pro Honorio papa** (*JW*, 2042; *CPG*, 9383)

PL, lxxx, 602-607 = MANSI (retrouersio e Graeco auctore ANASTASIO BIBLIOTHECARIO).

1730 **Epistula ad episcopos et presbyteros Scottiae** (*JW*, 2040)   PL, lxxx, 601

apud BEDAM, *Historia ecclesiastica*, ii, 19, ed. PLUMMER, i, p. 123-124; COLGRAVE & MYNORS, p. 200-202.

Duae aliae epistulae in PL (lxxx, 607-608) sunt IOANNIS VIII, cfr JAFFÉ-WATTENBACH, n. 2993 et t. ii, p. 698.

1731 **Epistula ad Constantinum Imperatorem.** Inc. «Quandoquidem Deus omnipotens» (*JW*, 2042 a; *CPG*, 9386)   PLS, iv, 1660

A. MAI, *Noua Patrum bibliotheca*, Roma, 1853, p. 510-511 (retrouersio e Graeco ignoto auctore)

Cfr JAFFÉ-WATTENBACH, ii, p. 739.

THEODORVS I

sedit a. 642-649.

1732 **Epistulae ii** (*JW*, 2049. 2052; CPG, 9388. 9389)

PL, lxxxvii, 75-82 = MANSI.

PL, cxxix, 577

Extant aliquot epistulae ad Theodorum datae in *Actis Concilii Lateranensis a.* 649 (nn. 874 sqq., 1774).

Epistula uero ipsius Theodori *ad patriarcham Gradensem* (MGH, *epist.*, iii, 1892 — GUNDLACH, p. 697 [*JW*, 2056]) spuria uidetur, cfr C. SILVA-TAROUCA, *a. c.* [n. 1726], p. 48 sq. Item *priuilegium Bobiensis monasterii* (C. CIPOLLA, *o. c.* [n. 1728], p. 104-112 [*JW*, 2053]) subdititium est, cfr C. SILVA-TAROUCA, *l. c.*; uide etiam T. P. MCLAUGHLIN, *Le très ancien droit monastique de l'Occident*, Paris, 1935, p. 189, adn. 2.

PL, lxxxvii, 99

MARTINVS I

sedit a. 649-655.

1733 **Epistulae** (*JW*, 2058 sqq.)

PL, lxxxvii, 119-204 = MANSI.

Epist. 1 *Encyclica*, una cum **uersione graeca** (CPG, 9403) legitur in ACO, II, 1, 1984, p. 404-421;

epist. 2, *ad Amandum Traiectensem*, in editione Brunonis KRUSCH, in MGH, *scr. mer.*, v, 1910, p. 452-456, legenda est, et rectius in editione Rudolphi RIEDINGER, in ACO, II, 1, 1984, p. 422-424.

Cod.: C. SILVA-TAROUCA, in *Gregorianum*, xii, 1931, p. 49 sq. Cfr etiam commentarium Georgii SCHEIBEREITER, in *Mitteil. Österr. Geschichtsforschung*, c, 1992, p. 84-102.

De his omnibusque documentis, latinis et graecis, ad *Synodum Lateranensem* (MAASSEN, 299) pertinentibus, accuratius disputauit E. CASPAR, *Die Lateransynode von* 649, in ZKG, li, 1932, p. 75-137; textus uero edidit R. RIEDINGER, in ACO, II, i, 1984 (cfr n. 1774).

APPENDIX

1734 **Narrationes de exilio et morte S. Martini**, interprete ANASTASIO BIBLIOTHECARIO (BHL, 5592-4; CPG, 7969)

PL, cxxix, 585-604 = SIRMOND.

PL, lxxxvii, 197 (exc.)

Etsi graece primum confectae, hic inseruntur ob quattuor genuinas epistulas S. Martini ad Theodorum «Spudaeum» quas continent. De

Anastasii interpretatione quodnam iudicium ferendum sit, uide P. PEETERS, in AASS, *Propylaeum Decembris*, Bruxellis, 1940, p. 513 sq. Cfr etiam P. CHIESA, *Le biografie greche e latine di papa Martino I*, in *Martino I Papa e il suo tempore*, Spoleto, 1992, p. 211-241.

VITALI[ANV]S

sedit a. 657-672.

1735 **Epistulae** (*JW*, 2089 sqq.)

PL, lxxxvii, 999-1008 = MANSI.

Epist. 5, in *BEDAE Historia ecclesiastica* tradita (iii, cap. 29), iuxta C. PLUMMER, i, 196-199 uel B. COLGRAVE & R. MYNORS, p. 318-322; **cod.**: E. LOWE, in *English Histor. Rev.*, xli, 1926, p. 244 sq. Fragm. e cod. Oxford, Digby 63, iuxta Br. KRUSCH, *Studien zur christl.-mittelalt. Chronologie*, ii, Berlin, 1938, p. 86; de **genuinitate**, cfr C. JONES, *Bedae opera de temporibus*, Cambridge (Mass.), 1943, p. 102 sq.; PLS, iv, 2090

epist. 6 sqq. subdititiae sunt, cfr JAFFÉ-WATTENBACH; de *epist.* 10, cfr C. SILVA-TAROUCA, *a. c.* [n. 1733], p. 44 sq.

ADEODATVS

sedit a. 672-676.

1736 **Priuilegium pro monasterio S. Martini Turonensis** (*JW*, 2105) PL, lxxx 1141

MGH, *leg. sect.* v, 1882 — ZEUMER (n. 1836), p. 496-498.

Num genuinum sit, ualde adhuc dissentiunt rei diplomaticae periti; uide inter recentiores prae ceteris T. P. MCLAUGHLIN, *o. c.* [n. 1714], p. 197 sq. Cfr n. 1724°.

AGATHO

sedit a. 678-681.

1737 **Epistulae ii ad Constantinum IV Imperatorem** (*JW*, 2109 sq.; MAASSEN, 300; *CPG*, 9423. 9417)

R. RIEDINGER, in ACO, II, 2, 1990, p. 53-123.

Epist. 2 (PL, lxxxvii, 1213-1216), ad Aethelredum regem Merciorum, spuria est.

Alia complurima Acta, dicta, responsa seruata sunt in *Vita Wilfridi Eboracensis* auctore EDDIO (STEPHANO) (n. 2151) uel in collectionibus canonum recentioribus, cfr St. KUTTNER, in *Studia in honorem A. Sticker*, Roma, 1992, p. 215-224.

Cfr H. QUENTIN, *a. c.* [n. 1726, adn. *a*], p. 74; P. CONTI, *o. c.* [n. 1723], p. 468-480. — Vide etiam sub n. 1724°.

LEO II

sedit a. 682-683.

1738 **Epistulae** (*JW*, 2118 sqq.; MAASSEN, 301; *CPG*, 9439-9441)

PL, xcvi, 399-420 = MANSI.

Cfr C. SILVA-TAROUCA, in *Gregorianum*, xii, 1931, p. 54 sq.; W. LEVISON, *England and the Continent*, p. 214 sq.

Epist. 1 et 2 ad Leonem directae sunt a CONSTANTINO IV AVGVSTO.

BENEDICTVS II

sedit a. 684-685.

1739 **Epistula ad Petrum notarium** (*JW*, 2125; MAASSEN, 302)

PL, xcvi, 423-424 = MANSI.

Cfr C. SILVA-TAROUCA, *a. c.* [n. 1738], p. 55 sq.

SERGIVS I

sedit a. 687-701.

1740 **Priuilegium pro monasterio Malmesburiensi** (*JW*, 2140)   PL, clxxix, 1639

MGH, *auct. ant.*, xv, 1913-1919 — EWALD, p. 512-516.

De dubia **genuinitate** ac de **traditione text.**, uide D. KNOWLES, *Essays in Monastic History*, in *The Downside Review*, l, 1932, p. 225-231.

1741 **Canon** «Si quis ordinatur non baptizatus» (*JW*, 2136)   PLS, iv, 2174

F. MAASSEN, *Geschichte*, p. 972.

1741*a* **Epistula ad Ceolfridum.** Inc. «Quibus uerbis ac modis» (*JW*, 2138)

PL, lxxxix, 33-34 — MANSI.

IOANNES VI

sedit a. 701-705.

1742 **Epistula ad Aethelredum et Alfridum Reges** (*JW*, 2142) apud EDDIVM (STEPHANVM), *Vita S. Wilfridi* (n. 2151), cap. 54

B. COLGRAVE, Cambridge, 1927, p. 54.

PL, lxxxi, 59; MGH, scr. mer., vi, 219

IOANNES VII

sedit a. 705-707.

1743 **Epistula ad episcopos Britanniae** (*JW*, 2145)

A. W. HADDAN & W. STUBBS, *Councils and Ecclesiastical Documents*, iii, Oxford, 1871, p. 264.

PL, lxxxi, 63

CONSTANTINVS I

sedit a. 708-715.

1744 **Priuilegium pro monasteriis Bermundseiensi et Wokingensi** (*JW*, 2148)

A. W. HADDAN & W. STUBBS, *t. c.* [n. 1743], p. 276.

Genuinitatem firmare conatus est T. P. McLAUGHLIN, *o. c.* [n. 1714], p. 195, adn. 2.

PLS, iv, 2195

VIII. SYMBOLA ET EXPOSITIONES FIDEI

Symbola Ecclesiae occidentalis et orientalis eorumque formulas, a SS. Patribus allatas, diligenter collegerunt A. et G. HAHN, *Bibliothek der Symbole und Glaubensregeln der alten Kirche*, Breslau, 1897³. De eorum historia atque indole, uide praesertim F. KATTENBUSCH, *Das apostolische Symbol*, i-ii, Leipzig, 1894/1900 (opus eruditissimum) et J. N. KELLY, *Early Christian Creeds*, London, 1950 (in rebus criticis minus utile).

De antiquissimis symbolis graecis, Apostolorum nempe et Concilii Nicaeni, uide J. DE GHELLINCK, *Patristique et Moyen Age*, i, Bruxelles, 1949², et I. ORTIZ DE URBINA, *El Símbolo Niceno*, Madrid, 1947. Symboli Nicaeni diuersae interpretationes latinae critice excusae sunt a C. TURNER, *Ecclesiae Occidentalis Monumenta Iuris Antiquissima*, I, ii, 1, Oxford, 1913, p. 297-307.

Symbola latina, quae infra non recensentur, require in *Indice* ii, sub uerbo *Symbola fidei*.

Cod.: A. BURN & L. TRAUBE, *Facsimiles of the Creeds from Early MSS.*, London, 1909.

Noua ed. Symbolorum latinorum eorumque expositionum paratur a M. PARMENTIER.

ANONYMVS

1744*a* **Enarratio in Symbolum Apostolorum.** Inc. «Vna fides, sed non in omnibus fidei una mensura»

PLS, i, 786-790 = BIANCHINI.

Cod.: E. A. LOWE, CLA, iv, n. 509 (Verona lix [57], saec. vi uel vii).

Saec. iv? Est nucleus antiquissimus collectionis Pseudo-Athanasianae (n. 105).

1745 **Commentarius in Symbolum Nicaenum.** Inc. «Fides quae a patribus nostris exposita est» PLS, i, 220

C. TURNER, *Ecclesiae Occidentalis Monumenta Iuris Antiquissima*, I, ii, 1, Oxford, 1913, p. 329-354.

Emend.: J. SCHILDENBERGER, in TA, i, 32-33, p. 171.

Saec. iv medio in Italia confectus.

1746 **Commentarius alter in Symbolum Nicaenum siue potius in Tomum Damasi papae.** Inc. «Credimus in unum Deum ... Quid fides inuisibilium rerum est» (Ps. HIERONYMVS, *epist.* 17 [«*Explanatio fidei ad Cyrillum*»]) — PL, xxx, 176 (182)

C. TURNER, *t. c.* [n. 1745], p. 354-367.

Cod.: B. LAMBERT, BHM, iii, p. 89-95, n. 317.

Saec. v ineunte confectus.

Symbolum fidei S. Petri Chrysologi

uide sub n. 229*a*.

Symbolum Athanasianum

uide sub n. 167.

1747 **Commentarius Fortunati (in Symbolum Athanasianum).** Inc. «Quicumque uult saluus esse ... Fides dicitur credulitas siue credentia» (*CPPM*, ii, 39. 1641) — PLS, iii, 726

A. E. BURN, *The Athanasian Creed*, Cambridge, 1896 (TSt, iv, 1), p. 28-39.

Saec. v, opinatus est editor. Auctore fortasse VENANTIO FORTVNATO, ita F. KATTENBUSCH, *o. c.* [ante n. 1744*a*], ii, p. 447, adn. 26 (uide sub n. 1052°).

Alii commentarii in Athanasianum, *Arausicanus*, quem uocant, et *Stabulensis* et *Trecensis* (apud BURN, *o. c.*, p. 7-27), certo sunt recentiores neque fides ulla adhibenda est argumentis K. KÜNSTLE, *Antipriscilliana*, Freiburg, 1905, p. 213 sq., qui in illis commentariis nescio quid antipriscilliani, ut assolet, sibi subodorari uidetur, cum reapse totis duobus saeculis, quod recte docuerat A. E. BURN, posteriores sint.

1748 **Symbolum «Clemens Trinitas».** Inc. «Clemens Trinitas est una diuinitas. Pater itaque» — PLS, iii,

J. A. DE ALDAMA, in *Gregorianum*, xiv, 1933, p. 485-500.

Saec. v-vi; Gallia meridionalis.

1748*a* **Confessio S. Martini.** Inc. «Clemens Trinitas est una diuinitas, ut autem» (SCHANZ, iv, 2, 625, adn. 2; MANITIUS, ii, 796; DÍAZ, 30; *CPPM*, ii, 1230. 1240) — PL, xvii

Fr. STEGMÜLLER, *Das Trinitätssymbolum des hl. Martin von Tours*, in *Vniuersitas. Festschr. A. Stohr*, i, Mainz, 1960, p. 151-164.

Saec. iv? auctore *HILARIO PICTAVIENSI*? *MARIO VICTORINO*? O. STEGMÜLLER (*Martin von Tours oder Gottschalk von Orbais?*, in RB, lxxvi, 1966, p. 177-230) haud spernendis argumentis *Confessionem* pro GOTTSCHALCO ORBACENSI uindicauit.

Cod.: E. BABUT, *S. Martin de Tours*, Paris, 1912, p. 299, adn. 1; B. M. PEEBLES, in *Cath. Biblical Quarterly*, xvi, 1954, p. 217-218. Addatur Monac. 4605, saec. xi, f° 132-133.

Var. lect.: A. STAERK, *Les manuscrits latins de St-Pétersbourg*, i, St-Pétersbourg, 1910, p. 276 (e cod. Q. v. I, 42, saec. xii).

1748b **Regula fidei catholicae Hieronimi presbiteri.** Inc. «Credimus in unum uerum Deum Patrem et Filium et Spiritum sanctum uisibilium et inuisibilium factorem»

inedita latet in cod. Mediolanensi Ambrosiano D 268 inf., saec. viii, f° 1^{r-v}, cfr O. FALLER, in CSEL, xxix, 1964, p. 32* sq.

Textus proxime accedit ad symbolum Toletanum i, quod edidit J. A. DE ALDAMA, *El Símbolo Toledano I*, Roma, 1934, p. 29-37 (cfr n. 1790°).

Symbolum fidei S. Gregorii Magni

uide sub n. 1714°, i.

Expositio fidei Mansueti seu Damiani Mediolanensis

uide sub n. 1171.

1749 **Libellus de Trinitate.** Inc. «Pater Deus, Filius Deus, Spiritus sanctus Deus. Haec unita substantia» (*CPPM*, ii, 941)   PLS, iv, 2144

C. CASPARI, *Kirchenhistorische Anecdota*, i, Christiania, 1883, p. 308-311.

Saec. vii, uel potius saec. vi, cfr O. FALLER, in CSEL, lxxix, 1964, p. 33*. Vide etiam F. KATTENBUSCH, *o. c.* [ante n. 1744a], ii, p. 402 sq., adn. 74.

1750 **Fides sancti Ioannis Chrysostomi.** Inc. «Si credis quod Deus erat uerbum» (Ps. CHRYSOSTOMVS, *serm.* 38, ed. Basel, iii, 1558, p. 421-423)   PLS, iii, 734

Cfr K. KÜNSTLE, *Eine Bibliothek der Symbole*, Mainz, 1900, p. 15; 56.

Vide A. WILMART, in JTS, xix, 1918, p. 324 (**cod.**: *ibid.*, p. 305 sq.); H. J. FREDE, p. 374.

1751 **Symbolum** e Missali saec. xii, Firenze, Plut. xvi, cod. viii, f° 130. Inc. «Primum omnium, filii carissimi, uenientes ad fidem catholicam ... Credo in Deum Patrem omnipotentem. Et in Iesum Christum»   PLS, iv, 2145

C. CASPARI, *Alte und neue Quellen*, Christiania, 1879, p. 290-308.

Saec. vii, cfr F. KATTENBUSCH, *o. c.* [ante n. 1744*a*], i, p. 133 sq.

1752 **Symbolum.** Inc. «Credo in unum Deum, sanctam Trinitatem» (*DÍAZ*, 448)   PLS, iv, 1519

J. L. JACOBI, in ZKG, vi, 1884, p. 282-290, et rectius a M. PARMENTIER, *Trying to unravel Jacobi's unknown Creed*, in *Bijdragen. Tijdschr. v. filos. en theol.*, lii, 1991, p. 354-378.

Saec. vii-viii, iuxta nouissimum editorem; item K. KÜNSTLE, *Antipriscilliana*, Freiburg, 1905, p. 88 sq.; uidetur potius ad Carolinam pertinere aetatem, cfr F. KATTENBUSCH, *o. c.* [ante n. 1744*a*], i, p. 182 sq. (**cod.**: *ibid.*, p. 209, adn. 14), uel saec. vii in Hispania confictum.

1752*a* **Catholica fides.** Inc. «*Credo in unum Deum (patrem omnipotentem)*, id est patrem et filium et spiritum sanctum»

latet inedita in **cod.** Escorial b iv 17; Paris, B. N., lat. 2817; **ed.** paratur a M. PARMENTIER.

Saec. viii-ix? Ad formulam praecedentem proxime accedit.

1752*aa* **Fragmentum de Trinitate** seruatum in **Epistula adu. Elipandum** quam conscripserunt BEATVS LIEBANENSIS et HETERIVS EPISCOPVS OXOMENSIS (*DÍAZ*, 413). Inc. «Non ergo separamus Patrem et Spiritum sanctum a Filio»   PL, xcvi 904

J. F. RIVERA, *Más fórmulas y profesiones de fe hispano-visigóticas*, in *Miscelánea Comillas*, xxxiv-xxxv, 1960 (= *Collect. theologica al F. Salaverri*), p. 344-345, uel emendatius in CCCM, lix, 1984, p. 13-14 — LÖFSTEDT.

Saec. vii medio, ita editor, p. 343-348.

1753 **Formulae hispanicae in modum symboli e cod. Rotensi.** Inc. «Iterum de beata Maria, credo» (*DÍAZ*, 406)   PLS, iv, 2148

Z. GARCÍA VILLADA, *Historia eclesiástica de España*, ii, 2, Madrid, 1933, p. 274-280.

Fragmenta saec. vii? Ea saec. viii tribuit J. MADOZ, *Le Symbole du xie concile de Tolède*, Louvain, 1938, p. 146.

Fragmentum de Christo (inc. «Si nominas hominem, Deus est uerus» [ed. GARCÍA VILLADA, *o. c.*, p. 278-279; PL, xcvi, 929-930]) seruatum est apud *BEATVM* et *HETERIVM* (n. 1752*aa*); edidit et saec. viii tribuit J. F. RI-VERA, *a. c.* [n. 1752*aa*], p. 348-352 (CCCM, *t. c.* [n. 1725*aa*], p. 44 sq., lin. 1658-1709).

Cfr n. 1200.

1754 **Sententiae sanctorum Patrum.** Inc. «Aurum et argentum non est mecum» (DÍAZ, 449) PLS, iv, 1498

K. KÜNSTLE, *Eine Bibliothek der Symbole*, Mainz, 1900, p. 149-173.

Saec. viii? Cfr J. MADOZ, *o. c.* [n. 1753], p. 164-191, qui uberrime **fontes** patefecit; adde tamen quod reperit Fr. DOLBEAU (RÉAug, xl, 1994, p. 154).

1755 **Interrogatio de fide catholica.** Inc. «Dic mihi, pater et filius et spiritus sanctus» (DÍAZ, 451) PLS, iv, 1516

K. KÜNSTLE, *o. c.* [n. 1754], p. 175-177.

1756 **Similitudines.** Inc. «Vnus Deus pater ex quo omnia» (DÍAZ, 452) PLS, iv, 1518

K. KÜNSTLE, *o. c.* [n. 1754], p. 177-178.

1757 **Diligentia Armonii et Honorii de libris canonicis.** Inc. «Inter caetera et ad locum diuinarum scripturarum» (DÍAZ, 454; *CPPM*, ii, 110) PL, lxxiv, 1243

K. KÜNSTLE, *o. c.* [n. 1754], p. 178-181.

Cod.: Graz, Univ. 309, saec. xiv, f° 23^v-24.

Nn. 1754-1757 item formulae hispanicae, et quidem saec. vi, ut opinatur editor; attamen uidentur recentiores.

1758 **Sermo de symbolo.** Inc. «Credo in Deum ... Symbolum est quod seniores nostri» (cod. Sangall. 27) PLS, iv, 1521

A. E. BURN, in ZKG, xix, 1899, p. 184-186.

Fontes sunt sermones 240 et 242 *Appendicis Augustinianae* ac Nicetas Remesianus.

1759 **Item.** Inc. «Dum de symbolo conferre uolumus inquirendum est» (Clm 14.508) PLS, iv, 2156

A. E. BURN, *a. c.* [n. 1758], p. 186-190.

Cfr symbolum in cod. Bern 645 (saec. vii-viii), ed. E. BRATKE, in *Theol. Stud. & Kritiken*, 1895, i, p. 153. Vide F. KATTENBUSCH, *o. c.* [ante n. 1744*a*], ii, p. 748-751.

1760 **Item.** Inc. «Simbolum graeca lingua» (cod. Sessor. 52)   PLS, iv, 2160
A. E. Burn, in ZKG, xxi, 1901, p. 129-132.

    Cod.: M. Andrieu, *Les Ordines Romani*, i, Louvain, 1931, p. 287-294.

    Saec. vii? Cfr F. Kattenbusch, *o. c.* [ante n. 1744*a*], ii, p. 872-874 et 974.

1761 **Item.** Inc. «Symbolum graece, latine inditium siue conlatio di-   PL, ci, 12
citur» (cod. Ambros. M. 79 sup.)
A. E. Burn, *a. c.* [n. 1760], p. 135-137.

    Cfr F. Kattenbusch, *o. c.* [ante n. 1744*a*], ii, p. 973 sq.

1762 **Item.** Inc. «Quicumque uult saluus esse ... Sancta Trinitas et   PLS, iv, 2163
uera unitas» (cod. Vat. lat. 220 et 212)
A. E. Burn, *a. c.* [n. 1760], p. 133-135.

1763 **Expositio fidei.** Inc. «Rogo uos et ammoneo, fratres karissimi,   PLS, iv, 2165
quicumque uult saluus esse» (cod. Paris, B. N., lat. 3848 B et 2123)

    C. Caspari, *Kirchenhistorische Anecdota*, i, Christiania, 1883, p. 283-289.

    Saec. vi-vii? Cfr F. Kattenbusch, *o. c.* [ante n. 1744*a*], ii, p. 454, adn. 37; G. Morin, *S. Caesarii opera omnia*, i, 2, p. 934.

IX. FONTES SCIENTIAE ET HISTORIAE IVRIS

1. COLLECTIONES IVRIS CANONICI

Breuem sed optimum conspectum totius huius materiae praebent A. VAN HOVE, *Prolegomena*, ed. 2ª, Mechelen, 1945 (*Commentarium Louaniense in C. I. C.*, i, 1); A. STICKLER, *Historia Iuris Canonici*, Torino, 1950; J. GAUDEMET, *Les sources du droit de l'Église en Occident, du iie au viie siècle*, Paris, 1985; C. VAN DE WIEL, *History of Canon Law*, Leuven, 1991, qui historiam iuris canonici perduxit usque ad nostra tempora.

Vberius de fontibus tractauit Fr. MAASSEN, *Geschichte der Quellen und der Literatur des canonischen Rechts*, i (usque ad saec. ix mediante), Graz, 1870 (ed. anastatica, Graz, 1956), codices manuscriptos editionesque indicans. Numeris uncis inclusis ad egregium hoc opus remittuntur lectores; codices ipse MAASSEN locupletius descripsit in sua *Bibliotheca Latina Iuris Canonici manuscripta*, Wien, 1866/7 (*Sb* liii, liv, lvii).

Omnia fere in dubium reuocantur a W. M. PEITZ, *Dionysius Exiguus-Studien. Neue Wege der philologischen und historischen Text- und Quellenkritik*, bearbeitet und herausgegeben von H. FÖRSTER, Berlin, 1960; attamen prudentiori doctrina, ut nobis uidetur, de hac re disputauit G. MARTÍNEZ DÍEZ, in *Misc. Comillas*, xxxix, 1963, p. 297-308.

Antiquissimi iuris collectionum paucae hodie extant editiones criticae; ceteroquin inter eas, quae infra enumerantur, plurimae tantum per summa capita edendae sunt; singula enim eorum monumenta aut supra recensentur inter epistulas ac decretalia Romanorum Pontificum, aut infra inter Concilia; secus in t. iv *Clauis Patrum Graecorum* (p. 1-184) reperies quae orientalis sunt originis.

Perutilia prolegomena de **codicibus** ac **traditione** diuersarum collectionum praebet C. TURNER in opere suo imperfecto sed inter omnes praeclaro, cui titulus: *Ecclesiae Occidentalis Monumenta Iuris Antiquissima* (Oxford, 1899/1939), ubi critice excudit diuersas uersiones latinas *Canonum Apostolorum, Canonum ac Symboli Concilii Nicaeni, Ancyritani, Neocaesariensis, Gangrensis, Antiocheni et Serdicensis*.

COLLECTIONES ET CONCILIA ECCLESIAE AFRICANAE (*a*)

1764 **Breuiarium Hipponense** (*MAASSEN*, 139-140) (anno 393 [397]) PL, lvi, 4
CC, cxlix, 1974, p. 23-53 — MUNIER (*b*).

1765 «**Codex Canonum Ecclesiae Africanae**» (*MAASSEN*, 155-159; CPG, PL, lvi, 8
5385. 5651) (anno 419) (exc.)
ibid., p. 79-165.

«*Prologus Aurelii episcopi Carthaginensis*» (inc. «Cum Aurelius papa ... Post diem praestitum» [p. 89]) etiam editur a V. WOLF VON GLANVELL in appendice *Collectionis Canonum* Card. DEVSDEDIT (t. i, Paderborn, 1905, p. 639-643); documenta uero de APPIARIO PRESBYTERO, a C. TURNER, *o. c.* [ante n. 1764], I, ii, 3, 1930, p. 566-595.

Versio graeca saec. vi (?) editur a G. VOELLVS & H. IVSTELLVS, *Bibliotheca Iuris Canonici ueteris*, i, Paris, 1661, p. 321-417, et accuratius a P. JOANNOU, *Fonti*, IX, i, 2, Grottaferrata, 1962, p. 190-436 (cum textu latino iuxta H. BRUNS, *Canones Apostolorum et Conciliorum saeculorum iv-vii*, Berlin, i, 1839, p. 155-202, et partim iuxta A. STREWE, *Die Canonessammlung des Dionysius Exiguus*, Leipzig, 1931, et Fr. LAUCHERT, *Die Kanones der wichtigsten altkirchlichen Concilien*, Freiburg, 1896.

1765*a* **Concilium Carthaginense a.** 345-348 (*MAASSEN*, 134; HERZOG & SCHMIDT, 581, 7)
ibid., p. 2-10.

1765*b* **Concilium Prouinciae Byzacenae**
ibid., p. 66.

1765*c* **Concilium Carthaginense a.** 390 (*MAASSEN*, 135)
ibid., p. 11-19.

1765*d* **Concilium Hipponense a.** 393 (*MAASSEN*, 136)
ibid., p. 20-21.

1765*e* **Concilium Theletense a.** 418 (*MAASSEN*, 153)
ibid., p. 53-65.

1765*f* **Concilium Carthaginense a.** 418 (*MAASSEN*, 154)
ibid., p. 67-78.

(*a*) Cfr Ch. MUNIER, *La tradition littéraire des canons africains* (345-525), in *Recherches august.*, x, 1975, p. 3-22.
(*b*) **Critica** et **emend.** in editionem Conciliorum Africae proponit H. MORDEK, in *Zeitschr. Savigny-Stiftung Rechtsgesch., Kanon. Abteil.*, lxxii, 1986, p. 368-376.

1765g **Concilium Carthaginense a.** 424-425 (MAASSEN, 155)
ibid., p. 166-172.

1765h **Registri Ecclesiae Carthaginensis Excerpta** (MAASSEN, 156)
ibid., p. 173-247.

1766 **Concilium Hipponense a.** 427 (aliter: **Carthaginense a.** 421) PL, lvi, 876
(MAASSEN, 160 et 162)
ibid., p. 248-253.

1767 **Concilium Carthaginense a.** 525 (MAASSEN, 133, 3; 164; 674, p. 590 et 792)
ibid., p. 254-282.

Praeter *Librum canonum temporibus S. Aurelii* nonnullae extant inter *Acta* huius concilii litterae BONIFATII EPISCOPI CARTHAGINENSIS, MISSORIS SENIS NVMIDIAE, LIBERATI SENIS BYZACENAE, PETRI ABBATIS, et, ultimo loco, *Acta Concilii Arelatensis* [iii] a. 455 [?] (MAASSEN, 177) (cfr n. 1777a).

1767a **Concilium Carthaginense a.** 536
ibid., p. 283.

1768 **Breuiatio Canonum** auctore FERRANDO DIACONO (SCHANZ, iv, 2, PL, lxvii,
573; MAASSEN, 828-834) (circa 546)   949;
ibid., p. 284-311.   lxxxviii,
                                                                    817

1769 **Concordia Canonum** auctore CRESCONIO (EPISCOPO?) (SCHANZ, iv, 2, 574; MAASSEN, 842-849; cfr 884-886) (circa 690, ut communiter admittitur)

PL, lxxxviii, 829-942 = VOELLVS & IVSTELLVS.

Cod., trad. text.: I. P. POZZI, in *Apollinaris*, xxxi, 1958, p. 314 sq.; M. CARDINALE, in *Apollinaris*, lxii, 1989, p. 283-331.

1769a **Sylloge Canonum Africanorum Collectionis Laureshamensis** (MAASSEN, 673)

CC, cxlix, p. 320-322 — MUNIER.

1769b **Sylloge Africanorum Conciliorum in Epitome Hispanica** (n. 1789)
ibid., p. 314-319.

Ceterorum Conciliorum Ecclesiae africanae singuli canones ac monumenta in collectionibus *Quesnelliana* et *Hispana* (CC, t. c. [n. 1769a], p. 323-369) seruantur; uide Fr. MAASSEN, o. c. [ante n. 1764], p. 149-185, et infra nn. 1770 et 1790.

COLLECTIONES ET CONCILIAE ITALIAE

1770 **Collectio Quesnelliana** (SCHANZ, iv, 2, 597; MAASSEN, 618-623)

PL, lvi, 359-746 = BALLERINI.

Cod.: W. LEVISON, *Neue Bruchstücke der Quesnelschen Sammlung*, in *Papsttum & Kaisertum. Festschrift P. Kehr*, München, 1926, p. 138-140; Ch. LEFEBVRE, in *Dict. de droit canon.*, vii, 1959, col. 435; **cod., uar. lect., emend.**: J. VAN DER SPEETEN, *Le dossier de Nicée dans la Quesnelliana*, in SE, xxviii, 1985, p. 384-450.

Var. lect.: H. WURM, *Studien und Texte zur Dekretalensammlung des Dionysius Exiguus*, Bonn, 1939, p. 240-257.

Saec. v exeunte.

In Gallia, fortasse Arelate, confecta uidentur, ita Fredericus MAASSEN et qui ei consentiunt nonnulli recentiores; sed ad Italiam potius referendum censent maiore cum probabilitate SILVA-TAROUCA, FOURNIER-LE BRAS, WURM et alii plurimi.

Praeter *Breuiarium Hipponense* aliaque monumenta africana et *litteras s. LEONIS* necnon aliorum Romanorum Pontificum uel Imperatorum, quae omnia alibi iam recensita sunt, nil fere habet nisi monumenta iuris orientalis (cfr E. SCHWARTZ, ACO, I, v, 2, 1924/26, p. 319-340), quae una cum documentis primigeniis in *Claui Patrum Graecorum* recensa sunt, sicut etiam diuersae conciliorum monumentorumque graecorum uersiones latinae, quas *Gallicam, Priscam, Isidorianam antiquam* et *uulgatam, Dionysianam i* et *ii* appellant; de his omnibus uide iam A. SIEGMUND, p. 144 sq.

1770a **Collectio Mutinensis** (Modena, Capit. O.I.12, saec. viii [LOWE, 369])

M. FORNASARI, Bologna, 1965.

Romae composita, saec. vi ineunte.

1770b **Collectio Weingartensis** (Stuttgart, HB. vi. 113, f° 1-91^v, saec. viii)

accurate describitur et partim edita est a J. VAN DER SPEETEN, in SE, xxix, 1986, p. 25-118.

1771 **Collectio Nouariensis** (cod. Novara, Bibl. lat. xxx.66) (SCHANZ, iv, 2, 590; MAASSEN, 747) (post a. 638)

A. AMELLI, in *Spicilegio Casinensi*, i, 3, 1888, p. 257-344.

Partes iii et iv edidit E. SCHWARTZ, ACO, II, ii, 1, 1932, et IV, ii, 1914, p. 65-98.

1772 **Epistula canonica.** Inc. «Primo omnium fidem catholicam» (MAASSEN, 504)

PL, lvi, 890-893 = BALLERINI.

Saec. vi ineunte.

Emend.: G. ROHLFS, *Die 'anniculae' bei Caesarius von Arles*, in *Studia neophilologica*, xxi, 1948/49, p. 42-46.

1773 **Concilium Taurinense a.** 398 (MAASSEN, 169)　　　　　　PL, lxxxiv, 247

CC, cxlviii, 1963, p. 52-60 — MUNIER.

Cfr A. LUMPE, *Die Synode von Turin vom Jahre 398*, in *Annuarium hist. Concil.*, iv, 1972, p. 7-25.

1774 **Concilium Lateranense a.** 649 (MAASSEN, 299; CPG, 9398-9402)

R. RIEDINGER, in ACO, n. s., i, Berlin, 1984.

Critica: P. CONTE, *Il Sinodo Lateranense dell' octobre 649*, Città del Vaticano, 1989 (cfr P. CHIESA, in *Aeuum*, lxvi, 1992, p. 453-461).

Cod.: R. RIEDINGER, *Der Codex Vindobonensis 418. Seine Vorlage und seine Schreiber*, Steenbrugge, 1989 (*Instr. Patr.*, 17).

Etsi nonnulla monumenta quae in Actis leguntur latine prius conscripta sunt, potius tamen ratione materiae conciliis graecis adnumerandum est; cfr etiam A. SIEGMUND, p. 174, et nn. 874 sqq. et 1732 sqq.

1775 **Synodus Romana a.** 679

W. LEVISON, *Aus rheinischer und fränkischer Frühzeit*, Düsseldorf, 1948, p. 288-292.

Acta adulterata sunt saec. xi, non autem, ut quibusdam placuit, a LANFRANCO CANTVARIENSI, cfr n. 1724°.

Cetera Concilia Romana inter epistulas Romanorum Pontificum recensentur; ea require in *Indice* ii, sub uerbo *Concilia*.

COLLECTIONES ET CONCILIA ECCLESIARVM GALLIAE

1776 **Statuta Ecclesiae antiqua.** Inc. «Qui episcopus ordinandus　PL, lvi, 879 est» (SCHANZ, iv, 2, 560; MAASSEN, 493-503)

C. MUNIER, *Les Statuta Ecclesiae antiqua*, Paris, 1960; quae editio recuditur, paucis emendatis, in CC, cxlviii, 1963, p. 162-188.

Cod. et **uar. lect.**: A. DOLD, in RB, lxiii, 1953, p. 243-245; R. REYNOLDS, in RB, lxxxi, 1971, p. 311; cfr C. MUNIER, *Une forme abrégée du rituel des ordinations des «Statuta Ecclesiae antiqua»*, in RevSR, xxxii, 1958,

p. 79-84; M. Parmentier, *The Creed of the Statuta Ecclesiae antiqua in direct speech* (cod. Berlin 32 [Phillipps 1681]), in *Bijdragen. Tijdschr. v. filos. en theol.*, lii, 1991, p. 318-327.

Trad. text.: M. Coquin, *Le sort des «Statuta Ecclesiae antiqua» dans les Collections canoniques jusqu'à la «Concordia» de Gratien*, in RTAM, xxviii, 1961, p. 193-224.

Secundum nouissimum editorem circa a. 475 in Gallia meridionali confecta et quidem, a Gennadio Massiliensi.

Recensio hispanica (sub titulo *Concilii Carthaginensis iv*) editur a C. Munier, in CC, cxlix, 1974, p. 342-354.

1776a **Concilium Arelatense a.** 314 (*Maassen*, 166; *Herzog & Schmidt*, 581, 3)

CC, cxlviii, 1963, p. 3-25 — Munier.

Trad. text.: H. Crouzel, in *Bull. litt. eccl.*, lxxv, 1974, p. 25-40.

Cfr n. 244°.

1776b **Concilium Parisiense a.** 360/361 (*Herzog & Schmidt*, 581, 12)

ibid., p. 32-34.

1776c **Concilium Valentinum a.** 374 (*Maassen*, 167; *Herzog & Schmidt*, 581, 13)

ibid., p. 35-45.

1777 **Collectio Arelatensis**, dicta «secundi concilii Arelatensis» (e collectione *Hispana*) (*Maassen*, 173-174)

ibid., p. 111-130.

Saec. v exeunte

1777a **Concilium Arelatense a.** 455 (?) (*Maassen*, 177)

ibid., p. 131-134.

1778 **Collectio Andegauensis** (auctore Thalassio episcopo Andegavensi (post a. 461)

ibid., p. 135-158.

Amplectitur nn. 483, 1780, 988, 1782 et 1783.

1779 **Concilium Nemausense a.** 394 (*Maassen*, 168)

ibid., p. 49-51.

1779a **Concilium Regense a.** 439 (*Maassen*, 170)

ibid., p. 61-75.

1779b **Concilium Arausicanum a.** 441 (MAASSEN, 171)
ibid., p. 76-93.

1779c **Concilium Vasense a.** 442 (MAASSEN, 172)
ibid., p. 94-104.

1780 **Concilium Andegauense a.** 453 (MAASSEN, 176)
ibid., p. 137-139.

[1781 « **Concilium Turonense a.** 453 » (MAASSEN, 446)
ibid., p. 136.
Idem est ac n. 483].

1782 **Concilium Turonense a.** 461 (MAASSEN, 178)
ibid., p. 142-149.

1783 **Concilium Veneticum inter a.** 461 **et** 491 (MAASSEN, 179)
ibid., p. 150-158.

1784 **Concilium Agathense a.** 506 (MAASSEN, 180)
ibid., p. 189-228; uel G. MORIN, *S. Caesarii opera omnia*, ii, Maredsous, 1942, p. 37-59, cum uberioribus adnotationibus.

1784a **Collectio Vetus Gallica**, iubente ETHEREO episcopo Lugdunense circa a. 600 compilata

H. MORDEK, *Kirchenrecht und Reform im Frankenreich. Die 'Collectio Vetus Gallica', die älteste systematische Kanonessammlung des Fränkischen Gallien*, Berlin, 1975.

Cfr R. E. REYNOLDS, *A Beneventan monastic excerptum from the Collectio uetus Gallica*, in RB, cii, 1992, p. 298-308.

1785 **Concilia aeui Merouingici ab a.** 511 **ad a.** 695 (MAASSEN, 181-210)

CC, cxlviii A, 1963, p. 3-326 — DE CLERCQ, iuxta editionem Frederici MAASSEN (MGH, *Conc.*, i, 1893, p. 1-223), auctam actibus synodorum *Narbonnensis* et *Autissiodorensis*; synodus autem Augustodunensis longe accuratius editur a H. MORDEK & R. E. REYNOLDS (n. 1865).

MGH, *auct. ant.*, vi, 2, 165 (exc.)

A concilio Arelatensi a. 524 ad concilium Massiliense a. 533 textus Frederici Maassen denuo excudit G. MORIN, *o. c.* [n. 1784], p. 60-89, pauca emendans.

PL, lxvii, 1089; 1141

Cod.: A. DOLD, in RB, xxxvi, 1924, p. 251 (*Conc. Arausicanum ii*); A. WILMART, in RB, xliii, 1931, p. 113.

Emend.: E. GRIFFE, in *Bull. litt. eccl.*, lxv, 1964, p. 49-52 (*Conc. Modogarnomense*).

Alia concilia Galliae uide in collectione *Hispana*; codices recensuit Fr. MAASSEN, *Quellen*, p. 188-194. Vide et C. DE CLERCQ, *La législation religieuse franque*, i, Louvain, 1936, p. 7-108.

Cfr O. PONTAL, *Histoire des conciles mérovingiens*, Paris, 1989; J. GAUDEMET & B. BASDEVANT, *Les Canons des Conciles mérovingiens (texte latin de l'édition C. De Clercq)*, Paris, 1989 (= SC, cccliii-cccliv).

APPENDIX

[1786 **Concilium Coloniae Agrippinae habitum a.** 346 (*MAASSEN*, 540; *HERZOG & SCHMIDT*, 581, 14)

CC, cxlviii, 1963, p. 26-29 — MUNIER.

Acta saec. x conficta uidentur, cfr H. BRENNECKE, in ZKG, xc, 1979, p. 30-54.]

COLLECTIONES ET CONCILIA HISPANIAE

1786a **Concilia Hispaniae**

J. VIVES, *Concilios Visigóticos e Hispano-Romanos*, Barcelona-Madrid, 1963.

Ibi inueniuntur acta et canones conciliorum in paeninsula Iberica habitorum, inde a *Concilio Iliberritano* (saec. iv ineunte [*MAASSEN*, 219]) usque ad *Concilium Toletanum xvii*, a. 694 celebratum. Textus singulorum conciliorum iuxta uniuscuiusque praestantiorem codicem editur; attamen *Concilii Toletani ii* editio uere critica, auctore G. MARTÍNEZ DÍEZ, legenda est in *Misc. Comillas*, xli, 1964, p. 387-395; et *Conciliorum Bracarensium a.* 561 et 572 (*MAASSEN*, 229. 230; *DÍAZ*, 17. 18) textus criticus legitur apud C. W. BARLOW, *Martini episcopi Bracarensis Opera omnia*, New Haven, 1950, p. 105-115 et 116-123 (cfr *infra*).

1787 **Capitula Martini episcopi Bracarensis.** Inc. «Sancti canones qui in partibus Orientis» (*SCHANZ*, iv, 2, 626; *DÍAZ*, 24; *MAASSEN*, 835-841) (e collectione *Hispana*) PL, lxx 574

C. W. BARLOW, *Martini episcopi Bracarensis opera omnia*, New Haven, 1950, p. 123-144.

1787a «**Collectio canonica Ecclesiae Sueuorum**»

G. MARTÍNEZ DÍEZ, *La colección canónica de la Iglesia Sueva*, Braga, 1968.

1787b **Collectio Nouariensis altera** (cod. Bibl. Cap. lxxxiv [54]) (*MAASSEN*, 730-731) (saec. vi)

G. Martínez Díez, *La colección de Nouara*, in *Anuario de hist. del Derecho Español*, xxxiii, 1963.

1788 **Excerptum de canonibus. Sententiae tantum ex libro Bracarensi Martini episcopi.** Inc. «Vt populus non eligat episcopum nisi» (*DÍAZ*, 94; *MAASSEN*, 840. 703, 4)

A. Ariño Alafont, *Colleción canónica Hispana*, p. 124-144.

Est breuiatio operis sequentis:

1789 **Epitome hispanica** (*DÍAZ*, 94; *MAASSEN*, 703-9) (saec. vii)

G. Martínez Díez, *Comillas*, 1962 (e *Misc. Comillas*, t. xxxvi et xxxvii).

Elencho codicum addantur fragm. Paris, B. N., lat. 3878, saec. xi-xii, et Heiligenkreuz 217 (cfr G. Fransen, in DHGE, xxiv, 1991, c. 678).

Quaedam fragmenta edita sunt a C. H. Turner, *Monumenta*, et ab A. Ariño Alafont, *o. c.* [n. 1788]; ea recenset M. C. Díaz y Díaz.

1790 **Collectio Hispana** (*MAASSEN*, 710-729) (saec. vii medio)   PL, lxxxiv, 93

G. Martínez Díez & F. Rodriguez, *La Colección canónica Hispana*, i-iv, Madrid-Barcelona, 1966-1984.

De compilatore, uide C. Munier, *S. Isidore est-il l'auteur de l'Hispana chronologique?*, in SE, xvii, 1966, p. 230-241.

Cod.: A. Ariño Alapont, *Colección canónica Hispana*, p. 44-65; de cod. Matritensi Noviciado 53 (nunc Bibl. de la Universidad Central), uide F. L. Cross, in JTS, l, 1949, p. 197-201; B. Franck, *Recherches sur le manuscrit de l'Hispana de l'évêque Rachio*, in *Archives de l'Église d'Alsace*, xxiii, 1956, p. 67-82 (cod. Argentoratensis saec. viii deperditus).

Singula monumenta ad Hispaniam pertinentes eorumque codices recensent sub his numeris

DÍAZ	MAASSEN	
1	223	*Conc. Tarraconense*, a. 516;
2	224	*Conc. Gerundense*, a. 517;
3	225	*Conc. Toletanum ii*, a. 527 (cfr *infra*);
4	476,1	(= *Clauis*, n. 1094);
5	476,2	(= *Clauis*, n. 1094);
6	226	*Conc. Barcinonense*, a. circa 540;

DÍAZ	MAASSEN	
11	227	*Conc. Ilerdense*, a. 546;
12	228	*Conc. Valentianum*, a. 546;
17	229	(cfr *infra*);
18	230	(cfr *infra*);
24	835-841	(= *Clauis*, n. 1787);
34	231	*Conc. Toletanum iii*, a. 589;
	232	*Conc. Narbonense*, a. 589;
39	233	*Conc. Hispalense i*, a. 590;
40	234	*Conc. Caesaraugustanum ii*, a. 592;
41		*Decretum de fisco Barcinonensi*;
48	235	*Conc. prouinciale Toletanum*, a. 597;
49	236	*Conc. Oscense*, a. 598;
50	237	*Conc. Barcinonense ii*, a. 599;
73	364	(= *Clauis*, n. 1184);
75	331	(= *Clauis*, n. 1234);
76	238	*Conc. prouinciale Toletanum*, a. 610;
80	239	*Conc. Egarense*, a. 614;
85	240	*Conc. Hispalense ii*, a. 619;
97	241	*Conc. Toletanum iv*, a. 633 (cfr *infra*);
98-100		*Suggestiones* SESVLDI, SVNILAE, IOANNIS, VIVENDI, ERMEGILDI ;
138	530	(= *Clauis*, n. 2007a);
140	242	*Conc. Toletanum v*, a. 636;
141	332	*Decretum* CHINTILANI REGIS ;
142	243	*Conc. Toletanum vi*, a. 638 (cfr *infra*) (*a*);
148	244	*Conc. Toletanum vii*, a. 646;
190	245	*Conc. Toletanum viii*, a. 653;
191	333,3	*Lex edita a* RECCESVINTHO REGE ;
192	246	*Conc. Toletanum ix*, a. 655;
193	247	*Conc. Toletanum x*, a. 656;

(*a*) Addatur *Iudicium inter Marcianum et Habentium episcopos habitum in Conc. Toletano vi*. Inc. «Sclua, Iulianus, Eugenius, Honoratus» (DÍAZ, 143), ed. H. FLÓREZ, *España sagrada*, xv, Madrid, 1759 (**emend.**: F. FITA, in *La Ciudad de Dios*, v, 1871, p. 365).

DÍAZ	MAASSEN	
194-195	247 adn.	(= *Clauis*, n. 1237*a*) (*a*);
227	248	*Conc. Emeritense*, a. 666 (cfr *infra*);
228	249	*Conc. Toletanum xi*, a. 675;
229	250	*Conc. Bracarense iii*, a. 675 (cfr *infra*);
242	251	*Conc. Toletanum xii*, a. 681;
243-244	334,1-2	*Edicta* ERVIGII REGIS (cfr *infra*);
248	252	*Conc. Toletanum xiii*, a. 683;
249-251	334,3-5	*Edicta* ERVIGII REGIS (cfr *infra*);
255	253	*Conc. Toletanum xiv*, a. 684;
256	254	*Conc. Toletanum xv*, a. 688;
257-258	335,1-2	*Edicta* EGICANI REGIS (cfr *infra*);
259	255	*Conc. Caesaraugustanum iii*, a. 691;
278	256	*Conc. Toletanum xvi*, a. 693 (cfr *infra*);
279-281	335,3-5	*Edicta* EGICANI REGIS (cfr *infra*);
282	257	*Conc. Toletanum xvii*, a. 694;
283-284	335,6-7	*Edicta* EGICANI REGIS (cfr *infra*).

De symbolis uero conciliorum Toletanorum i, iv, vi, xi et xvi uberrime disseruerunt uiri eruditissimi J. A. DE ALDAMA, *El símbolo Toledano i*, Roma, 1934 (**emend.**: F. CAVALLERA, in *Bull. littér. ecclés.*, xxxix, 1938, p. 94-97), et J. MADOZ, *Le symbole du ive concile de Tolède*, in RHE, xxxiv, 1938, p. 5-20; ID., *El símbolo del vi^o Concilio de Toledo*, in *Gregorianum*, xix, 1938, p. 161-193; ID., *Le symbole du xie concile de Tolède*, Louvain, 1938; ID., *Eugène de Tolède, une nouvelle source du symbole de Tolède de 675*, in RHE, xxxv, 1939, p. 530-533; ID., *El símbolo del Concilio xvi de Toledo*, Madrid, 1946. Iidem eruditi textus critice ediderunt.

In *Concilium Toletanum ii* emendationem adfert H. QUENTIN, in RB, xxiii, 1906, p. 259.

Quaedam monumenta Regum Visigothorum ad *Concilia Toletana* pertinentia edidit K. ZEUMER, in MGH, *leg. sect.* i, 1, 1902, p. 472-486 (DÍAZ, 243. 244. 249. 250. 257), textum Gonzalezianum paululum emendans.

A. GARCÍA DE LA FUENTE, *El Concilio iii Emeritense*, Escorial, 1932, p. 23-26, uarias lectiones edidit e cod. Escorial E i, 13 (DÍAZ, 227; MAASSEN, 248).

(*a*) De decreto «Viuidis tractatibus», cfr A. GARCIA GALLO, *El testamento de S. Martin de Dumio*, in *Anuario de hist. del Derecho Espan̄.*, xxvi, 1956, p. 369-385.

K. Künstle, *Antipriscilliana*, Freiburg, 1905, p. 36-38, anathemata *Concilii Bracarensis* a. 563 excudit iuxta cod. Reichenau xviii, saec. ix-x; critice eadem anathemata edidit, una cum *Concilio Bracarensi ii* a. 572 (*díaz*, 17. 18; *maassen*, 229. 230) C. W. Barlow, *o. c.* [n. 1787], p. 105-123.

Apud Mansi, x, 477-479 et 509-510 (PL, lxxxiv, 486) excuduntur canones concilii Toletani a. 597 (*maassen*, 235; *díaz*, 48) et supplicationes tres saec. vii[i] ineuntis (*díaz*, 98-100), fortasse genuinae, quae desiderantur in editione *Collectionis Hispanae* auctore González (PL, lxxxiv).

1790*a* **Excerpta Canonum x libros comprehensa** seu **Collectio Hispana systematica** (*díaz*, 230-233; *maassen*, 850-858)   PL, lxxxi 23

G. Martínez Díez, *La Colección canónica Hispana*, ii, 1, Madrid/Barcelona, 1976, p. 43-216.

Variae recensiones exstant *Collectionis Hispanae*, quarum primigenia, *Excerpta* nempe, tantum summarium praebet canonum; *Hispana systematica* e contra, textus integros offert (edit. G. Martínez Díez, *o. c.*, p. 277-426). Dantur etiam *Tabulae Excerptorum*, quae solos titulos canonum comprehendunt (edit. G. Martínez Díez, *o. c.*, ii, 2, 1975, p. 499-583).

Hispanam systematicam saec. vii° adscribunt Fr. Maassen et M. C. Díaz y Díaz, et *ivlianvm toletanvm* ordinatorem nominat J. B. Pérez (apud Fr. Maassen, p. 820); eam Lugduni confectam tempore *leidradi episcopi* putat A. Wilmart.

COLLECTIONES HIBERNIAE

1791 **Synodus [supposita] ii**[a] **S. Patricii.** Inc. «De eo quod mandastis» (*schanz*, iv, 2, 532; *kenney*, 79) (saec. vii)   PL, liii,

L. Bieler, *The Irish Penitentials*, Dublin, 1963, p. 184-196.

Cfr K. Hughes, *Synodus II[a] S. Patricii*, in *Latin Script and Letters. Festschr. L. Bieler*, Leiden, 1976, p. 141-147.

1792 **Canones Adomnani**, auctore Adomnano Hiensi (?). Inc. «Marina animalia ad litora delata» (*kenney*, 80; *lapidge & sharpe*, 609) (saec. vii)   PL, lxxxviii 815; xcv 1324

ibid., p. 176-180.

1793 **Liber ex lege Moysi.** Inc. «Ego sum Dominus Deus tuus, qui eduxi te» (*kenney*, 83) (circa 700)

describitur a P. Fournier, in *Rev. celtique*, xxx, 1909, p. 221-234.

Ed. paratur a R. Kottje.

1793a **Canones iii Hibernici.** Inc. «Si quis refugium crismalis alicuius sancti»

L. Bieler, *o. c.* [n. 1791], p. 182.

1794 **Collectio canonum Hibernensis** auctoribus Rvbin Mac Con-   PL, xcvi,
nadh († 725) et Cv-Chvimne Hiensi († 747) (*KENNEY*, 82; *MAASSEN*,   1281
877-885; *LAPIDGE & SHARPE*, 612-613) (saec. viii)   (partim)

H. Wasserschleben, *Die irische Kanonensammlung*, Leipzig, 1885².

Cfr K. Hughes, *a. c.* (n. 1791).

Nouum codicem reperit A. Gaudenzi (in *Quellen und Forschungen aus italienischen Archiven und Bibliotheken*, x, 1907, p. 370 sq.); de ceteris codicibus, uide J. Kenney, p. 247 sq., et A. Wilmart, *a. infra c.*; P. Petitmengin, in *Philologia Sacra. Festschr. H. J. Frede und W. Thiele*, ii, Freiburg, 1993, p. 625 et 632. Ceterum nonnulla in editione desiderata proposuit P. Fournier, in *Rev. celtique*, xxx, 1909, p. 225 sq.

Prologus, ut putabant, recensionis A huius collectionis, mere est quaedam epistula Carolinae aetatis, fortasse HRABANI MAVRI, cfr A. Wilmart, *Lettres de l'époque carolingienne*, in RB, xxxiv, 1922, p. 239 sq.

Laudati CV-CHVIMNE, ut fertur, etiam extat hymnus celeberrimus: «Canticum in omni die» (n. 2012).

Concilia Angliae uide apud BEDAM, *Historia ecclesiastica* (n. 1375), iv, 5 et 15, ed. Plummer, i, p. 214-217 et 239-240, uel B. Colgrave & R. Mynors, p. 348-354; 384-388.

2. LEGES ROMANAE, ROMANAE BARBARORVM, GERMANORVM

LEGES ROMANAE

1795 **Codex Theodosianus** (a. 438) cum **Constitutionibus Sirmon-**   PL, xiii, 521
dianis, et **Leges Nouellae** (*SCHANZ*, iv, 2, 172; *MAASSEN*, 819-823)   (partim)

Th. Mommsen & P. Meyer, i-ii, Berlin, 1905.

Cod.: A. Petrucci e. a., in *Rendic. Accad. Lincei*, xxix, 1974, p. 587-603 (fragm. saec. vi). Cfr *Ann. Phil.*, xlvii, (1976), 1978, n. 1684.

Ed. Krügeriana (Berlin, 1923-1926), etsi imperfecta, nonnusquam anteponenda uidetur Mommsenianae, cfr e. g. C. Pharr, in *The American Journal of Philology*, lxvi, 1945, p. 50, adn. 1.

« Corpus Iuris Ciuilis » (CPG, 6893):

1796 *a.* **Codex Iustiniani repetitae praelectionis** (a. 534) (SCHANZ, iv, 2, 182)

PL, lxxii, 921 (partim)

1797 *b.* **Digesta (Pandectae)** (a. 533) (SCHANZ, iv, 2, 181)

1798 *c.* **Institutiones Iustiniani** (a. 533) (SCHANZ, iv, 2, 179)

1799 *d.* **Nouellae** (SCHANZ, iv, 2, 183)

Th. MOMMSEN, P. KRÜGER, R. SCHOLL & G. KROLL, i-iii, Berlin, 1914-1920.

Index uerborum: R. MAYR, *Vocabularium Codicis Iustiniani*, i: pars latina, Praha, 1923.

Qua lingua confectae sint *Nouellae*, disputat E. STEIN, in *Bull. de l'Académie Royale de Belgique, classe des lettres*, 5ᵉ série, t. xxiii, 1937, p. 383-390.

Ampliora studia critica de legibus romanis require apud P. COLLINET, in *Rev. hist. de droit français et étranger*, IV, xii, 1933, p. 324-334, et praesertim apud L. CAES et R. HENRION, *Collectio bibliographica operum ad Ius Romanum pertinentium*, Bruxellis, 1949 sqq.

LEGES ROMANAE BARBARORVM et LEGES GERMANORVM

Cfr R. BUCHNER, *Plan einer « Geschichte der Quellen und Literatur des weltlichen Rechtes von 450 bis 900 »*, in *Aus Verfassungs- und Landesgeschichte. Festschrift ... Th. Mayer*, ii, Konstanz, 1955, p. 391-401; ID., *Die Rechtsquellen* (= WATTENBACH-LEVISON, *Deutschlands Geschichtsquellen im Mittelalter, Vorzeit und Karolinger*, Beiheft), Weimar, 1953; H. CONRAD, *Deutsche Rechtsgeschichte*, i. *Frühzeit und Mittelalter*, Karlsruhe, 1954.

Leges Visigothorum:

1800 **Lex Romana Visigothorum** seu **Breuiarium Alaricianum** uel **Liber Aniani** (SCHANZ, iv, 2, 187) (anno 506)

G. HÄNEL, Berlin, 1847/9, collata editione cod. Legionensis quam curauit *Regia Historiae Academia Hispanica*, Madrid, 1896, et cum monumentis Theodosianis a MOMMSEN et MEYER editis.

Cod., uar. lect., trad. text.: Th. MOMMSEN, in prolegomenis ad *Codicem Theodosianum*, i, 1, p. lxv-lxxxi; K. O. MÜLLER, *Eine neue Hs. der « Lex Romana Visigothorum »*, in *Zeitschr. Savigny-Stiftung f. Rechtsgeschichte, Germ. Abt.*, lvii, 1937, p. 429-442 [LOWE, 1362]; J.-O. TJÄDER, *o. c.* (n. 1719*a*), p. 38 (Paris, B. N., lat. 12.475, saec. vi-vii [LOWE, 703*b*]); M. MCCORMICK, in *Bull. Medieval Canon Law*, n. s., vi, 1976, p. 1-13 (Louanii, Univ. fragm. H. Omont, 2 A-B, saec. vii).

Trad. text., emend.: E. MEYER-MARTHALER, *o. c.* [n. 1202b]; J. GAUDEMET, *Le Bréviaire d'Alaric et les Épitomes*, Milano, 1965.

Clausulae: F. DI CAPUA, *Il ritmo prosaico nelle lettere dei Papi e nei documenti della Cancellaria Romana*, iii, Roma, 1946, p. 54-56.

De **origine** *Legis Romanae Visigothorum*, cfr E. BRUCK, *Caesarius of Arles and the Lex Romana Visigothorum*, in *Studi ... V. Arangio-Ruiz*, i, Napoli, 1953, p. 201-217.

1801 **Fragmenta Gaudenzia** seu **Ordo mellifluus in expositione legum**

MGH, *leg. sect.*, i, t. i, 1902 — ZEUMER, p. 469-472.

Excerpta ex iure romano et gothico, fortasse in Italia seu in Gallia meridionali ante aeuum Carolinum consarcinata, cfr A. D'ORS, *o. c.* (n. 1802).

1802 **Leges Visigothorum** seu **Liber Iudiciorum** (DÍAZ, 252):

i. *Codex* REGIS EVRICI [467-485], seu *Edictum Eurici*;

ii. *Lex* a RECESVINTHO REGE anno 654 lata, ab ERVIGIO REGE anno 681 renouata

ibid., p. 1-456, cum additamentis, p. 461-464.

Cod.: H. MENHARDT, *Ein Bruchstück der «Lex Visigothorum» aus einer dem codex Holkhamensis 210 verwandten Handschrift*, in *Zeitschr. Savigny-Stiftung f. Rechtsgesch., German. Abteilung*, xlvi, 1926, p. 360 sq. (nouum fragm. et uar. lect. e cod. Kärnten 10-2), et praesertim M. C. DÍAZ Y DÍAZ, *La Lex Visigothorum y sus manuscritos*, in *An. hist. Derecho Español*, xlvi, 1976, p. 163-224.

Var. lect.: A. HOLDER, *Die Reichenauer Handschriften*, ii, Leipzig, 1914, p. 590 sq. (fragm. 143 [saec. viii]; A. D'ORS, *Estudios Visigóticos*, ii, *El Código de Eurico*, in *Cuadernos del Instituto Juridico Español*, Madrid, 1960, p. 20-43 (palimp. Paris, B. N., lat. 12.161, saec. vi [LOWE, 626]).

Emend.: R. DE UREÑA Y SMENJAUD, *La Legislación gótico-hispana*, Madrid, 1905; E. WOHLHAUPTER, *Gesetze der Westgoten*, Weimar, 1936 (*Germanenrechte*, xi), p. xv sq.; W. STACH, in *Hist. Vierteljahrschr.*, xxvi, 1931, p. 722-737; K. BEYERLE, in *Zeitschr. Savigny-Stiftung f. Rechtsgeschichte, German. Abteilung*, lxvii, 1950, p. 9.

1802*a* **Lex Theudi Regis de litium expensis.** Inc. «Cognouimus prouinciales adque uniuersos» (DÍAZ, 13) (anno 546)

ibid., p. 467-469.

1802b **Lex Romana Curiensis**

 E. Meyer-Marthaler, *Die Rechtsquellen des Kantons Graubünden. Lex Romana Curiensis*, Aarau, 1959.

 Saec. viii ante medium ex *Lege Romana Visigothorum* (n. 1800) consarcinata.

 In appendice edidit E. Meyer-Marthaler: *Capitula Iustini imperatoris, sancta priuilegia concilii Vizaceni; Constitutiones domini Iustiniani pro diuersis capitulis episcoporum, monachorum, clericorum; Capitula Remedii.*

MGH, *leg. sect.* i, v, 189

Leges Burgundionum:

1803 **Lex Romana Burgundionum** *seu* **Liber Papianus** (Schanz, iv, 2, 189) (post 517)

 MGH, *leg. sect.* i, t. ii, pars 1, 1892 — DE SALIS, p. 123-163.

 Fontes: W. Roels, *Onderzoek naar het gebruik van de aangehaalde bronnen van Romeins recht in de Lex Romana Burgundionum*, Antwerpen, 1958.

MGH, *leges*, iii, 579

1804 **Lex Barbara Burgundionum** seu **Lex Gundobada**

 ibid., p. 29-122.

 Saec. vi ineunte.

 Cod., uar. lect., critica, emend., trad. text.: P. Petot, in *Rev. hist. de droit franç. et étranger*, n. s., xxxvii, 1913, p. 337-375 (Besançon 1348, saec. ix).

 Cfr K. Zeumer, *Zur Textkritik und Geschichte der «Lex Burgundionum»*, in *Neues Archiv*, xxv, 1900, p. 257-290; G. Baesecke, in *Zeitschr. Savigny-Stiftung f. Rechtsgeschichte, German. Abteilung*, lix, 1939, p. 233-249; K. Beyerle, *ibid.*, lxxi, 1954, p. 23-54.

 In serie «Germanenrechte», t. 10, denuo exceditur textus *Monumentorum* paucis emendatis, cura F. Beyerle, Weimar, 1936.

 Clausulae: F. Di Capua, *o. c.* [n. 1800], p. 56 sq.

MGH, *leges*, iii 497

Leges Gothorum:

THEODERICVS REX GOTHORVM

1805 **Edictum anni** 506 (uel 524) (Schanz, iv, 2, 188)

 MGH, *leges*, v, 1875 — Bluhme, p. 145-179.

 Clausulae: F. Di Capua, *o. c.* [n. 1800], p. 57-65.

1806 **Edictum contra sacerdotes substantiae ecclesiarum alienatores.** Inc. «Peruenit ad nos, patres conscripti, de ecclesiae missa utilitate» (MAASSEN, 330, 5)

PL, lxxii, 1117; MGH, leges, v, 170

MGH, auct. ant., xii, 1894 — MOMMSEN, p. 392.

1807 **Epistulae** (inter CASSIODORI Varias [n. 896]) (MAASSEN, 330)

Aliorum quoque principum Gothorum monumenta seruauit CASSIODORVS in opere iam laudato, uide sub n. 896.

Leges Langobardorum:

1808 **Edictus Rothari Regis** (anno 643)

MGH, leges, iv, 1868 — BLUHME, p. 1-90.

Emend. ipsius editoris in sua editione «in usum scholarum», 1869; hanc recensionem denuo excudit K. BEYERLE, Weimar, 1947.

Cod. M. TOSI, L'Edictus Rothari nei manoscritti Bobbiensi, in Archivum Bobiense, iv, 1982, p. 11-71; cod. antiquissimi Sangall. 730, saec. vii (LOWE, 949) noua fragmenta ediderunt A. HOLDER, o. c. (n. 1802), p. 591 sq. (fragm. 100 et 144) et A. DOLD, in Deutsches Archiv, iv, 1941, p. 1-53; cfr A. DOLD, Zur ältesten Handschrift des Edictus Rothari, Stuttgart, 1955; F. VAN DER RHEE, in Deutsches Archiv, xxiv, 1968, p. 224-227.

Fontes: A. CAVANNA, in Stud. Docum. Hist. Iuris, xxxiv, 1968, p. 269-361.

Critica: B. PARADISI, Il Prologo e l'Epilogo dell'Editto di Rotari, in Stud. Docum. Hist. Iuris, xxxiv, 1968, p. 1-31.

1809 **Leges Grimualdi Regis** (anno 668)

ibid., p. 91-95.

1810 **Leges Liutprandi Regis** (716-735)

ibid., p. 96-182.

Latinitas: B. LÖFSTEDT, in Eranos, lx, 1962, p. 108-110.

1811 **Leges Ratchildis Regis** (anno 746)

ibid., p. 183-193.

1812 **Leges Ahistulfi Regis** (750-755)

ibid., p. 194-205.

Latinitas: B. LÖFSTEDT, Studien über die Sprache der langobardischen Gesetze, Stockholm, 1961.

Leges Francorum, Alamannorum, Baiuuariorum:

1813 **Lex (Francorum) Salica** (secundum diuersas recensiones inde a Chlodouaeo usque ad recensionem « Karolinam »)

MGH, *leg. sect.* I, iv, 1-2, 1962-1969 — K. A. ECKHARDT.

Fontes et loca parallela uberius indicat J. H. HESSELS & H. KERN, *Lex Salica. The ten Texts with Glosses and the Lex emendata*, London, 1880.

Legem Salicam tempore HINCMARI et fortasse ab ipso Hincmaro confectam esse affirmat S. STEIN, in *Speculum*, xxii, 1947, p. 113-134; 395-418; perperam uero, ut nobis uidetur, cfr J. M. WALLACE-HADRILL, *Archbishop Hincmar and the Lex Salica*, in *Tijdschr. v. rechtsgeschiedenis*, xxi, 1953, p. 1-29; J. DEVISSE, *Hincmar et la loi*, Dakar, 1962, p. 72.

G. A. BECKMANN, *Aus den letzten Jahrzehnten des Vulgärlateins in Frankreich. Ein parodischer Zusatz zur Lex Salica und eine Schreiberklage*, in *Zeitschr. roman. Philol.*, lxxix, 1963, p. 305-334 (*Ann. Phil.*, xxxv [1964], 1966, p. 138).

De prologis quaedam ualde notanda disseruerunt P. C. BOEREN, *De proloog van de Lex Salica*, in *Bijdragen voor de geschiedenis der Nederlanden*, iii, 1949, p. 229-239, et R. SCHMIDT-WIEGAND, *Gens Francorum inclita*, in *Festschr. A. Hofmeister*, Halle, 1955, p. 233-250.

1814 **Lex Francorum Ripuaria** (tempore Dagoberti Regis)

MGH, *leg. sect. i*, t. iii, pars 2, 1954 — BEYERLE & BUCHNER.

MGH, *leges*, v, 185

Cfr R. BUCHNER, *Textkritische Untersuchungen zur Lex Ribuaria*, Leipzig, 1940.

Critica: G. BUCHDA, in *Zeitschr. Savigny-Stiftung f. Rechtsgeschichte*, German. Abteilung, lxxii, 1955, p. 279-287.

1815 **Lex Francorum Chamauorum** (circa 802)

MGH, *leges*, v, 1883 — SOHM, p. 269-276.

Cfr K. A. ECKHARDT, in serie « Germanenrechte », ii, 3, Weimar, 1934.

1816 **Lex Alamannorum** (saec. vii-viii)

MGH, *leg. sect. i*, t. v, pars 1, 1888 — LEHMANN, p. 21-159.

Cfr K. A. ECKHARDT, *Pactus Legis Alamannorum, Recensio Chlotariana*, Göttingen, 1958.

1817 **Lex Baiuuariorum**

MGH, *leges*, iii, 1863 — MERKEL, p. 183-449.

A monacho quodam Ratisbonensi uel Frisingensi a. 739-744 confecta, cfr R. BAUERREISS, in *Stud. & Mitteil. OSB*, lxi, 1947, p. 73-76; F. BEYERLE,

Die beiden süddeutschen Stammesrechte, in *Zeitschr. Savigny-Stiftung f. Rechtsgeschichte, German. Abteilung*, lxxiii, 1956, p. 84-140.

Anteponenda uidetur recentiori editioni Ernesti VON SCHWIND in MGH, *leg. sect. i*, t. v, pars 2, 1926, cfr BR. KRUSCH, *Die Lex Baiuwariorum. Textgeschichte, Handschriftenkritik und Entstehung*, Berlin, 1924; ID., *Neue Forschungen über die drei oberdeutschen Leges: Baiuuariorum, Alamannorum, Ribuariorum*, in *Abhandl. Göttingen*, n. s., xx, 1, 1927; B. PARINGER, *Zur Textgeschichte der Lex Baiuwariorum*, in *Der Zwiebelturm*, viii, 1953, p. 23-35 (cfr *Scriptorium*, xi, 1957, p. 144, n. 432).

De fatis uero editionis Ernesti VON SCHWIND, uide E. HEYMANN, *Zur Textkritik der Lex Baiuwariorum*, in *Papsttum und Kaisertum. Festgabe P. Kehr*, München, 1926, p. 116-137. Vide etiam K. A. ECKHARDT, *Die Lex Baiuuariorum. Eine textkritische Studie*, Breslau, 1927; R. BUCHNER, *Textkritische Untersuchungen zur Lex Ribuaria*, Leipzig, 1940, praesertim p. 18 sq.; 34-42.

Textum critico-practicum euulgauit K. A. ECKHARDT, in serie «Germanenrechte», ii, 2, Weimar, 1934.

Codicem antiquissimum Ingolstadiensem (München, Univ. 132, saec. ix) phototypice expressit K. BEYERLE (München, 1926), ampliora prolegomena et indices addens.

Capitularia Regum Merouingicorum:

1818 *a*. **Epistula Chlodouei.** Inc. «Enuntiante fama» (MAASSEN, 336) (a. 507) PL, lxxi, 1158; lxxii, 1118

Cod.: C. DE CLERCQ, *La législation religieuse franque*, i, Louvain, 1936, p. 7, adn. 1.

1819 *b*. **Praeceptum Childeberti I.** Inc. «Credimus hoc Deo propitio» (MAASSEN, 337) (a. 511-558) PL, lxxi, 1159; lxxii, 1121; MGH, leges, i, 1

1820 *c*. **Pactus Childeberti I et Chlotarii.** Inc. «Vt quia multorum insaniam» (a. 555-558) MGH, leges, i, 1

1821 *d*. **Edictum Chilperici I.** Inc. «Pertractantes in Dei nomen cum uiris» (a. 561-584) MGH, leges, i, 7

1822 *e*. **Edictum Guntchramni.** Inc. «Per hoc supernae maiestatis» (MAASSEN, 339) (a. 585) MGH, leges, i, 3

1823 *f*. **Pactio Guntchramni et Childeberti II.** Inc. «Cum in Christo nomen» (= GREGORIVS TVRONENSIS, *Historia Francorum* [n. 1023], ix, 20) (a. 587) [accuratius edidit BR. KRUSCH, in MGH, *scr. mer.*, i, ed. altera, 1942, p. 434-439] PL, lxxi, 497; MGH, leges, i, 5

1824 g. **Decretio Childeberti II.** Inc. «Cum in Dei nomine nos omnes Kalendas Martias» (a. 596) MGH, *leges*, i, 9

1825 h. **Praeceptio Chlotarii II.** Inc. «Vsus est clementiae» (*MAASSEN*, 338) (a. 558-561) PL, lxxii, 1119; MGH *leges*, i, 2

1826 i. **Edictum Chlotarii II.** Inc. «Felicitatem regni» (*MAASSEN*, 340) (a. 614) PL, lxxx, 451; MGH *leges*, i, 1

Nn. 1818-1826: MGH, *leg. sect. ii*, t. i, 1883 — BORETIUS, p. 1-23.

Cod.: W. A. ECKHARDT, *Die von Baluze benutzten Handschriften der Kapitulariensammlungen*, in *Mél. Ch. Braibant*, Bruxelles, 1959, p. 113-140.

Leges Anglorum:

1827 **Praeceptiones Aethelberti Regis** (560-616) PL, lxxx, 342

1828 **Leges Hlotaeris** (671-685) et **Eadredi** (685-686)

1829 **Iudicia et Priuilegia Withraedi** (695)

1830 **Leges Inae Regis** (688-693)

Nn. 1827-830: F. LIEBERMANN, *Die Gesetze der Angelsachsen*, i, Halle, 1903.

COLLECTIONES FORMVLARVM (a)

MGH, *leg. sect. v*, 1882/6 — ZEUMER.

Hae sunt quas Carolino aeuo antiquiores censent periti:

1831 **Formulae Andecauenses** (b) (saec. vi-vii) p. 4-25. PL, lxxx, 839

1832 **Formulae Aruernenses** (saec. vi medio) p. 28-31.

(a) *Liber diurnus* sub n. 1626 recensetur; CASSIODORI *Variae* sub n. 896.
(b) Cfr W. FELTENTRÄGER, *Zu den Formulae Andecauenses*, in *Festschrift Paul Koschaker*, iii, Weimar, 1939, p. 366-375; de **latinitate**: E. SLIJPER, *De formularum Andecauensium latinitate* (dissert.), Amsterdam, 1906.

1833 **Marculfi formularum l. ii** (*a*) (saec. vii-viii) (*MAASSEN*, 366)   PL, lxxxvii, 695
p. 32-109; uel melius A. UDDHOLM, Uppsala, 1962.

1834 **Formulae Turonenses** (saec. viii)   PL, lxxxvii, 779
MGH, *t. c.* [ante n. 1831], p. 133-165.

1835 **Chartae Senonicae appendix** (saec. viii)
p. 208-220 (*b*).

1836 **Collectio S. Dionysii** (saec. vii-viii)
p. 494-511.
Form. 1 recensita est sub. n. 1307; *form.* 2 sub n. 1736.

1837 **Formulae Visigothicae** (*c*) (*DÍAZ*, 425) (fortasse saec. vii ineunte)

J. GIL, *Misc. Wisigothica*, Sevilla, 1962, p. 71-112.

De **latinitate** uide J. PIRSON, *Le latin des formules mérovingiennes et carolingiennes*, in *Romanische Forschungen*, xxvi, 1909, p. 837-944; A. UDDHOLM, in *Eranos*, lx, 1962, p. 174-179.

1837a **Tabulae « Albertini »**

Chr. COURTOIS, L. LESCHI, Ch. PERRAT & Ch. SAUMAGNE, *Tablettes Albertini. Actes privés de l'époque vandale (fin du Ve siècle)*, Paris, 1952.

De origine christiana optime disputauit M. PALLASSE, *Tablettes Albertini, tablettes chrétiennes?*, dans *Études d'histoire du droit canonique dédiées à G. Le Bras*, ii, Paris, 1965, p. 1359-1368.

(*a*) Cfr B. KRUSCH, *Ursprung und Text von Markulfs Formelsammlung*, in *Nachr. Göttingen*, 1916, p. 231-274; A. UDDHOLM, *Formulae Marculfi. Études sur la langue et le style*, Uppsala, 1953; de **latinitate** cfr eiusdem auctoris *Les traits dialectaux de la langue des actes mérovingiens et le Formulaire de Marculf*, in ALMA, xxv, 1955, p. 47-69; **cod., trad. text., critica**: ID., in *Eranos*, lv, 1957, p. 38-59; Fr. BEYERLE, in *Aus Verfassungs- und Landesgeschichte. Festschr. Th. Mayer*, ii, Konstanz, 1955, p. 365-389.

(*b*) In appendice ad *Chartas Senonicas* inuenies litteras amoebaeas FRODEBERTI EPISCOPI TVRONENSIS et INPORTVNI EPISCOPI PARISIENSIS a. 665/666 confectas (MGH, *t. c.* [ante n. 1831], p. 220-226); eas accuratius edidit et commentatus est G. J. J. WALSTRA, *Les cinq lettres rimées dans l'Appendice des formules de Sens*, Leiden, 1962 (n. 1307a).

(*c*) Cfr Cl. VON SCHWERIN, *Sobre las relaciones entre las formulas Visigoticas y las Andecavenses*, in *Anuario de hist. del Derecho Español*, ix, 1932, p. 177-189.

X. REGVLAE MONASTICAE BENEDICTO ANIANENSI ANTIQVIORES

De collectionibus regularum monasticarum manu scriptis, plurima utilia uide sis apud J.-E. M. Vilanova, *Regula Pauli et Stephani*, Montserrat, 1959, p. 19-34; A. M. Mundó, *I Corpora e i Codices Regularum nella tradizione codicologica delle regole monastiche*, in *Congr. Studi sul alto medioevo*, Spoleto, 1982, p. 477-520.

AVGVSTINVS EPISCOPVS HIPPONENSIS

Cfr L. Verheijen, *La Règle de saint Augustin*, i-ii, Paris, 1967 (*CPPM*, ii, 3590 c-3593)

1838 **Obiurgatio contra sanctimonialium dissensionem** seu **Epistula** ccxi, cap. 1-4. Inc. « Sicut parata est seueritas » (*SCHANZ*, iv, 2, 455; *CPPM*, ii, 3590 c-3593)   PL, xxxi 958

CSEL, lvii, 1911 — Goldbacher, p. 356-359; L. Verheyen, i, p. 105-107.

1839*a* **De ordine monasterii** (= « Regula secunda » uel « **Disciplina monasterii** » [Mandonnet]). Inc. « Ante omnia, fratres carissimi, diligatur Deus ... Qualiter autem nos oportet orare » (*CPPM*, ii, 3592 a)   PL, xxxi 1449; lxv 995

D. De Bruyne, in RB, xlii, 1930, p. 318-319; L. Verheijen, i, p. 148-152.

1839*b* **Informatio regularis** (= « Regula tertia » seu « **Regula (ad seruos Dei)** » uel « **Praeceptum** » uel « **Commentarius in Disciplina monastica** » [Mandonnet]). Inc: « Haec sunt quae obseruetis ... Primum propter quod in unum » (*CPPM*, ii, 3590 b)   PL, xxx 1377

D. De Bruyne, *ibid.*, p. 320-326; L. Verheijen, i, p. 417-437.

1839*c* **De regula puellarum** (= « Regula prima » seu « **Transcriptio 'Commentarii' pro sanctimonialibus** » [Mandonnet]) (*DÍAZ*, 384)   PLS, ii

A. C. Vega, *Una adaptación de la « Informatio regularis » de S. Agustín*, in *Misc. Mercati*, ii, p. 47-56.

Consistit ex prologo «Imprimis monasterium uestrum miram conclauis diligentiam», praefatione S. Augustini «Cognitam habens congregationem uestram» (excerptum ex *Epist.* ccxi, 2-3. 5 — p. 357, 16-22; 359, 18-19), textu *Informationis regularis* sanctimonialibus accommodatae seu *Epist.* ccxi, cap. 5-16 — ed. GOLDBACHER, *l. c.* [n. 1838], p. 359-371.

Cfr L. VERHEYEN, ii, p. 7-18.

Haec omnia a S. Augustino profecta esse certe non constat. *Epist.* ccxi, 1-4 et 5-16 tribuitur FRVCTVOSO BRACARENSI a W. HÜMPFNER (in *Augustinus Magister*, i, Paris, 1954, p. 241-254); sed cfr quae scripserunt L. VERHEIJEN, in VC, vii, 1953, p. 27-56, et C. LAMBOT, in *Augustinus Magister*, iii, p. 66.

De ordine monasterii partim uidetur Augustini fetus, nempe exordium et finem (nn. I et II editionis D. DE BRUYNE), cfr T. VAN BAVEL, «*Ante omnia*» et «*in Deum*» dans la «*Regula S. Augustini*», in VC, xii, 1958, p. 156-165; ALYPIVM TAGASTAE EPISCOPVM cap. 2-10 scriptorem esse recte coniecit L. VERHEIJEN, ii, p. 207 sq. *Informatio regularis* seu *Praeceptum* reuera ab Augustino uidetur confecta, et ab Alypio *Ordini monasterii* adiuncta. *De regula puellarum* saec. VI (?) in Hispania conficta uidetur; an FRVCTVOSO BRACARENSI opusculum tribuendum esset, ut ponitur a W. HÜMPFNER, ualde dubium est (cfr *supra*). Fructuoso, Isidoro et Leandro antiquius censetur a L. VERHEIJEN, in RMAL, viii, 1952, p. 119-122; ID., in *Augustiniana*, iv, 1954, p. 258-268; A. DE VEER, in RÉAug, vi, 1960, p. 187.

Versio graeca: S. SALAVILLE, *Une version grecque de la règle de S. Augustin*, in 'EΛΛHNIKA, iv, 1931, p. 81-110.

VIGILIVS DIACONVS

floruit Gallia uel uerisimilius in Italia, saec. v.

1840 **Regula Orientalis.** Inc. «Vt neque seniores in regendis fratribus» (*CPG*, 2403; *CPPM*, ii, 3606 d)   PL, ciii, 477; PG, xxxiv, 983

A. DE VOGÜÉ, Paris, 1982 (= SC, ccxcviii), p. 462-494.

PORCARIVS ABBAS LIRINENSIS

circa 485-490.

1841 **Monita.** Inc. «In mente habe quia hospes es»   PLS, iii, 737

A. WILMART, in RB, xxvi, 1909, p. 475-480.

Cod.: J.-E. M. VILANOVA, *o. c.* [ante n. 1838], p. 23-29.

PS. MACARIVS

1842 **Regula monachorum.** Inc. «Milites ergo Christi sic taliter suos debent componere gressus» (*CPG*, 2403; *CPPM*, ii, 3646) — PL, ciii, 447; PG, xxxiv, 96·

A. DE VOGÜÉ, in SC, ccxcvii, 1982, p. 372-388.

Incertae originis (auctore PORCARIO [n. 1841]?); circa 500 a Lirinensibus usurpata.

1843 **Epistula [iii^a].** Inc. «Lignorum copia» (*CPG*, 2415, 3; *CPPM*, ii, 3687) — PG, xxxi· 441; PL, ciii, 451

A. WILMART, *La fausse lettre latine de Macaire*, in *Rev. d'ascét. et de mystique*, iii, 1922, p. 411-419.

Cento saec. viii concinnatus ex opusculis S. NILI.

1843*a* **Epistula [iv^a].** Inc. «In primis quidem si ceperit homo» (*CPG*, 2415, 4)

PG, xxxiv, 443-446 — FLOSS.

Compilatio ex epistula (genuina) i^a MACHARII et epistula (spuria) iii^a; partim concordat cum *Doctrina abbatis Macarii de his qui in cenubiis sunt*, in appendice CAESARII ARELATENSIS (PL, lxvii, 1163-1166 [cod.: G. MORIN, *S. Caesarii Opera omnia*, i, 1, Maredsous, 1937, p. xlviii-l = CC, ciii, p. xlix-li]); cfr A. WILMART, in *Rev. d'ascét. et de mystique*, i, 1920, p. 68-70.

CAESARIVS EPISCOPVS ARELATENSIS

Statuta sanctarum uirginum
uide sub n. 1009.

Regula monachorum
uide sub n. 1012.

De his ac de sequentibus constitutionibus monasticis aeui Merouingici uide C. DE CLERCQ, *La législation religieuse franque*, i, Louvain, 1936, p. 78-88.

AVRELIANVS EPISCOPVS ARELATENSIS

sedit 546-551.

1844 **Regula ad monachos.** Inc. «Sanctis et in Christo uenerandis fratribus ... Quia Deo inspirante, qui nos praeuenit» (*SCHANZ*, iv, 2, 564; *CPPM*, ii, 3615 b)

PL, lxviii, 385-398 = Holste-Brockie.

Fontes: A. Schmidt, in *Studia Monast.*, xvii, 1975, p. 237-256; xviii, 1976, p. 17-54.

1845 **Regula ad uirgines.** Inc. «Sanctis et in Christo uenerandis sororibus ... Quia Deo inspirante, qui nos praeuenit» (*SCHANZ*, iv, 2, 564)

ibid., 399-406.

1846 **Epistula ad Theodebertum Regem**
uide sub n. 1055.

Ad Aurelianum habes epistulam VIGILII PAPAE (n. 1694).

APPENDIX

1847 **Epitaphium.** Inc. «Vrbis [*aliter*: Orbis] celsa graui uexantur» (CIL, 2397) (*SCHALLER & KÖNSGEN*, 16813)   PLS, iv, 1206

G. Wiman, in *Eranos*, xxxvi, 1938, p. 82-94.

IOANNES I EPISCOPVS ARELATENSIS

sedit 659-668.

1848 **Epistula ad uirgines monasterii S. Mariae.** Inc. «Cum plenissime series regulae»

PL, lxxii, 859-860 = Gallandi.

De **auctore**, uide J. Albanès & U. Chevalier, *Gallia Christiana nouissima*, iii, Valence, 1900, p. 76, adn. 1.

FERRIOLVS EPISCOPVS VCETICENSIS

obiit 581.

1849 **Regula ad Monachos.** Inc. «Regulae principium de his quae obseruanda» (*SCHANZ*, iv, 2, 54)   PL, lxvi, 959

V. Desprez, in *Rev. Mabillon*, lx, 1981-84, p. 117-148.

Cfr G. Holzherr, in *Commentationes in Regulam S. Benedicti*, Romae, 1957, p. 223-229; Id., *Regula Ferrioli*, Einsiedeln, 1961; L.-R. Delsalle, *Comparaison, datation, localisation relatives des règles monastiques de Saint Césaire d'Arles, Saint Ferréol d'Uzès et de la «Regula Tarnantensis Monasterii»*, in *Augustiniana*, xi, 1961, p. 5-26.

ANONYMVS

1850 **Regula Pauli et Stephani.** Inc. «Inprimis ergo hortamur, ut timorem Dei» (CPPM, ii, 3700)　　　　　　　　　　　　　　　　　PL, lxvi, 949

J.-E. VILANOVA, Montserrat, 1959.

Saec. vi exeunte in Italia confecta uidetur.

ANONYMVS

1851 **Regula Tarnantensis.** Inc. «Si quis fidei ardore succensus» (CPPM, ii, 3714)　　　　　　　　　　　　　　　　　　　　　　　　PL, lxvi, 977

F. VILLEGAS, in RB, lxxxiv, 1974, p. 14-46.

Perperam nonnulli hanc regulam saec. v-vi reponunt, cfr M. BESSON, in *Rev. hist. eccl. suisse*, v, 1911, p. 296-300; ID., *Monasterium Acaunense*, Friburgi Heluet., 1913, p. 113-118; P. DAVID, *Vie de S. Oyand*, Grenoble, 1936 (*Études d'hist. et d'archéologie dauphinoises*, vi). Attamen S. Isidoro recentior est, cfr A. E. ANSPACH, in *Misc. Isidoriana*, Roma, 1936, p. 326. Cfr etiam L.-R. DELSALLE, *a. c.* (n. 1849).

BENEDICTVS ABBAS CASINENSIS

scripsit circa 530-540.

1852 **Regula.** Inc. «Obsculta [*aliter*: Ausculta], o fili, praecepta magistri» (SCHANZ, iv, 2, 592; MANITIUS, i, 88; ii, 795; CPPM, ii, 3605-3605 k)　　　　　　　　　　　　　　　　　　　　　　　　　　PL, lxvi, 215

CSEL, lxxv, 1977 — HANSLIK (ed. altera); SC, clxxxi-clxxxii, 1972 — DE VOGÜÉ.

Cod.: R. HANSLIK, in *Romanitas et Christianitas. Studia J. H. Waszink oblata*, Amsterdam, 1973, p. 189-193; L. GILISSEN, *Observations codicologiques sur le Codex Sangallensis 914*, in *Misc. codicologica F. Masai dicata*, i, Gand, 1979, p. 1-70; B. BISCHOFF, *Die ältesten Handschriften der Regula Benedicti in Bayern*, in *Studien & Mitteil. OSB*, xcii, 1981, p. 7-16; A. SCHNEIDER, *Zur handschriftlichen Überlieferung der Regel Benedikts. Regelhandschriften aus cistercienser Skriptorien*, in A. SCHNEIDER & A. WIELAND, *Und sie folgten der Regel St. Benedikts*, Köln, 1981, p. 59-74.

Trad. text.: P. MEYVAERT, *Problems concerning the «Autograph» MS. of St. Benedict's Rule*, in RB, lxix, 1959, p. 3-21; ID., *Towards a History of the Textual Transmission of the «Regula Benedicti»*, in *Scriptorium*, xvii, 1963, p. 83-110; K. ZELZER, in RB, lxxxviii, 1978, p. 205-246; A. BELLONI, *a. c.* (n. 1853); M. ZELZER, *Zur Überlieferung der Regula Benedicti* *im französischen Raum*, in *Überlieferungsgeschichtliche Untersuchungen* (uide n. 546), 1981, p. 637-645; K. ZELZER, in *Regulae Benedicti Studia*, xiii, 1986, p. 75-89; S. LORENZO, in *Inter Fratres*, Montefalco, xxxix, 1989, p. 3-64 (cfr *Medioevo Latino*, xiv, 1993, p. 94, n. 579); K. ZELZER, in *Frühmittelalt. Studien*, xxiii, 1989, p. 112-130.

Critica: L. BIELER, in *Latinität und Alte Kirche. Festschr. R. Hanslik*, Wien, 1977, p. 36-38; R. HANSLIK, in *Regulae Benedicti Studia*, viii/ix, 1979/80, p. 1-11.

Text. bibl.: uide praesertim P. VOLK, in TA, i, 15-18, p. (1)-(34) et in *Studien & Mitteil. OSB*, xlviii, 1930, p. 83-97.

Latinitas: Chr. MOHRMANN, *La latinité de S. Benoît*, in RB, lxii, 1952, p. 108-139 (= *Études*, p. 403-435); EAD., *La langue de S. Benoît*, apud Ph. SCHMITZ, *S. Benedicti Regula monachorum*, ed. altera, Maredsous, 1955, p. 9-39.

Index uerborum: H. KOENDERS, *Concordantiae S. Regulae... Benedicti abbatis*, Westmalle, 1947; Ph. SCHMITZ, *o. c.*, p. 147-232; R. HANSLIK, *o. c.*, p. 175-432.

Fragmenta antiquae **uersionis graecae** ediderunt S. G. MERCATI, in *Benedictina*, i, 1947, p. 191-196, et H.-G. BECK, in *Byzant. Zeitschr.*, xliv, 1951, p. 21-24. — De aliis **uersionibus** antiquis uide R. BAUERREISS, *Bibliographie der Benediktinerregel*, in *Stud. & Mitteil. OSB*, lviii, 1940, p. 7 sq.; addantur sequentia: W. BETZ, *Die Heimat der althochdeutschen Benediktinerregel*, in *Beitr. zur Gesch. der deutschen Sprache*, lxv, 1941, p. 182-185; C. SELMER & J. BLOCH, *Die Interlinearversion der Zwiefalter Benediktinerregel des xii. Jh.*, in *Studien & Mitteil. OSB*, lxi, 1947/8, p. 150-154; R. HANSLIK, *o. c.*, p. liv; E. PETRI & J. E. CREAN, *Handschriftenverzeichnis mittelhochdeutscher Benediktinerregeln bis 1600*, in *Regulae Benedicti Studia*, vi/vii, 1973/75, p. 151-154; E. PETRI, *Die mittelhochdeutschen Übersetzungen der Regula Benedicti*, in *Regulae Benedicti Studia*, viii/ix, 1979/80, p. 67-71.

Ed. una cum translationibus editis: J.-D. BROEKAERT, *Bibliographie de la Règle de saint Benoît*, i-ii, Roma, 1980.

Fontes: J. T. LIENHARD, in RB, lxxxix, 1979, p. 230-270 (caute adhibendum).

APPENDIX

Quae in PL inter S. Benedicti «opera genuina» et «supposititia» inuenies praeter *Regulam*, omnia spuria sunt ac saepesaepius posterioris aetatis; eorum editiones enumerat A. ALBAREDA, *Bibliografia de la Regla Benedictina*, Montserrat, 1933, p. 48-53. Hic tantum sequentia adnotanda sunt:

Vita auctore GREGORIO MAGNO (*SCHANZ*, iv, 2, 614; *BHL*, 1102)

uide sub n. 1713.

1853 **Translatio corporis S. Benedicti in Franciam.** Inc. Christi nomine. Fuit in Francia« (*BHL*, 1116)

PLS, iii, 1438

R. Weber, in RB, lxii, 1952, p. 140-142.

Auctore monacho Benedictoburensi saec. viii, cfr R. Bauerreiss, in *Studien & Mitteil. OSB*, lxii, 1950, p. 8-12.

Cod.: A. Belloni, in *Italia Medioev. e Umanistica*, xxvii, 1984, p. 1-16.

1854 **Versus Marci monachi.** Inc. « Caeca prophanatas coleret dum turba figuras » (*SCHANZ*, iv, 2, 595; *MANITIUS*, i, 91; *BHL*, 1103; *WALTHER*, 2262; *SCHALLER & KÖNSGEN*, 1767; *CPPM*, ii, 3608)

PL, lxxx, 183

S. Rocca, in *Romano-barbarica*, iii, 1978, p. 335-364.

Cfr P. Paronne, in *Studi F. Della Corte*, v, Genova, p. 279-289.

Saec. viii, ita S. Brechter, in *Benedictus, der Vater des Abendlandes*, St. Ottilien, 1947, p. 341-359; de **codicibus** uide *ibid.*, p. 344.

[1855 **Epistula ad [Ps.] Simplicium abbatem Casinensem**, auctore « B. Abbate Monasterii apud Fundanam urbem ». Inc. « Experentia compertum est » (*CPPM*, ii, 3607)

S. Brechter, in RB, l, 1938, p. 131.

Saec. viii exeunte conficta dicitur, sed potius saec. xv tribuenda sit, cfr N. Huyghebaert, in RHE, lxxiii, 1978, p. 50-53.]

1856 **Versus** auctore [Ps.] Simplicio abbate Casinensi. Inc. « Qui leni iugo Christi » (*SCHANZ*, iv, 2, 595; *WALTHER*, 15528; *SCHALLER & KÖNSGEN*, 13285; *CPPM*, ii, 3606 a)

PLS, iii, 1441

S. Brechter, *a. c.* [n. 1855], p. 91.

Cod.: A. Belloni, *a. c.* [n. 1853]

Saec. viii in Augia Diua conflati, cfr N. Huyghebaert, *l. c.* [n. 1855]; sed uide A. de Vogüé, in RHE, lxxxii, 1987, p. 74; Id., *Ambroise Autpert et les «Versus Simplicii»*, in *Regulae Benedicti Studia*, xvi, 1987, p. 130-135.

1857 **Appendices ad Regulam S. Benedicti in cod. Vindobonensi** 2232 (saec. viii ex.)

PLS, iii, 1442

B. Paringer, in *Studien & Mitteil. OSB*, lxviii, 1940, p. 81:

i. *Versus Simplicii* (n. 1856);

ii. *Declaratio de modo paenitentiae*. Inc. « Eaque sanctus pater benedictus in hac regula qualitate »;

iii. *Admonitio ad monachos*. Inc. « Modicum tempus relictum est nobis ».

1857a **Commentarium in Regulam S. Benedicti in cod. Parisino, n. a. l.** 2389 (f. 17ʳ⁻ᵛ) (saec. viii ineunte). Inc. (mutilatum?) «[V]irtus est anima corpus castigare»

K. HALLINGER, in WSt, n. s., iii, 1969, p. 211-232.

1857b **Memoriale qualiter in monasterio religiose ac studiose con-** PL, lxvi, **uersare ... oportet.** Inc. «In primis nocturnis horis cum ad 957 opus diuinum» (CPPM, ii, 3611)

C. MORGAND, in *Corpus Consuetudinum Monasticarum*, i, Siegburg, 1963, p. 177-282 (ed. textus p. 229-282).

Saec. viii post medium, in Germania uel Gallia ortum est.

Cod.: C. MORGAND, *Le «Memoriale Monachorum» nouveau témoin de l'«Ordo qualiter»*, in *Jumièges. Congrès scientifique du xiiiᵉ Centenaire*, ii, Rouen, 1955, p. 765-774.

ANONYMVS

1858 **«Regula Magistri».** Inc. «O homo, primo tibi qui legis» PL, (SCHANZ, iv, 2, 594; CPPM, ii, 3690-3690 i) lxxxviii, 943
SC, cv, cvi, cvii, 1964/65 — DE VOGÜÉ.

Cod., uar. lect.: G. PENCO, in *Benedictina*, xviii, 1971, p. 227-233 (fragm. Firenze, B. N., Conv. soppr. C. iv. 1971; D. vi. 2793, ambo saec. xii).

Apographa recentiora *Codicis Regularum* BENEDICTI ANIANENSIS seruantur in codicibus saec. xvii Brussel 7573 (cfr *Catalogue des Manuscrits de la Bibliothèque Royale des Ducs de Bourgogne*, i, Bruxelles, 1842, p. 153); Dendermonde, Bibl. Abbatiae; Berlin, Phillipps 1760, t. i, f° 75-136, et iterum t. ii, f° 1-38, sub titulo: «Supplementa ex codice Corbeiensi eorum quae deerant in codice Beccensi de Regula Magistri» (cfr V. ROSE, *Verzeichnis der Lateinischen Handschriften*, i, Berlin, 1893, p. 475). Quid sibi uult haec mentio *Regulae Magistri* in bibliothecis Corbeiensi et Beccensi omnino ignoro; possidebat reuera armarium Beccense *Concordia Regularum* BENEDICTI ANIANENSIS (cfr G. BECKER, *Catalogi Bibliothecarum antiqui*, Bonn, 1885, n. 127, 88 [p. 262]); sed quid in praesenti inquisitione?

Trad. text.: A. DE VOGÜÉ, *Une citation de la Règle du Maître dans le Commentaire d'Hildemar*, in *Rev. ascét. myst.*, xlvi, 1970, p. 355-356; Ph. B. CORBETT, *Does Ms E show an Early State of the «Regula Magistri» than Ms P?*, in *Regulae Benedicti Studia*, xiv/xv, 1985/86 (1988), p. 95-97.

Emend.: Å. FRIDH, in *Eranos*, lxxvi, 1978, p. 121-127.

Fontes: A. DE VOGÜÉ, in RB, xc, 1980, p. 288-289; C. PAUPERT, *Présence des Apocryphes dans la litérature monastique occidentale ancienne*, in *Apocrypha*, iv, 1993, p. 113-123.

Latinitas: Ph. B. CORBETT, *The Latin of the Regula Magistri*, Louvain, 1958; Chr. MOHRMANN, in VC, viii, 1954, p. 239-251 (= *Études*, iii, 1965, p. 399-411); L. BIELER, in *Scriptorium*, xvi, 1962, p. 62-68; R. HANSLIK, in *Regulae Benedicti Studia*, i, 1972, p. 195-207; Á. FRIDH, *Le vocabulaire de la Regula Magistri et la localisation du texte*, in *Classica & Med. F. Blatt dicata*, København, 1973, p. 349-362. Cetera uide apud G. SANDERS & M. VAN UYTFANGHE, p. 100-101.

Orthographia: J. NEUVILLE, in SC, cvii, p. 485-500.

Indices uerborum: M. J. CAPPUYNS, *Lexique de la Regula Magistri*, Steenbrugge, 1964 (= *Instr. Patr.*, vi); J.-M. CLÉMENT, J. NEUVILLE, D. DEMESLAY, *La Règle du Maître*, iii: *Concordance verbale*, Paris, 1965 (= SC, cvii).

«Regula Magistri» incerti auctoris fetus est, qui scripsit in Italia (Romae?) ante medium saec. vi. E priore recensione, quae iam non exstat, multa mutuabant tam Eugippius (n. 1858*a*) quam Benedictus (n. 1852), dum altera recensio pauca quaedam mutuauit ex eadem *Regula Benedicti*.

Cfr B. JASPERTI, *Die Regula Benedicti — Regula Magistri-Kontroverse*, Hildesheim, 1977²*.* Nuper uero M. DUNN (*English hist. Rev.*, cv, 1990, p. 567-594; cvii, 1992, p. 104-111) «Regulam Magistri» recentiorem, et quidem saec. vi/vii, aestimat, tenuis uero inductus argumentis.

EVGIPPIVS

1858*a* **Regula.** Inc. «Ante omnia, fratres karissimi, diligatur Deus ... Qualiter autem nos oportet orare» (*CPPM*, ii, 3645)

CSEL, lxxxvii, 1976 — F. VILLEGAS & A. DE VOGÜÉ.

Excerpta ex uariis recensionibus *Regulae AVGVSTINI* (n. 1839*a* et *b*) et ex prima recensione deperdita *Regulae Magistri*.

Cfr A. DE VOGÜÉ, *La Règle d'Eugippe*, in ID., *Le Maître, Eugippe et saint Benoît*, Hildesheim, 1984 (= *Regulae Benedicti Studia*, Suppl. xvii), p. 337-431.

ANONYMVS

1859 «**Regula SS. Serapionis, Macarii, Paphnutii et alterius Macarii**». Inc. «Sedentibus nobis in unum consilio saluberrimo» (*CPG*, 2403; *CPPM*, ii, 3688)

PG, xxx 971; PL, ciii, 435

A. de Vogüé, in SC, ccxcvii, 1982, p. 180-104.

In cod. Paris, B. N., lat. 12.205 loco prolegomenorum ad «*Regulam Magistri*» ponitur haec «*Regula SS. Serapionis e. a.*», cfr H. Vanderhoven, in *Scriptorium*, i, 1946/47, p. 194.

Haec «*Regula*» sicut et duae sequentes potius acta uidentur synodorum abbatum saec. v exeunte habitarum in confinibus Hispaniae uel Galliae meridionalis, cfr A. Mundó, *Les anciens synodes abbatiaux*, apud B. Steidle, *Regula Magistri — Regula S. Benedicti*, Roma, 1939, p. 115-118.

1859a **«Regula alia SS. Patrum»**. Inc. «Cum resideremus in unum in nomine domini» (*CPG*, 2403)

ibidem, p. 274-282.

PL, ciii, 441; PG, xxxiv, 977

1859b **«Tertia regula Patrum»**. Inc. «Cum in nomine domini una cum fratribus nostris» (*CPG*, 2403)

ibidem, ccxcviii, p. 532-542.

PL, ciii, 443; PG, xxxiv, 979

DONATVS EPISCOPVS VESVNTINVS

obiit 660.

1860 **Regula ad uirgines.** Inc. «Quamquam uos iuxta normam regulae» (*SCHANZ*, iv, 2, 594)

PL, lxxxvii, 273-298 = Holste-Brockie.

Cod., trad. text.: H. Plenckers, *Untersuchungen zur Überlieferungsgeschichte der ältesten lateinischen Mönchsregeln*, München, 1906, p. 39 sq.; F. Renner, in *Benedictus, der Vater des Abendlandes*, St. Ottilien, 1947, p. 455 sq.; R. Hanslik, in *Stud. Patr.*, x, 1970, p. 100-104; M. Zelzer, *Die Regula Donati, der älteste Textzeuge der Regula Benedicti*, in *Regulae Benedictini Studia*, xvi, 1987, p. 23-36.

ANONYMVS

1861 **Regula monialium** (fragm. cod. Bruxellensis, ii, 7538). Inc. «Psallendo pro sca deuotione dedi»

F. Masai, in *Scriptorium*, ii, 1948, p. 215-220.

PLS, iv, 2172

Ed. paulo accuratior ea quam praebuerat D. De Bruyne, in RB, xxxv, 1923, p. 126-128.

Emend.: F. Masai, in *Scriptorium*, v, 1951, p. 123-124.

Haec accommodatio *Regulae s. benedicti* ad usum monialium saec. vii-viii in Gallia septentrionali confecta uidetur.

COLVMBANVS ABBAS BOBIENSIS

uide sub nn. 1107 sqq.

ANONYMVS

1862 **Regula cuiusdam patris ad monachos.** Inc. «Caueat lector bonus ne suo sensui» PL, lvi, 9

F. VILLEGAS, in *Rev. hist. spirit.*, xlix, 1973, p. 3-35; 135-144.

Haec regula saec. vii pulcherrimum nobis praebet specimen mutuae penetrationis *regularum* S. BENEDICTI et S. COLVMBANI seu, ut aiebant, «*Regulam S. Benedicti ad modum Luxouiensis monasterii*». — Hibernicae uidetur originis: «... which is Celtic in origin or at least inspiration», L. GOUGAUD, *Christianity in Celtic Lands*, London, 1932, p. 175.

Elenchum perutilem ceterarum regularum Hiberniae idem auctor praebet in RB, xxv, 1908, p. 167-184; 321-333; xxviii, 1911, p. 86-89. De Brockiano uero «uetustissimo» illo Scottorum *Ordine monastico* (*Codex regularum*, ii, p. 62-66 = PL, lix, 563-568), qui saec. xi est posterior, uide L. GOUGAUD, *Étude sur l'Ordo monasticus de Culross*, in RHE, xxiii, 1927, p. 764-778.

WALDEBERTVS ABBAS LVXOVIENSIS

circa 629-670.

1863 **Regula ad uirgines.** Inc. «Abbatissa monasterii non tam genere»

PL, lxxxviii, 1053-1070 = HOLSTE-BROCKIE.

Cfr L. GOUGAUD, in RB, xxv, 1908, p. 328-331.

S. Waldeberti uitae antiquae deperditae fragmenta aliquot se repperisse putauit A. STRACKE in *Vita* seu *Miraculis* auctore ADSONE (BHL, 8775) (A. STRACKE, *Iets over S. Waldebert*, in *Ons geestelijk Erf*, xv, 1941, p. 328-340).

[ANONYMVS

1864 **Instituta ecclesiastica Bernensia.** Inc. «Igitur cognoscat uniuersalis ecclesiam»

A. WILMART, in RB, li, 1939, p. 37-52.

Saec. viii uel vii, fortasse a quodam Scotto, in Gallia consarcinata, iuxta A. WILMART. Cfr B. BISCHOFF, in *Liber Floridus. Festgabe P. Lehmann*, St. Ottilien, 1950, p. 171 sq. Attamen, ut bene ostendit G. MEERSSEMAN (*Die Klerikervereine von Karl dem Großen bis Innocenz III.*, in *Zeitschr. f. schweiz. Kirchengesch.*, xlvi, 1952, p. 24 sqq.) hae paginae sunt «Statuta societatis Parisiensis xii Apostolorum», saec. ix confecta. Partim ea recudit, nonnulla emendans (p. 34-38).]

LEODEGARIVS EPISCOPVS AVGVSTODVNENSIS

uide sub nn. 1077 sq.

1865 **Canones monastici Concilii Augustodunensis** (circa 670)

H. MORDEK & R. E. REYNOLDS, in *Aus Archiven und Bibliotheken. Festschr. R. Kottje*, Frankfurt, 1992, p. 71-92.

PL, xcvi, 377; MGH, leg. sect. iii, conc., i, 220; CC, cxlviii A, 319

IOANNES [ABBAS] BICLARENSIS, EPISCOPVS GERVNDENSIS

natione Gothus; floruit in Hispania saec. vi exeunte. Cfr nn. 2011 et 2261.

1866 Testante S. Isidoro scripsit regulam monachorum, quam *Exhortatorium ad monachos librum unum* nuncupat IOANNES TRITHEMIVS (*De uiris illustribus Ordinis S. Benedicti libri iv*, Köln, 1575, lib. ii, c. 15; iii, 83; iv, 159; cfr B. HAEFTENVS, *Disquisitiones monasticae*, Antwerpen, 1644, p. 72). Haec regula iam non extat, sed fragmentum quod ex ea adfert TRITHEMIVS (*De proprietate monachorum*, cap. v, Mainz, 1495, f° B iiij, inc. «Quicumque in monasterium susceptus fuerit») reuera excerptum est ex *Regula [Ps.] Macarii* (n. 1842). Totam hanc quaestionem optime enucleauit A. DE VOGÜÉ, in SE, xxiii, 1978/9, p. 217-224.

LEANDER EPISCOPVS HISPALENSIS

1867 *De institutione uirginum et de contemptu mundi* supra iam inseruimus sub n. 1183; potius enim exhortatio est quam regula.

ISIDORVS EPISCOPVS HISPALENSIS

uide sub nn. 1186 sqq.

1868 **Regula monachorum.** Inc. «Plura sunt praecepta uel instituta maiorum» (SCHANZ, iv, 2, 592; DÍAZ, 115; CPPM, ii, 3680)

J. CAMPOS RUIZ, *San Leandro, San Isidoro, San Fructuoso*, Madrid, 1971 (BAC, cccxxi), p. 90-125.

PL, lxxxiii, 867; ciii, 555

Cod.: C. H. BEESON, *Isidor-Studien*, München, 1913, p. 58 sq.

Trad. text.: M. C. Díaz y Díaz, *Aspectos de la tradición de la «Regula Isidori»*, in *Studia Mon.*, v, 1963, p. 27-57; Id., *The Lerins MS of the Isidorian Rule*, in *Class. Folia*, xxi, 1963, p. 147-157 (= *Stud. mon.*, vii, 1965, p. 369-382).

Latinitas: J. Campos Ruiz, in *Helmántica*, xii, 1961, p. 61-101.

Genuinitatem iam anno 1908 peremptorie defendit R. Klee, in *Jahresbericht des Kön. Gymnasiums zu Marburg*, lxxvi, 1908/9, p. 1-26.

FRVCTVOSVS EPISCOPVS BRACARENSIS

uide sub nn. 1274 sq.

1869 **Regula Complutensis.** Inc. «Post dilectionem Dei et proximi» (*SCHANZ*, iv, 2, 592; *DÍAZ*, 218)

PL, lxxxv 1099

J. Campos Ruiz, *o. c.* [n. 1868], p. 129-162.

Cod., uar. lect.: J. Campos Ruiz, in *Archivos Leoneses*, xxvii, 1973, p. 13-19; M. C. Díaz y Díaz, in *Dict. Spirit.*, v, 1964, c. 1544.

Cfr C. J. Bishko, *Gallegan Pactual Monasticism in the Repopulation of Castille*, in *Estudios dedicados a Menéndez Pidal*, ii, Madrid, 1951, p. 513 sqq.; R. Grégoire, *Valeurs ascétiques et spirituelles de la «Regula monachorum» et de la «Regula communis» de S. Fructueux de Braga*, dans *Rev. ascét. myst.*, xliii, 1967, p. 159-176; M. C. Díaz y Díaz, *a. c.* [ante n. 1273a], p. 31-34.

SPVRIA ET DVBIA

1870 **Regula communis.** Inc. «Solent enim nonnulli ob metum» (*DÍAZ*, 314; *CPPM*, ii, 3651)

PL, lxxx 1109

ibid., p. 165-208.

Fontes: M. C. Díaz y Díaz, *a. c.* (n. 1869), c. 1545; *a. c.* [ante n. 1273a], p. 35.

1871 **Pactum S. Fructuosi.** Inc. «Quod corde credimus et ore proferimus» (*DÍAZ*, 315; *CPPM*, ii, 3652)

PL, lxxx 1127

ibid., p. 208-211, uel G. Antolín, *Un codex regularum del siglo ix*, Madrid, 1908 (exc. e *La Ciudad de Dios*, t. lxxv-lxxvii), p. 19 sq.

De uariis **recensionibus** miri huius documenti uide I. Herwegen, *Das Pactum des hl. Fruktuosus von Braga*, Stuttgart, 1907, et C. J. Bishko, in *Speculum*, xxiii, 1948, p. 579 sq.; adde nomina subscriptorum e **cod.** Escorial a. 1, 13 iuxta editionem multo emendatiorem D. De Bruyne, in RB, xxviii, 1911, p. 80-86.

ANONYMVS

1872 **Consensoria monachorum.** Inc. «Communi definitione decreuimus» (Ps. AVGVSTINVS) (SCHANZ, iv, 1, 384; DÍAZ, 317; CPPM, ii, 3591. 3650)

PL, xxxii, 1447; lxvi, 993

(R. ARBESMANN &) W. HÜMPFNER, *Iordani de Saxonia Liber Vitasfratrum*, New York, 1943, p. 485-488.

Codicum elencho apud M. C. DÍAZ Y DÍAZ addatur Münster 44 (566), saec. xv, f° 62^v sqq.

Saec. vii-viii; Hispania.

Hanc regulam ex Priscilliani discipulorum circulo ortam censuit D. DE BRUYNE, in RB, xxv, 1908, p. 83-88, in aliam omnino sententiam eunte C. J. BISHKO, *The Date and Nature of the Spanish «Consensoria monachorum»*, in *The American Journal of Philology*, lxix, 1948, p. 377-395, qui *Consensoriam* «pactum» potius reputat quam regulam, et quidem saec. vii-viii confectam; idem ibidemque de **traditione text.** optime disseruit.

ANONYMVS

1873 **Regula Domni Augustini episcopi sanctis uirginibus Christi in monasterio consistentibus.** Inc. «Imprimis monasterium uestrum miram conclauis diligentiam» (Ps. AVGVSTINVS) (CPPM, ii, 3590 c)

uide n. 1839c.

ANONYMVS

1874 «**Regula Cassiani**» (SCHANZ, iv, 2, 516; CPPM, ii, 3626)

H. LEDOYEN, in RB, xciv, 1984, p. 154-194.

Cap. xv-xvi huius Regulae adferuntur inter *Testimonia diuinae Scripturae ‹et Patrum›*, saec. vii excerpta (n. 385) (*Test.* xii — CCCM, cviii D, 1987, p. 126-127). — Cfr etiam n. 513°.

Saec. vi-vii ex operibus CASSIANI consarcinata, fortasse in Hispania (*a*).

(*a*) De **traditione text.** regularum monasticarum in Hispania conscriptarum (nn. 1866-1874) tractat M. C. DÍAZ Y DÍAZ in *L'Europe héréditaire de l'Espagne visigothique*, p. 159-178 (cfr *Med. Lat.*, xv, 1994, p. 976, n. 5442).

[ANONYMVS BENEDICTINVS]

1875 **Regula monastica** (Inc. «Largiente Domino haec tibi pauca»), quam C. OTTAVIANO euulgauit (*Aeuum*, ii, 1928, p. 513-539 [altera ed.: C. OTTAVIANO, *Testi medioevali inediti*, Firenze, 1933, p. 209-229]), iam antea et accuratius ab A. AMELLI edita erat in *Annalibus OSB*, xx, 1912, p. 169-193, ubi et fusius de fontibus agitur; saec. x uidetur potius quam viii uel ix, ut putauit C. Ottaviano.

Emend.: M. INGUANEZ, in *Aeuum*, viii, 1934, p. 187-190; 645-658.]

CHRODEGANGVS EPISCOPVS METTENSIS

sedit a. 742-766.

1876 **Regula Canonicorum.** Inc. «Si trecentorum decem et octo reliquorumque sanctorum Patrum» (*MAASSEN*, 344; *CSLMA*, i, CHROG 7)   PL, lxxx 1097 et 1057 (alt recensio

J. PELT, *Études sur la Cathédrale de Metz. IV: La Liturgie*, i, Metz, 1937, p. 7-28.

Cod., **trad. text.**: Ch. DEREINE, in DHGE, xii, 1951, col. 365; E. MORHAIN, *Origine et histoire de la «Regula canonicorum» de S. Chrodegang*, in *Misc. Pio Paschini*, i, Roma, 1948, p. 173-185, et praesertim G. HOCGUARD, in *S. Chrodegang. Communications présentées au Colloque tenu à Metz en 1966*, Metz, 1967, p. 55-89; B. LANGEFELD, *Die lateinische Vorlage der altenglischen Chrodegang-Regel*, in *Anglia*, xcviii, 1980 p. 403-416, quae duas recensiones optime enucleauit. Cetera uide in CSLMA, i, Turnhout, 1994, p. 273-275.

XI. LIBRI PAENITENTIALES

Post F. W. H. WASSERSCHLEBEN (*a*) in unum collegit libros paenitentiales medii aeui H. J. SCHMITZ (*b*), qui etsi plures adhibet codices, plerumque minus diligens fuisse uidetur in textu exhibendo. Ceteroquin nonnullae praesto sunt hodie editiones particulares, praesertim Ludouici BIELER et Raymundi KOTTJE (*c*), utrique antiquioribus anteponendae.

Interpretationem anglicam praestantiorum monumentorum praebent J. T. MCNEILL & H. M. GAMER (*d*), qui nonnusquam textus emendant.

Scripta eruditorum recentiora inuenies siue apud A. VAN HOVE (*e*) et L. KÖRNTGEN (*f*) siue infra suo loco.

LIBRI BRITONVM

1877 **Canones Synodi Aquilonalis Britanniae (Breui).** Inc. «Cum muliere uel cum uiro peccans» (*KENNEY*, p. 239; *LAPIDGE & SHARPE*, 146) (circa 569)   PL, xcvi, 1317

L. BIELER, *The Irish Penitentials*, Dublin, 1963, p. 66.

1878 **Canones Synodi Luci Victoriae** (Grove of Victory). Inc. «Faciens furtum semel» (*KENNEY*, p. 239; *LAPIDGE & SHARPE*, 145) (circa 569)   PL, xcvi, 1317

ibid., p. 68.

(*a*) *Die Bußordnungen der abendländischen Kirche*, Halle, 1851 (editio anastatica, Graz, 1958).
(*b*) *Die Bußbücher und die Bußdisciplin der Kirche*, Mainz, 1883 (editio anastatica, Graz, 1958) (= SCHMITZ, i); *Die Bußbücher und das kanonische Bußverfahren*, Düsseldorf, 1898 (editio anastatica, Graz, 1958) (= SCHMITZ, ii).
(*c*) R. KOTTJE, *Paenitentialia Minora Franciae et Italiae saec. viii-ix*, Turnhout, 1994 (= CC, clvi).
(*d*) *Medieval Handbooks of Penance*, New York, 1938.
(*e*) *Commentarium Louaniense in C. I. C.*, i, 1, Prolegomena, Mechliniae, 1945, ed. 2ª, p. 283-290; uide etiam G. LE BRAS, *Pénitentiels*, in *Dict. de Théol. cath.*, xii, 1, 1933, col. 1160-1179; et R. KOTTJE, *o. supra c.*, p. vii-lii.
(*f*) *Studien zu den Quellen der frühmittelalterlichen Bußbücher*, Sigmaringen, 1993.

Synodus [supposita] i ª S. Patricii
uide sub n. 1791.

1879 **Excerpta quaedam de libro Dauidis.** Inc. «Sacerdotes in templo Dei» (KENNEY, p. 239; LAPIDGE & SHARPE, 144) (saec. vi, post medium)

PL, xcvi, 1318

ibid., p. 70-72.

1880 **Canones Wallici.** Inc. «Si quis homicidium ex intentione commiserit» (KENNEY, p. 240, adn. 249) (saec. vi ante medium)

PL, xcvi, 1320

ibid., p. 136-158.

Cfr L. BIELER, *Towards an Interpretation of the so-called «Canones Wallici»*, in *Medieval Stud. Presented to A. Gwynn*, Dublin, 1961, p. 387-392.

Praefatio de paenitentia auctore GILDA
uide sub n. 1321.

LIBRI HIBERNAE

Synodus [i] episcoporum, id est Patricii, Auxilii et Isernini
uide sub n. 1102.

1881 **Paenitentiale Vinniani.** Inc. «Si quis in corde suo» (KENNEY, 72) (saec. vi)

ibid., p. 74-94.

De **auctore** controuersia est, cfr J. MCNEILL & H. GAMER, *o. c.* [ante n. 1877, adn. *d*], p. 87, adn. 5.

1882 **Paenitentiale** (seu **Iudicia**) **Cummeani.** Inc. «Incipit prologus de medicinae salutaris animarum» (KENNEY, 73; LAPIDGE & SHARPE, 601) (saec. vii medio)

ibid., p. 108-134.

Fontes: H.-J. FREDE, p. 417; L. KÖRNTGEN, *o. c.* [ante n. 1877, adn. *f*], passim.

Cummeanus, hibernice Cummíne Fota, scripsit etiam hymnum «*Celebra Iuda*» (n. 1136); *Paenitentiale* uero, quod sub nomine *Excarpsus Cummeani* in Francia inde a saec. ix circumferebatur, quodque etiamnum tegitur Cummeani auctoritate in PL (lxxxvii, 979-998), apud WASSERSCHLEBEN et SCHMITZ (KENNEY, 77), certo recentius est. Vide T. OAKLEY, *A Great Penitential and its Authorship*, in *The Romanic Review*, xxv, 1934, p. 25-33.

Cod.: M. ESPOSITO, in *Hermathena*, xlv, 1930, p. 245-250.

1883 **Paenitentiale Bigotianum.** Inc. «Hieronymus uir memoriae Ecclesiae» (KENNEY, 74; LAPIDGE & SHARPE, 614) (circa 700-725)
ibid., p. 198-238.

1884 **Canones Hibernenses** (KENNEY, 78; LAPIDGE & SHARPE, 602-608)
ibid., p. 160-174.

Hoc nomine communiter designantur sex uetustissima fragmenta de paenitentia, collecta ab Edm. MARTÈNE et J. MANSI.

Canones Adomnani
uide sub n. 1792.

De paenitentia auctore COLVMBANO
uide sub n. 1110.

LIBRI ANGLIAE

1885 **Canones Theodori episcopi Cantuariensis** (Theodorus sedit a. 668-690) — PL, xcix, 927

P. W. FINSTERWALDER, *Die Canones Theodori Cantuariensis und ihre Überlieferungsformen*, Weimar, 1929, p. 239-334.

Cod.: M. WOESTHUIS, in SE, xxxiv, 1994, p. 175-184.

Addantur uersus «Te nunc sancte speculator» (P. W. FINSTERWALDER, o. c., p. 99 [SCHALLER & KÖNSGEN, 16000]) quibus ipse Theodorus opus suum HAEDDAE EPISCOPO WINTONIENSI dedicauit, cfr P. GROSJEAN, in AB, lxxvi, 1958, p. 378-387.

Varias collectiones (postumas) sententiarum Theodori Cantuariensis archiepiscopi, nempe collectionem «*discipuli Vmbrensium*», *Capitula Theodori* et *Canones Gregorii*, hic collegit eruditus auctor, cuius tamen recensio uix omnibus placuit, e. g. G. LE BRAS, *Iudicia Theodori*, in *Rev. d'hist. de droit français et étranger*, ive série, t. x, 1931, p. 95-115, et W. LEVISON, in *Zeitschr. der Savigny-Stiftung, kanon. Abt.*, xix, 1930, p. 699-707 (et iterum in *Aus rheinischer und fränkischer Frühzeit*, Düsseldorf, 1948, p. 295-303), qui et nonnullas emendationes criticas proposuit; item J. MCNEILL & H. GAMER, o. c. [ante n. 1877, adn. d], p. 54 sq., 63 et 179 sq.

Quod autem ostendere nisus est idem P. FINSTERWALDER, has collectiones in continenti, non in Anglia, ortas fuisse, plerique recentiores improbant.

Theodori nostri seruata est *epistula ad Aethelredum regem* (inc. «Cognoscat itaque, fili dilectissime») in *Vita S. Wilfridi*, auctore EDDIO (n. 2151), cap. 42; eius *epitaphii* initium et finis (inc. «Hic sacer in tumba») seruatum est in BEDAE *Historia ecclesiastica*, v, 8 — ed. PLUMMER, p. 295. — MGH, *scr. mer.*, vi, 203

1886 **Paenitentiale Bedae**

F. WASSERSCHLEBEN, *o. c.* [ante n. 1877, adn. *a*], p. 220-230, collata cum recensione breuiore iuxta H. SCHMITZ, ii [ante n. 1877, adn. *b*], p. 653-659.

Cod.: R. & M. HAGGENMÜLLER, in *Codices Manuscripti*, v, 1979, p. 77-79. — R. HAGGENMÜLLER nouam parat editionem huiusce *Paenitentialis*.

Trad. text. (nn. 1886-1887): J.-P. BOUHOT, in RHT, xvi, 1986, p. 143-169.

1887 **Paenitentiale Egberti Eboracensis**

A. W. HADDAN & W. STUBBS, *o. c.* [n. 1792], iii, 1871, p. 416-430.

De **genuinitate** nil certo constat, quamquam de ea non dubitat T. P. OAKLEY, *English Penitential Discipline*, New York, 1923, p. 123. Attamen discernendum est a *Confessionali PS. EGBERTI* et a *Paenitentiali* eodem nomine instructo (PL, lxxxix, 401-436), quae certe sunt posterioris aetatis, cfr J. RAITH, *Die altenglische Version des Halitgar'schen Bußbuches*, Hamburg, 1933, et R. SPINDELER, *Das altenglische Bußbuch*, Leipzig, 1934.

Cod.: N. R. KER, *Catalogue of MSS. Containing Anglo-Saxon*, Oxford, 1957, p. 521 sq.

LIBRI FRANCIAE ET HISPANIAE

1888 **Paenitentiale perperam Bedae et Egberto adscriptum**

B. ALBERS, in *Archiv f. kathol. Kirchenrecht*, lxxxi, 1901, p. 399-418.

Originem continentalem probabili ualde argumento illustrauit M. LAISTNER, *Was Bede the Auctor of a Penitential?*, in *Harvard Theological Rev.*, xxxi, 1938, p. 263-274, praesertim p. 269 sq. (= *The Intellectual Heritage of the Early Middle Ages*, Ithaca, 1957, p. 165-177).

1889 **Canones de remediis peccatorum**   PL, lxx 443

F. WASSERSCHLEBEN, *o. c.* [ante n. 1877, adn. *a*], p. 248-282, collata cum editione H. SCHMITZ, ii [ante n. 1877, adn. *b*], p. 679-701.

In nonnullis concordant hi *Canones* cum *Paenitentialibus* Bedae et Egberto perperam adscriptis (n. 1886-1888). Cfr J.-P. BOUHOT, in RHT, xvi, 1986, p. 143-169.

Cfr P. FOURNIER & G. LE BRAS, *Histoire des collections canoniques*, i, Paris, 1931, p. 88.

1890 **Iudicium Clementis**

F. Wasserschleben, *o. c.* [ante n. 1877, adn. *a*], p. 433 sq.

Procul dubio perperam s. WILLIBRORDO VLTRAIECTENSI EPISCOPO, cui Clementis cognomen, adscriptum, cfr C. Verbist, *Saint Willibrord*, Louvain, 1939, p. 317; R. Meens, *Willibrords Boeteboek?*, in *Tijdschr. voor Geschied.*, cvi, 1993, p. 163-178.

1891 **Paenitentiale Burgundense** (circa 700-725)

H. Schmitz, ii [ante n. 1877, adn. *b*], p. 319-322; R. Kottje [ante n. 1877, adn. *c*], p. 61-65.

Paenitentialia Burgundense, Bobiense, Parisiense ceteraque huius familiae synoptice edidit R. Kotje, in CC, clvi, 1994, p. 1-60.

Saec. viii.

1892 **Paenitentiale Bobiense**   PL, lxxii, 573

E. A. Lowe, *The Bobbio Missal*, London, 1920 (HBS, lviii), p. 173-177; R. Kottje [ante n. 1877, adn. *c*], p. 67-71.

Cfr n. 1924.

1893 **Paenitentiale Parisiense** [ii seu **simplex**]. Inc. «Si quis uero homicidium casu fecerit»

E. A. Lowe, *The Vatican MS. of the Gelasian Sacramentary and its Supplement at Paris*, in JTS, xxvii, 1926, p. 365-368; uel L. C. Mohlberg, *Liber Sacramentorum Romanae Aeclesiae ordinis anni circuli*, Roma, 1960, p. 254-259; R. Kottje [ante n. 1877, adn. *c*], p. 73-79.

Cfr n. 1899.

1893a **Paenitentiale Sletstatense**

CC, clvi, p. 81-85.

1893b **Paenitentiale Oxoniense I**

ibid., p. 87-93.

1893c **Paenitentiale Floriacense**

ibid., p. 95-103.

1893d **Paenitentiale Hubertense**

ibid., p. 105-115.

1893e **Paenitentiale Sangallense simplex**
ibid., p. 117-121.

1893f **Paenitentiale Merseburgense** (tres recensiones)
ibid., p. 123-177.

1893g **Paenitentiale Oxoniense alterum**
ibid., p. 179-205.

1894 **Paenitentiale Albeldense (Vigilanum).** Inc. «Si quis episcopus aut aliquis» (DÍAZ, 468)

F. ROMERO OTAZO, *El Penitential Silense*, Madrid, 1928, p. 60-66.

Saec. ix. med. — Cfr. et n. 1895°.

1895 **Paenitentiale Silense.** Inc. «Si quis episcopus aut aliquis» (DÍAZ, 535)

ibid., p. 91-109.

Saec. ix — Cfr Fr. BEZLER, *Chronologie relative des pénitentiels d'Albelda et de Silos*, in SE, xxxii, 1991, p. 163-169, qui et duos appendices ad paenitentialem Albeldense edidit.

1896 **Canones paenitentiales B. Hieronymi.** Inc. «Si quis episcopus aut aliquis ordinatus»

PL, xxx, 425-434 (439-449) = VALLARSI.

Saec. vii? Origine iberica? — De libris paenitentialibus Hispaniae, uide S. GONZÁLEZ RIVAS, *Los penitenciales españoles*, in *Estud. Ecl.*, xvi, 1942, p. 3-98; ID., *La penitencia en la primitiva Iglesia española*, Salamanca, 1950, p. 133-154, qui et in appendice textum repetiuit nn. 1894-1896.

Cetera *Paenitentialia* latina, hucusque edita, iam Carolinam sapiunt aetatem, etsi materiam praebent ex antiquioribus collectionibus assumptam.

XII. MONVMENTA LITVRGICA

Cfr Th. KLAUSER, *Repertorium liturgicum und liturgischer Specialkatalog*, in *Zentralblatt f. Bibliothekswesen*, liii, 1936, p. 2-16; Kl. GAMBER, *Codices Liturgici Latini antiquiores*, Freiburg (Schw.), 1968²; *Supplementum*, 1988; A. HUGHES, *Medieval MSS for Mass and Offices. A Guide to their Organization and Terminology*, Toronto, 1982; F. DELL' ORO, *Recenti Edizioni critiche di fonti liturgiche*, in *Liturgia delle Ore, Tempo e Rito. Atti xxii Septimana di Studi (Susa 1993)*, Roma, 1994, p. 197-303.

Insuper quamplures praesto sunt catalogi codicum liturgicorum, iuxto diuersas regiones, ciuitates, bibliothecas ordinati. Hi elenchus nobis maximi momenti sunt, etsi praesertim codices recentiores, longe numerosiores, describunt. Horum praestantissimi sunt catalogi a Victore LEROQUAIS elaborati:

Les Sacramentaires et les Missels manuscrits des Bibliothèques publiques de France, i-iv, Paris, 1924; *Les Bréviaires manuscrits*, i-vi, Paris, 1934; *Les Pontificaux manuscrits*, i-iii, Paris, 1937; *Les Psautiers manuscrits*, i-iii, Mâcon, 1940-1941; *Les Livres d'heures manuscrits de la Bibliothèque Nationale*, i-iii, Paris, 1927 - Mâcon, 1943.

Inter alios enumerare fas est:

W. H. FRERE, *Bibliotheca Musico-Liturgica. A Descriptive Handlist of the Musical and Latin-liturgical MSS of the Middle Ages in the Libraries of Great Britain and Ireland*, i-ii, London, 1894-1932;

A. EBNER, *Quellen und Forschungen zur Geschichte und Kunstgeschichte des Missale Romanum im Mittelalter. Iter Italicum*, Freiburg, 1896;

H. EHRENSBERGER, *Libri Liturgici Bibliothecae Apostolicae Vaticanae manuscripti*, Freiburg, 1897;

P. DE CORSWAREM, *De liturgische Boeken der Kollegiale O.L.Vrouw-kerk van Tongeren*, Gent, 1923;

O. GATZWEILER, *Die liturgischen Handschriften des Aachener Münsterstifts*, Münster, 1926 (LQF, 10);

A. DE POORTER, *Catalogue des Livres d'Heures et de Prières de la Bibliothèque de Bruges*, in RHE, xxix, 1933, p. 344-364;

A. STRITTMATTER, *Liturgische Handschriften in amerikanischen Bibliotheken*, in JL, xiv, 1938, p. 224-230;

L. COLOMBO, *I Codici della Diocesi di Pavia*, Milano, 1947 (*Fontes Ambrosiani*, 24);

P. RADÓ, *Libri Liturgici manu scripti Bibliothecarum Hungariae*, Budapest, 1947;

S. J. P. VAN DIJK, *Latin Liturgical Manuscripts and Printed Books. Guide to an Exhibition*, Bodlean Library, Oxford, 1952;

D. MCROBERTS, *Catalogue of Scottish Medieval Liturgical Books and Fragments*, Glasgow, 1953;

P. SALMON, *Les Manuscrits liturgiques latins de la Bibliothèque Vaticane*, i-iv, Città del Vaticano, 1968-1971 (StT, ccli. ccliii. cclx. cclxvii);

P. RADÓ & L. MEZEY, *Libri Liturgici manuscripti Bibliothecarum Hungariae et Limitropharum Regionum*, Budapest, 1973;

R. AMIET, *Repertorium Liturgicum Augustanum*, i-iii, Aosta, 1974-1986;

P. LADNER e. a., *Iter Helueticum*, i-v sq., Friburgi, 1976-1990 sq;

J. JANINI, *Manuscriptos Liturgicos de las Bibliotecas de España*, i-ii, Burgos, 1977-1980;

Alia recentiora enumerantur a Fr. DOLBEAU & P. PETITMENGIN, *Indices Librorum. Catalogues anciens et modernes de manuscrits médiévaux en écriture latine*, Paris, 1987, p. 129-131, nn. 746-757.

1. SACRAMENTARIA

Hic recensentur omnia sacramentaria eorumque fragmenta usque ad *Hadrianum*, quae quomodocumque edita sunt. Horum documentorum saec. xi antiquiorum elenchum locupletissimum praebet Kl. GAMBER, *Sakramentartypen. Versuch einer Gruppierung der Handschriften und Fragmente bis zur Jahrtausendwende, herausgegeben in beratender Verbindung mit* A. DOLD & B. BISCHOFF, Beuron, 1958 (TA, i, 49/50). Vide etiam K. MOHLBERG, *Grundsätzliches f. die Herausgabe alter Sakramentar-Texte*, in ALMA, ii, 1925, p. 117-133.

Praeeunte Placido BRUYLANTS (*Les Oraisons du Missel Romain*, i-ii, Louvain, 1952), Eugenius MOELLER, Iohannes-Maria CLÉMENT et Bertrandus COPPIETERS 'T WALLANT orationes et praefationes et benedictiones, quaecumque inueniuntur in uariis codicibus manuscriptis et editis, collegerunt et critice ediderunt, ordine alphabetico digestas, iuxta initium uniuscuiusque formulae (*Corpus Benedictionum pontificalium* [i-iv — CC, clxii-clxii C, 1971-1979]; *Corpus Praefationum* [i-v — CC, clxi-clxi D, 1980-1981]; *Corpus Orationum* [i sqq. — CC, clx sqq., 1992 sqq.]).

Textus omnes instructi sunt rubricis quae leguntur in codicibus, necnon elencho codicum quibus traduntur. Ibi etiam inuenies ampliorem bibliographiam.

Non minoris utilitatis est magnum et haud absimile opus Iohannis DESHUSSES & Benedicti DARRAGON, *Concordance et Tableaux pour l'étude des grands Sacramentaires* (Fribourg, 1981-1983 [*Spicilegii Friburgensis Subsidia*, ix-xiv]). Auctores praebent elenchus formularum occurrentium in Sacramentariis romanis, nempe *Leonianum, Gelasianum* et *Gelasianum saec. viii, Gregorianum* cum *Supplemento*; sequuntur *Tabulae synopticae* necnon et concordantiam omnium uerborum in iisdem sacramentariis occurrentium.

SACRAMENTARIA ROMANA

1897 **Sacramentarium Leonianum** (cod. Verona, Bibl. Cap. lxxxv [80], saec. vi-vii [LOWE, 514]) (*SCHANZ*, iv, 2, 602) PL, lv, 21

L. C. MOHLBERG, in Verbindung mit L. EIZENHÖFER & P. SIFFRIN, *Sacramentarium Veronense*, Roma, 1956 (*Rerum Ecclesiasticarum Documenta*, series maior. Fontes, i).

Codicem phototypice descripserunt A. DOLD & M. WÖLFLE, Beuron, 1957, et F. SAUER, Graz, 1960.

Text. bibl.: D. M. HOPE, *The use of the New Testament in the Leonine Sacramentary*, in *Studia Euang.*, v, 1968 (= TU, ciii), p. 281-285.

Index uerborum: P. BRUYLANTS, *Concordance verbale du Sacramentaire Léonien*, Bruxelles, 1948 (exc. ex ALMA, xviii, 1945, p. 51-376; xix, 1948, p. 39-405); P. SIFFRIN, ad calcem editionis laudatae, p. 235-438.

Cfr P. SIFFRIN, *Konkordanztabellen zu den römischen Sakramentarien*, i, Roma, 1958 (*Rer. Eccl. Doc.*, ser. minor. Subsidia studiorum, iv).

De **indole** et **origine** Sacramentarii Leoniani optimum summarium praebent prolegomena laudatae editionis. Quaedam addere iuuabit: A. AUGÉ, *Classificación, Autores y Estructura de las oraciones «Super populum» del Veronense*, in *Claretianum*, viii, 1968, p. 243-310; S. AGRELO, *Consideraciones histórico-literarias sobre los formularios de Pentecostés del Sacramentario Veronese*, in *Antonianum*, xlix, 1974, p. 239-282; A. CHAVASSE, *Un utilisateur inattendu du recueil dit «Léonien». Le sermon Filioli* [CPPM, i, 989], in AL, xxvi, 1984, p. 18-37; ID., *Le Sacramentaire dit «Léonien» conservé par le Veronensis LXXXV [80]*, in SE, xxvii, 1984, p. 151-190; A. BASTIAENSEN, *Un formulaire de messe du sacramentaire de Vérone et la fin du siège de Rome par les Goths*, in RB, xcv, 1985, p. 39-43; E. DAL COVOLO, *Leone Magna autore dell'eucologia per Lorenzo Martire?*, in *Salesianum*, lii, 1990, p. 403-414. — Vide etiam sub nn. 1657c, 1675°, 1697°.

1898 **Fragmenta liturgica ad Leonianum proxime accedentia:**

a. **Orationes et praefationes e cod. Berlin, Phillipps** 1667 (saec. viii-ix)

CC, clix B, 1954 — O. HEIMING.

Index uerborum: ILL, A, 21.

Ad ecclesiam Augustodunensem pertinere uidetur.

b. **Fragmentum Stuttgartense** (cod. Landesbibliothek, HB. vii, 10, saec. vii-viii [LOWE, 1361])

A. DOLD, in TA, i, 7-9, 1923, p. 11 (apud L. C. MOHLBERG, *o. c.* [n. 1897], p. 180-181).

c. **Fragmenta** (cod. Milano, Ambr. O 210 sup., saec. vi-vii [LOWE, 358])

G. MERCATI, *Antiche reliquie liturgiche*, Roma, 1902 (StT, vii), p. 42-44 (apud L. C. MOHLBERG, *o. c.*, p. 178-179).

d. **Fragmenta « Ariana »** (cod. Vat. lat. 5750, saec. v-vi [LOWE, 31])   PL, xiii,

G. MERCATI, *o. c.*, p. 51-53 (apud L. C. MOHLBERG, *o. c.*, p. 201-202).

e. **Rotulus Rauennae** (LOWE, 371) (SCHANZ, iv, 2, 540)

L. C. MOHLBERG, *o. c.*, p. 173-178; 202-203.

f. **Fragmentum Augiense** ccliii (saec. vii-viii, f° 13. 14. 18-25. 96 [LOWE, 1103])

A. HOLDER, *Die Reichenauer Handschriften*, i, Leipzig, 1906, p. 569-570 (partim) (apud L. C. MOHLBERG, *o. c.*, p. 200-201).

1899 **Sacramentarium Gelasianum Vetus** (cod. Vat. Reg. 316 et Paris, B. N., lat. 7193, saec. viii, f° 41-56 [LOWE, 105]) (SCHANZ, iv, 2, 605)   PL, lxxi 1055

L. C. MOHLBERG, in Verbindung mit L. EIZENHÖFER & P. SIFFRIN, *Liber Sacramentorum Romanae Aeclesiae ordinis anni circuli*, Roma, 1960 (Rer. Eccl. Doc., ser. maior. Fontes, iv).

Emend., trad. text.: S. AGRELO, in *Antonianum*, li, 1976, p. 170-200; lii, 1977, p. 81-93; 267-288.

Cfr P. SIFFRIN, *Konkordanztabellen zu den römischen Sakramentarien*, ii, Roma, 1959 (*ibid.*, ser. minor. Subsidia studiorum, v).

De **indole** et **origine** *Sacramentarii Gelasiani* uide A. CHAVASSE, *Le sacramentaire Gélasien, sacramentaire presbytéral en usage dans les titres romains au viie siècle*, Tournai, 1958. Cfr etiam nn. 1657c, 1675°.

Missa «Deus cuius arbitrio» (ed. MOHLBERG, p. 199 sq., nn. 1372-1376) spuria est ac posterioris aetatis; excuditur ab A. WILMART, *Pour une nouvelle édition du sacramentaire gélasien*, in RB, l, 1938, p. 324-328.

Appendices quas edidit L. C. MOHLBERG (*o. c.*, p. 249-261) e cod. Parisiensi, hae sunt: *Exorcismus contra inerguminos* (inc. «Deus caelorum, deus angelorum); *Paenitentiale* (uide n. 1893); *Breuiarium Apostolorum* (inc. »Simon qui interpraetatur oboediens« [BHL, 652; STEGMÜLLER, 191, 1; CPPM, ii, 2407]; [edid. B. DE GAIFFIER, in AB, lxxxi, 1963, p. 88-116]). Aliae recensiones indicantur a Fr. DOLBEAU, *Listes latines d'apôtres et de disciples traduites du grec*, in *Apocrypha*, iii, 1992, p. 259-279.

Fontes: J. JANINI, in *Hispania sacra*, xiii, 1960, p. 207-211.

1900 **Documenta ad Gelasianum uetus proxime accedentia:**

a. **Index liturgicus sacramentarii Gelasiani deperditi** (cod. Reims 8 [C. 142], saec. viii [LOWE, 822]) (SCHANZ, iv, 2, 605)

A. WILMART, *L'index liturgique de Saint-Thierry*, in RB, xxx, 1913, p. 437-450 (apud L. C. MOHLBERG, *o. c.* [n. 1899], p. 267-275).

b. **Fragmenta Londiniensia** (cod. Br. Libr., Add. 37.518, saec. viii [LOWE, 176])

A. BAUMSTARK, *Ein altgelasianisches Sakramentarbruchstück insularer Herkunft*, in JL, vii, 1927, p. 130-136 (apud L. C. MOHLBERG, *o. c.*, p. 266-267).

Cfr H. FRANK, *Die Briefe des hl. Bonifatius und das von ihm benutzte Sakramentar*, in *Sankt Bonifatius. Gedenkgabe zum 1200. Todestag*, Fulda, 1954², p. 75 sqq.

In Br. Libr., Add. 29.276, saec. viii [LOWE, 172] alia latent fragmenta gelasiana (uide E. BISHOP, *Liturgica Historica*, Oxford, 1918, p. 48, adn. 4); sed cfr Kl. GAMBER, *o. c.* [ante n. 1897], p. 71; partim edidit H. LECLERCQ, in DACL, ix, 2, c. 2383.

c. **Fragmenta Monacensia** (Clm 29.164-I/1 a, Bl. 13)

A. DOLD, *Liturgische Fragmente aus einem unbekannten gelasianischen Sakramentar*, in JL, xii, 1932, p. 156-160.

Cfr tamen P. SIFFRIN, in JL, xiii, 1935, p. 190, qui fragmentorum conexionem cum *Gregoriano* (Paduano) ostendit. Vide etiam Kl. GAMBER, *a. infra c*.

d. **Fragmentum Frisingense** (cod. München, Univ. 4° 3 [Cim. 23], saec. viii-ix, f° 1 [LOWE, 1344])

Kl. GAMBER, *Das Sakramentar des Bischofs Arbeo von Freising*, in *Münchener theol. Zeitschr.*, ix, 1958, p. 46-54.

e. **Fragmenta Valentiana** (cod. Valenciennes, Bibl. mun. 414, inuolucrum, saec. viii)

Kl. GAMBER, *Sakramentartypen*, p. 57-58.

f. **Fragmenta Cantabrigensia** (cod. Cambridge, Trinity College 28 [B. i. 30/464], saec. ix)

M. R. JAMES, *The Western MSS. in the Library of Trinity College, Cambridge*, Cambridge, 1900, p. 42.

g. **Fragmentum Basileense** (cod. Univ. Fragm. I 3 a - b, saec. viii-ix)

A. DOLD, in *Scriptorium*, vi, 1952, p. 260-273.

Hic inserendum uidetur etiam excerptum e *Kalendario S. Willibrordi* (n. 1905*l*).

1901 **Sacramentarium Pragense** (cod. Prag, Bibl. Cap. O.83, saec. viii)

A. DOLD & L. EIZENHÖFER, in TA, i, 38-42, 1949.

1902 **Sacramentarium Gregorianum** (cod. Padua, Bibl. Cap. D 47, saec. ix)

K. MOHLBERG, Münster, 1927 (LQF, xi-xii); J. DESHUSSES, *Le Sacramentaire grégorien. Ses principales formes d'après les plus anciens manuscrits*, Fribourg, i-iii, 1971-1982.

Cfr H. LIETZMANN, *Auf dem Wege zum Urgregorianum*, in JL, ix, 1929, p. 132-138; Kl. GAMBER, *Wege zum Urgregorianum*, Beuron, 1956 (TA, i, 46); A. CHAVASSE, *Le sacramentaire Gélasien*, p. 526-568.

Fontes: B. CAPELLE, *La main de S. Grégoire dans le sacramentaire Grégorien*, in RB, xlix, 1937, p. 12-28; L. BROU, in SE, ii, 1949, p. 182 sqq.; uide etiam sub n. 1721°.

1903 **Documenta ad Sacramentarium Gregorianum uetus proxime accedentia:**

a. «**Missale glagoliticum**», e uersione palaeoslauonica retrouersum a V. JAGIČ

K. Mohlberg, *Il Messale glagolitico di Kiew (sec. ix) ed il suo prototipo romano del sec. vi-vii*, in *Atti della Pont. Accad. Rom. di Archeol.*, iii, 2, 1928, p. 207-320.

Cfr B. von Arnim, in *Zeitschr. f. slav. Philol.*, viii, 1931, p. 494-503; K. Mohlberg, *ibid.*, x, 1933, p. 100-103; Kl. Gamber, in *Ostkirchl. Studien*, vi, 1957, p. 165-173. Cetera uide apud Kl. Gamber, CLLA, n. 895, et *Supplementum*, nn. 405/406.

b. **Fragmenta Salisburgensia** (Clm 15815 a; Salzburg V 1 H 162; Wien, Nationalbibl. 118, 767, 1066, 1097, 1242, 1272, 1280 [ser. noua 4225], saec. ix)

A. Dold & Kl. Gamber, Beuron, 1960 (TA, i, 4. Beiheft).

Cod.: K. Forstner, in *Scriptorium*, xiv, 1960, p. 253-254.

c. **Fragmentum Stuttgartense** (cod. Landesbibliothek, HB. iii, 34, saec. ix)

A. Dold, in *Scriptorium*, iv, 1950, p. 92-96.

Cfr A. Dold & Kl. Gamber, *o. c.*, p. 5-6.

d. **Fragmentum Augiense** 23, saec. ix

A. Holder, *Die Reichenauer Handschriften*, ii, Leipzig, 1914, p. 389-390; A. Dold, in JL, ii, 1922, p. 43-45.

Cfr A. Dold, *Die Salzburger und Reichenauer (fragm. 23) Sakramentarfragmente als Zeugen des vorhadrianischen Gregorianums und ihre Stellung zum Paduanum*, in JL, viii, 1928, p. 233-236; A. Dold & Kl. Gamber, *o. c.*, p. 4-5.

e. **Fragmenta e Clm** 29.164-I/1a Nr. 31/32 et 17.181, saec. ix

A. Dold, in EL, l, 1936, p. 365-369.

f. **Fragmentum Maihingen** (nunc **Harburg**) I 2 (lat.) 4° 1, saec. ix

A. Dold, *a. c.*, p. 369-374.

g. **Sacramentariorum iii fragmenta e rescripto Clm** 6333, saec. ix

A. Dold, in TA, i, 48, 1957.

h. **Libellus missae in Ascensione Domini et Pentecoste** (= Sacr. 4 e Clm 6333)

A. Dold, in TA, i, 48, 1957, p. 82*-86*.

De his libellis uide et P. SIFFRIN, *De Sacramentariis Clm 6333 aliisque similibus Parisiensi, Sangallensi, Bruxellensi comparandis*, in EL, xlv, 1931, p. 327-353.

i. **Collectarius** (fragm. Augiense 22)

A. HOLDER, *o. c.*, ii, p. 383-389.

Cfr Kl. GAMBER, *Sakramentartypen*, p. 153, adn. 5.

k. **Missale Casinense** (cod. Monte Cassino 271, saec. vii-viii [LOWE, 376] (SCHANZ, iv, 2, 618)

A. DOLD, in TA, i, 34, 1943.

Potius quam saec. viii ineunti, ut censebat A. WILMART, huius saeculi fini est adscribendum.

l. **Sacramentarium palimpsestum saec. ix** (cod. Mainz, Seminar 42 a) (SCHANZ, iv, 2, 619)

A. DOLD, *Ein vorhadrianisches gregorianisches Palimpsest-Sakramentar in Gold-Unzialschrift* (TA, i, 5, 1919).

Cfr K. MOHLBERG & A. DOLD, in *Theol. Revue*, xviii, 1919, p. 210-213; 327-329.

m. **Fragmenta Darmstadtensia** (cod. rescriptus Darmstadt 754, saec. ix)

describitur et partim editur ab A. DOLD, in TA, i, 45, 1955, p. 105-109.

n. **Orationes et lectiones Sabbati Sancti** (Clm 29.164 I Bl. 16, saec. ix)

A. DOLD, *Ein seltsamer Textzeuge für die Prophetien des Karsamstags und ihre Gebete*, in EL, xlviii, 1934, p. 301-309.

Cfr A. DOLD & Kl. GAMBER, *o. c.* (n. 1903*b*), p. 6-7; L. EIZENHÖFER, in AL, vi, 1960, p. 361, adn. 13.

o. **Orationes ad missas dominicorum** (cod. Verona xci [86], saec. ix)

A. DOLD & Kl. GAMBER, *o. c.*, p. 59*-71*.

p. **Fragmenta Vercellensia** (cod. Vercelli cxxvi, saec. ix)

A. DOLD & Kl. GAMBER, *o. c.*, p. 72*-77*.

q. **Fragmenta Treuirensia** (cod. Trier, Dombibl. 400, saec. viii [LOWE, 1365])

A. DOLD & Kl. GAMBER, *o. c.*, p. 81*-82*.

r. **Fragmenta Giessensia et Marburgensia** (cod. Gießen, NF 43, et Marburg, Staatsarchiv Hr 1, 4, saec. ix)

A. DOLD & Kl. GAMBER, *o. c.*, p. 80*-81*; 83*-84*.

s. **Sacramentarium Aemilianense** (cod. Madrid, Acad. de la Hist., S. Millan 35, saec. ix)

Describitur a J. JANINI, in *Bol. Acad. de la Hist. Madrid*, cxlv, 1959, p. 107-119.

APPENDIX

1903*a* **Canon missae Romanae tempore Gregorii papae**

B. BOTTE, *Le Canon de la Messe Romaine*, Louvain, 1935; L. EIZENHÖFER, *Canon Missae Romanae*, Romae, 1954 (*a*).

Latinitas: Cfr Chr. MOHRMANN, in VC, iv, 1950, p. 1-19 (= *Études*, iii, p. 227-244).

1903*b* **Fragmentum Canonis** (saec. vi-vii)

P. GUIDI, *La liste inédite des diptyques de la liturgie de Lucques*, in RB, xxiv, 1907, p. 119-123.

1904 **Sacramentarium Hadrianum** (cod. Cambrai 164, saec. ix) (SCHANZ, iv, 2, 618)

H. LIETZMANN, Münster, 1921 (LQF, iii).

Cfr N. J. ABERCROMBIE, *Alcuin and the Text of Gregorianum. Notes on Cambrai MS. 164*, in AL, iii, 1953, p. 99-103.

De **formulis** 205-226 Sacramentarii Hadriani uide G. MANZ, *Ausdrucksformen der lateinischen Liturgiesprache*, Beuron, 1941 (TA, i, 1. Beiheft), p. 17-23.

De **codicibus** uide H. LIETZMANN, *Handschriftliches zur Rekonstruktion des Sacramentarium Gregorianum*, in *Misc. Ehrle*, ii, Roma, 1924 (StT, xxxviii), p. 141-158; A. DOLD, in EL, l, 1936, p. 359-365 (Clm 29.164/1ᶜ); L. BROU, *Le sacramentaire de Nonantola* (Paris, B. N., lat. 2292), in EL, lxiv, 1950, p. 274-282.

(*a*) **Ordinaria Missae** recentiora recenset F. DELL'ORO, *o. c.* [ante n. 1897], p. 272-280.

De *Supplemento* ALCVINI seu potius BENEDICTI ANIANENSIS, uide R. AMIET, in *Scriptorium*, vii, 1953, p. 177-209; ix, 1955, p. 76-84; EL, lxxii, 1958, p. 97-110.

1905 **Sacramentaria Gelasiana saec. viii, a reformatione «Alcuiniana» immunia** (*a*):

a. **Sacramentarium Italicum palimpsestum** (cod. Roma, Bibl. Angelica F. A. 1408 [T. C. 22], saec. viii [LOWE, 415])

K. MOHLBERG, in *Rendiconti Pont. Accad. Rom. di Archeol.*, iii, 1925, p. 391-450.

b. **Sacramentarium Veronense** (cod. Budapest Lat. med. aeui 441, saec. viii)

K. MOHLBERG, *Nuovi frammenti di un sacramentario Gelasiano dell' Italia Settentrionale*, ibid., xvi, 1940, p. 161-170.

Cfr P. BORELLA, *I Gelasiani del sec. viii in Italia*, in EL, lxii, 1948, p. 259 sq.

c. **Gellonense** (cod. Paris, B. N., lat. 12.048, saec. viii [LOWE, 618])

CC, clix-clix A, 1981 — A. DUMAS & J. DESHUSSES.

d. **Engolismense** (cod. Paris, B. N., lat. 816, saec. viii)

CC, clix C, 1987 — P. SAINT-ROCH.

Index uerborum: ILL, A, 39.

dd. **Argentoratense** (cod. deperditus, saec. viii)

descripserunt et pauca fragmenta ediderunt L. DELISLE, *Mémoire sur d'anciens sacramentaires*, Paris, 1886, p. 89-91, n. xv; J. PITRA, apud P. SÉJOURNÉ, *Le sacramentaire gélasien de Strasbourg d'après les notes de dom Pitra*, in *Archives de l'Église d'Alsace*, n. s., iii, 1949/50 (1952), p. 1-12.

e. **Remense** (exc. F. DE VOISIN [cod. Paris, B. N., lat. 9493])

U. CHEVALIER, *Bibliothèque liturgique*, vii, Paris, 1900, p. 305-357.

(*a*) Cfr M. B. MORETON, *The «Liber Secundus» of the viii Century Gelasian Sacramentaries*, in *Stud. Patr.*, xiii, Berlin, 1975 (TU, cxvi), p. 382-386; A. CHAVASSE, *Le sacramentaire gélasien du viiie siècle. Ses deux principales formes*, in EL, lxxiii, 1959, p. 249-298; ID., *Le Sacramentaire dans le groupe dit «Gélasiens du viiie siècle»*, i-ii, Steenbrugge, 1984 (*Instr. Patr.*, xiv A-B).

De duobus sacramentariis Remensibus, una a GODELGAVDO a. 798-800 descripto, altero saec. xi concinnato, cfr H. B. PORTER, in JTS, n. s., x, 1959, p. 299-307.

ee. **Fragmentum Oxoniense** (cod. Oxford. Bodl. Douce f° 1 [21.999], saec. viii [LOWE, 239])

Kl. GAMBER, *Ein fränkisches Sakramentarfragment des S-Typus in merowingischer Minuskel*, in SE, x, 1958, p. 127-141.

f. **Sangallense** i (cod. 350, saec. viii [LOWE, 939])

G. MANZ, Münster, 1939 (LQF, xxxi).

g. **Sangallense** ii (cod. 348, saec. viii-ix)

K. MOHLBERG, Münster, 1939, ed. 2ª (LQF, i-ii).

Cfr L. EIZENHÖFER, *Ergänzungen der Konkordanztabelle zu Cod. Sangall.* 348, in *Misc. Mohlberg*, ii, Roma, 1949, p. 305-311.

h. **Sangallense** iii (cod. 349, saec. viii-ix [LOWE, 937])

K. MOHLBERG, in EL, xlii, 1928, p. 65-73.

i. **Excarpsus Parisiensis** (B. N., lat. 2296, saec. ix [LOWE, 544])

CCCM, xlvii, 1977, p. 113-177 — C. COEBERGH & P. DE PUNIET.

Cfr E. K. RAND, in *Harvard Studies in Class. Philol.*, lx, 1951, p. 235-261.

j. **Sacramentarium Arnonis Salisburgensis** († 821) (Clm 29.164 I/Ia Nr. 35)

Kl. GAMBER, in *Scriptorium*, xiv, 1960, p. 106-108.

k. **Excarpsus Bruxellensis** (cod. B. R., 10.127-10.144)

CCCM, xlvii, 1977, p. 81-110 — C. COEBERGH & P. DE PUNIET.

l. **Fragmenta e cod. Parisiensibus** (B. N., lat. 9488, saec. viii [LOWE, 581-582] et 10.837, saec. viii [LOWE, 606 a])

H. M. BANNISTER, *Anglo-Saxon Sacramentaries*, in JTS, ix, 1908, p. 398-411 (ultimum fragmentum [seu potius excerptum e *Kalendario S. Willibrordi*, n. 2037] apud L. C. MOHLBERG, *o. c.* [n. 1899], p. 265-266).

Hoc ultimum fragmentum ad *Gelasianum uetus* pertinere ostendit L. EIZENHÖFER, in *Coll. Fragm.*, p. 166-172.

m. **Fragmenta Monacensia** (Clm 28.547 [ex 2° Inkunabel s. a. 813b], saec. viii-ix [LOWE, 1326])

A. DOLD, in *Misc. Mohlberg*, ii, Roma, 1949, p. 267-276, et locupletius: *Stark auffällige, dem Altgelasianum und dem Pragense nahe Sakramentar-Texte im Clm 28.547*, in EL, lxvi, 1952, p. 321-351.

Rectius ponuntur post n. 1900d.

n. **Fragmenta Wratislauense et Stockholmianum** (cod. Wrocław, Bibl. Univ [s. n.] et Stockholm, Kön. Bibl. A 135a) (*LOWE*, 1596) (saec. vii-viii)

P. LEHMANN, *Skandinavische Reisefrüchte*, in *Nordisk Tidskrift för Bok- och Biblioteksväsen*, xxi, 1934, p. 166-167; Kl. GAMBER, in EL, lxxii, 1958, p. 111-126; nouum fragmentum repperit J. WORONCZAK in Bibl. Univ. Wrocław (Breslau).

Cfr L. EIZENHÖFER, in AL, vi, 1959, p. 79-81; Kl. GAMBER, in *Riv. di Storia della Chiesa in Italia*, xv, 1961, p. 80, adn. 45; ID., in SE, xvii, 1966, p. 242-246. Omnia haec fragmenta denuo edidit et commentatus est Kl. GAMBER, in A. LEHNER & W. BERSCHIN, *Lateinische Kultur im viii. Jahrhundert*, St. Ottilien, 1989, p. 79-94.

o. **Fragmenta Wirceburgensia, Werthemensia, Leningradtensia** (Würzburg, Univ. Fragm. o. S.; Wertheim, Fragm. 1 [Litt. B Nr. 1686a]; Leningrad, Acad. 3/625, saec. viii)

P. LEHMANN, *Fragmente*, München, 1944, p. 9-22.

Cfr Kl. GAMBER, *Sakramentartypen*, p. 118-119.

p. **Fragmentum Wirceburgense** (cod. Würzburg, Universitätsbibliothek, M. p. th. F. 42, f° 103, saec. viii [LOWE, 1409])

P. LEHMANN, *o. c.*, p. 12-13.

q. **Sacramentarium rescriptum Augiense** (cod. Karlsruhe Aug. cxii, saec. viii-ix [LOWE, 1081])

A. DOLD & A. BAUMSTARK, *Das Palimpsestsakramentar im Cod. Aug. cxii*, Beuron, 1925 (TA, i, 12).

r. **Fragmentum Blandiniense** (cod. Vat. lat. 3325, inuolucrum, saec. x)

H. M. BANNISTER, in JTS, ix, 1908, p. 412-421.

s. **Fragmentum S. Martialis Lemouicensis** (cod. Paris, B. N., lat. 2026, saec. ix)

F. COMBALUZIER, in EL, lxxiii, 1959, p. 425-430.

t. **Sacramentarium Rhenaugiense** (cod. Zürich, Zentralbibl. Rheinau 30, saec. viii-ix [LOWE, 1019])

Formularum initia describuntur a H. A. WILSON, *The Gelasian Sacramentary*, Oxford, 1894, p. 317-371.

u. **Fragmentum Schyrense** (Clm 29.164 I/1a Nr 27; 29.164 III [5]; Scheyern, Stiftsbibl. 81, saec. ix medii)

Kl. GAMBER, apud A. DOLD & Kl. GAMBER, *Das Sakramentar von Monza* (n. 1905*v*), p. 127*-134*.

v. **Sacramentarium Modoetiense** (cod. Monza, Bibl. Cap. f-1/101, saec. ix-x, e dioecesi Bergomensi)

A. DOLD & Kl. GAMBER, *Das Sakramentarium von Monza*, Beuron, 1957 (TA, i, 3. Beiheft).

w. **Sacramentarium Brugense** (cod. Brugge, Stadsbibl. 254, s. ix); Bruxellis, B. R. 3920-23, saec. xi; 11.196-97, saec. xii (fragm.)

G. VAN INNIS, *Un nouveau témoin du sacramentaire gélasien du viiie siècle*, in RB, lxxvi, 1966, p. 59-86; lxxxii, 1972, p. 169-187 (*a*).

SACRAMENTARIA AMBROSIANA

Sacramentaria Ambrosiana saec. ix antiquiora iam non extant aut saltem nondum edita sunt. Hic tamen elenchus datur monumentorum, iam typis mandatorum, ubi seruatae sunt reliquiae priorum saeculorum.

Conspectus omnium ritus Ambrosiani documentorum praebetur a P. BORELLA apud M. RIGHETTI, *Storia liturgica*, iii, Genua, 1949, p. 508-516. Vide et O. HEIMING, *Das mailändische Präfationale*, in AL, i, 1950, p. 128-132; codices uero locupletius recensentur in *Archivio Ambrosiano*, ii, 1950, p. 79-88, apud Kl. GAMBER, *Sakramentartypen*, p. 34-36; 120-123, et praesertim a R. AMIET, *La tradition manuscrite du Missel ambrosien*, in *Scriptorium*, xiv, 1960, p. 15-60.

(*a*) Alia fragmenta palimpsesta latent inedita in cod. Bruxellensis, B. R., 2750-65, f° 1-41; 78-82, 123-137 (LOWE, 1541) (e monasterio Stabulense).

1906 **Fragmentum missae catechumenorum** (cod. rescriptus Sangall. 908 et cod. Zürich, Zentralbibl. 110 [C 79b], saec. vii [LOWE, 955; 959])

A. DOLD, in RB, xxxvi, 1924, p. 307-316; ID. in TA, i, 14, 1928, p. 3-6.

1906a **Benedictio cerei.** Inc. « V. D. Qui populorum pascha cunctorum »

M. MAGISTRETTI, *Manuale Ambrosianum*, ii, Milano, 1904, 199-202.

Saec. v-vi? auctore quodam MAXIMINO POETA? Cfr M. HUGLO, in VC, vii, 1953, p. 86.

1907 **Sacramentarium triplex** (cod. Zürich, Zentralbibl. C 43, saec. xi)

O. HEIMING & J. FREI, Münster, 1968-1983 (LQF, 49, 1-2).

1908 **Codex Sacramentorum Bergomensis** (cod. Bergamo 242, saec. x-xi)

A. PAREDI & G. FASSI, Bergamo, 1962.

Cfr F. DELL'ORO, in *Salesianum*, xxv, 1963, p. 75-80.

Indicem formularum nn. 1908 et 1909a confecit F. COMBALUZIER, *Sacramentaires de Bergame et d'Ariberto. Index des formules*, Steenbrugge, 1962 (*Instr. Patr.*, v).

1908a **Fragmenta** in cod. rescripto Monza, Bibl. Cap. b-23/141 [cci], saec. viii (LOWE, 384)

Kl. GAMBER, in *Scriptorium*, xvi, 1962, p. 3-15.

1909 **Missale Ambrosianum uetus** (Abiaschae; cod. Ambr. A 24 bis inf., saec. ix-x)

O. HEIMING, Münster, 1969 (LQF, 51).

1909a **Sacramentarium Ariberti** (cod. Milano, Bibl. Cap. D 3, 2, saec. xi)

A. PAREDI, in *Misc. Adr. Bernareggi*, Bergamo, 1958, p. 329-488.

Cfr F. DELL'ORO, in EL, lxxiv, 1960, p. 3-35. Vide etiam 1908°.

1909b **Sacramentarium Ambrosianum** (cod. Milano, Bibl. Cap. D 3, 3, saec. ix-x)

J. FREI, Münster, 1974 (LQF, 56)

Ex abbatia Mediolanensi S. Simpliciani.

1910 **Sacramentarium palimpsestum Londiniense** (cod. Br. Libr. Harleian 2510, saec. xi)

O. HEIMING, *Ein «fusionniertes» Gregorianum und ein Ambrosiano-Benedictinum*, in EL, lxiv, 1950, p. 238-273.

1910a **Fragmentum Ambrosianum Ratisbonense** (Clm 14.809, saec. x-xi)

Kl. GAMBER, in *Ambrosius*, xxxv, 1959, p. 51-54.

Cfr R. AMIET, *a. c.* [ante n. 1906], p. 60, n. 38.

APPENDIX

1911 **Expositio missae Ambrosianae.** Inc. «Missa tempore sacrificii est» (cod. Montpellier, Univ. 76) (saec. viii?)

A. WILMART, in JL, ii, 1922, p. 47-67; F. BROVELLI, *La «Expositio missae canonicae»*, in *Archivio Ambrosiano*, xxxv, 1979, p. 5-151.

MISSALIA BENEVENTANA

Etsi posterioris aetatis, documenta Beneuentana hic inserimus; uestigia enim sunt antiquissimi ritus Italiae meridionalis, in nonnullis a Romano discrepantis. Praeter fragmenta missalis ab A. DOLD publici iuris facta, alios codices manuscriptos enumerant et describunt R. HESBERT, *Les dimanches du carême dans les manuscrits romano-bénéventains*, in EL, xlviii, 1934, p. 198-222; Kl. GAMBER, *Die mittelitalienisch-beneventanischen Plenarmissalien*, in SE, ix, 1957, p. 265-285, et B. COPPIETERS 'T WALLANT, in CC, clx, p. xix sq. — *Antiphonale missarum* uide infra, sub n. 1940.

1912 **Missale Beneuentanum** (fragm. e Zürich et Peterlingen et Luzern, saec. x-xi)

A. DOLD, in TA, i, 25, 1934, et E. OMLIN, in *Innerschweiz. Jahrb. f. Heimatkunde*, viii-x, 1944/46, p. 39-60 (= A. DOLD, *Neuentdecktes Luzerner Doppelblatt* [Beiblatt TA, i, 43, p. 32^{1-8}]).

1913 **Missale Beneuentanum** (fragm. Escurialensia R-iii-1, saec. xi)

A. DOLD, *Im Escorial gefundene Bruchstücke eines Plenarmissales in beneventanischer Schrift des xi. Jhs. mit vorgregorianischem Gebetsgut*, in *Spanische Forschungen der Görresgesellschaft*, v, 1935, p. 89-96.

1914 **Missale Beneuentanum** (fragm. Vat. lat. 10.645, saec. x-xi)

A. Dold, in JL, x, 1931, p. 40-55.

1915 **Missalia Beneuentana** (fragm. Casinensia, compactura vi et vii, saec. xi-xii)

A. Dold, in EL, liii, 1939, p. 111-167.

1916 **Missale Beneuentanum** (fragm. rescripta Guelferbytana, cod. Gud. gr. 112, saec. ix-x)

A. Dold & A. Manser, in *Zentralblatt f. Bibliothekswesen*, xxxiv, 1917, p. 233-250, uel Kl. Gamber, *a. c.* (n. 1911°), p. 281-283.

1916a **Fragmenta Monacensia I** (Clm 29.164c, saec. x in.)

Kl. Gamber, *a. c.* [n. 1911°], p. 269-272.

1916b **Fragmenta Monacensia II** (Clm 29.164 I, lit. 35/36, saec. ix ex.)

Kl. Gamber, *a. c.* [n. 1911°], p. 272-273.

1916c **Fragmenta Monacensia III** (Clm 29.164 I/1a, 10/11, saec. x-xi)

Describuntur a Kl. Gamber, *a. c.* [n. 1911°], p. 273-274.

Alia adhuc fragmenta describuntur a Kl. Gamber, *Sakramentartypen*, p. 64-73.

SACRAMENTARIA GALLICANA

1917 **Missae vii F. J. Mone** (cod. Augiensis ccliii, saec. vii [LOWE, 1102]) PL, cxxxviii, 863

L. C. Mohlberg, *Missale Gallicanum Vetus* (n. 1922), p. 61-91.

Non omnes missae, quod censebat H. Brewer (n. 1044a°), a VENANTIO FORTVNATO conscriptae sunt, sed fortasse prima tantum, metrica nempe (inc. «Siderea de sede nitens»), uide P. Radó, *Verfasser und Heimat der Mone-Messen*, in EL, xlii, 1928, p. 58-65; **fontes**: L. Eizenhöfer, in RB, lxiii, 1953, p. 329-332.

1918 **Fragmenta**:

a. **Missa pro defuncto** (cod. Paris, B. N., lat. 256, saec. viii [LOWE, 524])

D. De Bruyne, in RB, xxxiv, 1922, p. 156-158 (apud L. C. Mohlberg, *o. c.*, p. 96-97).

Emend.: G. M. Beyssac, apud F. Combaluzier in EL, lxix, 1955, p. 31-35.

b. **Missa in Natali Domini** (cod. Cambridge, Gonville & Caius College, n. 820 [k], saec. viii medio [LOWE, 130])

G. BICKELL, *Ein neues Fragment einer gallikanischen Weihnachtsmesse*, in ZkTh, vi, 1882, p. 370-372 (apud L. C. MOHLBERG, *o. c.*, p. 95-96; apud Kl. GAMBER, *Sakramentartypen*, p. 28-29).

bb. **Fragmenta e cod. Sangallensi** 194 (saec. viii [LOWE, 919])

Kl. GAMBER, *Fragment eines gallikanischen Sakramentars im Codex Sangallensis* 194, in *Scriptorium*, xx, 1966, p. 57-59.

c. **Fragmenta e cod. Ambrosiano M 12 sup.** (saec. vii-viii [LOWE, 453])

A. DOLD, in TA, i, 43, 1952.

PL, cxxxviii, 883

Ad *Missale Gothicum* [n. 1919] fragmenta nostra proxime accedunt.

d. **Missa in honorem S. Remigii** (cod. Reims 1395, saec. ix)

J. MABILLON, *Annales Ordinis S. Benedicti*, i, Paris, 1703, p. 63 et 680 (apud L. C. MOHLBERG, *o. c.*, p. 91-92).

Cfr F. BAIX, *Les sources liturgiques de la « Vita Remigii » de Hincmar*, in *Misc. A. De Meyer*, i, Louvain, 1946, p. 222-227.

e. **Missae defunctorum et Exhortationes matutinales e cod. Sangallensi** 908 (saec. vi-vii [LOWE, 958])

A. DOLD, in TA, i, 45, 1955, p. 1-36.

Cfr J. A. JUNGMANN, in ZkTh, lxxviii, 1956, p. 306-333.

f. **Fragmenta e cod. London W. Merton** 21 (saec. viii [LOWE, 219])

W. J. ANDERSON, in JTS, xxix, 1928, p. 337-345 (apud L. C. MOHLBERG, *o. c.*, p. 98-102).

Ad *Missale Gothicum* proxime accedunt. Cfr Kl. GAMBER, *a. c.* (n. 1905*n*), p. 71-74, qui haec fragmenta CHROMATIO AQVILEIENSI adscribenda putat.

g. **Fragmenta Ratisbonensia in cod. Monacensi** (Clm 14.429, saec. vii-viii [LOWE, 1298]).

A. DOLD & L. EIZENHÖFER, *Das Irische Palimpsestsakramentar in Clm 14429*, Beuron, 1964 (TA, 53-54).

Cfr A. DOLD, in JL, vii, 1927, p. 144; ix, 1929, p. 138; x, 1930, p. 161 sq.; M. FROST, *A Prayer-Book from St Emmeran, Ratisbon*, in JTS, xxx, 1929, p. 32-45.

gg. **Fragmenta Ratisbonensia** (cod. Berlin, lat. fol. 877; Regensburg, Sammlung Graf Walderdorff, saec. viii [LOWE, 1052])

P. SIFFRIN, apud L. C. MOHLBERG, *Missale Francorum* (n. 1923), p. 71-85.

Scriptura Anglosaxonica, non Hibernica est. Cfr n. 2038.

h. **Fragmenta e cod. Coloniensi** (Köln, Archiv, GB Kasten B 24.123.124, saec. viii [LOWE, 1165])

H. M. BANNISTER, *Fragments of an Anglo-Saxon Sacramentary*, in JTS, xii, 1911, p. 451-455.

Cfr H. FRANK, *a. c.* (n. 1900*b*), p. 83-88.

i. **Orationes ii post communionem** (cod. Paris, B. N., lat. 242, saec. ix)

A. WILMART, in ALMA, xv, 1940, p. 207 (apud L. C. MOHLBERG, *Missale Gallicanum uetus* (n. 1922), p. 102-103).

[*k.* **Fragmentum Augiense** 21 (Benedictio salis. Benedictio sponsae)

A. HOLDER, *Die Reichenauer Handschriften*, ii, Leipzig, 1914, p. 382-383.

Hic omittendum uidetur; sunt enim excerpta e *Gelasiano*, n. 290 (ed. MOHLBERG, p. 44) et e *Gregoriano*, n. 200, 6-11 (ed. LIETZMANN, p. 111-112).]

l. **Fragmentum diptychorum in appendice Regulae S. Aureliani** († 551) seruatum (n. 1844) PL, lxvii 395; lxxii 135

L. C. MOHLBERG, *o. c.*, p. 92-93.

m. **Priscilliani benedictio super fideles** (cod. Würzburg, Univ. M. p. th. Q. 3, saec. v-vi [LOWE, 1431]) CSEL, xv 103

L. C. MOHLBERG, *o. c.*, p. 103-105.

Cfr n. 785 sqq.

n. **Fragmentum Ruland** (cod. Fuldensis deperditus saec. viii)

A. RULAND, in *Theol. Quartalschr.*, xxxix, 1857, p. 420-421 (apud L. C. MOHLBERG, *o. c.*, p. 93-94).

o. **Missae in honorem S. Samsonis**

F. DUINE, *Inventaire liturgique de l'hagiographie bretonne*, Paris, 1922, p. 20-33; 236-237.

Aliae quoque orationes praefationesque, ad merouingicam aetatem pertinentes, fortasse seruatae sunt in recentioribus sacramentariis, quae praesertim a Kl. GAMBER, *Sakramentartypen,* describuntur.

1919 **Missale Gothicum** (cod. Vat. Reg. 317, saec. vii-viii [*LOWE,* 106]) PL, lxxii, 225
L. C. MOHLBERG, in Verbindung mit L. EIZENHÖFER & P. SIFFRIN, *Missale Gothicum,* Roma, 1961 (*Rer. Eccl. Doc.,* ser. maior. Fontes, v).

Codicem phototypice expressit uberrimisque prolegomenis illustrauit K. MOHLBERG, Augsburg, 2 uol., 1929. Vide etiam G. MORIN, *Sur la prouenance du Missale Gothicum,* in RHE, xxxvii, 1941, p. 24-30.

1920 **Benedictionale Friburgense** (seu Benedictiones episcopales post *Pater Noster*) (cod. Freiburg, Universität 363, saec. ix)

M. J. METZGER, *Zwei karolingische Pontifikalien vom Oberrhein,* Freiburg, 1914 (*Freiburger theol. Studien,* xvii), p. 87-92; 18*-25*.

1921 **Benedictionale Frisingense uetus** (Clm 6430, f° 1-14, saec. viii-ix)

W. DÜRIG, in AL, iv, 1956, p. 223-244.

Magna ex parte concordat cum *Benedictionale Friburgensi* (n. 1920) et cum *Benedictionibus episcopalibus* in *Sacramentario Berolinensi* 1776 (n. 1898). — Confectum uidetur saec. vii in monasterio in Valle S. Gregorii ad Rhenum in Alsatia, cfr W. DÜRIG, in *Lexikon für Theol. u. Kirche,* ii, Freiburg, 1958², col. 171.

1921a **Benedictiones Gallicanae** (Clm 29.163ᵐ [6211], saec. ix-x)

W. DÜRIG, *Die Bruchstücke einer Sammlung von Benedictiones Gallicanae in Clm 29163ᵐ,* in RB, lxiv, 1954, p. 168-175.

Eadem fere series benedictionum locupletius legitur in codicibus Clm 6430, f° 15ᵛ-76, saec. ix-x, et Cambridge, Fitzwilliam Museum 27, saec. ix-x (describitur a G. MORIN, in RB, xxix, 1912, p. 168-194), et in sacramentariis *Gellonensi* (n. 1905c) et *Engolismensi* (n. 1905d).

Benedictionalia recentioris aetatis, ab *ALCVINO* reformata (ed. H. A. PL, lxxviii, WILSON, *The Gregorian Sacramentary,* London, 1915 [HBS, xlix], p. 302- 602 315, e cod. Vat. Ottob. 313, saec. ix) uel ab aliis emendata et aucta, recenset W. DÜRIG, in AL, iv, 1956, p. 223, adn. 2; 225; addantur F. COMBALUZIER, in EL, lxix, 1955, p. 255-258; lxxi, 1957, p. 31-34 (e *Libro pontificali Senonensis ecclesiae,* Leningrad Q. v. I, 35, saec. x); F. COMBALUZIER & J. LAPORTE, in EL, lxxi, 1957, p. 145-184 (e cod. Paris, B. N., lat 2294, saec. x); J. DESHUSSES, in EL, lxxvii, 1963, p. 169-187; J. O. BRAGANÇA, *Die «Benedictiones episcopales» des Pontifikale von Coimbra,* in

Portugiesische Forschungen der Görresgesellschaft, 1. Reihe, vi, 1966, p. 7-27. Longe uero locupletius est elenchus *Benedictionum*, ordine alphabetico digestus ab E. MOELLER, *Corpus Benedictionum Pontificalium*, in CC, clxii-clxii C, 1971-1979.

1922 **Missale Gallicanum Vetus** (cod. Vat. Pal. 493, saec. viii [LOWE, 92-94])   PL, lxxii, 339

L. C. MOHLBERG, in Verbindung mit L. EIZENHÖFER & P. SIFFRIN, *Missale Gallicanum Vetus*, Roma, 1958 (*Rer. Eccl. Doc.*, ser. maior. Fontes, iii).

1923 **Missale Francorum** (cod. Vat. Reg. 257, saec. viii [LOWE, 103])   PL, lxxii, 317

L. C. MOHLBERG, in Verbindung mit L. EIZENHÖFER & P. SIFFRIN, *Missale Francorum*, Roma, 1957 (*ibid.*, ii).

1924 **Missale Bobiense** (cod. Paris., B. N., lat. 13.246, saec. viii [KENNEY, 554; LOWE, 653])   PL, lxxii, 451

E. A. LOWE, London, 1920 (HBS, lviii).

Codicem phototypice iam expresserat J. WICKHAM LEGG, 1917 (HBS, liii), et postea prolegomena ediderunt A. WILMART, E. A. LOWE et H. A. WILSON, 1924 (HBS, lxi).

Instructionem de hora celebrandi seu *Inquisitionem de lege ad missam celebrare* (f° 292^r-293^r; inc. «Si necessitas fuerit, a gallorum cantu») edidit et commentatus est A. WILMART, *Une curieuse instruction liturgique du missel de Bobbio*, in *Rev. Charlemagne*, ii, 1912, p. 1-16.

Cfr etiam nn. *633c*, 1892.

APPENDIX

1925 **Expositio breuis antiquae liturgiae gallicanae** («Ps. GERMANVS»). Inc. *epist.* i «Capitula patrum traditionum suscipimus»; inc. *epist.* ii «Quia fauente Domino»   PL, lxxii, 89

E. C. RATCLIFF, London, 1971 (HBS, xcviii).

Genuinitas: A. EKENBERG, in AL, xxxv/xxxvi, 1993/94, p. 135-139.

Origo et **fontes**: R. CABIÉ, in *Bull. litt. eccl.*, lxxiii, 1972, p. 183-192.

SACRAMENTARIA CELTICA

Cfr J. HENNIG, *Sacramentaries of the Old Irish Church*, in *Irish Eccl. Record*, n. s., xcvi, 1961, p. 23-28.

1926 **Missale Stowe** (cod. Dublin, R. I. Acad., D. ii 3, saec. viii [KEN-NEY, 555; LAPIDGE & SHARPE, 537; LOWE, 368])

G. F. WARREN, London, 1906-1915 (HBS, xxxi-xxxii).

1927 **Fragmenta e codd. Sangall.** 47. 1394 et 1395 (saec. viii-ix [KEN-NEY, 557; LAPIDGE & SHARPE, 791-792; LOWE, 979. 988, 989])

F. E. WARREN, *The Liturgy and Ritual of the Celtic Church*, Oxford, 1881, p. 175-189; B. BISCHOFF, *Neue Materialien zum Bestand und zur Geschichte der altlateinischen Bibelübersetzungen*, in *Misc. Mercati*, i, p. 425 sq.

1927a **Fragmenta Turicensia** (cod. Zürich, Staatsarchiv A. G. 19 N. xxxvi, saec. viii [KENNEY, 565; LAPIDGE & SHARPE, 793; LOWE, 1012])

F. E. WARREN, *o. c.*, p. 23-24.

1928 **Fragmentum Augiense** 17 (saec. ix [KENNEY, 558])

H. M. BANNISTER, in JTS, v, 1904, p. 49; 55-61; A. HOLDER, *Die Reichenauer Handschriften*, ii, Leipzig, 1914, p. 371-375.

1928a **Fragmentum Augiense** 18 (saec. ix [KENNEY, 558])

H. M. BANNISTER, *a. c.*, p. 61-66; A. HOLDER, *o. c.*, p. 376-379.

Alia fragmenta rescripta latent in cod. Aug. CXXXII (LOWE, 1083), CLXVII (ex duobus libris, uide LOWE, 1085), CXCV (LOWE, 1089-1091, cfr infra n. 2022), frag. Aug. 18 (LOWE, 1116); sed uix uel ne uix quidem legi possunt.

1928b **Fragmentum Placentinum** (cod. Piacenza, Archivio S. Antonino, saec. ix [KENNEY, 559])

H. M. BANNISTER, *a. c.*, p. 53-55; 66-75.

1928c **Fragmentum Murbacense** (cod. Colmar, Bibl. mun. 144, saec. viii [LOWE, 757]) (LAPIDGE & SHARPE, 796)

L. BROU, *Le fragment liturgique Colmar 144, reste d'un pontifical irlandais du viiie siècle*, in *Bull. litt. eccl.*, lvi, 1955, p. 65-71.

Adde fragmenta e *Missali Fuldensi* deperdito, iuxta G. WITZEL, *Excercitamenta syncerae pietatis*, Mainz, 1555 (KENNEY, 556; LAPIDGE & SHARPE, 1277) (cfr B. CAPELLE, in RB, xlvi, 1934, p. 128 sq.).

Alia quoque fragmenta inueniuntur in collectionibus posterioris aetatis, uel adhuc latent inedita in codicibus; ea plenissime recenset F. KENNEY, nn. 560 sqq.; addatur Oxford, Bodl. Auct. F. iii, 15, f° 54-65, saec. viii [LOWE, 232]. Cfr etiam nn. 2020 sqq.

SACRAMENTARIA HISPANICA

Cfr J. M. PINELL, *Los textos de la antigua liturgía hispanica*, in *Studios sobre la liturgía mozárabe*, Toledo, 1965, p. 109-164 (non tantum indicat codices sacramentariorum, sed etiam aliorum librorum liturgiae hispanicae ueteris).

1929 **Liber Mozarabicus Sacramentorum** (cod. Toledo, Bibl. Capit. 35.3) (*DÍAZ*, 639; cfr 325)

M. FÉROTIN, Paris, 1912.

Cfr G. MERCATI, *The date of some Prayers in the Mozarabic Missal*, in E. BISHOP, *Liturgica Historica*, Oxford, 1918, p. 203-206; D. DE BRUYNE, *Les auteurs de quelques messes mozarabes*, in RB, xxx, 1913, p. 421-428 (attamen, quae ibi adferuntur e *Vita sancti Ildefonsi*, quae reuera est saec. xi-xii et non viii [cfr AB, lxiv, 1946, p. 298], praetermitte); A. LAMBERT, in *Rev. Mabillon*, xxvi, 1936, p. 1-27. Vide etiam nn. 1088 et 1233.

Quaedam accuratius descripsit et edidit A. FRANQUESA, *El Códice Emilianense 60 y sus piezas litúrgicas*, in *Hispania Sacra*, xii, 1959, p. 423-444.

1930 **Liber Ordinum** (cod. Madrid, Acad. de la Hist., Emil. 56) (*DÍAZ*, 637; cfr 326) (saec. vii)

M. FÉROTIN, Paris, 1904.

Var. lect.: J. JANINI, *Dos Fragmentos del «Liber Ordinum»*, in *Homenaje a Fray Pérez de Urbel*, i, Silos, 1976, p. 227-231 (Madrid, Acad. de la Hist., Emil. 21, inuolucrum; León, Cat., fragm. 5).

1931 **Benedictiones Bobienses** (cod. Torino, B. N., 1094 [G. v. 26], saec. vi ex. [*LOWE*, 463])

A. WILMART, in BALAC, iv, 1914, p. 176-187.

1932 **Benedictio cerei.** Inc. «Quam mirabilis sit aeclesiae catholice pulcritudo» (cod. Escorial, «Camarín de las reliquias», saec. vii [*DÍAZ*, 150])

J. PINELL, in *Liturgica*, ii, 1958, p. 97-100.

Cfr A. C. Vega, *Una antigua pieza litúrgica ¿Agustiniana o visigótica?*, in *La Ciudad de Dios*, cliii, 1941, p. 169-176; J. PINELL, in *Liturgica*, i, *Card. I. A. Schuster in memoriam*, Montserrat, 1956, p. 141 sq.; J. BERNAL, *La «laus cerei» de la liturgia hispana*, in *Angelicum*, li, 1964, p. 317-347.

In elucubratione Jordi M. PINELL (*La Benedicció del Ciri Pasqual i els sens textos*, in *Liturgia*, ii, 1958, p. 1-119) ceterae *Benedictiones cerei* seu «Exultet» editae sunt. Cfr etiam n. 162 et 1217a (*Benedictio lucernae* auctore *ISIDORO*).

2. ANTIPHONALIA ET RESPONSORIALIA

De *antiphonalibus* manu scriptis uide *Le Graduel Romain. Édition critique par les moines de Solesmes*, ii, *Les sources*, Solesmes, 1957; antiphonalia uero, quae ad Officium diuinum pertinent, descripsit et in classes ordinauit R. HESBERT (*Corpus Antiphonalium Officii*, i-vi, Roma, 1963-1979 [*Rer. Eccl. Doc.*, series maior. Fontes, vii-xii]), textum formularum critice digerens. Omnia reordinauit K. OTOSEN, *L'Antiphonaire latin au Moyen Age*, Rome, 1986. Hic tantum notantur Antiphonalia antiquiores, a cursu Romano uel Monastico aliena.

1933 **«Antiphonale Missarum sextuplex»** (cod. Monza, Tesoro; Zürich, Zentralbibl., Rheinau 30 [*LOWE*, 1019]; Bruxelles, B. R. 10.127-10.144 [Mont-Blandin]; Paris, B. N., lat. 17.436 [Compiègne]; 12.050 [Corbie]; Paris, Bibl. S. Geneviève, lat. 111 [Senlis]; fragm. Lucca, Bibl. cap. 490) (*SCHANZ*, iv, 2, 619)   PL, lxxviii, 725

R. HESBERT, Bruxelles, 1935.

1934 **Fragmenta Berolinensia, Treuirensia et Cleuelandiana**

P. SIFFRIN, *Eine Schwesterhandschrift des Graduale von Monza: Reste zu Berlin, Cleveland und Trier*, in EL, lxiv, 1950, p. 53-80.

Cod.: D. DE BRUYNE, in RB, xliii, 1931, p. 7 sq.

Cfr etiam n. 1987.

1934*a* **Fragmentum Gemeticense** (cod. Rouen, A. 292, saec. ix)

R. HESBERT, *Un curieux antiphonaire palimpseste de l'office*, in RB, lxiv, 1954, p. 28-45.

1934*b* **Fragmentum Fuldense** (cod. Kassel, Fol. theol. 36, inuolucrum, saec. ix)

B. OPFERMANN, in EL, l, 1936, p. 207-223.

APPENDIX

1935 **Ordo Antiphonarum.** Inc. «Dominica prima de aduentu Domini» (*ANDRIEU*, *Ordo Romanus* xii) (saec. viii-ix)

M. ANDRIEU, *Les Ordines Romani du haut moyen âge*, ii, Louvain, 1948, p. 459-466.

1936 **Fragmenta Parisiensia** (cod. Paris, B. N., n. a. l., 1628, saec. viii-ix [*KENNEY*, 570]) (*LAPIDGE & SHARPE*, 811)

G. MORIN, *Fragments inédits d'antiphonaire gallican*, in RB, xxii, 1905, p. 329-356.

1937 **Fragmenta Taurinensia** (cod. Torino, B. N., 882 N. 8 [F. iv. 1, fasc. 9], saec. vii [KENNEY, 569; LAPIDGE & SHARPE, 532; LOWE, 454])

W. MEYER, in *Nachr. Göttingen*, 1903, p. 163-214.

1938 **Antiphonale Benchorense** (cod. Milano, Ambr. C 5 inf., saec. vii exeunte [MANITIUS, i, 160; KENNEY, 568; LOWE, 311]) (LAPIDGE & SHARPE, 532)

E. FRANCESCHINI, Padova, 1941.

Fontes: P. O'CALLAGHAN, *The Bangor Antiphonary Creed: Origins and Theology*, in *Annales Theologici*, vi, 1992, p. 255-287.

Cod. phototypice edidit et diplomatice transcripsit F. E. WARREN, London, 1893 (HBS, iv).

1939 **Responsoriale** (cod. Sangall. 1399 a 2, fragm. [e cod. 46], saec. viii medii [LOWE, 996])

A. DOLD, *Ein neues Winitharfragment*, in TA, i, 31, 1940, p. 77-84.

1940 **Antiphonale Missarum Beneuentanum**

R. HESBERT, in EL, lii, 1938 sqq.

Vberiorem copiam antiphonarum ritus Beneuentani, sed ritui Romano magis adaptati, habes in *gradualibus Beneuentanis* Vat. lat. 10673, et Benevento, Bibl. Cap. vi, 34, in *Paléographie musicale*, t. xiv et xv, 1931 sq. et 1938 sq., a Solesmensibus R. HESBERT et J. GAJARD editis.

1941 **Antiphonale Ambrosianum** (fragm. e cod. Bergomensi [n. 1908])

A. PAREDI & G. FASSI, *Sacramentarium Bergomense*, Bergamo, 1962, p. 3-28.

1942 **Antiphonarium Ambrosianum** (cod. London, Brit. Mus. Add. 34209 [saec. xii] et cod. Muggiasca [saec. xiv])

(P. CAGIN & MEYRET), in *Paléographie musicale*, v-vi, Solesmes, 1896/1900.

Antiphonalia Ambrosiana plenissime recensent M. HUGLO, L. AGUSTONI, E. CARDINE, E. MONETA CAGLIO, *Fonte e paleografia del Canto Ambrosiano*, Milano, 1956 (*Archivio Ambrosiano*, vii).

1942a **Antiphonale Sinaiticum** (Sinai, St. Cath. Monast., Gr. MS. 567 Slav. 5, saec. x)

E. A. LOWE & B. FISCHER, in RB, lxxiv, 1984, p. 252-297.

Fragmenta cuiusdam Antiphonalis Missae et Officii, origine Africana, ut uidetur, uel Sinaitica.

1943 **Antiphonarium mozarabicum Legionense** (cod. León, Cat. 8, saec. xi [DÍAZ, 638]

L. BROU & J. VIVES, *Antifonario Visigótico Mozárabe de la Catedral de León*, i, Madrid, 1959.

Cod. phototypice editus est Barcinonae, 1953.

Kalendarium (f° 6ᵛ-9) et *Computum* (f° 9ᵛ-27ᵛ) ediderunt [L. SERRANO, G. PRADO & C. ROJO], *Antiphonarium mozarabicum de la Catedral de León*, León, 1928, p. xxxvi-l; de *Kalendario*, uide J. VIVES & Á. FABREGA GRAU, in *Hispania Sacra*, ii, 1949, p. 344-347; *ibid.*, p. 368-374, denuo editur (DÍAZ, 775); de *Computo*, uide sub n. 2297a. Excerpta e cod. London, Br. Libr., Add. 30.850, saec. xi, edidit I. FERNÁNDEZ DE LA CUESTA, in *Homenaje a Fr. J. Pérez de Urbel*, i, Silos, 1976, p. 233-256.

De formulis graecis, cfr M. RABANAL ALVAREZ, *Sobre algunas piezas griegas (transcritas) del Antifonario Visigótico-Mozárabe de la Catedral de León*, in *Archivos Leoneses*, xiii, 1959, p. 67-85.

Textum saec. vii adscripsit M. FÉROTIN; eum merito recentiorem aestimat M. C. DÍAZ Y DÍAZ.

1943a **Antiphonarium mozarabicum Silense** (cod. London, Br. Libr. Add. 11.695, f° 1ʳ-4ᵛ, saec. ix-x [DÍAZ, 638])

L. BROU, in *Hispania Sacra*, v, 1952, p. 341-366.

1943b **Antiphonarium mozarabicum Caesaraugustanum** (cod. Zaragoza, Facultad de Derecho, «Libro de S. Voto», fragm. saec. x)

L. BROU, *Fragments d'un antiphonaire mozarabe du monastère de San Juan de la Peña*, in *Hispania Sacra*, v, 1952, p. 35-65.

Cetera Antiphonalia hispanica recenset J. M. PINELL, *a. c.* [ante n. 1929]), p. 127-131.

1944 **Psalterium Mozarabicum, Liber Canticorum, Liber Hymnorum** [DÍAZ, 641])

PL, lxxxvi, 939-1352 = DE LORENZANA.

Cod.: J. M. PINELL, *a. c.* [ante n. 1929], p. 119-125.

Var. lect.: J. JANINI, *El fragmento Silense de «Liber Canticorum»* (London, Br. M., add. 30.844, f. 173-177ᵛ), saec. x, in *Estudios Biblicos*, xxxix, 1981, p. 155-163 (textus biblicus Canticorum).

Cfr J. ENCISO, *El Breviario mozárabe de la Biblioteca nacional*, in *Estud. Biblic.*, ii, 1943, p. 189-211; L. BROU, in *Hispania Sacra*, xi, 1958, p. 349-398. — De «Breuiario gothico» (PL, lxxxvi, 47-740), uide W. C. BISHOP, *The Mozarabic and Ambrosian Rites*, London, 1924, p. 55-97; J. M. MARTIN, *El «Breviarium gothicum» y la autenticidad de su liturgia*, in *Misc. Comillas*, xl, 1963, p. 208-297.

Partes ad officia matutina pertinentes critice edidit J. M. PINELL, in *Hispania Sacra*, ix, 1956, p. 61-85.

1945 **Liber Canticorum** (cod. Madrid, Bibl. nac., 10.001 [Toledo 35, 1], saec. ix)

PL, lxxxvi, 845-886 = DE LORENZANA.

Elenchum omnium canticorum composuit A. W. S. PORTER, in EL, xlix, 1935, p. 126-145; cfr H. SCHNEIDER, in TA, i, 29-30, 1938, p. 126-158. Cfr n. 1208.

1946 **Psalterium Mozarabicum** (cum antiphonis, orationibus, hym- PL, lxxx nis, canticis) (cod. London, Brit. Libr., Add. 30851, saec. xi [DÍAZ, 739 641, adn. 31])

J. GILSON, London, 1905 (HBS, xxx).

Emend.: Ll. NICOLAU D' OLWER, in ALMA, iii, 1927, p. 147.

Accuratissime describuntur psalteria manuscripta Hispaniae a W. MUIR WHITEHILL, in JL, xiv, 1938, p. 95-122, et a J. M. PINELL, *a. c.* [ante n. 1929].

3. LECTIONARIA

Conspectum utilem (e schedulis A. WILMART, cfr EL, li, 1937, p. 136 adn. 2) praebet G. GODU, in DACL, v, 1, 1922, col. 245-344; 852-923. At longe uberiorem elenchum lectionariorum cuiusue generis (1300 fere codicum) redegit Th. KLAUSER, *Das römische Capitulare Euangeliorum*, i, Münster, 1935 (LQF, xxviii), p. xxix-cxx (*a*). De omni hac materia optime, licet cursim tantum, egit G. KUNZE, *Die gottesdienstliche Schriftlesung*, i, Göttingen, 1947.

Cod.: P. MCGURK, *Latin Gospel Books from A. D. 400 to A. D. 800*, Antwerpen, 1961 (*Les Publications de Scriptorium*, v).

Vetustissima sunt lectionaria gallicana:

(*a*) Adde pauca, cum ipso Th. KLAUSER, in JL, xiv, 1938, p. 443 (attamen de cod. Vat. Reg. 74, uide infra sub n. 1983) necnon et cum A. WILMART, in EL, li, 1937, p. 137 sq.; infra etiam alia pauca notantur.

LECTIONARIA GALLICANA

1947 **Codex palimpsestus Weissenburgensis** 76 e bibliotheca **Guelferbytana** (saec. v-vi [LOWE, 1392])

A. DOLD, in TA, i, 26-28, 1936.

De **origine** etc., uide G. MORIN, in EL, li, 1937, p. 3-12; A. BAUMSTARK, in *Oriens Christianus*, iii, 11, 1936, p. 114-119. Auctore MVSAEO MASSILIENSI († 461)? Cfr Kl. GAMBER, in RB, lxix, 1959, p. 198-225. Potius fortasse auctore CLAVDIANO MAMERTO, uide G. BERTI, in EL, lxviii, 1954, p. 147-154. Sed cfr etiam n. 1960°.

Paucas **emend.** proposuit P. SALMON, *o. c.* (n. 1948).

1948 **Lectionarium Luxouiense** (cod. Paris, B. N., lat. 9427, saec. vii-viii [KLAUSER, i, 23; LOWE, 579])   PL, lxxii, 171

P. SALMON, Roma, 1944.

Cod.: C. CHARLIER, *Note sur les origines de l'écriture dite de Luxeuil*, in RB, lviii, 1948, p. 149-157; F. MASAI, *Pour quelle église fut exécuté le lectionnaire de Luxeuil?*, in *Scriptorium*, ii, 1948, p. 37-46; cfr *ibid.*, iii, 1949, p. 172; P. SALMON, *Le lectionnaire de Luxeuil. Étude paléographique*, Roma, 1953; E. A. LOWE, in RB, lxiii, 1953, p. 132-146.

1949 **Codex palimpsestus Parisiensis** (cod. Paris, B. N., lat. 10.863, saec. vii [LOWE, 607])

É. CHATELAIN, *Fragments palimpsestes d'un lectionnaire mérovingien*, in *Revue d'histoire et de littérat. relig.*, v, 1900, p. 193-199.

Ampliora fragmenta textus eodem e codice eruit P. VANNE, apud P. SALMON, *o. c.* [n. 1948], p. cv sq.

1950 **Euangeliarium S. Kiliani** (cod. Würzburg, M. p. th. Q. 1 a [KLAUSER, i, 38; LOWE, 1429]) (notae saec. vii-ix).

P. SALMON, in RB, lxi, 1951, p. 38-53.

Emend.: P. SALMON, in RB, lxii, 1952, p. 294-296.

1951 **Lectionarium Selestadiense** (cod. Sélestat, Bibl. municip. 1 [1093], [r] saec. viii [KLAUSER, i, 31; LOWE, 829])

G. MORIN, *Études*, p. 440-456.

Cfr Ch. MUNIER, in *Annuaire des Amis de la Bibliothèque humaniste de Sélestat*, xlii, 1933, p. 7-22.

1952 **Epistolarium Selestadiense** (cod. Schlettstadt, Stadtbibl. 1 B [1093*a*], eiusdem fere temporis [*LOWE*, 831]) et in regione Aquileiensi confectum.

ibid., p. 446.

1953 **Euangeliarium S. Dionysii** (cod. Paris, B. N., lat. 256 [*KLAUSER*, i, 22; *LOWE*, 524]) (notae saec. viii ineuntis)

G. MORIN, in RB, x, 1893, p. 438-441.

Cfr P. SALMON, *Le texte biblique de l'Évangéliaire de S. Denis*, in Misc. Mercati, i, p. 103-106.

1954 **Euangeliarium Treuirense** (cod. Trier, Dombibl. 134, saec. viii [*KLAUSER*, i, 33; *LOWE*, 1364])

D. DE BRUYNE, in RB, xxxiii, 1921, p. 46-52.

1955 **Lectionarium Tegernseense** (Clm 19.126, saec. viii [*LOWE*, 1321])

A. DOLD, in TA, i, 35, 1944, p. 39-52.

1956 **Euangeliaria Dunelmensia** (cod. Durham, A. ii. 16 et A. ii. 17 [*KLAUSER*, i, 6 et 7; *LOWE*, 148*a*-150]) (notae saec. viii-ix)

C. H. TURNER, *The Oldest MS. of the Vulgate Gospels*, Oxford, 1931, p. 217.

1957 **Notae Lugdunenses** (cod. Lyon, Bibl. mun. 403 [329] et 1964 [1840]) (*KLAUSER*, i, 14; *LOWE*, 771) (saec. vii)

U. ROBERT, *Pentateuchi uersio latina antiquissima e cod. Lugdunensi*, i, Paris, 1881, p. xix-xli; ii, Lyon, 1900, p. xiii.

Cfr E. A. LOWE, *Codices Lugdunenses antiquissimi*, Lyon, 1924, p. 32-33.

1958 **Epistolarium Frisingense** (Clm 6229, saec. viii [*KLAUSER*, i, 20; *LOWE*, 1251])

B. BISCHOFF, in *Studien & Mitteil. OSB*, l, 1932, p. 516-519.

1959 **Epistolarium Anianense** (cod. Montpellier, Bibl. mun. 6, saec. ix [*KLAUSER*, i, 18])

A. WILMART, in *Rev. Mabillon*, xiii, 1923, p. 40-53.

Cfr P. SALMON, in JTS, n. s., ii, 1951, p. 170-177; A. MUNDÓ, *a. c.* (n. 1993*a*), p. 155.

APPENDIX

1960 **Epistula Ps. Hieronymi ad Constantium.** Inc. «Quanquam licenter assumatur» (*CPPM*, ii, 918)

PL, xxx, 487 (501)

W. H. Frere, *The Roman Epistle-Lectionary*, London, 1935, p. 75-76.

Cod.: B. Lambert, BHM, n. 372 (t. iii a), p. 371-372; cfr H. J. Frede, p. 533.

Var. lect. e cod. Besançon 184: A. Wilmart, in RB, xxx, 1913, p. 26, adn. 2. Cfr nn. 1988 et 1993.

Fontes: A. Chavasse, in RB, lxxxiv, 1974, p. 72-74.

Saec. viii, certe Eginone et Alano [ante n. 1995] antiquior.

LECTIONARIA ITALIAE SEPTENTRIONALIS ADIECTIS MEDIOLANENSIBVS

1961 **Euangeliarium Palatinum** (cod. Trento, Mus. Nazion. [e] [*KLAUSER*, i, 35; *LOWE*, 437]) (notae saec. v)

D. De Bruyne, in RB, xlv, 1933, p. 255.

1961a **Lectionarium Mediolanense** (?) (cod. Orléans 184 [161], inuolucrum [*LOWE*, 80], saec. vi-vii)

K. Gamber, *Leimabdrücke eines mailändischen Lektionars aus dem 6./7. Jahrhundert*, in *Scriptorium*, xv, 1961, p. 117-121.

Cfr K. Gamber, in *Ambrosius*, xxvii, 1961, p. [16]-[19].

1962 **Euangeliarium Sangallense** (cod. Sangall. 1395 [Σ], saec. v [*LOWE*, 984]) (nota saec. vii? [*KLAUSER*, i, 10])

C. H. Turner, *o. c.* (n. 1956), p. 71.

Cfr D. De Bruyne, in BALCL, ii, n. 281.

1963 **Epistolarium Bobiense** (cod. rescriptus Vat. lat. 5755, saec. vii [*KLAUSER*, i, 29; *LOWE*, 32])

A. Dold, in TA, i, 19-20, 1931, p. 51-84.

1964 **Euangeliarium Constantiense** [W] [π] (fragm. palimpsest. saec. vii med. e Gallia uel Italia [*LOWE*, 1176])

A. Dold, in TA, i, 7-9, 1923, p. 194-224.

Cfr K. Gamber, *Die älteste abendländische Evangelien-Perikopenliste, vermutlich von Bischof Fortunatianus von Aquileja*, in *Münchener theol. Zeitschr.*, xiii, 1962, p. 180-201.

1965 **Fragmenta Prophetarum Constantiensia** (saec. v [LOWE, 1174]) (notae saec. vii [KLAUSER, i, 11])

 A. DOLD, *o. c.* [n. 1963], p. 60 et 70.

 Cfr A. L. MAIER, in JL, v, 1925, p. 259.

1966 **« Euangeliarium S. Corbiniani »** (Clm 6224 [q], saec. vi-vii [KLAUSER, i, 19; LOWE, 1249]) (notae saec. vii-ix)

 G. LEIDINGER, in *Wissenschaftl. Festgabe zum 1200. Jubiläum des hl. Korbinian*, München, 1924, p. 79-102.

 Cfr D. DE BRUYNE, in BALCL, i, n. 432, et praesertim G. MORIN, *Indices de provenance illyrienne du livre d'Évangiles q*, in *Misc. Mercati*, i, p. 95-102.

1967 **Euangeliarium S. Marcellini** (Ancona, Bibl. Cap. [KLAUSER, i, 1; LOWE, 278]) (notae saec. viii)

 Th. KLAUSER, in RB, l, 1938, p. 309-323.

1968 **Capitulare Euangeliorum et notae e cod. Foroiuliensi** (cod. Cividale, Mus. Archeol. [J] [LOWE, 285]) (saec. vii [Cap.] et vi-viii [not.] [KLAUSER], i, 4])

 D. DE BRUYNE, in RB, xxx, 1913, p. 208-218.

1969 **Capitulare Euangelii et notae e cod. Rehdigerano** (cod. deperditus Breslau, Stadtbibl. R. 169 [l], saec. viii [KLAUSER, i, 3; LOWE, 1073])

 H. J. VOGELS, *Codex Rehdigeranus*, Roma, 1913, p. 95-97 et xxiii-xxv.

 Cfr G. MORIN, in RB, xix, 1902, p. 1-12, et *Études*, p. 49, adn. 1.

1969a **Notae ex Euangeliario Spalatensi** (cod. Split, Eccl. Cathedr., saec. viii)

 C. KNIEWALD, in EL, lxxi, 1957, p. 419-427.

1970 **Notae ex Euangeliario Vercellensi** (cod. Vercelli, Arch. Cap. [a], saec. vii-viii [KLAUSER, i, 34; LOWE, 467])

 A. GASQUET, *Codex Vercellensis*, i, Roma, 1914, p. xvi-xix.

1971 **Notae ex Euangeliario Mediolanensi** (cod. Ambr. C 39 inf. [M], saec. vii-ix [KLAUSER, i, 16; LOWE, 313])

 G. MORIN, in RB, xx, 1903, p. 375-388.

 Cfr D. DE BRUYNE, in RB, xxxiv, 1922, p. 26, adn. 1.

1972 **Notae in margine cod. Vat. Reg.** 9 (saec. vii-viii [*KLAUSER*, i, 27; *LOWE*, 100])

G. MORIN, in RB, xv, 1898, p. 104-106.

Cfr A. DOLD, in TA, i, 35, 1944, p. 31 sq.; A. OLIVAR, in EL, lxxiv, 1960, p. 393-408.

1973 **Capitulare lectionum** (cod. Vat. Reg. 9, saec. vii-viii [*LOWE*, 100])

A. DOLD, in TA, i, 35, 1944.

In Italia septentrionali confectum, saeculo ut uidetur viii, cfr A. OLIVAR, *Los Sermones de S. Pedro Crisologo*, Montserrat, 1962, p. 429-435.

1973a **Fragmentum Beuronense** 47 (saec. x)

A. DOLD, *Das Beuroner Fragment-Doppelblatt Nr. 47 mit vollständig ausgeschriebenen Texte eines Lektions-Sakramentars*, in EL, lxxiii, 1959, p. 31-37.

In Italia septentrionali, fortasse Rauennae, confectum uidetur, saec. viii-ix.

1974 **Capitulare Euangeliorum Ambrosianum** (cod. S. Giovanni in Busto Arsizio, Bibl. Cap. M. i. 14, saec. ix)

A. PAREDI, in *Misc. Lit. in onore di Giacomo Card. Lercaro*, ii, Roma, 1967, p. 207-249.

Cfr P. BORELLA, in *Ambrosius*, x, 1934, p. 210-232.

Capitularia ritus Ambrosiani et recentiora documenta eiusdem ritus, praesertim Ambr. A 28 inf. (saec. ix ineuntis), a P. BORELLA, *a. c.*, p. 221, recensentur.

1974a **Lectiones ad calcem Sacramentarii Bergomensis** (n. 1908)

P. CAGIN, *Codex Sacramentorum Bergomensis*, Solesmes, 1900, p. 187-192.

1975 **Capitulare lectionum Ambrosianum** (cod. Milano, Bibl. Metropolitana, saec. xii)

P. CAGIN, *o. c.* [n. 1974a], p. 193-207.

1975a **Fragmentum Louaniense** (fragm. Omont 1, saec. viii ineunte)

Cod.: M. MC CORMICK, in RB, lxxxvi, 1976, p. 75-82.

LECTIONARIA ITALIAE MERIDIONALIS ADIECTIS ROMANIS

Cfr A. CHAVASSE, *Les Lectionnaires Romains de la Messe au viie et au viiie siècle*, Fribourg, 1993.

1976 **Capitulare e cod. Fuldensi** (cod. Fulda, Landesbibl., Bonifatianus 1 [F], circa 545 [*KLAUSER*, i, 9; *LOWE*, 1196])

G. MORIN, *Anecdota Maredsolana*, i, 1893, p. 436-444, seu R. DUBOIS, in *Tijdschr. v. Lit.*, l, 1966, p. 411-417.

Vide etiam E. VON DOBSCHÜTZ, *Wann las Victor von Capua sein Neues Testament?*, in ZntW, x, 1909, p. 90-96; P. CORSSEN, *ibid.*, p. 175-177.

1977 **Capitulare ex Euangeliario S. Cuthberti** («Book of Lindesfarne») (London, Brit. Libr., Cott. Nero D. iv [Y], collato cum cod. London, Brit. Libr., Regius I. B. vii, saec. viii [*KLAUSER*, i, 12 & 13; *LOWE*, 187 et 213])

G. MORIN, *o. c.* [n. 1976], p. 426-435.

Tertium codicem eiusdem generis sed posterioris aetatis (Reims, Bibl. mun. 41) adnotauit G. KUNZE, *o. c.* [ante n. 1947], p. 48.

1978 **Notae e codice Amiatino** (Firenze, Laurent., Amiatinus 1 [A], saec. vii-viii [*KLAUSER*, i, 8; *LOWE*, 299])

C. TISCHENDORF, *Codex Amiatinus*, Leipzig, 1850, p. xxv.

1979 **Capitulare ex Euangeliario Burchardi** (cod. Würzburg, M. p. th. F. 68, saec. vii-viii [*KLAUSER*, i, 37; *LOWE*, 1417])

G. MORIN, in RB, x, 1893, p. 113-126.

1980 **Notae ex Euangeliario S. Augustini** (cod. Oxford, Bodl. Auct. D. 2. 14 [O] [*LOWE*, 230] (saec. vii-x [*KLAUSER*, i, 21])

J. CHAPMAN, *Notes on the Early History of the Vulgate Gospels*, Oxford, 1908, p. 192 sq.; 199 sq.

1981 **Lectiones selectae Sacramentario Pragensi adnexae** (cod. Prag. Bibl. Cap. O. 83, saec. viii exeunte)

A. DOLD, in TA, i, 38-42, 1949, p. 188*-195*.

1981a **Capitulare Euangeliorum Romanum** (cod. Gniezno, Capit. 1, saec. viii-ix)

B. BOLZ, in *Studia Źródłoznawcze. Commentationes*, xii, 1967, p. 23-38.

Cfr J. KARWASINSKA, in *Scriptorium*, xxiv, 1970, *Bull. codic.*, p. 399 sq., n. 121.

1982 **Capitularia Euangeliorum iv**

Th. KLAUSER, *Das römische Capitulare Euangeliorum*, i, Münster, 1935 (LQF, xxviii).

Quattuor «typorum», qui hic eduntur, codices praestantissimi sunt sequentes:

typi Π (circa 645): Würzburg, M. p. th. F. 62 (*KLAUSER*, i, 36; *LOWE*, 1423, a-b; cfr n. 1985) et cod. Vat. Pal. 46 (*KLAUSER*, i, 26; iv, 354);

typi Λ (circa 740): *Codex Aureus*, Trier, Stadtbibl. 22 (*KLAUSER*, i, 32; *LOWE*, 1366); cod. Vat. Pal. 50 (*KLAUSER*, iv, 356) et Aachen, Domschatz (*KLAUSER*, iv, 1);

typi Σ (circa 755): cod. Autun, Bibl. mun. 4 et Paris, B. N., n. a. l., 1588 (*KLAUSER*, iv, 320; *LOWE*, 717 a-b);

typi Δ (post 750): Douai, Bibl. mun. 12 (*KLAUSER*, iv, 76; *LOWE*, 758).

Ad typum Λ adde elucidationes Petri MINARD de cod. Poitiers, Bibl. mun. 17 (65) (*KLAUSER*, iv, 324; *LOWE*, 821), in EL, lxi, 1947, p. 211-228, et de cod. Vendôme, Bibl. mun. 2 (*KLAUSER*, iv, 396), in RB, lvi, 1945/46, p. 60 sq., adn. 5.

Ad typum uero Λ adde et fragmentum quod edidit A. DOLD, *Ein Evangelienperikopenfragment des Stiftes St. Peter in Salzburg*, in EL, xlviii, 1934, p. 382-389.

In Appendice recuduntur apud *KLAUSER* capitularia cod. Paris, B. N., lat. 93 et 1317 (*KLAUSER*, iv, 274 et 413) (saec. ix).

Cum editione Theodori KLAUSER conferenda est illa Donatiani DE BRUYNE, *Préfaces*, p. 196-208 (*STEGMÜLLER*, 852).

1983 **Comes Vaticanus palimpsestus** (cod. Vat. Reg. 74, saec. viii [*LOWE*, 102])

A. DOLD, in EL, liv, 1940, p. 12-37.

1983a **Fragmentum Monacense** (Clm 29.155 c, saec. vi exeunte [*LOWE*, 1334])

Kl. GAMBER, *Das Münchener Fragment eines Lectionarium plenarium aus dem Ende des vi. Jh.*, in EL, lxxii, 1958, p. 268-280.

Ad typum Romanum pertinet, etsi in Italia septentrionali conscriptum uidetur.

1983b **Fragmenta Stuttgartensia** (cod. Stuttgart, Landesbibliothek, Inkunabel 6769 et H. 5385 [fragm. 47], saec. viii [*LOWE*, 1357])

A. DOLD, *Zwei wichtige Fragmente eines Doppel-Comes aus dem 8. Jh. mit vollausgeschriebenen Texten*, in EL, lxv, 1951,

p. 77-86; ID., *Ein Vorläufer des Comes von Murbach*, ibid., p. 237-249; 251.

1984 **Comes Murbacensis** (cod. Besançon, Bibl. mun. 184, saec. viii-ix [KLAUSER, i, 2; LOWE, 731])

A. WILMART, in RB, xxx, 1913, p. 25-69.

1985 **Capitulare lectionum Wirceburgense** (cod. Würzburg, M. p. th. F. 62, saec. vii [KLAUSER, i, 36; LOWE, 1423 a-b])

G. MORIN, in RB, xxvii, 1910, p. 41-74.

Cfr G. KUNZE, *Das Rätsel der Würzburger Epistelliste*, in *Coll. fragm.*, p. 191-204; A. CHAVASSE, *L'épistolier romain de Wurtzbourg. Son organisation*, in RB, xci, 1981, p. 280-371. Vide et supra, n. 1982.

1985a **Fragmenta Frisingensia** (cod. Donaueschingen, Fragm. B ii 2 et Heidelberg, Sammlung G. Eis 82, saec. viii-ix [KLAUSER, viii, 15; LOWE, 1217])

A. DOLD, in JL, iii, 1923, p. 52-54; ID., in EL, lxv, 1951, p. 250; 252.

Cfr Kl. GAMBER, in EL, lxxii, 1958, p. 279 sq., cetera fragmenta *Lectionariorum plenariorum* enumerans.

1986 **Fragmenta Monacensia** (Clm 29.164/1, 29.164/2 a, 29.164/1 a)

A. DOLD, *Bruchstücke alter Perikopenbücher*, in AL, i, 1950, p. 82-101.

Ad codices Murbacensem et Wirceburgensem proxime accedunt, sed posterioris sunt aetatis.

1987 **Comes Veronensis** (cod. Paris, B. N., lat. 9451, saec. viii [LOWE, 580])

R. AMIET, in EL, lxxiii, 1959, p. 335-367.

Cod., uar. lect.: Kl. GAMBER, in RB, lxxi, 1961, p. 125-134.

Cfr A. WILMART, in EL, li, 1937, p. 140, adn. 16, qui codicem scriptorio Veronensi tribuit; propius ad codices Modoetianos accedit (nn. 1933 sq.).

1988 **Comes Corbeiensis** (cod. Leningrad, Q. v. i. 16, a. 772-780 [KLAUSER, vi, 64])

A. STAERK, *Les manuscrits latins de St-Pétersbourg*, i, St-Pétersbourg, 1910, p. 135-171.

Cfr W. H. FRERE, *The Roman Epistle-Lectionary*, London, 1935, p. 1-24; A. WILMART, *l. c.*, adn. 15.

1989 **Comes ab Albino emendatus** (cod. Cambrai, Bibl. capit. 553 [deest apud KLAUSER] et Paris, B. N., 9452 [KLAUSER, vi, 99]) (saec. viii)

A. WILMART, in EL, li, 1937, p. 136-197.

APPENDIX

1990 **Ordo scripturarum.** Inc. «Legatur autem omnis scriptura» (ANDRIEU, Ordo romanus xiv) (saec. viii)

M. ANDRIEU, *o. c.* [ante n. 1998], iii, Louvain, 1951, p. 39-41.

Cfr n. 1998.

1991 **Ordo librorum catholicorum qui ponuntur in anno circulo in ecclesia romana.** Inc. «In primis in septuagesima» (ANDRIEU, Ordo romanus xiii A; STEGMÜLLER, 853) (saec. vi-vii)

A. ANDRIEU, *o. c.* [ante n. 1998], ii, Louvain, 1948, p. 481-488, collata cum editione D. DE BRUYNE, *Préfaces*, p. 265-266.

LECTIONARIA HISPANICA

Cod.: cfr A. MUNDÓ, *a. c.* (n. 1993*a*), p. 155 sq.; J. M. PINELL, *a. c.* [ante n. 1929], p. 116-118.

1992 **Comes Toletanus** (cod. Toledo, Bibl. cap. 35-8, saec. ix-x [DÍAZ, 640])

J. FR. RIVERA REGIO, in *Estudios Bíblicos*, vii, 1948, p. 335-359.

Auctor etiam alios **codices** lectionarii mozarabici enumerat.

Vtilia etiam aliis ex codicibus praebet G. GODU, in DACL, v, 1, col. 271 sq., sed longe locupletius est quod scripsit ipse M. FÉROTIN in appendice *Libri sacramentorum mozarabici*, Paris, 1912, col. 669-964: *Étude sur les manuscrits mozarabes*.

1993 **Liber comicus ecclesiae Toletanae** (cod. Paris, B. N., n. a. l., 2171 [t], saec. xi [DÍAZ, 640])

G. MORIN, *Anecdota Maredsolana*, i, Maredsous, 1893.

In appendice eduntur ex eodem codice *Formulae annunciandarum festiuitatum* et *Kalendarium Gotho-hispanicum*.

E codicibus Toledo, Cat. 35-8 et 35-4, Paris, B. N., n. a. l. 2171, Madrid, Acad. de la Hist. 22, León, Cat. 2, critice restituitur *Liber commi-*

cus hispanicus a J. Pérez de Urbel & A. Gonzalez y Ruiz-Zorrilla, Madrid, i-ii, 1950-1955.

In appendice editur *Prologus* petri *Abbatis*, seu epistula ps. hieronymi (n. 1960).

1993*a* **Fragmentum rescriptum e cod. Parisiensi** (B. N., 2269, saec. viii-ix)

A. Mundó, *El Commicus palimpsest Paris lat. 2269, amb notes sobre litùrgia i manuscrits Visigòtics a Septimània i Catalunya*, in *Liturgica*, i, *Card. I. A. Schuster in memoriam*, Montserrat, 1956, p. 151-276.

1994 **Capitulare e cod. Complutensi** (Madrid, Univ. 31 [32], saec. ix [klauser, i, 15])

D. De Bruyne, in RB, xxxiv, 1922, p. 147-155.

Cod., grauiter damnatus, iam legi non potest; imagines photographicae totius libri extant in officina S. Hieronymi de Vrbe.

4. HOMILIARIA

Omnes fere extantes collectiones sermonum anni circuli ex homiliario uel alani farfensis (aut eginonis veronensis) uel pavli diaconi fluxerunt. Circa haec homiliaria Carolini aeui uide J. Leclercq, *Tables pour l'inventaire des homiliaires manuscrits*, in *Scriptorium*, ii, 1948, p. 195-214, qui disquisitiones Wiegand, Morin, Hosp aliorumque in commodum compendium ordinauit. Adde quae dicuntur a sequentibus eruditis: W. A. Oldfather & I. G. Lough, *The Urbana MS. of the Homiliarium of Paulus Diaconus*, in *Speculum*, vi, 1931, p. 293-294; L. Brou, *Un nouvel homiliaire en écriture wisigothique*, in *Hispania Sacra*, ii, 1949, p. 147-191; R. Étaix, *Homiliaires wisigothiques provenant de Silos à la Bibliothèque nationale de Paris*, in *Hispania Sacra*, xii, 1959, p. 213-224; A. Olivar, *Los Sermones de San Pedro Crisologo*, Montserrat, 1962, p. 20-24 (**cod.** *homiliarii* pavli diaconi); descriptiones huius homiliarii praebet R. Grégoire, *Les homiliaires du Moyen Âge*, Roma, 1966 [= *Rerum Eccles. Docum.*, Series maior [Fontes, vi], p. 71-114; uel locupletius ab eodem: *Homiliaires liturgiques médiévaux*, Spoleto, 1980, p. 423-486); in eiusdem elucidationibus et aliorum homiliariorum antiquorum descriptiones inuenies, dum homiliaria merouingici aeui, quorum tantum fragmenta supersunt, longius descripsit (*Les homéliaires mérovingiens du viie-viiie siècle*, in *Stud. Med.*, n. s., xiii, 1972, p. 901-917); ibidem et nonnulla, inedita ut uidetur, euulgauit (uide sub nominibus singulorum concionatorum). Maximi momenti est nouissimum opus Raimundi Étaix, *Homéliaires patristiques latins. Recueil d'études de manuscrits médiévaux*, Paris, 1994.

Etsi in recentioribus codicibus nonnihil inuenitur quod ad antiquos patres uel ad liturgiam primaeuam spectat (*a*), hic tria tantum inter uetustiora homiliaria inserenda putamus, antiquissimum nempe homiliarium S. Petri, deinde homiliarium Romanum auctore AGIMVNDO et illud EGINONIS VERONENSIS, testis fidelis inter omnes antiquissimi homiliarii Romani (*b*). Addatur et homiliarium celeberrimum illud ibericum, quod «Homiliae Toletanae» nuncupatur, necnon et «Homilias Beneuentanas» nuper editas.

Codices homiliariorum non possunt enumerari. Vide, exempli gratia, R. Étaix, *Recueil*, p. 3-50: *Répertoire des homéliaires conservés en France (hors de la Bibliothèque Nationale)*. Hoc repertorium recenset plus quam quinquagesima homiliaria, dum homiliaria seruata in Bibliotheca Nationali Parisiensi fere sexaginta sunt (descripserunt B. Bloch & J. Sclafer, *Catalogue général des manuscrits latins*, vii, Paris, 1988, p. 1-476). Haud rariores nec minores sunt codices a R. Grégoire recensiti.

Omnis haec materia fusius exponitur ab A. Olivar, *La predicación cristiana antigua*, Barcelona, 1991.

1995 **Homiliarium S. Petri** (cod. Basilicanus C 105)

G. Löw, *Il più antico Sermonario di San Pietro in Vaticano*, in *Riv. di Archeol. crist.*, xix, 1942, p. 143-183.

Restitutio critica homiliarii S. Petri in Vrbe saec. vi.

1996 **Homiliarium Agimundi** (cod. Vat. lat. 3835 et 3836, saec. viii ineunte [LOWE, 18*a*])

G. Löw, *Ein stadtrömisches Lektionar des viii. Jhs.*, in *Röm. Quartalschr.*, xxxvii, 1929, p. 15-39; et fusius apud R. Grégoire, *o. c.* [ante n. 1995], p. 343-392.

Fontes: A. Chavasse, in *Kuriakon. Festschr. J. Quasten*, ii, Münster, 1970, p. 800-810.

1997 **Homiliae Toletanae** (cod. London, Brit. Mus., Add. 30.853)

G. Morin, *Anecdota Maredsolana*, i, Maredsous, 1893, p. 406-425; R. Grégoire, *Les homéliaires du Moyen Age*, p. 161-185.

Saec. vii mediante. Haec enim homiliarum collectio ab ILDEFONSO aut ab IVLIANO TOLETANO originem ducere uerisimile est.

(*a*) Cfr e. g. P. Salmon, *La liturgie langroise au xie-xiie siècle d'après le ms. 789 de Paris*, in *Misc. Mohlberg*, i, Roma, 1948, p. 443-450.

(*b*) Vide A. Chavasse, *Un homiliaire liturgique romain du vi^e siècle*, in RB, xc, 1980, p. 194-233; Id., *Le Sermonnaire Vatican du viie siècle*, in SE, xxiii, 1978/79, p. 225-289; J.-P. Bouhot, *L'Homéliaire de Saint-Pierre du Vatican au milieu du viie siècle et sa postérité*, in *Recherches august.*, xx, 1985, p. 87-115.

Ex hoc homiliario separatim edidit M. C. Díaz y Díaz (*Anecdota Wisigothica*, i, Salamanca, 1958) sermones sequentes:

i. *Sermo in uigilia Paschae*. Inc. «Ad te loquor quia et de te loquor» (DÍAZ, 323), p. 69-70;

ii. *Sermo in diem S. Felicis*. Inc. «Natalem sancti Felicis, fratres, feliciter» (DÍAZ, 327), p. 66.

Cfr etiam DÍAZ, 324.

Alias «*homilias Toletanas xix*» edidit R. GRÉGOIRE, *o. c.*, p. 197-230. Eorum *initia* leguntur in *Indice* iv.

1997a **Homiliae Beneuentanae**

R. ÉTAIX, in RB, xcii, 1982, p. 324-357 (*CPPM*, i, 1889. 1896. 1887. 1888)

In homiliariis capituli Beneuentanae ecclesiae cathedralis decem homilias ineditas inuenit et euulgauit R. Étaix; addendi sunt tres sermones ex homiliario Beneuentano Bibliothecae Nationalis Matritensis (cod. 194, saec. x) quos edidit R. ÉTAIX in *Orpheus*, n. s., iii, 1982, p. 127-132 (= R. ÉTAIX, *Recueil*, p. 556-561) (*CPPM*, i, 6076).

Initia omnium horum sermonum inuenies in *Indice* iv.

5. «ORDINES ROMANI»

Cfr M. ANDRIEU, *Les Ordines Romani du haut moyen âge*, i-v, Louvain, 1930-1961.

1998 «**Ordo romano-monasticus saec. viii**»:

M. ANDRIEU, *o. c.* [ante n. 1998], iii, p. 45-227; seu accuratius, licet minus locupletius: J. SEMMLER, in CCM, i, Siegburg, 1963, p. 13-76:

a. **Capitulare ecclesiastici ordinis** (ANDRIEU, xv; CCM, i, p. 68-76);

b. **Instructio ecclesiastici ordinis** (ANDRIEU, xvi; CCM, i, p. 15-21);

c. **Breuiarium ecclesiastici ordinis** (ANDRIEU, xvii; CCM, i, p. 27-44);   PL, lxvi 999

d. **De cursu diuino** (ANDRIEU, xviii; CCM, i, p. 47-50);

e. **De conuiuio siue prandio atque cenis monachorum** (ANDRIEU, xix; CCM, i, p. 53-63).   PL, cxxxviii 1345

Quinque suprascripta documenta ordinem romano-monasticum saec. vii-viii constituunt, quem nonnuli IOANNI ARCHICANTORI adscripserunt.

Rectius hanc ordinum collectionem, cui addendus est *Ordo* xiv (n. 1990), descripsit M. ANDRIEU ut «l'état de la liturgie, à un moment donné, en quelques milieux monastiques de la vallée rhénane et de la région alémanique» (*o. c.*, i, p. 492). Vide etiam A. BAUMSTARK, in JL, v, 1925, p. 153-158. Attamen originem romanam nuper merito uindicauit K. HALLINGER, in *Universitas. Festchr. A. Stohr*, i, Mainz, 1960, p. 466-477.

Emend. et fontes: A. DE VOGÜÉ, in RHE, lxxxiii, 1988, p. 296, adn. 2.

1999 **Ordo Romanus i** (ANDRIEU, i) (saec. viii ineunte)   PL, lxxviii, 937
M. ANDRIEU, *o. c.* [ante n. 1998], ii, p. 67-108.

2000 **Ordo Romanus ii** (ANDRIEU, ii)   PL, lxxviii, 948
ibid., p. 115-116.

2001 **Ordo Romanus iii** (ANDRIEU, iii)   PL, lxxviii, 958
ibid. p. 131-133.

Ordines ii et iii non sunt nisi breuissimae appendices Ordini i adnexae.

2002 **Ordo scrutinii ad electos** (ANDRIEU, xi) (saec. vi-vii)   PL, lxxviii, 993
ibid., p. 417-447.

Sermo de symbolo, ibi insertus, probabilius est S. LEONIS (uide n. 1657c); *expositio* uero *de oratione dominica* uidetur CHROMATII (n. 219).

2003 **Ordo scrutiniorum** (cod. Ambros. T 27 sup.) (saec. vi, ad usum ecclesiae Gradensis)

C. LAMBOT, *North Italian Services of the xith Century*, London, 1931 (HBS, lxvii), p. 7-31.

Cfr G. MORIN, in RB, xlvi, 1934, p. 216-223.

2003a **De sacro triduo ante pascha** (ANDRIEU, xxiii)
M. ANDRIEU, *o. c.* [ante n. 1998], iii, p. 269-273.

Saec. viii medio.

2003b **De officiis a feria quarta hebdomadae maioris usque in pascha** (ANDRIEU, xxiv)
M. ANDRIEU, *o. c.* [ante n. 1998], iii, p. 287-297.

Eiusdem auctoris atque *Ordo* xxvi (n. 2004).

2003c **Ordo Romanus in Ebdomada Maiore** (cod. Barcelona, Bibl. Centr. Diputación, 944, saec. xii, f° 121ʳ-124ʳ) (Inc. «Feria quarta quod est pridie cenae domini»)

    G. Martínez Diez, in *Hisp. Sacra*, xv, 1962, p. 297-302.

2004 **De officiis in noctibus a caena domini usque in pascha** (*Andrieu*, xxvi)   PL, lxxvii 959

    M. Andrieu, *o. c.* [ante n. 1998], iii, p. 325-329.

2004a **Feria v in Cena Domini, hora sexta, celebratur missa**

    A. Chavasse, *A Rome, le Jeudi-Saint, au viiᵉ siècle, d'après un vieil Ordo*, in RHE, l, 1955, p. 21-35.

    Saec. vii-viii, cfr A. Mundó, in *Liturgica*, ii, Montserrat, 1958, p. 181-216.

2005 **Ordo ordinationum** (*Andrieu*, xxxiv)   PL, lxxvi 999

    M. Andrieu, *o. c.* [ante n. 1998], iii, p. 603-613.

2005a **De ordinatione Romani pontificis** (*Andrieu*, xl A)

    M. Andrieu, *o. c.* [ante n. 1998], iv, p. 297.

    Saec. vi.

2006 **«Ordo S. Amandi»** (cod. Paris, B. N., lat. 974) (*Andrieu*, iv, xxx B, xxi, xxxix, xliii, xx)

    M. Andrieu, *o. c.* [ante n. 1998], ii, p. 157-170; iii, p. 235-236; 247-249; 467-477; iv, p. 283-286; 411-413.

    Saec. viii exeunte; origine gallica.

2007 **Prologus Protadii episcopi Vesuntini in Rituale suum deperditum** (saec. vii ineunte)

    B. de Vregille, in RMAL, v, 1949, p. 101 sq.

    «*S. Protadii Liturgia*» in PL, lxxx, 411-422, documenta praebet posterioris aetatis.

2007a **Ordo de celebrando concilio.** Inc. «Hora itaque diei prima» (*Maassen*, 530; *Díaz*, 138)   PL, cxx ii; PLS, 1865

    P. Séjourné, *S. Isidore de Séville*, Paris, 1929, p. 514-518; Ch. Munier, in RevSR, xxxvii, 1963, p. 265-271 (e deperdito codice Rachionis *Collectionis Hispanae* [n. 1790], saec. viii).

Post concilium Toletanum iv confectum (auctore *IVLIANO TOLETANO?*). Cfr L. BROU, *Origine wisigothique, probablement Isidorienne, de l'« Ordo ad Synodum » du Pontifical Romain*, in *Isidoriana*, León, 1961, p. 206-209.

Huius ordinis plures extant recensiones codicesque manu scripti, cfr M. ANDRIEU, *o. c.* [ante n. 1998], i, p. 252, 311, 374; ID., *Le pontifical romain au moyen âge*, i, Città del Vaticano, 1938 (StT, lxxxvi), p. 26, 53, 67; Ch. MUNIER, in RTAM, xxix, 1962, p. 288-294; H. SCHNEIDER, *Ordines de celebrando concilio. Studien zu Entstehung, Überlieferung und Quellen der abendländischen Synodenformulare von 635 bis circa 1200*, Regensburg, 1988 (dissertatio). Cfr H. SCHNEIDER, apud Cl. LEONARDI, *La Critica del testo medio latino*, Spoleto, 1944, p. 259-276.

6. HYMNARIA

Cfr J. SZÖVÉRFFY, *Latin Hymns*, Turnhout, 1989 (*Typologie du Moyen Age*, 55), p. 11-28: Bibliographia perutilis. Vide etiam eiusdem auctoris: *Die Annalen der lateinischen Hymnendichtung*, i: *Die lateinischen Hymnen bis zum Ende des 11. Jahrhunderts*, Berlin, 1962; *Repertorium hymnologicum nouum*, i, Berlin, 1983 sqq; W. BULST, *Hymi latini antiquissimi lxxv. Psalmi iii*, Heidelberg, 1936.

2007b **Psalmus responsorius** (papyr. Barcelona, Fundació Sant Lluc Evangelista, inv. 149b/153, saec. iv ineunte). Inc. «Pater qui omnia regis ... Audiamus, fratres, magnalia Dei» (*LOWE*, 1782; *SCHALLER & KÖNSGEN*, 11735. 1334)

R. ROCCA-PUIG, *Himne a la Verge Maria*, Barcelona, 1965.

«Psalmus abecedarius», cuius tantum litterae A-L seruatae sunt; recuditur a W. SPEYER in JAC, x, 1967, p. 211-216 (partim) et a L. M. PERETTO, in *Marianum*, xxix, 1967, p. 255-265.

Emend.: A. BARRIGAZI, in *Riv. filol. Istruz. class.*, xcvi, 1969, p. 220-227.

Fontes: L. M. PERETTO, *a. c.*, p. 262-264.

Maximi momenti nobis uidetur elucubratio Wolfgangi SPEYER de huius hymni felicissima inuentione.

2008 **«Hymnarium antiquum»**

A. S. WALPOLE, *Early Latin Hymns*, Cambridge, 1922, p. 205-260: *The Earlier Hymnal*.

Hos xx hymnos etiam inuenies inter «hymnos antiquissimos» apud C. BLUME, *Analecta hymnica*, li, Leipzig, 1908, p. 3-23, uel apud W. BULST, *Hymni Latini antiquissimi*, Heidelberg, 1956, p. 89-98; 103-116; 189-195. Hymnus «Pater qui caelos contines» additur ab A. Walpole. De hymno «Rex aeterne Domine», uide A. WILMART, in *La vie et les arts liturgiques*, ix, 1922/3, p. 241 sq.

2009 « **Hymnarium nouum** »

A. S. WALPOLE, *o. c.* [n. 2008], p. 270-410: *The Later Hymnal*.

Cod.: B. MORAGAS, *Contenido y procedencia del Himnario de Huesca*, in *Liturgica*, i, *Card. I. A. Schuster in memoriam*, Montserrat, 1956, p. 277-293.

Inter hos hymnos pauci tantum aeuo Carolino sunt antiquiores.

2010 **Hymnarium Gallicanum** (cod. Vat. Reg. ii, saec. viii [LOWE, 101])

A. WILMART, in RB, xxviii, 1911, p. 361-364.

Cod.: cfr A. WILMART, *a. c.*, p. 342, et E. BISHOP, apud F. COMBALUZIER, in EL, lxiv, 1950, p. 137 sq., adn. 1.

2010a **Hymnarium Murbacense** (cod. Oxford, Bodl. 5137 [JUNIUS, 25], saec. ix [LOWE, 242])

C. VOGEL, in *Archives de l'Église d'Alsace*, n. s., ix, 1958, p. 1-42.

2010b **Hymnarium Cantuarense** (London, Br. Libr., Cott. Vespas. A i, saec. vii [LOWE, 193])

H. GNEUSS, in *Anglia*, lxxv, 1957, p. 125-133 (= *Hymnar und Hymnen im englischen Mittelalter* [*Anglia*, xii], Tübingen, 1968).

2011 «**Hymnodia gothica**» seu **Liber hymnorum** (DÍAZ, 336-367; 427-437) PL, lxxx 885

C. BLUME, *Analecta hymnica*, xxvii, Leipzig, 1897.

Vide praesertim J. SZÖVÉRFFY, *Iberian Hymnody. Survey and Problems*, Classical Folia Editions, 1971, p. 20-77.

Quinque hymnos (nempe nn. 111, 113, 126, 167, 207 editionis Clementis BLUME) accuratius edidit Birgitta THORSBERG, *Études sur l'hymnologie mozarabe*, Stockholm, 1962; EVLOGIO CORDVBENSI tribuit hymnos 113, 111 et 167, hymnos uere 126 et 207 ALVARO CORDVBENSI. Quod non displicet Iacobo FONTAINE (in *Latomus*, xxii, 1963, p. 532 sq.) nec Patricio VERBRAKEN (in RB, lxxiii, 1963, p. 162). Item nonnullae **emend.** ad textum hymnorum 86, 87, 90, 101, 102, 107, 115, 116, 134, 135, 142, 155, 164, 165 et 166 proponuntur. — Hymnum 102 rectius edidit J. CASTRO SANCHEZ, in *Habis*, xvi, 1985, p. 187-199, fontem principaliorem indicans. Hymni uero 190 et 205 critice edidit M. C. DÍAZ Y DÍAZ, *Noticias históricas en dos himnos litúrgicos visigóticos*, in *Los Visigodos*, Madrid, 1985, p. 443-456.

Cod.: W. Meyer, in *Abhandl. Göttingen*, xv, 3, 1914, p. 119.

Emend.: J. P. Gilson, *The Mozarabic Psalter*, London, 1905 (HBS, xxx).

Ex his ccx hymnis plurimi iam occurrerunt in *Breuiario* aliisque libris «gothicis» (nn. 1943 sqq.); non omnes uero Infidelium incursu sunt antiquiores: talium quinquaginta tantum enumerat J. Pérez de Urbel, *El origen de los himnos mozarabes*, in *Bull. hispanique*, xxviii, 1926, p. 5-21; 113-139; 209-245; 305-311, ubi et quosdam hymnorum auctores proponit, BRAVLIONEM nempe (n. 1232), EVGENIVM II TOLETANVM [nn. 241 sqq.], SISBERTVM TOLETANVM (n. 1533), ILDEPHONSVM (nn. 1253 sq.), IOANNEM BICLARENSEM (n. 1866), ISIDORVM (n. 1218), QVIRICVM BARCINONENSEM (n. 1273). Cfr etiam R. E. Messenger, in *Traditio*, iv, 1946, p. 149-177; B. Thorsberg, *o. c.*; J. Gil, in *Habis*, vii, 1976, p. 187-211. De ceteris, uide H.-J. Frede, p. 556-559.

De prologo «Miracula primeua ymnorum modula clara» (DÍAZ, 634), auctore MAVRITIO, saec. ix uel x, uide J. Enciso, in *Rev. españ. de teol.*, iii, 1943, p. 485-492.

2012 «**Hymnodia hiberno-celtica**» (LAPIDGE & SHARPE, 578-591)

C. Blume, *Analecta hymnica*, li, Leipzig, 1908, p. 259-364.

Cod. et emend.: M. Esposito, in *Proceed. Roy. Irish Acad.*, xxxviii, 1910, p. 233-244.

Ex uberrima copia hymnorum quos C. Blume uariis ex fontibus undique collegit, tantum circa quindecim antiqui dici possunt, cfr J. Kenney, nn. 88-99; 162, i et ii; 181; 186. Pauca tantum nomina auctorum noscuntur: COLVMBA (nn. 1131 sq.); CVMMINE FÓTA (n. 1136); CV-CHVIMNE (n. 1794); COLMAN MAC MVRCHON; OENGVS MAC TIPRAITE.

[2013 **Hymnus de caritate** seu **Mandatum**. Inc. «Congregauit nos in unum» (SCHALLER & KÖNSGEN, 2000)   MGH, *poet. lat.*, iv, 2, 526

D. Norberg, *L'Oeuvre poétique de Paulin d'Aquilée*, Stockholm, 1979, p. 138-140.

A PAVLINO AQVILEIENSI concinnatus, cfr D. Norberg, *La poésie latine rythmique du haut moyen âge*, Stockholm, 1954, p. 87-97.

Trad. text.: A. Wilmart, *Auteurs spirituels et textes dévots du moyen âge*, Paris, 1933, p. 26-36.]

2014 **Versus ad mandatum in cena Domini** auctore Flaviano   PL, lxxviii, episcopo Cabilonensi († 591). Inc. «Tellus ac aethra iubilent»   326 (CHEVALIER, 20271 & *Add.*; WALTHER, 19000; SCHALLER & KÖNSGEN, 16142)

A. S. Walpole, *Early Latin Hymns*, Cambridge, 1922, p. 201-204.

Cfr W. Bulst, *o. c.* [n. 2008], p. 123; 196.

7. ORATIONES ET LIBELLI PRECVM

2015 **Collectarum orationum ex antiquis psalteriis tres series:**

series africana. Inc. «Visita nos» (saec. v) (cod. Paris, B. N., lat. 13.159 [LOWE, 652])

J. M. CANALS CASAS, *Las Collectas de salmos de la serie «Visita nos»*, Salamanca, 1978.

Text. bibl.: J. GRIBOMONT, in *Bull. de la Bible latine* (supplément à RB), vi, 1985, p. [181]-[184].

series collectarum hispanicarum. Inc. «Domine apud quem» (DÍAZ, 335) (saec. vii), auctore LEANDRO? uel CONANTIO PALENCIENSI?

Cod.: J. LECLERCQ, in *Scriptorium*, vi, 1951, p. 196, adn. 15; J. VILANOVA, *Regula Pauli et Stephani*, Montserrat, 1959, p. 25, adn. 20 (Lambach, Stiftsbibl. 31, saec. ix).

Variae series hispanicae collectae sunt et accurate editae a J. PINELL, *Liber orationum psalmographus. Colectas de salmos del antiguo rito hispánico*, Madrid, 1972. Cfr J. FONTAINE, in RÉAug, xix, 1973, p. 169-170; F. DELL'ORO, *a. c.* [ante n. 1897], p. 295.

series romana. Inc. «Effice nos domine» (saec. vi, auctore IO- PL, cxlii ANNE DIACONO [n. 951 sq.])? uel potius eiusdem auctoris ac PS.-HIERONYMI *Breuiarium in Psalmos* (n. 629) (*a*).

A. WILMART & L. BROU, London, 1950 (HBS, lxxxiii) (tres series).

Critica et emend.: H. CHIRAT, in RMAL, v, 1949, p. 249; F. MASAI, in *Scriptorium*, vi, 1952, p. 293-303.

Clausulae: G. G. WILLIS, in JTS, n. s., xvi, 1970, p. 408-412.

Cfr L. BROU, in SE, vi, 1954, p. 73-95; ID., in *Stud. Patr.*, ii, 1957, p. 17-20; Chr. MOHRMANN, in VC, vi, 1952, p. 1-19 (= *Études*, iii, 1965, p. 245-263).

2015a **Psalterium abreuiatum (Orationes completuriae de psal-** PLS, iv, **mis).** Inc. «Letifica (*al.* beatifica), domine, peccatricem animam 1450 (meam)»; «Miserere mei deus secundum magnam misericordiam»; «Deus exaudi orationem meam» (cod. Escorial a. iii. 5, saec. xi [DÍAZ, 334]; Toulouse, 144, saec. xiv)

(*a*) Vide H. ASHWORTH, *The Psalter Collects of Pseudo-Jerome and Cassiodorus*, in *Bull. J. Rylands Library*, xlv, 1963, p. 287-304.

L. Brou, *Les psautiers manuscrits Escurial A.III.5; Toulouse 144 et leur «Psalterium abreuiatum» final*, in *Hispania Sacra*, ix, 1956, p. 379-390.

Hanc psalterii wisigothici breuiationem (sicut et alia antea iam a Venerabile BEDA confecta fuit [n. 1371]) orationes «completurias» putauit U. Domínguez-del Val, secundum codicem Escurialensem incompletum edidit et *S. LEANDRO* adscripsit (*La Ciudad de Dios*, clxix, 1956, p. 292-295). Cfr J. Pinell, in RHE, lii, 1957, p. 626-627, et eiusdem *a. c.* (n. 1929), p. 120, n. 40.

2016 **Orationale Visigothicum** (cod. Verona, Bibl. Cap. lxxxix [*LOWE*, 515]; London, Br. Libr., Add. 30.852) (saec. vii [*DÍAZ*, 334])

J. Vives, Barcelona, 1946.

Cod.: M. C. Díaz y Díaz, in *Vie chrétienne et culture dans l'Espagne du viie au xe siècle* (*Variorum Reprints*, 1992).

Latinitas: M. Ruffini, *Strutturazione morfologica e sintattica delle Benedictiones dell'Oracional Visigótico*, in *Anal. Sacra Tarracon.*, xxxii, 1959, p. 5-29.

Quasdam orationes de B. Maria Virgine (nn. 202, 209, 223) *S. ILDEFONSO* tribuit L. Brou (*Hispania Sacra*, iii, 1950, p. 371-381); orationes uero in die S. Ippolyti (nn. 1153-1159 [*MANITIUS*, i, 197]) *EVGENIO TOLETANO* tribuit B. de Gaiffier (*Rev. d'ascét. et de myst.*, xxv, 1949, p. 219-224).

2017 **Preces (e Breuiario Gothico, Missali mixto, Libro ordinum, Libro sacramentorum** et cod. London, Br. Libr., Add. 30.845, 30.846, 30.851; Madrid, Palacio Nac. 329 [2.J.5]; Santiago, Universidad, res. i [*DÍAZ*, 704])

W. Meyer, *Die rhythmischen Preces der mozarabischen Liturgie*, Berlin, 1914 (*Abhandl. Göttingen*, xv, 3).

Emend.: D. De Bruyne, in RB, xxx, 1913, p. 431-436.

2018 **Libellus Precum** (cod. London, Brit. Libr., Reg. 2. A. xx, saec. viii [*KENNEY*, 576; *LAPIDGE & SHARPE*, 1278; *LOWE*, 215])

A. B. Kuypers, *The Book of Cerne*, Cambridge, 1902, p. 201-225.

Emend.: W. Meyer, *Oratio Moncani*, in *Nachr. Göttingen*, 1917, p. 620-625.

2019 **«Book of Cerne»** (cod. Cambridge, Univ. Ll. 1. 10, saec. ix [*KENNEY*, 578]) (*LAPIDGE & SHARPE*, 1281)

A. B. Kuypers, *o. c.* [n. 2018], p. 1-200.

Saec. viii; pertinere enim uidetur, non ad AETHELWALDVM EPISC. LICHFELDENSEM (a. 818-830), sed ad AETHILWALDVM EPISC. LINDISFARNENSEM (a. 721-740), cfr W. LEVISON, *England and the Continent*, Oxford, 1946, p. 295-302; aliae collectiones huiusmodi precum, licet recentioris aetatis, indicat R. CONSTANTINESCU, *Alcuin et les «Libelli precum» de l'époque carolingienne*, in *Rev. hist. Spiritualité*, 1, 1974, p. 16-56, praesertim p. 18, adn. 4; textus plures sed maxime aeui carolini uel etiam recentiores edidit P. SALMON, *Analecta Liturgica. Extraits des manuscrits liturgiques de la Bibliothèque Vaticane*, Città del Vaticano, 1974 (StT, ccxliii), et eiusdem, *Testimonia Orationis Christianae antiquiores*, in CCCM, xlvii, 1977, p. 1-31.

2020 **Orationes hebdomadariae e cod. Sang.** 18 (saec. xiii) (LAPIDGE & SHARPE, 1283)

A. DOLD, in JL, vii, 1927, p. 37-51.

Ex Hibernia? — Antiquissimas esse iudicat editor; potius saec. ix, putat O. CASEL, in JL, vii, 1927, p. 50, adn. 5.

2021 **Gratiarum actio ex eodem codice**

A. DOLD, *l. c.* [n. 2020], p. 51-53.

Origine hibernica; saeculo incerto. — Eodem e codice edidit A. DOLD antiphonam in honorem uirginis Mariae, in TA, i, 1955, p. 55-56.

2022 **Oratio e cod. rescripto Augiensi** cxcv (saec. viii [KENNEY, 524; LAPIDGE & SHARPE, 797 a; LOWE, 1091]). Inc. «Ds qui scos tuos eui[dentissime?]»

A. DOLD, in RB, xxxviii, 1926, p. 273-277.

Hibernia; saec. vii ineunte.

Adde eiusdem auctoris: *Eine Parallele zum Liturgie-Fragment i aus Cod. Aug. cxcv in der mozarabischen Liturgie*, in RB, xxxix, 1927, p. 135 sq.; P. SIFFRIN, in RB, xl, 1928, p. 137 sq.

2023 **Notae in psalterio Lugdunensi** (cod. Lyon 425 [351], saec. v-vi [LOWE, 772])

L. DELISLE, *Mélanges de paléographie et de bibliographie*, Paris, 1880, p. 34-35.

2024 **Oratio e cod. rescripto Augiensi** ccliii (saec. viii [LOWE, 1101]). Inc. «Dne dne ds omnium creator»

A. DOLD, in TA, i, 12, 1925, p. 35-37.

Saec. vii ineunte.

2025 **Exorcismus** siue **Oratio pro rege, ex eodem codice** (LOWE, 1100). Inc. «Omnipotens et misericors ds pater dni nri ihu xpi te supplices deprecamur».

A. DOLD, *l. c.* [n. 2024], et etiam in *Gelasiano Vetere* (n. 1899), n. 1725.

Saec. vii medio.

2026 **Amuletum** (?). Inc. «Audite uocem clamantis in deserto»

A. DOLD, in JL, x, 1930, p. 161.

2026a **Amuletum** (?) (Heidelberg, Univ. Inv. Lat. 5, saec. v-vi [LOWE, 1272])

R. DANIEL & F. MALTOMINI, *From the African Psalter and Liturgy*, in *Zeitschr. Papyr. u. Epigraphie*, lxxiv, 1988, p. 253-265 (textus p. 255-256).

2027 **Litania omnium sanctorum e cod. rescripto Clm** 6333 (saec. viii-ix [LOWE, 1277])

A. DOLD, in TA, i, 48, 1957, p. 87*-95*.

Fragm. saec. vii-viii. Cfr litaniam e cod. Friburgensi 363, ed. M. J. METZGER, *Zwei karolingische Pontifikalien vom Oberrhein*, Freiburg, 1914, p. 68*-70*. Cetera quae ad antiquas litanias pertinent require apud M. COENS, *Anciennes Litanies des Saints*, in AB, liv, 1936, p. 5-37; lv, 1937, p. 49-69; lix, 1941, p. 272-298; lxii, 1944, p. 126-168; lxix, 1951, p. 107-118; lxxv, 1957, p. 5-16; lxxvii, 1959, p. 373-391, et locupletius in M. COENS, *Recueil d'études bollandiennes*, Bruxelles, 1963, p. 131-322: *Anciennes litanies des Saints*. Textus uero quos edidit eruditus socius Bollandianus mere sunt Carolinae aetatis.

8. MARTYROLOGIA ET KALENDARIA

2028 **Depositiones episcoporum** et **Feriale ecclesiae Romanae** seu **Depositio martyrum** (ex opere «**Chronographi** a. 354», n. xi et xii) (nn. 2250 sq.) (SCHANZ, iii, 438 [475]) — PL, xiii, 464; MGH, auct. ant., ix, 70

R. VALENTINI & G. ZUCCHETTI, *Codice Topografico della Città di Roma*, ii, Roma, 1942, p. 12-28.

2029 **Kalendarium Turonense** auctore PERPETVO EPISCOPO († 491) apud GREGORIVM TVRONENSEM, **Historia Francorum**, x, 31 (nn. 1023 et 1475) — PL, lxxi, 563

MGH, *scr. mer.*, i, 1, 2, 1942² — Br. KRUSCH, p. 529-530.

2030 **Kalendarium Carthaginense** (cod. Cluniacensis deperditus) (*SCHANZ*, iii, 438 [475]) (saec. vi ineunte)

PL, xiii, 1219 = MABILLON.

Cod.: Fr. DOLBEAU, in RÉAug, xxix, 1983, p. 53, n. 44.

Denuo edidit H. LIETZMANN, *Die drei ältesten Martyrologien*, Bonn, 1911 (*Kleine Texte*, ii), p. 4-6.

2030*a* **Kalendarium Sinaiticum** (cod. monasterii S. Catharinae in monte Sinai, slauonicus 5)

J. GRIBOMONT, *Le mystérieux calendrier latin du Sinai*, in AB, lxxv, 1957, p. 105-134.

Saec. viii in Africa confectum uidetur.

De **codice**, cfr E. A. LOWE, in *Scriptorium*, ix, 1955, p. 177-199.

2031 **Martyrologium Hieronymianum** (recensio gallica saec. vi-vii) PL, xxx, (*SCHANZ*, iii, 438 [475]; iv, 1, 441) 435 (449)

H. QUENTIN & H. DELEHAYE, AASS, *Nou.*, ii, 2, Bruxellis, 1931.

A J. B. DE ROSSI & L. DUCHESNE in parte priore eiusdem t. ii *Nou.* AASS «non tam ed. critica instructa fuit, quam apparatus exquisitae plane et elegantissimae eruditionis, ex quo lector ipse sibi eruere posset, arduo et perdifficili labore, memorias quarum lineamenta in laterculis singulorum dierum uarie dispersa et deformata sunt», ita merito nouissimi editores (p. x).

Cur S. Hieronymo iam ab antiquis adscribatur, inuestigauit L. DUCHESNE, in *Misc. Geronimiana*, Roma, 1920, p. 219-226. Reuera Aquileiae concinnatum esset iuxta E. MARCON, in *Studi Goriziani*, xviii, 1955, p. 77-93; cfr AB, lxxvi, 1958, p. 283.

Cod., emend.: A. DOLD, in AB, lxxii, 1954, p. 35-38; B. LAMBERT, BHM, iii B, n. 641.

Trad. text.: J. HENNIG, in *Stud. Patr.*, i, 1957, p. 104-111.

2032 **Martyrologium Bedae**

H. QUENTIN, *Les martyrologes historiques du moyen âge*, Paris, 1908, p. 17-119; J. DUBOIS & G. RENAUD, *Édition pratique des martyrologes de Bède, de l'Anonyme lyonnais et de Florus*, Paris, 1976.

Codicem Basilicae S. Petri H 58 (saec. xii) plenius excuderunt *Analecta Bollandiana*, xlix, 1931, p. 51-97; de codicibus uide et M. LAISTNER, *A Hand-List of Bede MSS.*, Ithaca, 1943, p. 90-92; addatur Verona XC, saec. ix, 97^r-109^v, cfr G. MEERSSEMAN, in *Archivio Veneto*, civ, 1975, p. 11 sq. — Circa «*Martyrologium poeticum*», perperam sub Bedae nomine euulgatum (PL, xciv, 603-606 [*LAPIDGE & SHARPE*, 1229]), uide C. W.

Jones, *Bedae Pseudepigraphica*, Ithaca, 1939, p. 92; H. Silvestre, in *Scriptorium*, vi, 1952, p. 291, adn. 15; J. Hennig, in *Scriptorium*, viii, 1954, p. 61-74; Id., *Studies in the Literary Tradition of the «Martyrologium poeticum»*, in *Proceed. Roy. Irish Acad.*, lvi, 1954, p. 197-226. Cfr n. 1301°. — *Kalendarium* quo usus est Beda, restituere conatus est C. W. Jones, in CC, cxxiii C, 1980, p. 567-578.

2033 **Kalendarium Corbeiense uel Luxouiense** (cod. Paris, B. N., lat. 14.086, saec. vii [LOWE, 664])

A. Wilmart, in DACL, iii, 2, 1914, col. 2927 sq.

Dioecesis Lingonensis, cfr P. Salmon, in RB, liii, 1941, p. 103 sq., adn. 3.

2034 **Kalendarium Rhenaugiense** (cod. Zürich, Rheinau 30), saec. viii-ix [LOWE, 1019])

L. Delisle, *Mémoires sur d'anciens sacramentaires*, Paris, 1886, p. 310-313.

Ex abbatia Niuialensi oriundum, cfr R. Hesbert, *Antiphonale Missarum sextuplex*, Bruxellis, 1935, p. xii.

2035 **Catalogus Sanctorum Hiberniae secundum diuersa tempora.** Inc. «Primus ordo sanctorum erat» (*KENNEY*, 271; *LAPIDGE & SHARPE*, 363) (saec. viii)

A. W. Haddan & W. Stubbs, *Councils and Ecclesiastical Documents*, ii, 2, Oxford, 1878, p. 292-294, et longe accuratius sub titulo *De tribus ordinibus Sanctorum Hiberniae* opus edidit et commentatus est P. Grosjean, in AB, lxxiii, 1955, p. 197-213; 289-322.

2036 **Kalendarium Anglicum** (cod. München, Raritäten-Selekt, Nr. 108, saec. viii ineunte [LOWE, 1236])

R. Bauerreiss, in *Studien & Mitteil. OSB*, li, 1933, p. 177-182.

2037 **Kalendarium S. Willibrordi** (cod. Paris, B. N., lat. 10.837, saec. viii [LOWE, 606 a])

H. A. Wilson, London, 1915 (HBS, lv)

Cfr n. 1905*l*.

Adde notulas editas a B. Bischoff, *Über Einritzungen in Handschriften des frühen Mittelalters*, in *Zentralblatt f. Bibliothekswesen*, liv, 1937, p. 177, adn. 23 (= B. Bischoff, *Mittelalterl. Studien*, i, Stuttgart, 1966, p. 92, adn. 23).

Ad *Kalendarium S. Willibrordi* proxime accedit fragmentum Walderdorff:

2038 **Kalendarium Ratisbonense** (cod. Regensburg, Sammlung Graf Walderdorff, saec. viii [LOWE, 1052])

P. SIFFRIN, *Das Walderdorffer Kalendarfragment saec. viii*, in EL, xlvii, 1933, p. 204-209.

Cfr supra, n. 1918gg.

2039 **Elenchus stationum in urbe Mettensi** (cod. Paris, B. N., lat. 268) (CSLMA, i, CHROG 6)

J. PELT, *Études sur la cathédrale de Metz. La liturgie*, i, Metz, 1937, p. 29-35.

Saec. viii medio.

2039a **Elenchus stationum in urbe Autissiodorensi anno DCXC** (cod. Auxerre 142 [149], saec. xii)

L.-M. DURU, *Bibliothèque historique de l'Yonne*, i, Auxerre, 1850, p. 343-346.

2040 **Kalendarium Moguntinum** (cod. Paris, B. N., n. a. l. 1203, anno 781 [LOWE, 681])

G. KENTENICH, in *Mainzer Zeitschr.*, xxiv-xxv, 1929/30, p. 120-122.

2041 **Kalendaria Casinensia** (cod. Monte Cassino 230, saec. x; 127, saec. xiii; Paris, B. N., lat. 7530, saec. viii [LOWE, 569]; Mazarine 364, saec. xii) (saec. viii-ix)

G. MORIN, *Les quatre plus anciens calendriers du Mont-Cassin*, in RB, xxv, 1908, p. 486-497.

Additamenta saec. ix sq. in cod. Cauensi 23 et Casanatensi 641 praetermisit G. MORIN; ea reperies apud E. A. LÖW, *Die ältesten Kalendarien aus Monte Cassino*, München, 1908, p. 13-38.

2042 **Kalendarium Bononiense** (cod. Padua, Antoniana, Scaff. i, 27) (saec. ix)

G. MORIN, *Une liste des fêtes chômées à Bologne*, in RB, xix, 1902, p. 353-356.

2043 **Kalendarium marmoreum Neapolitanum** (saec. ix)

D. MALLARDO, Roma, 1947.

Celeberrimum hoc documentum photographice expressit A. SILVAGNI, *Monumenta epigraphica christiana saec. xiii antiquiora*, iv, 1, Napoli, 1943.

Emend.: A. FERRUA, *Note sul testo del «Calendario marmoreo» di Napoli*, in *Misc. Mohlberg*, i, Roma, 1948, p. 135-167.

2044 **Kalendarium marmoreum e Carmona** (saec. vi-vii)

J. VIVES, *Inscripciones cristianas de la España romana y visigoda*, Barcelona, 1942, p. 112 sq., n. 333.

2045 **Fragmentum ex Itálica**

ibid., n. 334.

2046 **Fragmentum ex Alcalá la Real**

ibid., n. 335.

2046a **Martyrologium Escurialense** (cod. Escorial I. iii. 13, saec. ix [DÍAZ, 527])

H. PLENKERS, *Untersuchungen zur Überlieferungsgeschichte der ältesten lateinischen Mönchsregeln*, München, 1906, p. 85-100.

2046b **Notitia apostolorum ubi requiescunt. Item Notitia martirum** (cod. Madrid, Acad. de la Hist., Aem. 39, saec. x [DÍAZ, 571. 572])

J. VIVES, *El supuesto Pasionario hispánico de San Millán de la Cogolla*, in *Hispania Sacra*, xii, 1959, p. 445-453.

De uetustissimis kalendariis Hispaniae manuscriptis, uide M. ALAMO, in RHE, xxxix, 1943, p. 100-131; J. VIVES, in *Hispania Sacra*, ii, 1949, p. 119-146; iii, 1950, p. 145-161; B. DE GAIFFIER, in AB, lxix, 1951, p. 282-323 (cfr M. C. DÍAZ Y DÍAZ, p. 457-458). Cfr etiam nn. 1943, 1993.   PL, lxxx, 1049

APPENDIX AD MONVMENTA LITVRGICA

ANONYMVS

Hibernia; saec. vii-viii.

2047 **Ratio de cursus qui fuerunt ex auctores** seu **Origo cantuum et cursuum ecclesiasticorum.** Inc. «‹Si sedulo inspiciamus cursus auc›tores, in exordium repperimus decantatum fuisse» (cod. London, Br. Libr., Cott. Nero A. ii, saec. viii-ix [KENNEY, 548; LAPIDGE & SHARPE, 785; LOWE, 186])   PL, lxxii, 605

CCM, i, 1963, p. 79-91 — SEMMLER.

Cfr n. 633c.

WALAFRIDVS STRABO

a. 809-849.

2048 **De exordiis et incrementis quarundam in obseruationibus ecclesiasticis rerum** PL, cxiv, 919

MGH, *leg. sect.* ii, *capit.* 2, 1897 — Krause, p. 471-516.

Vide etiam editionem alteram Aloisii Knöpfler, München, 1899.

Cod. duo Bibl. Apost. Vat., nempe 1147 et 1148, quos praetermiserunt editores, memorati sunt a J. Hrbata, *De expositione missae Walafridi Strabonis*, in EL, lxiii, 1949, p. 156 sq.; addatur et cod. Barcelona, Corona de Aragón, Ripoll 206, saec. xii-xiii, f° 102-133ᵛ.

ELENCHVS CODICVM
(nn. 1897-2048 [*a*])

AACHEN

Domschatz: n. 1982

ANCONA

Bibl. Cap.: n. 1967

AUTUN

Bibl. municip. 4: n. 1982
Bibl. municip. 184: n. 1925

AUXERRE

Bibl. municip. 142 [149]: n. 2039 a

BARCELONA

Bibl. Centr. Deput. 944: n. 2003 c
Corona Arag., Ripoll 206: n. 2048
Fund. S. Lluc, inv. 149 b/153: n. 2007 b

BASEL

Univ. Fragm. I 3 a-b: n. 1900*g*

BENEVENTO

Bibl. Capit. vi, 34: n. 1940
Bibl. Capit. vi, 35: n. 1940
Bibl. Capit. vi, 38: n. 1940
Bibl. Capit. vi, 40: n. 1940

BERGAMO

Bibl. di S. Alessandro in Colonna: nn. 1908, 1941, 1974*a*

BERLIN

Staatl. Kunstbibl. 1400: n. 1934
Staatsbibl., lat. fol. 877: n. 1918*gg*
Staatsbibl., Phillipps 1667: nn. 1921, 1898*a*

BESANÇON

Bibl. municip. 184: nn. 1960, 1984
Bibl. municip. 711: n. 2007

BEURON

Palimpsestinstitut 47: n. 1973*a*

BRESLAU

Stadtbibl. R. 169: n. 1969

BRUGGE

Stadsbibl. 254: n. 1905*w*

(*a*) Praeter nn. 1935, 1964, 1965, 1990, 1991, 1998-2005*a*, 2008-2015, 2028-2032 quorum numerosiores codices plenissime describuntur a M. Andrieu, *Les Ordines Romani du haut moyen âge*, i, Louvain, 1930, uel ab ipsis editoribus.

Brussel

Kon. Bibl. 2750-65: n. 1905*w*
Kon. Bibl. 3920-23: n. 1905*w*
Kon. Bibl. 10.127-10.144: nn. 1905*k*, 1933

Budapest

Mus. Nat., Lat. med. aeui 441: n. 1905*b*

Cambrai

Bibl. capitul. 553: n. 1989
Bibl. municip. 164: n. 1904

Cambridge

Fitzwilliam Museum 27: n. 1921*a*
Gonville & Gaius College 820: n. 1918*b*
Trinity College 28: n. 1900*f*
University Ll. i, 10: n. 2019

Cava

Bibl. dell'Abbazia 23: n. 2041

Cividale

Mus. archeol.: n. 1968

Cleveland

Mus. of Art, Illumination 33, 446: n. 1934

Colmar

Bibl. municip. 144: n. 1928*c*

Darmstadt

Landes- u. Hochschulbibl. 754: n. 1903*m*

Donaueschingen

Hofbibliothek B ii 2: n. 1985*a*

Douai

Bibl. municip. 12: n. 1982

Dublin

Roy. Ir. Acad., D. ii 3: n. 1926

Durham

Cath. Libr. A. ii. 16: n. 1956
Cath. Libr. A. ii. 17: n. 1956

Escorial

Bibl. del Real Monasterio, «Camarín de las reliquias»: n. 1932
Bibl. del Real Monasterio A. iii. 5: n. 2015*a*
Bibl. del Real Monasterio I. iii. 13: n. 2046*a*
Bibl. del Real Monasterio, fragm.: n. 1913

Firenze

Laurent., Amiat. 1: n. 1978

Freiburg i. Br.

Universität 363: nn. 1920, 2027

Fulda

Landesbibl., Bonif. 1: n. 1976
Cod. deperditi: nn. 1918*n*, 1928*c*

Giessen

Univ. NF 43: n. 1903*r*

Gniezno

Bibl. Cap. 1: n. 1981*a*

Harburg

Öttingen-Wallersteinsche Sammlungen I 2 (lat.) 4° 1: n. 1903*f*

Heidelberg

Sammlung G. Eis, 82: n. 1985*a*
Univ. Inv. Lat. 5: n. 2026*a*

Huesca

Arch. Cap.: n. 2009

Kiew

Ukrain. Akad.: n. 1903*a*

Karlsruhe

Landesbibl., Reichenauer Hs. cxii: n. 1905*q*

Landesbibl., Reichenauer Hs. cxcv: n. 2022
Landesbibl., Reichenauer Hs. ccliii: nn. 1898 *f*, 1917, 2024, 2025
Landesbibl., Reichenauer Fragm. 17: n. 1928
Landesbibl., Reichenauer Fragm. 18: n. 1928 *a*
Landesbibl., Reichenauer Fragm. 21: n. 1918 *k*
Landesbibl., Reichenauer Fragm. 22: n. 1903 *i*
Landesbibl., Reichenauer Fragm. 23: n. 1903 *d*

KASSEL

Landesbibl., Fol. theol. 36: n. 1934 *b*

KÖLN

Archiv, GB Kasten B 24: n. 1918h

LAMBACH

Stiftsbibl. 31: n. 2015

LENINGRAD

Acad. 3/625: n. 1905/*o*
Cod. Q. v. i, 16: n. 1988
Cod. Q. v. i, 35: n. 1921 *a*

LEÓN

Arch. Catedr. 2: n. 1993
Arch. Catedr. 8: n. 1217 *a*, 1943
Arch. Catedr., fragm. 5: n. 1930

LEUVEN

Univ., fragm. Omont 1: n. 1975 *a*

LONDON

Brit. Libr., Add. 11.695: n. 1943 *a*
Brit. Libr., Add. 29.276: n. 1900 *b*
Brit. Libr., Add. 30.844: n. 1944
Brit. Libr., Add. 30.845: n. 2017
Brit. Libr., Add. 30.846: n. 2017
Brit. Libr., Add. 30.850: n. 1943
Brit. Libr., Add. 30.851: nn. 1946, 2017
Brit. Libr., Add. 30.852: n. 2016
Brit. Libr., Add. 30.853: n. 1997
Brit. Libr., Add. 30.854: n. 2017
Brit. Libr., Add. 34.209: n. 1942
Brit. Libr., Add. 37.518: n. 1900 *b*
Brit. Libr., Cott. Nero A. ii: n. 2047
Brit. Libr., Cott. Nero D. iv: n. 1977
Brit. Libr., Cott. Vesp. A. i: 2010 *b*
Brit. Libr., Harleian 2510: n. 1910
Brit. Libr., Regius 1. B. vii: n. 1977
Brit. Libr., Regius 2. A. xx: n. 2018
Brit. Libr., W. Merton 21: n. 1918 *f*

LUCCA

Bibl. Capit. 490: n. 1933

LUZERN

Stiftsarchiv: n. 1912

LYON

Bibl. de la Ville 403 [329]: n. 1957
Bibl. de la Ville 425 [351]: n. 2023
Bibl. de la Ville 1964 [1840]: n. 1957

MADRID

Acad. de la Hist., Aem. 21: n. 1930
Acad. de la Hist., Aem. 22: n. 1993
Acad. de la Hist., Aem. 35: n. 1903 *s*
Acad. de la Hist., Aem. 39: n. 2046 *b*
Acad. de la Hist., Aem. 56: n. 1930
Acad. de la Hist., Aem. 60: n. 1929
Bibl. Nac. 194: n. 1997 *a*
Bibl. Nac. 10.001: n. 1945
Bibl. del Palacio Nac. 329 (2. J. 5): n. 2017
Universidad 31 [32]: n. 1994

MAINZ

Bischöfl. Seminar 42 *a*: n. 1903 *l*

MARBURG

Staatsarchiv Hr 1, 4: n. 1903 *r*

Milano

Bibl. Ambros. A 24*bis* inf.: n. 1909
Bibl. Ambros. C 5 inf.: n. 1938
Bibl. Ambros. C 39 inf.: n. 1971
Bibl. Ambros. M 12 sup.: n. 1918*c*
Bibl. Ambros. O 210 sup.: nn. 534, 1898*c*
Bibl. Ambros. T 27 sup.: n. 2003
Bibl. Cap. Metr.: n. 1975
Bibl. Cap. Metr., D 3, 2: n. 1909*a*
Bibl. Cap. Metr., D 3, 3: n. 1909*b*

Mombello Di Inbersago/ Ravenna

Arch. del Principe: n. 18.982

Monte Cassino

Bibl. dell'Arcibadia 127: n. 2041
Bibl. dell'Arcibadia 230: n. 2042
Bibl. dell'Arcibadia 271: n. 1903*k*
Bibl. dell'Arcibadia, compactura vi: n. 1915
Bibl. dell'Arcibadia, compactura vii: n. 1915

Montpellier

Bibl. municip. 6: n. 1960
Université 76: n. 1911

Monza

Bibl. Capit. b-23/141: n. 1908*a*
Bibl. Capit. f-1/101: n. 1905*v*
Tesoro: n. 1933

Muggiasca

Arch. parroch.: n. 1942

München

Staatsarchiv, Raritäten-Selekt Nr. 108: n. 2036
Staatsbibl., Clm 6211: n. 1921*a*
Staatsbibl., Clm 6229: n. 1958
Staatsbibl., Clm 6244: n. 1966
Staatsbibl., Clm 6333: nn. 1903*g*, *h*, 2027
Staatsbibl., Clm 6430: nn. 1921, 1921*a*
Staatsbibl., Clm 14.429: n. 1918*g*
Staatsbibl., Clm 14.809: n. 1910*a*
Staatsbibl., Clm 15.815: n. 1903*b*
Staatsbibl., Clm 17.181: n. 1903*e*
Staatsbibl., Clm 19.126: n. 1955
Staatsbibl., Clm 28.547: n. 1905*m*
Staatsbibl., Clm 29.155 c: n. 1983*a*
Staatsbibl., Clm 29.163 m: n. 1921*a*
Staatsbibl., Clm 29.164 I: nn. 1903*n*, 1986
Staatsbibl., Clm 29.164 I lit. 35/36: n. 1916*b*
Staatsbibl., Clm 29.164 I/1a: nn. 1900*c*, 1903*e*, 1905*j*, 1916*c*, 1986
Staatsbibl., Clm 29.164 II a: n. 1986
Staatsbibl., Clm 29.164 c: n. 1916*a*
Staatsbibl., Clm 29.164/1c: n. 1904
Staatsbibl., Clm 29.164 III/5: n. 1905*u*
Staatsbibl., Inkunabel 2° 813 b: n. 1905*m*
Universitätsbibl., 4° 3[Cim. 23]: n. 1900*d*

Orléans

Bibl. municip. 184 (161): n. 1961*a*

Oxford

Bodleian, Auct. D. 2. 14: n. 1980
Bodleian, Douce f. I: n. 1905*ee*
Bodleian, Junius 25: n. 2010*a*

Padua

Antoniana, Scaff. i, 27: n. 2042
Bibl. Capit. D 47: n. 1902

Paris

Bibl. Mazarine 364: n. 2041
Bibl. Nat., lat. 93: n. 1982
Bibl. Nat., lat. 242: n. 1918*i*
Bibl. Nat., lat. 256: nn. 1918*a*, 1953
Bibl. Nat., lat. 268: n. 2039
Bibl. Nat., lat. 789: n. 1995
Bibl. Nat., lat. 816: nn. 1905*d*, 1921*a*
Bibl. Nat., lat. 974: n. 2006
Bibl. Nat., lat. 1317: n. 1982

Bibl. Nat., lat. 2026: n. 1905s
Bibl. Nat., lat. 2269: n. 1993a
Bibl. Nat., lat. 2292: n. 1904
Bibl. Nat., lat. 2294: n. 1921a
Bibl. Nat., lat. 2296: n. 1905i
Bibl. Nat., lat. 7193: n. 1899
Bibl. Nat., lat. 7530: n. 2041
Bibl. Nat., lat. 9427: n. 1948
Bibl. Nat., lat. 9451: n. 1987
Bibl. Nat., lat. 9452: n. 1989
Bibl. Nat., lat. 9488: n. 1905l
Bibl. Nat., lat. 9493: n. 1905e
Bibl. Nat., lat. 10.837: nn. 1905l, 2037
Bibl. Nat., lat. 10.863: n. 1949
Bibl. Nat., lat. 12.048: nn. 1905c, 1921a
Bibl. Nat., lat. 12.050: n. 1933
Bibl. Nat., lat. 13.159: n. 2015
Bibl. Nat., lat. 13.246: n. 1924
Bibl. Nat., lat. 14.086: n. 2033
Bibl. Nat., lat. 17.436: n. 1933
Bibl. Nat., n. a. l. 1203: n. 2040
Bibl. Nat., n. a l. 1588: n. 1982
Bibl. Nat., n. a. l. 1628: n. 1936
Bibl. Nat., n. a. l. 2171: n. 1993
Bibl. S. Geneviève, lat. 111: n. 1933

PETERLINGEN

Archiv: n. 1912

PIACENZA

Archiv. S. Antonino: n. 1928b

POITIERS

Bibl. municip. 17: n. 1982

PRAHA

Bibl. Capit. O. 83: nn. 1901, 1981, 2255

RAVENNA

n. 1898e

REGENSBURG

Sammlung Graf Walderdorff: nn. 1918gg, 2038

REIMS

Bibl. municip. 8 [C. 142]: n. 1900a
Bibl. municip. 41: n. 1977
Bibl. municip. 1395: n. 1918d
Cod. deperditus (exc. J. DE VOISIN): n. 1905e

ROMA

Bibl. Angelica F. A. 1408 [T. C. 22]: n. 1905a
Bibl. Casanat. 641: n. 2041
Bibl. Vat., lat. 1147: n. 2048
Bibl. Vat., lat. 1148: n. 2048
Bibl. Vat., lat. 3325: n. 1905r
Bibl. Vat., lat. 3835: n. 1996
Bibl. Vat., lat. 3836: n. 1996
Bibl. Vat., lat. 5750: n. 1898d
Bibl. Vat., lat. 5755: n. 1963
Bibl. Vat., lat. 10.645: n. 1914
Bibl. Vat., lat. 10.673: n. 1940
Bibl. Vat., Ottob. 313: n. 1921a
Bibl. Vat., Pal. 46: n. 1982
Bibl. Vat., Pal. 50: n. 1982
Bibl. Vat., Pal. 493: n. 1922
Bibl. Vat., Reg. 9: nn. 1972, 1973
Bibl. Vat., Reg. 11: n. 2010
Bibl. Vat., Reg. 74: n. 1983
Bibl. Vat., Reg. 257: n. 1923
Bibl. Vat., Reg. 316: n. 1899
Bibl. Vat., Reg. 317: n. 1919
Bibl. Vat., S. Pietro, C 105: n. 1995
Bibl. Vat., S. Pietro, H 58: n. 2032

ROUEN

Bibl. municip. A. 292: n. 1934a

SALZBURG

Öffentl. Bibl. V i H 162: n. 1903b
St. Peter, Stiftsbibl.: n. 1982

S. GIOVANNI IN BUSTO ARSIZIO

Bibl. Capit. M. i. 14: n. 1974

ST. GALLEN

Stiftsbibliothek 18: nn. 2020, 2021
Stiftsbibliothek 46: n. 1939
Stiftsbibliothek 47: n. 1927

Stiftsbibliothek 194: n. 1918*bb*
Stiftsbibliothek 348: n. 1905*g*
Stiftsbibliothek 349: n. 1905*h*
Stiftsbibliothek 350: n. 1905*f*
Stiftsbibliothek 908: nn. 1906, 1918*e*
Stiftsbibliothek 1394: n. 1927
Stiftsbibliothek 1395: nn. 1927, 1962
Stiftsbibliothek 1399 a 2: n. 1939

SANTIAGO DE COMPOSTELLA

Universidad, reserv. 1: n. 2017

SCHEYERN

Stiftsbibliothek 81: n. 1905*u*

SÉLESTAT

Bibl. munic. 1 (1093): n. 1951
Bibl. munic. 1 B (1093 a): n. 1952

SINAI

Monasterium S. Catharinae, slauon. 5: nn. 1942*a*, 2030

SPLIT

Eccl. Cathedr.: n. 1969*a*

STOCKHOLM

Kongl. Bibl. A 135*a*: n. 1905*n*

STRASBOURG

Codex Rachionis deperditus: nn. 1905*dd*, 2007*a*

STUTTGART

Landesbibliothek HB. iii, 34: n. 1903*c*
Landesbibliothek HB. vii, 10: n. 1898*b*
Landesbibliothek Inkunabel 6769: n. 1983*b*
Landesbibliothek Inkunabel H 5385: n. 1983*b*

TOLEDO

Bibl. Capit. 35.1: n. 1944

Bibl. Capit. 35.3: n. 1929
Bibl. Capit. 35.8: nn. 1992, 1993

TORINO

Bibl. Naz. 882 N. 8 (F. iv, 1, fasc. 9): n. 1937
Bibl. Naz. 1094 (G. v. 26): n. 1931

TOULOUSE

Bibl. municip. 144: 2015*a*

TRENTO

Mus. Naz.: 1961

TRIER

Dombibl. 134: n. 1954
Dombibl. 142: n. 1934
Dombibl. 400: n. 1903*q*
Stadtbibl. 22: n. 1982

VALENCIENNES

Bibl. municip. 414: n. 1900*e*

VENDÔME

Bibl. municip. 2: n. 1982

VERCELLI

Archiv. Capit., cod. S. Eusebii: n. 1970
Archiv. Capit. cxxvi: n. 1903*p*

VERONA

Bibl. Capit. lxxxv: n. 1897
Bibl. Capit. lxxxix: n. 2016
Bibl. Capit. xc: n. 2032
Bibl. Capit. xci: n. 1903/*o*

WERTHEIM

Fürstl. Archiv Litt. B Nr. 1686 a: n. 1905/*o*

WIEN

Nationalbibliothek 118: n. 1903*b*
Nationalbibliothek 767: n. 1903*b*
Nationalbibliothek 1066: n. 1903*b*
Nationalbibliothek 1097: n. 1903*b*

Nationalbibliothek 1242: n. 1903 b
Nationalbibliothek 1271: n. 1903 b
Nationalbibliothek 1280: n. 1903 b
Nationalbibliothek, n. s. 4225: n. 1903 b

WOLFENBÜTTEL

Herzog August Bibl., Gud. gr. 112: n. 1916
Herzog August Bibl., Weissenburg 76: n. 1947

WÜRZBURG

Universität M.p.th. F 42: n. 1905 p
Universität M.p.th. F 62: nn. 1982, 1985
Universität M.p.th. F 68: n. 1979

Universität M.p.th. Q. 1 a: n. 1950
Universität M.p.th. Q. 3: n. 1918 m
Universität, Fragm. o. S.: n. 1905/o

ZARAGOZA

Universidad, Fac. de Derecho, «Libro de S. Voto»: n. 1943 b

ZÜRICH

Staatsarchiv AG 19 iii: n. 1912
Staatsarchiv A. G. 19 N. xxxvi: n. 1927 a
Zentralbibl. C 43: n. 1907
Zentralbibl. C 79b: n. 1906
Zentralbibl. Rheinau 30: nn. 1905 t, 1933, 2034
Zentralbibl. Z xiv, 4: n. 1912

XIII. VITAE SANCTORVM

Maximae utilitatis nobis fuerunt *Bibliothecae hagiographicae*, quas ediderunt SOCII BOLLANDIANI (*a*), necnon eorum commentaria, praesertim in *Martyrologium Hieronymianum* et *Romanum* (*b*), necnon et noua collectanea quae inscribuntur: *Hagiographies. Histoire internationale de la littérature hagiographique latine et vernaculaire en Occident des origines à 1550*. G. PHILIPPART dirigit totum opus, cuius tomus primus iam praesto est (CC *Hagiographica*, i, Turnhout, 1994).

Cod. *Vitarum, Passionum, Actorum, Miraculorum* uariis in uoluminibus recenserunt Socii Bollandiani. Quorum praestantiores sunt sequentes:

Catalogus Codicum Hagiographicorum Bibliothecae Regiae Bruxellensis, i-ii, Bruxellis, 1886-1889;

Catalogus etc. *Bibl. Nat. Parisiensis*, i-iv, 1889-1893;

Catalogus etc. *Bibliothecarum Romanarum*, 1909;

Catalogus etc. *Bibl. Vaticanae*, 1910;

J. VAN DER STRAETEN, *Les Manuscrits hagiographiques d'Arras et de Boulogne-sur-Mer*, Bruxelles, 1971;

ID., *Les Manuscrits hagiographiques de Charleville, Verdun et Saint-Mihel*, Bruxelles, 1974;

ID., *Les Manuscrits hagiographiques d'Orléans, Tours et Angers*, Bruxelles, 1982.

Ceteri qui in *Analectis Bollandianis* editi sunt, commode enumerant P. KRISTELLER & S. KRÄMER, *Latin MS Books before 1600*, München, 1994[4], p. 24-27.

(*a*) *Bibliotheca hagiographica latina*, i-ii, Bruxellis, 1898-1901 (ed. anastatica, 1949); *Supplementum* (auctore A. PONCELET), ed. altera, Bruxellis, 1911; *Nouum Supplementum* (auctore H. FROS), Bruxellis, 1986 (= BHL). *Bibliotheca hagiographica graeca* (auctore F. HALKIN), ed. tertia, Bruxellis, 1957; *Nouum Auctarium* (eodem auctore), Bruxellis, 1984 (= BHG); *Bibliotheca hagiographica orientalis*, Bruxellis, 1910 (= BHO).

(*b*) H. DELEHAYE & H. QUENTIN, *Commentarius perpetuus in Martyrologium Hieronymianum*, Bruxellis, 1931 (AASS, *Nou.*, ii, 2); SOCII BOLLANDIANI, *Martyrologium Romanum scholiis historicis instructum*, Bruxellis, 1940 (AASS, *Propylaeum Dec.*).

Nec paruipendendus est *Conspectus Codicum Hagiographicorum* quem scripsit W. LEVISON, in MGH, *Script. rerum Merouingicarum*, t. vii, Hannover, 1920, p. 529-702.

Hic catalogum tradimus *Vitarum* et *Passionum* quotquot latine primum conscriptae sunt ante editum *BEDAE Martyrologium*, *Actis antenicaenis* praemissis, ceteris, per singulas orbis regiones, litterarum ordine dispositis.

Certe magis congruum esset, *Vitas* per «cyclos» disponere, uti ab hagiographis mente conceptae fuerunt, quod post L. DUCHESNE et J. DE SMEDT inter alios W. MEYER (*a*), L. VAN DER ESSEN (*b*), C. JULLIAN (*c*), G. BARDY (*d*), H. DELEHAYE (*e*), B. DE GAIFFIER (*f*) ostendere conati sunt. Attamen, quia tales «cycli hagiographici» (quos uocant) nondum sufficienter noti sunt nec fortasse umquam nosci possunt, in maiorem commoditatem lectoris, ordinem alphabeticum, licet minime antiquae dispositioni congruentem, elegimus.

Pauca quoque *Acta* posterioris aetatis, ob insignia monumenta bonae antiquitatis ibi seruata, hic non omittenda ducimus, ut suis locis adnotatum est.

1. ACTA MARTYRVM ANTENICAENA

Noua ed. paratur a A. BASTIAENSEN.

Cfr W. HERAEUS, *Sprachliches aus Märtyrerakten*, in ALL, xiii, 1904, p. 429-432.

2049 Acta Scillitanorum (SCHANZ, iii, 439 [477]; BHL, 7527-7529; BHG, 1645)

J. A. ROBINSON, *The Passion of St Perpetua*, Cambridge, 1891 (TSt, i, 2), p. 104-121, collata cum AB, viii, 1889, p. 6-8 (textus latinus et uersio graeca); H. MUSURILLO, *The Acts of the*

(*a*) *Die Legende des h. Albanus, des Protomartyr Angliae, in Texten vor Beda*, Berlin, 1904 (*Abhandl. Göttingen*, viii, 1) (elucidatio uere magni momenti).

(*b*) *Étude critique et littérature sur les Vitae des Saints mérovingiens de l'ancienne Belgique*, Louvain, 1907.

(*c*) *Questions hagiographiques. Le cycle de Rictiovar*, in RÉAug, xxv, 1923, p. 367-378. Cfr M. COENS, in AB, lxxiv, 1956, p. 102-105.

(*d*) *Les martyrs de Chrocus*, in *Rev. d'hist. de l'Église de France*, xxi, 1935, p. 5-29; et, minus feliciter: *Les actes des martyrs bourguignons*, in *Annales de Bourgogne*, ii, 1930, p. 235-253. Cfr ID., *Les martyrs bourguignons de la persécution d'Aurélien*, ibid., viii, 1936, p. 321-348; J. VAN DER STRAETEN, in AB, lxxviii, 1960, p. 145, adn. 1; ID., *Les Actes des martyrs d'Aurélien en Bourgogne. Étude littéraire*, in AB, lxxix, 1961, p. 115-144.

(*e*) *Le Légendier Romain*, Bruxelles, 1936.

(*f*) *Les avatars de S. Hilarinus*, in AB, lxvi, 1948, p. 276 sq.

Christian Martyrs, Oxford, 1972, p. 86-88 (textus latinus); F. Ruggieri, Roma, 1991, p. 71-74 (textus latinus et uersio graeca).

Emend., critica: F. Corsaro, in *Nuovo Didaskaleion*, vi, 1956, p. 5-51; P. Schiavinato, in *Euntes Docete*, xvii, 1964, p. 444-464; F. Ruggiero, *Il problema del numero dei martiri Scillitani*, in *Cristianesimo nella storia*, ix, 1988, p. 135-152; Fr. Dolbeau, in RÉAug, xxxviii, 1992, p. 361 sq.; J. Den Boeft & J. Bremmer, in VC, xliv, 1995, p. 152 sq.

Latinitas: R. Freudenberger, in WSt, n. s., vii, 1973, p. 196-215.

In Africa, sub Commodo. Cfr V. Saxer, *o. c.* [ante n. 2059].

Passio SS. Perpetuae et Felicitatis

uide sub n. 32.

2049a **Passio S. Crispinae** (BHL, 1989; *HERZOG & SCHMIDT*, 596, 5)   PL, cxxix, 727

P. Franchi de' Cavalieri, *Nuove note agiografiche*, Roma, 1902 (StT, ix), p. 22-35; H. Musurillo, *o. c.* [n. 2049], p. 302-308.

Var. lect.: P. Franchi de' Cavalieri, *Altre correzioni al fasc. 9 degli Studi e Testi*, p. 1-2; Id., in *Nuovo Bull. di Archeol. crist.*, xi, 1905, p. 255 sq., adn. 2.

Latinitas: G. Castelli, in *Forma Futuri. Studi onore in M. Pellegrino*, Torino, 1975, p. 587-594.

Africa, sub Diocletiano.

Passio S. Cypriani

uide sub n. 53.

2050 **Passio Mariani et Iacobi** (BHL, 131)

P. Franchi de' Cavalieri, Roma, 1900² (StT, iii), p. 47-63; H. Musurillo, *o. c.* [n. 2049], p. 194-212.

Cod.: Fr. Dolbeau, in RÉAug, xxix, 1983, p. 62, adn. 53.

Emend., trad. text.: H. Quentin, *Essais de critique textuelle*, Paris, 1926, p. 122-129.

In Africa, sub Valeriano. At cfr etiam M. Simonetti, *La Passione di Mariano e Giacomo e il sermone 284 di S. Agostino*, in *Orpheus*, iv, 1957, p. 76-82.

2051 **Passio SS. Montani et Lucii** (BHL, 6009)

Fr. Dolbeau, in RÉAug, xxix, 1983, p. 39-82; H. Musurillo, *o. c.* [n. 2049], p. 214-238.

In Africa, sub Valeriano.

2052 **Acta S. Maximiliani** (*BHL*, 5813; *HERZOG & SCHMIDT*, 594)

P. Siniscalco, *Massimiliano: un obiettore di coscienza del tardo Impero*, Torino, 1974, p. 159-161; E. de Lorenzo, Napoli, 1975; H. Musurillo, *o. c.* [n. 2049], p. 244-248 (ex editione Ruinartii, nonnullis emendatis).

Cod., **critica**, **emend.**: Fr. Dolbeau (qui et nouam parat editionem), in AB, xciv, 1976, p. 422-425.

In Africa, sub Diocletiano.

2053 **Passio S. Marcelli Tingitani** (*BHL*, 5253-4; *HERZOG & SCHMIDT*, 595)

H. Delehaye, in AB, xli, 1923, p. 257-287 (duae recensiones); H. Musurillo, *o. c.* [n. 2049], p. 250-258 (duae recensiones mixtae).

Cod., **uar. lect.** et **trad. text.**: Fr. Dolbeau, in AB, xc, 1972, p. 329-335.

In Africa, sub Diocletiano.

2054 **Passio S. Felicis episcopi Thibiacensis** (*BHL*, 2894-5; *HERZOG & SCHMIDT*, 596, 3 [tres recensiones]) PL, viii, 679

H. Delehaye, in AB, xxxix, 1921, p. 241-276; H. Musurillo, *o. c.* [n. 2049], p. 266-270.

In Africa, sub Diocletiano.

2055 **Passio SS. Saturnini, Datiui, Felicis, Ampelii et sociorum cum appendice auctore Donatisto** (*BHL*, 7492; *HERZOG & SCHMIDT*, 596, 6) PL, viii, 689

P. Franchi de' Cavalieri, *Note agiografiche*, viii, Roma, 1935 (StT, lxv), p. 3-71.

In Africa, sub Diocletiano.

2056 **Passio SS. Martyrum Fructuosi episcopi Tarraconensis, Augurii et Eulogii diaconorum** (*BHL*, 3196)

P. Franchi de' Cavalieri, *o. c.* [n. 2055], p. 129-199; H. Musurillo, *o. c.* [n. 2049], p. 176-184.

In Hispania, sub Valeriano et Gallieno.

2057 **Passio S. Sereni Sirmiensis** (*BHL*, 7595-6; *HERZOG & SCHMIDT*, 597, 4)

Th. Ruinart, *Acta sincera*, ed. Ratisbonensis, 1859, p. 517-518.

In Illyria, sub Maximiano.

2057a **Passio S. Iulii ueterani Durostorensis** (*BHL*, 4555; *HERZOG & SCHMIDT*, 597, 3)

H. DELEHAYE, in AB, x, 1891, p. 50-52; H. MUSURILLO, *o. c.* [n. 2049], p. 260-265.

Saec. iv ineunte.

2058 **Passio S. Quirini Sisciani** (*BHL*, 7035; *HERZOG & SCHMIDT*, 597, 5)

Th. RUINART, *o. c.* [n. 2057], p. 522-524.

In Illyria, sub Galerio.

2058a **Passio S. Irenaei episcopi Sirmiensis** (*BHL*, 4466; *BHG*, 948-951; *HERZOG & SCHMIDT*, 597, 2)

H. MUSURILLO, *o. c.* [n. 2049], p. 294-300.

Noua ed. paratur a Fr. DOLBEAU, qui originem latinam defendit.

In Illyria, sub Diocletiano.

2. VITAE SANCTORVM AFRICAE

Cfr V. SAXER, *Afrique latine*, in CC *Hagiographies*, i, 1994, p. 25-95. Vide et supra sub nn. 2049 sqq.

2059 **Passio S. Arcadii Caesareae Mauritaniae** (*BHL*, 658)

Th. RUINART, *o. c.* [n. 2057], p. 551-553.

Saec. iv? cfr A. AUDOLLENT, in DHGE, iii, 1924, col. 1485-1487.

Altera extitit recensio huius *Passionis* inter tractatus ZENONIS VERONENSIS (i, 39 [ii, 18] — ed. B. LÖFSTEDT, in CC, xxii, 1971, p. 107-110), qui uerisimilius etiam priorem recensionem composuit.

Vita S. Augustini

uide sub n. 358.

2060 **Passio S. Cassiani ludimagistri** (*BHL*, 1626)

B. MOMBRITIVS, *Sanctuarium* (1480), ed. 2^a, i, Paris, 1910, p. 280.

Cod.: E. A. LOWE, in *Collect. Vaticana in honorem A. Card. Albareda*, ii, Città del Vaticano, 1962 (StT, ccxix), p. 223 (Leiden, Univ., Collectio Scherling 1269, saec. x-xi, fragm.)

Post Prudentium, sed ante Bedam confabulata. — Vide et P. FRANCHI DE' CAVALIERI, *Nuove note agiografiche*, Roma, 1902 (StT, ix), p. 68-70.

2061 **Passio S. Fabii uexilliferi** (*BHL*, 2818)

AB, ix, 1890, p. 123-134.

Eiusdem auctoris ac *Passio S. Salsae* (n. 2064)? Vide etiam P. FRANCHI DE' CAVALIERI, *Note agiografiche*, viii, Roma, 1935 (StT, lxv), p. 101-113.

Saec. iv-v.

Vita S. Fulgentii

uide sub n. 847.

2062 **Passio SS. Mammarii presbyteri et soc.** (*BHL*, 5205-6)

AASS, *Iun.*, ii, 265-267 — VAN PAPENBROECK.

Partim saltem haec Acta genuina ac sincera sunt, cfr H. DELEHAYE, in AB, liv, 1936, p. 305-309.

2063 **Passio SS. Maximae, Secundae et Donatillae** (*BHL*, 5809; HERZOG & SCHMIDT, 596, 4)

C. DE SMEDT, in AB, ix, 1890, p. 110-116.

Africa; saec. iv confecta, postea a Donatista quodam interpolata, cfr H. DELEHAYE, in AB, liv, 1936, p. 296-300. — *Passiones* uero ipsorum martyrum Donatistarum uide sub nn. 719 sqq.

Passio vii monachorum

uide sub n. 800.

2064 **Passio S. Salsae uirginis Tipasitanae** (*BHL*, 7467)

HAGIOGRAPHI BOLLANDIANI, *Catalogus Parisiensis*, i, Bruxellis, 1889, p. 344-352.

Saec. iv-v. — Eiusdem auctoris ac *Passio S. Fabii uexilliferi* (n. 2061)?, cfr L. DUCHESNE, in *Précis historiques*, xxxix, 1890, p. 529.

De **indole** uero passionis ipsiusque «sanctae», uide H. GRÉGOIRE, *Sainte Salsa, roman épigraphique*, in *Byzantion*, xii, 1937, p. 214-224.

APPENDIX

2065 **Titulus in basilica Tipasitana**

AASS, *Nou.*, ii, 2, p. 549; E. DIEHL, *Inscriptiones latinae christianae ueteres*, i, Berlin, 1925, p. 358 sq., n. 1824.

2066 **Passio SS. Siriaci [Cyriaci] et Paulae** (*BHL*, 2066 *t*)

B. DE GAIFFIER, in AB, lx, 1942, p. 10-15; A. FÁBREGA GRAU, *Pasionario hispánico*, ii, Madrid, 1955, p. 387-391.

Africa; e **cod.** Brit. Libr., Add. 25.600 (saec. x), sed longe antiquior; fragmentum etiam exstat in cod. Madrid, B. N. 822, saec. xi, f° 45 (154); B. DE GAIFFIER (& Fr. DOLBEAU), in AB, xcii, 1974, p. 163 (ubi et **uar. lect.**).

Tota differt a *Passione BHL*, 2067, quam in *Legendario* suo *Asturicensi* se inuenisse impudenter mentitus est J. TAMAYO (*a*).

2067 **Passio S. Typasii Ticauensis in Mauritania** (*BHL*, 8354; *HERZOG & SCHMIDT*, 596, 2)

AB, ix, 1890, p. 116-123.

Fontes: D. WOODS, in VC, xlvii, 1993, p. 78-84.

Sub Diocletiano passus est; auctor haud longe posterior narrationem concinnauit, cfr P. MONCEAUX, in *Rev. archéol.*, ive série, iv, 1904, p. 267-274.

3. VITAE SANCTORVM HISPANIAE

uide supra, sub n. 2056.

2068 **Passio sanctorum innumerabilium Caesaraugustanorum martyrum** (PS. BRAVLIO) (*DÍAZ*, 95; *BHL*, 1503-1505) PL, lxxx, 715

A. FÁBREGA GRAU, *Pasionario Hispánico*, ii, Madrid, 1955, p. 371-378.

A. 592-620, nisi EVGENIO II TOLETANO tribuenda sit, cfr G. PALERMO, in *Orpheus*, xxiv-xxv, 1977/78, p. 61-101 (qui et textum huius *Passionis* recudit [p. 91-101]). **Emend.**: M. C. DÍAZ Y DÍAZ, in *Rev. de archivos, bibliotecas y museos*, lxiii, 1957, p. 461-463.

2069 **Vitas sanctorum Patrum Emeritensium** auctore «PAVLO DIACONO EMERITENSI» (*DÍAZ*, 214; *BHL*, 2530) PL, lxxx, 115

CC, cxvii, 1992 — A. MAYA SÁNCHEZ.

Saec. vii medio.

Emend.: M. DÍAZ Y DÍAZ, in *Emerita*, xvi, 1948, p. 392; J. G. PRÉAUX, in *Latomus*, vii, 1948, p. 101 sq.

Fontes: A. MAYA SÁNCHEZ, in *Habis*, xxv, 1994, p. 347-355 (ubi et de **cod.** agitur).

Index uerborum: ILL, A, 70.

(*a*) Vide tamen de hoc *Legendario* B. DE GAIFFIER, in AB, lxiv, 1946, p. 299.

Vita S. Aemiliani auctore Bravlione

uide sub n. 1231.

2069a **Passio Eulaliae (Barcinonensis?)** (DÍAZ, 316; BHL, 2693)

A. Fábrega Grau, *o. c.* [n. 2068], p. 233-237.

Cod.: B. de Gaiffier, in AB, lxxvii, 1959, p. 197-198.

Emend.: M. C. Díaz y Díaz, in *Rev. de Archivos, bibliot. y museos*, lxiii, 1957, p. 457.

2069b **Passio Eulaliae Emeritensis** (DÍAZ, 311; BHL, 2700)

A. Fábrega Grau, *o. c.* [n. 2068], p. 68-78.

Emend.: M. C. Díaz y Díaz, *a. c.* [n. 2069a], p. 456;

2069c **Passio S. Felicis Gerundensis** (DÍAZ, 235; BHL, 2864)

A. Fábrega Grau, *o. c.* [n. 2068], p. 320-328.

Saec. vii med.

2070 **Passio SS. Fausti, Ianuarii et Martialis** (DÍAZ, 411; BHL, 2841)

A. Fábrega Grau, *o. c.* [n. 2068], p. 346-349.

Passio haud coaeua, at martyrologiis Carolinis certe antiquior.

Vita S. Fructuosi

uide sub n. 1293.

2070a **Vita S. Heliae** (BHL, 3798)

G. Antolín, in *Bol. Real Acad. de la Hist.*, liv, 1909, p. 122-128; 204-246; 265.

Origine Priscillianista, cfr B. Volmann, *Studien zum Priscillianismus*, St. Ottilien, 1965, p. 71 sq.

Vitae S. Isidori

uide sub nn. 1213 sqq.

2070aa **Passio SS. Iustae et Rufinae** (DÍAZ, 215; BHL, 4566)

A. Fábrega Grau, *o. c.* [n. 2068], p. 296-299.

Saec. vii?

2071 **Passio SS. Iusti et Pastoris** (DÍAZ, 137; BHL, 4595)

A. Fábrega Grau, *o. c.* [n. 2068], p. 328-331.

«Antiqua, non tamen primigenia», ita *Hagiographi Bollandiani* in scholiis *Martyrologii Romani*, p. 326.

2072 **Passio S. Leucadiae** (Ps. Bravlio) (*díaz*, 93; *BHL*, 4848)

A. Fábrega Grau, *o. c.* [n. 2068], p. 65-67.

Cfr M. C. Díaz y Díaz, *a. c.* [n. 2069a], p. 455-456; B. de Gaiffier, in AB, lxxvii, 1959, p. 197.

2072a **Passio S. Mantii** (*díaz*, 633; *BHL*, 5219)

M. C. Díaz y Díaz, in AB, c, 1982, p. 327-339.

Emend., critica: J. M. Fernández Caton, *San Mancio*, León, 1983; J. Gil, in *Habis*, xv, 1984, p. 189-191.

Saec. vii-viii.

2073 **Vita et obitus SS. Torquati et soc.** (*díaz*, 395; *BHL*, 8308)

J. Vives, in *Anal. sacra Tarracon.*, xx, 1947, p. 223-240; A. Fábrega Grau, *o. c.* [n. 2068], p. 255-260.

Emend.: M. C. Díaz y Díaz, *a. c.* [n. 2069a], p. 458-459.

Saec. viii, cfr J. Vives, *Las actas de los Varones Apostólicos*, in *Misc. K. Mohlberg*, i, Roma, 1948, p. 45.

2073a **Passio S. Vincentii Caesaraugustani** (*BHL*, 8628. 8631)

M. Simonetti, in *Riv. archeol. crist.*, xxxii, 1956, p. 231-241; A. Fábrega Grau, *o. c.* [n. 2068], p. 187-196.

Saec. iv? Praeambulum *BHL* 8627 et recensiones *BHL* 8629 et 8630 inter saec. v et vii confectae uidentur, cfr M. Simonetti, *a. c.*, p. 219-230.

2074 **Passio SS. Vincentii, Sabinae et Christetae** (Ps. Bravlio) (*díaz*, 310; *BHL*, 8619-20)

A. Fábrega Grau, *o. c.* [n. 2068], p. 358-363.

Saec. vii ex. refecta.

2075 **Inuentio et translatio S. Zoili Cordubensis** (*díaz*, 450; *BHL*, 9024 d)

B. de Gaiffier, in AB, lvi, 1938, p. 364-366; A. Fábrega Grau, *o. c.* [n. 2068], p. 379-381.

Emend.: M. C. Díaz y Díaz, *a. c.* [n. 2069a], p. 463-464.

Saec. vii-ix.

4. VITAE SANCTORVM IN GALLIA ET GERMANIA CONSCRIPTAE

Cfr A. MOLINIER, *Les sources de l'histoire de France*, i, Paris, 1901, p. 94-165; W. LEVISON, apud WATTENBACH-LEVISON, *Deutschlands Geschichtsquellen im Mittelalter, Vorzeit und Karolinger*, i, Weimar, 1952, p. 119-146. Elenchus auctore F. LOT, *Vitae, passiones, miracula, translationes Sanctorum Galliae* (500-1000), in ALMA, xiv, 1939, p. 181-225; xx, 1950, p. 55-64, ualde augendus est et certe haud minus emendandus.

Passio martyrum Acaunensium auctore EVCHERIO LVGDVNENSI

uide sub n. 490.

2076 **Vitae Abbatum Acaunensium** (BHL, 142. 6944)

MGH, *scr. mer.*, vii, 1919, p. 322-336; iii, 1896, p. 174-183 — KRUSCH.

Cod.: t. vii, p. 799 sq.

More suo seuerius quam opus est de his *Vitis* sensit Br. KRUSCH; cfr L. DUPONT-LACHENAL, *Les Abbés de St-Maurice*, St-Maurice, 1929.

Saec. vii uidentur confectae.

2077 **Passio SS. Afrae, Hilariae et soc.** (BHL, 107b)

MGH, *scr. mer.*, vii, 1919 — KRUSCH & LEVISON, p. 200-204.

Var. lect.: W. BERSCHIN, in *Bayer. Vorgeschichtsblätter*, xlvi, 1981, p. 220-224.

Saec. vii, iuxta W. BERSCHIN, in *Jahrb. des Vereins f. Augsburger Bistumsgeschichte*, xvi, 1982, p. 108-121. Extat etiam retractatio saec. viii uel recentior (ed. Br. KRUSCH, *o. c.*, iii, p. 55-64).

2078 **Vita S. Agili abbatis Resbacensis** († c. 650) (BHL, 148)

AASS, *Aug.*, vi, 574-587 — STILTINGH.

Iona Bobiensi posterior, cfr M. BÜDINGER, in *Sb. Wien*, xxiii, 1857, p. 273-383.

2079 **Passio SS. Albani, Amphibali et soc. in Anglia** (BHL, 210d. 211. 211a)

W. MEYER, *Nachr. Göttingen*, viii, 1, 1904, p. 35-62.

Circa 515-540 confecta. Vide et W. LEVISON, *St Alban and St Albans*, in *Antiquity*, xv, 1941, p. 337-359.

Emend.: W. LEVISON, *a. c.*

Vita S. Albini auctore Venantio Fortvnato

uide sub n. 1040.

2080 **Vita S. Amandi episcopi Traiectensis**, perperam Bavdemvndo adscripta (*BHL*, 332)

MGH, *scr. mer.*, v, 1910 — Krusch, p. 428-483.

Cod.: t. vii, p. 846 sq.; A. Verhulst & G. Declercq, *a. infra c.*, p. 506, adn. 11.

Post 750, ut censebat Br. Krusch; saec. vii-viii reponit É. de Moreau, in AB, lxvii, 1949, p. 447-449; Baudemundum scriptorem uindicat A. Stracke (*Over de Vita S. Amandi*, in *Handel. Geschied- en Oudheidkundige Kring van Kortrijk*, xxvi, 1953, p. 99-179), sed qua ratione testamentum, quod Amando iubente ipse scripsit, Baudemundus, in *Vita* quam composuisset, non memorasset?

Extant quaedam fragmenta *Vitae Amandi antiquioris* quae partim edita sunt a J. Riedmann, in *Mitteil. österreich. Geschichtsforschung*, lxxxiv, 1976, p. 281 sqq., et a A. Verhulst & G. Declercq, in *Aeuum inter Vtrumque. Mél. G. Sanders*, Steenbrugge, 1991 (= *Instr. Patr.*, 23), p. 501-526, ubi et optime enucleatur totum problema uariarum recensionum *Vitae Amandi*.

Noua ed. paratur a P. Van Coillie.

APPENDIX

2081 **S. Amandi charta de uilla Barisiaca.** Inc. «Cum praesentium rerum status»

J. Pardessus, *Diplomata*, ii, Paris, 1849, p. 133 sq.

PL, lxxxvii, 1271; MGH, *dipl.*, i, 25

2082 **S. Amandi testamentum.** Inc. «Ego Amandus, miserrimus et peccator. Credimus ubique diuina nos pietate»

MGH, *t. c.* [n. 2080], p. 483-485.

PL, lxxxvii, 1273

2083 **Vita S. Amatoris episcopi Autissiodorensis** († 418) auctore Stephano presbytero Africano (*BHL*, 356)

AASS, *Mai.*, i, 51-61 — Henskens; L. M. Duru, *Bibliothèque historique de l'Yonne*, i, Auxerre, 1850, p. 135-158.

Cod.: Montpellier 154, saec. ix; Vat. Reg. 187, f° 1-23, saec. ix.

Epistulas praeuias avna[cha]rii episcopi avtissiodorensis († 603) (n. 1311) et ipsius stephani edidit G. Gundlach, in MGH, *epist.*, iii, 1892, p. 447-448.

Circiter a. 570-600.

PL, lxxii, 767; cxxxviii, 222; MGH, *poet. Lat.*, iii, 430

Passio S. Andeoli subdiaconi

uide sub n. 2117.

2084 **Vita S. Aniani episcopi Aurelianensis** (BHL, 473)

MGH, scr. mer., iii, 1896 — KRUSCH, p. 108-117.

Cod. et **uar. lect.**: ibid., t. iv, p. 767 sq.; vii, p. 810; G. RENAUD, in AB, xciv, 1976, p. 251, adn. 1.

Saec. v-vi.

2085 **Vita S. Apri eremitae Gratianopolitani** (BHL, 615)

HAGIOGRAPHI BOLLANDIANI, Catalogus Parisiensis, ii, Bruxellis, 1890, p. 89-93.

Saec. vii?

2085a **Vita S. Apri episcopi Tullensis** (BHL, 617)

F. A. HERZOG, Die Vita S. Apri. Ein unbekanntes Pergamentfragment im Stiftsarchiv Luzern, in Innerschweiz. Jahrb. f. Heimatkunde, viii-x, 1944/46, p. 34-38.

Saltem saec. viii medio conscripta, cfr J. VILLIGER, in Misc. K. Mohlberg, ii, Roma, 1949, p. 203 sq.

2086 **Vita S. Aredii episcopi Vapincensis** (BHL, 669)

AASS, Mai., i, 111-114 — VAN PAPENBROECK.

Saec. vii auctore coaetaneo, iuxta L. DUCHESNE, Fastes épiscopaux, i, Paris, 1907[2], p. 287.

2087 **Vita S. Arnulfi episcopi Mettensis** (BHL, 689-692)   PL, xcv, 731

MGH, scr. mer., ii, 1888 — KRUSCH, p. 432-446.

Cod. et **emend.**: ibid., vii, p. 782-791.

Saec. vii, auctore suppari.

2088 **Vita S. Audoeni episcopi Rotomagensis** (BHL, 750)

MGH, scr. mer., v, 1910 — LEVISON, p. 553-567.

Cod.: ibid., t. vii, p. 847.

Auctore paulo inferiore, saec. viii ineunte.

APPENDIX

2089 **Carmen acrostichon ad Audoenum** auctore ANSBERTO eius successore. Inc. «Amicus sponsi dominicusque custos» (SCHALLER & KÖNSGEN, 716)

ibid., p. 542.

Vita ipsius S. Ansberti episcopi Rotomagensis auctore PS. AIGRADO (BHL, 520) minime saec. ix antiquior uidetur, cfr AB, xix, 1900, p. 234 sq.; xxix, 1910, p. 450.

2089a **Vita S. Auiti Aurelianensis** (BHL, 879)

Socii Bollandiani, *Catalogus Bruxellensis*, i, p. 57-63 (partim in MGH, *scr. mer.*, iii, p. 383-385 — Krusch).

Gregorio Turonensi antiquior, cfr D. von der Nahmer, in *Mittellat. Jahrb.*, vi, 1970, p. 7-13.

2089b **Vita et Miracula S. Austregisili episcopi Bituricensis** (BHL, 839-841)

MGH, *scr. mer.*, iv, 1902 — Krusch, p. 191-208.

Saec. vii-viii.

2089c **Vitae S. Austrobertae abbatissae Pauliacensis** (BHL, 831-3)

J. Mabillon, AASS OSB, iii, 1, Parisiis, 1639, p. 28-39.

Saec. viii ineunte? Cfr R. Lechat, in AB, xxxviii, 1920, p. 155-156; uide etiam A. Stracke, in *Ons Geestelijk Erf*, xxxiv, 1960, p. 403-422. Potius uero carolinae aetati tribuendae uidentur, cfr P. Poncelet, in AB, xxv, 1906, p. 374, adn. 1; P. Antin, *a. c.* (n. 2132), p. 17.

Item *Vitam S. Audomari* (BHL, 763-4) circa 735 ponendam esse censet A. Stracke (in *Ons Geestelijk Erf*, xxxii, 1958, p. 171-197; cfr *ibid.*, xxxiv, 1960, p. 306-323); quam sententiam admitti nequit, cfr N. Huyghebaert, in *Bull. hist. Antiquaires de la Morinie*, n. s., xix, 1960, p. 241-252.

2090 **Vita S. Ba[l]thildis Reginae** (BHL, 905-8)   PL, lxxxvii, 665

MGH, *scr. mer.*, ii, 1888 — Krusch, p. 482-508.

Cod.: *ibid.*, t. viii, p. 798.

Vita antiquior [A] auctoris coaetanei saec. vii. — Cfr G. Sanders, *Le remaniement carolingien de la « Vita Balthildis » mérovingienne*, in AB, c, 1982, p. 411-428.

2091 **Vita S. Boniti episcopi Aruernensis** (BHL, 1418)

MGH, *scr. mer.*, vi, 1913 — Krusch, p. 119-139.

Saec. viii ineunte, auctore coaetaneo.

Vita S. Caesarii episcopi Arelatensis auctore Cypriano Telonensi

uide sub n. 1018.

2092 **Vita S. Caprasii abbatis Lirinensis** (BHL, 1559)

AASS, *Iun.*, i, 75-77 — HENSKENS; uel C. NARBEY, *Suppl. aux Acta SS pour des Vies de Saints de l'époque mérovingienne*, ii, Paris, 1910/1912, p. 193-194.

Saec. vii, ita *Hagiographi Bollandiani* in scholiis *Martyrologii Romani*, p. 219.

2092a **Vita S. Columbae Senonensis** (BHL, 1892-1896) (iii uel iv recensiones)

A. FÁBREGA GRAU, *o. c.* (n. 2068), ii, 1955, p. 116-117; SOCII BOLLANDIANI, *Catal. Bruxell.*, i, Bruxellis, 1886, p. 302-306.

Saec. vi? Cfr J. VAN DER STRAETEN, in AB, lxxx, 1962, p. 116-117; B. DE GAIFFIER, in *Bull. litt. eccl.*, lxxiii, 1972, p. 193-197 (= *Recueil d'hagiographie*, Bruxelles, 1977, n° x).

2092b **Reuelatio Corcodemi** seu **Libellus de reuelatione S. Corcodemi et de conuersione S. Mamertini** (BHL, 5200-1)

AASS, *Iul.*, vii, 217-222 — BOSCH.

Saec. vii, cfr R. LOUIS, in *S. Germain d'Auxerre et son temps*, Auxerre, 1950, p. 70-74; uel saec. vi, auctore STEPHANO PRESBYTERO AFRICANO (cfr n. 2083), iuxta G. VANNEREAU, *S. Pèlerin d'Auxerre*, s. l., 1958? Cfr B. DE GAIFFIER, in AB, lxxiii, 1955, p. 332, adn. 1; J. VAN DER STRAETEN, in AB, lxxviii, 1960, p. 189.

Vita S. Desiderii episcopi Cadurcensis

uide sub n. 1304.

Vita S. Desiderii episcopi apud Lingonas

uide sub n. 1310.

Vita S. Desiderii episcopi Viennensis auctore SISEBVTO

uide sub n. 1298.

Vita S. Dionysii

uide sub n. 1051.

2093 **Passio SS. Donatiani et Rogatiani** (BHL, 2275)

Th. RUINART, *o. c.* [n. 2057], p. 322-324; A. DELANQUE, *S. Donatien et S. Rogatien de Nantes*, Nantes, 1904, p. 11-46.

Incertae aetatis, cfr A. PONCELET, in AB, xxiv, 1905, p. 142 sq.

2094 **Vita S. Eligii episcopi Nouiomensis** († 660), Avdoeno Rotoma- PL, lxxxvii, gensis perperam adscripta (*kenney*, 286; *bhl*, 2474) 479

MGH, *scr. mer.*, iv, 1902 — Krusch, p. 663-741.

Cod.: *ibid.*, vii, 1920, p. 842-844; J.-L. Lemaître, in RB, xcv, 1985, p. 326 sq.

Valde dolendum est in MGH tantum excerpta e *Vita S. Eligii* critice euulgata esse; cetera require in *Actis Sanctorum Belgii*, auctore J. Ghesquière, t. iii, Bruxellis, 1785, p. 198-309.

Haec uita, qualis nunc legitur, saec. viii ante medium conscripta est, cfr L. Van der Essen, *Étude critique et littéraire sur les Vitae des saints mérovingiens de l'ancienne Belgique*, Louvain, 1907, p. 334 sq.; P. Morel, *Étude critique de la «Vie» de S. Éloi*, in *Positions des thèses de l'École des Chartes*, 1930, p. 129-133; A. Stracke, in *Bijdragen tot de geschiedenis*, xxxix, 1956, p. 90-137; 160-206; 221-269; maxime tamen mutuata est e libro *avdoeni*, cuius epistula ad *chro[do]bertvm episcopvm parisiensem* (seu uerius *tvronensem*) eiusdemque responsio hic supersunt (*bhl*, 2475-2476).

Noua ed. paratur a I. Houste.

APPENDIX

2095 **Charta donationis ecclesiae Soligniacensi.** Inc. «Ego Eligius, PL, lxxxvii, seruus omnium seruorum Christi» 657

ibid., p. 746-749.

Epistula Eligii ad Desiderium Cadurcensem episcopum

uide sub n. 1303.

2096 **Sermo.** Inc. «Rogo uos, fratres karissimi, et cum grandi humi- PL, xl, 1169 litate ammoneo, ut intentis animis auscultare iubeatis» (multis additis)

ibid., p. 749-761, cfr 705-708.

Var. lect.: PL, xlvii, 1240-1241.

Fontes: A. de Vogüé, *Vestiges de l'«Admonitio ad filium spiritualem» du Pseudo-Basile dans la prédication de saint Éloi*, in RB, xcviii, 1988, p. 18-20.

Eligio etiam tribuendum uidetur florilegium quod nuper edidit A. Lehner, in CC, cviii D, 1987, p. 53-127: *Testimonia diuinae Scripturae ‹et Patrum›* (n. 385). Cfr E. Dekkers, in *Ons Geestelijk Erf*, lxiii, 1989 (*Misc. A. Ampe*), p. 297-308 (180-192).

Sermones xvi in PL, lxxxvii, 593-654, sunt aeui Carolini, cfr É. Vacandard, in *Rev. questions hist.*, lxiv, 1898, p. 471-480; lxv, 1899, p. 243-255; *sermonem* uero «*ad regem*», et ipsum spurium (col. 653-658), sub n. 1306 recensum inuenies. Cfr *cppm*, i, 4568-4585.

2097 **Passio SS. Epipodii et Alexandri** (BHL, 2574-5)

Th. Ruinart, *o. c.* [n. 2057], p. 120-123.

Gregorio Turonensi antiquior.

2097a **Vita S. Eucherii Aurelianensis** (BHL, 2660)

MGH, *scr. mer.*, vii, 1920, p. 46-53 — Levison.

Saec. viii medio.

2098 **Vita S. Eustadiolae uiduae, abbatissae Bituricensis** (BHL, 2772)

AASS, *Iun.*, ii, 131-133 — Henskens.

Saec. vii, cfr A. Zimmermann, *Kalendarium Benedictinum*, ii, Metten, 1934, p. 286 sq.

2099 **Vita S. Eutropii episcopi Arausicani** († 475) auctore Vero eius successore (*a*) (BHL, 2782)

P. Varin, *Vie de S. Eutrope*, in *Bull. Comité hist. des Monuments écrits de l'histoire de France*, i, 1849, p. 52-64; J.-H. Albanès & U. Chevalier, *Gallia Christiana Nouissima*, vi, Montbéliard, 1916, p. 10-18.

2099a **Epitaphium.** Inc. «Eutropium hic, xpc, tuum uirtute probatum» (Diehl, 1065)

A. Reyne & D. Bréhier, *Saint Eutrope évêque d'Orange au Ve siècle*, Avignon, 1991; et locupletius: J. Flamant, *De Tertullien aux Mozarabes*, in *Mél. J. Fontaine*, ii, Paris, 1992, p. 9-14.

2100 **Passio S. Ferreoli tribuni** (BHL, 2911)

AASS, *Sept.*, v, 764-765 — Stiltingh.

Saec. v, cfr É. Griffe, *o. c.* [n. 2099, adn. *a*], i, Paris, 1947, p. 107. Vide et P. Franchi de' Cavalieri, *Note agiografiche*, viii, Roma, 1935 (StT, lxv), p. 210 sq.

2101 **Vita S. Fursei** (Kenney, 296, i; Lapidge & Sharpe, 384; BHL, 3209-10)

M. P. Ciccarese, *Le visione di S. Fursa*, in *Romano-barbarica*, viii, 1984/5, p. 231-303; MGH, *scr. mer.*, iv, 1902 — Krusch, p. 423-439.

(*a*) Cfr tamen É. Griffe, *La Gaule chrétienne à l'époque romaine*, ii, 1, Paris, 1957, p. 205 sq.

Quae a Br. Krusch praetermittuntur require apud M. P. Ciccarese, *a. c.*, uel apud J. Mabillon, *Acta Sanctorum Ordinis S. Benedicti*, ii, Paris, 1669, p. 300-314.

Fontes: P. O'Riain, *Les vies de saint Fursy. Les sources irlandaises*, in *Rev. du Nord*, lxix, 1986, p. 405-413.

Saec. vii.

2102 **Appendix (de obitu et sepultura S. Foilani** [= *Additamentum Niuialense*]) (*BHL*, 3211)

ibid., p. 449-451.

Var. lect.: *t. c.*, p. 780; et t. vii, p. 837-842.

Cod., emend.: P. Grosjean, in AB, lxxv, 1957, p. 379-419; lxxviii, 1960, p. 366 sq.

Saec. vii.

———

2103 **Vita S. Gaugerici episcopi Cameracensis** (*BHL*, 3286)

MGH, *scr, mer.*, iii, 1896 — Krusch, p. 652-658.

Auctore suppari saec. vii mediante, cfr P. C. Boeren, *Contribution à l'histoire de Cambrai à l'époque mérovingienne*, Maastricht, 1940, p. 40, adn. 51; M. Rouche, in *Rev. archéol. de la Narbonnaise*, xviii, 1985, p. 281-288.

Var. lect.: I. Hefner, in *Hist. Jahrb.*, xxxi, 1910, p. 58-61.

Vita S. Genesii

uide sub nn. 503 et 509.

2104 **Vita S. Genouefae** (*BHL*, 3334-3338)

C. Kohler, *Étude critique sur la vie latine de Ste Geneviève*, Paris, 1881, p. 5-47 (*BHL*, 3334 [recensio *B*]), collata cum MGH, *scr. mer.*, iii, 1896 — Krusch, p. 215-238 (*BHL*, 3335 [recensio *A*]), et C. Künstle, *Vita S. Genouefae*, Leipzig, 1910 (*BHL*, 3336-3338 [recensio *C*]).

Cod., uar. lect., emend.: T. Orlandi, *Sul testo della 'Vita Genouefae' (Redazione III)*, in *Acme*, xxiii, 1970, p. 165-178; E. Coltri, *Per una nuova edizione della 'Vita Genouefae Virginis Parisiensis'*, in *Scripta philologica*, iii, 1982, p. 71-118; Ead., in *Acme*, xxxviii, 1, 1985, p. 31-47; addatur fragm. antiquissimum Innsbruck, Ferdinandeum FB 32.141, saec. viii, cfr T. Riedmann, in *Mitteil. Österr. Geschichtsforschung*, lxxxiv, 1976, p. 279-281.

Cfr M. HEINZELMANN & J. Cl. POULIN, *Les Vies anciennes de Sainte Geneviève*, Paris, 1986.

Saec. vi, cfr G. KURTH, *Études franques*, ii, Bruxelles, 1919, p. 1-94; É. GRIFFE, in *Bull. litt. eccl.*, lvi, 1955, p. 10-13.

2105 **Vita Germani episcopi Autissiodorensis** auctore CONSTANTIO CLERICO LVGDVNENSI (*KENNEY*, 27; *BHL*, 3453)

MGH, *scr. mer.*, vii, 1919 — LEVISON, p. 247-283; R. BORIUS, in SC, cxii, 1965, p. 112-204.

Trad. text.: A. MAYA SÁNCHEZ, in *Habis*, xxv, 1994, p. 347-355.

Constantius scripsit circa 480. Cfr G. BARDY et B. DE GAIFFIER, in *S. Germain d'Auxerre et son temps*, Auxerre, 1950, p. 89-110. — Quaedam ad Constantium extant epistulae SIDONII, eius familiaris, nempe: i, 1; iii, 2; vii, 18; viii, 16 (n. 987). Sunt qui alium non putant a Constantio illo, cui PS. HIERONYMVS (*CLAVDIANVS MAMERTVS?*) *Comitem* dedicauit (n. 1960).

Vtrum S. Germanus noster libros IOANNIS CHRYSOSTOMI *de sacerdotio* latine interpretatus sit, necne (cfr A. SIEGMUND, p. 92, adn. 1), ualde dubium uidetur (cfr *CPG*, n. 4316).

2106 **Vita S. Germani abbatis Grandiuallensis** auctore BOBVLENO (*BHL*, 3467)

MGH, *scr. mer.*, v, 1910 — KRUSCH, p. 25-40.

Saec. vii. — Iuxta P. VOLK, in DHGE, ix, 1937, col. 290, Bobulenus idem est atque abbas Bobiensis eiusdem nominis, de quo infra sub n. 2107. Perquam dubium uidetur.

APPENDIX

2107 **Versus de Bobuleno.** Inc. «Atticorum ex genere» (*BHL*, 1387; *WALTHER*, 1668; *SCHALLER & KÖNSGEN*, 1284)

D. NORBERG, *Une hymne de type irlandais en Italie*, in *Paradoxos Politeia. Studi patr. in onore di G. Lazzati*, Milano, 1979, p. 347-357.

Cod., uar. lect.: F. NUVOLONE, in *Archiuum Bobiense*, ii, 1980, p. 47 sq.

Saec. vii. — Olim opinio emittitur Bobulenum confecisse *Regulam Magistri* (P. BLANCHARD, in RB, lx, 1950, p. 52 sq.). Hypothesis improbatur a H. VANDERHOVEN, in RHE, xlv, 1950, p. 707-710, et a H. VANDERHOVEN & F. MASAI, *Regula Magistri. Édition diplomatique*, Bruxelles, 1953, p. 42 sq., adn. 2.

2108 **Vita S. Germani episcopi Parisiensis** auctore VENANTIO FORTVNATO

uide sub n. 1039. — *S. GERMANI epistulam ad Brunehildam* uide sub n. 1060. — *PS. GERMANI Expositionem missae* uide sub n. 1925.

2109 **Vita S. Geretrudis Niuialensis** (KENNEY, 299; LAPIDGE & SHARPE, 1270; BHL, 3490) (duae recensiones)

MGH, *scr. mer.*, ii, 1888 — KRUSCH, p. 453-464.

Var. lect.: t. vii, p. 791-795.

Anni 670 uel potius aliquantulo recentior. Cfr A. WELKENHUYSEN, *De oudste Vita S. Gertrudis*, i-ii, Leuven, 1964 (dissertatio). De **auctore** etc., uide A. STRACKE, in *Ons Geestelijk Erf*, x, 1936, p. 48-84; 123-155; 435-455.

2110 **De uirtutibus S. Geretrudis** (BHL, 3495)

ibid., p. 464-471.

Var. lect.: t. vii, p. 795-797.

Eiusdem auctoris ac *Vita*.

2111 **Vitae Abbatum Habendensium (Amati, Romarici et Adelphii)** (BHL, 358, 7322 et 73)

MGH, *scr. mer.*, iv, 1902 — KRUSCH, p. 215-228 (nonnullis rescissis); M. BESSON, *Monasterium Acaunense*, Fribourg, 1913, p. 184-196

Cod.: t. vii, p. 834.

Adhuc saec. vii, iuxta M. BESSON, in *Zeitschr. f. schweiz. Kirchengesch.*, i, 1907, p. 20-31; cfr H. MORETUS, in AB, xxxiii, 1914, p. 245; P. DAVID, *La vie de S. Aimé*, Grenoble, 1937. Seuerius de eius iudicauit Br. KRUSCH.

Vita S. Hilarii Arelatensis auctore REVERENTIO

uide sub n. 506.

Vita S. Hilarii Pictauiensis auctore VENANTIO FORTVNATO

uide sub n. 1038.

2112 **Vita S. Hucberti episcopi Leodiensis** (BHL, 3993)

MGH, *scr. mer.*, vi, 1913 — LEVISON, p. 482-496.

Saec. viii medio.

2113 **Vita S. Ioannis abbatis Reomaensis** auctore IONA (*BHL*, 4424)

MGH, *scr. rer. german. in usum scholarum*, xxxvii, 1905 — KRUSCH, p. 321-344.

2114 **Passio SS. Herenei episcopi, Andochi presbyteri, Benigni presbyteri, Tyrsi diaconi, Felicis negotiatoris** (*BHL*, 4457-8. 424. 1153) PG, v, 14

J. VAN DER STRAETEN, in AB, lxxix, 1961, p. 455-468.

Eidem auctori olim tribuebantur tres passiones sequentes:

2115 **Passio SS. Felicis, Fortunati et Achillei diaconorum** (*BHL*, 2896)

AASS, *Apr.*, iii, 99-101 — HENSKENS;

Saec. vi, cfr H. J. FREDE, p. 64 sq.

2116 **Passio S. Ferreoli presbyteri et Ferrucionis diaconi** (*BHL*, 2903)

AASS, *Iun.*, iv, 6-7 — HENSKENS;

2117 **Passio S. Andeoli subdiaconi** (*BHL*, 423)

AASS, *Mai.*, i, 36-40 — HENSKENS.

Cod.: T. MARÍN, in *Hisp. sacra*, xii, 1959, p. 177.

2118 **Passio S. Hesychii** (*BHL*, 3861)

HAGIOGRAPHI BOLLANDIANI, *Catalogus Parisiensis*, iii, Bruxellis, 1893, p. 270-271.

Cod.: H. QUENTIN, *Les Martyrologes historiques*, Paris, 1908, p. 184 sq.

Recensione Bernensi martyrologii Hieronymiani antiquior; de **origine** cfr H. DELEHAYE, in AB, l, 1932, p. 280 sq.

Vitae S. Iuliani Briuatensis

uide sub nn. 1030 sq.

2119 **Vitae Abbatum Iurensium (Romani, Lupicini et Eugendi)** (*BHL*, 7309. 5073. 2665)

Fr. MARTINE, in SC, cxlii, 1968.

Saec. vi, iuxta P. W. HOOGTERP, *Les vies des Pères du Jura. Étude sur la langue*, in ALMA, ix, 1934, p. 129-251; uide etiam M. BERTHET, in *Mémoires de la Société d'Émulat. du Jura*, 1942, p. 169-179. Non autem probat E. LÖFSTEDT, *Coniectanea*, i, Uppsala, 1950, p. 54, adn. 1.

2119a **Passio S. Iusti Bellouacensis** (BHL, 4590c)

M. COENS, *Un fragment retrouvé d'une ancienne Passion de S. Juste, martyr de Beauvais*, in AB, lxxiv, 1956, p. 86-114.

Saec. vii post medium.

2120 **Vita Iusti episcopi Lugdunensis** († ca. 390) (BHL, 4599)

AASS, *Sept.*, i, 373-374 — STILTINGH.

Auctore suppari, ut uidetur.

2121 **Vita S. Landiberti (Lamberti) episcopi Traiectensis** (BHL, 4677)

MGH, *scr. mer.*, vi, 1913 — KRUSCH, p. 353-384.

Saec. viii ineunte, attamen *Vita S. Eligii* recentior, cfr L. VAN DER ESSEN, *l. c.* (n. 2094).

Vita S. Leobini

uide sub n. 1050.

Vita S. Leodegarii episcopi Augustodunensis

uide sub n. 1079.

Vita S. Lupi episcopi Trecensis

uide sub n. 989.

2122 **Vita S. Marcellini episcopi Ebredunensis** (BHL, 5227)

AASS, *Apr.*, ii, 749-751 — HENSKENS.

« Document de bonne note » aestimauit L. DUCHESNE; adhuc saec. iv exeuntis uidetur.

Vita S. Marcelli auctore VENANTIO FORTVNATO

uide sub n. 1043.

Vitae S. Martini episcopi Turonensis

uide sub nn. 475, 1037, 1474.

2123 **Vita S. Maurilii episcopi Andegauensis** († 453) auctore MAGNOBODO eius successore (BHL, 5730)

AASS, *Sept.*, iv, 72-75 — TRENTECAMP.

2124 **Vita S. Maxentii abbatis Pictauiensis** (BHL, 5804)

J. MABILLON, AASS OSB, i, Parisiis, 1668 (= ed. 3^a, Mâcon, 1935), p. 578-580.

Tempore Gregorii Turonensis confecta.

2125 **Vita S. Maximi episcopi Reiensis** auctore Dinamio Patricio (*BHL*, 5853)

S. Gennaro, Catania, 1966.

Cfr G. Philippart, in AB, xc, 1972, p. 203-206.

Saec. vi.

Cetera quae scripsit *DINAMIVS*, require sub nn. 997° et 1058. Cfr H. J. Frede, p. 432. — Cfr etiam *Vita S. Virgilii Arelatensis* (n. 2144*b*).

Vita S. Medardi episcopi Nouiomensis

uide sub n. 1049.

2126 **Vita S. Melanii episcopi Trecensis** (*BHL*, 5895*m*)

H. Moretus, in AB, xxxiv-xxxv, 1915/16 (1921), p. 289-292.

Saec. vi.

2127 **Inuentio S. Memmii episcopi Catalaunensis** (*BHL*, 5907-5911)

AASS, *Aug.*, ii, 11-12; MGH, *scr. mer.*, v, 1910, p. 365-367.

Saec. vii. Cfr J. van der Straeten, in AB, xcii, 1974, p. 307 sq.

2128 **Vita S. Mitriadis confessoris Aquensis** (*BHL*, 5973)

AB, viii, 1889, p. 10-15; et accuratius M. Carias, *S. Mitre d'Aix. Étude hagiographique*, Aix-en-Provence, 1969 (dissert.).

Cod., critica: J. van der Straeten, in AB, lxxxviii, 1970, p. 354 sq.

Siue ab aequali scriptore, siue paulo post conscripta, certe ante Gregorium Turonensem.

2129 **Vita S. Nicetii episcopi Lugdunensis** (*BHL*, 6088)

MGH, *scr. mer.*, iii, 1896 — Krusch, p. 521-524.

Gregorio Turonensi antiquior.

2130 **Vita S. Pardulfi abbatis Waractensis** (Guéret) (*BHL*, 6459-60)

MGH, *scr. mer.*, vii, 1919/20 — Levison, p. 24-40.

Auctore suppari, ante 750.

Vita S. Paterni auctore Venantio Fortvnato

uide sub n. 1041.

2130*a* **Passio S. Patrocli** (*BHL*, 6520)

AASS, *Ian.*, ii, p. 707-709.

Non inspeximus editionem G. E. Giefers, *Acta S. Patrocli*, Soest, 1857, p. 1-6.

Saec. vi mediante, cfr J. van der Straeten, in AB, lxxviii, 1960, p. 145-153, qui etiam **fontes** optime indicauit.

2131 **Vita S. Peregrini episcopi Autissiodorensis** (*BHL*, 6623)

AASS, *Mai.*, iii, 560-561 — Henskens.

Saec. vi, ut communiter asseritur. Certe *Passione S. Symphoriani* (n. 2143) posterior, cfr M. Corti, *Studi sulla latinità merovingica in testi agiografici minori*, Messina, 1939, p. 18-19; 188-200.

Cod.: L.-M. Duru, *Bibliothèque historique de l'Yonne*, i, Auxerre, 1850, p. 126-127.

Critica: J. van der Straeten, in AB, lxxviii, 1960, p. 189-192.

Latinitas: M. Corti, *o. c.*, passim.

2132 **Vita S. Philiberti abbatis** (*BHL*, 6805-6)

MGH, *scr. mer.*, v, 1910 — Levison, 583-606.

Cod.: t. vii, p. 847 sq.

Fontes: P. Antin, in *Jumièges. Congrès scientifique du xiiie centenaire*, Rouen, i, 1955, p. 15-22.

Saec. viii ineunte?

2133 **Vitae S. Praeiecti episcopi Aruernensis** (*BHL*, 6915-6 et 6917)

MGH, *scr. mer.*, v, 1910 — Krusch, p. 225-248; AASS, *Ian.*, iii, 247-250 (duae recensiones).

Cod.: t. vii, p. 845.

Saec. vii confectae.

Vitae S. Radegundis

uide sub. nn. 1042 et 1053.

Vita S. Remedii uel **Remigii**

uide sub n. 1052°.

2134 **Vita S. Richarii** (*BHL*, 7245; *Kenney*, 280, 1)

MGH, *scr. mer.*, vii, 1919/20 — Krusch, p. 438-453.

Saec. vii, auctore aequali, cfr A. Stracke, *De oudste Vita S. Richarii (580?-646?)*, in *Ons Geestelijk Erf*, vi, 1932, p. 157-182; vii, 1933, p. 34-39; 166-187.

2135 **Vita iᵃ S. Romani presbyteri in castro Blauiensi** (saec. iv) (*BHL*, 7305g)

G. VIELHABER, in AB, xxvi, 1907, p. 52-56.
Auctore saec. v.

2136 **Vita iiᵃ S. Romani** (*BHL*, 7306)

AB, v, 1886, p. 178-191.

Fontes: G. VIELHABER, *a. c.* [n. 2135], p. 57 sq.; M. J. MCGANN, in ALMA, xxxii, 1962, p. 91-94.
Gregorio Turonensi antiquior.

2136*a* **Vita S. Rusticulae** auctore FLORENTIO (*BHL*, 7405)

MGH, *scr. mer.*, iv, 1902 — KRUSCH, p. 339-351.

Saec. vii, cfr P. RICHÉ, in AB, lxxii, 1954, p. 369-377.

Miracula uisionesque nonnullas proh dolor praetermisit Bruno Krusch; eas require apud J. MABILLON, AASS OSB, ii, Parisiis, 1669, p. 139-147.

2137 **Passio S. Saturnini episcopi Tolosani** (*BHL*, 7495)

DEVIC & VAISSETTE, *Histoire du Languedoc*, ii, 1875, preuves, col. 29-34.

Emend.: É. GRIFFE, *La Gaule chrétienne*, i, Paris, 1947, p. 102 sq.

Passio longe post martyris mortem litteris mandata est, tamen Gregorio Turonensi ac Missali Gothico antiquior, cfr B. DE GAIFFIER, in AB, lxvi, 1948, p. 53-58; eam saec. v, circiter a. 420, reponit É. GRIFFE, *l. c.* et *Bull. de littérat. ecclés*, xlix, 1948, p. 32.

APPENDIX

2138 **Hymnus.** Inc. «Vocis auditae nouitas refulsit» (*CHEVALIER*, 22083 & *Add*.; SCHALLER & KÖNSGEN, 17492) PL, lxxxv 1260

C. BLUME, *Analecta Hymnica*, xxvii, Leipzig, 1897, p. 230-231.

Saec. v, cfr J. PÉREZ DE URBEL, in *Bull. hispanique*, xxviii, 1926, p. 117. Vide et J. SZÖVÉRFFY, *Iberian Hymnody*, Classical Folia Editions, 1971, p. 18-20.

2139 **Vita S. Seruatii episcopi Traiectensis** (*BHL*, 7611)

MGH, *scr. mer.*, iii, 1896 — KRUSCH, p. 87-89.
Cod.: t. vii, p. 806.

Ante 727 conscriptam censuit Br. KRUSCH; saec. viii post medium reponit B. VLEKKE, *St. Servatius*, Maastricht, p. 63 sq.

Passio S. Seuerini Burdigalensis auctore Venantio Fortvnato uide sub n. 1044.

2140 **Passio S. Sigismundi Regis** (*BHL*, 7717)

MGH, *scr. mer.*, ii, 1888 — Krusch, p. 333-340; M. Besson, *Monasterium Acaunense*, Fribourg, 1913, p. 134-138.

Saec. viii ineunte?

2141 **Vita S. Sigolenae** (uel **Segulinae**) **abbatissae Troclarensis** (*BHL*, 7570-1) (duae recensiones)

AASS, *Iul.*, v, 630-637 — Cuypers; Socii Bollandiani, *Catalogus Parisiensis*, iii, Bruxellis, 1893, p. 488-504.

Saec. vii exeunte, cfr W. Levison, *Sigolena*, in *Neues Archiv*, xxxv, 1910, p. 219-231, et A. Zimmermann, *Kalendarium Benedictinum*, ii, Metten, 1934, p. 496; R. Cabié, *Sainte Sigolène par-delà ses légendes*, in *Rev. du Tarn*, cxxviii, 1987, p. 619-639.

2142 **Vita S. Sulpitii Pii episcopi Bituricensis** (*BHL*, 7927-8) (duae recensiones)

MGH, *scr. mer.*, iv, 1902 — Krusch, p. 371-380.

Annos inter 647 et 671.

2143 **Passio S. Symphoriani Augustodunensis** (*BHL*, 7967-8 et PG, v, 1463 Suppl., p. 808 sq.)

AASS, *Aug.*, iv, 496-497 — Cuypers.

Saec. v ineunte.

Cfr H. Delehaye, in AB, xxiv, 1905, p. 399; de aetate, uide et É. Griffe, *o. c.* [n. 2137], p. 105 sq.; J. van der Straeten, in AB, lxxviii, 1960, p. 149 sq.; I. E. Cros, in *Neuphilologische Mitteil.*, lxxxii, 1981, p. 269-275.

Latinitas: M. Corti, *o. c.* (n. 2131), p. 15-17; 188-200, et passim.

2144 **Vita S. Vedasti episcopi Atrebatensis** auctore Iona (*BHL*, 8501-8503)

MGH, *scr. mer.*, iii, 1896 — Krusch, p. 406-414.

Var. lect.: Br. Krusch, *Ionae Vitae Sanctorum Columbani, Vedasti, Ioannis*, Hannover, 1905, p. 309-320.

2144a **Passio S. Vincentii Aginnensis** (*BHL*, 8622)

B. de Gaiffier, in AB, lxx, 1952, p. 160-181.

Gregorio Turonensi antiquior uidetur.

2144b **Vita S. Virgilii Arelatensis** (BHL, 8679)

AASS, *Mart.*, i, 399-402 — Barralis.

Saec. vi, ut aestimat H. J. Frede, p. 89. — Attamen magna ex parte mutuata est e *Vita S. Maximi Reiensis* (n. 2125); cfr BHL, 8679 Suppl.

2145 **Vita S. Viuiani episcopi Santonensis** (BHL, 1324)

MGH, *scr. mer.*, iii, 1896 — Krusch, p. 94-100.

Cod.: t. vii, p. 806-810.

Saec. vi, uide F. Lot, *La « Vita Viuiani » et la domination visigotique en Aquitaine*, in *Mél. P. Fournier*, Paris, 1929, p. 467-477, atque etiam melius P. Courcelle, *Trois dîners chez le roi visigoth d'Aquitaine*, in RÉA, xlix, 1947, p. 169-177.

2146 **Vita S. Wandregisili abbatis Fontanellensis** (BHL, 8804 et Suppl., p. 878 sq.)

MGH, *scr. mer.*, v, 1910 — Krusch, p. 13-24.

Saec. vii exeunte. De **aetate**, **indole** ac **latinitate**, cfr F. Müller-Marquardt, *Die Sprache der alten Vita Wandregisili*, Halle, 1912, et A. Stracke, in *Ons Geestelijk Erf*, xxiv, 1950, p. 242-270. Vide etiam uersionem gallicam auctore J.-P. Laporte, *La plus ancienne vie de saint Wandrille*, Saint-Wandrille, 1979.

5. VITAE SANCTORVM HIBERNIAE, ARMORICAE, ANGLIAE, SCOTTIAE

Vitas Sanctorum hibernice conscriptas recenset *Catalogus hagiographicus Hiberniae*, auctore C. Plummer, *Misc. Hagiographica Hibernica*, Bruxellis, 1925, p. 179-233; 254-271. Perutiles sunt etiam uberrimae notae historicae P. Grosjean in editione critica *Catalogi praecipuorum Sanctorum Hiberniae* Henrici Fitz-Simon, in *Essays and Studies presented to Prof. Eoin MacNeill*, Dublin, 1940, p. 335-393. — Maximi momenti sunt *Vitae Sanctorum Hiberniae* quas collegit et edidit C. Plummer (i-ii, Oxford, 1910), sed textus sunt omnes recentioris aetatis. — De uitis Sanctorum in Anglia conscriptis, cfr B. Colgrave, *The Earliest Saints' Lives Written in England*, in *Proceed. Brit. Acad.*, xliv, 1958, p. 35-60.

2147 **Vita S. Brigidae** auctore Cogitoso (KENNEY, 147; BHL, 1457)   PL, lxxii 775

AASS, *Febr.*, i, 135-141 — Bolland.

Cod. et **trad. text.**: M. Esposito, in *Hermathena*, xlix, 1935, p. 120-165; S. Connolly, *The Autorship and MSS Tradition of 'Vita Iª Sanctae Brigitae'*, in *Manuscripta*, xvi, 1972, p. 67-82.

Cfr M. Esposito, *On the Earliest Latin Life of St. Brigid of Kildare*, in *Proceed. Roy. Irish Acad.*, xxx, 1912/13, p. 307-326; P. Grosjean, in ALMA, xvii, 1943, p. 73-77.

2148 **Vita S. Brigidae**, perperam S. Vltano adscripta (*KENNEY*, 151, iii; *LAPIDGE & SHARPE*, 352; *BHL*, 1455-6)

AASS, *Febr.*, i, 119-135 — Bolland, collata cum alia recensione iuxta J. Colgan, *Triadis Thaumaturgae ... Acta*, Louanii, 1647, p. 527-542.

De **auctore** (*AILERANO*?) et de **codicibus** uberrime tractauerunt M. Esposito, in *Hermathena*, xxiv, 1935, p. 120-165, et S. Connolly, *a. c.* [n. 2147].

Vitae S. Columbae

uide sub nn. 1133 sq.

Vita S. Columbani et discipulorum

uide sub n. 1115.

Vita S. Patricii

uide sub n. 1105.

2149 **Vita S. Samsonis episcopi, abbatis Dolensis** (*KENNEY*, n. 31; *LAPIDGE & SHARPE*, 950; *BHL*, 7478-9)

R. Fawtier, Paris, 1912, p. 93-172.

Circa 600-615 confecta, nisi posterioris sit aetatis, saec. viii-ix, cfr F. Burkitt, in JTS, xxvii, 1926, p. 42-57; uide tamen Ch. de Calan, *Études de chronologie bretonne*, in *Mém. Soc. hist. archéol. Bretagne*, xi, 1930, p. 1-4; M. Winterbottom, in *Hermathena*, cxx, 1976, p. 55-58; et praesertim B. Medrignac, in *Stud. Mon.*, xxx, 1988, p. 243-291, qui et **fontes** adnotauit necnon et quasdam **emendationes** proponit.

2150 **Vita S. Guthlaci** auctore Felice monacho Wiremvthensi (*BHL*, 3723)

B. Colgrave, Cambridge, 1956, p. 60-170.

Cod.: J. Roberts, in *Mediaeval Studies*, xxxii, 1970, p. 193-233.

Fontes: M. P. Ciccarese, in *Studi Storico Religiosi*, vi, 1982, p. 135-142.

Circa 721, cfr C. W. Jones, *Saints Lives and Chronicles in Early England*, Ithaca, 1947, p. 219, adn. 12. Circa uersiones recentiores, cfr W. F. Bolton, *The Latin Revisions of Felix's Vita S. Guthlaci*, in *Mediaeval Studies*, xxi, 1959, p. 36-52; J. Roberts, *a. c.*

Vitae SS. Abbatum Wiremuthensium, Ceolfridi, Cuthberti, Felicis et **uita Bedae**

uide sub nn. 1377-1383.

2151 **Vita S. Wilfridi Eboracensis** auctore Eddio (Stephano) monacho (*KENNEY*, 66; *BHL*, 8889)

B. Colgrave, Cambridge, 1927.

MGH, *scr. mer.*, vi, 193

Textum denuo excudit C. A. H. Moonen, *Het leven van Sint Wilfrid*, 's Hertogenbosch, 1946, p. 60-214, uberrimis scholiis historicis, non philologicis, instructum (p. 218-427).

2152 **Miracula Nyniae episcopi.** Inc. « Rex deus eternus, patris ueneranda potestas » (*BHL*, 6240b; *SCHALLER & KÖNSGEN*, 14261)

MGH, *poet. lat.*, iv, 2, 1923 — Strecker, p. 943-961.

Saec. viii, cfr W. Levison, *An eighth-century Poem on St Ninnian*, in *Antiquity*, xiv, 1940, p. 280-291.

2153 *Hymnus S. Nynie episcopi* (inc. « Arbiter altithronus », *ibid.*, p. 961-962 [*CHEVALIER*, 35322; *BHL*, 6240c; *SCHALLER & KÖNSGEN*, 963]) est saec. viii, Alcuino paulo antiquior.

6. VITAE SANCTORVM VRBIS AC TOTIVS ITALIAE

Bonum conspectum praebet V. Ussani, *Indice provvisorio degli spogli italiani per il Dizionario dell'alto medioevo*, in ALMA, vi, 1931, p. 1-96, praesertim nn. 837-1124. Optime etiam F. Lanzoni, *Le diocesi d'Italia*, i-ii, Faenza, 1927 (StT, xxxv) et H. Delehaye, *Étude sur le Légendier romain*, Bruxelles, 1936.

2156 **Vita Abundii episcopi Comensis** (*BHL*, 15)

AASS, *Apr.*, i, 91-95 — Henskens.

Obiit anno 428; uita, etsi antiqua non est, haud spernenda seruauit monumenta; inter ea eminet *epist.* THEODORETI CYRENSIS *ad Abundium* quae lingua graeca iam non exstat (PG, lxxxiii, 1492-1494 [*CPG*, 6277]).

Emend.: P. Mouterde, in AB, xlviii, 1930, p. 127 sq.

2157 **Passio Aduentoris, Octauii et Solutoris** (*BHL*, 85)

Zaccaria-Carminati, *Della passione e del culto de SS. MM. Solutore, Avventore ed Ottavio*, Torino, 1844, p. 184-190.

Cod., uar. lect. criticae: Cfr L. Ballario, *Monografia sui sancti martyri Torinesi*, Torino, 1968, p. 61-62.

Saec. v posterior, uel omnino recentior (saec. xii iuxta L. Ballario, *l. c.*)?

2158 **Passio S. Agathae** (BHL, 133 et Suppl.)

AASS, *Febr.*, i, 621-624 — BOLLAND; A. FÁBREGA GRAU, *o. c.* (n. 2068), ii, p. 220-226.

Partim tantum, sed multo accuratius, eandem *Passionem* edidit A. HOLDER, *Die Reichenauer Handschriften*, ii, Leipzig, 1914, p. 475-483 (fragm. 75).

Certo ante Bedam confabulata. Cfr F. LANZONI, p. 626. De uariis recensionibus cfr L. BRUSA, *Gli Atti del martirio di S. Agata*, in *Riv. di cultura classica e medioevale*, i, 1959, p. 342-367. Versio originalis fortasse saec. vi confecta est, eodem tempore ac *Passio s. Luciae* (n. 2204).

2159 **Passio S. Agnetis** (Ps. AMBROSIVS, *epist.*, 1) (BHL, 156)   PL, xvii, 735 (813)

F. JUBARU, Ste *Agnès*, Paris, 1907, p. 358-363; A. FÁBREGA GRAU, *o. c.* [n. 2068], ii, p. 176-182.

C. SALIOU, in RÉAug, xxxvi, 1990, p. 286, adn. 8, **genuinitatem** Ambrosianam non recusat.

Passiones graecas (BHG, 45 et 46) uide apud P. FRANCHI DE' CAVALIERI, *S. Agnese*, Roma, 1899. De relatione diuersorum textuum uide P. FRANCHI DE' CAVALIERI, *o. c.*, et H. DELEHAYE, in AB, xix, 1900, p. 227 sq.

2160 **Passio Alexandri (papae), Euentii, Theoduli, Hermetis et Quirini** (BHL, 266)

AASS, *Mai.*, i, 375-379 — HENSKENS.

Saec. vi, ut opinatus est A. DUFOURCQ.

2161 **Passio Alexandri episcopi Baccanensis** (BHL, 273)

AASS, *Sept.*, vi, 230-235 — PÉRIER.

Saec. v-vi, ita LANZONI, p. 529 sq.

2162 **Passio Alexandri Bergomensis** (BHL, 275-6) (duae recensiones)

B. MOMBRITIVS, *o. c.* [n. 2060], i, 1910, p. 51-52; AASS, *Aug.*, v, 803-805 — STILTINGH.

Saec. vi, iuxta LANZONI, p. 971.

Vita S. Ambrosii

uide sub n. 169.

2162a **Passio S. Ambrosii Ferentinensis** (BHL, 373)

HAGIOGRAPHI BOLLANDIANI, *Catalogus Codicum Hagiographicorum ... Bibl. Nat. Parisiensis*, iii, Bruxellis, 1893, p. 546-548.

2163 **Passio SS. Anastasiae, Chrysogoni, Chyoniae, Irenes et Agapes, Theodotae** (BHL, 1795. 118. 8093. 401)

H. Delehaye, *Étude sur le Légendier romain*, p. 221-249.

Cfr P. Devos, in AB, lxxx, 1962, p. 33 sq.; B. de Gaiffier, AB, lxxxii, 1964, p. 341-353 (prologus).

2164 **Passio SS. Ansani et Maximae** (BHL, 515)

Hagiographi Bollandiani, *Catalogus Bruxellensis*, i, Bruxellis, 1886, p. 129-132.

Saec. vi, iuxta Ussani.

2165 **Passio Anthimi presbyteri, Sisinnii diaconi, Piniani et Lucinae** (BHL, 561-562 et 564)

M. G. Marra, *Contributo alla studio della «Passio Anthimi»*, Roma, 1964, p. 47-69. Addantur prologus «Vir Dei doctissimus sanctus Eusebius» iuxta AB, ii, 1883, p. 288-289, et capitula additicia recentioris aetatis iuxta AASS, *Mai.*, ii, 614-617 — Henskens. Prologus «O frater egregie, coenobii pater», et ipse multo recentior, legitur apud Hagiographi Bollandiani, *Catal. Paris.*, iii, Bruxellis, 1893, p. 154-155, quae editio recuditur a M. G. Marra, *o. c.*, p. 99-101.

Cod., **fontes**, **emend.**: Fr. Dolbeau, in *Archiuum Bobiense*, iii, 1981, p. 59-64.

De prologis, uide W. Levison, *Aus rheinischer und fränkischer Frühzeit*, Düsseldorf, 1948, p. 408, adn. 4.

Saec. vi, iuxta Ussani.

2166 **Passio S. Apollinaris episcopi Rauennatensis** (BHL, 623)

AASS, *Iul.*, v, 344-350 — Pien.

Pro Mauro archiepiscopo [642-671] fabricata? Haud spernendis argumentis *Passionem* ad saec. v-vi reponit G. Orioli, in *Apollinaris*, lix, 1986, p. 253-267.

2167 **Passio SS. Aureae seu Chryses, Censurini et sociorum, martyrum Ostiensium** (BHL, 808-9; 1722)

AASS, *Aug.*, iv, 757-761 — Pien; B. Mombritivs, *o. c.* [n. 2060], i, p. 349-351.

Saec. vi.

2168 **Passiones SS. Basilides et sociorum** (*BHL*, 1018-1020) (tres recensiones)

AASS, *Iun.*, iii, 6-11 — HENSKENS.

Saec. vi-viii, ita USSANI.

2169 **Passio S. Bonosae** (*BHL*, 1425)

AASS, *Iul.*, iv, 21-23 — DU SOLLIER.

Saec. vi?

APPENDIX

2170 **Inscriptiones ii SS. Eutropii, Bonosae et Zosimae**

AASS, *Nou.*, ii, 2, p. 376 — DELEHAYE; E. DIEHL, i, p. 350, n. 1788 A; p. 397, n. 2009.

Saec. iv-v.

2171 **Acta et passio beatissimae martyris Caeciliae, Valeriani et Tiburtii** (*BHL*, 1495)

H. DELEHAYE, *Étude sur le Légendier romain*, p. 194-220; A. FÁBREGA GRAU, *o. c.* [n. 2068], ii, p. 25-40.

Post Victorem Vitensem confabulata.

2172 **Passio Caesarii diaconi et Iuliani presbyteri** (*BHL*, 1511)

AASS, *Nou.*, i, 106-117 — VAN HOOFF.

Saec. v-vi, iuxta LANZONI, p. 148 sq.

2173 **Passio SS. Callisti papae, Calepodii presbyteri et sociorum** (*BHL*, 1523) PG, x, 113

AASS, *Oct.*, vi, 439-441 — DE BUE.

Saec. vii?

2174 **Passio SS. Caloceri et Parthenii, Victoriae, Anatoliae et Audacis** (*BHL*, 1534. 8591. 418)

AASS, *Mai.*, iv, 301-303 — VAN PAPENBROECK; P. PASCHINI, *La Passio delle martiri sabine Vittoria ed Anatolia*, Roma, 1919, p. 33-44; 57-60.

Saec. v-vi, iuxta LANZONI, p. 348.

2175 **Passio SS. Cantii, Cantiani et Cantianillae** (BHL, 1547)

B. MOMBRITIVS, *o. c.* [n. 2060], i, p. 278-280.

Cfr B. DE GAIFFIER, in AB, lxxxii, 1964, p. 343.

Saec. v medio? cfr LANZONI, p. 807 sq.

2176 **Vita S. Cethei seu Peregrini** (BHL, 1730)

AASS, *Iun.*, iii, 183-187 — VAN PAPENBROECK.

Saec. vii? cfr LANZONI, p. 363.

2176a **Passio SS. Chrysanthi et Dariae** (BHL, 1787)

J. FLOSS, in *Annalen hist. Vereins f. den Niederrhein*, xx, 1869, p. 156-170.

Versio graeca recensita est in BHG, 313.

Textus latinus primogenitus est, uide J. NORET, in AB, xc, 1972, p. 109-117; É. DE STRYCKER, *ibid.*, p. 336.

Gregorio Turonensi antiquior, cfr J. NORET, *a. c.*, p. 115.

2177 **Passio S. Clementis** (BHL, 1848)

F. FUNK & F. DIEKAMP, *Patres Apostolici*, ii, Tübingen, 1913, p. 50-81; A. FÁBREGA GRAU, *o. c.* [n. 2068], ii, p. 40-46.

Gregorio Turonensi antiquior.

Textus graecus (BHG, 349-350) e latino fluxit, cfr P. FRANCHI DE' CAVALIERI, *Note agiografiche*, v, Roma, 1915 (StT, xxvii), p. 3-17. De **indole** huius passionis uide praesertim H. DELEHAYE, *o. c.* [ante n. 2156], p. 96-116.

2178 **Passio Concordii presbyteri** (BHL, 1906)

AASS, *Ian.*, i, 9-10.

Saec. vi?

2179 **Vita Constantii episcopi Perusini** (BHL, 1938)

AASS, *Ian.*, iii, 540-543.

Saec. v-vi? cfr LANZONI, p. 549.

2180 **Passio S. Cornelii Papae** (BHL, 1958)

B. MOMBRITIVS, *o. c.* [n. 2060], i, p. 373.

Hac passione iam usus est S. BEDA.

2181 **Vita S. Dalmatii** (*BHL*, 2082)

F. GABOTTO, *Storia dell'Italia occidentale*, ii, Torino, 1911, p. 620-631; A. M. RIBERI, *S. Dalmazzo di Pedone*, Torino, 1929, p. 352-387.

Saec. vi?

2182 **Passio S. Domnini Parmensis** (*BHL*, 2264)

AASS, *Oct.*, iv, 991-992 — DE BUE.

Fortasse saec. vi, ita LANZONI, p. 804.

2183 **Passio SS. Donati et Hilariani** (*BHL*, 2289)

B. MOMBRITIVS, *o. c.* [n. 2060], i, p. 416-418; C. LAZZERI, *La donazione del Tribuno Romano Zenobio al vescovo d'Arezzo San Donato*, Arezzo, 1938, p. 117-121.

Gregorio M. certe antiquior, cfr LANZONI, p. 567-570. — Vide et B. DE GAIFFIER, in AB, lxvi, 1948, p. 276 sq.

2184 **Passio SS. Eugeniae, Prothi et Hyacinthi** (*BHL*, 2667)

B. MOMBRITIVS, *o. c.* [n. 2060], ii, p. 391-397.

S. Auito Viennensi antiquior.

Primum latine conscripta uidetur, cfr H. DELEHAYE, *Études sur le Légendier romain*, Bruxelles, 1936, p. 175 sq., ubi etiam de **codicibus**, de **traditione text.** ac de **uersionibus** agitur.

In PL, xxi, 1105-1122 uel lxxiii, 605-620, legitur quaedam uersio recentior (*PS. RVFINI*) (*BHL*, 2666). **Cod.**: A. SIEGMUND, p. 218; E. MIONI, in *Aeuum*, xxiv, 1950, p. 321.

2185 **Passio SS. Eusebii, Pontiani, Vincentii et Peregrini** (*BHL*, 2742)

AASS, *Aug.*, v, 115-116 — STILTINGH.

Cod.: T. MARÍN, in *Hisp. sacra*, xii, 1959, p. 178.

Saec. vi, si credideris USSANI.

2185a **Passio SS. Eustachii et Placidae** (*BHL*, 2761b)

W. MEYER, in *Nachr. Göttingen*, 1915, p. 272-286; 795-798.

Saec. v-vi.

2186 **Passio S. Eutici presbyteri** (*BHL*, 2779-80)

AASS, *Mai.*, iii, 458-460 — VAN PAPENBROECK; M. MASTROCOLA, *Note storiche circa le diocesi di Civita C., Orte e Gallese*, i, Civita Castellana, 1964, p. 224-231.

Saec. vi.

2187 **Passio S. Felicitatis cum vii filiis** (BHL, 2853)

K. KÜNSTLE, *Hagiographische Studien über die Passio Felicitatis*, Paderborn, 1894, p. 60-63.

Saec. iv-v, cfr Petrus Chrysologus, *serm.* 134 — CC, xxiv B, p. 818 sq.

2188 **Passio S. Feliciani episcopi Fulginatis** (BHL, 2846)

D. M. FALOCI PULIGNANI, in *Archivio per la storia eclesiastica dell'Umbria*, iv, 1917/19, p. 173-179 (seorsim: Perugia, 1917, p. 45-51).

Cod., emend., fontes: C.-G. UNDHAGEN, *Zu einer Vergilreminiszenz in der sog. Vita S. Feliciani*, in *Eranos*, lxi, 1963, p. 45-54.

Saec. vi-vii, cfr LANZONI, p. 451 sq.

2189 **Passio S. Felicis presbyteri Romani** (BHL, 2885)

AASS, *Ian.*, ii, 233.

Saec. vi?

2190 **Passio SS. Felicis et Adaucti** (BHL, 2878)

AASS, *Aug.*, vi, 546-547 — STILTINGH.

Saec. vi-vii. — Vide P. FRANCHI DE' CAVALIERI, *Note agiografiche*, iv, Roma, 1912 (StT, xxiv), p. 41 sq.

2191 **Passio SS. Felicis et Fortunati** (BHL, 2860)

AASS, *Iun.*, ii, 456-457 — HENSKENS.

Saec. v-vi, iuxta USSANI.

2191a **Passio SS. Firmi et Rustici** (BHL, 3020)

B. MOMBRITIVS, *o. c.* [n. 2060], i, p. 544-547.

Saec. vi? cfr LANZONI, p. 920.

2192 **Vita S. Fortunati Spoletani** auctore AVDELAO PRESBYTERO (BHL, 3087)

AASS, *Iun.*, i, p. 72-73 — HENSKENS.

Saec. vii-viii, nisi saec. ix e *Libro pontificali* AGNELLI fluxerit, uide F. LANZONI, p. 485.

2193 **Passio Gallicani, Ioannis et Pauli** (BHL, 3236-7)

B. MOMBRITIVS, *o. c.* [n. 2060], i, p. 569-572.

Cfr H. DELEHAYE, *o. c.* [n. 2184], p. 124 sq.; B. DE GAIFFIER, in AB, lxvi, 1948, p. 35 sq.

De **textu** uide P. Franchi de' Cavalieri, *Note agiografiche*, v, Roma, 1915 (StT, xxvii), p. 43 sq.; K. Reinler, in *Festschr. f. M. Spindler*, München, 1969, p. 159-161; M. Murjanoff, in AB, lxxxiii, 1965, p. 361-364 (**uar. lect.** ad *BHL*, 3242).

2194 **Vita S. Gaudentii episcopi Nouariensis** (*BHL*, 3278)

AASS, *Ian.*, iii, p. 31-34.

Saec. viii.

2194a **Passio S. Genesii martyris** (*BHL*, 3320)

W. Weismann, *Die «Passio Genesii mimi»* (*BHL*, 3320), *Mittellatein. Jahrb.*, xii, 1977, p. 22-43.

In Italia concinnata inter saec. vi et vii.

2195 **Inuentio et passio SS. Geruasii et Protasii** (Ps. Ambrosivs, *epist.* 2) (*SCHANZ*, iv, 1, 354; *BHL*, 3514) PL, xvii, 742 (821)

AASS, *Iun.*, iv, 683-684 — Van Papenbroeck; AB, i, 1882, p. 513.

Emend.: M. Aubineau (in AB, xc, 1972, p. 5, adn. 5), qui et **uersionem graecam** (*BHG*, 67a) edidit (*ibid.*, p. 6-9), iam a Iohanne Damasceno († 749) allegatam (*ibid.*, p. 1-14).

Saec. v medio, iuxta Lanzoni, p. 1004. Eiusdem auctoris ac n. 2244? Cfr F. Savio, in *Nuovo Bullettino di archeol. crist.*, iii, 1897, p. 153-177. Nuper C. Saliou, in RÉAug, xxxvi, 1990, p. 286, adn. 8, originem Ambrosianam propugnauit; cfr tamen B. Agosti, in *Riv. Cistercense*, vii, 1990, p. 215-217.

2195a **Passio SS. Getulii, Cerealis et sociorum** (*BHL*, 3524)

M. G. Mara, *I Martiri della Via Salaria*, Roma, 1964, p. 134-146.

Saec. viii? Ita H.-J. Frede, p. 68.

2196 **Passio SS. Hedisti, Prisci et sociorum** (*BHL*, 3765)

M. L. Rigollot, *Ad AASS Supplementum*, Paris, 1875, p. 112-113; M. Mastrocola, *o. c.* (n. 2186), p. 209-313.

Saec. v-vi, cfr Lanzoni, p. 103.

2197 **Vita S. Hilari abbatis Galeatensis** (*BHL*, 3913)

AASS, *Mai.*, iii, 471-474 — Van Papenbroeck.

Saec. vi, iuxta G. Pfeilschifter, *Der Ostgotenkönig Theodorich*, Münster, 1896, p. 232 et 254.

2198 **Passio S. Hyacinthi** (BHL, 4053)

AASS, *Iul.*, vi, 304 — Du Sollier; M. G. Mara, *I Martiri della Via Salaria*, Roma, 1964, p. 104-109.

Incertae aetatis, sed fortasse *Passione S. Caesarii* (n. 2172) recentior, at certe martyrologiis Carolinis antiquior, cfr H. Quentin, *Les martyrologes historiques du moyen âge*, Paris, 1908, p. 544-547.

2199 **Vita S. Ioannis abbatis Penariensis** (BHL, 4420)

AASS, *Mart.*, iii, p. 32 — Henskens.

Saec. vi, opinatus est Lanzoni, p. 445.

2200 **Passio SS. Irenaei et Mustiolae** (BHL, 4455)

F. Liverani, *Le catacombe e antichità cristiane di Chiusi*, Siena, 1872, p. 267-270; M. Mastrocola, *o. c.* [n. 2186], p. 214-217.

Saec. vi, iuxta Ussani.

2201 **Passio S. Iulianae Nicomediae** (BHL, 4522; cfr BHG, 963)

AASS, *Febr.*, ii, 875-878 — Bolland.

Beda antiquior; in Italia confecta, cfr A. Siegmund, p. 197 sq.

2202 **Passio S. Iusti Tergestini** (BHL, 4604)

AASS, *Nou.*, i, 428-430 — Van Hooff.

« Sat sincera uidetur » editori; potius, cum Ussani, saltem saec. vi adscribenda.

2203 **Passio SS. Luciae et Geminiani** (BHL, 4985)

B. Mombritivs, *o. c.* [n. 2060], ii, p. 109-114.

Saec. vii, iuxta Dufourcq.

2204 **Passio S. Luciae** (BHL, 4992)

B. Mombritivs, *o. c.* [n. 2060], ii, p. 107-109.

Saec. vi? Eodem tempore confabulata est ac *Passio S. Agathae* (n. 2158), cfr F. Lanzoni, p. 632.

2205 **Passio SS. Luxorii et sociorum** (BHL, 5092)

AASS, *Aug.*, iv, 416-417 — Cuypers.

Saec. vi, iuxta Ussani.

2206 **Passio SS. Marcellini et Petri** (BHL, 5230-1)

AASS, *Iun.*, i, 167-169 — Henskens.

Saec. v-vi, iuxta Lanzoni, p. 124.

2207 **Vita et passio SS. Marcelli et Apulei** (*BHL*, 5252*b*)

H. Delehaye, in AB, xli, 1923, p. 282-287.

Saec. vi?

2208 **Passio SS. Marii, Marthae et sociorum** (*BHL*, 5543)

AASS, *Ian.*, ii, 580-583.

Saec. vi? cfr J. Kirsch, in *Misc. Ehrle*, ii, Roma, 1924 (StT, xxxviii), p. 96-100. Certe Beda antiquior, cfr C. Coebergh, in *Stud. Patr.*, x, 1970 (TU, cvii), p. 330.

2209 **Passio «Martyrum Graecorum» (Eusebii, Marcelli, Hippolyti et sociorum)** (*BHL*, 3970)

AASS, *Nou.*, iv, 90-99 — Delehaye.

Saec. v uel vi, iuxta Ussani. — Vide H. Delehaye, *Étude sur le Légendier romain*, p. 143-151.

APPENDIX

2210 **Carmen epigraphicum.** Inc. «Olim sacrilegam quam misit Graecia turbam» (Ps. Damasvs, 78) (*SCHALLER & KÖNSGEN*, 11002)

ibid., p. 99.

2211 **Vita S. Melaniae Iunioris** auctore Gerontio (*BHL*, 5885; *BHG*, 1241)

M. Rampolla, Roma, 1904.

Vita, conscripta circa 440, extat in recensione latina et graeca (*BHG*, 1241); non certo constat quo idiomate primum conscripta fuerit, cfr A. Siegmund, p. 222.

2212 **Passio Naboris et Felicis** (*BHL*, 6029)

A. Paredi, *La passione dei santi martiri Nabore e Felice*, in *Ambrosius*, xxxvi, 1960, p. [81]-[96].

Recensio *BHL*, 6028 (= AASS, *Iul.*, iii, 277-279 — Du Sollier) fortasse antiquior est.

Saec. v.

2213 **Passio Nazarii et Celsi** (*BHL*, 6039)

B. Mombritivs, *o. c.* [n. 2060], ii, p. 326-334.

Ennodio antiquior.

Trad. text.: F. Savio, *La leggenda dei Santi Nazario e Celso*, in *Ambrosiana*, Milano, 1897, fasc. 7.

De uariis uersionibus tam latinis quam **graecis** (*BHG*, 1323) tractauit U. Zanetti, in AB, xcvii, 1979, p. 69-88.

2214 **Passio SS. Nerei, Achillei et sociorum** (*BHL*, 6058-66)

AASS, *Mai.*, iii, 6-13 — Henskens.

Saec. vi uidetur.

Trad. text., **fontes**: E. Paoli, *Oralità, scrittura e riscrittura nelle tradizioni agiografiche del Picenum*, in *Santi, monachi e contadini*, Arcoli Piceno, 1992, p. 41-60 (cfr *Medioevo Latino*, xiv, 1993, p. 732, n. 4367). Prologum denuo edidit H. Achelis, *Acta SS. Nerei et Achillei*, Leipzig, 1883, p. 23-24, qui perperam totam passionem e graeco translatam opinatus est.

2215 **Passio S. Pancratii** (*BHL*, 6420)

AB, x, 1891, p. 53-56.

Saec. vi. Cfr P. Franchi de' Cavalieri, *Hagiographica*, Roma, 1908 (StT, xix), p. 77-105, qui etiam **graecam** interpretationem (*BHG*, 1408) edidit (p. 109-112); uide et G. N. Verrando, *Le numerose recensioni della Passio Pancratii*, in *Vet. Christ.*, xix, 1982, p. 105-129.

2216 **Vita S. Pastoris presbiteri** (*BHL*, 6470g)

H. Delehaye, *Étude sur le Légendier romain*, p. 264-266.

Saec. vi.

2217 **Passio S. Pastoris martyris** (*BHL*, 6470d)

H. Delehaye, *o. c.* [n. 2184], p. 267-268.

2218 **Passio S. Pimenii** (*BHL*, 6849)

H. Delehaye, *o. c.* [n. 2184], p. 259-263.

Saec. vi?

2219 **Passio Polochronii, Parmenii, Abdon et Sennes, Xysti, Felicissimi et Agapiti et Laurentii et aliorum sanctorum mense augusto die x** (*BHL*, 6884. 6. 7801. 4753. 3961. 4464)

H. Delehaye, *Recherches sur le Légendier romain*, in AB, li, 1933, p. 72-98; G. N. Verrando, in *Recherches august.*, xxv, 1991, p. 181-221 (partim).

Italia; saec. v-vi.

Cod., trad. text.: N. Ker, in *Edinburgh Bibliographical Society Transactions*, iii, 1956, p. 171-178; G. N. Verrando, *a. c.*

Vita Paulini Nolani
   uide sub n. 207.

2220 **Passio S. Pontiani Spoletani** (BHL, 6891)
   AASS, *Ian.*, ii, p. 216.
   Saec. v-vi, cfr Lanzoni, p. 438 sq.

2221 **Passio S. Pontii Cimellensis** (BHL, 6896)
   Cl. Passet, *La Passion de Pons de Cimiez*, Nice, 1977, p. 232-250.
   Critica: B. de Gaiffier, in AB, xcvii, 1979, p. 196-198.
   Saec. vi.

2222 **Passio SS. Primi et Feliciani** (BHL, 6922)
   AASS, *Iun.*, ii, 151-152 — Van Papenbroeck.
   Saec. vi?

2223 **Passio SS. Processi et Martiniani** (BHL, 6947)
   P. Franchi de' Cavalieri, *Note agiografiche*, ix, Città del Vaticano, 1953 (StT, clxxv), p. 47-52.
   Saec. vi, ita G. N. Verrando, in *Vet. Christ.*, xxiv, 1987, p. 353-373.

2224 **Passio SS. Pudentianae et Praxedis** (BHL, 6988-9)   PG, ii, 1019
   B. Vanmaele, *L'église Pudentienne de Rome*, Averbode, 1965, p. 161-164.
   Saec. v-vi.

2225 **Passio S. Reguli episcopi Afri** (BHL, 7102)
   M. Simonetti, *Nota sulla tradizione agiografica di san Regolo di Populonia*, Viterbo, 1979, p. 15-26.
   Saec. vii-viii, uide Lanzoni, p. 557.

2226 **Passio S. Restituti** (BHL, 7197)
   AASS, *Mai.*, vii, 11-13 — Henskens.
   Saec. vi.

2227 **Passio SS. Rufinae et Secundae** (BHL, 7359)
   AASS, *Iul.*, iii, 30-31 — Pien.
   Saec. v mediante. Cfr J. Kirsch, in *Misc. Ehrle*, ii, Roma, 1924 (StT, xxxviii), p. 94-96.

2228 **Passio SS. Sabini episcopi et sociorum Spoleti** (BHL, 7451-3)

S. Baluze, *Miscellanea*, ed. 2ª, i, Lucca, 1761, p. 12-14.

Saec. vi, cfr F. Lanzoni, in *Römische Quartalschr.*, xvii, 1903, p. 1-26.

2228a **Vita S. Sabini episcopi Canusini** (BHL, 7443)

MGH, *lang.*, 1878, p. 586-589 (excerpta) — Waitz; cetera leguntur in AASS, *Febr.*, ii, 324-329 (323-328).

Cap. 1-12 saec. vii composita sunt; sequentia saec. ix.

2229 **Passio S. Sebastiani** (Ps. Ambrosivs) (BHL, 7543) PL, xvii, 1021 (1113)

AASS, *Ian.*, ii, 629-642; A. Fábrega Grau, *o. c.* [n. 2068], ii, p. 148-176.

Cod., trad. text., uar. lect.: H. Hagen, *Palimpsestblätter aus dem 5./6. Jh. zur Passio S. Sebastiani*, in *Sb. Wien*, cviii, 1884, p. 19-50; C. Saliou, *Du légendier au sermonnaire. Les avatars de la «Passio Sebastiani»*, in *RÉAug*, xxxvi, 1990, p. 285-297. — Quod attinet ad pseudonymum «*ambrosivs*», uide B. Agosti, in *Riv. Cistercense*, vii, 1990, p. 215-217.

Saec. v, cfr B. Peschi, *Il culto di S. Sebastiano a Roma nell'antichità e nel medioevo*, in *Antonianum*, xx, 1945, p. 180 sq.

2230 **Passio SS. Secundiani, Marcelliani et Verani** (BHL, 7550)

AASS, *Iun.*, i, 34-36 — Van Papenbroeck.

Saec. v-vi.

2231 **Passio S. Secundi** (BHL, 7558)

AASS, *Iun.*, i, 51-52 — Henskens.

Saec. vi.

De uariis recensionibus codicibusque earum tractat Fr. Dolbeau, in AB, xcv, 1977, p. 367-368.

2232 **Passio S. Secundi Thebaei** (BHL, 7568)

AASS, *Aug.*, v, 795-797 — (Pien).

Saec. vi.

2233 **Vita S. Senzii presbyteri** (BHL, 7581)

AASS, *Mai.*, vi, 70-72 — Henskens.

Saec. vii-viii.

Circa diuersas recensiones huius *Vitae* et earum indolem cfr C. Curti, *La «Vita» de San Senzio di Blera*, Viterbo, 1979.

2234 **Passio SS. Serapiae et Sabinae** (*BHL*, 7586 et 7407)

AASS, *Aug.*, vi, 500-504 — STILTINGH.

Saec. v-vi.

2235 **Actus Siluestri papae** (*BHL*, 7725-7742; *BHG*, 1628-1630; *BHO*, 1066-1068)

B. MOMBRITIVS, *o. c.* [n. 2060], ii, p. 508-531; W. LEVISON, *a. c.* (uide infra), p. 177-180 (406-408) (duo prologi); F. COMBEFIS, *Martyrum triumphi*, Paris, 1660, p. 253-264.

Saec. v.

De **codicibus**, de **traditione**, de **recensionibus** tum graecis tum orientalibus egit, uberrima denique prolegomena ad nouam editionem praebuit W. LEVISON, *Konstantinische Schenkung und Silvester-Legende*, in *Misc. Ehrle*, ii, Roma, 1924 (StT, xxxviii), p. 159-247 (paulo amplius etiam in *Aus rheinischer und fränkischer Frühzeit*, Düsseldorf, 1948, p. 390-465); cfr etiam A. DOLD, in *Zeitschr. f. schweizerische Kirchengesch.*, xlv, 1951, p. 255 sq.; B. BLUMENKRANZ, in *Stud. Patr.*, i, 1957, p. 473 sq.; H. FUHRMANN, *Konstantinische Schenkung und Silvester-Legende in neuer Sicht*, in *Deutsches Archiv*, xv, 1959, p. 523-540; S. WILLIAMS, *The Oldest Text of the «Constitutum Constantini»*, in *Traditio*, xx, 1964, p. 448-451 (textus p. 451-461); E. PARENTE, in *Riv. Storica Italiana*, xc, 1978, p. 878-897 (textum graecum originalem aestimans); N. HUYGHEBAERT, *Une légende de fondation. Le Constitutum Constantini*, in *Le Moyen Age*, lxxxv, 1979, p. 177-209.

Cod.: LOWE, 1444*a* (fragm. Klagenfurt, Studienbibl., perg. 48, saec. v), cfr LOWE, Suppl., 1971, p. [65].

Noua ed. paratur a W. POHLKAMP, qui doctissima prolegomena nuper iam edidit (uide eiusdem *Tradition und Topographie: Papst Silvester I. [313-335] und der Drache vom Forum Romanum*, in *Römische Quartalschr.*, lxxviii, 1983, p. 1-100).

2236 **Passio S. Stephani papae** (*BHL*, 7845)

AASS, *Aug.*, i, 139-143 — VAN DEN BOSSCHE.

Saec. vi?

2237 **Passio S. Susannae** (*BHL*, 7937) (duae recensiones)

AASS, *Febr.*, iii, 62-65 — BOLLAND; *Aug.*, ii, 631-632 — CUYPERS.

Saec. vi? Cfr P. FRANCHI DE' CAVALIERI, *Note agiografiche*, vii, Roma, 1928 (StT, xlix), p. 184-202.

2238 **Passio S. Symphorosae et vii filiorum martyrum** (BHL, 7971) PG, X, 95
AASS, *Iul.*, iv, 355, 358-359 — PIEN; AB, viii, 1889, p. 132.
Saec. vi?

2239 **Passio S. Terentiani episcopi Tudertinensis** (BHL, 8000)
M. MOMBRITIVS, *o. c.* [n. 2060], ii, p. 595-598.
Saec. vii, iuxta USSANI.

2240 **Passio S. Torpetis Pisani** (BHL, 8307)
AASS, *Mai.*, iv, 7-10 — VAN PAPENBROECK; G. LAZZARINI, *Storia della chiesa di Lucca*, Lucca, 1968, p. 323-327.
Saec. vi? Cfr LANZONI, p. 598.

2241 **Vita S. Valentini episcopi Interamnensis** (Terni) (BHL, 8460)
AASS, *Febr.*, ii, 757-758 — HENSKENS; E. ROSSI-PASSAVANTI, *Interamna Nahars*, i, Roma, 1923, p. 257-261.
Beda antiquior.

2242 **Passio Victoris Mauri Mediolanensis** (BHL, 8580)
AASS, *Mai.*, ii, 285-287 — HENSKENS.
Saec. v, iuxta SAVIO; sed *Passione SS. Naboris et Felicis* (n. 2212) recentior, cfr A. PAREDI, *a. c.* [n. 2212], p. [83].

2243 **Vita S. Vigilii Tridentini**
uide sub n. 214.

2244 **Inuentio SS. Vitalis et Agricolae** (Ps. AMBROSIVS, *epist.* 3) PL, xvii,
(SCHANZ, iv, 1, 354; BHL, 8690) 747 (825)
AASS, *Nou.*, ii, 1, 246-247 — VAN DEN GHEYN.
Cfr F. SAVIO, in *Nuovo Bullettino di archeol. crist.*, iii, 1897, p. 153-177. Eiusdem auctoris ac n. 2195?

2245 **Passio eorundem** (BHL, 8691-2)
ibid., p. 247-249.
Saec. v?

2246 **Passio SS. Viti, Modesti et Crescentiae** (BHL, 8711)
AASS, *Iun.*, iii, 499-504 — VAN PAPENBROECK; H. KÖNIGS, *Der hl. Vitus und seine Verehrung*, Münster, 1939, p. 561-567.
Saec. vii, ineunte confabulata.

2247 **Passio S. Vrbani I Papae** (BHL, 8372-3)

AASS, *Mai.*, vi, 10-13 — Henskens.

Saec. vi? Cfr H. Delehaye, *o. c.* [n. 2184], p. 80 sq.

Vita S. Zenonis

uide sub n. 209 sq.

7. VITAE SANCTORVM ILLYRICI LATINAE

uide sub nn. 2057 sq.

2248 **Passio S. Anastasii Fullonis** (BHL, 414)

L. Jelić, in *Ephemeris Salonitana*, Zara, 1894, p. 21-24; R. Egger, in *Forschungen in Salona*, iii, Wien, 1939, p. 136-137.

Saec. vii? Cfr J. Zeiller, *Les origines chrétiennes dans la province romaine de Dalmatie*, Paris, 1906, p. 59 sq.

2248a **Passio Quattuor Coronatorum**, auctore Porphyrio (BHL, 1837; BHG, 1600)

AASS, *Nou.*, iii, 1910, p. 765-779 — Delehaye.

Versio italo-graeca (recentior ac ineptissima): *ibid.* ad calcem paginae.

Saec. v-vi.

Vitae S. Hieronymi

uide sub nn. 622 sq.

Passio S. Irenaei Sirmiensis

uide sub n. 2058a.

Passio S. Iulii Durostorensis

uide sub n. 2057a.

Vita S. Seuerini

uide sub n. 678.

XIV. OPERA DE TEMPORE

Cfr C. W. Jones, *Bedae Opera de temporibus*, Cambridge (Mass.), 1943, p. 3-122: *Development of the Latin Ecclesiastical Calendar*.

Elenchus documentorum: A. Cordoliani, *Les traités de comput du haut moyen âge* (526-1003), in ALMA, xvii, 1943, p. 51-72 (= *CORDOLIANI*) (Auctor recenset codices ac singulas editiones nouissimas, percommode quidem, non tamen plene aut sine mendis). Vide etiam eiusdem auctoris *Repertorium initiorum tractatuum de computo uersificatorum*, in *Studi med.*, iii, 2, 1961, p. 181-208.

Cod.: A. Cordoliani, in *Anal. Sacra Tarracon.*, xxiii, 1950, p. 103-130 (cod. Barcinonenses); *Hispania sacra*, iv, 1951, p. 359-384; v, 1952, p. 121-164 (cod. Catalunienses); vii, 1954, p. 111-143; viii, 1955, p. 177-208 (cod. Matritenses); *La Ciudad de Dios*, clxiii, 1951, p. 277-317 (cod. Escurialenses); *Universidad*, xxvii, 1950, p. 592-616 (cod. Aragonenses); *Rev. bibliográfica y documental*, v, 1951, p. 117-152 (cod. Aemilianensis et Vigilanus); *Rev. de archivos, bibliotecas y museos*, lviii, 1952, p. 323-352 (cod. Toletani); *Zeitschr. f. schweiz. Kirchengesch.*, xlix, 1955, p. 161-200; 288-323; l, 1956, p. 388-397 (cod. Sangallenses [una cum J. Duft]); li, 1957, p. 101-112; lii, 1958, p. 135-150 (cod. Bernenses); Id., *La connaissance du comput ecclésiastique dans les abbayes de l'ancienne province de Normandie*, in *Bull. philol. et histor.*, Paris, 1953/4, p. 359-376; Id., *Le plus ancien manuscrit de comput ecclésiastique du fonds de Jumièges*, in *Jumièges. Congrès scientifique du xiiie centenaire*, Rouen, ii, 1955, p. 691-702; Id., *Un autre manuscrit de comput ecclésiastique mal connu de la Biblioteca Nacional de Madrid* (cod. 9605), in *Rev. de archivos, bibliotecas y museos*, lxi, 1955, p. 438-482; Id., *Un manuscrit de comput intéressant* (Schaffhausen, 61), in *Scriptorium*, xii, 1958, p. 247-253; Id., *Les manuscrits de comput des bibliothèques d'Utrecht*, in *Scriptorium*, xv, 1961, p. 76-85; Id., *Contribution à la littérature du comput ecclésiastique au moyen âge*, in *Studi Med.*, iii, 1, 1960, p. 107-137; iii, 2, 1961, p. 167-180; J. Gomez Pallares, in *Hispania Sacra*, xxxix, 1978, p. 25-48; Id., in *Hispania Sacra*, xli, 1989, p. 11-34.

Ed. praestantiores: C. Frick, *Chronica minora*, i, Leipzig, 1893 (= Frick).

MGH, *auct. ant.*, ix, xi & xiii = *Chronica minora*, i-iii, Berlin, 1892/1898, edidit Th. Mommsen (= Mommsen).

Br. KRUSCH, *Studien zur christlich-mittelalterlichen Chronologie*, i-ii, Leipzig-Berlin, 1880/1938 (= KRUSCH).

Critica: W. LEVISON, *England and the Continent*, Oxford, 1946, p. 270, adn. 1 (= KRUSCH, ii).

Noua ed. operum de computo paratur ab A. CORDOLIANI.

i. CHRONOGRAPHI et CHRONISTAE

«**Chronographus anni cccliv**» (*SCHANZ*, iv, 1, 62; *HERZOG & SCHMIDT*, 531, 2)

Hic tantum recensenda ducimus quae ad rem Christianam spectant, nempe:

2249 ix. **Cyclus paschalis**
MOMMSEN, i, p. 62-64;

2250 xi. **Depositiones episcoporum Romanorum** PL, xiii,
ibid., p. 70; 464; cxxvii, 121

2251 xii. **Feriale Ecclesiae Romanae (Depositio martyrum)** PL, xiii,
ibid., p. 71-72; 464; cxxvii, 123

2252 xiii. **Episcopi Romani** PL, xiii,
ibid., p. 73-76; 447; cxxvii, 119

2253 xv. **Liber generationis** (tres recensiones)
ibid., p. 89-140.

Depositio episcoporum et *Depositio martyrum* accuratius eduntur in *Codice topografico della Città di Roma* auctoribus R. VALENTINI & G. ZUCCHETTI, ii, Roma, 1942, p. 12-28. Cfr n. 2028.

Liber generationis (*HERZOG & SCHMIDT*, 531, 4) partim est retractatio *Chronici* HIPPOLYTI, cfr ed. synoptica Rudolphi HELM, Berlin, 1955² (GCS, xlvi [xxxvi]) (*CPG*, 1896), p. 70-140.

Cod.: H. STERN, *Le calendrier de 354. Étude sur son texte et ses illustrations*, Paris, 1953; M. R. SALZMAN, *On Roman Time. The Codex-Calendar of 354 and the Rhytms of Urban Life in Late Antiquity*, Berkeley, 1990.

ANONYMVS

Africa; saec. v.

2254 **Liber genealogus anni ccccxxvii-cccclii** seu **De genealogiis** PL, lix, 523
Patriarcharum uel **Origo humani generis** (diuersae recensiones). Inc. « Incipiunt genealogiae totius bibliothecae (*aliter*: In nomine D.N.I.C. incipit liber genera‹tio›num; *aliter*: Incipit origo humani generis; *aliter*: Vnde homo si natus est habet genitorem; *aliter*: In principio homo primus unde in saeculo) »

MOMMSEN, i, p. 160-196; FRICK, i, p. 2-27; 133-152; P. DE LAGARDE, *Septuaginta-Studien*, ii, Göttingen, 1892, p. 5-41.

Cod.: W. NEUSS, *Die Apokalypse des hl. Johannes in der altspanischen und altchristlichen Bibel-Illustration*, Münster, 1931, p. 119-125.

Cfr P. MONCEAUX, *Histoire littéraire de l'Afrique chrétienne*, iv, Paris, 1912, p. 101 sq.; Th. AYUSO MARAZUELA, in *Est. Biblicos*, ii, 1943, p. 152-160; B. FISCHER, in *Archivos Leoneses*, xv, 1961, p. 21-23.

Saltem recensio B opus est cuiusdam Donatistae.

ANONYMVS

2255 **Fragmentum de creatione mundi.** Inc. « Dein finem saeculi PLS, ii,
hic inquirendum ... Quo‹d› tempore factus est mundus » 1484

A. DOLD & L. EIZENHÖFER, *Das Prager Sakramentar*, Beuron, 1949 (TA, i, 38-42), p. 185*-187*.

Emend.: PLS, ii, 1485.

Retractatio uidetur Epistulae « fundamenti » (n. 320) a quodam auctore Priscillianista, cfr O. STEGMÜLLER, *Das manichäische Fundamentum in einem Sakramentar der frühen Karolingerzeit*, in ZkTh, lxxix, 1952, p. 450-463, uel Hibernicae originis, cfr B. VOLMANN, *Studien zum Priszillianismus*, St. Ottilien, 1965, p. 84-85.

POLEMIVS SILVIVS

Gallia; saec. v med.

2256 **Laterculus** (*SCHANZ*, iv, 2, 130) PL, xiii,
676
MOMMSEN, i, p. 518-551.

Ibi inserta sunt *Nomina omnium principum Romanorum, Nomina prouinciarum, Nomina cunctorum spirantium*; addantur et appendices iv: *Montes septem* [*quae sint Romae*], *Breuiarium temporum, Voces uariae animantium* et *Nomina ponderum uel mensurarum*.

Quae sint Romae accuratius excuderunt, una cum opusculo *De montibus, portis et uiis Vrbis Romae*, R. VALENTINI & G. ZUCCHETTI, *Codice topografico della Città di Roma*, i, Roma, 1940, p. 294-301; 308-310.

2256a « **Excerpta Valesiana** » (*HERZOG & SCHMIDT*, 535)

J. DE MOREAU, Leipzig, 1968².

Duo sunt fragmenta saec. iv-vi, primum de Constantino Augusto, alterum de Theodorico Rege tractantes. Primum fragm. ab auctore gentili compositum, cfr P. COURCELLE, in *Latomus*, xxi, 1962, p. 173 sq., qui pauca quoque emendauit.

I. KÖNIG edidit fragm. I (*Origo Constantini*), Trier, 1987.

Emend.: N. BAGLIVI, in *Orpheus*, n. s., ix, 1988, p. 312-324.

Fragmentum alterum partim denuo edidit W. BRACKE, *L'« Anonymus Valesianus » II, c. 79-96*, Bologna, 1992. Quid censendum de hac editione disce a N. BAGLIVI, in *Orpheus*, n. s., xiv, 1993, p. 401-402.

SVLPICIVS SEVERVS

Chronicorum l. ii

uide sub n. 474.

PROSPER AQVITANVS

uide sub n. 516 sqq.

2257 **Epitoma Chronicorum** (*SCHANZ*, iv, 2, 499) PL, li, 535

MOMMSEN, i, p. 385-485.

Cod.: H. MCCUSKER, in *More Books. Bull. of the Boston Public Library*, xiv, 1939, p. 95 sq.

Cfr n. 535.

APPENDIX

2258 **Additamenta diuersa**:

Add. africana a. 446-455;

Add. altera a. 446-457;

Continuatio ad a. 462;

Auctarium Epitomae Vaticanae;

Epitome Carthaginensis;

[Interpolationes Chronicis Prosperi insertae saec. xv]
(SCHANZ, iv, 2, 500)
MOMMSEN, i, p. 486-499.

2259 **Chronica Gallica**: PL, li, 859

Chronicon a. 452 siue **Imperiale** uel **Pithoeanum** (SCHANZ, iv, 2, 500);

Chronicon a. 511 [Ps. SVLPICIVS SEVERVS] (SCHANZ, iv, 2, 647)
MOMMSEN, i, p. 631-666.

2260 **Continuatio Prosperi** auctore VICTORE TONNENNENSI EPISCOPO a. 444-567 (SCHANZ, iv, 2, 112; MANITIUS, i, 215) PL, lxviii, 941
MOMMSEN, ii, p. 184-206.

Emend.: M. PETSCHENIG, in *Philologus*, lviii, 1899, p. 155.

2261 **Continuatio Victoris Tonnennensis** auctore IOANNE ABBATE BICLARENSI a. 567-590 (SCHANZ, iv, 2, 114; MANITIUS, i, 216; DÍAZ, 42) PL, lxxii, 863
MOMMSEN, ii, p. 211-220; J. CAMPOS, *Juan de Biclaro*, Madrid, 1960, p. 75-100.

Cod., uar. lect., trad. text., emend.: D. NORBERG, *Beiträge zur spätlateinischen Syntax*, Uppsala, 1944, p. 35, adn. 2; M. C. DÍAZ Y DÍAZ, in *Anal. Sacra Tarracon.*, xxxv, 1962, p. 57-76.

Cfr P. ALVAREZ RUBIANO, *La Crónica de Juan Biclarense*, in *Anal. Sacra Tarracon.*, xvi, 1943, p. 7-44 (ibi et textus Mommsenianus denuo excuditur); J. CAMPOS, *Ediciones del Cronicon de Juan de Biclaro*, in *Salmanticenses*, ii, 1955, p. 688-690. Vide etiam sub nn. 1866 et 2011.

2262 **Continuatio Prosperi in codice Hauniensi** (saec. vii)
MOMMSEN, i, p. 298-339.

In Italia Septentrionali conflata. Cfr S. MUHLBERGER, in *Florilegium*, vi, 1984, p. 50-95.

2262a **Annales Rauennatenses** (saec. vii) PLS, iv, 1523
B. BISCHOFF & W. KÖHLER, *Un edizione illustrata degli Annali Ravennati del Basso Impero*, in *Studi Romagnoli*, iii, 1952, p. 1-17 (uersio italica e *Mediaeval Studies in Memory of A. Kingsley Porter*, Cambridge [Mass.], i, 1939, p. 125-138).

(HYDATIVS) IDACIVS EPISCOPVS AQVAE FLAVIAE

saec. v medio, in Hispania. Cfr B. SÁNCHEZ ALONSO, *Historia de la historiografía española*, i, Madrid, 1947², p. 67-70; J. M. ALONSO NÚÑEZ, in *Lexikon des Mittelalters*, v, München, 1991, c. 242.

2263 **Continuatio Chronicorum Hieronymianorum** (*a*) **ad a.** 468   PL, li, 873;
(SCHANZ, iv, 2, 109)   lxxiv, 701

MOMMSEN, ii, p. 13-36; R. W. BURGESS, *The Chronicle of Hydatius and the Consularia Constantinopolitana*, Oxford, 1993, p. 70-122; P. NAUTIN, in RHT, xiv/xv, 1984/85, p. 143-153 (prologus tantum).

Cod.: C. TORRES RODRÍGUEZ, in *Compostellanum*, i, 1956, p. 401-448; cfr *ibid.*, p. 765-801: *Consideraciones*; A. TRANOY, *Hydace. Chronique*, i-2, Paris, 1974 (SC, ccxviii-ccxix). Etiam utilis est articulus Chr. COURTOIS, *Auteurs et Scribes*, in *Byzantion*, xxi, 1951, p. 23-54.

Emend.: R. W. BURGESS, in *Phoenix*, xlii, 1988, p. 357-363.

Fontes: C. CARDELLE DE HARTMANN, in *Minerva*, vi, 1992, p. 241-256.

2264 **Additamentum ad Consularia Constantinopolitana ab a.** 395 **ad a.** 468 (auctore HYDATIO)

MOMMSEN, i, p. 246-247.

Alia additamenta edidit R. W. BURGESS, *o. c.* [n. 2263], p. 154-171.

ANONYMVS

2265 **Chronicon a.** 562 (DÍAZ, 16)

E. FLOREZ, *España sagrada*, vi, Madrid, 1751, p. 343-345 (ed. 1773, p. 352-355).

Cfr B. SÁNCHEZ ALONSO, *o. c.* [ante n. 2263], p. 65.

ANONYMVS

saec. vii.

2266 **Chronica Regum Visigothorum** (DÍAZ, 241)   MGH,
MGH, *leg. sect. i*, 1, 1902 — ZEUMER, p. 457-461.   *auct. ant.*, xiii, 464

(*a*) HIERONYMI *Chronicon*, una cum opere EVSEBII CAESARIENSIS in CPG inuenies sub n. 3494. «**Chronica S. Geronimi presbyteri**»: uide sub n. 1155*f*, viii.

MAXIMVS EPISCOPVS CAESARAVGVSTANVS

Isidori coaetaneus.

2267 **Chronicorum reliquiae** (SCHANZ, iv, 2, 630; DÍAZ, 79)

MOMMSEN, ii, p. 222-223.

Textum quem exhibet J. P. MIGNE (lxxx, 617-632) confinxit J. HIGUERA saec. xvi.

ISIDORVS HISPALENSIS

Chronica

uide sub n. 1205.

MARIVS EPISCOPVS AVENTICENSIS

obiit 594.

2268 **Chronica** (SCHANZ, iv, 2, 114) PL, lxxii

MOMMSEN, ii, p. 232-239; J. FAVROD, *La Chronique de Marius d'Avenches*, Lausanne, 1991. 793

Fontes: J. FAVROD, in *Francia*, xvii, 1990, p. 1-21.

MARII *Epitaphium* uide sub n. 1045.

CASSIODORVS

2269 **Chronica** (SCHANZ, iv, 2, 95; MANITIUS, i, 39) PL, lxix

MOMMSEN, ii, p. 120-161. 1213

MARCELLINVS COMES

Illyricus; saec. vi.

2270 **Chronicon** (SCHANZ, iv, 2, 110) PL, li,

MOMMSEN, ii, p. 60-104.

Critica: M. PETSCHENIG, in *Philologus*, lviii, 1899, p. 154.

2271 **Additamentum** (SCHANZ, iv, 2, 112) PL, li,

ibid., p. 104-108.

ANONYMVS

2272 **Chronicon Palatinum** seu **Laterculus Imperatorum Romanorum Malalianus ad a.** 573. Inc. « Iam tempus est ut se ueritas » (*CPG*, 7511)

PL, xciv, 1161

MOMMSEN, iii, p. 424-437.

Cfr A. SIEGMUND, p. 172, et uersio anglica a E. JEFFREYS e. a., *The Chronicle of John Malalas*, Melbourne, 1986. Partim uidetur Latinae originis.

BEDA VENERABILIS

uide sub nn. 1343 sqq. et 2318 sqq.

2273 **Chronica minora et maiora** (exc. ex *Libro de temporibus*, cap. 16-22, et *De temporum ratione*, cap. 66-71) (*MANITIUS*, i, 79)

PL, xc, 288 et 520; MGH, *auct. ant.*, xiii, 247

MOMMSEN, iii, p. 247-327 (repetitur a C. W. JONES, in CC, cxxiii C, 1980, p. 601-611; cxxiii B, 1977, p. 463-544).

Cod.: THORNDIKE & KIBRE, p. 509; J. GÓMEZ PALLARÉS, in *Emerita*, lix, 1991, p. 101-122.

ii. COMPVTISTAE et COMPVTATIONES

Cfr A. STROBEL, *Ursprung und Geschichte des frühchristlichen Osterkalenders*, Berlin, 1977 (TU, 121); ID., *Texte zur Geschichte des frühchristlichen Osterkalenders*, Münster, 1984 (LQF, lxiv). Magni momenti, sed interdum minus critice.

AVGVSTALIS (EPISCOPVS?) (*HERZOG & SCHMIDT*, 531, 1)

Afer; scripsit ante annum 296.

2274 **Laterculus ab a.** 213 **usque ad a.** 312, una cum continuatione AGRIVSTIAE (saec. v)

Opus deperditum, partim restitutum a Br. KRUSCH, i, p. 5-23; 23-30. Cfr H. J. FREDE, p. 304 sq.

[ARCHAEVS EPISCOPVS LEPTITANAE]

2275 **Fragmentum.** Inc. «Celebrandum est Pascha die dominico» PG, v, 1489-1490 = MAI.

Certe idem est «Archaeus» (= ἀρχαῖος?) ac S. IRENAEVS LVGDVNENSIS EPISCOPVS, uide H. JORDAN, Wer war Archaeus?, in ZntW, xiii, 1912, p. 157-160.

Versio est recentioris aetatis excerpti cuiusdam epistulae Irenaei (CPG, 1312); hic ergo omittendum.]

PS. CYPRIANVS

2276 **De pascha computus.** Inc. «Multo quidem non modico tempore» (SCHANZ, iii, 379 [405])   PL, iv, 93 (1023)

CSEL, iii, 1871 — HARTEL, p. 248-271.

Anno 243 confectus, fortasse in Africa, auctore Nouatianista, iuxta A. STROBEL, *Ursprung*, p. 167-175; *Texte*, p. 43-67.

Cod., trad. text.: H. VON SODEN, *Die cyprianische Briefsammlung*, Leipzig, 1904 (TU, xxv, 3), p. 224 sq.; P. PETITMENGIN, in RÉAug, xx, 1974, p. 28 sq.

Emend.: E. HUFMAYR, Würzburg, 1896 (progr.); G. OGG, *The Pseudo-Cyprianic De pascha computus*, London, 1955.

Confertur tabella e cod. Remensi iuxta G. OGG, in VC, viii, 1954, p. 134-144; A. STROBEL, *Texte*, p. 57-65.

PS. CHRYSOSTOMVS

2277 **De solstitia et aequinoctia.** Inc. «Nescio an quisquam ausus sit» (Ps. AVGVSTINVS) (STEGMÜLLER, 5345, i)   PLS, i, 5

B. BOTTE, *Les origines de la Noël et de l'Épiphanie*, Louvain, 1932, p. 93-105.

In Africa confectum uidetur saec. v medio; nomen PONTII MAXIMI proferebat A. WILMART, in JTS, xix, 1918, p. 316, et dubitanter A. VACCARI, in *Rassegna italiana di lingue e lettere classiche*, ii, 1920, p. 326-328. Sed potius in Syria oriundum est, non ante saec. iv, cfr H. ENGBERDING, in AL, ii, 1952, p. 36; B. BOTTE, in BTAM, vii, 1954/57, p. 198 sq., n. 918.

Trad. text.: M. VAN ESBROECK, in AB, lxxxvi, 1968, p. 351-371; cfr G. F(OLLIET), in RÉAug, xvi, 1970, p. 308, n. 75.

PS. HIERONYMVS

2278 **Disputatio de sollempnitatibus et sabbatis.** Inc. « De sollemnitatibus et sabbatis et neomeniis » (= HIERONYMVS, *epist.* 149; COLVMBANVS, *epist.* 6) (*KENNEY*, 42, vi; *LAPIDGE & SHARPE*, 1230; *CORDOLIANI*, xxxiv; *CPPM*, ii, 530. 826)

PL, xxii, 1220; CSEL, lvi, 357; MGH, *epist.*, iii, 177

G. S. M. WALKER, *S. Columbani opera*, Dublin, 1957, p. 198-207.

Opusculum longis sane erroribus per pelagus agitatum et ab eruditis uiris, qui non ita pridem rem attigerunt, adeo diuerse inscriptum et habitum ut uix ac ne uix quidem credideris. Quae quo luculentius perspiciantur, succincte narrabimus.

Principem editionem curauerat D. VALLARSI inter epistulas Hieronymianas (perperam in Maurinos causam infert C. JONES, *o. c.* [ante n. 2249], p. 108); unde in PL fluxit, neque loco mota est in CSEL.

Ex codicibus sibi eruisse uisus est J. B. PITRA monumentum ineditum quod ad controuersiam spectaret de Paschate sub Victore I Papa, et typis mandauit in suo *Spicilegio Solesmensi*, t. i, Parisiis, 1852, p. 472 sq., in pedes eunte H. LECLERCQ et cum antenicaenis scriptis honorificentissime collocante (*Relliquiae liturgicae uetustissimae*, ii, Paris, 1913, p. 71 sq.).

Interea, anno 1880, Coloniae Agrippinae, in codice 83, 2, reppererat Br. KRUSCH inter alia miscellanea de computatione temporum, primoque aspectu agnouerat iam pridem excusam epistulam pseudo-hieronymianam (*Studien*, i, p. 204); uerum tamen, labente rei memoria, idem ipse Bruno KRUSCH eandem epistulam, tertio iam typis datam, denuo publici iuris fecit ut ineditum *s. COLVMBANI* foetum in *Neues Archiv*, x, 1885, p. 84 sq.; quod erratum ipse correxit aliquantum post (cfr MGH, *scr. mer.*, iv, 1902, p. 201).

Alii eruditi ad Graecos patres se uertebant. Th. ZAHN (*Forschungen zur Geschichte des ntl. Kanons*, iv, Leipzig, 1884, p. 182 sqq.) linguam ac stylum tum Hippolyti cum Origenis recognoscere sibi uisus est, dum interpolationes e quodam ignoto fonte Alexandrino in opusculo nostro repperire conatus est J. SCHMIDT (*Die Osterfestberechnung in der abendländischen Kirche*, Freiburg, 1907, p. 78 sqq.).

Prodierat interim anno 1892 in numero epistularum *s. COLVMBANI* reposita a W. GUNDLACH, qui Brunoni Krusch oscitanti nimium fisus erat (MGH, *epist.*, iii, p. 177-180), reluctante O. SEEBASS (ZKG, xiv, 1894, p. 93-97; *Realenzyklopädie f. prot. Theologie u. Kirche*, iv, 1898, p. 244).

Indefessam uigilantiam semel intermisit uir ceteroquin apprime diligens J. F. KENNEY (*The Sources of the Early History of Ireland*, i, New York, 1929, p. 193), quem tamen non latebat hanc epistulam cum Hieronymianis publici iuris factam fuisse, dum mira fallacia sibi persuadet senescentem Columbanum, quam prius acerrime propugnauerat paschalem computationem repudiasse, ut hanc reciperet toto caelo diuersam. «Ce serait on ne peut plus invraisemblable», ita merito P. GROSJEAN, in AB, lxiv, 1946, p. 240 sq., adn. 3. Nihilominus in similem fere sententiam declinauit et J. LAPORTE, *Sur la lettre «De solemnitatibus ...» attribuée à S. Colomban*, in *Rev. Mabillon*, xlvi, 1956, p. 9-14, putans discipulum quemdam S. Columbani (fortasse ATTALAM) nostram epistulam conscripsisse, quam postea ipse Columbanus emendasset et retractasset. Censet C. JONES, *o. c.*, p. 109, «the letter may have been written from the Continent to a Patrician house in Ireland in those days when other works were also ascribed to great Fathers» (i. e., saec. v-vi). G. WALKER, *o. c.*, p. lxi, adhuc prudentius aestimat: «the authorship can only be left an open question».

Nihilominus nuper A. STROBEL (*Texte*, p. 75 sqq. et 153) obscuram *Disputationem* reponit inter documenta ad litem de die Paschatis spectantia, saeculis ii-iii in Asia et Romae saeuientem.

Tandem PELAGIO suo idem opusculum (quas ob causas, nescitur) uindicauit G. DE PLINVAL (*L'oeuvre littéraire de Pélage*, in *Rev. de philologie*, lx, 1934, p. 40, adn. 4), dum saec. v antiquius esse opinatur B. BLUMENKRANZ, *Die Judenpredigt Augustins*, Basel, 1946, p. 47-49.

Codicum conspectum praebet C. JONES, *o. c.*, p. 108, omissis cod. Turonensi 344, f° 8ᵛ-10 (saec. ix) (quem etiam WALKER praetermisit), Oxoniensi, Bodl. 309 (8837), f° 82ᵛ-84. Fortasse etiam extabat in cod. Monasteriensi deperdito 198 (508), saec. xvi, sub titulo *Hieronymus de celebratione paschae*, cfr J. STAENDER, *Chirographorum in Regia Bibliotheca Paulina Monasteriensi catalogus*, Münster-Breslau, 1889, p. 49. Vide etiam A. STROBEL, *Texte*, p. 68; B. LAMBERT, BHM, n. 149.

QVINTVS IVLIVS HILARIANVS EPISCOPVS AFER

scripsit anno 397.

2279 **De ratione Paschae et mensis**

PL, xiii, 1105-1114 = PFAFF.

Critica text.: H. NOLTE, in *Theol. Quartalschr.*, l, 1868, p. 443-445.

2280 **De cursu temporum** seu **De mundi duratione**   PL, xiii, 1097

FRICK, i, p. 153-174.

Cod.: Bremen, Öffentl. Bibl., Schrank ii, in-4°, 51.

APPENDIX

2281 **Expositio temporum Hilariana a.** 468. Inc. «Quoniam in superiore libello sollicito lectori»

MOMMSEN, iii, p. 415-417.

INNOCENTIVS I PAPA

uide sub n. 1641 sqq.

2281a **Epistula ad Aurelium Carthaginensem de ratione paschali anni** 414. Inc. «Charitatis nostrae officium nullo interuallo» (*JW*, 301; *MAASSEN*, 276, 8)

PL, xx, 517-518 = COUSTANT.

PL, lxxxiv, 657; cxxx, 709

VICTORIVS AQVITANVS

saec. v medio.

2282 **Cursus paschalis** (*SCHANZ*, iv, 2, 565)

KRUSCH, ii, p. 16-52.

Praemittitur epistula HILARI DIACONI, qui et postea papa primus huius nominis (n. 1662).

Cod.: Ch. W. JONES, *o. c.* [ante n. 2249], p. 61, adn. 4.

Excerptum legitur in nonnullis codicibus sub BEDAE nomine; inscribitur: *De paschali et natiuitate decimae quartae lunae* (PL, xc, 712; inc. «Statutum inuenimus in cyclo Romanorum»); **cod.**: Ch. W. JONES, *Bedae Pseudepigrapha*, Ithaca, 1939, p. 58.

PLS, iii, 381; MGH, *auct. ant.*, ix, 677

2283 **Liber calculi** (Ps. BEDA) (*SCHANZ*, iv, 2, 566)

G. FRIEDLEIN, Roma, 1872.

Cod.: Ch. W. JONES, *Bedae Pseudepigrapha*, Ithaca, 1939, p. 53.

PL, xc, 677

DIONYSIVS EXIGVVS

uide sub nn. 652a sqq.

2284 **Libellus de cyclo magno Paschae.** Inc. «Paschalis festi rationem» (*SCHANZ*, iv, 2, 589; *CORDOLIANI*, xlix)

Br. KRUSCH, ii, p. 63-74.

Critica et **cod.**: C. JONES, *o. c.* [ante n. 2249], p. 68 sq., adn. 6.

PL, lxvii, 19; 483

2285 **Argumenta paschalia.** Inc. «Si nosse uis quotus sit annus» uel «Si uis scire quotus annus est» (*SCHANZ*, iv, 2, 589; *CORDOLIANI*, xlvii)

Br. KRUSCH, ii, p. 75-81; J. GÓMEZ PALLARÉS, in *Hispania Sacra*, xlvi, 1994, p. 23-31.

Cod. et **genuinitas**: C. JONES, *o. c.* [ante n. 2249], p. 70 sq. et p. 373; J. GÓMEZ PALLARÉS, *a. c.*, p. 19-20.

PL, lxvii, 497

2286 **Epistula ad Bonifatium primicerium et Bonum secundi-** PL, lxvii,
cerium de ratione Paschae. Inc. «Reuerentiae [*aliter*: Obser- 23; 513
uantiae] paschalis regulam» (SCHANZ, iv, 2, 589; CORDOLIANI, xlviii)

Br. KRUSCH, ii, p. 82-86.

APPENDIX

2287 **Praefatio** auctore FELICE GHYLLITANO (uel CYRILLITANO) (a. 532). PL, cxxix,
Inc. «Dionisius quondam urbis Romae scientissimus abbas» 1331
(CORDOLIANI, lii)

Br. KRUSCH, ii, p. 86-87.

2288 **Prologus** auctore «successore Dionisii» (a. 616)

Br. KRUSCH, ii, p. 87.

Cod.: C. JONES, *o. c.* [ante n. 2249], p. 73, adn. 5.

BONIFATIVS PRIMICERIVS NOTARIORVM

scripsit anno 526.

2289 **Ad Iohannem papam de ratione paschali.** Inc. «Quia dignata est beatitudo uestra praecipere»

Br. KRUSCH, in *Papsttum und Kaisertum. Forschungen P. Kehr dargebracht, herausgegeben von A. Brackmann*, München, 1926, p. 48-58.

VICTOR EPISCOPVS CAPVANVS

De Pascha

uide sub n. 954.

PS. CYRILLVS ALEXANDRINVS

Afer; scripsit anno 482.

2290 **Praefatio de ratione Paschae.** Inc. «Sanctum Paschae misterium eiusque clara sollempnitas» (CPG, 5243)

C. JONES, *o. c.* [ante n. 2249], p. 40-43.

Anno 482 in Africa composita. Eiusdem opusculi recensio aucta orta est in Hispania a. 577-590:

2291 **Prologus de ratione Paschae** (*DÍAZ*, 47; *CORDOLIANI*, xlvi; *CPG*, 5242)   PL, cxxix, 1275

Br. KRUSCH, i, p. 337-343.

De **cod.** atque **indole** duarum recensionum, cfr C. JONES, *o. c.* [ante n. 2249], p. 38-52; A. CORDOLIANI, in *Hispania Sacra*, ix, 1956, p. 127-139.

ANONYMI

2292 **Computus paschalis a.** 395. Inc. «Cum magnanimo inpulsarer»

Fragmenta e cod. Coloniensi et Ambrosiano edidit KRUSCH, i, p. 225-243.

Prologum ad Vitalem e cod. Coloniensi et Oxoniensi accuratius edidit MOMMSEN, i, p. 737-738; uide etiam Br. KRUSCH, in *Papsttum und Kaisertum*, p. 57 sq. (**uar. lect.** cod. Oxoniensis).

2293 **Ratio Paschae** seu **Cyclus paschalis annorum lxxxiiii (a.** 354-437). Inc. «Dicente Domino ad Moysen: Mensis hic»

MOMMSEN, i, p. 740-743.

2294 **Liber Paschalis codicis Cicensis (a.** 447) (fragmenta)

MOMMSEN, i, p. 507-510; Br. KRUSCH, *Neue Bruchstücke der Zeitzer Ostertafel von 447*, in *Sb. Berlin*, 1933, p. 982-997.

2295 **Computatio a.** 452 (hispanica). Inc. «Adam cum esset annorum ccxxx»

MOMMSEN, i, p. 151-153.

2296 **De ratione Paschae** seu **Computus Carthaginensis a.** 455. PL, lix, 545
Inc. «Dum mens curiosa in re tam grauiore»

Br. KRUSCH, i, p. 279-297.

Computus a. 562 auctore CASSIODORO

uide sub n. 906°.

2297 **Epitoma temporum et Indiculum Paschae** seu **Paschale Campanum a.** 464-599. Inc. «Sanctorum [*aliter*: Iustorum] ac uestris orationibus»

MOMMSEN, i, p. 745-750.

Cod.: F. TRONCARELLI, in *Stud. Med.*, n. s., xxx, 1989, p. 567-592.

2297a **Computus Cottonianus a.** 688. Inc. «Si nosse uis quotus annus est ab incarnatione D. N. I. C., multiplica» (DÍAZ, 333; CORDOLIANI, xli)

[L. SERRANO, G. PRADO, C. ROJO], *Antiphonarium mozarabicum de la Catedral de León*, León, 1928, p. xlii-l (omittitur a L. BROU [n. 1943])

In Hispania confectus cfr A. CORDOLIANI, in *Hispania Sacra*, xi, 1958, p. 125-136.

2297b **Tabula paschalis Petrocoricensis a.** 631. Inc. «Hoc est pascha sine termino»

describitur ab A. CORDOLIANI, in *Cahiers de civilisation médiévale*, iv, 1961, p. 57-60.

2298 **Computus paschalis a.** 727. Inc. «Alius interrogare uolo» (CORDOLIANI, xl)

Br. KRUSCH, ii, p. 53-57.

2299 **Computus Dionysianus a.** 737. Inc. «Quis numerus primus fuit» (MANITIUS, ii, 705; CORDOLIANI, xxxix)

describitur et partim editur a Br. KRUSCH, *Das älteste fränkische Lehrbuch der dionysianischen Zeitrechnung* (cod. Berlin, 128 [= Meerman/Phillipps 1831], saec. viii/ix) in *Mél. Chatelain*, Paris, 1910, p. 232-242.

IOHANNES II EPISCOPVS CAESARAVGVSTANVS

sedit a. 619-631.

2299a ‹**Canon Paschalis seu**› **Argumentum laterculi infra conscripti ad requirendum annuam rationem et paschalem recursum.** Inc. «Nicil aliut plus liquidius» (DÍAZ, 139)

A. C. VEGA, in *La Ciudad de Dios*, clxxii, 1959, p. 522-528.

Genuinitas: cfr ILDEPHONSVS TOLETANVS, *De uiris illustribus*, c. vi.

2300 **Computus paschalis** auctore LEONE HISPANO (saec. vii ineunte). Inc. «Imperas praecipisque mihi» (DÍAZ, 96; CORDOLIANI, lx)

Br. KRUSCH, i, p. 298-302.

2301 **Versus de sex aetatibus et mundi principio** auctore Theo[do-]frido episcopo Ambianensi (obiit post 683). Inc. «Ante secula et mundi principium» (*Manitius*, i, 200; *Cordoliani*, lxviii; *Schaller & Könsgen*, 878)

MGH, *poet. lat.*, iv, 2 — Strecker, n. xl, p. 559-564.

Cod.: R. P. Robinson, *MSS. 27 (Sém. 29) and 107 (Sém. 129) of the Municipal Library of Autun*, Roma, 1939, p. 71 (cod. 107, saec. viii, f° 46).

CEOLFRIDVS ABBAS WIREMVTHENSIS

Epistula de legitima obseruatione Paschae

uide sub n. 1377°.

iii. COMPVTISTAE HIBERNICI

2302 **Tractatus de ratione Paschae (a. 577?).** Inc. «Plerique [qui] mysterium Paschae» (Ps. Athanasivs; Ps. Martinvs Bracarensis [Nicetas Remesian.]) (*Schanz*, iv, 1, 407; *Kenney*, 54, ii; *Díaz*, 36; *Cordoliani*, xvii; *CPPM*, ii, 1231. 1271) — PL, lxxii, 47; PG, xxviii, 1605

C. W. Barlow, *Martini episcopi Bracarensis opera omnia*, New Haven, 1950, p. 270-275.

Cod. et **trad. text.**: W. M. Lindsay, in *Palaeographia latina*, v, 1927, p. 28 sq.; C. Jones, in *English Historical Review*, lii, 1937, p. 212 sq.; addantur Leiden, Voss. F 26, saec. viii; Oxford, Bodl. 309, saec. ix.

Latinitas: C. Weyman, in ALL, xiv, 1906, p. 498-501.

Opus genuinum Martini Bracarensis esse putant C. Jones et C. W. Barlow; potius saec. v et Hiberniae uindicat A. Cordoliani, *Les computistes insulaires et les écrits pseudo-alexandrins*, in *Bibl. École des Chartes*, cvi, 1945/46, p. 23 sqq.; P. David, in *Bull. des études portugaises*, xiv, 1950, p. 283-299 (= *Un Traité priscillianiste de comput pascal*, Coimbra, 1951), opusculum saec. vi et Gallaeciae adscribit; quam sententiam admittunt P. Martins (*Broteria*, lv, 1952, p. 234-235) et B. de Gaiffier (AB, lxx, 1952, p. 414) et ipse A. Cordoliani, *Textes de comput espagnols. Encore le problème des traités de comput de Martin de Braga*, in *Rev. de archivos, bibliotecas y museos*, lxii, 1956, p. 685-697.

2303 **De ratione Paschae.** Inc. «De ratione ordinationis temporum» (Ps. Anatolivs) (*Kenney*, 54, iii; *Lapidge & Sharpe*, 320; *Cordoliani*, xvi; *CPG*, 1620) — PG, x, 209

Br. Krusch, i, p. 316-328.

Cod. et **emend.**: C. Jones, *o. c.* [ante n. 2249], p. 82, adn. 4; A. Strobel, *Texte*, p. 1-2.

Anno 547, cfr A. Cordoliani, *a. c.* [n. 2302], p. 6-21.

2304 «**Epistula Cyrilli**». Inc. «Scripta uenerationis uestrae multam» (*kenney*, 54, iv; *cordoliani*, xlv)   PL, liv, 60 (exc.)

Br. Krusch, i, p. 344-349.

Cod.: C. Jones, *o. c.* [ante n. 2249], p. 93 sq., adn. 6.

Prior pars epistulae reuera est cyrilli alexandrini (*cpg*, 5385), ed. C. Munier, in CC, cii, 1974, p. 162-163; altera in Hibernia confecta saeculo vii ineunte, cfr A. Cordoliani, *a. c.* [n. 2302], p. 24-28, et melius P. Grosjean, *Recherches sur les débuts de la controverse pascale chez les Celtes*, in AB, lxiv, 1946, p. 231 sq.

2305 «**Epistula Cyrilli**» [**altera**]. Inc. «Antiquitus Ecclesia Pascha quartadecima luna» (*lapidge & sharpe*, 321)

PL, cxxix, 1353-1354 = Muratori.

Hibernica origine; saec. viii, cfr C. Jones, *o. c.* [ante n. 2249], p. 97, adn. 1.

2306 **Disputatio de ratione paschali** auctore «Mori[a]no Alexandrino episcopo». Inc. «[Eo quod senserunt alii diuerse] de eo quod scriptum est» (*lapidge & sharpe*, 326; *cordoliani*, lxii)   PL, cxxix, 1337

A. Cordoliani, *a. c.* [n. 2302], p. 30-34.

Cod. etc.: C. Jones, *o. c.* [ante n. 2249], p. 97 sq., adn. 2; J.-B. Pitra, *Spicil. Solesm.*, i, Paris, 1852, p. 14-15; A. Strobel, *Texte*, p. 116.

Saec. vii ineunte, cfr Cordoliani et Grosjean, saec. v-vi in Gallia, ita Strobel, p. 120.

2307 **Acta [suppositi] concilii Caesareae**. Inc. «Cum omnes apostoli» (*kenney*, 54, i; *lapidge & sharpe*, 317; *cordoliani*, xxix-xxxii)   PL, xc, 607; xciv, 682; cxxi, 1350

A. Wilmart — [Br. Krusch], *Analecta Reginensia*, Roma, 1933 (StT, lix), p. 19-27.

Cod., **uar. lect.**: H. Silvestre, in SE, v, 1953, p. 190-192; A. Cordoliani, in *Zeitschr. f. schweiz. Kirchengesch.*, li, 1957, p. 108, adn. 5.

Saec. vii; fortasse ex Africa originem duxerunt, cfr A. Wilmart, *o. c.*, p. 20, adn. 1; C. Jones, *o. c.* [ante n. 2249], p. 88, uel ex Anglia, iuxta H. J. Frede, p. 124, et Br. Krusch, i, p. 304.

2308 **Frustulum Sillani**. Inc. «Mosinu maccu Min, scriba et abbas Benncuir» (*kenney*, 55; *lapidge & sharpe*, 288)

W. Stokes & J. Strachan, *Thesaurus palaeohibernicus*, ii, Cambridge, 1903, p. 285.

Cfr P. Grosjean, *a. c.* [n. 2304], p. 215 sq.

Saec. vii ineunte.

2309 **Versus S. Pachomio perperam adscripti.** Inc. «Nonae aprilis norunt quinos» (*SCHALLER & KÖNSGEN*, 10525; *LAPIDGE & SHARPE*, 1307) MGH, *poet. lat.*, iv, 2, 1923 — Strecker, n. cviii, p. 670-671.

Cfr C. W. Jones, *A Legend of St. Pachomius*, in *Speculum*, xviii, 1943, p. 198-210; P. Grosjean, *a. c.* [n. 2304], p. 244.

2310 **Epistula ad Segienum et Beccanum de controuersia paschali** auctore Cvmmiano (abbate Dvromagensi?). Inc. «Verba excusationis meae» (*KENNEY*, 57; *LAPIDGE & SHARPE*, 289; *CORDOLIANI*, xliv) (saec. vii medio). — PL, lxxxvii, 969

J. Ussher, *Complete Works*, iv, Dublin, 1864, p. 432-443; M. Walsh & D. O'Croínín, *Cummiáns letter «De controuersia paschali»*, Toronto, 1988.

Cod. et **trad. text.**: M. Esposito, in *Hermathena*, xlv, 1930, p. 240-245; J. E. L. Oulton, in *Hermathena*, xlix, 1935, p. 88-90; Id. in *Stud. Patr.*, i, 1957, p. 128-133; C. Jones, *o. c.* [ante n. 2249], p. 89 sq., adn. 4.

De Cummeano, cfr n. 632°.

2311 **Versus de annis a principio.** Inc. «Deus a quo facta fuit huius mundi machina» (*MANITIUS*, i, 201, adn. 4; *WALTHER*, 4305; *SCHALLER & KÖNSGEN*, 3538)

MGH, *poet. lat.*, iv, 2, 1923 — Strecker, n. cxviii, p. 695-697.

Saec. vii mediante.

2312 **Computus hibernicus** seu **Sententiae sancti Augustini et Isidori in laude computi** (*CORDOLIANI*, lxvii; *LAPIDGE & SHARPE*, 323; *CPPM*, ii, 3097)

Beda antiquior, cfr C. Jones, *o. c.* [ante n. 2249], p. 110.

Prologum «De numero igitur, fratres carissimi, Deo adiuuante» edidit C. Jones, *o. c.*, p. 393-394; *excerpta* quaedam praebet PL, cxxix, 1290 et 1292 = Muratori (cfr C. Jones, *o. c.*, p. 368 sq.); xc, 647-664 = Giles: *De computo dialogus* et *De diuisionibus temporum* (inc. «Augustinus dixit de quattuor diuisionibus»; «Diuisiones temporis quot sunt») (*PS. BEDA*); capitulum *de hebdomadibus* (inc. «Septem dies septemanam faciunt») apud C. Jones, *o. c.*, p. 394-395; cetera adhuc inedita sunt.

Prologus sub nomine *AVGVSTINI* bis iam editus est, ab A. CAILLAU (cfr G. MORIN, in *Misc. Agost.*, i, p. 731) et iterum in *Florilegio Casinensi*, iv, p. 361 (**cod.**: Monte Cassino, clx).

Cod.: THORNDIKE & KIBRE, p. 72; 179; 195; 207.

2313 **De initio primi mensis** (seu **De natiuitate lunae**). Inc. «Quaerenda est natiuitas lunae»

PL, cxxix, 1284

CC, cxxiii, 1980, p. 681 — C. JONES.

Saec. viii ineunte, in Anglia (cfr n. 1384*e*).

2314 **Item.** Inc. «Constat igitur quod primo anno»

ibid., p. 677.

Saec. viii ineunte, in Anglia.

2315 **De ratione embolismorum.** Inc. «In primo igitur anno embolismi» (Ps. MANFREDVS)

PL, cxxix 1335 (exc.

ibid., p. 685-689.

Cfr C. JONES, *o. c.* [ante n. 2249], p. 380.

Saec. viii ineunte, in Anglia.

PS. ALCVINVS

Hibernus est, qui ante Bedam scripsit, adhibito, ut credibile est, *Computo Hibernico* (n. 2312), cfr C. JONES, *The «Lost» Sirmond MS. of Bede's Computus*, in *English Historical Review*, lii, 1937, p. 214, adn. 6*a*; ID., *Bedae Opera de Temporibus*, p. 376.

2316 **De bissexto (ac de cursu et saltu lunae)** (*MANITIUS*, i, 286; *CORDOLIANI*, vi-vii; *LAPIDGE & SHARPE*, 1232)

PL, ci, 981-999 = FROBEN.

Cfr C. JONES, *o. c.* [ante n. 2249], p. 110 et 375 sq.

Nonnulla alia documenta computistica hibernicae originis et fortasse Beda antiquiora extant in *Computo Graecorum siue Latinorum* seu *Libro de computo* (*CORDOLIANI*, xlii), quem e cod. Milano, Ambros., H 150 inf. (a. 810), edidit L. MURATORI (PL, cxxix, 1275-1372), cfr KRUSCH, i, 206-210, et C. JONES, *o. c.*, p. 110 sq., necnon inter «rhythmos computisticos», quos edidit K. STRECKER, in MGH, *poet. lat.*, iv, 2, 1923, n. cviii-cxviii, p. 667-702.

PS. COLVMBANVS

Beda antiquior uidetur, cfr C. JONES, *o. c.* [ante n. 2249], p. 376.

2317 **De saltu lunae.** Inc. «Sanctus Columbanus haec de saltu lunae ait: de lunari mutatione» (*MANITIUS*, i, 187; *KENNEY*, 43, iii; *CORDOLIANI*, xxxiii; *LAPIDGE & SHARPE*, 1231)

G. WALKER, *S. Columbani opera*, Dublin, 1957, p. 212-215.

Cod.: A. MUNDÓ, in *Scriptorium*, xii, 1958, p. 293.

Elenchum aliorum tractatuum *de saltu lunae*, Bedae temporibus confectorum, praebet C. JONES, *o. c.* [ante n. 2249], p. 375-377. Partim inuenies in PL, xc, 472-478.

iv. BEDA VENERABILIS

uide sub nn. 1343 et 2273.

2318 **De temporibus liber** (*MANITIUS*, i, 77; ii, 795; *CORDOLIANI*, xx)   PL, xc,
277; MGH,
CC, cxxiii C, 1980, p. 585-611 — JONES.   *auct. ant.*,
xiii, 247
Cfr H. HENEL, *The New Edition of Bede's Computistical Treatise*, in   (exc.)
Journal of Engl. & Germanic Philology, xliii, 1944, p. 411-416; W. LEVISON, *The Beginning of the Year in Bede*, in *England and the Continent*, Oxford, 1946, app. vi, p. 265-279.

Emend.: F. SCHULZ, in *Traditio*, iii, 1945, p. 278 sq., adn. 42.

Fontes: A. CORDOLIANI, in *Le Moyen Age*, liv, 1948, p. 209-223.

2319 **Epistula ad Pleguinam de aetatibus saeculi** (*STEGMÜLLER*, 1599)   PL, xciv,
669
ibid., p. 617-626.

2320 **De temporum ratione** (*MANITIUS*, i, 78; *CORDOLIANI*, xxi)   PL, xc, 293

CC, cxxiii B, 1977, p. 263-460 — JONES.

Addantur C. FORDYCE, *A Rhythmical Version of Bede's De ratione temporum* (inc. «Tenditur ratio temporum trimoda») (saec. ix), in ALMA, iii, 1927, p. 59-73; 129-141 (edidit K. STRECKER, in MGH, *poet. lat.*, vi, 1, 1951, p. 188-208 [*SCHALLER & KÖNSGEN*, 16230 etc.]); Br. STOCK & E. A. SYNAN, *A Tenth-Century Preface to Bede's De temporum ratione*, in *Manuscripta*, xxiii, 1979, p. 113-115 (*SCHALLER & KÖNSGEN*, 4777).

Cod.: A. CORDOLIANI, in *Biblioth. de l'École des Chartes*, ciii, 1942, p. 61-65 (Paris, B. N., lat. 7418); civ, 1943, p. 237-243 (Paris, B. N., lat. 16.361); K. FORSTNER, in *Scriptorium*, xiv, 1960, p. 239, adn. 11 (Salzburg, St-Peter, fragm. 2); F. F. HEINZER, *Zur Datierung des Karlsruher Beda* (Aug. clxvii), in *Scriptorium*, xxxvii, 1983, p. 239-241; M. ROPER, *A fragment of Bede's De ratione temporum in the Public Record Office*, in *Anglo-Saxon England*, xii, 1983, p. 125-128 (cfr *Ann. Phil.*, lx, 1991, p. 71, n. 1084).

Emend.: F. SCHULZ, *l. c.* [n. 2318].

2321 **Epistula ad Wicthedum de paschae celebratione** (*CORDOLIANI*, xix)

PL, xc, 599; xciv, 675

CC, cxxiii C, 1980, p. 635-642 — JONES.

Cod.: THORNDIKE & KIBRE, p. 627.

Fragmenta qua sequuntur in PL, xc, 605-606; xciv, 680-682 (inc. «Primo anno circuli decemnouennalis»; «Vnius semper horae dodrante») spuria sunt ac posterioris aetatis, cfr C. JONES, *Bedae Pseudepigrapha*, p. 41-44; 94.

2321a **Magnus circulus seu Tabula paschalis annis Domini DXXXII ad MLXIII**

reconstruxit C. JONES, *ibid.*, p. 550-562.

2322 **Epistula ad Helmualdum de bissexto** (*CORDOLIANI*, xxii)

ibid., p. 629.

Cod.: C. JONES, *Bedae Opera de temporibus*, p. 172.

Praeter salutationem idem est ac cap. xxxviii-xxxix operis *de temporum ratione*, ed. JONES, in CC, cxxiii B, p. 399-404.

PL, xc, 4

2323 **De cursu solis per menses et signa qualiter bissectilem diem quarto suo compleat anno.** Inc. «Primo igitur anno praeparationis bissexti»

ibid., p. 649-653.

Cod. et **genuinitas**: C. JONES, *Bedae Opera de temporibus*, p. 372; cfr M. LAISTNER, *Hand-List of Bede MSS.*, p. 155.

2323a **Ex Bedae computo.** Inc. «Itaque stella Veneris et Mercurii»

ibid., p. 658-659.

2323b **Epistola de Pascha et cyclo (a.** 721). Inc. «Sacratissimus festi Paschalis dies»

ibid., p. 695-697.

XV. ITINERARIA ET ALIA GEOGRAPHICA

ITINERARIA HIEROSOLYMITANA

ANONYMVS BVRDIGALENSIS

anno 333.

2324 **Itinerarium a Burdigala Hierusalem usque.** Inc. «Ciuitas Burdigala, ubi est fluuius Garonna» (*SCHANZ*, iv, 1, 112; *HERZOG & SCHMIDT*, 518)

PL, viii, 783; CSEL, xxxix, 3

CC, clxxv, 1961, p. 1-26, ad fidem editionum P. GEYER, in CSEL, xxxix, 1898, p. 3-33, et O. CUNTZ, *Itineraria Romana*, i, Leipzig, 1929, p. 86-102.

Cod. et uar. lect.: Z. GARCÍA VILLADA, *Descripciones desconocidas de Tierra Santa en códices españoles*, in *Estud. Ecles.*, iv, 1925, p. 178-184.

Fontes, trad. text.: C. MILANI, in *Aeuum*, lvii, 1983, p. 99-108.

Emend.: R. GELSOMINO, *L'«Itinerarium Burdigalense» e la Puglia*, in *Vet. Christ.*, iii, 1966, p. 161-208.

EGERIA

scripsit uerisimile iter faciens per Loca Sancta annis 381-384. Cfr P. DEVOS, *Une nouvelle Égérie*, in AB, ci, 1983, p. 43-70; cv, 1987, p. 415-424 (ibi et quaedam **emend.** in textu Petri MARAVAL proponuntur).

2325 **Itinerarium** seu **Peregrinatio ad loca sancta.** Inc. «... ostendebantur iuxta scripturas» (*SCHANZ*, iv, 1, 399)

PLS, i, 1047; CSEL, xxxix, 37

E. FRANCESCHINI & R. WEBER, Turnholti, 1958 (exc. e CC, clxxv, 1965).

P. 93-103 collegerunt editores *fragmenta Matritensia* quae detexit D. DE BRUYNE (RB, xxvi, 1909, p. 481-483) et *excerpta* seruata apud PETRVM DIACONVM.

Inter ed. recentiores eminent quae parauerunt O. PRINZ (Heidelberg, 1960), P. MARAVAL, in SC, ccxcvi, 1982, N. NATALUCCI, Fiesole, 1990 (*Bibl. Patristica*, xvii).

Bibliographia a Marek Starowieyski collecta (in *Augustinianum*, xix, 1979, p. 297-317) recenset 296 opuscula aliasque inuestigationes; nostris studiis prae ceteris sectio 7ª (*Lingua. Critica del testo*) perutilis est. Nonnulla tamen adduntur a G. Sanders & M. Van Uytfanghe, p. 52-54. Magni momenti sunt etiam elucubrationes V. Väänän, *Le journal-épître d'Égérie. Étude linguistique*, Helsinki, 1987; Id., *Aspects littéraires. Diasystème éclairé par l'Itinerarium Egeriae*, apud J. Herman, *Latin vulgaire - Latin tardif*, Tübingen, 1987, p. 207-214.

Latinitas: E. Löfstedt, *Philologischer Kommentar zur Peregrinatio Aetheriae*, Uppsala, 1911, et ceteri qui nominati sunt a M. Starowieyski, *a. c.*, p. 314-317; addatur T. Pikus, *Itinerarii Egeriae loci corrupti restituuntur*, in *Meander*, xxxvi, 1981, p. 495-507 (cfr *Ann. Phil.*, lii, 1983, p. 7, n. 98).

Index uerborum: W. van Oorde, *Lexicon Aetherianum*, Amsterdam, 1930; D. R. Blackmann & G. G. Betts, Hildesheim, 1989.

Cfr *Atti di Convegno internazionale sulla «Peregrinatio Egeriae»*, Arezzo, 1987.

APPENDIX

Epistula de beatissimae Aetheriae [Egeriae] laude auctore Valerio Bergidensi

uide sub n. 1276.

ANONYMVS

scripsit ante Bedam qui «Evcherivm» inter fontes enumerat. Probabiliter etiam Adomnano anterior est, cfr T. O'Loughlin, in RB, cv, 1995, p. 9-19.

2326 **De situ Hierosolimae.** Inc. «Hierusolimitanae urbis situm atque ipsius Iudaeae» (Ps. Evcherivs Lvgdvnensis) (*SCHANZ*, iv, 1, 404; *CPPM*, ii, 2185)   CSEL, xxxix, 1

CC, clxxv, 1961, p. 235-243 — Fraipont.

Fontes: I. Oppelt, in JAC, v, 1962, p. 175-176.

ANONYMVS

saec. vi ineunte, cfr H. Vincent & E. M. Abel, *Jérusalem*, ii, Paris, 1914, p. xxxv.

2327 **Breuiarius de Hierosolyma.** Inc. «Ipsa ciuitas in monte posita» (*SCHANZ*, iv, 1, 404)   CSEL, xxxix,

ibid., p. 105-112 — Weber.

THEODOSIVS
saec. vi medio.

2328 **De situ terrae sanctae.** Inc. «Ciuitas Hierusalem habens portas maiores vi» (SCHANZ, iv, 1, 404)

CSEL, xxxix, 1898, p. 137-150, uel CC, clxxv, 1961, p. 113-125 — GEYER.

Cod.: H. OMONT, in *Bibl. École des Chartes*, lxxiv, 1913, p. 508 (Paris, B. N., n. a. l. 1065, saec. ix-x, sub titulo *Dicta S. Hieronymi presbiteri*); B. LAMBERT, *BHM*, iii B, p. 497-498, n. 620.

E codice 's Gravenhage AA 176 (165) fragmenta huius opusculi edidit Card. PITRA, *Anal. sacra et classica*, v, Paris, 1888, p. 118-121, sub nomine *VIRGILII*.

[ANONYMVS

2329 **Descriptio parrochie Iherusalem.** Inc. «Descriptio parrochie sancte Dei ciuitatis» (SCHANZ, iv, 1, 405)

T. TOBLER & A. MOLINIER, *Itinera Hierosolymitana*, i, Genève, 1879, p. 323-327.

Graece concinnata, non ante saec. ix, cfr R. DEVREESSE, *Les anciens évêchés de Palestine*, in *Mémorial Lagrange*, Paris, 1940, p. 223 sq.; hic ergo omittenda est.]

ANONYMVS (PERPERAM ANTONINVS DICTVS) PLACENTINVS
circa 560-570.

2330 **Itinerarium** (triplex recensio). Inc. «Praecedente (*aliter*: Procedente) beato Antonino martyre» (SCHANZ, iv, 1, 404)   PL, lxxii, 899

CSEL, xxxix, 1898, p. 159-218, uel CC, clxxv, 1961, p. 127-174 — GEYER, et accuratius C. MILANI, Milano, 1977.

Trad. text.: J. H. WASZINK, in *VC*, xxxv, 1981, p. 440-444.

Text. bibl.: A. ORENGO, in *Studi e Saggi linguistici*, xxv, 1985, p. 67-109.

Cfr L. BELLANGER, *In Antonini Placentini Itinerarium grammatica disquisitio*, Paris, 1902; G. F. M. VERMEER, *Observations sur le vocabulaire du pèlerinage chez Égérie et chez Antonin de Plaisance*, Nijmegen, 1965.

[IACINTHVS PRESBYTER
Hispanus; saec. x; hic ergo omittendus est.

2331 **Descriptio Terrae Sanctae** (fragm.). Inc. «Ego Iacinthus in Dei nomine sacer» (DÍAZ, 593)

J. CAMPOS, in *Helmántica*, viii, 1957, p. 79-82.]

ADOMNANVS ABBAS HIENSIS
uide sub n. 1134.

2332 **De locis sanctis.** Inc. «Arculfus sanctus episcopus gente Gallus ... De situ Hierusalem nunc quaedam scribenda» (SCHANZ, iv, 1, 404; MANITIUS, i, 237; KENNEY, 112; LAPIDGE & SHARPE, 304) PL, lxxxviii, 779; CSEL xxxix, 22

CC, clxxv, 1961, p. 175-234 — BIELER.

Cod.: K. FORSTNER, in *Scriptorium*, xiv, 1960, p. 244; R. SIMEK, in *Codices Manuscripti*, xvi, 1992, p. 132, adnot. 70 et p. 152, tab. 20.

Text. bibl.: Th. O'LOUGHLIN, in *Peritia*, viii, 1994, p. 18-26.

BEDA VENERABILIS
uide sub n. 1343.

2333 **De locis sanctis.** Inc. «Descripsi breuiter finesque situsque locorum ... Situs urbis Hierusalem» (MANITIUS, i, 85; ii, 795; STEGMÜLLER, 1644)

ibid., p. 245-280 — FRAIPONT.

ITINERARIA ROMANA
uide etiam sub n. 2256.

2334 **Notula de olea sanctorum martyrum qui Romae corpore requiescunt seu Itinerarium Ioannis presbyteri.** Inc. «Oleo sancti Petri Apostoli»

R. VALENTINI & G. ZUCCHETTI, *Codice topografico della Città di Roma*, ii, Roma, 1942 (ed. anastatica, 1960), p. 36-47, uel CC, clxxv, 1965, p. 286-295 — GLORIE.

Cod.: A. BACCI, in *Studi Monzesi*, viii, Monza, 1992, p. 51-53.

Sub Gregorio M.

2335 **Cimiteria totius Roman[ae Vrbis].** Inc. «Cymiterium Priscillae»

R. VALENTINI & G. ZUCCHETTI, *o. c.* [n. 2334], p. 60-66, uel CC, *o. c.*, p. 299-300.

Saec. vii.

2336 **Notitia ecclesiarum Vrbis Romae. De locis sanctis** [*aliter*: **sanctorum**] **martyrum quae sunt foris ciuitatem Romae.** Inc. « Primum in Vrbe Roma »   PL, ci, 1359

    R. VALENTINI & G. ZUCCHETTI, *o. c.* [n. 2334], p. 72-99, uel CC, *o. c.*, p. 305-311.

    Sub Honorio I, sed partim posterioris aetatis.

2337 **Itinerarium Malmesburiense.** Inc. « Paruane sunt haec ad demonstrandam » (apud GVLIELMVM MALMESBVRIENSEM, *De gestis Regum Anglorum*, iv, 352)   PL, cxxvii, 375; clxxix, 1303

    R. VALENTINI & G. ZUCCHETTI, *o. c.* [n. 2334], p. 141-153, uel CC, *o. c.*, p. 325-328.

    Post 648, sed ante 682.

2338 **Itinerarium Einsidlense.** Inc. « In s[inistra] Sancti Laurentii et theatrum Pompei »   PL, cxxvii, 351

    R. VALENTINI & G. ZUCCHETTI, *o. c.* [n. 2334], p. 170-207, uel CC, *o. c.*, p. 331-343, et locupletius G. WALSER, *Die Einsiedler Inschriftensammlung und der Pilgerführer durch Rom (cod. Einsiedelensis, 326). Faksimile, Umschrift, Übersetzung und Kommentar*, Stuttgart, 1987.

    Post 687, partim sub Hadriano I.

2339 **De locis sanctis martyrum quae sunt foris ciuitatis Romae.** Inc. « Primum Petrus in parte occidentali »   PL, xciv, 1159; ci, 1363

    R. VALENTINI & G. ZUCCHETTI, *o. c.* [n. 2334], p. 106-131, uel CC, *o. c.*, p. 315-322.

GEOGRAPHICA

2340 **De terminatione prouinciarum Italiae.** Inc. « Omnis Italia quae uersus meridiem » (Ps. SOLINVS) (*MANITIUS*, i, 269)

    CC, clxxv, 1965, p. 349-363 — GLORIE.

2340a **Catalogus prouinciarum Italiae.** Inc. « Prima prouincia Venetia. Sunt huius Venetiae »

    MGH, *lang.*, 1878, p. 188-189 — WAITZ, uel CC, *o. c.* [n. 2334], p. 367-368 — GLORIE.

Cod.: Bruxellensis 3095 (3897-919), saec. xii, f° 3-7.

Paulo Diacono anterior, sed post a. 613 confectus. Differt cum *Descriptione prouintiarum ita(licarum)*, quae legitur in cod. Vat. lat. 5764, saec. ix-x, f° 152^v-156^v (inc. «Prima igitur Italiae prouincia Venetia appellatur. Venetia enim non solum») et paene in omnibus concordat cum PAVLI DIACONI *Historia Langobardorum* (II, 14-24 — MGH, *t. c.*, p. 81,8-86,13).

2341 **Versum de Mediolana ciuitate.** Inc. «Alta urbs et spaciosa manet in Italia» (*MANITIUS*, i, 200; *SCHALLER & KÖNSGEN*, 651)   MGH, *poe lat.*, i, 24

L. TRAUBE, *Karolingische Dichtungen*, München, 1888, p. 119-122, uel CC, *o. c.* [n. 2334], p. 372-377.

Emend.: D. NORBERG, *La poésie latine rythmique du haut moyen âge*, Stockholm, 1954, p. 110, adn. 18.

Langobardus quidam scripsit a. 738.

2341a «*Libellus de situ ciuitatis Mediolani*» olim saepius saec. vi uel etiam antiquior aestimatur et interdum PAVLINO NOLANO uel SVLPICIO SEVERO tribuitur. Reuera est multo recentior, cfr P. TOMEA, in *Aeuum*, lxiii, 1989, p. 172-185.

Cfr Fr. DELLA CORTE, *Laudes Mediolani dal tardo antico all'alto medioevo*, in *Cultura e Scuola*, xcii, 1984, p. 49-55 (= Fr. DELLA CORTE, *Opuscula*, x, Genova, 1987, p. 217-223).

2342 **Notitia prouinciarum et ciuitatum Galliae.** Inc. «Notitia in prouinciis Galliarum uel Gallicanis» (*MAASSEN*, 533)

MGH, *auct. ant.*, ix (*Chron. min.*, i), 1892 — MOMMSEN, p. 584-612, uel CC, *o. c.* [n. 2334], p. 385-406.

Cod.: A. WILMART, *Codices Reginenses latini*, ii, Città del Vaticano, 1945, p. 483 (cod. 407, saec. ix, f° 29^v-32).

Saec. v ineunte concinnata.

2343 **De urbibus Gallicis.** Inc. «Lugdunum desideratum montem»   PL, viii, *ibid.*, p. 613; uel CC, *o. c.* [n. 2334], p. 409-410.   796

Saec. viii.

Notitia prouinciarum et ciuitatum Africae

uide sub n. 801, in appendice VICTORIS VITENSIS.

2344 **Parochiale Sueuum** (seu **Diuisio Theodemiri** seu **Concilium Lucense anno** 569). Inc. «[In antico tempore numerus diocesum ... Tempore Sueuorum sub era dcvii ...] Ad cathedram Bracarensem» (a. 572-582) (*DÍAZ*, 33; cfr 891)

P. David, *Études historiques sur la Galice et le Portugal*, Lisboa, 1947, p. 30-44; uel CC, *o. c.* [n. 2334], p. 413-420.

2345 **Nomina Hispanarum sedium** seu **Prouinciale Visigothicum.** Inc. «Toleto. Oreto»; alt. recensio: «Bracara metropolis» (saec. vii) (*díaz*, 318)

L. Vázquez de Parga, *La División de Wamba*, Madrid, 1943, p. 23-30; uel CC, *o. c.* [n. 2334], p. 424-428.

Cfr P. David, *o. c.* [n. 2334], p. 1 sqq.; L. Duart Alabarta, *Obispados godos de Levante*, Madrid, 1961.

2346 **De nominibus locorum uel cursu ribulorum.** Inc. «Tres itaque sedes principales sunt in mundo» (*díaz*, 528. 529)

J. Leclercq, in *Hispania Sacra*, ii, 1949, p. 91-95; uel CC, *o. c.*, p. 431.

Auctore *ivliano toletano*? Saec. viii uel ix relegat M. C. Díaz y Díaz.

2346a **Mappa mundi** e cod. Albigensi 29, saec. viii (*lowe*, 705)

K. Miller, *Mappae mundi. Die ältesten Weltkarten*, iii, Stuttgart, 1895, p. 57 et tab. xii; uel CC, *o. c.* [n. 2334], p. 469-487 et tabula ii.

Saec. vii in Hispania confecta?

Additur in codice *Descriptio orbis tripertiti* e libro i *Historiarum pavli orosii* (inc. «Maiores nostri orbem totius terrae» [ed. Zangemeister, p. 9,1-40,5]).

Mappae mundi posterioris aetatis quae in codicibus repertae sunt, recensentur a A.-D. van den Brincken, *Mappa mundi et Chronographia*, in *Deutsches Archiv*, xxiv, 1968, p. 118-186.

2346b **Mappa mundi** e cod. Vat. lat. 6018, saec. viii-ix

CC, clxxv, 1965, p. 457-463 — Glorie.

Haec *Mappa mundi*, in uno codice *Etymologiarum isidori* seruata, a primo editore R. Uhden (in Mn, III, iii, 1935/36, p. 1-28) doctori Hispalensi tribuitur. Attamen textus propius accedit ad capita geographica in *pavli orosii Historiarum libris*.

2347 **Versus de Asia et de uniuersi mundi rota.** Inc. «Asia ab oriente» (*manitius*, i, 201; ii, 798; *díaz*, 391; *walther*, 1569; *schaller & könsgen*, 1106)

MGH, *poet. lat.*, iv, 2, 1923 — Strecker, n. xxxix, p. 545-559; uel CC, clxxv, 1965, p. 441-454.

Auctorem nonnulli Hispanum quendam saec. vii putant, alii hos uersus cum *Carmine de sex aetatibus mundi* THEO[DO]FRIDO AMBIANENSI EPISCOPO (n. 2301) adscribunt; D. NORBERG, *La poésie latine rythmique du haut moyen âge*, Stockholm, 1954, p. 82-86, auctori saec. viii medii atque Hispano tribuit.

2347a **Situs orbis terre uel regionum** (cod. Paris, B. N., lat. 4841). Inc. praefatio «Si scire uis absque errore totius orbis»; textus: «Oceanum et Greci et Latini ideo nominant»

P. GAUTHIER DALCHÉ, in RHT, xii/xiii, 1982/83, p. 149-179.

Saec. vii/viii, in Hispania confectum.

« AETHICVS ISTER »

Eundem esse ac VIRGILIVM EPISCOPVM SALISBVRGENSEM († 784), sibi uisus est H. LÖWE, *Ein literarischer Widersacher des Bonifaz*, Mainz, 1951. Probauerunt fere omnes, cfr B. BISCHOFF, *Leben und Leiden des hl. Emmeran*, München, 1953, p. 86; P. GROSJEAN, *Virgile de Salzbourg en Irlande*, in AB, lxxviii, 1960, p. 99, adn. 1. Attamen H. J. FREDE (p. 119 sq.) *Cosmographiam* in Aquileia conflatam esse et quidem saec. vii post medium aestimat. Sed uide M. HERREN, in *Lateinische Kultur im viii. Jahrh.*, St. Ottilien, 1989 (= *Traube Gedenkschrift*), p. 145-159; M. ZELZER, in WSt, civ, 1991, p. 183-207.

2348 **Cosmographia.** Inc. «Philosophorum scidolas sagace indagatione» (SCHANZ, iv, 2, 124; MANITIUS, i, 229; ii, 799; iii, 1061; KENNEY, 21; LAPIDGE & SHARPE, 647)

H. WUTTKE, *Die Kosmographie des Istriers Aithicos im lateinischen Auszuge des Hieronymus*, Leipzig, 1853; O. PRINZ, *Die Kosmographie des Aethicus*, München, 1993 (MGH, *Quellen zur Geistesgeschichte des Mittelalters*, xiv, 1993).

Cod. fontesque enumerans, capita 102-104 critice edidit Br. KRUSCH, in MGH, scr. mer., vii, 1920, p. 517-527; codicum elencho addantur Admont 472 (fragm.) (cfr W. STELZER, in *Mitteil. Österreichisches Institut f. Geschichtsforschung*, c, 1992, p. 132-149), Vat. Pal. lat. 973, saec. ix-x et Sangall. 570, saec. ix, et alii nonnulli quos recenset B. LAMBERT, BHM, iii B, n. 621.

Latinitas: H. SCHMEJA, apud J. HERMAN, *Latin vulgaire-Latin tardif*, Tübingen, 1987 (1992), p. 293-305.

Ceteri quos de geographia scriptores recensuit M. SCHANZ, t. c. [n. 2318], p. 120-130, siue graeco primum sermone usos esse uidentur siue christiani non fuisse.

INDICES

I. INDEX NOMINVM ET OPERVM
II. INDEX SYSTEMATICVS
III. INDEX HAGIOGRAPHICVS
IV. INITIA

Numeris crassioribus reuocantur lectores ad loca praestantiora; signo uero ° ad adnotatiunculas, quandocumque uersantur in materiis ab ipso textu alienis.

I. INDEX NOMINVM ET OPERVM (a)

Abbo Mettens. 1303°
Acacivs Constant. 1664 1670 1674
Achillevs Spolet. 1484
Acholivs Thessal. 1633
Acta in designatione Eraclii 262
Acta purgationis Felicis episc. 244°
Ps. Adalgervs 1219
Adalhardvs Corb. 1312*b*
Adamantivs 198*i*
Adelphvs Ravenn. 227
Adeodatvs Papa 1724° 1736
Adimantvs Manich. 319
Adolana Abb. 1341*b*
Adomnanvs Hiensis 1134 1792 2332
Adrevaldvs Floriac. 169°
Adso 1863°
Aelfled Abb. 1341*b*
Aemilianvs Cvcvllatvs 1230 sq.
Aeneas Paris. 949°
Aenigmata 1129 1155*f* 1335 1518*a* 1561 1564
Aenigmata Bernensia 1561
Aenigmata interrogatiua 1155*f* vi
Aenigmata Laureshamensia 1561*a*
Aethelbertvs Rex 1724° 1827
Aethelredvs Rex 1742 1885°
Aetheria → Egeria
Aethicvs Ister 2348
Aethilwaldvs 1334 1340 sq.
Aethilwaldvs Lichf. 2019°
Aethilwaldvs Lindisfarn. 2019°
Agapitvs Papa 1611 1615 1625 1693
Agapivs Episc. 1295
Agatho Papa 1329 1724° 1737
Agilvlfvs 1174 1719*a*
Agimvndvs Presb. 1994° 1996

Agnellvs (Andreas) Ravenn. 1182 1687
Agnellvs Ravenn. 949
Agobardvs Lvgd. 997°
Agrestivs Episc. 1463*a*
Agricola Pelag. 736°
Agrivstia Chron. 2274°
Agroecivs Senon. 1463*a* 1545
Ahistvlfvs Rex 1812
Ps. Aigradvs 2089°
Aileranus Sapiens 1120 sq. 2148
Ps. Aimo 1072°
Alanvs Farf. 220 sqq. 1268° 1995°
Alaricvs Rex 708°
Albinvs Philos. 362°
Alcvinvs 368 (*serm.* 108 254) 545 1921*a* 1989
Ps. Alcvinvs 223 (*serm.* 12) 1121*c*° 1152*c* 1168 2316
Aldhelmvs 1126 sq. 1331 sqq. 1463° 1561*a* 1636°
Ps Alexander, *Epist. ad Aristotelem* 1125°
Alfredvs Rex 1712
Alfridvs Rex 1742
Altercatio Adriani et Epictiti 1155*f*
Altercationes christianae philosophiae 360
Alvarvs Cordvb. 170 607 1262*b*
Alypivs Tagast. 202° 262° 1839*c*
Amalasvintha 896°
Amandvs Traiect. 1733 2080 sq.
Ambrosiaster 31 168° **184** sqq. 189°
Ambrosivs Avtpertvs 179° 223 (*serm.* 11 12) 368 (*serm.* 194 195 208) 842 1257°1368°
«Ambrosivs Chalcedon.» 778

(*a*) Nomina Sanctorum, quorum *Vitas* recensuimus, uide in *Indice* iii.

AMBROSIVS MEDIOL. **123** sqq. 169 170° 692 1633
De Abraham 127
Contra Auxentium 160
De bono mortis 129
De Cain et Abel 125
De apologia prophetae Dauid 135 sq.
Epigrammata 164
Epistulae 160 sq. 213° 473° 1637
Exameron 123
De excessu fratris Satyri 157
De fide 150 688° 692 789°
De fuga saeculi 132
De Helia et ieiunio 137
Hymni 163
De Iacob et uita beata 130
De incarnationis dominicae sacramento 152
De interpellatione Iob 134
De Ioseph 131
De Isaac et anima 128
Expositio Isaiae prophetae 142
Expositio Euangelii sec. Lucam 143
De mysteriis 155
De Nabuthae 138
De Noe 126
De obitu Theodosii 159
De obitu Valentiniani 158
De officiis 144 179°
De paenitentia 156
De paradiso 124
De patriarchis 132
Explanatio super psalmos xii 140
Expositio de psalmo cxviii 141
Quicumque 167
De sacramentis 154 368 (serm. 84)
De sacramento regenerationis 161
De Spiritu Sancto 151
Explanatio symboli 153 223 (serm. 7)
De ternarii numeri excellentia 166
Tituli 165

De Tobia 139
De uiduis 146
De uirginibus 145 1630°
De institutione uirginis 148
De uirginitate 147
Exhortatio uirginitatis 149
Appendix 169

Ps. AMBROSIVS MEDIOL. 170 sqq.
Altercatio contra eos qui animam non confitentur esse facturam 170
De carne superba 639a
De concordia Matthaei et Lucae 177
Epistulae 173 179 747 1289 1721
Fides S. Ambrosii 789
Epistula de fide 173
Expositio fidei 170°
Exultet 162
Libellus fidei 174
Inuentio SS. Vitalis et Agricolae 2244
De lapsu uirginis 651
Leges saeculares 170°
Lex Dei 168
Libellus de dignitate sacerdotali 171a
De xlii mansionibus filiorum Israel 170a
De moribus brachmanorum 170°
De paenitentia 854
Passio S. Agnetis 2159
Passio SS. Cantii, Cantiani, Cantianillae 2175
Passio SS. Geruasii et Protasii 2195
Passio S. Sebastiani 2229
De pudicitia et castitate 176
Sermones 177a 180 sq. 220 sq. 288 (adn. d) 368 (serm. 251) 551 555 599 859 (b) 1164a 1721
De Spiritu Sancto 172
Exhortatio ad neophytos de symbolo 178 560°
Tractatus in Symbolum Apostolorum 171

De Trinitate 105° 171
Versus de naturis rerum 175
AMMONIVS 953*a*
ANASTASIA AVGVSTA 1620
ANASTASIVS II ANTIOCH. 1712
ANASTASIVS AVGVSTVS 1553 1620 1678
ANASTASIVS BIBLIOTH. 1729 1734
ANASTASIVS EPISC. 1656 (*epist.* 5)
ANASTASIVS I PAPA 198 620° **1638** sqq.
ANASTASIVS II PAPA 1610 1618 1667 (*epist.* 2) **1677**
ANATOLIVS CONSTANT. 1623 1656 (*epist.* 53 101 132)
PS. ANATOLIVS 2303
ANDREAS ORATOR 1485*b*
ANDREAS PRAEVALIT. 1620
ANIANVS 1800
ANNIANVS CELED. 645° 771 sq. 1147°
ANSBERTVS ROTOMAG. 2089
«*Anthologia latina*» 1517
Antiphonale Benchorense 1101 1938
[ANTONIVS PLACENT.] 2330
ANVLINVS PROCONSVL 262°
Apocalypsis Thomae 792° 796*a*
APOLLINARIS FRATER AVITI 993°
APOLLINARIS SIDONIVS 984° **986** sq. 1475*a* 2105°
Apollinaristae 1627°
Apophthegmata Patrum 1079*c*
APPIARIVS PRESB. 1765°
AP[P]ONIVS 194 1121°
APRINGIVS PACENS. 1093 1093*a*
ARATOR 1059° 1504 sq.
ARCADIVS AVGVSTVS 426 1572 1592 1643°
[ARCHEVS LEPTIT.] 2275
Archidiaconus Romanus 238
ARCVLPHVS 2332
ARGOBASTES COMES 1056
ARISTOTELES 362 882 sq. 1155*c*
PS. ARISTOTELES 882*a* 883 887*a* 1125*a*
ARIVS 95 681°
Ariana et Antiariana 95 sq. 105 sq. 112 sq. 120 364 sqq. 404 434 sq. 462 473 **680** sqq. 748*a* 799 806 sqq. 976° 990 1015 1898*d*

ARMONIVS 1757
ARNOBIVS 93
ARNOBIVS IVNIOR 31*b* 31*c* **239** sqq. 285 461 935° 1654
Ars geometriae et arithmeticae 895
Ars Palaemonis 1543*b*
Ars S. Augustini 1557
ARTVIL 1126 1334
Ascensio Isaiae 705°
ASPER[VS] 1554*a*
ASTERIVS ANSEDVN. 642*a*
ATHALARICVS 896°
ATHANASIVS ALEX. 114 117 (*epist.* 8) 451 537 542 545 593° 683 1568° 1627
PS. ATHANASIVS 105° 117 (*epist.* 5 6) 167 513° 515° 639° 741 1155 2302
ATTALA BOBB. 2278°
AVDAX 262°
AVDELAVS PRESB. 2192
AVDOENVS ROTOMAG. 2088 sq. 2094
AVGVSTALIS CHRON. 2274
AVGVSTINVS CANTVAR. 1327 1714° 1724°
«AVGVSTINVS HIBERNICVS» 1123
AVGVSTINVS HIPPON. 142 161 **250** sqq. 429 511 516 sqq. 525 sq. 557 574 621° 633 (*epist.* 52) 640 664 676 702 711 sq. 717° 724 sq. 906° 1360
Contra Academicos 253
Contra Adimantum 319
Contra aduersarium Legis et Prophetarum 326
De adulterinis coniugiis 302
De agone Christiano 296
De anima et eius origine 345
De duabus animabus 317
De libero arbitrio 260
Contra sermonem Arianorum 702
Autographa 250°
De baptismo 332
De unico baptismo 336
De natura boni 323
De bono coniugali 299

De catechizandis rudibus 297
De Ciuitate Dei 313
Breuiculus collationis cum Donatistis 337 724°
Collatio cum Maximino 699
Confessiones 251
De adulterinis coniugiis 302
De bono coniugali 299
De consensu Euangelistarum 273
De continentia 298
De correptione et gratia 353
Contra Cresconium 335
De cura pro mortuis 307
De disciplina Christiana 310
De diuinatione daemonum 306
De doctrina Christiana 263
Ad Donastistas post collationem 338
De dono perseuerantiae 355
Gesta cum Emerito 340
Enchiridion 295
Epistulae 202° **262** 313a 334 515° 516° 620° 703 1595 1601 1641 1645 1652 1838 1839c
Expositio epistulae ad Galatas 282
Tractatus in epistulam Ioannis 279
Contra epistulam Manichaei 320
Contra epistulam Parmeniani 331
Expositio quarumdam propositionum ex epistula ad Romanos 280
Epistulae ad Romanos expositio inchoata 281
Tractatus in Euang. Ioannis 278 1158
Contra Faustum 321
Contra Felicem 322
De fide et operibus 294
De fide rerum inuisibilium 292
De fide, spe et caritate 295
De fide et symbolo 293
Contra Fortunatum 318
Expositio epistulae ad Galatas 282

Contra Gaudentium 341
De Genesi ad litteram l. xii 266 sq.
De Genesi ad litteram imperfectus liber 268
De Genesi contra Manichaeos 265
De gratia et libero arbitrio 352
De gratia Christi et de peccato originali 142° 349 731 749 749a 768 777
De haeresibus 31a 31e 314
Locutiones in Heptateuchum 269
Quaestiones in Heptateuchum 270
De immortalitate animae 256
Adnotationes in Iob 271
Aduersus Iudaeos 315
Contra Iulianum l. vi 77 142° 351 432 558 774
Contra secundam Iuliani responsionem opus imperfectum 77 356 773 sqq.
De magistro 259
Contra epistulam Manichaei 320
Collatio cum Maximino Ariano 699
Contra Maximinum Arianum 700
Contra mendacium 304 797
De mendacio 303
De moribus Ecclesiae et de moribus Manichaeorum 261
De musica 258
De natura boni 323
De natura et gratia 344 753
De natura et origine animae 345
Notae autographicae 250°
De nuptiis et concupiscentia 142° 350 774
De opere monachorum 305
De ordine 255
Ad Orosium 327
Contra epistulam Parmeniani 331
De patientia 308

De peccatorum meritis 342
De peccato originali 142° 349
Contra duas epistulas Pelagianorum 142° 346 775 1648
De gestis Pelagii 348 749b 754
De perfectione iustitiae hominis 347 767
De dono perseuerantiae 355
Contra litteras Petiliani 333
De praedestinatione sanctorum 354
Contra Priscillianistas et Origenistas 327
Ennarrationes in Psalmos 283
Psalmus contra partem Donati 330
De diuersis quaestionibus 289
De diuersis quaestionibus ad Simplicianum 290
De octo Dulcitii quaestionibus 291
Quaestiones Euangeliorum 221 (serm. 2) 275
Quaestiones in Heptateuchum 270
De xvii quaestionibus in Matthaeum 276
De octo quaestionibus ex ueteri testamento 277
De quantitate animae 257 390°
De uera religione 264
Retractationes 250
Expositio quarumdam propositionum ex epistula ad Romanos 280
Epistulae ad Romanos expositio inchoata 281
Contra Secundinum 324 sq.
De sermone Domini in monte 274
Sermones 55° 180 (serm. 59a) 221 (serm. 2) 223 (serm. 4) 237° 239° (serm. 369) 284 sq. 309 sq. 339 698° 839° 844 855 (a) 919 1257
Soliloquia 252
Speculum 272
De spiritu et littera 343

De symbolo 309
De Trinitate 328 sq. 1508
Versus de Nabore 357
De bono uiduitatis 301
De sancta uirginitate 300
De beata uita 254
De unico baptismo 336
De unitate Ecclesiae 334
De Vrbis excidio 312
De utilitate credendi 316
De utilitate ieiunii 311
Appendix 358 sq.
Ps. Avgvstinvs Hippon. 361 sqq. 533 sq. 945° 1556 sqq.
De carne superba 639a
De xii abusiuis saeculi 1106
Expositio in Apocalypsim 1016
Ars pro fratrum mediocritate breuiata 1557
Capitula adu. Manichaeos 534
Categoriae decem 362
Consensoria monachorum 1872
Epistulae 64 367 737 1839
De essentia diuinitatis 633 (epist. 14)
Contra Felicianum Arianum 808
De fide contra Manichaeos 390
De fide ad Petrum 826
Aduersus Fulgentium Donatistam 380
De generalitate eleemosynarum 376
Hypomnesticon 381
Institutionum disciplinae 1216
Commonitorium adu. Iudaeos 577
Commonitorium quomodo agendum sit cum Manichaeis 533
De fide contra Manichaeos 390
Missae S. Augustini 386°
Epitoma de musica 258°
De oratione et eleemosyna 375
De ordine monasterii 1839
Dialogus de origine animarum 633 (epist. 37)

Altercatio cum Pascentio 366
De praedestinatione Dei 383
De praedestinatione et gratia 382
Principia dialecticae 361
Principia rhetorices 1556
De psalmo viii et xl 1160a, 23 sq.
De regula monachorum 1153a
Tractatus in psalmos 592°
Quaestiones Veteris et Noui Testamenti 185°
Dialogus quaestionum lxv 373°
Testimonia de Patre et Filio et Spiritu sancto 386
De unitate Patris et Filii et Spiritus sancti 378
Regulae (grammaticae) 908° 1558
Regulae (monasticae) 1153a 1839 1848a 1872 sq.
De mirabilibus S. Scripturae 1123
Liber de diuinis Scripturis 384
Testimonia diuinarum Scripturarum 385
Sententiae in laudem computi 2312
Liber sententiarum 373
Miscellaneae sententiae 377
Sermones 105° 180° 183° 220 sq. 227 sqq. 230 sqq. 238 2477 sqq. 284 sq. 365° **368** sqq. 388 401 sqq. 551 552 554 559° sqq. 593 597 601 sq. 746 748*b* 792 809 sq. 838 sqq. 846 914 920 922 937 sq. 969 sq. 976 1002° 1005 sq. 1149 1157a,5 1157a,7 1157a,9 1157c 1160a,6 1162a 1163a 1164a 1185 1219 1251° 1257° 1657a 1658 sq. 1720 1758 2312
De sobrietate et castitate 374
De solstitia 2277
Solutiones diuersarum quaestionum 363
Expositio de symbolo 365
De tribus habitaculis 1106
Contra Varimadum Arianum 364

Versus 357° 640
Liber de uita christiana 730
De unitate Patris et Filii et Spiritus sancti 378
Avitvs Bracar. 575
Avitvs Poeta 1517°
Avitvs Viennensis **990** sqq. 1069 1426° 1463 1463a 1517a 1620 1678
Avivlphvs Valent. 1303°
Avn[ach]arivs Avtissiod. **1311** 1707 2083
Avrasivs Tolet. 1296
Avrelianvs Arelatensis 1055 **1844** sqq. 1918*l*
Avrelivs Carthag. 262° **393** sqq. 621a 1590 1642 1648 1765° 2281a
Avsonivs 203 **1387** sqq.
Avspicivs Tvllen. 1056
Avxentivs Dvrostor. 689 **691**
Avxentivs Mediol. 160° 462
Avxilivs Hibern. 1102

B. Abbas Fvndan. 1855
Bachiarivs 64° **568** sqq. 762° *1430°*
Basilivs Caesar. 160° 198c 198d 208° 368 (*serm.* 144) 593°
Ps. Basilivs Caesar. 160° 854° 999 1147° 1155a
Bassvs Consvl 1485
Bavdemvndvs Clericvs 2080
Bavdonivia Monialis 1053
Beatvs Lieban. 710° 1752a 1753°
Beccanvs 2310
Beda Venerabilis 143° 710° 751 sq. 775° **1343** sqq. 1565 sqq. **2318** sqq.
De arte metrica 1565
De bissexti praeparatione 2323
Carmina de psalmis 1371a-c
Chronica 2273
Collectanea e S. Augustino in epistulas Pauli Apostoli 360° 1360
Commentarii in S. Scripturam 1344 sq.
De die iudicii 1370
Epigrammata 1370°

Epistulae 1366 1374 sq. 2319 2321 s.q.
Epitaphium Wilfridi 1330
Fragmenta 1373a
De grammatica 1565 sq.
Hexaemeron 1344
Historia ecclesiastica 1375 1542 1725 sq. 1730 1794°
Hymni 1372
Libellus retractationis in Actus Apostolorum 1358
In libros Regum quaestiones xxx 1347
De locis sanctis 2332
De mansionibus filiorum Israel 1365
Martyrologium 2032
De natura rerum 1343
Nomina regionum de Actibus Apostolorum 1359
Oratio ad Deum 1373
De orthographia 1566
Psalterium paruum 1371 2015a
Aliquot quaestionum liber (i-viii) 1364
De schematibus et tropis 1567
Sermones 223 (*serm.* 30) 368 (*serm.* 209 221) 467 1367 sq. 1658 (*serm.* 12)
Soliloquium de ps. xli 1371a
De tabernaculo 1345
De templo Salomonis 1348
De temporibus liber 2318
De temporum ratione 2320
Vitae SS. Abbatum Wiremuthensium 1342° 1377 sq.
Vita Cuthberti 1379 sq.
Vita S. Felicis 1382
Appendix 1383
Ps. Beda 1384 2282° 2283
   Collectanea 1129 1155°f
   Computistica 1301 2283 2312°
   De die iudicii 1370°
   Hymnus de temporum ratione 1301
   De luminaribus Ecclesiae 635a
   Martyrologium metricum 1301° 2032

Paenitentiale 1886 1888
Quaestiones quinque in Acta Apostolorum 1358°
Aliquot quaestionum liber (ix sqq.) 1364
Scintillarum liber 1302
Sermones 635 1368
Breuiarium de titulis psalmorum 607a 1384
Belisarivs Scholast. 1451
Benedictvs Anian. 1108° 1109° 1858° 1874
Benedictvs Casinensis 1305 **1852** sqq. 1861° sq.
Benedictvs Crispvs 1542°
Benedictvs Mediolan. 1542
Benedictvs II Papa 1739
Benedictvs Pragmativs 2076
Berengarivs 621b°
Berno Avgiensis 427°
Bertarivs Casin. 1368°
Bertegyselvs 1303°
Berthvvaldvs Cant. 1341a
Bobvlenvs Bobiens. 2107
Bobvlenvs Presb. 2106
Boethivs 94° **878** sqq. 906° 950°
Ps. Boethivs 94 895
Bonifativs Carthag. 1767°
Bonifativs Comes 367
Bonifativs Mogvnt. 1342 1564a sq.
Bonifativs I Papa 393 1579 1591 1623 **1648** sq. 1652° 1656 (*epist.* 5)
Bonifativs II Papa 666 1688 1690 1691
Bonifativs IV Papa 1724
Bonifativs V Papa 1725
Bonifativs Presb. 1622
Bonifativs Primicerivs 2286 2289
Bonosvs 160° 1637
Bonosvs Poeta 1517°
Book of Cerne 2019
Bravlio Caesaravg. 1185 sq. 1203° 1206 1211° 1214° **1230** sqq. 1237° 1268° 2011°
Ps. Bravlio 1215° 1233° 2068 2072 2074
Brendanvs 1138

Breue reliquiarum S. Victuri 1312c
Breuiarium Alaricianum 1800
Breuiarium Apostolorum 1899
Breuiarium Gothicum 1944°
Breuiarium Hipponense 1764 1770
Breuiarium de multorium exemplaribus 373a° 1129c
Breuiarium in Psalmos 592 **629** 952°
Breuiarium de titulis Psalmorum 607a 1384
Breuiarius de Hierosolyma 2327
BRVNEHILDIS REGINA 1057 1060
BRVNO MONACHVS 1718°
BVLGAR[ANVS] 1297
BVRGINDA 194b

CAEDVALLA REX 1542
CAELESTINVS PAPA 394 1624 1648 **1650** sqq.
PS. CAELESTINVS 527 1648
CAELESTIVS PELAG. 62° 64° 169° 633 (*epist.* 40) 767 sqq. 781 951° 1600
CAESARIA 1054
CAESARIVS ARELAT. 180 (*serm.* 51) 220 (*hom.* 64) 221 (*serm.* 1 35 70) 223 (*serm.* 1 3 18 26) 237° 284 sq. 368 498° 710° 748° 860 (*c*) 960° 963° 965 sq. 969 (*a*) 976° 985° 993° 1005° 1007° **1008** sqq. 1152 1161 1163a 1164a° 1225° 1487 1625 1678 1683 1683a 1686 1691 1776 1800
PS. CAESARIVS 606 927 1019 1658
CAESARIVS PATRICIVS 1299°
CALBVLVS POETA 1517°
CALDONIVS EPISC. 50°
CANDIDVS ARIAN. 96° 680 sq.
Canon missae 1661° 1903
Canon Muratorianum 83a
CAPREOLVS CARTHAG. **397** sqq. 1624
Carmen adu. Marcionem 36
Carmen contra paganos (*adu. Nicomachum*) 206 1431
Carmen de passione Domini 1457
Carmen de resurrectione mort. 869 1463

Carmen ad quendam Senatorem 1432
Carmen Sibyllae 1430a
CASSIANVS MASSIL. 183 368 (*serm.* 102 103) 430 494° **512** sq. 515 523 709a 1874
CASSIODORVS 200° 272° 708° 873° **896** sqq. 873a 913 1384° 1678 1807 2269
PS. CASSIODORVS 910 sq. 1220
CASTOR EPISC. 513°
Catalogus Sanctorum Hiberniae 2035
CATIHERNVS PRESB. 1000a
CATO POETA 1517°
CELER 1620
CELERINVS CONF. 50°
CELLANVS SCOTT. 1127 sq. 1334
Cena Cypriani 1430
CEOLFRIDVS WIREMVTH. 1342 1377° 1741a 2301°
CERAVNIVS PARISIENS. 1308
CEREALIS CASTELL. **813**
CERETIVS GRATIANOP. 499° 1656 (*epist.* 68)
CHAENVLPHVS 1303°
CHALCIDIVS DIAC. 578 sq.
CHILDEBERTVS I REX 1075 1819 sq.
CHILDEBERTVS II REX 1057 1062a 1823 sq.
CHILPERICVS REX 1520 1821
CHINDASVINTHVS REX 1230
CHINTILA REX 1534 1790°
CHLODOVEVS REX 1072° 1813 1818
CHLOTARIVS I REX 1820
CHLOTARIVS II REX 1825
CHRODEBERTVS TVRON. 1307
CHRODEGANGVS METTEN. 1876 2039
CHROMATIVS AQVIL. 217 sqq. 221 (*serm.* 114) 227 (*serm.* 119) 1160a,1° 2002°
PS. CHROMATIVS 633 (*epist.* 48 sq.) 1918f
Chronicon Imperiale 2259
Chronicon Palatinum 2272
Chronographus a. 354: 2028 2249 sq.

CHRYSOLOGVS → PETRVS CHRYSOLOGVS
CHRYSOSTOMVS → IOANNES CHRYSOSTOMVS
CICERO 94a 888 1544
CLAVDIANVS MAMERTVS 161 494 **983** sq. 987° 1947° 2105°
CLAVDIVS ANTONINVS 1432
CLAVDIVS CLAVDIANVS 984°
Ps. CLAVDIVS CLAVDIANVS 1435 1461 sq. 1636
CLAVDIVS DVX 1224
CLAVDIVS IVRENSIS 1312a
CLAVDIVS MARIVS VICTORIVS 1455
CLAUDIVS RAV. 1719°
CLAVDIVS TAVRIN. 498°
CLEMENS I PAPA 1568° 2177
Ps. CLEMENS 198n
Clerici Hipponenses 262
Clerici Mediolanenses 948 1697
Clerici Romani 50
Clerici Virodunenses 1000
Codex Canonum Ecclesiae Africanae 396° 1765
Codex Eurici 1802
Codex Iustiniani 1796 sq.
Codex Theodosianus 1795
COELIVS DIAC. 1678
COGITOSVS 2147
Collatio Alexandri et Dindimi 192
Collatio cum Donatistis 337 sq. 396° 724
Collatio legum 168
Collectio Andegauensis (secunda) 1778
Collectio Arelatensis 1777
 Cfr *Epist. Arelatenses*
Collectio Atheniensis 1653 1655
Collectio Auellana 1570 sq.
Collectio Britannica 1625° 1668 1699 sq. 1726
Collectio Hibernensis 1320 1794
Collectio Hispana 1266° 1769° 1777 1785° 1787 **1789** sq.
Collectio Hispana systematica 1790a
Collectio Mutinensis 1770a

Collectio Nouariensis 654 667 1688 sq. 1771
Collectio Nouariensis altera 1787b
Collectio Palatina 665
Collectio Quesnelliana 667 **1769** sq.
Collectio Ratisbonensis 1656
Collectio S. Dionysii 1836
Collectio Thessalonicensis 1623
Collectio Vaticana 1624
Collectio Veronensis 1624
Collectio Vetus Gallica 1784a
Collectio Weingartensis 1770b
COLMAN MAC MVRCHON 2012°
COLVMBA HIENSIS 1131 sqq. 2012°
COLVMBANVS LVXOV. 777° 978 1107 sqq. 1862°
Ps. COLVMBANVS 2278° 2317
COLVMBANVS S. TRVDONIS 1112a
COLVMBVS EPISC. 875
Comment. in Regulam S. Benedicti 1857a
Comment. in Symbolum Athanasianum 1747 sq.
Comment. in Symbolum Nicaenum 1745 sq.
COMMODIANVS 1470 sq.
Consensoria monachorum 1872
CONSENTIVS 262° 373° 373a° 797
CONSTANTINVS I AVGVSTVS 244° 262°
CONSTANTINVS III AVGVSTVS 876 1731
CONSTANTINVS IV AVGVSTVS 1170 1386a 1737
CONSTANTINVS I PAPA 1744
CONSTANTIVS ALBIG. 1303° 1305
CONSTANTIVS AVGVSTVS 106 111 444 sq. 460 sq. 537
CONSTANTIVS COMES 1584
CONSTANTIVS LVGDVN. 1960 2105
CONSTANTIVS siue TONANTIVS 398 sq.
Constitutiones Sirmondianae 1795
Consultationes Zacchaei et Apollonii 103 799
De contemptu mundi 1154e
CORIPPVS 1515 sq.
CORNELIVS PAPA 50° 1568° 2180

PS. CORNELIVS 63
CORONATVS NOTARIVS 209
CORONATVS POETA 1517°
Corpus Iuris Ciuilis 1796 sq.
CRESCONIVS 1769
CRESCONIVS CORIPPVS 1515 sq.
CRESCONIVS DONATISTA 335 **716**
CRESCONIVS MANICHAEVS 322° 727*a*
CRISPVS DIAC. 1172 sq.
CV-CHVIMNE 1794 2012°
CVIMNANVS 1560*a*° 1561*c*° 1569*b*
CVMMIANVS DVROMAG. 2310
CVMMIANVS EPISC. 1541
CVMMINE FÓTA siue CVMMEANVS LONGVS 1136 1882 2012°
CVMMINEVS ALBVS 1133 1133*a*
CVTHBERTVS 1383
CVTHBERTVS ABBAS 1379 sqq.
CVTHRADVS LINDISF. 1379°
CYPRIANVS CARTHAG. **38** sqq.
  De bono patientiae 48
  Ad Demetrianum 46
  De catholicae Ecclesiae unitate 41
  Ad Donatum 38
  Epistulae 50 sq. 1568°
  Ad Fortunatum 45
  De habitu uirginum 40
  De lapsis 42
  De mortalitate 44
  De opere et eleemosynis 47
  De dominica oratione 43 66°
  Ad Quirinum (Testimonia) 39 1019*a*
  De zelo et liuore 49 1146
  Appendix 52 sq.
PS. CYPRIANVS CARTHAG. **57** sqq.
  Cfr CYPRIANVM POETAM, NOVATIANVM
  De duodecim abusiuis saeculi 1106
  De aleatoribus 60
  Carmina 1432 1457 1463
  De centesima 67
  Epistulae 63 sq. 570° 633 (*epist.* 40) 722 769
  Exhortatio de paenitentia 65

Quod idola dii non sint 57
De iudaica incredulitate 67°
De laude martyrii 58
De duplici martyrio 67°
De montibus Sina et Sion 61
Orationes 67°
De Pascha computus 2276
De rebaptismate 59
Sermo de uoluntate Dei 66
De singularitate cleric. 62 721° 770
De tribus habitaculis 1106
CYPRIANVS POETA 509° **1423** sqq.
CYPRIANVS TELON. 1018 **1020** sq.
CYRICIVS → QVIRICVS
CYRILLVS ALEX. 239 239° 653*a* 664*a* 781*a* 1004*a* 1568° 2304°
PS. CYRILLVS 367° 1656 (*epist.* 2*a*) 2290 sq. 2304 sq.
CYTHERVS RHETOR 1485*a*

DADO REMENSIS 1303°
DADO ROTOMAGENSIS 2088 sq. 2094
DAGOBERTVS REX 1304° 1814
DAMASVS PAPA 239° 620° 723 1623 **1632** sqq. 1746
PS. DAMASVS 554 633 (*epist.* 43 sq.) 633*a* 633*b* 1435 1461 1636
DAMIANVS MEDIOL. 1170
DARES FRISIVS 1315
DARIVS COMES 262°
De contemptu mundi 1154*e*
De dignitate conditionis humanae 171*b*
De dignitate sacerdotalis 171*a*
De dubiis nominibus 1560
De ordine monasterii 1839
De physicis 100
De septem ordinibus Ecclesiae 764
Decretum Gelasianum 1634 1667 **1676** 1683
DEFENSOR LOCOG. 999 1151 **1302**
DEMETRIA VIRGO 262 367° 529 633 (*epist.* l) 737
DEMETRIANVS 46
Descriptio parrochie Iherusalem 2329

Desiderivs Cadvrc. 1303 sq.
Devsdedit Card. 1667 1698 1726°
   1765°
Dicta S. Gregorii Papae 1162a.b
Dicta Leonis 540a
Dictinivs Astvr. 797
Didymvs Alex. 585° 589° 593° 615b
Dies dominica 1155ee
Digestae 1797
Dinamivs Patricivs 997° **1058** 2125
Dinothvs Benchorensis 1327°
Dionysivs Exigvvs **653** sq. 1004a
   1155c 1683 1764 **2284** sqq.
Dionysivs Geographvs 1554°
Dionysivs Liddens. 620°
Dioscorvs 262°
Dioscorvs Diac. 1620
Diuisio Theodemiri 2344
Diuisio Wambae 2345
Donatistica et Antidonatistica 50
   84 244 sqq. 330 sqq. 357 380
   440a **709** sqq. 2055 2063 2254
Donatvs 38 63°
Donatvs Vesvntinvs 1860
Dorothevs Thessal. 1620 1678
Dracontivs 1237° **1509** sqq.
Dynamivs → Dinamivs

Eadbaldvs 1724°
Eadredvs Rex 1828
Eddivs Stephanvs 1742 1885° 2151
Egbertvs Eborac. 1376 1887
Ps. Egbertvs 1887 sq.
Egeria 1276 **2325**
Egicanvs Rex 1790°
Egino Veron. 1995°
Elevtherivs Tornac. 1004a
Eligivs Noviom. 1155a° 1163 1303°
   2094 sq.
Ps. Eligivs 1306 2096°
Elpis 1539
Emeritvs Donatista 340 713
Emmo 756a 998a
Endelechivs → Severvs Rhetor
   Endelechivs
Ennodivs Ticin. **1487** sqq. 1678
Ps. Ennodivs 1502 sq.

Ephraem 1143 sqq.
Epictetvs 1155f
Epiphanivs Constantiensis 1621
Epiphanivs Constantinopolitanvs
   1620 1622
Epiphanivs Cypr. 620°
Epiphanivs Diac. 1097°
Epiphanivs Latinvs 221 (*serm.* 107)
   368 (*serm.* 81) 372 (*serm.* 21)
   418° 914
Epistula Alexandri ad Aristotelem
   1125
Epistola Anne ad Senecam 191a
Epistula Fermetis ad Hadrianum
   1125
Epistula Premonis ad Traianum
   1125
Epistulae Arelatenses 1625
Epistulae Austrasicae 1055 sq.
Epistulae Senecae et Pauli 191
   193
Epistulae Viennenses spuriae 1625°
   1646 1656
Eraclivs Hippon. 262 368 (*serm.*
   72) **387** sq.
Erasmvs 67°
Ermegildis 1790°
Ernaldvs Bonnaevall. 67°
Ervigivs Rex 1790° 1802
Etheria → Egeria
Etherivs Lvgdvnensis 1784a
Ethicvs → Aethicvs
Evagrivs Mon. 482 569
Evantivs Abbas 1076°
Evcheria Dinamii conivx 1058°
Evcheria Poeta 1479
Evcheria → Egeria
Evcherivs Lvgdvn. 486° **488** sqq.
   496° 500 513° 633 (*epist.* 14) 709a
   1290°
Ps. Evcherivs 223 (*serm.* 13) 497
   2326
Evclerivs Comes 1478
Evdoxia 1656 (*epist.* 57)
Evgenivs Carthag. 103° 647° **799**
Evgenivs Episc. 1209
Evgenivs I Tolet. 1790°

Evgenivs II Tolet. 997° 1230 **1236** sqq. 1254° 1267 1510 sq. 2011° 2016° 2068°
Evgippivs Abbas 652*a* **676** sqq. 825*a* 848 1858*a*
Evlogivs 1152*b*
Evmericvs Namnet. 1074
Evodivs Vzal. 103° 262° **389** *sqq.*
Ps. Evodivs 391*a*
Evphemia Avgvsta 1620
Evphrasivs 985°
Evphronivs Avgvst. 988°
Evricvs Rex 1802
Evsebivs Caesar 198° 198*k* 580° 581*a* 593° 615*c* 625,2° 899° 1121 1568° 2263
Evsebivs Cremon. 1602
Evsebivs Emesenvs 966 969 (*a*) 1106°
«Evsebivs Gallicanvs» 220 sq. 226 368 498° 503 843 (*serm*. 30) **966** sqq. 1019° 1107° 1225°
Evsebivs Mediol. 1656 (*epist.* 97)
Evsebivs Nicom. 681°
Evsebivs Vercell. **105** sqq. 117 (*serm*. 1) 368 (*serm*. 234) 438 1628
Ps. Evsebivs Vercell. 111°
Evsebivs Wiremvth. 1342 1378 sq. 1564
Evstochivm Virgo 620°
Evstochivs Andegav. 1000*a*
Evstochivs Tvron. 483
Evtropivs Presb. 563° **563** *sqq*. 633 (*epist.* 2 19) 747°
Evtropivs Valent. 1095 sq.
Evtyches 229 1656 (*epist*. 21) 1661
Eutychiana et Antieutychiana 314° 665 806 865 894 991 1673
Excerpta Valesiana 2256*a*
Expositio Latinitatis 1561*c*
Exultet 162
    Cfr *Indicem* ii, sub uerbo *Praeconium paschale*

Fabianvs Arian. 824
Facvndvs Herm. **866** *sqq.*
Fastidiosvs Arian. 708 817° 820

Fastidivs Pelag. 736° 763
Favstinvs Lvciferian. 119 sq. 1571
Favstvs Manich. 321 **726**
Favstvs Reiens. 221 (*serm*. 65) 230 sq. 368 (*serm*. 119 136 203 234) **961** sqq. 981° 985° 1017°*a* 1658
Ps. Favstvs 220 (*hom*. 64 68) 221 (*serm*. 26) 223 (*serm*. 1) 284 (*serm*. 276) 629° 969 976 sq. 981 1015
Fausti Reiens. discipulus anonymus 978 sq.
Felicianvs Arian. 808 848
Felix Avtvmnit. 244°
Felix Ghillitanvs seu Cyrillitanvs 2287
Felix Lemovic. 1303°
Felix Manich. 322
Felix II Antipapa 1631°
Felix III Papa 1182° 1606 **1665** sqq.
Ps. Felix III 1607 1666
Felix IV Papa 1625 1686 sq.
Felix Ravenn. 227
Felix Tolet. 1252 1262*b*°
Felix Vrgell. 1228°
Felix Wiremvth. 2150
Ferrandvs Carthag. 397 400 817 847 sq. 1768
Ferreolvs Vcetic. 1849
Filastrivs Brix. **121** sq. 216
Firmicvs Maternvs 101 sqq.
Firmilianvs Caesar. 50°
Firminvs Episc. 1018
Firminvs Istr. 1714°
Flavianvs Cabilon. 2014
Flavianvs Constant. 1656 (*epist*. 22 26)
Flavianvs Philipp. 1653
Flavianvs Vercellensis 111*e*°
Flavivs Cresconivs Corippvs 1515 sqq.
Flavivs Felix Poeta 1517°
Flavivs Felix (*carmen ad*) 1463
Flavivs Iosephvs 899 1021 1346*a*
    Cfr Hegesippvm
Flavivs Merobavdes 984° **1433** sqq. 1636

Flavivs Probvs Favstvs 1490
Flodoardvs Remens. 1072° 1312 1317 *1486*
Florentinvs Poeta 1517°
Florentivs Episc. 262°
Florentivs Magister Officiorvm 117 (*epist.* 3)
Florentivs 2136*a*
Florianvs 1504
Florianvs Reomaens. 518° 1059
Florilegium Frisingense 1302°
Florvs Diac. 360° 773 811 997° 1143°
Fortvnat[ian]vs Aqvil. 104 1964°
Fortvnatvs 1747
Fortvnatvs Episc. 262°
Fortvnatvs Manich. 318
Fortvnatvs → Venantivs
Fragmenta Gaudenzia 1801
Fragmentum Muratorianum 83*a*
Ps. Fredegarivs 1314
Frigvlvs 1121*a*
Frodebertvs Tvronensis 1835 (*d*)
Fromondvs Constantiniensis 1532*aaa*
Frvctvosvs Bracar. 1230 1274 sq. 1839*c*° **1869** sqq.
Frvlandvs Mvrbac. 1079*a*
Fvlbertvs Carnot. 368 (*serm.* 194)
Fvlgentivs Afflighem. 853°
Fvlgentivs Donatista 380 717
Fvlgentivs Mythogr. 31 814° **849** sqq.
Fvlgentivs Rvspens. 368 (*serm.* 183) 433° 663 717° 814 sqq. 843° 848 849°
Ps. Fvlgentivs 220 sq. 284 (*serm.* 276) 285 365° 380° 382 633 (*epist.* 24) 824 838° 844 sq.

Galla Placidia 1656
Gallvs Claromont. 1303°
Gavdentivs Brix. **215** sq. 516°
Gavdentivs Donatista 341 **715** 717°
Gelasivs Cyzicvs 539°
Gelasivs Papa 1608 sq. 1617 1622 1625 1625° 1666° **1667** sqq.
Ps. Gelasivs 1610 1665 1677 1702

Gelasianum (*decretum*) 1153*c* 1634 1667 **1676** 1683
Gelasianum (*sacramentarium*) 1661° 1675° **1899** sq. **1905**
Gennadivs 167° 199° 203° 636° **957** sqq.
Ps. Gennadivs 623 958*a* 960
Germanvs Avtissiod. 2105
Germanvs Paris. 1060 2108
Ps. Germanvs Paris. 1925
Germinivs 439 456 684 **685** sqq.
Gerontivs Presb. 2211
Gesta inter Liberium et Felicem 190° 1570
Gesta Liberii 1681°
Gesta Patrum Fontanellensium 1318
Gesta Regum Francorum 1316
Gesta de Xysti purgatione 1682
Gesta apud Zenophilum 244°
Gildas Sapiens 1139 **1319** sqq.
Glosa psalmorum ex traditione seniorum 1167*c*
Godelgavdvs 1905*e*°
Godofredvs Babio 285 377°
Gogo Nvtricivs 1061
Gondemarvs Rex 1234
Gottschalcvs Orbacensis 1748*a*
Graccvs 985°
Gratianvs Avgvstvs 160° 160*a* 1393 1574 sq.
Gregorivs Illiberitanvs 105° 108 180 (*serm.* 46) 198*g* 368 (*serm.* 113 235) 438 468° 473° **546** sqq. 633 (*epist.* 34) 637° 766°
Gregorivs Nazianz. 198*g* 551 552
Gregorivs Nyssen. 593° 652*a* 1155*c*
Gregorivs I Papa 179° 180 (*serm.* 34) 224 368 (*serm.* 160 221) 757° 1007*a*° 1097° 1151*a* 1268 sqq. 1705 sq. **1708** sqq. 1885 1904
Ps. Gregorivs I Papa 1327 1485*b* 1714 sq.
Gregorianum (*sacramentarium*) 1902 sq.
Gregorivs II Papa 1342 1564° 1714°
Gregorivs III Papa 1714°

Gregorivs VII Papa 171a° Add.
Gregorivs Thavmat. 945°
Gregorivs Tvronens. 202° 502 799 1023 sqq. 1953° 1475a 2029
Ps. Gregorivs Tvronens. 1030 sq.
Grimvaldvs Rex 1809
Gvaltervs Hvnocvrt. 1361
Gvdelina 896°
Gverno Svession. 1724°
Gvigo Cartvs. 633 (epist. 53)
Gvlielmvs Malmesbvr. 1126° sq. 1564° 1740 sq. 2337
Gvndemarvs Rex 1234
Gvndobadvs Rex 990 992 sq. 1804
Gvntchramnvs Rex 1822 sq.

Habentivs Episc. 1790°
Hadrianvs Avg. 1125 1155f
Hadrianvs I Papa 825a
Harchenefreda 1304°
Haymo Avtissiodor. 873° 902° 910 1220
Haymo Halberstadt. 910
Ps. Hegemonivs 122
Hegesippvs 170 189 1021
Heiricvs Avtissiod. 509°
Ps. Heliodorvs 633 (epist. 48 sq.)
Helladivs Episc. 1211
Helpidivs Episc. 666° 1623
Helpis 1539
Helvidivs Haeret. 609
Hemmo 756a 998a
Henricvs Tornac. 1004a
Heraclianvs 687
Heraclivs 993°
Heraclivs Hippon. → Eraclivs
Herefridvs Lindisfarn. 1379
Heribertvs Regii Lepidi 1721°
Herimannvs Tornac. 1004a
Hermogenes Grammaticvs 1549
Hesychivs Salonit. 262°
Heterivs Oxom. 1752a 1753°
Hieronymvs Stridon. 66° 169° 173 367° **580** sqq. 749 1896 2263
 Commentarii in Sacram Scripturam 80 582 sqq. 1123b 1354° 1364a

 Epistulae 31d 262° 620 sq. 1001° 1108° 1596 sq. 1633 1641
 Aduersus Heluidium 609
 Contra Ioannem Hierosolymitanum 612
 Aduersus Iouinianum 31d° 610 783
 Liber interpretationis hebraicorum nominum 581
 Liber quaestionum hebraicarum in Genesim 580
 Altercatio Luciferiani et Orthodoxi 608
 Dialogi contra Pelagianos 615 750 754
 Tractatus in psalmos 66° 283° 428° 582 592 sq. 626°
 Apologia aduersus libros Rufini 197 613 sq.
 Sermones 220 adn. a 221 (serm. 10) 223 (serm. 28) 368 (serm. 137 159 232) 560° 592 sq. 633 844 (serm. 32) 1019°
 Contra Vigilantium 611
 De uiris inlustribus 191 616
 Vita S. Hilarionis 618
 Vita Malchi 619
 Vita S. Pauli 617
 Appendix 622 sqq.
Ps. Hieronymvs Stridon. 194° 624 sqq. 1122a
 Cfr Pelagivm
 Breuiarium in psalmos 629 952°
 Carmen de Maria 1485b
 De carne superba 639a
 Chronica 1155f
 Commentarius in Apocalypsin 1221
 Comment. in Epist. Paulinas 759a
 Lamentatio 1153c
 Liber «Canon in hebraica» 795
 Canones paenitentiales 1896
 Comes 984° 1960 2105°
 Commonitiuncula ad sororem 1219

Epistulae uel *sermones* 64 220 (*hom.* 55) 223 (*serm.* 11) 225 544 554 sqq. 565 sqq. 599 sqq. 621 627 **633** 635 639 647° 651 723 731 737 sq. 764 sq. 770° 844 (*serm.* 30) 1223° 1746 1960 1993° 2278
Excerpta 196*a*
Expositio in Cant. cant. 194*a*
Expositio iv Euangeliorum 631
Fides S. Hieronymi 553 638
De formis litterarum hebraicarum 624
Indiculus de haeresibus 636 959
Homilia in qua corruptio doctrinae apostolorum uituperatur 635
Homilia ad monachos 639
Expositio interlinearis libri Iob 757
In lamentationes Ieremiae 630
Commentarius in Euangelium sec. Marcum 632
Martyrologium 633 2031
De monogramma XPI 637
Nomina LXX discipulorum 1191°
Obiurgatio in Euagrium 569
Commentarii in epistulas Paulinas 728 759 952
Commentarii in psalmos 550 625 sq. 1287
Psalmi 1167*a* sq.
De Salomone 555
De parabolis Salomonis 1351
Regula fidei 1748*b*
Sermones: uide sub uerbis *Epistulae* et *Homiliae*
De vii ordinibus Ecclesiae 764
De vii Spiritus Sancti donis et vii uitiis 634
Versus 640 sq.
HIGUERA J. 2267°
HILARIANVS CHRON. 2279 sq.
HILARINVS 1485*a*
HILARIVS ARELAT. 206 496° **500** sqq. 966 1630
Ps. HILARIVS ARELAT. 508 sq. 1427 sq.

HILARIVS GALLVS 262°
HILARIVS LEGATVS 117 (*epist.* 1)
HILARIVS PICTAV. 239° **427** sqq.
 Contra Auxentium 462
 Contra Constantium Imperatorem 461
 Ad Constantium liber secundus 460
 Expositio epistulae ad Timotheum 431
 Fragm. 429 431 sq.
 Hymni 463 sq.
 Tractatus in Iob 429
 Commentarius in Euang. Matthaei 430
 Tractatus mysteriorum 427
 Opus historicum 436 sq. 682 sq. 1630 et *Add.*
 Tractatus super psalmos 208° 428 592° 625,3°
 Apologetica ad reprehensores libri de synodis 435
 Symbolum 1748*a*°
 De synodis 434
 De Trinitate 433 468 sq. 818
Ps. HILARIVS PICTAV. 465 sq. 592°
 Fragm. de aduentu 427°
 De balteo castitatis 472
 Carmina 1427
 Sermo de dedicatione ecclesiae 467
 Elenchus capitulorum commentarii in Matthaeum 430°
 Epistulae 465 470
 De essentia Patris et Filii 469
 Hymni 466
 De spiritali prato 471
 Liber de Patris et Filii unitate 468
HILARIVS POETA 1427
HILARIVS SYRACVS. 262°
HILARVS PAPA 1624 sq. 1656 (*epist.* 46) **1662** sq. 2282°
HILDEBERTVS CENOMM. 1156°
HINCMARVS REM. 378 1813°
HIPPOLYTVS ROM. 535° 2253°
Hisperica famina 1137

Historia Daretis Frigii 1315
Historia monachorum 199
HLOTARIVS REX 1828
Homiliae Beneuentanae 1997*a*
Homiliae Toletanae 220 sq. 1256
  1997
HONORATVS ANTONINVS CONSTANT.
  426
HONORATVS MASSILIENS. 368 (*serm.*
  245) 506°
HONORATVS 1790°
HONORIVS 1757
HONORIVS AVGVSTODVN. 499°
HONORIVS AVGVSTVS 262° 579*a* 1577
  sqq. 1623 1641 1644 (*epist.* 11)
  1648
HONORIVS CANTVAR. 1726°
HONORIVS PAPA 1725 **1726** sqq. 1729
HONORIVS SCHOLASTICVS 193
HORMISDAS PAPA 653 662 993° 1009
  1620 1622 1625 **1683** sq.
HOSIVS CORDVB. → OSSIVS
HRABANVS MAVRVS 368 569° 633
  (*epist.* 23) 1006° 1430° 1794°
HVNIRICVS REX 708° 799
HYDATIVS → IDACIVS
Hymnus de Natiuitate 1462*a*
HWAECTBERCTVS WIREMVTH. → EVSE-
  BIVS WIREMVTH.

IACINTHVS PRESB. 2331
IACOBVS 262°
IANVARIVS PRESB. 392 569
IDACIVS AQVAE FLAVIAE 2263 2264
IDACIVS CLARVS OSSONVB. 364
IDALIVS BARCINON. 1258
ILDEFONSVS TOLET. 368 (*serm.* 245)
  1247 sqq. 1262*b*° 1272 1997° 2011°
  2016°
Ps. ILDEFONSVS TOLET. 223 (*serm.* 11
  12) 1257 sq.
INA REX 1830
*Indiculum de aduentu Henoch et
  Elie adque Antichristi* 634*b*
INNOCENTIVS I PAPA 262° 481° 620°
  731 1592 1595 sq. 1623 **1641** sq.
  2281*a*

INPORTVNVS PARISIENSIS 1307*a* 1835
  (*d*)
INSTANTIVS PRISCILL. 785 788
IOANNES ABBAS 1729
IOANNES AQVIL. 1174
IOANNES ARCHICANTOR 1998° 2015
IOANNES I ARELAT. 1848
IOANNES BICLAR. 1866 2011° 2261
IOANNES CAESARAVG. 2299*a*
IOANNES CHRYSOSTOMVS 213 368
  (*serm.* 155) 645° 771° sq. 1641
  2105°
Ps. IOANNES CHRYSOSTOMVS 368
  (*serm.* 43 268) 594 sqq. 668° 707
  766 916 sqq. 1146 sqq. 1157*a*,8
  1160*a*,26 1750 2277
«CHRYSOSTOMVS LATINVS» 227 sq.
  237° 243° 665 915 sqq.
Cfr IOANNEM MEDIOCREM
IOANNES CONSTANT. 1620
IOANNES DAMASCENVS 2193°
IOANNES DIAC. 489° 629° 951 sqq.
  1152*a* 1430 1704
IOANNES DIAC. 222 950 1685
IOANNES DIAC. 1723°
IOANNES FISCAMN. 568°
IOANNES HIEROSOL. 612 1640
IOANNES MAG. 1541
IOANNES MAXENTIVS 653*a* 655 **656**
  sqq. 665° 817 961° 976°
IOANNES MEDIOCRIS 915
IOANNES NICOPOLIT. 1620
IOANNES I PAPA 950 1685 2289
IOANNES II PAPA 1613 sq. 1625 1692
IOANNES III PAPA 951 1704 1714°
IOANNES IV PAPA 951 1729 sqq.
IOANNES VI PAPA 1742
IOANNES VII PAPA 1743
IOANNES VIII PAPA 1730°
IOANNES PRESB. 2334
IOANNES RAV. 1714°
IOANNES THESSALON. 1620
IOANNES «TOMITANAE CIVITATIS» 665
IOANNES TRITHEM. 1866°
IOANNES 1790°
IONAS 1115 **1175** sq. 2113 2144
IORDANES 899° 912 sq.

Iordanes Episc. 193
Iosephvs → Flavivs Iosephvs
Iovinianvs Haeret. 610 783
Iovinvs Magister Militvm 1486
Irenaevs Lvgdvn. 2114 2275
Isaac Antioch. 1150
Isaac Ivdaevs 177 189 sq.
Iserninvs Episc. Hibern. 1102
Isidorvs Hispal. 557 910 **1186** sqq. 1790°
   Allegoriae S. Scripturae 1190
   Benedictio lucernae 1217*a*
   Chronica 1205 1270°
   De differentiis rerum 1202
   De differentiis uerborum 1187
   Epistulae 1209 sq. 1230
   Etymologiae 84° 1186
   De fide catholica 1198 1660
   Fragmenta 1217
   De haeresibus 1201
   Historia Gothorum 1204
   Hymni 1218 2011°
   Institutionum disciplinae 1216
   Mappa mundi 1186°
   De nominibus legis et euangeliorum 1190
   Liber numerorum 1193
   De natura rerum 1188
   De ordine creaturarum 1189
   De ecclesiasticis officiis 1207
   Origines 1186
   De ortu et obitu Patrum 1191
   In libros ueteris et noui Testamenti prooemia 1192 1196 1197
   Prologus in librum canticorum 1208
   Quaestiones de ueteri et nouo Testamento 1194
   Quaestiones in uetus Testamentum 1196 1363*a*
   Regula monachorum 1868
   Mysticorum sacramentorum expositiones 1196
   Sententiae 1165° 1199
   Synonyma 1203
   De Trinitate 1200
   Versus 1212
   De uiris illustribus 1206
   Appendix 1213 sq.
Ps. Isidorvs Hispal. 635*a* 1189 1219 sq. 2312 2346*b*°
   Commentarius in Apocalypsin 1221
   Expositio in Canticum Canticorum 1220
   Commonitiuncula ad sororem 1219
   Confessio beati Isidori 1229
   Oratio pro correptione uitae 1128
   Differentiarum liber 1226
   Epistulae 1223 sq.
   Indiculus de haeresibus 636
   Variae quaestiones adu. Iudaeos 1228°
   De officiis vii graduum 1222
   Exhortatio paenitentiae 1227
   Lamentum paenitentiae 1228° 1533
   Sermones 1144 1225
   Testimonia diuinae Scripturae 385
Isidorvs Ivnior 1555*a*
Isidorvs Mercator 1223 1568°
Ivliana Anicia 1620
Ivlianvs Aeclan. 199° 243° 350 sqq. 643° 737° 745° 751 sq. 755° 761° 768° 773 sqq. 778 1114°
Ivlianvs Pomerivs 998
Ivlianvs Toletan. 998*a* 1252 **1258** sqq. 1555 1790° 1997° 2346
Ps. Ivlianvs Toletan. 1266°
Ivlivs I Papa 449 sq. 538 682 **1627**
Ivlivs Severianvs 906°
Ivnillvs Africanvs 848 **872**
Ivo Carnotensis 368 1658
Ivstinianvs Avgvstvs 864 1066 sq. 1613 1615 1620 1694*a*
   Cfr *Codicem Iustiniani*
Ivstinvs Avgvstvs 1516 1620
Ivstinvs Manichaevs 83
Ivstvs Diac. 1091
Ivstvs Roffens. 1328
Ivstvs Toletan. 1235 1269
Ivstvs Vrgell. 910 1091

IVVENCVS 1385
Ps. IVVENCVS 1386 1423

LACTANTIVS 85 sqq.
Ps. LACTANTIVS 1457 1518
LANFRANCVS CANTVAR. 1775
LARGVS PROCONSVL. 1589 sq.
LATHCEN MONACHVS 1139 1716
LATINIVS DREPANIVS PACATVS 1152*a*
Laudes Domini 1386
Laudes Eunomiae 1422*a*
LAVRENTIVS CANTVAR. 1328
LAVRENTIVS NOVARVM 644 sq.
LEANDER HISPAL. 368 (*serm.* 188) 1183 sq. 1708 1867
Ps. LEANDER HISPAL. 1185
LEIDRADVS LVGDVN. 1790*a*
LEO BITVRIC. 483
LEO HISPANVS 2300
LEO I PAPA 173° 229 368 (*serm.* 133 148) 515° 516° 1427 1604 1623 1625° 1648 **1656** sqq. 1770° 2002
Ps. LEO 221 (*serm.* 79) 483 528 sq. 972 1157*a*,3 1185 **1656** sq.
Leonianum (*sacramentarium*) 1661° 1675° 1697° **1897** sq.
LEO II PAPA 1738
LEO SENONEN. 1075
LEODEGARIVS AVGVST. **1077** sqq. 1865
LEONIANVS ARCHIDIAC. 993°
LEONTIVS ARELAT. 653*a* 1662
LEPORIVS MONACH. 219° 262 515°
LEVFREDVS EPISC. 1223
Lex Dei 168
Libellus de situ ciuitatis Mediolani 2341°
Liber Aniani 1800
Liber Ardmachanus 477° 1099° sq.
Liber canonum 1767
Liber diurnus 1626
Liber ex lege Moysi 1793
Liber genealogus 723° 2254; cfr 2253 2255
Liber historiae Francorum 1316
Liber monstrorum 1124
Liber Papianus 1803
Liber Pontificalis 1568 1682

Liber Pontificalis Eccl. Rauenn. 1182
Liber scintillarum 999 1151 1302
LIBERATVS BYZACEN. 1767°
LIBERATVS DIAC. 865
LIBERATVS SCHOLAST. 1452
LIBERIVS PAPA lll*a* sqq. 117 (*epist.* 2 7) 444 453 457 684° **1628** sqq. 1681
LICENTIVS POETA 262°
LICINIANVS CARTHAG. NOV. 1097° 1714°
LICINIVS AVGVSTVS 262°
LICINIVS TVRON. 1000*a*
LIETBERTVS DE INSVLIS 199°
LINDINVS POETA 1517°
LIVTPRANDVS REX 1810
LONGINIANVS 262°
LOVOCATVS PRESB. 1000*a*
LVCAS TVDENS. 1214
LVCENSIVS EPISC. 1622
LVCIANVS CONF. 50°
LVCIANVS PRESB. 575
LVCIDVS PRESB. 963 (*epist.* ii)
LVCIFER CALARIT. 112 sqq.
Luciferani 105° 108 117 (*epist.* 5-8) 119 sq. 608 1571
LVCIVS EPISC. 50°
LVCIVS PAPA 62°
LVCVLENTIVS 953
LVPVS TRECENS. 988 sq.
LVXORIVS POETA 1517°

MACARIVS 1019*a* 1842 sqq. 1859
MACEDONIVS COMES 262°
MACROBIVS DONATISTA 721
MAGNERICVS TREVIR. 1036° 1059*a*
MAGNOBODVS ANDEG. 2123
MALSACHANVS 1561*b*
MAMERTVS → CLAVDIANVS MAMERTVS
Mandatum 2013 sq.
MANEGOLDVS LAVTENBACH. 1384°
Ps. MANFREDVS 2315
Manichaeana et Antimanichaeana 83 261 265 318 sqq. 390 sq. 725 sq. 956° 1155*c*

Manlivs Theodorvs 164°
Mansvetvs 1170 sq.
Map W. 633 (*epist*. 36)
Mapinivs Remens. 1062
Mappa mundi 1187° 2346*a*
Mappa mundi e cod. Vat. Lat. 6018 2346*b*
Marcellinvs Comes 2270 sq.
Marcellinvs Lvciferianvs 120° 1571
Marcellinvs Papa 1679
Marcellinvs Tribvnvs 262°
Marcianvs Avgvstvs 1623 1656
Marcianvs Episc. 1790°
Marcvlfvs 1833
Marcvs Monach. 1854
Marivs Aventic. 2268
Marivs Mercator 200° 754 775 **780** sq.
Marivs Victorinvs **94** sqq. 681 895 (*a*) 1543 sqq. 1748*a*°
Ps. Marivs Victorinvs 83° 100
Martinvs Bracar. 997° **1079***c* sqq. 1163 1714° 1787 sq.
Ps. Martinvs Bracar. 1089 sq. 2302°
Martinvs Legionens. 368 (*serm*. 160)
Martinvs I Papa 1169 1631° **1733** sq.
Martinvs Tvron. 1748°
Martyrologium Hieronymianum 633 (*epist*. 48) **2031**
Massona Episc. 1209
Mavricivs Avg. 1057° 1062*a* 1714°
Mavritivs 2011°
Mavritivs Mon. 1294
Mavrvs Mant. 1172
Mavrvs Ravenn. 1169 2166
Maxentivs → Ioannes Maxentivs
Maximianvs Etrvscvs 1519
Maximinvs Arian. 813
Maximinvs Arian. 222° 245 688 691° **692** sqq.
Maximinvs Poeta 1906*a*
Maximvs 262°
Maximvs Afri[n]ca[ti]nvs 484
Maximvs Avgvstvs 1593 sq.
Maximvs Caesaravg. 2267

Maximvs Genavens. 1020
Maximvs Grammaticvs 262°
Maximvs [et Ps. Maximvs] Tavrin. I [uel II] 180° 183° **220** sqq. *368 560° 566a* 599 603 633 859 932 969 (*a*) 1157*a*,4 1185 1658 1660
Melanivs Rhedon. 1000*a*
Melito Sardensis 202 (*epist*. 38) 1658 (*sermo* 7)
Ps. Melito Sardensis 1093*a*
Mellitvs London. 1328
Memoriale monachorum 1853°
Memoriale qualiter in monasterio 1857*b*
Menas Constant. 1615
Messala 1490
Messianvs Presb. 1018
Minvcivs Felix 37 sq.
Mirabilia Orientis 1125
Missor Nvmid. 1767°
Modestinvs Poeta 1517°
Monita monastica 1154*d*
Montanvs Tolet. 1094
«Morianvs Alex.» 2306
Mvirchv́ 1105
Mvsaevs Massil. 1947°
Mythographi Vaticani I. II. 849 (*a*)

Nazarivs Rhetor 1422*a*
Nebridivs 262°
Nectarivs 262° 642
Nemnivs 1325
Nestoriana et Antinestoriana 314° 514 sq. 519 657 661 665 865 894 1673
Nestorivs 664*a.b* 665 781*a*
Nicephorvs 1641
Nicetas Remes. 633 (*epist*. 20 31) **646** sqq. 799 1758
Ps. Nicetas Remes. 2302
Nicetivs Lvgdvn. 1046
Nicetivs Trevir. 1059 1063 sq. 1065
Nicolavs I Papa 1666
Nicomachvs 206 1431
Ps. Nilvs 513°
Notula de olea SS. Martyrum 2334
Novatianvs 50° **68** sqq.

Ps. Novatianvs 75 784
Nouatiana et Antinouatiana 77 561 784
Novatvs 639° 1154
Nouellae 1795 1799

Odilo Clvniac. 368 (*serm.* 171) 1257°
Oengvs Mac Tipraite 2012°
«Olimibrianvs» 1140
Olympivs Episc. Hispan. 558
Optantivs 1154*a*
Optatvs Milev. 244 sq. 368 (*serm.* 131)
Optatvs Thamvgad. 245°
Opus imperfectum in Matth. 668 707
Orationale Visigothicum 2016
Ordo mellifluus 1801
Ordo monasticus de Culross 1862°
Ordo qualiter 1853°
Orientivs (Avsciensis?) 1465 sqq.
Origenes 83° 198*a* sqq. 368 (*serm.* 9) 429° 557 580° 587*a* 593° 606° 620° 625,2° 633 (*epist.* 8) 707° 1149°
Ps. Origenes 198° 546 557 **668** sqq. 1368°
 Comm. in Iob 707*a*
 Lamentatio 1153*c*
Origenistica et Antiorigenistica 327 573
Origo Constantini 2256*a*
Origo gentis Langobardorum 1178
Origo humani generis → *Liber genealogus*
Optatianvs 1386*a*
Orosivs 327 **571** sqq. 787 2346*a.b*
Ps. Orosivs 373*a* 574
Ossivs Cordvbiens. 449 **537** sqq. 578
Ps. Ossivs 540

Pacatvs 1152*a*
Pachomivs 619*a* 653*f*
Ps. Pachomivs 2309
Pacianvs Barcin. 83° **561** sqq. 784

Palaemon 1543*b*
Palchonivs Bracar. 575
Palladivs 169 (*a*)
Palladivs Avtissiodor. 1303°
Palladivs Constantnopolitanvs 1641,4
Palladivs Ratiar. 685 688
Pammachivs 620° 742
Pamphilvs 198*b*
Pancrativs Presb. 117 (*epist.* l)
Pandectae 1797
Paphnvtivs Abbas 1859
Papianvs 1803
Parmenianvs Donatista 244 331 711
Parochiale Sueuum 2344
Parthemivs Presb. 803 sq.
Parthenivs 1504
Pascentivs Arian. 262° 366 703
Paschasinvs Episc. 1622
Paschasinvs Lilybet. 1656 (*epist.* 3)
Paschasivs Diac. Dvmiensis 653*e*° 678
Paschasivs Radb. 633 (*epist.* 9 50) 1257°
Ps. Paschasivs 962
Pastor Episc. Gallaec. 559
Paterivs 1710 1718
Patricivs Dvblin. 1106°
Patricivs Episc. Hibern. 1099 sqq.
Ps. Patricivs 1106 1791
Patrophilvs Arianvs 107
Pavla Monial. 620°
Pavlinvs Antioch. 1633
Pavlinvs Aqvil. 2013°
Pavlinvs Biterr. 1464
Pavlinvs Bvrdigal. 963 969 (*a*) 981 sq.
Pavlinvs Mediol. **169** 1600 1644
Pavlinvs Nol. 195 **202** sqq. 262° 481° 496° 984° 1152°*a* 1471° 1485*a* 2341°
Ps. Pavlinvs Nol. 204 sqq. 509 531 738 745 1432° 1469 1473
Pavlinvs Pell. 203 (*carm.* 4) 1472 sq.
Pavlinvs Petricord. 1474 sqq.
Pavlinvs Rvfini Propinqvvs 195

Paulinus 606°
Ps. Paulus Apost. 191
Paulus Constant. 877
Paulus Diac. Emerit. 2069
Paulus Diac. Warnefrid. 220 sqq. 935° 997° **1179** sqq. 1723 1995° 2340*a*°
Paulus Dux 1262
Paulus Nisiben. 872°
Paulus Orosius → Orosius
Paulus Virdun. 1303°
Pelagius 206 348 367° 368 (*serm.* 236 246) 620° 633 643 **728** sqq. 768° 775° 843° 873° 902° 956 1641° 2278°
Ps. Pelagius 200° 633 759 sq. 951 sq.
Pelagiana et Antipelagiana 200 225 272° 342 sqq. 381 sq. 393 sq. 516 sqq. 572 615 657 **728** sqq. 778° 780 sqq. 905 1204° 1669
Pelagius I Papa 949° 1625 1625° 1667° **1698** sqq.
Pelagius II Papa 1311 **1705** sqq. 1714°
Peregrinatio ad Loca Sancta 2325
Peregrinus Priscill. 786
Peregrinus Frising. 1302°
Perpetuus Turon. 1475 2029
Petilianus Donatista 333 336 **714** 717°
Petronius Bonon. 210 sq.
Petronius Praef. Praet. 244°
Petrus Abbas 1767° 1993°
Petrus Archidiaconus (Pisanus?) 1123*b*
Petrus Berengarius Pictav. 78
Petrus Chrysol. 220 (*hom.* 108) 227 sqq. 368 372° 930 932° 935° 938 sq. 943 1656 (*epist.* 25)
Ps. Petrus Chrysol. 230 sqq. 924 sq. 1164*a*
Petrus Damianus 221 (*serm.* 61)
Petrus Diac. 663 817
Petrus Diac. Cas. 427° 2325°
Petrus Fullo 1607 1622 1666 1674
Petrus Ravenn. 1704

Petrus Referendarius 1517°
Petrus Tripolit. 360°
Philippus Presb. 643 757°
Philastrius 121 216
Philo Presb. 496
Phoebadius Agenn. 473
Ps. Phoebadius Agenn. 473° 551 sq.
Plato 579
Polemius Silvius 2256
Polochronius Virod. 1000
Ps. Polycarpus Smyrn. 1152*a*
Pomerius 998
Pompeius 1620
Pomponius 1481
Ponnanus Poeta 1517°
Pontianus Episc. 864
Pontius Diac. 52
Pontius Maximianus 2277
Porcarius 1841 1842
Porphyrius 94° 881 1152*a* 2248*a*
Possessor 1620 1622 1683
Possidius Calam. 228 262 262° **358** sq.
Potamius Olisipon. 208° 470° **541** sqq. 1237*a*
Praeconium Paschale 162 1906*a*
Praedestinatus 243 768
Praesidius Diac. 621
Pragmatius 2076
Prebiarium: uide *Breuiarium*
Primasius Hadrum. 173*a*° 262 710° 873 902°
Primianus Donatista 712
Priscianus 1546 sqq.
Priscillianus 573 **785** sqq. 1918*m*
Priscilliana et Antipriscilliana 171 327 564 573 **785** sqq. 960 1754 sq. 1872
Proba 677 1431° 1480
Probus Episc. 877
Proclus Constant. 653*c* 942° 945° 1658 1660°
Profuturus Bracarensis 1694°
Prophetiae ex omnibus libris collectae 84
Prosper Aquit. 262° **516** sq. 1059 1645 1652° 1656 2257

Ps. Prosper 413 518 524° 529 sq. 998 2258
Protadivs Vesvnt. 2007
Protasivs Tarrac. 1237
Proterivs Alex. 1656 (*epist.* 133)
Prouerbia Graecorum 1130
Prouinciale Visigothicum 2345
Prvdentivs 1437 sqq.
Pvblicola 262°
Pvblilivs Optatianvs Porfyrivs 1386*a*
Pvlcheria Avgvsta 1656 1662

Quaestiones Aenigmatum 1561
Quicumque 167 1747
    Cfr *Indicem* ii, sub uerbo *Symbola fidei*
Qvintilianvs 906°
Qvintvs Ivlivs Hilarianvs 2279 sqq.
Qviricvs Barcin. 1250 1268 **1271** sqq. 2011°
Qvodvvltdevs Carthag. 312° 368 (*serm.* 106) 401 sqq. 1225°
Qvodvvltdevs Diac. 262° 401°

Radegvndis Regina 1042 1053 sq.
Ratchildis Rex 1811
Ratherivs Veronensis 1006°
Ravennivs Arel. 1656 (*epist.* 99)
Ravennivs → Reverentivs
Ravracivs Nivernens. 1303°
Reccaredvs Rex 1098 1714°
Recesvinthvs Rex 1230 1274 1535 sq. 1790° 1802
Redemptvs Hispal. 1213 1224°
Regianvs Poeta 1517°
Regula Cassiani 1874
Regula cuiusdam patris ad monachos 1862
Regula cuiusdam patris ad uirgines → Waldebertvs Lvxov.
Regula Magistri 911 1858 sq. 1866 2106
Regula monastica 1875
Regula monialium 1861
Regula Pauli et Stephani 1850

Regula SS. Patrum 1859*a*
Regula Tarnatensis 1851
Regula (tertia) Patrum 1859*b*
Remedivs 1802*b*°
Remigivs Avtissiod. 1384° 1447°
Remigivs Remens. **1070** *sqq.* 1647
Reparatvs Episc. 875
Reticivs Avgvstod. 77 sq.
Reverentivs 496° 506
Robertvs de Tvmbalena 1721°
Ro[do]bertvs Tvron. siue Paris. 2094
Romanianvs 202°
Rotharivs Rex 1178 1808
Rotulus Rauenn. 237° 1898*e*
Rvbin Mac Connadh 1794
Rvfinvs Aqvil. **195** sqq. 196*a* 606° 613 sq. 615*a* 620°
Ps. Rvfinvs Aqvil. 199 sq. 748° 2184°
Rvfinvs «natione Syrvs» 1991° 200 779 905
Rvfinvs Prosperi Propinqvvs 516
Rvfvs Mediol. 1065
Rvfvs Octodvrens. 1065
Rvglerivs Comes 1478
Rvpertvs Tvitiensis 1441*a*
Rvricivs Lemov. 985 1005° 1017°
[Rvsticianvs Svbdiac.] 341°
Rvsticivs Helpidivs 1506 sqq.
Rvsticvs Defensor 328° 1508
Rvsticvs Diac. 946 sq.
Rvsticvs 496

Salonivs Genav. 489 **499** *1656* (*epist.* 68)
Salvianvs Massil. **485** sqq. 496°
Salvivs Episc. 479 491
Samsvcivs 262°
Samvel Lavrisham. [= Taio Caesaravg.] 1268°*a*
Scarila 817°
Sclva 1790°
Sebastianvs Casin. 622
Secvndinvs 1101
Secvndinvs Manich. 324 sq. 725
Secvndvs Episc. 262°

Sedatvs Nemavs. 368 (*serm.* 117 136) 985° **1005** sqq. 1007*a*° 1008°
Sedvlivs 1447 sqq.
Ps. Sedvlivs 1453 sq. 1480° 1482
Sedvlivs Scottvs 756 961° 1874
Segienvs 2310
Sempronianvs Novat. 561 **784**
Senarivs 950
Seneca 191 193 1080 sq.
Ps. Seneca 191*a* 193
Serapion Abbas 1859
Sergivs Episc. 1091
Sergivs I Papa 1740 sq.
Sesvldvs 1790°
Severianvs 227 235 237° 372 1643
Severinvs Episc. 540° 1153
Severvs Endelechivs Rhetor 1456
Severvs Episcopvs 1460*a*
Severvs Malac. 1097°
Severvs Milev. 262°
Severvs Minor. 576 sq.
Severvs 1155*i*
Sextvs 198*h*
Sidonivs → Apollinaris Sidonivs
Sigebertvs Rex 1303°
Sigfredvs Corbeiensis 1528°
Sigismvndvs Rex 993° 1678 2140
Sigistevs Comes 803 sqq.
Sigrada 1077
Sillanvs 2308
Silvanvs Episc. 262°
Silvester I Papa 244° 2235
Ps. Silvester 1680
Simplicianvs Mediol. 212 290 1638
Ps. Simplicivs Casin. 1855 sq.
Simplicivs Papa 1605 **1664** *1666*°
Simplicivs Viennens. 1646
Siricivs 1637
Siricivs I Papa 160° 1594 1623 **1637**
Sisbertvs Tolet. 1533 2011°
Sisebvtvs Rex 1186 1211° **1298** sqq.
Sisenandvs Rex 1204° 1211°
Situs orbis terre uel regionum 2347*a*
Sixtvs → Xystvs
Smaragdvs 956° 1108° 1121*e*
Socrates Historiogr. 684° 1627 1629

Ps. Solinvs 2340
Sonnativs Remens. 1312
Sophronivs Lyddensis 621*b*
Sortes Sangallenses 536
Sozomenvs 1641
Statuta Ecclesiae Antiqua 1776
Stephanvs → Eddivs Stephanvs
Stephanvs Diac. 1018
Stephanvs Episc. 875 sq.
Stephanvs Illyr. 652*b*
Stephanvs Larissenvs **666** *1623*
Stephanvs Magister 1540
Stephanvs I Papa 1568°
Stephanvs Presb. Afr. 1311 2083 2092*a*
Svlpicivs Bitvric. 1303°
Svlpicivs Severvs **474** sqq. 1291 2341°
Ps. Svlpicivs Severvs 478 sq. 741 746 758 2259
Svnila 1790°
Syagrivs Episc. 178 368 (*serm.* 237 sq.) **560** 702°
Symbolum Athanasianum 167 1747
Symmachvs Papa 1487° 1619 1625 **1678** sqq.
Symmachvs (Avrelivs Anicivs) 1576 sq.
Symmachvs (Qvintvs Avrelivs) 160 (*epist.* 17*a*) 1442
Symphosivs Scholast. 1518
Sympronianvs Novat. 561 **784**

Tabulae «Albertini» 1837*a*
Taio Caesaravg. 1230° 1235° 1267 sqq. 1271 1715°
Tamayo J. 2066°
Tarra 1098
Tatvinvs 1563 sq.
Tavrentivs 985°
Te Deum 650
Terentivs 1548
Teridivs 1011
Tertvllianvs 1 sqq.
  Ad amicum philosophum de angustiis nuptiarum 31*d*
  De anima 17

Aduersus Apelleiacos 31a
Apologeticum 3
De baptismo 8
De carne Christi 18
De carnis resurrectione 19
De censu animae contra Hermogenem 31c
De corona 21
De cultu feminarum 11
De exhortatione castitatis 20
De exstasi 31b
De fato 31
De fuga in persecutione 25
Aduersus Hermogenem 13
De idololatria 23
De ieiunio 29
Aduersus Iudaeos 33
Aduersus Marcionem 14
Ad martyras 1
De monogamia 28
Ad nationes 2
De oratione 7
De paenitentia 10
De pallio 15
De paradiso 31e
De patientia 9
De praescriptione haereticorum 5
Aduersus Praxean 26
De pudicitia 30
Ad Scapulam 24
Scorpiace 22
De spectaculis 6
De testimonio animae 4
Ad uxorem 12
Aduersus Valentinianos 16
De uirginibus uelandis 27
PS. TERTVLLIANVS
   Carmina 36 1423 1425 sq. 1432 1458 1460° 1463
   De exsecrandis gentium diis 35
   Aduersus omnes haereses 34
Testimonia diuinae Scripturae et Patrum 385 2096°
THALASSIVS ANDEG. 988 1778
THEODAHADVS 896°
THEODEBALDVS REX 1066

THEODEBERTVS REX 1055 1067 1846
THEODELINDA 1719a
THEODEMIRVS REX 2344
THEO[DO]FRIDVS AMBIAN. 2301 2347
THEODORETVS CYR. 167a 593° 1633 1656 (epist. 52) 2156°
THEODORETVS LIGNID. 1620
THEODORICVS REX 708° 896° 1492 1678 1805 sqq.
THEODORVS 262°
THEODORVS CANTVAR. 1885
THEODORVS ECHINENS. 1624
THEODORVS MOPSVEST. 629° 777° 777a 872° 1384° 1694° 1695
THEODORVS I PAPA 874 sq. 1732
THEODORVS SPVDAEVS 1734
THEODOSIVS 2328
THEODOSIVS I AVGVSTVS 119 sq. 159 1387 sq. 1571 sq. 1623 sq.
THEODOSIVS II AVGVSTVS 262° 400 1625 1656
   Cfr *Codicem Theodosianum*
THEODVLPHVS AVRELIAN. 1006°
THEOFRIDVS AMBIAN. 2301 2347
THEOPHILVS ALEX. 484 585° 620°
PS. THEOPHILVS ANTIOCH. 1001
THEVDVS REX 1802a
THOLVIT 896°
TIBERIANVS BAETICVS 470°
TICONIVS DONATISTA 245° 709 sq.
TIMASIVS 262°
TIMOTHEVS AILVR. 1664
«TIMOTHEVS EPISC.» → SALVIANVS (n. 487)
TIMOTHEVS EPISC. 666° 1623
TIRECHANVS 1105
TONANTIVS 398 sq.
TRASIMVNDVS REX 816
TRIFOLIVS PRESB. 655
TRITHEMIVS 1866°
TROIANVS SANTON. 1074
TVCCIANVS POETA 1517°
TVLLIVS 1561
TVLVS 896°
TVRBANTIVS 774
TVRCIVS RVFVS ASTERIVS 1450
TVRENTIVS → TAVRENTIVS

Tvrribivs Astvric. 564
Tyconivs → Ticonivs

Valens Avgvstvs 1574
Valens Mvrs. 450 sq. 455 **682** sq.
Valentinianvs I Avgvstvs 158 1574
Valentinianvs II Avgvstvs 1571 sq. 1575 1624
Valentinianvs III Avgvstvs 1656
Valentinvs Abbas 262° 398 392
Valerianvs Calag. 558*a*
Valerianvs Cemel. 1002 sqq.
Valerivs Bergid. 625° **1276** *sqq.*
Varimadvs Arian. 364
Venantivs Fortvnatvs 984° 997° **1033** sqq. 1747° 1917°
Ps. Venantivs Fortvnatvs 1048 sq. 1073°
Venerandvs 1305
Venerivs Mediol. 154 1639
Veranvs Cabellit. 1022
Veranvs Lvgdvn. 1022
Veranvs Vincien. 499 1656 (*epist.* 68)
Verecvndvs Ivnc. 869 sqq. 1463
Versus de alphabeto 1562
Vervs Aravsican. 2099
Vervs Rvthen. 1303°
Victor 708 817
Victor Capvan. 954 sq. 1152*a* 1976
Victor Cartenn. 854
Victor Carthag. 874
Victor Tonnen. 2260
Victor Vitens. 708° **798** sqq.
Victorinvs (Foroivliensis?) 985°
Victorinvs Poeta 1458 sqq.
Ps. Victorinvs 1428 1460
Victorinvs Poetovionens. 34 79 sqq. 591°
Ps. Victorinvs Poetovionens. 81 sqq. 563°
Victorivs Aqvit. 1662 2282 sq.
Victorivs Cenoman. 483
Victorivs Gratian. 993
Victricivs Rotomag. 481
Vigilantivs Haereticvs 611
Vigilivs Diac. 1840

Vigilivs Papa 1612 1616 1625 **1694** sqq. 1703° 1846°
Vigilivs Thaps. 105° 368 (*serm.* 118) **806** sqq.
Ps. Vigilivs Thaps. 105 364 366 368 (*serm.* 234) 551 sq. 577 812 sq.
Vigilivs Trident. 212 sq.
Vigilivs 1504
Vignier J. 341° 368 (*serm.* 170) 988 993 1475*a* 1662 1667 1677 1678
Vincentivs Lerinens. **510** sq. 521
Vincentivs Poeta 1517°
Vincentivs Presb. 199°
Vinisivs 1326
Vinnianvs 1881
Virgilivs 850 1134*a* 1551
[Virgilivs] 2328
Virgilivs Maro Grammaticvs 1559
Virgilivs Salisb. 1121*e* 2348
Visio Baronti 1313
Visio Taionis 1270
Vitae Patrum 951 1279° 1291 1703°
Vitae Sanctorum: uide in *Indice* iii
Vitali[anv]s Papa 1735
Vitalis 398 sq.
Vitigis 896°
Vivendvs 1790°
Viventiolvs Episc. 993° 1068 sq.
Viventivs Episc. 1018
Vlfilas 689
Vltanvs 2148
Voconivs Castellanvs 410°
Volvsianvs 262°
Vranivs Presb. 207 1152*a*
Vrsacivs Singid. 450 sq. 455 **682** *sqq.*
Vrsinvs Locogiac. 1079*a*

Walafridvs Strabo 2048
Waldebertvs Lvxov. 1863
Wamba Rex 1262 1537 sq. 2345
Warnacharivs 1308 sqq.
Warnefridvs → Pavlvs Diac.
Wicthedvs 2321
Wilfridvs Ebor. 1329 sq. 1370° 2151

Willibrordvs Vltraiect. 1890° 2037
Withraedvs Rex 1830

Xystvs III Papa 1623 sq. **1655** 1682

Yvo Carnot. 368 1658

Zacharias Papa 1713

Zeno Veron. **208** sq. 368 (*serm.* 60) 2059
Ps. Zeno 541 543
Zephyrinvs Papa 34 83°
Zosimvs Papa 169° 768 1599 1603 1625 1625° **1644** sqq.

II. INDEX SYSTEMATICVS

Abecedarius (hymnus/psalmus) 330 827 1532*aaa*
Aenigmata 1129 1155*f* 1335 1518*a* 1561 sq. 1564 sq.
Afri (scriptores) 1 sqq. 38 sqq. 76 84 sqq. 93 sqq. 100 104 208 **244** sqq. 484 676 sqq. 699 708 sqq. 780 sq. **798** sqq. 998 1463 1509 sqq. 1543 sq. **1764** sqq. 2015 2030 2049 sqq. **2059** sqq. 2254 2258 2260 2274 sqq. 2279 sqq. 2287 2290 2296 2307
Ambrosiana (liturgia) 1906 sqq. 1941 sqq. 1974 sqq.
Angli et Britanni (scriptores) 728 sqq. 736 763 961 sqq. **1319** sqq. 1563 sqq. 1794° 1827 sqq. 1877 sqq. 1885 sqq. 2018 sq. 2032 2036 2150 sq. 2273 2301 2318 sqq. 2333 2337
Antenicaeni 1 sqq. 1470 sq. 2049 sqq. 2274 sqq. 2278
Antiphonalia 1933 sqq.
Apocrypha: *uide* Exegetica
Ars: *uide* Grammatici
Autobiographiae 251 1282 1472 1496
Autographa 249° 818 905

Benedictionalia 1920 sqq. 1931
Beneuentana (liturgia) 1912 sqq. 1940 1997*a*
Bibliographica 54 sq. 83*a* 250 359 616 635*a* 957 1206 1212 1252 1676
Breuiaria 1944 sqq. 2015 sqq.
  Cfr *Indicem* i

Capitularia 1818 sqq.
Catalogi Romanorum Pontificum 1569

Catechetica 153 sqq. 178 218 297 309 401 sqq. 602 634*a* 647
  Cfr Symbola eorumque explanationes
Celtica (liturgia) 1926 sqq. 1937 sqq. 2012 2018 sqq.
Centones 1480 sqq.
Chronographica 160 (*epist.* 23) 474 906 954 1178 1205 1301 1314 1656 1662 1735 2028 sqq. **2249** sqq.
Collectarii 1903*i*
Collectio canonum
  Cfr *Indicem* i
Concilia:
Africae 1764 sqq.
Angliae 1794*a*
Galliae 1776 sqq.
Hiberniae 1791 sqq.
Hispaniae 1787 sqq.
Italiae 1770 sqq.
Insuper memorantur concilia sequentia:
Agathense a. 506: 1784
Andegau. a. 453: 1780
Aquil. a. 381: 121*a* 160 (*epist.* 8*a*) 688
Aquilonalis Britaniae 1877
Arausic. a. 441: 1779*b*
Arausic. a. 452: 1785
Arausic. a. 524: 664
Arelat. a. 314: 244° 1776*a*
Arelat. a. 455: 1767 sq.
Arimin. a. 359: 434 sq.
Augustod. a. 670: 1865
Bagaiense a. 418: 718
Bracar. a. 563: 1790
«Breui»: 1877
Byzacenae Prouinciae: 1765*b*
Cabarsussen. a. 393: 724

«Caesareae»: 2307
Carthag. a. 256: 56
Carthag. a. 345-348: 1765*a*
Carthag. a. 390: 1765*c*
Carthag. a. 416: 262
Carthag. a. 418: 1765*f*
Carthag. a. 421: 1766
Carthag. a. 424-425: 1765*g*
Carthag. a. 525: 1767
Carthag. a. 536: 1767*a*
Chalced. a. 351: 871 946
Clipiac. a. 626: 1312
Coloniae Agrippinae a. 436: 1786
Emerit. iii: 1790
Epaon. a. 517: 997° 1068
Ephes. a. 430: 397 946 1624
Hippon. a. 390: 1765*d*
Hippon. a. 427: 1766
Hispal. ii: 431
Lateran. iii: 1714
Lateran. a. 649: 874 sqq. 1726 1732 sq. 1774
Lucense a. 569: 2344
«Luci Victoriae»: 1878
Lugdun. a. 519: 997°
Mediol. a. 355: 109 sqq.
Mediol. a. 390: 160 (*epist.* 42)
Mileuit. a. 417: 262
Nemaus. a. 394: 1779
Nicaen. a. 325: 442 452 1744*a* sqq.
Paris. a. 361: 437 1776*b*
Regense 439: 1779*a*
Rom. a. 382: 1633 sq.
Rom. a. 485: 1606
Rom. a. 499: 1678
Rom. a. 501: 1678
Rom. a. 502: 1493 1678
Rom. a. 531: 1623 1691°
Rom. a. 595: 1714°
Rom. a. 679: 1775
Sardic. a. 343: 434 sq. 539
Sinuessae 1679
Taurin. a. 398: 1773
Taurin. a. 417: 1773
Theletense a. 418: 1765*e*
Ticin. a. 698: 1540
Ticin. a. 866: 1662

Tolet. i: 368 (*serm.* 233)
Tolet. ii: 1790
Tolet. iv. 429 1790°
Tolet. vi: 1233° 1790
Tolet. xi: 111° 1790
Tolet. xvi: 1790
Turon. a. 453: 1781
Turon. a. 461: 1782
Valent. a. 374: 1776*c*
Vasense a. 442: 1779*c*
Venetic. a. 465: 1783
Zertense a. 412: 262

Diplomatica 214° 579*a* 1119° 1234 1304 1312*a* 1334 1687 1714° 1721° 1724° 1728 1732 1736 1740 1744 1837*a* 1871 2081 2095
   Cfr Leges, Formulas, Iuridica, Testamenta. Vide etiam *Praefationem*, p. ix

Elenchus stationum 2039 sq.
Epigrammata 164 518 526 1370° 1420 1422 1453 1464 1479 1518 1637
Epigraphica 164 sq. 478 997 1033 1087 1326 1370° 1484 sqq. 1532*aa* 1534 sqq. 1635 sq. 1657*b* 2043 sqq. 2065 2170 2210 2297*b*
   Vide *Praefationem*, p. ix
Epitaphia 76° 111*e* 507 509*a* 519 997 1045 sq. 1058° 1072° 1088 1116 1214° 1240 1330 1402 1475*a* 1485 sqq. 1501 1536 1539° 1541 sq. 1631 1714 1846 1885° 2099*a*
Euangeliaria: *uide* Lectionaria
Exegetica: Generalia 83*a* 185 277 427 488 495 546 580 sq. 623*a* 624 709 872 995 1093*a* 1123 1164*d* 1190 sqq. 1384° 1507 1717 sq.
   Cfr *Praefationem*, p. ix
Prologi 143 184 591*a* 625 sq. 632 690 759 904 952 1191 1192 1195 1197
Florilegia 39 84 272 384 sqq. 843
Heptateuchum 269 951 1363*a* 1423
Genesis 79 82 123 169° 195 198° 265 sqq. 498° 548 sq. 556*a* 580 633*a*

921 sqq. 927 955 1155d 1155f 1344 1427 1510
Exodus 1165 1345
Numeri 170a 1980 606°
Iosue 1981
Iudices 1160a, 4
Reges 134 sqq. 498° 535 557 917 1155e 1346 sqq. 1719
Esdras 1152d 1349 1363b
Nehemias 1349 1363b
Tobias 139 1363°
Iudith 1363°
Esther 904 sq. 1363°
Iob 134 271 429 643 707a 757 777 916 1363° 1708 1715 sq.
Libri sapientiales 499 556b 583 1166 1235 1351 sq.
Liber psalmorum 140 sq. 198f 199 242 283 428 524 550 582 592 sq. 602 607a 625 sq. 777° 900 sq. 1026 1135° 1160a, 23 sq. 1167a sq. 1197 1287 sq. 1327 1371 sqq. 1384 1721° 1946
Canticum Canticorum 78 194 547 555 751 910 1091 1220 1235 1353 1363c 1528 1709 1721°
Prophetae 142 199° 417a 584 sqq. 630 776 839 918 sq. 928 1123b 1167 1196 1354 1426 1710 1720
Libri Machabaeorum 863 1428 1657a 1658 sq.
Euangelia 104 143 160a 177 sq. 186 190° 218 233c 237° 240 273 sqq. 414 416 430 472° 590 sq. 594 sqq. 631 sq. 633 (*epist.* 39) 668 sqq. 693 sq. 704 707 771 914 943 953 1001 1121a sq. 1129a sq. 1161 1168a 1355 sq. 1363° 1367 1385 1429 1460a 1711
Cfr Lectionaria
Acta Apostolorum 903 953 1357 sq. 1504
Epistulae Paulinae 98 182 184 191 198m 280 sqq. 431 591 728 759 sq. 772 786 873° 902 952 sq. 956 1122a 1154a 1360 sq.
Cfr Lectionaria

Epistulae catholicae 188 508 903 1123a° 1362
Apocalypsis 80 591° 710 873 903 953 960° 1016 1093 1152c 1221 1363
Apocrypha 18 191 191a 193 633 (*epist.* 48) 705° 790 sqq. 796a 1027 1152c sqq.
Expositiones missae 1911 1925

Fides: *uide* Symbola fidei
Florilegia 39 45 360 385 sq. 607a° 1129 1145a 1302
Florilegia bibliae: *uide supra*: Exegetica
Formulae 896 1626 **1831** sqq.

Galli et Germani (scriptores) 36 77 sqq. 202 sqq. 262 **427** sqq. 629 711 **957** sqq. **1302** sqq. 1386 sqq. 1455 sq. 1464 sqq. 1479 1487 sqq. 1520 sqq. 1545 1559 1748 1776 sqq. 1803 sqq. 1813 sqq. 1831 sqq. 1840 sq. 1844 sqq. 1863 sqq. 1888 sqq. 2006 sq. 2010 2013 sq. 2031 2033 sq. 2048 2076 sq. 2256 sqq. 2268 2282 sq. 2301 2324 2326 2342 sq. 2347
Gallicana (liturgia) 1917 sqq. 1936 1947 sqq.
Geographica 571 801 853 1125° 1186 1265 1359 1403 sq. 1554 2256 **2324** sqq.
Cfr Itineraria
Glossae 956 987a 1167 1441 (*a*) 1446 1446a 1505° 1567°
Grammatici 906 sqq. 1266 **1543** sqq.

Haeretici et Antihaeretici 5 13 sq. 16 26 31a 31c 34 36 121 sq. 198i 314 363 410 608 sqq. 636 698 959 1015 1201
Cfr *Indicem* i, sub nominibus diuersorum haeresiarcharum
Hibernici (scriptores) 194 508 631 sq. 635a 1099 sqq. 1175 sqq. 1189 1302° 1454 1561 sq. 1791 sqq. 1862

sq. 1881 sqq. 1918g 1926 sqq. 2020 sqq. 2035 2047 2147 2302 sqq. 2332

Cfr Celticam (liturgiam), Loricas

Hispanici (scriptores) 83° 105 223 (*serm.* 2) 287 384 398 sq. **537** sqq. 711 784 sq. 910 914 960 1076 **1080** sqq. 1164 **1183** sqq. 1385 1433 sqq. 1533 sqq. 1555 1560 1632 sqq. 1716 1753 sqq. 1787 sqq. 1800 sqq. 1837 1850 1866 sqq. 1894 sqq. 19 97 2015 sqq. 2044 sqq. 2056 2066° 2068 sqq. 2261 sqq. 2291 2295 2300 2325 2331 2344 sqq.

Cfr Mozarabicam (liturgiam)

Historiographica 91 198° 202° 244 436 sqq. 474 sqq. 571 616 798 899 909 912 sq. 957 1022*a* 1023 1036 1175 sqq. 1204 sqq. 1252 1262 1314 sqq. 1325 1374 sqq. 1515 2047 sq.

Cfr Chronographica

Homiletica 65 sq. 160 177*a* 180 sqq. 198*c* 208 210 sq. 215 217 sq. 220 sqq. 227 sqq. 238 245 sqq. 284 sqq. 309 sqq. 339 368 sqq. 387 sq. 401 sqq. 467 480 501 503 sq. 509° 541 543 558 563 592 sqq. 627 635 639 644 sq. 668 sqq. 694 sq. 701 708 719 792 sq. 802 809 sq. 828 sqq. 855 sqq. 914 sqq. 965 sqq. 994 1002 1004 sqq. 1017*a* sq. 1019 1092 1143 sqq. 1156 sqq. 1185 1225 1251 1257 1312*a* 1367 sqq. 1630 1654 1657 sqq. 1709 sqq. 1714 1720 sq. 1758 sqq. 2096

Homiliaria 220 855 935° 1256 **1995** sqq.

Hymni 99 163 463 sq. 466 679 1101 1131 sq. 1136 1218 1232 1241 sq. 1253 sq. 1273 1372 1443 1449 1462*a* 1491 1520 sq. 1523 sqq. 1539 1721° 1946 **2008** sqq. 2138 2153

Illyrici (scriptores) 79 sqq. 220 (*hom.* 30) 262 512 sqq. **580** sqq. 682 sqq. 912 sq. 1080 sqq. 1447 sqq. 1623 2057 sq. 2248 2270 2284 sqq.

Cfr Orientalia

Inscriptiones → Epitaphia

Ioca monachorum 1155*f*

Itali (scriptores) 37 50 59 68 sqq. 94 *sqq*. 262 633 (*epist.* 37) 680 sq. 690 **878** sqq. 1059 **1169** sqq. 1328 1368 1431 1480 sqq. 1504 sqq. 1519 1539 sqq. **1568** sqq. 1770 sqq. 1805 sqq. 1839 1850 1852 sqq. 1897 sqq. 1961 sqq. 1995 sqq. 2041 sqq. 2107 2113 2144 2156 sqq. 2249 sqq. 2269 2289 2292 sq. 2330 2334 sqq.

Cfr Ambrosianam, Beneuentanam (liturgiam)

Itineraria Hierosolymitana 2324 sqq.

Itineraria Romana 2256 **2334** sqq.

Iudaica 33 61 67° 68 75 168 189 sq. 315 404 470 482 566 577 696 899 1021 1198 1228° 1233 1260 1299°

Iuridica 168 244° 988 1000*a* 1088° 1237*a* 1266° 1312 1676 1741 **1764** sqq.

Cfr Diplomatica, Formulas, Leges, Concilia, Testamenta

Kalendaria 1475*a* 1943 1993 2028 sqq.

Laus cerei → Praeconium Paschale

Lectionaria 954 984 **1947** sqq. 2105°

Leges 1795 sqq.

Libelli missae 1903*h* 1905*i* 1905*k*

Libelli precum 2016 sqq.

Libri paenitentiales 1877 sqq.

Litaniae 2027

Liturgica 7 8 43 154 sq. 162 sq. 167 203 219 222 229*a* 237° 238 357 386° 427° 633*b* sq. 634*a* 648 sqq. 705 811 870 950 1000*a* 1009 1017*a* 1044°*a* 1073 1085 1088° 1155*h* sq.

1207 sq. 1217*a* 1222 sq. 1233° 1255 sq. 1311 1657*c* 1675 1697° 1704 1721° 1724° **1897** sqq. 2250 sq.
Cfr Antiphonalia, Benedictionalia, Breuiaria, Collectaria, Expositiones Missae, Homiliaria, Hymnos, Kalendaria, Lectionaria, Libellos missae, Libellos precum, Litanias, Martyrologia, Missalia, Ordines, Praeconium Paschale, Responsorialia, Sacramentaria, Symbola fidei
Cfr Ambrosianam, Beneuentanam, Celticam, Gallicanam, Mozarabicam Liturgiam
Cfr Gelasianum, Gregorianum, Leonianum, *Exultet*, *Quicumque*, *Te Deum*
Loricae 1138 sqq. 1323

Martyrologia 633 1301° **2028** sqq.
Missalia 1903*a* 1903*k* 1909 1912 sqq. 1919 1922 sqq. 1926 1928
Monastica 179 305 475 sqq. 492 497 sq. 512 sq. 620° 639 642*a* 911 971 978 998 1003 1009 1012 1058° 1079*c* 1096 1107 sqq. 1119 1122 1153 sqq. 1155*f* 1183 1276 sqq. 1305 1318 **1838** sqq. 2106
Mozarabica (liturgia) 1217*a* 1929 sqq. 1943 sqq. 1992 sqq. 2011 2015 sqq.
Musicologica 258 633 (*epist.* 23) 880 1384°

Orationes 328 1004*a* 1114 1138 1324 1721° **2015** sqq.
Ordines 1222 1661° 1930 1990 sq. **1998** sqq.
Orientalia 458 663 1546 sqq. **1568** sqq. 1840 1842 sqq. 1859 2264 2270 sqq. 2347 sq.
Cfr Illyricos, Syros (scriptores), Versiones

Paenitentia (libelli de paenitentia) 10 65 156 238 562 569 644 854 869 981 1005° 1109 1227 sq. 1321 1533 1857
Cfr Libros paenitentiales
Philosophica 17 92 94 103 128 161 198*e* 198*h* 252 sqq. 360 sqq. 578 sq. 878 881 sqq. 897 906 983 998*a* 1124° 1155*b* 1155*f*
Poetae 36 90 162 sqq. 175 193 203 sqq. 216 262 (*epist.* 26) 330 357 502 517 sqq. 531 sqq. 640 sqq. 727 805 827 869 984° 986 995 sq. 1021 1033 sqq. 1056 1058° 1059 1059*a* 1071 1112 sqq. 1117 sq. 1121 1127 sq. 1137 sq. 1212 1227 sq. 1236 sqq. 1262*a* 1268° 1273*a* 1275 1281*a* 1286 sqq. 1300 sq. 1323 1331 sqq. 1340 1354° 1362 1370 sqq. 1379° **1385** sqq. 1548 1551 sqq. 1555 1562 1565 1631 1635 1854 1856 2089 2107 2153 2301 2309 2311 2316° 2320 2341 2347
Cfr Hymnos, Loricas
Praeconium paschale 162 357° 372*e* 621 1217*a* 1500 1906*a* 1932

Regulae monasticae 198*d* 911 1107 sq. **1839** sqq. 2106
Cfr Monastica
Responsorialia 1933 sqq.
Ritualia: *uide* Ordines

Sacramentaria 1897 sqq.
Scientifica 100 sq. 175 258 633 (*epist.* 23) 851 879 895 906 1025 1124 1154*a* 1173 1186 1188 sq. 1300 sq. 1343 1384 2256 2283
Symbola fidei eorumque explanationes 111*e*° 118 sq. 151 153 167 sq. 171 173 sq. 178 189 sq. 196 199 sq. 229*a* 293 309 365 401 sqq. 439 441 446 452 505 551 sqq. 558*a* sqq. 568 638 656 658 667 684° 686 689 692° 731 768 778 789 799 824 826 846 949 960 977 988° 1035 1052 1171 1302° 622 1633 1661° 1684 **1744***a* sqq. 1790
Syri 194 200 872 1620 1656

Testamenta 208a 949° 1017 1053°
1072 1078 1088° 1304 1475a 1688
2082
Cfr Diplomatica

Versiones graecae e latino 3 32 50
56 143 150 152 167 169 250 278 397
514° 616 619° 1106 1568° 1569 1624
1627 1630° 1653 1655 1656 1712 sq.
1726 1765 1799 1839 1852 2049 2159
2177 2184 2211 2214 sq. 2235
Versiones latinae e graeco 32 50
67° 75 83° 94° 170 183 195 198
sqq. 237° 239 362 368 (*serm.* 9
144 155) 429 494° 575 579 sq. 585°
620 645° 653 665 681° 707 771 sq.
777° 780 796 872 881 sq. 899°
945 946° 951 1021 1027 sq. 1079c
1088° 1143 sqq. 1152a 1191 1309
1549 1554 1607 1622 sq. 1643° 1656
1703° 1714 1734 1745 1764 1770
2105° 2184° 2211 2272 2275 2304
Cfr *Praefationem*, p. ii sq.
Versiones antiquae in linguis
uernaculis 689 sq. 1155a 1302
1370 1383 1630° 1710 1712 sq. 1852
Versiones antiquae in linguis
orientalibus 50 53 1027 sqq.
1630° 1643 1656 1903a 2235
Vitae Sanctorum: *uide* Indicem
Hagiographicum.

III. INDEX HAGIOGRAPHICVS

Nomina Sanctorum quorum *uitae* aliaque documenta memorantur (*a*):

Abdon → Polochronius
Abundius Com. 2156
Acaunenses Abbates 2076
Acaunenses Martyres 490 sq.
Achilleus Diac. 2115
Achilleus → Nereus
Adauctus → Felix
Adelphius Habend. 2111
Adrianus et Natalitia 1242
Aduentor, Octauius et Solutor 2157
Aduocatus Donatista 719
Aemilianus 1231 sq.
Afra, Hilaria et soc. 2077
Agape → Anastasia
Agapitus → Polochronius
Agatha 2158
Agilus Resbac. 2078
Agnes 221 (*serm.* 56) 2159
Agricola → Vitalis
Albanus, Amphibalus et soc. 2079
Albinus 1040
Alexander Baccan. 2161
Alexander Bergom. 2162
Alexander Papa, Euentius, Theodula et Quirinus 2160
Alexander Trid. et soc. 212 sq. 368 (*serm.* 207)
Alexander → Epipodius
Alexius 1470
Amandus Traiect. 2080 sq.

Amator Autissiod. 2083
Amatus Habend. 2111
Ambrosius Ferentinensis 2162*a*
Ambrosius Mediol. 169
Ampelius → Saturninus et soc.
Amphiballus → Albanus
Anastasia et soc. 2163
Anastasius Fullo 2248
Anastasius Martyr 1382*a*
Anatolia → Calocerus
Andeolus Subdiac. 2117
Andochus Presb. 2114
Andreas Apost. 1027
Anianus Aurelian. 2084
Ansanus et Maxima 2164
Ansbertus Rotomag. 2089°
Anthimus et soc. 2165
Antonius Lirin. 1495
Aper Gratianopol. 2085
Aper Tullens. 2085*a*
Apollinaris Rau. 2166
Apuleius → Marcellus
Arcadius 2059
Aredius Vapinc. 2086
Arnulphus Mettens. 2087
Attala → Columbanus Bobiens.
Audax → Calocerus
Audoenus Rotomag. 2088 sq.
Audomarus 2089*a*
Augurius → Fructuosus

(*a*) Vide etiam in *Concordantia* I sub siglo A-SS, et in *Concordantiis* VI et VII: *Bibliotheca Hagiographica Latina* et *Graeca*; et in *Indice Systematico: Martyrologia* et sub nn. 243° 481 1024 1713 **2029** sqq. **2049** sqq.

Augustinus Hippon. 251 358 973
Auitus Aurelian. 2089a
Auitus Vienn. 997° 1050
Aurea et soc. 2167
Austregisilius episc. Bituricensis 2089b
Austroberta 2089c

Ba[l]thildis Regina 2090
Barontius 1313
Basilides et soc. 2169
Beda 1383
Benedictus Casin. 1853 sqq.
Benedictus Wiremuth. 1378
Benignus 2114
Bertulfus → Columbanus Bobiens.
Bobulenus Bobiens. 2107
Bonitus Aruern. 2091
Bonosa 2169 sq.
Brigida 2147 sq.
Burgundofara → Columbanus Bobiens.

Caecilia et soc. 2171
Caesaraugustani Martyres 2068
Caesarius Arelat. 1018
Caesarius et Iulianus 2172
Calepodius → Callistus
Callistus Papa et soc. 2173
Calocerus et soc. 2174
Cantius, Cantianus et Cantianilla 2175
Caprasius Lirin. 2092
Cassianus Ludimagister 2060
Celsus → Nazarius
Censurinus → Aurea
Ceolfridus Wiremuth. 1377 sq.
Cerealis → Getulius
Cetheus 2176
Christeta → Vincentius et soc.
Chrysanthus et Daria 1636° 2176a
Chryse → Aurea
Chrysogonus → Anastasia
Chyonia → Anastasia
Clemens Papa 2177
Columba Hiensis 1133 sqq.

Columba Senonensis 2092b
Columbanus Bobiens. 1115
Concordius Presb. 2178
Constantius Perusin. 2179
Corcodemus 2092a
Cornelius Papa 2180
IV Coronati 2248a
Cosmas et Damianus 1254
Crescentia → Vitus
Crispina 2049a
Cucuphas 1273a
Cuthbertus Wiremuth. 1379 sqq.
Cyprianus Carthag. 52 sq. 802 836
Cyriacus → Siriacus

Dado → Audoenus
Dalmatius 2181
Damianus → Cosmas et Damianus
Daria 1636° 2176a
Datiuus → Saturninus et soc.
Desiderius Cadurc. 1304
Desiderius apud Lingonas 1310
Desiderius Viennens. 1298
Dionysius Mediol. 160
Dionysius Paris. 1051
Domninus Parm. 2182
Donatianus et Rogatianus 2093
Donatilla → Maxima et soc.
Donatus Donatista 719
Donatus et Hilarianus 2183
VII Dormientes 1029

Egeria 1276
Eleusippus 1309
Eleutherius Tornac. 1004a
Eligius Nouiom. 2094 sq.
Emeritenses Patres 2069
Ennodius Ticin. 1496
Eosteruinus Wiremuth. 1378
Epiphanius Ticin. 1494
Epipodius et Alexander 2097
Eucherius Aurelian. 2097a
Euentius → Alexander et soc.
Eugendus Iurens. 2119
Eugenia et soc. 199° 2184
Eulalia Barcin. 1273 2069a

Eulalia Emer. 2069*b*
Eulogius → Fructuosus et soc.
Eusebius Vercell. 111°
Eusebius Wiremuth. 1342° 1378
Eusebius, Pontianus et soc. 2185
Eusebius → *Martyres Graeci*
Eustachius et Placida 2185*a*
Eustadiola Vidua 2098
Eustasius → Columbanus Bobiens.
Euticius 2186
Eutropius Arausic. 2099
Eutropius, Bonosa et Zosima 2170

Fabius Vexillifer 2061
Faustus, Ianuarius et Martialis 2070
Felicianus Fulgin. 2188
Felicianus → Primus et Felicianus
Felicissimus → Polochronius
Felicitas → Perpetua et Felicitas
Felicitas et vii filii 2187
Felix Diac. 2115
Felix Gerund. 2069*c*
Felix Negotiator 2114
Felix Nolan. 1382 1997°
Felix Roman. 2189
Felix Thibiac. 2054
Felix et Adauctus 2190
Felix et Fortunatus 2191
Felix → Nabor et Felix
Felix → Saturninus et soc.
Ferreolus Diac. 2116
Ferreolus Tribunus 2100
Filastrius 216
Firmus et Rusticus 2191*a*
Florentinus 509*a Add.*
Foilanus 2107
Fortunatus Diac. 2115
Fortunatus Spolet. 2192
Fortunatus → Felix et Fortunatus
Frontonus 1292
Fructuosus 1293
Fructuosus, Augurius et Eulogius 2056
Fulgentius Ruspens. 847
Furseus 2101

Gallicanus, Ioannes et Paulus 2193
Gaudentius Nouar. 2194
Gaugericus Camerac. 2103
Geminiana → Lucia
Genesius 206 503 sq. 509 966
Genesius Mimus 2194*a*
Genouefa 2104
Geretrudis Niuial. 2109 sq.
Germanus Autissiod. 509° 2105
Germanus Grandiuall. 2106
Germanus Paris. 1039 2108
Gertrudis → Geretrudis
Geruasius et Protasius 2195
Getulius, Cerealis et soc. 2195*a*
Gregorius Magnus 1722 sq.
Guthlacus 2150

Hedistus, Priscus et soc. 2196
Helias 2070*a*
Herenaeus → Irenaeus
Hesychius 2118
Hieronymus 367° 622 sq.
Hilaria → Afra et soc.
Hilarianus → Donatus
Hilarion 618
Hilarius Arelat. 506 sq.
Hilarius Pictau. 1038
Hilarus Galeat. 2197
Hippolytus 1243
Hippolytus → *Martyres Graeci*
Honoratus Arelat. 501
Hu[c]bertus Leod. 2112
Hwaetberctus → Eusebius Wiremuth.
Hyacinthus 2198
Hyacinthus → Eugenia et soc.

Iacobus → Marianus et Iacobus
Ianuarius → Faustus et soc.
Ildefonsus Tolet. 1252 1262*b*°
Ioannes Penar. 2199
Ioannes Reomaens. 2113
Ioannes et Paulus → Gallicanus et soc.
Irenaeus (Lugd.) et soc. 2114
Irenaeus episc. Sirmiensis 2058*a*
Irenaeus et Mustiola 2200

Irene → Anastasia
Isaac Donatista 721
Isaias Proph. 543
Isidorus Hispal. 1213 sqq.
Iuliana Nicom. 2201
Iulianus Briuat. 1030 sq.
Iulianus Tolet. 1252 1262b°
Iulianus → Caesarius et Iulianus
Iulius Durostorensis 2057a
Iurenses Abbates 2119
Iusta et Rufina 1218 2070aa
Iustus Bellouac. 2119a
Iustus Lugd. 2120
Iustus Tergest. 2202
Iustus et Pastor 2071

Lambertus *uel* Landibertus Leod. 2121
Laurentius Diac. 368 (*serm*. 207) 2219
Laurentius Mediol. 1488 1502
Leobinus 1050
Leodegarius August. 1079
Leucadia 1244 2072
Liberatus et soc. 800
Lucia 2204
Lucia et Geminiana 2203
Lucina → Anthimus
Lugdunenses Martyres 1032
Lupicinus Iurens. 2119
Lupus Trecens. 989
Luxorius et soc. 2205

Macchabaei 863 1428 1657a
Malchus Monachus 619
Mamertinus 2092a
Mammarius 2062
Mantius 2072a
Marcellianus → Secundianus
Marcellinus Ebredun. 2122
Marcellinus et Petrus 2206
Marcellus 1043
Marcellus et Apuleius 2207
Marcellus Tingitanus 2053
Marcellus → *Martyres Graeci*
Marculus Donat. 720
Maria Virgo 391a 942a 944c 945d 1163c 1485b

Maria Magdalena 372 (*sermo* 35)
Marianus et Iacobus 2050
Marinus 1058°
Marius 1045
Marius, Martha et soc. 2208
Martialis → Faustus et soc.
Martinianus → Processus et Martinianus
Martinus Papa 1734
Martinus Turon. 475 sqq. 480 1037 1474
Martyres Graeci 2209
Martyrius et soc. 212 sq. 368 (*serm*. 207)
Maurilius Andegau. 2123
Mauritius et soc. → Acaunenses Martyres
Maxentius Pictau. 2124
Maxima, Secunda et Donatilla 723° 2063
Maxima → Ansanus et soc.
Maximianus Donatista 721
Maximilianus 2052
Maximus Reiens. 1058° 2125
Medardus 1520a
Medardus Nouiom. 1049 1520
Melania 2211
Melanius Trecens. 2126
Meleusippus 1309
Memmius Catalaun. 2127
Mitrias Aquens. 2128
Modestus → Vitus et soc.
Monica 367° 1485
Montanus et Lucius 2051
Monulphus Traiectensis 1312°c
Mustiola → Irenaeus

Nabor 357
Nabor et Felix 2212
Natalitia → Adrianus
Nazarius et Celsus 2213
Nereus, Achilleus et soc. 2214
Nicetius Lugdun. 1046 2129
Nynia Episc. 2152 sq.

Octauius → Aduentor
Orientius Ausciens. 1468

Pachomius 619a 653f
Pancratius 2215
Pardulphus Waract. 2130
Parmenius → Polochronius et soc.
Parthenius → Calocerus et soc.
Pastor 2216 sq.
Pastor → Iustus et Pastor
Paternus 1041
Patricius 1105
Patroclus 2130a
Paula → Siriacus et Paula
Paulinus Nol. 207
Paulus Abbas 617
Paulus → Gallicanus
Peregrinus Autissiod. 2131
Peregrinus → Cetheus
Peregrinus → Eusebius
Perpetua et Felicitas 32 415
Petrus → Marcellinus et Petrus
Philastrius → Filastrius
Philibertus 2132
Pimenius 2218
Pinianus → Anthimus et soc.
Placida → Eustachius
Polochronius et soc. 2219
Pontianus Spolet. 2220
Pontianus → Eusebius et soc.
Pontius Cimellens. 2221
Praeiectus Auern. 2133
Praxedis → Pudentiana et Praxedis
Primus et Felicianus 2222
Priscus → Hedistus et soc.
Processus et Martinianus 2223
Protasius → Geruasius et Protasius
Prothus → Eugenia et soc.
Pudentiana et Praxedis 2224

Quirinus 2058
Quirinus → Alexander et soc.
Quattuor Coronati 2248a

Radegundis 1042 1053
Regulus 2225
Remigius *uel* Remedius 1052° 1073° 1918d

Restitutus 2226
Richarius Centul. 2134
Rogatianus → Donatianus et Rogatianus
Romanus Blauiens. 2135 sq.
Romanus Iurens. 2119
Romaricus Habend. 2111
Rufina et Secunda 2227
Rufina → Iusta et Rufina
Rusticula 2136a
Rusticus → Firmus et Rusticus

Sabina → Serapia et soc.
Sabina → Vincentius et soc.
Sabinus Canusinensis 2228a
Sabinus Spolet. 2228
Salsa Tipasit. 2064 sq.
Samson Dolens. 1918o 2149
Saturninus Tolosan. 2137 sq.
Saturninus, Datiuus et soc. 723° 2055
Satyrus 157
Scillitani Martyres 2049
Sebastianus 2229
Secunda → Maxima et soc.
Secunda → Rufina et Secunda
Secundianus, Marcellianus et Veranus 2230
Secundus 2231
Secundus Thebaeus 2232
Sennes → Polochronius
Senzius Presb. 2233
Septem Dormientes 1029
Serapia et Sabina 2234
Serenus Sirmiens. 2057
Seruatius Traiect. 2139
Seuerinus Burdigal. 1044
Seuerinus Noric. 678 sq.
Sigfridus 1378
Sigismundus Rex 2140
Sigolena Troclar. 2141
Siluester Papa 243° 2235
Siriacus et Paula 2066
Sisinnius et soc. 212 sq. 368 (*serm.* 207)
Sisinnius → Anthimus
Sixtus Mart. 1327

Solutor → Aduentor
Speusippus 1309
Stephanus Diac. 391 575 sq. 830
Stephanus Papa 2236
Sulpitius Pius Bituric. 2142
Susanna 2237
Symphorianus August. 2143
Symphorosa 2238

Terentianus Tudert. 2239
Tergemini 1309
Theodota → Anastasia et soc.
Theodulphus Aurelianensis 1006°
Theodulus → Alexander et soc.
Thomas Apost. 1028
Tiburtius → Caecilia et soc.
Torpes Pisan. 2240
Torquatus 2073
Trophimus Arelat. 509°
Typasius 2067
Tyrsus Diac. 2114

Valentinus Interamn. 2241
Valerianus → Caecilia
Valerius Bergid. 1282
Vedastus Atrebat. 2144
Veranus → Secundianus
Victor Maurus Mediol. 2242

Victoria → Calocerus
Victurus 1312*c*
Vigilius Trident. 214
Vincentius Aginn. 2144*a*
Vincentius Caesar. 838° 1092 1185 2073*a*
Vincentius, Sabina et Christeta 2074
Vincentius → Eusebius
Virgilius Arelatensis 2144*b*
Vitae Patrum 951 1279° 1291 1703°
Vitalis et Agricola 2244 sq.
Vitus, Modestus et Crescentia 2246
Viuianus Santon. 2145
Vlfilas 691
Vrbanus Papa 2247

Waldebertus Luxou. 1863°
Wandregisilus Fontan. 2146
Wilfridus Eborac. 2151
Wiremuthenses Abbates 1378

Xystus → Polochronius

Zeno Veron. 209 sq.
Zoilus Cordub. 2075
Zosima 2170

IV. INITIA

Praeter initia in corpore operis allegata haud pauca inseruimus initia sermonum qui solo nomine auctorum in elencho nostro memorantur, ut u. g. sermones Epiphanii Latini (n. 914), Ioannis Mediocris (n. 915), Eusebii Gallicani (n. 966) aliorumque, praesertim quando haec initia desiderantur in praestantioribus huiusmodi repertoriis, nempe:

(J. Aumer), *Initia librorum Patrum latinorum*, Wien, 1865;

M. Vattasso, *Initia Patrum*, Roma, 1906/1908 (StT, xvi-xvii);

G. Morin, *Initia et censura sermonum singulorum [S. Augustino adscriptorum] qui post Maurinos editi sunt*, in Misc. Agost., i, p. 721-769;

G. Morin, *Initia et censura sermonum [S. Caesario adscriptorum]*, ad calcem *S. Caesarii operum omnium*, i, 2, Maredsous, 1937, p. 907-938 (= CC, civ, p. 955-990);

D. Amand, in RB, lv, 1943/44, p. 277-297: *Table des incipit [de tous les textes littéraires publiés d'après les manuscrits dans les 54 premiers tomes de la Revue bénédictine]*;

B. Hauréau, *Initia Operum Scriptorum Latinorum Medii potissimum Aeui*. Accedit *Schedarium* ab A. G. Schmeller et G. Meyer collectum. vi et ii uol., Turnhout, [1974].

J.-M. Clément, *Initia Patrum Latinorum*, i-ii, Turnhout, 1971-1979 (t. iii paratur a M. Stroobant).

Alia repertoria initiorum uide apud:

A. Pelzer, *Répertoires d'incipit pour la littérature latine, philosophique et théologique, du moyen âge*, in RHE, xliii, 1948, p. 495-512 (altera editio aucta, Romae, 1951).

A

A plenitudine Christi 704
A principium uocis ueterumque inuentio mira 1562
A prophetis inquisiui 1370°
A superna caeli parte angelus dirigitur 1521
Ab origine mundi castitas Deo placuit 176
Ab ortu natiuitatis in custodiam sui 1168

Abbatissa monasterii non tam genere 1863
Abraham filius Thare 1191
Absit enim ne hoc loco parabolam 1269
Ac si dixisset rex magnus aliquis terrenus: pignorabo uobis 369°a
Accedentibus ad nos legatis uestris 1066
Accepi litteras tuas. Intellego desiderantem 465
Accepi per communem amicum 516

Accepi per filium nostrum, ciuem meum 621a°
Accesserunt ad Iesum ... O impietas, o duritia 675
Accipe, quaeso 1112a
Accipite, filii, regulam fidei 309
Ad caeli clara non sum dignus sidera 466
Ad cathedram Bracarensem 2344
Ad Constantium 984°
Ad cursum spiritalis stadii 1156
Ad formandum grammaticae medicationis scalprum 1552a
Ad hoc istum locum conuenimus, fratres 966 (*serm.* 41)
Ad locum hunc, carissimi, non ad quietem 966 (*sermo* 6) 971
Ad similitudinem diuinae benignitatis 1069
Ad te loquor quia de te loquor 1997°
Ad te manum meam extendo 639a 1160a, 22
Ad te surgo hominem 743
Adam cum esset annorum ccxxx 2295
Adelphus adelpha mater 1141
Adesto lumen uerum 99
Adgregati simul unum deploremus proximum 1538a
Adhibete huc aures qui accessistis 1149°
Adhortante immo potius conpellente te 642
Adhortatur nos ratio ueritatis 696
Adhuc de quadragesima dicendum. Ascendens Dominus 695 (*serm.* 6)
Adiutor laborantium 1131a
Admirabile diuinae dispositionis 556
Admiror, sacratissimi atque karissimi fratres, et uos beata plebs 210
Admonet Dominus Deus noster, non nos debere 411

Admonet nos, fratres carissimi, ad sollemnitatem dominicae passionis 966 (*sermo* 5) 968
Admoniti sunt 844 (*serm.* 4)
Adtendite a falsis prophetis ... Quod paulo superius spatiosam 672
Adtendite sensum et intellegentiam 75
Aduenit ecce dies quo sacramentum 245
Aduersarii catholicae fidei 381
Aduersus fluctus et impetus 915 (*serm.* 13)
Aduertamus summae diuitias bonitatis 966 (*serm.* 28)
Aegyptus generis femini 1560
Aestiui igitur temporis 1341
Afficimur lacrymis 1211
Age, fili, ut oportet, age ut decet 1227a
Age iam precor mearum 531
Agnouistis, fratres, si tamen euangelium 228 (*serm.* 16)
Ait dominus et saluator Cristus, cuius hodie 694, 7
Ait Dominus: Ignem ueni mittere 694, 18
Ait Dominus: Vos estis lux huius mundi 694, 16
Ait enim Dominus per Esaiam 1160a, 26
Ait quodam loco sermo diuinus: *In diebus sollemnitatum* 966 (*serm.* 45)
Ait sermo diuinus, fratres carissimi, sicut nuper audiuimus: Vnusquisque propriam mercedem 966 (*sermo* 3) 1017a
Aleph mille uel doctrina 623a
Alii animum ignem est dixerunt 89°
Alii festinant ad caelestia et superna desiderant 639
... aliquas officiorum meorum 69
Alius interrogare uolo 2298

INITIA

Allegorizasse dicitur 760
Alloquii spiritalis utilitas et fructus non solum in studio 966 (*serm.* 53)
Alma fulget in caelesti perpes regno ciuitas 1523
Almus altus agnus, aptus ac perfectus 1532*aaa*
Alta urbs et spaciosa manet in Italia 2341
Altus prosator 1131
Amantissimi fratres, adtendite mandata 369°
Amen dico uobis quia misi super populum brucos et locustas 1997
Amicus sponsi domini 2089
Ammoneo té 763
Amore catholicae fidei ductus 551
Ampla pectoralem suscitat uernia cauernam 1137
Angelus alloquitur Mariam 1462
Angelus Domini apparuit ... Qualis angelus? Ille ipse qui et ad Mariam 669
Animaduerto quaesitum apud fratres 59
Animorum quidem fides 758
Anniuersaria sollemnitas agitur 838
Anniuersaria uobis, karissimi, de Lazaro 1997
Anniuersario recursu, fratres 1163*c*
Anno ab incarnatione Christi DCCXXXIIII Tatuini episcopus 1375°
Anno DCCXXXI, Ceoluulf rex 1375°
Anno regni Constantini Regis, nepotis Constantini 1681
Annua uobis dominica oratio ex pontificali 915 (*serm.* 23)
Annus solis continetur 1301
Ante omnia fratres carissimi diligatur Deus 1858*aa*
Ante omnia, fratres carissimi, diligatur Deus ... Qualiter autem nos oportet orare 1839*a*
Ante secula et mundi principium 2301

Ante saecula et tempora 1524
Antiquitus Ecclesia Pascha quartadecima luna 2305
Antistes domini qui p[aupertatis] amorem 507
Aperiri desidero qualiter in baptismo 563
Apis fauos .. . Quattuor euangelia quattuor animalibus 1001
Apostoli lectionem mecum 551
Apostolica narrat auctoritas 174
Apostolici uerba praecepti 1652
Apostolicum pectus uenerabilis sacerdotis 238
Apostolorum supparem 163
Apostolos lucem mundi dicit 1997*a*
Apostolus enim dicit: *Horrendum est incidere* 966 (*sermo* 6; *fragm.* 3)
Apparebit repentina 1522*a*
Appropinquante iam sacratissima sollemnitate 223 (*serm.* 1)
Apud quosdam reges 917
Arbiter altithronus 2153
Arculfus sanctus episcopus gente Gallus ... De situ Hierusalem nunc quaedam scribenda 2332
Aristoteles autem quintum inducit corpus 1155*b*
Ars quid est? 1543*a*
Ascendens dominus in caelum primitias obtulit 695, 6
Ascendente Iesu ... Ingrediente Domino in nauiculam 674
Asia ab oriente 2347
Assumens nunc uirgam pastoralem 417
Assumere poteramus canoram 1237*a*
Assunt o populi festa celebria 1243
Assunt punicea floscula 1218
Astruximus superiore dominica 368 (*serm.* 192)
Attendite artius antistites almifici 1287*b*
Atticorum ex genere 2107

Attonitae mentes obstupuere 966 (*sermo* 12)
Attonitus, dilectissimi fratres, magnifico inlustris splendore concilii 966 (*serm.* 68)
Audax es, uir iuuenis 1522
Audi, Christe, tristem fletum 1533
Audi fili admonitionem patris tui 1155*a*
Audi filia derelicta quae perdidisti 1019*a*
Audi filia ... Ipsius te deuouisti 747
Audi, Israhel, dominus deus tuus 384 558*a*
Audi Thomas quia ego sum filius dei 976*a*
Audient principes, audient populi 209*a*
Audistis, fratres, quod sanctae mulieres 1721
Audistis hodie qualiter 228 (*serm.* 13)
Audistis quia dictum est ... Sicut illa alia praecepta data eis fuerant in lege 670
Audit celum atque terram 1529
Audita a uobis hodie, dilectissimi 1659
Audite cuncti canticum almificum 1528
Audite, dilectissimi, audite uocem domini nostri dicentis: *Non omnis, qui dicit mihi* 914 (*serm.* 35)
Audite dilectissimi, qui desideratis 846
Audite diuina praecepta 1007*a*
Audite, fratres karissimi, et sollicite pertractantes 982
Audite omnes canticum mirabile 1527
Audite omnes gentes 1531
Audite pueri quam sunt dulces litterae 1532*aa*
Audite uocem clamantis in deserto 2026
Audiuimus dicente scriptura pro quali uirtute 633*c*

Audiuimus (euangelium) et quodam modo 388
Audiuimus hodie in sancto aeuangelio recitatum de duobus filiis 694, 20
Audiuimus hodie in sancto aeuangelio recitatum: *Homo*, inquid, *quidam* 694, 21
Audiuimus in euangelio: *Si quis uult uenire post me* 966 (*serm.* 73)
Audiuimus in euangelio uocem domini dicentis: *Non omnes qui dicunt* 966 (*serm.* 7 et 45)
Audiuimus per prophetan dicentem 966 (*sermo* 1)
Audiuimus praesentis lectionis oraculum 966 (*sermo* 76*a*)
Audiuimus Spiritum sanctum per prophetam de natiuitate 966 (*serm.* 1)
Audiuit uestra dilectio euangelium canentem et dicentem: *Factum est autem* 914 (*serm.* 50)
Audiuit uestra dilectio euangelium canentem in praesenti lectione hominem 914 (*serm.* 49)
Audiuit uestra dilectio et mecum 914 (*serm.* 18)
Audiuit uestra dilectio in praesenti sancti euangelii lectione de domini nostri mirabilibus 914 (*serm.* 58)
Audiuit uestra dilectio in praesenti sancti euangelii lectione et domini nostri confessione 914 (*serm.* 26)
Aue, poli conditorem 1526
Augmen ingenii uestri non ueraciter excusatis 1061
Augustine tonans diuino fulmine linguae 518°
Augustinus dixit de quattuor diuisionibus 2312°
Aurea concordi quae fulgent 1479
Aurum et argentum non est mecum 1754

Ausculta, o fili, praecepta magistri 1852
Auscultate expositionem de fide catholica 505

B

Barcinon laete Cucuphati uernans 1273*a*
Beatifica, domine, peccatricem me 2015*a*
Beatissimi, dum adhuc uiueret, patris mei Eusebii 1123
Beatissimus frater et consacerdos 844
Beatitudinis tuae iustitiam obsecro 169°
Beato domino Petro adiuuante oblatus est 1505
Beatorum martyrum praeclara gesta 966 (*serm*. 33)
Beatos apostolos sermo diuinus sub appellatione 226 966 (*serm*. 49)
Beatum Ioannem fuisse Christi nuntiorum nuntium 233*c* 943
Beatus apostolus sermonem diuinum sub appellatione 226 966 (*sermo* 49)
Beatus frater noster Ioannes diaconus a uestra societate 663*a*
Beatus Gregorius Papa librum beati Iob 1715
Beatus Hysidorus de consanguinitate sic loquitur 1375°
Beatus igitur Sedactus [sic] episcopus ... peccatoribus monuit, dicens: Non enim nocet homini 1005°
Beatus Iohannes a sancto Spiritu etiam in maiorum 966 (*serm*. 31)
Beatus itaque Ysaias filius Amos 1200*a*
Beatus martyr Romanus, cuius admirabilem 966 (*serm*. 57)
Beatus noster apostolus Paulus doctor gentium docet, exhortatur 914 (*serm*. 56)

Beatus quidem opifex 1530
Beatus uir. Christus est inmortalis 1167*d*
Beatus uir. Contra beatitudinem miseria ponitur 1167*c*
Bene nostis, fratres carissimi, et mecum fideliter 966 (*serm*. 2)
Bene nouimus primum esse ab origine mundi 966 (*serm*. 18)
Benedicitur una Trinitas, Deus noster 1059
Beneficiorum tuorum memor 653*b*
Benefica natura tua 459
Beneficia dei nostri cum magna et mirifica sint 966 (*serm*. 13)
Benignitas Dei et Domini nostri 915 (*serm*. 14)
Bethfage: beth, ebraice domus 104
Bona et digna (sancta) res 648
Bona quidem sunt et utilia 1147
Bonorum natalium indolem 1216
Bonum et iucundum 428°
Bracara metropolis 2345
Brendanus monachus fecit istam orationem 1138
Breuiter, dilectissimi, sancti euangelii lectionem e uestigio 914 (*serm*. 28)
Breuiter et pro uiribus nostris, dilectissimi, historiam 914 (*serm*. 30)

C

Caeca prophanatus coleret dum turba figuras 1854
Caelesti gratiae et spiritali 406
Caelestis prudentiae dominus 226*a*
Caelestius quidam, eunuchus 781
Caeli et terre creationis 1155*f*
Celis enarrantibus gloriam Dei 286*a*
Caelorum conditor habitauit in terris 1163*c*
Calcato capite diaboli 110
Canon in ebreica, regula in greca 795

Canonum constitutio, gradus uel religio 1680
Cantica Dauidico Christum modulantia plectro 524
Canticum in omni die 1794°
Canticum laudis Domino canentes 679
Capitula patrum traditionum suscipimus 1925
Capra autem peccatorum 549
Caput Domini ipsa diuinitas. Capilli Domini candidi 1093a
Caput Domini ipsa diuinitas eo quod 1093a
Caput et fundamentum fidei catholicae 877
Karissimi, beatum quadragesime tempus 1997
Karissimi, deum spiritum sanctum patri 1997
Karissimi, dominus et salbator noster, postquam resurrexit 1997
Karissimi, dominus noster Ihesus Christus secundum scribturas 1997
Karissimi, externo die nuntiata 1997
Karissimi, extremo die et sermone illo 1997
Karissimi, odiae Ihesus meus, deus meus 1997
Karissimi, per resurrectionem nostri mediatoris 1997
Carissimorum fratrum quos per gratiam Christi 653d
Karitas quatuor modis consistit 756a
Charitatis nostrae officium nullo interuallo 2281a
Caritatis tuae scripta percepi, quibus animum 64
Carne et spiritu Christi 544a
Catholicae fidei fidissimum fundamentum 843
Catholicae strenuitatis tuae 1224
Catholicam fidem ita profitemur: Credimus in unum Deum ... non tamen ut sit Pater 638

Catholicam sanctam Paschae obseruantiam 1377
Caueat lector bonus ne suo sensui 1862
Celebra Iuda 1136 1882
Celebrandum est Pascha die dominico 2275
Celebratio solemnitatis martyrum 420
Celebrauimus ante hos dies 232
Celebritas confessionis perficitur 915 (*serm.* 8)
Cena gaudium angelorum 1001°
Cenobium ad eximii merito uenerabile saluatoris 1377°
Cernite cuncti praesens 1275
Ceruus ut ad fontes sitiens 1371a
Christe, cunctorum dominator alme 1246
Christe potens rerum 1461
Christianae fidei symbolum, quod graeco eloquio 824°
Christum in humanis 932
Xpistus ait: Diligite inuicem 790
Christus Deus et homo esse possit 103°
Christus est inmortalis 1167d
Christus haec duo uerba 1160a, 7
Christus hic flos ‹est›. Decor ‹hic› est 1429
Christus lorica militum 1132
Christus unam cum Patre 915 (*serm.* 19)
Cymiterium Priscillae 2335
Circulo consecrato, anno reuoluto 915 (*serm.* 3)
Ciuitas Burdigala, ubi est fluuius Garonna 2324
Ciuitas Hierusalem habens portas maiores vi 2328
Clarum tanti martyris natalis diem 836
Clemens et pius dominus deus noster inconprehensibilis 914 (*serm.* 20)
Clemens Trinitas est una diuinitas, Pater itaque 1748

Clemens Trinitas est una diuinitas, ut autem 1748*a*
Clementissime domne et inclite princeps, praecepisti 1098
Clementissime Pater omnipotens Deus cum doleret 1251°
Clementissimus omnipotens Deus pietate 935
Coegisti me, famula Dei 1010
Cogitanti mihi et intolerabiliter 76
Cogitanti mihi ‹et› una cum animo meo 79
Cogitis me 633 (*epist.* 9)
Cognitam habens congregationem uestram 1839*c*
Cognoscat itaque, fili dilectissime 1885°
Cognosce te, propter quod Ecclesiam Dei 1296
Cognouimus prouinciales adque uniuersos 1802*a*
Cogor a te, ut tibi, Dardane, de aliquibus generibus 633 (*epist.* 23)
Colonia est initium ab Antimolima 1125
Commonitorium quod per subdiaconum Arcontium 988
Communi definitione decreuimus 1872
Compello caelum, uoco terram 228 (*serm.* 14)
Compunctionis licet in omnibus bonum 966 (*serm.* 57)
Confido, reuerentissime fili, pepigisse 1336
Confitemur dominum nostrum Iesum Christum, filium Dei unigenitum, ante omnia saecula 167*a*
Confitemur et credimus sanctam et indiuiduam Trinitatem 111°
Congregauit nos in unum 2013
Congrua satis ualdeque 1267
Congruae prouisionis 1053°
Congruum ac ualde necessarium est, dilectissimi fratres 966 (*serm.* 25)

Coniugii dulcis hoc est 1058°
Consideremus terrena, dilectissimi, ut possimus 914 (*serm.* 32)
Constantininsis urbis rector 1532*a*
Constat Dominum nostrum omni die 633 (*epist.* 49)
Constat igitur quod primo anno decennouenalis cycli 1384°*d* 2314
Consulte et prudenter in hac nocte 1163*c*
Contensio non dicitur 756
Continent priora statuta 445
Contra Augustinum narratur 518
Contra beatitudinem miseria ponitur 1167*c*
Contra fariseos loqui nos hodie 228 (*serm.* 8)
Conuenire nouimus 1704
Corinthus metropolis 759° 952°
Corpus ad eximii merito uenerabile Petri 1377°
... corruerint. Aliter fecit dñs in eis 1165
Creator mundi diuinus 1229*a*
Creatoris et omnium rerum constitutoris 915 (*serm.* 1)
Crebra inquisitio 160*a*
Crebra inquisitio omnes pigrescentis amputat moras 160*a*
Credebamus, post epistulas nostras 1656 (*epist.* 5)
Credimus hoc Deo propitio 1819
Credimus in Deum Patrem omnipotentem, cunctorum 731
Credimus in Deum Patrem omnipotentem et unigenitum Iesum Christum 552
Credimus in Deum Patrem omnipotentem, omnium uisibilium 551 778°
Credimus in unum Deum ... non tamen ut sit Pater 638
Credimus in unum deum non tres deos 201

Credimus in [unum] Deum [Patrem] omnipotentem et [in unum] unigenitum Iesum Christum 552
Credimus in unum Deum Patrem omnipotentem et unigenitum Filium eius 554
Credimus [in] unum deum patrem omnipotentem, institutorem et creatorem 441
Credimus in unum deum, patrem omnipotentem, uisibilium et inuisibilium factorem 452
Credimus in unum Deum ... Quid fides inuisibilium rerum est 1746
Credimus in unum uerum Deum Patrem 1748b
Credimus in unum uerum Deum, patrem omnipotentem 684°
Credimus patrem et filium et spiritum sanctum 1302°
Credimus unum Deum secundum Scripturam esse credendum 190
Credimus, unum esse Deum, Patrem et Filium et Spiritum Sanctum, sine initio existentem 960
Credo in Deum patrem ... Nosse debemus et nouimus, fratres carissimi, quod ad ueram 365
Credo in Deum Patrem omnipotentem. Creatorem caeli et terrae. Et in Iesum Christum, Filium eius unicum 824°
Credo in Deum Patrem omnipotentem. Et in Iesum Christum 1751
Credo in Deum ... Symbolum est quod seniores nostri 1758
Credo in patrem omnipotentem. Si credidisti 229a
Credo in unum Deum omnipotentem, Patrem et Filium et Spiritum sanctum, tres personas 1714°
Credo in unum Deum (patrem omnipotentem), id est patrem et filium et spiritum sanctum 1752a

Credo in unum Deum, sanctam Trinitatem 1752
Credo in unum Patrem omnipotentem, uisibilium et inuisibilium factorem 553
Credo te retinere, sanctissime Cypriane 38
Crux [haec] alma gerit 1214°
Culmen honorificum, patrum pater 1059a
Culmen opes subolem 1542
Cum a uobis remeans ad ouilis crediti loca 1272
Cum ad omnia noua 1272
Cum aegrotaret, ut nunc audistis 425
Cum anathemauerint eandem haeresim 533
Cum appropinquasset Iherosolimis ... Bethfage: beth, ebraice domus 104
Cum apud uos caelestis eloquentiae 633 (*epist.* 37)
Cum Augustinus et Maximinus Hippone Regio 699
Cum Aurelius papa ... Post diem praestitum 1765°
Cum autem illud eius in superiore sermone 664b
Quum beati Laurentii gloriosa passio legeretur 1997
Cum beatissimi atque apostolici Gregorii 1718
Cum beneficia diuina considero 1160a 1997a
Cum Carthaginem 813
Cum de deo sermo est sicut ualde 976
Cum de spe et salute 455 684
Cum descendisset Iesus ... Docente de monte Domino 673
Cum desponsata esset ... Quae fuit necessitas, ut desponsata esset 668
Cum Deus opifex 228 (*serm.* 1)
Quum deus unus sit quando ipse dixit: Ecce Adam factus est quasi unus ex nobis 556a

Cum diceret dominus ad turbas et uerba 694, 8
Cum diuinum e caelis 1643
Cum enim Christus ascendit ad caelum et nostris aufertur optutibus 1660
Cum et sollemnitas diei et cultus Dei 1160
Cum fortuito in manus meas incideret 953a
Cum ieiunatis, nolite fieri ... Superhabundanter et digne 671
Cum in Christo nomen 1823
Cum in Dei nomine nos omnes Kalendas Martias 1824
Cum in euangelica lectione hoc legeretur 1161
Cum in nomine domini una cum fratribus nostris 1859b
Cum in sacrarum uoluminibus litterarum 382
Cum in superioribus libris 730°
Cum legatos uestros per Francorum Reges 1063
Cum magnanimo inpulsare 2292
Cum Manichaei qui conuertuntur 533
Cum me libellos tuos 500
Cum me peruigil fidei cura 379
Cum mortalium mutabilis mens 374
Cum muliere uel cum uiro peccans 1877
Cum multis magnisque praeceptis 226a
Cum multis nos in superioribus praeceptis 1997a
Cum nostris temporibus tepescentibus studiis 1091°
Cum omnes apostoli 2307
Cum omnis scientia 362
Cum omnium sanctarum 910
Cum perlegissemus, frater, litteras tuas 74
Cum plenissime series regulae 1848
Cum praesentium rerum status 2081

Cum quaeritur quem Spiritum sanctum 825
Cum quaeritur qui Spiritus sanctus 825
Cum ratio postulauerit 654
Cum redemptor humani generis 226a
Cum religiosissimus Theodosius 633 (*epist.* 48)
Cum resideremus in unum in nomine domini 1859a
Cum sacro uolumine Ionae prophetae 966 (*sermo* 26)
Cum sanctum euangelium legeretur, audiuimus nauicellam 388
Cum splendidissimae sanctimoniae tuae 529
Cum suam in nobis uult exercere caritatem 844
Cum te diuersis iterum 1432
Cum transisset ex hoc mundo 1072°
Cum uirgineus partus et nascentis 230
... cum uno oculo et una manu 694, 3
Cuncti mei sensus 565
Cunctis haeresibus repugnantia 511
Cunctorum licet, dilectissimi, gloriosas 1185
Cuperemus quidem 1650
Cupiens in domo dei aliquid offerre 1091
Cupientes aliquid de huius diei sollemnitate 829
Cupio ualde quod recordor absentem 160°
Quur fluctuas anima 1227
Cur non ex aliquo possit confingere nota 1338
Cyrus in initio regni sui 1363b

D

Da nobis domine in uia hac qua te duce 328
Daniel propheta. Tunc illi tres 1217b

Dat mihi plurimum [laetitiae] 1639
Dauid gloriosus in psalmo 470
Dauid propheta sanctissimus ...
Dedicatur nouus ab infantibus sermo 920
De aeterno Dei uerbo dignum aliquid dicere 1005*b*
De beati Iohannis precursoris Domini natiuitate 695 (*serm.* 9)
De beatis infantibus hodie locuturus 695 (*serm.* 8)
De Deogratias autem quem in Adrianopolitana 1663
De eo quod laicus uel adulter clericus 1162*b*°
De eo quod mandastis 1791
... de eo quod scriptum est 2306
De eo uero quod solent 748
De Ioanne dicitur: 'Fuit homo' 597
De mundo, de oriente 1093*a*
De numero igitur, fratres carissimi, Deo adiuuante 2312°
De oculto orbis terrarum situ interrogasti 1124
De olla. Ego nata duos patres habere dinoscor 1561
De pace dicturi 1164*a*
De patria graui sumus exire 1000
De praedestinatione Dei locuturi 383
De praesenti prophetica lectione, in qua 839
De principio mundi usque ad diluuium quod anni fuerunt? 1155*f*
De psalmodiae bono dicamus quae nobis 649
De quiete uestra et pace 1688
De ratione ordinationis temporum 2303
De rebus ecclesiae qualiter tractandae sint 1312
De regionibus messis: gaudium. De uinea: fructus suauitatis 1150
De secundo aduentu domini et saluatoris nostri Iesu Christi, fratres karissimi, audistis dicentem apostolum cum lectio legeretur: Rogamus, inquit, nos 635
De situ Hierusalem nunc quaedam scribenda 2332
De sollemnitatibus et sabbatis et neomeniis 2278
De terrenis discamus caelestia et ex temporalibus 914 (*serm.* 32)
De unitate ecclesiae 728°
De utilitate ieiunii admonemur 311
Debet rector subtili 1718*a* *Add.*
Debitor sum, fateor 410
Decedente iam quadragesimae tempore 1156
Deceptor itaque Herodes 368 (*serm.* 218) 966 (*sermo* 4) 967
... decim dies, aut certe propter profluentium capillorum 1109
Dedicatur nouus ab infantibus sermo 920
Dedit se occasio 451 683
Defendere proximum uel consanguineum 1108°
Deferentibus diaconibus 1074
Dei organa laudes dicunt 417*a*
Dei Patris festinare maximum 1324
Dein finem saeculi hic inquirendum ... Quo‹d› tempore factus est mundus 2255
Delectatione praesentis diei, fratres carissimi 1156
Delectet nos, dilectissimi 369°
Delectet nos, dilectissimi, una uobiscum 1720
Denique psalmi qui fugam 1026
Deos non esse quos colit uulgus 57
Depositionem sanctae recordationis 973
Deprecatus es, ut tibi breuiter exponerem 633 (*epist.* 42)
Descendat meus amor 1142
Descendit Dominus sicut pluuia in uellus. Hec uerba accepit 1160*a*, 4
Descripsi breuiter finesque situsque locorum ... Situs urbis Hierusalem 2333

Descriptio parrochie sancte Dei ciuitatis 2329
Desideratae solemnitatis gaudia celebrantes 695 (*serm.* 3)
Desideratus uotis omnium cristianorum felicissimus dies 695 (*serm.* 2)
Desiderii mei ardor 723
Desiderium caritatis uestrae 412*a*
Desiderium mentis tuae, Palladi 169°
Destinauit dominus Iesus discipulos 694, 11
Detur paenitentia saeculari 981
Deum cole. Superstitionem fuge. Parentes honora 540
Deum time. Sanctos cole 1153*b*
Deum time. Sanctos cole. Regem honora 540*a*
Deum uerum spiritum sanctum credite 1997
Deus a quo facta fuit huius mundi machina 2311
Deus Abraham, Deus Isaac, Deus Iacob, benedicte Deus 1143°
Deus caelorum, deus angelorum 1899°
Deus creauit hominem incorruptibilem 695*a*, 7
Deus cuius arbitrio 1899°
Deus dicitur aliquando nuncupatiue 1093*a*
Deus Dominus, Sanctus Spiritus 99
Deus erat in Christo ... id est diuinitus 368 (*serm.* 154) 966 (*serm.* 24)
Deus exaudi orationem meam 2015*a*
Deus generis nostri 915 (*serm.* 2)
Deus institutor mundi 915 (*serm.* 30)
Deus mirande, uirtus alma 1520
Deus noster, carissimi, famulos suos 966 (*serm.* 75)
Deus noster faciens hominem 915 (*serm.* 31)
Deus omnium mirabilium auctor 1228
Ds qui scos tuos eui[dentissime?] 2022
Deus qui ubique est 468
Deus qui uoluit nihil abscondi 915 (*serm.* 28)
Deus sine initio sempiternus 915 (*serm.* 29)
Deus trinitas inuissibilis est; inuissa etenim 980
Diabolicae artis 1665°
Dialectica est bene disputandi scientia 361
Dic mihi, pater et filius et spiritus sanctus 1755
Dic mihi qua aetate erat Ihesus quando baptizatus est 1155*i*
Dic mihi, quaeso, quae est illa mulier 1129
Dicam quod sentio, fratres mei, et quod 1997
Dicamus de balteo castitatis 472
Dicendi ac disputandi prima 94
Dicente Domino ad Moysen: Mensis hic 2293
Dicimus, prudentissimi fratres 708
Dicimus rithmum esse, ubi tantum 258°
Dicit enim sancta Scriptura: Prope est 369*s*
Dicite qui colitis lucos antrumque Sibyllae 1431
Dicitur manifeste Dauid, sicut titulus 628
Dicitur uenire Enoch et Helia 535
Dictum est hodie recitante aeuangelio quod dominus Iesus 694, 24
Dictum est Patrem de seipso 815
Dictum est quia discumbente domino in conuiuio 694, 15
Dicturi sumus uobis, fratres karissimi 419
Die autem tertio nuptiae fiebant. Quae istae sunt nuptiae 966 (*serm.* 5)

Diei huius aduentum si perfecto 855
Diem autem dominicam primam diem 1155*ee*
Diem pentecosten sabbati sabbatorum 233
Dies dominicus dies beatus 1155*ee*
Dies epiphaniorum graeco nomine 599
Dies haec, fratres, si bene perspicimus 966 (*serm.* 20)
Dies tertius trinitatis est 966 (*serm.* 6)
Digne, carissimi, piis studiis exultemus 966 (*serm.* 22)
Dignitas humanae originis 921
Dignum est fratres aptumque 648
Dignum et iustum est ... Qui mici tribuas 1217*a*
Dilecte fili, dilige lacrymas 1289
Dilectionis tuae non delectabilia 63
Dilectionis uestrae pagina 1649
Dilectissimi fratres, sermone communi omnibus 227 (*serm.* 43)
Dilectissimi nobis, nisi propter sanctam et caelestem 914 (*serm.* 24)
Dilige Deum. Sapientiam disce. Omnia cum mensura age 1153
Diocletiano et Maximiniano Augustis, cum multi 1679
Dionisius quondam urbis Romae scientissimus abbas 2287
Dirigimus uestrae 633*b*
Disciplinam enarrandi generaliter 428°
Disciplinam fratrum filiorumque 1068
Disciplinarum omnium atque artium 984
Discipulis cunctis Domini praelatus amore 1534
Discussi fateor sectas, Antonius, omnes 205
Diu quidem expectationem uestram 966 (*serm.* 66)

Diuersas notas more maiorum 901
Diuersorum opprobria 744
Diuersos, marina discrimina 80
Diues opum, uirtute potens 1072°
Diuinae lectiones et sancta oracula Dei 919
Diuinarum scripturarum multiplicem abundantiam 698°
Diuini muneris gratia est 454
Diuino Apostolus modo 172
Diuisiones temporis quot sunt 2312°
Diximus superiore dominico cum silentii nostri 859 (*a*)
Dixit Dominus Petro: *Tu es Petrus* 1160*a* 1997*a*
Docente de monte Domino 673
Doctor noster beatus Paulus 966 (*sermo* 60)
Domine admiror sermonis abstinentiam 1503
Domine apud quem 2015
Domine deus, destrue quicquid in me plantat 1114
Domine Deus meus in te speraui ... Sed et Petrus apostolus 1160*a*, 23
Dne Dne ds omnium creator 2024
Domine exaudi orationem meam ... Descendat meus amor 1142
Domine Iesu Christe qui nos octo 1561*c*
Domine Redemptor noster quod rogamus tu concede 827
Domini et Saluatoris nostri benignitas 228 (*serm.* 12)
Domini et Saluatoris nostri Iesu Christi aduentus 249
Dñi Ihcv Xti & tvis 1326
Domini in euangelio uox est: *Pacem meam* ... De pace dicturi 1164*a*
Domini nostri Iesu Christi aduentus ac discensio multas, fratres 979
Domini passio discipulorum defectio 370 (*serm.* 5)

Dominica oratio ex pontificali 915 (*serm.* 24)
Dominica prima de aduentu Domini 1935
Dominicae natiuitatis sacramentum quanta sit 1005*a*
Dominicum semen per manus linguae nostrae 370 (*serm.* 3)
Dominicus sermo quem debemus omnes 828
Dominis sanctis honorabilibus ... Multum nos releuari cognoscimus 389
Domino Deo nostro impendenda sunt 408
Domino lectricibus ditato ... Quasi pennigero uolatu 1127°
Domino meo, uere domino, monarchitaeque ecclesiarum ... Desiderii mei ardor 723
Domino nostro [altissimo] adiuuante 1193
Domino uenerabiliter suscipiendo ... Litteras pietatis tuae omni humilitate 392
Domino Wernero 1718°
Dominus Christus pietatis magister in euangelio suo 237° (*serm.* 6)
Dominus Cristus, pastor ille caelestis 695, 1
Dominus Deus cum Dauid 929
Dominus dicit in Euangelio: Euntes autem praedicate dicentes 1302°
Dominus enim noster atque saluator inter suas innumerabiles uirtutes 914 (*serm.* 53)
Dominus enim noster cum uoluntate patris uenit 914 (*serm.* 41)
Dominus enim noster ideo dignatus est 914 (*serm.* 51)
Dominus et Saluator noster Iesus Christus inter caetera sacra praecepta 219
Dominus Iesus Christus, dilectissimi fratres, postquam salutifero aduentu suo 1160*a*, 3
Dominus inter cetera salutaria mandata 1632
Dominus noster adsumptis tribus discipulis, id est 914 (*serm.* 29)
Dominus noster ascendit in nauem cum discipulis suis, ut 914 (*serm.* 46)
Dominus noster cum pro nostra redemptione 914 (*serm.* 38)
Dominus noster ideo dignatus est de caelestibus 914 (*serm.* 40)
Dominus noster Iesus Christus Deus Vnigenitus 701
Dominus noster Iesus Christus in eo quod uirtus 1269
Dominus noster Iesus Christus, qui uoluit 915 (*serm.* 16)
Dñs noster ihs xp̄s semet ipsum dixit 698
Dominus noster Iesus Christus uirtute patris 914 (*serm.* 21)
Dominus noster interrogabat discipulos suos, quid 914 (*serm.* 61)
Dominus noster pro nostra peccata et pro sua nimia misericordia 914 (*serm.* 39)
Dominus noster, qui nouerat perfidiam 914 (*serm.* 62)
Dominus uirtutum et plenitudo gloriae 915 (*serm.* 10)
Donatistarum crudeli caede peremptum 357
Duae naues duas congregationes ostendit populorum 1774*a*
Duarum matronarum uobis censoribus 577
Dudum, dilectissimi fratres, in Neapoli 364
Dudum post diluuium 857
Dulcissimi nobis, domini nostri praeceptum est dicentis 914 (*serm.* 33)
Dum de symbolo conferre uolumus inquirendum est 1759
Dum enim Christus ascendit ad caelum et nostris aufertur optutibus 1660

Dum fortuito in manus meas inci‑
 deret 953*a*
Dum in Babylone uersarer 615*b*
Dum mens curiosa in re tam
 grauiore 2296
Dum nos sedes apostolica 1328
Dum per sacratissimum crucis sig‑
 num 403
Dum sacris mentem placet 526
Dum sacro uolumine Ionae pro‑
 phetae gesta 966 (*serm*. 26)
Dum suauissimis pietatis uestrae
 imperiis 1065
Dum te praestantem ingenio 1126
Duo sunt Adam, unus est protu‑
 plaustus 1155*d*
Duo sunt tempora 644
Duodecim abusiua sunt saeculi
 1106

E

Ea quae in Apocalypsi 1016
Eaque s͞c͞s pater benedictus in
 hac regule qualitate 1857
Ecce, dilectissimi fratres, luctuosa
 nos 1997
Ecce, dilectissimi fratres, perter‑
 ruit 1997
Ecce ego mitto ad uos ... Quod
 post passionem Domini 104
Ecce enim uocata gentilitas 1269
Ecce, fratres carissimi, adest exop‑
 tatus dies 1005°
Ecce iam fraglant et redolent de
 pratis 695 (*serm*. 14)
Ecce igitur castissimam hec pudi‑
 cissimam 695*a*, 8
Ecce, inquid, exiit seminans semi‑
 nare 694, 22
Ecce iterum ad te scribo 566*a*
Ecce, karissimi, quam cum letitia
 et gaudio 695*a*, 12
Ecce nunc tempus ... Moueant te
 lacrymae 238
Ecce pater dulcis ut potui tua
 iussa peregi 1021

Ecce quam bonum ... Bonum et
 iucundum 428°
Ecce quam bonum ... In unum,
 id est 966 (*serm*. 48)
Ecce quod non uult apostolus
 749°
Ecce sacerdotis tenuit 1046
Ecce te, Christe, tibi cara 1245
Eclesya catolica septem gradibus
 constat 634
Ecclesiasticae utilitatis causa 396
Eduxerunt Heraclianum et Fir‑
 mianum 687
Effice nos domine 2015
Ego Amandus, miserrimus et pec‑
 cator. Credimus ubique diuina
 nos pietate 2082
Ego, clementissime imperator,
 uidens animum 106
Ego Cresconius unus ex Mani‑
 chaeis 322°
Ego Cresconius unus ex Mani‑
 chaeis scripsi 727*a*
Ego Eligius, seruus omnium ser‑
 uorum Christi 2095
Ego Germinius episcopus credo
 439 686
Ego Iacinthus in Dei nomine sa‑
 cer 2331
Ego igitur Origenes indignus
 1153*c*°
Ego ille hac scriptura 667
Ego Leodegarius etsi indignus
 episcopus 1078
... Ἐγὼ μὲν ὡμολόγησα 537
Ego quidem Gomes licet indignus
 1247
Ego sum Dominus Deus tuus, qui
 eduxi te 1793
Ego Vlfila episcopus 689
Egregiam uestram sanctitatis fa‑
 mam 1059
Eleemosynam uero nouimus 834
Emeritae quantum damnato cor‑
 pore uitae 111*e*
En, beatissime uirorum, sancti
 Spiritus 1271

En siluis caesa fluctu 1113
Ennodius uatis 1501
Enuntiante fama 1818
Eo quod senserunt alii diuerse de eo quod scriptum est 2306
Epiphania enim grece dicitur quod est apparitio 369d
Erexit fautore Deo 1537
... eripere et uirtutibus 755
Errare haereticos haec maxima causa 1015
Eruditio disciplinae custos est spei 1146
Esaias cum Christo praedicaret 543
Esayas fuit ex Iherusalem 1191°
Esayas in Hierusalem nobili genere 1191°
Esaias interpretatur salus Domini 1160a 1997a
Isaiae breuibus lector mysteria uerbis 1354°
Essaei dicunt Christum docuisse illos omnem abstinentiam 636
Est consuetudo seruis Dei 697
Est deus pater, (deus) filius 658
Est enim magnus honor 1997a
Est insula qui dicitur Scadanan 1178
Est locus ex omni medius 1458
Est quidem nobis omnibus indeficiens oratio 440
Et a transmigratione Babylonis generationes ... Quae quattuordecim numerantur 914 (*serm.* 1)
Et apostolus Petrus, Christo, inquit, passo 760
Et descendente saluatore de monte, ubi 914 (*serm.* 22)
Et dixit Dominus ad Noe ... Si arcae istius fabricam 548
Et egressus est Iesus in Galilaeam in uirtute spiritus. Omnis enim cibus 914 (*serm.* 44)
Et egressus est Iesus rursus ad mare ... Iesus saluator. Si saluator 914 (*serm.* 23)

Et erat, inquit, *saluator eiciens daemonium* ... Qui erat, numquam incipit esse 914 (*serm.* 48)
Et in ipso cognitus est Pater 788
Et ipsi scitis, fratres, quod non desinam 225a
Et reclinauit eum mater 598
Et si aliquoties, tumultuose licet 562
Etiam si martyribus regionis extraneae 966 (*serm.* 11)
Etiamne te ausus est 567
Etsi gloriari in Christo licet quod huiusmodi principiis 1155
Etsi ignotus tibi sim 202, 25
Etsi incongruens est 58
Etsi mihi, fratres sanctissimi, exoptatissimus dies ille 68
Etsi quis gloriari in Christo licet quod huiusmodi principiis 1155
Euangelica modo claudenda nobis est tuba 231a
Euangelicae lectionis doctrina testatur 1602
Euangeliorum tubam nuper audiuimus 1163c
Euangelium in cuius lingua nuncupatur 1129b
Eusebius qui a beato Pamphilo martyre 581a
Eutropium hic, XPE 2099a
Ex plenitudine uerbi 915 (*serm.* 7)
Ex quo famam uestrae sanctitatis 1341b
Exaudi deus ... Spiritus enim prophetalis 428°
Excellentissimum est testimonium ueridicis excrutare 1264
Exercitia legis animam corrigunt 915 (*serm.* 25)
Exhortatur nos Dominus Deus noster 1251
Exhortatur nos sermo diuinus, ut curramus 966 (*serm.* 36)
Exigit a nobis, fratres carissimi, ipsa sollemnitas 1160a, 6
Exoptatus uotis omnium cristianorum dies aduenit 695 (*serm.* 4)

Expedit itaque nobis ut (omnes proximos habeamus et) amicos 966 (*serm.* 54)
Experientia compertum est 1855
Explicatio tandem tanto tamque periculoso labore 1363°
Exposita breuiter catholicae fidei professione 660
Exsurgens ergo Ioseph 228 (*serm.* 3)
Exulta caelum et in laetitia esto 966 (*sermo* 12 A)
Exulta caelum et laetare terra. Dies ... hodie 966 (*sermo* 8)
Exulta caelum et laetare terra. Dies iste amplius 966 (*serm.* 12)
Exultet iam angelica turba caelorum 162
Exulto in domino 1009

F

Fabulas poete a fando nominauerant 849 (*a*)
Faciamus hominem ad imaginem 171*b*
Faciens furtum semel 1878
Facta itaque die egressus ibat ... Sed requiramus, quare dixerit 914 (*serm.* 45)
Factum est autem, cum adpropinquaret Hiericho ... Dominus enim noster 914 (*serm.* 41)
Factum est autem post haec uerba ... Hoc sanctus Lucas refert. Discipulus 914 (*serm.* 47)
Factum est cum turbae irruerunt ad Iesum 177*a*
Fateor, Domine Constantine maxime inuicte 1386*a*
Felicem beatumque te, beatissime Pater 1062
Felicis patriae praeconanda fertilitas 1047
Felicitatem regni 1826
Felix conuersus ex Manichaeis 322°

Felix militiae sumpsit 1486
Feras a continenti terra in insulis 1123°
Feria quarta quod est pridie cenae domini 2003*c*
Fertilem cantum, habitator omnis 216
Festiuitas Ascensionis dominicae uenerabiliter ueneranda est 856
Festiuitas praesens, fratres dilectissimi, nomen ex numero sumpsit 233
Festiuitatem hanc omnium esse solemniorem festiuitatum 1184
Festiuitates istae, carissimi, celebritates 966 (*serm.* 21)
Fidelium exhortatores animarum 966 (*serm.* 61)
... fidelium qui in iudicium non ibunt 1155*c*
Fides dicitur credulitas siue credentia 1747
Fides est religionis sanctissimae fundamentum 923
Fides quae a patribus nostris exposita est 1745
Fides religionis catholicae lumen est animae 966 (*serm.* 10)
Fili hominis, speculatorem posui te ... Videtis filii carissimi quale nobis incumbit periculum 1164*b*
Fili, patientiam arripe quia maxima uirtus 1155°*a*
Filii carissimi, diutius uobiscum esse mallem 208*a*
Filii lucis in libertatem uocati 915 (*serm.* 5)
Filius dei uerbum patris 659
Firmum ‹fi›dei est fundamentum 817*a*
Fit porta Christi peruia 1241
Flagitatus caritati tuae adminiculum rationis fidei 574
Forensis elatio fori 479
Fortiter te contra hereticos dimicasse 620, *epist.* 151
Frater Martinus exigit litteras 949

Fraternitatis uestrae pietatem intimis obsecramus precibus 1342°
Fratres carissimi, admonitio diuina cessare non debet 1163a
Fratres carissimi, gubernator 220 (*hom.* 72) 368 (*serm.* 202)
Fratres charissimi, hodierna die anniuersaria sollemnitas 838°
Fratres carissimi, in hic corroboramini 369q
Fratres charissimi, omnis scriptura diuinitus 645
Fratres carissimi, quantum magnitudo 231
Fratres karissimi, qui in xpisto deum colentes 369° 792
Fratres carissimi, quid quaerit Dñs a nobis, nisi salutem 1145
Fratres carissimi, Spiritui sancto credite qui loquitur 1144
Fratres dilectissimi, hodie 368 (*serm.* 193)
Fratres dilectissimi, quamdiu sumus 1160a 1997a
Fratres estote fideles in omnibus, ut per fidem 1162a
Fratres, oportet nos satis timere 1225
Frequenter diximus: semper Xristiani 606
Frigore digredior 1518a
Fuit in Frantia 1853
Fulgens Eunomia decensque uirgo 1422a
Fulget hic honor sepulchri 1273
Fulgida regna potens 509a *Add.*

G

Gaudeamus, fratres karissimi, simul in unum 1658a
Gaudeant sanctissimi commilitones nostri commune remuneratione meritorum 579a
Gaudemus et congratulamur 1160a, 2
Gaudete et exsultate in Domino uenerabiles filiae 1010

Genitorem nati atque filium 1454
Gens sacranda polis 1657b
... Genuit Christum illa in senectute aetatis 695 (*serm.* 1)
Gloria enim impiorum iniquitas 695a, 22
Gloriosissimi Vincentii martyris disseminatas toto orbe uictorias 1092
Grandem sollicitudinem atque excubias 1638
Grandi, fratres, stupore 541
Grata uobis et uotiua sollemnitas 237
Gratantissime suscepi 1374
Gratia dñi Ihcv Xti & tvis 1326
Gratia uobis et pax a Deo Patre 178
Gratias agere non cesso 1342°
Gratias agimus, Domine, semper 1163
Gratias ago Deo meo 1077
Gratias, dilectissimi, Domino Deo nostro, quod quanta sit 1657a
Gratias quidem agimus Deo patri 722
Gregorius sanctissimus apostolicus papa, ante corpus beatissimi Petri 1714°

H

Haec Augustini ex sacris epigrammata dictis 518°
Haec interim cursim, ne modum liber supergredi 664c
Haec nos de intimo Hebreorum fonte libauimus 1122°a
Haec nostra fides est, quam didicimus 200
Haec omnium credentium mater 368 (*serm.* 231) 966 (*serm.* 57)
Haec prima sapientia 787
Haec quoque Symphosius carmine lusit inepto 1518
Haec subsequens uerba non conuenit monacho 1154b

Haec sunt quae obseruetis ... Primum propter quod in unum 1839*b*
Haec tu alme decus 1275
Haec tua perpetuae 1453
Haec uero de Grecorum prudentia ... Sapiens sapientem adiuuat 1130
Haeret, nisi fallor, sensibus uestris 424
Haeret sensibus nostris prioris sermonis 1160*a* 1997*a*
Haereticus est qui diuinae legis 873*a*
Hanc baptismi Domini nostri 599
Hanc igitur principalem esse 77
Hanc praefatiunculam alii adfirmant 1561*d*
Hauriat hinc populus uitam 1071
Hebraicarum litterarum formae 624
Heia uiri nostrum reboans 1113°
Helpis dicta fui, Siculae regionis alumna 1539°
Heri celebrauimus temporalem 830
Heu me, quid agam? 931
Heu mihi, quid agam? Vnde sermonis exordium 1143°
Hic est sapientia et intellectus, id est sapere 637
Hic liber qui attitulatur rufini non te seducat 200° 905
Hic locus prouidus factus 579°*a*
Hic posuit cineres 1485
Hic sacer in tumba 1885°
Hic sacra beati membra Cumiani soluuntur 1541
Hic sunt reliquias sancti Victuri episcopi 1312*c*
Hieronymus uir memoriae Ecclesiae 1883
Hierusalem gloriosa mater 1242
Hierusolimitanae urbis situm atque ipsius Iudaeae 2326
Hinc, carissimi, de domini sermone 694, 4

Hoc est ergo caeleste mysterium 218*a* (*serm.* 1)
Hoc est Pascha sine termino 2297*b*
Hoc futurum et Isaias ante praedixit 218*a* (*serm.* 2)
Hoc sanctus Lucas refert. Discipulus 914 (*serm.* 47)
Hodie, dilectissimi fratres, Iohannis qui domini 966 (*serm.* 30)
Hodie, dilectissimi, omnium Sanctorum 1369
Hodie Dominus et Saluator noster 1156*b*
Odie Dominus et Saluator noster Iesus Christus filius Dei apparuit 695*a*
Hodie donante Domino huius felicissimi diei 695 (*serm.* 7)
Hodie duos christiani nominis fundatores 975
Hodie, fratres, iubante domino beati Stephani 695, 10
Hodiae, fratres, iubante domino de beatis martyribus 695, 15
Hodie, fratres, iuuante domino beatorum martyrum sollemnia 695, 13
Hodie, fratres karissimi, caeli desuper rorauerunt 370 (*serm.* 1)
Hodie, fratres karissimi, natus est nobis Dominus (*aliter* Christus). Paremus illi 1005
Hodie, fratres dilectissimi, celebramus Dominicae natiuitatis diem 809
Hodie, fratres, iuuante Domino beati Stephani passionis 695 (*serm.* 10)
Hodie, fratres, iuuante Domino beatorum martyrum sollemnia celebramus. Isti sunt 695 (*serm.* 13)
Hodie, fratres, iuuante Domino de beatis martyribus locuturus impetramus 695 (*serm.* 15)

Hodie itaque sacras septem martyrum palmas 966 (*serm.* 32)
Hodie natale sancti Genesii celebramus 966 (*serm.* 56)
Hodiae natus est Dominus noster Ihesus filius Dei uiui 369*b*
Hodie nobis Ioannis uirtus 930
Hodie nos solitum deferre sermonem 802
Hodie populus Israhel et uere homo 601
Hodie puer natus est nobis ... hodierna enim natiuitas 1157*a*, 4
Hodie recitatum est in sancto euangelio 694, 1 694, 9
Hodie recitatum est nobis in sancto euangelio quia dominus Iesus in deserto 694, 9
Hodie tertius dies agitur 370 (*serm.* 6)
Hodierni diei sacrosancta sollemnitas hebraice phase 966 (*serm.* 15)
Hodierno die, carissimi, solemnitatem, sicut scitis, Ascensionis 288
Homo Adam prophetauit de muliere sua 84
Homo Epictauus commendauit 1155*f*
Homo quidam descendebat ab Ierusalem ... Cum in euangelica lectione hoc legeretur 1161
Homo quidam erat diues et habebat ... Dominus enim noster ideo dignatus est 914 (*serm.* 51)
'ὁμολογοῦμεν τὸν κύριον ἡμῶν Ἰησοῦν Χριστὸν, τὸν υἱὸν τοῦ Θεοῦ τὸν μονογενῆ, πρὸ πάντων μὲν τῶν αἰώνων 167*a*
Honesta, inquit Epicurus 1089
Honor matris gloria filiorum est 966 (*serm.* 59)
Honorificentiae tuae litteras legi quibus factum 736° 761 763°
Hora diei prima 2007*a*
Hucusque completum est uetus testamentum 904°

Huius sollemnitatis expositionem uestris auditibus 1997
Humanae referunt litterae 732 735°
... humanitatis creatricis et creatae 1661°
Humilitati meae coronam uestri apostolatus 1064
Hunc ergo puerum accipere Ioseph iussus est 218*a* (*serm.* 3)
Hunc librum esther, sicut ait beatus hieronimus 904°
Hymnum dicat turba fratrum 464
Ymnum laudis, Medarde, tibi 1520*a*

I

Iacobus, Cephas, Iohannes, Thateus 1362
Iam Deus omnipotens 1425
Iam dudum animis nostris insedit, dilectissimi fratres, monachorum singularis uitae propositum 1290
Iam dudum temerasse duces 1480
Iam quidem suggesseram 573
Iam tempus est ut se ueritas 2272
Id est diuinitus operabatur 368 (*serm.* 154) 966 (*serm.* 23)
Ideo istas uobis chartas transmisimus 1695
Iesus saluator. Si saluator, et deus 914 (*serm.* 23)
Igitur ab almificae memoriae patre nostro 1318
Igitur cognoscat uniuersalis ecclesiam 1864
Imitatores Christi lineas tenent humilitatis 915 (*serm.* 18)
Immortale nihil 1385°
Imperante domno Mauritio Tyberio perpetuo Augusto 1714°
Imperas praecipisque mihi 2300
Imperitiae culpam 453
Impietas profunda mali 36
Impositae mihi uotorum 1003
Imprimis dicendum est cur apostolus 1122*a*

Imprimis ergo hortamur, ut timorem Dei 1850

Imprimis monasterium uestrum miram conclauis diligentiam 1839c° 1873

In afflictione et dolore 1153e

In antico tempore numerus diocesum ... Tempore Sueuorum sub era dcvii. Ad cathedram Bracarensem 2344

In cena uero domini tondant capita sua 1858

In Christi generatione Matthaeus 177

In ecclesia dei, fratres mei, summum locum 1119

In eo quod dixit angelus ad Ioseph: Mortui sunt 218a (serm. 4)

In finem huius mundi complebitur 634b

In hebraeo libro psalmorum 625

In hoc loco continetur sinodus Arausicae 1017

In hodiernum conuiuium qui 937

In hunc fere modum 498

In illis diebus, dicit Dominus ... Aduertamus summae diuitias bonitatis 966 (*serm.* 29)

In illis, inquit, diebus, ait euangelista in praesenti lectione, cum turba 914 (*serm.* 60)

In lacrimas cuncta si possem uertere membra 1240

In lectione reuelationis b. Ioannis 1016

In mente habe quia hospes es 1841

In nomine XPI. Fuit in Frantia 1853

In nomine D.N.I.C. incipit liber genera[tio]num 2254

In nomine Patris ... Beato domino Petro adiuuante oblatus est 1505

In nouissimis temporibus iam 1063

In omni quidem psalterio 604

In primis in septuagesima 1991

In primis nocturnis horis 1857b

In primis quidem si ceperit homo 1843a

In primo igitur anni embolismo 1384°

In primo igitur anno embolismi 2315

In primo sermone huius operis 95

In principio erat Verbum et Verbum erat apud Deum, id est in Patre 1168a

In principio erat Verbum, id est in Patre 632a

In principio fecit Deus caelum et terram. Quis hoc dixit? 1129c°

In principio homo primus unde in saeculo 2254

In sanctitatis uestrae notitiam 1689

In s[inistra] Sancti Laurentii et theatrum Pompei 2338

In subsequenti hoc libro 1203°

In te Christe credentium 1132

In terris uisus est ... et in ipso cognitus est Pater 788

In ueste Aaron quattuor ordines 104

In unum, id est, in diuino timore, uno eodemque consensu 966 (*serm.* 71)

Incarnationis diuinae mysterium, nostrae reconciliationis 841

Incipit concilium urbis Romae sub Damaso papa 1676

Incipit origo humani generis 2254

Incipit prologus de medicinae salutaris animarum 1882

Incipiunt genealogiae totius bibliothecae 2254

Incipiunt regulae fidei catholicae contra omnes haereses 559

Incipiunt uirtutes quas Dominus 1155e°

Indicium uerae ac perfectae religionis 226

Inenarrabilia sunt dominicae incarnationis mysteria 607

Ingrediente Domino in nauiculam 674

Ingressus, inquid, dominus Iesus in domum 694, 23
Iniquitas dicitur quicquid contrarium 1154*a*
Inlustrati pietatis tuae scriptis 443
Inreparabilis esset humana fragilitas 238
Insani capitis censetur 1262*b*
Instruit nos atque hortatur sermo diuinus 966 (*serm.* 38) 1107°
Intellegere possumus, fratres karissimi, quantam 228 (*serm.* 6)
Intelligere ergo debemus super egenum 375
Inter aestuosa et ripis tumentia 416
Inter aptum et utile 1187
Inter caetera et ad locum diuinarum scripturarum 1757
Inter christicolas celebres quos fama frequentat 1463*a*
Inter Deum et dominum 1202
Inter florigeras 1370
Inter haec, quia in nullo 457
Inter maximam leticiam uotorum meorum 51
Inter multos saepe quaeritur 1716
Inter polliceri et promittere 1226
Inter praecipuas quas cingunt aequora terras 1058°
Inter pressuras atque angustias 404
Inter uarios et multiplices 73
Interea conprehenso Salbatore 188 ... introducti sunt 194*b*
Intueamur primam lectionem 312
Inuenimus etiam in aliorum decretis 1375°
Inuocare Deum, beneficium est Dei 1157*b*
Iob Christi gessisse personam 643
Iob qui dolens uel magnus 643
Iohannis celsi rimans misteria caeli 1128
Iohannis euangelista quasi diuinorum conscio sacramentorum 1154*e*

Ioannes (inquit) *audiens in uinculis* ... Beatum Ioannem fuisse Christi nuntiorum nuntium 233c 943
Ioannes per tres causas hunc librum scripsit 1121*d*
Ipsa ciuitas in monte posita 2327
Ipsius te deuouisti 747
Isaias → Esaias
Ysidorus lectori salutem. Origenes quondam ille qui apud grecos 1197
Isocrates in exhortationibus suis 578
Ista Arator secundum Augustinum 1505
Istae sunt pigmentae quas ad Cameracum debemus comparare 1312*b*
Istam Patricius sanctus 1127
Ita habitatio hominis in hoc mundo 369*r*
Ita in arcano pectoris uestrae dulcedinis 1061
Ita saepius fluenta spiritalis eloquii 848
Ita se in omnibus gentibus 948 1697
Itaque stella Veneris et Mercurii 2323*a*
Iterato asinae ora reserastis 1475
Iterum de beata Maria, credo 1753
Iterum gaudii euangelia, iterum libertatis 945
Iterum nos sancta et superlaudabilis Dei genitrix 944
Iubente Deo ex praecepto pietatis tuae 442
Iucunditate plenus pro natale sancti martyris Cypriani 695 (*serm.* 12)
Iudicia Domini sicut abyssus 915 (*serm.* 17)
Iustitiae nobis hodie sol magnus 1157*a*, 8
Iustorum ac uestris orationibus 2297

Iuuenis homo, Epictitus nomine, commendauit se 1155*f*

K

Κεχαρισμένα, καὶ γάρ οὐκ ὀλίγον 1653

L

Laetemur in Domino, fratres dilectissimi, omni laetitia 480
Letifica, domine, peccatricem animam 2015*a*
Largiente Domino haec tibi pauca 1875
Latinitas est obseruatio 1557
Laudabiles fides huius principis 694, 6
Laudanda est decessorum nostrorum sollicitudo 1182°
Laudate Altithronum, pueri 1371*c*
Laurentius uir clarissimus 366
Lectio euangelica quam nunc audiuimus in hunc modum ceptum 421
Lectio euangelii quam audiuimus, dilectissimi, multis 423
Lectis epistulis tuis multo modo 746
Lector casses catholicae 1337
Lectum est de fariseo et publicano 694, 10
Legatur autem omnis scriptura 1990
Legimus et fideliter retinemus 969
Legimus in apocalypsin septem sigillis librum esse signatum 1152*c* ·
Legimus in ecclesiasticis historiis 1368°
Legimus in quodam diuinarum scripturarum libro sic esse ueritatis praecones 695 (*serm.* 11)
Legimus sanctum Moysen populo Dei 1251°
Legimus spiritum sanctum 368 (*serm.* 175)

Leuatus est Maximus praesumptor 1714°
Libellum quem mihi religio tua 380
Libenter nos 220 (*hom.* 109)
Libentius, fratres, clariusque 371
Libros De Ciuitate Dei quos a me 313*a*
Licet ante dies breuiter 1997*a*
Licet domnus et germanus meus 479
Licet fixo in transitu dente mordicus laceres 642*a*
Licet ingentia 221(*serm.* 70)
Licet multi et probatissimi uiri diuerso quidem stilo 373*a*
Licet nos multis Dominus noster ... Qua me ui multorum et furore 107
Licet proximae scribta dedirimus 1647
Licet regni nostri cura 1234
Licet tam sera scriptorum officia iustissime 1055
‹Ligna colligam 417*b*
Lignorum copia ingentem excitat flammam 1843
Lingua non sufficit 221(*serm.* 87)
Lingua prophetarum cecinit 1044*a*
Litterae uestrae gloriae per Iocundum 1062*a*
Litteras celsitudinis 1075
Litteras gloriae uestrae, Andrea comite 1067
Litteras pietatis tuae omni humilitate 392
Litteras sinceritatis tuae accepi 108 438
Litteras tuas, domine Caesar, ab Asacrate 1125
Litteris tuis cursim mihi allatis 952
Litteris tuis paruitatem meam postulasti 1307
Loca uel insulas in Oriente, ubi diuersa 1125
Loquuturi de perfectione summi antistitis 966 (*serm.* 35)

Locutus est ad nos sermo Dei 310
Loqui eum qui iam olim multa lectione 83
Loquitur Euangelium: *Qui non honorificat Filium* 469
Lucas medicus Antiocensis ut eius scripta indicent 1121c
Lucas Syrus natione Antiochensis 632°
Lucis largitor splendide 466
Lugdunum desideratum montem 2343
Lux oculis, lux blanda, meis lux mentibus apta 1508a

M

Magister gentium beatus Paulus 1718a *Add*.
Magna est atque honesta pollicitatio 796
... magna nobis ob uniuersam fraternitatem 60
Magna plaga, uulneris magnum 412
Magna quidem est et uenerabilis 285 (*sermo* 394)
Magnam humilitati 738
Magnam tuam intellegentiam, o generose Candide, quis festinauit 96
Magnificentissimi patres nostri apud Laudiciam 1164b
Magnitudo caelestium beneficiorum angustias 966 (*serm*. 17)
Magnum cumulatur 762 763°
Magnum est quidem, amice ‹Vincenti› 587a
Magnum et admirabile paschae baptismi sacramentum 966 (*serm*. 14)
Magnum et indeficientem 875
Magnum Hieremiae sanctissimi 928
Magnum hodie, fratres, suscipiamus 371°
Magnum quidem est publicis atque communibus 966 (*serm*. 58)
Magnum uere sacramentum quod nobis a Deo 369f

Maiores nostri orbem totius terrae 2346a
Mandare mihi dignatus es 655
Maria ueniens ad Christi 940
Maria ueniens ad Christi Domini monumentum 372, 35
Mariae enim Magdalene quemadmodum audistis 372, 35
Marina animalia ad littora cadentia 1792
Martyres sancti quorum hodie 415
Martyres sancti, testes Christi, usque ad sanguinem 288
Mattheus instituit uirtutum 1385°
Maxima pars lapsis abiit 532
Me, fratrer carissime, ad solatium uitae praesentis 111a
Melius est, dilectissimi nobis, animam frequenter 914 (*serm*. 54)
Memini te hesterno dixisse anno 1376
Meminimus et tenemus et habemus 539a
Meminit sanctitas uestra ante dies 1160a 1997a
Meminit sanctitas uestra, dilectissimi fratres, ante paucos dies 247
Memorare igitur uobis uolo 1313
Mens tua que et discere 169°
Mente canam Domino gratias laudesque rependens 1379°
Mentitur qui te totum legisse fatetur 640
... meriti agitur et inobedientiae poena 652
Merito ad eum dicebat sanctissimus profeta Dauid 694, 2
Merito uiam fecimus 234
Metiri facile posse 111
Metrum quid sit? 1543b
Milites ergo Christi sic taliter suos debent componere gressus 1842
... mirabili[b]us facere uoluit, ut Christus de uirgine nasceretur 226
Miracula primeua ymnorum modula clara 2011°

Mirandum prae ceteris festiuitatibus sanctis 837
Mirare quorundam 733
Mirificum diuini operis munus 1160*a* 1997*a*
Miror adhuc rationem intellegendi 97
Miror admodum, uenerabilis filia 241
Mirum satis est, dilectissimi fratres 555
Miserere, Domine, miserere Christe 99
Miserere mei deus secundum magnam misericordiam 2015*a*
Misit mihi nobilitas tua 1661
Missa tempore sacrificii est 1911
Mittitur a Iacob patre sanctissimo 925
Modicum tempus relictum est nobis et paruum interuallum 1857
Molesta semper est et iniucunda peregrinatio 564
Moneo sublimitatem tuam 1306
Mors infesta ruens 1045
Mos est generosae materiae obseruandus 78
Mosinu maccu Min, scriba et abbas Benncuir 2308
Mouent te lacrymae 238
Moyses Dei sacerdos haec dicit: Si quis percusserit 168
Moyses magister ouium 211
Mulieri accipienti fermentum 187
Multa licet colligas 681
Multa nomina multaeque appellationes 646
Multa quidem et frequenter ausi sunt 368 (*serm.* 236) 448
Multa quidem obscuritas. Ioannes Dei gratia 1221
Multa sunt exempla fortium 863
Multas quidem et graues haereses 551
Multi (sunt) qui sanae doctrinae aduersantur 1002
Multifarie diuerse sunt obseruationes 695*a*, 18

Multifariae multisque modis ... Et apostolus Petrus, Christo, inquit, passo 760
Multo quidem non modico tempore 2276
Multos et magnos patronos hodie 861
Multum frater 1724
Multum habent salubritatis et gaudii conuentus ecclesiastici 966 (*serm.* 52)
Multum mihi gaudium 620, 152
Multum nos releuari cognoscimus 389
Mundus iste transibit 1117
Mundus origo mea est 1430*a*
Musica est scientia bene modulandi 258°

N

N. autem quem in Adrianopolitana 1663
Nam cum Pater et Filius 558*a*
Nam dominus et saluator noster interrogauit 846*a*
Natale ‹primae› cathedrae sancti Petri 369
Natalem domini, fratres dilectissimi, hodie caelebramus 1163*c*
Natalem sancti Felicis, fratres, feliciter 1997°
Natalem sancti Ioannis, fratres karissimi 860 1008°
Nato mihi quondam sub lege peccati 530
Naturae genitor quae mundum 1554
Naturalis doctrinae magister 226*a*
Naturam dare cuique suam uoluit Deus 175
Nemo est qui nesciat martyrum glorias 936
Nemo est qui nesciat principio hominem 922
Nemo igitur claudat uiscera sua contra indigentem 1160*a*, 24

Nemo miretur si sancta Ecclesia, si uirgo materque 237
Nemo qui nesciat, fratres dilectissimi, de sacerdotibus Dei 724
Nemo qui nesciat principio hominem 922
Nescio an quisquam ausus sit 2277
Nescit mens nostra fixum seruare tenorem 642
Nestoriana lues 519
Nestoriani a Nestorio 665
Nicil aliut plus liquidius 2299*a*
Nihil autem ex matre uiolare potuit natus 966 (*serm.* 76*b*)
Nihil in diuinis humanisque actibus 400
Nihil sic Deo placet 605
Niniuitis Ionas a Deo missus 1149
Nisi illam zabolicae subtilitatis fraudem 473
Nisi tanti seminis 570 762°
Nisi tantis minis 570 762°
Nisi uererer, beatissime frater 569
Nobilis genere atque ditatus Spiritu 915 (*serm.* 22)
Noli Pater indulgere 1132
Nolo te factum 457
Non autem ignoramus 748
Non debemus, fratres karissimi, praeconio diu cessare 1164°
Non debemus mirari, dilectissimi, [quod fidei] preconio 1164
Non doceo sed ammoneo 457 684° 1630°
... non edocti humanae sapientiae uerbis 560° 702°
Non enim nocent homini 1005°
Non ergo separamus Patrem et Spiritum sanctum a Filio 1752*aa*
Non est dubium, beatissime papa 1690
Non est relatio Ioannis contraria qua refert 954*a*
Non ignorat carissima nobis 109
Non in te admiror sermonis abstinentiam 1503

Non minoris est prouidentiae 1262*b*
Non queo quod mente concipio 603
Non semper, fratres dilectissimi, suauitate laetificantes 966 (*sermo* 4) 975*a*
Non semper oculis corporalibus 848
Non tam facile auspicia 228 (*serm.* 11)
Non timet qui non timet tres saltus regis 369*e*
Non uobis possum dicere 1157*a*, 5
Nonae aprilis norunt quinos 2309
Nonnulli fidelissimi fratres 1293°
Nos igitur, fratres karissimi, inter uersucias Iudaeorum 1160*a*, 5
Nos Patrem credimus qui non sit Filius 118
Nos Patrem et Filium et Spiritum sanctum [unum Deum] confitemur 789
Nosse debemus et nouimus, fratres carissimi, quod ad ueram 365
Nostis, fratres carissimi, quia dies iste qui a nobis 831
Nostri ueniam peteremus 859
Notandum est quod omnis ars 1383°*i*
Notitia in prouinciis Galliarum uel Gallicanis 2342
Notum sit et absque dubitatione 1327°
Notum uobis facio qualiter beatus Vigilius Tridentine sedis episcopus 214°
Nouatiani martyris 76°
Nouum forsitan uideatur ignaris 653*a*
Nunc episcopi Cyrilli priora posuimus 668*a*
Nunc iam ipsum memoriae sanctum Augustinum 511
Nulla res, uetus inquit comicus 621

Nulli sacerdotum 1651
... Nullus igitur qui sanum sapit 171
Numerorum liber de quo nunc nobis est sermo 170*a*
Nunc autem exposuimus 627°
Nunc Damasi monitis 641
Nuptiae in quibus Christus 416

O

O deus, aeternae mundo spes unica uitae 1373
O frater egregie, coenobii pater 2165°
O fratres dilectissimi, faciamus bonum ad omnes 369*c*
O fratres dilectissimi, magna [in]dignatio est qua nos Xps 369*a*
O fratres dilectissimi, oportet nos renouari in meliora 369*g*
O fratres dilectissimi, praeparemus nobis cor nouum 369*k*
O fratres dilectissimi, timendus est ille 369*l*
O homo, primo tibi qui legis 1858
O homo, proposuit quidem tibi deus inaestimabile pretium 966 (*serm.* 74)
O impietas, o duritia 675
O incomparabilis domini patientiam 218*a* (*serm.* 5)
O magne rerum Christe rector inclite 1232
O pater altitonans 1478
O pater omnipotens, celsi dominator Olympi 1478
O profundum diuitiarum 1011
O quam delenda conditio 536*a*
O tu uita, quantos decepisti 1107°
O uir beatus cui remissa iniquitas 205
Obiciunt nobis Ariani 748
Obsculta, o fili, praecepta magistri 1852
Obsecro tranquillissime imperator 444
Obsecro uos, dilectissimi fratres qui istius saeculi uanitates 1160*a* 1997*a*, 1
Obseruantiae paschalis regulam 2286
Oceanum et Greci et Latini ideo nominant 2347*a*
Octo sunt uitia principalia 1095
Oleo sancti Petri Apostoli 2334
Olim quidem illustres et magnifici 1692
Olim sacrilegam quam misit Graecia turbam 2210
Omne peccatum actio est 1090
Omne psalterium sagaci mente 602
Omne quod est, aut ingenitum est 560
Omne quod fuit ... Quod praesentis rei probatur effectu 568
Omnem psalmorum prophetiam 625
Omnes homines qui se student 1148
Omnes qui christiani nomine 966 (*sermo* 9)
Omnes scripturae quas nunc audiuimus 284°
Omnes sollemnitates beatissimorum martyrum admonent nos 288
Omni enim tempore decet benefacere 695*a*, 19
Omni quidem uitae nostrae 437
Omnia nomina xiii litteris 1558
Omnia quae a sanctis gesta sunt 1676°
Omnia quae dominus in hoc mundo 966 (*serm.* 28)
Omnia quidem quae necessaria 1705
Omnia trina uigent sub maiestate Tonantis 166
Omnibus diuinae Scripturae paginis 278
Omnibus peccatoribus in se credentibus 218*a* (*serm.* 8)

Omnipotens Deus Ecclesiae suae prouidens 876
Omnipotens Deus Pater et Filius et Spiritus sanctus, unus atque trinus 488°
Omnipotens Dominus pro sua misericordia 1096
Omnipotens et misericors ds pater dni nri ihu xpi te supplices deprecamur 2025
Omnipotens genitor rerum 1473
Omnipotens genitor tandem miseratus 1482
Omnis causa martyrii in contemnenda morte consistit 1164c
Omnis enim cibus, qui ad horam 914 (*serm.* 44)
Omnis enim *scriptura*, ait apostolus, *diuinitus inspirata* ... Vt, quia omnis scriptura 914 (*serm.* 55)
Omnis familia summi et ueri Dei 360
Omnis generatio 680
Homnes homo christianus qui accepet baptismo 1532
Omnis homo intellectu et sapientia praeditus 966 (*serm.* 62)
Omnis Italia quae uersus meridiem 2340
Omnis mente pius 1118
Omnis qui audit uerba mea ... Christus haec duo uerba 1160a, 7
Omnis qui baptismum Christi desiderat 405
Omnis qui beate uult uiuere 373
Omnis, qui conplet officium, debitum 914 (*serm.* 19)
Omnis qui qualemcumque differentiam facit 196a 615a
Omnis qui se agnoscit 915 (*serm.* 11)
Omnis roris qui discendit de austro 791
Omnis scriba doctus in regno caelorum 632

Omnium mirabilium uelut principale fundamentum 1123°
Omnium quidem de scripturis 766
Omnium quidem martyrum sollemnitatem 942
Omnium terrarum 1204°
Operae pretium est etiam hanc figuram 81
Oportet abbatem ducem esse omnis iustitiae 1154d
Oportet, fratres charissimi, ut flagella Dei 1714
Oportit enim nos timere uerbum domini 793
Opportune et congrue sub die insigni sollemnitatis 966 (*serm.* 16)
Optabam, piissimi fratres, uenerandam 397
Optabile nobis pacis atque concordiae 1629
Optaremus ut quemadmodum sanctitas tua 394
Optassem, piissimi fratres, uenerandam 397
Optatissimum nobis pacis atque concordiae 1629
Optaueram te, frater dilectissime, pristini erroris 703
Opto tranquillissime imperator 444
Opus egregium quod non solum 1258
Orabam, reuerentissimi fratres, in tali statu 397
Oratio dicta est 909
Oratio dicta est quasi oris ratio 1561b
Oratoris officium est 1556
Orbis celsa graui uexantur 1847
Oremus Dominum ne audiamus 369h
Oremus pariter toto de corde 1236a
Origenes quondam ille qui apud grecos 1197
Ossius episcopus dixit: Non magis mala consuetudo 539

...ostendebantur iuxta scripturas 2325
Ostiarium oportet percutere cymbalum 1222
Ostiarius (fuit) quando percutiebat 1155*b*

P

Pacifico uiro pacificum dare consilium 848
Paenitentes, paenitentes, paenitentes 285 (*serm.* 393)
Paenitentia quidem praecipuum sed extremum remedium est 966 (*serm.* 58)
Paenitentiae officia et merita 854
Pallium per latorem 1649°
Parce domine digna narranti 1140
Paremus illi 1005
Parentum meritis subiugans 765
Partes orationis secundum grammaticos sunt vii, id est 1563
Paruane sunt haec ad demonstrandum 2337
Paruimus monitis, tua dulcia iussa secuti 1427
Pascha Christi 368 (*serm.* 168)
Paschalis festi rationem 2284
Paschalis sollemnitas, dilectissimi, hodierna diei festiuitate 941
Pater Deus, Filius Deus, Spiritus Sanctus Deus. Haec unita substantia 1749
Pater ille ac Deus omnium mortalium 191*a*
Pater qui caelos contines 2008°
Pater qui omnia regis 2007*b*
Pater sanctissime, ueritas in uobis 633*b*
Patre meo Ammonio 681°
Pentecoste hodiae caelebratur in nobis 369*i*
Per auditum credit 1160*a*, 27
Per hoc supernae maiestatis 1822
Per paenitentiam posse omnia peccata dimitti 65

Per sanctam annuntiationem 1138
Perfectorum est 729
Perfidorum crebro cadit 858
Perge fidelis anima 426
Peritorum mos est medicorum 707*a*
Perlectis sanctitatis tuae litteris, gauisus sum 1223
Permotos esse uos credo 972
Pertinere nos, dilectissimi 481
Pertractantes in Dei nomen cum uiris 1821
Peruenit ad me deo donante 487
Peruenit ad nos, patres conscripti, de ecclesiae 1678 1806
Peruenit ad paruitatem meam 1020
Petistis a me de pontifice Melchisedech 633*a*
Peto ergo ut, sicut 1698/1702
Philosophorum scidolas sagace indagatione 2348
Pia quidem talis est religio 1230°
Piae uenerationis uestrae proposito 653*f*
Piissimi patris affectum 771
Placitum est in concilio habito, in quo credimus posse placere omnibus 446
Plebs Deo dicata pollens 1254
Plena Deo, moderata animo 1422*a*
Plerique philosophorum, dum 1025
Plerique qui misterium Paschae 2302
Plerosque cernimus in ecclesia 1143*a*
Plura nouimus cantica 1208
Plura sunt praecepta uel instituta maiorum 1868
Porro ex more sanctorum 956
Portabat Rebecca geminos in utero fratres 924
Posco a te de unito deitatis nomine 988°
Post diem praestitum 1765°
Post dilectionem Dei et proximi 1869

Post illam sollemnitatem, quam nobis anniuersaria reuolutione 833
Post Moysi et Iesu Naue 1719
Post recentem domini mei exultationem 966 (*serm.* 69)
Post sedatam igitur tempestatem 218*a* (*serm.* 6)
Post Sodomum et Gomorum 1426
Postea quam uirginei partus 233*a* 938
Postquam dominus noster in Galilaea de conuersatione sancta 418 914 (*serm.* 59)
Postquam omnes coquos tuos 479
Praecedente beato Antonino martyre 2330
Praecelso et spectabili his Argobasto comiti 1056
Praecepit Dominus coruis ut pascerent Heliam 204
Praecipit Dominus in Euangelio ut simus simplices 377
Praecipuis beatissimorum 1308
Praeclara huius dies solemnitas 1157*a*, 6
Precursor Domini martir 1535
Praedestinatiani sunt qui dicunt 959
Praedicante domino nostro in Iudaea 914 (*serm.* 38)
Praedicator omnipotentis Domini Paulus 179°
Praemia tot formae [forte] numeret quis uoce secunda 1508*a*
Praesenti lectione percepimus: *Si quis uult post me uenire* 966 (*serm.* 34)
Praesenti lectione percepimus uisionem 966 (*sermo* 1) 974
Presentis diei festi, donante Domino, sollemnia 695 (*serm.* 5)
Praestando hominibus uniuersa 915 (*serm.* 3)
Praestatio est praedictio, praeloquatio 1129*a*
Praesumptionem meam 740 (*epist.* 7)

Preces uestrae praecepta quaedam 621°
Precor pietatem uestram ego puniendus peccator 1286*a*
Presbyter aut diaconus faciens fornicationem 1321
Prima eorum obiectio 812
Prima igitur Italiae prouincia Venetia appellatur. Venetia enim non solum 2340°*a*
Prima prouincia Venetia. Sunt huius Venetiae 2340*a*
Prima regula est de domino 709*a*
Prima salus 1622 (*app.* iv) 1684
Prima uirtus clausit caelum 1155*e*
Prima uirtus de melote 1155*e*
Primo anno circuli decemnouennalis 2321°
Primo ergo omnium 1052
Primo hoc consideremus. Quid est hoc 694, 23
Primo igitur anno praeparationis bissexti 2323
Primo loco uberrimas deo nostro reddamus gratias 966 (*serm.* 63)
Primo namque de his ad ortum sermo 1124
Primo omnium fidem catholicam 1772
Primum autem quid inter orthodoxum 1201
Primum in Vrbe Roma 2336
Primum Petrus in parte occidentali 2339
Primum propter quod in uno estis congregati 1839
Primum propter quod in unum 1839*b*
Primum psalmum quidam in Ioas regem 629°
Primum quaerendum est omnium librorum tempus 631
Primum quidem decet nos audire 1997
Primum requirendum est, quod in se rationis 966 (*sermo* 2) 977
Primum sigillum natiuitas 1152*c*

Primus gradus lector (fuit) quando aperuit 1155*b*
Primus ordo sanctorum erat 2035
Primus psalmus ad Christi pertinet personam 626
Primus rex Romanorum Alaneus 1022*a*
Principaliter nomen 864
Principis insignem faciem uisuere libelle 1237°
Principium libri beatitudinem legenti 80
Pro deifico 457 684° 1630°
Probatae quidem adfectionis est 1640
Probatio capitulorum 61
Procedente beato Antonino martyre 2330
Profitemur nos credere indiuisibilem [et inseparabilem] sanctam Trinitatem 1171
Proles uera Dei 1435
Prometheus post factos a se homines 849 (*a*)
Promiseram quidem uobis 62
Prophetam Christi 641°
Prophetarum omnium libri oracula 1196
Propter incredulos qui de hominis futura immortalitate 835
Propter uenerationem sanctorum 199
Prouocare nos cupiens beatus apostolus 966 (*serm.* 60)
Proxime cum dominicae passionis 233*b* 939
Proxime cum Origenis psalterium 629
Proxime, fratres carissimi, eius diei redemptionis nostrae 1007
Proxime natalem domini saluatoris exegimus 966 (*serm.* 4)
Psallenda pro sca deuotione dedi 1861
Psallere qui docuit 641
Psalmum nonagesimum Deo 915 (*serm.* 12)
Psalmus a psalterio appellatur 625
Psalmus Dauid intellectus notat 428°
Psalterium genus organi musici est 550
Psalterium inquirendum est 1167*b*
Psalterium ita est quasi magna domus 592
Psalterium Romae dudum positus 625°
Pudicicia lorica et ipsi uos scitis 69
Puer hic sonat Ioannes 1253
Pulchrifico radians 1275
Puto, fratres, quod meam sarcinam 387

Q

Qua indignitate, qua molestia 1642
Qua me ui multorum et furore 107
Quae est causa ipsius conscriptionis? 1121*b*
Quae fuit necessitas, ut desponsata esset 668
Quae prima uota sunt humilitatis nostrae 398
Quae prophetiae membra habent responsionem 84°
Quae quattuordecim numerantur 914 (*serm.* 1)
Quaerenda est natiuitas lunae 1384*e* 2313
Quaerere quidam solent 494
Quaeritur hinc uestros 1137 *Add.*
Queritur quod cooperantibus circa agnitionem Euangelii 1121*c*°
Quaero itaque abs te 545
Quaeso caritatem et dilectionem tuam 496°
Quaeso nunc igitur omnibus praemiis 67
Quaestio contra catholicam fidem 780
Quali pertinacia 1656 (*app.* 1)
Qualis angelus? Ille ipse qui et ad Mariam 669

Qualis autem unitas dicitur facta 1174
Qualis sit arbor in agro Dei plantata 804
Qualiter nos oportet orare 1839*a*
Qualiter religionis 735
Quam dilecta tui fulgent sacraria 1371*b*
Quam domino fuerant deuota mente parentes 1631
Quam in primo speciosa quadriga 1121
Quam mirabilis sit aeclesiae catholice pulcritudo 1932
Quam modicam stillam 1476
Quam sit utilis 284 (*serm.* 351)
Quamlibet sciam sacerdotali familiae 570
Quamquam bene sibi conscius 72
Quamquam illius 736
Quamquam licenter assumatur 1960
Quamquam uos iuxta normam regulae 1860
Quamuis acutus gladius et leuigatus 619*a*
Quamuis carissimus frater noster Laurentius 652*b*
Quamuis ratio exigat 1683*a*
Quamuis semper inuicta maneat ueritas 662
Quamuis sub imagine pacis 111*d* 457 1628
Quandoquidem Deus omnipotens 1731
Quanta intentione ac studio inquirendum sit 1109°
Quantam de purissimae 734
Quantam in caelestibus 741
Quantis remediis et medicaminibus dominus 914 (*serm.* 34)
Quantum ad meam propriam sententiam 196*a*
Quantum aestifero solis ardore 1058
Quantum cupio sanctitati uestrae 832
Quantum gaudii super ordinatione pontificatus tui 620, *epist.* 153
Quantum magnitudo 231
Quantumuis, dilectissimi fratres, gloriosissimas 1185
Quare absque consilio 1103
Quare beatus Iohannes euangelista dilectus Domini 499°
Quare beatus Matthaeus nullam sanctarum feminarum in genealogia Domini posuit 499°
... Quare homines falles 536
Qua‹re› in hac die creata sunt omnia 1155*ee*
Quare psalmi dicuntur 1167*a*
Quasdam mihi pariter 1365
Quasi pennigero uolatu 1127°
Quattuor a quadris uenti flant 1188°
Quattuor a quadro consurgunt 906
Quattuor euangelia quattuor animalibus 1001
Quemadmodum nauis cum undarum tempestate 999
Qui Aethiopem inuitat 742
Qui ante persecutor dicebatur 956°
... qui autem non propterea 1162
Qui credit duas esse naturas 534
Qui episcopus ordinandus est 1776
Qui erat, numquam incipit esse 914 (*serm.* 48)
Qui fecerit uoluntatem Domini manet 66
Qui inter multos uitam agere constituerunt 966 (*serm.* 42)
Qui leui iugo Christi 1856
Qui mihi ruricolas 1463
Qui mici tribuas 1217*a*
Qui nobis natus est nostra latebat in carne 1156*c*
Qui nouit, inquid 749°
Qui orationibus insistere 915 (*serm.* 9)

Qui populorum pascha cunctorum 1906*a*
Qui promissum reddit, debitum soluit 649
Qui sanctorum merita 934
Qui statim ad primam uisionem domini 914 (*serm.* 42)
Qui textum considerat et sensum 1269
Qui uincis merito, uincis et officio 621*a*
Quia caritas congaudet ueritati 1060
Quia de origine Gothorum 1204°
Quia Deo inspirante, qui nos praeuenit 1844 1845
Quia dignata est beatitudo uestra praecipere 2289
Quia fauente Domino 1925
Quia (non)nulli (qui) catholico nomine 527
Quia propitia deitate, fratres charissimi 467
Quia sancta et beata Trinitas 511
Quia scio uos filios pacis esse 457 684° 1630°
Quia se praebuit occasio 1076
Quia te, fili karissime Maure 1172
Quibus modis karitas consistat. Karitas quatuor modis consistit 756*a*
Quibus modis diuina nititur scriptura 1164*d*
... quibus tamen interfuit 83*a*
Quibus uerbis ac modis 1741*a*
Quibusdam quae minus erant necessaria praetermissis 966 (*serm.* 51)
Quicumque in monasterium susceptus fuerit 1866
Quicumque uult saluus esse 167
Quicumque uult saluus esse ... Fides dicitur credulitas siue credentia 1747
Quicumque uult esse saluus ... Primo ergo omnium 1052
Quicumque uult saluus esse ... Sancta Trinitas et uera unitas 1762

Quid decreuerimus commune consilio 244°
Quid dicam adhuc de muliere mala 1160*a* 1997*a*
Quid dicendum est de paruulis qui quando baptizantur 1158*a*
Quid ergo, dicit aliquis, dum praepositus malignus extiterit 1361
Quid est hoc nomen quod est Euangelium 1129*c*°
Quid est inter ueritatem et mendatium? 1155*f*
Quid est quod magister 1717
Quid fides inuisibilium rerum est 1746
Quid in me primum 515
Quid indicat illud quod legimus 1358°
Quid per pratum bonum curatum 471
Quid primo ex Deo [de ore Dei] processit? Fiat lux [Dic michi, quid primo *eqs.*] 1155*f*
Quid respondendum est his 964
Quid salubritatis, carissimi, etiam in praesenti 966 (*serm.* 37)
Quid taces, anima 651
Quid Vermendensis nemorem 1127
Quid uobis exhibeamus 497
Quidam doctiloqui libros 518
Quidam ergo de Pharisaeis, id est legis 914 (*serm.* 57)
Quidam nomine Iohel rex 1430
Quidam Rex nomine Iohel 1430
Quidam uir magnus et prepotens rex 1430°
Quidnam, soliuagus, Bucole 1456
... Quinque enim sunt omnia quae sunt 189
Quique cupitis saltantem me 1430°
Quis fecerit uoluntatem Domini manet 66
Quis fuit natus et non mortuus? 1155*f*
Quis hoc dixit 1129*c*°

Quis ignorat, in scripturis sanctis, id est legitimis 272
Quis mihi maesta dabit lacrimosis imbribus ora 869
Quis numerus primus fuit 2299
Quis primus ex Deo preceset 1155*f* iii
Quis quaeritur sera uirtutis 1386
Quis tanta rerum uerborumque 183°
Quisque grauas lacrimis Hilarini flebile marmor 1485*a*
Quisque solo adclinis 1477
Quisquis ab Occiduo properas 1116
Quisquis ad excelsi tendis fastigia montis 1508*a*
Quisquis ades mediique 1457
Quisquis amas sacrum lector 1268°
Quisquis amas amore sacro lector 1268°
Quisquis grauis lacrimis Hilarini 1485*a*
Quisquis ille est qui per opus 1287*a*
Quo tempore factus est mundus 2255
Quod autem eiusdem sit 748
... quod Christus est faciens Deum uerum 534°
Quod corde credimus et ore proferimus 1871
Quod micat ornatum pulcro munime saxum 1508*a*
Quod mihi a fratribus et conpresbiteris meis 372*m*
Quod nos hortatus est dominus noster in euangelio, fratres carissimi, facere debemus 1008°
Quod nostris temporibus tepescentibus studiis 1091°
Quod paulo superius spatiosam 672
Quod post passionem Domini 104
Quod praecipiente domino meo patre uestro pro obtemperandi studio 966 (*serm.* 46)
Quod praecipientibus sanctis oboedientiae studio 966 (*serm.* 65)
Quod praecipientibus tantis domnis ministerium proferendi 966 (*serm.* 70)
Quod praesentibus domnis meis officium sermonis assumo 966 (*serm.* 67)
Quod praesentis rei probatur effectu 568
Quod semper credidimus, etiam nunc sentimus 449 538
Quod sequitur: Et non concupiscet rex decorem tuum. Sequere me 1121*c*
Quod sunt sapiencia generis? 1129*c*
Quod tempore adnunciabit Gabriel angelus 1155*f*°
Quod tempore factus est mundus 2255
Quod uobis de hesterna festiuitate 970
Quodam loco sermo Hieremiae prophetae mysteria 966 (*serm.* 19)
Quomodo dicitur psalterium: Modulatio uocis 627
Quomodo ergo me 1698/1702
Quomodo infantes catechumeni efficiantur. Antiquus non seruatur. Quicumque enim ad apostolos credentes baptizandi adueniebant 634*a*
Quomodo itaque et diuinae 479
Quomodo miles (*aliter:* humilis) 600
Quomodo prosequitur, dilectissimi, sancti euangelii lectio 914 (*serm.* 32)
Quomodo uocatur euangelium in tribus principalibus linguis? 1121*a*
Quondam ueteres 798°
Quoniam constat nos antehac 450 682

Quoniam dixerat: 'Nemo seruus' 596
Quoniam Domino placuit, ut de his 393
Quoniam enim neque duo ingenita 681°
Quoniam in proximo est 407
Quoniam in superiore libello sollicito lectori 2281
Quoniam nonnulli uidentes nos contra eos 656
Quoniam petitio mea qua precatus sum 1341*a*
Quoniam quidem, primae tuae propositioni 1366
Quoniam semper sunt concedenda ... oportet ut deuotis 1714°
Quoniam tempus uenit, ut de aduentu 915 (*serm.* 21)
Quorum haereticorum 34
Cotidie quaeso pro nostris iniquitatibus 848
Quotie[n]s animae uel uitae 799
Quotiens cordis oculus nube erroris 1714°
Quotiescumque, dilectissimi, nostrorum martyrum natalitia festiua celebritate recursant 1004

R

... rapuerit, reus erit sanguinis Christi 1162*b*
Recenti experimento didici 772
Recitata est lectio ubi saluator de quinque panibus 694, 12
Recitatum est hodie quia cum dominus sedisset 694, 13
Recitatum est in sancto euangelio ita: post dies 694, 17
Recitatum est nobis hodie in sancto euangelio quod suscitatus sit 694, 14
Recitatum est, postquam occisus est Iohannes 694, 5
Recitatum est ubi dominus dicitur habuisse conuiuium 694, 19

Recordatione peccaminum meorum 1258
Recordor beatae memoriae Ambrosium 1654
Recte festa ecclesiae colunt 966 (*sermo* 47)
... Recte autem Moysen 226*a*
Recumbentibus undecim discipulis apparuit illis 1158*a*°
Redeunti domino de terra Gerasenorum 218*a* (*serm.* 7)
Refert sanctus euangelista, quia in illa hora accesserunt 914 (*serm.* 27)
Regali imperio fidei catholicae 799
Regalis emanauit auctoritas 799
Reginam te orbis Romanus suspicit 120
Regius hic lectus 1538
Regula exigit ueritatis ut primo omnium credamus in Deum patrem 71
Regulae principium de his quae obseruanda 1849
Regulam sancti Benedicti abbatis Romensis, quam praesens continet liber 1305
Religiosa deuotio seruorum Dei proposuit 674*a*
Remeante ad nos 202
Remeante filio meo Callepio 111*b*
Rerum omnium conditorem Deum 100
Resurrectio domini nostri, carissimi, cum qua uniuersa 966 (*serm.* 23)
Reuelatum nobis 1646
Reuerentiae paschalis regulam 2286
Rex aeterne Domine 2008
Rex deus eternus, patris ueneranda potestas 2152
Rex fuit Antiochus Syriae 1428
Rex regum, rex imperii 1536
Rogamus uos, carissimi filii, rogamus uos uiscera sanctae matris Ecclesiae 1164*b*

Rogo uos et ammoneo, fratres karissimi, quicumque uult saluus esse 1763
Rogo uos, fratres karissimi, et cum grandi humilitate ammoneo, ut intentis animis auscultare iubeatis 2096
Rogo uos, fratres carissimi, ut libenti animo 1006
Romana computatio ita digitorum flexibus 1384°
Romani sunt in partes Italiae 759° 952°
Romulidum ductor ... Iam dudum temerasse duces 1480

S

Sacerdotes in templo Dei 1879
Sacrae religionis fidus interpres 479
Sacramentorum rationem 401
Sacramentum symboli quod accepistis 402
Sacratissimo concilio uniuersali, quod anno praesenti 1233
Sacratissimorum ... of. a ... 1287c
Sacratissimus festi Paschalis dies 1384g 2323b
Sacrosancta atque praesaga 169°
Saecularibus aliter in Ecclesia 1154
Salomon inspiratus 910 1220°
Salomonis liber huic operi 1269
Saluator, in euangelio quod audiuimus 422
Saluator noster natus de Patre sine die 1156a
Saluator noster natus est de Patre 1157a, 3
Sancta synodus congregata est Sardica 441
Sancta synodus in Serdica congregata 441
Sancta Trinitas et uera unitas 1762
Sanctae beatitudinis tuae imitabile 484
Sanctae religionis fidus interpres 479

Sanctae Thaisiae quondam meretricis 653e
Sancte Deus, lucis lumen, concordia rerum 1469
Sancti canones qui in partibus Orientis 1787
Sancti euangelii lectio et domini nostri parabola 914 (*serm. 37*)
Sanctis et in Christo uenerandis fratribus ... Quia Deo inspirante, qui nos praeuenit 1844
Sanctis et in Christo uenerandis sororibus ... Quia Deo inspirante, qui nos praeuenit 1845
Santissimae Leucadiae 1244
Sanctissimis fratribus atque collegis per uniuersam Africam ... Nemo qui nesciat fratres dilectissimi 724°
... sanctitatem tuam et ... eum dominus 1152b
Sanctitatis tuae sedulis excitatur officiis 652c
Sancto Spiritu plenus Paulus 447
Sancto uenerationis tuae studio 652a
Sanctorum ac uestris orationibus 2297
Sanctorum pontificum regulas 653
Sanctum Paschae misterium eiusque clara sollempnitas 2290
Sanctus Columbanus haec de saltu lunae ait: de lunari mutatione 2317
Sanctus Euangelista docet nos 633 (*epist. 39*)
Sanctus Iob, uir summae pacientiae et uirtutis 643
Sanctus Matthaeus discipulus et apostolus domini nostri Iesu Christi incipiens a patriarcha 914 (*serm. 36*)
Sanctus Petrus Apostolus 690
Sanguisugae tres filiae fuerunt 1166
Sapiens sapientem adiuuat 1130
Satis abundeque 221 (*serm. 1*)

Satis notum est, beatos martyres 966 (*serm.* 3)
Satius nobis negligentes praemonere 1102
Sciebam, domine frater carissime, quod spiritu dei 111c
Sciens sanctus apostolus profecisse 184°
Scientes, fratres dilectissimi 633 (*epist.* 10)
Scimus quid cantauimus et bene tenemus 288
Scimus quidem spiritali militiae 966 (*serm.* 40)
Scio quid adiuuante 409
Scio quosdam 625°
Scire debemus, carissimi, quod hodierna festiuitas 966 (*serm.* 27)
Scire enim debemus quia diabolus 1160*a*, 25
Scitis quoniam semper concedenda ... oportet ut deuotio 1714°
Sclua, Iulianus, Eugenius, Honoratus 1790 (*a*)
Scribitur hic psalmus qui laudes 627*a*
Scripta excellentiae 1724
Scripta uenerationis uestrae multam 2304
Scriptorum tuae amplectende religionis 1342°
Scriptum est enim, fratres dilectissimi: *Domini est terra* 1157*a*, 2
Scribtum est enim: *Initium sapientiae timor Domini* 1145*a*
Scriptum est: multa flagella 620, *epist.* 154
Scriptura sacra quasi quoddam speculum 547° 1269
Scripturae diuinae recitantur 369*p*
Secundam epistolam apostolus scribit 759° 952°
Secundum sacramentum sancti symboli Dei 778
Secundum scripturas ueteris uel noui testamenti 1013

Sed dicis, quomodo si natus non coepit 560
Sed mici ista replicanti 1291
Sed requiramus, quare dixerit: *Facta die* 914 (*serm.* 45)
Sedentibus nobis in unum consilio saluberrimo 1859
Sedula dilectionis ad uos 1061
Semper amor tui 1125
Septem dies septemanam faciunt 2312°
Septem epistulae quas sancti patres Iacobus, Petrus, Iohannes et Iudas 508
Septem speciem in monasterio 369*m*
Septem sunt consideranda in inicio 1441
Septem tubae 1123*a*
Sermo diuinus peragrans 915 (*serm.* 6)
Serpens ille ueternosus 1263
Si adhuc in corpore positum beatum patrem 966 (*serm.* 72)
Si apicem imperialis fastigii 1170
Si arcae istius fabricam 548
Si caput innumeris agitatur pulsibus 1173
Si credis quod Deus erat uerbum 1750
Si Deus ac Dominus noster 739
Si diuinae scripturae simpliciter legerentur 82
Si diuino ut dignum est 904
Si Domini templum supplex adisti 1464
Si fides unquam in terris 558
Si fontis breuis unda latens 193
Si in hoc saeculo posset finis esse 661
Si necessitas fuerit, a gallorum cantu 1924°
Si nominas hominem, Deus est uerus 1753°
Si nosse uis quotus annus est 2297*a*
Si nosse uis quotus sit annus 2285

Si quando terrae operarius et ruris cultor 966 (*serm.* 43)
Si qui episcopus aut aliquis 1894 1895
Si quis episcopus aut aliquis ordinatus 1896
Si quis fidei ardore succensus 1851
Si quis, frater, oraculum reminiscatur 171*a*
Si quis homicidium ex contentione commiserit 1880
Si quis in corde suo 1881
Si quis me, quod non arbitror 1157*a*, 7
Si quis non confitetur in D.N.I.C. duas naturas 657
Si quis ordinatur non baptizatus 1741
Si quis rectum in omnibus 664
Si quis refugium crismalis alicuius sancti 1793*a*
Si quis uero homicidium casu fecerit 1893
Si scire uis absque errore 2347*a*
Si sedulo inspiciamus cursus auctores. In exordium repperimus decantatum fuisse 2047
Si semper dominica praecepta seruamus 862
Si sibi caritas credit a seruitio tuo 848
Si subtiliter a fidelibus 842
Si summo ingenio 737
Si tantum pondus et grauitas 1386*a*
Si trecentorum decem et octo reliquorumque sanctorum Patrum 1876
Si uelimus, fratres dilectissimi, de singulis 1659
Si uere exurunt ignes 502
Si uis nosse quotus annus est ab incarnatione 2297*a*
Si uis scire quotus annus est 2285
Sic accipimus 748
Sic credimus placere omnibus 446

Sic enim dicit Deus: A me exiet spiritus 170
Sic nimirum Ioannis austera uita 1121c°
Sic patriarchae, sic prophetae nobiles 1262*a*
Sicut a nobis dominus pro suscepti officii 966 (*serm.* 39)
Sicut caeli luminaria ac sidera 707*a*
Sicut dicit euangelista abstinuisse Dominum xl diebus 1157
Sicut dies hodiernus anniuersario reditu 248
Sicut dominus noster Iesus Christus non permisit 982
Sicut illa alia praecepta data eis fuerant in lege 670
Sicut inter omnia cantica 630
Sicut messium aut uindemiarum dies 966 (*serm.* 8)
Sicut nonnullis scrire permissum est, apud ueteres 966 (*serm.* 9)
Sicut parata est seueritas 1838
Sicut pater ille familias 427°
Sicut per unius delictum 782
... sicut primus ... piens acceperunt 693
Sicut quidam qui dicunt fieri 1155*b*
Sicut rationi congruit ut consulant 662
Siderea de sede nitens 1917°
Sidonius iste gratia et rogatu Constantii 987*a*
Sigisteus comes filus tuus florulentis apicibus 803
Signa duodecim uel a causis annalibus 1384*a*
Simon Petrus filius Iohannis 1191°
Simon qui interpraetatur oboediens 1899°
Situs urbis Hierusalem 2333
Socrates in exhortationibus suis 578
Solent enim nonnulli ob metum 1870
Solent homines alterius religionis 1014

Soleo, fratres, ut ipsi dicitis 544
Solet dici in prouerbia uulgi: Plebs surda 914 (*serm.* 43)
Sollemne tempus deuota religione 246
Sollemnitas sanctorum martyrum, fratres karissimi, magna et pia 1997
Sollemnitate celebrata dominici natalitii in quo rex 1160*a*, 21
Sollemnitatem sanctorum apostolorum martyrum Iacobi et Iohannis 1017*b*
Soloecismus quid est 1544*a*
Solue iubente Deo 1484
Solue iuuante Deo 1484
Solus in antiquo fulgebat 1460
Species uero eorum quae per praedicationem apostolicam 378*a*
‹Spes› timor, amor odium 92
Spiritus enim prophetalis 428°
Spiritus sanctus medelam 926
Splendet apostolici radio locus iste dicatus 1373*b*
Splendida uirginitatis castimonia 1339
Splendidam uideo hodie presentem solemnitatem 695*a*, 14
Stabat Moyses in monte 927
Statio medici temporalis fixa est 845
Statutum inuenimus in cyclo Romanorum 2282°
Studens paci 453 684° 1630°
Studete, charissimi, qui uestras animas 1156
Sublimes ortus in finibus Europe 1540
Sublimitatis uestrae paginam 950
Sufficere quidem fidei tuae 764
Sufficiebat fides conscripta apud Nicaenum 119
Suffragare, trinitatis unitas 1323 1716°
Sume miser debitum 1229
Summa praeteritae sollemnitatis festis 1159

Summi poetae qui solent in uersibus 1552*a*
Sumptis atque perlectis litteris uestris 399
Sunt autem in Salomonis carminibus aenigmata multa 1235 1269
Sunt qui existimant eleemosynas 376
Sunt quidam qui dicunt fieri 1155*g*
Sunt quidam qui uolunt esse remoti 1153*a*
Super Caelestii et Pelagii damnatione 395
Super fabricam totius ecclesiae 915 (*serm.* 27)
Superhabundanter et digne 671
Superiore epistula 566
Suscepturi sancti quinquagesimae de more ieiunium 235
Suscipe terra tuo corpus 1714°
... suscipit sed alios excutit 226*a*
Symbolum est quod seniores nostri 1758
Simbolum graeca lingua 1760
Symbolum graece, latine inditium siue conlatio dicitur 1761
Symmachus patricius et consul 909
Synagoga Dominum uenire in carne 1363*c*

T

Tamen nempe tuae beatitudinis 1294
... tandum est, et cum nobis 748
Tangat me dulcedine 1220
Tanta itaque dignitas humanae conditionis 171*b*
Tanta saeculi potestates 483
Tanti carceris fossa crudem inluuiem 542
Tantum cecitatis inuasit genus humanum 35
... tas. Vbi sunt ista quae tempore 1158
Te Bethlehem celebrat 640

Te Deum laudamus 650
Te nunc sancte speculator 1885°
Tectum augustum ingens 1483
Tellus ac aethera iubilent 2014
Temporalis secundum carnem Filii Dei 840
Tempore quo Dominus et Saluator noster in mundo 1157*a*, 9
... tempore quo medio peragunt suum sidera cursum 805
Tempore Sueuorum sub era dcvii. Ad cathedram Bracarensem 2344
Temporibus Constantii imperatoris filii Constantini durior orta est 1570
Temporibus Vigilio (*sic*) papae obsessa est 1505
Tempus hodiernae sollemnitatis quia principis apostolorum 846*a*
Tenditur ratio temporum trimoda 2320°
Ter quinos animo 1508
Terrena nobis exempla subicienda sunt 914 (*serm.* 17)
Thalamos Mariae et secreta coniugia 1163*c*
Theodorus uir expectabilis cum Solomonem 1067
Timor domini gloria et letitia celestis 794
Timotheani dicunt filium Dei uerum quidem hominem 314°
Tituli inscriptione praenotatur 428°
Tityre, tu patulae recubans sub tegmine fagi 1481
Toleto Oreto 2345
... tores. In exordium repperimus decantatum fuisse 2047
Tota Trinitas incarnationem accepit, an forte sola Filii persona? 1200
Totum hoc, Domine, diuinum est 1217*c*
Transcriptis exultanter ac raptim 496
Tres itaque sedes principales sunt in mundo 2346
Tria mihi impossibilia ... Vbi est ergo illa tua tam praeclara sapientia 555
Tria sunt quae in misericordiae opere 933
Tristis [Tristissimus] legi tristes litteras tuas 229
Tristis uenit ad Pilatum 1526
Trium puerorum sermo tractabitur 918
Tu forte in lucis 1300
Tua aetas grauis iam ... Sic patriarchae, sic prophetae nobiles 1262*a*
Tuae nobis doctrinae 1311°
Tuae non immemor piae petitionis 1219

V

Vae enim, inquit, iniquo malo 695*a*, 23
Vae his qui non credunt ueritati 695*a*, 13
Vae tibi Iuda qui non intellexisti 695*a*, 21
Valde me prouocat patrum promissum 695*a*, 10
Valentiniano et Anatolio consulibus, Crescentio 1682
Varia penuria saeua discrimina 1281*a*
Vbi deus Adam plasmauit, ubi Christus natus est 1155*f*
Vbi duo uel tres ... Multum habent 966 (*serm.* 46)
Vbi est ergo illa tua tam praeclara sapientia 555
Vbi per epitalamium carmen 1220°
Vbi sunt ista quae tempore 1158
Vellem, carissimi, ut attentius ageremus 966 (*serm.* 58)
Velut quidam arentis terrae 1287
Venerabilis uiri Sperati presbyteri relatione cognouimus 1000*a*
Venerationis uestra iussione commonitus 653*c*

Veniente ad nos famulo uestro 1209
Veniente misso uestro 1054
Venit dominus Iesus in mundo, exiens a Patre 694, 22
Vera Trinitas, Deus alme 1286
Veranus episcopus dixit: Quis praesidentem 1022
Verba excusationis meae 2310
Verbis crede meis 1533*a*
Verbositas illic esse dicitur 756
Verbum caro factum est. Sic accipimus 748
Verbum Christe, Dei Patris caelestis foeta 1459
Vere dignum ... qui populorum pascha cunctorum 1906*a*
Vere Dominus memor fuit nostri 695*a*, 9
Vere firmum fidei est fundamentum 817*a* 826°
Vereor ne, saepe suggerendo gloriae uestrae 1274
Vereor quidem, ne pro huius tarditate libelli reus 1058
Vereor, uenerabiles filii 1010
Vereor, uenerabiles in Christo filiae 1010
Veri amoris 194*a*
Veritatem praedicandam angustia oris 915 (*serm.* 15)
Veritatis iter adgrediens 1285
Versibus egregiis decursum 1505
Verum est, dilectissimi fratres, quod crux Domini 1997
Verumtamen fratres carissimi intendat caritas uestra 916
Verumtamen totus hic locus contra manichaeos 956°
... uestra primum omnium salutem 1719*a*
Vestrae beatissimae paternitatis apud Deum 874
Vestrae pietatis oracula faui 1237
Vestrae sanctitatis litteras per nuntium suscipiens 1210
Veteres heretici propemodum omnes 122

Vetus iste disertorum mos 615*c*
Vetus scripturae 745
Viatores artae et angustae uiae 915 (*serm.* 4)
Videamus ergo nunc quid dicit sermo diuinus: *Ecce quam bonum* 966 (*sermo* 54)
Videamus quid de hoc loco 585°
Videamus quid est quod de Christo euangelista commemorat 966 (*serm.* 50)
Videmus, dilectissimi, uestram sanctam deuotionem 414
Videte uocationem uestram, fratres carissimi 966 (*serm.* 44)
Videtis filii carissimi quale nobis incumbit periculum 1164*b*
Videtur quidem specialiter designare 595
Vincentio et Gallieno suis ... Vetus iste 615*c*
Vir (Dei) doctissimus (sanctus) Eusebius 2165°
Vir dictus de uirtute 757
Vir doctissimus Eusebius 2165
Vir honestus forensis 949°
Vir quidam religiosus, atque in monachico habitu constitutus 179
Virgo parens hac luce 1485*b*
... (u)irtus est anima corpus fatigare 1857*a*
... uirtutis subministra 1199°
Vis nunc acriter, mi frater Desideri 635*a*
Visita nos in salutare tuo 2015
Vita innouata, correcta anima 915 (*serm.* 20)
Vitalis uiri clarissimi militantis 456 685
Viuidis tractatibus 1790°
Vna fides, sed non in omnibus fidei una mensura 1744*a*
Vna substantia est sanctae Trinitatis 810
Vnde et apostolus, ait 749°
Vnde homo si natus est habet genitorem 2254

Vnde subito sine propriis meritis 848
Vnde uoluntatis sanctae subsistat origo 517
Vnicum omnibus et singulare 1169
Vnicus semper horae dodrante 2321°
Vnitati nos et uerae paci studentes 458
Vniuersalis ecclesia gaudet 915 (*serm.* 26)
Vnum ecclesiae corpus 966 (*sermo* 71)
Vnus Deus Pater et Filius 390
Vnus Deus pater ex quo omnia 1756
Vnus Deus, sicut scriptum est: *Audi Israel* 171
Vnus liber est duodecim prophetarum 585
Vnusquisque propriam mercedem 966 (*sermo* 3) 1017*a*
Vocat nos, fratres carissimi, diuina pietas, ob salutem animarum nostrarum 182
Vocis auditae nouitas refulsit 2138
Vos autem in carne ... Diuino Apostolus modo 172
Vos enim, fratres, in libertatem uocati estis 369*n*
Vos estis lux mundi. Apostolos 1997*a*
Vos, inquam, conuenio, o Iudei 404°
Votis uestri omni corde 1295
Vrbis celsa graui uexantur 1847
Vsu rerum uenit inter homines 1502
Vsus est clementiae 1825
Vt ego peccator 730
Vt hodie a me possit 228 (*serm.* 3)
[V]t in textu euangelii habetur: Nouissime 1158*a*°
Vt me satis contristat 70
Vt neque seniores in regendis fratribus 1840
Vt populus non eligat episcopum nisi 1788
Vt quia multorum insaniam 1820
Vt quia omnis scriptura diuinitus 914 (*serm.* 55)
Vtile et pernecessarium sanctisque Dei ecclesiis 663
Vtili sermone uos ammoneo 1157*a*, 1
Vult dominus noster absque dubio misereri 966 (*serm.* 64)

W

Wilfridus hic magnus 1330

CONCORDANTIAE

I. H. J. FREDE
II. PATROLOGIA LATINA
III. PATROLOGIAE LATINAE SUPPLEMENTVM
IV. PATROLOGIA GRAECA
V. CLAVIS PATRVM GRAECORVM
VI. BIBLIOTHECA HAGIOGRAPHICA LATINA
VII. BIBLIOTHECA HAGIOGRAPHICA GRAECA
VIII. FR. STEGMÜLLER
IX. U. CHEVALIER
X. H. WALTHER
XI. D. SCHALLER & E. KÖNSGEN
XII. M. C. DÍAZ Y DÍAZ
XIII. J. F. KENNEY
XIV. M. LAPIDGE & R. SHARPE
XV. FR. MAASSEN
XVI. PH. JAFFÉ & G. WATTENBACH
XVII. J. MACHIELSEN

I. H. J. FREDE
KIRCHENSCHRIFTSTELLER. VERZEICHNIS UND SIGEL.

FREDE	CPL	FREDE	CPL
A-SS Abundius	2156	**A-SS** Caecilia	2171
A-SS Adventor	2157	**A-SS** Caesaraugustani	2068
A-SS Afra	2077	**A-SS** Caesarius	2172
A-SS Agatha	2158	**A-SS** Callistus	2173
A-SS Agaun	2076	**A-SS** Calocerus	2174
A-SS Agilus	2078	**A-SS** Cantius	2175
A-SS Agnes	2159	**A-SS** Caprasius	2092
A-SS Albanus	2079	**A-SS** Cassianus	2060
A-SS Alexander	2160	**A-SS** Ceolfrid	1377
A-SS Alexander Bacc	2161	**A-SS** Cetheus	2176
A-SS Alexander Berg	2162	**A-SS** Cle	2177
A-SS Amandus	2080	**A-SS** Concordius	2178
A-SS Amator	2083	**A-SS** Constantius	2179
A-SS Amsanus	2164	**A-SS** Corcodemus	2092a
A-SS Anastasia	2163	**A-SS** Cornelius	2180
A-SS Anastasius	2248	**A-SS** Crispina	2049a
A-SS Andeolus	2117	**A-SS** Cuthbert	1379
A-SS Anianus	2084	**A-SS** Cyprianus	53
A-SS Anthimus	2165	**A-SS** Dalmatius	2181
A-SS Aper Grat	2085	**A-SS** Des	1304
A-SS Aper Tull	2085a	**A-SS** Domninus	2182
A-SS Apollinaris	2166	**A-SS** Donatianus	2093
A-SS Apuleius	2207	**A-SS** Donatus	719
A-SS Arcadius	2059	**A-SS** Donatus et Hilarianus	2183
A-SS Aredius	2086	**A-SS** Elig	2094
A-SS Arnulf	2087	**A-SS** Emeretenses	2069
A-SS Aud	2088	**A-SS** Epipodius	2097
A-SS Aurea	2167	**A-SS** Eugenia	2184
A-SS Balt	2090	**A-SS** Eugenia II	2184°
A-SS Bar	1313	**A-SS** Eulalia Barc	2069a
A-SS Basilides	2168	**A-SS** Eulalia Emer	2069b
A-SS Bened	1853	**A-SS** Eusebius	2185
A-SS Bonitus	2091	**A-SS** Eustadiola	2098
A-SS Bonosa	2169	**A-SS** Euticius	2186
A-SS Brigida Cog	2147	**A-SS** Eutropius	2099
A-SS Brigida Ult	2148		

FREDE	CPL	FREDE	CPL
A-SS Fabius	2061	**A-SS** Julianus Bri	1030
A-SS Faustus	2070	**A-SS** Jurenses	2119
A-SS Felicianus	2188	**A-SS** Justa	2070a
A-SS Felicitas	2187	**A-SS** Justus et Pastor	2071
A-SS Felix et Achilleus	2115	**A-SS** Justus Lugd	2120
A-SS Felix et Adauctus	2190	**A-SS** Justus Terg	2202
		A-SS Land	2121
A-SS Felix et Fortunatus	2191	**A-SS** Leucadia	2072
		A-SS Leudegar	1079, 1079a
A-SS Felix Ger	2069c	**A-SS** Lucia	2204
A-SS Felix Rom	2189	**A-SS** Luxorius	2205
A-SS Felix Thib	2054	**A-SS** Mammarius	2062
A-SS Ferreolus	2100	**A-SS** Marcellinus	2206
A-SS Ferrucio	2116	**A-SS** Marcellinus Ebr	2122
A-SS Fil	2132	**A-SS** Marcellus	2053
A-SS Firmus	2191a	**A-SS** Marculus	720
A-SS Foilanus	2102	**A-SS** Marianus	2050
A-SS Fortunatus Spol	2192	**A-SS** Marius	2208
A-SS Fructuosus	2056	**A-SS** Maurilius	2123
A-SS Furseus	2101	**A-SS** Maxentius	2124
A-SS Gallicanus	2193	**A-SS** Maxima	2063
A-SS Gaudentius	2194	**A-SS** Maximilianus	2052
A-SS Gaugeric	2103	**A-SS** Melanius	2126
A-SS Geminianus	2203	**A-SS** Memmius	2127
A-SS Genesius	509	**A-SS** Mitrias	2128
A-SS Genovefa	2104	**A-SS** Montanus	2051
A-SS Germanus	2105	**A-SS** Mustiola	2200
A-SS Gertrudis	2109	**A-SS** Nabor	2212
A-SS Gertrudis virt	2110	**A-SS** Nazarius	2213
A-SS Gervasius	2195	**A-SS** Nereus	2214
A-SS Graeci	2209	**A-SS** Nicetius	2129
A-SS Graeci carm	2210	**A-SS** Orientius	1468
A-SS Greg-M	1722	**A-SS** Pancratius	2215
A-SS Guthlac	2150	**A-SS** Pardulf	2130
A-SS Habendenses	2111	**A-SS** Pastor	2216
A-SS Hedistus	2196	**A-SS** Pastor mart	2217
A-SS Hesychius	2118	**A-SS** Patroculus	2130a
A-SS Hilarus	2197	**A-SS** Per	32
A-SS Hucbert	2112	**A-SS** Peregrinus	2131
A-SS Hyacinthus	2198	**A-SS** Pimenius	2218
A-SS Joannes	2199	**A-SS** Polochronius	2219
A-SS Irenaeus Lugd	2114	**A-SS** Pontianus	2220
A-SS Isaac	721	**A-SS** Pontius	2221
A-SS Juliana	2201	**A-SS** Praeiectus	2133

FREDE		CPL	FREDE		CPL
A-SS	Primus	2222	A-SS	Vitalis	2245
A-SS	Processus	2223	A-SS	Vitus	2246
A-SS	Pudentiana	2224	A-SS	Vivianus	2145
A-SS	Quirinus	2058	A-SS	Wand	2146
A-SS	Rad	1053	A-SS	Zeno	209
A-SS	Regulus	2225	A-SS	Zoilus	2075
A-SS	Restitutus	2226	ACH		1484
A-SS	Richarius	2134	Adeodatus		1736
A-SS	Romanus	2135, 2136	Adomnanus	can	1792
A-SS	Rufina	2227	Adomnanus	Col	1134
A-SS	Rusticula	2136a	Adomnanus	Col add	1135
A-SS	Sabinus	2228	Adomnanus	loc	2332
A-SS	Salsa	2064	AEN	Eus	1342
A-SS	Samson	2149	AEN	Laur	1561a
A-SS	Saturninus	2055	AEN	Sy	1518
A-SS	Saturninus Tol	2137	AEN	Sy app	1518a
A-SS	Scilitani	2049	AGA		1693
A-SS	Sebastianus	2229	Agatho		1737
A-SS	Secundianus	2230	Agimundus		1996
A-SS	Secundus	2231	AGN		949
A-SS	Secundus Theb	2232	Agnellus		1182
A-SS	Senzius	2233	Agrestius		1463a
A-SS	Serapia	2234	Agroecius		1545
A-SS	Serenus	2057	AIL	Eus	1121
A-SS	Servatius	2139	AIL	prog	1120
A-SS	Sigismund	2140	Alanus		1994°
A-SS	Sigolena	2141	PS-ALC	curs	2316
A-SS	Silvester	2235	PS-Alc	Mt	1168
A-SS	Siriacus	2066	ALD	carm	1331
A-SS	Stephanus	2236	ALD	cha	1334°
A-SS	Sulpicius	2142	ALD	ep	1334
A-SS	Susanna	2237	ALD	metr	1335
A-SS	Symphorianus	2143	ALD	vg	1332
A-SS	Symphorosa	2238	ALD	vg (m)	1333
A-SS	Terentianus	2239	AM	Abr	127
A-SS	Torpes	2240	AM	Aux	160°
A-SS	Torquatus	2073	AM	Ca	125
A-SS	Typasius	2067	AM	Dav	135
A-SS	Urbanus	2247	AM	Dav alt	136
A-SS	Valentinus	2241	AM	ep	160
A-SS	Victor	2242	AM	ex	123
A-SS	Victoria	2174	AM	exh	149
A-SS	Vigilius	214	AM	fi	150
A-SS	Vincentius	2073a	AM	fu	133
A-SS	Vincentius Agin	2144a	AM	Hel	137

FREDE		CPL	FREDE		CPL
AM	hy	163	**PS-AM**	s	180
AM	Jac	130	**PS-AM**	s Se	181
AM	Jb	134	**PS-AM**	sac	171*a*
AM	inc	152	**PS-AM**	sp	172
AM	inst	148	**PS-AM**	sy	178
AM	Jos	131	**PS-AM**	tern	166
AM	Is	128	**PS-AM**	tr	182
AM	Lc	143	**PS-AM**	tri	171
AM	mort	129	**PS-AM**	vg	747
AM	my	155	**AM-A**	ads	368
AM	Nab	138	**AM-A**	pur	842
AM	Noe	126	**AMst**	Rm 1-2 Cor Gal	
AM	off	144		Eph Phil Col 1-2	
AM	pae	156		Th 1-2 Tm Tt Phlm	184
AM	par	124	**AMst**	fi	189
AM	Ps	140	**AMst**	mens	187
AM	118 Ps	141	**AMst**	Petr	188
AM	ptr	132	**AMst**	q	185
AM	sa	154	**AMst**	q ap	185
AM	Sat	157	**Amandus**	cha	2081
AM	sp	151	**Amandus**	test	2082
AM	sy	153	**AN**	Adr	1155*f*, i
AM	Tb	139	**AN**	Aeth	2348
AM	The	159	**AN**	Agap	1295
AM	tit	165	**AN**	Al	192
AM	Val	158	**AN**	alt	687
AM	vg	145	**AN**	Ar	701
AM	vgt	147	**AN**	ars Am	1567*a*
AM	vid	146	**AN**	Aurn	1847
AM *ap* AU Chr		142	**AN**	Aut	1386
AM *ap* AU Jul		161	**AN**	Bern	2298
AM *ap* CAn Ne		183	**AN**	Bob	705
PS-AM	alt	170	**AN**	Bruyne	790-795
PS-AM	Ath	167	**AN**	Cae	2307
PS-AM	brach	169°	**AN**	Caedwalla	1542
PS-AM	cas	176	**AN**	Camp	2297
PS-AM	conc	177	**AN**	can	1772
PS-AM	ep	179°	**AN**	carm sen	1432
PS-AM	fi	174	**AN**	Casp 10	1763
PS-AM	Hi	173	**AN**	Casp 11	365
PS-AM	lex	168	**AN**	Casp 14	190
PS-AM	man	170*a*	**AN**	Casp ep 7	762
PS-AM	nat	175	**AN**	Casp tr 9	1159
PS-AM	pae	854	**AN**	Casp tr 10	1160
PS-AM	Petr	160*a*	**AN**	Casp tr 14	1144

FREDE	CPL	FREDE	CPL
AN cath	1123*a*	AN je	1122
AN cel	2007*a*	AN inv	1155*d*
AN chr	2253	AN joc	1155*f*
AN chr Const add	2264	AN Lang	1178
AN chr dep	2250	AN Lc	704
AN chr epi	2252	AN Lev	1163
AN chr fer	2251	AN litt	1562
AN chr Hav	2262	AN lor A	1141
AN chr Hisp	2265	AN lor L	1142
AN chr pa	2249	AN lor R	1140
AN chr Rav	2262*a*	AN Lowe	1121*c*
AN chr Vis	2266	AN lun	2313-2314
AN comp	2295	AN Mach	1164*b*
AN conc	728°	AN Mai	706
AN Cott	2297*a*	AN Mal	2272
AN Cour	1164*d*	AN Mani	1155*c*
AN creat	796*b*	AN Mart	480
AN curs	2047	AN Mc	1121*b*
AN cyc	2323*b*	AN mon	1124-1125
AN di	1129*d*	AN Mt	186
AN digiti	2312*b*	AN Mt h	707
AN Dion	2299	AN my Vat I	849°
AN Dold	1158, 1162*a*, 1162*b*, 1165	AN my Vat II	849°
		AN Nyn	2152
AN dom	1129*c*	AN Nyn hy	2153
AN dub	1560	AN pa	2296
AN eccl	1483	AN pag	1431
AN em	2315	AN Pamp	579*a*°
AN Ev	1121*a*	AN pass	1457
AN ex	1129*b*	AN Pel	782
AN fam	1137	AN Per	2297*b*
AN Fel	1463 cfr 1338	AN phil	360
		AN pro	84
AN fi	667	AN prop	1226
AN Fris	1155*j*	AN prov	1130
AN gen	2254	AN q Ev	1129*a*
AN Generatio Regum	1022*a*	AN rat	2293
AN h Arm	937-941	AN Reg	1306
AN h Esc	920-929, 933, 934, 936	AN s Cas	942, 944-945
		AN s Frai	1164*c*
AN h Tol	1997	AN s Le	855-863, 1164
AN Hbr	1122*a*		
AN Hel	1155*e*	AN scrip	385, 1166
AN Hib	2312	AN scru	2003

FREDE	CPL	FREDE	CPL
AN Sed	1454	PS-ATH mon	1155
AN Sib	1430a	PS-ATH sy	1744a
AN Sid	987a	AU Ac	253
AN signa	2312a	AU Ad	319
AN Sillanus	2308	AU adu	302
AN Sortes Sangallen-		AU ag	296
ses	536	AU an	345
AN stat	1776	AU 2 an	317
AN Steph	391	AU Ar	702
AN sup	2292	AU ba	332
AN y	1745	AU bo	323
AN te	386	AU bre	337
AN Te Deum	650	AU c men	304
AN Tu	845	AU Cae	339
AN Ver Ap	693	AU cat	297
AN Ver h	694	AU cf	251
AN Ver hae	698	AU Chr	349
AN Ver Jud	696	AU ci	313
AN Ver pag	697	AU brev	313
AN Ver s	695	AU ci ep	313a
AN versus	1533a	AU conj	299
AN Zeitz	2294	AU cont	298
ANAST COL-AV	1620	AU corr	353
ANAST I. Ven	1639	AU Cre	335
ANAST I. CO	1640	AU cred	316
ANAST I. [HI] ep	95 1638	AU cur	307
ANAST II.	1677	AU dia	361
PS-ANAT	2303	AU disc	310
ANS	2089	AU div	306
ANT-Ben	1940	AU Do	334
ANT-G	1936	AU do	263
ANT-I	1938	AU Don	338
ANT-M	1943	AU Dt	270
AP-Apc Tho	796a	AU Em	340
APO	194	AU ench	295
APR	1093	AU ep	262, 262°
AR cfl	239	AU Div	262a
AR exp	240	AU Ev	273
AR Gr	241	AU Ev q	273
AR Ps	242	AU Ex	270
ARA	1504	AU Fau	321
[ARA] pr	1505	AU Fel	322
ARN	93	AU Fel app	322°
AST	642a	AU fi	292
ATH ap Alcuinum	545	AU Fo	318

FREDE	CPL	FREDE	CPL
AU fu	320	**AU** Pet	333
AU Gal	282	**AU** prae	354
AU Gau	341	**AU** Pri	327
AU gest	348	**AU** Ps	283
AU Gn im	268	**AU** ps Do	330
AU Gn li	266	**AU** q	289
AU Gn li cap	267	**AU** q Du	291
AU Gn Ma	265	**AU** q Ev	275
AU Gn q	270	**AU** q Ev app	276
AU gr	352	**AU** q Si	290
AU hae	314	**AU** q Vt	277
AU Jb	271	**AU** qua	257
AU Jdc	270	**AU** re	250
AU je	311	**AU** reg I	1839c
AU im	256	**AU** reg II	1839a
AU Jo	278	**AU** reg III	1839b
AU 1 Jo	279	**AU** rel	264
AU Jos	270	**AU** Rm	280
AU Jud	315	**AU** Rm in	281
AU Jul	351	**AU** s	284-288, 376
AU Jul im	356		
AU leg	326	**AU** s dni	274
AU lib	260	**AU** s sy	309
AU loc	269	**AU** Se	325
AU Lv	270	**AU** sol	252
AU mag	259	**AU** sp	343
AU Max	700	**AU** spe	272
AU Max co	699	**AU** sy	293
AU men	303	**AU** tri	329
AU mon	305	**AU** tri brev	329
AU mor	261	**AU** un	336
AU mus	285	**AU** urb	312
AU mus epit	258°	**AU** vg	300
AU na	344	**AU** vid	301
AU Nab	357	**AU** vit	254
AU Nm	270	**AU** *in* DO	724
AU nu	350	**PS-AU** alt	577
AU op	294	**PS-AU** ars	1557
AU ord	255	**PS-AU** cat	362
AU Par	331	**PS-AU** com	533
AU pat	308	**PS-AU** ep	367
AU pec	342	**PS-AU** Fu	380
AU Pel	346	**PS-AU** gr	382
AU perf	347	**PS-AU** hyp	381
AU pers	355	**PS-AU** mir	1123

FREDE	CPL	FREDE	CPL
PS-AU nom	1558	**AUSO** *ap* AN dub	1421
PS-AU or	375	**PS-AUSO** epigr	1422
PS-AU Pal	cfr 369*a*	**AUSP**	1056
PS-AU Pas	366	**AUX**	691
PS-AU prae	383	**AUX-M**	462
PS-AU rhe	1556	**AV** carm	995-996
PS-AU s	368	**AV** ep 1	990
PS-AU s Bar	1155*g*	**AV** ep 2-3	991
PS-AU s Cai	371, 372, *b*	**AV** ep 4-6	992
PS-AU s Cas	372, *c*	**AV** ep 7-98	993
PS-AU s Cas IV, 174, 175, 177	238	**AV** h	994
		PS-AV tit	997
PS-AU s Casp	1163*a*	**AV-B** ep	575
PS-AU s Den	372, *e*	**AV-B** Steph	575
PS-AU s erem	377°	**BACH** ep 1-2	570
PS-AU s Fra	372, *f*	**BACH** fi	568
PS-AU s Gue	370	**BACH** lap	569
PS-AU s Le	418-425	**PS-BAS** adm	1155*a*
PS-AU s Liv	372, *d*	**PS-BAS** cons	999
PS-AU s Mai	372, *a*	**BEA** Apc	710°
PS-AU s Mor	247	**BED** abb	1378
PS-AU s Wil	246, 1720	**BED** Act	1357-1358
PS-AU sent	373	**BED** aed	1348
PS-AU sobr	374	**BED** aet	2319
PS-AU sol	363	**BED** Alb	1374
PS-AU sp	384	**BED** Apc	1363
PS-AU te	976	**BED** Apc expl	1363°
PS-AU tri brev	329	**BED** cath	1362
PS-AU tri or	328	**BED** cath carm	1362°, 1369°
PS-AU un	379		
PS-AU vit	730	**BED** cath frg	1362°
PS-AU *ap* Hincmar	378	**BED** comp	2323*a*
Audoinus	2094°	**BED** Ct	1353
Augustalis	2274	**BED** Cuth	1381
Augustinus-C	1327	**BED** Cuth (m)	1380
AUN ep	1311°, 2083°	**BED** Egb	1376
		BED Esr	1349, 1363*b*
AUN rog	1311	**BED** Fel	1382
Aurasius	1296	**BED** frg	1361
AURn ep	1055	**BED** Gn	1344
AURn mon	1844	**BED** h	1367
AURn vg	1845	**BED** Hab	1354
AURs	393-396	**BED** hist	1375
AURs *in* DO	724	**BED** hy	1370-1373*a*
AUSO	1387-1420	**BED** Is	1366

FREDE	CPL	FREDE	CPL
BED Lc	1356	**BOE** int	885
BED loc	2333	**BOE** mus	880
BED man	1365	**BOE** Pat	891
BED mart	2032	**BOE** phil	878
BED Mc	1355	**BOE** Por	881, cfr
BED metr	1565		94°
BED na	1343	**BOE** sub	892
BED nom	1359	**BOE** syl	884
BED orth	1566	**BOE** tri	890
BED pa	2321	**BON** aen	1564*a*
BED Prv	1351	**BON** gram	1564*b*
BED Ps	1371	**BON** metr	1564*c*
BED q	1364	**BON I.** ep	1648
BED rat	2320, cfr	**BON I.** [CAEL] 3	1648°
	2273		(*epist.* 10),
BED Rg	1347		1652°
BED Sam	1346	**BON I.** vic	1649
BED sche	1567	**BON II.**	1691
BED sol	2323	**BON IV.**	1724
BED tab	1345	**BON V.**	1725
BED Tb	1350	**BRAU** Aem	1231
BED tem	2318, cfr	**BRAU** ep	1230
	2273	**BRAU** epit	1214°
PS-BED h	1368	**BRAU** Is	1206°
PS-BED Jo	1121*d*	**BRAU** Jud	1233
PS-BED Lc	1121*c*	**PS-BRAU** Vinc	2074
PS-BED pae	1886	**PS-BREN**	1138
PS-BED Prv	1352	**Breviarium Aposto-**	
BEN II.	1739	**lorum**	1899°
BEN-N	1852	**BUL**	1297
BEN-N app	1857	**CAE** Apc	1016
BEN-N Fondi	1855	**CAE** bre	1015
BEN-N Marc	1854	**CAE** Cae	1010-1011
BEN-N Sim	1856	**CAE** ep	1017°
BOB	2106	**CAE** gr	1013
BOE ar	879	**CAE** mon	1012
BOE cat	882	**CAE** s	1008
BOE Cic	888	**CAE** s Vi	1008°
BOE dif	889	**CAE** test	1017
BOE div	887	**CAE** tri	1014
BOE Eut	894	**CAE** vg	1009
BOE fi	893	**[CAE]**	1019-1019*a*
BOE geo	895	**[PS-CAE]** s Et	1017*b*
BOE herm	883	**CAEa** const	1009°
BOE hyp	886	**CAEa** Rich	1054

FREDE	CPL	FREDE	CPL
CAEL	1650-1654	**CHRO** s	217
Caelestius *ap* AU		**CHROg**	1876
Chr	768	**CHROt** Aud	2094°
Caelestius *ap* AU		**CHROt** Bob	1307
perf	767	**PS-CHRY** je	935
CAN Hib	1794	**PS-CHRY** sol	2277
CAN Hisp	1789	**CLAU** an	983
CAN Serd	539	**CLAU** ep	984
CAn co	512	**PS-CLAU** pa	1461, 1636°
CAn in	513	**Claudius**	1312*b*
CAn Ne	514	**CLAU-T** Gn	498°
CAND Eus	681	**CLAU-T** Rg	498°
CAN gen	680	**CO** 1,2	1624
CAP	397-400	**CO** RUS:CO 1,3	946°
CAr an	897	**CO** RUS:CO 1,4	946°
CAr app	906°	**CO** SCY:CO 1,5	cfr 664°
CAr chr	899	**CO** 1,5 Q (321-340)	1770
CAr cpl	903	**CO** 2,2	1771
CAr Est	904°	**CO** RUS:CO 2,3	cfr 947
CAr Est epi	904°	**CO** 4,2	cfr 1771
CAr frg	898	**CO-Ag**	1784
CAr gen	909	**CO-And**	1780
CAr hist	899°	**CO-Aq**	160°
CAr in	906	**CO-Arv**	1785*k*
CAr or	908	**CO-Barc**	1790
CAr orth	907	**CO-Brac**	1790
CAr pr	904	**CO-Burd**	1785
CAr pr fi	905	**CO-Byz**	1765
CAr Ps	900	**CO-Cab**	1785
CAr Ps notae	901	**CO-Caes**	1790
CAr Rm, 1-2 Cor, Gal, Eph, Phil, Col, 1-2 Th, 1-2 Tm, Tt, Phlm	902	**CO-Carp**	1785
		CO-Cli	1785
		CO-Col	1786
		CO-Eg	1790
CAr var	896	**CO-Elib**	1790
CAr *ap* JOR Get	899°	**CO-Elus**	1785
CE	813	**CO-Em**	1790
Cellanus acr	1128	**CO-Ep**	1785
Cellanus carm	1127	**CO-Gall**	1785
Ceolfrid	1377°	**CO-Ger**	1790
CHA	578-579	**CO-Hisp**	1790
Childebert II. (et Brunichild)	1057	**CO-Ilerd**	1790
		CO-Lat	1774
Chintilla	1534	**CO-Latun**	1785
CHRO Mt	218	**CO-Mas**	1785

FREDE	CPL	FREDE	CPL
CO-Maslac	1785	**CU-L** hy	1136
CO-Med ep	1170	**CU-L** pae	1882
CO-Med fi	1171	**CUTH** ep	1383
CO-Narb	1785	**CY** Dem	46
CO-Nem	1779	**CY** Don	38
CO-Osc	1790	**CY** ep	50
CO-Reg	1779a	**CY** Fo	45
CO-Rom 679	1775	**CY** hab	40
CO-Tar	1790	**CY** id	57
CO-Taur	1773	**CY** lap	42
CO-Thel	1770a	**CY** mort	44
CO-Tol	1790	**CY** op	47
CO-Tur ep	1785	**CY** or	43
CO-Valent	1790	**CY** pat	48
CO-Ven	1783	**CY** sent	56
COL carm	1112, 1113, 1117	**CY** Sil	51
COL coe	1109	**CY** te	39
COL ep	1111	**CY** un	41
COL in	1170, cfr 978	**CY** ze	49
COL mon	1108	**CY** Indiculum Caecilii Cypriani (Canon Mommsenianus)	54
COL oratio	1114		
COL pae	1110	**CY** Indiculum Wirceburgense	55
COL viv	1465°	**PS-CY** ab	1106
COL *ap* BEN-A	1108°	**PS-CY** al	60
PS-COL carm	1118	**PS-CY** cent	67
PS-COL ep	2278	**PS-CY** ep	63-64
PS-COL epit	1116	**PS-CY** Jud	75
PS-COL exh	1119	**PS-CY** mart	58
PS-COL lu	2317	**PS-CY** mont	61
PS-COL vg	1109°	**PS-CY** Nov	76
COL-AR	1625	**PS-CY** or	67°
COL-AV	1570-1622	**PS-CY** pa	2276
COL-B	1625°	**PS-CY** pae	65
COM ap	1471	**PS-CY** reb	59
COM in	1470	**PS-CY** sng	62, 770, cfr 721°
Constantinus I.	1744		
COR	50°	**PS-CY** Vig	67°
CORI Jo	1515	**CY-G** cen	1430
CORI Ju	1516	**CY-G** frg	1424
Cresconius	716	**CY-G** hept	1423
Cresconius-E	1769	**CY-G** Jon	1426
CU-D ep	2310	**CY-G** Sod	1425
CU-D Mc	632	**CY-T** Cae	1018

FREDE	CPL	FREDE	CPL
CY-T ep	1020	**ELP**	1539
CY-T pr	1021	**Emeritus** *ap* AU	713
CYR h	239°	**EN** carm	1490-1491
PS-CYR ep	2305	**EN** ep	1487
PS-CYR pa	2304	**EN** op	1492-1500
PS-CYR pr	2290-2291	**EN** s	1488-1489
DAM decr	1632	**PS-EN** Lau	1502
DAM ep	1633	**PS-EN** Ven	1503
DAM epigr	1635	**EP-L**	914
PS-DAM epigr	1636	**EP-SA** gem	1621
PS-DAM fi D	554	**EPH** bea	1143,2
PS-DAM Melch	633*a*	**EPH** cor	1143,6
DEF	1302	**EPH** iud	1143,5
DES	1303	**EPH** luct	1143,4
Dictinius	797	**EPH** pae	1143,3
DIN ep	1058	**EPH** res	1143,1
DIN Max	2125	**PS-EPH** di	1145
DIN:POE anth 786a	1058°	**PS-EPH** flor	1145
DIN:PS-AV tit 21	997°	**PS-EPH** pae	1143*a*
DION-E pa	2284-2286	**ER** s	387-388
DION-E pa app	2287-2288	**EUCH** Ag	490
[DION-E] *in* CO 1,5		**EUCH** Ag ep	491
(294-295)	653*a*	**EUCH** ep	496°
DION-E:COL-AV 102	1618	**EUCH** her	492
DO	724	**EUCH** inst	489
DOM carm	1506	**EUCH** int	488
DOM hist	1507	**EUCH** Val	493
DON vg	1860	**EUCH** *ap* CLAU an	
Donatistae *ap* AU		2,9 (135-136)	494
Cre, Don, Em,		**EUCH** *ap* [REV] 11,	
Gau, Par, Pet	718	*ap* HIL-A Hon 22	496°
Donatistae *ap* AU Ps		**PS-EUCH** exh	497
36 s 2,20	724°	**PS-EUCH** sent	498
DRA lau	1509	**EUGE-C** *ap* GR-T hist	
DRA lau E	1510	2,3	799
DRA Or	1514	**EUGE-C** *ap* VIC-V	
DRA Rom	1513	2,41-42.56-101	799
DRA sat	1511	**EUGE-T** carm	1236
DRA sat E	1512	**EUGE-T** reg	1236*a*
Dulcitius	291	**PS-EUGE-T** carm	1239
DY	536*a*	**PS-EUGE-T** epit	1240
PS-EGB pae	1887	**EUGI** ep	677
[PS-ELE]	1004*a*	**EUGI** Sev	678
ELI cha	2095	**Eulogius**	1152*b*
ELI s	2096	**EUS-G** h	966

FREDE	CPL	FREDE	CPL
EUS-V ep	106-108	**FID** Hisp	1753
[EUS-V] ep	109-111	**FID** Jac	1752
EUTR	1095-1096	**FID** int	1755
EUTR-P cir	566	**FID** sent	1754
EUTR-P her	565	**FID** sim	1756
EUTR-P perf	566*a*	**FID** tri	1749
EUTR-P sim	567	**FIL**	121
EVA-G	482	**FIL** *in* CO-Aq	61 121*a*
EVAN	1076	**FIR** err	102
EVO fi	390	**FIR** math	101
EVO Val	389	**PS-FIR** con	103
FAC def	866	**FLA**	2014
FAC ep	868	**FLO**	1059
FAC Moc	867	**FO-A**	104
FAS Mor	763	**FO-M** (*in* AU Fo)	318
Fastidiosus	708	**Foebadius**, uide PHOE	
FAU-M *ap* AU Fau	726		
FAU-R ep	963	**FOR** And	1831
FAU-R gr	961	**FOR** Arv	1832
FAU-R fgr	961	**FOR** Dion	1836
FAU-R s	965, 969-974	**FOR** Marc	1833
		FOR Sen	1835
FAU-R sp	962	**FOR** Tur	1834
PS-FAU asc	979	**FOR** Vis	1837
PS-FAU fi	964	**Francus**	1000
PS-FAU pae	981	**FRE**	1314-1316
PS-FAU tri	980	**FRU** com	1870
FAUn Ar	120	**FRU** mon	1869
FAUn cf	119	**FRU** pac	1871
FAUn fi	1571	**FRU** Recc	1274
[PS-FEL II.]	1631°	**PS-FRU** carm	1275
FEL III.	1665	**FU** Ar	815
FEL III.:[GEL] ep 1	1667	**FU** ep	817
FEL IV.	1686-1690	**FU** Fab	824
FEL-M	322	**FU** Fas	820
FEL-T	1252	**FU** fi	826
FEnd can	1768	**FU** frg	825, 825*a*
FEnd ep	848	**FU** Hil	818, 433°
FEnd Fu	847	**FU** inc	822
FEol	1849	**FU** Mon	814
FID Aldama	1748	**FU** prae	823
FID Am	789	**FU** ps	827
FID Burn	1758-1762	**FU** rem	821
FID Casp	1751	**FU** s	828-832, 836-839
FID dil	1757		

FREDE	CPL	FREDE	CPL
FU s Frai	828-834, 839-841	**GI** pae	1321
FU Thr	816	**Gogo**	1061
FU tri	819	**GR-I** arc	548
PS-FU Pin	843	**GR-I** Ct	547
PS-FU s	844	**GR-I** Ecl	556b
PS-FU s Le	835	**GR-I** fi	551
PS-FU s Mor	846	**GR-I** frg	556a
FU-D	717	**GR-I** Gn	549
FU-M aet	852	**GR-I** Ps	550
FU-M ant	851	**GR-I** tr	546
FU-M my	849	**GR-M** And	1714°
FU-M Virg	850	**GR-M** Ct	1709
GAU	215	**GR-M** decr	1714°
PS-GAU Fil	216	**GR-M** dia	1713
GAU-D *ap* AU Gau	715	**GR-M** ep	1714
GEL Ac	1670	**GR-M** Ev	1711
GEL ana	1672	**GR-M** Ez	1710
GEL And	1671	**GR-M** Ez frg	1710°
GEL dam	1674	**GR-M** Jb	1708
GEL depr	1675	**GR-M** past	1712
GEL ep	1667	**GR-M** pri	1714°
GEL Eut	1673	**GR-M** res	1714°
GEL frg	1667	**GR-M** Rg	1719
GEL Pel	1669	**GR-M** *ap* Paterium	1718
GEL:COL-B	1668	**PS-GR-M** conc	1717
PS-GEL decr	1676	**PS-GR-M** Th	1719a
GEN dog	958	**GR-T** And	1027
GEN hae	959	**GR-T** curs	1025
GEN ill	957	**GR-T** dorm	1029
PS-GEN dog	958a	**GR-T** hist	1023
PS-GEN fi	960	**GR-T** mir	1024
GEO loc	1265	**GR-T** Ps	1026
GEO map Alb	2346a	**PS-GR-T** Jul	1031
GEO map Vat	1186°	**PS-GR-T** Lugd	1032
GEO par Sue	2344	**PS-GR-T** Tho	1028
GEO prov Gal	2342	**GUL**	877
GEO prov It	2340a	**GUN**	1234
GEO prov Vis	2345	**PS-HEG**	122
GEO urb Gal	2343	**HI** Abd	589
GER	2211	**HI** Agg	589
GERM	1060	**HI** alt	608
PS-GERM	1925	**HI** Am	589
GI ep	1320, 1322	**HI** ap	613
GI exc	1319	**HI** Apc	80°
		HI Dn	588

FREDE	CPL	FREDE	CPL
HI Ecl	583	**Hi** Prae	621
HI ep	620, 620°	**Hi** Proph	591*a* B
HI Eph	591	**Hi** Ps	582
HI Esr	591*a* C	**Hi** Ps frg	607*a*
HI Est	591*a* D	**Hi** Ps h	592-593
HI Ev	591*a* E	**Hi** q	580
HI Ez	587	**Hi** Rg	591*a* R
HI Gal	591	**Hi** Ruf	614
HI h	595-598, 601-606	**Hi** s	599-600
HI Hab	589	**Hi** Sal G	591*a* S
HI Hel	609	**Hi** Sal H	591*a* T
HI Hil	618	**Hi** So	589
HI Jb G	591*a* G	**Hi** Tb	591*a* X
HI Jb H	591*a* H	**Hi** Tt	591
HI Jdt	591*a* I	**Hi** Vig	611
HI Jl	589	**Hi** Za	589
HI ill	616	**Hi** *ap* Albarum Cordubensem	607
HI Joan	612	**Hi** *ap* DEF	607*a*°
HI Jon	589	**PS-HI** alph	623*a*
HI Jos	591*a* J	**PS-HI** bre	629
HI Jov	610	**PS-HI** chr	1155*f* viii
HI Jr	586	**PS-HI** Const	1960
HI Is	584	**PS-HI** curs	633*c*
HI Is tr	585	**PS-HI** doctr	635
HI Mal	589	**PS-HI** ep	633
HI Malch	619	**PS-HI** ep Mor	723
HI Mc	594	**PS-HI** Ev	631
HI Mi	589	**PS-HI** fi	638
HI Mt	590	**PS-HI** h	639
Hi Na	589	**PS-HI** hae	636
Hi nom	581	**PS-HI** hora	633*b*
Hi Os	589	**PS-HI** Lam	630
Hi Par G	591*a* M	**PS-HI** litt	624
Hi Par H	591*a* N	**PS-HI** mart	2031
Hi Pau	617	**PS-HI** mob	642
Hi Pel	615	**PS-HI** mon	637
Hi Pent	591*a* P	**PS-HI** pae	1896
Hi Phlm	591	**PS-HI** Ps 50	628
Hi pr Dn	591*a* A	**PS-HI** Rm, 1-2 Cor, Gal, Eph, Phil, Col, 1-2 Th, 1-2 Tm, Tt, Phlm	759 953
Hi pr Ez	591*a* F		
Hi pr Jr	591*a* L		
Hi pr Is	591*a* K		
Hi pr Ps G	591*a* P	**PS-HI** Sal	555
Hi pr Ps H	591*a* Q	**PS-HI** sp	634

FREDE	CPL	FREDE	CPL
HIL ad Co	460	**HY**	2263
HIL ap	435	**HYM** ant	2008
HIL Ar	462	**HYM** Hib	2012
HIL c Co	461	**HYM** Sp	2011
HIL col	436-459	**JAN**	392
HIL frg	429-432, 461	**IDA**	1258°
		ILD ba	1248
HIL hy	463-464	**ILD** ep	1250
HIL Mt	430	**ILD** ill	1252
HIL Mt cap	430°	**ILD** it	1249
HIL my	427	**ILD** vgt	1247
HIL Ps	428	**PS-ILD** s	1257
HIL Ps in	428	**IN**	1641
HIL syn	434	**INS** Mart	478
HIL tri	433	**JO II.**	1692
PS-HIL ap	470	**JO III.** sen	950°
PS-HIL cas	472	**JO IV.** *ap* BED hist	
PS-HIL ep	465	2,19	1730
PS-HIL Ev	1429	**JO VI.**	1742
PS-HIL Gn	1427	**JO VII.**	1743
PS-HIL h	472°	**JO-A**	1174
PS-HIL hy	466	**JO-Arel**	1848
PS-HIL Mcc	1428	**JO-B**	1866
PS-HIL pra	471	**JO-B** chr	2261
PS-HIL Ps	428°	**JO-D** ep	950
PS-HIL tr	472°	**JO-M** aceph	660
HIL-A fi	505	**JO-M** Aug	664
HIL-A Hon	501	**JO-M** cap	657
HIL-A mir	504	**JO-M** fi	656
PS-HIL-A	508	**JO-M** Hor	662
HILn curs	2280	**JO-M** Ne	661
HILn pa	2279	**JO-M** pro	658
PS-HILn	2281	**JO-M** rat	659
HILs	1662	**JO-T**	665
HILs frg	1727	**JON** Col	1115
HON	426	**JON** Jo	1177
HON I.	1726	**JON** Ved	1176
HON I. Bob	1728	**JOR** Get	913
HON I. frg	1727	**JOR** Rom	912
Honorius Pamp	579*a*	**Jovinianus** *ap* HI Jov	783
HOR	1683		
Hosius, *uide* Ossius		**IS** Gn, Ex, Lv, Nm, Dt, Jos, Jdc (mit Ru), Rg, Esr, Mcc	1195
Hwaetberht *ap* BED abb 19 = *ap* A-SS Ceolfrid 30	1342°	**IS** all	1190

FREDE	CPL	FREDE	CPL
IS carm	1212	**JUL-E** fi	775b, 778
IS chr	1205	**JUL-E** frg	751, 775c,
IS dif	1187, 1202		752, 775d
IS ety	1186	**JUL-E** Jb	777
IS fi	1198	**JUL-E** Jl	776
IS hist	1204	**JUL-E** Os	776
IS ill	1206	**JUL-E** proph	776
IS na	1188	**JUL-E** Ps	777a, 777b
IS off	1207	**JUL-E** *ap* AU Jul im,	
IS pro	1192	nu	775
IS ptr	1191	**JUL-E** *ap* MAR-M	
IS reg	1868	10.11.14	775
IS sent	1199	**JUL-E** *ap* MAR-M 13	775a
IS syn	1203	**JUL-E** *ap* AU Pel	
PS-IS cant	1208	(Epist. ad Ruf.	
PS-IS cf	1229	Thess.)	775
PS-IS com	1219	**JUL-E** *ap* AU Jul, Jul	
PS-IS corr	1228	im, nu	774
PS-IS hae	1201	**JUL-E** *ap* AU Pel	
PS-IS in	1216	(Epist. ad Rm.)	775
PS-IS Jud	1229°	**JUL-E** *ap* AU Jul im	773
PS-IS nu I	1193	**JUL-P**	998
PS-IS nu II	1193°	**JUL-T** aet	1260
PS-IS off	1222	**JUL-T** ant	1261
PS-IS ord	1189	**JUL-T** ars	1266
PS-IS pro	1196	**JUL-T** cap	1259
PS-IS Ps	1197	**JUL-T** Ild	1252, 1262b
PS-IS ptr	1191°	**JUL-T** Mod	1262a
PS-IS s	1225	**JUL-T** pro	1258
PS-IS test	1194	**JUL-T** Wa	1262
PS-IS tri	1200	**JUL-T** *ap* Albarum	
IT Ae	2325	Cordubensem	1262b
IT Ae app	2325°	**PS-JUL-T** tr	1263
IT Bu	2324	**PS-JUL-T** tri	1264
IT Eu	2326	**JUN**	872
IT Hi	2327	**JUS-U** Ct	1091
IT Pla	2330	**JUS-U** s	1092
IT Rom cim	2335	**JUSn** cod	1796
IT Rom eccl	2336	**JUSn** dig	1797
IT Rom Ein	2338	**JUSn** in	1798
IT Rom for	2339	**JUSn** nov	1799
IT Rom Malm	2337	**JUV**	1385
IT Rom ol	2334	**LAC** an	92
IT The	2328	**LAC** epit	86
JUL-E Am	776	**LAC** frg	89

FREDE	CPL	FREDE	CPL
LAC in	85	**LEX** Theudi	1802*a*
LAC ira	88	**LEX** Vis	1802
LAC mort	91	**LI-D**	1626
LAC op	87	**LI-P**	1568
LAC Phoe	90	**LI-P** cat	1569
LATH	1716	**LIB**	865
LATH lor	1139 = 1323	**Liberius** ep	1111*a-d* = 1628
LAU Cha	645°		
LAU el	645	**Liberius** *in* HIL col	1630
LAU pae	644	**LIC**	1097
LAU-C	1328	**Licinius**	1000*a*
LEA h	1184	**LUC** Ath	114
LEA vg	1183 = 1867	**LUC** con	112
LEO ep	1656	**LUC** ep	117, 117°
LEO: [BON I.] ep 5, 1-3	1648°, 1656°	**LUC** mor	116
		LUC par	115
LEO s	1657, 1657*a*	**LUC** reg	113
PS-LEO 1	1658	**PS-LUC** fi	118
PS-LEO s Cai	1660°	**[LUCU]**	953
PS-LEO s Liv	1660	**[LUCU]** Gal	953
LEO II.	1738	**Lupus**	988
LEO-B	483	**M-Ben** Pet	1912
LEO-H	2300	**M-Ben** Vat	1914
LEO-S	1075	**M-Bo**	1924
LEOD can	1785	**M-Fr**	1923
LEOD ep	1077	**M-Ga**	1922
LEOD test	1078	**M-Go**	1919
LEP	515	**M-R**	1933
LEX	1795, 1800-1830	**M-St**	1926
		PS-MAC ep 3	1843
LEX Alaric	1800	**PS-MAC** reg	1842
LEX Angl	1827-1830	**Manichaeus**	cfr 727
LEX Bai	1817	**MAP**	1062
LEX Cham	1815	**MAR** Ar	95
LEX Cur	1802*b*	**MAR** ars	1543
LEX Gaud	1801	**MAR** bar	1544*a*
LEX Gundob	1804	**MAR** Cic	1544
LEX Lang	1808-1812	**MAR** def	94
LEX Mer	1818-1826	**MAR** Eph	98
LEX Papian	1803	**MAR** Gal	98
LEX Rib	1814	**MAR** gen	96
LEX Sal	1813	**MAR** gram	1543*a*
LEX Theod	1795	**MAR** hom	97
LEX Thod nov	1795	**MAR** hy	99
LEX Theoderic	1805-1806	**MAR** metr	1543*b*

FREDE	CPL	FREDE	CPL
MAR Phil	98	**MER** Chr	1435, 1636°
PS-MAR Ju	83	**MER** frg	1436
PS-MAR phy	100	**MIN**	37, 37a
PS-MAR scr	82	**MONT**	1094
MAR-A	2268	**MOR**	2306
MAR-M	780-781	**MUIR**	1105
MARC add	2271	**NEM**	1325
MARC chr	2270	**NIC** app	646
Marcionista *ap* AU		**NIC** ep	652
leg	326	**NIC** fi	647
MART Aeg	1079c	**NIC** frg	647
MART can	1787	**NIC** lap	651
MART corr	1086	**NIC** sp	647
MART form	1080	**NIC** sy	647
MART hum	1084	**NIC** ut	649
MART iac	1082	**NIC** vig	648
MART ira	1081	**PS-NIC** pa	cfr 2302
MART mers	1085	**NICus**	1063, 1064
MART pa	2302	**NO** cib	68
MART sup	1083	**NO** pud	69
PS-MART mor	1090	**NO** spec	70
PS-MART pau	1089	**NO** tri	71
MART I.	1733-1734	**NO**:[CY] ep	30, 31, 36
PS-Martinus	1748a		72-74
MAU	1294	**NOs**	1154
MAU-R	1169	**Olympius**	558
Mauricius	1057°,	**OPT** app	244°
	1062a	**OPT** Par	244
Maxentius, uide		**OPT** s	245
JO-M		**OPTn**	1154a
MAX h	220	**ORA** brev	2015a
MAX s	221	**ORA** Ps	2015
MAX s Mu	221	**ORA** Vis	2016
PS-MAX ep	225	**PS-ORI** Cas	670, 671,
PS-MAX h	224		675
PS-MAX s	223	**PS-ORI** inf	669
PS-MAX s Mur	226a	**PS-ORI** Mt	668, 672-
PS-MAX tr	222		674
MAX-A	484	**ORIE** com	1465
MAX-C	2267	**PS-ORIE** carm	1466
MAX-E	1519	**PS-ORIE** or	1467
MAXn Am	692	**ORO** ap	572
MAXn co	699	**ORO** com	573
MER Aet	1434	**ORO** hist	571
MER carm	1433	**PS-ORO** hae	574

FREDE	CPL	FREDE	CPL
Ossius	537-539	**PS-PAU** exc	204
PS-Ossius	540	**PAU-Pel** euch	1472
PAC ep	561	**PAU-Pel** or	1473
PAC pae	562	**PAU-Pet** ep	1475
PAC s	563	**PAU-Pet** Mart	1474
PACA	1152*a*	**PAU-Pet** or	1477
PAE Big	1883	**PAU-Pet** vis	1476
PAE Brevi	1877	**PEL** Rm, 1-2 Cor,	
PAE Burg	1891	Gal, Eph, Phil, Col,	
PAE Cle	1890	1-2 Th, 1-2 Tm, Tt,	
PAE Dav	1879	Phlm	728
PAE Hib	1884	**PEL** Ar	748*a*
PAE Lucus	1878	**PEL** Dem	737
PAE rem	1889	**PEL** fi	731
PAE Vin	1881	**PEL** Mor	755
PAE Wal	1880	**PEL** Sou	749°
PAL-R	688, 692°	**PEL** tri	748
PAR	804-805	**PS-PEL** Casp 1-6	732-736,
Parmenianus *ap* AU			761
Par	711	**PS-PEL** Hbr	760
PAS-R	678	**PS-PEL** ind	729
Pascentius	703	**PEL I.** def	1703
PAST	559	**PEL I.** ep	1698/1702
PAT cf	1100	**PEL I.** sen	1703°
PAT di	1104	**PEL II.**	1705-1707
PAT ep	1099	**PET-C** ep	229
PAT frg	1103°	**PET-C** s	227
PAT syn	1102	**PS-PET** s	237°
PS-PAT syn	1791	**PS-PET** s Liv	237°
Paterius	1718	**PS-PET** s Mur	236
PAU-B	982	**PET-D**	663
PAU-Bit	1464	**PETI**	714
PAU-D Greg	1723	**Petronius**	210-211
PAU-D Lang	1179	**PHI**	643, 757
PAU-D Mett	1180	**Philastrius**, uide FIL	
PAU-D Rom	1181	**PHOE**	473
PAU-D:[PS-AV] tit 20	997°	**POE** anth frg	1508*a*
PAU-D:[PS-PAU] carm		**POE** Bob	2107
4	205°	**POE** Dold	1532*a*
PAU-M Am	169	**Polemius Silvius**	2256
PAU-M Cae	1600	**PON**	52
PAU-N carm	203	**Pontianus**	864
PAU-N ep	202	**POR**	1841
PS-PAU carm	205°	**POS** ind	359
PS-PAU ep	205°	**POS** vi	358

FREDE	CPL	FREDE	CPL
POT Ath	542	**PROS** Ps	524
POT Is	543	**PROS** Ps pr	524°
POT Laz	541	**PROS** Ruf	516
POT subst	544	**PROS** sent	525
PRAE	243	**PROS** Vin	521
PRIM	873	**PROS** voc	528
PRIM *ap* CAr Ps 138, 24	873*a*	**PS-PROS** ana	534
		PS-PROS cf	530
Primianus	712	**PS-PROS** chr	2259
PRIS can	786	**PS-PROS** pro	532
PRIS tr	785	**PRU** ap	1439
PRIS *ap* ORO com	787	**PRU** cath	1438
PS-PRIS	788	**PRU** ditt	1444
Priscianus acc	1552	**PRU** epil	1445
Priscianus Aen	1551	**PRU** ham	1440
Priscianus	1553	**PRU** per	1443
Priscianus fig	1547	**PRU** praef	1437
Priscianus in	1546	**PRU** psy	1441
Priscianus nom	1550	**PRU** Sy	1442
Priscianus peri	1554	**QU** bar	411-412
Priscianus prae	1549	**QU** cant	405
Priscianus Ter	1548	**QU** cata	407
Proba Vergilcento	1480	**QU** fer	406
PROL	1 Cor Pel 952°	**QU** gr	408-409
		QU hae	410
PROL	2 Cor Pel 952°	**QU** Is	417*a*
		QU Jud	404
PROL go	690	**QU** pro	413
PROL Lc Mo	632°	**QU** sy	401-403
PROL Ps Hi 8	625,2	**QU** tr	414-415
PROL Ps Hil 1	625,3	**QU** virt	368, s. 106
PROL Ps Hil 2	625,1	**Reccared I.**	1714°
PROL Ps Int	1167*a*	**RED**	1213
PROL Rm Pel	952°	**REG** cons	1872
PROS ach	517	**REG** Mag	1858
PROS auc	527	**REG** mon	1862
PROS chr	2257	**REG** monial	1861
PROS chr app	535, 2258	**REG** Or	1840
PROS Coll	523	**REG** PSt	1850
PROS Dem	529	**REG** Ptr	1859*a*
PROS epi	526	**REG** 3 Ptr	1859*b*
PROS Gall	520	**REG** Ser	1859
PROS Gen	522	**REG** Tar	1851
PROS Ne	519	**REG** vg	1863
PROS obtr	518	**REM** cal	1071

FREDE	CPL	FREDE	CPL
REM ep	1070	**SED** carm	1447
REM test	1072	**SED** ep	cfr 1447, 1448
RET *ap* AU Jul 1,7 et Jul im 1,55,1	77	**SED** hy	1449
RET *ap* Berengarium e Comment. in Ct	78	**SED** pa	1448
		PS-SED epigr	1453
[REV]	506	**SED-S** misc	cfr 756
RUF adu	198*a*	**SEDA** s	1005
RUF ap A	198	**Sergius I.** can	1741
RUF ap H	197	**Sergius I.** Malm	1740
RUF ben	195	**SEV-G** pac	227
RUF mon	198°	**SEV-M**	576
RUF sy	196	**SID** carm	986
PS-RUF fi	200, 779	**SID** ep	987
PS-RUF:CO 1,5	199	**Sigesteus**	803
Rufus	1065	**PS-SILr** co	1680 (*a*)
RUR	985	**SIM**	1664
RUR app	985°	**SIR**	1637
RUS ac	946	**SIS** Des	1298
RUS:CO 1,3	946°	**SIS** ep	1299
RUS:CO 1,4	946°	**SISB** exh	1227
RUS:CO 2,3	cfr 947	**SISB** lam	1533
S-Am A	1909	**SIX III.**	1655
S-Am B	1908	**PS-SOL**	2340
S-Am Tr	1907	**SON**	1312
S-Ge F	1905*c*	**STE-A**	2151
S-Ge V	1899, 1900*a*, 1900*b*	**STE-B**	876
		STE-G Am	2083
		STE-G ep	2083°
S-Gr	1902-1904	**STE-L**	666
S-Hilb	1918*g*	**SUL** chr	474
S-L	1897-1898	**SUL** dia	477
S-Mo	1929	**SUL** ep	476
PS-SALO Ecl	499	**SUL** Mart	475
PS-SALO Jo	499°	**PS-SUL**	479
PS-SALO Mt	499°	**SYA**	560
PS-SALO Prv	499	**SYM**	1678
SALV eccl	487	**PS-SYM** Lib	1681
SALV eccl pr	487	**PS-SYM** Marc	1679
SALV ep	486	**PS-SYM** Sil	1680
SALV gu	485	**PS-SYM** Six	1682
SCY	664°	**Sympronianus**	784
SCY Ptr	654	**TA** aen	1235, 1269
SEC	324, 725	**TA** Ct	547°, 1269
SECn	1101	**TA** Ecl	1269

FREDE	CPL	FREDE	CPL
TA ep	1267	**Theudebert I**	1067
TA Prv	1269	**PS-THI** Ev	1001
TA Sap	1269	**THr I.**	1732
TA sent	1268	**THr-C**	1885
TA Sir	1269	**TIR**	1105
TARRA	1098	**TRI**	655
TAT aen	1564	**TRO**	1074
TAT ars	1563	**TU**	564
TE an	17	**TY** Apc	710
TE ap	3	**TY** reg	709
TE ba	8	**UL**	689
TE car	18	**UL** fi	692º
TE cas	20	**URA**	207
TE cor	21	**VAL** ep	1003
TE cul	11	**VAL** h	1002
TE fu	25	**PS-VAL** ded	1004
TE hae	5	**Valerianus Calagurr.**	558a
TE Her	13	**VALs** ap	1286a
TE id	23	**VALs** Bon	1278
TE je	29	**VALs** cap	1287
TE Jud	33	**VALs** cons	1288
TE Marc	14	**VALs** dis	1285
TE mart	1	**VALs** Don	1277
TE mon	28	**VALs** Eg	1276
TE nat	2	**VALs** ex	1287c
TE or	7	**VALs** gen	1280
TE pae	10	**VALs** nec	1281a
TE pall	15	**VALs** or	1286
TE pat	9	**VALs** Ps	1287a
TE Pra	26	**VALs** quer	1282
TE pud	30	**VALs** repl	1283
TE res	19	**VALs** resi	1284
TE Sca	24	**VALs** rev	1279
TE sco	22	**VALs** rog	1287b
TE spec	6	**VALs** sap	1281
TE test	4	**PS-VALs** Fro	1292
TE ux	12	**PS-VALs** Fruct	1293
TE Val	16	**PS-VALs** mon	1290
TE vg	27	**VEN** Alb	1040
PS-TE ex	35	**VEN** carm	1033
PS-TE hae	34	**VEN** carm app	1036
PS-TE Marc	36	**VEN** carm app	35 1044a
Theodosius, uide IT		**VEN** epi	1045
The		**VEN** Germ	1039
Theudebald	1066	**VEN** Hil	1038

FREDE	CPL	FREDE	CPL
VEN Marc	1043	**PS-VICn-P** lex	1460
VEN Mart	1037	**PS-VICn-P** nat	1460
VEN or	1034	**VICTR**	481
VEN Pat	1041	**VIG-P** app	948
VEN Rad	1042	**VIG-P** cap	1696
VEN Sev	1044	**VIG-P** ep	1694
VEN sy	1035	**VIG-P** iud	1694°
PS-VEN carm	1048	**VIG-P** The	1695
PS-VEN Dion	1051	**VIG-P**:COL-AV 83	1612, 1694°
PS-VEN fi	1052	**VIG-T** Ar	807
PS-VEN Leob	1050	**VIG-T** Eut	806
PS-VEN Med	1049	**PS-VIG** Fel	808
PS-VEN sy	1747	**PS-VIG** frg	811
Venerandus	1305	**PS-VIG** sol	812
VER cant	870	**PS-VIG** Var	364
VER pae	869	**VIG-TR**	212-213
VERA	1022	**VINC** Aug	511
Victor (Cartennensis)		**VINC** com	510
uide PS-AM pae	854	**VINC-C** *ap* AU an	345
Victor (Carthaginensis), uide [THr I.]		**Vinisius**	1326
		VIR-G ep	1559
4	874	**VIR-G** epit	1559
VIC-A cal	2283	**[VIR-S]** Aeth (uide	
VIC-A pa	2282	AN Aeth)	2348
VIC-C frg	954, 955, 956	**VIT**	398
		VITn ep	1735
VIC-C pr	953a	**VITn** frg	1735°
VIC-M	1455	**VIV**	1068
VIC-T	2260	**Wamba**	1537
VIC-V	798	**WAR** Des	1310
PS-VIC ci	801	**WAR** ep	1308
PS-VIC h	802	**WAR** Speu	1309
PS-VIC pass	800	**Wilfrid**	1329
PS-VIC pro	798°	**ZE**	208
VICn Apc	80	**ZO**	1644
VICn fa	79	**ZO** Frg der Epistula tractoria	1645
PS-VICn vg	81	**ZO** Rem	1647
VICn-P Chr	1459	**ZO** Sim	1646
VICn-P pa	1458		

II. PATROLOGIA LATINA

PL	CPL
i, 257-536 (305-604)	3
559-607 (629-680)	2
608-618 (681-692)	4
619-628 (691-702)	1
627-661 (701-738)	6
661-696 (737-774)	23
697-705 (775-784)	24
1149-1196 (1249-1304)	7
1197-1224 (1305-1334)	8
1223-1246 (1335-1360)	10
1249-1272 (1359-1386)	9
1273-1302 (1385-1418)	12
1303-1334 (1417-1448)	11
ii, 9-60 (9-74)	5
61-72 (74-92)	34
73-100 (93-122)	21
101-120 (123-142)	25
121-152 (143-176)	22
153-194 (175-220)	26
195-238 (219-264)	13
239-522 (263-556)	14
523-594 (569-633)	16
595-640 (635-682)	33
641-750 (687-798)	17
751-790 (799-838)	18
791-886 (841-935)	19
887-912 (936-962)	27
913-928 (963-978)	20
929-952 (979-1004)	28
953-978 (1003-1030)	29
979-1028 (1031-1084)	30
1029-1048 (1084-1106)	15
1052-1088 (1110-1146)	36
1089-1100 (1147-1156)	1463
1097-1101 (1155-1158)	1423
1101-1104 (1159-1162)	1425
1105-1107 (1163-1166)	1432

PL	CPL
1108-1112 (1166-1172)	1426
1113-1114 (1171-1174)	1458
1115-1118 (1173-1176)	35
1123-1134 (1183-1196)	31
iii, 13-60 (13-62)	32
181-202	83*a*
231-371 (240-382)	37
839 (866)	63
885-952 (913-982)	71
953-962 (981-992)	68
963-969 (993-1000)	72
1052-1078 (1089-1116)	56
1080-1102 (1119-1146)	56º
1183-1203 (1231-1251)	59
1205-1216 (1255-1268)	76
1481-1496 (1541-1558)	52
1497-1508 (1557-1568)	53
iv, 192-223 (194-227)	38
194, adn. 1 (196, adn. 2)	38
224-432 (228-446)	50
290-298 (297-305)	73
303-307 (311-315)	74
307-315 (315-323)	72
432 (445 B-C)	63
433-434 (445-447)	722
434-438 (447-452)	64
440-464 (451-478)	40
465-494 (478-510)	42
495-520 (509-535)	41
520-543 (537-562)	43
544-564 (561-584)	46
564-582 (585-604)	57
583-600 (603-624)	44
601-621 (625-646)	47
622-637 (645-662)	48
638-650 (663-676)	49

PL	CPL	PL	CPL
651-674 (677-702)	45	1013-1020	680
675-778 (705-810)	39	1019-1036	96
779-787 (811-818)	70	1035-1040	681
788-804 (817-834)	58	1039-1138	95
819-826 (851-859)	69	1137-1140	97
827-834 (903-912)	60	1139-1146	99
835-867 (911-947)	62	1145-1294	98
869-880 (947-960)	1106	1295-1310	100
909-918 (989-1000)	61	1317-1328	539
919-924 (999-1008)	75	1328-1332	537
925-938 (1007-1020)	1430	1331-1346	1630
939-1026 (1023-1052)	2276	1345-1350	1630°
1027-1031 (1055-1060)	1463	1349-1356	1628
1153-1157 (863-867)	65	1350-1351	111*a*
v, 201-262	1470	1351-1354	444
261-282	203 206	1355	111*b*
	1471°	1355-1356	111*c*
301-316	79	1356-1358	111*d* 457
317-544	80	1372-1373	453
713-1288	93	1381-1386	1629
vi, 11-20	1681	1388-1393	1681
45-46	77	1395 B	453
45-50	1386	1411-1415	541
111-884	85	1415-1416	543
1017-1094	86	1416-1418	542
vii, 9-78	87	ix, 185-200	1038
79-148	88	231-890	428
189-276	91	891-908	428°
275-276	89 92	915-918	430°
277-284	90	917-1076	430
283-290	1457	x, 25-472	433
289-298	1518	479-546	434
718-742	244°	545-548	435
viii, 752-758	19	549-552	465
760-766	720	551-554	466
767-774	721	557-564	459
783-796	2324	632	448
796 B	2343	563-572	460
829-840	1681	577-603	461
879-908	1627	609-618	462
908-912	1627	627 A-B	447
912-913	450 682	627-724	1630
919-926	449 538	632-642	448
999-1010	83	639-646	449
1009-1014	82	647-648	450 682

PL	CPL	PL	CPL
649-654	451 683	347-374	1633
654-658	452	375	641
659-675	440	375-418	1635 1636
675-678	441	376-377	1461
679-681	453	413 C-414	1657b
682-686	444	414 B	164
686-695	457	416 B	1212
695-696	445	447-454	1569 2252
697 A-B	446	464	2250
699-702	442	464-466	2028 2251
703-705	443	521-542	1795
705-710	458	549-552	212
710-713	437	552-558	213
713-714	108 438	563-564 D	451 683
714-716	453	564-565	111
716-717	454	571-572 B-C	454
717-718	439 686	571-574	455 684
718-719	455 684	573-576	456 685
719-724	456 685	583-588	1575
723-724	429	591-592	1594
724 B	430	591-594	1593
724 C	431	593-594	1573
724-725	461	593-632	705
725-726	432	611-632	1898d
733-750	470	631-640	706
879-884	467	632 A	502
883-888	468	639-642	560 702°
887-888	469	641-652	1156
xi, 199-204	209	651-654	1171
253-528	208	653-672	1015
533-534	208°	676-688	2256
883-1104	244	765-766	110
1189-1191	718	765-768	117 457
1231-1420	724		1630
xii,18-19	690	767-794	112
947 C	106	793-818	113
947-954	107	817-936	114
959-968	111e°	935-936	117
981-1050	102	935-1008	115
1111-1302	121	1007-1038	116
xiii, 18-28	631°	1037-1042	117
37-80	120	1049	118
79-80	119	1050	119
81-108	120° 1570	1051-1082	561 784
	1571	1081-1090	562

PL	CPL	PL	CPL
1089-1094	563	1357-1384 (1417-1444)	158
1097-1106	2280	1385-1408 (1447-1468)	159
1105-1114	2279	1409-1412 (1473-1476)	163
1131-1178	1637	1412 (1476)	1241
1181-1194	1632	xvii, 11-42	170a
1217-1218	1635	45-508 (47-536)	184
1219-1230	2030	509-546 (537-576)	171
xiv, 27-46 (29-50)	169	549-568 (579-598)	551
123-274 (133-290)	123	579-584 (599-604)	747
275-314 (291-332)	124	604-733 (625-758)	180
315-360 (333-380)	125	657-660 (679-682)	743
361-418 (381-438)	126	671-672 (693-695)	1721
419-500 (441-524)	127	693-699 (716-722)	555
501-538 (527-560)	128	724-725 (748-749)	288d
539-568 (567-596)	129	– (779-812) (xviii, 181 109-142)	
569-596 (597-624)	133		
597-640 (627-670)	130	735-752 (813-830)	179° 2159
641-672 (673-704)	131	742-746 (821-825)	2195
673-696 (707-728)	132	747-748 (825-827)	2244
697-730 (731-764)	137	749-751 (827-830)	1289
731-749 (765-792)	138	971-1004 (1059-1094)	854
750-796 (797-832)	139	1005-1012 (1095-1102)	172
797-850 (835-890)	134	1011-1014 (1101-1104)	177
851-886 (891-926)	135	1015-1018 (1105-1108)	171b
887-920 (930-960)	136	1021-1056 (1113-1150)	2229
921-1180 (963-1238)	140	1073 (deest in ed. 2ª)	528
xv, 1197-1526 (1261-1603)	141	1131-1148 (1167-1184)	170°
1527-1850 (1607-1944)	143	1153-1155 (1189-1192)	179
1961-2222 (2061-2326)	170°	1155-1158 (1193-1196)	153
xvi, 23-186 (25-194)	144	1159-1162 (1197-1200)	173
187-232 (197-244)	145	1171-1222 (1209-1259)	163
219-221 (231-233)	1630°	1219-1220 (1256-1257)	1246
233-262 (247-276)	146	xviii, 11-12 480°	1748a
265-302 (279-316)	147	15-66	709
305-334 (319-348)	148	67-70	1154
335-364 (351-380)	149	71-78	1155
367-388 (383-400)	651	77-90	741
389-416 (405-426)	155	109-142 (xvii, 779-812)	181
417-464 (435-482)	154	397-398	1576
465-524 (485-546)	156	398-399	1577
527-689 (549-726)	150	399-400	1578
847-850 (883-886)	167a	400-401	1579
876-1286 (913-1342)	160	401 B-C	1580
1289-1356 (1345-1414)	157		

PL	CPL	PL	CPL
401-402	1581	903-905	1413
402 B-C	1582	906 A-D	1414
402-403	1583	907-908	1417
403 C	1584	908 A-B	1415
403-404	1585	908 C	1416
404-405	1586	909-910	1418
405-406	1587	910-914	1391
406 B-C	1588	913-936	1419
xix, 53-346	1385	937-948	1393
345-380	1423	xx, 13-30	473
379-386	1386	31-50	551
391-431	1386a	49-50	552
546-548	1448	68-73	1640
549-752	1447	73-76	1638
753-764	1449	95-160	474
771-772	1453	159-176	475
773-774	1480	175-184	476
773-780	1482	183-222	477
779-781	1450	223-227	746
782-784	1451	227-242	741
784-786	1452	242 B-C	479 iii 242
797-800	1456	D	479 v
803-818	1480	243 A	479 va
823 B	1387	243-244	479 vi
823-824	1388	244C	758
824-826	1389	244-246	479 iv
825-826 A-B	1408	323-328	217
825-838	1420	327-368	218
839-842	1390	369-372	633°
841-850	1400	443-458	481
851-862	1401	463-608	1641
861-866	1402	507-510	1592
865-868	1406	517-518	2281a
869-872	1404	594-597	1595
871-876	1405	611-612	1643
877-878	1394	629-636	1643°
878-879	1396	642-686	1644
880-882	1398	649-661	1599
882 C-D	1399	676-678	1603
882-884	1409	693-695	1645
885-886	1410	704-710	1646
886-887	1392	711-716	169° 1600
887-895	1403	715-732	169°
895-898	1411	731-746	576
898-902	1412	750-751	1579

PL	CPL	PL	CPL
750-784	1648	495-590 (517-618)	615
752-756	393	586 (614)	754
761-762	1656°	603-720 (631-760)	616
768-769	1591	771-858 (815-904)	581
791 B	1649°	935-1010 (983-1062)	580
791-792	1649	1009-1116 (1061-1174)	583
827-1002	215	1297-1306 (1357-1366)	1359
1003-1006	216	1315-1318 (1375-1380)	169°
1009-1014	395	1365-1366	623a
1019-1036	568°	1406-1407 (1473-	
1037-1062	569	1476)	757°
1071-1166	103	1407-1470 (1475-1538)	757
1165-1182	482	1471-1484 (1539-1552)	757°
xxi, 295-336	195	xxiv, 17-678 (17-706)	584
335-386	196	679-900 (705-936)	586
462-540	198k	937-942 (973-979)	585
541-624	197	xxv, 15-490 (15-512)	587
623-628	198	491-584 (513-612)	588
627-632	1640	787-792 (827-831)	630 815-
641-960	199°		1578 (855-
959-1104	776		1668) 589
1105-1122	2184°	xxvi, 15-218 (15-228)	590
1123-1124	199	307-618 (331-656)	591
1123-1154	200	320 (344)	31a
xxii, 175-184	623	619-802 (655-850)	643
201-214	622	815-822 (863-871)	629° 777°
281-326	367°	821-1270 (871-1346)	629
325-1204	620	1269-1300 (1345-1378)	592° 629°
733-735	198e	1299-1305 (1377-1382)	625
753	31d	xxviii, 1183-1188	625°
772-774	1638	1521-1522 B	904a
1162-1164	1596-1598	xxix, 117-118 (121-124)	625°
1204-1220	745	xxx, 15-308 (15-318)	633
1220-1224	2278	15-45 (16-46)	737
xxiii, 17-28 (17-30)	617	45-50 (47-52)	565 747°
29-54	618	50-55 (52-56)	738
55-60 (55-62)	619	55-60 (57-62)	739
155-182 (163-192)	608	61-75 (63-77)	225°
183-206 (193-216)	609	75-104 (77-108)	225° 566a
211-338 (221-352)	610	105-116 (108-120)	740
339-352 (353-368)	611	145-147 (150-152)	765
355-396 (371-412)	612	148-162 (152-167)	764
397-456 (415-478)	613	163-175 (168-181)	741
457-492 (477-514)	614	176-181 (182-187)	1746
495-534 (517-560)	750	182-188 (188-194)	621

PL	CPL	PL	CPL
188-210 (194-217)	566 747°	959-976	254
211-213 (217-219)	604	977-1020	255
213-215 (219-223)	633	1021-1034	256
215-217 (222-224)	966	1035-1080	257
217-219 (224-226)	966	1081-1194	258
221-223 (228-230)	599	1193-1220	259
223-224 (230-231)	600	1221-1310	260
224-226 (231-233)	603	1309-1378	261
232-238 (240-246)	648	1377-1383	1839*b*
239-242 (247-249)	742	1385-1408	1558
242-245 (249-253)	743	1409-1420	361
245-248 (253-256)	556	1419-1440	362
248-254 (256-262)	766	1439-1448	1556
261-271 (270-280)	633°	1447-1450	1872
271-277 (280-284)	966	1449-1452	1839*a*
276-278 (285-287)	633	xxxiii, 61-1162	262
278-282 (287-290)	64	786-788	1595
282-288 (291-297)	744	867-868	1601
288-292 (297-301)	633	958-965	1838
292-296 (301-306)	633	1051	703
297-298 (306-307)	633	1093-1098	367
305-306 (315-316)	633	1099-1120	737
307-310 (317-320)	624	1156-1162	366
311-318 (321-330)	639	1175-1176	64
425-434 (439-449)	1896	xxxiv, 15-122	263
435-487 (449-502)	2031	121-172	264
487-488 (501-503)	1960	173-220	265
531-590 (549-608)	631	219-246	268
589-644 (609-668)	632	245-486	266
643-644 (667-668)	632°	485-546	269
645-902 (669-946)	952	547-823	270
xxxi, 428 D-429	1273*a*	825-886	271
439 C-440	1218	887-1039	272
447 B-C	1244	1041-1230	273
449 B-C	1273	1229-1308	274
663-1174	571	xxxv, 1321-1364	275
1173-1212	572	1357-1358	221° (s. 2)
1211-1216	573	1365-1374	276
1213-1222	787	1374-1376	277
1221-1232	515	1379-1976	278
xxxii, 33-578	358	1977-2062	279
583-656	250	2063-2088	280
659-868	251	2087-2106	281
869-904	252	2105-2148	282
905-958	253	2149-2200	1123

PL	CPL	PL	CPL
2207-2386	185°	2180, adn. b	554°
2207-2416	185	2181-2183	731
2415-2452	1016	2198-2200	748°
xxxvi, 59-60	524°	2211	966
xxxvi, 67-xxxvii, 1966	283	2229-223	1966
xxxvi, 376-382	724°	xl, 11-100	289
xxxvii, 1965-1968	592°	40, adn.	1 959
xxxviii, 23-xxxix, 1638	284	101-148	290
xxxviii, 1352-1359	284° (s. 296)	147-170	291
		171-180	292
xxxix, 1505-1511	919°	181-196	293
1643-1718	285	197-230	294
1717-1720	387	231-290	295
1719-1736	286	289-310	296
1735-2354	368	309-348	297
1884-1886	388	349-372	298
1907-1909	154	373-396	299
1969-1971	551	397-428	300
1977-1981	1006	431-450	301
1977, adn. b	1006°	451-486	302
1981-1982	809	487-518	303
1982-1984	969	517-548	304
1987-1989	183°	547-582	305
1992	228°	581-592	306
2005-2007	248	591-610	307
2007-2008	249	611-626	308
2011-2012	225°a	627-636	309
2011-2013	228°	637-652	401
2013-2015	1007	651-660	402
2015-2017	599	659-668	403
2042-2053	968	669-678	310
2043-2047	966	677-686	405
2058-2059	603	685-694	406
2060-2061	966	693-700	407
2062-2064	966	699-708	411
2081-2082	966	707-716	311
2091-2092	838°	715-724	312
2095-2098	1185	725-732	373
2115-2117	966	733-752	373°
2122-2124	975	753-780	826
2135-2137	1369	778-780	817a
2150	967	863-898	386
2171-2172	966	901-942	386
2173-2174	593°	991-998	1106°
2176-2178	964	1031-1046	730

PL	CPL	PL	CPL
1079-1088	1106	1101-1116	410
1105-1112	374	1117-1130	404
1113-1150	386°	1131-1140	577
1169-1190	2096	1139-1154	390
1201-1204	601	1153-1156	534
1203-1206	602	1157-1172	808
1205-1206	222a 560°	1193-1200	379°
1207-1210	222	1199-1208	488
1219-1222	1002°	1207-1212	379
1221-1224	605	1211-1222	958
1225-1228	375	xliii, 23-32	330
1227-1230	376	33-106	331
1231-1234	377	107-244	332
1235-1358	377°	245-388	333
1332-1334	1107	391-446	334
1342-1344	606	445-594	335
1354-1355	1225°	595-614	336
xli, 13-804	313	613-650	337
805-822	575	651-690	338
821-832	576	689-698	339
833-854	391	697-706	340
xlii,21-50	314	707-752	341
30, adn. 1	31a	753-758	341°
47	31e	763-774	380
51-64	315	821-827	724
65-92	316	xliv, 109-200	342
93-112	317	201-246	343
111-130	318	247-290	344 753
129-172	319	291-318	347
173-206	320	319-360	348
207-518	321	329-330	754
519-552	322	350-351	749b
551-572	323	359-410	349 749
571-578	324		749a
577-602	325	384	142
603-666	326	410	142
665-670	573	413-474	350
667-678	787	436	142
669-678	327	475-548	345
677-814	327°	549-638	346
677-684	701	632	142
683-708	702	641-874	351
709-742	699	644	77
743-814	700	644-645	558
819-1098	329	645	432

PL	CPL	PL	CPL
688-689	142	1135-1140	841
881-912	352	1141-1142	372°
915-946	353		(s. 53)
959-992	354	1142-1144	368°
xlv, 993-1034	355		(s. 144)
1049-1608	356	1147-1148	372°
1078	77		(s. 107)
1611-1664	381	1149-1150	416
1665-1678	382	1153-1156	966°
1677-1680	383	1155-1156	372°
1680-1683	780		(s. 85)
1686-1691	781	1157-1196	284°
1714	1595	1168-1170	284°
1716-1718	731		(s. 114)
1724-1725	169° 1600	1173-1175	284°
1725-1726	1603	1183-1187	284°
1726-1728	1644°		(s. 296)
1732-1736	778°	1190-1191	284
1739-1740	775a		(s. 317)
1749-1750	771	1199-1200	274°
1750	772	1221-1222	263
1755-1756	1652	1223	323
1756-1760	527	1224	314°
1763-1766	1617	1227-1244	368°
1772-1776	663	1237-1238	372°
1778-1779	662		(s. 73)
1779-1785	817°	1240-1241	2096°
1790-1792	1691	1248-1250	844°
1793-1802	516	xlviii, 67-108	781
1801-1834	523	102-104	754
1833-1844	520	109-172	780
1849-1850	521	147	775a
1849-1858	522	231-240	1640
1857-1858	518	239-254	199
1859-1898	525	451-488	200 200°
xlvi, 5-22	359	488-497	731
817-821	372°	498-505	768
821-826	287	505-508	768°
843-846	372°	509-536	778°
945-1004	287	533-534	775
1001-1004	372°	593-596	750
xlvii, 1113-1134	43	597-598	754
1127-1134	368°	598-606	753
	(s. 106)	609 A-D	749b
1133-1136	223° (s. 2)	610-611	749a

PATROLOGIA LATINA

PL	CPL	PL	CPL
611-613	749	li, 77-90	516
617-622	767	91-148	517
xlix, 53-54	513°	149-152	518
53-476	513	153-154	519
477-1328	512	155-174	520
l, 9-272	514	177-186	521
251-252	430	187-202	522
253-254	183	205-212	527
373-380	1840	213-276	523
383-402	730	277-426	524
423-427	394	427-496	525
427-429	1648°	497-53	1526
430-436	1650	535-603	2257
436-437	1651	607-610	530
457-458	1654	611-616	531
528-530	1652	617-638	532
531-537	527	647-722	528
567-570	426	733-854	413
583-593	1655	859-866	2259
637-686	510	873-890	2263
701-712	492	917-942	2270
711-726	493	942-948	2271
727-772	488	lii,71 B-D	229
773-822	489	183-666	227
827-828 A	491	339-342	932
827-832	490	549-552	930
833-865	498°	665-680	237°
833-859	966	691-756	1002
836-841	1107°	755-758	1003
859-861	966	863-866	646
861-865	966	873-876	647
865-868	497	liii, 25-153	485
866 A	494	157-174	486
867-894	495° 513°	173-238	487
893-1048	498°	239-322	239
1047-1208	498°	289 B-290	461 1654
1207-1210	498	319	1633
1213-1214	496°	319-322	1633°
1219-1246	506	327-570	242
1245-1246	507	569-580	240
1249-1272	501	583-586	243
1271-1272	500	587-672	243
1273-1276	504	596 C	31*b*
1275-1286	1428	608 A-B	3l*c*
1287-1292	1427	674 C	389

PL	CPL	PL	CPL
697-780	983	583-585	552
752 D	494	686-691	1633°
783-786	984	832-850	539
788-789	1461	863-875	1765
789-790	1435	876-879	1766
790 B-C	1462	879-889	1776
801-814	1100	890-893	1772
813-818	1099	1131-1154	1661°
817-822	1791	1131-1133	1658°
823-826	1102	1133	1658°
831-838	1106°	1134-1136	1658°
837-840	1101	1136-1138	1658°
843-847	397	1138-1139	1658°
847-849	398	lvii, 221-530	220
849-858	399	269-272	1007
859-866	207	355-560	966°
967-1012	499	419-422	966°
liv, 141-468	1657	502-506	932
469-476	1661°	529-760	221
477-522	1658	551-554	599
488-490	972	575-578	368°
501-504	1185		(s. 144)
517-520	1657a	607-610	966
593-1218	1656	661-664	368
601-606	2304		(s. 196)
693-695	564	762 A	221 (s. 29)
739-743	229	771-782	222
1212-1214	1604	781-832	222
1239-1240	483	781-794	697
1245-1248	1661	793-806	696
1424-1426	1307	807-829	694
lv, 21-156	1897	829-832	693
159-160	527°	843-916	223
161-180	529	853-854	368
lvi, 359-746	1770		(s. 158)
415-418	1764	853-858	153
418 B-C	396	871-874	1185
490-492	1644	883-886	966
	(epist. 13)	905-906	603
455-527	1641	915-920	224
576-581	1650	921-958	225
581-582	1651	933-958	566a
582 B	789	lviii, 16-32	1662
582 B-583	119	35-59	1605
582 C-583	118	35-61	1664

PL	CPL	PL	CPL
63-65	988°	202-210	991
66-68	988	219-222	992
67-123	985	224-227	993
179-260	798	272 B	1069
203	799°	289-294	994
213	799°	301-321	990
219-234	799	323-382	995
235-238	799°	369-382	996
261-266	800	381-384	992
265-268	802	384-386	993
269-276	801	385-386	990
443-640	987	387-392	993°
639-748	986	391-398	994
753-756	1475	399-408	950
757-768	813	407-410	966
783-836	961	415-520	998
835-870	963	523-546	2254
869-890	969	545-560	2296
869-872	971	563-568	1862°
875-876	981	717-723	738
877-880	966	767-776	1437
880-883	220	775-914	1438
	(s. 68)	915-1006	1439
883-887	966 1107°	1007-1078	1440
889-890	966	lx, 11-90	1441
893-978	1665	89-112	1444
915-919	1607	111-276	1442
928-934	1670	275-590	1443
979-1054	958a	591-594	1445
1059-1120	957	679-901	1509
lix, 13-19	1667	901-932	1511
19-21	1610 1677°	lxi, 153-418	202
21-22	1609	418-420	509
23-24	1608	419-438	202
34-41	1617	437-690	203
85-90	1674	439-440	1473
99	1668	691-710	206
102-110	1672	710-718	203
110-116	1671	723-738	745
116-137	1669	737-743	531
139-156	1668	833-836	204
139	1698/1702	937-1006	1455
145	1698/1702	969-972	1464
156	1698/1702	971-974	1435
157-180	1676	977-1000	1465

PL	CPL	PL	CPL
1000-1005	1466	367-528	1683
1005-1006	1467	529-534	1685°
1005-1008	1056	534-538	655
1009-1072	1474	537-538	1539
1071-1074	1475	579-870	878
1073-1076	1476	1079-1168	879
1091-1094	1386	1167-1300	880
lxii, 9-40	962	1352-1364	895
39-40	678	lxiv, 71-158	881
49-51	1678	159-294	882
51-52	993°	293-392	883
61-66	1619	393-640	883
83-92	663	761-794	885
95-154	806	793-832	884
155-180	812°	831-876	886
179-238	807	875-910	887
179-180	812°	891	94
237-288	105	1039-1074	888
287-288	552	1173-1216	889
333-352	808	1247-1256	890
449-466	551	1299-1302	891
469-472	812	1311-1314	892
537-542	1676	1333-1338	893
543-546	1507	1337-1354	894
545-548	1506	1421 D	1539
559-562	677	lxv, 11-12	1686
561-1088	676	12-15	1687
1167-1200	678	23-30	534
lxiii, 13-168	1487	31-34	1691
167-184	1492	34-42	666
183-208	1493	45-48	1615
207-240	1494	51-58	1094
239-246	1495	83-102	1004°*a*
245-250	1496	117-150	847
249-256	1497	151-206	814
255-258	1498	205-224	815
257-258	1499	223-304	816
257-262	1500	303-498	817
263-267	1488	372-374	820
267-308	1489	375-377	708
309-326	1490	377-378	822
326-362	1491	378-380	848°
361-364	1502	392-394	848°
364 A-B	1503	442-651	663
367-526	1620	497-508	819

PL	CPL	PL	CPL
507-528	820	977-986	1851
527-574	821	987-994	1862
573-602	822	993-996	1872
603-672	823	995-998	1839*a*
671-706	826	999-1006	1998*c*
706-708	817*a*	lxvii, 19-23	2284
707-720	843	23-28	2286
719-726	828	387-388	1155*b*
726-729	829	483-494	2284
729-732	830	497-507	2285
732-737	831	513-520	2286
737-740	832	527-852	866
740-741	836	617 C-D	1621
741-742	837	853-868	867
742-744	838	867-878	868
744-746	838°	887-950	848°
746-750	839	925 B-C	400
749-834	824	925 C	397°
833-838	841	949-962	1768
838-842	842	961-962	1091
843-854	382	993-996	1068
858-954	844	995-996	1074
916-917	838°	995-998	864
963-970	1070	1001-1042	1018
969-974	1072	1041-1043	966°
974-975	1071	1043-1047	966°
975-976	1072°	1047-1050	966°
lxvi, 14-17	1613°	1049-1050	966
17-20	1613	1050-1052	966°
20-24	1692	1052-1058	966°
24-25	1692°	1056-1069	966°
25-26	1614	1059-1062	971
35-76	1693	1075	1019
35-43	1615	1077-1078	1020°
35-37	1613°	1078-1082	1019
37-38	1611	1083-1085	606
89-105	644	1088-1090	966°
105-116	645	1089-1092	1785°
116-124	645°	1094-1098	1019*a*
125-203	1713	1099-1104	1012
126-204	1713	1105-1121	1009
215-930	1852	1121-1125	1010
937-942	1857*b*	1125-1128	1010
949-958	1850	1128-1135	1010
959-976	1849	1135-1138	1011

PL	CPL	PL	CPL
1139-1142	1017	1105-1150	906
1141-1152	1785°	1192-1195	906°
1154-1166	1010	1195-1196	906°
1167-1254	946	1219-1240	908
1285-1286	1683	1239-1270	907
lxviii, 11-12	1075	1279-1308	897
15-42	872	1319-1418	903
43-46	1062	lxxi, 159-572	1023
63-252	1504	193 B-194	799°
251-256	953*a*	497-500	1823*f*
359-360	1152*a*	528-529	1714°
365-372	648	563-566	2029
371-376	649	573-604	1314
375-380	1063	605-698	1314
381-386	949 1698/1702	705-828	1024
		1097-1098	1026
385-398	1844	1099-1102	1027
395-398	1918*l*	1103-1106	1031
399-406	1845	1158 A-B	1818
405-408	1055	1159-1160	1819
415-686	902	1164 B-C	1055
685-794	902°	1164-1165	1067
793-936	873	1165-1166	1062
941-962	2260	1165 B-C	1066
969-1052	865	1166-1168	1063
1097-1098	954	1170-1174	1057
lxix, 15-68	1694	1172 D-1174	1062*a*
21-144	1616	lxxii, 21-28	1080
67-114	1612 1694°	29-32	1090
114-144	1697	31-36	1082
143-178	1696	35-38	1083
329-392	1319	39-42	1084
393-418	1698/1702	41-48	1081
501-880	896	47-52	2302
977 C	1627°	51-52	1087
1000-1001	684°	52 D	1088
1006-1007	1633°	55-78	1039
1088-1090	1629	77-80	1060
1133-1134	1633°	89-98	1925
1213-1248	2269	135-136	1918
1249-1250	906°	171-216	1948
1251-1296	913	225-318	1919
lxx, 9-1056	900	317-340	1923
994 B	873*a*	339-382	1922
1056-1106	910	364-365	162

PATROLOGIA LATINA

PL	CPL	PL	CPL
451-458	1924	lxxv, 41-59	1723
573-578	1892	76	1705
577-578	633c	79	1714°
583-606	1938	507-510	1715
583-585	464	lxxv, 515-lxxvi, 782	1708
590-592	1101	lxxvi, 785-1072	1710
605-608	2047	1075-1312	1711
651-664	1042	1311-1313	1714°
663-680	1053	lxxvii, 13-128	1712
689-700	1097	147-432	1713
701-702	1022	148-433	1713
703-705	1705	441-1328	1714
705-706	1707	599-602	1097
706-738	1706	655, adn. h	1704
744-745	1707	1193	1327°
745-750	1698/1702	1327-1349	1714°
767-770	2083	1343-1347	1714°
771-774	1007	1347-1348	1714°
775-790	2147	1348-1349	1704°
793-802	2268	1349	1714°
803-860	953	lxxviii, 326-327	2014
859-860	1848	602-636	1921°a
863-870	2261	725-850	1933
873-894	1183	937-948	1999
893-898	1184	948-949	2000
899-918	2330	958-960	2001
917-918	1059	959-968	2004
921-1110	1796	993-1000	2002
1117-1118	1806	999-1004	2005
1118-1120	1818a	1405-1408	1569
1119-1122	1825h	lxxix, 17-468	1719
1121-1124	1819b	471-492	1709
lxxiii, 605-620	2184°	492-548	1721
1015-1016	1155h°	550-659	1721
lxxiv, 338-342	1094	659-678	1717
381-394	1079c	681-684	1718
527-530	1636°	683-916	1718
575-578	1635	lxxx, 9-14	1095
671-674	478	15-20	1096
673 A-B	1477	19-22	1098
701-750	2263	21-24	1327°
845-848	1153	25-26	1058
1055-1244	1899	31-40	2125
1091-1093	219	95-98	1327°
1243-1245	1757	104-106	1724°

PL	CPL	PL	CPL
107-112	1297	723-728	1267
115-164	2069	727-990	1268
181-184	1234	729-730	1271
183-186	1854	731-732	1268
185-187	1308	989-992	1270
187-196	1309	lxxxi, 15	1207
195-200	1310	30-32	1213
229-260	978	636-644	636
209-216	1108	644-647	636° 959
216 B-221	1109	971	1197
223-230	1110	lxxxii, 19-53	1214
229-260	1107	53-56	1215
256-257	1111	65-68	1206
257-258	1119	73-728	1186
259-284	1111	lxxxiii, 9-70	1187
283-284	1117	69-98	1202
285-291	1112	97-130	1190
289 A	1465°	129-156	1191
291-294	1112	155-180	1192
293-296	1111 1117	179-200	1193
294	1118	201-207	1194
321-326	1119°	207-424	1195
327-342	1120	449-538	1198
342-346	1827	537-738	1199
363-368	1299	737-826	1207
377-384	1298	825-828	1203°
435-440	1725	827-868	1203
439-440	1725	867-894	1868
451-454	1826*i*	893-898	1223
469-470	1726°	902 A-C	1211
469-482	1726	902-905	1224
470-476	1726°	905-907	1224°
482-483	1727	913-954	1189
483-484	1728	963-1018	1188
601-602	1730	1017-1058	1205
602-607	1729	1057-1082	1206
607-608	1730°	1081-1106	1206
617-632	2267°	1107-1111	1212
637-640	874	1112-1114	1300
649-700	1230	1119-1132	1220
686-687	1268°	1203-1213	385
699-714	1231	1213-1218	385
713-716	1232	1223-1225	1225
715-720	2068	1225-1226	966
722 C	1268°	1227-1243	958*a*

PL	CPL	PL	CPL
1251-1256	1227	lxxxvii,75-82	1732
1255-1262	1533	81-86	875
1261-1274	1228	85-92	874
1275-1294	1191°	99-102	1732°
1293-1302	1193°	104-105	1169
1319-1332	1226	119-198	1733
lxxxiv, 23-92	1790a	197-200	1734
93-848	1790	219-246	1304
247-250	1773	247-266	1303
360-364	1184	273-298	1860
448-449	1237a	359-368	1236
482-484	1234	369-388	1510
486 B-D	1790°	383-388	1512
514-520	1259	389-400	1236
574-586	1787	398 B-C	1236a
657-658	1642	401 A	1536 1538
657 B-658	2281a	401-402	1239
677 B-678	1591	402 A	1535
679-686	1652	411-413	1237
682-686	527	413-418	1267
685-690	1650	421-458	1276
689-692	1651	425-431	1281
701 B-702	229	425-426 A	1288
831-834	1714	431-433	1277
lxxxv, 441-445	1217a	433-435	1278
1049-1056	2046b	435-436	1279
lxxxvi, 47-740	1944°	437-439	1280
739-846	1946	439-447	1282
845-886	1945	447-455	1283
885-940	2011	455-457	1284
889 A	1241	457-458	1289
913 D-914	1245	459-470	1293
914-915	1246	479-594	2094
939-1352	1944	541-550	1043
944	650	593-654	2096°
1099-1100	1273	653-658	1306 2096°
1123-1125	1242	657-662	2095
1139-1140	1253	665-676	2090
1159 A-C	1218	695-780	1833
1170-1171	1273a	779-798	1834
1183-1184	1243	839-856	1831
1229-1230	1254	969-978	2310
1242-1244	1232	979-998	1882°
1260-1261	2138	999-1008	1735
1269-1270	1244	1011-1046	1115

PL	CPL	PL	CPL
1099-1110	1869	237-290	1333
1111-1127	1870	289-290	1331
1127-1130	1871	297-300	1338
1129-1132	1275	299-310	1339
1141-1144	1736	301-304	1337
1161-1214	1737	304-310	1340
1215-1248	1737	309-314	1334°
1261-1265	1170	361-366	1542°
1265-1267	1171	369 B-C	1172
1271-1274	2081	369-376	1173
1273-1276	2082	375-376	1542
lxxxviii, 59-362	1033	401-436	1887°
137-138	1059a	443-454	1889
276-284	1044a	735-736	1342°
313-322	1034	799 C-D	1341a
345-351	1035	803-806	1341b
363-366	1037	818-8211	164b
427-436	1036	1057-1096	1876
439-454	1038	1097-1120	1876
453-478	1039	1291-1304	842
479-486	1040	xc, 63-66	1383
487-498	1041	123-150	1566
497-512	1042	149-176	1565
533-540	1049	175-186	1567
549-562	1050	187-278	1343
577-584	1051	277-292	2318
585-592	1052	288-292	2273
585-586	176	293-578	2320
591-596	1036	357-361 A	2323
597-718	1302	466-470	2322°
719-722	1076	472-478	2317°
779-814	2332	499-500	2314
815-816	1792	502	954
817-830	1768	520-578	2273
829-942	1769	599-610	2321
943-1052	1858	605-606	2321°
1053-1070	1863	607-610	2307
lxxxix, 59-62	1742	647-664	2312°
63-64	1743	677-680	2283
87-101	1334	712-713	2282°
96-97	1126	821-824	2315
97-98	1341	881-910	2313
99 B-C	1127°	909-920	1384°
103-162	1332	945-950	1384°
161-238	1335	1187-1196	1137

PL	CPL	PL	CPL
xci, 9-190	1344	477-480	1368
393-498	1345	489-507	1368
499-714	1346	510-513	1368
715-736	1347	515-529	1371
735-808	1348	539-560	1129
807-924	1349	552-553	635*a*
810-924	1363*b*	557-558	1370°
923-938	1350	558-560	1522
937-1040	1351	575-596	1380
1051-1066	1352	603-606	1301° 2032°
1065-1236	1353	605-606	1301
1068 C-D	751	621-634	1372
1069 B	751	633-638	1370
1072 C	752	655-710	1366°
1077-1079	1363*c*	655-657	1374
1235-1254	1354	657-668	1376
xcii, 131-302	1355	669-675	2319
301-634	1356	675-680 D	2321
937-996	1357	680 D-682 B	2321°
995-1032	1358	681-684	2307
1031-1034	1358°	699-702	1365
1033-1040	1359	702-710	1366
xciii, 9-130	1362	713-730	1378
129-206	1363	733-790	1381
225 sqq.	1363*a*	789-798	1382
455-462	1364	1159-1160	2339
477-1098	1384	1161-1174	2272
529 B	607*a*	xcv, 21-290	1375
589-590	607*a*	80 C	1714°
612 D	607*a*	87 C-88	1328
665-667	1384°	237 B-C	1542
671-672	1384°	269 B	1330
679	1384°	289-292	1375°
681	1384°	433-672	1179
685-689	1384°	699-724	1180
695-697	1384°	725-732	53
xciv, 9-268	1367	731-740	2087
334-339	1367	1162-1167	668
360-363	1368	1176-1177	920
364-368	1368	1196	674
411-413	674	1205-1208	921
413-419	1368	1208-1210	922
422-423	1368	1210-1213	923
433-439	467° 1367	1329-1331	372 (*s.* 81)
450-452	1369	1430-1432	932

PL	CPL	PL	CPL
1470-1475	404°	113 B	545
1508-1514	931	560-561	1675
xcvi, 43-44	1252	567-569	67°
53-110	1247	569-579	1371
111-172	1248	604 B	1114
171-192	1249	607-608	1324
193-196	1250	729	1121
193-194	1272	981-999	2316
194-196	1272	1271-1273	1761
195-206	1252	1359-1363	2336
239-284	1257	1363-1365	2339
280-283	1251	1366-1375	192
335-374	1079a	1397 B-C	1373
373-376	1077	cii, 15 D	956°
377-380	1865	927 A-B	1108°
379-384	1078	ciii, 435-442	1859
399-420	1738	441-444	1859a
423-424	1739	443-446	1859b
445-452	1252	447-452	1842
453-524	1258	451-452	1843
479 B	998a	477-484	1840
482-483	998a	485-486	198d
488 A-B	1158a	555-572	1868
517 A	998a	665-672	1155
528-536	1259	671-684	741
537-586	1260	683-700	1155a
595-704	1261	750-754	1280
761 A-B	1262	1365-1366	1108°
904-905	1752a	1383 A-1399	1015
929-930	1753°	cv, 9-120	1626
1281-1326	1794	224-240	634a
1315-1317	1321	cvi, 459-750	1182
1317 B-C	1877	564 B-D	229
1317-1318	1878	585-587	1687
1318-1320	1879	cviii, 1090	569°
1320-1324	1880	cx, 14-16	1006°
1324-1325	1792	54-55	368
1379-1386	1263		(s. 194)
xcviii, 343-345	825a	66-68	368
383-384	825a		(s. 222)
xcix, 502-504	466	203-205	49
629-633	1290°	cxi, 679-792	1351
821-822	1354°	cxii, 1658-1659	1241
927-988	1885	cxiv, 919-966	2048
ci, 110 A-B	956°	cxv, 977-979	1013

PL	CPL	PL	CPL
cxvii, 295-358	910	750-754	527
cxviii, 892 B	756a	754-758	1650
936 B	998a	758	1651
946 B-C	998a	922 B-D	483
cxix, 15-72	811	962-978	1617
1020-1021	1666	cxxxiv, 915-938	1219
1073 D	1666	cxxxv, 27-328	1317
cxxi, 463 C-D	607	40 D	1486
469-473	1262b	44D	1071
717-718	949°	60-68	1072
cxxv, 607-611	378	102 C-105	1312
82	1166	cxxxviii, 222-224	2083
1135 C	1071	233-234	1311
cxxvii, 119-122	2252	863-882	1917
121-122	2250	883-884	1918c
123-124	2251	1345-1350	1998e
143-145	1569	cxxxix, 169-178	171a
351-374	2338	cxli, 336-340	368
375-384	2337		(s. 194)
1003-1596	1568	cxlii, 39-48	625°
cxxviii, 1423-1426	1569	51-530	2015
cxxix, 577-584	1732	1004-1005	368
585-604	1734		(s. 171)
644-654	1631°	1023-1028	1257°
727-730	2049a	cxliv, 637-640	221 (s. 61)
1269-1272	509°	cli, 816 C-817 B	679
1275-1372	2316°	969-970	1246
1275-1278	2291	clviii, 1012-1016	1004a°
1284 D	2313	clxi, 1045-1047	958a
1290 B	2312°	clxii, 591-592	1658°
1292 D	2312°	610 B	368
1331 D-1332	2287		(s. 223)
1335-1338	2315	clxxi, 419-422	1156
1337-1338	2306	502-505	1156
1350-1353	2307	clxxii, 311-312	499°
1353-1354	2305	clxxviii, 1864 B	78
1369-1372	1301	clxxix, 1303-1307	2337
cxxx, 11-1178	2007a	1639-1641	1740
709 B-C	2281a	clxxxviii, 85 C	1542
709-710	1642	ccviii, 925-932	368
746 A-C	1591		(s. 160)
749-754	1652		

III. PATROLOGIAE LATINAE SVPPLEMENTVM

PLS	CPL	PLS	CPL
i, 37	76°	523	549
41-43	51	524-526	550
45-48	41	526-527	557
51-52	66	529-556	567
53-67	67	557-567	2277
67-70	54	569-575	143°
69-72	55	577-578	150°
75-101	1471	579-582	151
103-172	80	583-585	163
172-174	81	586-587	164
177-180	84	587-589	165
194	540°	590	184°
195-196	540	593-596	555
196-197	578	601-604	174
200-201	1631	604-606	151
202-216	544	606-611	178
217-219	104	611-613	170
220-240	1745	613-616	175
241-246	428°	616-617	176
247-270	427	617-619	182
271-273	466	619-620	177a
274-28	1463	622-652	710
286	471	654	189
286	472	655-668	186
288-294	245	668	187
295-296	246	669-670	188
297-300	247	670-672	190
303-304	723	673-678	191
312	1636	679-690	192
327-344	704	693-703	692
345-350	687	703-728	691
358-472	546	728-73	1698
473-501	547	731-763	695
501-514	547°	766-771	1483
514-515	554	772	1454
515-516	553	773-779	1481
516-523	548	779	1478

PLS	CPL	PLS	CPL
780-784	1431	266-269	764
786-790	1744a	274-277	627
791-792	1639	283-285	633a
797	1647	285-287	635
800-1031	194	287-291	637
1035-1044	570	291-295	634
1045	558a	295-296	638
1047-1092	2325	297-303	1327°
1093-1095	484	324-326	628
1099	905	326-328	642
1099-1100	201	329-330	574
1110-1374	728	332-334	389
1375-1380	732	335-341	392
1380-1418	733	342-345	642a
1418-1457	734	349-356	1839c
1457-1464	735	356-357	357
1464-1505	736	359-362	262
1506-1539	729	363-385	267
1539-1543	749°	386-389	277
1544-1560	748	390-392	185
1561-1570	755	393-397	384
1570	756 756a	417-742	286
1573-1679	777	742	284
1683-1685	778		(s. 256)
1685-1687	760	743	284
1687-1694	761		(s. 101)
1694-1698	762	744-749	288
1699-1704	763	1361-1363	365
1738-1741	84	1484-1485	2255
1742	111e	1487-1597	788
1749	178	1508-1522	790
1752-1753	218a	1522-1542	796
ii, 20-26	620	1579-1581	782
26-27	616	iii, 23-45	511
29-75	582	57-58	505
79-85	625,1	132-140	560
86-87	625,2	137-140	852
94-125	592	141-143	210
125-171	594	149-150	535
172-175	595	184-196	1004
175-183	596	191-198	649
183-188	597	199	652
188-193	598	203-213	487
193-263	593	221-256	241
263	607	299-303	414

CONCORDANTIAE

PLS	CPL	PLS	CPL
311	417*b*	519-520	1752
313-321	418	528-529	1017*b*
323-328	643	598-601	1020
331-334	1659	601-602	1021
334-337	1659	602-604	480
337-340	1660	608-613	1144
364-365	694	641-648	1151*a*
381-386	2282	659-661	938
443	1663	662-665	939
447-448	803	665-667	940
449	805	667-668	941
501-517	976	805-806	1196
537-540	975*a*	852-859	669
710-712	979	859-872	672
712-713	980	866-872	671
716-719	982	872-878	672
733-734	1748	878-887	673
734-736	1750	887-898	675
749-761	1668	915-917	1555*a*
763-787	1673	917-923	1155*f*, 1
788-797	1677	924-925	1155*f*, 3
831-832	1000	928-930	1155*f*, 4
834-964	914	933-935	1155*f*, 5
1135-1139	1459	935-936	1155*f*, 6
1139-1142	1460	936-937	1155*f*, 7
1142-1147	1460	937-941	1155*f*, 8
1246	1484	954	1158
1249-1255	1682	955-958	1159
1256-1257	100*b*	966	1162*a*
1275	1683*a*	967-969	1163
1276-1280	1539	969-973	1163*a*
1282-1329	1001	973-975	1164
1366-1370	845	978	1164*d*
1408-1412	853	978-980	1165
1412-1424	855	993-994	1168
1429	1485*a*	1200	1154*a*
1429-1430	1485*b*	1206-1207	1847
1431-1434	1430*a*	1211-1221	873
1438-1440	1853	1222-1248	1093
1441	1856	1250-1252	1695
1442	1857	1262	1326
iv, 22-36	848°	1263-1269	1130
36-39	848°	1281	1485*a*
235-237	1091°	1313-1369	1703
490-493	1165*a*	1378-1388	1155*c*

PLS	CPL	PLS	CPL
1387-1390	904	2020	1285
1393-1395	1085	2020-2021	1286
1395-1403	1086	2021	1286a
1412-1420	1022a	2022	1287
1415	1045	2022-2023	1287a
1416-1420	953	2028	1287c
1450-1455	2015a	2029-2034	1290
1495-1496	1532a	2037	1312b
1498-1516	1754	2066-2068	1140
1518-1519	1756	2068-2069	1141
1523-1524	2162a	2070-2071	1142
1526-1528	1755	2090	1735
1565-1586	1720	2093	1537
1612-1613	1120	2144-2145	1749
1627-1653	1120	2145-2148	1751
1659	1726	2148-2155	1753
1664-1665	1233	2156-2159	1759
1669	1240	2160-2176	1760
1680-1712	1269	2165-2167	1763
1793-1800	1269°	2191-2192	1127
1800	1534	2191-2292	1264
1807-1815	1200	2192	1168
1822-1838	1200a	2195-2196	1744
1841	1533a	2197-2203	1154a
1845-1846	1216	2204-2205	1154b
1863-1864	1222	2222	1361
1864-1865	1129	2224	1362°
1865-1876	2007a	2223-2224	1362°
1921-1922	1758	2274	1741
1927-1929	1005	V, 395	160a
1938-1940	1658a	396-397	633b
2005-2008	876	401	1463a
2008-2010	877	402-403	1009 1895
2019-2020	1281a		

IV. PATROLOGIA GRAECA

PG	CPL	PG	CPL
i, 1205-1208	198*n*	xxxii, 709-713	160°
ii, 1019-1024	2224	xxxiii, 1541-1546	189
v, 1025-1028	1152*a*	xxxiv, 441-444	1843
1455-1462	2097	967-971	1842
1463-1468	2143	971-978	1859
1467-1474	2114	977-979	1859*a*
1489-1490	2275	979-983	1859*b*
x, 95-98	2238	983-990	1840
113-120	2173	xxxvi, 735-739	198*g*
209-222	2303	xliii, 321-366	1621
1171-1173	945	xlvii, 8-12	1641°
xi, 111-114	198*e*	12-13	1641°
247-250	198*e*	14-15	1641°
xii, 203-210	1149°	xlix, 399-408	368°
583-586	1980		(*s.* 155)
823-826	198*l*	l, 471-472	772
1319-1320 A	198*f*	791-796	945
xiv, 831-832	198*m*	lii, 529-536	1641° 535-
1291-1294	198*m*		536 1641°
xvii, 253-262	199°	lvi, 611-946	707
539-542	198*b*	lviii, 975-978	771
615-632	198*a*	lix, 707-714	942
xxv, 281-308	1627	lxv, 27-28	231*a*
343-347	1627	715-722	942
355 A	451 683	lxvii, 251-258	1627°
744 D-747 B	537	305-308	684°
xxvi, 1181-1186	117°	489-494	1629
1191-1218	105°	1583-1586	1641°
xxviii, 849-906	513°	1585-1590	1641°
1581-1584	167	lxxxii, 1051-1056	1633°
1605-1610	2302	1219-1222	1633°
xxxi,169-181	368	1222-1226	1633°
	(*s.* 144)	lxxxiv, 858-862	1661
620-625	1147°	lxxxv, 1249-1259	539°
1687-1704	999	lxxxvi, 75-86	656
1723 A-B	198*c*	87-88	657
1744-1753	2250*a*	89-90	658

PG	CPL	PG	CPL
89-92	659	cxlvi, 1029-1032	1641°
91-94	1683°	1031-1034	1641°
93-112	662	1037-1040	1643°
111-116	660	cxlvii, 1131-1158	278
115-158	661	clviii, 485-487	1643°
cxxxvii, 1096-1121	56°		

V. M. GEERARD
CLAVIS PATRVM GRAECORVM

CPG	CPL	CPG	CPL
1015, 5	198*n*	2403	1859
1040	1152*a*	2403	1859*a*
1098	1093*a*	2403	1859*b*
1101	67°	2415, 3.4	1843
1115	198*h*	2415, 3.4	1843*a*
1312	2275	2544	615*b*
1411	1149	2585, 8	620
1418	1980	2596, 9	620
1420	198*l*	2598	620
1428	198*f*	2677	620
1429	593	2845	208°
1441	587*a*	2855	208°
1457	198*m*	2847	208°
1479/80	954*a*	2888	1147
1482	198*e*	2898°	1155*a*
1493	954*a*	3010	198*g*
1495	954*a*	3154*a*	652*a*
1522	1153*e*	3466	581*a*
1620	2303	3467°	625, 2
1715	198*b*	3476	198*b*
1726	198*i*	3571	122
1862	83*a*	3748	1621
1896	2253	3754,	5 620
2045*a*	681	3817	954*a*
2108	117	3833	777*a*
2109	545	3909	1143
2123, 2.8	1627	3915	1143
2123, 4	448	3920	1143
2123, 14	451	3935, 2a	1143
2127, 3	537	3935, 2b	1143
2232	117	3938	1143
2266	513°	3939	1150
2291	1630°	3940	1143
2295	167	3944/46	1144
2403	1840	3968	1143
2403	1842	3994	615*c*

CPG	CPL	CPG	CPL
4001	1143	5956	1656, *epist.* 53
4002	1143		
4012	1144	5957	1656, 98
4080	1143	5959	1656, *epist.* 101
4081	1143		
4082	1149	5959	1656, *epist.* 132
4090	1145		
4090 A	1145	5990	1664
4090 C	1145*a*	6028	1629
4091	1152	6037	1641, *epist.* 9
4129	1152		
4195	954*a*	6038	169°
4214	227, s. 149	6077*a-b*	513°
4316	2105°	6240	1656
4344	772	6240,	113 1656, 52
4402	1641, *epist.* 4	6277	2156
4403	1641, *epist.* 11	6525	1607
		6838	1620
4403°*b*	1641, *epist.*, 7, 8, 9	6840	1620
		6835/40	1620
		6874	1613 1615
4403*b*°	1592	6874	1692
4424	771	6875	1615
4569	707	6876	1615
4968/70	1656, 69-72	6877	1615
5240	239°	6887	1694*a*
5242	2291	6893	1613
5243	2290	6893	1796*a*
5301	239°	6923	1615
5385	1765°	7435	620
5385	2304°	7511	2272
5473	1656, 133	7969	1734
5570	1145	8512	452
5572	1079*c*	8520	452
5596	1656, 53	8560	448
5605°	1713	8564	449 538
5620	198*p*	8566	539*a*
5761	781*a*	8569	459
5800	1660°	8570/1	538 539
5897	653*c*	8572	440
5933	1656, *epist.* 22, 26	8575	441
		8582	445
5948*b*	1656, *epist.* 21	8585	442
		8590	458

CPG	CPL	CPG	CPL
8619, 2	1624	8980	1656, *epist.* 82
8619, 3.4	946	8983/5	1656, *epist.* 93-95
8619, 5	664*a*		
8675	397	9025	1656, *epist.* 100
8785	1653		
8792	1655	9025/9097	1656
8793	1655	9026	1656, *epist.* 101
8911	1656, *epist.* 72		
8922	1656, *epist.* 28	9027	1656, *epist.* 135
8922/8995	1656	9027/37	1656, *epist.* 102-109
8923/9	1656, *epist.* 29-35	9043	1656, *epist.* 110
8931/2	1656, *epist.* 37-38	9044/6	1656, *epist.* 111-113
8934	1656, *epist.* 39	9047/50	1656, *epist.* 114-117
8936	1656, *epist.* 43	9051	1656, *epist.* 118
8948/9	1656, *epist.* 44-45	9052/6	1656, *epist.* 119-123
8950	1656, *epist.* 46	9092/7	1656, *epist.* 160-165
8951	1652, *epist.* 55	9057/64	1656, *epist.* 124-129
8951/3	1656, *epist.* 47-49	9062	1656, *epist.* 134
8954/5	1656, *epist.* 50-51	9068	1656, *epist.* 136
8956	1656, *epist.* 54	9069	1656, *epist.* 137
8958	1656, *epist.* 56	9070	1656, *epist.* 138
8959	1656, *epist.* 57	9071	1656, *epist.* 140
8960/3	1656, *epist.* 58-61	9075/86	1656, *epist.* 141-153
8965/7	1656, *epist.* 59-61	9087	1656, *epist.* 154
8971	1656, *epist.* 73	9088/91	1656, *epist.* 155-158
8972/9	1656, *epist.* 74-81	9100/4	1604

CPG	CPL	CPG	CPL
9108	1605	9173	1683
9109	1605	9174	1684
9110	1605	9175	1620
9112	1605	9177/8	1620
9113	1664	9182	1620
9114	1664	9199	1620
9115/21	1665	9203	1620
9125	1664, epist. 9	9207	1620
		9210/23	1683
9126	1665, epist. 18	9224/35	1620 1683
		9236	1683
9126/7	1665, epist. 17	9237	1683
		9239/41	1620
9128	1664	9246/9307	1620 1683
9130/33	1665	9315	1620
9130/50	1665	9316	1620 1692
9136	1665, epist. 9	9318	1615, 3
		9320/2	1620
9143	1666, epist. 11	9323	1611 1620
		9332	1620 1694
9150	1665, epist. 16	9333	1620 1694
		9344	1694
9151/54	1667	9345	1697 8948
9151/8	1667	9347	1695
9154	1667, epist. 7	9350	1694
		9363	1620 1694
9155	1609	9365	1696
9156	1667, epist. 18	9383	1729
		9386	1731
9157	1667, epist. 30	9388/9	1732
		9393	875
9158	1667, epist. 26	9394	876
		9395	877
9159/61	1677	9396	874
9160	1677, epist. 3	9398,	3 1169
		9403	1733
9161	1618	9417	1737
9164	1678, epist. 13	9423	1737
		9441	1738
9167/9307	1620		

VI. BIBLIOTHECA HAGIOGRAPHICA LATINA

BHL	CPL	BHL	CPL
15	2156	652	1899°
73	2111	659	2059
85	2157	669	2086
100	1231	689-92	2087
107b	2077	742	1115
118	2163	750	2088
131	2050	763-64	2089*a*
133	2158	785	358
142	2076	786	359
148	2078	808-9	2167
156	2159	831-33	2089*a*
210d	2079	839-841	2089*b*
211-11a	2079	879	2089*c*
234	1040	885	997
266	2160	905-8	2090
273	2161	997	1313
275-76	2162	1018-20	2168
332	2080	1068	1383
356	2083	1102	1852
358	2111	1103	1854
377	169	1153	2114
401	2163	1311-12	1115
408	1382*a*	1324	2145
414	2248	1387	2107
418	2174	1418	2091
423	2117	1425	2169
424	2114	1455-56	2148
430	1027	1457	2147
473	2084	1487-89	1115
515	2164	1495	2171
520	2089	1503-5	2068
561-62	2165	1508-9	1018
564	2165	1511	2172
584	1495	1523	2173
615	2085	1534	2174
617	2085*a*	1547	2175
623	2166	1559	2092

BHL	CPL	BHL	CPL
1592-1596	2092b	2666-67	2184
1626	2060	2693	2069a
1722	2167	2700	2069b
1726	1342 1377	2742	2185
1730	2176	2748-49	111e
1787	2176a	2761b	2185a
1789	1636°	2772	2098
1795	2163	2773	1115
1837	2248a	2779-80	2186
1848	2177	2782	2099
1884	1133	2818	2061
1886	1134	2841	2070
1888	1135	2846	2188
1892-1896	2092b	2853	2187
1898	1115	2860	2191
1906	2178	2864	2069c
1937	2248a	2873	1382
1938	2179	2878	2190
1958	2180	2885	2189
1989	2049a	2894-95	2054
2019	1342 1379	2896	2115
2020	1380	2903	2116
2021	1381	2911	2100
2037-40	53	3020	2191a
2041	52	3087	2192
2067	2066	3190	1292
2082	2181	3194	1293
2143	1304	3196	2056
2145	1310	3208	847
2148	1298	3209-10	2101
2171	1051	3211	2102
2264	2182	3236-37	2193
2275	2093	3278	2194
2289	2183	3286	2103
2303b	719	3304-5	509
2313	1029	3306-7	503
2382	1276	3320	2194a
2459-66	1004a	3334-37	2104
2474-76	2094	3453	2105
2530	2069	3467	2106
2554	1496	3468	1039
2570	1494	3490	2109
2574-75	2097	3495	2110
2660	2097a	3514	2195
2665	2119	3524	2195a

BHL	CPL	BHL	CPL
3637	1722	4849b-51	1079 1079*a*
3639-43	1723	4855a	1079*b*
3647	1715	4906	800
3648	1270	4907	1681
3723	2150	4986	2203
3765	2196	4992	2204
3798	2070*a*	5073	2119
3861	2118	5087	989
3867-68	367	5092	2205
3869	623	5112	1428
3870	622	5190	619
3879	618	5200-1	2092*a*
3882	506	5205-6	2062
3885-87	1038	5219	2072*a*
3913	2197	5227	2122
3917ß	1252 1262b	5230-31	2206
3961	2219	5248	1043
3970	2209	5252b	2207
3975	501	5253-54	2053
3993	2112	5271	720
4053	2198	5543	2208
4420	2199	5592-94	1734
4424	2113	5610	475
4455	2200	5611-16	476 477
4457-58	2114	5617	1474
4464	2219	5624	1037
4466	2058*a*	5624b-d	478
4473	721	5730	2123
4482	1213	5737-41	490
4483	1206	5804	2124
4486	1214 1215	5809	2063
4522	2201	5813	2052
4540	1030	5852	966,
4542	1031		sermo 34
4554	1252	5853	2125
4555	2057*a*	5864	1049
4566	2070*a*	5885	2211
4595	2071	5911	2127
4599	2120	5973	2128
4604	2202	5999	367
4677	2121	6009	2051
4751	1488	6028-29	2212
4753	2219	6039	2213
4847	1050	6058-66	2214
4848	2072	6088	2129

BHL	CPL	BHL	CPL
6240b	2152	7443	2228*a*
6240c	2152º	7451-53	2228
6344-45	1468	7467	2064
6420	2215	7478-79	2149
6458-60	2130	7492	2055
6470d	2216	7495	2137
6470g	2216	7509	157
6477	1041	7527-29	2049
6492	1100	7543	2229
6493	1099	7550	2230
6494	1104	7558	2231
6495	1101	7568	2232
6496-6500	1105	7570-71	2141
6520	2130*a*	7581	2233
6524	198*p*	7586	2234
6558	207	7595-96	2057
6596	617	7611	2139
6623	2131	7652	1044
6633-35	32	7655-57	678
6805-6	2132	7717	2140
6849	2218	7725-42	2235
6884	2219	7794	212
6886	2219	7795	213
6891	2220	7801	2219
6896	2221	7813	1682
6915-17	2133	7814	1682 (*b*)
6922	2222	7829	1309
6944	2076	7845	2236
6947	2223	7850-56	575
6988-89	2224	7859	576
7035	2058	7860-61	391
7048	1042	7927-28	2142
7049	1053	7937	2237
7102	2225	7967-68	2143
7150	1052 1073	7971	2238
7160	1072	8000	2239
7197	2226	8093	2163
7245	2134	8140	1028
7305g	2135	8307	2240
7306	2136	8308	2073
7309	2119	8318b-d	509
7322	2111	8354	2067
7359	2227	8372-73	2247
7405	2136*a*	8460	2241
7407	2234	8497	1282

BHL	CPL	BHL	CPL
8501-3	2144	8690	2244
8580	2242	8691-92	2245
8591	2174	8711	2246
8602	214	8775	1863
8603a	214°	8804	2146
8619-20	2074	8889	2151
8622	2144a	8968	1342 1378
8627-8631	2073a	9001-2	209
8679	2144b	9009	209a

VII. BIBLIOTHECA HAGIOGRAPHICA GRAECA

BHG	CPL	BHG	CPL
45-6	2159	1408	2215
313	2176*a*	1445y-48l	1713
349-50	2177	1482	32
453-55	53	1585-91	1196
941g	1149	1600	2248*a*
948-951	2059*a*	1628-30	2235
963	2201	1645	2049
1134	942	1648x-1649	575
1241	2211	1982	1150
1323	2214	2182	537

VIII. FR. STEGMÜLLER
REPERTORIVM BIBLICVM MEDII AEVI

STEGMÜLLER	CPL	STEGMÜLLER	CPL
160, i	633	1459	266
191, 1	1899°	1460	269
234	191	1461	270
263	796	1462	271
279	575	1463	283
280	796a	1465	284 1351
283	790/795	1466	277
284	620	1467	273
291	620	1468	275
300	620	1469	276
307	620	1470	274
340	904	1471	278
435	633	1472	281
570	1191	1473	280
620 sq.	632	1475	282
677	952	1477	279
689	952	1479	272
704	952	1480	384
843	1121	1483	1123
852-53	1991 1992	1484-89	185
944-45	1120	1495	1016
1100	1168	1496, 1	365
1227-32	123-28	1597	710
1241-43	140-43	1598	1344
1244	170	1599	2319
1246	177	1601	1365
1249-73	184	1602	1345
1279	953a	1603-4	1346
1421	194	1605	1348
1422	1092	1606	1347
1423-25	1504 1505	1607	1349
1439	242	1608	1350
1440-42	240	1609	1351
1455	263	1610	1353
1456	265	1611	1366
1457	290	1612	1354

STEGMÜLLER	CPL	STEGMÜLLER	CPL
1613	1355	2069, 2	585
1614	1356	2191	1509
1615	1357	2192	1511
1616-17	1358	2237	1507
1617	1357	2238	1506
1618	1359	2245, 1	914
1619-31	1360	2257-58	488
1632-39	1362	2259-60	495
1640	1363	2261	489
1641	1354	2262	496
1642	1363c	2265	1510
1643	1567	2266	676
1644	2333	2269, 1-2	966
1646, 1	1370	2269, 3	977
1664	643	2292	104
1665	1384	2341	824
1668	1352	2366-67	215
1669	1351	2445	1016
1670	1384	2446	958a
1677	1384	2447	960
1682	1358	2625	546
1864	1447	2626	548
1865	1448	2627	556
1866	1449	2628	550
1885	100	2629-31	547
1886	82	2633	1719
1890	1428	2634-37	1708
1893	906	2639-41	1709
1894	900	2643-45	1710
1895	910	2646	1711
1896-1918	903	2648	1719
1941	218	2649	1721
1941, 1	219	2655	1717
1942	217	2661	1026
1945	1455	3079	910
1955	498	3114	902
1989	777	3234	1721
2029	43	3305	581
2030	39	3312	595-598
2035	1480		601-606
2036-37	1423	3313	580
2038	1425 1426	3318	606
2045	1635	3319	620
2046-48	1636	3325	592
2056-57	1302	3326	582

STEGMÜLLER	CPL	STEGMÜLLER	CPL
3327	628	3540	428
3330-31	593	3542-43	430
3332	777	3546-47	472
3333	629	3548	431
3334	592	3571	499
3341	593	4334	916
3342	625	4348	771
3351	583	4350	707
3353	584	4353, i	594
3354, 1-2	585	4354, ii	598
3356	586	4354, iii	596
3357	587	4360	772
3358	588	4428-34	951
3359-71	589	5162	1205
3372	590	5164	1186
3377	594	5166	1187
3379	620	5169	1191
3381	591	5172	1229
3400-2	591	5173	1190
3405	553	5174-75	1193
3410	169	5176-5231	1192
3419	757	5232	1194
3420	643	5233-66	1195
3421	757	5266	1220
3423	630	5271	1221
3424-31	631	5307	1220
3436	632	5316	777
3437	632	5316, 3	751
3438	591	5317-19	776
3439-52	952	5322	1261
3454	902	5324	1235 1269
3455	760 1122*a*	5327-29	872
3456, 1	80	5332	1091
3457	80	5334	1385
3458	637	5345, i	2277
3459-60	80	5356	597
3461	1221	5384	1716
3515	777	5394	168
3525-31	508	5395	199
3532	1427	5401	194
3533	1428	5408-18	953
3534	1429	5442	1384
3536	1427	5574-5577	1093*a*
3538	427	5659	647
3539	429	5660-61	649

STEGMÜLLER	CPL	STEGMÜLLER	CPL
5662	648	7011, 1	535
5663	646	7012	1444
6191	429	7018	413
6192 & S	707a	7192	1384
6226	571	7255	78
6264-77	1718	7488	1721
6278-6316	1718	7533-34	195
6317	1718	7535	199
6323-33	169	7541	196
6325	203	7541, 1	198
6355-67	728	7541, 2	199
6367, 2	952	7541, 3	200
6367, 3-9	902	7589-90	499
6368, 1	760	7590, 1-2	499
6369	952	7592, 1	485
6370	729	7963	474
6370, 1	757	7974	7
6370, 2	751	8014-15	1001
6370, 3	737	8263-64, 1	709
6370, 4	740	8265-66	710
6370, 5	566	8282	1034
6370, 6	766	8283	1035
6370, 7	731	8284	1052
6371	750	8285	870
6970	643	8288	79
6971, 1	643	8296, 1	187
6984	1481	8296, 2	186
6988	873	8296, 3	188
6989-7002	902	8297	81
7003-7, 1	785	8299-8302	80
7008	786	8308	199
7009	1480	8672	1430°
7010-11	524	9381/7	1123a

IX. U. CHEVALIER
REPERTORIVM HYMNOLOGICVM

CHEVALIER	CPL	CHEVALIER	CPL
26	1449	8270	464
41	1521	9021	1370
107	466	9446	1242
315	463	10701	466
552	1243	11470	1379
553	1218	11814	1117
839	1369	12069	1132
844	1523	13169	1232
961,	1 131	13556	1539
1068	1462	15076	1254
1179	1524	15589	1435
1240	1522*a*	15772	1253
1446	1522	16756	1386
1454	1533	16792	1457
1497-1504	209*a*	16917	1539
1525	1101	16918	1539
1527	1531	18579	1244
1596	1539	20271	2014
2317	1273*a*	20593	1525
2371	1539	22083	2138
2596	1449	22561	99
2717	1136	23286	1479
2854	1246	25420	99
2921	1461	26119	679
3192	1245	35290	463
4298	1539	35322	2153
4791	1539	35412	518
5547	1458	36071	1371*a*
5985	463	36665	1520
6060	1539	38061	1520*a*
6105	216	38588	1371*c*
6346	1241	38977	99
6627	1273		

X. H. WALTHER
ALPHABETISCHES VERZEICHNIS DER VERSANFÄNGE MITTELLATEINISCHER DICHTUNGEN

WALTHER	CPL	WALTHER	CPL
74	1562	7569a	1465
87	1449	7578	1518
409	1141	7639	1331
479	643	7651	1331
781	1369	7689	1113
1308	463	7695	1539°
1364	1522a	8617	464
1569	2347	8772	1132
1668	2107	9456	1370
1687	1522	9480	1058
1692	1533	9677	1362
1729	1531	9696	1480
1732	1532aa	9873	1128
1760	518	10215	1337
1792	1479	10517	1508a
2262	1854	10787	1385
2295	1406	10935	1379
2382	1449	10962	640
2385	524	11250a	1045
2533	1112	11372	1381
2558	1371a	11469	1430a
2703	1461	11608	1554
3531	1542	11614	175
3852b	1072	11749	642
4305	2311	12585a	1373
4554	1534	13288	166
5125	1021	13330	1482
5266	1561	13678	1140
5352	1539°	14094	1473
5425	1113	14419	1508a
5658	1414	14546	1416
5721	1458	14885	64
6318	1047	15143	1121
6335	1486	15281	1188
7475	518	15282	906

WALTHER	CPL	WALTHER	CPL
15307	1188	18433	1484
15459	1430°	18826	1212
15528	1856	18950	1112
16131	1465	18952	1714
16136	1508*a*	19000	2014
16147	1268°	19035	640
16153	1268°	19103	1415
16274	1508*a*	20052	1490
17305	1331	20227	1505
17473	1452	20390	1414
17646	1173	21115	1485
17730	193	21234	1465

XI. D. SCHALLER & E. KÖNSGEN
INITIA CARMINVM LATINORVM SAEC. XI ANTIQVIORVM

SCHALLER & KÖNSGEN	CPL	SCHALLER & KÖNSGEN	CPL
		1106	2347
24	1370°	1180	1243
33	1449	1181	1218
37	1521	1206	1515
119	1112a	1276	1287b
130	1413	1284	2107
152	466	1305	1522
233	463	1314	1533
251	1141	1335	1529
290	99	1339	209a
355	1519	1345	1528
396	1409	1351	1101
437	1340	1352	1527
458	531	1355	1531
502	1388	1360	1532aa
532	1438	1390	518°
581	1380	1411	1433
582	1369a°	1429	1479
588	1523	1439	1539
640	1532aaa	1510	1389
651	2341	1602	1273a
685	1131	1628	1530
716	2089	1767	1854
745	1137	1826	1406
780	1462	1883	1518a
851	1433	1904	1449
853	1301	1907	524°
857	1455	1911	679
878	2301	1963	1399
879	1524	2007	1112
880	463	2060	1136
908	507	2167	1246
945	1522a	2131	1371a
961	1335	2187	1441
963	2152°	2209	1461
1098	1526	2291	1429

SCHALLER & KÖNSGEN	CPL	SCHALLER & KÖNSGEN	CPL
2297	1132	4453	1113
2437	1377°	4478	1501
2507	1058	4500	90
2523	1036	4506	1537
2528	164	4589	1458
2561	1506	4629	1439
2581	1442	4731	1444
2666	1532*aa*	4732	1507
2667	1404	4827	1433
2704	1516	4840	1447
2728	518	4980	463
2820	1377°	4992	1047
2851	1442	5011	1486
2858	1419	5017	1539
2929	1408	5057	216
2959	1059*a*	5142	1474
2961	1542	5163	1241
3143	1447	5180	111*c*
3150	1432	5249	330
3173	1072°	5358	1440
3217	1227	5387	1518*a*
3319	1434	5401	1385
3451	1324	5407	1422*a*
3480	1466	5417	1273
3481	1424	5536	1514
3507	1142	5559	1454
3538	2311	5803	1455
3546	99	5810	1442
3551	1132	5836	518°
3554	1520	5984	1518
3557	1516	6035	1453
3664	1431	6061	1331
3763	1534	6092	1331
3790	206	6143	1447
3834	1073	6161	1071
3893	827	6291	1331
3910	357	6193	1539
4044	1515	6240*b*	2152
4055	526	6240*c*	2152°
4178	1021	6618	1485
4194	1046	6694	1541
4207	1245	6814	1242
4300	1561	7116	1331
4372	111*e*	7445	464
4473	1472	7446	1520*a*

INITIA CARMINVM LATINORVM 903

SCHALLER & KÖNSGEN	CPL	SCHALLER & KÖNSGEN	CPL
7477	1425	9706	640
7484	1385	9735	1504
7487	1480	9796	1045
7572	1515	9848	1380
7531	1447	9888	1117
7548	1474	9889	1430a
7596	1392	10028	1554
7609	1466	10032	175
7610	1466	10177	642
7688	1405	10181	519
7689	1407	10296	1132
7761	1516	10318	1396
7775	1445	10332	1400
7777	1385	10336	1391
7786	1560	10420	1087
7806	36	10450	1422
7860	1240	10517	1508a
8027	1433	10525	2309
8086	997	10728	641
8172	1474	10755	1518a
8198	1463a	10788	1340
8236	1515	10861	1373
8207	1370	10924	1232
8222	1058	10965	1478
8331	1128	11002	2210
8406	1127	11077	205
8675	1424°	11146	164
8705	1371c	11272	1418
8824	1337	11282	166
8941	1044a	11304	1509
9044	466	11325	1333
9090	1509	11328	1473
9230	165	11331	1482
9230(a)	165	11345	1468°
9254	1390	11354	1532
9370	997°	11360	1118
9418	1518a	11448	1236a
9446	1385°	11466	1513
9460	532	11559	1474
9568	1379°	11592	1088
9582	640	11608	1140
9616	1333	11635	1427
9670	1416	11692	1447
9670	1417	11766	1442
9691	99	11827	1515

SCHALLER & KÖNSGEN	CPL	SCHALLER & KÖNSGEN	CPL
11856	1437	13737	1465
11974	1420	13754	1457
12055	1422a	13759	1268°
12198	1087	13819	997
12236	1426	13857	1474
12251	1515	13859	1440
12313	1056	13903	1466
12337	1535	13916	1508a
12449	1286a	14008	1414
12481	1416	14142	1538
12489	1510	14191	1412
12506	1447	14232	1512
12509	1404	14261	2152
12575	1423	14269	1428
12586	1510	14271	1385
12594	1562	14279	1511
12607	1288	14284	1536
12659	1435	14300	1402
12730	641	14341	1451
12746	1253	14383	1480
12749	1420a	14388	1516
12765	1275	14555	1397
12811	164	14609	1394
12870	1386a	14624	1469
12972	1371b	14664	1244
12980	1121	14738	1331
12995	1476	14739	1331
13231	1509	14793	1443
13258	1508a	14842	1452
13285	1866	14857	1370°
13299	1504	14889	1441
13300	1463	14999	1173
13577	1127	15026	1464
13584	518	15035	193
13590	1430	15076	1465
13597	1456	15217	1504
13599	995	15239	502
13639	1430°	15353	1515
13670	869	15381	1442
13684	1471	15389	1262a
13691	1386	15410	1460
13712	1485a	15514	1484
13735	1116	15561	1474
13740	1508a	15578	1395
13721	1477	15591	1504

SCHALLER & KÖNSGEN	CPL	SCHALLER & KÖNSGEN	CPL
15611	1373b	16370	1467
15621	1466	16394	1481
15726	1540	16446	1403
15745	1323	16493	1525
15745	1716°	16513	1300
15774	1229	16757	517
15784	1450	16800	164
15816	1455	16813	1847
15829	1553	16901	1504
15842	1340	16921	1410
15857	1398	16944	995
15860	1212	16996	1281a
15863	1561a	16982	1340
15917	996	17028	1287
15937	1112 1117°	17053	478
15938	997 1714°	17059	1533a
15976	1385	17097	1459
15980	1455	17104	1515
16000	1885°	17122	1285
16135	1483	17136	1505ii
16136	1508a	17209	1515
16221	995	17345	1485b
16230	2321	17403	1401
16236	1411	17492	2138
16238	1415	17554	1330
16246	1508		

XII. M. C. DIÁZ Y DIÁZ
INDEX SCRIPTORVM LATINORVM MEDII AEVI HISPANORVM

DIÁZ	CPL	DIÁZ	CPL
1-6	1790	71	1089
4-5	1094	72	1183
7-9	1091	73	1184 1790
10	1092	74	1185
11-12	1790	75	1234 1790
13	1802a	76	1790
14	1093	77	1295
15	1221	78	1294
16	2265	79	2267
17-18	1790	80	1790
19	171	81	1296
20	1079c	82-84	1299
21	1082	85	1790
22	1083	86	1298
23	1084	92	1300
24	1787 1790	93	2072
26	1086	94	1788 1789
27	1080	95	2068
28	1085	96	2300
29	1087 1088	97-100	1790
30	1089 1090	101	1187 1202
	1714 1748a	102	1192
33	2344	103	1191
34	1790	104	1207
36	2302	105	1203
37	1096	106	1188
38	1095	107-8	1193
39-41	1790	108, adn.	38 1194
42	2261	109	1190
43	1866	110	1201
44-46	1097	111	1199
47	2291	112	1205
48-50	1790	113	1198
51	1714	114	1206
58	1192	115	1868
59	1290	116-17	1204

DIÁZ	CPL	DIÁZ	CPL
118	1211	198-200	1510
119-20	1204	201	1236a
121	1195	202	1236 1538
121, adn.	55 1194	203	1238
122	1186	205	1229
123	1212	206	1267
124	1209	208-9	1268
125-31	1211	210	1269
132	1208	211	1271
133	1197	212-13	1272
134	636 1144	214	2069
	1189 1194	215	2070a
	1200 1210	216	1229
	1216 1217	217	1274
	1219 1220	218	1869
	1221 1222	221	1248
	1224 1225	222	1249
	1226 1229	223	1247
	1289	224-25	1250
135	1235 1269	226	1257
136	1213	226, adn.	114 1251
137	2071	227-29	1790
138	1790	230	1252
	2007a	230-31	1266
139	2299a	230-33	1790a
140	1790	234	1239 1536
141-43	1791	235	2069c
144	1534	236-37	1239
145	385	238-39	1262
146-47	1229	240	1537
148	1790	241	2266
149	1240	242-44	1790
150	1932	245-47	1275
151	1217a	248-51	1790
152-53	1229	252	1802
154-55	1229	253-54	1258
156-57	1231	255-59	1790
158	1232	260-61	1293
159	1206	262	1188
160-87	1229	263	906
188	1204 1233	264-65	1262
190-93	1790	266-68	1260
194	1237a	269	1259
194-95	1790	270-72	1258
197-98	1237	273	1261

DIÁZ	CPL	DIÁZ	CPL
274	1262*a*	331	1473
275	1262*b*	333	2297*a*
276	1252 1262*b*	334	2015*a* 2016
277	1264 1266	335	2015
278-84	1790	336-67	2011
285	1276	339	1243
286	1277	340	1218
288	1279	343	1273*a*
289	1280	344	1246
290	1281	349	1245
291	1281*a*	350	1241
292	1282	352	1273
293	1285	359	1254
294	1283	360	1253
295	1284	363	1244
296	1286	376	1535
297	1286*a*	380	1214
298	1287	381	1269
299	1287*a*	383	1289
300	1287*b*	384	1839*c*
301	1287*c*	385	1076 1205
302	1288	390	498
303	1289 1292	391	2347
304	1533	395	2073
305	1227	397	1205 1270°
306	1228	400	579*a*
307	1229	401	1229
308	1555	402	1263
309	1252	406	1753
310	2074	411	2070
311	2069*b*	412	710
312-13	1239	413	1752*a*
314	1870	425	1837
315	1871	426	1269
316	2069*a*	427-37	2011
317	1872	449	1754
318	2345	450	2075
319	223	451	1755
320	1185	452	1756
321	1533*a*	453	1223
323-24	1997	454	757
325	1929	468	1894
326	1930	502	1302
327	1997	527	2046*a*
330	1196	528	2346

DÍAZ	CPL	DÍAZ	CPL
529	2346	639	1929
535	1895	640	1992 1993
562	1264	641, adn.	1946
571-72	2046a	700	1715
593	2331	704	2017
633	2072a	751	943
634	2011	846	1215
637	1930	891	2344
638	1943 1943a	1082	1214

XIII. J. F. KENNEY
THE SOURCES FOR THE EARLY HISTORY OF IRELAND

KENNEY	CPL	KENNEY	CPL
20	1559	62	1340
21	2348	63	1126
23	1319	64	1377
24	1325	66	2151
27	2105	67	1375
29	1099 1100	72	1881
	1104	73	1882
30	1102	74	1883
31	2149	77	1882
42, i-v	1111	78	1884
42, vi	2278	79	1791
42, viii	1111 1112	80	1792
42, ix	1112	82	1320 1322
42, x	1112		1794
42, xi	1117	83	1793
43, i	1113	84	1137
43, ii	1113 1465	85	1140
43, iii	2317	86	1141
43, iv	1118	87	1101
44	978 1107	88-99	2012
	1119	91	1131
44, xiv	1112	93	1136
45, i	1108	100	1142 1323
45, ii	1109		1324
46	1110	103	1562
47	1114	104-5	1123
48	1115	105	1123*a*
54, i	2307	106	1716
54, ii	2302	107, ii	1121
54, iii	2303	108	1454
54, iv	2304	109-10	1106
55	2308	112	2332
57	2310	113	1134 (*a*)
61, i	1379	128-29	1105
61, ii	1380	147	2147
61, iii	1381	151, iii	2148

KENNEY	CPL	KENNEY	CPL
162, i-ii	2012	541	1129
181	2012	548	2047
186	2012	555	1926
213	1132	556	1928
214	1134	557	1927
219, i	1135	558	1928 1928*a*
271	2035	559	1928*b*
280, i	2134	560 sqq.	1928*c*
284	1304	565	1927*a*
286	2094	568	1938
296, i	2101	569	1937
299	2109	570	1936
306, i-iii	1127 1128	576	1379 2018
321	1541	578	2019
379, i	1136	588	1138
524	2022		

XIV. M. LAPIDGE & R. SHARPE
A BIBLIOGRAPHY OF CELTIC LITERATURE 401-1200

LAPIDGE & SHARPE	CPL	LAPIDGE & SHARPE	CPL
1	1326	303	1105
2	728	305	1134
3	757	306	1561*b*
4	730	314	1140
5	729	317	2307
6	731	320	2303
7	737	321	2305
8	738	323	2312
9	739	325-330	1137
10	741	326	2306
11	745	339	1106
13	743	341	631
15	733	342	1189
16	734	343	629
17	735	345	632
18	748	346	508
19	749	352	2148
20	755	356	1104
21	961	361	1135
23	962.964	363	2035
24	963	364	1103
25	1100	384	2101
27	1319	532	1937
28	1320	532	1938
29	1099	533	1138
144	1879	537	1926
145	1878	573	1101
146	1877	578-591	2012
252	1225	580	1131
288	2308	582	1136
289	2310	587	1132
291	1123	601	1882
294	1323	602-608	1884
295-297	1559	609	1792
299	1120	612-613	1794
300	1121	614	1883

LAPIDGE & SHARPE	CPL	LAPIDGE & SHARPE	CPL
639	1111	897	1141
640	1110	903-905	1155*ee*
641	1108	950	2149
642	1109	1179	730
643	1127°	1180	966
644	1127.1130	1229	2032°
645	1121*e*	1230	2278
647	2348	1231	2317
650-652	1112	1232	2316
653-654	1113	1239	1142
731	1562	1245	742
763	1121*a*	1247	747
764	1168	1248	761
766	112*c*°	1249	762
773	1121*c*	1250	763
774	1121*d*	1251	978.1107
775	1121*b*	1252	789°
777	1129*c*	1254	1193
778	1193	1255	268*a*
780	1191	1257	1129
781	1221	1264	1129*a*
785	2047	1270	2109
791-792	1927	1274	1133
793	1927*a*	1275	1129*b*
796	1928*c*	1277	1928*c*°
797a	2022	1278	2018
802	1122	1281	2019
803	1163*b*	1283	2020
811	1936	1287	1523
814	1532*aaa*	1307	2309
819	1117	1309	1126
823	1680*a*	1310	1124

XV. FR. MAASSEN
GESCHICHTE DER QUELLEN UND LITERATUR DES CANONISCHEN RECHTS

MAASSEN	CPL	MAASSEN	CPL
133, 3	1767	278	1648
134	1765a	278, 1	1649
139-40	1764	278, 4	1656
151-52	1641	279	1652
155	1765g	279, 2	1650
155-59	1765	279,	1651
160	1766	279, 12	1652
161	394	281	1656
162	1766	282	1662
164	1767	283	1664
168	1779	284	1665
169	1773	285	1667
173-74	1777	286	1677
176	1777	287, 1-6	1678
177	1767	288	1683
178	1782	289	1686
179	1783	290, 1-2	1691
180	1784	291, 1-4	1692
181-210	1785	292	1693
219	1786a	293	1694
223-57	1790	294	1698
229-230	1786a	295	1707
268	1170	296	1714
273, 1	1630	296, 4	1714
273, 2	1628	296, 15	1714
273, 3	1630	297	1724
274	1633	298	1726
275	1637	299	1733 1774
275, 7	1632	300	1737
276	1641	301	1738
276, 8	2281a	302	1739
276, 19	1642	303, 1	1714
277	1644	317, 1	1641
277, 8	1647	318, 9-10	1644

MAASSEN	CPL	MAASSEN	CPL
318, 39-40	1648	435, 1	1656
320, 46-49	1656	445, 1	988
321, 1-2	1656	445, 2	988
321, 10	1656	446	483 1781
330	1807	447-48	963
330, 5	1806	449	1664
331	1234 1790	450	1665
332	1790	452	1667 1677
333, 3	1790	453	1000a
334, 1-5	1790	454	1678
335, 1-7	1790	457-58	933
336	1818	476, 1-2	1094 1790
337	1819	484	1020
338	1825	485	1075
339	1822	486	1074
340	1826	489, 1	1223
344	1876	489, 2	1209
353	119	490	1726
355, 1	314	493-503	1776
355, 3	285	504	1772
	(s. 392)	505	789
355, 4	1171	506	552
355, 6	664	507	368, s. 233
361	534	530	1790
362	958		2007a
364	1184 1790	531	1569
366	1833	533	2342
371	120°	537-39	540
371	1571	537-39	1679
372	1637	540	1786
374	169° 1644	557-59	1679
376	395	618-23	1770
379	1783	674	1767
384	397	703-9	1789
418, 1	1656	703, 4	1788
418, 3	1656	705	1656
419	1656 1662°	710-29	1790
420, 1-2	1656	730-731	1787b
421	1656	739-42	1624
422, 1	1656	747	1771
423	1656	783-85	1623
424	499° 1656	786-90	1625
426, 4	1656	814-17	1569
427	229	819-23	1795
434	564	828-34	1768

MAASSEN	CPL	MAASSEN	CPL
835-41	1787 1790	850-58	1790a
840	1788	877-85	1794
842-49	1769	884-86	1769

XVI. PH. JAFFÉ & G. WATTENBACH
REGESTA PONTIFICVM ROMANORVM

JW	CPL	JW	CPL
117	63	389 sq.	1655
186	1627	391 sqq.	1655
188	1627	398 sqq.	1656
209 sqq.	1630	413	1656
211	1628	446	1656
213	1628	552 sqq.	1662
215	1628	565	1663
216	1628	570 sqq.	1664
228	1629	591 sqq.	1665
229	1630°	621 sqq.	1667
230-31	1631	744 sqq.	1677
232 sqq.	1633	752 sqq.	1678
246	633b	770 sqq.	1683
251	1633°	872 sq.	1685
255 sqq.	1637	874	1686
276	1638	877	1687
280	1655	879a	1688 1689
281	1639	880	1690
282	1640	881	1691
285	1632	884	1692
285 sqq.	1641	885	1692
290 sq.	1643	886 sqq.	1692
301	2281a	890 sqq.	1693
312	1642	906 sqq.	1694
319	1643	932	1694
328 sqq.	1644	937	1696
335	1646	938 sqq.	1698
337	1647	1041	1704
343	1645	1048	1707
348	1649	1052	1705
348 sqq.	1648	1054 sqq.	1706
351	1656	1057	1707
366 sqq.	1652	1067 sqq.	1714
369	1650	1239	1714
371	1651	1366	1714
381	1652	1368	1708°

JW	CPL	JW	CPL
1883a	1714	2042a	1731
1926	1714	2049	1732
1934	1714	2052-53	1732
1936-37	1714	2056	1732
1939	1714	2058 sqq.	1733
1942-63	1714	2089 sqq.	1735
1951	1721	2105	1736
1981-87	1714	2109 sq.	1737
1989	1714	2118 sqq.	1738
2001 sqq.	1724	2125	1739
2006 sqq.	1725	2136	1741
2010 sqq.	1726	2138	1741a
2016	1726	2140	1740
2017	1728	2142	1742
2018	1726	2145	1743
2024	1726	2148	1744
2026	1726	2158	1714
2028	1726	2445	825a
2030	1727	2479	825a
2037	1727	2813	1666
2040	1730	2819	1666
2042	1729	2993	1730°

XVII. J. MACHIELSEN
CLAVIS PATRISTICA PSEVDEPIGRAPHORVM MEDII AEVI

CPPM i	CPL	CPPM i	CPL
i, 1-38	180	599	284, 218
11-74	180	603	284, 224
56	555	605	284, 225
80	599	610	284, 235
132-134	181	615	284, 239
137	183	616	284, 240
138	178	618	284, 242
143	858	619	284, 243
153	227, 148	625	284, 251
164	842	631	284, 259
169	633, 25	643	284, 276
169	855	643	838°
171/2	1164a	647	284, 279
173	182	651	284, 285
178	177a	660	1004a
450/3387	368/372	662	284, 295
456	284, 9	665	284, 299 A
463	284, 20	672	284, 305
474	284, 37	680	284, 311
478	284, 59	682	284, 313 B
493	284, 65	684/703	966
513	284, 93	694	284, 325
518	284, 104	695	284, 327
525	284, 110	700	284, 334
527	284, 113	708	284, 235 L
528	284, 114	710	284, 336
575	284, 186	722	284, 353
577	284, 190	743	284, 376 et 376 A
578	284, 191		
579	284, 192	745-747	284, 379-381
581	284, 194		
589	284, 205	748	371i
591	284, 208	748-750	284, 382-384
594	284, 211		
595	284, 212	751	284, 385
598	284, 217	753	284, 387

CPPM i	CPL	CPPM i	CPL
754	284, 388	942	368, 157
756	284, 391	943	368, 158
758	284, 393	944	603
759	234, 394	945	368, 160
786	368, 1	946	368, 161
786-1102	368	947	368, 162
840	368, 55	950	368, 165
850	368, 65	956	368, 171
857	388	957	368, 172
858	368, 73	960	368, 175
866	914	961	368, 176
882	1164*a*	964/6	368, 179/81
882*b*	368, 97	968	368, 183
883	368, 98	968	838
891	412*a*	969	368/184
893	368, 108	970	368, 185
894	1158	971	368, 186
898	368, 113	973	368, 188
899	551°	973	1185
902	368, 117	974/5	368,
902	1006		189-190
903	368, 109	978	368, 193
903	809	979	368, 194
904	368, 119	980	368, 195
904	969	981	368, 196
905	368, 120	981	860
908	368, 122	984	368, 199
912	368, 127	986/8	368,
913	368, 128		201/203
916	248	989	368, 204
916-917	368, 131-132	991/7	368,
917	249		206/219
921	368, 136	998	975
921	1007	1000	368, 215
922	599	1002/4	368, 217/9
923	368, 138	1006	368, 222
929	368, 144	1016	368, 231
932	1157	1018	559
935	368, 150	1019	368, 234
936	368, 151	1020	368, 235
938	368, 153	1021	731
938	968	1022-24	368, 109
939	368, 154	1022/7	368,
940	368, 155		237/242
941	368, 156	1030	368, 245

CLAVIS PATRISTICA PSEVDEPIGRAPHORVM 921

CPPM i	CPL	CPPM i	CPL
1031	368, 246	1335	840
1033	368, 248	1357	937
1036	368, 251	1369	369
1039	368, 254	1371	284, 306 B
1076	368, 291	1401	238
1082	368, 297	1421	841
1087	368, 302	1432	972
1089	368, 304	1440	633, 25
1095	368, 310	1487	920
1103/1108	401/407	1515-1599	371c
1115	601	1604	231a
1116	502	1606	228, 1
1116	604	1607	227, 99bis
1117-19	368, 109	1608	228, 11
1117*-1119*	222	1609	228, 12
1123	605	1613	228, 16
1125	375	1617	346b
1126	376	1618	284, 113 B
1127-1203	377°	1619	350a
1181	605	1620	284, 22 A
1187	606	1621	284, 23 A
1204	410	1623	284, 293 A
1207	371e	1624	284, 299 A
1209	411	1625	284, 64 A
1211	371e	1627	284, 341 A
1212	284, 293 A	1628	371, 23
1212/3	371f	1630	284, 63 A
1217	841	1631	284, 60 A
1224	633, 24	1635	233a
1224	966a, 8	1636	233b
1230-1497	371c	1636	939
1231-1497	371	1640	371, 35
1238	231	1646	941
1242	230	1670	371, 63
1243	855	1680	1157a, 2
1249	232	1683	371, 76
1254	597	1687	371, 80
1272	914	1690	284, 229 E
1291/2	1659	1695	284, 230
1299	972	1696	284, 260 B
1308	922	1699	284, 255 A
1317	284, 112 A	1701	284, 260 C
1322	1660	1702	284, 375 C
1329	417	1704	1149
1332	633, 25	1705	284, 263a

CPPM i	CPL	CPPM i	CPL
1707	234	1964	227, 155*bis*
1708	284, 293 C	1964	231*a*
1716	227, 152	1973	245
1719	560	1978	415
1728/9	408/9	1983	247
1730	412	1983	371*l*
1732	371, 123	1985	966*a*, 3
1733	920	1985	1017*a*
1734	284, 139 A	1986	369
1735	284, 68	1990/2	371*h*
1736	284, 70 A	2001	246
1737	284, 125 A	2002	1720
1738	284, 132 A	2107/11	227
1748	967	2113	227, 95
1751	371, 142	2114	227, 142
1767	272*b*	2115	227, 143
1778	371, 166	2117	227, 151
1780-2	368, 109	2122	227, 75
1782	368, 109	2135	596
1783	371, 174	2136	600
1784	140*a*	2140	830
1785	840	2153	966*a*, 7
1801	1157*a*, 9	2188	1005
1828	1997*a*	2258	842
1830	633, 10	2291	372*i*
1837	633, 25		1157*a*, 2
1840	371*i*	2292	844, 5
1850	1163*a*	2313	1251
1884	1157*c*	2351	792
1884	1160*a*, 6	2368	857
1887	1997*a*	2810	647
1889	1997*a*	3543	1017*a*°
1890	1160*a*, 21	3582*a*	179
1891	1160*a*, 23	3870-4130	1368
1896	1997*a*	3985	635
1907/24	369*a-s*	4037	674
1912	369*a*	4046	1368
1933	1164	4060	1368
1935/42	418/425	4085	1369
1945	1157*a*, 5	4210/4415	1008
1947	1157*a*, 7	4370	1005
1948	371*m*	4374	633, 24
1955	284, 265 A	4380	971
1955	284, 72 A	4388	1019*a*
1958/60	371*d*	4391	1019

CPPM i	CPL	CPPM i	CPL
4393	606	4838	841
4398a	1019a	4842	838
4401	606	4864	836
4401	970	4874	836
4401	971	4875	837
4556	67	4876	838
4557	66	4879	842
4558	75	4883	846
4568/85	2096°	4884	835
4590/4602	498	4887	831
4604	498	4888	969
4606	504	4889	846a
4628/9	633, 24	4918	555
4629	966a, 8	4918	368, 113
4673	503	4923	1720
4694	974	4930	698
4695	977	5006/7	601
4696	966a, 3	5010	638
4696	1017a	5011	635
4697	975a	5016	842
4698	968	5026	633, 24
4699	971	5026	966a, 8
4700	966a, 7	5027	555
4701	633, 24	5032	841
4702	966a, 9	5050	633, 25
4709	969	5201	509°
4714	1007	5203	504
4717	970	5205	467
4731	971	5205/15	472°
4734	972	5212	177a
4735	973	5255/70	1257
4736	974	5264	633, 10
4741	971	5269	1251
4749a	633, 24	5306	1225
4749a	966a, 8	5317	1144
4749c	633, 38	5321	698
4751	975a	5474/7	1658
4753	977	5474-5497	1658
4785	828	5480	972
4786	834	5498-5506	1660
4791/4872	844	5507/8	1660
4821	837	5510	1659
4823	633, 24	5511	1660
4824	966a, 8	5511/5600	1660°
4825	604	5529	1659

CPPM i	CPL	CPPM i/ii	CPL
5555	937	6361	939
5573	1156a, 3	6362	234
5573	1156a	6363	233
5573	1157a, 3	6364	231
5575	941	6400	404
5580	1660	6401	370
5600	1660	6401a	416
5683-5745	219a	6401b	417b
5758-5820	220	6402	370
5821-5908	221	6402	414
5825	633, 25	6413	1007
5826	599	6416	1005
5896	1997a	6417	1005a
5910	223	6418	1005b
5933/65	223	6419	1006
5944	633, 10	6421	970
5962	603	6425	1007a
5966/9	224	6441	1004
5970/7	226a	6450	802
6009	633, 25	ii, 10	1335
6010	599	11	1338
6061/2	226	15, 15a	189, 190
6064	226b	16	778
6073	1005a	21a	166
6075	1157a, 4	25	120
6175	647	26	167a
6212-6366	237°	27	171
6337	227, 53	28b	1289
6338	227, 107	29	551
6339	227, 119	30	172
6340	227, 129	32	153
6341	227, 135	34	173
6342	227, 138	34	481
6343	227, 149	35	633, 14
6344	227, 159	36a	789
6344	232	37	105
6347	1164a	38	167
6348	235	39	1747
6349	236	46	385
6350	227, 24bis	48	191
6350	237	49	174
6352	231a	50	175
6353/5	924/7	52	170
6360	233a	100	206
6361	233b	110	1757

CPPM ii	CPL	CPPM ii	CPL
115/303	386°	189	817
115a	334	190	819
120	329	190	843
120a	328	191	105
120b	329°	192	378
121	313	197	664
122	314	200, ii	262, *ep.* 156
122a. b	314	206	976
124	356	207	363
126	263	306	1289
127	251°	375	993
143	196	390	568
145	367	391/3	570
145, 17	737	400	1364
145, 18-19	367°	401	1370
145, 20	366	407	1129
146, 1	64	408	635a
146, 2	367°	412	1370°
150	373	450	1542°
151	373a	460	1229°
152	826	461	1206
155	1106°	470	1138
157	730	480	769
162	575	481	768°
163	577	490	1106°
164	390	495	680/1
165	533	505	513°
165	534	510	1230°
167	322	515/7	633, 48/49
168	808	517	633, 50
171	379°	518/20	633, 48/49
172	633, 10	525	1461
173	379	526	1462
174	958	527	1435
175	334	529	1111
176	958	530	2278
178	381	543	1432
179	382	544	1458
180	383	545	1463
181	663	546	1457
182	516	547	71
183	523	548	59
184	520	549	76
187	518	550	57
188	364	551	61

CPPM ii	CPL	CPPM ii	CPL
552	67	718	1015
553a	63	720	964
553b	63	721	976
553c	722	722	980
553d	64	723 add.	977
554	51	730	103
555	196	750	382
556	1106°	751	843
580	633a	752	883°
580	1636°	752a	824
581/3	1636	760	216
584	1431	765	959
585	641	767	960
586	1461	775	1319
595	641	776	1323
611	1636°	780	766
617	1435	781	554
626	554	782	553
627/30	552	784	552
628	452	785	556
628	553	786	551
665	1306	788	120
670	1502	795	1714°
671	1503	796	1721°
675	488/9	805	122
675	495	815	1155i
676	513°	824	620
677	496°	826	2278
687	1236°	827	620
689	1538	828	640
690	1239	830	470
691	1238	833	1015
692	171	835	633, 48/49
693	676	836	569
699	167	840	196
700	108	841	199
701	105	849-902	633
702	111e	862	633, 10
706	762	897/8	633, 48/49
707	763	899	633, 50
707/7a	742	903	633a
708	1019a	904/4a	633b
709	761	905	633c
710	730	906	635a
715/9	963	908	202, 25

CPPM ii	CPL	CPPM ii	CPL
911	1219	1159	87
912	723	1160	1457
913	761	1161	1518
916	574	1170	1015
918	1960	1171	528
924a	636	1172	483
925	634a	1177	1224
929	641	1190	117
934	634	1191	117
936	560	1192	117
939	638	1210/7	984°
940	637	1214	1461
941	1749	1216	1435
942	196a	1217	1462
1015	427	1218	36
1015	532	1219	100
1017	461	1227a	179°
1020	470	1230/40	1748a
1022	469	1231	2302
1024	500	1250	692
1026	466	1251	698
1040	364	1252	693
1060	656	1260	697
1061	664	1261	696
1065	189	1262	225
1075	1223	1263	225
1076	1209	1263	566a
1078	1224°	1270	646
1079	1210	1271	2302
1080	1199°	1286/91	1466
1081	1229°	1289	179°
1084	1189	1296	574
1085	958	1300	539°
1086	1201	1302	731
1088/9	1200	1310	567
1091	1533a	1315	962
1112	1217c	1341/60	1106°
1124	745	1371	205°
1124	762	1371a	1473
1125	778°	1371a-1377	205°
1125a	778	1371b	1390
1126	737	1372	206
1135	1263	1373	205
1136	1264	1374	531
1150	1386	1376	1469

CPPM ii	CPL	CPPM ii	CPL
1378	205°	1640	1052
1380	205°	1641	1747
1381	204	1642/4	1033
1387	741	1645/56	1048
1391	737	1646	1044a
1416/22	732/6	1665	1463
1423	762	1670	83
1425	763	1670a	1458
1426/32	748	1680/1	1460
1433	200	1691	366
1445	664a	1692	812°
1450	551	1693	105
1451	552	1694	364
1451	730	1695	552
1505	544	1695	688
1512	788	1695	692
1520a	530	1696	363
1521	532	1697/1713	811
1522	534	1798	177
1523	525	1726	521
1530	199	1735	1120
1531	200	1746	185
1532	201	1747	185
1540	1508	1748-1761	184
1550	487	1762-1765	186
1555	1454	1766	187
1560	1480	1767	188
1561	182	1769	184
1565	577	1785	136
1566	576	1786	168
1585	476	1790	143
1585/92	479	1795	170a
1586	746	1799	185
1591	758	1800/19	1016
1594/8	478	1830	1444
1616	433	1831	771
1617	15	1835, 1835a	194
1621	34	1840	1093
1621a	36	1846/52	386°
1622	1463	1850/1	1123
1623	1432	1864	272
1624	1458	1865	265
1625	35	1868	275
1626	71	1869	278
1627	68	1869a	283

CPPM ii	CPL	CPPM ii	CPL
1869b	524°	2241	1716
1889	185	2244	179°
1895	277	2288	1710
1896	1123	2289	1711
1900	1016	2290	1709
1904a	649	2290	1721°
1909	384	2291	1721°
1909a	385	2292	1717
2000	1423	2296/6c	631
2002	1458	2335	592
2010	1361	2335a	593
2011	1362	2336/6a	584
2012	1363	2336h	585
2013	1360	2336l	585
2024	1016	2337	80
2037/48	1363a	2343	1359
2070	643	2344	623a
2126	1721°	2350	643
2135	777	2351/3	757
2136	777a	2354	630
2145	1423	2355	643
2146	1425	2356	629°
2146	1463	2357	629
2147	1426	2361	624
2148	1430	2364/2365b	631
2155	1425	2382	628
2156	1426	2383	625
2157	1423	2385-2385m	194
2159	179°	2392	556a
2159	1430	2393	1221
2160	1427	2405	1359
2162	1429	2406	795
2163	1432	2407	1899
2170	633a	2409	632a
2180	1510	2410	729
2181	1512	2411a-b	627
2185	2326	2413	649
2195	179°	2600	508
2205	1016	2606	430
2210	556a	2606a	430°
2211	556b	2607	428
2212	557	2614/9	428°
2215	547°	2640	950
2220	1026	2655	1195
2231-2267	1708	2656/2656g	1191

CPPM ii	CPL	CPPM ii	CPL
2670	1193	3011	176
2671	1194	3060	252
2674	1193°	3060/3150	386°
2675	1196	3061	295
2677/2677e	1217	3065b	1216
2678	1200a	3066	62
2679	1222	3067	1106
2680	1197	3080	374
2682	760	3093	1302
2775	1235	3097	1312
2780	1423	3186	1522
2812	648	3188	1302
2811	649	3200	1219
2815	169	3206	1302
2815	648	3215	1112
2816	649	3215a	1117
2820	1718	3215b. c	1112a
2840	729	3215c	1117
2842	751	3215c	1117°
2843	757	3215d	1113
2845	728	3216d	1118
2850	760	3225	70
2851	728	3226	58
2885	643	3227	69
2891/2	873°	3228	60
2900/1	785/6	3229	62
2902	795	3230	1106
2910	524°	3231	65
2911	535	3232	67
2920	1980	3250	1302
2922	1980°	3270	1236
2930/31a	499	3330/3	1275
2949	709	3344	1712
2950/50b	710	3356	642
2954	1455	3398	1287
2955	82	3400	471
2960a-c	956	3402	465
2971	80	3401	472
2972	186	3425	1203
2973	81	3430	1106
3004	1333	3431	1289
3005a	171b	3433	1085
3007	854	3436	1533
3010	529	3437	1228
3010a	1219	3438	1302

CPPM ii	CPL	CPPM ii	CPL
3439	1219	3590c/93	1838sqq.
3440	1229	3591	1872
3441	869	3596	1155a
3456	1227	3605/5k	1852
3465	529	3606a	1856
3467	540a	3606d	1840
3470	62	3607	1855
3480	1080	3608	1854
3481	1086	3611	1857b
3483	1090	3613	1010
3484	1089	3615a	1012
3490	540	3615b	1844
3495	1302	3616	1011
3500	1100	3617	1010
3505	1106°	3625	512
3506	1106	3626	1874
3510	1106°	3635	1119
3515	1464	3636	1108
3520	765	3636a	1109
3521	755	3637	1109°
3522a-b	756	3645	1858a
3523	756a	3650	1872
3525	531	3651/2	1870-1871
3540	1291	3675	1155f
3541	1289	3675a	1155f
3550	1227	3680	1868
3555	990	3687	1843
3560	1464	3688	1859
3575	147	3690/90i	1858
3580	651	3695	651
3581	747	3696	652
3582b	179°	3700	1850
3583	998	3705	998
3589-3716	386°	3714	1851
3590c	1873	3715	1279

ADDENDA

136   **Genuinitatem** fusius probat M. ROQUES, *L'authenticité de l'«Apologia David altera»*, in *Augustinianum*, xxxvi, 1996, p. 5-44.

217/218   **Emend.**: M. WINTERBOTTOM, in JTS, n. s., xxx, 1979, p. 336-338; R. JAKOBI, in *Hermes*, cxxi, 1993, p. 125-128.

242   **Cod.**, **trad. text.**: Fr. GORI, *Da una compilazione medievale sui Salmi: recuperi per i Commentari di Girolamo, di Prospero d'Aquitania e di Arnobio il Giovane*, in *Ann. di Storia dell' esegesi*, x, 1993, p. 531-570. – Cfr n. 627a.

436   **Emend.**: P. SMULDERS, *Hilary of Poitiers' Preface to the «Opus historicum»*, Leiden, 1995, p. 40-42.

509a   **Epitaphium Florentini.** Inc. «Fulgida regna potens» (*DIEHL*, 1644)

L. & Ch. PIETRI, *Un abbé arlésien promu à la sainteté*, in *De Tertullien aux Mozarabes. Mél. J. Fontaine*, i, 2, Paris, 1992, p. 45-57.

1123   **Fontes**: C. S. ANDERSON, *Divine Governance, Miracles and Laws of Nature in the Early Middle Ages: the «De Mirabilibus S. Scripturae»* (dissert.), Los Angeles, 1982.

ANONYMVS

1125a   **Libellus glossariorum Veteris et Noui Testamenti ex SS. Patribus** (**cod.** Ambros. M 79 Sup, saec. xi, f° 59^v-91^r)

B. BISCHOFF & M. LAPIDGE, *Biblical Commentaries from the Canterbury School of Theodore and Hadrian*, Cambridge, 1994.

Fontes: S. BROCK, *St Theodore of Canterbury School and the Christian East*, in *The Heythrop Journal*, xxxvi, 1995, p. 431-438.

1137 *Adbreuiationes* B-D: *add*.: Textus E, ed. B. Bischoff, apud K. Hallinger, *Die Barberinus Latinus 477*, in *Sapientiae Procerum amore. Misc. J.-P. Müller*, Roma, 1974 (= *Studia Anselmiana*, lxiii), p. 47-48 (inc. «Quaeritur hinc uestros releuari»).

1706 Titulus articuli Pauli Meyvaert: *A Letter of Pelagius II composed by Gregory the Great.*

1709 Titulus articuli Pauli Meyvaert: *Gregory the Great and Astronomy*, apud J. C. Cavadini (edit.), *Gregory the Great. A Symposion*, Univ. of Notre Dame, 1996.

1711 **Cod., trad. text.**: R. Étaix, *Répertoire des manuscrits des homélies sur l'Évangile de Saint Grégoire le Grand*, in SE, xxxvi, 1996.

1718a **Excerpta e Regula pastorali et ex Homiliis in Euangelium**, una cum **Epistula generali seu apologetica contra Iohannem Rauennatem episcopum** a quodam auctore ignoto (inc. *epist*.: «Magister gentium beatus Paulus»; inc. *Excerpta*: «Debet rector subtili»)

Cl. Sotinel, *Rhétorique de la faute et pastorale de la réconciliation dans la lettre apologétique contre Jean de Ravenne*, Rome, 1994 (cfr R. Étaix, *a. c.* [n. 1711 *Add*.]).

Florilegium cum sua epistula praeuia, a° 594 compositum, seruatum est in unico codice Remensi, nunc Parisino lat. 1682, saec. ix, f° 82^r-100^v.

[2313 **De initio primi mensis** idem est ac n. 1384a; hic ergo omittendum est.]

[2314 Hic textus idem est ac PS. BEDA, n. 1384°d. Ergo omittatur.]

Imprimé en Belgique
Printed in Belgium
D/1995/0095/50

ISBN 2-503-50463-9 relié
ISBN 2-503-50464-7 broché
ISBN 2-503-00000-2 série